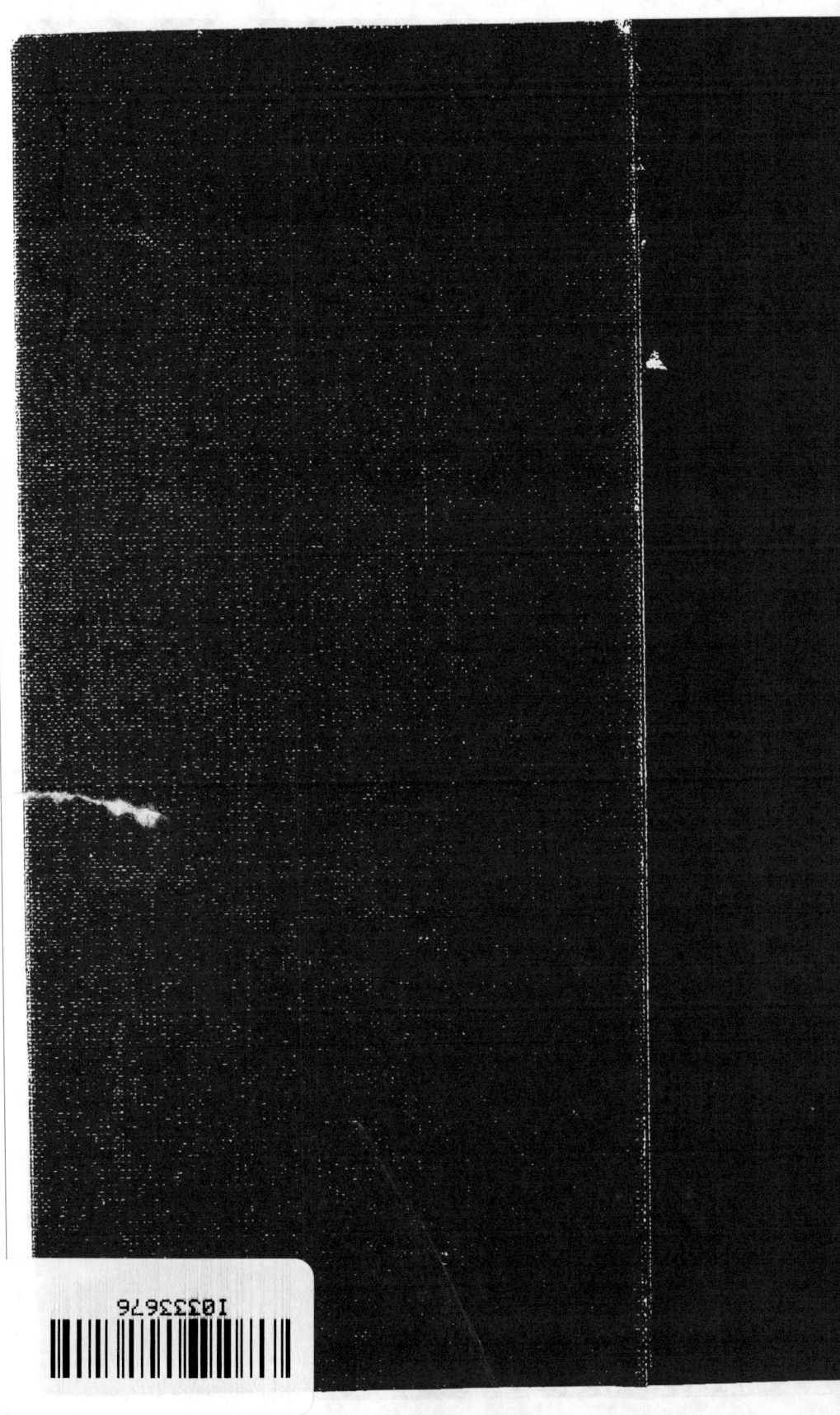

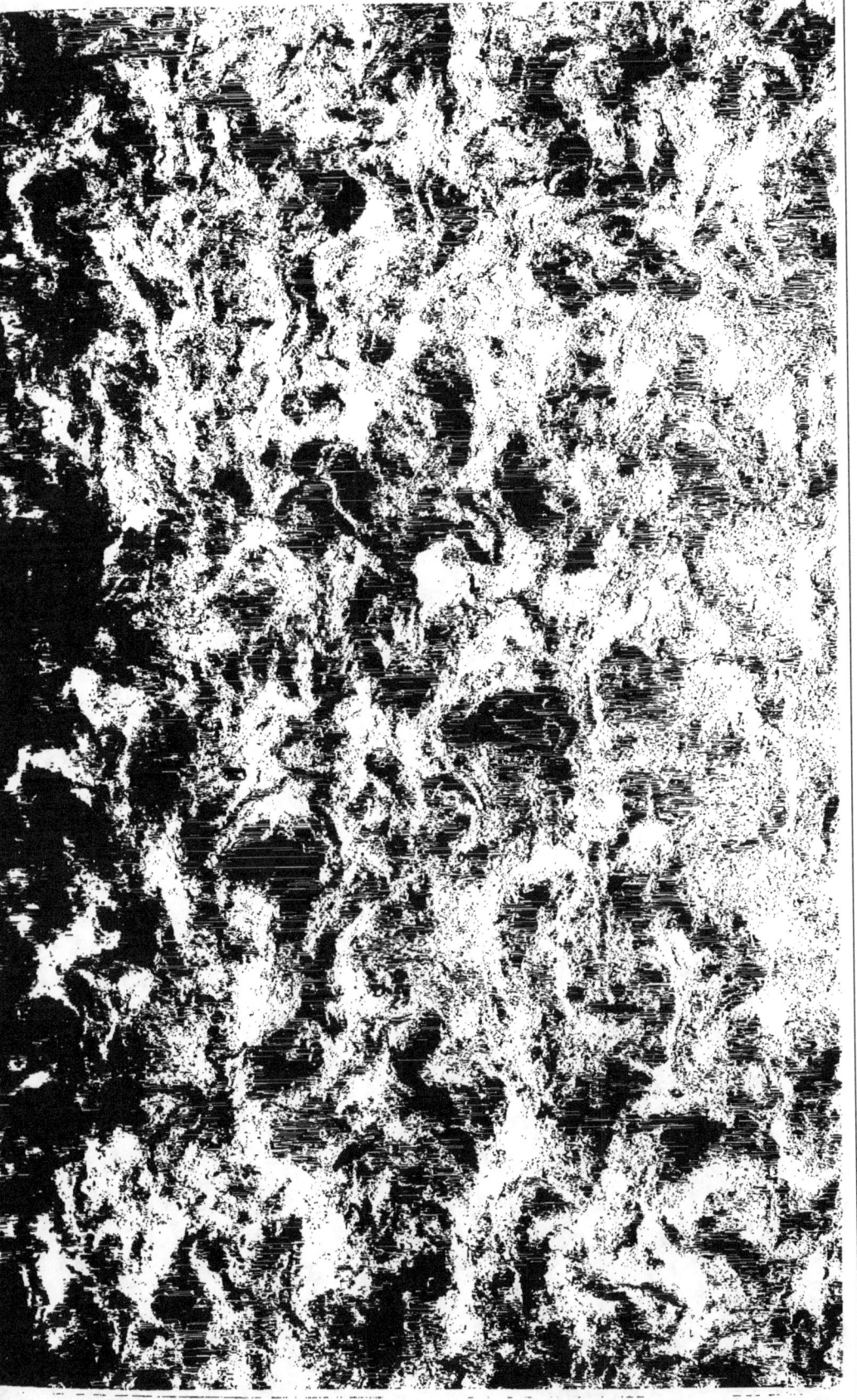

PROCÈS-VERBAUX

DE

LA COMMISSION TEMPORAIRE DES ARTS

PUBLIÉS ET ANNOTÉS

PAR

M. LOUIS TUETEY

BIBLIOTHÉCAIRE-ARCHIVISTE ADJOINT AU MINISTÈRE DE LA GUERRE.

TOME PREMIER
1ᵉʳ SEPTEMBRE 1793 — 30 FRIMAIRE AN III

PARIS
IMPRIMERIE NATIONALE

MDCCCXII

COLLECTION

DE

DOCUMENTS INÉDITS

SUR L'HISTOIRE DE FRANCE

PUBLIÉS PAR LES SOINS

DU MINISTRE DE L'INSTRUCTION PUBLIQUE

Par arrêté en date du 28 décembre 1906, le Ministre de l'instruction publique et des beaux-arts a ordonné la publication, dans la collection des documents historiques inédits relatifs à la Révolution de 1789, des *Procès-verbaux de la Commission temporaire des arts*, par M. Louis TUETEY.

M. HOMOLLE, membre de l'Institut, membre du Comité des Travaux historiques et scientifiques, a été chargé de surveiller cette publication en qualité de Commissaire responsable.

SE TROUVE À PARIS

À LA LIBRAIRIE ERNEST LEROUX,

RUE BONAPARTE, 28.

PROCÈS-VERBAUX

DE

LA COMMISSION TEMPORAIRE DES ARTS

PUBLIÉS ET ANNOTÉS

PAR

M. LOUIS TUETEY

BIBLIOTHÉCAIRE-ARCHIVISTE ADJOINT AU MINISTÈRE DE LA GUERRE.

TOME PREMIER

1ᵉʳ SEPTEMBRE 1793 — 30 FRIMAIRE AN III

PARIS

IMPRIMERIE NATIONALE

MDCCCCXII

INTRODUCTION.

A la suite de la suppression des Académies, prononcée le 8 août 1793, la Convention avait adopté, le 12 du même mois, un décret prescrivant d'apposer les scellés «sur les portes des appartements occupés par les académies et sociétés supprimées[1]», puis, le 15, un nouveau décret nommant quatre membres de l'Assemblée, David, Romme, Haussmann et Dyzez, pour veiller à l'exécution du décret du 12, faire inventorier tous les effets renfermés dans les dépôts des Académies, et prendre toutes les mesures nécessaires pour assurer l'existence et la conservation de ces objets.

Bientôt la mission confiée aux commissaires nommés le 15 août reçoit de l'extension. Par décret du 18, la Convention ajoute à la tâche des commissaires, qui ont déjà à diriger et à surveiller l'inventaire des objets confiés aux Académies, le soin de «porter la même surveillance pour faire inventorier pareillement toutes les machines, métiers, instruments et autres objets utiles à l'instruction publique, appartenant à la Nation, et qui sont dispersés dans différents dépôts, ou ont été confiés à différents artistes ou savants. La même commission veillera à ce que, pour la conservation de ces objets, ils soient rassemblés dans le même local, autant que l'utilité publique ne s'y opposera pas[2]».

Le travail d'inventaire, prescrit par les décrets des 12, 15 et 18 août, et dont les quatre commissaires de la Convention avaient la direction et la surveillance, nécessitait le concours

---

[1] Voir J. Guillaume, *Procès-verbaux du Comité d'instruction publique de la Convention nationale*, t. II, p. 318. — [2] *Ibid.*, t. II, p. 322.

INTRODUCTION.

d'un grand nombre de «citoyens versés dans la connaissance des différentes parties des arts, des sciences et des lettres[1]».

« Le Ministre de l'intérieur nomma 36 commissaires dont la réunion constitua la *Commission des arts* [2] ». C'est sous cette dénomination que la nouvelle commission ouvrait le registre des procès-verbaux de ses séances à la date du 1er septembre 1793.

Cependant, une autre commission, celle dite des *Monuments*, de fondation bien plus ancienne, puisque son origine remontait à l'année 1790, existait et fonctionnait encore avec des attributions analogues à celles de la Commission des arts : l'inventaire des « objets d'arts et de sciences », comme on disait alors, tant dans les maisons et établissements religieux, dans les anciennes résidences de la famille royale, devenues propriétés nationales, que dans les maisons des émigrés, enfin le transport de ces objets dans les dépôts, tel était l'objet principal des travaux de la Commission des monuments.

L'existence même de la nouvelle commission ne pouvait manquer de faire naître un conflit d'attributions avec la Commission des monuments. La rivalité des deux commissions se manifesta bientôt à propos des opérations relatives à la levée et à l'apposition des scellés et aux inventaires. Dès lors, s'imposait la nécessité soit de les réunir, soit de supprimer l'une ou l'autre; l'alternative fut résolue en faveur de la Commission des arts, et le 28 frimaire an II (18 décembre 1793) un décret mettait fin à cette rivalité en supprimant la Commission des monuments et en remettant ses attributions à la nouvelle, seule conservée sous le nom de Commission temporaire des arts.

La Commission des arts se trouvait ainsi réunir aux attri-

[1] *Instruction sur la manière d'inventorier et de conserver dans toute l'étendue de la République tous les objets qui peuvent servir aux arts, aux sciences et à l'enseignement*, proposée par la Commission temporaire des arts et adoptée par le Comité d'instruction publique de la Convention nationale (F17 1045, n° 1).

[2] Cf. J. Guillaume, *Procès-verbaux du Comité d'instruction publique*, t. II, p. 489-490, 508 (liste des commissaires et pouvoirs de Fortin, l'un d'eux).

INTRODUCTION.

butions qui lui avaient été conférées en vertu des décrets des 12, 15 et 18 août 1793 celles, beaucoup plus importantes, dont elle devenait chargée par suite de la disparition de la Commission des monuments.

La tâche était vaste et complexe, mais la Commission des arts avait déjà tous les moyens pour y suffire. Adjointe au Comité d'instruction publique, présidée par l'un de ses membres, elle était pour lui un collaborateur immédiat et permanent, de sorte qu'elle recevait de lui, en même temps que l'impulsion, l'autorité et les moyens d'action nécessaires au succès de ses travaux. Le Comité lui servait «d'égide[1]» et la Commission était comme «l'un de ses yeux[2]».

Pour que la vigilance de la Commission pût s'exercer efficacement, des «pouvoirs», signés du Ministre de l'intérieur, avaient été, sur les instances de celle-ci, remis à chacun de ses membres. La Commission en effet s'était plainte des «entraves multipliées qui se rencontraient dans l'exercice de ses travaux[3]». Ces entraves consistaient dans les difficultés et les lenteurs que faisait naître l'obligation, pour la Commission, de s'assurer le concours des corps administratifs. Les pouvoirs en question eurent pour résultat de hâter l'effet des réquisitions adressées par la Commission des arts aux autorités administratives. Il y était dit, notamment : «Je soussigné, Ministre de l'intérieur, autorise le citoyen N..., membre de cette commission, à dresser séparément ou concurremment avec les autres membres de ladite commission, et ainsi que pourra le comporter l'avantage ou la célérité de ces opérations, les inventaires de tous les objets d'arts et de sciences provenant,

[1] Historique des travaux de la Commission, de la main de Le Blond, commençant par ces mots: «Lors de la régénération de la France en 1789» (F^{17} 1253).

[2] Rapport fait au nom de la Commission temporaire des arts relativement au but de son établissement, à l'utilité de ses travaux, rédigé par Mentelle en conséquence d'un arrêté de ladite Commission de brumaire an IV, sans date (F^{17} 1253).

[3] Lettre du Comité d'instruction publique au Ministre de l'intérieur, 9 ventôse an II (F^{17} 1045, n° 1).

soit des Académies et sociétés supprimées, soit des maisons ci-devant religieuses, soit de celles des émigrés, soit de celles des conspirateurs condamnés, soit de celles de la ci-devant Liste civile ou de tous autres dépôts nationaux, à requérir à cet effet toutes appositions, levées et réappositions des scellés nécessaires, ainsi qu'à se faire ouvrir tous dépôts, représenter tous registres, catalogues, inventaires ou autres renseignements, en prendre toutes communications, extraits ou notes, faire à cet égard tous rapports, enfin à faire transporter dans des dépôts à ce destinés les objets qui auront été jugés, par un arrêté de la Commission des arts, devoir être déplacés, en donnant préalablement décharge aux commissaires aux ventes ou autres dépositaires desdits objets, dont les inventaires, revêtus des signatures des membres qui les auront dressés, seront placés dans les archives de la Commission. Invitant à cet effet les autorités constituées à lui procurer toutes facilités et secours, les citoyens dépositaires ou autres à lui donner tous renseignements, communications et assistances, comme pour chose utile au service de la République. Et en foi de tout ce que dessus j'ai fait apposer au présent le sceau du Ministre de l'intérieur...[1]» Ces pouvoirs furent adressés le 6 germinal an II par le Ministre de l'intérieur au président de la Commission des arts [2].

Cette étroite dépendance, cette tutelle parfois gênante que le Comité d'instruction publique exerçait à l'égard de la Commission des arts, si elles augmentaient les moyens d'action et d'autorité de celle-ci, ne laissaient pas de lui peser comme un joug. En 1795, quand la Commission osa faire entendre ses griefs, elle se plaignit d'avoir eu à lutter contre «le jacobinisme de Romme et les errements de Massieu», deux de ses anciens présidents, et, dans sa lutte contre le vandalisme, de s'être heurtée «aux opinions désastreuses dont le Comité lui-

---

[1] F^{17} 1045, n° 1. — [2] F^{17} 1045, n° 1.

INTRODUCTION.

même vit quelques-uns de ses membres fortement entachés [1] ». Quelque justifiées qu'aient pu être ces plaintes, elles comptaient cependant pour peu de chose, mises en balance avec la reconnaissance dont la Commission des arts était redevable au Comité d'instruction publique.

Le 18 pluviôse an II (6 février 1794), un décret avait complété l'organisation de la Commission des arts en désignant nominativement ses membres et les répartissant en douze sections, d'après leurs attributions respectives. Il allouait annuellement à chacun, à titre d'indemnité, une somme de deux mille livres; toutefois, ceux des membres qui recevaient «un salaire pour d'autres travaux publics ou emplois» étaient «tenus d'opter pour l'une des deux indemnités» (art. 4). En outre, tous étaient «tenus de se munir de certificats de civisme» (art. 2). Enfin, l'article 5 et dernier spécifiait que «les membres du Conservatoire du Muséum national faisaient partie de la Commission des arts [2] ».

La Commission tenait ses séances les quintidi et décadi dans une des salles du Comité d'instruction publique, à l'hôtel de Brionne [3], à 9 heures du matin en hiver, à 8 heures dans les trois autres saisons. Elle était présidée par l'un des membres du Comité d'instruction publique [4]. Au début de chaque séance, les membres de la Commission apposaient leur signature sur un registre de présence [5], lequel était arrêté et signé à la fin de la séance par le président. La Commission avait ses bureaux

---

[1] *Projet du rapport sur la Commission temporaire des arts, demandé par l'arrêté du Comité d'instruction publique*, sans date (F^{17} 1253).

[2] Voir ce décret sous la cote F^{17} 1238.

[3] Il était situé place du Carrousel.

[4] Ce furent entre autres Mathieu, R. Lindet, Thibaudeau.

[5] Il existe aux Archives nationales sous la cote F^{17*} 12 : il a été ouvert à la séance du 15 ventôse an II et clos à celle du 5 nivôse an IV. — Pour la dernière séance, le registre porte les signatures suivantes : Philipon, Fragonard, G. Cuvier, Lamarck, Molard, Buache, R.-G. Dardel, L. Langlès, Levesque, David Le Roy, Naigeon l'aîné, Lannoy, J.-T. Mercklein, Charles, Le Roy (*sic*), Foucou, Naigeon, Lelièvre, Beljambe, F.-P.-N. Gillet, Mentelle, Fortin, Bonvoisin, Lenoir, Barbier.

INTRODUCTION.

et archives dans le même local. Un comité de trois membres, assisté de commis, était chargé de la rédaction et de l'expédition de la correspondance. Depuis brumaire an III, l'exécution des arrêtés de la Commission fut confiée à un directoire, composé de six membres, qui était chargé de la partie administrative, c'est-à-dire « de suivre la correspondance, de vérifier et d'arrêter les mémoires des entrepreneurs, de recevoir et de vérifier les comptes des conservateurs de dépôts[1] ». C'était aussi parmi les membres du directoire qu'était choisi le trésorier[2].

La Commission temporaire des arts, en recevant l'héritage de l'ancienne Commission des monuments, se trouvait définitivement constituée avec la physionomie qu'elle devait garder dans l'ensemble jusqu'à la fin de son existence.

Les attributions de la Commission des monuments avaient eu pour objets principaux les beaux-arts et la littérature. Dans la Commission des arts, les sciences, sans restreindre toutefois le champ précédemment acquis aux arts et aux lettres, prenaient une importance plus considérable : sur douze sections qui, d'après le décret du 18 pluviôse devaient composer la nouvelle Commission, il y en avait huit pour les sciences et quatre seulement pour les arts et la littérature. Si un champ plus vaste était ouvert aux attributions de la Commission des arts, elle ne faisait cependant que continuer, en lui donnant de l'extension, l'œuvre de la Commission des monuments. Quand les passions politiques qui avaient conspiré à la perte de la Commission des monuments furent calmées, la Commission des arts ne manqua pas de lui rendre justice. En 1795 la Commis-

---

[1] *Rapport fait au nom de la Commission temporaire des arts...* par Mentelle (F17 1253).

[2] La Commission s'était d'abord défendue d'avoir une partie qui tînt de l'administration, et surtout de celle des finances; mais les lenteurs qu'éprouvaient des transports très pressés ou le remboursement d'avances faites par des commissaires, pour lesquels c'était une privation pénible, avaient déterminé la Commission à se charger de cette espèce de responsabilité. (*Rapport fait...* par Mentelle. — F17 1253).

sion se fit honneur de reconnaître et de déclarer que c'était la Commission des monuments qui avait «tracé la route dans laquelle elle-même avait marché[1]». Elle n'avait eu qu'à «continuer et perfectionner» le travail de sa devancière[2].

C'est ainsi qu'elle reçut de la Commission des monuments de nombreux dépôts tout organisés; elle n'eut qu'à les développer et à en former de nouveaux selon les besoins, de telle sorte qu'en 1795, vers la fin de l'existence de la Commission des arts, les dépôts administrés sous sa surveillance, outre les deux grands établissements des Petits-Augustins et de Nesle (rue de Beaune), étaient les suivants : le dépôt de physique, rue Bergère; le dépôt de physique et des machines, rue de l'Université, créé le 25 prairial an II, et huit dépôts littéraires.

«Ceux-ci, ainsi que les dépôts des beaux-arts et des antiquités, a expliqué dom Poirier, sont de deux espèces, que leur destination ne permet pas de confondre, savoir : les dépôts assignés aux bibliothèques des établissements ecclésiastiques supprimés et ceux qui reçoivent les bibliothèques provenant de la liste civile et des émigrés ou condamnés. Il y a trois dépôts littéraires pour les livres imprimés des bibliothèques ecclésiastiques : ce sont ceux de la Culture, rue Antoine, des ci-devant Capucins Honoré, et des Élèves de la Patrie, ci-devant la Pitié.

«Cinq autres dépôts littéraires sont destinés aux imprimés de la Liste civile, des émigrés et des condamnés : les dépôts des ci-devant Cordeliers, ceux de la rue Thorigny, de la rue Marc, de la rue de Lille et de l'Arsenal [3].» Ce dernier ne

---

[1] *Projet de rapport sur la Commission temporaire des arts, demandé par l'arrêté du Comité d'instruction publique* (F¹⁷ 1253).

[2] *État du travail de la Commission temporaire des arts et de ses dépenses depuis son institution jusqu'au 1ᵉʳ thermidor an III* (F¹⁷ 1253).

[3] *Rapport de la section des dépôts littéraires...*, par Poirier, 15 thermidor an II (F¹⁷ 1051, n° 6). D'après un arrêté du Comité d'instruction publique du 4 brumaire an III, les conservateurs de ces dépôts étaient les suivants : *Maison de Nesle* : Naigeon; *Petits-Augustins* : Lenoir; *Physique et machines* : Molard; *Maison Culture* : Ameilhon; *Capucins Honoré* : Langlès;

consiste guère, au mois de thermidor an II, «que dans la bibliothèque Artois, ci-devant Paulmy; mais cette bibliothèque, par son importance et par le nombre considérable de ses volumes, forme à elle seule l'un des dépôts littéraires les plus précieux de la République».

«Outre ces huit dépôts pour les livres imprimés, un neuvième est destiné aux manuscrits, tant des bibliothèques des corps ecclésiastiques supprimés que celles des émigrés, etc. Ce dépôt est situé rue des Orties, maison Anisson, où les manuscrits de ces deux classes seront déposés dans des pièces séparées pour ne pas les confondre [1]. » Il convient enfin de citer le dépôt de musique, dont Bruni était le conservateur [2].

Enfants de la Patrie : Mulot; *Cordeliers:* Barrois; *Thorigny* : Pyre; *Rue Marc* : Dambreville; *Rue de Lille* : Serieys; *Arsenal* : Saugrain (F¹⁷ 1319).

Sur le rapport de la Commission des arts, consécutif au vœu émis par elle dans la séance du 25 frimaire an III (15 décembre 1794), le Comité d'instruction publique prenait, le 22 nivôse an III (11 janvier 1795), un arrêté dont l'article 1ᵉʳ était ainsi conçu : «Les membres de la Commission des arts ne pourront faire aucun inventaire ni être membres du Directoire.» D'après les considérants de cet arrêté, il paraissait «contraire à une bonne administration que les membres de la Commission, conservateurs de dépôts, soient en même temps chargés de faire les inventaires». (Cf. J. Guillaume, *Procès-verbaux du Comité d'instr. publ.*, t. V, p. 410.)

[1] *Rapport de la Section des dépôts littéraires...*, par Poirier, 15 thermidor an II (F¹⁷ 1051 n° 6).

[2] D'après un document sans date intitulé : *Dépôt national de musique. État des instruments et papiers de musique qui se trouvent au dépôt national de la rue Bergère* (F¹⁷ 1253), ce dépôt renferme les objets suivants : 59 pianos, 56 clavecins, 79 violons, 19 altos et 9 quintons, 22 guitares, 5 mandolines, 1 sistre, 24 basses, 17 harpes, 6 objets tels que orgues, table et cage à pendule organisée, 12 cors de chasse, 32 tant flûtes, petites flûtes, hautbois, clarinettes, bassons et serpents, 72 tant lyres, serinettes, tympanons, musettes, vielles, vielles turques, tambourins, pupitres, etc., 5 épinettes estimés 1,245,300 livres. — Le même dépôt renferme environ 5,000 morceaux de musique, la plupart manuscrits. «Presque tous ces morceaux sont très précieux et perdraient autant à être estimés que la République gagnerait à les faire examiner et ensuite imprimer, selon l'invitation qui en a été faite dans un rapport au Comité d'instruction publique. — L'ordre établi dans ce dépôt, l'état de propreté et de conservation des instruments font l'éloge du conservateur et ont excité l'admiration de ceux qui ont réclamé des instruments et à qui la restitution en a été faite.»

INTRODUCTION.　XIII

Pour avoir une idée de la bonne organisation de ces différents dépôts et de l'ordre qui y régnait, il suffit de lire ce passage d'un rapport de la Commission des arts au Comité d'instruction publique, rédigé en thermidor an III : « Tous les parents et héritiers des condamnés à qui on a rendu jusqu'à présent, et à qui on rend encore chaque jour des effets qui avaient été mis en réserve par la Commission, ont retrouvé dans les dépôts nationaux ces effets bien conservés et en bon ordre. Cette restitution, quoiqu'elle ait privé la République d'une infinité d'objets précieux et intéressants pour l'instruction publique, n'est pas une des moindres jouissances de la Commission par la satisfaction qu'ont éprouvée les réclamants en retrouvant les objets sains, entiers et bien conservés. La vue des dépôts nationaux de la rue des Petits-Augustins, de la rue de Beaune, de la rue Bergère, de la rue de l'Université et des huit dépôts littéraires, tels qu'ils sont encore aujourd'hui, attestent ce qu'ils devaient être avant la restitution aux parents des condamnés et sont une preuve du zèle infatigable de la Commission [1]. »

Ces déplacements, transports et placements des monuments et autres objets de sciences et d'arts dans les dépôts nationaux étaient confiés à trois entrepreneurs : les citoyens Scellier, marbrier; Boucault, charpentier, et Nadreau, menuisier.

Le premier « était chargé du transport des marbres, bustes, statues, bas-reliefs, mausolées, avec leurs accessoires, et tombeaux de moyenne proportion et volume ». Le second « était chargé particulièrement du transport des colonnes de grand volume, des statues de grande proportion et des gros blocs de

[1] *État du travail de la Commission temporaire des arts et de ses dépenses depuis son institution jusqu'au 1ᵉʳ thermidor an III* (F¹⁷ 1253). — « Dans chaque dépôt, le conservateur tient un registre : 1° du lieu d'où lui est venu chaque objet; 2° de la date d'entrée au dépôt; 3° du numéro qu'il a adapté à chaque objet; 4° de la description succincte de l'objet; 5° du prix d'estimation pour les intruments de physique. » (*Rapport fait au nom de la Commission temporaire des arts relativement au but de son établissement...*, par Mentelle. F¹⁷ 1253.)

marbre ». Quant à Nadreau, il assurait « le transport des livres, tableaux, estampes, machines, modèles, instruments de physique et de chimie, et autres objets de sciences et d'arts fragiles et d'une légère pesanteur ». La vérification et le règlement des mémoires des entrepreneurs incombait à Jolain, l'expert de la Commission.

En vue de l'accélération des travaux d'inventaires et de transports, deux commissaires du Bureau du Domaine national, les citoyens Binay et Verger, avaient été délégués près la Commission des arts pour effectuer les levées et appositions de scellés, lorsqu'ils en seraient requis par les membres de cette Commission [1].

Dans les départements, des dépôts furent organisés sur le modèle de ceux de Paris. Pour faciliter aux administrations départementales l'organisation de ces établissements, la Commission des arts avait élaboré une instruction [2].

---

[1] *Rapport fait à la Commission temporaire des arts par les citoyens Molard et Lannoy...*, 16 nivôse an IV (F^{17} 1051, n° 5).

[2] Elle est ainsi intitulée : *Instruction sur la manière d'inventorier et de conserver dans toute l'étendue de la République les objets qui peuvent servir aux arts, aux sciences et à l'enseignement, proposée par la Commission temporaire des arts et adoptée par le Comité d'instruction publique de la Convention nationale.* A Paris. De l'Imprimerie nationale. L'an second de la République (in-4° de 70 pages).

Cette instruction se termine par les signatures du président de la Commission des arts, Thomas Lindet; du président du Comité d'instruction publique, Bouquier aîné; des secrétaires, Villars et Coupé, de l'Oise. Elle est divisée en chapitres correspondant à chacune des sections de la Commission, savoir : préambule et généralités (p. 1 à 16); section 1re, histoire naturelle (p. 16 à 34); section II, physique (p. 35); section III, chimie (p. 36); section IV, anatomie (p. 36 à 38); section V, mécanique (p. 39 à 41); section VI, géographie et marine (p. 41-42); section VII, génie militaire et fortifications (p. 42-43); section VIII, antiquités (p. 44 à 46); section IX, dépôts littéraires (p. 46 à 59); section X, peinture et sculpture (p. 59 à 63); section XI, architecture (p. 63 à 65); section XII, musique (p. 65); section XIII, ponts et chaussées (p. 65-67); conclusion (p. 67 à 70) [F^{17} 1045]. Annexée à cette instruction, une lettre-circulaire imprimée du Ministre de l'intérieur aux citoyens administrateurs des districts, en date du 1er germinal an II, est ainsi

INTRODUCTION. xv

Dans sa séance du 25 brumaire an II (15 novembre 1793), la Commission en avait confié la rédaction à Vicq-d'Azyr, et il avait été recommandé à ce dernier de «fondre dans son ouvrage l'instruction envoyée aux corps administratifs». Mais d'autres matériaux s'offraient à Vicq-d'Azyr, et, bien que les procès-verbaux ne contiennent aucun détail sur les circonstances dans lesquelles fut composée l'instruction de la Commission des arts et sur les collaborateurs de Vicq-d'Azyr, il est du moins acquis que l'instruction élaborée jadis par la Commission des monuments fut largement mise à contribution, notamment pour la partie bibliographique. Quant à la part personnelle de Vicq-d'Azyr dans l'instruction de l'an II, elle apparaît suffisamment, si l'on en juge par la place considérable qu'y occupent les chapitres consacrés aux sciences naturelles.

Cet important travail, qui est avant tout un guide pratique pour faciliter la conservation des collections nationales, fait connaître comment la Commission des arts avait, à cet égard, compris sa mission : il paraît donc intéressant de le résumer.

La Commission commence par énoncer cette vérité, à savoir que l'instruction est devenue pour le peuple «le moyen le plus puissant de régénération et de gloire». C'est précisément à l'instruction publique que doivent servir les collections d'objets d'arts et de sciences devenues propriétés de la nation.

«On pourvoit, dit la Commission, à la conservation des richesses littéraires : 1° par les scellés que les corps administratifs font apposer sur les maisons et sur les appartements qui les renferment; 2° par les inventaires...» Elle démontre ensuite la nécessité d'une désignation précise des objets pour

conçue : «Le Comité d'instruction publique de la Convention nationale me charge de vous adresser une instruction sur la manière d'inventorier et de conserver, dans toute l'étendue de la République, tous les objets qui peuvent servir aux arts, aux sciences et à l'enseignement. Vous en trouverez ci-joint quinze exemplaires. L'intention du Comité est que vous en remettiez un dans le chef-lieu du district, à la municipalité, au comité de surveillance et à la Société populaire.» (Signé :) PARÉ. (F^{17} 1045, n° 1.)

empêcher toute dilapidation; « car, si les objets étaient mal désignés, on pourrait, à l'aide de cette nomenclature vicieuse, leur en substituer de moins précieux; sous un autre rapport, la responsabilité des gardiens deviendrait nulle dès le moment où il serait prouvé que l'inventaire aurait été mal fait, ou les gardiens deviendraient responsables d'objets qui n'auraient point été réellement confiés à leurs soins ». La Commission passait enfin aux indications détaillées relatives à la confection des inventaires.

« Deux puissants motifs sollicitent le prompt achèvement de ce travail : 1° lorsque les inventaires de toutes ces collections seront terminés, des agents responsables en seront nommés les gardiens et toute dilapidation y deviendra, dès ce moment, impossible. Or, nous sommes informés qu'il s'y commet journellement des dilapidations de divers genres, qu'il serait difficile d'empêcher, puisque, dans la plupart de ces collections, ni la valeur, ni même l'existence des morceaux précieux qui s'y trouvent ne sont constatées par aucun titre connu; 2° après l'achèvement de ce travail l'état des arts et des sciences, dans les départements, sera déterminé sous ses deux principaux rapports... Si, ajoutait la Commission, les citoyens des départements craignaient que, cédant au désir peut-être trop répandu de tout porter vers un centre, on n'ait formé le projet de leur enlever les richesses littéraires qui sont maintenant en leur pouvoir, nous leur rappellerions que la Convention nationale a défendu, par son décret du 28 frimaire an II, tout autre déplacement que celui que la conservation même des objets pourra nécessiter. »

En dehors de ces considérations générales, la circulaire s'étendait particulièrement et dans le plus grand détail sur les conseils pratiques nécessaires à la conservation des livres, manuscrits et collections d'histoire naturelle, un peu plus brièvement en ce qui concernait les œuvres, monuments et objets d'art, peintures et sculptures; l'important chapitre relatif

INTRODUCTION.

à la manière d'inventorier les livres et les manuscrits avait été emprunté presque textuellement à l'instruction rédigée par la Commission des monuments et publiée en 1790-1791, la Commission des arts ayant estimé que celle-ci ne laissait « rien à désirer ».

A côté des conseils pratiques et des indications matérielles ayant pour but la confection des inventaires et la conservation des objets inventoriés, les auteurs de l'instruction y avaient, d'un point de vue plus élevé, énoncé plusieurs réflexions inspirées par une expérience avisée et une judicieuse compétence.

Au sujet des inventaires des sculptures antiques, ils faisaient les recommandations suivantes : « Les artistes les plus exercés ont quelquefois de la peine à reconnaître si une statue, un buste, une tête, est antique ou moderne, et imitée de l'antique. On se souviendra qu'il vaut mieux avouer son ignorance que de s'exposer, en jugeant au hasard, à des erreurs dont on aurait à rougir.

« On annoncera quelles parties d'une statue ont été restaurées. Cette indication est nécessaire pour juger de son mérite. Elle est indispensable pour donner une dénomination aux statues; car la plupart des attributs qu'elles portent et qui pourraient les caractériser sont le produit de l'imagination des restaurateurs. Ces artistes ont rarement assez bien connu la mythologie et les usages des Anciens pour restaurer avec intelligence [1]. »

Au sujet du danger des restaurations de peintures, on lisait dans l'instruction de la Commission des arts des recommandations non moins importantes : « Il n'est pas rare de trouver des tableaux précieux qui sont noircis par la fumée ou couverts de vieux vernis ou de mauvais repeints : on se gardera bien de les confier à ces prétendus connaisseurs, chimistes ou sa-

[1] *Instruction...* (p. 45).

vants, qui s'annoncent comme ayant des moyens infaillibles pour les réparer. Les uns exercent sur les tableaux des frottements qui détruisent toutes les nuances délicates, tout le fini des grands maîtres; les autres ne font qu'y ajouter une couche nouvelle qui les surcharge et les obscurcit encore plus. Il n'y a qu'un très petit nombre d'hommes qui soient capables de toucher aux productions de ce genre sans les dénaturer. Nous déclarons ici qu'annoncer un secret pour la réparation des tableaux est une véritable imposture, car il n'existe point de secret semblable; mais il est des soins particuliers que les artistes habiles et très exercés connaissent et qu'ils savent appliquer à propos, suivant qu'ils ont à traiter les productions de certains maîtres ou de certaines écoles, dont les procédés sont différents. Cette connaissance tient immédiatement à celle de l'art et ne peut se transmettre dans une instruction. En conséquence, nous invitons les commissaires chargés de veiller à l'examen et à la conservation de ces objets, à les laisser en place, après avoir constaté sur l'inventaire leur état et le besoin qu'ils ont d'être réparés un jour[1]. »

L'instruction de la Commission se terminait par des exhortations sur la nécessité de conserver et de protéger les monuments des arts : « Pendant que des personnes recommandables par leur civisme et par leur instruction, choisies par les districts, de concert avec les sociétés populaires, sont occupées du recensement et de la conservation des objets qui doivent servir à l'enseignement, il ne faut pas que des citoyens tout à fait étrangers à l'étude des arts se permettent de renverser des monuments dont ils ne connaissent ni la valeur ni les motifs, sous le prétexte qu'ils croient y voir des emblèmes de superstition, de despotisme ou de féodalité[2]. » Ombrageux à l'égard de tout ce qui lui paraît rappeler l'ancien régime, l'ignorant prend pour des signes de féodalité et détruit de simples motifs

---

[1] *Instruction...* (p. 61). — [2] *Ibid.* (p. 67).

d'ornementation, comme des feuilles d'acanthe ou de lierre, des masques, des chimères antiques, des lions égyptiens : « Tu crois rencontrer l'effigie d'un roi : ici c'est la statue de Linneus (Linné), de cet immortel ami de la nature; là, c'est le dieu des bergers, plus loin, c'est une tête de Minerve que tu mutiles. Le trident de Neptune, le caducée de Mercure, le thyrse de Bacchus te semblent être autant de sceptres, et tu les brises[1]. »
Pour fixer sur ses «exhortations fraternelles» toute l'attention des bons citoyens, la Commission temporaire des arts rappelait le décret du 3 brumaire an II qui défendait «d'enlever, de détruire, de mutiler et d'altérer en aucune manière, sous prétexte de faire disparaître les signes de féodalité et de royauté, dans les bibliothèques, dans les collections, cabinets, musées ou chez les artistes, les livres, dessins et gravures, les tableaux, les statues, les bas-reliefs, les médailles, les vases, les antiquités, les modèles et autres objets qui intéressent les arts, l'histoire et l'enseignement».

« Cette loi veut que les monuments publics, transportables et qui portent quelques-uns des signes proscrits, qu'on ne pourrait enlever sans leur faire un dommage réel, soient déposés dans le musée le plus voisin, pour y servir à l'instruction nationale. »

Et l'article x invite les sociétés populaires et tous les bons citoyens à surveiller avec le plus grand zèle l'exécution de ces mesures.

« En obéissant à de telles lois, et en suivant les avis que cette instruction contient, toutes nos richesses, toutes nos conquêtes littéraires seront inventoriées et conservées, et les législateurs s'en serviront utilement pour hâter les progrès de la raison, sans laquelle il n'est point de liberté[2]. »

La Commission des arts n'aurait pas demandé mieux que de

---

[1] *Instruction*... (p. 68). — Les détails ci-dessus font allusion à des destructions dont les circonstances sont rappelées en note dans l'instruction. — [2] *Ibid.* (p. 70).

INTRODUCTION.

se transporter ou d'envoyer, toutes les fois qu'il eût été utile, des commissaires dans les départements pour surveiller l'exécution des mesures qu'elle prescrivait.

Le 5 frimaire an III (25 novembre 1794), Dufourny avait même proposé d'organiser une commission « chargée de parcourir les départements pour assurer la conservation des monuments que la malveillance ou l'ignorance seraient tentées de détruire ». En même temps, il envisageait l'établissement, dans les départements, de commissaires préposés à la conservation et à la réunion des objets propres à l'instruction. Cette proposition fut renvoyée au Comité d'instruction publique, « avec invitation de statuer sur un objet aussi urgent[1] ». Dans la suite, la Commission des arts continua à se préoccuper de remédier à l'insuffisance de son action dans les départements éloignés et chercha, à maintes reprises, notamment le 5 ventôse an III (23 février 1795), à faire adopter par le Comité d'instruction publique sa manière de voir, relativement à la nécessité d'organiser une commission ou « agence ambulante chargée de porter un œil vigilant sur toutes les parties de la France, de découvrir ce que l'esprit de rapine chercherait à lui dérober, d'éclairer l'ignorance qui méconnaît les trésors qui sont entre ses mains, d'arrêter cette fureur destructive qui se manifeste encore[2] ».

Il ne semble pas avoir été donné suite à ce projet de commission ambulante[3] et la région parisienne a été seule visitée méthodiquement par les membres de la Commission des arts. Il convient cependant de mentionner, à titre d'exception, l'envoi de commissaires en Belgique et sur les bords du Rhin, à la suite des armées du Nord et de Sambre-et-Meuse, en dé-

---

[1] V. le procès-verbal de la séance du 5 frimaire an III (25 novembre 1794), p. 582.
[2] V. le procès-verbal des séances des 10 et 20 pluviôse et 5 ventôse.
[3] Cependant deux commissaires, Goupil, à Grasse, et Jacquin, rédacteur et imprimeur du *Journal du Matin*, parcoururent, le premier, la région du Midi, le second, celle de l'Est (Rapport sur les commissaires ambulants, F¹⁷ 1253).

cembre 1794 : Le Blond et Lebrun en Belgique, Thoüin à Spa, Aix-la-Chapelle et Cologne pour recueillir les œuvres et objets d'art, les pièces d'archives et de bibliothèques, les collections d'histoire naturelle, etc.[1].

Toutefois, abstraction faite de quelques missions envoyées hors du territoire de la République, la Commission des arts, «forcée de se restreindre au département de Paris et à quelques autres départements environnants, ne put qu'entretenir des correspondances avec les départements les plus éloignés». L'instruction qu'elle avait élaborée, imprimée par ordre de la Convention, fut «répandue dans toute la République [2] «pour y faire germer le même esprit dont elle était animée». Cette instruction, de funestes errements en contrarièrent d'abord l'exécution immédiate et l'efficacité : «Le vandalisme étendait ses ravages sur le territoire de la République, et dans beaucoup de lieux les vœux renfermés dans l'instruction, ainsi que les efforts de la Commission restèrent sans activité. Mais le courage de la Commission n'en fut qu'alarmé sans en être abattu. Elle eut la force d'opposer les armes de la raison et l'enthousiasme du beau, non seulement à la rage de la multitude égarée, mais même aux opinions désastreuses dont le Comité lui-même vit quelques-uns de ses membres fortement entachés[3]. »

Cependant, des notices et des inventaires, établis par les soins des départements ou des districts, furent centralisés dans les archives de la Commission des arts, et des «collections intéressantes[4]» furent formées dans plusieurs départements. Par sa surveillance éclairée, la Commission des arts se regardait comme «une sentinelle qui portait ses regards sur tous les

[1] Cf. C. Saunier, *Les Conquêtes artistiques de la Révolution et de l'Empire*, 1902, p. 31-32.
[2] Historique des travaux de la Commission commençant par ces mots : «Lors de la régénération de la France en 1789...» (F^{17} 1253).
[3] *Projet de rapport sur la Commission temporaire des arts*, demandé par l'arrêté du Comité d'instruction publique (F^{17} 1253).
[4] Historique des travaux de la Commission commençant ainsi : «Lors de la régénération...» (F^{17} 1253).

points de la République[1]»; et son intervention personnelle, l'influence de ses exhortations eurent pour résultat de restreindre, sinon d'empêcher tout à fait, les dévastations et déprédations exercées sur les monuments et les collections artistiques ou scientifiques, déjà stigmatisées dans son instruction sous le nom de « vandalisme ».

Les monuments et objets précieux dont leur nature rendait impossible le transport dans les dépôts furent naturellement les plus difficiles à préserver. La Commission a eu d'autant plus de mérite à en sauver bon nombre. « Elle a préservé de la destruction des monuments publics et des monuments particuliers... On voulait abattre le superbe château de Chantilly, bâtiment d'une excellente architecture et qui peut être consacré à des usages utiles à la nation : les représentations de la Commission en empêchèrent la destruction. Il en a été de même de l'église de Franciade..., de même encore la tour Saint-Maclou à Mantes : un acquéreur avide se l'était fait adjuger pour 600 francs, et voulait l'abattre... Le vandalisme voulait abattre comme étant un château redoutable le beau château de Praslin : la Commission a heureusement conservé ce monument d'une bonne architecture et qui renferme de superbes tableaux de Lebrun. Entre tant d'autres monuments ou objets précieux conservés, la Commission ne citera plus que la porte Saint-Denis que le vandalisme voulait détruire à cause de quelques attributs royaux, et le château d'Écouen, parfaitement bien bâti et dans lequel une longue galerie avait aux fenêtres des vitraux peints par les plus célèbres élèves de Raphaël et d'après les dessins de ce grand maître. Ils sont en grisaille et représentent l'histoire de Psyché. Le besoin de placer commodément des défenseurs de la patrie, casernés dans ce lieu, avait fait imaginer de faire coucher des soldats dans cette galerie, sans avoir eu la précaution de les prévenir du dépôt qui se trouvait confié à

[1] Historique des travaux de la Commission, de la main de Le Blond (F17 1253).

leurs soins. Aussi, n'y voyant pas d'inconvénient, s'y comportaient-ils exactement comme dans une caserne, et, à chaque fois qu'au moyen d'un cordon ils ouvraient ou fermaient un panneau de fenêtre, ils en cassaient une vitre et privaient la République d'un chef-d'œuvre. La Commission y envoya promptement un commissaire accompagné d'un ouvrier actif qui mit à la discrétion de la troupe des verres infiniment moins précieux que ceux qu'il enlevait.»

« Les premières orgues de Paris, chef-d'œuvre de Clicau... étaient menacées d'une perte encore plus inévitable...» Le vandalisme, dans «sa stupide ignorance» voulait en arracher les soufflets et les tuyaux d'un métal qu'il supposait être de plomb pour en faire des balles. « Ainsi, par des vues soi-disant économiques, on allait détruire un chef-d'œuvre, perdre 80,000 francs de dépenses pour en retirer du plomb et du fer valant à peine 1,000 écus[1].»

Au point de vue de la conservation des édifices et monuments nationaux, la Commission des arts avait fait plus qu'elle ne le disait dans son rapport, et elle aurait pu citer d'autres exemples, pour le moins aussi honorables, de sa vigilance active et éclairée. Le 5 frimaire an III (25 novembre 1794), David Le Roy, dans un rapport sur la cathédrale d'Amiens, estimait que les réparations à ce monument devaient être faites sans délai, et qu'il y avait lieu d'écrire au département de la Somme «pour l'engager à effectuer le plus promptement possible ces réparations...[2]». Cette proposition était adoptée. En outre, il fut décidé que les administrateurs du district d'Amiens seraient avertis du danger qui pourrait résulter de la destruction des pyramides et obélisques de l'extérieur de la cathédrale, «leur

[1] *Rapport fait au nom de la Commission temporaire des arts relativement au but de son établissement, à l'utilité de ses travaux et aux dépenses qui en ont été la suite, rédigé par le citoyen Men*telle *en conséquence d'un arrêté de ladite Commission de brumaire an IV* (F17 1253).

[2] V. le procès-verbal de la séance du 5 frimaire an III (25 novembre 1794).

poids étant absolument nécessaire pour augmenter la résistance des contreforts à la poussée des grandes voûtes[1]». Très bien secondée par l'agent national du district de Chartres, la Commission des arts s'est maintes fois prononcée en faveur de la sauvegarde et de l'entretien de la cathédrale de cette ville. La Commission déplore «les dégradations que va encourir ce précieux monument d'art» du fait de l'enlèvement des plombs de la toiture, que réclame la Commission des poudres[2]. Elle décide de faire des démarches auprès du Comité d'instruction publique, en vue d'obtenir la réfection de la toiture de cette cathédrale, «un des plus beaux monuments que possède la République[3]». Enfin, elle ne laisse pas ignorer au même Comité «tout ce qu'elle a fait jusqu'à ce jour pour obtenir la conservation de ce superbe édifice[4]». Un peu plus tard, on voit la sollicitude de la Commission éveillée de nouveau par le souci de la conservation de l'église de Saint-Denis, de l'église et des tombeaux de Brou[5].

La variété, la multiplicité, l'extension des opérations de la Commission sur toute l'étendue du territoire de la République, qui nécessitaient une correspondance incessante et une comptabilité compliquée, avaient déterminé la création d'un nouveau rouage appelé le directoire de la Commission des arts. Ce bureau, chargé de la correspondance et de la comptabilité de la Commission, avait été créé par arrêté du Comité d'instruction publique en date du 15 brumaire an III (5 novembre 1794).

Buache, qui avait été le promoteur de cette institution et qui avait été chargé de préparer le projet d'arrêté, en a expliqué toute l'économie dans un rapport à la Commission en date du 1er brumaire.

---

[1] V. le procès-verbal de cette séance.
[2] V. le procès-verbal de la séance du 20 nivôse an III (9 janvier 1795).
[3] V. le procès-verbal de la séance du 25 pluviôse an III (13 février 1795).
[4] V. le procès-verbal de la séance du 5 ventôse an III (23 février 1795).
[5] V. les procès-verbaux des séances des 15 floréal et 29 prairial an III (5 mai, 17 juin 1795).

« La Commission temporaire des arts a reconnu », disait-il, « que ses travaux « avaient acquis insensiblement et presque à son insu une étendue et une importance qu'il était difficile de prévoir au moment de son institution, et qui pouvaient aujourd'hui excéder ses forces ou du moins les moyens d'exécution qui lui avaient été donnés.... »

« Jusqu'ici son attention s'est portée tout entière sur les principales opérations qui ont donné lieu à son établissement. » S'il est « vrai de dire que les fonctions particulières de chaque section de la Commission ont été remplies d'une manière satisfaisante..., d'autres fonctions non moins essentielles, les opérations générales qu'exige l'ensemble des travaux et qui demandent le concours des différentes sections n'ont point été suivies avec la même activité... La cause principale est évidente,... c'est une vérité démontrée par l'expérience de tous les temps que ce qui est l'ouvrage d'un grand nombre n'est l'ouvrage de personne et s'exécute rarement avec les mêmes soins et la même exactitude que les travaux particuliers. La Commission doit considérer tout à la fois l'ensemble et les détails de ses travaux et pourvoir à tous les moyens d'exécution. »

« Elle doit faire connaître par des descriptions exactes et précises la nature des objets dont elle devient dépositaire, prendre toutes les mesures qui seront en son pouvoir pour en assurer la conservation et constater par des pièces authentiques et de la manière la plus évidente qu'ils ont été remis à leur destination. La Commission ne peut se dissimuler que sur ce point elle doit redouter jusqu'à l'ombre du soupçon et que la moindre négligence devient un crime.

« Les travaux de la Commission donnent lieu à des dépenses considérables dont elle devient comptable... Le Comité d'instruction publique vient de déterminer par un arrêté le mode de comptabilité de la Commission, et il a rempli ses vœux à cet égard.... »

Quant à la correspondance de la Commission, « elle est une

partie essentielle de ses travaux et celle dont dépend le succès de toutes les autres : il importe qu'elle soit maintenue dans la plus grande activité et qu'il n'y ait aucun retard dans ses opérations. La correspondance avec le Comité d'instruction publique doit être continuelle ou telle que le Comité puisse à chaque instant en recevoir les renseignements dont il peut avoir besoin. La correspondance avec l'Agence du domaine national, de laquelle le Gouvernement exige la plus grande activité, ne peut éprouver non plus aucun retard... Il paraîtra également urgent de satisfaire le plus promptement qu'il sera possible aux demandes des départements et des districts, d'autant plus qu'ils ont moins de secours pour les opérations relatives aux travaux de la Commission et que le moindre retard peut occasionner des dégradations et des pertes considérables. » Le rapport de Buache était accompagné d'un projet d'arrêté qui fut adopté par la Commission, puis par le Comité d'instruction publique. Le préambule est ainsi conçu : « Le Comité, considérant que la Commission temporaire des arts est divisée en plusieurs sections qui n'ont point de centre permanent, puisque les séances de la Commission se réduisent à deux par décade, que les travaux étendus et multipliés dont elle est chargée ne permettent pas d'en augmenter le nombre, qu'un seul agent n'est pas en état de surveiller la correspondance, la comptabilité et l'exécution des arrêtés, qu'il est nécessaire de donner à la Commission une organisation qui accélère ses travaux, en régularise la marche, en assure l'ensemble et la mette en état d'en rendre un compte général au Comité, arrête :

« Article 1ᵉʳ. La Commission temporaire des arts sera divisée en cinq sections :

1. Histoire naturelle....... { Zoologie. Botanique. Minéralogie.

2. Physique............. { Physique. Chimie. Anatomie.

3. Mécanique............ { Machines.
                          Génie militaire.
                          Ponts et chaussées. }

4. Peinture............. { Peinture.
                           Sculpture.
                           Architecture. }

5. Bibliographie......... { Bibliographie.
                            Géographie.
                            Antiquités.
                            Musique. }

« Art. 2. Il y aura un Directoire de la Commission temporaire des arts.

« Art. 3. Le Directoire sera chargé de la correspondance et de la comptabilité de la Commission. Il délibérera sur toutes les affaires urgentes, sauf à en rendre compte dans la séance suivante de la Commission.

« Art. 4. Il surveillera l'exécution des arrêtés de la Commission, tiendra note des commissions données aux différents membres et veillera à ce qu'elles soient exécutées.

« Art. 5. Il sera chargé de la surveillance immédiate des dépôts confiés aux soins de la Commission, et, à cet effet, il tiendra note des objets à mesure qu'ils en seront extraits et des inventaires faits par les membres de la Commission et prendra les mesures nécessaires à leur conservation.

« Art. 6. Le Directoire sera chargé d'acquitter toutes les dépenses de la Commission, d'après les délibérations qu'elle aura prises; il en rendra compte tous les quinze jours.

« Art. 7. Le Directoire sera composé de six membres pris dans chacune des sections de la nouvelle division. Il en sera pris deux dans la section de bibliographie; ils seront nommés au scrutin et à la pluralité relative par la Commission.

« Art. 8. Le Directoire nommera un président dans son sein; il sera renouvelé tous les quinze jours.

« Art. 9. Le Directoire sera renouvelé par moitié tous les

trois mois; la première mutation se fera par le sort et les autres par ancienneté.

« Art. 10. Il s'assemblera au secrétariat de la Commission temporaire tous les jours pairs depuis six heures du soir jusqu'à neuf heures. Le président surveillera tous les jours l'expédition du travail.

« Art. 11. Les délibérations du Directoire seront signées au moins par quatre membres. Tous ses actes seront intitulés au nom de la Commission temporaire des arts.

« Art. 12. Il sera envoyé une expédition du présent arrêté à la Commission temporaire des arts et à la Commission d'instruction publique [1]. »

A la même époque, l'effectif des membres de la Commission des arts s'augmentait d'un certain nombre de savants et d'artistes. Dans un rapport au Comité d'instruction publique, le physicien Charles, membre de la Commission des arts, explique la nécessité de cette augmentation : « En parcourant l'ancienne liste de ses membres, disait-il, il paraîtrait d'abord que chaque classe est assez nombreuse; mais quelques observations simples vont en démontrer l'insuffisance et motiver l'adjonction qu'on demande.

« Lors de la formation de la Commission temporaire des arts, le Comité d'instruction publique a porté ses regards sur les savants et artistes qu'elle a jugés les plus propres à remplir ses vues. Mais plusieurs de ses membres, déjà engagés dans d'autres travaux qui occupaient tous leurs moments, ont d'abord accepté par zèle pour la chose publique. Qu'en est-il résulté? Ils n'ont pu remplir la tâche qu'ils devaient partager, et cette tâche est devenue beaucoup trop forte pour le nombre des coopérateurs restés attachés à la Commission. En veut-on un exemple? La classe de chimie est composée de quatre membres : Pelletier, Vauquelin, Berthollet et Leblanc. Certainement, il était difficile

---

[1] F^{17} 1050, n° 1. Voir aussi les procès-verbaux des séances des 15 vendémiaire, 1 et 10 brumaire an III (6, 22 et 31 octobre 1794).

de faire un meilleur choix; mais les trois premiers sont tellement surchargés de travaux que, loin de partager ceux de la Commission temporaire, il n'ont pas même le temps d'assister à ses séances, et Leblanc reste seul accablé du fardeau auquel son zèle ne peut pas toujours suffire. On en peut dire autant de quelques autres sections dont les membres sont tellement employés par l'administration qu'ils n'ont pas un seul instant à consacrer à autre chose. De là il résulte toujours que la liste de la Commission n'est point complète.

« Voici les noms de ceux qu'elle présente au Comité : *Botanique* : L'Héritier; *Chimie* : Deyeux et Fourcy; *Mécanique* : Mercklein le jeune; *Antiquités* : Mongez; *Peinture* : Lebrun, Lenoir; *Architecture* : Percier; *Sculpture* : Michallon; *Musique* : Frédéric Rousseau.

« Ici nous ferons une observation très importante pour justifier les choix faits par la Commission temporaire; comme elle a une connaissance bien sentie de ses devoirs, de ses travaux et de ses besoins, elle s'est crue très propre à choisir elle-même ses collaborateurs, et elle les présente avec confiance au Comité d'instruction publique. La critique, en parcourant cette liste, pourrait dire encore qu'on n'y trouve pas de ces noms célèbres dans les arts et déjà consacrés de leur vivant à l'immortalité. Nous leur répondrons ce que nous avons déjà dit : dans les sciences et les arts, il y a deux objets principaux à considérer; d'un côté le génie, le talent qui enfantent les chefs-d'œuvre, de l'autre la sagacité et l'érudition qui les contemplent et les comparent. Les uns et les autres ne s'excluent pas toujours, mais rarement se trouvent-ils réunis dans le même individu. Ce sont ces productions du génie et des arts que nous sommes chargés de rechercher et de recueillir de toutes parts. Pour inventorier et soigner des tableaux, rassembler des instruments ou des morceaux de musique, il faut sans doute les connaissances qui y sont propres; mais ces connaissances sont absolument indépendantes du génie qui a su les produire. On peut même assurer qu'il n'y a aucun rapport nécessaire entre le talent transcendant des premiers, et les travaux très ordinaires d'un conservateur éclairé. Il faut à la Commission des artistes éclairés sans doute; mais, par-dessus tout, il faut qu'ils puissent y consacrer leur temps presque tout entier, et c'est après s'être assurée qu'en effet les membres désignés peuvent servir utilement la chose publique, qu'elle les a indiqués au Comité d'instruction publique [1] ».

L'existence de la Commission temporaire des arts se termina en même temps que celle du Comité d'instruction publique et de la Convention nationale, c'est-à-dire à la fin de 1795.

La Commission eut donc l'heureuse chance de durer et de vivre, en dépit des orages de la politique, et de pouvoir travailler à peu près paisiblement à l'accomplissement de sa mission. Un de ses membres, le chirurgien Thillaye, fut pourtant inquiété pendant la Terreur et subit un long emprisonnement.

En outre, en octobre 1794, la Commission elle-même se trouva prise à partie par le représentant du peuple Marie-Joseph Chénier, qui, dans cette occasion, paraissait s'attaquer surtout à ceux d'entre les artistes de la Commission qu'il tenait pour des créatures du peintre David. Au cours d'un rapport fait à la Convention au nom du Comité d'instruction publique, Chénier déclare qu'il « faudra bien encore épurer la Commission temporaire des arts et y porter comme en triomphe ces artistes célèbres et opprimés qui en avaient été écartés par un rival bassement jaloux. Il faudra, ajoute-t-il, écarter cette foule de petits intrigants sans moyens qui cultivent les arts pour les avilir, qui luttaient contre les talents avec la calomnie, qui, sous le règne des triumvirs, obstruaient les avenues du Comité de salut public, etc. [2] ».

Dans sa séance du 16 octobre 1794, la Commission des arts

---

[1] Le rapport de Charles fut envoyé au Comité d'instruction publique le 25 brumaire (F^{17} 1050, n° 1).

[2] Rapport du 27 vendémiaire an III, sur la fête des Victoires (J. Guillaume, *Procès-verbaux*, t. V, p. 98).

protesta contre ces attaques. Le représentant du peuple Romme, qui présidait la séance, fit observer que, sans doute, le rapport en question n'avait pas été lu en entier au Comité d'instruction publique, car celui-ci se serait empressé de désavouer ce qu'il contenait d'offensant pour la Commission. Romme proposait d'envoyer des commissaires demander au Comité si, en présence des attaques dirigées contre elle, la Commission devait continuer ses fonctions, ou bien, dans le cas où le Comité ne partagerait pas les sentiments de l'auteur du rapport, de le prier de «prendre des mesures propres à détromper la Convention et la République». Cependant, Chénier prétendait «n'avoir point eu l'intention de calomnier la Commission temporaire des arts. Il rendait hommage à l'activité et au mérite de tous ses membres, en général et en particulier», témoignant toutefois «son déplaisir de ce que, lors de la formation de la liste des commissaires» présentés «à l'acceptation de la Convention nationale, l'influence d'un représentant» en eût écarté «plusieurs artistes également dignes d'être admis dans cette Commission». Quant à la phrase «où il était parlé de petits intrigants...., il déclarait qu'elle ne regardait point la Commission des arts; il promettait de monter à la tribune de la Convention et de s'expliquer de manière à détourner de la Commission une défaveur qui n'a jamais dû planer sur elle». A la suite d'une rétractation aussi complète, la Commission des arts, apparemment satisfaite, se déclarait «pleine de confiance dans la promesse du citoyen Chénier» et ajournait l'adoption de la proposition du représentant du peuple Romme jusqu'au décadi suivant[1].

La suite de ce débat, s'il y en eut une, n'a pas laissé de traces dans les procès-verbaux des séances de la Commission. L'incident, qui d'ailleurs n'avait pas suffi à faire mettre en question l'existence de celle-ci, devait être bien oublié, lorsque,

---

[1] Voir le procès-verbal de la séance du 16 octobre 1794.

le 4 brumaire an IV (26 octobre 1795), parut le décret qui supprimait toutes autorités, administrations et commissions. Ce décret donna le signal de la liquidation générale du gouvernement révolutionnaire issu de la Convention.

Le même jour, la Commission des arts croyait devoir se conformer à ce décret, et son directoire, « après avoir reconnu et signé le... registre des délibérations (de la Commission), déclarait que les séances étaient closes [1] ». Cependant, bien que la Commission eût dès lors terminé son existence officielle, elle continua à siéger encore pendant quelque temps. En effet, la question suivante avait été posée : la Commission, malgré la suppression du Comité d'instruction publique, auquel elle était adjointe, devait-elle continuer ses séances et ses opérations [2] ? Après en avoir référé à l'ancien Comité, la Commission décida, le 15 brumaire, de ne pas cesser ses travaux, tant que le Ministre de l'intérieur n'en aurait pas autrement ordonné. Le Ministre approuvait d'ailleurs la décision de la Commission et l'invitait même à « continuer ses travaux et ses séances dans le même local qu'auparavant, jusqu'à ce qu'il en eût référé au Directoire exécutif [3] ».

La Commission des arts consacra les derniers moments de son existence particulièrement à préparer la rédaction d'un rapport sur ses travaux et la gestion de ses finances [4]. Elle en arrêta le texte définitif dans sa séance du 29 brumaire an IV (20 novembre 1795) [5]. Cette sorte de survivance de la Commission des arts dura jusqu'au 29 frimaire an IV (19 décembre

---

[1] Cette déclaration était signée des membres composant le directoire : Michel Le Blond, Peyron, Fortin, Mailly, Oudry.

[2] Séance du 5 brumaire an IV (27 octobre 1795).

[3] Séance du 19 brumaire. La délégation chargée, le 15 brumaire, de faire connaître au Ministre la décision de la Commission se composait de Lelièvre, Buache, Molard, Gillet et David Le Roy.

[4] Le 9 brumaire, la Commission avait désigné Mentelle, Lebrun, Lannoy, Le Blond, Ameilhon et Millin à l'effet de rédiger le rapport en question.

[5] Voir ci-dessus, pages x et suiv., quelques extraits de ce rapport.

INTRODUCTION

1795), jour de sa dernière séance. Le 3 nivôse (24 décembre), le Ministre de l'intérieur avait écrit la lettre suivante « aux membres de l'ancienne Commission temporaire des arts » :

« Je viens de réduire, citoyens, les membres de la Commission temporaire des arts au nombre strictement nécessaire pour la confection des travaux qui restent à faire. L'économie, autant que les principes d'une bonne administration, exigeaient cette réduction. Je vous dois à tous des remerciements pour le zèle que vous avez mis à rassembler les débris échappés au vandalisme. Vous avez servi la République et vous vous retirez avec cette gloire, prêts à lui rendre de nouveaux services lorsqu'elle aura besoin de votre zèle. De mon côté, je n'oublierai point les titres que vous avez à la reconnaissance publique. Les membres de la nouvelle Commission temporaire des arts que je viens de réorganiser seront avertis de leur nomination par des lettres particulières.

« Salut et estime.

« BENEZECH. »

Le 5 nivôse an IV (26 décembre 1795), la Commission temporaire des arts, qui avait cessé de siéger depuis le 29 frimaire, fermait définitivement le registre des procès-verbaux de ses séances.

Une nouvelle commission, beaucoup moins nombreuse, à laquelle le Ministre avait fait allusion dans sa lettre, s'organisait pour continuer l'œuvre de la Commission des arts. Elle pouvait s'en inspirer avec d'autant plus de raison que plusieurs des membres de la Commission disparue se retrouvèrent dans la nouvelle; celle-ci ouvrit sa première séance le 6 nivôse (27 décembre) sous le nom de Conseil de conservation des objets de sciences et d'arts.

La meilleure preuve de l'activité de la Commission temporaire des arts et du travail qu'elle a produit réside aujourd'hui

INTRODUCTION.

dans les papiers qu'elle a laissés. Ces papiers sont conservés aux Archives nationales, où ils font partie de la série F 17. Ils s'y trouvent mêlés aux papiers du Comité d'instruction publique, dont la Commission des arts était l'un des organes.

Les papiers de la Commission des arts se composent de deux registres de procès-verbaux des séances[1], d'un registre de présence[2], et d'une masse considérable de pièces détachées (correspondances, rapports, inventaires), qui constituent les archives proprement dites de la Commission.

Le premier registre des procès-verbaux se termine avec la séance du 10 vendémiaire an III; le deuxième s'ouvre avec la séance du 15 vendémiaire an III et se ferme au 5 nivôse an IV. Notre présent volume contient donc les procès-verbaux du premier registre, ainsi qu'une partie de ceux du deuxième registre jusqu'au 30 frimaire an III. Un second volume comprendra la fin des procès-verbaux et la table.

Dans les marges de chacun des deux registres de procès-verbaux existent de brèves rubriques, sous forme de sommaires en regard de chaque paragraphe. Ces rubriques sont contemporaines des procès-verbaux et en général de la même main. Elles avaient pour objet de faciliter les recherches. Nous les avons conservées pour le même motif, développées quand le souci de la clarté l'exigeait; et elles constituent ainsi les sommaires que le lecteur trouvera en tête du procès-verbal de chaque séance.

Quant à l'annotation des procès-verbaux, nous en avons tout naturellement puisé les éléments essentiels dans les papiers de la Commission.

M. Homolle, membre de l'Institut, nous a fait l'honneur de suivre cette publication en qualité de commissaire responsable : nous le prions de vouloir bien agréer l'expression de notre vive reconnaissance.

---

[1] Sous les cotes F^{17*} 7 et 8. — [2] Sous la cote F^{17*} 12.

INTRODUCTION.

LISTE
DES MEMBRES DE LA COMMISSION TEMPORAIRE DES ARTS.

D'après l'article 1er du décret du 18 pluviôse an II, la Commission temporaire des arts était composée ainsi qu'il suit :

Section d'histoire naturelle : LAMARCK, THOÜIN, DESFONTAINES, GILLET-LAUMONT, BESSON, LELIÈVRE, NITOT, RICHARD.
Physique et astronomie : FORTIN[1], CHARLES, LENOIR, DUFOURNY, JANVIER.
Chimie : PELLETIER, VAUQUELIN, LEBLANC, BERTHOLLET.
Anatomie : THILLAYE, FRAGONARD, VICQ-D'AZYR, CORVISART, PORTAL.
Arts et métiers : MOLARD, HASSENFRATZ, VANDERMONDE.
Marine et géographie : ADET, MONGE, BUACHE.
Machines de guerre et fortifications : BEUVELOT, DUPUIS-TORCY.
Antiquités et médailles : LE BLOND.
Bibliothèques : LANGLÈS, AMEILHON, BARROIS l'aîné, POIRIER.
Peinture et sculpture : NAIGEON.
Architecture : HUBERT.
Ponts et chaussées : PRONY, RAUCH[2], PLESSIS, CHAMBERY.
Musique : SARRETTE et BRUNI.

Cette première liste, comprenant quarante-trois noms, fut modifiée peu de temps après par la disparition de deux noms et par l'adjonction de onze autres. La nouvelle liste, qui est publiée ci-après, a suivi à un court intervalle celle du 18 pluviôse, puisque l'impression en fut décidée dans la séance de la Commission du 15 ventôse an II (5 mars 1794). Tous les noms portés au décret du 18 pluviôse figurent, sauf deux (Chambery et Sarrette), sur la nouvelle liste qui comprend cinquante-deux noms.

[1] Voir dans Guillaume, *Procès-verbaux du Comité d'instruction publique*, t. II, p. 508, le texte de l'acte de nomination de Fortin en qualité de commissaire chargé de faire l'inventaire des objets nationaux utiles à l'instruction publique.
[2] Le décret porte *Bauche*, mais on pense qu'il y a là un lapsus et qu'il faut lire *Rauch*.

INTRODUCTION.

LISTE

DES MEMBRES COMPOSANT LA COMMISSION TEMPORAIRE DES ARTS,
ADJOINTE AU COMITÉ D'INSTRUCTION PUBLIQUE [1].

CLASSES.		NOMS.	DEMEURES.	NUMÉROS.
I. *Histoire naturelle.*				
	Zoologie	*Richard	Rue Copeau.	53₁
		*Lamarck	Au Muséum d'histoire naturelle.	
	Botanique	*Thouin	Au Muséum d'histoire naturelle.	
		*Desfontaines	Au Muséum d'histoire naturelle.	
		*Gillet-Laumont	Cloître Saint-Benoît.	369
	Minéralogie	*Besson	Rue du Coq-Saint-Honoré.	122
		*Lelièvre	A la Monnaie, rue Guénégaud.	163₂
		*Nitot (Étienne)	Pont du Peuple, au coin de la place Thionville.	
II. *Physique*		*Fortin	Place Châlier.	
		*Charles	Au Louvre.	
		*Lenoir	Rue Basse-des-Ursins.	
		*Dufourny [1]	A l'Arsenal, maison des Poudres.	
		*Janvier	Cour du Louvre.	
III. *Chimie*		*Pelletier	Rue Jacob.	1190
		Vauquelin	Rue des Boucheries.	
		*Leblanc	A l'Arsenal, maison des Poudres.	
		*Berthollet	Maison de la Monnaie.	
IV. *Anatomie*		*Thillaye	Aux Écoles de chirurgie.	
		*Fragonard (Honoré)	Rue de la Tisseranderie.	27
		*Vicq-d'Azyr [2]	Au Louvre.	
		*Corvisart	Rue d'Enfer.	149
		*Portal	Rue Pavée-aux-Arts.	4
V. Machines, arts et métiers		*Molard	Rue de Charonne.	21
		*Hassenfratz	Quai Voltaire.	4
		*Vandermonde [3]	Rue de Charonne.	22

* Les noms marqués d'un astérisque indiquent les membres composant la Commission temporaire des arts qui ont signé au registre de présence.
[1] Proposé au Comité par la Commission des arts à la séance du 15 nivôse.
[2] Pour remplacer Vicq-d'Azyr, la Commission proposa Leclerc (séance du 20 vendémiaire an II).
[3] Proposé par la Commission le 15 nivôse.

[1] Imprimé, sans date (F¹⁷ 1050, n° 1). L'impression de cette liste fut décidée par la Commission le 15 ventôse an II (5 mars 1794).

INTRODUCTION.

CLASSES.	NOMS.	DEMEURES.	NUMÉROS.
VI. *Géographie*	ADET	Maison de la Marine.	
	*MONGE	Rue des Petits-Augustins.	28
	*BUACHE	Galeries du Louvre.	5
VII. *Machines de guerre et fortifications*	*BEUVELOT	Rue de Seine, faubourg Saint-Germain.	4
	*DUPUIS	Rue de la Jussienne.	19
VIII. *Médailles et antiquités*	*LE BLOND	Collège des Quatre-Nations.	
	*VARON	Au Conservatoire.	
	WICAR	Au Conservatoire.	
IX. *Bibliographie*	*LANGLÈS	Place Thionville.	13
	*AMEILHON	Rue ci-devant des Prêtres-Saint-Paul.	37
	*BARROIS l'aîné	Quai des Augustins.	19
	*POIRIER	A la ci-devant abbaye de Saint-Germain-des-Prés.	852
	*NAIGEON aîné	Au Dépôt national, rue de Beaune.	
X. *Peinture*	*FRAGONARD	Au Conservatoire.	
	*BONVOISIN	Au Conservatoire.	
	*LE SUEUR	Au Conservatoire.	
	*PICAULT	Au Conservatoire.	
XI. *Architecture*	HUBERT	Place du Vieux-Louvre.	
	*LANNOY	Au Conservatoire.	
	*DAVID LE ROY	Au Conservatoire ou au Louvre.	
XII. *Sculpture* [1]	*DUPASQUIER	Au Conservatoire.	
	*DARDEL	Au Conservatoire.	
XIII. *Ponts et chaussées*	*PRONY	Maison de Toulouse.	
	RAUCH	Maison des Ponts et chaussées.	
	*PLESSIS [2]	Rue de Buci, près celle de Seine.	
XIV. *Instruments de musique, anciens et étrangers*	*BRUNI [3]	Rue de Cléry.	67
Agent	LE BLOND	Collège des Quatre-Nations.	

[1] Le 21 vendémiaire an III (12 octobre 1794) la Commission décidait de proposer *Michallon* comme membre de la section de sculpture. Un autre artiste, le sculpteur Lengliez, qui ne figure sur aucune liste, fit cependant partie de la Commission.

[2] Le décret du 18 pluviôse nomme en outre *Chambery*. — Quant à *Plessis*, sous-chef à la division du cadastre et des transports, il avait été appelé à faire partie de la Commission le 15 frimaire an II. Mais dès le 15 thermidor il donnait sa démission et proposait *Blondel* pour le remplacer.

[3] Le décret du 18 pluviôse nomme en outre *Sarrette*, que la Commission avait proposé au Comité le 5 nivôse.

INTRODUCTION.

Pour la troisième fois, la liste des membres de la Commission des arts fut augmentée d'une façon notable au commencement de l'an III. Le 25 brumaire, la Commission désignait pour être associés à ses travaux, après approbation du Comité d'instruction publique, les citoyens : L'Héritier, pour la section de botanique, Deyeux et Fourcy (chimie), Mercklein jeune (mécanique), Mongez (antiquités), Lebrun et Lenoir (peinture), Percier (architecture), Michallon (sculpture), Frédéric Rousseau (musique).

L'arrêté du Comité d'instruction publique du 22 nivôse suivant portait en effet nomination des savants proposés le 25 brumaire; le Comité nommait en outre par le même arrêté Armand Seguin pour la section de physique, Beljambe (peinture), Foucou (sculpture), Lévesque, Belin de Ballu, Debure, Barbier (bibliographie), Mentelle (géographie), Barthélemy (antiquités). Le 10 pluviôse, un nouvel arrêté du Comité nommait Mailly (minéralogie)[1] et Millin (antiquités).

Ont encore fait partie de la Commission en l'an III[2] : G. Cu-

---

[1] Le 5 pluviôse, en même temps qu'elle avait proposé Mailly, la Commission avait présenté Geoffroy, professeur au Muséum d'histoire naturelle : cette présentation ne paraît pas avoir abouti.

[2] Les noms de Cuvier et de Philipon figurent avec le nom de Bosc (histoire naturelle) sur une *Liste en supplément des membres de la Commission temporaire des arts nommés par arrêtés du Comité d'instruction publique*, sans date (F17 1253). Cuvier et Philipon ont assisté aux séances de la Commission, ainsi qu'en fait foi leur signature sur le registre de présence.

La liste des membres de la Commission des arts, donnée par E. Despois dans son livre *Le Vandalisme révolutionnaire*, p. 192-193, porte les noms suivants : Brongniard (histoire naturelle), Berton — ou plutôt Berthoud — (section de physique), Simonnet (ou plutôt Simonne), Ybert et Mandar (fortifications), Domergue et Dorat-Cubières (dépôts littéraires), Desarnod et Gilbert (architecture). — Dans ses *Procès-verbaux du Comité d'instruction publique de la Convention*, t. II, p. 509, M. Guillaume donne une liste presque semblable (Arch. nat., F17 1047, n° 2). Ce document, non daté, est sans doute contemporain de la Commission à ses débuts, et antérieur au décret du 18 pluviôse an II : en effet, outre les noms cités par Despois, cette liste porte ceux de Adet (section de chimie) et Dunouy (mécanique). Or, sur un exemplaire cor-

INTRODUCTION.

vier, pour la section d'histoire naturelle (arrêté du 5 ventôse), et Philipon, pour celle de bibliographie.

rigé de la même liste, le nom de Brougniard a été biffé et remplacé par celui de Lamarck, celui de Berthoud a été supprimé. A Simonne, Ybert et Mandar ont été substitués Beuvelot et Dupuis-Torcy. De ces modifications résulte une liste qui, moyennant l'adjonction de quelques noms et la suppression de ceux de Domergue et Dorat-Cubières, Desarnod, Gilbert et Lebrun, sera celle qui figure au décret du 18 pluviôse. D'ailleurs, le titre même du document publié par M. Guillaume, qui est : *Liste des commissaires chargés de faire l'inventaire des objets nationaux utiles à l'instruction publique*, indique bien que la Commission, tout en se trouvant déjà partagée en sections, de la même manière que l'indiquera le décret précité, n'a pas encore reçu le nom de Commission temporaire des arts. Enfin, aucun des noms en question cités par Despois et M. Guillaume ne figure sur le *registre de présence*, ce qui ne doit pas surprendre, puisque ce registre ne sera ouvert que le 15 ventôse an II.

NOTICES BIOGRAPHIQUES

CONCERNANT

LES MEMBRES DE LA COMMISSION TEMPORAIRE DES ARTS.

I. SECTION D'HISTOIRE NATURELLE.

(ZOOLOGIE, BOTANIQUE, MINÉRALOGIE.)

Besson (Alexandre-Charles), inspecteur des mines, figure au décret du 18 pluviôse an II (6 février 1794).

Auteur de divers mémoires de minéralogie et de géologie insérés dans le *Journal des mines*. Il a aussi publié un *Manuel pour les savants et les curieux qui voyagent en Suisse* (Lausanne, 1786, 2 vol. in-8°).

Cuvier (Jean-Léopold-Nicolas-Frédéric, dit Georges), zoologiste.

Né à Montbéliard le 24 août 1769, mort à Paris le 13 mai 1832, créateur de l'anatomie comparée et de la paléontologie, fut nommé par le Comité d'instruction publique sur la proposition de la Commission le 5 ventôse an III (Arch. nat., F^{17} 1049). Après avoir fait ses études à l'Académie Caroline de Stuttgart, il fut, de 1791 à 1794, précepteur dans la famille du comte d'Héricy, entra en relations avec Geoffroy Saint-Hilaire et vint à Paris en 1795. Il fut alors adjoint comme suppléant au chirurgien Mertrud, qui occupait au Muséum la chaire d'anatomie comparée. Cuvier était nommé, le 13 décembre de la même année, membre de l'Institut, grâce à l'appui de Lacépède, et, en 1800, il remplaçait Daubenton dans la chaire d'histoire naturelle au Collège de France. En 1802, il devint titulaire de celle d'anatomie comparée au Muséum, et, lors du Consulat, fut nommé par Bonaparte inspecteur général de l'instruction publique. Il donna sa démission en 1803, fut chargé de missions en Italie pour organiser les Universités. En 1818, il entra à l'Académie française et, plus tard, à celle des Inscriptions, fut enfin nommé conseiller d'État en 1814, pair de France en 1832.

Desfontaines (René Louiche), figure au décret du 18 pluviôse an II (6 février 1794).

APPENDICE.

Naturaliste, né en Bretagne, le 14 février 1750, au bourg du Tremblay (Ille-et-Vilaine), mort le 16 novembre 1833. Docteur en médecine à 30 ans, reçu en 1783 à l'Académie des Sciences, il fut chargé par elle cette même année de faire un voyage en Barbarie qui dura deux années, devint professeur de botanique au Jardin des Plantes en 1786, directeur du Muséum d'histoire naturelle en 1801; il avait été nommé, le 20 novembre 1795, membre de la classe des sciences physiques et mathématiques de l'Institut.

GILLET DE LAUMONT (François-Pierre-Nicolas), figure au décret du 18 pluviôse an II.

Minéralogiste, né à Paris le 28 mai 1747, mort le 1er juin 1834, suivit d'abord la carrière militaire, arriva au grade de capitaine en 1779, renonça à cette carrière en 1784 pour se consacrer à l'étude de la minéralogie, devint inspecteur des mines, et, en 1794, l'un des trois membres de l'Agence des mines, organisa l'École des mines et fut nommé en 1810 inspecteur général; il fut élu en 1816 membre libre de l'Académie des Sciences.

LAMARCK (Jean-Baptiste-Pierre-Antoine DE MONET DE), figure au décret du 18 pluviôse an II (6 février 1794).

Naturaliste, né à Bazentin (Somme) le 1er août 1744, mort à Paris le 18 décembre 1829. Cadet au régiment de Beaujolais, il se distingua à la bataille de Willingshausen (16 juillet 1761) et quitta le service, étant lieutenant, pour étudier la médecine. Son ouvrage (la *Flore française*) fut bien accueilli. Il entra à l'Académie des Sciences en 1779. A la mort de Buffon, Lamarck fut adjoint à Daubenton comme garde du Cabinet du Roi et du Jardin des Plantes. Appelé pendant la Révolution à une chaire d'histoire naturelle au Jardin des Plantes, il l'occupa jusqu'à sa mort; fut nommé, le 20 novembre 1795, membre de la classe des sciences physiques de l'Institut.

LELIÈVRE (Claude-Hugues), figure au décret du 18 pluviôse an II (6 février 1794).

Minéralogiste, né à Paris le 28 juin 1752, mort dans la même ville le 19 octobre 1835. Il était ingénieur des mines en 1784, fut employé en 1793 à la fabrication de la poudre et du salpêtre dans les ateliers de la République, devint inspecteur des mines en 1794, membre du Conseil des mines de 1796 à 1810, inspecteur général des mines de 1810 à 1832.

Il fut élu, le 13 décembre 1795, membre de la classe des sciences physiques et mathématiques de l'Institut.

APPENDICE.

LHÉRITIER DE BRUTELLE (Charles-Louis), botaniste, nommé le 22 nivôse an III (14 janvier 1795).

Né le 15 juin 1746 à Paris où il mourut assassiné, le 16 août 1800, dans la rue, à quelques pas de son domicile. Procureur du Roi à la maîtrise des Eaux et Forêts de Paris en 1772, conseiller à la Cour des Aides en 1775, il fut, lors de la Révolution, commandant du bataillon de Saint-Nicolas-des-Champs : en cette qualité, il sauva dans la journée du 6 octobre 1789 onze gardes du corps qui allaient être massacrés; il fut élu, le 10 décembre 1790, l'un des juges des tribunaux d'arrondissement de Paris. Il entra à l'Académie des Sciences le 15 mars 1790, et à l'Institut le 13 décembre 1795. On lui doit de nombreux mémoires, entre autres la *Flore du Pérou*. Cuvier fit son éloge à l'Institut. (Voir le tome IV des *Mémoires* de la classe des sciences physiques.)

MAILLY (Charles-Jacques DE), peintre en émail, rue Neuve-des-Petits-Champs, n° 31, proposé par la Commission le 5 pluviôse an III (24 janvier 1795), nommé le 10.

Il exposa, au Salon de 1793, l'*Amour de la patrie*, essai de dessin sur vélin avec des crayons composés de diverses couleurs. Au Musée de Versailles se trouve une miniature de lui représentant *Catherine II, impératrice de Russie*.

D'après les *Mémoires secrets de Bachaumont*, t. X, p. 275, on se porta en foule chez M. de Mailly pour admirer une écritoire exécutée par cet artiste, d'après l'invitation de l'impératrice de Russie, et destinée à la salle des assemblées de l'Ordre de Saint-Georges : elle représentait un parc d'artillerie avec de petits génies.

Le registre des procès-verbaux de la Commission des Arts fait connaître que le citoyen Mailly, lequel «a recueilli en Russie une précieuse collection de minéralogie», fut «proposé comme adjoint à la section de minéralogie».

Le 26 nivôse an III, Mailly invitait le Comité d'instruction publique à prendre un arrêté définitif sur le sort de sa collection qu'il avait offerte et que le Cabinet d'histoire naturelle du Jardin des Plantes avait jugée utile à acquérir pour l'enseignement de la minéralogie.

Sous le titre «d'idées jetées pour la fête de l'Éternel», 1er prairial an II, Mailly a laissé un projet de fêtes civiques, dont il donne en détail le programme, ainsi qu'un plan de chariot sans chevaux pour le transport des grosses pierres (Arch. nat., F^{13} 333^2).

NITOT (Étienne), joaillier, place de Thionville, figure au décret du 18 pluviôse an II (6 février 1794).

RICHARD (Louis-Claude-Marie), naturaliste, figure au décret du 18 pluviôse an II (6 février 1794).

Né à Auteuil le 19 septembre 1754, mort à Paris le 6 juin 1821, professeur d'histoire naturelle médicale à la Faculté de médecine de Paris en 1795, membre de la classe des sciences physiques et mathématiques de l'Institut le 13 décembre de la même année, membre de l'Académie des Sciences (section d'anatomie et zoologie) le 21 mars 1816, Richard est l'auteur d'un dictionnaire de botanique (1798). Son éloge fut prononcé par Cuvier le 20 juin 1825.

THOÜIN (André), botaniste, figure au décret du 18 pluviôse an II (6 février 1794).

Né le 10 février 1747 à Paris, au Jardin des Plantes, où il est mort le 27 octobre 1824. Son père était jardinier en chef du Jardin : Thoüin lui succéda à sa mort en 1765; il fit beaucoup pour l'agrandissement de l'établissement. Membre de la Société royale d'agriculture en 1784, de l'Académie des Sciences en 1786, il fut élu en 1790 membre du Conseil général du département de la Seine; il y siégea jusqu'au 10 août 1792. L'année suivante, Thoüin fut nommé professeur-administrateur au Muséum d'histoire naturelle et occupa ce poste jusqu'à sa mort. Il a été l'un des commissaires chargés de recueillir en Belgique et en Hollande, et plus tard en Italie, les objets de sciences et d'arts utiles à l'augmentation des collections de la France.

Il fut nommé, le 20 novembre 1795, membre de la classe des sciences physiques et mathématiques de l'Institut, et le 21 mars 1816, membre de l'Académie des Sciences (section d'économie rurale).

II. SECTION DE PHYSIQUE.

CHARLES (Jacques-Alexandre-César), figure au décret du 18 pluviôse an II (6 février 1794).

Physicien, né à Beaugency le 12 novembre 1746, mort à Paris le 7 avril 1823. Il perfectionna les montgolfières et effectua lui-même plusieurs ascensions remarquées. Il entra en 1785 à l'Académie des Sciences. Avant la Révolution, il avait un logement au Louvre et son cabinet de physique, qu'il offrit à la Nation en janvier 1792, occupait une partie de la galerie d'Apollon. Professeur au Conservatoire des arts et métiers en 1795, Charles fut nommé, le 20 novembre de la même année, membre de la classe des sciences physiques et mathématiques de l'Institut et remplit, de 1808 à 1823, les fonctions de bibliothécaire de l'Institut.

APPENDICE. XLV

Deyeux (Nicolas), chimiste-pharmacien, nommé le 22 nivôse an III (14 janvier 1795).

Né à Paris le 21 mars 1745, mort dans la même ville le 27 avril 1837, fut nommé en 1797, professeur de pharmacologie à la Faculté de médecine de Paris, professa de 1803 à 1822 à l'École de pharmacie. Destitué en 1822, il refusa de reprendre sa chaire en 1830 et vécut dans la retraite. Il avait été nommé en 1804 pharmacien de Napoléon Ier. Élu, le 25 novembre 1797, membre de la classe des sciences physiques et mathématiques de l'Institut, il fut maintenu en 1803 et nommé, le 21 mars 1816, membre de l'Académie des Sciences (section de chimie).

Dufourny de Villiers (Louis-Pierre), ingénieur, né en 1739, figure au décret du 18 pluviôse an II (6 février 1794).

Membre du département de Paris, après le 10 août, l'un des membres les plus actifs des clubs des Jacobins et des Cordeliers, il participa à la journée du 31 mai et fut arrêté à différentes reprises en l'an II et en l'an III. Dufourny fut emprisonné le 17 germinal, puis le 21 fructidor an II. A cette dernière date, le Comité de sûreté générale ordonnait son arrestation, et la motivait en ces termes : «Le Comité, instruit que dans quelques sections et sociétés de Paris, il s'émet des opinions contre-révolutionnaires, que dans les théâtres il se fait des mouvements aussi contre-révolutionnaires, que la voix publique désigne Dufourny pour être l'un des agitateurs du peuple, se trouvant partout où il se fait des rassemblements, arrête que, par mesure de sûreté générale, ledit Dufourny sera mis en arrestation dans la maison de la Force.» Relâché, Dufourny fut de nouveau emprisonné en prairial an III. Il était accusé d'avoir, dans un rassemblement à la Porte Saint-Martin, tenu des propos de nature à soulever le peuple. Son dénonciateur déclarait qu'un particulier «s'étant plaint qu'on pouvait avoir du pain à 50 sols, 3 livres, 4 livres et même 5 livres la livre, tandis que les boulangers en manquaient, qu'il ne devait y avoir qu'une sorte de pain et à un prix uniforme», Dufourny intervint et dit «qu'il fallait être bien ignorant pour ne pas voir que la disette n'avait pour but que de forcer le peuple à demander la paix à quelque condition que ce soit et que l'on pouvait s'en convaincre par l'enthousiasme avec lequel le dernier traité avait été accueilli... Voilà où nous a conduit la suppression des Sociétés populaires, dit-il; si tous les bons Jacobins s'étaient bien entendus, ils seraient tous triomphants, mais que les députés jacobins étaient tous des lâches, excepté ceux qui étaient en arrestation, que d'ailleurs ce qui avait perdu les Jacobins c'était d'avoir accepté des places» (Arch. nat., F^7 4686). Dufourny s'efforça de se disculper; il fut mis en liberté le 28 vendémiaire an IV. Entre temps, il avait, en raison des inculpations qui pesaient sur lui, été exclu de la Commission des arts par arrêté du Comité d'instruction publique du 8 prairial an III. Il était, en 1794, l'un des agents nationaux pour les poudres et salpêtres.

FORTIN (Jean), ingénieur, figure au décret du 18 pluviôse an II (6 février 1794).
Né à Mouchy-la-Ville (Oise) le 9 août 1750, mort en 1831. Membre du Bureau des longitudes, il a perfectionné un grand nombre d'instruments de physique, entre autres le baromètre.

JANVIER (Antide), figure au décret du 18 pluviôse an II (6 février 1794).
Horloger, né à Saint-Claude (Jura) le 1er juillet 1751, mort à Paris le 23 septembre 1835. Horloger-mécanicien du Roi en 1784, avec logement au Louvre, il obtint sous la Révolution la création d'une école d'horlogerie qu'il dirigea et dut soutenir de ses deniers. Janvier a produit de véritables chefs-d'œuvre de mécanique.

LENOIR (Étienne), figure au décret du 18 pluviôse an II (6 février 1794).
Mathématicien et ingénieur, né à Mer (Loir-et-Cher) le 1er mars 1744, mort à Paris en 1832. Dans ses ateliers fut construit, en 1788, le premier fanal à miroir parabolique placé sur la tour de Cordouan. En 1792, il fabriqua les instruments que Méchain et Delambre employèrent pour mesurer un arc du méridien. Il exécuta le *mètre-étalon*, en platine, qui est conservé aux Archives nationales, devint, en 1814, membre du Bureau des longitudes.

SÉGUIN (Armand), chimiste et industriel, nommé le 22 nivôse an III (14 janvier 1795).
Né à Paris en 1768, mort dans la même ville en 1835, il fit avec Fourcroy et Berthollet des expériences sur la chimie appliquée aux arts, découvrit en 1794 un procédé rapide de tannage des cuirs, établit deux grandes tanneries, l'une dans l'île de Sèvres, l'autre à Nemours, et amassa en peu de temps une grosse fortune. Devenu sous le Consulat, avec Ouvrard, l'un des principaux banquiers de Bonaparte, il se compromit et fut emprisonné jusqu'à la fin de l'Empire, puis il se retira dans son château de Jouy.

III. SECTION DE CHIMIE.

BERTHOLLET (Claude-Louis), figure au décret du 18 pluviôse an II (6 février 1794).
Chimiste, né à Talloires (Haute-Savoie) le 9 décembre 1748, mort à Ar-

cueil le 6 novembre 1822. Médecin de la maison d'Orléans (1780), membre de l'Académie des Sciences (1780), directeur de la manufacture des Gobelins (1784), chargé en 1794 du cours de chimie à l'École normale, puis à l'École polytechnique de 1794 à 1810, Berthollet fut nommé, le 20 novembre 1795, membre de la classe des sciences physiques et mathématiques de l'Institut, et maintenu le 28 janvier 1803 dans la même classe. Il fut administrateur des Monnaies en 1799, sénateur de 1799 à 1814, comte en 1808, pair de France en 1814.

LEBLANC (Nicolas), figure au décret du 18 pluviôse an II (6 février 1794).
Chimiste et industriel, né à Issoudun en 1755, mort à Saint-Denis le 16 janvier 1806. D'abord chirurgien du duc d'Orléans en 1780, inventeur du procédé pour la fabrication artificielle de la soude pour laquelle fut créée, en 1790, une usine à Saint-Denis. Sous la Révolution, il devint administrateur du département de Paris, député à l'Assemblée législative, régisseur des poudres et salpêtres; il indiqua des procédés nouveaux pour la fabrication et l'extraction de l'ammoniaque, du salpêtre, des engrais, de l'alun, du nickel, du cobalt, etc.

PELLETIER (Bertrand), chimiste, figure au décret du 18 pluviôse an II (6 février 1794).
Né à Bayonne le 30 juillet 1761, mort à Paris le 21 juillet 1797. Préparateur au Collège de France en 1778, maître en pharmacie en 1783, il devint en 1785 inspecteur des hôpitaux, en 1793 commissaire des poudres et salpêtres, membre du Conseil de santé des armées, en 1795 professeur de chimie à l'École polytechnique. Membre de l'Académie des Sciences depuis 1792, Pelletier fut élu, le 13 décembre 1795, membre de la classe des sciences physiques et mathématiques de l'Institut. Une notice sur sa vie a été lue par Lassus dans la séance de l'Institut (classe des sciences physiques et mathématiques) le 5 mars 1798.

VAUQUELIN (Louis-Nicolas), chimiste, figure au décret du 18 pluviôse an II (6 février 1794).
Né le 16 mai 1763 à Saint-André-d'Hébertot, près de Pont-Lévêque (Calvados), où il est mort le 14 novembre 1829. Élève de Fourcroy, pharmacien à Paris en 1785, inspecteur des mines en 1790, pharmacien de l'hôpital militaire de Melun en 1793, inspecteur et professeur à l'École des mines de 1794 à 1801, à l'École polytechnique en 1795, professeur de chimie au Collège de France de 1801 à 1804, essayeur à la Monnaie en 1802, directeur de l'École de pharmacie en 1803, professeur

APPENDICE.

au Muséum de 1804 à 1820, professeur de chimie médicale à la Faculté de médecine de Paris de 1811 à 1823, inspecteur général de la Monnaie en 1815. Élu, le 13 décembre 1795, membre de la classe des sciences physiques et mathématiques de l'Institut, il fut nommé membre de l'Académie des Sciences (section de chimie) le 21 mars 1816, député du Calvados en 1827. Son éloge a été prononcé à l'Institut par Cuvier, le 20 juillet 1831.

IV. SECTION D'ANATOMIE, DE MÉDECINE.

CORVISART-DESMARETS (Jean-Nicolas) figure au décret du 18 pluviôse an II (6 février 1794).

Né le 15 février 1755 à Dricourt (Ardennes), mort le 18 septembre 1821 à Courbevoie, près Paris. Médecin en 1780, attaché à l'hôpital de la Charité en 1788, il y fonda une clinique renommée, professeur de chimie à l'École de médecine de 1795 à 1805, professeur au Collège de France de 1796 à 1804, Corvisart fut nommé en 1805 premier médecin de Napoléon 1er, baron de l'Empire en 1808, membre de l'Académie des sciences le 20 mars 1811.

FRAGONARD (Honoré), figure au décret du 18 pluviôse an II (6 février 1794).

LECLERC (Nicolas-Gabriel CLERC, dit), médecin des armées, nommé en vendémiaire an III (octobre 1794).

Né à Baume-les-Dames, en octobre 1726, mort à Versailles le 30 décembre 1798. Il fut médecin à l'hôpital Saint-Paul de Moscou, rentra en France avant la Révolution, et composa de nombreux ouvrages, notamment sur la *Contagion*, l'*Histoire naturelle de l'homme*.

PORTAL (Antoine), médecin, figure au décret du 18 pluviôse an II (6 février 1794).

Né à Gaillac (Tarn) le 5 janvier 1742, mort à Paris le 23 juillet 1832. Professeur d'anatomie au Collège de France de 1769 à 1802, et au Jardin des Plantes de 1778 à 1832, membre du conseil général des hôpitaux et de l'Académie des sciences, président d'honneur de l'Académie de médecine à sa fondation, fut élu le 9 décembre 1795 membre de la classe des sciences physiques et mathématiques de l'Institut. Portal, 1er médecin de Louis XVIII et de Charles X, fut nommé baron en 1824.

THILLAYE (Jean-Baptiste-Jacques), chirurgien, né à Rouen le 22 août 1752, mort à Paris le 5 mars 1822, figure au décret du 18 pluviôse an II (6 février 1794).

APPENDICE.

Il était, avant la Révolution, professeur d'anatomie à l'École pratique de chirurgie. Membre de la Commission des Arts dès le mois d'août 1793, il fut mis en état d'arrestation le 28 septembre suivant, et subit, malgré les démarches instantes et réitérées faites en sa faveur par la Commission, une longue détention, laquelle ne prit fin que le 26 thermidor an II.

D'après le dossier relatif à son arrestation existant aux Archives nationales (sous la cote F[7] 4775[28]), Thillaye fut emprisonné dans la maison de surveillance dite caserne de la rue de Vaugirard depuis le 27 vendémiaire an II (18 octobre 1793), en vertu d'un ordre du Comité révolutionnaire de la section de Mucius Scevola, ancienne section du Luxembourg.

Il était devenu suspect pour avoir été nommé, le 3 juin, commissaire à l'effet d'apposer les scellés sur le Comité révolutionnaire de ladite section. L'extrait des motifs d'arrestation établi par la section de Mucius Scevola, en relevant cette charge contre lui, déclare qu'accepter cette mission c'était de sa part méconnaître «la Commune de Paris en retirant les pouvoirs des commissaires nommés par la section». De plus, il était représenté comme «opposé aux intérêts du peuple», d'un «caractère méprisant, ses opinions politiques étaient d'un fayettiste».

Dans un mémoire justificatif adressé au Comité de sûreté générale, Thillaye opposait à la première accusation les efforts qu'il avait faits pour décliner cette fâcheuse mission. D'ailleurs son passé révolutionnaire ne témoignait-il pas de son patriotisme?

Dès le début de la Révolution, Thillaye avait assisté assidûment aux premières assemblées primaires. Le 12 juillet 1789, il se trouvait l'un des premiers à la section des Carmes; «le 13, avant 10 heures, il avait composé quatre compagnies de sans-culottes qui furent s'emparer des barrières et firent des patrouilles nombreuses tant sur les boulevards que dans la plaine de Vaugirard; il fut un des premiers à donner le conseil de barrer les rues avec des charrois et de creuser des fossés le long des boulevards pour empêcher la cavalerie de passer. Le 14, il fut avec plusieurs détachements à la Bastille»; le 15, il était «chargé spécialement du marché au pain de l'Abbaye-Saint-Germain; tout le temps de la disette du pain en 1789, il était également chargé des boulangers et du Marché Saint-Germain, qui fut très orageux». «J'étais, dit-il, obligé d'aller la nuit au faubourg Saint-Antoine et d'accompagner les boulangers jusqu'à l'Abbaye pour qu'ils puissent parvenir à faire leurs distributions... Le 5 octobre, j'ai été surveiller les boulangers afin d'avoir suffisamment de pain pour l'envoyer à nos frères d'armes à Versailles; j'ai rempli les fonctions de commissaire tant pour le Marché Saint-Germain que pour la foire pendant 20 mois.»

APPENDICE.

A l'organisation de la garde nationale, Thillaye était nommé chirurgien-major du bataillon de sa section.

Lorsque le Département fit former les trois premiers bataillons, il engagea son fils, âgé de 15 ans, à s'enrôler, il l'équipa de pied en cap, et, depuis le commencement de la guerre, ce jeune homme ne quitta pas les drapeaux.

« Chargé comme chirurgien-major de visiter ceux qui se sont enrôlés tant pour l'armée du Nord que pour la Vendée, ajoute Thillaye, je me suis toujours fait un devoir d'avertir, lorsque j'apercevais des hommes peu propres à être incorporés. Au 10 août, j'étais au château avec les canonniers du bataillon, j'ai pansé nombre de blessés. »

Thillaye rappelait enfin qu'il avait fait dès le commencement de 1793 un cours public et gratuit en faveur des jeunes étudiants partant pour les frontières, sans préjudice des fonctions très actives et très absorbantes qu'il avait remplies à la Commission des Arts dès le mois d'août 1793.

Il habitait rue de Tournon, n° 1158. D'après sa propre déclaration, il possédait 600 livres de rente provenant de deux maisons qu'il avait à Rouen. Il était veuf, avec trois enfants, dont l'un, fils adoptif, servait à l'armée et les deux autres encore en bas âge.

A cette époque les revenus avoués par Thillaye durent se trouver réduits à peu de chose, puisque, en messidor an II, tandis qu'il était encore en prison, ses collègues de la Commission des Arts eurent la pensée généreuse de se cotiser pour payer son loyer. Vingt-cinq d'entre eux contribuèrent à cette collecte, qui produisit la somme de 413^{tt} 15^s: leurs quotes-parts s'échelonnaient entre 50 livres et 8^{tt} 15^s.

Leblanc, chargé par ses collègues de recueillir les cotisations, compta, le 1er messidor an II, au mandataire de la propriétaire de Thillaye, la somme de 325^{tt} représentant les loyers dus par lui pour son logement de la rue de Tournon jusqu'au 27 messidor (15 juillet). Le congé du logement fut ainsi annulé; quant au reliquat de la cotisation, c'est-à-dire 30 livres, Leblanc le remit, le 6 messidor, à la femme de confiance qui prenait soin de la maison et des enfants de Thillaye (*État des cotisations pour Thillaye*, Arch. nat., F^{17} 1264).

Thillaye fut enfin mis en liberté par arrêté du Comité de sûreté générale en date du 26 thermidor an II, signé des représentants Amar, Legendre, Louis (du Bas-Rhin), Merlin, Dubarran, Goupilleau de Fontenay. Il devint chirurgien en chef de l'hôpital Saint-Antoine.

Vicq d'Azyr (Félix), anatomiste et littérateur, figure au décret du 18 pluviôse an II (6 février 1794).

Né à Valognes le 23 avril 1748, mort à Paris le 20 juin 1794. Membre

APPENDICE.

de l'Académie des sciences en 1774, secrétaire perpétuel de la Société royale de médecine en 1776, professeur au Jardin du Roi en 1788, premier médecin de la Reine en 1789. Auteur d'importants travaux d'anatomie comparée.

V. SECTION DE MÉCANIQUE.

Dunouy (Jean-Honoré), membre du Conseil général de la commune de Paris au 10 août 1792, membre de la Commission des arts en septembre 1793, fut expulsé du Conseil général le 13 frimaire an II «pour avoir tenu des propos insultants contre le peuple» (J. Guillaume, *Procès-verbaux du Comité d'instruction publique de la Convention Nationale*, t. III, p. cxxiii).

Hassenfratz (Jean-Henri), figure au décret du 18 pluviôse an II (6 février 1794).

Ingénieur des mines et chimiste, né à Paris le 25 décembre 1755, mort à Paris le 24 février 1827, fut quelque temps ingénieur géographe (1779-1780), élève des mines en 1782, préparateur dans le laboratoire de Lavoisier en 1783, sous-inspecteur des mines en 1785, professeur en 1786.

Adepte enthousiaste de la Révolution, premier commis, puis chef de bureau à la guerre, membre du Conseil général de la Commune, membre du club des Jacobins, Hassenfratz prit une part active à la journée du 10 août 1792. Quant à son rôle à la journée du 31 mai 1793, il fut beaucoup plus effacé que ne le disent certains articles biographiques. «En tout cas, Hassenfratz n'occupa nullement le poste de président du Comité central révolutionnaire, le 31 mai. Après le 9 thermidor, il fut dénoncé, dès le 10, par les représentants Cusset et Bonin pour avoir abandonné son poste dans la journée du 9, avoir proposé de rester en communication avec la Commune et, en outre, pour avoir fait incarcérer pendant la Terreur des citoyens de la section du faubourg Montmartre. Mandé le 17 thermidor au Comité de sûreté générale, il protesta énergiquement le 23 thermidor dans une lettre adressée au Comité de salut public, où il déclara que, lorsque des individus lui avaient paru suspects de complots contre la liberté, de friponneries ou d'intrigues, il les avait attaqués publiquement, soit à la tribune de sa section, soit à celles des sociétés populaires; il adressa également un mémoire justificatif au Comité de sûreté générale, où il répondit aux quatre chefs d'accusation produits contre lui... Hassenfratz prit part aux mouvements insurrectionnels du 12 germinal et du 1er prairial an III et fut traduit, le 5 prairial, devant

APPENDICE.

le tribunal criminel d'Eure-et-Loir; décrété d'accusation, il fut obligé de se réfugier à Sedan. » (A. Tuetey, *Répertoire des sources manuscrites....* t. IX, p. LXIII). Hassenfratz fut amnistié le 3 brumaire an IV, enseigna la physique à l'École polytechnique, publia en 1801 pour cet établissement un cours de physique céleste et professa la minéralogie et géographie générale à l'École des Mines.

MERCKLEIN (J.-T.), proposé par la Commission des Arts le 25 brumaire an III (15 novembre 1794), nommé le 22 nivôse an III (11 janvier 1795).

Le 15 août 1793, le ministre de la guerre est autorisé à traiter avec le graveur Jean-Godefroy Mercklein pour l'invention d'une aiguillette en fer destinée à garantir des coups de sabre le bras des cavaliers.

MOLARD (Claude-Pierre), mécanicien, figure au décret du 18 pluviôse an II (6 février 1794).

Né aux Cernoisses (Jura) le 29 juin 1759, mort à Paris le 13 février 1837. Directeur du cabinet des machines de Vaucanson, puis, en 1796, des machines du Conservatoire des arts et métiers, il devint en 1800 administrateur de cet établissement, poste qu'il occupa jusqu'en 1817.

Élu le 8 mai 1815 membre de la classe des sciences physiques et mathématiques de l'Institut, il fut nommé le 21 mars 1816 membre de l'Académie des sciences.

VANDERMONDE (Alexandre-Théophile), mathématicien, figure au décret du 18 pluviôse an II (6 février 1794).

Né à Paris le 28 février 1735, mort dans la même ville le 1er janvier 1796. Entré à l'Académie des sciences en 1771, il concourut avec Monge et Berthollet à la publication de l'*Avis aux ouvriers sur la fabrication de l'acier*, composé en 1793 par ordre de la Convention, succéda en 1795 à Vaucanson dans la direction du Conservatoire des arts et métiers; fut nommé en 1795 professeur d'économie politique à l'École normale, et fut élu le 13 décembre 1795 membre de la classe des sciences physiques et mathématiques de l'Institut (section des arts mécaniques).

VI. SECTION DE GÉOGRAPHIE.

ADET (Pierre-Auguste), figure au décret du 18 pluviôse an II (6 février 1794).

Chimiste et homme politique, né à Paris le 17 mai 1763, mort dans

APPENDICE.

la même ville le 19 mars 1834. Successivement secrétaire de la première commission envoyée à Saint-Domingue, chef de l'administration des colonies, puis adjoint au Ministre de la marine en 1793, membre du Conseil des mines après le 9 thermidor, ensuite résident à Genève, ministre plénipotentiaire aux États-Unis en 1795, il fut, le 3 nivôse an VIII (24 décembre 1799), appelé au Tribunat par le Premier Consul, et y siégea jusqu'au 12 germinal an XI (2 avril 1803).

Préfet de la Nièvre la même année, membre du Corps législatif le 2 mai 1809, conseiller maître à la Cour des comptes le 31 août 1813, Adet adhéra à la déchéance de Napoléon, puis se rallia à l'empereur après le retour de l'île d'Elbe. La seconde Restauration le rétablit dans ses fonctions de conseiller maître, qu'il garda jusqu'à sa mort. On lui doit plusieurs ouvrages de chimie, notamment son *Cours élémentaire*.

BUACHE (Jean-Nicolas), figure au décret du 18 pluviôse an II (6 février 1794).

Né à La Neuville-au-Pont (Marne) le 15 février 1741, mort à Paris le 21 novembre 1825. Attaché au Dépôt des cartes et plans de la marine en 1773, sous-garde en 1780, premier géographe du Roi en 1782, ingénieur hydrographe en 1789, garde, puis conservateur du Dépôt des cartes et plans de la marine de 1792 à 1825, professeur de géographie à l'École normale de 1794 à 1796, Buache fut nommé, le 20 novembre 1795, membre de la classe des sciences morales et politiques de l'Institut (section de géographie) et membre de la classe des sciences physiques et mathématiques en 1803.

MONGE (Gaspard), géomètre, mentionné au décret du 18 pluviôse an II (6 février 1794).

Né à Beaune le 10 mai 1746, mort à Paris le 28 juillet 1818. Fils d'un marchand forain, professeur au collège des Oratoriens à Lyon, dessinateur à l'École de Mézières, puis suppléant de Bossut et professeur de physique à la même école, en 1768. Membre de l'Académie des sciences en 1780, examinateur de la marine en 1783, il prit parti avec ardeur pour la Révolution, fut ministre de la marine d'août 1792 à avril 1793, devint professeur de géométrie descriptive à l'École normale en 1795. Créateur de la géométrie descriptive, qu'il a professée de 1795 à 1809 à l'École polytechnique, il avait été un des fondateurs de cette école. Il suivit Bonaparte en Égypte, siégea comme sénateur de 1799 à 1814, et fut nommé comte de Péluse en 1808.

VII. SECTION DES FORTIFICATIONS.

Beuvelot, figure au décret du 18 pluviôse an II (6 février 1794).

Dupuis de Torcy (Pierre-Louis), figure au décret du 18 pluviôse an II (6 février 1794).
Né en 1770, mort à Cayenne en 1803. Élève de l'École des Ponts et Chaussées de 1786 à 1790, il entra à l'École polytechnique lors de sa création et fut l'un des vingt-cinq chefs de brigades, choisis pour commencer l'instruction de la première promotion. Malgré ses succès scientifiques, il fut réduit à accepter en 1802 une place d'ingénieur à Cayenne pour des travaux d'assèchement; à peine arrivé, il périt victime du climat.

VIII. SECTION DES ANTIQUITÉS.

Barthelemy (de Courcy), jeune (André), nommé le 22 nivôse an III (11 janvier 1795).
Neveu de l'abbé L. Barthelemy, premier employé au Cabinet des médailles, il fut arrêté avec son oncle, le 2 septembre 1793, et incarcéré aux Madelonnettes.
A la mort de cet oncle, il fut nommé conservateur des médailles conjointement avec A. L. Millin. Frappé d'apoplexie le 9 brumaire an VIII (30 octobre 1795) au Cabinet des médailles, Barthelemy succomba le lendemain.

Le Blond (Gaspard-Michel dit), archéologue, figure au décret du 18 pluviôse an II (6 février 1794).
Né à Caen le 24 novembre 1738, mort à Laigle le 17 juin 1809. D'abord prêtre, il fut adjoint dès 1772 à l'abbé de Vermont, bibliothécaire du collège Mazarin; à la même date, il entra à l'Académie des Inscriptions, devint conservateur de la bibliothèque Mazarine en 1791.

Millin de Grandmaison (Aubin-Louis), antiquaire français, nommé membre de la Commission des arts le 10 pluviôse an III (29 janvier 1795).
Il naquit le 18 juillet 1759 à Paris, et mourut le 14 août 1818; il entra comme employé surnuméraire à la Bibliothèque du Roi où il resta sept ans. Bien qu'entièrement acquis aux idées de la Révolution, il devint suspect, fut incarcéré à Sainte-Pélagie, y resta une année et n'en sortit

APPENDICE. LV

qu'après le 9 thermidor. Il avait obtenu en 1791 une place de chef de division dans les bureaux du Comité d'instruction publique, puis une chaire d'histoire aux Écoles centrales et succédé à l'abbé Barthélemy comme conservateur des antiques et médailles à la Bibliothèque nationale; il était entré à l'Institut dans la classe d'histoire et littérature ancienne en remplacement de Camus le 23 novembre 1804. Le dossier qui le concerne aux Archives nationales (F^7 4774^{16}) contient de précieux détails sur les circonstances de son arrestation et de sa détention.

Dénoncé par le Comité de surveillance révolutionnaire de la section des Tuileries comme étant le rédacteur de la *Chronique de Paris*, Millin fut arrêté chez lui, rue Saint-Honoré, bâtiment des Feuillants, le 14 septembre 1793, et emprisonné à Sainte-Pélagie.

Dans un mémoire intitulé «Exposé des travaux civiques d'Éleutérophile Millin», celui-ci s'efforça de se disculper et fit connaître les services qu'il avait rendus à la Révolution par ses nombreux écrits politiques et scientifiques, desquels il donnait une brève analyse. Venant au motif de son arrestation, il disait : «J'ai coopéré, il est vrai, à la *Chronique*, mais depuis l'époque où Condorcet a commencé d'y travailler, je n'ai plus fourni que les articles sur les arts et les sciences. Les déclarations du libraire et de l'imprimeur (Garnery et Fiévée) que j'ai produites au Comité de sûreté générale et le titre même du journal, dans lequel il était annoncé que je ne traitais que cette partie, en sont la preuve.» Parlant ensuite de ses principaux ouvrages et écrits scientifiques et littéraires, Millin s'exprimait ainsi : «J'ai commencé à la fin de 1790 un ouvrage immense intitulé *Antiquités nationales*. L'Assemblée constituante, celle Législative et la Convention en ont agréé l'hommage. C'est une suite aux Antiquités françaises, publiées par Montfaucon. J'en ai donné quatre volumes in-folio, dont la composition a absorbé une grande partie de mon temps et m'a forcé à des voyages et à des recherches considérables. C'est d'après une pétition que j'ai rédigée que l'Assemblée constituante a envoyé des navigateurs à la recherche de Lapérouse. J'ai donné plusieurs instructions pour les recherches d'histoire naturelle que les savants attachés à cette expédition sont chargés de faire.

«En qualité de secrétaire de la Société d'histoire naturelle, j'ai contribué efficacement à soutenir parmi les convulsions de la Révolution cette science si utile dans un état agricole et républicain. J'en ai donné des cours publics et gratuits dans les salles de cette Société et au Lycée des Arts... Appelé par le choix de la Société d'histoire naturelle au Bureau de consultation des arts et métiers, espèce de jury établi pour l'examen des nouvelles découvertes et dont les fonctions sont gratuites, j'y ai fait de nombreux rapports.»

APPENDICE.

Millin ne fut remis en liberté que le 11 fructidor an 11 (28 août 1794) par suite d'un arrêté du Comité de sûreté générale portant cette date.

Varon, entré à la Commission en frimaire an III en qualité de membre du Conservatoire du Muséum, devint administrateur de Jemmapes et mourut à Mons, le 8 décembre 1796, âgé de 35 ans. Il a collaboré à plusieurs ouvrages de littérature, entre autres aux voyages de Le Vaillant en Afrique et à une traduction des œuvres de Winckelmann.

Wicar (Jean-Baptiste-Joseph), peintre d'histoire, donna sa démission de membre de la Commission le 17 thermidor an II (4 août 1794). Né à Lille le 22 janvier 1762, mort à Rome le 27 février 1834. Il entra à 18 ans dans l'atelier de David, qui l'emmena avec lui en Italie; il y dessina les œuvres de la galerie des Offices à Florence, revint en France et fut nommé par la protection de David membre du Conservatoire du Muséum national (1794), fut envoyé en Italie en qualité de commissaire pour choisir les œuvres d'art destinées au Muséum de Paris, se fixa à Rome. Il légua sa collection de dessins à la Société des sciences, lettres et arts de sa ville natale.

IX. SECTION DE BIBLIOGRAPHIE.

Ameilhon (Hubert-Pascal), figure au décret du 18 pluviôse an II (6 février 1794).

Bibliographe, né à Paris le 7 avril 1730, mort à Paris le 13 novembre 1811. Ameilhon fut nommé par l'échevinage parisien, le 11 juin 1761, sous-bibliothécaire de la ville, en survivance de Jean-Baptiste Mulattier; le 27 juillet 1770, il fut nommé historiographe et bibliothécaire de la ville, en survivance de Pierre Bouquet : sa nomination fut confirmée le 8 mai 1781 à la suite du décès de Bouquet. Le 26 octobre 1790, il fut élu bibliothécaire de la Commune par le Conseil général de la Commune. Ameilhon cumula ce poste avec celui de conservateur du dépôt de Saint-Louis-de-la-Culture, où il habitait. Il perdit sa situation de bibliothécaire de la Ville à la suite de l'arrêté du 27 ventôse an V, qui attribuait cette bibliothèque à l'Institut (voir Tisserand, *La première bibliothèque de la ville de Paris*, 1873). Nommé dès 1790 membre de la Commission des monuments, Ameilhon avait servi avec ardeur la cause de la Révolution. Chargé par le Directoire d'organiser la bibliothèque de l'Arsenal, il sauva de la destruction plus de 800,000 volumes provenant de bibliothèques particulières et des corporations religieuses. Entré en 1766

APPENDICE. LVII

à l'Académie des Inscriptions et belles-lettres, notamment pour son *Histoire du commerce et de la navigation des Égyptiens*, il fut élu, le 15 décembre 1795, membre de la classe de littérature et des beaux-arts (section des antiquités) de l'Institut, et nommé le 28 janvier 1803 membre de la classe d'histoire et de littérature ancienne (voir la notice lue par Dacier à l'Institut le 2 juillet 1813).

BARBIER (Antoine-Alexandre), bibliographe, nommé le 22 nivôse an III (11 janvier 1795).
Né le 21 janvier 1765 à Coulommiers, mort à Paris le 5 décembre 1825. Vicaire au moment de la Révolution, il prêta serment et devint curé de la Ferté-sous-Jouarre en 1793 ; mais il renonça à la prêtrise et se maria. L'année suivante, élu membre de l'École normale, il vint à Paris, fut adjoint au Comité d'instruction publique et chargé de recueillir dans les couvents et établissements publics supprimés les livres et objets d'art. En 1798, Barbier fut nommé conservateur de la bibliothèque qu'il avait formée à la sollicitation de François de Neufchâteau ; il devint ensuite bibliothécaire de cette bibliothèque, attribuée au Conseil d'État, et bibliothécaire de l'Empereur en 1807. A la Restauration il obtint le poste d'administrateur des bibliothèques du roi, mais fut destitué en 1822. — Barbier est l'auteur du *Dictionnaire des ouvrages anonymes et pseudonymes*.

BARROIS (Louis-François), figure au décret du 18 pluviôse an II (6 février 1794).
Il était libraire, 19, quai des Augustins.

BELIN DE BALLU (Jacques-Nicolas), littérateur et helléniste, nommé le 22 nivôse an III (11 janvier 1795).
Né à Paris le 23 février 1753, mort en Russie en 1815. Membre de l'Académie des Inscriptions et Belles-Lettres, il est l'auteur de traductions d'auteurs grecs, notamment de Lucien et d'une édition des *Caractères* de Théophraste et de La Bruyère.

DEBURE (Guillaume), surnommé l'aîné, bibliographe et libraire, nommé le 22 nivôse an III (11 janvier 1795).
Né à Paris le 10 mai 1734, mort dans la même ville le 4 février 1820. Sous l'ancien régime, il fut libraire de l'Académie des Inscriptions, de la Bibliothèque du roi, de celle du comte de Provence ; on lui doit 42 catalogues, dont celui des livres du duc de La Vallière.

FAYOLLE (François-Joseph-Marie), littérateur, né à Paris le 15 août 1774, mort à l'asile de Sainte-Périne le 2 décembre 1852, s'est surtout

APPENDICE.

fait connaître comme éditeur et compilateur; on lui doit un *Cours de littérature en exemples*, 1822; l'*Esprit de Rivarol*, 1808; l'*Esprit de Sophie Arnould*, 1813; *Mélanges littéraires*, 1816; etc.

Langlès (Louis-Mathieu) figure au décret du 18 pluviôse an II (6 février 1794).

Orientaliste, né à Welles-Perenne (Oise), le 22 août 1763, mort à Paris le 28 janvier 1824. D'abord officier près le tribunal des maréchaux de France en 1785, il devint conservateur aux manuscrits de la Bibliothèque nationale (1796-1824), l'un des fondateurs de l'École des langues orientales en 1795 dont il fut le premier administrateur et où il enseigna le persan; il fut élu, le 15 décembre 1795, membre de la classe de littérature et beaux-arts (section des langues anciennes) de l'Institut.

Levesque (Pierre-Charles), historien et helléniste, nommé le 22 nivôse an III (11 janvier 1795).

Né à Paris le 28 mars 1736, mort dans la même ville le 12 mars 1812. Recommandé par Diderot à l'impératrice de Russie, il fut appelé par elle en 1773 comme professeur des cadets nobles à Saint-Pétersbourg, revint en France en 1780, fut nommé en 1789 membre associé de l'Académie des Inscriptions et belles-lettres; il occupa la chaire d'histoire et de morale au Collège de France de 1791 à 1812, fut professeur d'histoire et de géographie anciennes à la Faculté des lettres de Paris de 1809 à 1812. Membre de la classe des sciences morales et politiques (section d'histoire) de l'Institut depuis le 20 novembre 1795, il y devint en 1803 membre de la classe d'histoire et de littérature ancienne.

Mentelle (Edme), géographe, nommé le 22 nivôse an III (11 janvier 1795).

Né à Paris le 11 octobre 1730, mort le 28 décembre 1815. Il fut d'abord commis à l'Administration des finances (1755), puis obtint en 1760 la chaire de professeur de géographie et d'histoire à l'École militaire. Il construisit un globe terrestre pour Louis XVI. Il fut ensuite professeur aux Écoles centrales et à l'École normale de 1794; il entra à l'Institut le 20 novembre 1795. Dacier lui a consacré une notice le 15 juillet 1819.

Philipon de la Madeleine (Louis), littérateur et vaudevilliste.

Né le 9 octobre 1734 à Lyon, mort le 19 avril 1818 à Paris. Avocat du roi près l'ancienne Chambre des comptes de Dôle, il en remplit les fonctions jusqu'en 1786 et fut alors nommé intendant des finances du comte d'Artois. Décrété d'accusation après le 10 août, Philipon ne prit

APPENDICE.   LIX

aucune part aux agitations politiques. Il obtint même de la Convention un secours de 2,000 francs. En 1795, il devint bibliothécaire du ministère de l'intérieur et reçut en 1814 du comte d'Artois une pension à titre d'intendant honoraire de ses finances. Philipon a publié, entre autres, un *Dictionnaire des homonymes*, 1799-1801 ; un *Dictionnaire des poètes français*, 1805 ; un *Dictionnaire des rimes*, 1805 ; une *Grammaire des gens du monde*. 1807 ; un *Dictionnaire de la langue française*, 1809.

POIRIER (Dom Germain), érudit, figure au décret du 18 pluviôse an II (6 février 1794).

Né à Paris le 8 janvier 1724, mort dans la même ville le 3 février 1803. Religieux bénédictin en 1740, il fut de 1745 à 1765 garde des archives de l'abbaye de Saint-Denis, en 1767 archiviste de l'abbaye de Saint-Germain-des-Prés, devint en 1796 sous-bibliothécaire de l'Arsenal ; il fut élu le 24 février 1801 membre de la classe des sciences morales et politiques (section d'histoire) de l'Institut, nommé le 25 janvier 1803 membre de la classe d'histoire et de littérature ancienne. Poirier a été l'un des membres les plus actifs de la Commission des monuments, puis de la Commission temporaire des arts.

Voir la notice de Dacier dans les *Mémoires de l'Institut, classe d'histoire*. t. I, p. 285-299 (26 mars 1804).

X. SECTION DE PEINTURE ET SCULPTURE.

BELJAMBE (Pierre-Guillaume-Alexandre), dessinateur et graveur au burin, nommé le 22 nivôse an III (11 janvier 1795).

Né à Rouen le 10 mai 1759 ; il est connu pour avoir exécuté de nombreux portraits dans la *Collection complète de MM. les députés de l'Assemblée nationale de 1789*.

BONVOISIN (Jean), peintre, graveur, élève de Callet et de Doyen, né à Paris le 17 avril 1752, mort dans la même ville en 1837. Second prix de Rome en 1774, il exposa aux divers salons de 1791 à 1821 ; pendant près de 20 ans, il fut professeur de dessin tant aux Écoles centrales et lycées de Paris qu'à l'École de Saint-Quentin ; il fut aussi l'un des conservateurs du Musée national des arts.

DARDEL (Robert-Guillaume), sculpteur et graveur, élève de Pajou, né à Paris en 1749, mort dans la même ville le 29 juillet 1821. Il devint administrateur du Musée de Versailles en 1796, obtint, en 1800, le

APPENDICE.

prix d'encouragement à l'occasion du concours ouvert pour le monument commémoratif de la paix d'Amiens, exposa diverses œuvres aux Salons de 1791 à 1817.

Dupasquier (Antoine-Léonard), sculpteur, né à Paris vers 1748, mort dans cette ville vers 1831 ou 1832 (*Dictionnaire St. Lamy*). Il exposa aux salons de 1791, de 1808 à 1822, des statues, bustes et bas-reliefs.

Foucou (Jean-Joseph), sculpteur, nommé le 22 nivôse an III (11 janvier 1795).
Né à Riez le 7 juin 1739, mort à Paris à la Sorbonne en 1815. Il remporta le 2e prix de sculpture en 1768, et le 1er prix en 1769, fut agréé à l'Académie le 23 août 1777, reçu académicien le 30 juillet 1785, exposa aux Salons de 1771 à 1814. Il travailla de 1806 à 1810 à la colonne de la Grande Armée et à l'arc de triomphe du Carrousel.

Fragonard (Jean-Honoré), peintre et graveur, né à Grasse en 1732, mort à Paris, le 22 août 1806, au café du Perron, élève de Chardin et de Boucher, 1er prix de Rome en 1752, agréé à l'Académie le 30 mars 1765.

Lengliez, maître sculpteur à Paris, chargé, le 8 avril 1778, de l'estimation des œuvres de sculpture chez Adam, sculpteur du Roi.

Lenoir (Alexandre-Marie), peintre et archéologue, proposé par la Commission le 25 brumaire an III (15 novembre 1794).
Né à Paris le 26 décembre 1761, mort dans la même ville le 11 juin 1839. Élève de Doyen il cultiva la peinture jusqu'en 1790; conservateur du Musée des monuments français depuis sa fondation, qu'il peut revendiquer comme son œuvre, jusqu'à sa suppression le 18 décembre 1816, il sauva de la destruction des pièces importantes, surtout des bronzes. Il fut nommé ensuite administrateur des monuments de l'église de Saint-Denis et y fit transporter les tombeaux des rois et des reines. (Voir L. Courajod, *Alexandre Lenoir, son journal et le Musée des monuments français*.)

Le Sueur (Pierre-Étienne), paysagiste, membre du Conservatoire et de la Commission des arts, donna sa démission de ces deux emplois le 17 thermidor an II (4 août 1794); il exposa aux Salons de 1791 à 1810. Le 22 floréal, il avait été nommé par le Comité de salut public, à titre provisoire, commissaire des travaux publics.

Michallon (Claude), sculpteur, proposé par la Commission le 31 vendémiaire an III (12 octobre 1794).

APPENDICE.

Né à Lyon en 1751, fut élève à l'école de dessin de cette ville, vint à Paris où il travailla avec Monnot et Bridan et remporta le 1er prix de sculpture en 1785. Il exécuta à Rome, dans l'église de Santa Maria in Via lata, le mausolée du peintre Germain Drouais, mort le 13 février 1788, mais quitta cette ville en 1793 après l'assassinat d'Hugou de Bassville; il modela quelques-unes des statues colossales qui servirent dans les fêtes publiques et fit un projet d'obélisque pour le terre-plein du Pont-Neuf. Il exposa au Salon de 1793. Sa dernière œuvre fut une statue de Caton d'Utique.

Michallon, mourut le 11 septembre 1799, des suites d'une chute qu'il fit en travaillant à l'intérieur du nouveau Théâtre Français. Son fils, Achille-Etna Michallon, né le 22 octobre 1796, remporta, en 1817, le prix de paysage historique.

NAIGEON (Jean-Claude), peintre, figure au décret du 18 pluviôse an II (6 février 1794).
Né à Dijon le 12 décembre 1753. mort dans la même ville, le 11 janvier 1832, du choléra. Élève de David et aussi de Devosge, de l'Académie de Dijon, il fut envoyé par les États de Bourgogne à Rome pour y étudier. Pendant la Révolution, Naigeon fut conservateur du Dépôt de Nesle et prit une grande part aux travaux d'inventaire et de conservation des œuvres d'art et des monuments d'archéologie. Il fut professeur à l'école de Dijon en 1812. fut nommé la même année directeur du Musée du Luxembourg et il exposa aux Salons de 1791 à 1810.

PEYRON (Jean-François-Pierre), peintre et graveur, nommé le 22 nivôse an III (11 janvier 1795).
Né à Aix-en-Provence, le 15 décembre 1744, mort à Paris le 20 janvier 1814. Élève de Dandré Bardon et Lagrenée, il remporta le prix de Rome en 1773, fut nommé en 1786 inspecteur de la manufacture des Gobelins et reçu le 30 juin 1787 à l'Académie. Peyron peignit toujours des sujets inspirés par l'antiquité, et précéda David dans la renaissance de l'art académique. Plusieurs tableaux de lui existent au Louvre et à Versailles; il a gravé aussi une *Sainte Famille* d'après Raphaël.

PICAULT (Jean-Michel), peintre, restaurateur de tableaux.
Exclu en 1793 de la Société des artistes pour ses attaques violentes contre la Commission du Muséum, dont il signala les méfaits. (Voir A. Tuetey et Jean Guiffrey, *La Commission du Muséum*.)

APPENDICE.

XI. SECTION D'ARCHITECTURE.

Hubert ou de Saint-Hubert (Auguste Cheval), figure au décret du 18 pluviôse an II (6 février 1794).

Elève de Peyre le jeune, il obtint le grand prix d'architecture en 1784, devint architecte de la ville de Paris, fut, avec son beau-frère David, ordonnateur des fêtes nationales de 1793 à 1795.

Lannoy (François-Joseph de), architecte, né à Paris le 27 octobre 1755, mort à Sèvres le 27 juillet 1835. Élève d'Antoine, il remporta le grand prix d'architecture en 1799, construisit en 1807 les greniers de réserve sur le boulevard Bourdon, agrandit l'hôtel de la Banque de France; architecte de la Bibliothèque royale et de l'Opéra (en 1818).

Le Roy (Julien-David), architecte et archéologue, né à Paris le 6 mai 1724, mort à Paris le 8 pluviôse an XI (28 janvier 1803). Grand prix d'architecture en 1751, membre de l'Académie d'architecture en 1757, associé de l'Académie des Inscriptions et belles-lettres en 1770, en devint pensionnaire en 1786, fut nommé membre de la classe de littérature et beaux-arts de l'Institut, le 12 décembre 1795, puis membre de l'Institut d'Égypte. Son ouvrage sur les *Ruines des plus beaux monuments de la Grèce*, publié en 1758, obtint un vif succès. — Voir dans les *Mémoires de l'Institut, classe d'histoire*, t. I, p. 267 à 284, une notice de Dacier sur la vie et les ouvrages de J.-D. Le Roy.

XII. SECTION DES PONTS ET CHAUSSÉES.

Chambery, figure au décret du 18 pluviôse an II (6 février 1794).

Plessis, sous-chef à la division du cadastre et des transports, figure au décret du 18 pluviôse an II (6 février 1794).

Prony (Gaspard-Clair-François-Marie Riche de), ingénieur et mathématicien, figure au décret du 18 pluviôse an II (6 février 1794).

Né à Chamelet le 22 juillet 1755, mort à Paris le 28 juillet 1839. Il travailla à la construction du pont Louis XVI, fut sous-ingénieur des ponts et chaussées et 1780, devint ingénieur en chef en 1791, et, en 1798, directeur de l'École des ponts et chaussées; il professa la mécanique à l'École polytechnique de 1794 à 1814, entra à l'Institut lors de sa création, le 20 novembre 1795, fut envoyé en mission en Italie en 1810 et 1816 pour étudier le dessèchement des marais Pontins et l'amélioration des ports de Gênes et d'Ancône; il devint baron en 1828, pair de France en 1835.

Rauch, ingénieur des ponts et chaussées, figure au décret du 18 pluviôse an II (6 février 1794).
Né à Bitche, il devint gérant de la Compagnie des dessèchements, fut directeur des *Annales européennes de physique végétale et d'économie publique*. Il est l'auteur d'un ouvrage intitulé *Régénération de la nature végétale ou recherches sur les moyens de recréer dans tous les climats les anciennes températures et l'ordre primitif des saisons par des plantations raisonnées*, dont il fit hommage au premier Consul.

XIII. SECTION DE MUSIQUE.

Bruni (Antoine-Barthélemy), figure au décret du 18 pluviôse an II (6 février 1794).
Violoniste et compositeur, né à Coni (Piémont) le 2 février 1759, mort dans la même ville en 1823. Venu en France en 1784, il fit partie de l'orchestre de la Comédie italienne et réussit à faire représenter en 1786 un opéra de sa composition intitulé *Coradin*. En 1789 il fut nommé chef d'orchestre du théâtre de Monsieur, puis de l'Opéra-Comique. On lui doit 18 opéras ou opéras-comiques, dont plusieurs furent joués.

Rousseau (Frédéric), violoncelliste, proposé par la Commission le 25 brumaire an III, nommé le 22 nivôse (11 janvier 1795).
Né à Versailles le 1er janvier 1755, musicien à l'orchestre de l'Opéra de 1787 à 1812. Il a composé des duos concertants pour violoncelle.

Sarrette (Bernard), figure au décret du 18 pluviôse an II (6 février 1794).
Né à Bordeaux le 27 novembre 1765, décédé à Paris le 11 avril 1858. Sarrette était capitaine, commandant la musique de la garde nationale en 1789, directeur de l'École de la garde nationale le 1er janvier 1792. En l'an II, étant membre du Comité révolutionnaire de la section de Brutus, il fut arrêté le 5 germinal, détenu d'abord à Sainte-Pélagie, puis gardé chez lui, rue Saint-Joseph, n° 11, par un gendarme. Son dénonciateur prétendit qu'aux obsèques de Marat, Sarrette, qui conduisait la musique de la garde nationale, la « fit évader par une des rues qui donnent

APPENDICE.

dans celle de Saint-André-des-Arts, tandis que son devoir lui imposait l'obligation d'accompagner le convoi jusqu'au lieu de la sépulture». Il prétexta que les musiciens étaient fatigués et il avait dit: «C'est, ma foi, donner bien des preuves de patriotisme que d'avoir été jusque-là pour Marat». Le 30 germinal, l'assemblée générale de la section de Brutus prit un arrêté pour réclamer la mise en liberté de Sarrette, victime, disait-elle, d'une intrigue, et qui, ardent patriote, avait, dans toutes les circonstances, manifesté le plus sincère attachement à la Révolution. Le 12 prairial, le Comité de sûreté générale, à la suite d'une pétition de Gossec, Méhul et Lesueur, membres de l'Institut national de musique, et de plusieurs citoyens, en date du 21 floréal, ordonna la mise en liberté de Sarrette.

En germinal an IV (mars 1796) celui-ci fut nommé commissaire chargé de l'organisation du Conservatoire; il fut congédié le 28 décembre 1814, rentra le 29 mars 1815, fut réformé le 1ᵉʳ avril 1816 (voir Constant Pierre, *B. Sarrette et les origines du Conservatoire*).

PROCÈS-VERBAUX
DE LA COMMISSION TEMPORAIRE
DES ARTS

SÉANCE DU 1ʳᵉ SEPTEMBRE 1793,
L'AN 2ᴱ DE LA RÉPUBLIQUE FRANÇAISE, UNE ET INDIVISIBLE.

Première séance. — Dispositions préliminaires pour la rédaction des inventaires.

Arrêté que la Commission des inventaires n'ira que dans les départements de Paris et de Seine-et-Oise.

Arrêté qu'il n'y aura dans chaque voyage hors de Paris que trois commissaires de chaque section au plus.

Arrêté que chaque section de la Commission aura un cachet portant pour légende *Instruction nationale* et, de plus, la lettre qui est attachée à chaque section. Les artistes en peinture sont chargés de faire faire les cachets et d'en fournir douze jeudi prochain.

On continue d'entendre les explications des membres des sections relatives au travail de l'inventaire [1].

SÉANCE DU 5 SEPTEMBRE 1793,
Deuxième séance. — Rédaction des inventaires (*suite*).

1° Chaque dépôt aura son inventaire particulier;
2° Inventaire fait à la manière de chaque section;
3° On le fera avec des cartes ou des carrés, qui serviront à faire les inventaires généraux et à distribuer ensuite les objets.

---

[1] Ce paragraphe est reproduit par J. Guillaume, *Procès-verbaux du Comité d'instruction publique de la Convention nationale*, t. III, p. 14.

SÉANCE DU 8 SEPTEMBRE,

L'AN 2° DE LA RÉPUBLIQUE.

Organisation. – Inventaires de l'Observatoire, de l'École militaire. – Salle de marine. – Globe de Bergevin. – Cartes de l'Observatoire. – Inventaire des académies des départements. – Académie française. – Salle des Antiques.

Arrêté qu'il serait demandé des passeports pour tous (*sic*) du pouvoir exécutif et visés du Comité de sûreté générale. La Commission ne correspondra qu'en masse avec le Conseil exécutif et d'après une délibération de l'assemblée.

La section de physique rend compte de son travail sur l'Observatoire; l'inventaire de l'Observatoire est fait [1] ainsi que celui de l'École militaire.

La section de mécanique demande l'aide de Desmarest. Le président de la Commission est chargé de lui écrire. Elle annonce que Servière [2] a gardé toutes les pièces relatives au bureau de commerce.

La section de marine fait un rapport sur la salle de marine [3] et sur des réclamations faites par des citoyens qui ont déposé quelques machines dans cette salle. Elle demande qu'elle soit ouverte aux élèves après que le scellé aura été mis sur les pièces. Globe de Bergevin à continuer; modèle à retirer de la maison des Affaires étrangères [4]. Thouin annonce que ce globe avait été destiné au Muséum d'histoire naturelle.

Recueil de cartes de l'Observatoire national surtout par rapport à celles des côtes d'Espagne et d'Afrique. Le Ministre de la marine demande ces cartes, ainsi que plusieurs du ci-devant roi. La section de

---

[1] Inventaire des objets de géographie de l'Observatoire, par Buache, 5 septembre (F^{17} 1052).

[2] Servière était en 1791 et 1792 le chef du bureau des brevets d'invention.

[3] De la ci-devant Académie des sciences : le rapport ou inventaire est signé de Buache, 3 septembre (F^{17} 1052).

[4] L'histoire du globe terrestre de dom Bergevin, originairement destiné au château de Versailles et déposé dans la bibliothèque des Quatre Nations (Mazarine), aujourd'hui conservé dans le Musée de l'Observatoire, se trouve rappelée en détail dans les *Procès-verbaux du Comité d'instruction publique de la Convention nationale*, publiés par J. Guillaume, t. III, p. 451. Il sera encore question de ce globe dans la séance de la Commission du 22 septembre.

la Marine est autorisée à faire passer ces cartes au Ministre de la Marine.

La section des Ponts et chaussées propose de faire faire les inventaires des objets d'instruction publique appartenant aux ci-devant académies des départements. Elle lit un projet de lettres à faire écrire par le Ministre de l'intérieur. On passe à l'ordre du jour, motivé sur ce que la Commission a arrêté de ne s'occuper que des objets contenus dans les départements de Paris et de Seine-et-Oise. On invite seulement chaque membre à recueillir ce qu'ils pourront par leur correspondance et qui peut être contenu dans les divers départements.

La section des antiquités annonce qu'elle a fait l'inventaire de la Salle des Antiques[1] et qu'il manque quelques objets pris par Marigny et transportés dans différents lieux. On parle sur divers objets ainsi pillés et transportés et des précautions à prendre pour les retrouver.

La section des dépôts littéraires énonce ce qu'elle a fait sur l'Académie française. On parle du travail de Morellet sur le commerce[2].

La section de peinture attend le cachet pour les scellés. On fait des observations sur la liste des émigrés.

SÉANCE DU 12 SEPTEMBRE,
L'AN 2ᵉ DE LA RÉPUBLIQUE.

Organisation des sections. – Cartes d'Auvergne, de Cambrai, etc. – Hôtel d'Uzès. Église Saint-Jacques. – Rapport sur Auxerre et Sens.

On remet un cachet à la section de peinture, un deuxième à la section d'histoire naturelle, à la section de marine. Indication de dépôts : maison du Temple, maison de l'Ile-Adam, cabinet d'histoire naturelle d'Artois, chez Fayot, à Versailles. Les sections de la Commission sont entendues sur leurs fonctions.

La section de marine annonce qu'une planche de la carte de Cam-

---

[1] L'inventaire en question, daté du 4 septembre, est signé Le Blond et Mongez; il comprend des statues, des bas-reliefs antiques, quelques-uns mutilés, et surtout des bustes, tous ces objets en marbre (F^{17} 1265). Cf. *Procès-verbaux de la Commission des monuments*, t. 1, p. 267.

[2] L'abbé André Morellet avait réuni depuis nombre d'années les matériaux d'un nouveau Dictionnaire du commerce.

brai est contenue au Dépôt des plans des Invalides, qu'il serait utile que le ministre en fît tirer 100 exemplaires [1]; 2° que les planches de la ci-devant Auvergne sont réclamées par Desmarest [2]; 3° que plusieurs planches appartenant à des émigrés sont déposées chez des graveurs.

Pour les fortifications on propose Mandar et Rolland. On prendra des renseignements sur Mandar; Nitot s'en charge. La section des antiquités annonce des manuscrits sur l'Allemagne et l'art militaire trouvés à l'hôtel d'Uzès [3]. Il sera arrêté un mode d'utiliser ces objets.

On annonce un bas-relief relatif à Nicolas Flamel dans l'église de Saint-Jacques-le-Majeur. Les membres de la section des antiquités iront le visiter. La même section remet sur le bureau une copie du procès-verbal des citoyens Mulot et Cossard sur leurs recherches à Auxerre et à Sens [4].

On discute sur le moyen de s'accorder avec le Département pour les scellés. On arrête qu'il sera demandé des commissaires.

On admet le citoyen Langlès pour l'examen des manuscrits orientaux; il est adjoint à la section des dépôts littéraires. On présente les citoyens Pelletier, Lamarck, Mandar, architecte, Rolland et Langlès.

Des commissaires du Département de Paris, admis dans la salle du comité, sont instruits par le président de l'entrave que les scellés mis par le Département sur les dépôts nationaux d'instruction publique apportent aux travaux de la Commission des arts. Ils sont invités à la seconder de tout leur zèle pour le bien commun de la République et des arts conformément aux décrets rendus sur le travail confié à la Commission [5].

---

[1] Rapport de Buache, 12 septembre 1793 (F¹⁷ 1052).

[2] Il s'agissait, en réalité, de planches réclamées à Desmarest et non par lui. Cette carte avait été levée et gravée aux frais de la province. Voir à ce sujet le rapport de la section de marine et de géographie du 21 septembre 1793 (F¹⁷ 1052).

[3] La bibliothèque de l'émigré de Crussol, à l'hôtel d'Uzès, renfermait entre autres volumes un traité manuscrit des fortifications, par Vauban (cf. *Procès-verbaux de la Commission des monuments*, t. II, p. 160).

[4] Le rapport de Cossard et Mulot sur leur mission à Auxerre a été reproduit dans le *Bulletin de la Société des sciences historiques de l'Yonne*, t. XX, p. 47, 54.

[5] Le Ministre de l'intérieur, par une lettre en date du 20 septembre, informe le Département de Paris des entraves qu'éprouve dans ses opérations la Commission d'instruction publique, vu la difficulté de rencontrer les commissaires du Dépar-

SÉANCE DU 19 SEPTEMBRE,
L'AN 2ᵉ DE LA RÉPUBLIQUE.

Difficultés avec le Département relativement aux scellés. – Tête de Cartouche. – Maison de La Guiche. Choiseul-Gouffier. – Manuscrits précieux. – Rapport sur Brunoy. – Papiers Castries. – Objets d'histoire naturelle.

Section d'histoire naturelle. — Académie des sciences bientôt finie.

On parle de beaux objets d'histoire naturelle renfermés aux Petits-Augustins et qui périclitent par l'évaporation. On parle de la difficulté que présentent les scellés. Après discussion, on arrête que la Commission nommera quatre membres pour aller au Ministre de l'intérieur et au Département se concerter avec eux pour cet objet. Nitot, Lebrun, Mongez et Thouin sont nommés.

La Société d'anatomie rend compte des objets anatomiques et d'une tête de Cartouche injectée par Hérissant[1].

On propose de conserver le traitement de Fattory, âgé de 85 ans et qui travaille depuis quarante ans. Cette proposition est notée pour mémoire.

On réclame relativement à la maison de La Guiche, demandée pour y mettre du fer. Une très belle bibliothèque est dans cette maison; on craint la vente. On expose qu'aucun livre ne sera vendu.

Section de marine. — Académie des sciences et Observatoires.

Recherche sur les planches de cuivre. Modèles des antiques, rue Pagevin, n° 16. Choiseul-Gouffier en a fait passer beaucoup à Marseille.

On annonce que Duchemin, secrétaire des commandements de

---

tement chargés de la levée des scellés. Par un arrêté en date du 25 du même mois, le Conseil général du Département décide «qu'il sera choisi dans son sein quinze commissaires, lesquels, sur les réquisitions qui leur seront faites par les membres de la Commission d'instruction publique..., seront tenus de se transporter sur-le-champ dans les lieux ci-devant occupés par les Académies et dans tous les dépôts publics où il existe des objets de sciences et arts, pour lever les scellés, donner entrée aux membres de la Commission et réapposer lesdits scellés à la fin de chaque séance ou après l'inventaire terminé». Le Directoire du département de Paris faisait connaître, le 3 octobre, au Ministre, l'arrêté en question (F¹⁷ 1045).

[1] Hérissant (François-David), médecin, célèbre anatomiste, né à Rouen le 29 septembre 1714, mort le 21 avril 1773, de l'Académie des sciences depuis 1769.

Condé, a extrait des manuscrits du xiv° siècle. Un autre membre annonce que ces manuscrits sont retrouvés. On charge Ameilhon, Le Blond et Langlès de suivre cet objet.

Le président de la Commission écrira à Félix Le Peletier[1] pour le remercier du don fait de l'instruction secrète du roi de Prusse, manuscrit dérobé. On a nommé Simonne et Hassenfratz pour faire un rapport sur cet objet; on annonce s'il ne serait pas utile dans l'instant présent de le faire imprimer.

Lebrun fait un rapport sur Brunoy[2].

On parle des objets d'histoire naturelle contenus dans les maisons des émigrés. On charge les commissaires qui vont chez le ministre de se concerter avec lui sur ce point.

On annonce les dépôts de Castries[3]; les citoyens Langlès, Buache et Simonne sont chargés de suivre cet objet.

SÉANCE DU 22 SEPTEMBRE,
L'AN 2ᵉ DE LA RÉPUBLIQUE.

Saint-Germain-des-Prés. — Cabinet de Joubert. — Manufacture de Sèvres. — Rapports des sections. — Maison Liancourt. — Machine hydraulique de Brunoy. — Globes de Bergevin et Mentelle. — Bustes et bronzes chez le notaire Mony. — Monument de Flamel à Saint-Jacques-le-Majeur. — Écouen. — Corps de Turenne. — Objets appartenant à la Nation chez divers particuliers.

Section d'histoire naturelle. — Rapport sur Saint-Germain-des-Prés. Cabinet de Joubert. Trois commissaires se transporteront au Comité des finances.

---

[1] Frère de Michel Le Peletier de Saint-Fargeau, député de l'Yonne à la Convention nationale.

[2] D'après l'inventaire de Lebrun, méritent seulement d'être conservés les objets suivants : 1 lustre, 3 pendules de Lepaute, 4 tableaux de Gérard della Notte représentant les 4 Évangélistes, 1 bordure de bronze, 2 gaines de Boulle, 4 grands vases de marbre, les piédestaux et fûts de colonnes en marbre de grand volume (F¹⁷ 1267).

[3] Buache, dans un rapport au Comité d'instruction publique, donnait, sur les papiers du maréchal de Castries, les renseignements suivants : «Les manuscrits dont il s'agit... forment une collection précieuse qui mérite toute l'attention du Comité...; ils consistent en 43 volumes grand in-folio et reliés, contenant une copie de la correspondance du maréchal de Belle-Isle; 260 portefeuilles et cartons remplis de mémoires intéressants sur toutes les

Les commissaires chargés de voir le Ministre de l'intérieur rendent compte de leur mission.

Les commissaires du Département sont augmentés de nombre. Affaire de Brown. Machines de Vernon. Affaire de Puymorin de Toulouse qui a envoyé à Fourcroy des échantillons de terre à porcelaine trouvée aux Pyrénées et d'un essai de poterie.

Lelièvre, Pelletier et Vauquelin sont chargés de suivre cet objet.

Affaire de Macquart renvoyée pour en faire un rapport à la section d'histoire naturelle, ainsi que sur la collection de Patrin [1].

On parle de la manufacture de porcelaine de Sèvres et du renvoi de Darcet, de Desmarest, Bachelier et Boizot. On a passé sur cela à l'ordre du jour. Les vases étrusques sont transportés de Sèvres à la

---

parties de l'administration et particulièrement sur la guerre et la marine; plus 25 liasses de papiers qui se sont trouvés épars et qui contiennent également des mémoires et des renseignements utiles.

«Ces manuscrits ont été trouvés par la Commission des arts, après beaucoup de recherches inutiles, dans la maison d'un particulier; ils y étaient entassés dans un cabinet dont ils occupaient tout l'espace, de manière qu'il eût été impossible de les inventorier dans ce local; et, sur le compte qui en fut rendu à la Commission des arts, il fut arrêté par le Comité d'instruction publique qu'ils seraient transportés dans une des salles du Dépôt de la guerre, place des Piques, pour y être fait ensuite une reconnaissance et un inventaire exact et détaillé. Le transport a été fait tout à la fois et d'un seul voyage sous la surveillance de trois membres de la Commission des arts et par la voie des charrois militaires, et le tout a été remis à la garde du citoyen Calon.»

Aux termes du rapport de Buache, l'inventaire remis au Comité d'instruction publique par le général Calon, directeur du Dépôt de la guerre, «ne peut être considéré que comme un inventaire sommaire et préparatoire de celui qui doit être fait. Il est insuffisant pour procéder à une répartition sage et utile entre les différents établissements auxquels ces manuscrits doivent être remis». (Rapport de Buache sur l'inventaire des papiers Castries, non daté. Arch. nat., F[17] 1238.)

En rendant compte au Comité d'instruction publique, de la part de la Commission des arts, de toutes ces circonstances de la découverte des papiers Castries, le représentant du peuple Mathieu, faisant sienne une proposition émise par Buache dans le cours de son rapport, proposait au Comité de réunir en un même dépôt, avec les papiers en question et d'autres non moins précieux, tels que ceux de la maison de Condé, de Maillebois, de Saint-Priest, tous les manuscrits qui seraient recueillis dans les bibliothèques des émigrés et condamnés.

Le Comité adopta cette proposition; il chargea la Commission des arts d'étudier la manière la plus convenable de recueillir, de classer, d'inventorier et de répartir les manuscrits, et affecta dans la suite la maison d'Anisson-Duperron à ce dépôt. (J. Guillaume, *Procès-verbaux du Comité d'instruction publique*, t. III, p. 557.)

[1] Voir, sur les collections Macquart et Patrin, J. Guillaume, *Procès-verbaux du Comité d'instruction publique*, t. III, p. 321. Celle de Louis Patrin était une très riche collection de minéraux, rapportée de Sibérie par ce voyageur et offerte à la Nation.

maison de Nesle. On nomme les citoyens Besson, Mongez, Berthollet, Naigeon, commissaires pour prendre des renseignements sur les lieux.

Section de physique. — Suite du travail de l'Académie. Machines en mauvais état. Le président demandera à Lavoisier l'inventaire des machines de l'Académie et l'état de celles qui sont prêtées.

Le Blond annonce que dans la maison de l'émigré Liancourt il y a quelques machines de physique et un cabinet d'histoire naturelle.

La section d'anatomie a fini la visite du Dépôt de l'Académie des sciences. Elle doit aller demain à l'Académie de chirurgie.

Prony remet une note sur la machine hydraulique de Brunoy, sur des dessins, des plans, des modèles.

La section de la marine remet un procès-verbal sur le globe de Bergevin [1] et sur le globe du citoyen Mentelle. Déposé au carton.

Lebrun parle de six bustes d'empereurs de porphyre, de six vases et de trois tables de porphyre, ainsi que de quelques bronzes appartenant à la Nation qui se trouvent en dépôt chez le citoyen Mony, notaire, rue Saint-Martin.

Les citoyens Le Blond et Lebrun sont chargés de réclamer et de faire transporter à un dépôt national ces objets.

Affaire du monument de Flamel à Saint-Jacques-le-Majeur.

On parle de la tête de Brutus : agate commune, tête moderne, qui n'est pas celle de Brutus et qui ne vient pas d'Herculanum.

On parle d'Écouen, des vitraux, des églises, etc. On arrête qu'ils seront transportés dans les dépôts nationaux.

On parle du corps de Turenne et on arrête qu'il sera conservé [2].

Procès-verbal de la réclamation et du cachet apposé sur une statue de l'hôtel de Massiac [3].

Colonnes de porphyre rouge rapportées par le ci-devant duc de

---

[1] Rapports de Buache sur les globes de Bergevin et de Mentelle, 20 et 25 septembre 1793 (F^{17} 1052).

[2] Lenoir (*Archives du Musée des monuments français*, t. I, p. 16) s'exprime en ces termes au sujet du corps de Turenne. : «Turenne, dont on a tant vanté la momie, était moins conservé que Henri IV, les formes étaient plus aplaties et la peau plus sèche et plus ridée; cependant, à travers cette masse informe, en ma qualité d'artiste, j'ai reconnu les formes de sa figure.»

[3] Par Lebrun, en date du 20 septembre; il s'agit d'une Diane par Lerambert, de 7 pieds de proportion (F^{17} 1267).

Saint-Aignan[1], d'Italie; se trouvent chez Balleux, sculpteur, rue d'Arras, faubourg Saint-Marceau.

Les sections de physique et de mécanique se concerteront pour prendre connaissance d'un instrument équatorial chez Opoix et qui lui appartient, pour voir si cela ne serait pas utile à la Nation[2].

Lebrun annonce deux objets de porcelaine appartenant à la Nation et déposés chez Julliot.

SÉANCE DU 26 SEPTEMBRE,
L'AN 2ᵉ DE LA RÉPUBLIQUE.

Succession de Joubert. — Envoi de commissaires à la Trésorerie. — Manufacture de Sèvres. — Cabinets de physique de l'Académie, des Menus-Plaisirs, de l'Observatoire, de l'École militaire. — Laboratoire de l'Académie de chirurgie. — Cartes du canal du Languedoc et de Castries. — Cabinet de Montalembert. — Objets d'histoire naturelle aux Petits-Augustins. — Morellet, La Bruyère. — Collège de l'Égalité. — Bagatelle.

La section d'histoire naturelle rend compte des démarches relatives à la succession de Joubert. La Nation étant créancière, la section a mis les scellés et fait un procès-verbal qui a été lu.

La section demande qu'on nomme des commissaires pour visiter les objets d'or et d'argent envoyés à la Trésorerie : on se concertera avec le Ministre de l'intérieur sur cet objet.

La section parle de la visite de la manufacture de Sèvres. Elle n'a pu voir les terres employées à la porcelaine; elle n'a vu que celles des cassettes. Cette manufacture est une corporation qu'il faudra changer. Il faudra nommer des administrateurs. On y fait un inventaire des vases étrusques, qui ne sont ni si nombreux ni si beaux. Cela a été vendu il y a six ans par Denon, secrétaire d'ambassade à Naples, actuellement à Venise, 40,000 ⁺⁺[3].

---

[1] De Beauvillier (Paul-Hippolyte), duc de Saint-Aignan, membre de l'Académie française et de l'Académie des inscriptions, né à Paris le 25 novembre 1684, mort le 22 janvier 1776, fut ambassadeur à Rome en 1731.

[2] Plus tard, au Comité d'instruction publique, il sera question de l'instrument de l'ingénieur Haupoix. (Voir les *Procès-verbaux du Comité*, t. III, p. 478.)

[3] Voir nos *Procès-verbaux de la Commission des monuments*, t. II, p. 161.

On y fait encore un inventaire des tableaux de Desportes. Battellier, représentant du peuple, veille à tous ces objets. Le Comité d'instruction publique se chargera de faire décréter des fonds.

Darcet[1] a entre les mains un manuscrit de procédés relatifs à la porcelaine. La section de chimie en fera un inventaire et constituera Darcet dépositaire[2]. On remarque que tous les ouvriers des manufactures nationales sont peut-être influencés par les étrangers et qu'il serait intéressant d'en prévenir le Comité de salut public.

La section de physique a fini presque en entier le cabinet de physique de l'Académie.

Les machines de physique des Menus-Plaisirs sont presque doubles et pourront faire deux cabinets.

L'inventaire de l'Observatoire national et de l'observatoire de l'École militaire est fait[3].

La section de chimie a fait l'inventaire du laboratoire de l'Académie de chirurgie; elle n'a rien trouvé à la Faculté de médecine.

La section de marine et géographie présente l'état des cartes chez le citoyen Perrier[4] et de plusieurs autres, en particulier de celle de Desmarest qui réclame à cet égard. Elle parle des planches du canal et du diocèse de Languedoc, de Joubert, 40 planches, et de celles de Castries. On suivra promptement cette affaire.

On indique les maisons d'émigrés d'Albany, de Vergennes.

On a proposé au Département de nommer douze commissaires pour poser des scellés. Cet arrêté est pris; les commissaires viendront à la Commission.

---

[1] Darcet (Jean), chimiste, né en 1725, mort à Paris le 13 février 1801, membre de l'Académie des sciences en 1784, devint directeur de la manufacture de Sèvres cette même année.

[2] Voir «l'état des papiers que j'ai entre les mains appartenant à la manufacture nationale de France établie à Sèvres», 5 brumaire an II, signé Darcet (F¹⁷ 1343).

[3] «Procès-verbal d'inventaire par Gaspard Monge des instruments de physique se trouvant dans l'Observatoire de l'École militaire», 17 septembre 1793. — «Inventaire des instruments d'optique et d'astronomie de l'Observatoire de Paris, fait par Lenoir, Charles et Fortin, en présence de Jean-Dominique Cassini, ci-devant directeur, de Jean Perny, directeur temporaire, et du citoyen Bouvard, l'un des astronomes. 19 vendémiaire an II» (F¹⁷ 1219).

[4] Il s'agit des plans de Constantinople gravés pour le compte de l'ambassadeur Choiseul-Gouffier et de cartes de la forêt de Fontainebleau. Voir à ce sujet le rapport de la section de marine, du 20 septembre 1793 (F¹⁷ 1052).

La section des fortifications parle du cabinet de Montalembert donné à la Nation [1].

La section des antiquités annonce la visite du Dépôt des Petits-Augustins, des médailles [2]. Elle invite celle d'histoire naturelle à visiter ce Dépôt pour des minéraux et des animaux qui y sont. On invite un membre à proposer à la Municipalité de donner de l'alcool pris chez les émigrés pour conserver les objets d'histoire naturelle, animaux qui s'y détériorent. On parle de la nécessité de rassembler les divers objets dans des dépôts généraux. On ajourne à dimanche cette discussion importante. On demande des rapports de chaque section sur cet objet.

La section des dépôts littéraires dit que demain on ira au Palais Bourbon. On parle de Morellet et de quelques notes sur La Bruyère. On indique les livres rares sur les langues orientales du collège de l'Égalité [3]. Note sur Bagatelle [4].

La section de peinture et sculpture annonce le dépôt de Mony, notaire. La Commission des monuments sera chargée du transport.

La section des Ponts et chaussées a fini l'inventaire des machines et instruments.

SÉANCE DU 29 SEPTEMBRE,

L'AN 2ᵉ DE LA RÉPUBLIQUE.

Télescopes et pendules pour la télégraphie. — Laboratoire du jardin des apothicaires. — Tableau de Vouet dans la salle de l'Assemblée. — Bibliothèque de l'Académie de chirurgie. — Rapports de la section de mécanique (machine de

---

[1] Le 22 septembre 1789. Voir à ce sujet le rapport de Mandar, du 26 septembre 1793 (F¹⁷ 1164).

[2] L'inventaire de la section des antiquités, établi par Lenoir et Le Blond, le 29 septembre, est intitulé : «Inventaire des objets antiques et de quelques autres modernes...»; il se rapporte principalement aux médailles. Les objets qui y sont indiqués proviennent, dit une note, du cabinet ci-devant des Petits-Pères, place des Victoires. Une *addition* à cet inventaire concerne le tombeau antique qui servait de cénotaphe, consacré à la mémoire de Caylus dans l'église de Saint-Germain-l'Auxerrois (F¹⁷ 1265).

[3] Note de Langlès sur les livres orientaux de ce collège, 29 septembre 1793 (F¹⁷ 1261).

[4] La note en question est d'Ameilhon, qui s'était rendu, le 25 septembre, au château de Bagatelle sans trouver aucun objet se rattachant à la section des dépôts littéraires (F¹⁷ 1081, n° 1).

Marly, etc.). — Cartes du Languedoc, de Flandre. — Église Saint-Jacques. — Triage des documents de la Chambre des comptes.

Section de physique — munie d'une lettre du Ministre de l'intérieur[1] relative aux télescopes et pendules pour la télégraphie. La section de chimie rend compte de l'inventaire du laboratoire du Jardin des apothicaires[2]. On parle d'un assez beau tableau de Vouet dans la salle d'assemblée.

La section d'anatomie parle de l'Académie de chirurgie, de l'état de la bibliothèque dont la plus grande partie a été enlevée par les héritiers de Louis, chirurgien. On parle à cette occasion des bibliothèques, de la nécessité de conserver tous les livres des sciences et des arts, de Tisset[3], qui a trouvé, le 15 août, beaucoup d'effets appartenant au ci-devant Condé et surtout des manuscrits sur velin chez un nommé Saint-Laurent[4], qui s'est évadé et chez lequel les scellés ont été mis par le Comité de salut public du Département. Nitot a donné un détail sur cet objet[5]. Molard a parlé de la visite faite par le Comité de la section de Popincourt et il indique le citoyen Duguel, juge de paix de cette section[6], pour donner des renseignements. Les citoyens Buache, Molard et Nitot sont chargés de suivre cet objet avec Le Blanc.

La section de mécanique parle 1° d'une machine à élever des lanternes, qui se trouve dans une cour du Palais Bourbon; 2° d'un tour en l'air avec 120 instruments; 3° d'une table utile à l'instruction militaire; 4° des machines de Dauff et Barneville[7]; 5° d'une lettre de deux commissaires chargés par les représentants du peuple de l'examen de la machine de Marly et de l'estimation des prix; on parle de la nécessité

---

[1] En date du 22 septembre. Le Ministre demande des télescopes et pendules à secondes en vue de l'établissement d'une «ligne de correspondance de Lille à Paris» (F¹⁷ 1257).

[2] L'inventaire du laboratoire de chimie du Collège de pharmacie fut fait, le 28 septembre 1793, par Pelletier, Berthollet et Vauquelin (F¹⁷ 1243).

[3] Tisset était un employé du Comité de police et de surveillance.

[4] Josset de Saint-Laurent (Louis-Jean), commissaire des guerres, condamné à mort le 8 pluviôse an II.

[5] Voir l'inventaire des objets (pendules de Lepaute, Legros et Duterlre, bronzes, vases de Sèvres) trouvés chez Saint-Laurent, rue Pierre-aux-Choux, par Nitot (F¹⁷ 1344²).

[6] Dugué (Joachim-Jean), membre de l'Assemblée des représentants de la Commune en 1789, commissaire de police de la section de Popincourt en 1792 et 1793, juge suppléant le 31 mars 1793.

[7] Les machines anglaises en question étaient employées dans les filatures de coton aux Quinze-Vingts. Cf. A. Tuetey, *Répertoire des sources manuscrites*, t. III et VII.

de conserver cette machine pour donner de l'eau à Versailles et conserver la valeur aux maisons nationales.

La section de marine et géographie parle : 1° des planches des cartes des États de Languedoc, qui sont retrouvées et qui sont chez un artiste pour une nouvelle spéculation[1], cet artiste est Lacombe, rue de la Harpe, artiste et peintre, chargé de la galerie de Florence; 2° des cartes manuscrites et gravées de Flandre au Palais Bourbon.

La section des antiquités parle : 1° de la pierre de l'église de Saint-Jacques où il n'y a rien qui tienne à Flamel, c'est une allégorie à la Vierge; 2° de la tête de Brutus, prétendue antique, qui n'est qu'une mauvaise agate, mal taillée et gravée ainsi que montée à la moderne. On parle à cette occasion des papiers de la Chambre des Comptes, du triage à faire dans ces papiers, de la nécessité de les conserver pour l'histoire du prix des objets dans différents temps.

SÉANCE DU 3 OCTOBRE,

L'AN 2ᵉ DE LA RÉPUBLIQUE.

Transport au Muséum des arts des bustes et tables de porphyre en dépôt chez Monier, notaire. – Commission des monuments.

Rapports généraux des sections [2]. La section des antiquités [3] a fait transporter les bustes et tables de porphyre qui étaient chez Mony (*sic*), notaire, au Muséum des arts.

On parle des pouvoirs comparés et relatifs de la Commission des monuments et de la Commission des arts. On rappelle les décrets. On

---

[1] Voir un «état des planches de cuivre gravées des diocèses de Languedoc, etc., des routes de la même province, publiées aux frais et par ordre des ci-devant États» (F¹⁷ 1052).

[2] Quoique non mentionnée dans le procès-verbal, peut-être convient-il de parler ici de la collection de peintures, estampes, dessins, meubles, etc., inventoriée chez Duclos-Dufresnoy, condamné, 111, rue du Faubourg-Poissonnière, par Lebrun, le 8 vendémiaire an II. Cette belle collection comprenait un très grand nombre de Greuze, ainsi que des S. Vouet, Fragonard, Parrocel, Leprince, Casanova, Hüe, Huet, Robert, Vernet, Bilcoq, etc., des meubles de Boulle. Elle fut estimée 82,402ᵗᵗ (F¹⁷ 1267).

[3] L'inventaire, par la section des antiquités, des objets d'art trouvés chez Monier, notaire (et non Mony), est signé Le Brun et daté du 1ᵉʳ octobre 1793 (F¹⁷ 1265).

trouve que les deux Commissions se confondent dans leur besogne et leurs fonctions, qu'il est nécessaire de les réunir. Pour y parvenir, on arrête : 1° que la Commission des monuments fera une histoire abrégée de ses travaux; 3°[1] que ces deux pièces seront envoyées au Comité d'instruction publique pour faire la matière d'un rapport sur la nécessité de la section des deux Commissions [2].

SÉANCE DU 30 VENDÉMIAIRE AN II

(21 OCTOBRE 1793).

Cartes chez La Luzerne. — Bustes de Trudaine, de Nollet. — Dépôts littéraires de Bordeaux. — Rapports des sections de mécanique, des antiquités, etc. — Instruments de chimie dans la maison de Luxembourg. — Académie de chirurgie. — Inventaire chez Montalembert.

La section de marine rapporte que chez La Luzerne se trouve une collection de cartes; on demande que ces sortes d'objets soient déposés dans les bureaux des adjoints du Ministre de la marine. Remise d'une lettre de Foucherot. La section fera un projet de lettre pour l'administrateur des biens nationaux à Foucherot pour l'inviter à se rendre à la Commission.

Le président écrira à la Commission des monuments pour faire transporter le buste de Trudaine, qui est à l'École de droit, et le buste de Nollet, qui est au collège de Navarre, le tout dans un dépôt national.

Lettre de Dunouy à Molard relative aux dépôts littéraires de Bordeaux; ajourné jusqu'au moment de l'organisation du travail pour toute la République.

La section de mécanique fait son rapport de ce qu'elle a trouvé dans le premier cabinet de l'Académie des sciences; il (*sic*) en rendra compte à la première séance.

La section des antiquités dépose le rapport de ses travaux [3]. Il est arrêté qu'il sera écrit par la Commission au Ministre de l'intérieur pour

---

[1] Il y a lacune dans le registre entre les numéros 1 et 3.
[2] Cf. J. Guillaume, *Procès-verbaux du Comité d'instruction publique*, t. III, p. 15.
[3] Par Le Blond et Mongez, 30 vendémiaire (F¹⁷ 1265, n° 2).

l'engager à autoriser le transport à l'hôtel de Nesle des instruments de chimie trouvés dans la maison de Luxembourg.

La section d'anatomie. — Thillaye rapporte qu'il manque beaucoup d'instruments de chirurgie à l'Académie de chirurgie, entre autres des instruments pour la taille, et qu'il est à la recherche de ces instruments. Il y a aussi un grand désordre dans la bibliothèque; il faut faire la recherche des livres.

Section des fortifications. — Un membre s'est transporté chez le sieur Montalembert; remise du travail à cet égard[1].

Dépôt littéraire. — Remise du travail fait à cet égard.

SÉANCE DU 5 BRUMAIRE,
L'AN 2ᴱ DE LA RÉPUBLIQUE (26 OCTOBRE 1793).

Manufacture de Sèvres. – Crayons anglais. – Machines à filer le coton.
Envoi de commissaires à Versailles et en Seine-et-Oise.

La Commission arrête, sur la proposition d'un membre, que le citoyen Darcet demeure dépositaire des mémoires de chimie qui sont actuellement entre ses mains et provenant de la manufacture de Sèvres[2] jusqu'à ce qu'il en soit autrement ordonné. Que le citoyen Nitot remettra au Comité d'instruction publique ses observations relatives aux crayons anglais, qu'il proposera des moyens de s'en procurer,

---

[1] Aux termes de son rapport en date du 30 vendémiaire, Mandar s'exprime ainsi : «Le citoyen Montalembert a fait, en 1789, don à la Nation de plus de 100 modèles de fortifications et d'artillerie, tous très intéressants pour la défense des places. Depuis 1789 jusqu'en 1793, il a augmenté cette collection de 49 plans en relief et de 25 modèles d'artillerie dont l'objet est de développer les derniers volumes qu'il a publiés; outre ces plans qui n'appartiennent pas à la Nation, un grand nombre de dessins et de mémoires forment un recueil très précieux pour l'éducation publique. L'intention du général est de faire profiter la Nation du prix de tous ses travaux, mais il prie le Comité d'observer que les circonstances ont beaucoup diminué sa fortune et qu'il serait à désirer pour lui que le Comité d'instruction publique s'occupât de proposer les moyens de l'indemniser.» Voir, joint au rapport de Mandar, un état des plans en relief du cabinet de Montalembert (F^{17} 1164). Cf. J. Guillaume, *Procès-verbaux*, t. II, p. 517-519.

[2] Voir une lettre du 1ᵉʳ brumaire par laquelle Darcet demandait à être déchargé des papiers de la manufacture de Sèvres dont il était détenteur (F^{17} 1047, n° 1).

soit en permettant la vente de ceux qui sont actuellement entre les mains des négociants qui faisaient cette espèce de commerce par la modification du décret relatif aux marchandises anglaises, soit en proposant à la Convention quelque autre mesure à cet effet.

Que la section de mécanique enverra deux commissaires pour reconnaître et apposer le scellé sur les machines à filer le coton appartenant à la Nation et qui se trouvent chez le citoyen Brown, à Vernon [1].

Que les sections d'histoire naturelle, de peinture et d'antiquités enverront des commissaires chargés de distraire de la vente des meubles du ci-devant château de Versailles et des maisons en dépendant, ainsi que de celles situées dans le département de Seine-et-Oise, les objets relatifs aux arts et qu'ils jugeront devoir être conservés. Ces commissaires se concerteront à cet effet avec le Ministre de l'intérieur. Les citoyens Le Blond, Nitot, Naigeon et Langlès sont chargés de cette commission.

SÉANCE DU 10 BRUMAIRE,
L'AN 2ᴱ DE LA RÉPUBLIQUE (31 OCTOBRE 1793).

Rapports des sections. — Herbier aux Augustins. — Inventaire de cabinets de physique. — Cours de l'École pratique d'anatomie. — Obstacles rencontrés à Versailles par la section de marine. — Mission de Lebrun chez le ci-devant prince de Condé et chez Saint-Priest. — Rapport de Le Blond sur la Savonnerie, etc. — Choiseul-Gouffier. — Bibliothèque du ci-devant château de Versailles.

La section d'histoire naturelle fait le rapport de ses travaux du 7 septembre au 28 octobre. Elle en fait le dépôt.

La section demande le transport au Muséum national d'un herbier de Tournefort trouvé aux Augustins. La Commission en arrête le transport qui sera effectué par les soins du Ministre.

La section de physique dépose l'inventaire des instruments de physique du cabinet de la ci-devant Académie; l'inventaire des cabinets de Versailles déposés aux Menus-Plaisirs, l'inventaire du cabinet du collège de Navarre [2].

---

[1] Cf. A. Tuetey, *Répertoire des sources manuscrites de l'histoire de Paris*, t. VII.

[2] Inventaire des instruments de physique, provenant des cabinets de Ver-

La section d'anatomie. — On renvoie la demande de l'École pratique pour la continuation du payement des cours au Comité d'instruction publique.

La section de mécanique. — On écrira au nom de la Commission au citoyen Lavoisier pour l'engager à remettre à la Commission toutes les reconnaissances qu'il a entre les mains[1]. Arrêté que les secrets cachetés et trouvés à l'Académie seront inventoriés et laissés avec les dépôts littéraires.

Arrêté que chaque section de la Commission donnera, si elle ne l'a pas fait, un résumé général de ses travaux jusqu'à ce jour.

Section de marine. — Les membres rapportent qu'il y a à Versailles des objets qui concernent la marine et les affaires étrangères, mais qu'ils éprouvent des difficultés, parce que leur mission n'est pas bien connue[2]. Arrêté qu'il en sera référé au Comité d'instruction publique. Le citoyen Vicq d'Azyr est nommé pour rédiger une instruction; les notes lui seront remises à la prochaine séance.

La section des dépôts littéraires fait le dépôt du rapport de ses travaux.

La section de peinture. — Lebrun, membre de cette section, s'est transporté à Versailles chez le ci-devant prince de Condé et Saint-Priest, n'y a rien trouvé qui méritât d'être recueilli.

Le Blond, à la Savonnerie, n'a rien trouvé de relatif à la Commission des arts.

Note relative à une collection de tableaux remise par le citoyen Le Blond.

Section d'architecture. — Le citoyen Gilbert indique des modèles d'anciens morceaux chez Choiseul-Gouffier et quelques livres.

Il a été arrêté que le citoyen Langlès rechercherait parmi les livres tirés du cabinet du ci-devant Roi, déposés à la Bibliothèque nationale,

sailles, déposés aux Menus-Plaisirs, rue Bergère, dressé par Charles, 22 vendémiaire an II. — Inventaire des instruments de physique du cabinet du collège de Navarre par Charles et Fortin, 16 vendémiaire (F17 1219).

[1] Voir deux réponses de Lavoisier, trésorier de la ci-devant Académie des sciences, 12 et 15 brumaire (F17 1047).

[2] Voir, sur le Dépôt des manuscrits,

des cartes et plans et de la bibliothèque des Affaires étrangères à Versailles, formant 7 salles dans une galerie voûtée de 159 pieds de long sur 32 de large et 14 de haut, et contenant, d'une part, environ 13,500 volumes de correspondances, d'autre part, 439 portefeuilles de plans et cartes, le rapport détaillé de Langlès et Buache, du 24 nivôse, fait en exécution du décret de la Convention du 26 frimaire (F17 1052).

à Paris, le catalogue de la bibliothèque du ci-devant château de Versailles et autres catalogues relatifs aux objets précieux dudit château.

SÉANCE DU 20 BRUMAIRE,

L'AN 2ᴱ DE LA RÉPUBLIQUE (10 NOVEMBRE 1793).

Planches de la carte de la ci-devant province de Languedoc. — Nomination de commissaires pour le Palais-Royal. — Mesures pour conjurer la démolition du château de Praslin. — Don à la Nation d'un tableau de Philippe de Champagne. — Discussion du plan pour l'organisation du travail d'inventaire dans les départements.

Il a été fait lecture d'une lettre du Ministre de l'intérieur au citoyen Mathieu, président de la Commission des arts, sous la date du 13 du 2ᵉ mois de l'an 2ᵉ de la République, par laquelle il demande des renseignements certains qui justifient que les planches de cuivre des cartes de la ci-devant province de Languedoc, déposées par le citoyen Joubert chez le citoyen Lacombe, rue de la Harpe, sont une propriété nationale et dans quels lieux ces objets doivent être déposés.

La discussion ouverte, et d'après les observations qui ont été faites, il en est résulté que ces planches ont été gravées aux frais des ci-devant États de Languedoc et que, par conséquent, elles appartiennent à la Nation.

La Commission a pris à l'unanimité un arrêté par lequel les planches en cuivre de la ci-devant province de Languedoc, déposées par le citoyen Joubert chez le citoyen Lacombe, sont une propriété nationale, et qu'extrait du présent arrêté sera donné au Ministre de l'intérieur.

La Commission des arts, sur une motion d'un de ses membres, arrête qu'il serait nommé trois commissaires pour reconnaître les objets qui peuvent intéresser les arts dans la maison connue ci-devant sous le nom de Palais-Royal et d'en former l'inventaire. Les citoyens Besson, Buache et Thillaye ont été nommés commissaires.

Un membre a observé que le château de Praslin, ci-devant Vaux-Villars, près de Melun, département de Seine-et-Marne, était sur le point d'être démoli, que cet édifice renfermait des objets précieux et en particulier des plafonds peints par Lebrun. La discussion sur cet objet a été suivie de l'arrêté suivant :

La Commission des arts a arrêté à l'unanimité que le président de la Commission des arts et le Ministre de l'intérieur écriraient à l'administration du département de Seine-et-Marne pour suspendre la démolition du château de Praslin.

Un membre ayant fait offre à la Nation au nom du citoyen Laval, ci-devant maréchal de France, d'un tableau représentant la cérémonie du ci-devant ordre du Saint-Esprit, peint par Philippe de Champagne et un des meilleurs de ce maître :

La Commission des arts a arrêté que son président écrirait au citoyen Laval que son offre civique était acceptée et a chargé le citoyen Lebrun, l'un de ses membres, de faire placer ce tableau des monuments de ce genre (sic).

Les commissaires chargés de présenter un plan à l'effet d'organiser un travail dans tous les départements, pour faire connaître les objets dont s'occupe la Commission des arts à Paris, font part de ce plan par le citoyen Vicq d'Azyr. La lecture du plan a été suivie d'une discussion qui a déterminé la Commission à arrêter que les trois premiers commissaires, joints aux citoyens Hassenfratz et Dunouy qui ont présenté des vues nouvelles, offriront un nouveau plan conforme aux observations qui ont été proposées.

SÉANCE DU 25 BRUMAIRE,

L'AN 2ᵉ DE LA RÉPUBLIQUE (15 NOVEMBRE 1793).

Commission des monuments. — Objets de mécanique à la Bibliothèque nationale. — Levée de scellés. — Carte de l'ancienne généralité de Guyenne. — Tableaux de l'église Notre-Dame. — Arrestation de Sage, directeur de l'École des mines. — Instruction pour faire les inventaires dans les départements. — Compte rendu des commissaires envoyés à Versailles.

1° Divers états relatifs au règne végétal sont remis sur le bureau par le citoyen Thouin;

2° La Commission arrête que le Comité d'instruction publique sera invité à statuer définitivement sur quelques objets du Dépôt des Petits-Augustins qui se détériorent de jour en jour;

3° Plusieurs abus s'étant glissés dans les opérations de la Commission des monuments, on arrête que le Comité d'instruction publique sera prié d'y remédier;

4° Le Comité d'instruction publique sera invité à faire un prompt rapport sur le sort de la Commission des monuments[1];

5° Sur le rapport des commissaires des sections de marine et de mécanique, que plusieurs machines, modèles et outils, déposés dans une salle basse de la Bibliothèque nationale, sont dans un état de dépérissement journalier, à cause de l'humidité du lieu qui a couvert de rouille la plupart de ces objets, il est arrêté que les susdits commissaires se transporteront dans le plus court délai chez le Ministre de l'intérieur pour lui demander un local propre à déposer tous les objets d'arts et métiers qui seraient perdus pour l'instruction nationale, si on ne s'occupait promptement de leur transport et de leur conservation.

6° Le président de la Commission des arts joindra une lettre au susdit arrêté, dans laquelle il rappellera le décret qui charge le Comité d'instruction de veiller à la conservation de tous les objets d'arts et de sciences utiles à l'instruction nationale.

7° Arrêté que des commissaires de chaque section se transporteront chez le régisseur des Domaines nationaux pour obtenir la levée des scellés apposés dans la maison du ci-devant duc d'Orléans, afin de procéder le plus promptement possible à l'inventaire et reconnaissance de tous les objets utiles à l'instruction nationale[2].

8° Le président écrira au citoyen Laumond, administrateur des Domaines nationaux, pour le charger de nommer un second artiste patriote et capable de juger les morceaux qui méritent d'être conservés. Les citoyens Nitot et Le Blond assisteront au jugement qui sera porté par les deux artistes réunis.

9° La Commission renvoie au Comité d'instruction publique des mémoires présentés par le citoyen Buache[3] et composés par le citoyen

---

[1] Cf. J. Guillaume, *Procès-verbaux du Comité d'instruction publique*, t. III, p. 16.

[2] Voir la lettre écrite par les régisseurs des Domaines, le 3 frimaire an II, à la suite de cette démarche de la Commission des arts (F¹⁷ 1257).

[3] Il s'agit d'un rapport sur les planches de la carte de la ci-devant province de Guyenne, en dépôt chez Belleyme, géographe, et d'un «état des planches de cuivre de la carte de Guyenne», existant chez le même citoyen, en date du 26 septembre 1793 (F¹⁷ 1052).

Belleyme. L'objet de ces mémoires est la carte de la ci-devant généralité de Guyenne, que le citoyen Belleyme avait été chargé de faire exécuter. Le citoyen Buache a remis, en même temps, sur le bureau, deux cartes, une grande et une petite, dont il était dépositaire.

10° La Commission des arts renvoie au Comité d'instruction publique la proposition faite par un membre de provoquer un décret sur les tableaux de la ci-devant église de Notre-Dame et sur la manière de les recueillir en retranchant les abus qui naissent du mode précédemment établi.

11° Le président donne lecture d'une lettre concernant l'arrestation du citoyen Sage[1], professeur et directeur de l'École des mines nationales. La Commission arrête que cette lettre sera renvoyée au Comité d'instruction publique, qui voudra bien réveiller l'attention de la Convention nationale sur l'étude de la minéralogie et sur la nécessité d'encourager les hommes qui professent les principes d'un art si utile à la chose publique.

12° Le citoyen Vicq d'Azyr, chargé par la Commission de diriger une nouvelle instruction générale sur les inventaires qui doivent être faits dans tous les départements, fondra dans son ouvrage la première instruction envoyée aux corps administratifs.

13° Les administrations de districts se concerteront avec les sociétés populaires pour nommer trois commissaires bons républicains, qui procéderont aux divers inventaires.

14° Les commissaires de retour de Versailles où ils avaient été envoyés annoncent à la Commission des arts que des tables pétrifiées et d'autres objets d'un grand prix ont été vendus. Ils demandent qu'on prenne une décision ultérieure sur les morceaux qui restent à vendre[2].

---

[1] Sage (Balthazar-Georges), directeur du cabinet de l'École des mines, membre de l'Académie des sciences, incarcéré à l'Abbaye depuis le 21 brumaire, fut mis en liberté par arrêté du Comité de sûreté générale, en date du 15 pluviôse an II. — Voir sous la cote F7 4773° un dossier relatif à sa détention.

[2] Le rapport des commissaires sur Versailles est de la main de Le Blond; il est ainsi conçu : «Nous, commissaires nommés, d'après un arrêté de la Commission des arts, dans la séance du 5° jour du second mois, pour faire l'inventaire des objets précieux, relatifs aux sciences et aux arts, qui se trouveraient dans le ci-devant château de Versailles et ses dépendances, ainsi qu'en d'autres maisons ci-devant royales et d'émigrés dans le département de Seine-et-Oise, nous sommes trans-

SÉANCE DU 5 FRIMAIRE,

L'AN 2ᵉ DE LA RÉPUBLIQUE (25 NOVEMBRE 1793).

Obstacles opposés par la Commission des monuments aux travaux de la Commission des arts. — Recherche d'un local pour les Archives nationales. — Mesures pour la conservation des monuments de la Commune de Paris. — Mobilier du ci-devant duc d'Orléans. — Archives de la ci-devant Académie de chirurgie. — École de chirurgie. — Momie de Turenne. — Bibliothèque de la ci-devant Académie française. — Bibliothèques d'émigrés. — Inventaires remis par Lebrun. — Inventaire des plans en relief existant aux Invalides. — Carte de Ferrari remise au Dépôt de la guerre.

Plusieurs membres se plaignent des obstacles apportés par la Commission des monuments aux travaux de la Commission des arts.

portés à Versailles devant les commissaires de la Convention nationale, chargés de présider à la vente du mobilier provenant de ces différentes maisons. Les commissaires de la Convention, après avoir pris connaissance de nos pouvoirs, ont répondu d'abord que le travail que nous nous proposions de faire à cet égard devenait inutile, puisque eux-mêmes en étaient déjà chargés. Cependant ils nous ont invités à leur donner des renseignements sur différents objets. En conséquence, nous les avons accompagnés dans le salon d'Hercule, où nous n'avons remarqué aucune dégradation : le grand tableau de Paul Véronèse, représentant *Jésus-Christ chez le Pharisien*, et un autre tableau du même maître, représentant *Abraham qui envoie Éliézer en Mésopotamie chercher une femme pour Isaac*, n'ont point été déplacés. Dans les salles voisines nous avons vu les tableaux suivants : *l'Ange gardien*, par Feti; la *Mélancolie*, par le même; la *Vierge et saint François*, par Van Dyck; *Charles Iᵉʳ*, par le même; *David jouant de la harpe*, par le Dominiquin; *l'Adoration des mages*, par Rubens; la *Pythonisse*, par Salvator Rosa; la *Mort de saint François*, par Annibal Carrache; un sujet inconnu, par Paul Véronèse.

«Nous avons aussi remarqué une statue antique en marbre, de grandeur naturelle, représentant *Jason*, statue connue sous la fausse dénomination de Q. Cincinnatus.

«Il n'y a rien de changé à la grande galerie, à l'exception de quelques attributs de la Royauté qu'on a détruits. On y remarque les huit statues antiques, parmi lesquelles la prétendue statue de Germanicus, ouvrage du statuaire Cléomène, mérite d'être distinguée tant pour l'art que pour la manière dont elle est conservée.

«Quant aux peintures qui ornent la voûte de la galerie et qui toutes retracent le souvenir du despotisme et de l'orgueil, elles sont telles qu'elles étaient avant la Révolution. Les commissaires nous ayant témoigné l'état d'anxiété dans lequel ils se trouvaient, d'un côté, ne voulant point détruire un monument qui peut embellir le Musée qu'on se propose d'établir dans une ville qui a si bien mérité de la patrie, et de l'autre, étant en quelque sorte forcés de conserver des sujets qui blessent des yeux républicains, nous leur avons observé

La Commission des arts arrête que le Comité d'instruction publique sera de nouveau invité à faire cesser ces obstacles par une organisation plus complète, soit de la Commission des arts, soit de celle des monuments.

Un membre annonce que le Ministre de l'intérieur ayant chargé Vignon, architecte, de chercher un emplacement national pour contenir un dépôt destiné à faire partie des Archives nationales, cet architecte a désigné le local du cabinet de la ci-devant Académie des sciences, déjà occupé et rempli par des objets de sciences et d'arts inventoriés par la Commission. Il expose l'inconvénient du déplacement pour ces objets. La Commission arrête que trois commissaires pris dans son sein se concerteront avec l'architecte pour le choix d'un

qu'avec de légers changements et des inscriptions bien conçues, on pouvait obvier aux inconvénients qui se présentaient à cet égard. Les commissaires ont paru adopter nos observations. Nous avons visité l'Orangerie où nous avons trouvé la statue colossale de Louis XIV, tellement métamorphosée, qu'on ne peut plus la reconnaître. Plus loin nous avons examiné une statue de femme drapée, de huit pieds de proportion, sa substance nous a paru être du basalte; l'obscurité du lieu ne nous a point permis d'en faire une description exacte : nous présumons néanmoins qu'elle est d'un grand prix.

«Nous avons été ensuite introduits dans les petits appartements; nous y avons remarqué un petit tableau de Mignard représentant *Jésus portant la croix*; quatre tableaux du Poussin servant de dessus de porte; une belle pendule dont les mouvements, placés au milieu d'un globe de verre, retracent le système du monde; nous avons vu aussi un atelier enrichi de machines, de modèles précieux et d'une infinité d'outils qui, jadis l'amusement d'une frivole oisiveté, deviendront désormais d'une utilité réelle entre les mains d'artistes habiles.

«La bibliothèque, divisée en deux pièces, l'une inférieure, l'autre supérieure, contient un grand nombre de volumes dont il ne nous a pas été possible de faire l'énumération. Ces volumes sont reliés avec la plus grande magnificence; nous avons remarqué entre autres un volume manuscrit, traduit du persan en langue française [a] auquel un de nos collègues a mis une telle importance que les commissaires nous ont engagés à prendre des mesures et nous ont promis de nous seconder pour le faire transporter à la Bibliothèque nationale de Paris, rue de la Loi, et même pour le faire imprimer.

«Enfin nous avons trouvé un assez grand nombre (de cartes) et plans, tant manuscrits qu'imprimés, pour l'examen desquels nous avons proposé aux commissaires de leur envoyer le citoyen Buache, notre collègue, ce qu'ils ont accepté volontiers.

....

Signé : Le Blond, Naigeon l'aîné, M.-E. Nitot, L. Langlès.

[a] C'est un abrégé chronologique de l'Hindoustan, depuis les temps les plus reculés jusqu'à Chah alem, aujourd'hui régnant; les portraits de tous ces despotes sont peints en miniature, ainsi que leurs monnaies, leurs idoles, etc., avec le plus grand soin. Ce précieux manuscrit a été acquis dans l'Inde et apporté par Legentil, ci-devant capitaine d'infanterie. (Note d'une autre main que celle du rapport.) [F¹⁷ 1270.]

autre local et que le Comité d'instruction publique sera invité à nommer aussi un de ses membres pour cet objet. Langlès, Lebrun et Molard sont nommés commissaires; ils sont invités à se faire assister des commissaires du Département [1].

Le président de la Commission des arts écrira au Ministre de l'intérieur pour l'engager à prendre les mesures les plus sages et les plus légales relativement à la conservation des objets précieux que renferment les divers monuments publics de la Commune de Paris.

Les Régisseurs nationaux de l'Enregistrement et des Domaines se concerteront avec les administrateurs du Département au sujet de la levée des scellés apposés sur les effets du ci-devant duc d'Orléans. Sur le tableau déjà fait des archives de la ci-devant Académie de chirurgie, il sera procédé au récolement et à la transcription du même tableau.

La collection des instruments de l'École de chirurgie se trouvant incomplète, on fera la vérification de ceux qui manquent.

Le Comité d'instruction publique sera prié de délibérer sur les moyens de tenir en réserve un certain nombre d'élèves de chirurgie propres à servir utilement dans les divers hôpitaux militaires.

Le citoyen Du Thillaye est chargé de recueillir la momie de Turenne qui est encore dans la ci-devant église de Saint-Denis. Il est autorisé à la faire transporter au Muséum avec les autres morceaux qui méritent d'être conservés [2].

La section littéraire vérifiera le nombre de volumes qui manquent à la bibliothèque de la ci-devant Académie française, et fera un catalogue particulier des livres élémentaires qui peuvent servir à l'instruction publique, ainsi que des manuscrits sur cet objet.

Le citoyen Ameilhon dépose sur le bureau un état des livres choisis dans la bibliothèque des émigrés la femme de Brionne et le nommé Vaudemont, rue de l'Université, n° 368, pour être transportés au Dépôt de la maison de Nesle.

Le citoyen Lebrun remet sur le bureau : 1° un état des tableaux du ci-devant hôtel Penthièvre [3]; 2° un état des tableaux donnés à la

---

[1] Ce paragraphe est reproduit par J. Guillaume, *Procès-verbaux du Comité d'instruction publique*, t. III, p. 13.

[2] Par lettre du 4 frimaire, le Ministre de la guerre avait consulté le Comité d'instruction publique sur les honneurs qui pouvaient être rendus à la mémoire de Turenne, dont les cendres reposaient à Franciade. Le Comité avait passé à l'ordre du jour sur cette question (F^{17} 1267).

[3] En date du 3 brumaire (F^{17} 1267).

Nation, parmi lesquels se trouve un Christ en croix par Antoine Van Dyck[1].

Le président de la Commission écrira une lettre en décharge au citoyen Chaumette, relativement au Christ qui vient de la Maison commune.

Les membres des différentes sections qui auront besoin de renseignements en feront une note pour la communiquer aux administrateurs du Département, membres de la Commission et présents à la séance.

Le Ministre de la guerre ayant nommé un commissaire choisi parmi les élèves de l'École des Ponts et chaussées pour faire l'inventaire et la description des modèles en relief des places fortes de la République existant aux Invalides, les membres de la Commission des arts formant la section des fortifications prendront connaissance de ce travail et en profiteront pour abréger leurs opérations.

Le citoyen Buache remet sur le bureau une reconnaissance du directeur du Dépôt général de la guerre, Calon, concernant un exemplaire de la carte des Pays-Bas Autrichiens par Ferrari, provenant de la maison de l'émigré Juigné et à laquelle il manque les feuilles n°s 19 et 22.

SÉANCE DU 10 FRIMAIRE,
L'AN 2e DE LA RÉPUBLIQUE (30 NOVEMBRE 1793).

Cartes et plans à extraire du mobilier des émigrés pour le service des armées. – Tables de bois pétrifié. – Cabinet de la citoyenne Gigot d'Orcy. – Momie de Turenne. – Apposition des scellés sur les objets réservés. – Mission de Naigeon et Gilbert au ci-devant château de Praslin. – Bénitiers de Saint-Sulpice. – Remise de médailles.

Le Ministre de la guerre demande que la Commission d'instruction publique fasse distraire des effets mobiliers des émigrés, ou autres, les

---

[1] Ce Christ avait été remis par Chaumette. Le reste de cette donation consiste en deux tableaux, «par Philippe de Champagne, représentant des sujets historiques, donnés par le maréchal de Laval. L'un des deux Champagne n'est bon qu'à être coupé, dit l'inventaire, attendu qu'il est très usé dans la plus grande partie». 4 frimaire (F[17] 1267).

cartes et plans, gravés ou manuscrits, propres à faciliter les opérations militaires confiées aux généraux, particulièrement la carte des Pays-Bas en vingt-cinq feuilles par Ferrari, qui est très rare, et infiniment précieuse dans la circonstance actuelle pour le service de l'armée du Nord. Le Comité d'instruction publique sera consulté sur cet objet et invité à solliciter un décret de la Convention, s'il y a lieu.

Des tables de bois pétrifiées ont été vendues à des particuliers par la Commission de Versailles. Les citoyens Nitot, Lebrun et Besson constateront le prix de l'acquisition et feront un rapport sur la question de savoir : 1° si les intérêts de la Nation ont été lésés dans le marché; 2° si lesdites tables doivent être rachetées[1].

La citoyenne Gigot d'Orcy propose[2] de vendre son cabinet et sa bibliothèque à la Nation; des commissaires nommés par chaque section respective se transporteront, le 12 frimaire, chez la citoyenne d'Orcy pour inventorier son cabinet et sa bibliothèque, sur lesquels ils feront un rapport à la Commission.

Le président de la Commission écrira au Ministre de l'intérieur pour l'engager à autoriser le transport de la momie de Turenne à Paris, laquelle sera déposée dans le lieu le plus convenable[3].

Les différents membres de la Commission mettront les scellés sur tous les objets dont la conservation est nécessaire. Les citoyens Vicq d'Azyr et Prunelle proposeront un mode d'exécution pour cet arrêté.

Après avoir entendu les citoyens Naigeon et Gilbert, envoyés au ci-devant château du citoyen Praslin, situé dans la commune de [Maincy][4], et lecture faite de l'arrêté de ladite commune et de l'arrêté du département de Seine-et-Marne, déposés l'un et l'autre sur le bureau, la

---

[1] Voir un rapport de Nitot et Lebrun sur ces quatre tables de bois pétrifié qu'ils ont vues chez le marchand qui s'en est rendu acquéreur (F17 1238). Il sera encore question des mêmes tables dans les séances de la Commission, du 15 frimaire et du 30 pluviôse, ainsi que dans celles du Comité d'instruction publique. (Voir les Procès-verbaux dudit Comité, t. III, p. 491.)

[2] Par lettre à Laumond, 2 frimaire. Il s'agit du cabinet d'histoire naturelle de son mari défunt (F17 1047, n° 1).

[3] Le 18 frimaire, le Ministre répondait : «Je ne crois point... que je puisse, quoique sous le rapport de l'instruction, autoriser le dépôt au Muséum d'un corps ainsi exhumé. L'art des embaumements, qui pouvait intéresser l'orgueil des rois, n'occupera point des républicains qui ne seront jaloux de transmettre à la postérité que leurs vertus.» Cependant le Ministre propose de provoquer un décret de la Convention à ce sujet. Il ajoute en post-scriptum que différents rapports qui lui ont été faits lui «ont donné une idée toute différente de l'état de ce cadavre». (F17 1257.)

[4] Lacune au registre.

Commission charge les deux commissaires ci-dessus nommés de faire un rapport détaillé et par écrit de l'objet de leur mission.

Les commissaires chargés de recueillir les deux coquilles bénitiers de la ci-devant église Saint-Sulpice remettent sur le bureau le procès-verbal qu'ils ont dressé à ce sujet[1]. Ils préviennent la Commission que le Comité révolutionnaire de la section du Bonnet rouge a fait desceller lesdites coquilles et qu'elles ont été transportées par ordre de la Commission des monuments dans un dépôt national.

Dunouy[2], officier municipal de Paris, remet sur le bureau deux médailles représentant, l'une Henri II et les deux autres Louis Capet.

SÉANCE DU 15 FRIMAIRE,
L'AN 2ᴱ DE LA RÉPUBLIQUE (5 DÉCEMBRE 1793).

Dilapidations des mobiliers d'émigrés. − Tables de bois pétrifié. − Cabinet de physique de la citoyenne Gigot d'Orcy. − Momie de Turenne. − Carte de Ferrari. − Manuscrits recueillis par Ameilhon. − Objets à Versailles destinés à la Bibliothèque nationale. − Plessis adjoint à Prony. − Collection d'insectes du chirurgien Laurent.

Les membres des différentes sections présenteront à la Commission le tableau des objets précieux qui ont été mutilés, détruits, perdus ou vendus au détriment de la Nation, tant dans les domaines déclarés nationaux que dans les biens qui appartenaient ci-devant aux émigrés.

Les citoyens Nitot et Lebrun déposent sur le bureau le procès-verbal qu'ils ont dressé de concert, conformément à l'arrêté pris dans la séance précédente concernant les tables de bois pétrifié achetées par les citoyens Fabre et Sophy. Le Comité d'instruction publique sera prié de délibérer sur cette affaire, qui mérite d'être prise en considération[3].

---

[1] Ce procès-verbal est du 30 brumaire. Les commissaires décidèrent de les faire garder par deux factionnaires en prévision de l'affluence populaire pour l'inauguration du Temple de la philosophie (F¹⁷ 1224).

[2] Dunouy (Jean-Honoré) aîné, ingénieur, de la section des Sans-culottes, secrétaire du Club des Cordeliers, membre de la Commune du 10 août.

[3] Il est maintes fois question de ces tables dans les *Procès-verbaux du Comité d'instruction publique*, publiés par J. Guillaume. Voir notamment le tome III, p. 88-89, 91, 92.

Sur le rapport des commissaires chargés d'examiner le cabinet et la bibliothèque de la citoyenne Gigot d'Orcy, la Commission arrête que, vu l'importance de ces deux objets, aussi intéressants par leur ensemble que par leur beauté, le prix en sera préalablement constaté par tous les renseignements que se procurera le citoyen Prunelle, afin que le Comité d'instruction publique en sollicite l'acquisition auprès de la Convention nationale dans un rapport bien motivé.

Le citoyen Thouret, médecin, concourra avec le citoyen Thillaye à l'enlèvement de la momie de Turenne, qui doit être transportée dans la ci-devant église de Saint-Denis à Paris.

Le président de la Commission informera par écrit le Comité de salut public de la découverte d'une carte précieuse par Ferrari; il écrira en même temps au Ministre de la guerre pour lui donner avis que la carte de Ferrari qu'il a reçue étant incomplète, on peut suppléer à ce qui manque par un second exemplaire trouvé chez l'émigré Surgères.

Le citoyen Ameilhon fera un rapport sur les manuscrits qu'il a recueillis. La Commission délibérera sur leur destination et sur le local où il convient de les rassembler.

Le Comité d'instruction publique sera invité à s'occuper de certains objets qui sont encore à Versailles et qui, par leur nature, semblent être réservés pour la Bibliothèque nationale.

Le citoyen Plessis, sous-chef dans la division du cadastre et transports, Commission des subsistances, est adjoint, par un arrêté de la Commission des arts, au citoyen Prony en absence du citoyen Rauch.

Le citoyen Besson dépose sur le bureau un mémoire et une collection d'insectes parfaitement conservés; le citoyen Laurent, chirurgien, est auteur de cette précieuse collection. Le Comité d'instruction publique sera prié de l'examiner et de délibérer sur l'encouragement dû au citoyen Laurent [1].

---

[1] Sur l'accueil fait aux curieux travaux du citoyen Laurent, qui présenta lui-même ses insectes dans des tableaux sous verre, voir les *Procès-verbaux du Comité d'instruction publique de la Convention*, publiés par J. Guillaume, tome III, pages 74-75. Fourcroy fut nommé rapporteur.

SÉANCE DU 20 FRIMAIRE,

L'AN 2ᴱ DE LA RÉPUBLIQUE (10 DÉCEMBRE 1793).

Objets précieux signalés à Montpellier, Toulouse, Brest, Marseille, Rochefort, etc. – Instruments de longitude à rechercher. – Envoi de commissaires à Luciennes. – Lettre du Ministre de l'Intérieur sur le mobilier des émigrés. – Lettre de Ch. Desaudray sur les manufactures de Commune-Affranchie. – Cartes maritimes chez le ci-devant duc d'Orléans. – Envoi de commissaires dans les dépôts de manuscrits qui appartenaient aux émigrés. – Inventaires d'objets existant dans les églises, etc., déposés par Lebrun. – Lettre de Rauch. – Délibération sur des moulages antiques existant à Auteuil.

Les sections font leur rapport. Le citoyen Lenoir indique différents dépôts nationaux où se trouvent des objets précieux, tels que les observatoires de Montpellier, de Toulouse, les académies de Brest, de Marseille et de Rochefort. Il annonce également qu'il a fabriqué des instruments de longitude, que le gouvernement en a fait présent à des officiers aujourd'hui émigrés, qu'il importe de recouvrer ces instruments et machines. Lenoir est invité à présenter cette note afin de diriger les commissaires.

On indique Luciennes comme pouvant contenir des objets précieux. Naigeon, Besson et Desfontaines sont nommés commissaires pour s'y rendre, après s'être préalablement concertés avec l'administration des Domaines nationaux[1].

Lecture faite d'une lettre du Ministre de l'intérieur[2], en réponse à une autre lettre du citoyen Mathieu de la Commission, qui avait engagé

---

[1] Par une note du 30 frimaire, les commissaires rendent compte de leur visite à Luciennes. Ils y ont trouvé les commissaires du département de Seine-et-Oise encore occupés à la recherche des objets cachés, et ont dû, pour ce motif, surseoir à leur examen, non sans avoir vu toutefois les statues dans les jardins : *Diane et une baigneuse* d'Allegrain, *Vénus et l'Amour*, une *Minerve*, de Vassé, etc. (F¹⁷ 1231).

[2] Voir cette lettre, datée du 18 frimaire, par laquelle le Ministre déclare qu'il ne croit pas devoir charger les Comités révolutionnaires de la surveillance des objets précieux dans les maisons des émigrés, «les fonctions attribuées à ces Comités se bornant aux mesures de sûreté générale, à celles que prescrivent les lois révolutionnaires dans l'exécution desquelles repose le salut public.» (F¹⁷ 1257.) Voir aussi la lettre du président de la Commission, en date du 11 frimaire, qui motivait cette réponse (F¹⁷ 1045, n° 1).

le Ministre à charger les Comités révolutionnaires des sections de Paris du soin de pourvoir à la conservation des objets précieux que contiennent les maisons des émigrés, la Commission ajourne la discussion de cette affaire à la prochaine séance.

Le citoyen Charles Desaudray, administrateur général [1], a écrit à la Convention nationale pour la prier de faire veiller par un ou deux artistes à la conservation de chaque sorte de métier et de chaque espèce de perfectionnement que présentent les manufactures de Commune-Affranchie. La Commission, après avoir entendu la lecture de la lettre du citoyen Desaudray, qui lui avait été envoyée, arrête que le Comité d'instruction publique sera invité à prendre en considération les sages observations que ladite lettre contient [2].

Le citoyen Buache prévient la Commission qu'on a trouvé chez le ci-devant duc d'Orléans des cartes maritimes manuscrites, levées par le citoyen Masso, depuis l'embouchure de la Loire, y compris l'île de Noirmoutiers, jusqu'à l'embouchure de la Gironde. Il est arrêté que le Comité d'instruction publique sera prié d'examiner s'il serait à propos de faire tirer des copies desdites cartes.

Le citoyen Ameilhon et Buache se transporteront au Directoire du Département pour y prendre connaissance de tous les dépôts de manuscrits et papiers qui appartenaient aux émigrés et qui peuvent intéresser les différentes parties de l'administration [3].

Le citoyen Lebrun dépose sur le bureau : 1° trois inventaires con-

---

[1] Charles Delizy, connu sous le nom de Desaudray, l'un des administrateurs ou entrepreneurs du spectacle du Lycée des arts, existant en 1792, dans le cirque du Palais-Royal. Cf. A. Tuetey, *Répertoire des sources manuscrites*, t. IV, n°ˢ 3596, 3684.

[2] Voir les *Procès-verbaux du Comité d'instruction publique de la Convention nationale*, publiés par J. Guillaume, t. III, p. 214, 218.

[3] C'était sur la proposition même d'Ameilhon que la Commission l'avait chargé, lui et Buache, de cette mission. En effet, dans une *Note sur les papiers des émigrés*, remise le même jour, 20 frimaire, à la Commission, Ameilhon avait fait connaître les conditions dans lesquelles le triage et l'inventaire de ces documents s'étaient effectués jusqu'alors. Il disait que les commissaires nommés par le Département pour procéder à ce travail n'accordaient aucune attention aux papiers relatifs aux emplois que leurs anciens détenteurs avaient occupés dans l'État, soit comme ministres, soit comme négociateurs, soit comme militaires. soit comme administrateurs dans les colonies ou les provinces, et les jetaient même au rebut, leur attention se portant uniquement sur les titres de famille et de propriété, pour l'inventaire desquels leur compétence était d'ailleurs souvent en défaut. Par un rapport en date du 24 frimaire, Ameilhon et Buache rendirent compte de leur mission (F^{17} 1081, n° 1).

cernant les objets qui existent dans les ci-devant églises Saint-Gervais, Saint-Jean-en-Grève et Notre-Dame, cathédrale de Paris[1]; 2° un inventaire des différents objets de la ci-devant Académie de peinture[2]; 3° un supplément à l'inventaire des monuments d'antiquité conservés dans le Dépôt national des Petits-Augustins.

Le citoyen Prony lit et remet sur le bureau une lettre[3] qu'il a reçue du citoyen Rauch, membre de la Commission des arts pour la partie des Ponts et chaussées.

D'après le rapport de la section de peinture, la Commission des arts, adjointe au Comité d'instruction publique, ayant pris connaissance des motifs et réclamations portés dans le mémoire présenté par la municipalité d'Auteuil, ne peut que l'engager à laisser les ornements antiques dont ces bâtiments sont décorés, attendu qu'ils n'ont rien de relatif aux objets de féodalité et de royauté, et qu'au contraire ce sont des monuments antiques, moulés à Rome et propres à faire fleurir les ornements de bon goût qui doivent être souvent employés dans l'architecture[4].

---

[1] L'inventaire de Saint-Gervais, en date du 17 frimaire, signale entre autres peintures : *Saint Gervais et saint Protais*, par Le Sueur; la *Décollation de saint Protais*, par Bourdon; trois toiles de Philippe de Champagne, ayant pour sujet des épisodes de la légende de saint Gervais et de saint Protais, les vitraux de Jean Cousin, de Pinaigrier, de Perrin (sur les dessins de Le Sueur); un crucifix de Sarrazin; un *Ecce homo* en pierre, de Germain Pilon; le mausolée de Le Tellier, par Hutrelle et Mazeline, celui de Boisemont, par Pajou (F17 1272).

L'inventaire de Saint-Jean-en-Grève, du 16 frimaire, mentionne des sculptures et statues de Lemoine, Gouthière, des peintures de Nicolas Coypel, Collin de Vermont, etc. (F17 1272).

Quant à l'inventaire de l'église Notre-Dame, en date du 18 frimaire (F17 1272), il est, du moins en ce qui concerne les peintures, en quelque sorte la répétition de celui établi peu de jours auparavant par Moreau le jeune et Lemonnier, membres de la Commission des monuments, et qui se trouve publié dans nos *Procès-verbaux de la Commission des monuments*, t. II, p. 219.

[2] Ce remarquable travail, qui forme un cahier de 74 pages, est intitulé : *Inventaire des tableaux à l'huile, au pastel, en émail et en miniature, des marbres, bronzes, terres cuites, plâtres, dessins, planches gravées, estampes en feuilles, en volume ou montées, et autres objets divers trouvés dans les salles de la ci-devant Académie de peinture et de sculpture* (F17 1267).

[3] Datée de Lunéville, 14 frimaire (F17 1047, n° 1). Il fait part des renseignements qu'il a recueillis sur diverses bibliothèques lors de son passage à Strasbourg, Lunéville, Épinal, et sur celles, très riches, des maisons religieuses de Moyenmoutier, Étival et Sénones, comprenant de 50,000 à 60,000 volumes.

[4] Cf. Guillaume, *Procès-verbaux du Comité d'instruction publique*, t. III, p. 62.

SÉANCE DU 25 FRIMAIRE,

L'AN 2ᵉ DE LA RÉPUBLIQUE (15 DÉCEMBRE 1793).

Les Comités révolutionnaires chargés de l'enlèvement des meubles d'église, etc. – Mémoire de Lebrun sur la conservation des monuments nationaux. – Autre mémoire de Lebrun sur diverses maisons d'Auteuil, etc. – Molard, membre du jury des inventions. – Mesures destinées à prévenir les abus dans la vente du mobilier des émigrés. – Mission de Lelièvre auprès de Pequelin, ex-suisse de la maison Montmorency. – Inventaire du cabinet de l'abbaye Saint-Germain-des-Prés, par Le Blond. – Mission de Mandar dans les dépôts dépendant du département de la guerre. – Rapport de Lebrun sur les estampes de la ci-devant Académie de peinture. – Autres du même sur l'église des Petits-Pères et les émigrés Saint-Priest et Vintimille. – Rapport des commissaires envoyés au château de Praslin.

Lettre du Ministre de l'intérieur au président de la Commission, du 18 frimaire, relative à l'attribution accordée aux Comités révolutionnaires de l'enlèvement des meubles d'église et de la distraction des diamants, etc.

On propose d'écrire aux Comités révolutionnaires pour les avertir d'appeler des membres de la Commission des arts, lorsqu'ils feront la distraction des diamants, pierres garnies, etc., des meubles des ci-devant églises.

Le citoyen Lebrun lit un mémoire sur les soins que l'on doit apporter pour la conservation des monuments des arts dans les édifices devenus nationaux.

Le citoyen Lebrun remet un mémoire sur plusieurs maisons d'Auteuil[1], propose à la Commission des monuments d'adresser à la Commission des arts un mémoire sur la nécessité d'établir un atelier

---

[1] *Procès-verbal de la visite des trois maisons d'Auteuil, suivi du rapport fait à la Commission*, 20 frimaire (F¹⁷ 1231). Les trois maisons visitées par Lebrun sont celle du peintre Robert (ancienne maison de Molière), celle de l'architecte Clérisseau et enfin celle du citoyen Mazure (ancienne maison de Boileau). Ces trois maisons ne contiennent «rien de contraire aux décrets rendus pour la proscription des signes royaux et féodaux», au contraire, elles «sont chacune enrichie de sculptures moulées sur l'antique qui, venues d'Italie, sont propres à propager le bon goût dans l'architecture; ainsi donc, il est utile d'écrire au district de Franciade de ne pas toucher aux sculptures qui ornent» lesdites maisons.

Saint-Germain-des-Prés, à Saint-Germain-de-l'Auxerrois et à Saint-Roch. — Inventaire d'Ameilhon relatif à Saint-Priest.

Le président fait lecture d'une lettre, sous la date du 28 frimaire, du Ministre de l'intérieur, par laquelle il offre à l'attention de la Commission les moyens de perfectionnement que le citoyen Leguin propose d'ajouter à la machine à diviser de Vaucanson.

Le citoyen Leguin est entendu, et la Commission, sur la proposition d'un de ses membres, nomme les citoyens Molard et Lenoir commissaires pour examiner les objets que le citoyen Leguin présente.

Le président fait part d'une lettre de la citoyenne Randelle, mère adoptive du citoyen Sage, professeur de minéralogie et des essais de la Monnaie, par laquelle elle fait part du vœu de ce savant pour qu'il puisse faire son cours de minéralogie et de docimasie à la Monnaie avec un garde pendant la durée ordinaire de ce cours. La Commission des arts appuie fortement cette pétition et invite le Comité d'instruction publique de la prendre en considération et d'agir soit auprès du Comité de sûreté générale, soit auprès de la Convention, soit pour obtenir l'objet utile de la pétition, soit le prompt examen et le rapport de l'affaire du citoyen Sage par le Comité de sûreté générale [1].

Le président fait part à la Commission du décret du 28 frimaire portant suppression de la Commission des monuments [2]; après la lecture, sur la proposition d'un membre, la Commission désigne les citoyens Le Blond, Lebrun et Vicq d'Azyr commissaires pour présenter un règlement relatif aux travaux de la Commission [3].

Le citoyen Nitot est adjoint aux citoyens Naigeon et Besson pour vérifier, de concert avec eux, les pierreries et en général toute espèce de bijoux ci-devant appartenant aux émigrés et qui doivent être vendus au profit de la Nation [4].

---

[1] Voir les *Procès-verbaux du Comité d'instruction publique de la Convention nationale*, publiés par J. Guillaume, séance du 7 nivôse, t. III, p. 216-218.

[2] Voir, au sujet de la suppression de la Commission des monuments, les *Procès-verbaux du Comité d'instruction publique de la Convention nationale*, publiés par J. Guillaume, séance du 27 frimaire an II, tome III, p. 167, et nos *Procès-verbaux de la Commission des monuments*.

[3] Il sera encore question de ce règlement dans les séances des 5, 15 et 30 pluviôse, 10, 20 et 25 ventôse. Cf. *Procès-verbaux du Comité d'instruction publique*, t. III, p. 570, où se trouve un extrait du règlement en question.

[4] Voir un rapport de Nitot, du 5 frimaire, sur l'intérêt que doit présenter la conservation des pierres précieuses appartenant à la Nation, tant au point de vue de l'étude que pour les lapidaires (F^{17} 1224).

Le citoyen Lelièvre rend compte de sa mission auprès du nommé Pequelin, suisse du nommé Montmorency, ci-devant baron. La Commission arrête qu'il se concertera avec le citoyen Dumoulin, commissaire de la Municipalité pour les ventes, afin d'avoir des renseignements sur les objets qui ont été déposés par le susnommé Montmorency chez Lebas, son coureur.

Les commissaires de la section de botanique se transporteront ce même jour décadi 30 frimaire, à la maison dite de Mousseaux pour y examiner les objets dont l'utilité des arts exige la conservation; ils en feront leur rapport à la prochaine séance [1].

La Commission arrête que les huissiers qui dirigent la vente des meubles des émigrés mettront en réserve les instruments, anciens ou modernes, qui peuvent servir au progrès des arts. Le citoyen Vicq d'Azyr fera mention de cet article dans le rapport dont il est chargé.

Le citoyen Charles dépose sur le bureau deux inventaires, l'un concernant les instruments de physique du cabinet de minéralogie de la Monnaie [2], l'autre relatif au cabinet du ci-devant duc d'Orléans.

Le président lit une lettre [3] du citoyen Rauch, adressée à la Commission, et de laquelle il résulte que ledit citoyen remplit avec succès dans la commune de Nancy, où il est actuellement, la mission qui lui a été donnée.

Plusieurs membres de la Commission sont invités à se rendre, duodi prochain, à la Maison Égalité pour assister à la levée des scellés apposés aux cabinets et aux petits appartements du ci-devant duc d'Orléans.

---

[1] Ce rapport, qui est du 30 frimaire et qui est signé Lelièvre, Molard, Richard, Thouin, Gilbert, a principalement pour objet la réparation et le chauffage des serres (F^{17} 1265). Voir aussi les *Procès-verbaux du Comité d'instruction publique*, t. III, p. 198-199.

[2] Cet inventaire est du 4 brumaire (F^{17} 1219).

[3] Datée de Nancy, 20 frimaire. Rauch rend compte des mesures qu'il a prises de concert avec les corps administratifs et les anciens académiciens en vue de l'inventaire et de la conservation des objets d'arts et de sciences. Dans une autre lettre du 25 frimaire, Rauch annonçait qu'il avait trouvé sur l'un des murs du réfectoire des ci-devant Cordeliers un superbe tableau de Léonard de Vinci, et disait : «Il serait difficile d'exprimer combien les arts ont perdu par le désordre et les dilapidations qui ont accompagné les premières ventes des maisons ou églises nationales, et il serait, par ce que j'ai encore vu ici et ce qui doit avoir lieu partout, instant de faire à ce sujet des règlements particuliers et obliger toutes les administrations à s'y conformer.» (F^{17} 1047, n° 1.)

Le Comité d'instruction publique voudra bien délibérer sur les mesures à prendre à ce sujet.

Le Comité d'instruction publique sera prié de peser dans sa sagesse la demande du citoyen Le Sage, mis en état d'arrestation.

Le citoyen Buache dépose sur le bureau :

1° L'inventaire des plans et cartes qu'il a trouvés dans la Maison Égalité et dont la conservation lui a paru nécessaire [1];

2° Un état de plusieurs ouvrages, soit imprimés, soit manuscrits, qui ne sont plus dans la susdite maison et qui méritent d'être cherchés avec soin.

Le citoyen Le Blond dépose sur le bureau un état des objets précieux désignés par les commissaires que la Commission des arts avait nommés et envoyés par le citoyen Henin, chargé du séquestre de Dangu, département de l'Eure, district des Andelys, canton de Gisors. Ces objets ne s'étant pas retrouvés, le citoyen Le Blond prendra à cet égard tous les renseignements nécessaires.

Les citoyens Langlès et Thouin se transporteront en qualité de commissaires au ci-devant château de Raincy, pour assister à la levée des scellés que le département de Paris y a fait mettre, et dresser l'inventaire des objets précieux qui décorent le ci-devant château.

Le citoyen Lebrun remet sur le bureau trois inventaires; le premier est relatif à la ci-devant église de Saint-Germain-des-Prés; le second a pour objet les tableaux, marbres, etc., trouvés dans la ci-devant église de Saint-Germain-l'Auxerrois, et le troisième est relatif à la ci-devant église de Saint-Roch [2].

Le citoyen Ameilhon remet sur le bureau un état des livres qui ont été choisis dans la bibliothèque du nommé Saint-Priest, émigré, en sa maison, rue du Faubourg-du-Roule, n° 128.

---

[1] Cet inventaire signale 126 articles, 29 brumaire (F17 1052).

[2] Voir dans nos *Procès verbaux de la Commission des monuments*, t. II, p. 225, le rapport de Lemonnier et Moreau le jeune, du 27 brumaire, sur les tableaux de l'église de Saint-Germain-des-Prés. L'inventaire de Lebrun, fait le 28 frimaire au nom de la Commission des arts, mentionne de plus les tombeaux de Childebert, de Jean Casimir (Marsy), de Castellan (Girardon), de Furstemberg (Coysevox), et dans la bibliothèque les bustes du grand Arnaud, de Boileau (Girardon), une tête de Louis XIV (Bouchardon) et un tableau de Le Brun (F17 1272).

SÉANCE DU 5 NIVÔSE,
L'AN 2ᵉ DE LA RÉPUBLIQUE (25 DÉCEMBRE 1793).

Lettre du Comité de salut public sur le délaissement des objets d'art à Rouen. — Lettre du Ministre de l'intérieur sur des collections de physique et d'histoire naturelle en Languedoc et sur Picot de Lapeyrouse, cultivateur à Toulouse. — Lecture par Vicq d'Azyr d'un rapport sur les mesures de conservation à prendre dans les départements. — Clavecin de Clermont d'Amboise. — Sarrette proposé en qualité d'adjoint à la Commission.

Le président fait part d'une lettre du Comité de salut public, datée du 13 frimaire, concernant des objets relatifs aux arts existant à Rouen, pour lesquels il n'y a personne qui veille à leur conservation. La Commission arrête que le président écrira aux administrateurs de districts pour les inviter à la surveillance et à la conservation de ces objets.

Le Ministre de l'intérieur adresse à la Commission une notice sur différentes collections d'histoire naturelle et de physique que renferment les départements faisant partie du ci-devant Languedoc, que lui a fait parvenir, d'après son invitation, le citoyen Picot La Peyrouse, cultivateur à Toulouse [1]. Le Ministre indique dans sa lettre que ce citoyen pourrait être utilement employé dans ces départements relativement aux catalogues et aux travaux analogues à l'objet de la Commission. Après la discussion, la Commission ajourne jusqu'à ce qu'on ait pris des renseignements sur le civisme du citoyen Picot, qu'un membre de la Commission a dit être dans ce moment en arrestation à Toulouse, et en conséquence renvoie au Comité d'instruction publique.

Le citoyen Vicq d'Azyr lit un rapport sur les mesures à prendre pour procéder à l'inventaire et assurer la conservation des objets précieux qui se trouvent dans les divers départements; la Commission arrête que le rapport sera présenté au Comité d'instruction publique avec les amendements que les membres de la Commission auront remis au citoyen Vicq d'Azyr [2].

[1] Picot de Lapeyrouse (Philippe), qui, dans sa lettre du 16 nivôse, s'intitule cultivateur et homme de lettres, était en 1790 administrateur du district; après dix-huit mois de captivité, il devint inspecteur des mines et professeur d'histoire naturelle à l'École centrale de Toulouse (F¹⁷ 1047, n° 1).

[2] Il s'agit ici de l'*Instruction sur la manière d'inventorier et de conserver dans toute l'étendue de la République tous les objets qui peuvent servir aux arts, aux sciences et à l'enseignement*, qui fut imprimée par les soins du Comité d'instruction publique. Cf. J. Guillaume, *Procès-verbaux du Comité d'instr. publ.*, t. III, p. 549.

Sur la motion du citoyen Besson, la Commission arrête qu'il sera sursis à la vente d'un clavecin appartenant au nommé Clermont d'Amboise.

Le citoyen Sarrette sera proposé au Comité d'instruction publique pour être adjoint à la Commission des arts[1].

SÉANCE DU 10 NIVÔSE,
L'AN 2ᴱ DE LA RÉPUBLIQUE (30 DÉCEMBRE 1793).

Manuscrit demandé en communication par le Ministre de la marine. — Mesures en vue du transport à Paris des mémoires, livres, cartes et plans, etc., des Affaires étrangères. — Dépôt par Rauch d'inventaires provenant de Nancy. — Inventaire du cabinet du Collège de pharmacie par Thouin. — Inventaires de tableaux, marbres, etc., par Lebrun.

Romme fait part à la Commission d'une lettre que lui a adressée le Ministre de la marine, par laquelle il demande communication d'un manuscrit in-folio, relié aux armes du ci-devant maréchal Castries, renfermant une copie des instructions remises au citoyen La Peyrouse pour son voyage autour du monde, et déposé au Dépôt des plans de la guerre, place des Piques, pour que le citoyen Milet-Mureau[2], chargé de la rédaction de ce voyage, puisse en prendre connaissance. La Commission arrête que le citoyen Buache remettra au Ministre de la marine ce manuscrit sous sa charge, en fixant l'époque où il sera rendu.

D'après l'observation d'un de ses membres, la Commission arrête que le Comité d'instruction publique est invité à désigner les citoyens qui doivent, en conformité du décret du 29 frimaire, surveiller le transport à Paris des livres, mémoires, cartes, plans et bureaux des Affaires étrangères à Versailles[3].

---

[1] Cette présentation de Sarrette faisait suite à une pétition adressée le 27 frimaire par les professeurs de l'École de musique de la garde nationale au Comité d'instruction publique, à l'effet de faire réserver pour la Nation tous les instruments de musique, rares ou anciens, ainsi que les livres et manuscrits relatifs à la musique qui pourraient se trouver dans les mobiliers devenus nationaux (F¹⁷ 1047).

[2] Milet de Mureau (Louis-Marie-Antoine Destouff de), député de Toulon en 1789, plus tard général du génie et ministre de la guerre, publia en 1797 cette relation en quatre volumes in-4° avec atlas.

[3] Voir à ce sujet les *Procès-verbaux du Comité d'instruction publique de la Convention nationale*, publiés par J. Guillaume, t. III, p. 211, 246-247.

Le citoyen Rauch dépose sur le bureau :

1° Le procès-verbal d'apposition de scellés sur la bibliothèque publique et tous les effets ayant appartenu à la ci-devant Académie de Nancy, sous la date du 17 frimaire de l'an 2ᵉ de la République;

2° Plusieurs procès-verbaux faits à la réquisition du citoyen Rauch à Nancy, relatifs aux dépôts de livres et autres objets ayant appartenu à la ci-devant Université de Nancy, ainsi qu'à 51 autres dépôts de livres de ci-devant maisons religieuses et d'émigrés [1].

Le citoyen Thouin dépose sur le bureau l'inventaire des productions végétales qui font partie du cabinet du Collège de pharmacie à Paris, comprises sous 983 numéros, clos le 10 nivôse de l'an 2ᵉ de la République, et signé Desfontaines et Thouin [2].

Le citoyen Lebrun remet sur le bureau six inventaires de tableaux, marbres, bronzes, terres cuites, etc., savoir :

1° Celui des peintures trouvées dans le ci-devant château des Tuileries, sous la date du 30 frimaire [3];

2° Celui des tableaux, marbres, bronzes, etc.. trouvés dans l'église de Saint-Sulpice, sous la date du 2 nivôse;

3° Des tableaux, terres cuites, etc., de la maison Tessé, rue de Varenne, n° 426 [4];

4° Des tableaux de l'église de Saint-Germain-le-Vieux, rue de la Calende, en date du 5 nivôse;

5° Des tableaux en marbre de l'église de Saint-Landry, rue des Marmousets, en date du 5 nivôse [5];

6° Des tableaux de l'église de Saint-Pierre-des-Arcis, rue de la Vieille-Draperie, en date du 5 nivôse [6].

---

[1] Voir la *Notice des objets que Rauch rapporte de Nancy, le quintidi nivôse an II* (F¹⁷ 1245, n° 1).

[2] Cet inventaire existe sous la cote F¹⁷ 1344².

[3] Inventaire des Tuileries. Parmi ces peintures, on signale un Louis XIV à cheval, de Mignard, un plafond de Noël Coypel, un autre de Philippe de Champagne [*l'Éducation d'Achille*] (F¹⁷ 1267).

[4] Inventaire de Tessé, 7 nivôse (F¹⁷ 1267).

[5] Inventaire de Saint-Landry (les tombeaux de Girardon et Boucherat), 5 nivôse (F¹⁷ 1267).

[6] Inventaire de Saint-Pierre-des-Arcis (2 tableaux de Carle Vanloo et 1 de Lafosse), 5 nivôse (F¹⁷ 1272).

SÉANCE DU 15 NIVÔSE,

L'AN 2ᵉ DE LA RÉPUBLIQUE (4 JANVIER 1794).

Lettre du Ministre de l'intérieur au sujet d'une demande de la Commission extraordinaire des armes : demande de renseignements en conséquence à la municipalité de Saint-Germain-en-Laye. – Examen de l'offre faite à la Nation par le citoyen Biron d'un modèle de vaisseau. – Mesures en vue de l'exécution du décret qui ordonne le transport des plantes rares au Muséum d'histoire naturelle. – Carte d'Allemagne par Ferrari. – Lettre à Lenoir au sujet des états du Dépôt des Petits-Augustins qu'il fournit à la Commission. – Achèvement de l'inventaire des machines du ci-devant Égalité. – Examen des dessins de la machine de Marly. – Inventaire de l'émigré La Luzerne par Buache. – Vandermonde et Dufourny proposés comme membres de la Commission des arts. – Doubles des inventaires à envoyer à Lenoir. – Envoi à la Commission des affiches des ventes. – Visite de Thillaye à Alfort. – Question de la traduction des décrets de la Convention en langues orientales. – Dépôt de Poinceau-le-Franc. – Motion de Naigeon au sujet des inventaires d'estampes. – Inventaires déposés par la section de peinture. – Archives des collèges.

Le président donne communication d'une lettre du Ministre de l'intérieur, sous la date du 11 nivôse, par laquelle il fait part de la demande de la Commission extraordinaire des armes, d'une bibliothèque et d'un laboratoire de chimie, garnis d'instruments de physique propres à suivre les expériences utiles à l'objet important qui occupe cette Commission. La Commission a arrêté : 1° qu'il sera écrit à la municipalité de Saint-Germain-en-Laye pour avoir des renseignements sur l'existence des instruments de chimie qui doivent exister dans la maison du ci-devant maréchal de Noailles; 2° que trois de ses membres, les citoyens Charles, Pelletier et Leblanc, seraient chargés de faire la recherche des objets qui sont nécessaires aux travaux de la Commission des armes.

Le président fait donner la lecture d'une lettre du Ministre de l'intérieur qui propose, sur l'offre du citoyen Biron, l'acquisition par la Nation d'un superbe modèle de vaisseau; après cette lecture, un membre observe qu'avant de se déterminer à faire cette acquisition, il fallait vérifier si on n'en trouverait pas de semblables, soit dans les maisons de feu d'Orléans, soit dans le Dépôt de la Marine au Louvre. La Commission arrête que les citoyens Monge, Buache et Molard prendraient connaissance de tous ces objets et feraient leur rapport.

La Commission des arts, sur l'invitation du président, nomme les citoyens Vicq d'Azyr, Richard et Lamarck pour commissaires, à l'effet de veiller à l'exécution du décret du 6 nivôse, qui ordonne que les plantes rares, soit exotiques, soit indigènes, situées à Paris, soient transportées au jardin du Muséum national d'histoire naturelle [1].

Sur la proposition du Ministre de l'intérieur, dans sa lettre du 9 nivôse [2], qui tend à faire remplacer dans le dépôt qui se trouve chez le citoyen Desmarest la carte d'Allemagne par Ferrari, qu'il a remise au Comité de salut public, par l'exemplaire de cette même carte qui se trouve chez l'émigré Surgères; sur cette proposition, la Commission passe à l'ordre du jour, motivé sur ce qu'elle doit s'occuper d'un règlement relatif à la conservation de tous les objets de ses travaux.

Le citoyen Lenoir, garde du Dépôt des monuments à la maison des ci-devant Petits-Augustins, adresse un état des objets d'art placés dans ce dépôt depuis le 29 frimaire jusqu'au 9 nivôse de l'an 2ᵉ de la République. La Commission arrête qu'il sera écrit à ce citoyen pour continuer ses soins et à donner des états semblables à la Commission.

Lenoir annonce que l'inventaire des machines de ci-devant Égalité est fini et que, les dessins de la machine de Marly étant retrouvés, il doit les visiter au plus tôt.

Buache annonce qu'il a fait l'inventaire chez l'émigré La Luzerne [3]; il y a trouvé des manuscrits précieux qu'il a fait déposer dans un carton séparé et scellé.

On arrête que Vandermonde et Dufourny seront proposés au Comité d'instruction publique pour être membres de la Commission des arts en attendant l'organisation définitive de cette Commission.

On arrête que chaque membre renverra à Lenoir, dépositaire aux Petits-Augustins, le double de l'état des inventaires qu'il aura faits, et ce avant l'enlèvement.

Le Département ayant arrêté qu'il serait enjoint à tous ses commis-

---

[1] Cf. Guillaume, *Procès-verbaux du Comité d'instruction publique*, t. III, p. 199.
[2] Elle se trouve sous la cote F¹⁷ 1257.
[3] Il est intitulé : *Inventaire des mémoires manuscrits trouvés dans la maison de l'ex-ministre La Luzerne, et la plupart de sa composition, relatifs à des opérations militaires pour la défense des côtes et à des projets de descente en Angleterre*, 14 nivôse (F¹⁷ 1052).

saires aux inventaires et aux ventes d'envoyer à la Commission des arts chacune des affiches à mesure et aussitôt après leur impression, la Commission arrête qu'il en sera fait mention au procès-verbal.

Thillaye rend compte[1] de la visite qu'il a faite à l'École vétérinaire d'Alfort; il en résulte qu'il y a des réparations urgentes, mais que la partie de l'instruction est dans le plus grand ordre, et les élèves, en exprimant leur attachement à leurs professeurs, réclament la liberté de Chabert[2]. Renvoyé au Comité d'instruction publique.

Langlès demande la nomination de commissaires qui s'occuperont de l'emploi des caractères en langues orientales et des traductions en ces langues de divers décrets dont la Convention nationale a ordonné la traduction; on le charge de présenter des vues à cet égard en lui adjoignant Grégoire.

Le Blond demande que le dépôt de Poinceau-le-Franc, dans lequel on avait versé des livres, gravures, etc., reste sous la main de la Nation. Arrêté.

Naigeon demande que la section chargée des objets de peinture, en faisant ses inventaires, se bornera aux livres d'estampes et gravures qui ne sont point accompagnés de textes; vu la difficulté de préciser la limite du travail entre les diverses sections, il est convenu que fraternellement une section en invitera une autre, lorsqu'elle trouvera à inventorier des objets qu'elle croira hors de sa compétence.

La section de peinture remet les inventaires de plusieurs églises, celles de Saint-Paul[3] et des Mathurins, et de la ci-devant École militaire[4].

Richard appelle l'attention sur les archives des collèges et demande que l'on invite le Comité d'instruction publique à prendre des mesures pour en assurer la conservation. Renvoyé au Comité d'instruction publique.

---

[1] Son rapport est du 13 nivôse (F17 1164).

[2] Chabert (Philippe), nommé professeur en 1766, puis directeur de l'École vétérinaire d'Alfort, avait été arrêté comme suspect, le 6 frimaire, par ordre du Comité de sûreté générale. Les élèves de l'École et la Société populaire de Maisons-Alfort adressèrent au Comité une chaleureuse pétition à l'effet d'obtenir son élargissement. Voir sous la cote F7 4636 un dossier relatif à sa détention.

[3] Inventaire de l'église de Saint-Paul, 5 nivôse (F17 1189, n° 3).

[4] Inventaire de la chapelle de l'École militaire, nivôse (F17 1267).

SÉANCE DU 20 NIVÔSE,

L'AN 2ᴱ DE LA RÉPUBLIQUE (9 JANVIER 1794).

Formalités qui entravent l'enlèvement des objets réservés pour le Muséum dans l'église Saint-Sulpice. – Demande de Lenoir au sujet des boiseries de l'église métropolitaine. – Envoi par Lenoir de l'état des objets entrés aux Petits-Augustins. – Nomination de commissaires pour le triage des débris gothiques à placer sous la statue colossale du Peuple français. – Suspension du travail de restauration des monuments. – Circulaire adressée aux départements par l'administration des Domaines nationaux. – Renseignements à demander sur les pépinières nationales. – Offres de services de Daujon, sculpteur et officier municipal. – Demandes des citoyens Scellier et Guillemard. – Renseignements qui seront demandés sur le château de Dangu. – Projet de lettre au Ministre de l'intérieur relativement au dépôt des Menus-Plaisirs. – Lettre à écrire au Ministre de la marine relativement à la carte de Ferrari. – Renseignements à demander à l'architecte Verniquet sur son plan de Paris. – Note sur les modèles relatifs à la marine ayant appartenu au duc d'Orléans. – Acquisition d'un modèle de navire appartenant au citoyen Biron décidée. – Transport du dépôt des bureaux de la marine qui est à Versailles. – Médailles et objets d'antiquité du ci-devant duc d'Orléans. – Procédé d'impression présenté par le citoyen Lemonnier, curé de Montmartin.

Le citoyen [1] (Boizot) observe qu'ayant été chargé par la Commission des monuments d'enlever dans l'église Saint-Sulpice les objets réservés pour le Muséum, il éprouve des difficultés dans l'exercice de ses fonctions [2]. La Commission des arts suspend son travail jusqu'à ce qu'une mesure générale ait été adoptée pour les opérations de cette nature.

Lenoir, garde des monuments de la rue des Petits-Augustins, demande que l'on s'occupe du transport des boiseries de l'église ci-devant métropolitaine. On passe à l'ordre du jour, attendu que le travail, envisagé sous le point de vue des arts, est médiocre.

Le même citoyen réclame le payement de quelques avances nécessitées par le travail dont il est chargé. Cette dépense est approuvée par le président au nom de la Commission.

Lenoir envoie l'état des objets d'art entrés dans le Dépôt provisoire des monuments depuis le 10 nivôse jusqu'au 20 dudit mois.

---

[1] Nom resté en blanc au registre.
[2] Voir nos Procès-verbaux de la Commission des monuments, t. II, p. 215-219.

Le Ministre de l'intérieur demande[1] que la Commission nomme deux de ses membres pour faire le triage des débris gothiques qui doivent être placés sous la statue colossale du Peuple français[2]. Le Comité nomme pour cet objet Le Blond et Lebrun.

Le citoyen Lépine demande que la Commission fasse donner une autorisation pour continuer la restauration de monuments nationaux, etc. Le Comité arrête la suspension du travail et arrête au surplus qu'il sera demandé à la ci-devant Commission des monuments l'état de tous ses employés, de leur travail et de leur demeure, et du mode d'action et de conservation qu'elle avait adopté pour les monuments, et qu'elle fournira ces renseignements sans délai.

Laumond, administrateur provisoire des Domaines nationaux, envoie copie d'une circulaire qu'il adresse aux départements pour la conservation des objets précieux de mobilier national qui intéressent les sciences, les arts, l'histoire naturelle et l'instruction publique[3].

La Commission arrête que le président lui écrira pour obtenir des renseignements sur l'état actuel des pépinières nationales.

Daujon, sculpteur et officier municipal de Paris, demande à être mis sur les rangs pour tous les ouvrages à faire et notamment pour les démolitions et suppressions de monuments. On renvoie au carton qui renfermera toutes les demandes de cette nature jusqu'à ce qu'il y soit statué.

Le citoyen Scellier, entrepreneur chargé des démolitions de monuments, est admis. Il présente une autorisation du Ministre de l'intérieur pour enlever les monuments dont les débris doivent être placés sous la statue colossale du Peuple français. Il demande s'il peut continuer le travail. Renvoyé aux citoyens Le Blond et Lebrun, commissaires pour cet objet.

Le citoyen Guillemard, qui avait été chargé de restaurer plusieurs tableaux, demande à la Commission s'il continuera ses travaux. Il propose aussi un mode de concours. La Commission arrête sur sa demande que les travaux de restauration seront suspendus, et, sur le mode de

---

[1] Par deux lettres des 16 et 18 nivôse (F17 1257).

[2] En exécution du décret du 27 brumaire an II qui, après le discours et sur le rapport de David, avait ordonné de consacrer par un monument le triomphe du peuple français sur la tyrannie et les superstitions, et ouvert un concours à cet effet. Voir J. Guillaume, *Procès-verbaux du Comité d'instruction publique de la Convention nationale*, t. III, p. 215, 218.

[3] Lettre de Laumond au président du Comité d'instruction publique, 16 nivôse, et circulaire du 15 nivôse (F17 1257).

concours, elle a ajourné jusqu'au moment où la discussion sera ouverte sur cet objet. Arrêté en outre que Lebrun vérifiera l'état des travaux faits jusqu'à ce jour par le citoyen Guillemard et en rendra compte.

La Commission arrête qu'il sera écrit à l'administrateur des Domaines nationaux pour savoir ce qu'est devenu le mobilier du ci-devant château Dangu, district des Andelys, appartenant à l'émigré ci-devant baron de Breteuil.

La Commission arrête qu'il sera écrit au Département de Paris pour l'inviter à prévenir la Commission des arts avant les ventes des effets nationaux, conformément à l'arrêté qu'il a pris sur cette matière.

Arrêté de répondre au Ministre de l'intérieur, d'après sa lettre du 11 nivôse, qu'il peut disposer d'une machine pneumatique; 2° d'une machine électrique à plateau avec ses accessoires, qui existent parmi les instruments de physique du Dépôt des ci-devant Menus-Plaisirs, rue Bergère.

Arrêté qu'il sera écrit au Ministre de la marine de faire passer la carte de la Hollande et Pays-Bas par Ferrari, qu'il a entre les mains.

Arrêté qu'il sera écrit à Verniquet, architecte, qu'il fournira des renseignements à la Commission sur ses travaux relatifs à la carte de Paris, ainsi que sur les instruments et machines qu'il emploie et qu'il a à sa disposition.

Arrêté que la note[1] sur les machines et modèles relatifs à la marine, ayant appartenu au ci-devant d'Orléans, est renvoyée au Comité d'instruction publique.

Arrêté que, d'après le rapport de la section de géographie et marine[2], la proposition faite par le citoyen Biron de céder un modèle de vaisseau qui n'existe pas dans la collection nationale doit être acceptée et que l'acquisition en est utile. Arrêté au surplus que cet arrêté sera communiqué au Comité de salut public et au Ministre de l'intérieur.

---

[1] Il s'agit du rapport de Buache sur le cabinet de marine de l'ex-duc d'Orléans 20 nivôse (F^{17} 1052).

[2] Le rapport de Buache, Molard et Monge, en date du 20 nivôse, dit que ce modèle de vaisseau à trois ponts mesure «six pieds de longueur de rablure en rablure; le gréement et la coque sont parfaitement bien exécutés; il s'ouvre du côté de tribord et laisse voir tous ses emménagements et son arrimage; le côté de bâbord le fait voir tout armé. Il est mobile sur le pied qui le supporte, et sa grandeur permet en outre de le manœuvrer sans courir les risques d'en rompre les cordages à chaque instant, ce qui le rend précieux pour l'instruction d'une école...» (F^{17} 1045, n° 1).

pour la dédorure et la désargenture des cuivres nombreux, devenus nationaux et déposés soit à la maison des Monnaies, aux Barnabites et à l'Arsenal[1].

Le citoyen Molard a été élu membre du jury chargé de juger des ouvrages ou inventions des artistes.

Le citoyen Leblanc est invité à presser le Département de prendre les mesures les plus sages et les plus promptes pour remédier aux abus qui se commettent journellement dans la vente du mobilier appartenant aux émigrés. La Commission délibérera d'après le rapport que fera le citoyen Leblanc sur l'objet de sa mission.

Le citoyen Lelièvre est autorisé à se retirer par devers le Comité de sûreté générale pour obtenir la permission de voir le nommé Pequelin, ci-devant suisse de la maison Montmorency et actuellement incarcéré aux Madelonnettes. L'objet de la mission du citoyen Lelièvre est de prendre auprès de Pequelin les renseignements dont la Commission des arts a besoin pour découvrir des caisses remplies de morceaux d'histoire naturelle et déposées par le nommé Montmorency, le fils, chez le nommé Lebas, son valet de chambre [2].

Le citoyen Le Blond dépose sur le bureau l'inventaire du cabinet de la ci-devant abbaye de Saint-Germain-des-Prés.

Le président de la Commission écrira au Ministre de la guerre pour l'instruire du but que la Commission se propose en autorisant le citoyen Mandar à prendre, soit à la galerie des plans en relief, soit dans les autres dépôts dépendant du Département de la guerre, des renseignements nécessaires sur l'art militaire, le génie et l'artillerie.

Le citoyen Lebrun remet sur le bureau, après en avoir donné lecture, un rapport sur les estampes de la ci-devant Académie de peinture[3]. Le Comité d'instruction publique voudra bien s'occuper de cet objet.

Le citoyen Lebrun remet aussi sur le bureau trois inventaires, le

---

[1] Rapport de Lebrun sur la fonderie de l'Arsenal, 21 frimaire (F^{17} 1231).

[2] Le Comité de sûreté générale refusa la permission demandée par Lelièvre, en se basant sur ce que la loi autorisait à communiquer par écrit (F^7 4774^{66}). Voir le rapport de Lelièvre, en date du 25 frimaire, par lequel il rendait compte des recherches qu'il avait faites au sujet desdites caisses (F^{17} 1224).

[3] Il est question dans ce rapport de la destination à donner aux estampes qui se vendaient annuellement par les soins de l'ancienne Académie de peinture. Lebrun estimait avantageux de reprendre cette vente pour le compte de la Nation (F^{17} 1231).

premier relatif à la ci-devant église des Petits-Pères[1], le deuxième concernant les objets trouvés dans la maison du nommé Vintimille, le troisième concernant les objets trouvés dans la maison du nommé Saint-Priest[2]. Les citoyens Naigeon et Gilbert, nommés commissaires pour vérifier l'état du ci-devant château de Praslin, font leur rapport par écrit et déposent sur le bureau le procès-verbal qu'ils ont dressé sur le lieu même[3]. Le Comité d'instruction publique prendra sur cet objet telle délibération que sa sagesse et l'utilité des arts lui inspireront.

SÉANCE DU 30 FRIMAIRE,

L'AN 2ᵉ DE LA RÉPUBLIQUE (20 DÉCEMBRE 1793).

Perfectionnement de la machine à diviser de Vaucanson par le citoyen Leguin. – Pétition en faveur du citoyen Sage, professeur de minéralogie. – Notification du décret portant suppression de la Commission des monuments. – Commissaires pour l'examen des bijoux et pierres précieuses. – Mission de Lelièvre auprès de Pequelin, suisse de Montmorency. – Envoi de commissaires à Monceaux. – Objets du mobilier des émigrés à mettre en réserve par les huissiers. – Inventaires de Charles sur les cabinets de physique de la Monnaie et du ci-devant duc d'Orléans. – Lettre de Rauch. – Envoi de commissaires à la Maison Égalité. – Démarche auprès du Comité d'instruction publique en faveur du citoyen Sage. – Inventaire de Buache sur la Maison Égalité. – Inventaire à Dangu (Eure). – Envoi de commissaires au Raincy. – Inventaires de Lebrun relatifs à

---

[1] Inventaire relatif à l'église des Petits-Pères, 21 frimaire; peintures : *saint Jean au désert*, *saint Grégoire* (Bon Boulogne), six tableaux relatifs à la vie et à la mort de saint Augustin, *Louis XIII* (Carle Vanloo), *saint Jean au désert* (Lagrenée jeune), *translation des reliques de saint Augustin et saint Nicolas de Tolentino* (Galloche); marbres : *saint Augustin* (Pigalle), tombeau de Lulli (Cotton), tombeau de Vassal (Gois), tombeau de l'Hôpital (Poultier) [F¹⁷ 1272].

[2] Inventaires de Vintimille, rue du Bac, et Saint-Priest, rue du Faubourg-du-Roule, 24 frimaire (F¹⁷ 1267).

[3] Le château dont ils font la description, construit en 1668, «au commencement de la renaissance des arts en France», est, disent-ils, «une des plus belles maisons de ce temps» et, comme telle, «mériterait d'être conservée». Ils citent les statues du parc et surtout à l'intérieur «quatre plafonds d'une grande richesse; ils sont de Lebrun, d'une belle composition, touche hardie et d'un coloris très agréable. Les quatre pièces où sont les plafonds, ainsi que quatre autres, sont décorées d'arabesques peints et coloriés, d'un style charmant; ils paraissent avoir été faits d'après Raphaël et sont bien conservés». Plusieurs tableaux représentent des sièges et batailles du maréchal de Villars, 25 frimaire (F¹⁷ 1231).

convenir à la maison d'éducation des Élèves de la Patrie, située au ci-devant prieuré de Saint-Martin-des-Champs.

On propose de s'occuper d'un plan d'organisation générale pour composer les collections d'objets et d'instruments propres à l'instruction. La Commission arrête : 1° que chacune de ses sections formera un tableau : 1° des livres élémentaires; 2° des objets et instruments; 3° des lieux où on pourrait les trouver ou des moyens de se les procurer.

2° Que le travail de chaque section sera remis aux trois commissaires ci-dessus désignés [1].

Le citoyen Besson propose une machine dont on fait usage à Rome pour le transport des statues, etc.; la Commission nomme les citoyens Molard, Lebrun, Naigeon, Monge et Besson pour lui faire un rapport à cet égard.

Le citoyen Buache est chargé de conférer avec le citoyen Carnot, membre du Comité de salut public, sur divers objets qui se trouvent dans la maison ci-devant Noailles, rue Saint-Honoré, et qui pourraient être utiles aux vues du Comité de salut public [2].

Sur l'observation d'un de ses membres, la Commission nomme les citoyens Leblanc, Lamarck, Pelletier, Lebrun et Richard pour examiner les objets de physique et de chimie qui peuvent se trouver dans les maisons ayant appartenu aux ci-devant Noailles.

La Commission arrête en outre que le Comité de salut public sera invité d'écrire au département de Seine-et-Oise pour vérifier et faire l'état des objets relatifs à la physique et à la chimie qui se trouvent dans les maisons ayant appartenu à la ci-devant famille de Noailles, situées à Saint-Germain-en-Laye et à Versailles.

Les citoyens Le Blond, Mongez, Langlès et Lebrun sont nommés commissaires pour faire un rapport sur les moyens à prendre pour recueillir, réunir et placer les objets d'antiquités de manière à leur donner la plus grande utilité pour le public.

---

[1] Cf. *Procès-verbaux du Comité d'instruction publique*, t. III, p. 373, 377.

[2] Dans une lettre au président de la Commission, en date du 23 nivôse, Buache disait : «Il y a dans la bibliothèque du ci-devant maréchal de Noailles, rue Honoré, un grand nombre de cartes et plans manuscrits de nos frontières et du théâtre de nos guerres en Flandre, en Allemagne, en Italie et en Espagne, avec des mémoires manuscrits sur le même sujet. Il y a entre autres des cartes et mémoires de la plus grande importance pour notre armée des Pyrénées-Orientales, concernant le Roussillon, dont Noailles a été gouverneur, et la Catalogne, où il a fait une campagne.» (F^{17} 1052.) — Voir ci-après la séance du 10 floréal.

Sur la proposition d'un membre, la Commission arrête que tous les dépôts de la Commission des monuments seront vérifiés et que l'on prendra tous les moyens de conservation. Elle nomme pour cet effet les citoyens Lebrun, Le Blond et Naigeon pour faire cette vérification et en faire leur rapport à la Commission.

Lebrun, chargé d'examiner l'état des travaux du citoyen Guillemard, peintre restaurateur, qui avait été chargé par la Commission du Muséum de la restauration de plusieurs tableaux, fait son rapport. Il observe : 1° que, conformément à l'arrêté de la Commission, il a fait défense au citoyen Guillemard de continuer lesdits travaux; 2° qu'il a restauré un *Déluge* pour être du *Tintoret* et qui a coûté 1,800 tt de restauration, quoiqu'il ne vaille pas 500 tt et qu'il est de la main de *Michel Kocsy* [1], peintre flamand, etc.

La Commission approuve l'état des dépenses faites par le citoyen Rauch à Strasbourg, Épinal et Nancy, relatives à des travaux pour la conservation d'objets d'arts, montant à la somme de 369 tt; en conséquence ledit état est visé par le président et le secrétaire.

La Commission des arts arrête que le citoyen Ramey [2], sculpteur, sera invité à prendre connaissance des objets d'arts et de sciences, de pourvoir à leur conservation et à en former l'état, qui se trouvent dans les dépôts nationaux, maisons ci-devant religieuses et d'émigrés, dans le département de la Côte-d'Or, à Dijon et ses environs.

SÉANCE DU 30 NIVÔSE,

L'AN 2ᵉ DE LA RÉPUBLIQUE (19 JANVIER 1794).

Le Comité d'instruction publique invité par la Commission des arts à surveiller l'exécution du décret qui a supprimé la Commission des monuments. − Requête de Lalande, professeur au Collège de France. − Lettre du Ministre de l'intérieur relative à une demande de la Commission des armes. − Organisation des bureaux de la Commission. − Lettre à écrire à l'administration des Biens

---

[1] Coxcie (Michel) ou Cocie, peintre flamand, né à Malines en 1497, mort à Anvers le 10 mars 1592, élève de Bernard Van Orley, travailla en Italie, où il subit l'influence de Raphaël; de retour dans son pays, il fit de remarquables copies de tableaux des primitifs flamands.

[2] Ramey (Claude), né à Dijon en 1754, grand prix de Rome en 1782, membre de l'Institut en 1816.

[19 janv. 1794] DE LA COMMISSION TEMPORAIRE DES ARTS.

nationaux en vue de la conservation de la bibliothèque de district transportée de Paris à Strasbourg. — Lenoir chargé d'inventorier les objets de physique à l'hôtel de Noailles. — Plaintes sur la négligence des gardes des Dépôts nationaux. — Transport de pièces d'anatomie au Muséum d'histoire naturelle. — Accès des Dépôts des plans de la guerre réclamé par la Commission. — Renseignements à demander au Ministre de l'intérieur sur les Dépôts de Nesle et des Petits-Augustins. — Démarche qui sera faite pour obtenir un manuscrit relatif à l'histoire de l'Inde qui se trouve dans la bibliothèque du château de Versailles. — Rapport demandé à Lebrun sur les mobiliers d'émigrés. — Envoi de commissaires à Franciade. — Délibération relative à une demande de la Commission des subsistances. — Commissaires chargés de prendre connaissance d'un inventaire concernant le mobilier d'Égalité.

Le président ouvre la séance. Un membre observe que la Commission des monuments, supprimée par décret du 28 frimaire, continue ses fonctions avec plus d'activité qu'elle n'en mettait avant sa suppression : la Commission des arts arrête que le Comité d'instruction publique est invité à mander les membres de la ci-devant Commission des monuments pour leur demander de préparer leurs comptes et de donner l'état de leurs employés[1].

Le président fait lire une lettre, en date du 22 nivôse, qui lui a été adressée par le citoyen Lalande, professeur d'astronomie au Collège de France, par laquelle il demande que son neveu, Michel Le François, soit maintenu dans les trois pièces qu'il occupait à la ci-devant École militaire. La Commission renvoie cette demande au Comité d'instruction publique et l'invite à la prendre en considération[2].

D'après la lecture d'une lettre du Ministre de l'intérieur, en date du 28 nivôse[3], par laquelle il rappelle qu'il a autorisé la Commission des arts par sa lettre du 11 nivôse pour procurer à la Commission des armes les livres et les instruments de physique, etc., dont elle a journellement besoin, et cependant le Comité de salut public par une lettre du 21 nivôse se plaint de ce que la Commission des armes n'a pas encore les livres et les instruments qu'elle désire. La Commission des arts, après la lecture de la lettre du Ministre, arrête d'écrire soit au

---

[1] Pour la suite donnée à cette délibération, voir les *Procès-verbaux du Comité d'instruction publique* : la Commission des monuments fut mise en demeure, le 11 pluviôse, de rendre ses comptes, t. III, p. 361, 363, 376.

[2] Voir les *Procès-verbaux du Comité d'inst. publ.*, t. III, p. 361.

[3] Elle existe sous la cote F17 1257. Consulter au sujet de cette demande de la Commission des armes les *Procès-verbaux du Comité d'inst. publ.*, t. III, p. 278.

Ministre de l'intérieur[1], soit au Comité de salut public pour les instruire de l'activité que la Commission des arts met à satisfaire aux désirs et aux besoins de la Commission des armes, ainsi que de quelques obstacles qu'elle a éprouvés pour enlever des instruments de physique placés aux Menus-Plaisirs, obstacles que le Ministre peut empêcher de se reproduire[2].

Le citoyen Portiez[3], membre du Comité des domaines et d'aliénation, commissaire auprès de la Commission des arts, demande de la part du Comité dont il est membre, de quel local elle a besoin, soit pour ses bureaux, soit pour ses dépôts, soit pour s'assembler. Sur cette proposition, la Commission arrête que ceux de ses membres qui ont été chargés de présenter une instruction et un projet de règlement présenteront un tableau relatif à l'organisation des bureaux de la Commission, et ajourne de délibérer sur la proposition du citoyen Portiez jusqu'après qu'elle aura arrêté ce tableau.

Arrête d'écrire au citoyen Laumond, administrateur des Biens nationaux, pour lui demander quel moyen il a pris pour assurer à la Nation la propriété et la conservation de la bibliothèque de district qui y a été portée de Paris à Strasbourg.

Arrête que Lenoir se transportera au ci-devant hôtel de Noailles pour inventorier des instruments de physique.

D'après les plaintes de plusieurs de ses membres, la Commission arrête que le Département sera prévenu que plusieurs gardes aux dépôts des objets nationaux ne se trouvent pas au lieu du dépôt, lorsqu'on y va, et que l'on ne sait où les trouver, que d'ailleurs quelques-uns ont des états qui les tiennent éloignés du lieu du dépôt.

Sur la proposition d'un de ses membres, arrête que les pièces d'anatomie, soit naturelles, soit artificielles, qui sont placées dans la maison ci-devant d'Orléans, seront transportées au Muséum d'histoire naturelle par les soins des membres de la section d'anatomie, et que, pour cet objet, la Commission agrée l'offre du citoyen Pinson, auteur des pièces d'anatomie artificielle[4].

---

[1] Lettre du président de la Commission au Ministre, 1ᵉʳ pluviôse (F¹⁷ 1264).

[2] Sur le cabinet de physique des Menus-Plaisirs, voir la lettre du président au Ministre, 28 nivôse (F¹⁷ 1264).

[3] Portiez (Louis-François), député de l'Oise à la Convention nationale.

[4] Pinson, chirurgien major des Cent suisses en 1779, puis chirurgien en chef des hôpitaux militaires de Saint-Denis et

Sur l'observation du citoyen Mandar, de la section des fortifications, que, s'étant présenté aux Dépôts des plans, etc., renfermés dans les dépôts de la guerre, il n'a pu y pénétrer, la Commission renvoie cet objet au Comité d'instruction publique, pour qu'il se concerte avec le Comité de salut public à l'effet que les dépôts en question soient ouverts aux membres de la Commission des arts, pour qu'elle puisse remplir son objet.

Le Comité d'instruction publique est invité à demander au Ministre de l'intérieur quels moyens il a pris pour assurer la conservation des Dépôts des Petits-Augustins et de la maison ci-devant de Nesle, et s'il a nommé un garde conservateur pour ce dernier dépôt.

La Commission arrête qu'il sera écrit aux représentants du peuple, à Versailles, pour faire adresser au Comité d'instruction publique un manuscrit oriental, apporté par Le Gentil, renfermant l'histoire métallique de l'Inde, et déposé dans la bibliothèque du ci-devant Roi, à Versailles[1].

Arrête que le citoyen Lebrun fera à la prochaine séance un rapport sur des objets à recouvrer dans des maisons d'émigrés, sur lesquelles la Nation est copartageante avec des créanciers.

Le citoyen Bourdon, architecte expert, nommé par le Département pour surveiller les travaux des employés aux dépôts, ayant été admis à rendre compte de ses travaux, d'après son exposé, la Commission arrête que la section de peinture et de sculpture et celle d'architecture se transporteraient à Franciade pour y prendre connaissance des marbres et monuments à transporter à Paris et en rendre compte. Les mêmes communes (sic) prendront connaissance des attachements du citoyen Bourdon pour connaître l'état de son travail.

La Commission des arts arrête, après avoir entendu la lecture d'une lettre, sous la date de ce jour (30 nivôse), de la Commission des subsistances, portant la demande de la communication d'un recueil des poids et mesures des grains, vins et liqueurs, dont on se sert dans les villes et marchés de la République, nomme les citoyens Molard et Langlès pour en faire la remise à la Commission des subsistances sous son chargé.

de Courbevoie, devint, en 1794, directeur de l'École de médecine de Paris. Connu pour ses pièces anatomiques modelées en cire et coloriées; sa collection de champignons en cire est conservée au Muséum d'histoire naturelle.

[1] Voir ci-dessus la séance de la Commission du 25 brumaire.

La Commission, instruite qu'il existait un inventaire général du mobilier du ci-devant Égalité et que cet inventaire se trouvait au bureau des mandataires, situé dans la maison d'Égalité, entre les mains du citoyen Behogue, arrête que deux de ses membres, les citoyens Molard et Dunouy, iront prendre connaissance du susdit inventaire pour rendre compte dans le plus court délai des objets qu'il est nécessaire de décrire et de conserver pour l'instruction nationale.

SÉANCE DU 5 PLUVIÔSE,
L'AN 2ᴱ DE LA RÉPUBLIQUE (24 JANVIER 1794).

Communication de Leboucher, libraire, sur la bibliothèque de Noailles. — Recherche de la collection Bertin. — Composition de la section des dépôts littéraires. — Remise à l'administration des armes du cabinet de chimie de la maison Luxembourg. — Apposition de scellés sur des grilles de la maison Maupeou. — Adoption d'un projet de règlement. — Rapport sur le cabinet de minéralogie de Macquart.

Le citoyen Michel Leboucher, libraire, demande à présenter des observations à la Commission; il est admis; il expose : 1° qu'il est chargé par la veuve Noailles et par le département de Paris de faire le catalogue de la bibliothèque de Noailles; 2° qu'il y a des ouvrages incomplets dans celle de Paris, dont, sans doute, les volumes qui manquent sont ou à Saint-Germain ou à Versailles. Après avoir entendu ce citoyen, la Commission arrête que l'inventaire et le catalogue de cette bibliothèque sera (*sic*) suspendu jusqu'à ce que le Comité d'instruction publique ait pris une détermination sur cet objet.

Romme expose que les premières démarches pour découvrir les objets de la collection ayant appartenu à Bertin, ci-devant ministre, ont produit la découverte de plusieurs ouvrages peints ou gravés chez un graveur; il en remet la note sur le bureau [1]. La Commission arrête que les citoyens Langlès et Naigeon sont nommés commissaires pour reconnaître ces objets et faire l'inventaire.

---

[1] Cette note des recueils de volumes ou rouleaux ayant trait à la Chine, confiés au graveur en 1785 et 1789, se trouve sous la cote F¹⁷ 1231.

La Commission arrête : 1° que la section des dépôts littéraires proposera le nombre des membres dont doit être composée cette section; 2°[1]...; 3° que les membres actuels déclarent s'ils peuvent s'occuper de l'objet de leurs travaux.

Sur la proposition d'un membre, la Commission arrête que les objets qui composent le cabinet de chimie, placé dans la maison de l'émigré Luxembourg aux Champs-Élysées, seront remis par le citoyen Nitot à l'Administration des armes, quai Voltaire, n° 4, sous le chargé d'un des administrateurs, mis au bas de l'inventaire fait par les citoyens Leblanc et Pelletier[2].

Sur la proposition d'un de ses membres, la Commission arrête que les scellés seront apposés par le citoyen Richard, l'un de ses membres, sur des grilles en fer placées à la maison Maupeou, rue de l'Université, et que le Comité d'instruction publique sera invité à considérer si cet objet ne serait pas utile pour la ménagerie à former au Muséum national d'histoire naturelle.

Vicq d'Azyr fait la lecture d'un projet de règlement relatif à la Commission des arts; il est adopté par la Commission avec quelques amendements.

La section de minéralogie fait un rapport sur le cabinet du citoyen Macquart[3], déposé dans le local du cabinet de minéralogie à la Monnaie, après lequel la Commission des arts renvoie au Comité d'instruction publique pour prendre une détermination sur cet objet.

SÉANCE DU 10 PLUVIÔSE,
L'AN 2ᴱ DE LA RÉPUBLIQUE (29 JANVIER 1794).

Renseignements adressés à la Commission sur le mobilier du château de Marly. — Vases étrusques de la manufacture de Sèvres. — Lecture du procès-verbal au commencement de chaque séance. — Rapport de Le Blond et Mongez sur la collection Choiseul-Gouflier. — Procédé de la citoyenne Masson pour le blanchîment du papier. — Grillages de la ménagerie de Versailles. — Inventaire du cabinet

---

[1] Lacune au registre.
[2] Voir cet inventaire, signé de Leblanc, en date du 29 nivôse an II (F¹⁷ 1343).
[3] Macquart (Louis-Charles-Henri), qui devint professeur à l'École centrale de Seine-et-Marne, avait fait une exploration minéralogique au nord de l'Europe. Cf. J. Guillaume, *Procès-verbaux du Comité d'instruction publique*, t. III, p. 34.

de chimie de l'émigré Luxembourg. – Rapport de Lebrun sur les monuments de l'église de Saint-Denis. – Nomination de commissaires sur la demande de la Commission des poids et mesures. – Livres et autres objets pour l'école de Léonard Bourdon. – Classification des objets de sciences et d'arts dans les districts. – Plaintes au sujet de la dilapidation des arbres et plantes dans le jardin du Muséum. – Payement d'avances faites pour le Dépôt des Petits-Augustins. – Mémoire sur la collection des tableaux des princes palatins. – Bibliothèque de Pâris, officier de cavalerie. – Transfert du cabinet d'anatomie de la maison Égalité au Muséum. – Examen de la pétition de la citoyenne Biheron. – Cartes et plans qui se trouvent au château de Chantilly. – Objets d'art délaissés par les condamnés. – Mesures pour obvier à la détérioration des objets conservés à la Bibliothèque nationale. – Inventaires des tableaux de maisons religieuses et de maisons d'émigrés, par Lebrun. – Autorisation de transporter à la Bibliothèque nationale des peintures chinoises de l'émigré Bertin. – Même mesure pour le dépôt de marine de la maison Égalité.

Le président de la Commission lit une lettre de deux commissaires du pouvoir exécutif envoyés au ci-devant château de Marly pour y procéder à la vente du mobilier, en mettant à part les objets qui méritent d'être conservés et déposés au Muséum. Les mêmes commissaires font passer à la Commission un état des objets vendus, accompagné de quelques observations importantes; le tout est renvoyé à la section de peinture.

Le président écrira au représentant du peuple Battellier[1] à Sèvres, pour avoir un double du catalogue des vases étrusques de cette manufacture, qu'il a promis il y a plus de trois mois.

La Commission arrête que, pour mettre plus d'ordre dans ses délibérations et prévenir les négligences qui pourraient se glisser dans l'exécution de ses arrêtés, le procès-verbal sera lu au commencement de chaque séance.

Les citoyens Le Blond et Mongez mettent sur le bureau un rapport sur l'inventaire descriptif des marbres et inscriptions de l'émigré Choiseul-Gouffier, déposés à Marseille[2]; il sera écrit à ce sujet au Ministre de l'intérieur par le président de la Commission.

---

[1] Battellier (Jean-César), député de la Marne, était l'un des commissaires chargés de la vente du mobilier de la Liste civile.

[2] Inventaire descriptif des marbres et inscriptions de l'émigré Choiseul-Gouffier, par J.-B. Grosson, membre de l'Académie de Marseille, et A. Rainaud, statuaire, février-mars 1793, avec rapport. La conclusion de Le Blond et Mongez est que cette collection, « des plus précieuses, doit être amenée à Paris, où la vente des objets modernes et médiocres payera abondamment les frais de transport... » (F^{17} 1271).

Les citoyens Pelletier et Hassenfratz remettent sur le bureau des observations courtes et précises sur le procédé employé par la citoyenne Masson pour blanchir le papier[1]. Le président écrira au Comité de salut public et à la municipalité de Paris[2] sur la méthode d'enlever l'impression sans dénaturer le papier, comme le fait la citoyenne Le Masson. Les citoyens Hassenfratz et Pelletier sont chargés de poursuivre auprès du Comité de salut public la composition et la publication d'un petit ouvrage sur l'art de blanchir le papier avec la soude.

Le président écrira au Comité de salut public pour lui demander d'autoriser la Commission des arts à faire transporter à Paris les grillages de la ménagerie de Versailles[3].

Les citoyens Leblanc et Pelletier remettent sur le bureau l'inventaire du cabinet de chimie qui se trouve dans le pavillon de l'émigré Luxembourg, situé aux Champs-Élysées.

Le citoyen Lebrun lit un rapport sur les monuments que contient la ci-devant église de Saint-Denis[4]. La Commission arrête qu'il sera avisé aux moyens de transporter au Muséum, sans inconvénient, les

---

[1] Le rapport de Pelletier et de Hassenfratz est du 10 pluviôse (F[17] 1343).

[2] Les deux lettres annoncées sont du 15 pluviôse (F[17] 1264).

[3] La lettre du président est datée du 15 pluviôse. Il y est dit que les grillages en question seront «utiles à la ménagerie provisoire qui sera formée au Muséum d'histoire naturelle...» Les membres composant le Muséum, ajoute le président, «ne songeraient peut-être pas dans le moment actuel à créer un établissement de ce genre, malgré son utilité pour compléter ce que l'on appelle les trois règnes de la nature, mais il s'agit de conserver; ce sont des morceaux épars de la science, les recueillir atteste un esprit et un zèle conservateurs des moyens d'instruction, imposants pour nos ennemis à l'instant où toutes les forces de la République sont déployées pour les combattre» (F[17] 1046).

[4] Ce rapport de Naigeon, Lebrun et Gilbert, qui firent leur visite le 7 pluviôse, porte la date du 10 (F[17] 1231). Il signale les monuments encore en place dans l'église : le tombeau de saint Denis avec la chapelle, celui de Turenne, un autre tombeau portant une figure penchée sur une urne, les vitraux, deux bénitiers. A la maison commune, ils ont vu le dessus de la tombe d'un roi représenté couché; dans le cimetière de l'église plusieurs statues de rois et reines. Les autres monuments laissés dans l'église et déjà démolis, sont : les tombeaux de Dagobert, de François Ier, de Louis XII et d'Anne de Bretagne, de Henri II et de Catherine de Médicis. etc. Les commissaires critiquent le défaut d'économie et la hâte avec laquelle la Commission des monuments a procédé à la démolition de ces tombeaux: «en enlevant les statues de ces monuments et en ôtant très peu des signes de féodalité, l'on eût pu les laisser dans leur place jusqu'à ce que l'on eût eu une destination républicaine à leur donner», quitte à les dérober à la vue des républicains et à les soustraire à leur courroux par un hangar en planches.

objets précieux qui méritent d'être conservés, et que les monuments qui sont encore en place y resteront provisoirement. Le citoyen Lenoir sera invité à se rendre à la séance prochaine pour communiquer ses vues sur l'exécution de cet arrêté.

Sur la proposition de deux membres de la Commission des poids et mesures, les citoyens Buache et Ameilhon sont nommés commissaires pour recueillir les globes, tables, atlas et livres d'astronomie qui seront demandés par ladite Commission.

La section des dépôts littéraires est autorisée à déposer dans l'École de Léonard Bourdon les livres propres à l'instruction des jeunes élèves de ladite école.

Il sera procédé dans tous les districts à la classification de tous les ouvrages de sciences et d'arts pour en déterminer la répartition avec plus de sagesse dans les chefs-lieux de districts.

Toutes les sections seront invitées à désigner provisoirement les objets dont elles peuvent disposer en faveur des élèves du citoyen Léonard Bourdon; les citoyens Vicq d'Azyr, Richard et Lamarck se concerteront avec elles pour l'exécution des mesures qu'ils ont proposées.

Il sera écrit au citoyen Laumond, administrateur des Domaines nationaux, relativement aux arbres et plantes dilapidés dans le jardin du Muséum. Le citoyen Thouin est chargé de faire un rapport sur les mesures à prendre afin de prévenir ces sortes d'abus dans les différents domaines nationaux. Le président est autorisé à arrêter le payement d'un état de frais ou avances faits par le citoyen Vassou, portier du Dépôt des monuments, et présenté par le citoyen Lenoir.

Le citoyen Besson lit un mémoire contenant des observations sur la collection des tableaux des princes palatins, renvoyé au Comité de salut public.

Sur la proposition du citoyen Lelièvre, il sera écrit au Ministre de l'intérieur au sujet d'une bibliothèque et d'un cabinet très précieux appartenant au nommé Pâris, officier de cavalerie, demeurant ci-devant rue des Vieilles-Haudriettes[1].

Le président écrira au Ministre de l'intérieur pour lui demander la

---

[1] Lettre de la Commission, 15 pluviôse, et réponse du Ministre, 25 pluviôse (F17 1045, n° 2).

translation au Muséum national d'histoire naturelle de tous les objets d'anatomie réunis dans le cabinet de la maison Égalité.

Le citoyen Thillaye fera un rapport sur quelques objets que la citoyenne Biheron a indiqués en vertu de la pétition qu'elle a présentée pour obtenir une pension.

Le citoyen Buache est autorisé à compléter la collection de cartes et plans qu'il a déjà commencée en y réunissant ceux qui se trouvent au ci-devant château de Chantilly.

Les citoyens Ameilhon et Naigeon présenteront à la séance de quintidi prochain un rapport sur les moyens de mettre en sûreté les objets d'arts délaissés par les prévenus qui ont été condamnés, soit à la mort, soit à la déportation. Sur la proposition de Buache, le chef de l'administration de la Bibliothèque sera invité par l'organe du citoyen Langlès à mettre dans un lieu commode les objets qui se gâtent dans le lieu où ils sont déposés actuellement. Le citoyen Langlès fera aussi un rapport là-dessus à la prochaine séance.

Léonard Bourdon demande que la section de mécanique et d'architecture soit autorisée à déposer dans son école des objets propres à l'instruction de la jeunesse; renvoyé au Comité d'instruction publique.

Lebrun remet sur le bureau : 1° les inventaires du séminaire de Saint-Sulpice, du collège Mazarin, ceux de la maison de la ci-devant princesse de Montmorency, de l'émigré La Galaisière, de l'émigré d'Havré, de l'émigré Maubec et de l'émigré Noailles [1].

---

[1] L'inventaire du séminaire de Saint-Sulpice est du 30 nivôse; il mentionne des peintures de Le Sueur (*La Présentation de la Vierge*), de Le Brun, Hallé, Restout, Marot, Verdier, Leclerc (F17 1272).

Inventaire des tableaux et marbres trouvés dans le collège Mazarin, 29 nivôse, par Lebrun, en quatre articles, savoir : trois peintures de Jouvenet et le mausolée du cardinal Mazarin par Coysevox (F17 1267).

Inventaire de la maison Montmorency, rue de Lille, 547, du 23 nivôse (F17 1269).

Inventaire des tableaux trouvés chez La Galaisière, 26 nivôse (F17 1267).

Inventaire de la maison Havré, par Naigeon, 23 nivôse (F17 1269).

L'inventaire de la collection Maubec par Naigeon et Lebrun, 28 nivôse, mentionne aussi quelques toiles de maîtres appartenant aux écoles d'Italie, de Hollande et d'Allemagne.

La riche collection trouvée dans la maison de Noailles, rue Saint-Honoré, se composait de peintures, marbres, bronzes, porcelaines, meubles : l'inventaire fait par Lebrun signale, comme dignes d'orner le Muséum des arts, nombre d'objets appartenant à ces diverses catégories; parmi les peintures, des toiles de Véronèse, Van Dyck, Rembrandt, Gérard Dow, Adrien Van de Velde, Le Nain, Panini, J. Vernet, La Fosse, Greuze, David, etc. — Malgré la valeur artistique de cette collection, Lebrun fait observer que les objets les plus rares ont été vendus jadis par feu le maréchal.

Les citoyens Naigeon et Langlès sont autorisés à faire transporter à la Bibliothèque nationale les peintures chinoises, trouvées dans la maison de l'émigré Bertin et confiées au citoyen Helman [1].

Le citoyen Langlès est chargé de visiter le dépôt de marine de la maison Égalité et de le faire transporter à la Bibliothèque nationale.

SÉANCE DU 15 PLUVIÔSE,
L'AN 2ᵉ DE LA RÉPUBLIQUE (3 FÉVRIER 1794).

Mode de rédaction du procès-verbal de la Commission. — Objets d'arts de l'hôtel de Montmorency. — Mémoire de Ducarne-Blangy. — Mausolée du cardinal Fleury. — Lettre de Rauch. — Tables de bois pétrifié. — Mesures contre l'incendie aux Petits-Augustins. — Objets d'arts à Montmorency. — Cabinet de la citoyenne Biheron. — Organisation des dépôts de la Commission. — Cabinet de marine du ci-devant duc d'Orléans. — École des Élèves de la patrie. — Inventaires déposés. — Entente avec le Département au sujet des mobiliers d'émigrés. — Transport de sculptures à la Bibliothèque nationale. — Objets d'arts à Marly. — Cuivres de typographie à la ci-devant Académie des sciences. — Règlement à l'étude. — Destination du cabinet de physique existant aux Menus.

La Commission arrête que la transcription du procès-verbal sur le registre ne sera faite qu'après la lecture dudit procès-verbal, rédigé et dressé sur une feuille volante, et l'approbation donnée à la rédaction.

Il sera écrit au Ministre de la guerre sur les objets réclamés par le citoyen Dudin, tels que la planche et le chevalet.

Le citoyen Roussel, commissaire aux ventes, demande que la Commission envoie quelques-uns de ses membres au ci-devant hôtel de Montmorency, rue Saint-Marc, pour y faire choix des peintures, sculptures, vases précieux et autres objets d'arts. Renvoyé à la section de peinture et à celle d'antiquités.

Conformément à un arrêté pris par le Comité de marine et des colo-

---

L'estimation des objets portés sur l'inventaire s'élève à 91,150 livres; elle a été effectuée nécessairement par la raison que «la Nation n'est héritière que pour les deux tiers dans cette succession pour fait d'émigration», 26 nivôse (F¹⁷ 1267).

[1] Inventaire de la collection Bertin, 8 pluviôse (F¹⁷ 1269).

nies, le citoyen Ducarne-Blangy[1] fait passer à la Commission des arts un mémoire qui a pour objet d'indiquer des moyens sûrs pour sauver les équipages et les chargements des vaisseaux à une grande proximité des côtes. Ledit mémoire et les pièces au soutien ont été renvoyés au jury chargé de prononcer sur les inventions militaires.

Il sera fait un nouvel examen par la section de sculpture et d'architecture du mausolée dressé au cardinal Fleury, dans la ci-devant église de Saint-Louis [2].

Le président donne lecture d'une lettre du citoyen Rauch[3], qui annonce des catalogues de tableaux précieux et de médailles qui méritent d'être pris en considération. Lesdits catalogues seront remis à la section de peinture et à celle d'antiquités.

Sur la proposition du citoyen Romme, les citoyens Buhon et Nitot sont nommés commissaires, à l'effet de prendre, de concert avec le Ministre de l'intérieur, des mesures pour remettre dans les mains de la Nation les tables de bois pétrifié vendues au ci-devant château de Versailles. Lesdits commissaires ne traiteront avec les possesseurs actuels des tables qu'après en avoir fait leur rapport à la Commission des arts [4].

Le citoyen Lenoir est autorisé à acheter deux tonneaux qu'il tiendra toujours remplis d'eau et qu'il placera dans deux endroits opposés du dépôt confié à ses soins pour servir en cas de feu.

Des citoyens de Montmorency demandent que les objets d'arts renfermés dans leur commune soient mis à la disposition de la Nation. Un membre observe que la Commission des arts a déjà fait l'inventaire desdits objets.

La section d'anatomie remet sur le bureau la description du cabinet de la citoyenne Biheron avec les pièces qui attestent la vente dudit cabinet et la pension accordée à la même citoyenne.

Les citoyens Ameilhon, Molard, Buache et Gilbert feront dans la

---

[1] Ducarne de Blangy (Jacques-Joseph), agronome, né à Hirson le 11 décembre 1728, auteur de l'ouvrage intitulé : *A la nation française, ou moyens propres à sauver les équipages d'une partie des vaisseaux qui viennent échouer et périr à la côte.* — Paris, 1801, in-8°.

[2] Voir les *Archives du Musée des monuments français*, t. II, p. 167, au sujet de quatre statues provenant du tombeau du cardinal Fleury, entrées au Musée en thermidor an II.

[3] En date du 13 pluviôse (F[17] 1047).

[4] Pour ces tables de bois pétrifié, voir J. Guillaume, *Procès-verbaux du Comité d'instruction publique*, t. III, p. 491.

séance prochaine un rapport sur les dépôts à établir pour la conservation des objets précieux. Ils sont autorisés à se concerter, soit avec l'administration des Domaines nationaux, soit avec le Ministre de l'intérieur ou son architecte, soit avec l'architecte du Département de Paris.

Les citoyens Thillaye et Buache remettent sur le bureau leur rapport sur le cabinet de marine du ci-devant duc d'Orléans, déposé dans une des salles de la Bibliothèque nationale, sur la porte de laquelle le scellé fut apposé le 22 brumaire. Le rapport des citoyens Thillaye et Buache sera envoyé au Département de Paris.

Le citoyen Buache présente un détail des objets à remettre à l'École des Élèves de la Patrie. Lesdits objets seront remis à ladite École, excepté les dessins.

Le citoyen Buache dépose sur le bureau : 1° un petit état des globes et sphères qui se trouvent chez l'émigré Duluc, rue de la Ville-l'Évêque; 2° l'inventaire des cartes et plans contenus dans la maison de l'émigré Tessé, rue de Varenne [1].

Le citoyen Ameilhon se retirera par devers le Département de Paris à l'effet de savoir : 1° quel est l'arrêté du Département par rapport aux ventes des objets qui appartiennent aux émigrés; 2° quels sont les moyens d'exécution pris par le Département; 3° quelles sont les entraves mises à l'exécution de l'arrêté et ce qui empêche que la connaissance des ventes ne parvienne à temps utile à la Commission des arts.

Le président de la Commission écrira au Département de Paris [2] et demandera aux administrateurs l'autorisation nécessaire pour enlever et faire transporter dans une des salles de la Bibliothèque nationale les monuments en marbre et en pierre qui existent dans une des salles de l'Académie des inscriptions et belles-lettres, et au nombre desquels il se trouve des statues et des fragments de statues antiques, des inscriptions grecques, etc.

Les citoyens Lebrun, Le Blond et Naigeon sont nommés commissaires pour aller prendre connaissance des objets d'arts qui sont à Marly.

Langlès est autorisé à faire enlever de la salle de la ci-devant Académie des sciences les cuivres relatifs à l'art typographique.

---

[1] L'inventaire comprend 29 articles; il est du 15 pluviôse (F^{17} 1052).

[2] Lettre en date du 17 pluviôse (F^{17} 1046).

Le Comité d'instruction publique sera invité à prévenir la Convention nationale que la Nation est souvent lésée dans la vente des objets qui lui appartiennent. La séance prochaine commencera par la lecture du règlement que le citoyen Vicq d'Azyr est chargé de présenter à la Commission.

Sur le rapport fait par le citoyen Langlès, la Commission arrête que les différents objets déposés dans un lieu malsain à la Bibliothèque nationale seront transportés dans la maison du nommé d'Angiviller.

Sur la proposition d'un membre, la Commission arrête que les objets qui font partie du cabinet de physique déposé aux Menus et qui seront désignés par l'un des administrateurs de la fabrication des armes, en présence du citoyen Guyton, seront remis par le citoyen Nitot à ladite Administration des armes, quai Voltaire, n° 4, sous la charge de l'un desdits administrateurs, mise au bas de l'inventaire dudit cabinet par le citoyen Charles, de tout quoi il sera dressé procès-verbal.

SÉANCE DU 20 PLUVIÔSE,

L'AN 2ᴱ DE LA RÉPUBLIQUE (8 FÉVRIER 1794).

Temple de la Raison de Belleville. – Objets d'armurerie du ci-devant duc d'Orléans. – Procédé pour effacer les caractères d'imprimerie. – Dégradations à Saint-Germain-des-Prés causées par la fabrication du salpêtre. – Conservation des objets d'arts à Ville-Affranchie. – Requête de Famin, professeur de physique. – Fonds avancés par Lebrun. – Cabinet d'histoire naturelle de Montmorency. – Cabinet d'anatomie de d'Orléans. – Manuscrits et monuments de la cathédrale de Metz. – Certificat à Lenoir, etc. – Dépôt d'histoire naturelle. – Livres de l'émigré Beaucourt. – Manuscrits de l'émigré Juigné.

Le président fait donner la lecture d'une lettre du Ministre de l'intérieur en date du 15 du présent, relative à des objets qui se trouvent dans le temple de la Raison de Belleville. Cette lettre est renvoyée à la section de peinture et sculpture.

Le Ministre de l'intérieur, par sa lettre du 15 pluviôse, demande qu'il soit nommé des commissaires pour faire remettre à la Commission centrale des armes, sous son récépissé, toutes les armes et pièces d'armes et enfin tout ce qui est relatif à leur fabrication, déposé à la ci-devant Académie des sciences et chez le ci-devant d'Orléans. Buache et Molard sont nommés commissaires pour remplir les vues du ministre. Avant de faire la rémission des objets, les commissaires prendront connaissance de l'emplacement que l'on destine à faire une salle d'armes; ils examineront si cet emplacement n'est pas humide et si les armes y seront en sûreté et bien conservées.

La Commission renvoie aux commissaires précédemment nommés pour vérifier les moyens d'effacer, soit les caractères imprimés, soit ceux écrits à la main, de dessus le papier, une lettre du citoyen Hutin, juge du tribunal du district de Soissons, sous la date du 30 nivôse [1].

Un membre a exposé que les tableaux, l'autel dont les colonnes en marbre cipolin, et l'orgue de la ci-devant église de Saint-Germain vont être exposés aux vapeurs, etc., de l'atelier de salpêtre qui s'y établit actuellement, et qu'il est à propos de prendre des mesures qui empêchent les dégradations. Après cet exposé et la discussion qui l'a suivie, la Commission arrête que les tableaux seront enlevés ainsi que l'autel [2], et qu'à l'égard de l'orgue, trois commissaires lui présenteront les moyens qu'ils estimeront les plus convenables pour sa conservation. Gilbert, Molard, Lelièvre sont nommés commissaires. Quant aux objets qui devront être transportés et placés dans les dépôts, cette opération sera accomplie par les sections respectives.

Après la lecture [de la lettre] du 5 pluviôse [3], adressée par le Ministre de l'intérieur à la Commission, elle arrête qu'il sera répondu au Ministre qu'elle n'a pu rien statuer sur les travaux du citoyen Cossard à Ville-Affranchie, n'étant pas à même d'en juger, attendu qu'elle n'a eu connaissance d'aucun détail et pièces instructives, qu'elle pense que les 600 livres demandées doivent lui être accordées en justifiant l'emploi, et qu'elle invite le Ministre à faire adresser à la Commission des arts les mémoires qui renferment les recherches du citoyen Cossard,

---

[1] C'était le Comité d'instruction publique qui avait soumis à l'examen de la Commission «la découverte du citoyen Hutin», consistant à convertir en papier neuf le papier couvert d'écriture. Consulter les *Procès-verbaux du Comité*, t. III, p. 362, 364.

[2] Voir deux inventaires des tableaux, statues et marbres de Saint-Germain-des-Prés à transporter aux Petits-Augustins, par Le Blond, 24 pluviôse et 4 ventôse, la lettre du Directoire du Département, du 25 pluviôse, et, en date des 24 pluviôse et 8 ventôse, deux autorisations du Ministre de l'intérieur pour effectuer ces déplacements (F^{17} 1048, 1073).

[3] Elle existe sous la cote F^{17} 1257.

Arrêté que le Comité d'instruction publique est invité de nommer deux membres pris dans son sein pour surveiller le transport du dépôt des bureaux de la Marine à Versailles, qui se réuniraient aux citoyens Langlès et Buache, précédemment désignés pour cet objet par le Comité.

Arrêté que la section des antiquités est autorisée à faire transporter dans le dépôt des émigrés les médailles et autres objets d'antiquités ayant appartenu au ci-devant d'Orléans.

Arrêté que Langlois est chargé de faire un rapport sur un procédé proposé par le citoyen Lemonnier, curé de Montmartre[1], département de la Manche, pour imprimer des deux côtés une feuille d'une manière très prompte et peu dispendieuse.

SÉANCE DU 25 NIVÔSE,
L'AN 2ᴱ DE LA RÉPUBLIQUE (14 JANVIER 1794).

Lettre de la Commission des poids et mesures. — Renseignements demandés par la municipalité de Paris relativement au procédé de la veuve Masson permettant d'effacer les caractères manuscrits ou imprimés. — Blocs de marbre à enlever chez Clodion, sculpteur. — Avis du citoyen Rauch sur une prétendue peinture de Léonard de Vinci existant à Nancy. — Commissaires nommés pour l'examen des objets offerts par le général Montalembert. — Nomination de commissaires pour faire choix des objets d'instruction destinés à la maison d'éducation des Élèves de la patrie. — Principes à adopter en général pour la composition des collections d'objets propres à l'instruction. — Machine pour le transport des statues. — Buache chargé de conférer avec le citoyen Carnot, membre du Comité de salut public, sur le parti à tirer de divers objets qui se trouvent chez Noailles. — Commissaires nommés pour l'inventaire des objets de physique et chimie existant chez les Noailles. — Démarches à faire au sujet des objets de même nature existant à Saint-Germain et Versailles dans les maisons de cette famille. — Rapport demandé sur la meilleure manière de disposer les dépôts d'objets d'antiquités. — Vérification des dépôts de la Commission des monuments. — Rapport de Lebrun sur les restaurations du citoyen Guillemard. — Acceptation de l'état des dépenses faites par Rauch à Strasbourg, etc. — Invitation au citoyen Ramey, sculpteur, de veiller à la conservation des objets d'arts et de sciences dans la Côte-d'Or.

---

[1] Il faut lire, selon toute apparence, Montmartin.

Le président ouvre la séance par la lecture d'une lettre de la Commission des poids et mesures portant invitation aux artistes d'entreprendre la fabrication des nouveaux poids et mesures le plus promptement possible.

Le président remet trois médailles de cuivre, qui avaient été laissées sur le bureau à la dernière séance, dont une de Henri II, une de la Fédération de. . . et une troisième de la Société d'agriculture.

La municipalité de Paris écrit à la Commission pour prévenir qu'elle a beaucoup de papiers inutiles, qui auraient été brûlés, s'il n'avait pas été annoncé que la veuve Masson avait un procédé pour effacer, soit les caractères écrits, soit ceux imprimés. Elle observe qu'elle est obligée de les faire garder pour les garantir du feu des malveillants. La Commission arrête que la section de chimie présentera un rapport sur cet objet à la prochaine séance[1].

Le Ministre de l'intérieur écrit pour que le citoyen Clodion, sculpteur, soit débarrassé de quatre blocs de marbre blanc, qui lui avaient été repris pour un monument à faire pour Montpellier par les ci-devant États de Languedoc; cet objet est renvoyé aux sections d'architecture et de sculpture.

Le Ministre de l'intérieur fait part à la Commission d'un avis que lui a fait passer le citoyen Rauch, par lequel on l'instruit qu'il existe à Nancy, chez les ci-devant Grands-Cordeliers, un grand tableau peint à fresque par Léonard de Vinci. La Commission a ajourné cet objet[2].

Après la lecture d'une lettre du 14 nivôse par le général Montalembert[3], la Commission nomme pour examiner et faire l'état des objets proposés par ce citoyen et en faire rapport à la Commission, les citoyens Rauch, Gilbert, Buache, Monge, Molard et Mandar.

Les citoyens Vicq d'Azyr, Richard et Lamarck, nommés commissaires pour examiner les objets d'instruction publique qui pourraient

---

[1] Au sujet du procédé imaginé par la citoyenne Masson, consulter les *Procès-verbaux du Comité d'instruction publique*, t. III, p. 391, 395.

[2] Lettre de Rauch, 25 frimaire (F17 1047 et F17 1045, n° 1); lettre du Ministre à ce sujet, 15 nivôse (F17 1257); la fresque en question n'était pas de Léonard de Vinci.

[3] Marc-René, marquis de Montalembert, général de division depuis 1792, né le 16 juillet 1714, mort le 29 mars 1800. Auteur d'un grand travail sur la *Fortification perpendiculaire*, en 11 volumes in-4°, membre associé de l'Académie des sciences en 1747; il offrit au Comité de salut public une précieuse collection de 92 reliefs de fortifications exécutés par ses soins. Il habitait à Paris, rue de la Roquette.

ainsi que tous les renseignements que l'on a pu se procurer jusqu'à présent sur les objets qui intéressent les arts à Commune-Affranchie.

La Commission arrête aussi que, dans la même lettre, le Ministre sera invité à désigner un agent pour veiller à la conservation de ces objets et à faire suspendre toute vente jusqu'à ce que cet agent soit en fonction [1].

La Commission arrête au surplus qu'il sera écrit aux représentants du peuple à Commune-Affranchie, et de les inviter à prendre des mesures pour faire mettre à l'abri et en sûreté les objets relatifs aux arts d'instruction, ainsi qu'aux arts mécaniques.

Après la lecture d'une lettre du 18 pluviôse [2], adressée par le citoyen Famin, professeur de physique, au Comité d'instruction publique, et que ce Comité a renvoyée à la Commission des arts, la Commission renvoie au Comité d'instruction publique le même objet en lui observant que l'instrument demandé par le citoyen Famin est une lunette achromatique, d'autant plus précieuse que, dans ce moment, les substances dont on fait ces verres se tirent d'Angleterre et manquent absolument [3].

Le citoyen Lebrun, peintre et ancien membre démissionnaire de la Commission des arts, écrit à la Commission [4] et lui adresse un mémoire des dépenses et avances faites par lui pour les opérations relatives à la Commission des arts. Il observe dans sa lettre que, quoiqu'il ait donné sa démission et qu'il ait cessé d'être membre de la Commission, il ne perdra pas de vue les travaux qui l'occupent et ne négligera pas de lui communiquer les renseignements qui pourraient être utiles.

Après avoir entendu la lecture de la lettre du citoyen Lebrun et pris connaissance du mémoire montant à la somme de 538 livres 1 sol, la Commission arrête : 1° que son président arrêtera le mémoire de Lebrun, et qu'il lui sera écrit que la Commission temporaire des arts accueille l'offre par lui faite de fournir tous les renseignements qui pourront être utiles [5].

Sur la motion d'un de ses membres, qui expose que la maison ci-

[1] Lettre du président de la Commission au Ministre, 23 pluviôse (F17 1046).

[2] Cotée F17 1047.

[3] Cf. *Procès-verbaux du Comité d'instruction publique*, t. III, p. 438.

[4] Sa lettre est du 19 pluviôse (F17 1047, n° 1).

[5] Lettre du président au citoyen Lebrun, peintre et restaurateur de tableaux, 23 pluviôse (F17 1046).

devant Montmorency devant être occupée par une partie d'administration, la Commission arrête que les objets d'histoire naturelle qui s'y trouvent seront transportés au Muséum d'histoire naturelle avec les armoires qui les renferment, que le citoyen Richard en surveillera le transport et fera signer l'inventaire qu'il en a fait par les administrateurs de cet établissement, lequel sera remis aux archives de la Commission [1].

D'après le rapport d'un membre de la section d'anatomie, la Commission arrête : 1° qu'il sera écrit au Ministre de l'intérieur [2] pour autoriser la section d'anatomie à faire transporter au Muséum d'histoire naturelle les objets placés dans le cabinet du ci-devant d'Orléans, et en particulier les pièces d'anatomie artificielle faites par le citoyen Pinson, qui sera invité, d'après ses offres, à coopérer pour les soins à donner au déplacement de ces objets; 2° que les pièces d'anatomie artificielle, qui ont besoin d'être réparées, soient remises à Pinson sous son récépissé, à la charge par lui de rendre lesdites pièces toutes réparées avant le 1er vendémiaire prochain; 3° qu'à l'égard des offres faites par Pinson de vendre à la Nation son cabinet, la Commission charge la section d'anatomie de lui faire un rapport sur cet objet [3].

Sur la motion d'un de ses membres, la Commission des arts arrête qu'il sera écrit aux autorités constituées de Metz pour demander des renseignements sur les manuscrits et autres monuments qui étaient dans le trésor de la ci-devant cathédrale de cette ville.

Après la lecture d'une lettre du citoyen Lenoir, garde au Dépôt national des ci-devant Petits-Augustins, la Commission arrête qu'il sera délivré un certificat de résidence à son poste au citoyen Lenoir, et au citoyen Laurent, garçon employé audit dépôt sous ledit Lenoir. Arrête au surplus qu'il ne sera délivré de semblables certificats aux personnes employées dans ledit dépôt sous l'inspection du citoyen Lenoir que sur une attestation de services constants et non interrompus, donnée par le citoyen Lenoir. Le certificat délivré au citoyen Lenoir est ainsi conçu :

---

[1] «Inventaire du cabinet d'histoire naturelle de la maison Montmorency, rue Saint-Marc», par Richard; il porte la date du 23 pluviôse et se trouve accompagné du reçu de Daubenton et Desfontaines (F^{17}, 344^2).

[2] La lettre est du 23 pluviôse (F^{17} 1046).

[3] C'était le Comité d'instruction publique qui avait saisi la Commission des offres du citoyen Pinson. Voir les *Procès-verbaux du Comité*, t. III, p. 411.

«Nous, président et membres de la Commission temporaire des arts, certifions que le citoyen Lenoir, garde du Dépôt national des ci-devant Petits-Augustins, a toujours résidé à son poste».

La Commission arrête que la section d'histoire naturelle choisira dans chaque dépôt national un local qui sera uniquement destiné à recevoir les objets d'histoire naturelle.

Sur la proposition d'un de ses membres, la Commission des arts arrête que le citoyen Ameilhon est autorisé à faire conduire de Vincennes à Paris les livres de l'émigré Beaucourt [1] pour être placés au Dépôt de la maison de Nesle.

Un membre ayant observé qu'il s'est trouvé dans les papiers de l'émigré Juigné, en sa maison, quai de Voltaire [2], quelques mémoires manuscrits sur la Russie où Juigné avait été ambassadeur [3], parmi ces papiers on a remarqué trois ou quatre pièces qui présentent des recherches intéressantes sur la manière de faire le cuir de Russie, et elles ont été mises à part pour être conservées et communiquées au Comité de salut public [4].

Sur le rapport exposé ci-dessus la Commission des arts a arrêté qu'il en serait rendu compte au Comité de salut public, et que ces manuscrits, ainsi que les cartes et plans, seraient retirés de la maison de Juigné qu'il est instant d'évacuer, et transportés à la maison de Nesle. Elle a chargé les citoyens Le Blond et Buache de ce transport [5].

---

[1] Demeurant au château de Vincennes. Voir le catalogue de sa bibliothèque par Ameilhon (F17 1081, n° 1).

[2] L'hôtel de Juigné venait d'être affecté à la Commission des armes et poudres et l'on s'occupait de déménager la bibliothèque. Voir l'arrêté du 21 pluviôse, *Recueil Aulard*, t. XI, p. 1.

[3] Précédemment la Commission avait déjà eu l'occasion de s'occuper de la bibliothèque de Juigné, et, le 4 pluviôse, Ameilhon avait remis à l'administration de la Commission centrale des armes un état des livres extraits de cette bibliothèque à son intention et sur sa demande (F17 1081, n° 1).

[4] Un arrêté du Comité de salut public du 22 pluviôse avait chargé Buache de remettre audit Comité les mémoires sur la fabrication des cuirs de Russie se trouvant dans les papiers de Juigné. (*Recueil Aulard*, t. XI, p. 41.)

[5] Voir un inventaire des cartes, plans, mémoires, réclamés par la Commission des arts dans la maison Juigné, le 21 pluviôse, par Buache (F17 1073). Voir aussi les *Procès-verbaux du Comité d'instruction publique*, t. III, p. 451-453.

SÉANCE DU 25 PLUVIÔSE,

L'AN 2ᵉ DE LA RÉPUBLIQUE (13 FÉVRIER 1794).

Requête de Famin. — Démission de Buache. — Objets d'arts chez l'émigré Montmorency. — Appointements de Laurent, employé au Dépôt des Petits-Augustins. — Statues de Marly. — Le Blond nommé agent de la Commission. — Lettre de Delambre, astronome. — Église de Montmorency. — Église du Noviciat des Jésuites. — Estimation des objets provenant des émigrés et maisons supprimées. — Pendule précieuse de Nicolaï. — Statue de l'église des Carmélites. — Dessins de Michel-Ange. — Mobilier de Choiseul-Gouffier à Marseille. — Visite du Dépôt de Nesle. — Bibliothèques pour l'usage des Comités. — Cartes géographiques de l'émigré Dumouriez. — Pouvoirs des membres de la Commission.

La séance est ouverte par la lecture du procès-verbal dont, après quelques discussions, la rédaction est adoptée. Sur la demande faite précédemment par le citoyen Famin d'un instrument de physique qu'on croyait d'abord être une lunette achromatique, on observe que cet instrument n'est qu'un microscope solaire; et il est arrêté qu'on peut en accorder l'usage au citoyen Famin sur son récépissé.

Un membre ayant observé que la Commission des arts s'assemblant pour la première fois depuis son organisation conformément au décret du [1]..., demande qu'il soit fait un appel des membres qui la composent. L'appel fait, un membre de la section de marine et de géographie observe que le citoyen Buache, son collègue en cette partie, ayant donné sa démission, les travaux attribués à la section de marine et de géographie seraient sans activité, parce que, demeurant chargé seul de ces travaux, il était très occupé d'ailleurs pour le service public. Le même membre représente à la Commission la perte qu'elle fait par la retraite du citoyen Buache et demande qu'il soit pourvu à son remplacement. Après la discussion sur cet objet, il est arrêté : 1° qu'il sera écrit au citoyen Buache pour l'inviter à continuer ses travaux jusqu'à ce qu'il soit remplacé; 2° il en serait référé au Comité d'instruction publique, en l'invitant à prendre en considération les services de ce citoyen qui, par son zèle, son activité et ses connaissances, a mérité les suffrages de

---

[1] Lacune au registre. Il s'agit du décret du 18 pluviôse an II.

ses collègues [1]. Il est arrêté que les citoyens Naigeon et Le Blond feront transporter dans le Dépôt national, rue de Beaune, les objets d'arts mis par eux en réserve chez l'émigré Montmorency [2], rue Saint-Marc, et que les deux caisses contenant des échantillons de minéralogie, provenant du mobilier du même émigré, seraient transportées au Muséum d'histoire naturelle.

Le citoyen Laurent, employé au Dépôt des ci-devant Petits-Augustins sous le citoyen Lenoir, garde de ce dépôt, demande une autorisation pour le payement d'un quartier de ses appointements s'élevant à la somme de 240^{tt}. Il présente à cet effet un certificat du garde du dépôt. Il est arrêté que l'autorisation sera donnée au citoyen Laurent et qu'il sera écrit au citoyen Lenoir pour le prévenir qu'à l'avenir il ait à joindre une attestation de résidence aux certificats qu'il délivrera aux citoyens employés sous son inspection au Dépôt des ci-devant Petits-Augustins.

Lecture d'une lettre du citoyen Maurice, en date du 25 de ce mois : il propose à la Commission de se charger du transport à Paris des statues de marbre et de bronze qui sont à Marly. Ajourné jusqu'à la présentation d'un devis de dépenses sur le transport de ces statues.

Il est arrêté qu'il sera nommé un agent, chargé de la correspondance de la Commission des arts et d'ouvrir toutes lettres et paquets adressés à la Commission, afin de faire parvenir à ses différentes sections les avis d'après lesquels il faudrait procéder à l'examen et inventaire des objets relatifs aux sciences et aux arts qui doivent être mis en réserve dans les maisons ecclésiastiques supprimées, dans celles des émigrés et dans les maisons ci-devant royales. Le citoyen Le Blond est nommé pour remplir cette fonction [3].

Un membre fait part d'une lettre du citoyen Delambre, astronome, contenant la note de quelques instruments appartenant à la ci-devant Académie des sciences, confiés à ce citoyen : il demande qu'on lui en

---

[1] Consulter les *Procès-verbaux du Comité d'instruction publique*, t. III, p. 442-448, où se trouve la lettre de démission de Buache au président du Comité.

[2] Voir l'inventaire des objets mis en réserve par Le Blond et Naigeon chez cet émigré, le 15 pluviôse, ainsi que la correspondance échangée avec le Ministre relativement au transport de ces objets dans les dépôts (F^{17} 1045, n° 1).

[3] Mathieu, président de la Commission, rendait compte, le même jour, à la séance du Comité d'instruction publique, de la nomination de Le Blond. (*Procès-verbaux du Comité d'instruction publique*, t. III, p. 459-462.)

conserve l'usage pour la continuation de ses travaux. La Commission arrête que les instruments dont il s'agit resteront à la disposition du citoyen Delambre sur un récépissé de sa part.

Le citoyen Scellier, marbrier, demande à être autorisé à démolir les colonnes et marbres précieux de l'église de Montmorency, qui ont été désignés précédemment dans l'inventaire fait de cette église par la Commission des monuments. Renvoyé à la section de peinture et de sculpture.

Lecture d'une lettre de l'Administration des Domaines nationaux [1] qui a pour objet de faire procéder à l'estimation des colonnes, marbres et statues provenant de l'église du Noviciat des Jésuites, rue Pot-de-Fer.

Arrêté que des membres de la Commission des arts seront chargés de présenter un projet de décret sur le mode d'estimation des objets provenant du mobilier des émigrés et d'autres maisons devenues nationales et que, d'après cette mesure générale, on procédera à l'estimation demandée par l'Administration des Domaines nationaux.

Lecture d'une lettre concernant une pendule précieuse appartenant à Nicolaï [2], mis en état d'arrestation. Le citoyen Janvier est chargé de faire un rapport à ce sujet.

Le citoyen Lenoir, garde du Dépôt des ci-devant Petits-Augustins, consulte la Commission sur le parti qu'on doit prendre relativement à une figure placée au faîte de l'église des Carmélites, rue Saint-Jacques, et qui n'est peut-être intéressante que parce qu'elle a donné lieu à des discussions consignées dans quelques écrits [3]. Renvoyé à la section de peinture et de sculpture.

Un membre annonce qu'il va être fait incessamment une vente où seront exposés des dessins rares et précieux de Michel-Ange et d'autres grands maîtres; que les spéculations des agioteurs à cet égard sont déjà connues et qu'il en résulterait une perte réelle pour les arts, si la Nation était privée de ces chefs-d'œuvre. Il est arrêté que les membres

---

[1] En date du 21 pluviôse (F17 1257). Voir aussi une lettre de la même administration, en date du 19 ventôse (F17 1048).

[2] Nicolaï (Aymar), premier président de la Chambre des comptes, domicilié rue des Enfants-Rouges. Voir l'inventaire de ses tableaux, bronzes, etc., séquestrés, sous la cote F17 1192², fol. 105.

[3] Au sujet de cette statue, cf. nos Procès-verbaux de la Commission des monuments, t. II, p. 100, et ci-après, p. 89.

du Conservatoire du Muséum seront chargés d'acquérir pour la Nation les dessins dont il s'agit, et qu'il sera présenté un projet de décret à l'effet de conserver par la suite pour la Nation les objets rares en ce genre dont elle pourrait être privée.

On renouvelle la question relative aux objets d'arts provenant du mobilier de l'émigré Choiseul-Gouffier, déposés dans un magasin à Marseille. Un membre observe que le Ministre de l'intérieur a déjà été invité à prendre des mesures pour faire transporter ces effets à Paris [1]. On propose néanmoins que le citoyen Cazas, qui a recueilli la plupart de ces monuments, soit envoyé à Marseille pour en surveiller l'emballage et le transport. En conséquence, il est arrêté que les citoyens Varon et Le Blond, accompagnés du citoyen Cazas, se concerteront à ce sujet avec le Ministre de l'intérieur.

Le citoyen Naigeon, nommé par le Ministre de l'intérieur à la place de garde du Dépôt national, rue de Beaune, notifie sa nomination et demande que des membres de la Commission soient chargés de faire l'examen de ce dépôt. Les citoyens Fragonard, Vicar et Lelièvre sont chargés de cet examen.

Le citoyen Grégoire invite la Commission à s'occuper de la demande faite par les Comités de salut public et d'instruction publique de bibliothèques destinées à leur usage. La section des dépôts littéraires est chargée de se concerter sur cet objet avec le Comité d'instruction publique [2].

Le citoyen Ameilhon est chargé de faire sur les registres de la ci-devant Académie des sciences le relevé du travail que le citoyen Lemonnier [3] a fait depuis 1750 jusqu'en 1756 sur la navigation pour la Compagnie des Indes.

Le citoyen Barrois est chargé de retirer les cartes géographiques provenant du mobilier de l'émigré Dumouriez [4].

Les pouvoirs donnés par le Ministre de l'intérieur aux membres de la Commission des arts ne paraissant pas suffisants, les citoyens Vicq

---

[1] En effet, une lettre lui avait déjà été écrite le 15 pluviôse par le président de la Commission pour l'inviter à faire transporter cette collection à Paris (F17 1045, n° 1).

[2] Voir les *Procès-verbaux du Comité d'instruction publique*, t. III, p. 465, 468.

[3] Lemonnier (Pierre-Charles), astronome, 1725-1799. Professeur au collège de France, membre de l'Académie des sciences.

[4] Voir l'inventaire des cartes et plans trouvés dans la maison de Dumouriez, dressé par Buache le 15 ventôse (F17 1052).

d'Azyr et Lelièvre sont nommés pour rédiger un projet de nouveaux pouvoirs qui sera présenté au Ministre [1].

Il est arrêté qu'il sera écrit aux citoyens qui ont cessé d'être membres de la Commission des arts pour les engager à renvoyer les pouvoirs dont ils sont munis.

SÉANCE DU 30 PLUVIÔSE,
L'AN DEUXIÈME DE LA RÉPUBLIQUE (18 FÉVRIER 1794).

Exportation des objets d'arts. — Recherches sur le travail de Lemonnier relatif à la Compagnie des Indes. — Caractères d'imprimerie pour les langues orientales. — Villebrune, adjoint à la section des dépôts littéraires. — Rapport sur la cheminée construite par le citoyen Desarnot. — Demande de la Commission des armes. — Cartes, atlas, demandés par le Comité de division. — Tableaux, monuments et orgue de Saint-Germain-des-Prés. — Autel de l'abbaye de Saint-Denis. — Transport de tous les objets d'histoire naturelle au Muséum. — Cabinet d'histoire naturelle de la citoyenne d'Orcy. — Examen d'un fourneau à Bicêtre. — Transport des monuments dans les dépôts. — Cabinet d'anatomie de la maison Égalité. — Vente de tableaux chez la ci-devant princesse de Lamballe. — Grilles du chœur de Saint-Germain-de-l'Auxerrois. — Horloge à quarts et à équation du citoyen Robin. — Gardiens de la ci-devant église de Saint-Denis. — Transport de deux chevaux de marbre de Marly à Paris. — Monument détruit dans l'église de Saint-Jacques-la-Boucherie. — Tables de bois pétrifié. — Frais de transport du cabinet d'histoire naturelle de Montmorency. — Effets précieux appartenant à la ci-devant Reine.

On fait lecture du procès-verbal de la séance précédente; sa rédaction est adoptée après quelques corrections.

Un membre demande qu'il soit pris des mesures pour empêcher que les objets de sciences et d'arts, qui seraient reconnus nécessaires à l'instruction publique, ne passent chez l'étranger. On observe que ces mesures ont déjà dû être prises d'après un arrêté de la Commission; mais, comme il paraît qu'elles n'ont point été employées avec exactitude, il est arrêté qu'on s'adressera à telle autorité qu'il appartiendra pour qu'aucuns objets de ce genre ne passent chez l'étranger, sans en avoir prévenu la Commission des arts.

---

[1] Il sera encore question des pouvoirs des membres de la Commission dans les séances des 5 et 15 ventôse. Le Comité d'instruction publique s'en occupera également le 7 ventôse. (*Procès-verbaux du Comité*, t. III, p. 499.)

Le citoyen Ameilhon, chargé de relever sur les registres de la ci-devant Académie des sciences le travail fait par le citoyen Lemonnier depuis 1750 jusqu'à 1756 relativement à la Compagnie des Indes et à la navigation en général, fait son rapport, dont il résulte qu'il n'a rien trouvé à ce sujet dans les registres qu'il a parcourus : il ajoute qu'il en manquait deux parmi ceux qui lui avaient été indiqués, et il s'engage à faire de nouvelles recherches. Il est chargé d'en conférer avec le citoyen Lagrange.

Le citoyen Langlès est invité à faire dans le plus court délai un travail sur la manière la plus utile de publier, avec des notes explicatives, les caractères des langues peu connues, anciennes ou modernes, et principalement ceux des langues orientales[1]. Il recueillera à cet effet les planches déposées dans le cabinet de la ci-devant Académie des sciences, ainsi que les caractères de l'Imprimerie exécutive du Louvre, qui concernent ce genre de recherches, et il en fera son rapport à la Commission.

Il est arrêté que le citoyen Villebrune sera proposé au Comité d'instruction publique pour être adjoint à la section des dépôts littéraires dans la Commission[2].

On fait lecture du procès-verbal de la séance du 15 pluviôse : il est adopté.

Lecture d'une lettre du citoyen Goulanges, qui demande une indemnité pour la garde et l'arrangement de la bibliothèque de l'Académie des sciences, dont il a été chargé : le président est autorisé à présenter cette demande au Ministre de l'intérieur.

Le citoyen Vassou, portier du Dépôt national, rue des Petits-Augustins, présente un certificat de résidence, signé du garde de ce dépôt; il est admis par la Commission et le président y joint sa signature.

Le citoyen Guillaume, charpentier, offre ses services pour le transport des marbres de Marly. On passe à l'ordre du jour, motivé sur les arrêtés précédents relatifs à ces transports.

Le Comité d'instruction publique ayant demandé une opinion sur la cheminée construite par le citoyen Desarnot, placée dans une des salles

---

[1] Voir sous la cote F¹⁷ 1261 une «Note sur les caractères orientaux de l'Imprimerie nationale exécutive» par Langlès.

[2] Ce choix était confirmé par le Comité d'instruction publique le 5 ventôse. (*Procès-verbaux du Comité*, t. III, p. 493.)

du Comité, les citoyens Charles et Molard sont chargés d'en faire un rapport. Les autres membres qui pourraient donner des instructions sur cet objet sont invités à se joindre à ces deux commissaires.

Le citoyen Peyrard, ci-devant administrateur du Département[1], est admis à la séance; il annonce qu'il est chargé de mettre à la disposition de la Commission centrale des armes celles qui sont dans une salle de la ci-devant Académie des sciences et dans la ci-devant maison d'Égalité. Le citoyen Molard observe qu'il avait été aussi chargé de cette opération avec le citoyen Buache, qu'ils doivent livrer demain les armes dont il s'agit. Il est arrêté qu'ils s'adjoindront le citoyen Peyrard [2].

Lecture d'une lettre du citoyen Famin, qui fait ses remerciements à la Commission de ce qu'elle lui a accordé l'usage d'un microscope solaire dont il lui avait fait la demande [3]; le citoyen Charles est chargé de délivrer cet instrument au citoyen Famin sur son récépissé.

On renvoie aux sections des dépôts littéraires, de marine et de géographie, la demande faite par le Comité de division [4] d'atlas et d'ouvrages de géographie, choisis parmi ceux qui proviennent du mobilier des émigrés.

Un membre annonce qu'on doit allumer incessamment les fourneaux destinés à l'affinage du salpêtre dans la ci-devant église de Saint-Germain; il demande que le citoyen Molard fasse un rapport sur les mesures à prendre pour que le buffet d'orgues de cette église ne soit point altéré par l'évaporation. Le citoyen Molard annonce que, dès demain, on s'occupera des moyens de conservation demandés. Les citoyens Le Roy, Hubert et Lannoy lui sont adjoints pour y pourvoir.

Lecture d'une lettre des administrateurs de Franciade [5], qui demandent le déplacement et le transport de l'autel principal de l'église de la ci-devant abbaye de Saint-Denis. Renvoi aux commissaires nommés pré-

---

[1] Peyrard (François), géomètre, électeur de la section du Louvre, élu administrateur du Département, le 11 janvier 1793, devint membre du Comité du contentieux des contributions en nivôse an II.

[2] Voir une lettre du Ministre de l'intérieur à la Commission des arts, du 15 pluviôse, relative aux objets à mettre à la disposition de la Commission des armes, ainsi qu'un état du 7 ventôse, indiquant les armes extraites à cette intention, tant de l'ancienne Académie des sciences que de la maison Égalité (F17 1274, n°1).

[3] Lettre de Famin, professeur de physique, 29 pluviôse (F17 1047, n° 6).

[4] Et transmise par le Comité d'instruction publique. (Voir les *Procès-verbaux du Comité*, t. III, p. 461, 463.)

[5] En date du 23 pluviôse (F17 1047).

cédemment pour effectuer les transports des monuments de cette église.

Lecture d'une lettre du Directoire du département de Paris[1], qui engage la Commission à faire transporter dans un des dépôts nationaux les tableaux et monuments de la ci-devant abbaye Saint-Germain-des-Prés. Un membre observe qu'on s'occupe actuellement de ce transport.

Un membre observe qu'ayant été chargé de transporter au Muséum d'histoire naturelle deux caisses contenant des échantillons de minéralogie provenant du mobilier de l'émigré Montmorency, il croit qu'il serait convenable d'attendre qu'on eût fait choix d'un dépôt destiné à recevoir tous les objets de ce genre, afin d'éviter les frais de double transport. Après une longue discussion, il est arrêté que tous les objets d'histoire naturelle, provenant du mobilier des émigrés et d'autres maisons, seront transportés au Muséum d'histoire naturelle, qui servira de dépôt général; et qu'on prendra des mesures ultérieures pour la conservation des objets qui y seront déposés.

Un membre du Comité des finances propose d'acquérir pour la Nation le cabinet d'histoire naturelle de la citoyenne d'Orcy. Il y trouve un double avantage, en ce que la citoyenne d'Orcy est débitrice à la Nation, et que le cabinet qu'elle propose de céder, à dire d'experts, présente dans ses différentes parties une masse d'objets qu'il serait difficile de réunir. On observe qu'il a déjà été pris des mesures pour l'acquisition de ce cabinet, que des membres de la Commission en ont fait leur rapport, qui a été communiqué au Comité d'instruction publique. On ajoute que ce cabinet est accompagné d'une bibliothèque précieuse dont on doit faire incessamment la vente. Il est arrêté qu'on renouvellera les instances de la Commission auprès du Comité en l'invitant de joindre à l'acquisition de ce cabinet la partie de la bibliothèque qui concerne l'histoire naturelle.

Un membre annonce qu'il existe à Bicêtre un fourneau d'une construction singulière et curieuse, qu'on va détruire : il demande que des membres de la Commission en fassent l'examen, et que dans leur rapport ils entrent dans des détails sur la construction de ce fourneau. La section d'architecture est chargée de cet examen.

---

[1] Lettre du Directoire du Département de Paris, 25 pluviôse (F17 1048).

Un membre propose de rassembler dans un seul dépôt tous les objets du même genre. L'ajournement est prononcé sur cette proposition.

Lecture d'une lettre du citoyen Daujon, sculpteur[1], qui demande une autorisation pour continuer d'enlever les monuments des églises supprimées dans lesquelles il a déjà commencé ses opérations. Renvoyé à la section de peinture et de sculpture pour en faire un rapport. Le citoyen Boucault, charpentier, invite la Commission à faire donner des ordres pour que les chevaux, qui conduisent journellement des plombs, des fers, etc., de Marly à Paris, soient employés à traîner dans le parc de Marly les groupes et statues qui seraient déjà chargés : il en résulterait, dit-il, une grande économie. Le président est autorisé à écrire au Ministre de la guerre pour obtenir cet ordre.

Lettre du Comité de salut public, en date du 24 de ce mois. Elle contient des réflexions du citoyen Godefroi sur les moyens de procurer avec plus de facilité et à moins de frais que d'ordinaire une grande quantité de cuivres, plombs et fers. Le Comité invite la Commission à nommer à cet effet des commissaires à Versailles, qui, d'après un mûr examen, indiqueront le parti qu'il y aurait à prendre sur cet objet. Les citoyens Hubert, Prony, Dupasquier sont nommés.

L'autorisation du Ministre de l'intérieur pour l'enlèvement du cabinet d'anatomie de la maison d'Égalité et son transport au Muséum d'histoire naturelle est remise au citoyen Thillaye. Le citoyen Vicq d'Azyr lui est adjoint pour effectuer ce transport.

On fait lecture du projet de règlement pour la Commission des arts. Il est arrêté qu'il en sera fait deux copies, déposées dans les bureaux du Comité d'instruction publique pour être communiquées aux membres de la Commission.

Un membre annonce qu'on doit procéder incessamment à la vente des tableaux de la ci-devant princesse de Lamballe[2]. Renvoyé à la section de peinture et de sculpture.

Le citoyen Lefèvre, président de la section du Muséum, fait parvenir

---

[1] Cette lettre est du 29 pluviôse (F17 1047, n° 6).

[2] L'inventaire a été fait par Naigeon le 7 ventôse sous le titre suivant : « État des objets d'art trouvés chez la ci-devant princesse de Lamballe à sa maison de Passy... » Les objets réservés sont de peu d'importance, à l'exception de quelques porcelaines du Japon et d'un ivoire représentant *Vénus enchaînée par l'Amour* (F17 1269).

à la Commission un avis relatif à la conservation des grilles de fer du chœur de la ci-devant église de Saint-Germain-l'Auxerrois [1]. Les citoyens Lenoir et Le Roy sont chargés de l'examen et du transport de ces grilles, ainsi que du choix du dépôt où elles doivent être transportées; ils sont aussi chargés d'examiner les grilles de la ci-devant église de Saint-Roch [2].

Une lettre du citoyen Robin, horloger, adressée au Conservatoire du Muséum [3], a été renvoyée à la Commission. Il s'agit dans cette lettre d'une horloge à quarts et à équation que le citoyen Robin avait faite pour le château de Trianon et destinée depuis pour le Muséum par le Ministre de l'Intérieur. La Commission, présumant que le Muséum dont il est question est celui d'histoire naturelle, lui renvoie cette lettre pour prendre les mesures convenables à cet égard.

Les gardiens de la ci-devant église de Saint-Denis demandent à la Commission qu'il leur soit accordé une indemnité pour les soins particuliers qu'ils ont mis à la garde des monuments et des marbres déposés dans cette église. Les commissaires Naigeon et Dupasquier, nommés pour surveiller le transport de ces monuments, sont chargés de faire un rapport sur la demande des gardiens.

Les commissaires du Conseil exécutif et du district de Versailles informent la Commission des mesures prises pour que le citoyen Grobert, directeur de l'arsenal militaire de Meulan, soit autorisé à faire transporter, de Marly à Paris, les deux chevaux de marbre de Marly [4];

[1] Lettre de Lefebvre, président de la section du Muséum, 24 pluviôse (F17 1048). La grille en fer poli orné de bronze, qui entourait le chœur de Saint-Germain-l'Auxerrois, œuvre du serrurier Deumier, fut envoyée partie à la Bibliothèque des Quatre Nations, partie au Musée du Louvre (Arch. du Musée des mon. franç., t. II).

[2] Rapport de Lenoir et David Le Roy. 10 ventôse : «D'après la beauté du dessin, y est-il dit, des grilles de Saint-Germain-l'Auxerrois, d'après la difficulté si bien vaincue de donner aux ornements faits avec un métal tel que le fer toute la souplesse que le sculpteur habile donne à l'argile, elles nous ont paru dignes de faire une époque dans l'histoire des progrès de la serrurerie. Nous avons vu avec peine que quelques parties de cet ouvrage ont été dégradées par des voleurs...» Quant aux grilles de Saint-Roch, «quoiques belles», elles leur semblent être «d'un dessin et d'une exécution inférieure» aux précédentes. De plus, faites à la même époque, «elles ne serviraient en rien à l'histoire de l'art; ainsi nous ne demandons pas qu'elles soient ... mises dans un dépôt» (F17 1265).

[3] A la date du 24 pluviôse (F17 1047).

[4] Il venait déjà d'être question au Comité d'instruction publique des moyens de transport des chevaux de Marly. Consulter les Procès-verbaux du Comité, édit. Guillaume, t. III, p. 441.
Cf. nos Procès-verbaux de la Commission des monuments, t. II, p. 111 (note).

ils ont joint à leur lettre, en date du 27 de ce mois, un extrait du registre des délibérations du Conseil général de la commune de Meulan relatif à cette opération. Il est arrêté qu'il sera écrit aux commissaires du Conseil exécutif que la Commission approuve la mesure d'un nouveau devis demandé par le Ministre de l'intérieur au citoyen Grobert, et que le Ministre sera invité à le communiquer à la Commission.

On lit des réflexions adressées par le citoyen Dunouy à la Commission sur un monument détruit dans la ci-devant église de Saint-Jacques-la-Boucherie [1]. Un membre observe que la section des antiquités avait fait son rapport sur ce monument, qui n'offrait autre chose que des emblèmes, pris du livre du Cantique des Cantiques, appliqués à la Vierge.

Le citoyen Besson lit un rapport sur quatre tables de bois pétrifié, montées en acier poli et bronze doré, dont il a été autorisé, conjointement avec le citoyen Nitot, à faire l'estimation [2]. Cette estimation, ainsi que l'indemnité à accorder aux acquéreurs, est approuvée par la Commission, qui les autorise à accélérer l'acquisition de ces tables pour le compte de la Nation.

Le citoyen Richard fait un rapport sur le transport qu'il a fait faire du cabinet d'histoire naturelle provenant de l'émigré Montmorency; il dépose sur le bureau le mémoire des frais de transport, montant à la somme de 209 livres 10 sols, y compris le mémoire d'un artiste qui a fait des réparations à ce cabinet. Il est arrêté que le président signera ces deux mémoires pour être payés.

Le citoyen Besson lit un rapport sur des effets précieux appartenant à la ci-devant Reine, déposés chez les citoyens Daguerre et Lignereux. Il propose à la Commission d'approuver la pétition qui est contenue dans ce rapport, et le renvoi au Comité d'instruction publique. Adopté [3].

[1] Voir ces réflexions de Dunouy sous la cote F^{17} 1047, n° 6. — Lenoir, dans son catalogue du Dépôt des Petits-Augustins, parle d'un grand bas-relief en marbre blanc, de 7 pieds de longueur sur 3 pieds 3 pouces de haut, représentant la mort de la Vierge, et dit que des malveillants l'ont endommagé (*Arch. du Musée des mon. franç.*, t. II, p. 176).

[2] Rapport de Besson et Nitot, 30 pluviôse (F^{17} 1238).

[3] Voir pour la suite de cette affaire les *Procès-verbaux du Comité d'instr. publ.*, t. III, p. 492-498, ainsi que la séance de la Commission, du 25 ventôse.— Sous la cote F^{17} 1344² se trouve le rapport de Besson et Nitot, ainsi qu'un inventaire descriptif des objets (coffrets, boîtes, vases, coupes, de matière précieuse) mis en dépôt chez Daguerre et Lignereux, bijoutiers, rue Saint-Honoré, par les ordres de la ci-devant Reine, le 10 octobre 1789.

SÉANCE DU 5 VENTÔSE,

L'AN 2ᵉ DE LA RÉPUBLIQUE (23 FÉVRIER 1794).

Mesures pour la conservation des monuments dans les pays ennemis occupés par les armées françaises. – Nomination d'un commis adjoint à l'agent. – Démission de Mulot. – Augmentation d'appointements sollicitée par Lenoir. – Mesures pour recueillir tous les ouvrages imprimés et manuscrits en patois. – Formation d'une bibliothèque pour le Muséum d'histoire naturelle. – Église de Saint-Étienne à Troyes. – Nouveaux pouvoirs des membres de la Commission. – Envoi de commissaires à l'Imprimerie nationale. – Réclamation de Mauduit. – Tableaux à enlever au séminaire de Saint-Sulpice, à l'église de Boulogne et à celle de Belleville. – Objets précieux chez le prince de Salm. – Dépôt à former pour la Société des Jeunes Français.

On fait lecture du procès-verbal de la séance du 30 pluviôse. La rédaction en est adoptée.

Un membre expose qu'en pays ennemi et par delà les frontières les monuments des arts sont détruits, et que la République se trouve privée de beaucoup d'objets précieux d'instruction; il ajoute que, dans les départements, le travail de conservation, confié par les décrets aux administrateurs, n'est pas effectué avec toutes les lumières et toute l'activité dont cette partie d'administration peut avoir besoin. Il propose d'inviter le Ministre de l'intérieur à donner au citoyen Tavernier, ingénieur à Metz, présent à la séance, une commission de surveillance pour ce travail dans le département de la Moselle. Un membre propose de généraliser cette mesure et de l'étendre à tous les départements de la République et à tous les lieux où les armes des Républicains pénètreront. Il demande qu'il soit envoyé des agents pour cet objet. On demande que les ingénieurs soient investis de ce soin, autant que les travaux qui leur sont propres n'en souffriront pas, et que cette indication soit énoncée dans la lettre à écrire aux représentants du peuple près les armées. La première proposition est d'abord mise aux voix. La Commission des arts arrête que le citoyen Ministre de l'intérieur sera invité de donner au citoyen Tavernier, ingénieur à Metz, une commission et un pouvoir pour surveiller avec les corps administratifs l'exécution des décrets rendus par la Convention nationale pour la conserva-

tion des objets de sciences et arts propres à l'instruction publique[1].
La seconde proposition, d'inviter le Comité d'instruction publique à écrire aux représentants du peuple, est également mise aux voix et adoptée; et la Commission arrête que le Comité d'instruction publique est invité à écrire aux représentants du peuple pour les engager à faire prendre toutes les mesures conservatoires par les citoyens éclairés qu'ils pourront choisir à cet effet[2].

Un membre demande que les inventaires, présentés jusqu'à ce jour par les différentes sections de la Commission, soient vérifiés par elle et remis à l'agent, qui les placera par ordre de matières dans des cartons pour être consultés au besoin. Adopté. Il sera adjoint à l'agent un commis qui résidera dans les salles du Comité d'instruction publique[3]; il fera un tableau des inventaires dressés par les différentes sections de la Commission. Il y sera joint celui des inventaires dressés par la ci-devant Commission des monuments, aussitôt qu'elle aura rendu ses comptes et remis ses papiers.

Lecture d'une lettre de l'adjoint du Ministre de la marine, en date du 3 de ce mois, ayant pour objet la demande faite par le citoyen Dudin, d'une planche, d'un chevalet et de quelques autres objets dont il a besoin pour les examens dont il est chargé. Renvoyé à la section de marine, pour que ces instruments soient délivrés au citoyen Dudin.

Lecture d'une lettre du citoyen Mulot[4], dans laquelle après avoir annoncé sa démission de la place de garde du Dépôt national, rue de Beaune, il demande que des commissaires soient nommés pour procéder au récolement des objets contenus dans ce Dépôt. Renvoyé à son successeur, pour qu'il prenne à cet égard les mesures nécessaires, conjointement avec les citoyens Fragonard, Vicar et Lelièvre, nommés précédemment à cet effet.

Le citoyen Pingard, constitué gardien des scellés de la ci-devant Académie des sciences, écrit à la Commission pour la prier de s'intéresser auprès du Ministre de l'intérieur pour obtenir le salaire qui lui est dû en sa qualité de gardien. La Commission arrête que la demande

---

[1] Une lettre fut écrite dans ce sens, le 6 ventôse, par le président de la Commission (F17 1045, n° 1).

[2] Cf. *Procès-verbaux du Comité d'instruction publique*, t. III, p. 504.

[3] Ce fut le citoyen Oudry, commis à la bibliographie, qui fut appelé à ce poste. Cf. les *Procès-verbaux du Comité d'instr. publ.*, t. III, p. 506, 528.

[4] En date du 14 nivôse (F17 1047, n° 1).

du citoyen Pingard sera renvoyée au ministre avec recommandation [1].

Lecture d'une lettre du citoyen Lenoir, garde du Dépôt national, rue des ci-devant Petits-Augustins. Il demande une augmentation de ses appointements qui sont de 1800 livres. Ajourné jusqu'à ce que l'état général des employés sous la surveillance de la ci-devant Commission des monuments ait été fourni à la Commission des arts.

Un membre dépose sur le bureau le certificat de civisme du citoyen Gillet-Laumont, membre de la Commission.

Après une longue discussion sur les moyens de recueillir et de conserver les ouvrages écrits en patois et idiomes singuliers dans différentes parties de la République et sur la manière d'utiliser ces ouvrages pour l'instruction publique par les étymologies et les rapprochements qu'on y remarquerait avec des langues anciennes et modernes, il est arrêté : 1° qu'on prendra toutes les mesures convenables pour recueillir tous les ouvrages, imprimés et manuscrits, écrits en patois, et qu'on indiquera les cantons où ces patois sont en usage; 2° que la section des dépôts littéraires présentera une série de questions sur cet objet, et que tous les membres de la Commission seront invités à fournir des notes pour ce travail.

Le citoyen Jussieu, membre du Muséum d'histoire naturelle, présent à la séance, rappelle le décret concernant la bibliothèque à former pour le Muséum d'histoire naturelle; il observe que les professeurs de ce Muséum ont déjà fait un choix dans les bibliothèques des maisons ecclésiastiques supprimées, mais que le produit de ce choix étant très insuffisant, il serait nécessaire que la Commission leur facilitât les moyens d'en faire un autre dans les bibliothèques provenant du mobilier des émigrés; il ajoute qu'il existe dans le corps de logis du Cabinet d'histoire naturelle une galerie supérieure dans laquelle on se propose de placer les objets de zoologie, et que pour y procéder d'une manière économique on pourrait faire usage des armoires vitrées qui se trouvent assez souvent dans des cabinets appartenant à la Nation. Il demande que les professeurs du Muséum soient autorisés à faire la recherche de ces armoires.

Quant à la première partie de la demande, il est arrêté que les

---

[1] Lettre de Pingard, 5 ventôse (F^{17} 1047, n° 1).

professeurs du Muséum pourront prendre des notes dans les bibliothèques des émigrés, mais qu'il sera sursis à tout déplacement jusqu'à ce que la Commission ait prononcé sur la bibliothèque et le cabinet de la citoyenne d'Orcy.

Il est arrêté sur la 2ᵉ partie de la demande que les professeurs du Muséum pourront faire la recherche des armoires vitrées qui leur conviendraient, mais qu'il sera également sursis à tout déplacement jusqu'à ce que la Convention ait pris un parti sur le cabinet d'histoire naturelle de la citoyenne d'Orcy; que les professeurs se feraient accompagner dans leurs recherches par un ou deux membres de la Commission des arts, et qu'il sera écrit au Directoire du Département pour qu'il donne des ordres à l'effet de ne point vendre les corps de bibliothèques et les armoires vitrées provenant du mobilier des maisons nationales.

Un membre du Conservatoire des arts demande qu'il soit formé une bibliothèque à l'usage du Muséum des arts : il est chargé de présenter un mémoire à ce sujet pour la prochaine séance, lequel mémoire sera adressé au Comité d'instruction publique.

On communique une note sur des pierres gravées qui ornent des couvertures de livres d'église dans l'église de Saint-Étienne à Troyes; la même note fait aussi mention des tombeaux des comtes de Champagne dans la même église [1]. Renvoyé à la section des antiquités pour en conférer avec le Ministre de l'intérieur.

Le citoyen Lenoir fait parvenir la note des objets qu'il a reçus au Dépôt pendant la décade dernière.

Lecture d'un projet de nouveaux pouvoirs à obtenir du Ministre de l'intérieur pour les membres de la Commission afin de simplifier leurs opérations. Adopté. Le Comité d'instruction publique sera invité à engager le Ministre à expédier sous cette forme les pouvoirs dont il s'agit. A la lettre écrite au ministre sera jointe la liste des membres de la Commission des arts.

La Commission de l'envoi des lois fait savoir [2] que (elle est) chargée par le Comité de salut public de traiter avec le citoyen Anisson, directeur de l'Imprimerie nationale exécutive, de ses propriétés dans ladite imprimerie. — Les citoyens Molard, Barrois, Langlès sont nommés

---

[1] Voir nos *Procès-verbaux de la Commission des monuments*, t. I, p. 148, et t. II, p. 176.

[2] Lettre de la Commission de l'envoi des lois au Comité d'instruction publique, 25 pluviôse an II (F¹⁷ 1048, n° 1).

commissaires pour prendre connaissance des seuls objets relatifs aux arts et aux sciences dans cette imprimerie et pour en effectuer le départ[1].

Le citoyen Mauduit[2] ayant réclamé les exemplaires de ses ouvrages qui sont sous les scellés dans une des salles de la ci-devant Académie d'architecture, et ayant prouvé que ces exemplaires étaient sa propriété, sa demande est renvoyée à la section d'architecture pour obtenir une autorisation du Ministre de l'intérieur, d'après laquelle on puisse lever les scellés dont il s'agit, et rendre au citoyen Mauduit les exemplaires qu'il réclame.

Il est arrêté que la section de peinture et de sculpture prendra les mesures convenables pour procéder à l'enlèvement des tableaux du ci-devant séminaire de Saint-Sulpice, ainsi que de ceux de l'église de Boulogne près Paris[3].

Un membre annonce qu'il existe des tableaux précieux et une bibliothèque intéressante chez le prince de Salm, à... [4]. Ce membre demande qu'il soit écrit par le président au département des Vosges pour les mesures de conservation de ces objets. Il est chargé de rédiger la lettre qui doit être adressée au département des Vosges.

Les citoyens Langlès et Buache sont chargés de se transporter au ci-devant séminaire de Saint-Sulpice, et là de requérir le Comité révolutionnaire de les seconder pour réunir dans un même lieu les livres et autres objets de ce genre épars dans différentes chambres de cette maison.

---

[1] La nomination de ces commissaires s'était faite sur l'invitation du Comité d'instruction publique (voir *Procès-verbaux* de ce Comité, t. III, p. 479).

[2] Mauduit, architecte; il a restauré le grand théâtre de Saint-Pétersbourg qui avait brûlé en 1810.

[3] Voir l'inventaire des peintures du séminaire de Saint-Sulpice par Le Brun et de celles de l'église de Boulogne par le même (F17 1189, n° 3.) — Voir aussi une lettre du Département, du 21 nivôse, relative à l'enlèvement des tableaux du séminaire de Saint-Sulpice (F17 1048).

[4] Voir sous la cote F17 1269 un «Catalogue des tableaux qui existent en la maison du ci-devant prince de Salm». Ce catalogue, non daté, signé de Chargoit, commissaire nommé par l'administration, mentionne des peintures du Titien, de Rembrandt, Holbein, Ruysdael, Le Guerchin, Salvator Rosa, Jacques Bassan, L'Albane, Le Guide, Breughel, Van der Werf, Van de Velde, Winants, François Porbus, Hooch, Ribera *dit* L'Espagnolet, Corneille Polembourg, Philippe de Champagne, Paul Bril, Van der Meulen, Le Nain, Sébastien Ricci, S. Vouet, Le Bourguignon, La Fosse, Parrocel, Van Balen, La Hire, De Troy, Panini, Jouvenet, Coypel, Boucher, Stella, etc., quelques sculptures, notamment *un petit enfant dormant*, de Van Cleve, et des estampes.

Le citoyen Lesueur est autorisé à procurer le plus prompt transport du tableau qui est dans l'église de Belleville [1].

La Commission des arts autorise les membres de la section de chimie et de physique à délivrer au citoyen Guyton, sur son récépissé, les objets qu'il demandera au nom du Comité de salut public pour la Commission extraordinaire des armes.

Un membre rappelle à la Commission la mission qui lui a été donnée par un décret de la Convention, de former dans la Société des Jeunes Français, établie au ci-devant prieuré de Saint-Martin, un dépôt complet et élémentaire des différents objets propres à l'instruction, provenant des biens des émigrés, ou de la Liste civile et autres domaines nationaux, et les arrêtés de la Commission qui charge ses différentes sections de lui présenter incessamment un travail relatif. Il observe que chaque section peut, avant que son travail soit complet, présenter successivement les objets qui peuvent être déposés dans cet établissement, et se faire autoriser à les y faire transporter; la Commission arrête l'insertion de ces observations dans son procès-verbal.

SÉANCE DU 10 VENTÔSE,

L'AN 2º DE LA RÉPUBLIQUE (28 FÉVRIER 1794).

Organisation du travail de la Commission. — Mesures pour le transport des statues de Marly. — Aménagement de la salle de l'Assemblée nationale. — Compte à rendre par la Commission des monuments. — Suppression d'attributs de royauté sur les murs du Louvre. — Bibliothèque de l'émigré Limon. — Dénominations à attribuer aux dépôts nationaux. — Bibliothèques des émigrés. — Cabinet d'histoire naturelle de la citoyenne Gigot d'Orcy. — Adoption du projet de règlement de la Commission. — Commissaires du Département. — Église de Boulogne-sur-Seine. — Tableaux chinois de l'émigré Bertin. — Diverses armes provenant de l'Académie des sciences et de la maison Égalité. — Statues et marbres de Chantilly. — Dépôt de cartes du Département des Affaires étrangères. — Statues antiques de la Bourse. — Cabinet de Le Pelletier. — Instruments de musique de l'émigré Pignatelli. — Abus dans le transport des monuments en Seine-et-Oise. — Églises de l'Assomption et des Théatins. — Statue au faîte de l'église des Carmélites.

---

[1] Cf. nos *Procès-verbaux de la Commission des monuments*, t. II, p. 134.

On lit le procès-verbal de la séance précédente : il est adopté, et, en outre, arrêté que, dorénavant, les membres chargés, au nom de la Commission, de rapports, de rédaction et autres actes, ou de remplir quelques fonctions, seront dénommés aux procès-verbaux; que les membres sur la proposition desquels il aurait été pris un arrêté en feront parvenir la rédaction au secrétaire. Une grande partie de la séance étant employée à la lecture de lettres et de mémoires relatifs à la correspondance de la Commission, il est arrêté que l'agent en fera l'extrait pour chaque séance.

Lecture d'une lettre de l'adjoint au ministre de la guerre, en date du 8 de ce mois[1]; il fait parvenir l'avis d'ordres donnés à l'Administration des transports militaires, afin qu'elle se concerte avec les agents de la Commission pour le transport des groupes et statues de Marly.

Lecture de l'extrait du procès-verbal du Comité des inspecteurs de la salle de la Convention, en date du 8 de ce mois, contenant l'arrêté de ce Comité[2], qui invite la Commune des arts à se réunir à la Commission pour aviser aux moyens de rendre la salle de l'Assemblée des représentants du peuple saine et commode, et plus propre à transmettre la voix. Tous les membres de la Commission, qui pourront fournir des instructions sur cet objet, sont invités à les communiquer. Les citoyens Charles, Vicq d'Azyr, Berthollet, Monge, Le Roy sont nommés spécialement pour procéder aux moyens demandés par les inspecteurs de la salle et en faire leur rapport[3].

Lecture d'une lettre du Ministre de l'intérieur, en date du 25 pluviôse, dans laquelle il fait connaître les mesures prises par lui pour que la ci-devant Commission des monuments ait à rendre ses comptes et à remettre ses registres et papiers à la disposition de la Commission des arts.

Lecture d'une lettre du même ministre, relative à la suppression de quelques attributs de royauté sur les murs extérieurs du Louvre. Cette lettre avait été communiquée, à l'instant de sa réception, aux sections de sculpture et d'architecture. Son renvoi à ces sections est confirmé.

Un membre annonce que l'émigré Limon a laissé une bibliothèque

---

[1] Sous la cote F17 1257.

[2] L'arrêté en question est du 6 ventôse, cf. le procès-verbal du Comité des inspecteurs, Arch. nat., DXXXV^{c*} 7, fol. 81.

[3] Voir sur cette question les *Procès-verbaux du Comité d'instruction publique de la Convention nationale*, par J. Guillaume, t. III, p. 297.

précieuse qu'il est nécessaire de réunir aux autres bibliothèques d'émigrés. Le citoyen Ameilhon déclare qu'il en était déjà informé et qu'on a pris toutes les mesures nécessaires à ce sujet[1].

Sur l'observation d'un membre relative aux anciennes dénominations de quelques dépôts nationaux rappelant des idées qui doivent être effacées du souvenir de tout Français, la section des dépôts littéraires est chargée de présenter de nouvelles dénominations à substituer à celles dont il s'agit.

L'existence d'un dépôt partiel de livres provenant des bibliothèques des émigrés, établi aux ci-devant Cordeliers, donne lieu à une discussion dont le résultat est qu'on ne doit point faire de transport partiel, et que le président sera chargé d'écrire au Département pour l'inviter : 1° à retirer les pouvoirs donnés à ses agents pour ces sortes de transports, en lui rappelant la loi sur les transports des bibliothèques et autres objets d'arts et de sciences, attribués exclusivement à la Commission des arts; 2° à envoyer copie des inventaires des effets transportés précédemment par ses agents; 3° à faire parvenir exactement les annonces et avis des ventes qui se font par son ordre.

La section des dépôts littéraires est chargée de présenter incessamment un rapport sur sa situation, sur le besoin qu'elle aurait de collaborateurs, sur les emplacements qui lui seraient nécessaires pour établir ses dépôts et, en général, sur tous les moyens d'accélérer ses travaux.

Une députation de la Commission est envoyée, séance tenante, au Comité des finances pour lui renouveler les représentations déjà faites relativement à l'acquisition du cabinet d'histoire naturelle et des livres sur cette matière, provenant du mobilier de la citoyenne Gigot d'Orcy, dont on doit faire la vente demain. Cette députation, à laquelle se joignent plusieurs des membres du Comité d'instruction publique, est composée des citoyens Richard, Lelièvre, Barrois, Lamarck.

On fait lecture du projet de règlement de la Commission des arts.

Cette lecture est interrompue à l'occasion de la députation de la Société populaire des arts, invitée par le Comité des inspecteurs de la salle à se réunir à la Commission des arts, pour aviser aux moyens de

---

[1] Voir nos *Procès-verbaux de la Commission des monuments*, t. II, p. 208; l'inventaire de la bibliothèque de cet émigré, rue Gaillon, fut dressé par Ameilhon, le 10 brumaire; ces livres avec des cartes géographiques furent transportés au Dépôt de Nesle (F^{17} 1188, n° 1).

purifier l'air de la salle d'assemblée des représentants du peuple et de la rendre plus favorable à la voix. Les commissaires ci-dessus nommés pour cet objet ajournent à duodi prochain les mesures à prendre avec les membres de la Société populaire des arts[1].

On reprend la lecture du projet de règlement; la discussion s'ouvre sur chacun des articles; il est adopté, à l'exception de quelques-uns dont l'examen est ajourné.

Les membres envoyés près du Comité des finances reviennent, rendent compte de leur démarche et annoncent qu'il vient d'être décrété un sursis à la vente de la bibliothèque et du cabinet d'histoire naturelle de la veuve de Gigot d'Orcy[2].

Le président est chargé d'écrire au Département pour l'inviter à adjoindre de nouveaux commissaires au citoyen Binay, de la section du Panthéon français, qui seront tenus à être présents aux séances de la Commission, attendu que le citoyen Binay est le seul qui y assiste depuis quelque temps, ses autres collègues nommés à cet effet ayant été employés à d'autres fonctions.

Le citoyen Naigeon dépose sur le bureau un rapport indicatif de tableaux réservés par la Commission dans la ci-devant église de Boulogne, département de Paris[3]. Il y joint un rapport indicatif des tableaux, dessins, statues et marbres provenant du mobilier de l'émigré d'Asnières.

Le même membre et le citoyen Langlès présentent une reconnaissance du citoyen Villebrune, bibliothécaire de la Bibliothèque nationale, rue de la Loi[4], qui certifie avoir reçu 17 tableaux chinois provenant du mobilier de l'émigré Bertin, lesquels tableaux doivent être déposés dans le Cabinet des estampes, conformément à l'arrêté de la Commission des arts, en date du 10 pluviôse.

Le citoyen Molard annonce qu'il a mis à la disposition de la Commission centrale des armes diverses armes provenant du mobilier de la ci-devant Académie des sciences et de la maison d'Égalité. Le nombre

---

[1] Voir dans Henri Lapauze, Procès-verbaux de la Commune générale des arts et de la Société populaire et républicaine des arts, les noms des commissaires nommés à cet effet par cette société.

[2] Le décret ordonnant de surseoir à la vente est du 10 ventôse. Cf. Procès-verbal de la Convention nationale, t. XXXII, p. 336.

[3] Ce rapport est extrait des registres de la commune de Boulogne (F17 1073).

[4] Le reçu du bibliothécaire, daté du 26 pluviôse, porte l'état indicatif des 17 articles (F17 1047, n° 7).

de ces armes est de 65, tant armes blanches qu'à feu, anciennes et modernes, et offrant chacune des particularités intéressantes.

Les citoyens Thouin et Molard sont chargés de faire à la prochaine séance un rapport sur le nombre de copies à tirer de chaque inventaire des différents cabinets et dépôts, et sur le mode de confection de ces copies.

Le citoyen Scellier, marbrier, ayant donné avis à la Commission que des caisses renfermant des statues et marbres venant de Chantilly étaient exposées à la pluie, ce qui pourrait causer du dommage à ces objets, l'agent est chargé, au nom de la Commission, d'autoriser ce citoyen à les décaisser et à les placer convenablement dans le dépôt où les caisses ont été transportées [1].

Une lettre du citoyen Barbier, concernant un dépôt de cartes géographiques et autres de la dépendance du département des Affaires étrangères, est renvoyée au citoyen Buache pour en faire un rapport.

Une lettre du citoyen Pajou fils, relative à des statues antiques transportées de la Bourse à la salle des Antiques, au Louvre, dont le citoyen Pajou, son père, est gardien, est envoyée au citoyen Le Blond, pour qu'il donne à ce sujet tous les renseignements demandés [2].

Lecture d'une lettre du Ministère de l'intérieur, en date du..., relative au cabinet de machines cédé à la Nation par le citoyen Le Pelletier. Cette lettre, qui contient le catalogue descriptif desdites machines, est renvoyée au citoyen Molard, pour qu'il en fasse un rapport.

On lit une lettre donnant avis que des instruments de musique doivent être mis en vente chez l'émigré Egmont-Pignatelli. Renvoyé à la section de musique pour faire l'examen de ces instruments et les mettre en réserve, s'il y a lieu.

Plusieurs membres ayant fixé l'attention de la Commission sur les abus qui se sont commis en divers cantons du département de Seine-et-Oise dans les opérations relatives au déplacement et transport des monuments et des objets de sciences et d'arts, il est arrêté que ces abus seront dénoncés au Comité d'instruction publique en l'invitant à se faire

---

[1] D'après la lettre de Scellier, du 10 ventôse, les caisses en question sont au nombre de 63 (F17 1047, n° 7).

[2] Lettre de Pajou fils, 1er ventôse. Il réclame l'état des antiques en question confiés à sa responsabilité (F17 1047, n° 7). L'inventaire des 14 statues et 23 bustes déposés dans une des salles de la Bourse avait été fait par Le Blond le 8 septembre 1793 (F17 1265, n° 5).

rendre compte par les autorités constituées de ce département des mesures prises pour assurer la conservation des monuments et du résultat de ces mesures.

Des avis donnés relativement à des peintures qui sont dans la ci-devant église de l'Assomption et à un tombeau dans celle des Théatins sont renvoyés à la section de peinture et de sculpture.

Le président est autorisé à mettre sa signature à une attestation donnée par le garde du Dépôt national, rue des Petits-Augustins, à Antoine Durin, attestation d'après laquelle il recevra le salaire qui lui est dû pour un service de deux mois et demi à ce dépôt.

Les citoyens Naigeon et Dupasquier font un rapport sur la figure placée au faîte de l'église des Carmélites, rue Saint-Jacques, et dont il a été fait mention au procès verbal de la séance du .. de ce mois. Il résulte de leur rapport que la figure dont il s'agit n'est assez intéressante sous aucun rapport pour faire les dépenses que son déplacement exigerait[1].

SÉANCE DU 15 VENTÔSE.
L'AN 2ᵉ DE LA RÉPUBLIQUE (5 MARS 1794).

Buache chargé de l'examen d'un mémoire de Barbier. – Commissaires chez l'émigré Galliffet. – Hangar au Dépôt des Petits-Augustins. – Instruments et ustensiles à fournir pour la fabrication du salpêtre. – Tableaux de l'émigré Breteuil. – Examen de tableaux destinés à l'exportation. – Machines existant à Versailles pour le transport des monuments. – Récolement du Dépôt de la rue de Beaune. – Papiers de la Commission des monuments. – Cabinet chinois de l'émigré Bertin. – Établissement d'une école de marine aux Tuileries. – Inventaires remis par Lebrun. – Indemnité demandée par Binay. – Demande de Mauduit. – Rapport de Langlès sur les bibliothèques.

On lit le procès-verbal de la dernière séance. Il est adopté.

Le citoyen Buache demande qu'il lui soit adjoint un commissaire pour l'examen du mémoire adressé à la Commission par le citoyen Barbier et qui a pour objet le dépôt de cartes du département des Affaires étran-

---

[1] Voir, à la date du 25 pluviôse, p. 70, une lettre de Lenoir, de même date, au sujet de cette figure, qui, dit-il, «n'a d'autre mérite que d'avoir excité de longs débats entre deux savants et dont les frais de déplacement devaient monter à un prix prodigieux» (F¹⁷ 1047, n° 7).

gères; les membres de la section du génie militaire lui sont adjoints.

Le citoyen Joly, commissaire aux ventes, invite[1] la Commission à envoyer quelqu'un de ses membres, maison de l'émigré Galliffet[2], rue du Bac, n° 471, pour y faire l'examen d'objets qui la concernent. Renvoyé à la section de mécanique et du génie militaire[3].

On lit l'extrait de la correspondance. La demande qu'a faite le citoyen Lenoir de l'établissement d'un hangar dans le jardin des ci-devant Petits-Augustins est renvoyée à la section d'architecture, qui se concertera avec les citoyens Gilbert et Bourdon, et qui est invitée à mettre de la célérité dans son rapport.

On lit un mémoire du citoyen Bourdon, qui retrace la marche suivie jusqu'à présent pour la démolition, le déplacement et le transport des différents objets provenant du mobilier des maisons nationales. Ce mémoire contient des observations sur les moyens d'exécution et de surveillance et sur la nécessité de construire un hangar dans le jardin des ci-devant Petits-Augustins, pour y déposer les marbres. L'exécution de la première partie est renvoyée aux rédacteurs du règlement pour la Commission des arts; quant à la seconde, le citoyen Bourdon se concertera avec la section d'architecture et le citoyen Gilbert, qui a déjà fait un travail à ce sujet.

Sur l'arrêté du Comité de salut public relatif à la formation d'un laboratoire et d'une école pour la fabrication du salpêtre, et contenant la demande des machines, vases et ustensiles convenables pour ce laboratoire[4], les citoyens Pelletier et Molard sont nommés pour seconder les commissaires choisis à cet effet par le Comité de salut public, leur indiquer les vases et ustensiles dont il s'agit, et qui sont à la disposition de la Nation, et concourir avec eux à remplir les vues du Comité. Le citoyen Charles est nommé suppléant.

Un membre donne avis que des tableaux, qu'on avait soupçonné avoir été soustraits chez l'émigré Breteuil, ont été retrouvés dans la maison qu'il occupait.

---

[1] Par lettre du 14 ventôse (F17 1047).
[2] Galliffet (Louis-François, baron de), émigré en 1791, servit dans l'armée des princes.
[3] L'inventaire des cartes et plans de Galliffet fut dressé par Buache le 25 ventôse (F17 1052).

[4] Un arrêté du Comité de salut public, en date du 8 ventôse, chargeait Guyton, Fourcroy et Berthollet de présider au transport des vases et ustensiles nécessaires pour le fonctionnement du laboratoire de chimie du Muséum (*Recueil Aulard*, t. XI, p. 416).

Les citoyens Naigeon et Fragonard sont chargés de se transporter chez le citoyen Gané, rue de Cléry, n° 60, pour y examiner des tableaux qui doivent être envoyés en Suisse et qu'on dit appartenir au citoyen Forestier, trésorier du ci-devant régiment des Suisses[1].

Le citoyen Richard rappelle à la Commission qu'il existait autrefois à Versailles des machines employées au transport des monuments qui ornent les jardins du ci-devant palais de cette ville. Il propose d'écrire à la municipalité de Versailles pour obtenir des renseignements sur ces machines. Ajourné jusqu'à la confection du règlement.

Lecture d'une lettre du citoyen Mulot, en date du 14 nivôse[2]; il rend compte des mesures qu'il a prises pour effectuer le récolement du Dépôt national, rue de Beaune, dont il était garde.

Le citoyen Picault dépose sur le bureau un rapport concernant le récolement qui devait avoir lieu au Dépôt national, rue de Beaune; il résulte de ce rapport, signé des citoyens Picault, Fragonard, Lelièvre et Naigeon, que les circonstances n'ont pas permis de procéder au récolement dont il s'agit; les motifs en sont énoncés au rapport.

Le citoyen Poirier est chargé de faire parvenir à la Commission des monuments une lettre à elle adressée par le Comité d'instruction publique, à l'effet de se rendre, le 17 de ce mois, à la séance de ce Comité. Il est arrêté que le Comité d'instruction publique sera invité à demander à la ci-devant Commission des monuments la remise dans le plus court délai des registres et papiers dont elle est dépositaire.

Lettre du citoyen Desvoyes sur le cabinet chinois formé par l'émigré Bertin[3]. Renvoyé au citoyen Langlès.

Le citoyen Le Roy lit des observations qui ont pour objet : 1° de former une espèce d'école de marine, en établissant dans le bassin, au-dessous de la terrasse des Tuileries, des canots, des yachts et autres petits bâtiments; 2° la formation d'un dépôt de marine composé de

---

[1] Forestier (Augustin), bourgeois de Fribourg, quartier-maître trésorier du régiment des Gardes suisses, se plaignit, le 11 novembre 1792, de l'apposition des scellés sur sa caisse et ses papiers, que rien ne justifiait, attendu qu'il ne pouvait être considéré comme émigré et qu'il n'avait été l'objet d'aucun mandat d'arrêt. Un décret fit droit à sa requête. Cf. A. Tuetey, *Répertoire des sources manuscrites...*, t. VIII, p. 347-348.

[2] Sous la cote F17 1047, n° 1.

[3] Voir l'inventaire des objets provenant du Cabinet Bertin et déposés au Dépôt de la rue de Beaune (161 articles), établi par Langlès le 29 germinal an II (F17 1188, n° 1).

cartes, mémoires, etc. Renvoyé au Comité d'instruction publique quant à la première partie; ajourné quant à la deuxième.

Le citoyen Lebrun dépose sur le bureau les inventaires faits jusqu'à ce jour par la section de peinture et un rapport sur le cabinet d'antiquités à la Bibliothèque nationale [1].

Le citoyen Binay, commissaire du Département pour la levée et la réapposition des scellés, présente à la Commission une pétition qu'il se propose de faire au Directoire à l'effet d'obtenir l'indemnité qui lui est due pour six mois de service auprès de la Commission des arts. La Commission arrête que, d'après les témoignages rendus par ses membres au citoyen Binay sur son zèle et son exactitude, il en sera fait mention au procès-verbal, dont il lui sera délivré un extrait pour appuyer sa pétition auprès du Directoire.

Le citoyen Mauduit réitère ses instances pour la levée des scellés sur le garde-meuble de la ci-devant Académie d'architecture, où sont déposés des exemplaires de son ouvrage; il demande, de plus, l'usage de ce garde-meuble. Sur la première demande, on répond qu'il a été déjà pris des mesures convenables; sur la seconde, on passe à l'ordre du jour.

L'impression de la liste des membres de la Commission est arrêtée.

Le citoyen Langlès, au nom de la section des dépôts littéraires,

---

[1] Rapport de Lebrun, 10 ventôse. Il y est dit que les monuments de l'antiquité doivent être divisés en deux classes : 1° celle qui a pour but le dessin, 2° celle de l'érudition. Il propose de réunir dans un même local, c'est-à-dire à la Bibliothèque nationale, les objets de la seconde classe; les autres seraient placés au Muséum. Il vante la richesse du dépôt de la Bibliothèque, qui, malheureusement, «est soustrait aux recherches des artistes» par le manque d'armoires vitrées et de «catalogue étudié» (F^{17} 1265).

Il importe de mentionner ici l'inventaire fait par Lebrun, le 11 ventôse, des marbres sculptés du jardin national des Tuileries. Nous en donnons ci-dessous un résumé.

Sur la terrasse qui borde le château : deux *Nymphes*, un *Chasseur*, par Coustou

l'aîné; un *Faune*, une *Hamadryade*, une *Flore*, par Coysevox.

Pourtour du premier grand bassin : *l'Enlèvement de Cybèle par Saturne*, groupe par Regnaudin; *Arrie et Pætus*, groupe par Théodon et Pierre Le Pautre; *l'Enlèvement d'Orithye par Borée*, groupe par Marsy et Flamen; *Énée portant son père Anchise*, par Pierre Le Pautre.

Pourtour du deuxième grand bassin : *Annibal* (Slodtz); *l'Hiver*, *le Printemps*, une *Vestale* (Legros); *Jules César* (Nicolas Coustou); *l'Été*, *l'Automne*, *Agrippine et Plotine, femme de Trajan* (copies d'après l'antique); *le Tibre et le Nil* (copies faites à Rome d'après l'antique); *la Seine et la Marne* (Nicolas Coustou); *la Loire et le Loiret* (Van Cleve); *Deux chevaux ailés*, sur l'un est *la Renommée*, sur l'autre *Mercure* (Coysevox) [F^{17} 1269].

fait un rapport qui donne lieu à des discussions, dont résulte l'arrêté suivant :

I. La section des dépôts littéraires est autorisée, si elle le juge nécessaire, à faire transporter les livres, bibliothèques ou parties de bibliothèques dans des caisses fermées et scellées, dans les dépôts nationaux provisoires, pour y être, ces livres, bibliothèques ou parties de bibliothèques, inventoriés exactement, en plaçant et classant séparément les masses provenant de chaque maison, et en indiquant les lieux d'où elles proviennent.

II. La même section est autorisée pareillement à prendre six commis intelligents, aux appointements de dix-huit cents livres, pour la confection des inventaires des bibliothèques, soit sur place, soit dans les dépôts provisoires nationaux : elle pourra prendre aussi un garçon de bureau aux appointements de huit cents livres.

III. Elle communiquera le présent arrêté au Ministre de l'intérieur, et elle se concertera avec lui sur les moyens de le mettre à exécution.

Il est arrêté que la section des dépôts littéraires comprendra, dans la partie des bibliothèques mises par elle en réserve, toutes les pièces des archives relatives aux sciences et aux arts.

SÉANCE DU 20 VENTÔSE,
L'AN DEUXIÈME DE LA RÉPUBLIQUE (10 MARS 1794).

Offre de vente du cabinet d'histoire naturelle de Vaillant. – Marbres de la cascade de Marly. – Manuscrits de la cathédrale de Metz. – Conservation des livres et monuments de Rennes. – Instruments de physique réclamés par François, astronome. – Inventaire du cabinet d'anatomie du ci-devant duc d'Orléans. – Démarches en vue de l'élargissement de Thillaye. – Demande d'un acompte par Scellier. – Tableaux à transporter en Suisse par le citoyen Forestier. – Objets de sciences et d'arts de la maison d'Angiviller. – Formation des dépôts nationaux. – Vérification des inventaires de la ci-devant Commission des monuments. – Collection d'oiseaux de l'émigré Sabran. – Lettre au district de Douai pour l'inviter à prévenir les dégradations aux monuments. – Demande pour obtenir communication des affiches de vente du mobilier des domaines. – Adoption du règlement. – Copistes de la Commission des arts. – Cartes géographiques, plans, etc., laissés à Mézières par La Fayette. – Manuscrits dans l'abbaye des Prémontrés d'Étival.

On fait lecture du procès-verbal de la dernière séance : il est adopté.

Après la lecture de l'extrait de la correspondance, la proposition du citoyen Vaillant de céder à la Nation le cabinet d'histoire naturelle qu'il a formé et d'indiquer les moyens dont il se sert pour la conservation et la préparation des oiseaux est renvoyée à la section de zoologie [1].

La demande faite par les commissaires du Conseil exécutif à Marly d'un sculpteur pour surveiller le déplacement de groupes en marbre formant le couronnement de la cascade est renvoyée à la section de peinture et de sculpture.

Une notice de manuscrits de la ci-devant cathédrale de Metz est renvoyée à la section des dépôts littéraires.

Il est arrêté qu'il sera écrit aux administrateurs du directoire du district de Rennes pour les inviter à veiller provisoirement à la conservation des livres et des monuments de sciences et d'arts qu'ils ont recueillis, leur rappeler le décret rendu à cet effet, leur annoncer l'instruction qu'on doit leur faire parvenir incessamment, et les engager à ne point s'occuper en ce moment de ventes de livres ou de restauration de tableaux [2].

Sur la pétition du citoyen Jacquin tendant à obtenir le titre d'imprimeur de la Commission des arts, on passe à l'ordre du jour.

Le citoyen François [3] réclame des instruments de physique et d'astronomie : il est arrêté que la section de physique fera l'inventaire de tous ces instruments déposés dans le lieu indiqué par le citoyen Fran-

---

[1] Vaillant (François), homme de lettres, dans sa pétition adressée en ventôse au Comité d'instruction publique, déclare avoir voyagé six ans en Afrique (F17 1047, n° 1).

[2] Les administrateurs du district de Rennes avaient écrit, le 15 ventôse, à la Commission des arts que la multiplicité des affaires dont ils étaient chargés ne leur avait pas encore permis de donner tous leurs soins à la conservation d'une foule d'objets précieux, tant objets d'art que bibliothèques, etc. Ils avaient renfermé dans un local toutes les bibliothèques des communautés et des émigrés, mais les livres étaient «entassés les uns sur les autres sans ordre». Ils demandaient à être autorisés à choisir un bibliothécaire instruit ainsi qu'un artiste pour la partie des beaux-arts (F17 1239).

[3] Le François (Michel-Jean-Jérôme), chargé de la garde des instruments de l'observatoire de l'École militaire, réclama une pendule à secondes de Lepaute et un compteur appartenant au citoyen Dagelet (F17 1229). La pétition de Le François avait été transmise à la Commission par le Comité d'instruction publique. (Voir les Procès-verbaux dudit Comité, t. III, p. 470.)

çois, après quoi il sera tenu de s'adresser au Département pour réclamer ceux qui lui appartiendraient.

Le citoyen Lardé, menuisier, demande 600 livres à compte pour le bois mis par lui en réquisition et destiné à la cloison de l'orgue de la ci-devant église de Saint-Germain-des-Prés, en vertu d'une autorisation de la Commission des salpêtres. On arrête qu'il lui sera donné un avis, signé du président, pour obtenir sa demande en s'adressant au Ministre de l'intérieur.

Une pétition du citoyen Coste[1], tendante à obtenir l'usage d'un logement qu'il occupe depuis plusieurs années dans la maison des ci-devant Oratoriens, commune d'Émile, et du jardin qui y est annexé, est renvoyée par la Convention à la Commission des arts, qui charge le citoyen Charles d'en faire un rapport pour le Comité d'instruction publique.

Lecture d'une lettre du citoyen Thillaye, en date du 19 de ce mois[2]. Il fait parvenir à la Commission des arts l'inventaire du cabinet d'anatomie faisant partie du mobilier du ci-devant duc d'Orléans, en invitant la Commission à en faire faire trois copies, pour procéder, le plus promptement qu'il sera possible, au transport de ce cabinet dans le Muséum d'histoire naturelle.

Le citoyen Thillaye étant actuellement en état d'arrestation dans la caserne des Carmes, rue de Vaugirard, témoigne ses regrets à la Commission de ne pouvoir continuer ses travaux auprès d'elle, dans une circonstance où il est si important de faire l'inventaire des cabinets d'anatomie chez les émigrés et dans différentes maisons nationales, et de veiller à leur déplacement et à leur conservation. La première proposition est renvoyée à la section d'anatomie. Quant à la seconde, la Commission autorise son président à écrire au Comité de sûreté générale pour l'inviter à prendre en considération les motifs de la détention du citoyen Thillaye et représenter au Comité que les travaux de ce citoyen sont d'une grande utilité à la Commission des arts et conséquemment à la République : il est arrêté en outre qu'une députation composée des citoyens Lelièvre, Charles, Barrois l'aîné, se rendra auprès du Comité révolutionnaire de la section de Mutius Scaevola pour lui communiquer l'arrêté de la Commission, et l'engager à

---

[1] Adressée par lettre du 17 ventôse (F17 1047). — [2] Sous la cote F17 1047.

prendre, dans sa sagesse, les mesures convenables pour procurer l'élargissement du citoyen Thillaye [1].

Lecture d'une lettre du citoyen Scellier, marbrier, qui demande un acompte de six mille livres sur les avances qu'il a faites pour les travaux de la Commission. Renvoyé à la section d'architecture.

Rapport du citoyen Naigeon concernant des tableaux qu'on doit faire transporter en Suisse pour le citoyen Forestier. Il résulte du rapport que ces tableaux ne sont point une propriété nationale. Les commissaires qui en ont fait l'examen sont autorisés à donner un *bon* pour la sortie.

Le citoyen Charles dépose sur le bureau une lettre du citoyen Famin qui fait ses remerciements à la Commission, en lui faisant parvenir le récépissé d'un microscope solaire qu'il se charge de représenter quand il en sera requis.

Il est arrêté que les sections respectives vérifieront avec l'inventaire qui doit être remis par la ci-devant Commission des monuments les objets de sciences et d'arts de la maison de l'émigré d'Angiviller, et procéderont ensuite à leur transport dans les dépôts nationaux, ainsi qu'il conviendra.

Rapport du citoyen Barrois au nom de la section des dépôts littéraires; il résulte de ce rapport que le Ministre de l'intérieur demande qu'on lui indique sur quels fonds il doit prendre les sommes qui doivent être affectées aux dépenses de la section des dépôts littéraires. On invite la section à faire un nouveau rapport, et il est arrêté que toutes les fois qu'il s'agira de dispositions à faire dans les emplacements nationaux pour y établir des dépôts, la Commission s'adressera, par un arrêté formel, à l'administration du Département pour lui demander d'y pourvoir.

Il est arrêté que lorsque les inventaires des maisons nationales auront été remis par la ci-devant Commission des monuments, les différentes sections s'occuperont de vérifier les objets qui y sont énoncés; qu'aucun de ces inventaires ne sera déplacé et qu'il en sera délivré des extraits ou des copies aux membres de la Commission qui les demanderaient.

---

[1] Sur la part prise par le Comité d'instruction publique aux démarches faites en faveur de l'élargissement de Thillaye, voir les *Procès-verbaux* dudit Comité, t. III, p. 551; voir aussi la séance de la Commission, du 25 ventôse.

[10 mars 1794] DE LA COMMISSION TEMPORAIRE DES ARTS. 97

La Commission des arts, instruite que la collection d'oiseaux de l'émigré Sabran est déjà en partie altérée, et considérant que cette altération pourrait s'accroître par le développement prochain de nouveaux insectes destructeurs, arrête que le citoyen Richard fera transporter sur-le-champ cette collection et, s'il est possible, l'armoire qui la renferme, au Muséum national d'histoire naturelle [1], et que les professeurs de cet établissement signeront l'inventaire qui en a été fait, pour être remis aux archives de la Commission.

Le citoyen Charles dépose sur le bureau le rapport qu'il a été chargé de faire sur la demande du citoyen Coste, dont il est fait mention ci-dessus.

On commence la lecture du règlement : elle est interrompue par celle d'une lettre, datée de Douai [2]; cette lettre, communiquée par le citoyen David, contient des renseignements sur la dégradation de tableaux et autres productions des arts qui ont eu lieu dans le département du Nord, sous prétexte de faire disparaître des signes de féodalité et des attributs de royauté. Arrêté qu'il sera écrit au district de Douai, en lui rappelant le décret relatif à cet objet; que les monuments seront mis sous la surveillance des administrateurs de ce district, qu'ils seront avertis que les écarts en ce genre sont punissables, qu'on les engagera à suspendre toute restauration de tableaux ou autres monuments, et que l'envoi prochain de l'*Instruction* leur sera annoncé. Il est arrêté de plus qu'il sera fait une députation au Comité de salut public à l'effet de préserver les monuments des arts des dommages auxquels ils sont exposés : que des commissaires feront à la prochaine séance un rapport dans lequel ils rendront compte des abus qui ont eu lieu à cet égard. Les commissaires nommés sont les citoyens Naigeon, David, Mathieu, Varon.

[1] Les objets d'histoire naturelle composant le cabinet de Sabran, faubourg Saint-Honoré, n° 61, furent transportés au Muséum, le 6 germinal an II, conformément à l'inventaire dressé par Richard (F¹⁷ 1344²).

[2] En date du 16 ventôse; elle est adressée à David par Samson Michel, principal du collège de Douai: «Si l'on n'y apporte un prompt remède, tous les monuments des arts vont périr; il suffit, écrit-il, qu'une couronne paraisse dans un sujet historique pour que la correction du tableau soit confiée à un barbouilleur, si le tout n'est pas livré aux flammes». Un décret pour la conservation des objets de sciences et d'arts, qu'il est d'ailleurs urgent de solliciter, manquera son but, «si on en confie l'exécution à des demi-artistes intrigants et égoïstes, ou à des administrateurs zélés, mais dépourvus des connaissances nécessaires» (F¹⁷ 1047, n° 1).

Lecture d'une lettre du citoyen Pinson[1]. Renvoyé à la section d'anatomie.

Un membre propose qu'il soit écrit au Département que la Commission ne reçoit pas les affiches de vente du mobilier des domaines, soit provenant des émigrés, soit autres..., et que la Commission invite le Département à faire passer exactement ces affiches. Arrêté.

On continue la lecture du règlement : il est adopté, sauf la rédaction du dernier article concernant les entrepreneurs et l'inspecteur.

Le Comité d'instruction publique sera invité à choisir six commis intelligents pour faire, dans le plus court délai, copie des inventaires dressés par la Commission des arts.

Un membre donne avis que le traître La Fayette a laissé à Mézières, ou dans quelque autre lieu du département des Ardennes, des cartes géographiques, plans, etc., qu'à Étival, ci-devant abbaye de Prémontrés, département des Vosges, il existe un manuscrit intéressant concernant l'histoire des Templiers, par un Père Lejeune, habitant de cette maison. Il est arrêté qu'il sera écrit pour réclamer ces objets.

SÉANCE DU 25 VENTÔSE,
L'AN DEUXIÈME DE LA RÉPUBLIQUE, UNE ET INDIVISIBLE
(15 MARS 1794).

Aimant provenant du ci-devant Roi. – Avis relatif à la conservation des tableaux en pays conquis. – Clochers de l'abbaye de Saint-Denis. – Pouvoirs des membres de la Commission. – Rapport du citoyen Varon sur les dégradations. – Construction d'un hangar aux Petits-Augustins. – Cachets de la Commission. – Objets à enlever dans l'église Saint-Paul. – Statues de Sceaux. – Rapport sur les démarches faites en vue de l'élargissement de Thillaye. – Objets provenant du mobilier de la ci-devant Reine. – Cabinet de Bertin. – Jardin de la princesse Kinski. – Animaux de ménagerie au Raincy. – Lettre de Duboy-Laverne. – Adoption du règlement.

Avant la lecture du procès-verbal, les citoyens Lelièvre et Nitot sont chargés de se rendre auprès du Ministre de l'intérieur pour savoir

---

[1] Du 20 ventôse (F^{17} 1047, n° 1).

si les pouvoirs des membres de la Commission des arts sont expédiés.

Lecture du procès-verbal : il est adopté, après quelques changements.

On lit l'extrait de la correspondance.

Le citoyen Brisson ayant consulté le Comité d'instruction publique sur l'usage qu'il doit faire d'un aimant armé, provenant du mobilier du ci-devant Roi, un membre de la section de physique est chargé de le recevoir et de le placer dans le cabinet de la ci-devant Académie des sciences.

Quant à l'avis du citoyen Maton [1] relatif aux mesures à prendre pour la conservation des tableaux que pourraient offrir à la République ses conquêtes aux frontières, on passe à l'ordre du jour, motivé sur l'arrêté déjà pris à cet égard.

Sur la proposition faite par la Société populaire de Franciade relativement à la démolition des clochers de la ci-devant abbaye de cette commune, il est arrêté qu'il sera nommé deux commissaires qui se transporteront demain, à Franciade, pour aviser aux moyens de changer la forme extérieure des clochers dont il s'agit et se concerter à cet effet avec la société populaire de la commune, en l'invitant à adopter le délai que ces mesures exigent. Les citoyens David Le Roy et Lannoy sont nommés commissaires.

Les citoyens Lenoir, Prony, Le Roy sont chargés de rédiger, séance tenante, un rapport sur les motifs qui déterminent la Commission à demander qu'il soit sursis à la démolition des clochers de Franciade, lequel rapport, après avoir été communiqué à la Commission, sera présenté aussitôt au Comité de salut public.

Les citoyens Lelièvre et Nitot, de retour de chez le Ministre de l'intérieur, annoncent que l'expédition des pouvoirs des membres de la Commission est prête; qu'ils n'ont point été envoyés, parce qu'un décret défend au pouvoir exécutif de nommer des commissaires sans avoir l'assentiment du Comité de salut public; qu'en conséquence, le Ministre doit faire aujourd'hui des observations à ce sujet au Comité.

Le citoyen Varon lit un rapport sur les dégradations auxquelles ont été exposés plusieurs monuments des arts dans différents départements, et dont il cite plusieurs exemples : la Commission l'autorise à

---

[1] Dans sa lettre du 5 ventôse, Maton fait allusion aux tableaux de la Belgique (F17 1047, n° 1).

se retirer auprès du Comité de salut public, pour lui communiquer ce rapport et l'inviter à prendre des mesures pour remédier à ces abus.

Le Ministre de l'intérieur, en renvoyant à la Commission le plan du hangar qu'on propose d'établir dans le jardin du Dépôt national, rue des Petits-Augustins, observe qu'il serait nécessaire qu'elle sollicitât auprès de la Convention un fonds affecté à cette dépense[1]. La discussion s'ouvre : le citoyen Lannoy, chargé de faire un rapport sur l'établissement du hangar dont il s'agit, lit ce rapport[2]. Il est arrêté qu'en attendant un nouveau rapport sur la construction du hangar, dans lequel on indiquera les procédés les plus économiques, on fera exécuter le percement de deux portes charretières pour faciliter le transport des marbres dans le jardin du Dépôt, que la question relative à l'acquit des dépenses sera renvoyée au Département, comme objet d'administration et de conservation d'édifices nationaux, et que le Ministre de l'intérieur en sera informé.

Il est arrêté que le nombre des cachets à l'usage de la section des dépôts littéraires sera augmenté de trois, et qu'il en sera ajouté un second à celui qui est à l'usage de la section de musique.

Le citoyen Clodion fait de nouvelles instances pour le transport de quatre blocs de marbre appartenant à la Nation[3], le propriétaire de la maison dans laquelle ils se trouvent demandant à en être débarrassé. Le citoyen Gilbert a été précédemment saisi de cette affaire : en conséquence l'agent est chargé de lui demander les renseignements nécessaires ainsi que les autorisations dont il est muni; il est aussi chargé d'engager le citoyen Gilbert à rendre le cachet de la section d'architecture et les inventaires qui auraient été dressés par lui.

Copie de l'inventaire des objets d'art à enlever dans la ci-devant église de Saint-Paul est renvoyée à la section de peinture et de sculpture.

L'examen du mémoire du citoyen Lépine, sculpteur, est renvoyé au citoyen Dupasquier pour en faire l'examen et vérifier s'il n'y a point double emploi, attendu que c'est un duplicata.

Lettre des administrateurs du district du Bourg de l'Égalité[4], qui invitent la Commission à prendre des mesures pour assurer la conser-

---

[1] Lettre du 23 ventôse (F17 1257).
[2] Il est signé David Le Roy et Lannoy, sa date est du 25 ventôse (F17 1265).
[3] Ces blocs devaient servir à l'exécution d'un groupe sur la place du Peyrou à Montpellier, Gilbert proposa de les transporter au Louvre (F17 1265).
[4] En date du 14 ventôse (F17 1048, n° 2).

vation des statues qui ornent le parc de Sceaux. Renvoyé à la section de peinture et de sculpture pour en faire un rapport [1].

Il résulte du rapport des commissaires chargés de se rendre auprès du Comité révolutionnaire de la section de Mutius Scaevola, pour obtenir l'élargissement du citoyen Thillaye, que le Comité révolutionnaire en référera au Comité de sûreté générale et lui communiquera les motifs de la détention du citoyen Thillaye. La Commission arrête qu'il sera écrit de nouveau au Comité de sûreté générale à ce sujet, et que la lettre sera rédigée séance tenante. On adopte la rédaction de la lettre conçue en ces termes : « La Commission temporaire des arts, informée que le citoyen Thillaye, l'un de ses membres dans la section d'anatomie, demeurant rue de Tournon, section de Mutius Scaevola, a été mis en état d'arrestation, et considérant que Thillaye a commencé plusieurs travaux ordonnés par la Commission des arts, qui sont maintenant interrompus; que c'est lui qui a dressé l'inventaire du cabinet d'anatomie de la maison *Égalité*, qu'il a en même temps déterminé toutes les mesures nécessaires pour la réparation et la conservation de ce cabinet, ainsi que pour son transport au Muséum national d'histoire naturelle, et que lui seul peut remplir utilement cette mission urgente, parce que lui seul connaît tous les détails des soins qu'elle exige; considérant qu'un grand nombre d'autres inventaires de la section d'anatomie ont été décrits par lui, et qu'il n'y a que lui qui puisse les achever, sachant d'ailleurs qu'il est chargé d'enseigner la chirurgie aux élèves des hôpitaux militaires, fonction qui, dans la circonstance actuelle, ne peut être suspendue sans porter un grand préjudice à la conservation de nos frères des armées, la Commission a arrêté que cet extrait de ses registres serait communiqué, séance tenante, au Comité de sûreté générale, pour lui représenter combien il est important qu'il soit prononcé sans aucun délai sur les motifs qui ont provoqué l'arrestation de Thillaye, afin que, s'il n'est pas coupable, il soit rendu promptement à ses travaux. »

Rapport des citoyens Besson et Nitot sur les objets provenant du

---

[1] Sur le château de Sceaux, voir le rapport ou, plus exactement, l'inventaire de Dupasquier et Picault, qui mentionne des peintures des deux Téniers (en grand nombre), de Jean Miel, Paul Bril, Le Nain, Boucher, des statues et bustes en marbre (la plupart sont des copies), des bronzes, meubles, etc. Les statues du jardin sont également portées sur l'inventaire (F[17] 1269).

mobilier de la ci-devant Reine, et déposés chez les citoyens Daguerre et Lignereux[1]; il est arrêté que les objets indiqués seront transportés au Muséum des arts pour faire choix de ceux qui conviennent à ce Muséum et renvoyer les autres à celui d'histoire naturelle; qu'il sera accordé une indemnité de mille livres à ces citoyens, qu'ils se pourvoiront devant qui il appartiendra pour se faire rembourser des mémoires et états de dépenses qu'ils ont communiqués à la Commission des arts, lesquels leur seront remis par les citoyens ci-dessus nommés, et qu'à cet effet l'agent est autorisé à leur remettre lesdits mémoires et états de dépenses.

Le citoyen Langlès est chargé de présenter à la prochaine séance des observations sur le cabinet de Bertin, pour qu'elles soient transmises au Comité de sûreté générale : il joindra à ces observations les pièces qui constatent les réclamations du citoyen Desvoyes.

La section de botanique dépose sur le bureau l'inventaire des plantes cultivées dans le jardin du Collège de pharmacie[2] et celui du jardin de la ci-devant princesse de Kinski[3]. Cette section est autorisée à se retirer par-devers le Ministre de l'intérieur pour demander la serre chaude de ce jardin, ainsi qu'un rouleau en pierre, pour les faire transporter au Muséum d'histoire naturelle; elle est aussi autorisée à demander les grillages servant de volière dans le jardin de Seignelay, ainsi que la niche à chien de la citoyenne Marbeuf.

Il est arrêté qu'on transmettra au Comité de salut public l'avis suivant : Il existait au Raincy, chez le ci-devant d'Orléans, plusieurs animaux vivants que le Comité d'instruction publique avait jugé utiles de réserver pour le Muséum d'histoire naturelle. Nonobstant cette réserve dont avis avait été donné par la Commission des arts à l'Administration des domaines nationaux de ce district, la vente de ces animaux a été commencée, et plusieurs ont été acquis par des particuliers. La Commission des arts invite le Comité de salut public à donner les ordres nécessaires pour faire arrêter la vente, non seulement de ces animaux,

---

[1] Les objets en question avaient été déposés par ordre de Marie-Antoinette, le 10 octobre 1789, chez Daguerre et Lignereux, marchands bijoutiers, rue Saint-Honoré, n° 25. Lignereux en fit la déclaration à Roland en l'accompagnant d'un inventaire détaillé (voir cet inventaire du 20 frimaire an II, avec le rapport de Besson et Nitot, F^{17} 1344²).

[2] Cet inventaire, fait par Desfontaines et Thouin en pluviôse an II, existe sous la cote F^{17} 1344².

[3] Inventaire établi par Thouin le 22 ventôse (F^{17} 1344²).

mais encore de tous autres objets utiles pour l'instruction publique. Il est aussi invité à ordonner que les objets déjà vendus, contre le décret de la Convention qui ordonne la distraction préalable de pareils objets, soient restitués par les acquéreurs. La Commission des arts a nommé les citoyens Thouin et Richard pour remplir cette mission.

Une lettre du citoyen Duboy-Laverne[1], en date du 25 de ce mois, concernant le nombre des exemplaires à tirer d'une instruction relative aux recherches bibliographiques, est renvoyée au citoyen Langlès.

On fait lecture du dernier article du règlement : il est adopté.

SÉANCE DU 30 VENTÔSE,
L'AN DEUXIÈME DE LA RÉPUBLIQUE (20 MARS 1794).

Rapport sur les animaux vivants du Raincy. – Bordereau des lettres et mémoires – Clôture de la Commission supprimée des monuments. – Objets de sciences et d'arts venant de Ville-Affranchie. – Objets de marine donnés par le citoyen Biron. – Essai de moulins. – Dutrône réclame vingt exemplaires (de son ouvrage sur la canne à sucre). – Église de Saint-Nicolas-des-Champs. – Défense de vendre aucun instrument de musique. – Objets d'arts réservés chez le prieur du Temple. – Monuments à Autun. – Médailles de l'hôpital de la Charité. – Portraits chez l'émigré Juigné, livrés aux flammes. – Agent du district du Bourg de l'Égalité. – Gardiens des scellés réclament leur salaire. – Note sur l'Opéra national. – Mobilier de l'émigré Chimay. – Tombeau du Dauphin et de la Dauphine à Sens. – Mémoire de Lardé sur la construction de la cloison de l'orgue de Saint-Germain-des-Prés. – Clochers de Franciade. – Figures de Bouchardon et fontaine de Grenelle. – Bas-reliefs de la statue de Henri IV. – Tableaux et statues de Lisieux. – Objets précieux dans la maison de Penthièvre à Châteauneuf. – Inventaire du jardin Marbeuf. – Inventaire du cabinet d'anatomie d'Égalité. – Conférence avec le Ministre de l'intérieur. – Recueil des décrets sur la Commission. – Autorisation pour délivrer les inventaires originaux. – Invitation aux membres de la Commission démissionnaires de continuer leurs fonctions. – Église des Invalides. – Dix commissaires nommés pour le transport des objets de sciences et arts. – Cabinet du citoyen Bertin. – Table de bois d'acajou aux Menus-Plaisirs. – Terrain de la pépinière du Roule. – Transport à Paris des monuments précieux de Franciade.

On fait lecture du procès-verbal : il est adopté.

---

[1] Sous la cote F^{17} 1047, n° 1.

Les citoyens Richard et Thouin rendent compte de la mission dont ils ont été chargés, à la séance précédente, auprès du Comité de salut public : ils n'ont pu avoir audience de ce Comité, occupé d'objets de la plus haute importance; mais ces commissaires informent la Commission que l'objet pour lequel ils avaient été chargés de se rendre auprès du Comité de salut public était rempli, le représentant Crassous [1], stationné dans le département de Seine-et-Oise, ayant donné des ordres pour que les animaux qui restaient à la ménagerie du Raincy ne fussent point vendus, et que ceux qui l'ont été ne fussent point livrés, et que les uns et les autres fussent mis à la disposition des professeurs du Muséum d'histoire naturelle pour servir à l'instruction publique [2].

Le citoyen Varon annonce qu'il n'a pu être admis au Comité de salut public pour y présenter le rapport qu'il a lu dans la dernière séance. Il s'engage à recueillir de nouveaux renseignements qui serviront d'additions à ce rapport.

Un membre demande qu'à la fin de chaque séance il soit fait un bordereau de tous les renvois de mémoires et des lettres à écrire par le président, lequel bordereau sera remis au président. Arrêté.

Il est arrêté que l'agent se rendra à l'Imprimerie nationale pour savoir si l'envoi du nombre des exemplaires de l'instruction de la Commission, destinés pour le Ministre de l'intérieur, a été effectué.

Lecture de la lettre du citoyen Moreau [3], qui annonce que la Commission supprimée des monuments vient de clore ses séances. Les exemplaires de la réponse de ladite Commission au rapport du citoyen Mathieu, joints à cette lettre, sont distribués aux membres de la Commission des arts.

Une lettre des administrateurs du département de Seine-et-Oise, en date du..., adressée au Comité d'instruction publique, et remise par erreur à l'agent de la Commission, est renvoyée au Comité.

---

[1] Crassous de Medeuil (Jean-Augustin), député de la Martinique, avait été envoyé en mission dans le département de Seine-et-Oise, le 16 nivôse an II.

[2] Cf. le projet de décret présenté par les professeurs du Muséum d'histoire naturelle pour la suppression de la Ménagerie de Versailles et l'établissement de celle du Muséum. (J. Guillaume, Procès-verbaux du Comité d'instruction publique, t. III, p. 319.)

[3] Cette lettre, en date du 26 ventôse, est adressée aux citoyens Arbogast et Grégoire, membres du Comité d'instruction publique (F^{17} 1047, n° 1).

Sur la lecture de la lettre du citoyen Cossard[1], qui annonce qu'il arrive incessamment à l'adresse du Comité d'instruction publique plusieurs caisses renfermant différents objets de sciences et d'arts recueillis parmi les débris de Ville-Affranchie, les sections respectives sont invitées à se préparer à en faire l'examen.

La lettre du citoyen Biron contenant la note d'objets de marine[2] dont il fait hommage à la Nation, est renvoyée aux citoyens Molard et Buache.

Une lettre du citoyen Jarry[3] sur l'essai fait des moulins [à manège pour Versailles]... est renvoyée aux citoyens Molard et Besson.

La réclamation du citoyen Du Trône[4] de vingt exemplaires de son ouvrage sur la canne à sucre est renvoyée au citoyen Thouin.

Il est arrêté que le Comité d'instruction publique sera invité à délibérer sur les mesures à prendre pour compléter le nombre de membres nécessaires aux travaux de la Commission dans quelques-unes de ses sections.

Un avis du Département sur l'enlèvement à faire d'objets d'arts dans l'église de Saint-Nicolas-des-Champs, destinée à un temple de la Raison, est renvoyé à la section de peinture et de sculpture.

Il sera écrit au Département pour l'inviter à défendre la vente de tout instrument de musique ou d'ouvrages de musique provenant du mobilier des émigrés, et il lui sera envoyé une liste des membres composant la Commission.

Il est arrêté qu'un des membres de la section de peinture est autorisé à faire enlever les objets d'arts mis en réserve chez le prieur du Temple.

Sur l'avis donné qu'il existe au ci-devant collège d'Autun des médailles antiques et des monnaies modernes, il est arrêté qu'il sera écrit aux administrateurs de ce district pour veiller à la conservation de ces médailles.

La section des antiquités est invitée à faire l'examen de quelques médailles qui sont dans une des chambres de l'hôpital de la Charité.

---

[1] En date du 27 ventôse (F17 1047).

[2] Il s'agit d'un modèle réduit de vaisseau et de machines à radouber, mâter les navires, et à forer les canons. (Voir la note de Biron avec lettre d'envoi du 25 ventôse, F17 1052.)

[3] Jarry, qualifié d'administrateur des moulins Durand dans sa lettre du 25 ventôse (F17 1047, n° 1).

[4] Dutrone de la Couture (Jacques-François), médecin. Voir ses lettres, 12 et 23 ventôse (F17 1047, n° 1).

Le commissaire Liot ayant fait demander quel usage il devait faire de quelques portraits de personnages proscrits, provenant du mobilier de l'émigré Juigné, il est arrêté que ces portraits seront livrés aux flammes : en conséquence l'agent est autorisé à les faire parvenir au Comité révolutionnaire de la section de l'Unité, dans l'arrondissement de laquelle se trouve la maison de l'émigré Juigné, en invitant ce Comité à effectuer le brûlement dont il s'agit.

Sur la demande de l'agent du district du Bourg de l'Égalité[1] relativement à différents objets déposés à Montrouge, il est arrêté qu'il sera écrit à cet agent pour savoir de lui : 1° s'il a reçu le décret du [11] pluviôse concernant la conservation des objets de sciences et d'arts; 2° s'il a reçu l'instruction de la Commission des arts; 3° s'il connaît dans son district des citoyens capables de faire l'examen et un choix des objets à conserver; qu'il lui sera recommandé que dans le cas où il ne se trouverait pas de citoyens capables de faire ce choix, il peut toujours mettre provisoirement en réserve le plus d'objets qu'il sera possible. Le citoyen Lelièvre est nommé commissaire pour se concerter à ce sujet avec l'agent national du district du Bourg de l'Égalité.

Les gardiens des scellés des ci-devant Académies se présentent et informent la Commission des difficultés qu'ils éprouvent pour obtenir leur salaire : il est arrêté qu'on en référera au Ministre de l'intérieur avec qui une députation de la Commission doit avoir demain une conférence.

Une note sur l'Opéra national, renvoyée à la Commission par le Comité d'instruction publique, est remise à la section des dépôts littéraires et de musique pour en faire un rapport.

Avis du commissaire Girardin sur le mobilier de l'émigré Chimay : renvoyé à la section des dépôts littéraires.

Avis sur la démolition du tombeau du Dauphin[2] et de la Dauphine dans la ci-devant cathédrale de Sens. Renvoyé à la section de peinture et de sculpture qui se concertera avec le citoyen Person, qui a donné cet avis, pour en faire un rapport.

Le citoyen Lardé, menuisier, employé à la construction de la cloison de l'orgue de la ci-devant abbaye de Saint-Germain-des-Prés, demande

---

[1] Lettre de l'agent national du Bourg-l'Égalité, 22 ventôse (F17 1048, n° 2). Cf. Guillaume, Procès-verbaux du Comité d'instruction publique, t. III, p. 549.

[2] Cf. nos Procès-verbaux de la Commission des monuments, t. 1, p. 364.

[20 mars 1794] DE LA COMMISSION TEMPORAIRE DES ARTS. 107

que son mémoire de dépenses soit réglé, à l'effet d'obtenir le payement de ce qui lui est dû. Renvoyé aux commissaires chargés de surveiller ce travail, et qui en feront un rapport, d'après lequel le citoyen Lardé pourra se pourvoir par devers le Département.

Le citoyen David Le Roy lit un rapport sur la démolition proposée des clochers de Franciade. Renvoi à la Commission des poids et mesures, qui sera invitée à préparer un travail sur les édifices de cette nature qui doivent être conservés provisoirement : il lui sera envoyé copie du rapport, ainsi qu'à la Société populaire de Franciade[1].

Note du citoyen Chardin sur les figures de Bouchardon mutilées dans la ci-devant église de Saint-Sulpice et sur les réparations à faire à la fontaine de Grenelle. Renvoyé au citoyen Varon pour servir d'addition au rapport qu'il est chargé de faire sur la dégradation des monuments.

Un membre observe qu'on se propose de fondre les bas-reliefs qui ornaient la statue de Henri IV. Renvoi à la section de peinture et de sculpture[2]. Le citoyen Varon est adjoint à cette section pour faire un rapport.

Un membre observe qu'il est nécessaire de s'occuper des tableaux et des statues qui ornaient la chapelle du collège de Lisieux. Renvoyé à la section de peinture et de sculpture.

Le citoyen Picault ayant fixé l'attention de la Commission sur des objets précieux qui existent dans la maison de Penthièvre, à Châteauneuf-sur-Loire, est chargé d'en faire un rapport.

---

[1] La démolition des clochers de l'église de Franciade avait été réclamée par la Société populaire de cette ville, le 23 ventôse (F17 1048, n° 2). D'après le rapport signé de David Le Roy, en date du 30 ventôse, les commissaires qui se sont transportés dans cette ville exposent que «les signes de fanatisme et de féodalité» ont été effacés sur l'un des deux clochers, le moins élevé, par les habitants qui l'ont surmonté du bonnet de la Liberté. Quant à l'autre clocher, les commissaires en jugent la conservation utile pour diriger la marche des troupes, pour les opérations géodésiques (perpendiculaires au méridien), météorologiques, etc. De plus la démolition de la flèche serait fort coûteuse et même dangereuse. D'ailleurs, le vœu des habitants de Franciade est surtout prononcé pour la disparition des «signes de féodalité et de fanatisme» que porte la flèche. Les commissaires proposent, pour leur donner satisfaction, d'abolir la croix, les fleurs de lis et de terminer la flèche par un paratonnerre et une flamme tricolore en tôle, surmontée du bonnet de l'égalité (F17 1265).

[2] Voir l'inventaire des cinq bas-reliefs de la statue de Henri IV, retenus par la Commission au moment où ils allaient être portés à la fonte, 11 ventôse (F17 1267).

Le citoyen Thouin dépose sur le bureau l'inventaire du jardin Marbeuf[1].

Le citoyen Portal dépose sur le bureau l'inventaire du cabinet d'anatomie d'Égalité fait par Pinson, et deux copies de cet inventaire.

Un membre observe que le Département, en conséquence du dernier décret rendu sur la proposition de Saint-Just, ayant suspendu les fonctions de tous ses commissaires pour l'apposition et levée des scellés, ceux qui travaillent près de la Commission ne peuvent plus agir. Cette suspension entravant les travaux de la Commission elle-même, il est arrêté qu'il sera pris des mesures à cet égard dans la conférence qui doit avoir lieu demain avec le Ministre de l'intérieur[2].

L'agent est autorisé à faire un recueil des décrets relatifs aux travaux de la Commission supprimée des monuments et de la Commission des arts.

L'agent est autorisé à délivrer les inventaires originaux des maisons d'émigrés aux membres de la Commission chargés de faire le récolement du Dépôt national, rue de Beaune, conjointement avec les membres de la Commission supprimée des monuments.

D'après la lecture d'une lettre du citoyen Mulot[3], ci-devant garde du Dépôt national, rue de Beaune, les membres de la section des dépôts littéraires sont invités à conserver par récépissé ou de toute autre manière l'indication des maisons d'où proviennent les livres qu'ils seraient autorisés à enlever de ce Dépôt.

Il sera écrit aux membres de la Commission des arts, qui ont donné leur démission, pour les engager à continuer leurs fonctions auprès de la Commission jusqu'à ce qu'il ait été pourvu à leur remplacement.

Un membre observe qu'on se propose d'établir un dépôt dans l'intérieur de l'église des Invalides sous le dôme. On renvoie la discussion de cette question au Comité d'instruction publique et à la conférence qui doit avoir lieu demain avec le Ministre de l'intérieur.

La Commission des arts, après avoir entendu plusieurs de ses

---

[1] Cet inventaire, fait par de Jussieu et Thouin, porte la date du 26 ventôse (F^{17} 1344^2).

[2] Par une lettre en date du 30 ventôse le président de la Commission avait invité le Ministre de l'intérieur à venir conférer avec la Commission en vue d'écarter les obstacles que celle-ci avait éprouvés depuis quelque temps dans ses travaux (F^{17} 1045, n° 1).

[3] Lettre de Mulot, 24 ventôse (F^{17} 1047, n° 1).

[20 mars 1794] DE LA COMMISSION TEMPORAIRE DES ARTS. 109

membres sur la nécessité de transporter, dans le plus court délai, dans des dépôts provisoires plusieurs objets d'arts et de sciences qui sont encore épars dans diverses maisons d'émigrés et autres faisant partie des domaines nationaux, considérant que plusieurs de ces objets occasionnent des frais de garde qui deviennent de jour en jour onéreux au Trésor public, considérant en outre que la plupart des maisons où se trouvent les objets ci-dessus devant servir à loger diverses administrations, il est indispensable d'en faire un prompt transport : en conséquence la Commission des arts nomme dix commissaires pour se transporter chez le citoyen Laumond, administrateur des Domaines nationaux, pour l'inviter à leur faire connaître les emplacements qu'il conviendrait de choisir pour former les dépôts provisoires. Les mêmes commissaires sont chargés de visiter les dépôts déjà existants pour rendre compte du tout à la Commission des arts dans le plus court délai. Les commissaires nommés sont les citoyens Buache, Molard, Ameilhon, Lannoy, Hubert, Lenoir, Picault, Nitot, Portal, Beuvelot, Dupuis.

Le citoyen Richard, mécanicien, demande à être associé aux travaux du citoyen Fattori, dans le cabinet de la ci-devant Académie des sciences. Ajourné jusqu'à l'organisation des dépôts de machines et leur publicité.

Un rapport du citoyen Langlès, sur le cabinet de l'émigré Bertin et la déclaration du citoyen Desvoyes sur ce cabinet, est renvoyé au Comité d'instruction publique.

Le citoyen Lesueur annonce qu'une table en bois d'acajou doit se vendre incessamment aux Menus-Plaisirs. Il est autorisé à la retirer pour la faire transporter au Muséum des arts.

L'administrateur des Domaines nationaux du département de Paris ayant mis en vente le terrain de la pépinière du Roule, appartenant à la Nation, instruit la Commission que ce terrain est couvert de plus de cinquante mille individus d'arbres et arbustes étrangers dont la plupart sont précieux et qui seraient perdus pour l'agriculture et la Nation[1]. La Commission des arts arrête que le Comité d'instruction publique

---

[1] En vertu d'un décret du 16 germinal, la pépinière du Roule fut laissée sous la surveillance de l'abbé Nolin, ex-directeur des pépinières du Roi, pendant un an; il était sursis à sa vente et location, mais de brumaire à ventôse, les arbres, arbustes et plantes devaient être transportés au Muséum national des plantes. Voir un rapport de Thouin concluant à la conservation de cette pépinière (F^{17} 1238).

sera invité à écrire au citoyen Laumond pour suspendre la vente de ce terrain.

Les citoyens Barrois et Dupasquier sont autorisés à se rendre demain à Franciade pour faire transporter à Paris, dans le plus court délai, les monuments en marbre les plus précieux, mis en réserve dans l'église de la ci-devant abbaye de Saint-Denis; se concerter à cet effet avec l'administration des charrois et rappeler au district de cette commune le décret qui indique les mesures à prendre sur les autres marbres du même lieu qui ne sont point de nature à être transférés à Paris.

La section de physique dépose sur le bureau l'inventaire des instruments de physique du dépôt des Élèves de la marine, place des Piques.

SÉANCE DU 5 GERMINAL,

L'AN DEUXIÈME DE LA RÉPUBLIQUE, UNE ET INDIVISIBLE

(25 MARS 1794).

Agent national du district de l'Égalité. – Bustes antiques dans la maison du Raincy. – Lettre du citoyen Picard sur les travaux de Marly. – Travaux commencés dans l'église ci-devant Saint-Roch; demande du citoyen Daujon. – Statues de Drancy. – Objets de minéralogie de Montbarey. – Tableaux déposés par le juge de paix de la section de la Fontaine de Grenelle. – Les membres du Conservatoire autorisés à enlever dans les dépôts nationaux les objets qu'ils auront choisis. – Gardiens des scellés des Académies supprimées. – Déplacement du cabinet d'astronomie du citoyen Lemonnier. – Pépinière du Roule. – Réhabilitation des commissaires. – Mémoire du citoyen Lardé, menuisier. – Acompte donné au citoyen Scellier, marbrier. – Grand atlas de Janson. – Objets demandés par Bourdon pour la maison de Saint-Martin-des-Champs. – Note sur le cabinet d'astronomie du citoyen Lemonnier aux Capucins Saint-Honoré. – Tableau représentant le Sacré-Cœur. – Inventaire d'arbustes étrangers envoyé par Paradou. – Statue de marbre à Rambouillet, statues en bronze à Fontainebleau. – Objets de sciences et d'arts à Dijon. – Enlèvement du tombeau du Dauphin et de la Dauphine à Sens. – Monument aux environs de Sens. – Carte géographique à Autun annoncée par le citoyen Barbié. – Pouvoirs des commissaires non encore ratifiés. – Grilles de fer de Saint-Germain-l'Auxerrois. – Bas-reliefs de la statue de Henri IV. – Dégradations dans l'église de Saint-Sulpice. – Déclaration du citoyen Turconi sur un livre qu'il devait envoyer à Zurich. — Le règlement est adopté et sera imprimé. — Acquisition du cabinet d'histoire naturelle de la citoyenne d'Orcy. — Changement de l'inscription latine sur la porte de l'Arsenal.

Lecture du procès-verbal de la séance du 30 ventôse : il est adopté.

Lettre de l'agent national près le district de l'Égalité, en date du 2 germinal[1] : il déclare qu'il n'a reçu ni l'instruction de la Commission, ni le décret du 11 pluviôse. Arrêté qu'il en sera donné avis au Ministre de l'intérieur pour accélérer l'envoi de ces deux pièces.

Un membre donne avis aux sections de peinture et de sculpture, et d'antiquités qu'il existe dans la maison du Raincy des bustes antiques ou copiés d'après l'antique[2]. Le citoyen Bruni est invité à se rendre aussi dans cette maison pour savoir s'il ne s'y trouve point des instruments de musique.

On fait lecture de l'extrait de la correspondance.

Lettre du citoyen Picard, charpentier, qui consulte la Commission sur la continuation ou la cessation des travaux commencés à Marly. On en informera le Ministre de l'intérieur en lui observant que la Commission ne peut avoir d'opinion sur cet objet; que cependant elle pense que le citoyen Picard, charpentier, est moins un commissaire qu'un commissionnaire, qu'en conséquence, elle croit que le Ministre peut l'engager à continuer les travaux commencés à Marly.

On lit une lettre du citoyen Daujon, en date du 5 germinal. Il demande à être autorisé par la Commission des arts à continuer les travaux qu'il a commencés dans l'église ci-devant Saint-Roch, pour la démolition, le déplacement et le transport des statues et monuments qui ornaient cette église. Accordé. Le citoyen Daujon se concertera, à cet égard, avec la section de peinture et de sculpture de la Commission des arts, et se conformera au règlement de ladite Commission.

Le Directoire du district de Franciade, par une lettre du 1er germinal, avertit la Commission qu'il existe dans une maison d'émigré, située à Drancy, des statues qui ornent le jardin et l'intérieur de cette maison. Renvoyé à la section de peinture et de sculpture.

Lettre du district de Libreville, renvoyée au citoyen Grégoire pour

---

[1] Sous la cote F^{17} 1048, n° 2.
[2] En même temps qu'une riche réunion d'objets mobiliers, tels que meubles, bronzes, porcelaines, etc., la duchesse d'Orléans possédait au château du Raincy une belle collection de statues, bustes, etc., de marbre. Voir l'inventaire de Picault et Dupasquier, 10 prairial (F^{17} 1269).

qu'il indique la marche à suivre relativement aux avis qui y sont donnés.

Le citoyen Lelièvre est autorisé à enlever les objets de minéralogie qui se trouvent chez l'émigré Montbarey à l'Arsenal.

Il est arrêté qu'on demandera au Département la liste et la demeure des commissaires aux ventes.

Avis du Département sur deux tableaux déposés par le juge de paix de la section de la Fontaine de Grenelle. Renvoyé à la section de peinture et de sculpture.

Lecture d'une lettre du citoyen Lenoir, dans laquelle il informe la Commission que les membres du Conservatoire du Muséum des arts se sont présentés au Dépôt national, rue des Petits-Augustins, pour y faire choix des tableaux et autres objets d'arts dont ils se proposaient d'effectuer aussitôt le transport au Muséum. Le président déclare que le même avis ayant été donné au Comité d'instruction publique, ce Comité a arrêté que les membres du Conservatoire du Muséum des arts pourront à l'avenir enlever dans les dépôts nationaux les objets qu'ils auront choisis pour le Muséum, en donnant décharge aux gardiens. La Commission approuve la conduite du citoyen Lenoir.

Le président rend compte de la conférence qui a eu lieu avec le Ministre de l'intérieur et l'agent national du Département. Il a été question dans cette conférence de la demande faite par les gardiens de scellés des Académies supprimées, lesquels se plaignaient de n'avoir point reçu leur salaire. Le Ministre a répondu qu'il n'avait point de fonds pour cet objet et que le Comité des finances a été sollicité d'en fournir. Les gardiens, présents à la séance, sont engagés à présenter à ce sujet un mémoire au Comité des finances, et il est arrêté que le Comité d'instruction publique sera invité à appuyer leur demande. La même mesure est prise relativement à la demande du citoyen Goulanges [1].

Les citoyens Lenoir et Vicq-d'Azyr sont chargés de rédiger, séance tenante, des observations qui seront adressées au Comité de salut public, section des armes, relativement au déplacement qu'on propose de faire du cabinet d'astronomie du citoyen Lemonnier aux ci-devant Capucins, rue Saint-Honoré.

[1] Voir pour la suite donnée à cette demande les *Procès-verbaux du Comité d'instruction publique*, t. IV, p. 22.

L'administrateur des Domaines nationaux demande qu'il soit nommé deux commissaires chargés de faire un rapport sur la pépinière du Roule. Renvoyé à la section d'histoire naturelle.

Le président annonce le décret qui réhabilite dans leurs fonctions les commissaires nommés en vertu de décrets antérieurs.

Rapport du citoyen Lannoy sur la cloison de l'orgue de la ci-devant abbaye de Saint-Germain-des-Prés. Le mémoire du citoyen Lardé, renvoyé au Directoire du Département avec invitation de la part de la Commission d'accélérer le payement de ce qui est dû à ce citoyen.

Rapport du même sur la demande faite par le citoyen Scellier, marbrier, d'une somme de six mille livres, à compte, pour les travaux faits par lui au nom de la Commission des arts. Accordé. Il est arrêté que cette somme sera répartie sur la totalité de celle qui lui est due sur les mémoires à régler et présentés, soit à la Commission supprimée des monuments, soit à celle des arts, et que le citoyen Scellier, après avoir fourni tous ces mémoires, sera renvoyé par devers le Ministre de l'intérieur, et que pour le mode de transports et démolitions à effectuer par la suite, il sera fait un rapport par la section d'architecture.

Rapport du citoyen Buache sur l'acquisition à faire du grand atlas de Janson, proposée par le citoyen Théophile Mandar[1]. Renvoyé au citoyen Barrois pour que, d'après ses observations, il en soit référé au Comité d'instruction publique.

Le citoyen Léonard Bourdon demande qu'on lui fasse parvenir, après l'avis de la Commission, les objets qu'on pourrait mettre à sa disposition pour l'établissement national à la maison ci-devant Saint-Martin-des-Champs. Les différentes sections sont invitées à s'occuper de cette demande.

On lit la note qui doit être présentée au Comité de salut public relativement au cabinet d'astronomie établi aux ci-devant Capucins, rue Saint-Honoré. Elle est conçue en ces termes : «La citoyenne Lemonnier a représenté que la Commission des armes lui ayant donné l'ordre de sortir dans le plus bref délai du logement qu'elle occupe dans la maison des Capucins, elle se trouve dans le plus grand embarras, vu l'impossibilité d'enlever et de faire transporter, sans beau-

---

[1] Rapport de Buache avec estimation du libraire Barrois, 5-15 germinal (F^{17} 1052). Voir une lettre du Ministre de l'intérieur, en date du 25 ventôse, transmettant l'offre de Th. Mandar, avec copie jointe de la table de l'atlas en question (F^{17} 1257).

coup de temps et de précaution, des instruments d'astronomie attachés très solidement au mur de l'observatoire de son mari. » Un membre a remarqué : 1° que ces instruments, les plus précieux que l'on connaisse en astronomie, consistent en un quart de cercle mural de huit pieds de rayon, dans un autre quart de cercle de cinq pieds, placé sur le même mur, et autres de moindre importance; 2° qu'une partie de ces instruments appartient à la République; 3° qu'il est indispensable d'accorder un délai pour l'enlèvement et le transport de ces instruments.

— On a fait une autre proposition tendante à ce que cet observatoire soit conservé, et on s'est appuyé sur les motifs suivants : Depuis plus de trente ans, Lemonnier observe avec les quarts de cercle dont on a parlé. On sait combien est précieuse une longue suite d'observations astronomiques faites dans le même lieu et avec les mêmes instruments, dont la tenue, la stabilité et même les erreurs parfaitement appréciées ajoutent infiniment au mérite de ce genre de travaux. Ne serait-il pas possible, en consacrant à la maison des ci-devant Capucins sa destination importante pour la Commission des armes, d'y réserver un petit logement pour un astronome qui serait chargé de continuer les travaux de Lemonnier? Personne n'ignore combien il importe qu'il y ait plusieurs observatoires à Paris, combien sont grands les services que l'astronomie rend à la marine, et combien, sous ce rapport, l'astronomie mérite d'être favorisée. — Il a été arrêté que ces différentes réflexions et propositions seront soumises au Comité de salut public. — Le citoyen Lenoir est chargé de transmettre cette note au Comité de salut public.

Avis du Département sur un tableau représentant le *Sacré Cœur* dans la ci-devant église de Sainte-Marie. Renvoyé à la section de peinture et de sculpture.

La section d'agriculture et de botanique dépose sur le bureau un inventaire d'arbustes étrangers cultivés dans des jardins de la ci-devant Liste civile et autres nationaux, envoyé par le citoyen Paradou [1].

Un commissaire du Conseil exécutif donne avis qu'il existe à Rambouillet une statue de marbre, ouvrage du citoyen Julien [2], et à Fon-

---

[1] Cet inventaire, signé de Thouin et Desfontaines, est du 8 ventôse an II (F¹⁷ 1344³).

[2] Cette statue, en marbre blanc, était de Pierre Julien; elle représentait une baigneuse tenant une chèvre et se trouvait dans la Laiterie de Rambouillet; elle est actuellement au Musée du Louvre, Sculptures, n° 303. Voir le procès-verbal de Lemonnier et Masson dans les *Procès-verbaux de la Commission des monuments*, t. II, p. 165.

tainebleau des statues en bronze et autres; il demande quelles sont les mesures qu'il doit prendre pour leur enlèvement et leur transport. Quant au premier objet, il est arrêté, sur la proposition de ce citoyen, que l'auteur de la statue qui est à Rambouillet sera invité à en surveiller le transport, conjointement avec un membre de la section de peinture et de sculpture. Quant au deuxième objet, il est arrêté qu'un membre de la section de peinture et de sculpture sera envoyé à Fontainebleau et qu'il lui sera adjoint un membre de la section de mécanique.

Rapport du citoyen Ramey sur des objets de sciences et d'arts dans la ville de Dijon.

Mémoire du citoyen Varon sur les dégradations de divers monuments [1]. Renvoyé au Comité d'instruction publique.

[1] RAPPORT DE LA COMMISSION TEMPORAIRE DES ARTS PRÈS LE COMITÉ D'INSTRUCTION PUBLIQUE AU COMITÉ DE SALUT PUBLIC, PAR VARON.

10 germinal an II.

La Commission temporaire des arts expose au Comité de salut public qu'au mépris des décrets de la Convention nationale, il se commet dans Paris et les départements des dégradations funestes.

Le citoyen Tavernier, ingénieur, atteste qu'il a vu sur la frontière incendier, détruire divers objets d'arts et des tableaux précieux, sous prétexte qu'ils étaient monuments de l'ancien régime.

Une lettre du citoyen Michel, principal du collège de Douai, adressée à David, annonce qu'on vend, qu'on altère, qu'on livre à des restaurateurs maladroits des tableaux d'un grand prix, sous le même prétexte qu'ils portent des signes de féodalité et de réprobation.

A Dijon, les tombeaux des ci-devant ducs de Bourgogne ont été mutilés à tel point qu'il n'en reste plus que les petites figures d'albâtre que l'on a eu beaucoup de peine à sauver; les figures principales avaient sept pieds. L'architecture de ce mausolée, quoique gothique, les divers marbres très rares dont elle était composée offraient une masse intéressante qui méritait d'être conservée.

Le temple de la Raison, ci-devant Saint-Sulpice, fermé sur une motion de Vincent, sert maintenant de magasin pour des suifs et tabacs. Un tombeau antique provenant de ce temple, et chargé de bas-reliefs, a été mutilé. Les figures de Bouchardon qui servaient de décoration au chœur, celles de saint André et autres sont descendues de dessus leurs socles et ont éprouvé d'indignes mutilations. Quoique au-dessous des modèles que doit se proposer à l'avenir l'art français régénéré, ces ouvrages, cependant, offraient des parties qu'on eût toujours admirées, et le nom de Bouchardon jouit d'une grande célébrité.

La fontaine de Grenelle a perdu beaucoup d'ornements qui ajoutaient à sa magnificence. Tous les bas-reliefs, on croit même aussi les figures de la statue du tyran Henri IV, ont été mutilés avec des pinces de manière que le tout n'est propre qu'à la fonte.

Mais des monuments d'un prix inestimable sont en ce moment exposés à de grands dangers. Il existe près d'Arles des restes d'un cirque des Romains. Des ignorants, à l'instigation peut-être des barbariseurs (sic) étrangers, ont proposé de les démolir pour en extraire le salpêtre.

8.

Rapport du citoyen Dupasquier sur les observations et le mémoire du citoyen Person concernant la démolition et l'enlèvement du tombeau du Dauphin et de la Dauphine, qui était dans la ci-devant cathédrale de Sens. Il en résulte que les prix sont justement fixés.

Le citoyen Person donne connaissance d'un monument existant dans les environs de Sens [1]. On répond que c'est au district de Sens à pourvoir à la conservation de ce monument. Il est arrêté qu'on délivrera au citoyen Person six exemplaires de l'instruction de la Commission pour les distribuer dans le district de Sens.

Lettre du citoyen Barbié [2], qui annonce une carte géographique dressée sous l'empire de Constance Chlore ou de Constantin, et gravée sur les quatre faces d'un marbre blanc qui servait sans doute de base à une colonne. Ce marbre a été découvert il y a environ quatre-vingts ans

Le même esprit aurait aussi proscrit le précieux monument près Saint-Rémy. Dufourny, certain que ces édifices, construits de grand appareil et avec du mortier à sable, ne contenaient que peu ou point de salpêtre, et que, dans le cas où ils en contiendraient, il faudrait, avant l'exploitation, obtenir des ordres formels, a écrit avec beaucoup de chaleur pour empêcher toute démolition de monuments antiques qui ne serait pas nominativement ordonnée par une loi. Mais la malveillance ne prend que trop souvent les devants.

Enfin à la ci-devant abbaye de Jouarre, département de Seine-et-Marne, le chœur était décoré de douze colonnes de marbre noir, de douze à quatorze pieds de haut, ornées de socles et de chapiteaux en bronze doré d'or moulu; les socles et les chapiteaux ont été démontés et vendus; ensuite, on a procédé au déplacement. Six ou huit de ces colonnes ont été brisées; les autres se sont vendues 50 livres la pièce.

A Maisons, domaine du ci-devant d'Artois, deux statues achetées par Calais, artiste, ont été brisées méchamment et à dessein, après l'achat et sur la place.

Toute espèce de monuments doivent être conservés, car il en est qui, sans avoir un mérite distingué comme ouvrage de l'art, demandent cependant à être conservés, attendu qu'ils peuvent être utiles pour l'histoire même de l'art, celle des événements, la chronologie, la connaissance des costumes, des usages, des mœurs du peuple français.

Sans doute le peuple, en brisant ses fers, devait se précipiter, sans examen, sur tous les hochets de la puissance de ses tyrans, semblable à un torrent qui a perdu son lit; il a confondu dans sa colère et les digues et les fleurs et les guérets; mais rendu à son cours naturel, son sort est de féconder les rivages qu'il avait bouleversés.

Il est donc instant d'ouvrir les yeux sur les dégradations et les insultes qu'éprouvent de toutes parts les arts, les sciences et les lettres, afin d'en arrêter la marche. Ces dégradations sont l'ouvrage de nos ennemis et demandent des lois répressives et sévères. (F17 1231.)

[1] Le monument signalé par Person doit être le tombeau élevé à Henri de Bourbon, père du grand Condé; il se trouvait au village de Vallery, à 4 lieues de Sens. Cf. nos *Procès-verbaux de la Commission des monuments*, t. 1, p. 362.

[2] Barbié du Bocage (Jean-Denis), chargé de la partie géographique à la Bibliothèque nationale. Sa lettre est du 4 germinal (F17 1238).

à Autun. Il est arrêté qu'il sera écrit au district d'Autun pour appeler son attention sur ce monument et sur la conservation d'autres monuments antiques qui se trouvent dans son arrondissement, et qu'il lui sera envoyé copie de la lettre du citoyen Barbié.

Sur l'observation d'un membre que, les pouvoirs des commissaires du Département près la Commission des arts n'étant pas ratifiés, leur travail est encore suspendu, la Commission arrête que le Département sera invité à mettre le plus tôt possible ces commissaires en état de continuer leurs opérations, dont la suspension entrave celles de la Commission.

Le citoyen Le Roy fait un rapport sur les grilles de fer provenant de l'église de Saint-Germain-l'Auxerrois.

Rapport du citoyen Varon sur les bas-reliefs qui ornaient la statue de Henri IV[1]. Il en résulte que ces bas-reliefs, déjà mutilés, ne sont pas assez précieux pour être conservés et qu'on peut les livrer à la fonte.

Sur l'avis d'un membre qui donne connaissance des dégradations commises dans la ci-devant église de Saint-Sulpice, le citoyen Molard est autorisé à s'y transporter au nom de la Commission, afin de prendre les mesures convenables pour que ces dégradations n'aient plus lieu à l'avenir.

Le citoyen Turconi annonce qu'il se disposait à envoyer à un de ses amis à Zurich un exemplaire de l'*Antiquité expliquée* par Montfaucon, mais que, s'étant aperçu que cet exemplaire avait pu être soustrait d'une bibliothèque monastique, il s'empressait d'en faire sa déclaration. Renvoyé à la section des dépôts littéraires.

On achève la lecture du règlement; il est adopté[2]. Il est arrêté qu'on en pressera l'impression.

Le citoyen Duhem, chargé du rapport sur l'acquisition du cabinet d'histoire naturelle de la citoyenne d'Orcy, demande s'il ne serait point

---

[1] Le piédestal de marbre sur lequel reposait la statue de Henri IV par Jean de Bologne était décoré de cinq bas-reliefs et quatre esclaves enchaînés, ayant sous leurs pieds des armes antiques; les bas-reliefs représentaient les batailles d'Arques et d'Ivry, la prise de Montmélian, celle d'Amiens, et l'entrée de Henri IV à Paris en 1594. Le piédestal et les quatre esclaves étaient l'œuvre de Pierre de Francheville; les esclaves sont conservés au Musée du Louvre.

[2] Ce règlement a été reproduit d'après l'imprimé par J. Guillaume, *Procès-verbaux du Comité d'instruction publique*, t. III, p. 582.

à propos d'en faire une estimation préalable; on observe qu'il convient mieux de décréter l'acquisition de ce cabinet et d'indiquer dans le décret le mode d'évaluation.

L'observation d'un membre sur le rétablissement à faire, avec un léger changement, de l'inscription latine qu'on lisait sur la porte principale de l'Arsenal, est renvoyée au Comité d'instruction publique [1].

SÉANCE DU 10 GERMINAL,
L'AN DEUXIÈME DE LA RÉPUBLIQUE, UNE ET INDIVISIBLE
(30 MARS 1794).

Four ambulant. – Instructions au citoyen Ronesse. – Bibliothèque de Nancy. – Avenues d'ormes dans le village de Montfermeil. – Lettres du citoyen Denormandie renvoyées au Bureau de consultation. – Le citoyen Bourdon est nommé expert. – Transports confiés à Nadreau. – Renseignements demandés aux districts de Versailles et de Rambouillet sur le mobilier de d'Angiviller. – Minéraux de Russie et antiquités trouvés chez d'Angiviller. – Objets vendus chez Montmorency au-dessous de leur valeur. – Récolement des objets du Dépôt national, rue de Beaune. – 1,500 livres acompte accordées au citoyen Louis François, maçon. – Distribution des pouvoirs adressés par le Ministre de l'intérieur aux membres de la Commission. – Demande des motifs d'arrestation du citoyen Thillaye. – Liste des membres de la Commission. – Six colonnes de l'église de Saint-Germain-des-Prés. – Le garde des Petits-Augustins demande une augmentation d'appointements. – Payement d'une cloison de l'orgue de Saint-Germain-des-Prés. – Cachets pour la Commission. – Dépôt dans l'église de Saint-Sulpice. – Méridienne de Saint-Sulpice. – Dépenses du Dépôt des Petits-Augustins. – Orgues des églises. – Machine de Marly. – Dépôt de livres aux Cordeliers. – Inventaire du Palais-Bourbon. – Statues de Marly. – Manuscrits à déposer dans la bibliothèque de Saint-Germain-des-Prés. – Objets d'arts dans les départements. – Gravures de l'émigré Belderbusch. – Soufflets d'orgue. – Examen de la machine de Trouville.

Lecture du procès-verbal de la séance du 5 germinal; il est adopté.
Lecture de l'extrait de la correspondance.

---

[1] L'inscription latine, sur une table de marbre noir, au-dessus de la grande porte de l'Arsenal, se composait de deux vers de Jean Passerat, ainsi conçus :

    Aetna haec Henrico Vulcania tela ministrat,
    Tela gigauteos debellatura furores.

Les citoyens Molard et Lannoy sont nommés commissaires pour faire le rapport demandé à la Commission des arts par le Comité de salut public, concernant un four ambulant dont le projet lui a été adressé.

Le citoyen Ronesse, commissaire à la garde des livres du district de Franciade, ayant consulté la Commission sur la marche qu'il devait suivre dans la confection des catalogues de livres confiés à sa garde, il est arrêté qu'il lui sera envoyé un exemplaire de l'instruction [1].

Une note sur la bibliothèque de Nancy est renvoyée à la section de bibliographie.

Une lettre de l'administrateur des Domaines nationaux relativement à un remplacement d'avenues d'ormes dans le village de Montfermeil est renvoyée à la section de botanique pour en faire un rapport, qui généralise les idées à cet égard et puisse servir de base aux Comités des domaines et d'instruction publique pour présenter un projet de décret.

Deux lettres du citoyen Denormandie, qui consulte la Commission sur le mérite des ouvrages des citoyens Bossut et Anquetil, sont renvoyées au Bureau de consultation.

Le citoyen Bourdon est nommé expert pour surveiller le déplacement des monuments, ainsi que le transport des objets de sciences et d'arts dans les dépôts nationaux et régler les mémoires des entrepreneurs. Il sera averti dès aujourd'hui de sa nomination et sera invité à assister aux séances de la Commission.

Le citoyen Nadreau, menuisier, est choisi pour effectuer les transports qui lui seront indiqués par les différentes sections de la Commission; il sera aussi invité à assister à ses séances.

La nomination des autres entrepreneurs, qui seront chargés de travaux au nom de la Commission, est ajournée jusqu'au rapport à faire à la prochaine séance sur ces entrepreneurs. Les sections d'architecture et de sculpture, auxquelles le citoyen Le Blond sera adjoint, sont chargées de ce rapport.

Il sera écrit aux districts de Versailles et de Rambouillet pour obtenir

---

[1] Voir la lettre de Ronesse, datée du 30 ventôse (F17 1201). Dans une autre lettre au Comité d'instruction publique, Ronesse demandait des instructions pour le catalogue des livres des Minimes et Barnabites de Passy, pour celui des livres dépareillés des bibliothèques monastiques et des livres d'église, «presque tous insignifiants, même pour des hommes encore égarés par les préjugés du fanatisme»; renvoi en fut fait, le 13 germinal, à la Commission des arts.

des renseignements sur les objets de sciences et d'arts qui se seraient trouvés parmi le mobilier de l'émigré d'Angiviller, dans les maisons qu'il occupait dans ces deux villes, ainsi que dans la maison du directeur des Bâtiments. Les mêmes districts seront invités à inventorier tous les papiers qu'ils y trouveraient et à prendre toutes les informations qui pourraient leur être données par la femme de d'Angiviller[1] et par Laborde, son frère. Le citoyen Dupont sera invité à donner à la prochaine séance les renseignements qu'il aurait sur les mêmes objets.

Le citoyen Naigeon communique une note sur des minéraux de Russie et une autre sur des antiquités, trouvées l'une et l'autre dans des cartons de l'émigré d'Angiviller. Les sections de minéralogie et des antiquités sont chargées de prendre des renseignements chez le citoyen Lebrun pour savoir ce que sont devenus les objets indiqués dans ces notes.

Sur l'avis donné par un membre[2] qu'il s'était vendu chez l'émigré Montmorency des objets beaucoup au-dessous de leur valeur, les différentes sections sont invitées à recueillir les faits qui sont à leur connaissance relativement à de pareils abus et à donner des éclaircissements sur les dilapidations souvent commises dans les ventes.

Il sera procédé au récolement des objets existants dans le Dépôt national, rue de Beaune; les commissaires nommés précédemment pour faire ce récolement se concerteront à cet effet avec les membres de la Commission des monuments, qu'on aura soin d'en informer.

Le citoyen Nadreau, menuisier, est autorisé à faire transporter dans les dépôts nationaux tous les tableaux dont il lui sera donné note par les membres de la section de peinture de la Commission des arts.

D'après le rapport du citoyen Lannoy sur le mémoire présenté par le citoyen Louis François, maçon, employé au service du Dépôt national, rue des Petits-Augustins, il sera accordé à ce citoyen une somme de quinze cents livres, à compte.

On fait la distribution des pouvoirs adressés par le Ministre de l'in-

---

[1] Charles-Claude de la Billarderie, comte d'Angiviller, avait épousé J. de Laborde, veuve de M. Binet de Marchais.

[2] Il s'agit de Picault. Dans son rapport du 8 germinal ce commissaire dénonce la vente de peintures de maîtres, de meubles de Boulle, d'un lustre en cristal de roche beaucoup au-dessous de leur valeur. «Si, dit-il pour conclure, la Commission n'emploie pour examiner et apprécier tous les objets à vendre des connaisseurs et appréciateurs, la République perdra malgré elle tous les objets les plus précieux.» (F^{17} 1231.)

térieur à chacun des membres de la Commission[1]; le pouvoir du citoyen Richard ayant été omis dans cet envoi, il est arrêté qu'il sera demandé au Ministre. Ces pouvoirs ne paraissant pas rédigés dans la forme qu'exige la célérité des travaux de la Commission, les commissaires déjà nommés pour cette rédaction sont chargés de présenter une nouvelle forme de pouvoirs, laquelle, après avoir été approuvée par la Commission, sera transmise au Ministre de l'intérieur avec invitation d'en faire usage dans les nouveaux pouvoirs que la Commission lui demande.

D'après un arrêté de la Commission des arts, les citoyens Charles, Barrois, Lelièvre sont chargés de se retirer par-devers le Comité révolutionnaire de la section de Mutius Scaevola pour savoir s'il a fait parvenir au Comité de sûreté générale les motifs de l'arrestation du citoyen Thillaye, et dans le cas où il ne les aurait point fait parvenir, l'inviter à le faire dans le plus court délai.

La lettre qui doit accompagner l'envoi de la liste des membres de la Commission aux autorités constituées sera écrite au nom du Comité d'instruction publique. Le président de la Commission des arts est chargé de la rédaction de cette lettre.

Le citoyen Scellier consulte la Commission sur le parti qu'il doit prendre relativement à la demande que lui a faite le garde du Dépôt national, rue des Petits-Augustins, de dresser sur leurs bases six colonnes de marbre cipolin, transportées de la ci-devant église de Saint-Germain-des-Prés. On passe à l'ordre du jour, motivé sur ce que les gardes des dépôts sont autorisés à prendre toutes les mesures nécessaires pour la conservation des monuments confiés à leurs soins.

Le citoyen Lenoir, garde du Dépôt national, rue des Petits-Augustins, demande une augmentation à ses appointements, qui sont de 1,800 livres; il est arrêté que la section d'architecture et de peinture sera chargée de faire, à la prochaine séance, un rapport où seront présentées les bases d'après lesquelles on pourra prononcer sur les appointements à accorder aux gardes des différents dépôts.

Le citoyen Lardé, menuisier, ayant représenté à la Commission qu'il ne pouvait obtenir le payement de ce qui lui est dû pour avoir pratiqué une cloison au-devant de l'orgue de l'église de Saint-Germain-

---

[1] Voir ces pouvoirs, accompagnés de la lettre d'envoi du Ministre, en date du 6 germinal (F[17] 1257).

des-Prés, il est arrêté qu'il sera écrit au Département pour l'inviter à effectuer le payement dont il s'agit, attendu qu'il exerce les fonctions d'administrateur de district[1].

L'agent est autorisé à faire graver des cachets à l'usage de chacun des membres de la Commission qui n'en auraient point.

La section de botanique dépose sur le bureau un inventaire du jardin de la maison du Petit-Luxembourg[2].

La Commission, sur le rapport d'un de ses membres portant que la ci-devant église de Saint-Sulpice pourrait servir de dépôt provisoire pour tous les objets de mécanique et métiers, de physique, de chimie, et les modèles d'architecture et de ponts et chaussées, et les instruments de musique, a nommé les citoyens Lami, Buache, Lenoir, Molard pour examiner si cet édifice est distribué convenablement pour un tel dépôt, et si les objets y seront en sûreté et à l'abri de la rouille.

Les mêmes commissaires prendront connaissance de l'état où se trouvent le gnomon et la méridienne dans ladite église; ils prendront toutes les mesures nécessaires pour que l'enlèvement des gradins de l'autel principal sur lesquels pose la méridienne soit suspendu jusqu'à ce qu'on ait pris les moyens convenables pour conserver les divisions dans leurs vrais rapports. Les commissaires rendront compte du tout dans la séance prochaine.

Le citoyen Lenoir, garde du Dépôt national, rue des Petits-Augustins, présente un mémoire de dépenses faites par lui à ce Dépôt, ledit mémoire s'élevant à la somme de 532 livres 5 sols, y compris ses appointements pour trois mois. Le président est autorisé à le viser et à y mettre sa signature.

Le mémoire du citoyen Lépine, sculpteur, s'élevant à la somme de 219 livres pour des restaurations, ayant été visé par le citoyen Dupasquier, est remis au président qui est autorisé à le signer.

L'examen de la question proposée par un membre et relative aux orgues des églises est renvoyé à la section de musique.

Le Comité des domaines ayant demandé l'adjonction de deux membres de la Commission des arts pour examiner le projet du citoyen

---

[1] La lettre est du 11 germinal (F^{17} 1046).

[2] Liste des arbres, arbustes et plantes provenant du jardin dit de Madame, au Petit-Luxembourg, marqués pour être transférés au Jardin national par André Thouin et Jean Thouin, premier jardinier du Muséum, 2 germinal (F^{17} 1344²).

Trouville, qui propose une machine à substituer à celle de Marly, les citoyens Molard et Prony sont nommés commissaires pour cet examen.

Il est arrêté que le Département sera invité à rendre disponible la maison des Cordeliers pour y recevoir les livres que la Commission des arts doit y faire transporter. On observera qu'il y a urgence.

– Les sections de géographie, du génie militaire, d'architecture et des ponts et chaussées, sont chargées de faire un inventaire détaillé, dans la maison ci-devant Palais-Bourbon, des objets qui doivent en être distraits pour l'instruction publique; il est arrêté que si, après cet inventaire, il se trouve quelques objets propres à la Commission des travaux publics, qui doit s'y établir, ils lui seront délivrés avec récépissé sur sa demande.

Le citoyen Langlès est chargé de faire transporter au Dépôt national, rue de Beaune, les objets énoncés dans son rapport sur le cabinet Bertin.

Les citoyens Pasquier et Dardel sont chargés de faire un rapport sur les statues et sculptures de Marly.

La Commission autorise la section de bibliographie à placer dans la bibliothèque de la ci-devant abbaye Saint-Germain-des-Prés les manuscrits sur vélin, ornés de vignettes, mis en réserve dans une des salles du Comité révolutionnaire de la section de l'Unité[1].

Un membre ayant donné avis qu'il existait des tableaux précieux dans différents départements de la République, cet avis donne lieu aux questions suivantes : Doit-on se borner à inviter les départements à prendre soin des objets précieux qui se trouvent dans leur arrondissement? la Commission peut-elle se permettre des démarches dont le résultat tendrait à obtenir pour les musées de Paris quelques-uns des objets d'arts et de sciences de la première classe, qui se trouveraient dans quelque autre département? L'examen de ces questions est renvoyé à la prochaine séance.

La section de peinture dépose sur le bureau l'inventaire des pein-

---

[1] Par une déclaration en date du 23 germinal, Poirier dit avoir remis, en présence des commissaires du Comité, «aux citoyens Patert et Lièble, bibliothécaires de la ci-devant abbaye, quatre textes manuscrits sur vélin, ornés de vignettes et de miniatures, dont deux provenaient de Saint-Germain-des-Prés et deux de Sainte-Opportune, pour être déposés, suivant le désir du dit Comité (d'instruction publique), à la bibliothèque de la ci-devant abbaye...» Patert et Lièble en donnèrent récépissé (F^{17} 1261).

tures et gravures de l'émigré Belderbusch⁽¹⁾, celui des estampes et tableaux de Laquenois⁽²⁾ et la suite de l'état des objets réservés dans la maison de l'émigré Maubec.

Le rapport du citoyen Varon sur la dégradation de plusieurs monuments dans différentes parties de la République sera communiqué au Comité de salut public.

Il sera écrit au Comité de salut public pour l'informer qu'il y a inconvénient, sans aucun avantage, à enlever les soufflets d'orgue des églises, attendu que les orgues éprouvent de la dégradation par le déplacement des soufflets, qui sont peu propres d'ailleurs au service des forges⁽³⁾. Les citoyens Grégoire et Varon sont chargés de se rendre auprès du Comité de salut public pour lui communiquer cette observation.

On informera le citoyen Prony qu'il est un des commissaires nommés auprès du Comité des finances pour l'examen de la machine de Trouville.

SÉANCE DU 15 GERMINAL,
L'AN IIe DE LA RÉPUBLIQUE (4 AVRIL 1794).

Orgues des églises. - Tableaux et statues de Meudon. - Livres de Franciade. - Catalogue de livres du régiment de Poitou. - Maison d'émigré à Boulogne. - Table d'acajou. - Église de Saint-Sulpice. - Bronzes de La Fayette et Bailly. - Cabinet d'histoire naturelle de Joubert. - Dépôt des manuscrits. - Cabinet de Bertin. - Les entrepreneurs Scellier et Boucault. - Arrestation de Thillaye. - Table de bois pétrifié. - Jardin de la princesse de Kinski. - Jardin de Cossé. - Objets d'histoire

---

[1] Belderbusch (Charles), natif de Limbourg, ministre plénipotentiaire de l'Électeur de Cologne auprès de la Cour de France de 1778 à 1781, puis grand chancelier dudit Électeur. Très attaché à la France et à Paris, il avait, dans cette ville, conservé un pied-à-terre tout organisé. En avril 1792, il quitta Paris, muni d'un passeport; l'année suivante, au mois de mars, les scellés étaient apposés à son domicile et son nom inscrit sur la liste des émigrés. Belderbusch s'empressa d'adresser une protestation par la voie diplomatique, mais il ne put obtenir justice qu'après maintes tribulations : un arrêté du Comité de législation, en date du 28 thermidor an III, le fit rayer de la liste des émigrés (F⁷ 5611).

[2] Laquenoy, ci-devant prieur du Temple; l'inventaire de ses tableaux au Temple est de Naigeon, 15 pluviôse; il est accompagné d'un état d'estampes et de tableaux déposés rue Saint-Antoine, n° 56 (F¹⁷ 1191, 1269).

[3] Lettre à ce sujet adressée à Carnot, 11 germinal (F¹⁷ 1046).

naturelle du Dépôt des Petits-Augustins. − Mauduit, cabinet de physique. − Le François réclame des instruments de physique. − Cabinet de Pelletier. − Plans de Montbarey à l'Arsenal. − Modèles de machines de guerre de Thiboutot. − Diamants de la caisse aux trois clefs. − Atlas de Janson. − Envoi par Turconi de *L'Antiquité expliquée*. − Ouvrages de l'Inde. − Demande de 4,000[tt] au Ministre. − Cartes géographiques de La Fayette à Mézières et à Sedan. − Plan souterrain de Paris.

Lecture du procès-verbal de la séance du 10 germinal. Adopté.

Le citoyen Molard communique une note sur les orgues des différentes églises de Paris; il est arrêté qu'elle servira d'addition à celles déjà envoyées sur le même sujet au Comité de salut public.

Lecture de l'extrait de la correspondance.

Le Comité de salut public ayant invité la Commission à faire enlever du Grand et Petit-Meudon les tableaux et statues qui ornent ces maisons, les citoyens Dupasquier et Lesueur sont chargés de faire procéder à cet enlèvement.

Un rapport du citoyen Ronesse sur les livres de Franciade est renvoyé à la section de bibliographie[1].

Un catalogue de livres et cartes appartenant au régiment ci-devant Poitou, adressé au Comité d'instruction publique par le département des Ardennes, a été renvoyé par ce Comité à la Commission des arts, qui a chargé le citoyen Buache d'en faire l'examen. Il en résulte que ce catalogue contient la note d'objets qui peuvent intéresser le Comité de salut public, attendu qu'il s'y trouve une indication de cartes essentielles dans les circonstances présentes. Il est arrêté qu'on en informera le Comité de salut public et qu'on lui transmettra le catalogue, ainsi que le rapport du citoyen Buache.

Une lettre du citoyen Leturc est renvoyée au citoyen Molard pour qu'il prenne des renseignements sur les objets indiqués dans cette lettre.

Le district de Franciade demande qu'on fasse l'examen du mobilier d'une maison d'émigré à Boulogne. Le citoyen Barrois est chargé de cet examen.

L'agent est autorisé à mettre en activité le secrétariat destiné à la copie des inventaires de la Commission.

---

[1] *Rapport et questions du citoyen Ronesse sur les bibliothèques nationales du district de Franciade*, renvoyé à la Commission le 13 germinal (F^{17} 1201).

Sur l'avis qu'il existe dans la maison de la Valpallière une table de bois d'acajou d'une grande étendue, il est arrêté qu'elle sera transportée dans une des salles du Comité d'instruction publique.

Le Département donne avis qu'il a nommé le citoyen Barmond pour assister aux séances de la Commission, en qualité de commissaire pour la levée et réapposition des scellés.

Le citoyen Guibert, sculpteur, ayant demandé une autorisation pour continuer les travaux qu'il a commencés dans la ci-devant église de Saint-Sulpice, relativement à la démolition et déplacement des marbres et statues de cette église, la demande est renvoyée au citoyen Bourdon, expert et inspecteur des travaux de ce genre qui se font au nom de la Commission.

Les membres de la section de la peinture et de sculpture sont invités à se rendre dans l'église de Saint-Sulpice pour y examiner quels sont les objets d'arts qui doivent être mis en réserve pour être transportés au Dépôt national.

La Commission ayant chargé quelques-uns de ses membres de faire un rapport sur la question de savoir si l'église de Saint-Sulpice serait convenable pour établir un dépôt de modèles de machines, d'instruments de musique et autres objets, le citoyen Molard fait le rapport.

Après plusieurs discussions, la délibération est ajournée jusqu'au nouveau rapport demandé aux mêmes commissaires pour la prochaine séance sur les emplacements à choisir pour six dépôts nationaux, d'après l'indication transmise par l'administrateur des Domaines nationaux.

Le Ministre de l'intérieur écrit à la Commission pour l'informer qu'il a fait l'envoi des exemplaires de l'instruction rédigée par elle.

Deux médaillons de bronze représentant, l'un le buste de La Fayette et l'autre celui de Bailly, adressés à la Commission par le secrétaire greffier de la Commune, sont mutilés aussitôt, et leurs fragments sont remis à l'agent pour qu'il les livre à la fonte [1].

---

[1] Extrait du registre des délibérations du Conseil général de la Commune de Paris, portant l'arrêté en vertu duquel les deux médailles seront soumises à l'examen de la Commission des arts, 9 germinal (F^{17} 1048, n° 1). Le buste en marbre de Bailly, offert à la Ville par l'Assemblée des Électeurs, avait été inauguré solennellement le 8 avril 1790 et placé dans la salle principale des assemblées de la Commune en regard de celui de La Fayette. (Bailly et Duveyrier, *Procès-verbaux de l'Assemblée des Électeurs*, t. III, p. 53.) — Le buste de La Fayette avait été commandé à Houdon

Sur la question relative à la levée des scellés de la maison de Joubert, les citoyens Richard et Lelièvre annoncent qu'ils viennent de mettre à exécution l'arrêté de la Commission, pris sur la demande du citoyen Denormandie pour la levée des scellés du cabinet d'histoire naturelle dans cette maison; ils déclarent les avoir trouvés bien conservés et avoir laissé au citoyen Doz, gardien, un procès-verbal de cette opération, signé d'eux, du citoyen Fleurit, premier commis du bureau de liquidation des pensions, et dudit gardien.

Le citoyen Vicq d'Azyr fait un rapport sur les mesures à prendre pour l'établissement d'un dépôt des manuscrits et sur leur classification. Adopté. En conséquence, les commissaires, chargés du choix de l'emplacement pour les dépôts nationaux, sont invités à en choisir un convenable pour recevoir les manuscrits déjà mis en réserve, ainsi que ceux qu'on pourrait recueillir encore.

Le citoyen Vandermonde est nommé adjoint au citoyen Langlès pour suivre la recherche des objets chinois de l'émigré Bertin.

Un état des cartes géographiques composant le Dépôt des affaires étrangères, adressé au Comité d'instruction publique, est renvoyé au citoyen Buache, pour qu'il en fasse un rapport, conjointement avec la section du génie militaire.

Sur le rapport des commissaires nommés pour prendre des renseignements sur les citoyens Scellier, marbrier, et Boucault, charpentier, entrepreneurs des ouvrages relatifs à la démolition, déplacement et transport des monuments réservés pour la Nation par la Commission supprimée des monuments et par la Commission des arts, il est arrêté que ces citoyens seront continués dans l'exercice de leurs fonctions et qu'il leur sera délivré copie de l'arrêté qui leur tiendra lieu de commission.

Le Comité d'instruction publique sera invité à renouveler ses instances auprès du Comité de sûreté générale pour qu'il prenne en considération les motifs de l'arrestation du citoyen Thillaye, membre de la Commission des arts; le Comité révolutionnaire de la section de Mutius Scaevola ayant fait parvenir au Comité de sûreté générale les motifs de l'arrestation de ce citoyen [1].

en 1786 par l'État de Virginie pour être placé à Richmond; il fut exposé au Salon de 1787. Un exemplaire avait été offert à la ville de Paris et placé le 28 septembre 1786 dans une des salles de l'Hôtel de Ville : il en fut enlevé le 10 août 1792.

[1] Par lettre en date du 10 germinal, Thillaye avait sollicité de nouvelles dé-

Le Comité d'instruction publique sera invité à demander qu'il soit mis une somme de 15,200" à la disposition du Ministre de l'intérieur pour l'acquisition et frais de garde de quatre tables de bois pétrifié, d'une belle qualité, faisant partie du mobilier de la ci-devant Reine, et qui ont été achetées par un marchand qui consent à les céder à ce prix pour la Nation[1].

Le citoyen Thouin est autorisé à se retirer devant qui de droit pour effectuer l'enlèvement de différents objets, désignés par lui dans le jardin de la ci-devant princesse Kinski.

La section de botanique est autorisée à faire enlever du jardin de Cossé les objets qu'elle croira convenir au Muséum d'histoire naturelle[2].

La même section est autorisée à faire enlever du Dépôt national, rue des Petits-Augustins, les objets d'histoire naturelle qu'elle y a mis en réserve[3].

La section de physique dépose sur le bureau l'inventaire fait par elle chez Mauduit, puni de mort[4].

La Commission des arts, vu l'inventaire des instruments de physique et d'astronomie de l'observatoire de la ci-devant École militaire, du nombre desquels il en est que le citoyen François réclama, renvoie ledit citoyen par-devant le Département, à qui il appartient de prononcer sur la réclamation.

Le rapport du citoyen Molard sur le cabinet Pelletier et la conclusion sur ce rapport seront renvoyés au Comité d'instruction publique.

---

marches en vue d'obtenir sa liberté (F17 1048, n° 1). A la suite de la décision de la Commission des arts, le Comité d'instruction publique arrêta, le 19 germinal, d'écrire au Comité de sûreté générale (*Procès-verbaux* dudit Comité, t. IV, p. 108).

[1] Sur les instances du Comité d'instruction publique, «le Comité des finances accorda la somme demandée et les précieuses tables furent rachetées». (J. Guillaume, *Procès-verbaux du Comité d'instr. publ.*, t. IV, p. 108.)

[2] «Liste des arbres, arbustes et plantes étrangères, transportés de la maison Cossé-Brissac, rue de Grenelle, faubourg Saint-Germain, n° 92, au Muséum national d'histoire naturelle», dressée par Thouin, 24 floréal (F17 1344²).

[3] Catalogue raisonné des productions végétales déposées aux Petits-Augustins. Herbier provenant du cabinet des Jacobins par André Thouin et Desfontaines, 25 brumaire an II (F17 1344²).

[4] Mauduit (Sébastien), traiteur, boulevard Poissonnière, condamné à mort le 11 frimaire an II. — L'inventaire fut fait par Charles le 12 germinal (F17 1219).

Le citoyen Buache dépose sur le bureau l'inventaire des cartes et plans trouvés dans la maison de l'émigré Montbarey, à l'Arsenal[1].

La section du génie militaire dépose sur le bureau l'inventaire des modèles de machines de guerre trouvés chez Thiboutot, émigré[2].

Le citoyen Nitot est chargé de faire un rapport sur les moyens d'assurer la vraie estimation des diamants, perles et pierres fines qui se trouvent dans la caisse aux trois clés à la Trésorerie nationale.

Un citoyen ayant proposé l'atlas de Janson, le citoyen Barrois a été chargé de faire un rapport à ce sujet; il en résulte qu'on ne doit point en faire l'acquisition.

Le citoyen Turconi ayant consulté la Commission sur la conduite qu'il avait à tenir relativement à l'envoi qu'il se proposait de faire d'un exemplaire de l'*Antiquité expliquée*, provenant originairement d'une bibliothèque de moines, on passe à l'ordre du jour, motivé sur ce que l'objet dont il est question n'est pas du ressort de la Commission. Le citoyen Turconi est renvoyé à la Commission des subsistances, chargée de l'inspection des envois chez l'étranger.

Le citoyen Langlès est chargé de faire un rapport sur l'utilité de l'acquisition d'ouvrages de l'Inde, appartenant maintenant au colonel Pollier, et provenant de la bibliothèque du Grand Mogol.

Le Ministre de l'intérieur sera invité à rendre compte de la somme mise à la disposition de la Commission supprimée des monuments pour les dépenses journalières, afin qu'il soit pris un parti relativement à celle qui doit être mise à la disposition de la Commission des arts pour le même objet. Il sera demandé provisoirement au Ministre une somme de quatre mille livres.

La Commission arrête qu'il sera écrit :

1° Aux administrateurs du département des Ardennes pour leur demander des renseignements concernant un grand nombre de cartes géographiques sur satin, laissées à Mézières par le traître La Fayette, et l'état ainsi que le nombre de ces cartes.

2° Aux administrateurs du district de Sedan pour leur demander les mêmes renseignements concernant des cartes géographiques prove-

---

[1] Ledit inventaire est du 14 germinal (F¹⁷ 1052). — [2] «Modèles des machines de guerre trouvées chez Thiboutot» (F¹⁷ 1164).

nant du mobilier de La Fayette et qui ont été déposées au château de Sedan[1].

L'agent est autorisé à communiquer sous récépissé au Comité d'instruction publique les inventaires et autres pièces relatives à la bibliographie, recueillies par la Commission.

Le citoyen Dupont, admis à la séance, promet à la Commission de lui communiquer des notes sur le plan souterrain de Paris, soustrait par Lenoir et par d'Angiviller.

Signé : Mathieu.

SÉANCE DU 20 GERMINAL,
L'AN DEUXIÈME DE LA RÉPUBLIQUE (9 AVRIL 1794).

Cabinet de Choiseul à Marseille. – Imprimé transmis par Renouard. – Hospice de l'Évêché. – Présence de Lacroix, député. – Réception de 70 procès-verbaux d'enlèvements de livres. – Commissaires aux ventes. – Couverture de l'église de Saint-Denis. – Guibert demande à continuer ses travaux. Tableau à Mitry. – Citoyen Cazas chargé du transport du mobilier de Choiseul. – Château de Meudon. – Thillaye. – Demandes de Scellier, Daujon et Nadreau. – Cabinet de Pelletier. – Tableaux au Champ-de-Mars. – Orgues de Paris. – Bourdon chargé d'un rapport sur les orgues. – Fourneau de Bicêtre. – Commissaire estimateur chez Noailles.

On fait lecture du procès-verbal : il est adopté.

Sur la lecture de la lettre du citoyen Cazas qui informe la Commission du délai qu'il éprouve pour son départ à Marseille, à l'effet de faire transporter à Paris les objets d'arts provenant du mobilier de Choiseul-Gouffier, le citoyen Nitot est chargé d'inviter aussitôt le citoyen Cazas à se rendre séance tenante à l'assemblée de la Commission pour se concerter sur les mesures à prendre à cet égard.

Le citoyen Renouard transmet à la Commission un imprimé intitulé : *Observations de quelques patriotes sur la nécessité de conserver les monuments de la littérature et des arts*[2].

---

[1] Par lettre du 27 ventôse, les administrateurs du district de Libreville (Charleville) donnent à la Commission quelques renseignements, très vagues d'ailleurs, sur «une malle que l'on dit avoir été laissée (à Sedan) par La Fayette et contenant des cartes» (F17 1239).

[2] Cf. Guillaume, *Procès-verbaux du Comité d'instruction publique*, t. III, p. 397-399.

On fait lecture d'une lettre du chargé provisoire des fonctions du ministère de l'intérieur[1], relative à l'organisation et à l'administration de l'hospice établi au ci-devant Évêché[2]. Il engage la Commission à se concerter avec le citoyen Quinquet, maître pharmacien[3], pour que l'infirmerie du ci-devant Évêché soit pourvue, le plus tôt possible, de tous les objets qui lui sont nécessaires. La Commission arrête que le président écrira au Département pour autoriser le citoyen Quinquet à retirer, sous son récépissé, des différents établissements nationaux où il se trouve des pharmacies et instruments pharmaceutiques, tous les objets dont il a besoin pour l'établissement de l'hospice, tels qu'ils sont désignés dans un état remis à la Commission par le citoyen Quinquet, signé de lui et du Ministre de l'intérieur[4].

Le citoyen Lacroix, député et présent à la séance, rédige un arrêté relatif à la conservation des objets de sciences et arts retirés du mobilier des émigrés, des déportés, des condamnés. L'arrêté adopté par la Commission sera communiqué au Comité d'instruction publique et à celui des domaines.

La Commission arrête qu'il sera écrit au Département pour accuser la réception de 70 procès-verbaux d'enlèvements de livres, faits dans les différentes maisons d'émigrés par le citoyen Poinçot[5] et qu'il a déposés aux ci-devant Cordeliers[6]. La section de bibliographie est chargée d'en faire l'examen et la vérification.

Il sera également écrit au Département pour accuser la réception de la liste des commissaires aux ventes.

Le citoyen Vandermonde, membre de la Commission, est chargé

---

[1] Aumont (Charles-Arnauld-Nicolas), secrétaire général du Ministère de la justice en 1793, devint chargé provisoire de la Commission des administrations civiles, police et tribunaux; sa lettre est datée du 18 germinal (F17 1257).

[2] L'hospice de l'Évêché était celui des détenus traduits au Tribunal révolutionnaire. Voir sur son fonctionnement la notice de M. Léon Legrand. Un arrêté du Comité de salut public, du 4 ventôse, avait chargé le Ministre de l'intérieur d'organiser l'infirmerie. (Cf. Aulard, *Recueil des actes du Comité de salut public*, t. XI, p. 329.)

[3] Quinquet (Arnould), maître en pharmacie, l'un des officiers de santé de l'hospice de l'Évêché, élabora un règlement pour l'infirmerie en question. (Cf. A. Tuetey, *L'Assistance publique à Paris pendant la Révolution*, t. IV, passim.)

[4] Lettre au Département, 20 germinal (F17 1046). L'état en question, dressé le 6 germinal an II et visé par Paré, fut approuvé par la Commission, le 20 germinal (F17 1343).

[5] Poinçot (Claude), libraire, éditeur des œuvres de J.-J. Rousseau.

[6] La lettre du Département de Paris est du 17 germinal (F17 1048, n° 1).

du Champ-de-Mars, où se trouvent des tableaux et autres monuments qu'il est urgent de faire enlever. Renvoyé à la section de peinture et de sculpture.

Le citoyen Molard fait son rapport sur la conservation des orgues de Paris[1]. La Commission a arrêté que le Département serait invité à faire surseoir à leur vente et qu'extrait de cet arrêté lui sera envoyé. Elle a chargé le rapporteur de se transporter dans les différentes sections de Paris où se trouvent ces jeux, pour aviser aux moyens de les garantir de toute dégradation, en les faisant couvrir des anciennes toiles destinées à cet usage. Il a été aussi autorisé à se concerter avec les citoyens Dallery et Cliquot, facteurs de ces instruments, afin de pourvoir à leur conservation. La liste suivante a été adoptée comme contenant les jeux d'orgue les plus complets : Notre-Dame, Saint-Sulpice, Saint-Merry, Saint-Germain-l'Auxerrois, Saint-Victor, Saint-Paul, Saint-Nicolas-des-Champs, Saint-Roch, Saint-Germain-des-Prés, Saint-Thomas-d'Aquin, Saint-Étienne-du-Mont, Saint-Laurent, Saint-Louis-en-l'Isle, Saint-Médard, Saint-Jacques-du-Haut-Pas, Saint-Nicolas-du-Chardonnet, Saint-Augustin, Saint-Leu, Saint-Gervais. Il a été arrêté en outre que le citoyen Molard ferait à la prochaine séance un rapport sur tous les orgues.

La Commission temporaire des arts charge le citoyen Bourdon de lui présenter des mémoires détaillés des ouvrages commandés par la Commission supprimée des monuments et de ceux commandés par la Commission des arts, afin de statuer sur les sommes dues aux différents entrepreneurs. Le président est invité à écrire au Ministre de l'intérieur, à l'effet de rendre compte des fonds mis à sa disposition pour les dépenses journalières de la Commission : il lui rappellera dans sa lettre l'arrêté de la Commission portant qu'il sera délivré 6,000 livres acompte au citoyen Scellier.

Le citoyen Prosin est chargé de donner une copie du dessin du fourneau de Bicêtre.

Trois commissaires sont nommés pour assister à l'estimation des objets de sciences et arts chez Noailles, savoir : deux membres de la section de peinture et un de celle de bibliographie[2]. Le citoyen Lebrun sera invité à se joindre aux commissaires.

---

[1] Rapport de Molard (F¹⁷ 1274).
[2] Voir l'inventaire des objets d'arts du mobilier de Noailles (bronzes, porcelaines et meubles de Boulle), fait par Bonvoisin

Sur une lettre adressée à la Commission par les administrateurs de la grosse artillerie, on passe à l'ordre du jour, motivé sur ce que cette lettre ne regarde pas la Commission.

SÉANCE DU 25 GERMINAL,
L'AN DEUXIÈME DE LA RÉPUBLIQUE (14 AVRIL 1794).

Département de Saône-et-Loire : objets d'histoire naturelle. – OEuvres de Voltaire. – Lettre du chargé des Affaires étrangères. – Lettre de Franciade. – Mobilier de Rohan et de la veuve Brunoy, émigrée. – Récolement demandé par Mulot. – Douane de Rouen. – Église de Saint-Louis-la-Culture. – Maison de Laborde. – Commissaires du Département. – Société des Jeunes Français. – Tableau de Champagne. – Affaire Thillaye. – Rapport de Vicq d'Azyr. – Vierge de Saint-Sulpice. – Manuscrits de l'Abbaye. – Cabinet de Vaillant. – Cabinet de minéralogie de l'Académie des sciences. – Platine. – Instruments de physique chez l'émigré Thierry. – Église de Saint-Roch. – Plans et cartes du Palais-Bourbon. – Tableaux de Saint-Lazare et de l'École militaire. – Dépôt de cartes. – Four ambulant. – Pouvoirs de Nadreau. – Bibliothèque de l'Observatoire.

La séance s'ouvre par la lecture du procès-verbal : il est adopté avec quelques amendements.

Les administrateurs du département de Saône-et-Loire font passer à la Commission[1] un extrait d'arrêté relatif aux plantes et arbustes qui se sont trouvés chez le rebelle Vichy[2], à Montceaux, district de Marcigny. L'état des plantes et arbustes, joint à l'arrêté, est remis à la section de botanique pour statuer sur leur destination et en instruire promptement les administrateurs.

Le citoyen Delassaux, commissaire aux ventes, prie la Commission de faire enlever le plus tôt possible les œuvres de Voltaire trouvées chez Soudre[3], condamné à mort, rue d'Anjou-Thionville, ainsi que deux bibliothèques assez considérables chez les émigrés Le Chanteur

---

et Picault, le 26 germinal (F17 1191, 1267).
[1] Par lettre du 11 germinal (F17 1257).
[2] Vichy fils (Claude-Marie), *dit* Goëru.
[3] Soudre (Barthélemy), cordonnier, rue d'Anjou-Thionville, n° 6, section de l'Unité, fournisseur de souliers pour les armées, devait livrer 40,000 paires de chaussures aux magasins de Soissons, il fut condamné à mort comme prévaricateur, le 12 frimaire an II (W 300, n° 293).

père et fils[1], place de l'Indivisibilité, dont la maison, par ordre du Comité de salut public, est destinée à la fabrication des canons. La lettre du citoyen Delasseaux est renvoyée à la section de bibliographie.

Lettre du citoyen Bagnard, qui invite la Commission à faire enlever dans le plus court délai les livres, portraits, gravures et estampes qui se trouvent dans la maison Thélusson. Renvoyé aux sections que cette lettre concerne.

Le citoyen Damoye invite la Commission à faire lever les scellés et à procéder à l'enlèvement des livres et tableaux contenus dans l'entresol de la maison d'Aligre, rue et section de Bondi. Cette maison étant louée, le retard de cet enlèvement mettrait le locataire dans le cas de se pourvoir en indemnité contre la République. La lettre est renvoyée à la section de bibliographie et de peinture.

Une lettre du chargé provisoire des Affaires étrangères[2], envoyée au Comité d'instruction publique et renvoyée par ce Comité à la Commission des arts, annonce l'envoi de deux nouveaux états que lui a remis le chef du dépôt des Affaires étrangères. Il annonce qu'aussitôt que les autres catalogues lui parviendront, il s'empressera de les envoyer à la Commission; ces deux états ont été remis au citoyen Buache.

Le citoyen Pigoreau, commissaire du Département, invite la Commission des arts à faire enlever plusieurs bibliothèques, principalement celle de l'émigré Robert Saint-Vincent, rue Hautefeuille[3]. Sa lettre est renvoyée à la section de bibliographie.

On fait lecture de la lettre du directoire de Franciade[4], qui invite la Commission des arts à nommer des commissaires pour vérifier si un devant d'autel en or et en vermeil, sculpté en relief et enrichi de pierres précieuses[5], mérite d'être conservé, ainsi qu'une croix de cristal montée

---

[1] L'inventaire de la bibliothèque des émigrés Le Chanteur, père et fils, fut fait par Poirier, le 25 germinal (F^{17} 1195).

[2] Le commissaire aux relations extérieures depuis le 20 germinal était Philibert Buchot, substitut de l'agent national Payan, qui avait remplacé Hermann et Goujon, eux-mêmes successeurs de Deforgues, arrêté le 12 germinal.

[3] Inventaire des livres trouvés dans la maison de Robert de Saint-Vincent, rue Hautefeuille, n° 25; cette importante bibliothèque comprenait 989 articles, dont un certain nombre de manuscrits, notamment de Lamoignon, de Mirabeau père, sur différentes matières, en 12 boîtes et 4 portefeuilles, divers recueils de chartes sur la Lorraine et le château de Nantes (F^{17} 1195).

[4] En date du 22 germinal (F^{17} 1257).

[5] Probablement le grand bas-relief en vermeil, représentant *l'Adoration des bergers*, œuvre de la fin du XVII° siècle qui ornait le devant du maître-autel et a été conservée.

en vermeil, avec des gravures sur le cristal. Un membre observe que depuis quelques mois, il est décidé que le devant d'autel serait livré à la fonte : mais sur une observation qu'il peut contenir des objets originaux propres à attester les progrès du génie et la perfection des arts, trois commissaires, les citoyens Nitot, Lelièvre et Poirier, sont nommés pour se transporter à la Monnaie et au Muséum et visiter les objets d'arts et de sciences, venus et venant de Franciade.

Le citoyen Bezaut, commissaire du Département, invite la Commission à nommer un ou plusieurs de ses membres pour faire la visite du mobilier du ci-devant prince Rohan-Rochefort, en sa maison, rue de Varennes. La Commission nomme pour cet effet les citoyens...

Lettre du citoyen Thuret qui prévient la Commission que la vente du mobilier de la veuve Brunoy[1], émigrée, devant commencer incessamment, il est instant de faire enlever les objets que la Commission a désignés pour être distraits de ce mobilier. Renvoyé aux sections que cette lettre concerne.

D'après la lecture de la lettre du citoyen Mulot[2], la Commission arrête : 1° qu'il sera fait un inventaire général de tous les objets compris dans le Dépôt de la maison de Nesle, avec des numéros particuliers constatant le cabinet d'où proviennent ces objets; 2° l'estimation des objets se fera en même temps que l'inventaire sur un registre séparé[3]; 3° les détails de l'inventaire sont remis à la sagesse des commissaires, auxquels le citoyen Bonvoisin est nommé adjoint; 4° les commissaires sont autorisés à choisir ceux qu'ils jugeront à propos pour terminer le récolement désiré par le citoyen Mulot.

La Commission des subsistances et approvisionnements de la République donne avis à la Commission des arts[4] qu'il est resté dans la douane de Rouen diverses marchandises qui, n'étant réclamées par personne, doivent être vendues au profit de la République. La Commission arrête que cet avis sera renvoyé au Comité d'instruction publique.

Sur la proposition d'un membre, la Commission charge l'expert de

[1] Perusse d'Escars (Françoise-Émilie), domiciliée rue du Faubourg-Saint-Honoré. Voir son dossier F7 5649 et le registre du Dépôt de Nesle, F17 1192², fol. 33.
[2] Dans cette lettre, datée du 24 germinal, Mulot expose ses idées sur la manière la plus rationnelle de procéder pour mener à bonne fin le récolement des objets conservés au Dépôt de Nesle (F17 1048, n° 1).
[3] Ce registre forme un vol. in-fol. (F17 1192²).
[4] Par lettre du 23 germinal (F17 1048, n° 1).

faire procéder sans délai à la dépose et au transport des monuments de la ci-devant église Louis-la-Culture, rue Antoine.

On fait lecture d'une lettre du citoyen M***, qui instruit la Commission que des objets d'arts très précieux sont enfouis dans la maison de Laborde, rue Cerutti. La lettre est renvoyée aux sections de peinture, de sculpture et d'antiquités. Les citoyens Naigeon, Dupasquier, Le Blond sont chargés par un arrêté de la Commission d'aller faire une fouille dans le jardin de Laborde.

Un membre propose de mettre à exécution l'article du règlement de la Commission des arts portant que deux commissaires du Département soient tous les jours, depuis 9 heures du matin jusqu'à midi, à poste fixe et dans un lieu déterminé, pour accompagner sans délai les membres de la Commission dans les opérations que des circonstances souvent imprévues et très urgentes pourront exiger. En conséquence, la Commission des arts arrête que les citoyens Verger et Binay, commissaires du Département, se rendront tous les jours à cet effet au bureau du secrétariat de la Commission depuis 9 heures jusqu'à midi.

La Commission des arts, instruite par un de ses membres que les armoires placées dans le cabinet d'histoire naturelle et celui des estampes du ci-devant séminaire de Saint-Sulpice peuvent être facilement employées au même usage dans la maison d'éducation des Jeunes Français, arrête qu'elles y seront transportées et remontées le plus tôt possible; que les objets d'histoire naturelle y seront également transférés après la confection de l'inventaire et le prélèvement de ceux qui, par leur rareté, mériteraient d'être placés au Muséum d'histoire naturelle.

Le citoyen Bonvoisin expose qu'il existe un tableau de Champagne, représentant *la Visitation*, provenant du petit cloître Saint-Étienne et que le citoyen Piquenot l'avait mis en sûreté chez lui. Le citoyen Nadreau est autorisé à retirer ce tableau des mains du citoyen Piquenot pour le transporter au Dépôt des Petits-Augustins.

Il sera écrit au Département pour l'inviter à nommer des commissaires chargés de lever les scellés apposés dans la maison de l'Abbaye-aux-Bois, à l'effet de procéder à l'enlèvement des livres restés dans cette maison.

L'agent dépose sur le bureau trois cachets, dont l'un pour la section de musique; les deux autres, pour la section de bibliographie, sont remis aux citoyens Barrois et Poirier.

Le citoyen Thillaye fait parvenir 400 numéros pour d'Alfort. Cet envoi est accompagné d'une lettre dont on fait lecture et à laquelle est joint l'état de la vie civile de ce citoyen[1]; il est arrêté que cet état sera transmis au Comité d'instruction publique.

Le citoyen Vicq d'Azyr lit un projet d'adresse de la Commission temporaire des arts au Comité d'instruction publique, dont le but est de lui faire connaître différents abus qui favorisent l'exportation des objets d'arts et de sciences chez l'étranger. C'est en accaparant ces objets dans les ventes qu'on vient à bout de les enlever à la République. On priera le Comité d'instruction publique d'inviter le Comité de salut public à faire décréter l'établissement d'un fonds près la nouvelle Commission d'instruction publique, lequel serait destiné à l'acquisition des objets d'arts et de sciences qui seraient jugés les plus utiles à la gloire et à l'instruction du peuple français, et dont il ne serait disposé que sur le rapport du Comité d'instruction publique et avec l'agrément du Comité de salut public. L'adresse exprime le vœu des naturalistes pour la conservation des cabinets de Joubert et Darcy; l'adresse a été approuvée par la Commission, qui a arrêté qu'elle serait envoyée au Comité d'instruction publique.

Les membres de la section de peinture et de sculpture sont chargés de faire enlever les objets d'arts qui se trouvent dans la maison des Messageries, rue Notre-Dame-des-Victoires, dans laquelle on doit établir des bureaux pour l'une des douze Commissions qui vont remplacer le Conseil exécutif.

Le citoyen Bourdon est chargé de faire procéder incessamment à l'enlèvement de la Vierge en marbre, placée dans une des chapelles de la ci-devant église de Saint-Sulpice, ainsi qu'à l'enlèvement des autres marbres déposés dans la même église, et de ceux qui sont de nature à

---

[1] Voir cet état, ou plutôt cette notice détaillée, en date du 20 germinal, sous la cote F17 1048, n° 1. Thillaye rappelle notamment qu'il a été chargé, «comme chirurgien major de la section armée de Mucius Scevola, de visiter ceux qui se sont enrôlés, tant pour l'armée du Nord que pour la Vendée», et qu'il s'est «toujours fait un devoir d'avertir, lorsqu'il apercevait des hommes peu propres à être incorporés avec les patriotes». Il était à la journée du 10 août aux Tuileries avec les canonniers de son bataillon, «où, dit-il, j'ai pansé tant sur le Carrousel qu'à l'hôtel de Longueville, nombre de patriotes blessés».

l'être encore, avec injonction ne ne pas descéller les marbres de revêtissement qui ornent les piliers, mais, au contraire, de prendre des mesures pour préserver ceux qui restent encore des dégradations auxquelles ils pourraient être exposés. Le citoyen Boucault exécutera l'enlèvement et le transport des colonnes et des autres objets qui sont d'un poids extraordinaire[1].

Le citoyen Poirier rend compte du transport effectué par lui de quatre manuscrits dans la bibliothèque de la ci-devant abbaye de Saint-Germain.

Le citoyen Barrois dépose sur le bureau l'inventaire des livres trouvés dans la maison des émigrés d'Auteroche et Maillebois.

Un rapport fait par les citoyens Richard et Lamarck sur le cabinet d'histoire naturelle du citoyen Vaillant est renvoyé au Comité d'instruction publique[2].

Le citoyen Lelièvre dépose sur le bureau l'inventaire du cabinet de minéralogie dans la ci-devant Académie des sciences[3].

Les citoyens Vicq d'Azyr, Besson, Nitot, Lenoir sont chargés de faire des recherches sur la platine, apportée chez Le Blond et déposée chez l'émigré d'Angiviller.

Le citoyen Lenoir est chargé de prendre des renseignements sur des instruments de physique, qu'on dit avoir appartenu à l'émigré Thierry.

Les commissaires nommés précédemment pour faire l'examen de la ci-devant église de Saint-Sulpice et des objets d'arts qu'elle contient sont chargés de faire le même examen dans celle de Saint-Roch; le citoyen Dardel leur est adjoint.

L'agent est chargé de faire procéder à la copie des inventaires qui peuvent être les plus nécessaires dans les circonstances présentes.

La Commission autorise le citoyen Buache à retirer du ci-devant Palais-Bourbon les plans et cartes qui se trouveraient dans les archives et à les remettre à la Commission des travaux publics sous récépissé.

---

[1] Voir un rapport de Lannoy, Dupasquier et Bourdon, sur les marbres déposés dans l'église de Saint-Sulpice et qui sont à transporter aux Petits-Augustins. Il s'agit principalement de colonnes en marbre cipolin, bleu turquin et en granit rose, 25 germinal (F^{17} 1265).

[2] Le rapport en question est signé Lamarck. Il mentionne notamment comme objets remarquables une girafe et une collection de 324 oiseaux étrangers (F^{17} 1224).

[3] Cet inventaire, commencé le 9 septembre 1793, porte les signatures de Besson et de Lelièvre (F^{17} 1344²).

Le citoyen Nadreau sera chargé de transporter au Dépôt national, rue des Petits-Augustins, onze tableaux qui ornaient les archives du ci-devant ordre de Saint-Lazare, ainsi que d'autres tableaux placés dans l'église et des salles de la ci-devant École militaire.

Le citoyen Buache prendra des renseignements sur le dépôt de cartes confié à la garde du citoyen Desmarest.

Les commissaires chargés de faire un rapport demandé par le Comité de salut public sur un four ambulant seront invités à faire ce rapport à la prochaine séance; en conséquence, il sera écrit au citoyen Molard, l'un de ces commissaires.

Le citoyen Nadreau ayant exposé que les pouvoirs qui lui avaient été accordés par la Commission des arts dans la séance du 10 germinal ne regardaient que le transport des tableaux dans les dépôts nationaux, la Commission, dans la séance de ce jour, a arrêté que les pouvoirs et l'autorisation donnés au citoyen Nadreau s'étendraient à tous les autres objets pour lesquels il sera requis par la Commission des arts.

Le citoyen Ameilhon dépose sur le bureau l'inventaire des livres composant la bibliothèque de l'Observatoire[1].

SÉANCE DU 30 GERMINAL,
L'AN DEUXIÈME DE LA RÉPUBLIQUE (19 AVRIL 1794).

Maison des Invalides. – Marbres des Petits-Augustins pour le Panthéon. – Cabinet d'anatomie du duc d'Orléans. – Avis aux commissaires aux ventes. – Figures de bronze de Notre-Dame. – Tableaux de la maison d'Elbeuf. – Manuscrit de Franciade. – Chandeliers en bronze. – Académie d'architecture. – Vitraux d'église. – Demande de Théophile Mandar. – Suppression de la Commission des arts de Versailles. – Orgues à conserver. – Guillemard, restaurateur de tableaux. – Cabinet Bertin. – Lettre au Comité de salut public pour mettre en réquisition les membres de la Commission. – Barreau, tourneur d'Avignon. – Catalogues des livres dans le département de la Meurthe. – Cartes géographiques. – Cabinet d'histoire naturelle de Dufrêne. – Figures des quatre vertus cardinales à Franciade. – Jardin de botanique à Montceaux, département de Saône-

---

[1] Catalogue des livres de l'Observatoire de Paris, dressé par Ameilhon, Perny, directeur temporaire de l'Observatoire, et Cassini, ancien directeur, le 9 frimaire an II, avec procès-verbal de remise de la bibliothèque à Jean Perny (F^{17} 1261).

et-Loire. — Orangerie de Sceaux. — Examen du prétendu lait de la Sainte-Vierge. — Platine. — Maison d'Angiviller. — Affaire Thillaye. — Maisons de dépôt des objets des émigrés. — Beuvelot. — Découverte de statues égyptiennes. — Raincy. — Aménagements des Petits-Augustins et du Dépôt de Nesle. — Tableaux de Penthièvre.

Le procès-verbal de la dernière séance est lu et adopté avec quelques changements.

On lit un arrêté de l'administration de la maison nationale des Invalides relatif à l'exhumation des cercueils et à l'enlèvement des grilles. Renvoyé aux sections de sculpture et d'architecture.

Le citoyen Lannoy est nommé pour faire le triage des marbres des Petits-Augustins, propres au pavement du Panthéon [1].

D'après une lettre du chargé provisoire des fonctions du Ministère de l'intérieur [2], le citoyen Fragonard est désigné pour estimer contradictoirement avec le citoyen Desoteux [3] les objets du cabinet d'anatomie du ci-devant d'Orléans.

Il sera écrit aux commissaires du Département de Paris pour les inviter à indiquer les objets qui dominent dans les différents mobiliers dont ils demandent l'examen, et pour les engager à marquer exactement leurs noms et leurs demeures [4].

On avait d'abord arrêté que les six figures de bronze placées dans la ci-devant église de Notre-Dame, ainsi que les autres figures du même genre, seraient transportées aux Petits-Augustins, et que le devant d'autel de la même église serait envoyé à la Monnaie, mais cet article est renvoyé à un nouvel examen, et il sera fait un rapport sur cet objet par la section de sculpture.

La section de peinture est chargée d'examiner les tableaux de la maison d'Elbeuf.

On demande ce qu'est devenu un manuscrit orné de peintures et d'un fini précieux qui existait dans la ci-devant abbaye de Franciade. Renvoyé à la section de bibliographie.

Il sera écrit à la Commission des subsistances pour lui demander si

---

[1] Voir à ce sujet une lettre du chargé provisoire des fonctions de Ministre de l'intérieur au président de la Commission des arts, 26 germinal (F^{17} 1257).

[2] En date du 26 germinal (F^{17} 1257).

[3] Dezoteux (François), chirurgien consultant des armées en 1778, devint inspecteur général des hôpitaux militaires en 1789.

[4] Lettre aux commissaires aux ventes, 30 germinal (F^{17} 1046).

[19 avril 1794] DE LA COMMISSION TEMPORAIRE DES ARTS. 143

elle a un local où l'on puisse déposer les bras et chandeliers en bronze doré, qui ont été portés à la maison Maupeou, rue de l'Université.

Le citoyen Fourché sera invité à venir faire à la Commission des arts sa demande relativement à la levée des scellés posés sur la ci-devant Académie d'architecture, où est établi son atelier pour la fabrication des nouveaux poids républicains.

L'examen et l'enlèvement des vitraux et morceaux de sculpture de l'église Saint-Étienne du-Mont, des vitraux et autres objets d'arts du ci-devant château d'Écouen et des vitraux des charniers de ci-devant (sic) Saint-Paul, est renvoyé à la section de peinture et de sculpture.

On lit une lettre de l'adjoint du Ministre de la marine relative au citoyen Théophile Mandar, qui demande une gratification pour la traduction manuscrite d'un ouvrage anglais contenant un voyage et retour de l'Inde par terre, par Howel, officier de la Compagnie des Indes[1], etc. Renvoyé à la section de marine et de géographie pour en faire un rapport.

Il sera écrit au citoyen Laumond, administrateur des Domaines nationaux, pour lui dire que la Commission des arts, établie à Versailles, étant supprimée par le décret du 28 frimaire qui constitue la Commission temporaire des arts, cette Commission ne peut continuer ses fonctions[2].

Il sera demandé de nouveaux renseignements à l'auteur du projet des fours ambulants; le citoyen Molard est nommé commissaire pour cet objet.

Le citoyen Molard fait un rapport sur les toiles à employer pour la conservation des orgues et sur les soufflets des orgues, sur les orgues qu'on peut conserver et sur ceux qu'on peut détruire.

Les citoyens Molard, Prony et Charles sont chargés de faire un rapport sur les orgues à conserver. Ce rapport sera adressé au Comité de salut public.

[1] Cette traduction de Michel-Philippe Mandar, dit Théophile Mandar, parut en 1796 sous le titre : *Voyage et retour de l'Inde par terre*, de Th. Howel, in-4°.

[2] Voir à ce sujet une lettre du 24 germinal, par laquelle l'administrateur provisoire des Domaines nationaux invite le Comité d'instruction publique à statuer définitivement sur la suspension des opérations de la Commission des arts établie dans le département de Seine-et-Oise, suspension de nature à retarder la vente de quantité de tableaux et gravures rassemblés dans plusieurs districts (F17 1048, n° 1). La Commission des arts de ce département avait, en effet, adressé une pétition au Comité d'instruction publique en vue d'être admise à continuer ses travaux, mais le Comité passa à l'ordre du jour sur cette demande, le 25 germinal. (*Procès-verbaux du Comité*, t. IV, p. 170-174.)

144   PROCÈS-VERBAUX   [19 avril 1794]

Lettre du citoyen Guillemard relative au concours pour la restauration des tableaux. Renvoyé à la section de peinture.

La section de bibliographie fera dans le plus court délai transporter dans un dépôt national les livres qui se trouvent à la maison Rohan-Rochefort[1], ainsi que les livres et tableaux qui sont à la maison Thélusson, rue Cerutti.

Il sera écrit au Département qu'il ne suffit pas de donner un local pour le dépôt des livres, mais qu'il faut encore que ce local soit disposé pour les recevoir.

Les sections de musique, de peinture, d'histoire naturelle et de bibliographie sont invitées à se transporter à la maison Nesle pour examiner les objets du cabinet Bertin, formant la précieuse collection de la Chine, qui y sont déposés. Le citoyen Langlois remet sur le bureau l'état de ces objets et demande qu'il en soit fait mention[2]. Accordé.

Il sera fait plusieurs copies de cet état et la première sera envoyée au citoyen Naijon.

Le citoyen Portal[3] lit un projet de pétition au Comité de salut public pour représenter que les décorations qui lui ont été accordées en considération de ses services dans les arts ne doivent pas être confondues avec des titres de noblesse. On demande que l'exception soit étendue sur tous les membres de la Commission. Il est arrêté qu'il sera écrit au Comité de salut public pour le prier de déclarer que les membres de la Commission des arts sont mis en réquisition pour l'intérêt de la République, en vertu du décret qui les a nommés membres de cette Commission[4].

---

[1] Voir le procès-verbal de transport de cette bibliothèque, de la rue de Varenne au Dépôt des Cordeliers, le 17 pluviôse an II (F¹⁷ 1193).

[2] Voir l'état de ces objets, en deux parties, daté du 29 germinal (F¹⁷ 1188¹, 1344²).

[3] Portal (Antoine), professeur d'anatomie au Jardin du Roi, avait été nommé chevalier de l'ordre de Saint-Michel.

[4] La lettre en question est du 30 germinal (F¹⁷ 1046). Il y est dit notamment : «Quoique aucun ci-devant noble d'origine ne se trouve dans la réunion de savants et d'artistes (composant la Commission), il s'en trouve cependant qui se croient placés sur la limite du décret, et que cette opinion jette dans la plus grande incertitude, on peut même dire dans l'inquiétude, attendu qu'ils ne se verraient pas sans peine écartés d'un travail dont un choix honorable les a chargés. Ce sont en quelque sorte des officiers de fortune de l'ancien régime qui auraient à se plaindre des rigueurs du nouveau, ce qui n'est point entré dans votre intention, lorsque vous avez présenté une mesure de police générale».

On lit une lettre datée d'Avignon[1], en faveur du citoyen Barreau, tourneur, qui n'a, dit l'auteur de la lettre, son égal ni dans la République, ni dans l'Europe entière, etc. Renvoyé au Comité d'instruction publique.

Le citoyen Poirier fait un rapport sur un mémoire du citoyen Lecreulx, relatif à la confection des catalogues des livres du département de la Meurthe. Renvoyé au Comité d'instruction publique[2].

La Commission arrête que les scellés seront apposés sur le dépôt de cartes géographiques provenant du ci-devant hôtel d'Angiviller, dont la garde a été confiée au citoyen Desmarest, et qu'il en sera fait incessamment l'inventaire.

Le citoyen Dufrêne écrit que le Département a mis les scellés dans la maison où il demeure, et que le gardien a reçu l'ordre de ne rien laisser sortir, que cependant il est propriétaire d'un cabinet d'histoire naturelle, situé dans cette maison, et que son goût pour cette science le mettant dans le cas d'acheter, de troquer, d'échanger journellement, il doit être libre de disposer de sa propriété, etc. Renvoyé au Département.

La section de bibliographie est chargée de faire un rapport sur la manière d'organiser ses bureaux.

Le citoyen Rozy, chargé par le Ministre de la guerre d'enlever les cuivres et plombs qui se trouvaient, à l'époque du 30 ventôse, dans la commune de Franciade, demande que la Commission fasse examiner quatre figures en cuivre représentant les quatre vertus cardinales, qu'il a fait transporter au dépôt des métaux, maison Maupeou, rue de l'Université. Renvoyé à la section de sculpture.

La section de botanique fait un rapport sur les végétaux qui se trouvent chez Vichy, à Montceaux, département de Saône-et-Loire[3]. Il est arrêté qu'il sera écrit aux administrateurs du district de Marcigny pour les engager à conserver la serre chaude, et à y faire cultiver ces plantes,

---

[1] Cette lettre de recommandation est signée de plusieurs fonctionnaires civils et militaires; elle est datée d'Avignon, 6 pluviôse (F17 1047).

[2] Voir une lettre de Lecreulx, ingénieur en chef des ponts et chaussées du département de la Meurthe, en date du 25 nivôse an II, à laquelle est jointe un rapport sur la bibliothèque des Bénédictins de Saint-Nicolas-du-Port (F17 1081, n° 1.)

[3] Dans leur rapport, Thouin et Desfontaines estiment qu'il convient de conserver à la Nation le jardin et la serre de l'émigré Vichy et de cultiver les plantes qu'ils renferment pour le plus grand profit de l'instruction publique (F17 1344²).

ainsi que les arbres et arbustes du jardin qui doivent faire partie de la même collection. On leur demandera le catalogue de ces derniers et même des plantes de pleine terre que le jardin peut renfermer.

Rapport du citoyen Thouin sur les moyens d'utiliser l'orangerie de Sceaux [1]. Il est arrêté que les différents objets de cette orangerie seront transportés à Versailles, et que copie de cet arrêté sera envoyée au Comité des domaines.

L'examen des différents objets d'imposture religieuse, énoncés par le citoyen Lelièvre, et entre autres du lait de la sainte Vierge, est renvoyé à la section de chimie.

Il sera écrit par le citoyen Lenoir au citoyen Rochon pour lui demander des éclaircissements sur la platine qui avait été apportée par le citoyen Le Blond.

Il sera écrit à l'administration du district de Versailles pour l'informer qu'il existait dans la maison d'Angiviller un grand nombre de tableaux précieux ainsi que des bijoux et, entre autres, une tabatière et un gobelet en platine. Il lui sera demandé des renseignements sur ces différents objets.

Le citoyen Thillaye envoie un nouveau paquet de numéros. On renvoie l'affaire du citoyen Thillaye au Comité d'instruction publique, afin qu'il demande au Comité de sûreté générale l'élargissement de ce citoyen, dont la présence et les travaux sont nécessaires aux opérations de la Commission.

Les quatre maisons indiquées par le citoyen Buache pour y déposer les objets de sciences et arts provenant des maisons d'émigrés sont adoptées. Ces maisons sont : 1° la maison de Croy d'Havré, rue de Lille, ci-devant Bourbon; 2° la maison de Juigné, rue de Thorigny, au Marais; 3° la maison du ci-devant prince Xavier, rue faubourg Honoré; 4° une maison occupée par Mique [2], architecte, rue des Orties.

Le citoyen Beuvelot présente un tableau de machines à forer les fusils. Renvoyé à la section des machines.

---

[1] En date du 30 germinal an II (F17 1344²). — Thouin propose notamment d'incorporer l'orangerie de Sceaux à celle de Versailles, ou de la transporter à Paris pour en décorer le jardin du Palais national.

[2] Mique (Richard), l'un des intendants des Bâtiments de la Liste civile, d'abord directeur général des bâtiments du roi de Pologne, en 1763, devint premier architecte du Roi en 1775; il fut condamné à mort le 19 messidor an II (W 409, n° 941).

Sur le rapport des commissaires nommés pour procéder à la fouille à faire dans le jardin de Laborde, à l'effet de découvrir des statues égyptiennes qui y étaient enfouies, il a été arrêté que ces statues, ayant été trouvées, seraient transportées incessamment au Muséum des arts et que le citoyen Scellier serait chargé de ce transport.

Il est arrêté que, lorsqu'on enverra des commissaires dans une commune, l'agent de la Commission aura soin d'en prévenir à l'avance les administrateurs de cette commune.

Des membres de la Commission se transporteront au Raincy pour empêcher la vente des objets qui doivent être conservés. L'agent est chargé d'en prévenir la municipalité du Raincy.

Sur la demande, et d'après différentes observations du citoyen Lannoy, le citoyen Bourdon est autorisé à faire effectuer au Dépôt national, rue des Petits-Augustins, les percements de portes et autres débouchés nécessaires pour que les voitures qui y apportent journellement des marbres puissent pénétrer jusques dans l'intérieur du jardin.

Le citoyen Lannoy est nommé commissaire pour visiter et disposer de la manière la plus utile le Dépôt de Nesle.

Le citoyen Picault est autorisé à prendre des renseignements sur les tableaux de la maison Penthièvre et, notamment, à faire la recherche de ceux qui ont été confiés par cette maison au citoyen Duhoutiers.

SÉANCE DU 5 FLORÉAL,

L'AN DEUXIÈME DE LA RÉPUBLIQUE (24 AVRIL 1794).

Orangerie de Sceaux. – Bosquillon. – Orgues. – Inventaire des objets de l'Académie des sciences. – Recette pour préserver les laines des insectes. – Roubaud, du Port de la Montagne. – Mausolées de Vienne. – Procès-verbaux de transport de bibliothèques. – Cartes géographiques du dépôt de Versailles. – Mémoire de l'ingénieur Lecreulx. – Bibliothèque de Thierry. – Fonds à la disposition de la Commission. – Maison Duruey, à Mortefontaine. – District de l'Égalité. – Bibliothèque de la maison Victor. – Plan de géographie souterraine présenté par Dupont. – Machine de Marly. – Pain de pommes de terre. – Chaire de l'église de Saint-Antoine. – Statue de La Roche-Guyon. – Tables de bois pétrifié. – Objets d'arts à Angers. – Tableaux de Laborde. – Lettre à l'accusateur public. — Manuscrits d'Hérault de Séchelles et Rosambo. — Deux statues de Houdon. — Objets d'arts de Ville-Affranchie. — Objets d'arts des colonies. — Cachets à Ameilhon et aux sections de la Commission. — Estimateurs. — Séminaire Saint-Sulpice. — Beuvelot. — Mission de Jacquin. — Modèles de vaisseaux et machine à forer les canons. — Objets appartenant à la ci-devant Reine. — Demandes des citoyens Foucher et Cabiran.

On fait lecture du procès-verbal. Un membre demande qu'à l'article relatif au transport de l'orangerie de Sceaux à Versailles on ajoute que l'arrêté sera communiqué au Comité des domaines. Un autre membre demande que le mot *maison* soit substitué dans la rédaction au mot *hôtel*. Le procès-verbal est adopté avec ces additions et changements.

Les citoyens Bosquillon, professeur au Collège national, et Vignières, officier de santé, demandent à être mis en réquisition. Renvoyé au Comité d'instruction publique.

Le citoyen Molard demande qu'il soit fait lecture d'un modèle de lettre à adresser au Comité de salut public, relativement aux orgues qu'il est utile de conserver, et à ceux qu'on peut dénaturer sans préjudice pour les arts. Lecture faite de cette lettre, il est arrêté qu'elle sera communiquée aux citoyens Charles et Prony, chargés avec le citoyen Molard de faire un nouveau rapport sur cet objet.

Les citoyens Vicq d'Azyr et Poirier sont chargés de faire l'examen et l'inventaire des manuscrits, mémoires et registres déposés dans les salles, soit dans le secrétariat de la ci-devant Académie des sciences, pour être lesdits objets réunis ensuite dans le dépôt général de la ci-devant Académie.

Un citoyen demande qu'une recette déposée par la femme Belette à la ci-devant Académie des sciences et renfermée dans un paquet qu'on ne devait ouvrir qu'après la mort de cette femme soit rendue publique. Cette recette a pour objet de préserver les laines du ravage des insectes qui s'y attachent. Le citoyen Vicq d'Azyr est chargé de prendre tous les renseignements nécessaires relativement à cet objet.

D'après une lettre du citoyen Roubaud[1], dans laquelle il se plaint des entraves que l'agent national près les commissions administratives du Port de la Montagne met aux opérations dont il est chargé relativement aux inventaires et catalogues des bibliothèques, il est arrêté

---

[1] Sous-chef des bureaux civils du contrôle de la Marine; sa lettre est du 17 germinal (F¹⁷ 1047, n° 1).

qu'il sera écrit aux administrateurs du district du Port de la Montagne pour leur rappeler les décrets de l'Assemblée nationale, et pour leur demander l'état de leur travail sur les dépôts littéraires.

Les administrateurs du district de Vienne demandent quelles mesures ils doivent prendre pour le transport et la conservation de deux mausolées, en marbre, qui existent dans la ci-devant église cathédrale de Vienne [1]. Renvoyés à l'instruction.

Le Département de Paris envoie vingt-quatre expéditions de procès-verbaux de transport de différentes bibliothèques au Dépôt des ci-devant Cordeliers. L'agent est chargé d'en accuser la réception.

Il sera écrit au Département de Paris que la Commission n'a point arrêté la conservation des objets mentionnés en sa lettre du 29 germinal, lesquels consistent en fleurs de lys et Saint-Esprit en plomb doré, et que ces objets peuvent être envoyés à la fonte et convertis en balles.

Le commissaire des relations extérieures envoie cinq nouveaux états des cartes et ouvrages géographiques du Dépôt de Versailles. Il annonce que les ordres les plus précis ont été donnés pour la confection de ce travail. Renvoyé au citoyen Buache.

On lit une lettre du citoyen Lecreulx [2] et un mémoire sur la formation des bibliothèques, faisant suite à celui qu'il a déjà envoyé sur cet objet. La Commission arrête l'ajournement du projet et le renvoi des pièces à la section de bibliographie. Il sera écrit au citoyen Lecreulx pour lui accuser la réception de ses états et pour lui faire part de cet arrêté.

Les sections de musique et de bibliographie sont chargées de faire enlever les objets mis en réserve chez l'émigré Caillot Lasalle, rue de Grenelle, n° 370.

Les citoyens Vicq d'Azyr et Poirier sont autorisés à examiner la bibliothèque Thierry [3] et à prendre en livres, s'ils le jugent convenable et d'après une estimation préalable, la part à laquelle la Nation a le droit de prétendre dans le mobilier de cette succession.

---

[1] Lettre des administrateurs du district de Vienne au Comité d'instruction publique, 16 germinal (F17 1239).

[2] Sa lettre au Comité d'instruction publique est du 23 germinal, il y rend compte des mesures prises pour l'inventaire des livres nationaux du département, déclare que, sur 64 bibliothèques réunies à Nancy, 42 sont classées, et expose ses vues sur la composition des bibliothèques à former dans les districts (F17 1047, n° 1).

[3] C'était le Comité d'instruction publique qui avait chargé la Commission des arts de prendre connaissance de cette bibliothèque. (Voir les Procès-verbaux du Comité, t. IV, p. 242.)

Il est arrêté que l'agent se retirera dans les bureaux du ci-devant Ministre de l'intérieur et par-devant la Commission d'instruction publique, pour prendre des renseignements sur l'état des fonds qui peuvent être mis à la disposition de la Commission des arts.

On lit une lettre du citoyen Desmoulins[1], dans laquelle il prévient la Commission qu'il existe à Mortefontaine, dans la maison Duruey[2], un cabinet d'histoire naturelle, des objets de physique et une bibliothèque. Il est arrêté que le citoyen Thouin s'y transportera pour examiner ces objets et en rendra compte.

Il sera écrit au Département que c'est au district de l'Égalité à faire tout ce qu'il est nécessaire pour la réunion des monuments de son arrondissement, sauf au conservatoire du Muséum à faire ses recherches et à la Commission des arts à exercer sa surveillance. On fait quelques observations sur l'étendue et sur les limites des pouvoirs de la Commission. Il n'est rien statué sur cet objet.

On fait lecture d'une lettre du citoyen Ameilhon relative à la bibliothèque de la maison Victor, rue Victor. Il annonce qu'il existe dans cette bibliothèque des objets d'arts et de sciences qui peuvent intéresser les différentes sections de la Commission des arts. Il en est donné avis à toutes les sections de la Commission.

Le citoyen Dupont, membre du Département de Paris, admis à la séance, présente un plan de géographie souterraine de la commune de Paris et de ses environs. Les commissaires nommés pour examiner ce travail sont les citoyens Buache, Prony, Lelièvre, Lannoy, David Le Roy, Beuvelot et Lenoir. Tous les autres membres de la Commission sont également invités à y assister. Le jour fixé pour cet examen est octidi, 8 floréal; le rendez-vous à une heure après-midi, au Jardin national.

Rapport des citoyens Prony et Molard sur la machine de Marly. Ils demandent à être autorisés à faire, au secrétariat de la ci-devant Académie des sciences, la recherche des mémoires envoyés au concours de 17... sur les moyens de simplifier cette machine, de diminuer les frais d'entretien et de la rendre plus utile, afin de pouvoir prendre tous les renseignements nécessaires sur cet objet et d'en faire un rapport complet. La Commission arrête que les citoyens Molard et Prony seront

---

[1] Du 1ᵉʳ floréal (F¹⁷ 1047, n° 1).

[2] Duruey (Joseph), ancien receveur général des finances (gén. de Poitiers), ex-trésorier des Affaires étrangères, administrateur de la Trésorerie nationale, condamné à mort le 23 ventôse (W 338, n° 609).

adjoints aux citoyens Vicq d'Azyr et Poirier pour l'examen des papiers de la ci-devant Académie des sciences.

Le citoyen Nicolas Blondel, propriétaire à La Folie, entre Pantin et Bondy, présente deux pains faits avec de la farine de pommes de terre. On l'invite à faire l'exposé des moyens qu'il a employés pour parvenir à ce résultat, mais il entre dans peu de détails et paraît vouloir se réserver le secret de sa méthode. La Commission arrête que les citoyens Thouin, Le Blanc et Richard feront un rapport sur la fabrication du pain avec la farine de pommes de terre.

Il est arrêté que la chaire de la ci-devant église Saint-Antoine sera conservée.

D'après un avis donné par un citoyen de La Roche-Guyon, on propose de faire transporter à Paris, sur un bateau, une statue de marbre blanc qui était placée dans la ci-devant église de cette commune. Adopté[1].

Il sera demandé des fonds à la Commission d'instruction publique pour l'acquisition des tables de bois pétrifié, que le Comité d'instruction publique, sur la demande de la Commission des arts, avait mises en réquisition chez le citoyen Fabre. Le rapport adressé au Comité d'instruction publique sera joint à cette lettre.

La Commission ayant appris qu'à Angers on avait rassemblé, sous la surveillance éclairée du citoyen Merlet La Boulée[2], beaucoup d'objets précieux pour les sciences et pour les arts, tels que machines de physique, pièces de mécanique, tableaux, statues, antiques, médailles, plantes, livres, etc., mais que ces objets ont été en partie dégradés par les brigands de la Vendée : considérant qu'il est indispensable de rassembler ces monuments intéressants pour la République, arrête qu'il

---

[1] Il s'agit de la statue en marbre blanc du duc de Silly, seigneur de La Roche-Guyon, provenant de son mausolée. Elle fut expédiée par bateau à Paris. (Voir la lettre du maire et des officiers municipaux de La Roche-sur-Seine, ci-devant Roche-Guyon, à la Commission temporaire des arts, 9 prairial (F¹⁷ 1044.)

[2] Merlet (Gabriel-Éléonor), connu sous le nom de *Merlet de la Boulaie*, botaniste distingué, né à Angers le 3 avril 1736, mort le 17 février 1807, fut en effet chargé par le département, le 1ᵉʳ janvier 1795, et plus tard par le représentant Bézard de réunir, dans l'abbaye Saint-Serge, tous les objets d'arts et de sciences destinés à former le futur musée départemental, objets qui furent, au moment de leur transport, en partie détruits par les insurgés vendéens; du 22 au 30 frimaire an III, il présida une Commission des sciences et arts pour la surveillance de ces opérations et attacha son nom à la création d'un jardin botanique. Voir la notice de C. Port, *Dictionnaire historique de Maine-et-Loire*, t. II, p. 662.

sera écrit aux administrateurs du district d'Angers pour les inviter à exercer la plus active surveillance à l'égard des monuments relatifs aux arts et aux sciences qui se trouvent dans leur arrondissement, pour leur demander des détails sur les mesures qu'ils ont prises à cet égard, et pour les presser d'envoyer les inventaires et catalogues raisonnés qu'ils doivent adresser au Comité d'instruction publique, conformément au décret du 8 pluviôse[1].

Il est arrêté qu'il sera écrit au Comité de sûreté générale pour l'inviter à faire faire des recherches relativement aux tableaux de Laborde-Méréville qui ont été enlevés pour être transportés en Angleterre. Il sera observé au Comité que le citoyen Maurice, ayant un pied-à-terre dans la maison de Bullion, rue Jean-Jacques-Rousseau, et faisant sa résidence ordinaire à Lagny-en-Brie, paraît avoir été employé à l'encaissement et à l'enlèvement de ces tableaux; et que le citoyen Poulet fils, armateur au Havre, et maintenant en état d'arrestation à Paris, avait été chargé du transport en Angleterre.

Il sera écrit au Département de Paris pour l'inviter à se concerter avec l'accusateur public du Tribunal révolutionnaire sur les moyens les plus prompts et les plus sûrs à employer pour la garde et la conservation des objets précieux qui se trouvent dans les maisons des condamnés.

Il sera pris par la section de bibliographie des renseignements sur les manuscrits de Hérault de Séchelles et sur ceux de Pelletier Rosambo[2].

Un membre demande le transport au Dépôt des deux statues, la *Frileuse* et une *Diane*, qui se trouvent chez Houdon. Adopté.

Rapport du citoyen Poirier sur les objets intéressants pour les sciences, les arts et les lettres, envoyés de Ville-Affranchie[3]. On demande le

---

[1] En réponse à la lettre de la Commission, l'agent national du district d'Angers informait celle-ci, le 4 prairial, des mesures prises pour la conservation des objets précieux (F17 1044).

[2] Lepelletier Rosambo (Louis), président à mortier au Parlement de Paris, fut condamné à mort le 1er floréal an II (W 349, n° 703 bis).

[3] Rapport de Poirier, 5 floréal (F17 1245, n° 1). Les objets indiqués dans ce rapport consistent «dans des tableaux, des médailles, des antiquités, des pierres gravées, des livres manuscrits et imprimés, un herbier et une lunette marine provenant des mobiliers des ci-devant chanoines-comtes, du collège, des maisons des Augustins et des Cordeliers, et de deux émigrés, Marbeuf, ex-évêque, et Imbert». Les manuscrits étaient au nombre de 28, les imprimés au nombre de 226, notamment 94 incunables; les médailles de 11,000 environ; il n'y avait que 4 tableaux, dont un, *l'Apparition de Jésus à Thérèse*, du Guerchin.

transport de l'herbier au Muséum d'histoire naturelle et le transport des manuscrits et des imprimés anciens à la Bibliothèque nationale. Arrêté. La lunette marine est renvoyée au citoyen Buache; les pierres gravées et les médailles à la section des antiquités. Il est arrêté, de plus, qu'il sera écrit au citoyen Cossard pour l'inviter à venir rendre compte à la Commission de son voyage à Ville-Affranchie et des moyens qu'il a employés pour la conservation des objets d'arts et de sciences qu'il y a recueillis [1].

Le citoyen Richard demande qu'une commission soit envoyée à Ville-Affranchie pour faire l'inventaire du cabinet d'Imbert. Renvoyé à la prochaine séance.

D'après la lecture d'une lettre du citoyen Mulot à la Commission [2] et de la copie d'une autre lettre adressée par lui au Comité d'instruction publique, il est arrêté qu'il sera sursis à l'enlèvement des effets du Dépôt de Nesle jusqu'après l'estimation desdits objets.

Le citoyen Grégoire ayant fait la proposition d'étendre les recherches et la surveillance de la Commission jusques sur les objets d'arts et de sciences qui peuvent se trouver dans les colonies de la République, et dans les différents établissements de consulat et de légation, tous les membres de la Commission sont invités à présenter à la prochaine séance leurs idées sur cet objet.

Un cachet, à la lettre I, pour la section de bibliographie, est remis au citoyen Ameilhon; un cachet, à la lettre G, pour le génie militaire, est remis au citoyen Dupuis; les deux cachets, à la lettre L, pour la section de peinture et sculpture, sont remis aux citoyens Picault et Bonvoisin; un des deux cachets à la lettre C, pour la section de chimie, est remis au citoyen Le Blanc; l'autre est resté entre les mains de l'agent. Il sera écrit aux citoyens Richard et Lamarck pour leur demander les noms des estimateurs qu'ils proposent pour les objets de zoologie.

Les citoyens Molard et Dupuis sont invités à fournir demain le nom d'un estimateur pour la section du génie militaire.

Le citoyen Lelièvre ayant été au ci-devant séminaire de Saint-Sulpice et ayant vu que différentes pierres, étiquetées diamant, brillant, pierres

---

[1] Voir sous la cote F^{17} 1053, n° 1, un inventaire des objets (manuscrits, imprimés, médailles, etc), recueillis par Cossard à Commune-Affranchie, daté du 20 germinal.

[2] Du 5 floréal (F^{17} 1047, n° 1).

épaisses, ne sont autre chose que des cristaux de roche taillés, demande qu'il soit écrit au Département pour avoir communication de l'inventaire qui a été fait de ces pierres, afin de savoir si elles y sont désignées sous les noms de diamant, brillant, etc. Arrêté.

Le projet du citoyen Beuvelot sur une nouvelle manière de forer les armes est renvoyé à la Commission du jury des armes, quai Voltaire. La Commission s'empresse de reconnaître et d'avouer que, lorsqu'il s'agira d'organiser un dépôt de machines, les lumières du citoyen Beuvelot lui seront très utiles.

D'après les observations d'un membre sur la nécessité de presser la confection des inventaires et catalogues de bibliothèques nationales qui deviennent de plus en plus considérables et précieuses, la Commission arrête que le citoyen Jacquin sera proposé au Comité d'instruction comme pouvant servir utilement la chose publique dans les trois départements de la Meurthe, de la Meuse et de la Moselle, qu'il va parcourir, en prenant des renseignements exacts sur l'état, le nombre et l'importance des bibliothèques de ces départements, et en envoyant chaque jour à la Commission le résultat de ses recherches et de ses découvertes [1].

Le citoyen Buache est autorisé à faire déposer provisoirement dans la salle de la ci-devant Académie des sciences les quatre modèles de vaisseaux, provenant de la maison Biron, et à faire remettre à la Commission des armes la machine à forer les canons, qui se trouvait dans la même maison.

Les membres du Conservatoire national des arts envoient un récépissé des objets appartenant à la ci-devant Reine, qui étaient en dépôt chez les citoyens Daguerre et Lignereux, et dont l'inventaire avait été fait par les citoyens Nitot et Besson.

Les citoyens David Le Roy et Prony sont chargés d'examiner la demande du citoyen Fourcher, relativement à la levée des scellés posés sur la ci-devant Académie d'architecture, où est établi son atelier pour la fabrication des nouveaux poids républicains, et de faire déposer dans la salle de la ci-devant Académie des sciences les objets intéressants qui s'y trouvent.

Sur la demande du citoyen Cabiran, qui désire être chargé du

---

[1] Le même jour, le Comité d'instruction publique passait à l'ordre du jour sur cet arrêté de la Commission (*Procès-verbaux*, t. IV, p. 271).

[24 avril 1794] DE LA COMMISSION TEMPORAIRE DES ARTS. 155

transport des différents marbres et tableaux déposés par lui à la ci-devant abbaye Saint-Germain-des-Prés, d'après l'ordre de l'architecte de la régie des Domaines nationaux, la Commission déclare qu'elle maintient ses précédents arrêtés relativement au choix et à l'emploi des ouvriers.

SÉANCE DU 10 FLORÉAL,

L'AN DEUXIÈME DE LA RÉPUBLIQUE FRANÇAISE (29 AVRIL 1794).

Inventaires du district de Marmande. – Inventaires et catalogues du district de Libreville et du district de Moulins. – Travaux à faire au Dépôt des Cordeliers. – États de bibliothèques envoyés par le Département. – Arbustes de la maison Montbéliard. – Sur les dégradations arrivées à la ci-devant église abbatiale de Franciade. – Objets précieux de la maison de l'émigré Breteuil à Dangu. – Conservation des orgues. – La somme de 4,000# accordée pour acquitter les dépenses journalières de la Commission. – Sur les obstacles qu'on rencontre à la Trésorerie nationale. – Objets de Montrouge, maison Biron. – La *Diane* et le *Gladiateur* au Muséum. – Modèle de jalousies nouvelles. – Sur les objets d'arts qui, sans être parfaits, méritent d'être conservés. – Mort et dissection de l'antilope bubale. – Sur l'observatoire de La Caille. – Horloges astronomiques, etc., de Bochart-Saron remises à Janvier. – La machine à diviser les instruments de chez le même, au citoyen Lenoir. – Manuscrits de Bochart-Saron. – Bibliothèque de Thierry. – Instruments pour l'Institut national de musique. — Estimateurs à proposer au Département. – Rapports sur divers objets d'imposture religieuse. – Devant d'autel de la ci-devant abbaye de Franciade. – Examen des objets déposés aux Petits-Augustins. – Cartes, plans géographiques, etc., des maisons de Noailles et de Dumoutier. – Objets d'histoire naturelle de la maison Sabran. – Approbation de la conduite des commissaires à l'égard du citoyen Desmarest. – Lettre et numéros du citoyen Thillaye. – Sur le génie militaire. – Médailles de la bibliothèque Victor. – Bibliothèque de Nancy. – États de bibliothèques. – Pouvoirs à demander. – Dépôt de manuscrits. – Manuscrits précieux de Franciade. – Demande du citoyen Hersent, marbrier. – Sur le Raincy. – Travaux à faire dans la maison de Nesle. – Marbres, sculptures, etc., de l'église Roch. – Table pour la bibliothèque du Muséum. – Commissaires au Raincy. – Tableaux de la maison d'Elbeuf.

Le procès-verbal de la séance du 5 est lu et adopté.
On fait lecture de la correspondance.
Lettre et arrêté du district de Marmande relativement au récolement

de tous les objets propres aux arts et à l'instruction; renvoyé à la section des dépôts littéraires.

On renvoie pareillement à la même section une lettre de l'agent national du district de Libreville et une lettre de l'agent national du district de Moulins, relatives aux inventaires et catalogues des bibliothèques.

Lecture faite d'une lettre des administrateurs du Département de Paris, en date du 5 floréal [1], relativement au dépôt de livres à établir dans la maison des ci-devant Cordeliers, il est arrêté qu'il sera écrit au Département de Paris que la Commission ne demande pas un nouveau local, mais seulement que celui qui depuis longtemps est désigné pour servir de dépôt de livres soit mis incessamment en état d'en recevoir, qu'on y établisse des tablettes d'après les mesures et les proportions qui seront données par la section des dépôts littéraires, et qu'on fasse au toit et aux vitraux les réparations urgentes et indispensables.

Le Département envoie huit états de bibliothèques transportées dans les dépôts [2]. Renvoyé à la section de bibliographie. L'agent est chargé d'en accuser la réception.

Lettre du commissaire des revenus nationaux relativement à des arbustes qui existent dans la maison de plaisance du ci-devant prince de Montbéliard, dans le district de ce nom. Renvoyé à la section de botanique pour en faire un rapport.

D'après la lecture d'une lettre et d'un procès-verbal de la Commission des armes et poudres de la République [3], qui attestent que les dégradations arrivées à la ci-devant église abbatiale de Franciade, lors de l'enlèvement de la couverture en plomb de cette église, sont les suites inévitables de cette opération difficile et périlleuse, et qu'elles ne doivent être attribuées à aucune négligence de la part des agents qui ont été employés à ce travail, il est arrêté qu'il sera écrit à cette Commission pour lui témoigner la satisfaction qu'en éprouve la Commission temporaire des arts et pour l'inviter à se conformer le plus tôt possible à l'arrêté du Comité de salut public, qui ordonne qu'une nouvelle couverture sera substituée à l'ancienne.

---

[1] Sous la cote F^{17} 1048, n° 1.

[2] Voir ces procès-verbaux de transport sous la cote F^{17} 1193.

[3] Voir la lettre et le procès-verbal ou rapport (F^{17} 1048, n° 1). Ces deux pièces avaient été transmises à la Commission par le Comité d'instruction publique. (*Procès-verbaux*, t. IV, p. 273.)

[29 avril 1794] DE LA COMMISSION TEMPORAIRE DES ARTS.

Lettre de l'administrateur provisoire des Domaines nationaux [1] relative aux objets précieux qui ont été retirés de la maison de l'émigré Breteuil à Dangu et transportés aux Andelys [2]; il est arrêté qu'il sera fait recherche dans les cartons de la Commission des arts des états détaillés de ces objets.

Lettre de Couperin [3], qui se plaint de la mise en vente d'un des meilleurs orgues de Paris. Arrêté qu'il sera écrit au Département pour l'inviter à faire surseoir à la vente de tous les orgues au-dessus de quatre pieds.

Lecture faite de la lettre du commissaire de la Commission exécutive de l'instruction publique [4], qui prévient la Commission que l'agent peut se présenter à la Trésorerie nationale à l'effet de recevoir les 4,000tt réclamées par elle pour acquitter les frais et les dépenses journalières de ses membres, il est arrêté que l'agent de la Commission demeure autorisé à se présenter à la Trésorerie nationale pour, sur le mandat du commissaire de la Commission exécutive de l'instruction publique, y toucher les 4,000tt dont il est question. Il est arrêté de plus que le Comité d'instruction publique sera invité à demander au Comité de salut public qu'il lève les obstacles qu'on rencontre à la Trésorerie nationale, lorsqu'on s'y présente pour recevoir les fonds destinés à l'acquit des frais de la Commission des arts.

Lettre des administrateurs du district de l'Égalité [5] concernant les objets d'arts et de sciences qui existent à Montrouge, maison de Biron [6]. Il est arrêté que le citoyen Picault, membre de la Commission, se transportera à Montrouge pour y examiner ces objets et les indiquer ensuite aux différentes sections de la Commission qu'ils peuvent concerner [7]. Le citoyen Picault sera porteur de la lettre d'invitation écrite à la Commission et de l'arrêté de la Commission.

La *Diane* et le *Gladiateur* en bronze, qui existent à Sceaux [8], sont renvoyés au Conservatoire du Muséum des arts.

[1] En date du 29 germinal (F^{17} 1048, n° 1).
[2] Cf. *Procès-verbaux de la Commission des monuments*, t. 1, p. 186, 194.
[3] Transmise par le Comité d'instruction publique. (*Procès-verbaux du Comité*, t. IV, p. 245.)
[4] En date du 9 floréal (F^{17} 1053).
[5] Du 5 floréal (F^{17} 1048, n° 2).

[6] Biron (Armand-Louis de Gontaut, duc de Lauzun, puis de), général en chef de l'armée du Rhin.
[7] Voir l'inventaire des meubles et porcelaines de Biron de Lauzun à Montrouge, par Dupasquier et Picault, prairial an II (F^{17} 1190, n° 1).
[8] Cf. *Procès-verbaux de la Commission des Monuments*, t. II, p. 113.

Le citoyen Harmant envoie à la Commission un modèle de jalousies de son invention. Renvoyé au Bureau de consultation des arts.

Il sera fait un rapport à la prochaine séance par les citoyens Naigeon et Picault sur le meilleur moyen de tirer parti des objets d'arts qui, sans être d'un bon goût et d'un faire précieux, méritent cependant d'être dérobés à la fonte et peuvent être employés plus utilement pour la République.

On annonce que le bubale, amené de la ménagerie de Versailles au Muséum d'histoire naturelle, est mort le 9 floréal des fatigues de la route, et que la dissection en sera faite le primidi 11 floréal. Renvoyé à la section d'anatomie.

Le citoyen Janvier écrit à la Commission pour l'engager à demander la conservation de l'observatoire de La Caille, situé dans le ci-devant collège des Quatre-Nations, où l'on va établir une maison d'arrêt, mais le citoyen Le Blond ayant observé que la bibliothèque et ses dépendances sont conservées, la Commission passe à l'ordre du jour.

Il est arrêté que les deux horloges astronomiques de Berthoud, et le garde-temps d'Émery qui se trouvent chez Bochard-Saron, rue de l'Université, seront confiés au citoyen Janvier, afin qu'il puisse continuer les observations comparatives de leur marche et en tirer parti pour la perfection de la mesure du temps. La machine à diviser les instruments de mathématiques, qui se trouve dans la même maison, sera confiée au citoyen Lenoir qui veut bien se charger de la mettre en état de servir, de lui faire diviser le nouveau nombre 400 sans rien changer à celui de 300, pour lequel elle a été faite, et de former un jeune homme à la pratique de la division des instruments sur cette machine.

Les manuscrits seront examinés par la section des dépôts littéraires et par la section d'astronomie pour être ensuite transportés avec les autres objets et instruments au dépôt de la ci-devant Académie.

Les citoyens Vicq d'Azyr et Poirier font un rapport sur l'examen fait par eux de la bibliothèque de Thierry. Ils consultent la Commission des arts sur la marche à tenir afin d'assurer les droits de la République qui doit venir pour un dix-septième en partage dans la succession dudit Thierry. La Commission arrête que les citoyens Vicq d'Azyr et Poirier se concerteront à cet égard avec le Comité des domaines, auprès duquel ils se rendront demain matin.

D'après la lecture d'un arrêté du Comité de salut public [1], par lequel il autorise les professeurs de l'Institut national de musique à se transporter avec les commissaires du Département dans les maisons d'émigrés et de condamnés pour y choisir les meilleurs instruments de musique et les faire servir à l'usage de l'Institut, il est arrêté qu'il sera écrit au Comité de salut public pour lui observer que la Commission temporaire des arts s'occupe journellement de l'inventaire et du transport dans un dépôt de tous les instruments de musique qui se trouvent dans les maisons des émigrés et des condamnés, et que c'est dans ce dépôt que les professeurs de l'Institut national de musique trouveront les instruments dont ils peuvent avoir besoin.

La liste des estimateurs à proposer est définitivement arrêtée et sera envoyée au Département.

Noms des estimateurs proposés; les citoyens :

Musique
- Cousinot, rue de Thionville.
- Leduc, rue de la Monnaie.

Ponts et Chaussées
- Laval, mécanicien, dont l'atelier est situé rue du Bac.

Mécanique
- Michel, mécanicien, rue Michel Le Pelletier.
- Rayon, tourneur-mécanicien, rue Basfroid, section de Popincourt.

Botanique
- Dupuis, jardinier des Tuileries.
- Lhéritier.
- Villemorin, quai de la Ferraille.

Minéralogie
- Gaillard, rue de la Loi.
- Lannoi, rue Jean-Jacques Rousseau.
- Blonde, rue de la Ferronnerie, chez le chapelier.
- Julliot, maison de Bullion, rue Jean-Jacques Rousseau (pour les agates).
- Bretet, quai du Midi (pour les diamants, perles, pierres précieuses).

Peinture et sculpture
- J.-B. Lebrun, marchand de tableaux, rue du Gros-Chenet.
- Lebrun, rue de Cléry (pour les tableaux, bronzes, statues, meubles précieux, etc.).
- L'Engliez, marchand de tableaux, rue ci-devant Sainte-Croix-de-la-Bretonnerie, n° 28.

---

[1] En date du 7 floréal (*Recueil Aulard*, t. XIII, p. 19).

Physique	Gourdin, quai de l'Horloge (pour les instruments de mathématiques). Dumoutiez, le jeune, rue du Jardinet (pour les instruments de physique, d'optique, etc.). Leclerc, cul-de-sac Saint-Martial (pour les bronzes).
Anatomie	Bertrand, rue de La Harpe, près Cluny. Roussel, quai de l'École.
Chimie	Menant, marchand de vases de physique et de chimie, rue Quincampoix.
Géographie	Vignon, marchand de cartes, rue Thionville (pour les cartes gravées). Lamarche, rue du Foin, géographe (pour les cartes gravées et les planches en cuivre). Derauche, rue des Noyers (pour les planches en cuivre). Belleyme, rue du Paon. Barbié, à la Bibliothèque nationale (pour les cartes et plans manuscrits). Ozanne, rue Hyacinthe (pour modèles de vaisseaux).
Bibliographie	Debure, rue Serpente. Tilliard, rue Pavée. Prault, quai des Augustins. Santus, rue de La Harpe, vis-à-vis la ci-devant église Saint-Côme. Saugrain, à l'Arsenal. Belin, quai des Augustins.
Antiquités	Combret, maison de la Monnaie (il offre de faire gratuitement). Julliot, rue des Deux-Écus (pour les antiquités, bronzes, etc.). Lignereux, rue Honoré (pour meubles précieux, etc.).
Architecture	Bernard, architecte, rue de l'Échiquier (pour les modèles, plans, projets, etc.). Fouquet, rue Pagevin.
Génie militaire	François Bonhomme, rue de Seine, n° 1069. Pivot, mécanicien, rue de la Roquette, maison de Montalembert. Paul, serrurier, rue du Pot-de-Fer, section de Mutius Scaevola.

Les citoyens Leblanc et Lelièvre font un rapport[1] sur les différents objets d'imposture religieuse renvoyés à leur examen. Il en résulte que

---

[1] En date du 10 floréal (F^{17} 1343²).

ces citoyens n'ont pu faire l'examen et l'analyse de ces objets, parce qu'ils n'existent plus, les vases qui les contenaient ayant été brisés depuis longtemps.

Les commissaires sont chargés d'examiner s'il n'est pas nécessaire de garder quelque partie du devant d'autel de la ci-devant abbaye de Franciade, pour en conserver le style.

Les sections de minéralogie, des antiquités, de sculpture et d'architecture sont invitées à visiter les objets déposés aux Petits-Augustins, afin qu'on puisse envoyer à la fonte ceux qui seront jugés inutiles.

Le citoyen Buache remet sur le bureau l'inventaire des cartes, plans et manuscrits, et autres objets à conserver de la maison Noailles, rue Honoré [1], ainsi que l'inventaire des cartes et plans géographiques et d'un modèle de vaisseau, trouvés dans la maison de l'émigré Dumoutier [2], rue Rochechouart, n° 149, et à conserver.

Inventaire des objets d'histoire naturelle de la maison Sabran [3], rue Honoré, n° 61, remis par le citoyen Richard.

On lit une note apologétique du citoyen Desmarest. Buache rend compte de la conduite des commissaires envers le citoyen Desmarest. La Commission approuve la conduite de ses commissaires et les invite à continuer leurs recherches.

Lettre du citoyen Thillaye et envoi d'un nouveau paquet de numéros.

Le citoyen Beuvelot communique un projet pour le perfectionnement du génie militaire et des fortifications. Renvoyé au Comité d'instruction publique.

Le citoyen Le Blond remet un inventaire par lui fait des médailles du cabinet de la bibliothèque Victor, rue Victor [4].

Suite du procès-verbal de l'inventaire de la bibliothèque des ci-devant religieux dominicains de Nancy et note des livres de cette bibliothèque, envoyés au Comité d'instruction publique par le citoyen Lecreulx.

Sept états de bibliothèques sont remis par le citoyen Barrois.

---

[1] L'inventaire en question comprend 80 articles, 6 floréal (F^{17} 1052).

[2] Inventaire de Dumoutier, 10 floréal (F^{17} 1052).

[3] Inventaire des objets d'histoire naturelle de la maison Sabran, rue Saint-Honoré, n° 61, par Richard, 6 germinal (F^{17} 1344²).

[4] Cet inventaire est du 6 floréal (F^{17} 1265).

Il est arrêté que les citoyens Le Blond, Vicq d'Azyr et Lelièvre proposeront à la prochaine séance les changements qu'ils auront jugés convenables aux pouvoirs à demander à la Commission de l'instruction publique.

Les citoyens Buache et Lannoy sont autorisés à visiter les maisons d'Anisson-Duperron, situées près du lieu des séances du Comité d'instruction publique, et à examiner si ces emplacements peuvent convenir à un dépôt de manuscrits.

On lit une lettre du citoyen Concedieu[1] relativement au manuscrit de la ci-devant abbaye de Franciade, sur lequel on avait demandé des renseignements. Il en résulte que les vignettes au nombre de 170 en ont été détachées et remises au citoyen Ameilhon. Il est arrêté que cette lettre sera déposée aux archives.

Le citoyen Hersent, marbrier, chargé du transport d'une partie des objets d'arts du jardin de Marly, demande à la Commission si elle a des ordres à lui donner à ce sujet. La Commission déclare qu'elle persiste dans ses précédents arrêtés.

Il est arrêté que le citoyen David Le Roy fera son rapport sur le Raincy à la prochaine séance.

La Commission charge le citoyen Bourdon de pratiquer dans l'ancienne écurie de la ci-devant maison de Nesle les cinq croisées désignées dans le rapport du citoyen Lannoy[2], afin de rendre ce local propre à recevoir les objets qu'il conviendra d'y déposer. Le même citoyen est encore autorisé à faire abattre celui des grands marronniers qui touche au mur de façade de la maison.

La Commission adopte toutes les propositions contenues dans le rapport détaillé qui lui est présenté par le citoyen Lannoy concernant les dépôts et enlèvements des marbres, sculptures et autres objets

---

[1] Concedieu (Charles-François-Juste-Jean-Michel), contrôleur du Mont-de-Piété, puis marchand linger et mercier, nommé administrateur du département de Paris le 14 janvier 1793, fut destitué par le Comité de salut public, le 21 floréal an II, et réintégré dans ses fonctions le 5 fructidor suivant.

[2] Rapport de Lannoy sur le moyen d'utiliser et de rendre propre à recevoir des ouvrages de sculpture la grande écurie de la maison de Nesle, 10 floréal (F17 1265). Incidemment il propose de conserver deux des trois gros marronniers qui existent dans la cour de l'hôtel de Nesle, malgré l'humidité qu'ils occasionnent; «ils sont d'un effet très pittoresque dans le bâtiment, exemple d'autant plus intéressant qu'il est rare à Paris, et que la composition des arbres avec l'architecture est un des moyens d'ajouter infiniment d'intérêt aux monuments».

[29 avril 1794] DE LA COMMISSION TEMPORAIRE DES ARTS. 163

existants dans la ci-devant église Roch[1]. Elle renvoie l'exécution du tout au citoyen Bourdon.

La table de 14 pieds sur 9, trouvée à la ci-devant paroisse Jacques-du-Haut-Pas, sera transportée à la bibliothèque du Muséum.

Les commissaires pour le Raincy sont invités à s'y transporter de nouveau demain matin.

Il est arrêté que les tableaux existants dans le ci-devant hôtel d'Elbeuf seront transportés à l'École des Jeunes Français.

SÉANCE DU 15 FLORÉAL,
AN DEUXIÈME DE LA RÉPUBLIQUE FRANÇAISE (4 MAI 1794).

L'agent reçoit 4,000 ##. – Renvoi à la bibliographie de tous les inventaires qui la concernent. – Château de Richelieu. – Cabinet de Pinson. – Lettres des commissaires du district de Pontoise. – Envoi de commissaires à Versailles. – Bibliothèque de Thierry. – Cachets. – Collection de Mailly. – Plaintes du citoyen Leturc. – Coupole de la Vierge à Saint-Sulpice. – Maison d'Anisson. – Maison Prédicant. – Communauté de Sainte-Agnès. – Tapisseries de Notre-Dame aux Gobelins. – Gardiens des dépôts. – Pouvoirs des membres de la Commission. – Chaque membre rendra compte des enlèvements faits sans autorisation. – Articles réglementaires additionnels. – Rapport de Cossard sur Commune-Affranchie. – Thillaye. – Le Raincy. – Demande de Scellier. – Mémoire de Picault, soldé. – Concours proposé par Guillemard. – Tablettes aux Cordeliers. – Orangers destinés à l'embellissement des Tuileries. – Cabinet de Mailly. – Manuscrit de Mandar. – Demande de maisons de dépôt. – Observations sur les carrières, et carte de la Moselle. – Inventaires des bibliothèques de Liancourt et Guiaou. – Exportation de livres à l'étranger. – Manuscrits et imprimés de Commune-Affranchie. – Marbres de l'abbaye de Montmartre et de l'église|Saint-Jacques. - Objets du Val-de-Grâce. – Figures en bronze des *Quatre Vertus cardinales*. – Minéraux envoyés par le département de la Haute-Loire.

Le procès-verbal de la séance du 10 est lu et adopté.

L'agent annonce qu'il a touché les 4,000 ## demandées à la Commission d'instruction publique; il invite les membres de la Commission à présenter les notes des sommes qu'ils ont déboursées.

---

[1] Rapport de Lannoy, 5 floréal (F17 1265). Le rapporteur conclut à l'envoi au musée des Petits-Augustins de divers objets de sculpture, notamment des tombeaux de Maupertuis, Le Nôtre et de quelques autres, et à l'enlèvement ou à la suppression d'autres objets portant des signes de superstition et de féodalité.

Il est arrêté que toutes les pièces relatives à la bibliographie, qui ont été envoyées des départements et déposées, soit dans les cartons de la ci-devant Commission des monuments, soit dans ceux de la Commission des arts, seront remises au bureau de la bibliographie du Comité d'instruction publique, et que celles qui pourront être reçues par la suite y seront aussi renvoyées, après avoir été soumises à l'examen de la section des dépôts littéraires.

Lecture faite d'une lettre de l'agent national du district de Chinon, relative à des statues antiques, tableaux, etc., appartenant à la Nation dans la maison du ci-devant maréchal de Richelieu, il est arrêté que le citoyen Varon fera, à la prochaine séance, et par écrit, un rapport sur l'avantage qui pourrait résulter d'un envoi de commissaires sur les lieux pour y examiner ces objets. Un manuscrit de Vignier, intitulé : *Le château de Richelieu*, sera remis au citoyen Varon pour lui servir à motiver son opinion.

Le citoyen Corvisart fait au nom de la section d'anatomie un rapport sur les objets du cabinet d'anatomie artificielle du citoyen Pinson, duquel il résulte qu'il serait utile d'acheter pour le compte de la Nation les objets précieux de ce cabinet. Il est arrêté que ce rapport sera communiqué au Comité d'instruction publique [1]. On lit une lettre du secrétaire du Muséum d'histoire naturelle relative aux propositions faites par le citoyen Pinson de former un cabinet national d'anatomie artificielle, et d'exécuter en relief, et suivant les procédés qu'il indique, les champignons et les plantes grasses. La Commission adopte la première proposition dans le sens de l'opinion du citoyen Corvisart. La seconde proposition est ajournée.

Lecture faite d'une lettre [2] des commissaires chargés dans le district

---

[1] Voir la suite donnée par le Comité d'instruction publique à cette communication. (*Procès-verbaux*, t. IV, p. 368.)

[2] Elle porte la date du 13 floréal. «Parmi les livres de la ci-devant abbaye de Maubuisson, il y a, écrivent les commissaires, une foule de volumes qui nous paraissent plus qu'inutiles, notamment près de 600 tomes, tant de bréviaires qu'autres livres d'office monacal, une foule de vies des saints, des mandements d'évêques, des gazettes et journaux, des règles monastiques en très grand nombre, des statuts des ci-devant corps et communautés d'arts et métiers, une multitude d'écrits de controverse relatifs à la constitution Unigenitus, des livres mystiques de toute espèce. Ne suffirait-il pas d'énumérer seulement tous ces objets et de les inscrire sous un seul numéro, sans les inventorier en détail ?... Nous aurons soin de cataloguer non seulement les bons ouvrages, mais tout ce qui nous semblera passable» (F^{17} 1044).

de Pontoise d'inventorier les livres et autres objets d'instruction publique, dans laquelle ils demandent à la Commission s'ils doivent comprendre dans l'inventaire les livres qui leur paraissent inutiles, s'ils doivent réunir en un seul catalogue les notices de tous les livres provenant de différentes bibliothèques, et enfin s'ils peuvent faire les inventaires dans les lieux mêmes où ces objets sont encore déposés ; il est arrêté qu'il sera écrit à ces citoyens que la loi ne les a pas établis juges du mérite des ouvrages, que les décrets leur ordonnent de tout inventorier et que les instructions leur indiquent la manière de le faire.

Lecture faite d'une lettre des administrateurs du district de Versailles [1], en réponse à celle qui leur avait été adressée pour leur demander des renseignements sur plusieurs objets précieux de la maison d'Angiviller, la Commission, considérant que cette réponse vague ne donne point les éclaircissements demandés et que, d'ailleurs, elle n'a encore pu obtenir des états détaillés des objets précieux qui se trouvent réunis dans ce district, arrête que les citoyens Besson, Richard, Picault et Dupasquier se transporteront à Versailles pour faire l'examen des catalogues et inventaires de tous les objets d'arts et de sciences qui y ont été recueillis jusqu'à ce jour, soit dans les dépôts généraux, soit dans des dépôts particuliers, conformément au règlement de la Commission. Cet arrêté sera communiqué au Comité d'instruction publique.

Vicq d'Azyr fait un rapport sur ce qui concerne la bibliothèque Thierry, la Commission, persistant dans ses précédentes dispositions et après avoir pris communication de l'arrêté du Comité des domaines, arrête que les citoyens Vicq d'Azyr et Poirier demeurent autorisés à prendre dans ladite bibliothèque la portion entière qui revient à la République de la succession Thierry.

Deux cachets à la lettre B pour la section de physique sont remis au citoyen Janvier et au citoyen Lenoir ; deux à la lettre D pour la section d'anatomie aux citoyens Corvisart et Vicq d'Azyr ; un cachet à la lettre M pour la section d'architecture est remis au citoyen David Le Roy.

Le citoyen Portiez, membre du Comité des domaines, demande que des commissaires se transportent à la maison Valentinois, rue Dominique, pour y examiner les objets d'arts et de sciences qui s'y trouvent.

[1] En date du 13 floréal, annonçant le dépôt de ces objets précieux dans leur secrétariat (F¹⁷ 1044).

Cet avis est communiqué à la section des dépôts littéraires et à la section des antiquités.

Note du citoyen Mailly, relative à une collection précieuse de minéraux, formée par lui en Russie et en Sibérie. Renvoyée à la section de minéralogie.

Lettre de la Commission du commerce [1], qui invite la Commission temporaire des arts à faire l'examen des états qu'elle envoie, de tableaux et livres que différents commerçants se proposent de faire passer chez l'étranger.

Le citoyen Turc écrit à la Commission pour lui exposer les services qu'il a rendus dans les arts mécaniques et pour se plaindre des vexations qu'il éprouve. Le citoyen Molard est chargé de faire un rapport sur cet objet à la prochaine séance.

Note du citoyen Delespine, architecte, relativement à l'esquisse de la coupole de la ci-devant chapelle de la Vierge à Saint-Sulpice. Renvoyé à la section d'architecture.

Il est arrêté que des commissaires des différentes sections se concerteront ensemble pour faire enlever demain les objets d'arts et de sciences qui se trouvent à la maison Berthier.

Vicq d'Azyr prévient la Commission qu'il doit exister dans la maison d'Anisson des dessins d'anatomie très précieux, ainsi que beaucoup d'autres objets rares et intéressants. La Commission le charge de faire à cet égard toutes les recherches nécessaires.

La section de peinture est invitée à aller examiner les objets d'arts qui existent dans la maison de Prédicant.

L'examen des tableaux de la ci-devant communauté de Sainte-Agnès, rue Jean-Jacques Rousseau, est renvoyé à la section de peinture.

On lit une lettre du citoyen Lenoir qui propose, comme mesure de conservation, de faire transporter aux Gobelins les tapisseries des Gobelins provenant de la ci-devant église Notre-Dame, qui doivent être portées au Dépôt des Petits-Augustins, ainsi que celles qui y sont déjà [2]. Adopté. Il est arrêté, de plus, qu'il sera donné avis de cette mesure à la Commission exécutive d'agriculture et des arts.

---

[1] Du 12 floréal (F17 1048, n° 1).

[2] Le 24 prairial an II, Lenoir reçut du citoyen Guiraudel, membre du Comité révolutionnaire de la Cité, 8 tapisseries provenant de Notre-Dame; le 21 fructidor, il envoya aux Gobelins 4 tapisseries à personnages. Arch. du Musée des monuments français, t. II, p. 162, 210, 211.

D'après la lettre du citoyen Lenoir en demande d'une augmentation d'appointements, il est arrêté qu'il sera fait, à la prochaine séance et par les commissaires déjà nommés pour cet objet, un rapport sur l'augmentation à faire aux appointements des gardiens des différents dépôts.

Lecture faite du projet de pouvoirs à accorder aux membres de la Commission, il est adopté, sauf la radiation de ces mots : *qui, par un arrêté de la Commission temporaire des arts.* Il est arrêté, de plus, qu'il sera écrit à la Commission de l'instruction publique pour l'inviter à faire expédier aux membres de la Commission temporaire des arts des pouvoirs conformes à ce projet.

Il est arrêté que lorsqu'un des membres de la Commission aura fait dans l'intervalle d'une séance à l'autre un enlèvement sans un arrêté qui l'y autorise, il sera tenu d'en rendre compte à la prochaine séance.

Il est arrêté que les articles réglementaires additionnels seront extraits des procès-verbaux et transcrits sur une feuille séparée qui sera placée dans celui des séances de la Commission.

Le citoyen Cossard, invité à la séance, fait un rapport sur quelques objets précieux d'arts et de sciences qui existent dans les districts de Commune-Affranchie, de Vienne et autres lieux. La Commission engage ce citoyen à lui remettre des notes et descriptions détaillées de tous ces objets [1].

Le citoyen Thillaye écrit au président de la Commission pour l'engager à faire des démarches en sa faveur auprès du Comité de sûreté générale; il est arrêté que le président de la Commission sollicitera, au nom de la Commission, l'élargissement du citoyen Thillaye, et que la lettre de ce citoyen sera jointe à celle du président.

Le même citoyen envoie un nouveau paquet de numéros pour le cabinet d'Alfort. Ce paquet est remis à la section d'anatomie.

David Le Roy fait un rapport sur les morceaux d'architecture nautique qui se trouvent au Raincy et sur le meilleur moyen de tirer parti de ces canots et bateaux. La Commission arrête le renvoi au Comité d'instruction publique.

---

[1] Voir notamment le catalogue des manuscrits et livres imprimés de Ville-Affranchie, envoyés à Paris par le citoyen Cossard et remis par la Commission temporaire des arts à la Bibliothèque nationale le 10 floréal an II (F^{17} 1261).

La demande faite par le citoyen Scellier d'un acompte sur les sommes qui lui sont dues pour les travaux par lui entrepris au nom de la Commission est renvoyée au citoyen Bourdon, qui est autorisé à faire à la prochaine séance une demande provisoire en faveur du citoyen Scellier, jusqu'à un rapport définitif.

Le citoyen Picault présente un mémoire de ses frais et déboursés. L'agent est autorisé à délivrer cette somme.

Le citoyen Picault fait un rapport sur un mémoire présenté à la Commission par le citoyen Guillemard, restaurateur, relativement à l'enlèvement de trois tableaux dont il avait commencé la restauration, à une indemnité qu'il réclame et à un concours qu'il propose [1]. La Commission, d'après l'avis du citoyen Picault, adopte le concours proposé, mais elle arrête qu'à la prochaine séance, il sera fait un nouveau rapport sur les autres demandes contenues au mémoire du citoyen Guillemard.

On rappelle à la section des dépôts littéraires qu'un grand nombre de bibliothèques d'émigrés et de condamnés sollicite sa vigilance et son activité; mais les membres de cette section ayant observé qu'elle ne peut se livrer aux travaux qui lui sont confiés faute d'un local convenable, la Commission arrête que la section des dépôts littéraires se transportera dans le jour au Département pour inviter les membres de cette administration à presser la confection des travaux nécessaires pour disposer le local destiné à recevoir les livres.

La Commission autorise le citoyen Thouin à se retirer auprès du Comité de salut public pour y prendre communication de ses projets relativement aux embellissements du jardin national des Tuileries et à l'emploi pour cet usage des orangers qui se trouvent dans les maisons nationales de Saint-Cloud, de Sceaux, du Raincy, de Bellevue, de Meudon, etc., afin de faire choix de ceux de ces arbres qui peuvent le mieux servir à remplir les vues du Comité de salut public.

Le citoyen Lelièvre fait un rapport sur les objets du cabinet de minéralogie du citoyen Mailly; ce citoyen est entendu lui-même. La Commission charge le citoyen Lelièvre de faire un nouveau rapport.

Buache et Prony sont autorisés à se rendre à Sceaux pour y accom-

---

[1] Le mémoire de Guillemard, en date du 30 germinal, est joint au rapport de Picault (F^{17} 1231). Les trois tableaux en question se trouvaient aux Petits-Augustins; à peu près perdus, ils ne pouvaient plus servir qu'à des essais de restauration

pagner les membres de la Commission du cadastre qui demandent à examiner les objets qui s'y trouvent.

On demande que le Comité d'instruction publique soit prié d'inviter le commissaire de la Commission de la marine à faire remettre le manuscrit du citoyen Mandar entre les mains du citoyen Buache, chargé par la Commission d'examiner cet ouvrage et d'en faire un rapport. Adopté.

D'après la demande faite au Comité des domaines d'accorder pour le dépôt des manuscrits le local de l'Imprimerie nationale exécutive aux galeries du Louvre, auquel on pourrait joindre, s'il était nécessaire, le logement du citoyen Côtes, ou le Cabinet des médailles, et de permettre qu'on emploie provisoirement à cet usage la maison d'Anisson-Duperron et trois autres maisons contiguës, situées dans le cul-de-sac du Doyenné, qui appartenaient également à Anisson, il est arrêté que le Comité d'instruction publique sera invité à se concerter sur cet objet avec le Comité des domaines.

Le citoyen Beuvelot communique à la Commission des observations sur les carrières, une suite d'observations sur l'instruction publique ainsi qu'un tableau et une carte géographique du département de la Moselle. Ces différentes pièces sont renvoyées au Comité d'instruction publique.

Le citoyen Ameilhon lit un rapport[1] sur la bibliothèque du collège de l'Égalité et sur celle de Gilbert de Voisins.

Le citoyen Barrois remet les inventaires des bibliothèques des émigrés Liancourt[2] et de Guiaou.

La section des dépôts littéraires pense qu'on peut laisser sortir toutes les caisses de livres dont la Commission du commerce et des approvisionnements de la République a donné note par sa lettre du 12 floréal, à l'exception de celle adressée à Nicolas Prieswerck, à Bâle, jusqu'à ce que les citoyens v° Tilliard et fils en aient donné une facture détaillée. Les dispositions de ce rapport sont adoptées.

Le citoyen Poirier remet sur le bureau le récépissé des manuscrits et imprimés de Commune-Affranchie, qui ont été envoyés à la Bibliothèque nationale par un arrêté de la Commission.

---

[1] En date du 15 floréal (F17 1081, n° 1). — [2] L'inventaire de la bibliothèque de Liancourt, rue de Varenne, par Ameilhon, est du 29 septembre 1793 (F17 1188, n° 1)

L'agent est autorisé à rembourser au citoyen Beuvelot la somme de 5 livres par lui avancée.

Le citoyen Bourdon fait un rapport sur les marbres et autres objets précieux qui se trouvent encore dans la ci-devant abbaye Montmartre. Il est arrêté que les autorisations données au citoyen Scellier par la Commission supprimée des monuments pour l'enlèvement de ces objets seront exécutées.

Sur la demande du citoyen Bourdon, il est arrêté que les marbres blancs et autres formant deux autels, ainsi que des inscriptions de la ci-devant église Saint-Jacques, seront enlevés et déposés en la maison des Petits-Augustins.

La section de peinture et sculpture est chargée d'examiner les objets de la ci-devant église du Val-de-Grâce et [de] désigner ceux de ces objets qui doivent être enlevés et portés aux dépôts.

La Commission arrête qu'il sera écrit à la Commission des armes, quai Voltaire, pour qu'elle autorise les régisseurs du dépôt des cuivres, maison Maupeou, rue de Lille, à laisser enlever de ce dépôt quatre figures en bronze représentant *les Quatre Vertus Cardinales*, lesquelles ont été jugées par la Commission dignes d'être conservées.

Le citoyen Leguin, instructeur de l'Agence nationale pour les salpêtres, envoie quelques échantillons des minéraux du département de la Haute-Loire. Renvoyé à la section de minéralogie.

SÉANCE DU 20 FLORÉAL,

L'AN 2ᵉ DE LA RÉPUBLIQUE FRANÇAISE (9 MAI 1794).

Commissaires à Versailles. — Exportation de livres à l'étranger. — Diamants et pierres précieuses. — Manuscrit sur la féodalité. — Deux statues à Choisy. — Voiture du citoyen Toulouse. — Château de Richelieu. — Société des Jeunes Français. — Turconi, Achard. — Inventaire de Breteuil. — Bibliothèque d'Anisson. — Vignettes de l'Imprimerie nationale. — Objets d'art chez Anisson, Hérault-Séchelles, Rosambo, Corberon. — La Vierge de Saint-Sulpice. — Guillemard. — Marbres de Dumont. — Maison Kinski. — Église des Petits-Pères. — Colonne chez Juigné. — Prédicant. — Dépôt d'un aimant. — Mesures de précaution chez les condamnés. — Rapport de Lelièvre. — Manuscrits de l'Académie des sciences. —

Inventaires de géographie. — Objets de minéralogie. — Oratoire de Charlemagne. — Émigré Chabert. — Rapport de Bourdon sur la demande de Scellier.

Le procès-verbal de la séance du 15 est lu. Un membre demande qu'à l'article où il est parlé du rapport de Vicq d'Azyr relatif aux objets existants chez Duperron, il soit substitué les dessins d'anatomie au lieu des planches d'anatomie.

Picault demande que la mission des membres qui doivent se rendre à Versailles soit restreinte à l'examen des inventaires d'objets de sciences et d'arts qui sont dans les dépôts, tant généraux que particuliers, et à leur récolement; qu'aux trois membres déjà nommés soit ajouté le citoyen Dupasquier. La rédaction du procès-verbal avec ces deux changements est adoptée.

La Commission du commerce et des approvisionnements réitère sa demande au sujet de la sortie des livres et autres objets de sciences que divers particuliers se proposent de faire passer chez l'étranger. Il est arrêté qu'extrait de délibération prise en conséquence sera envoyé à ladite Commission.

Dupont, commissaire du Département, écrit à la Commission qu'il existe chez Buffé un superbe diamant. Lelièvre demande que des membres de la Commission soient chargés d'examiner tous les diamants et pierres précieuses de la République et notamment ceux qui sont à la Monnaie, de désigner ceux qui doivent être conservés. Nitot fait sur cet objet un rapport qui est renvoyé aux Comités de salut public, des domaines et d'instruction publique[1].

Lacroix annonce que, sous le ministère de Bertin, contrôleur général des finances, un travail précieux aurait été fait sur les terres titrées possédées par la ci-devant noblesse, les domaines engagés, etc. Ce travail, qui présentait des ressources immenses au Trésor public, était sur le point d'être agréé; mais les grands seigneurs, qui se seraient vus dépouillés de la plus grande partie de leurs richesses, se réunirent pour le faire rejeter et y réussirent. Cet ouvrage manuscrit a disparu; les citoyens membres de la section de bibliographie sont invités à recueillir les renseignements qui pourraient leur parvenir et de les communiquer au Comité des domaines.

L'agent national près le district de l'Égalité prévient qu'à Choisy-sur-

---

[1] Rapport de Nitot, 20 floréal (F^{17} 1224).

Seine il existe deux statues dignes de l'attention de la Commission. Dardel et Dupasquier sont chargés d'aller en faire l'examen.

Le citoyen Toulouse a présenté à la Convention une voiture de son invention pour le transport des malades et blessés de nos armées. Le Comité de la guerre en a renvoyé l'examen à la Commission des arts. Les membres des sections d'anatomie, de mécanique et de physique sont chargés d'y procéder et d'en faire leur rapport [1].

Varon, par un rapport, fixe l'attention de la Commission sur les objets précieux en tout genre qui se trouvent au ci-devant château de Richelieu, district de Chinon; il demande l'envoi de commissaires; adopté, et, pour cet effet, sont nommés les citoyens Picault, Dupasquier, Barrois et Varon, autorisés à faire emballer tous les objets de sciences et d'arts qui existent dans ce château. La Commission renvoie au Comité d'instruction publique la question de droit, celle de l'autorisation pour le transport de ces objets. Les commissaires désignés sont autorisés à examiner si, dans les districts qui se trouveront sur leur passage, on observe les règles prescrites par les décrets pour la conservation des monuments des sciences et arts. En conséquence, en allant au lieu de leur destination, ils dirigeront leur route par Orléans, Menars, Chambord, Blois, Amboise, Tours, Richelieu, Thouars, Fontevrault, Loches, Beaulieu près Loches, Villeloin, etc., en revenant par Châteauneuf, Sully, Bellegarde, Montargis, Fontainebleau, Melun, Louvois et Meaux. On renvoie à la section de chimie, qui en fera un rapport à la prochaine séance, la question proposée par le Comité des domaines sur les moyens de tirer parti de ces dorures, prodiguées avec tant de luxe au ci-devant château de Fontainebleau et dans les autres édifices nationaux.

Lettre de Léonard Bourdon, qui demande pour l'établissement national des Élèves de la patrie [2], confié à sa surveillance, les outils propres à la fabrication des instruments de mathématique qui se trouvent au cabinet de Bochard [3] par un condamné (*sic*); renvoyé à la section

---

[1] Voir une lettre du 5 prairial, dans laquelle le citoyen Toulouse dit qu'il attend avec impatience le rapport en question (F17 1047, n° 1).

[2] Le maître de pension et pédagogue Léonard Bourdon avait formé en mai 1792, dans le prieuré de Saint-Martin-des-Champs, un établissement d'instruction sous le titre de *Société des Jeunes Français*. Cf. Maurice Tourneux, *Bibliographie de l'Histoire de Paris pendant la Révolution*, t. III, p. 583.

[3] Il s'agit de l'ancien premier président Bochart de Saron, condamné à mort le 1er floréal an II. Le Comité d'instruction pu-

de physique qui en fera un rapport à la prochaine séance. Le surplus des demandes de Léonard Bourdon renvoyé aux sections qu'elles concernent.

La Commission persiste dans son arrêté déjà pris au sujet de la demande de Turconi, pour quoi expédition dudit arrêté lui sera délivrée. La lettre du citoyen Achard[1], bibliothécaire de Marseille, est renvoyée au Comité d'instruction publique.

L'inventaire des objets appartenant à Breteuil et tirés du château d'Auges (lisez: Dangu) sera communiqué à toutes les sections qu'ils concernent.

Le citoyen Laverne, directeur provisoire de l'Imprimerie nationale[2], fait un rapport sur la précieuse bibliothèque d'Anisson-Duperron, condamné[3]. Les sections des dépôts littéraires et de botanique sont chargées de l'examiner.

Le même citoyen Laverne informe la Commission qu'il existe à l'Imprimerie nationale une quantité de poinçons à vignettes d'ornements, souillées de signes de royauté et de féodalité. Il consulte la Commission sur le sort que doivent éprouver ces vignettes et leurs matrices. La Commission, accordant acte au citoyen Laverne de sa déclaration, charge la section de bibliographie de lui faire un rapport sur cet objet.

Le citoyen Portiez, membre du Comité des domaines, prévient la Commission que demain, à une heure après-midi, les scellés apposés sur le mobilier d'Anisson-Duperron doivent être levés. Les sections de peinture et de bibliographie, ainsi que le citoyen Buache, sont invités à se réunir aux membres du Comité des domaines pour procéder à l'examen de tous les objets de sciences et arts qui se trouvent dans cette maison et voir en même temps s'il ne conviendrait pas de prendre ce local pour servir de dépôt aux manuscrits.

---

blique venait d'appeler l'attention de la Commission des arts sur les instruments d'astronomie qu'on disait exister dans son cabinet (*Procès-verbaux*, t. IV, p. 373).

[1] Achard (Claude-François), docteur en médecine, secrétaire de l'Académie de Marseille et bibliothécaire de cette ville, né en 1753, mort en 1809, auteur d'un *Dictionnaire*, d'une *Description de la Provence*, 1785-1787, et d'un catalogue de sa bibliothèque.

[2] Duboy de Laverne (Philippe-Daniel) neveu de don Clément, né à Dijon en 1755, mort le 12 novembre 1802, fut directeur de l'Imprimerie nationale de 1794 à 1802, il réorganisa la typographie orientale.

[3] Anisson-Duperron (Étienne-Alexandre-Jacques), directeur de l'Imprimerie nationale, fut condamné à mort le 6 floréal an II (W 353, n° 723). — Voir pour sa bibliothèque E. Coyecque, *Inventaire de la collection Anisson*, 2 vol. in-8°, 1900.

Le citoyen Dupont, commissaire du Département, admis à la séance, confirme ce qu'il avait annoncé par lettre que chez Buffé il y a un superbe diamant. Il prévient aussi la Commission que chez Hérault-Séchelles il existe des objets d'histoire naturelle, de bibliographie et de géographie; chez Rosambo des objets de géographie et des manuscrits; enfin chez Corberon divers objets d'arts infiniment précieux.

Le rapport sur l'augmentation du traitement des gardiens de dépôt, qui devait être fait à cette séance, est remis à la prochaine.

La section de peinture est chargée de recueillir l'esquisse de la coupole de la chapelle de la Vierge de la ci-devant église de Saint-Sulpice pour la déposer aux Petits-Augustins.

Un membre de la section de peinture annonce que les tableaux de la ci-devant communauté Sainte-Agnès ont été vendus, qu'au surplus, ils ne contenaient rien qui fût digne d'exciter les regrets de la Commission.

L'agent de la Commission est chargé d'écrire au citoyen Guillemard pour l'inviter à communiquer son mémoire.

Le citoyen Scellier est autorisé à faire enlever et transporter au Dépôt des Petits-Augustins les quatre blocs de marbre qui sont maison de Dumont, rue ci-devant Chaussée-d'Antin.

Le même citoyen fera enlever et transporter au Dépôt de la rue de Beaune une cheminée en marbre blanc ornée de bronze doré, ainsi qu'un vase de marbre blanc, qui se trouvent chez la ci-devant princesse Kinski.

Le citoyen Nadreau est autorisé à enlever et déposer aux Petits-Augustins des tableaux et autres objets existant dans la sacristie de la ci-devant église des Petits-Pères.

La section d'architecture est chargée d'examiner si la colonne tronquée, qui est chez l'émigré Juigné, mérite d'être enlevée et conservée.

On propose de faire enlever chez Prédicant[1], notaire, deux armoires de bibliothèques fermées en glaces. Adopté.

Le citoyen Thouin les examinera pour savoir si elles ne pourraient pas servir au Muséum national.

Charles dépose sur le bureau un aimant provenant du ci-devant

---

[1] Domicilié rue du Petit-Lion-Saint-Sauveur. — Voir le registre du Dépôt de Nesle (F^{17} 1192^2, fol. 68).

tyran et dont Brisson était dépositaire. Il propose de le déposer au cabinet de la ci-devant Académie des sciences. Adopté.

Le Comité des domaines sera invité à prendre des mesures efficaces pour que les scellés soient apposés sur les meubles des condamnés, incontinent après leur jugement, afin qu'aucune soustraction ne puisse avoir lieu.

Le citoyen Lelièvre fait un rapport sur les objets de minéralogie envoyés par le citoyen Leguin.

Le citoyen Poirier sur la bibliographie [1], le citoyen Barrois sur la bibliographie, dont il dépose trois cahiers d'inventaires.

Le citoyen Vicq d'Azyr sur l'inventaire, fait par lui et le citoyen Poirier, des manuscrits de la ci-devant Académie des sciences; il annonce parmi ces manuscrits des pièces infiniment précieuses pour les sciences et les arts, notamment des lettres écrites de la main même de Descartes.

Le citoyen Buache, au nom de la section de géographie, remet les inventaires des cartes, plans géographiques, des manuscrits militaires et de marine trouvés chez les émigrés Brissac, Mondésir, Castries et le condamné Lebrun [2].

La section de minéralogie est autorisée à faire lever les scellés mis sur les objets de minéralogie déposés aux Petits-Augustins.

La section de peinture est chargée de faire dessiner le plan de l'oratoire de Charlemagne. Cette pièce sera envoyée à la fonte, après que les pierreries qui lui servent d'ornements en auront été distraites.

Le citoyen Dupuis sera adjoint au citoyen Buache pour faire l'inventaire des objets de l'émigré Chabert [3].

---

[1] Voir un rapport de Poirier, en date du 20 floréal, sur les bibliothèques des émigrés Marbeuf et Valentinois (F^{17} 1081, n° 1).

[2] Les deux premiers inventaires sont du 15 floréal; l'inventaire de l'importante collection de Castries (226 articles) est du 17, et celui de la collection de l'ex-ministre Lebrun du 19 floréal (F^{17} 1052).

[3] Chabert (Joseph-Bernard, marquis de), ancien officier général de la marine, membre de l'Académie des sciences, demeurant à Paris, rue du Grand Chantier, n° 12,

avait émigré en Angleterre et ne rentra en France qu'en 1802. — Connu par ses travaux pour la rectification des cartes hydrographiques, il fit en 1750 et en 1751 un voyage dans l'Amérique septentrionale. Dès 1753, il s'occupa de dresser une carte de la Méditerranée et, à cette intention, il partit de France en février 1792, circonstance qui fut rappelée, aux termes d'une déclaration faite devant notaire, le 7 floréal an VIII, par ses collègues Berthoud, Portal, Méchain, Jeaurat, Lalande, Messier, Bossut, Gabriel Bory et Charles (F^7 5618).

Le citoyen Bourdon fait un rapport relativement à la demande du citoyen Scellier. Il est d'avis qu'on accorde en acompte la somme de 12000ᴴ à ce citoyen, qui fournira dans le plus court délai le total de ses mémoires. Adopté.

Sur la demande du citoyen Scellier et d'après la rédaction du citoyen Bourdon, il sera délivré au citoyen Scellier un certificat qui atteste qu'il est employé par la Commission et qu'il est à son poste. Le même certificat sera accordé au citoyen Nadreau. Sur l'avis donné à la Commission que quelques entrepreneurs, et notamment le citoyen Cabiran, marbrier, travaillent à déposer et transporter des marbres ainsi que des groupes de sculpture provenant des domaines nationaux, sous le prétexte qu'ils sont autorisés à cet effet par le citoyen Montaman, architecte de la Régie nationale, la Commission arrête qu'il sera écrit par l'agent au citoyen Montaman pour avoir des renseignements sur cet objet.

SÉANCE DU 25 FLORÉAL,
AN 2ᵉ DE LA RÉPUBLIQUE FRANÇAISE (14 MAI 1794).

Commissaires à Versailles, Luciennes, etc. — Mine de plomb dans le département de la Meurthe. — Tableaux et bronzes à Sceaux. — Instruments pour l'Observatoire national. — Montre à longitude. — Tables de bois pétrifié. — Ouvrage de Portal. — Bibliothèque du Comité de salut public. — Mémoire de Richard. — Certificats de civisme. — Horloge de Lepaute. — Guillemard. — Objets d'histoire naturelle de la maison Kinski. — Mission du citoyen Thouin dans les départements. — Cabinet de Vaillant. — Instruments d'astronomie de Saron. — Ouvrage de Montalembert. — Utilisation des dorures existant dans les maisons nationales. — Offre de service du citoyen Delaplanche. — Fours ambulants. — Objets d'arts à Vincennes. — Mémoire de Barrois. — Rapports d'Ameilhon. — Poinçons de l'Imprimerie nationale. — Maison d'Anisson. — Manuscrits de Condé. — Petit Luxembourg. — Instruments de musique de Chabert. — Manuscrit de l'abbé de Saint-Aubert de Cambrai. — Machine à diviser les cercles. — Lettre du citoyen Thillaye. — Inventaires de Brissac et femme Brunoy. — Objets d'arts à la Monnaie. — Entrepreneurs au service de la Commission. — Objets de la ci-devant église Montmartre. — Demandes de Léonard Bourdon. — Cabinet anatomique de d'Orléans. — Machines appartenant au citoyen Leturc.

Le procès-verbal de la dernière séance est lu et adopté, sauf quelques changements qui consistent : 1° à substituer, à l'article de l'envoi des commissaires à Versailles, le nom de Dupasquier à celui de Gilbert; 2° à ajouter, à l'article où il est parlé des diamants déposés à la Monnaie, les pierres précieuses; enfin, à ajouter la mention faite par Barrois de trois cahiers d'inventaires de bibliographie.

On propose et la Commission arrête que les commissaires qui doivent aller à Versailles pour y examiner les objets de sciences et arts soient chargés d'aller également à Luciennes, Marly, Meudon, Bellevue, Saint-Cloud, pour y procéder au même examen et noter ceux des objets de sciences et arts qu'ils trouveront dans ces divers endroits, dignes d'être placés dans les musées de la République.

La Société des Amis de la Liberté, de l'Égalité, séante aux Jacobins, transmet à la Commission des arts une lettre d'un particulier condamné aux fers, qui demande qu'on l'emploie, lui et les autres condamnés de son département, à l'exploitation d'une mine qu'il assure exister dans le département de la Meurthe. La Commission renvoie la lettre au Comité de salut public, parce que l'existence de la mine ne lui est pas suffisamment prouvée; 2° parce que c'est à ce Comité qu'il appartient de prononcer sur cet objet.

Lettre de Dubosquet, qui prévient la Commission qu'il existe à Sceaux des tableaux dignes de fixer les regards de la Commission [1]; un membre observe qu'il y a aussi des bronzes précieux; les sections de peinture et de sculpture sont chargées d'examiner ces objets et d'en faire un rapport.

Le directeur de l'Observatoire national demande, pour compléter le cabinet de cet établissement confié à ses soins, les instruments d'astronomie qui sont chez Bochard Saron; la section de physique fera sur cet objet un rapport qui sera communiqué au Comité d'instruction publique.

Un membre annonce que la montre à longitude, ouvrage précieux d'Arnold de Londres, dont Bochard Saron était porteur lors de son jugement, a été soustraite; on entend sur cet objet le citoyen Errard, portier de Bochard, qui atteste que celui-ci lui a dit, au moment de sa condamnation, avoir remis sa montre à la citoyenne Richard, concierge de la prison. La Commission arrête qu'un des membres de la section de physique, le citoyen Janvier, fera des recherches à cet égard

[1] Lettre de Fabre Dubosquet, qui demande aussi de mettre à l'abri des insultes et de la mutilation les statues en marbre du parc, 19 floréal (F17 1047, n° 1).

et en communiquera à l'accusateur public près le Tribunal révolutionnaire, à l'effet de recouvrer la montre en question.

Lettre du citoyen Fabre [1], qui demande que la Commission fasse enlever les deux tables de bois pétrifié dont il est propriétaire et qui ont été mises en réquisition par des membres de la Commission, ou que mainlevée lui soit accordée de ladite réquisition. Les citoyens Nitot et Besson sont nommés commissaires pour aller séance tenante au Comité des finances en retirer le rapport qu'ils lui ont communiqué sur cet objet. Expédition de ce rapport sera envoyée à la Commission exécutive des arts, avec invitation de terminer l'acquisition de ces deux tables, qui sont de nature à occuper une place distinguée dans le Muséum national.

Le citoyen Portal dépose sur le bureau un ouvrage de sa composition qui a pour titre : *Instruction sur les traitements des asphyxiés par le méphitisme*. La Commission accueille favorablement cette production d'un de ses membres et arrête qu'hommage en sera fait en son nom au Comité d'instruction publique [2].

Sur la demande du Comité de salut public, la Commission charge les membres de sa section des dépôts littéraires de faire dans les bibliothèques des émigrés ou condamnés un choix des livres qui devront composer la bibliothèque que ce Comité se propose d'établir pour son usage. Les membres de la section des dépôts littéraires, afin d'être à même de remplir les vues du Comité de salut public, se pourvoiront près le Comité d'instruction, solliciteront de lui l'autorisation nécessaire [3] à l'effet de se faire délivrer pour quelques jours, et sous leur récépissé, les catalogues déjà existants des bibliothèques de Molé, Gilbert de Voisins, Saron, Hérault-Séchelles, et d'y noter d'avance les livres sur lesquels ils jugeront devoir fixer leurs choix; ils sont autorisés à prendre communication de tous les inventaires de livres déposés au secrétariat de la Commission, de désigner ceux des livres contenus auxdits inventaires qu'ils croiront dignes d'être placés dans la bibliothèque du Comité de salut public, en indiquant les bibliothèques d'où ils proviennent; ils puiseront aussi dans la collection des manuscrits du Dépôt de la maison de Nesle, pour compléter leurs choix; enfin, aux com-

---

[1] Exerçant la profession de marchand. Sa lettre est du 19 floréal (F^{17} 1047).
[2] *Procès-verbaux du Comité*, t. IV, p. 427.
[3] Le Comité accorda l'autorisation demandée par Barrois, Vicq d'Azyr, Poirier et Ameilhon (v. *Procès-verbaux*, t. IV, p. 428).

missaires de la section de bibliographie sont adjoints les citoyens Vicq d'Azyr, Buache, les membres de la section du génie militaire.

Le citoyen Richard présente un mémoire des frais et déboursés qu'il a faits pour la Commission; l'agent est autorisé à l'acquitter.

Les citoyens Naigeon, Leblanc, Poirier et Richard présentent leurs certificats de civisme; arrêté qu'il en sera fait mention au procès-verbal.

La demande des membres de la section d'histoire naturelle de transporter au Muséum national l'horloge de Lepaute est renvoyée au Comité d'instruction publique [1].

Lettre de Guillemard, qui sollicite le payement de ses travaux pour restauration de tableaux; renvoyée à la section de peinture.

Sur la demande de Naigeon, il est arrêté que le tombeau d'Anne Montmorency et autres qui sont dans l'église de la commune ci-devant Montmorency, aujourd'hui commune d'Émile, seront enlevés et transportés au Dépôt des Petits-Augustins [2].

La section d'histoire naturelle remet l'état des arbustes et plantes étrangères transportés du jardin de la maison Kinski au Muséum d'histoire naturelle [3].

Thouin expose qu'il est chargé d'une mission dans les départements environnant Paris [4]. Il manifeste le vœu de jeter, en parcourant ces départements, un coup d'œil de surveillance sur les travaux des administrations relatifs à la conservation des objets de sciences et arts, si la Commission veut lui donner l'autorisation nécessaire à cet effet. La Commission, applaudissant au zèle du citoyen Thouin, l'autorise à exa-

[1] Pour la suite de cette demande, voir les *Procès-verbaux du Comité d'instruction publique*, t. IV, p. 428.

[2] Au sujet de l'enlèvement et du transport du mausolée d'Anne de Montmorency et de Madeleine de Savoie, par B. Prieur et J. Bullant, qui se trouvait dans l'église Saint-Martin de Montmorency, cf. *Archives du Musée des monuments français*, t. I, p. 66-69, 71, 73. Les statues funéraires du connétable et de sa femme sont au Musée du Louvre. Cf. aussi nos *Procès-verbaux de la Commission des monuments*, t. I, p. 355.

[3] Voir cet état, dressé par Thouin et Desfontaines le 23 floréal an II (F^{17} 1344^2).

[4] Un décret de la Convention du 16 germinal an II avait chargé Thouin de rechercher les arbres forestiers existant dans un rayon de 30 lieues autour de Paris, pouvant servir au reboisement, et d'en faire un catalogue (cf. *Procès-verbal de la Convention*, t. XXXV, p. 9). Un arrêté du Comité de salut public du 5 prairial an II autorisa également Thouin, professeur au Muséum, chargé par décret de parcourir les maisons nationales à 30 lieues de rayon du département de Paris, à rechercher les divers arbres d'orangerie qui pourraient convenir à l'embellissement du jardin du Palais national (*Recueil Aulard*, t. XIII, p. 719).

miner si, dans les départements qu'il parcourra, on observe les lois concernant la conservation des monuments de sciences et arts; arrête de plus que chacun de ses membres remettra au citoyen Thouin les notes qu'il peut avoir sur les objets de sciences et arts dans ces départements [1]. Enfin le citoyen Thouin est invité à entretenir avec la Commission une correspondance suivie pendant son voyage. Comme les travaux de la section de botanique pourraient souffrir de l'absence du citoyen Thouin, le citoyen Nésignet lui est adjoint provisoirement pour le remplacer dans son travail.

Le Comité d'instruction publique renvoie à la Commission une lettre de François Vaillant, par laquelle ce particulier offre à la Nation son cabinet d'histoire naturelle, avec le secret qu'il possède sur la manière de préparer et de conserver les oiseaux. La section de zoologie fera un rapport sur cet objet et se procurera celui déjà fait par les citoyens Daubenton et Mauduit.

Rapport de la section de physique sur les instruments d'astronomie qui se trouvent au cabinet de Bochard Saron. Demande de cette même section que plusieurs de ces instruments soient confiés aux citoyens Janvier, Lenoir et Charles; la Commission adopte le rapport et le renvoie, ainsi que la demande, au Comité d'instruction publique [2].

Le citoyen David Le Roy présente à la Commission un ouvrage [3] du citoyen Montalembert, intitulé *Mémoire relatif à l'art défensif*. Mention honorable.

La section de chimie indique divers moyens de tirer parti de ces dorures prodiguées avec luxe dans les maisons nationales; il est arrêté que cette section recueillera les notes de chacun de ses membres, en fera un rapport [4] à la Commission, ensuite le communiquera au Comité des domaines.

La demande formée par le citoyen [De] Laplanche [5] d'être employé par la Commission pour la dénomination (démolition) de l'autel principal de la ci-devant église du Val-de-Grâce, ajournée jusqu'après le

---

[1] Le Comité d'instruction publique confirma l'autorisation de la Commission (*Procès-verbaux*, t. IV, p. 437).

[2] Voir, pour l'examen de la question par le Comité d'instruction publique, les *Procès-verbaux*, t. IV, p. 428.

[3] *L'Art défensif supérieur à l'offensif* est la reproduction en 1793 de l'ouvrage du général Marc-René de Montalembert, publié de 1776 à 1786 sous le titre *La fortification perpendiculaire*.

[4] Le rapport en question, signé de Leblanc et Berthollet, existe sous la cote F¹⁷ 1343.

[5] Lettre du 30 floréal (F¹⁷ 1047, n° 1).

rapport que doit faire sur cet objet le citoyen Lannoy. Sur l'observation du citoyen Scellier que ce travail aurait été commencé par lui d'après l'autorisation de la Commission supprimée des monuments, la continuation en est ajournée jusqu'après le rapport du citoyen Lannoy.

Molard fait un rapport sur le projet de fours ambulants dont l'examen avait été par le Comité de salut public renvoyé à la Commission des arts. Ce rapport est adopté et sera adressé avec toutes les pièces au Comité de salut public.

Reçu du Comité de salut public les deux cartes qu'il avait demandées à la Commission et qui lui ont été remises par Buache.

Le citoyen Ameilhon communique à la Commission une note qui lui a été adressée par Doucet [1], membre du directoire du district de l'Égalité, concernant des objets de peinture et autres objets d'arts qui sont à Vincennes; la section de peinture s'y rendra pour examiner ces objets, qu'elle est autorisée à inventorier et à enlever.

Beuvelot remet un inventaire de livres et l'état des ouvrages fournis par lui à la Commission en germinal et floréal [2].

Barrois remet quatre cahiers d'inventaires de bibliothèque et un mémoire de ses frais et déboursés montant à 579ᵗᵗ 3ˢ; l'agent est autorisé à l'acquitter.

Ameilhon remet un inventaire de livres et fait au nom de la section de bibliographie un rapport suivi de deux propositions [3] : la première, que la maison, dite autrefois l'hôtel Camus [4], soit accordée pour former un dépôt de livres; la deuxième, que les membres de la section des dépôts littéraires soient autorisés à se concerter pour procéder au plus tôt à l'examen de la bibliothèque d'Artois. La première de ces deux propositions est accueillie, mais la Commission passe à l'ordre du jour sur la seconde, motivé sur ce que la section des dépôts littéraires n'a pas besoin d'autorisation pour vaquer à ses travaux.

---

[1] Doucet (Nicolas), cultivateur à Montreuil et électeur en 1793.

[2] Voir cet inventaire (F¹⁷ 1164).

[3] Le rapport d'Ameilhon est du 25 floréal (F¹⁷ 1081, n° 1); il concerne les bibliothèques des émigrés Bertier, Chabert, La Luzerne, ancien ministre de la marine, et d'Artois, mais n'a guère trait qu'à la question de leur déplacement; voir l'inventaire des livres des mineurs Berthier, dont plusieurs sont émigrés, livres qui furent transportés au Dépôt de la Culture (F¹⁷ 1200).

[4] Cet hôtel, plus connu sous le nom d'hôtel Salé, avait été construit en 1656, par Aubert de Fontenai, intéressé dans les gabelles; il fut en effet affecté au Dépôt littéraire de la rue de Thorigny.

Le citoyen Poirier fait plusieurs rapports : le premier, sur les poinçons de vignettes de l'Imprimerie nationale, qui sont souillés de signes de féodalité, de royauté et de superstition [1]. La Commission adopte ce rapport et arrête qu'il sera communiqué au Comité de salut public.

Le deuxième, sur la bibliothèque intéressante d'Anisson-Duperron et sur les autres objets d'arts de son cabinet [2].

Le troisième, sur le local de la maison du même Anisson-Duperron; il résulte de ce rapport que l'emplacement est très favorable pour le dépôt des manuscrits. La Commission arrête que Poirier communiquera avec Buache pour faire un rapport définitif, qui sera transmis au Comité d'instruction publique.

Le quatrième rapport de Poirier [3] concerne les manuscrits et livres imprimés du ci-devant Condé, trouvés maison Saint-Laurent, rue Pierre-aux-Choux. Poirier annonce que ces manuscrits et imprimés forment une collection intéressante de deux à trois cents volumes, dont, après un examen plus réfléchi, il donnera à la Commission une idée plus détaillée.

Nitot dépose une note des objets mis en réserve au Petit-Luxembourg sous les numéros de l'inventaire qui en a été dressé le 17 floréal, l'an 2ᵉ de la République.

---

[1] Rapport de Poirier, 25 floréal (F17 1081, n° 1). Il propose de conserver les vignettes qui pourraient être transformées à l'aide de simples retouches, et d'en composer de nouvelles pour remplacer celles qu'il faudrait dénaturer presque entièrement.

[2] Rapport sur la bibliothèque d'Anisson, 25 floréal. Poirier y a remarqué notamment une «collection des plus considérables de catalogues de bibliothèques de toutes les nations de l'Europe».

[3] En date du 25 floréal (F17 1081, n° 1). «Parmi ceux (de ces manuscrits) que l'état de désordre où ils se trouvaient, étant empilés et répandus sur le carreau, m'a permis d'examiner, dit Poirier, je n'en ai trouvé que deux du XIIIᵉ siècle; la plupart des autres sont des XIVᵉ, XVᵉ et du commencement du XVIᵉ siècle. Il y en a quelques-uns de plus récents et qui sont relatifs aux événements du règne de Louis XIV, auxquels les ci-devant Condé ont eu part.

«Grand nombre de ces manuscrits ou anciens imprimés contiennent des romans de chevalerie ou de moralités, des poésies en langue romane, etc. Il y en a beaucoup de remarquables par la beauté et la richesse des peintures et des vignettes dont ils sont ornés.

«Il se trouvera sans doute plusieurs de ces livres qui manquent à la Bibliothèque nationale. Mais je crois pouvoir l'assurer d'un in-folio assez mince, intitulé : *Insularium Henrici Martelli Germani*. Ce livre du XVᵉ au XVIᵉ siècle est orné d'un grand nombre de cartes géographiques proprement enluminées et très intéressantes pour l'histoire et la science géographique à cette époque. Il n'en est fait mention, ni dans le catalogue des manuscrits latins de la Bibliothèque nationale, ni dans de Bure, Gagnat et La Vallière.»

[14 mai 1794] DE LA COMMISSION TEMPORAIRE DES ARTS. 183

Bruni remet un inventaire d'instruments de musique, mis par lui en réserve pour la Nation chez l'émigré Chabert, rue du Grand-Chantier.

Les commissaires envoyés au Comité des finances, de retour de leur mission, déposent sur le bureau le rapport qu'ils ont retiré du secrétariat de ce Comité; ils demandent la mention au procès-verbal de la remise par eux faite de ce rapport, attendu qu'ils en ont donné récépissé au secrétariat du Comité des finances. Adopté.

Le citoyen Grégoire demande qu'il soit écrit au directoire du district de Cambrai pour lui demander des renseignements sur l'état et la conservation d'un manuscrit contenant les mémoriaux de Jean Le Robat, abbé de Saint-Aubert de Cambrai, et sur d'autres objets d'arts qui doivent se trouver dans les dépôts de ce district. La Commission adopte la proposition de Grégoire, le charge de la rédaction de la lettre.

Lenoir fait un rapport du travail qu'il a projeté sur la machine à diviser les cercles de Bochard Saron, que la Commission lui confie; il désire que deux membres de la Commission assistent à son travail; prouvant ensuite que cette machine est trop précieuse pour qu'on puisse la confier aux jeunes Élèves de la Patrie, en faveur desquels Léonard Bourdon, leur instituteur, la réclamait, il offre et s'engage d'instruire un de ces jeunes élèves, de lui apprendre à diviser sur cette machine. Le rapport de Lenoir, adopté par la Commission, est renvoyé au Comité d'instruction publique [1].

Lecture donnée de la lettre du citoyen Thillaye, la Commission arrête que Barrois, Lelièvre et Charles se rendront séance tenante près du Comité de sûreté générale pour lui communiquer cette lettre [2]. Il sera fait mention au procès-verbal de l'envoi fait par Thillaye des numéros qu'il fait passer pour le cabinet.

Picault dépose trois inventaires d'objets précieux qui se trouvent chez les émigrés Brissac et femme Brunoy [3].

[1] Voir les *Procès-verbaux du Comité d'instruction publique*, t. IV, p. 429.

[2] Thillaye prie instamment ses collègues de s'entremettre afin de faire cesser sa détention, 22 floréal (F¹⁷ 1047, n° 1).

[3] En ce qui concerne le mobilier de l'émigré Cossé-Brissac, deux inventaires furent établis; l'un par Picault et Naigeon, comprend les peintures (plusieurs toiles de grands maîtres flamands et hollandais, tels que des Téniers, Metsu, Gérard Dov, Paul Potter; quelques Claude Lorrain, Sébastien Bourdon, Bassan), des dessins et estampes, pierres précieuses, porcelaines, meubles de Boule, etc.; l'autre, par Dupasquier, est consacré aux sculptures, marbres divers et bronzes; tous deux sont du 5 floréal (F¹⁷ 1267). — Les mêmes commissaires réunis avaient signé, le 29 germinal, l'inventaire relatif à l'émigrée Brunoy (F¹⁷ 1269).

La section de peinture est chargée de se rendre à la Monnaie pour y examiner divers objets d'arts et réserver ceux qui le méritent. Le citoyen Poirier est adjoint aux commissaires.

Portiez, membre du Comité des domaines et aliénations réunis, transmet à la Commission un arrêté par lequel ce Comité accorde au Comité d'instruction publique la maison d'Anisson-Duperron, comme très propre pour recevoir les manuscrits et leur servir de dépôt.

Bourdon propose et la Commission adopte un projet de certificat à accorder aux entrepreneurs des travaux de la Commission qui ont des sommes à recevoir à la Trésorerie nationale.

D'après différentes propositions, l'agent est chargé d'écrire à tous les entrepreneurs des travaux de la Commission de fournir avant le 20 du mois prochain, comme terme de rigueur, la totalité des mémoires de leurs ouvrages et travaux faits jusqu'au 30 germinal.

Le citoyen Bourdon fait un rapport sur quatre colonnes de marbre noir, une figure de saint Denis et plusieurs autres objets de la ci-devant église Montmartre, dont partie a été par lui mise en réserve pour n'être pas comprise dans la vente, partie désignée au citoyen Boucault pour être enlevée. La Commission confirme la réserve faite par le citoyen Bourdon, autorise l'enlèvement des quatre colonnes et de la figure de saint Denis, et arrête qu'il sera écrit à ce sujet au district de Franciade.

Sur la demande de Léonard Bourdon qu'il soit fourni une bibliothèque à l'établissement des Élèves de la Patrie, la Commission arrête que le citoyen Ameilhon fera un catalogue des livres qu'il jugera devoir convenir à cet établissement, que ce catalogue sera soumis à l'examen de la Commission; il sera également fait inventaire du cabinet de physique de Boulongne, la Commission se réservant de statuer définitivement sur les demandes de Léonard Bourdon, après que ces inventaire et catalogue lui auront été communiqués.

Le citoyen Thillaye avait été chargé de faire transporter au Muséum d'histoire naturelle les pièces du cabinet anatomique existant maison d'Égalité; son arrestation l'empêchant de vaquer à ce soin, il envoie l'inventaire de ce cabinet à la Commission, qui charge sa section d'anatomie d'opérer l'enlèvement et le transport dont Thillaye avait été chargé, toutefois après avoir fait l'estimation de tous les objets.

Il est arrêté que les citoyens Scellier, Boucault, ainsi que Nadreau,

[14 mai 1794] DE LA COMMISSION TEMPORAIRE DES ARTS 185

entrepreneurs pour la démolition, déplacements, enlèvements et transports des monuments réservés par la Commission des arts, assisteront aux séances de la Commission.

Les citoyens Molard et Lenoir sont autorisés à se présenter chez le citoyen Turpin, agent du Trésor national, à l'effet de l'inviter à se transporter avec eux au cabinet de Mortagne [1], lever les scellés apposés par lui sur les machines appartenantes au citoyen Leture; après avoir pris connaissance de ces machines, ils rendront compte à la Commission, par un rapport, de leur utilité pour l'instruction publique.

SÉANCE DU 30 FLORÉAL,

AN 2ᵉ DE LA RÉPUBLIQUE FRANÇAISE (19 MAI 1794).

Richard, adjoint à Fragonard. — Lettre de Millin. — Frais de transport du tableau de Mitry. — Château de Fontainebleau. — Lettres des citoyens Bervic et Mancel. — L'agent national de Sedan et le citoyen Clouet. — Voiture de Toulouse. — Le citoyen Thillaye. — Val-de-Grâce. — Mandat de Nitot. — Recouvrement d'objets d'arts des émigrés ou condamnés. — Le citoyen Sarrette et l'Institut national de musique. — Transport au Muséum des objets d'histoire naturelle. — Pouvoirs demandés à la Commission d'instruction publique. — Livres dépareillés des condamnés. — Armoires en glace de Prédicant. — Cadran solaire. — Demande du directeur de l'Observatoire. — Montre de Bochart Saron. — Caroché. — Platines. — Commissaires à Montagne-du-Bon-Air. — Bibliothèque du Comité d'instruction publique. — Demande de Delaplanche. — Globes demandés pour les bibliothèques du Muséum et Mazarine. — Cachets. — Portier de Nesle. — Commission pour la vente du mobilier des émigrés. — Tablettes aux Cordeliers. — Bibliothèque de Croy d'Havré. — Employés à l'enlèvement des bibliothèques. — Mausolée Fleury et marbres de Saint-Thomas-du-Louvre. — Église Saint-Jean.

On donne lecture du procès-verbal de la dernière séance, qui est adopté.

Le citoyen Fragonard, par l'organe du citoyen Vicq d'Azyr, demande qu'il lui soit adjoint un naturaliste pour l'estimation des objets de minéralogie, d'histoire naturelle, qui se trouvent au cabinet d'Égalité. La Commission nomme le citoyen Richard.

[1] Il s'agit du Dépôt de machines établi à l'hôtel de Mortagne.

La lettre d'Éleuthérophile Millin [1] sur les poids et mesures est renvoyée au Comité d'instruction publique.

La Commission approuve la dépense de 115# 10°, acquittée par l'agent pour le transport du tableau de Le Sueur venant de la ci-devant église de Mitry, district de Meaux.

Il sera écrit à la Commission des arts et d'agriculture que la lettre des administrateurs du département du Pas-de-Calais, annoncée par celle qu'elle a adressée à la Commission, le 25 floréal, n'est pas parvenue.

On donne lecture de la lettre des commissaires à la vente du mobilier du château de Fontainebleau [2]; la demande qu'ils forment de l'envoi de deux commissaires pour y recueillir les objets d'arts est ajournée jusqu'après le rapport que doit faire la section de chimie sur les moyens de tirer parti des dorures prodiguées dans ce château.

La lettre de Bervic [3], commissaire pour l'Exposition du Salon, demande l'emploi qu'il doit faire d'une somme restée entre ses mains; envoyée au Comité d'instruction publique.

Mancel, garde des livres imprimés de la Bibliothèque nationale, écrit à la Commission [4] pour demander en faveur de ladite Bibliothèque un certain nombre de livres qu'il assure manquer à sa collection et dont il envoie le catalogue. Renvoyé à la section des dépôts littéraires, qui fera un rapport sur la question de savoir si les livres demandés seront accordés; 2° sur le mode d'exécution.

L'agent national près le district de Sedan [5] mande à la Commission que le citoyen Clouet [6], chargé de l'exploitation des forges des Ardennes, ayant demandé qu'un tour, grand nombre d'outils et de gros morceaux d'ivoire et d'ébène fussent mis à sa disposition pour le service de la forge de Daigny, il aurait cru devoir s'opposer à ce que ces objets

---

[1] Ce personnage est l'antiquaire Aubin-Louis Millin, conservateur des antiques à la Bibliothèque nationale.

[2] En date du 24 floréal (F17 1044).

[3] Bervic (Jean-Guillaume Balvay), graveur, né à Paris le 23 mai 1756, mort le 23 mars 1822, devint membre de l'Institut le 28 février 1803.

[4] Lettre de Mancel, 22 floréal, avec deux listes d'ouvrages y jointes (F17, 265).

[5] Nommé Vassant. Sa lettre est du 27 floréal. — La machine en question avait été saisie comme provenant d'un émigré nommé La Roulière, ex-officier au 43e régiment (F17 1239).

[6] Clouet (Louis), chimiste et mécanicien. Né le 11 novembre 1751 à Singly, mort de la fièvre près de Cayenne le 4 juin 1801, établit à Daigny, près de Sedan, une fabrique de fer forgé, qui fournit aux arsenaux de Douai et de Metz une grande quantité d'armes.

fussent délivrés au citoyen Clouet sans une autorisation préalable; c'est pourquoi il consulte sur le parti à prendre la Commission des arts, à laquelle le citoyen Clouet doit écrire aussi. La Commission, approuvant la conduite de l'agent national près le district de Sedan, charge son président de lui écrire pour le féliciter et l'inviter à envoyer l'état détaillé de tous les instruments et objets dépendant du tour en question; la Commission se réserve de se prononcer sur ce qui est relatif à Clouet, quand il aura présenté ses réclamations.

Lecture donnée d'une lettre du Comité de la guerre, il est arrêté qu'il lui sera écrit pour le prévenir que, quartidi prochain, les commissaires nommés pour l'examen de la voiture qui fait le sujet de sa lettre doivent se rassembler pour y procéder; qu'invitation sera faite au Comité de la guerre d'assister par un ou plusieurs de ses membres audit examen, qui aura lieu à 4 heures du soir. Le citoyen Vicq d'Azyr est chargé de la rédaction de la lettre, et aux commissaires déjà nommés est adjoint le citoyen Besson.

La question de savoir si l'on doit faire sur place l'estimation des objets de sciences et arts est ajournée jusqu'après le rapport qui doit être fait à ce sujet.

Lecture d'une lettre du citoyen Thillaye, qui envoie des numéros pour le cabinet d'Alfort et remercie la Commission de l'intérêt qu'elle prend à son sort.

La Commission, ayant députe trois de ses membres au Comité de sûreté générale pour l'engager de nouveau à prendre en considération la situation du citoyen Thillaye, il lui a été répondu qu'on lui rendrait incessamment justice; l'un des membres de ce Comité a pris par écrit le nom du détenu et celui du comité de sa section, promettant de mettre beaucoup d'empressement à répondre au désir de la Commission des arts. La Commission arrête que le citoyen Varon remettra cet extrait de son procès-verbal au Comité de surveillance de la section de Mutius Scaevola, avec invitation de le faire passer au citoyen qu'il concerne.

Dans son rapport [1] sur les travaux à faire en la ci-devant église du Val-de-Grâce, Lannoy expose que le citoyen [De] Laplanche a été chargé de remplacer les fleurs de lys du pavé par une autre incrustation en

---

[1] En date du 30 floréal (F17 1197).

marbre qu'il a préparée. La Commission persiste dans ses précédents arrêtés au sujet des travaux et enlèvements à faire au maître-autel; mais, pour ce qui a rapport aux fleurs de lys du pavé, elle passe à l'ordre du jour, motivé sur ce que ce n'est pas la Commission que cette opération concerne.

Nitot expose que, par arrêté du Comité de salut public, en date du 24 floréal [1], il est nommé commissaire pour l'estimation des diamants et pierres précieuses mises à la disposition de la Commission du commerce et approvisionnements; il consulte la Commission sur la question de savoir si, déjà membre de la Commission, il peut encore vaquer en qualité de commissaire à cette estimation. Sur l'observation de Lelièvre que la loi qui défend de toucher deux traitements ne s'oppose point à ce qu'un même citoyen remplisse deux fonctions différentes, la Commission s'en tient à cette observation qu'elle consigne dans son procès-verbal.

Les membres de la section de physique sont chargés de la recherche d'un octant qui se trouve égaré du dépôt confié au citoyen Pingré [2].

La Commission autorise ses commissaires à se transporter partout où besoin sera pour recouvrer les objets d'arts que différents particuliers auraient empruntés à des émigrés ou condamnés.

Le citoyen Sarrette, membre de la Commission, section de musique, s'excusant de n'avoir pu encore prendre part aux délibérations de la Commission, parce que ses occupations à l'Institut national de musique l'en avaient empêché, demande à être associé aux travaux de la Commission. Adopté. Sur la demande du même citoyen, les membres de la section de musique s'adjoindront tous ceux qu'ils jugeront à propos pour réunir le plus promptement possible les objets de musique dans les dépôts nationaux où les commissaires nommés de l'Institut national prendront les instruments qui leur seront nécessaires.

Vu la nécessité de débarrasser promptement la salle des Petits-Augustins où sont les objets d'histoire naturelle, la Commission arrête que la section de zoologie fera transporter ceux qui la concernent au Muséum national, immédiatement après la confection de son inventaire.

Il sera écrit à la Commission exécutive de l'instruction publique pour

---

[1] Cf. Aulard, *Recueil des actes du Comité de salut public*, t. XIII, p. 487.

[2] L'inventaire des instruments d'astronomie, confiés par l'Académie des sciences à l'astronome Pingré, fut dressé par Charles et Fortin, le 26 floréal an II (F17 1219).

solliciter la prompte expédition des nouveaux pouvoirs déjà demandés et lui envoyer en même temps la liste des membres, sur laquelle sera inséré le nom du citoyen Sarrette.

Poirier demande qu'il soit fait des recherches pour recouvrer les livres dépareillés que les condamnés auraient soustraits de leur bibliothèque pour emporter dans leur prison. Renvoyé au Comité de sûreté générale.

Les armoires de Prédicant fermées en glace seront transportées sous la surveillance de Nadreau au Muséum d'histoire naturelle pour y être employées à renfermer des objets d'histoire naturelle.

Lenoir est chargé de faire enlever un cadran solaire de marbre, qui se trouve chez Malesherbes, rue des Martyrs.

Charles fait un rapport sur la demande formée par le directeur de l'Observatoire national, qui demande les instruments d'astronomie de Bochard Saron pour compléter le cabinet de l'Observatoire; le rapport de Charles, adopté par la Commission, est renvoyé au Comité d'instruction publique avec invitation d'en adopter les conclusions [1].

Le même citoyen Charles annonce, et la Commission apprend avec satisfaction, que la montre précieuse de Bochard Saron a été recouvrée par les soins du citoyen Janvier.

La lettre de Caroché est renvoyée au Comité d'instruction publique.

On demande et la Commission arrête qu'il sera fait un rapport sur les platines, pour être communiqué au Comité d'instruction publique. Charles, Richard et Lenoir sont chargés de ce travail. Tous les membres qui auraient des renseignements sur cette matière sont invités à les communiquer aux trois commissaires nommés.

Les commissaires nommés pour aller à Versailles examiner les objets d'arts et de sciences qui y ont été recueillis sont autorisés à se rendre pour le même objet à Montagne-du-Bon-Air [2] et à Triel.

Le citoyen Poirier fait un rapport sur les travaux des commissaires nommés pour la formation de la bibliothèque du Comité de salut public. Les mêmes commissaires sont invités à concourir de tous leurs soins au complément de la bibliothèque du Comité d'instruction publique. En conséquence ils compulseront tous les inventaires existant

---

[1] A ce rapport se trouve jointe la lettre de Perny, directeur de l'Observatoire (F17 1265, n° 1). Le Comité adhère au rapport de Charles (*Procès-verbaux*, t. IV, p. 468).

[2] Nom révolutionnaire de Saint-Germain-en-Laye (Seine-et-Oise).

dans les bibliothèques d'émigrés ou de condamnés et puiseront partout où ils jugeront convenable pour compléter ladite bibliothèque.

Le rapport sur le traitement des gardiens des dépôts (est) ajourné à la prochaine séance et sera mis en tête de l'ordre du jour.

Sur la demande réitérée de [De] Laplanche, on passe à l'ordre du jour, motivé sur le maintien de l'arrêté de la dernière séance.

Richard annonce que deux globes ont été portés au Dépôt des Augustins; il demande que Buache soit chargé d'examiner ces deux globes et voir s'ils sont dignes d'être placés à la bibliothèque de l'histoire naturelle. Le citoyen Le Blond demande aussi que, d'après le choix de Buache, deux des globes du Dépôt de la maison de Nesle soient transférés à la bibliothèque Mazarine. Adopté.

Deux cachets pour la section de mécanique sont donnés à Molard pour en remettre un à son collègue; un pour la section de botanique à Thouin et un pour la section de sculpture à Dupasquier.

La demande du citoyen Naigeon au sujet du portier du Dépôt de Nesle est ajournée à la prochaine séance après le rapport que doivent faire les commissaires chargés d'un travail sur les dépôts d'arts et de sciences.

On donne lecture d'un arrêté du Comité de salut public, portant qu'il sera établi une commission pour toute l'étendue du Département de Paris, occupée uniquement de la conservation et de la vente du mobilier des émigrés[1]. Mention au procès-verbal.

Sur la demande du même, il est arrêté qu'il sera écrit au Département pour l'inviter à presser le travail des tablettes qui doivent être posées aux Cordeliers. On rappellera au Département que déjà quatre lettres lui ont été adressées à ce sujet et que, s'il n'a point d'égard à cette demande tant de fois répétée, on sera obligé de se pourvoir près le Comité de salut public.

Buache demande et la Commission arrête que la section des dépôts littéraires est autorisée à faire enlever dans le plus court délai possible la bibliothèque de Croy d'Havré et que, s'il est nécessaire pour plus prompte expédition, elle sera transportée chez Thiroux Mauregard; pour cet effet, elle s'adjoindra le nombre de personnes convenable.

Sur la demande de Bourdon il est arrêté que les marbres composant

---

[1] L'arrêté en question est du 27 floréal. Cf. *Recueil des actes du Comité de salut public*, t. XIII, p. 545.

le mausolée de Fleury en la ci-devant église Saint-Thomas-du-Louvre [1], ainsi que ceux des autels de la même église, seront enlevés et transportés aux Petits-Augustins. La personne qui surveillera ce travail fera en sorte que les citoyens locataires de cet édifice ne soient point troublés dans l'exercice de leur culte [2]. Sur la proposition du même un bloc de marbre de Languedoc, existant maison ci-devant des Cent filles [3], rue Censier, sera enlevé et transporté aux Petits-Augustins. On enlèvera également une grande table de marbre noir et autres morceaux de marbre qui sont dans la ci-devant église Saint-Jean, faubourg Montmartre [4].

SÉANCE DU 5 PRAIRIAL,

AN 2ᵉ DE LA RÉPUBLIQUE FRANÇAISE (24 MAI 1794).

Inventaire des peintures, etc., du Dépôt de Nesle. — Demande de traitement pour deux commissaires du Département auprès de la Commission. — Les commissaires du district de Versailles. — Mesures prises pour la conservation des objets d'arts du département de Seine-et-Oise. — Inventaires à Brunoy. — Tables de bois pétrifié. — Tablettes aux Cordeliers. — Démarches auprès du Département de Paris. — Lettres de Montfort-le-Brutus et de Port-la-Montagne. — Tapisseries envoyées aux Gobelins. — Tillard, libraire. — Bibliothèque du Comité d'instruction publique. — Cabinet d'Alfort. — «Traité des mesures» par Paucton. — Traitement des conservateurs de dépôts et autres préposés. — Globes pour les bibliothèques. — Monceaux. — Cartes demandées par le Comité de salut public. — Carte de Cassini pour le Cabinet d'histoire naturelle. — Carte de Cambrai demandée au Dépôt de la Guerre. — Maisons accordées à la Commission. — Objets d'arts de Mont-Marat. — Commissaires à Puteaux, Suresnes. — Objets et vitraux de l'église Saint-Paul. — Rapport à faire sur les employés aux bibliothèques. — Ronesse, bibliothécaire à Franciade. — Tribunal de commerce. — Armoire, rue Plumet. — Rapport sur les dorures. — Marbres enlevés des Petits-Augustins. — Remise de *La Nouvelle Héloïse* et d'*Émile* provenant des manuscrits d'Hérault et du portrait de Mme de

---

[1] Il s'agit du tombeau en marbre blanc du cardinal Fleury par J.-B. Lemoine, dont les statues entrèrent aux Petits-Augustins les 2 et 6 thermidor.

[2] L'église de Saint-Thomas-du-Louvre, dans la rue de ce nom, avait été affectée au culte protestant.

[3] Il s'agit de l'hôpital des Cent pauvres orphelines de N.-D. de la Miséricorde,

fondé dans le faubourg Saint-Marcel, en janvier 1623, par Antoine Séguier, président du Parlement.

[4] La chapelle Saint-Jean-Porte-Latine dans le faubourg Montmartre, érigée vers 1780 pour les écoles de charité, fut réunie à la paroisse de Notre-Dame-de-Lorette en 1791. Cf. A. Tuetey, *Répertoire des sources manuscrites...*, t. III, n°ˢ 3746-3750.

Warens. — Le Pentateuque de l'émigré Condé. — Bibliothèque Thierry. — Modèles d'architecture chez Choiseul-Gouffier. — Inventaires remis par Barrois et Naigeon. — Livres de Crussol pour le Comité d'instruction publique.

Le procès-verbal de la dernière séance est lu et adopté.

Le citoyen Besson est autorisé à retirer des mains du citoyen Mandar le cachet dont il se trouve nanti.

Lebrun annonce que l'inventaire des objets de peinture qui se trouvent au Dépôt de Nesle est presque entièrement fini; les sections de zoologie, bibliographie, mécanique, physique et musique sont invitées à inventorier chacune en ce qui les concerne les objets rassemblés au même Dépôt. Il observe que plusieurs tableaux qui existaient chez Penthièvre ne se trouvent point au Dépôt de Nesle.

Lecture faite d'une lettre du Département [1], qui communique l'arrêté qu'il a pris sur la demande en traitement faite par les citoyens Verger et Binay, ses commissaires auprès de la Commission des arts [2], dans lequel ladite Commission est invitée à apprécier l'utilité de ces citoyens, il est arrêté que l'on indiquera au Département une somme pour eux de 2400#. Cette fixation est motivée sur ce que ces deux commissaires, toujours en réquisition pour le service de la Commission, ne peuvent se livrer à d'autres travaux; il est aussi arrêté qu'extrait du procès-verbal sera communiqué à la Commission exécutive d'instruction publique et au Département de Paris.

Les membres qui composaient la Commission des arts du district de Versailles viennent demander deux commissaires pour visiter la réunion qu'ils ont faite de tout ce qui leur a paru précieux pour l'instruction publique, et offrent de communiquer tous les renseignements qui sont en leur pouvoir. Ils avertissent la Commission temporaire des arts qu'à Brunoy l'on vend plusieurs objets rares, qu'ils croient devoir entrer dans les dépôts de la République, qu'à Louveciennes un agent de la Commission des subsistances a fait emballer pour Le Havre une table et une commode uniques en leur genre, destinées à être échangées avec l'étranger, que plusieurs statues et deux palmiers qui, dans les jardins nationaux, auraient pu fixer l'attention et les regards des amateurs, vont être vendus à vil prix... Le président applaudit au zèle des membres de la Commission du département de Versailles et les invite à rédiger

---

[1] En date du 1er prairial (F17 1048, n° 1). — [2] Voir cet arrêté sous la cote F17 1051.

par écrit tout ce qu'ils savent des abus qu'ils sont venus dénoncer, et la Commission arrête : 1° que les commissaires déjà nommés pour se rendre à Versailles sont chargés d'écrire sans délai au district de Versailles pour faire arrêter les objets indiqués par les membres de la Commission de Seine-et-Oise; 2° qu'il sera écrit au Comité de salut public pour l'informer des abus de pouvoir que commettent les agents de la Commission des subsistances, qui, sans avoir consulté la Commission temporaire des arts, font échanger avec l'étranger des objets rares et précieux, qui ne peuvent être aliénés sans perte pour l'instruction publique. Il sera en même temps envoyé copie de la déclaration[1] que sont venus faire à la Commission les membres qui composent la Commission des arts du département de Seine-et-Oise; le Comité de salut public sera invité à prendre des mesures répressives à ce sujet; 3° qu'il sera écrit au même sujet à la Commission des subsistances, et elle sera de plus engagée à indiquer de quelle nature sont les objets d'arts que ses commissaires ont fait emballer, dans quels lieux ils se trouvent actuellement. Elle sera encore invitée à puiser dans les dépôts établis par la Commission en se concertant avec elle.

De plus les membres de la Commission des arts du département de Seine-et-Oise sont invités à communiquer à l'instant au Comité des domaines les motifs de leur démarche auprès de la Commission temporaire des arts et les mesures qu'elle prend à cette occasion.

Les citoyens Dardel et Bonvoisin se rendront à Brunoy pour faire l'inventaire des objets d'arts et sciences, qu'ils croiront dignes d'être conservés pour l'instruction publique, et veiller à ce qu'ils ne puissent être aliénés en aucune manière.

La Commission arrête qu'il sera délivré un extrait du procès-verbal qui renvoie le citoyen Fabre par devant la Commission exécutive d'instruction publique pour obtenir le prix des quatre tables de bois pétrifié que la Commission des arts a jugé devoir mettre en réquisition.

Il est arrêté que les citoyens Leblanc, Ameilhon et Barrois se rendront au Département pour presser de nouveau l'établissement des tablettes aux Cordeliers. Les mêmes commissaires se plaindront en même temps au Département de la négligence de ses bureaux dans l'envoi des lettres ou avis qu'il fait passer à la Commission temporaire des arts,

---

[1] Le texte de cette déclaration existe sous la cote F^{17} 1245, n° 1.

avis qui arrivent presque toujours plusieurs jours après celui indiqué dans la lettre. Il est aussi arrêté que lesdits commissaires s'informeront au Département s'il s'est occupé de confirmer le choix que la Commission a fait de citoyens pour procéder à l'estimation des objets précieux qui se trouvent chez les émigrés ou condamnés.

Il sera fait mention au procès-verbal d'une lettre des administrateurs du district de Montfort-le-Brutus [1]; le coffre rempli de cartes contenant l'inventaire des livres est renvoyé avec la lettre au bureau de bibliographie, qui fera savoir s'il y a lieu à faire réponse.

On renvoie au Comité d'instruction publique deux lettres, l'une de l'agent national près la Commission des émigrés établie au Port-la-Montagne [2], l'autre de cette même Commission du Port-la-Montagne; ces lettres peuvent provoquer son attention.

On passe à l'ordre du jour sur une lettre venant de Castel-Sarrazin, souscrite par Lamy [3].

Richard demande qu'il soit envoyé un commissaire aux Gobelins pour presser la préparation d'un local propre à recevoir les tapisseries qui y seront envoyées; Lamarck est nommé à cet effet.

D'après le rapport du citoyen Le Blond, la Commission déclare qu'il n'y a aucun inconvénient à laisser sortir de la République trois volumes intitulés *Flore française* [4], dont les citoyens veuve Tillard et fils, libraires, rue Pavée des Arts, ont demandé à la Commission des subsistances l'exportation pour Wingal [5] en Suisse.

Les membres de la Commission temporaire des arts, nommés pour réunir les livres qui doivent composer la bibliothèque du Comité d'instruction publique, sont autorisés à choisir et faire enlever ces livres dans les collections et dépôts sur lesquels la République a des droits, à la charge : 1° de laisser dans chaque collection où ils feront quelque enlèvement un catalogue exact des livres qui en seront tirés; 2° d'écrire sur chacun de ces livres le nom de son dernier propriétaire; 3° de déposer dans la bibliothèque du Comité d'instruction publique un catalogue particulier où il soit fait mention des maisons dont les livres ont été apportés.

---

[1] Nom révolutionnaire de Montfort-l'Amaury (Seine-et-Oise).

[2] Cette lettre est datée du 24 floréal; celle de la Commission administrative des biens des émigrés est du 22 (F^{17}1047, n° 1).

[3] En date du 20 floréal, critiquant l'emploi des croix dans les inventaires (F^{17} 1048, n° 1).

[4] Il s'agit vraisemblablement de l'ouvrage de Lamarck.

[5] Le nom est estropié, la localité en question doit être Saint-Gall.

Vicq d'Azyr fait un rapport [1] au nom de la section d'anatomie sur l'état des pièces qui composent le cabinet d'anatomie comparée de l'École vétérinaire d'Alfort; il résulte de ce rapport qu'il y a des mesures urgentes à prendre, soit pour la conservation des pièces de ce cabinet, soit pour différentes réparations qui y sont relatives. La section d'anatomie est autorisée à requérir auprès de qui il appartiendra le secours des artistes nécessaires, soit pour conserver et réparer les objets dont il s'agit, soit pour les mettre à l'abri de toute dilapidation, soit pour faire aux fenêtres et au toit les réparations que les circonstances exigent. Le citoyen Bourdon accompagnera les commissaires, dressera un état des dépenses pour en faire part à la Commission. La Commission arrête en outre qu'elle demandera au Comité d'instruction publique son autorisation pour subvenir à ces dépenses [2].

Le même Vicq d'Azyr a remis sur le bureau le *Traité des mesures* par Paucton [3]; ce livre avait été confié à Vandermonde, il faisait partie de la collection de Saron; il a été réservé pour la bibliothèque du Comité d'instruction publique.

Les sections de peinture et d'architecture font un rapport sur les traitements à accorder aux conservateurs, aux garçons et aux portiers des dépôts nationaux. Elles proposent d'allouer aux conservateurs une somme annuelle de 3000##, aux garçons une de 1000##, et aux portiers une de 800##; la Commission arrête les conclusions de ce rapport.

Sur le rapport fait par le citoyen Buache [4], relatif à la demande du citoyen Le Blond de deux globes de Coronelli, l'un céleste, l'autre terrestre, provenant de la bibliothèque du ci-devant collège de l'Égalité, déposés aux ci-devant Petits-Augustins [5], la Commission arrête que le citoyen Nadreau est autorisé à transporter ces deux globes dans la bibliothèque des Quatre-Nations.

---

[1] En date du 5 prairial (F^{17} 1248).

[2] Le 7 prairial, le Comité d'instruction publique chargeait Mathieu de lui présenter un rapport sur les demandes de la Commission des arts.

[3] Paucton (Alexis-Jean-Pierre), mathématicien français, né à La Baroche-Gondouin, près Lassay, mort à Paris le 15 juin 1798, entra en 1796 au bureau du cadastre. Auteur du livre intitulé : *Métrologie, ou traité des mesures, poids et monnaies des anciens peuples et des modernes*, 1780, in-4°.

[4] Ce rapport existe sous la cote F^{17} 1052.

[5] Voir au sujet de la remise, le 1er prairial an II, de ces deux sphères du géographe Marc-Vincent Coronelli à la bibliothèque des Quatre-Nations, les *Archives du Musée des mon. français*, t. III, p. 223. Deux autres globes venant de Marly sont conservés depuis 1722 à la Bibliothèque nationale.

Le citoyen Nadreau est autorisé à faire transporter à la bibliothèque du Cabinet d'histoire naturelle les deux globes d'Anisson, et un autre globe terrestre, de huit pieds de diamètre, entrepris par le citoyen Bergevin.

Il sera écrit à la Commission des travaux publics pour l'inviter à établir une police active pour la conservation des objets qui se trouvent à Monceaux; elle sera pareillement invitée à faire exploiter le foin du même jardin d'Égalité au même endroit, à la manière anglaise, pour faire un essai qui puisse devenir avantageux à la République.

On lit un arrêté du Comité de salut public, qui demande quelques exemplaires des cartes de Ferrari par Chaussard Fritz et autres cartes des frontières et des côtes maritimes[1]. Buache est chargé de remplir promptement les vues du Comité de salut public et de rendre compte à la prochaine séance de ce qu'il aura fait à ce sujet.

Le citoyen Richard saisit cette occasion pour demander que le citoyen Buache soit autorisé à remettre un exemplaire de la carte de France par Cassini à la bibliothèque du Cabinet d'histoire naturelle; cette demande est adoptée. Il est arrêté qu'il sera demandé au citoyen Calon, directeur du Dépôt général de la guerre, un exemplaire de la carte du diocèse de Cambrai, en quatre feuilles, gravée par ordre de Choiseul et dont les planches ont été remises au Dépôt de la guerre par la Commission des arts. Le président est autorisé à délivrer au même Calon un reçu de deux exemplaires de la carte de France, dont une de Chartres et l'autre de Fontainebleau.

Lecture faite d'un extrait du procès-verbal de la séance du quintidi 5 prairial, du Comité d'aliénation et des domaines réunis, qui accorde à la Commission des arts pour servir de dépôts aux objets relatifs à ses travaux les maisons de Douet, rue Bergère, n° 1018; d'Aiguillon, rue de l'Université, n° 296; de La Suze et La Rochefoucault, rue de Varennes; de Thiroux-Mauregard, rue de Lille; de Montmorency, rue Marc; de La Luzerne, rue Thorigny; il est arrêté que les citoyens Molard et Buache se rendront au Département pour l'inviter à rendre disponibles ces différentes maisons, dont la Commission a un pressant besoin.

La pétition de Mignonet, qui demande à être mis en réquisition,

---

[1] Cet arrêté est du 4 prairial, cf. Aulard, *Recueil des actes du Comité de salut public*, t. XIII, p. 694.

est renvoyée à la section des antiquités pour en faire un prompt rapport.

Le citoyen Dardel est chargé d'aller à Montmarat pour examiner les objets d'arts qui s'y trouvent et les faire enlever, s'il y a lieu.

Des commissaires iront à Suresnes et à Puteaux faire l'examen des objets qui peuvent se trouver chez l'ex-ministre Clavière [1] et l'ex-fermier général Faventine.

Un membre demande que tous les objets de la ci-devant église Saint-Paul, désignés dans l'inventaire de Lebrun [2] pour être conservés, soient incessamment enlevés; cela est adopté; quant à l'enlèvement des marbres, renvoyé à la section d'architecture pour faire son rapport; les vitraux de la même église seront enlevés sous la surveillance du citoyen Bourdon.

La section des dépôts littéraires fera à la prochaine séance un rapport sur le nombre des employés nécessaires aux enlèvements qui sont de son ressort.

La même section fera un rapport sur une lettre du citoyen Ronesse, bibliothécaire à Franciade [3], qui demande l'envoi de deux commissaires pour l'examen d'objets d'arts qui se trouvent confiés à sa garde et dont il envoie deux inventaires. Richard demande le dépôt aux archives de ces deux inventaires. Adopté.

On renvoie à la section de peinture une lettre du citoyen Guerroult, juge du Tribunal de commerce du département de Paris, qui avertit la Commission qu'il existe à ce tribunal un tableau et autres objets qui peuvent être transportés dans les dépôts nationaux.

On renvoie à la section de bibliographie une lettre du Département de Paris, qui invite la Commission à enlever le plus tôt possible une armoire qui se trouve dans un atelier d'armes, rue Plumet.

Le citoyen Leblanc fait un rapport sur la question proposée par le Comité des domaines sur les dorures à enlever des plafonds et autres matières qui pourraient ne point intéresser les arts. La Commission arrête que copie du rapport sera envoyée au Comité des domaines.

---

[1] Clavière (Étienne), ministre des Contributions publiques, possédait à Suresnes une maison de campagne (voir à ce sujet A. Tuetey, *Répertoire général*, etc., t. VIII, n°ˢ 3001, 3576, 3577, 3580). Le fermier général Faventine de Fontenille, qui habitait à Paris, rue d'Antin, avait une maison à Puteaux, près du pont de Neuilly, où il décéda le 8 juin 1793 (F⁷ 4703).

[2] Voir cet inventaire (F¹⁷ 1189, n° 3).

[3] En date du 5 prairial. Il s'agit, en réalité, d'objets d'histoire naturelle provenant des Bénédictins de Saint-Denis et des prêtres du Mont Valérien (F¹⁷ 1047, n° 1).

On fait lecture d'une lettre du citoyen Lenoir, gardien du Dépôt des Petits-Augustins[1], qui instruit la Commission que le citoyen Choisy, en vertu d'un arrêté du Comité de salut public, s'est présenté pour enlever des marbres qu'il destine à la restauration des statues antiques provenant de la Bourse; il demande à la Commission une autorisation pour laisser enlever les marbres. Il est arrêté que les décharges données par les commissaires du Comité de salut public seront suffisantes au citoyen Lenoir. On demande par amendement que les enlèvements ne puissent être faits qu'en présence du citoyen Dupasquier. Cette proposition est adoptée.

Naigeon, qui a été chargé de la visite de plusieurs églises, dit n'avoir rien trouvé aux Eudistes, au séminaire Saint-Nicolas-du-Chardonnet, aux Bénédictines anglaises, qui fût digne de fixer l'attention de la Commission.

Poirier fait un rapport sur différentes bibliothèques qu'il a inventoriées; il sera fait mention au procès-verbal de la remise qu'il a faite à la bibliothèque du Comité d'instruction publique de deux manuscrits d'Hérault-Séchelles, de *La Nouvelle Héloïse*, d'*Émile*, avec le portrait de Mme de Warens[2].

---

[1] Datée du 3 prairial (F^{17} 1047).

[2] Les deux manuscrits d'*Émile* et de *La Nouvelle Héloïse*, ainsi que le portrait de Mme de Warens, furent trouvés dans la commode de la chambre à coucher d'Hérault. «On y a trouvé aussi, dit le rapport de Poirier, du 5 prairial, deux manuscrits d'Hérault de Séchelles, dont le second est la copie amplifiée du premier et porte au dos la date de 1789. Ces deux manuscrits n'ont aucun rapport à la Révolution et ne sont qu'un recueil de pensées critiques, philosophiques, politiques, morales et littéraires, où l'âme de l'auteur se montre à découvert.» Tandis que les deux manuscrits d'*Émile* et de *La Nouvelle Héloïse* étaient déposés à la bibliothèque du Comité d'instruction publique, les deux derniers furent placés dans la bibliothèque d'Hérault. Celui de *La Nouvelle Héloïse* se trouve aujourd'hui dans la bibliothèque de la Chambre des députés; ce manuscrit en 2 volumes in-4°, reliés en rouge, est malheureusement incomplet; c'est le 2° des trois manuscrits de *La Nouvelle Héloïse* que possède le Palais Bourbon. (Cf. la notice de M. Marcelin Pellet, *Les manuscrits de J.-J. Rousseau au Palais-Bourbon* dans la *Revue de la Révolution française*, septembre 1906.) «Dans un troisième examen de la bibliothèque d'Hérault de Séchelles, on a distingué les manuscrits en trois classes : la première, de ses correspondances d'Alsace, des provinces méridionales et autres papiers relatifs à la Convention...; la seconde, des registres et papiers de famille, ou concernant le Domaine; la troisième, des manuscrits historiques et littéraires. En général, cette bibliothèque, quoique considérable par le nombre des volumes, nous a paru bien composée pour le choix. Ce qui la rend plus intéressante, c'est la collection d'un grand nombre de livres anglais et surtout des écrivains les plus célèbres de cette nation dont elle possède les meilleures éditions.» (F^{17} 1081, n° 1.) Dans le même

Poirier est autorisé à retirer de la maison de l'émigré Condé un exemplaire du *Pentateuque* pour le déposer à la bibliothèque du Comité d'instruction publique.

Il est aussi arrêté que les membres de la section de bibliographie se rendront dans la maison de feu Thierry pour procéder à l'enlèvement des livres et en donneront décharge aux héritiers.

Le citoyen Barrois remet sur le bureau trois inventaires de livres des maisons Valentinois, Vintimille et Kinski [1].

D'après un rapport des citoyens Le Blond et Lelièvre [2], la section d'architecture est chargée d'examiner et inventorier les modèles d'architecture qui se trouvent rue Pagevin, chez Choiseul-Gouffier, et les faire transporter, s'il y a lieu, au Muséum national.

Le citoyen Naigeon remet sur le bureau les inventaires des maisons

rapport, il est en outre question des bibliothèques du Palais-Bourbon, de Croy d'Havré, rue de Lille; de Rosambo, rue de Bondy, de Thierry, de Thiroux-Mauregard, du Dépôt des Cordeliers. Au Palais-Bourbon, Poirier a remarqué parmi les manuscrits, qui sont au nombre de 400 à 500, les Tables de la Loi, ou le Pentateuque, «sur vélin, écrit en beaux caractères hébraïques sur un rouleau d'une immense longueur, terminé par deux cylindres, comme on en voit dans les synagogues». Il y a aussi «une suite nombreuse de portefeuilles, de lettres, actes originaux et mémoires depuis l'an 1562 jusque sous le règne de Louis XV. Cette collection peut être utile à l'histoire.»

Quant à la bibliothèque de Rosambo, elle est «considérable, mais elle n'est pas toute entière à Paris. Il y en a environ 4 charretées de livres à Malesherbes. Elle renferme un grand nombre de manuscrits, mais la plupart ne concernent que le Parlement, la Chambre des comptes, les finances, etc. Il y en a néanmoins quelques-uns d'anciens et de précieux, entre autres un manuscrit du Code de Théodose, antérieur au XIIIe siècle, qui vient de la bibliothèque des frères Pithou, ainsi que quelques autres. Parmi les modernes, il y en a deux qui renferment les plans très bien levés de toutes les fortifications de France à la fin du siècle dernier». Cette bibliothèque abonde en livres anglais; enfin elle contient plusieurs manuscrits de Rosambo lui-même, dont aucun n'a rapport à la Révolution : le premier en 4 volumes est intitulé : *Mes enfantillages*; c'est un recueil de vers, de petites pièces de théâtre de sa composition; le 2e, le 3e et le 4e sont des *Journaux* de ses voyages en France et à l'étranger.

Sur le dépôt des deux manuscrits d'*Émile* et de *La Nouvelle Héloïse*, voir aussi Guillaume, *Procès-verbaux du Comité d'instruction publique*, t. IV, p. 237.

[1] Inventaire des livres trouvés dans la maison du ci-devant comte de Valentinois, rue Dominique, n° 1523, remis au Dépôt des Cordeliers par Barrois aîné, le 5 prairial an II (F[17] 1195). — Inventaire des livres trouvés dans la maison du ci-devant comte de Valentinois, rue Dominique, n° 1523, appartenant à la nommée Kinski, décédée, et remis au Dépôt des Cordeliers par Barrois aîné, le 5 prairial an II (F[17] 1195). — État des livres choisis dans la bibliothèque de l'émigré Vintimille, rue du Bac, par Ameilhon, pour être déposés dans la maison de Nesle, le 1er nivôse an II (F[17] 1188, n° 1).

[2] En date du 5 prairial (F[17] 1265).

Demelphelle, Castries, Bacot, Thiroux de Mondésir, des Quinze-Vingts [1].

Le citoyen Ameilhon, après avoir rendu compte de ses dernières opérations [2], dépose l'état des livres choisis par lui dans la bibliothèque de l'émigré Crussol [3] pour composer la bibliothèque du Comité d'instruction publique.

La Commission autorise le citoyen Bourdon à s'adjoindre provisoirement un autre citoyen pour surveiller et suivre les déplacements et les transports des objets d'arts, réservés par elle ou par ses différents membres, ainsi que toutes les autres opérations qui lui sont conférées par sa mission.

SÉANCE DU 10 PRAIRIAL,

AN 2ᵐᵉ DE LA RÉPUBLIQUE (29 MAI 1794).

Lettres des administrateurs de Dreux et du citoyen Maurice. — Placement de tablettes aux Cordeliers. — Lettre des administrateurs du Pas-de-Calais. — Envoi d'exemplaires de l'instruction au département du Bas-Rhin. — Fouilles de Bayeux. — Orangerie du district de Montbéliard. — Lettres de Baudouin. — Enlèvement de bibliothèques. — Bibliothèque des Monnaies. — Cartes envoyées de Besançon. — Maison nationale des Invalides. — Tableaux d'Issy-l'Union. — Orgues de Saint-Gervais. — District de Muret. — Veuve Brunoy. — Émigrée Deligny. — Administrateurs de Cusset. — Plainte de Saclet. — Inventaire de Chamfort. — Démission de Bourdon. — Sursis à la vente de Lebrun. — Etablissement « révolutionnaire » de tablettes aux Cordeliers. — Voyage de Lannoy à Franciade. — Travaux de Scellier. — Inventaires déposés par Lannoy et Richard. — Rapport de Poirier. — Tableaux de l'émigré Vintimille. — Dépôt des Petits-Augustins. — Pentateuque de la bibliothèque Condé au Palais ci-devant Bourbon. — Rapport de Charles. — Enlèvement des signes de royauté, etc. — Rapports de Vicq-d'Azyr et de Buache. — Salpêtre venant de l'émigré Liancourt. — Examen de tables plaquées de marbre. — Mémoire de Mulot. — Mission de Dupuis pour Rouen. — Dupasquier remplacé par Varon. — Requête de Thillaye. — Société des Jeunes Français. — Rapport de Varon sur Mionnet. — Transport d'objets de zoologie aux Augustins.

---

[1] Inventaires de Demelphelle, 18 ventôse; Castries, émigré, rue de Varenne, 24 floréal; Bacot et sa femme, émigrés, pluviôse, Quinze-Vingts, 17 germinal (F¹⁷ 1269).

[2] Il s'agit du transport dans les dépôts des bibliothèques ci-après, maison de Picpus, Saint-Victor, émigrés Courteille et Rohan (Ferdinand), et trois maisons de religieuses. Ce rapport est du 5 prairial (F¹⁷ 1081, n° 1).

[3] A l'hôtel d'Uzès, rue Montmartre. L'inventaire d'Ameilhon est du 12 septembre 1793 (F¹⁷ 1188, n° 1).

Lecture faite du procès-verbal qui est adopté avec quelques changements et additions, le président lit l'extrait de la correspondance.

Une lettre des administrateurs du district de Dreux, qui rendent compte du retard qu'ils ont apporté à l'envoi des catalogues des bibliothèques, est renvoyée au bureau de bibliographie. Le président propose à ce sujet et la Commission arrête que, la bibliographie faisant partie de la Commission temporaire des arts, toutes les pièces relatives à la bibliographie, qui ont été et qui seront par la suite envoyées des départements, seront remises à ce bureau, restant néanmoins soumises à l'examen de la section des dépôts littéraires.

Le citoyen Morice [1] écrit à la Commission pour l'inviter à envoyer promptement quelques artistes à l'effet d'arrêter la destination des effets précieux de la du Barry à Luciennes, qu'on se proposait d'enlever incessamment. Il est arrêté qu'il sera écrit à la Commission d'agriculture et des arts qui a envoyé la lettre du citoyen Morice, que la Commission a pourvu à cet enlèvement par une lettre de son président, en date du 6 prairial.

Sur une lettre des administrateurs du Département de Paris [2], qui font part à la Commission que le citoyen Roubaud [3], l'un d'eux, est chargé de veiller à l'exécution et au placement des tablettes dans la maison des Cordeliers, le citoyen Poirier assure la Commission qu'on prendra à cet égard les mesures les plus promptes et les plus expéditives.

Les administrateurs du département du Pas-de-Calais informent [4] la Commission que le citoyen Doucre, peintre, a été nommé par le district d'Arras pour le choix des tableaux, sculptures, gravures, médailles et autres pièces antiques, et que ce citoyen demande l'autorisation de parcourir tout le département pour faire cette recherche. Ils consultent la Commission pour savoir s'ils doivent donner cette autorisation. Il est arrêté que le président écrira aux administrateurs que l'instruction de la Commission qui leur a été adressée les avertit suffisam-

---

[1] Agent de la Commission de commerce et approvisionnements; sa lettre est du 2 prairial (F^{17} 1048, n° 1).

[2] En date du 7 prairial (F^{17} 1048, n° 1).

[3] Roubaud (Pierre-Joseph), ancien officier de dragons, juge de paix de Livry en 1793, avait été nommé membre du Directoire du Département de Paris par le Comité de salut public, le 21 floréal an II, et fut destitué le 11 thermidor suivant.

[4] Par lettre du 19 floréal (F^{17} 1044).

ment des mesures à prendre relativement aux objets de sciences et arts, et que le soin et la surveillance doivent en être remis à la prudence et aux lumières de chaque district, chargé de recueillir tous les objets propres à l'instruction publique et de les faire inventorier par des citoyens experts et éclairés.

Lettre du président du département du Bas-Rhin, qui demande des exemplaires de l'instruction de la Commission. La Commission arrête qu'il en sera envoyé à ce département, et charge en outre l'agent d'en adresser aux citoyens qu'il jugera capables de propager les lumières et l'instruction.

Les commissaires préposés dans le district de Bayeux à la recherche des objets d'arts et de sciences demandent à être autorisés à faire des fouilles pour s'assurer de certains objets d'arts antiques qu'ils soupçonnent avec fondement être enfouis dans la ci-devant église de Saint-Laurent, et que la Commission leur indique où ils prendront les fonds nécessaires pour cette opération. Cette lettre qui paraît intéressante est renvoyée à la section des antiquités, chargée d'en faire son rapport.

Ces mêmes commissaires consultent la Commission sur le parti qu'ils ont à prendre pour enlever sans endommagement un plafond peint par Mignard dans la maison du condamné Balleroy[1]. La Commission arrête que, si ce plafond ne contient point de signes de royauté et de superstition, il sera conservé sur place.

Une lettre du directoire du département de la Haute-Saône et un état détaillé des arbustes existant dans l'orangerie de la maison nationale d'Étupes[2], située dans le district de Montbéliard, sont renvoyés au citoyen Grégoire[3].

---

[1] Lacour de Balleroy (Auguste), lieutenant général, demeurant rue de la Planche, n° 542, et François-Auguste Lacour de Balleroy, maréchal de camp, furent tous deux condamnés à mort le 6 germinal an II (W, 340, n° 621).

[2] Le château d'Étupes, maison de plaisance des princes régnants de Montbéliard, avait été construit en 1770; il était entouré de jardins superbes, remplis de plantes exotiques, conçus par l'architecte Kléber, qui devint plus tard général. Le représentant Bernard de Saintes, qui le visita en octobre 1793, avait projeté d'y établir un hôpital pour les soldats de l'armée du Rhin (lettre du 25 octobre 1793), mais ce projet ne fut pas réalisé, et le château fut démoli en 1801 (cf. Léon Sahler, *Notes sur Montbéliard*, 1905). Le 22 messidor, la Commission autorisa la vente des orangers, vu la difficulté de les conserver, mais recommanda au district de Montbéliard de veiller avec soin sur les autres arbustes (F^{17} 1255).

[3] Voir une lettre de la Commission des revenus nationaux à la Commission des monuments, 7 prairial, accompagnée de l'état en question (F^{17} 1270).

Deux lettres du citoyen Baudouin[1], annonçant, l'une la vente du mobilier de l'émigrée femme Bernard, l'autre l'invitation d'enlever promptement de la maison de l'émigré Rosset de l'Étourville[2] des livres et un vase de porcelaine qui ont été séquestrés par les commissaires appelés dans le temps, sont renvoyées aux sections qu'elles concernent.

Le citoyen Bezault, commissaire du Département, invite la Commission à faire plusieurs enlèvements de livres et d'objets de sciences et arts des maisons de Marbeuf, de Breteuil et de Lallemand[3]. La Commission arrête que le corps de bibliothèque de la maison Marbeuf sera enlevé et transporté au Muséum. Le citoyen Nadreau en dirigera le déplacement; quant aux maisons de Breteuil et de Lallemand, les sections de bibliographie et d'architecture sont chargées d'aller visiter les différents objets qui s'y trouvent.

Le citoyen Mongez envoie une copie du catalogue de la bibliothèque de la maison des Monnaies de Paris[4]. Le président en accusera la réception et le catalogue est renvoyé à la bibliographie.

Une lettre des administrateurs du département du Doubs, annonçant l'envoi des cartes de cinq bibliothèques nationales du district de Besançon, est renvoyée à la bibliographie avec le paquet de cartes.

Les agents de la maison nationale des Invalides préviennent la Commission[5] qu'il existe dans leur maison des livres relatifs au ci-devant ordre de Saint-Louis et des tableaux de féodalité qui peuvent servir de monuments pour les arts : ils invitent la Commission à les faire enlever, s'il y a lieu, après l'examen des commissaires. Cette lettre est renvoyée à la section de peinture et à celle de bibliographie.

L'agent national du district de l'Égalité écrit à la Commission[6] pour l'informer qu'il existe à Issy-l'Union plusieurs tableaux provenant de la ci-devant église. Il demande des commissaires pour visiter ces

---

[1] Toutes deux du 7 prairial (F17 1047, n° 1).

[2] Rosset de l'Étourville (Charles-François), demeurant rue Saint-Louis au Marais, n° 73, maître d'hôtel honoraire du Roi, avait épousé en 1771 sa cousine, fille d'un président de la Cour des Aides, et s'était retiré à Florence avec sa femme et ses enfants depuis 1792. L'une de ses filles avait épousé le général de Saint-Remy, commandant l'artillerie de l'armée de réserve (F17 1192², fol. 82).

[3] Lettre de Bezault, 6 prairial (F17 1047, n° 1).

[4] Ce catalogue, signé de Mongez, porte la date du 7 prairial (F17 1261).

[5] Lettre du 4 prairial (F17 1048, n° 1).

[6] Par lettre du 3 prairial (F17 1048, n° 2).

tableaux et décider promptement s'ils doivent être conservés ou réunis aux objets de la même église dont la vente aura lieu incessamment.

La lettre est renvoyée à la section de peinture.

Une lettre du citoyen Meraut, commissaire aux ventes du Département[1], est renvoyée aux sections qu'elle concerne.

Il est à observer que le buffet d'orgue de l'église Saint-Gervais restera en place, en prenant toutefois des mesures pour sa conservation.

Une lettre des commissaires du district de Muret, département de la Haute-Garonne, adressée à la Commission par le citoyen De Sacy[2], député, est renvoyée à Vicq-d'Azyr pour en faire son rapport, et décider la question proposée par les commissaires du district de Muret.

Le citoyen Thuret, commissaire aux ventes, prévient la Commission que, la vente du mobilier de la veuve Brunoy étant faite, il est instant de faire enlever les objets réservés par la Commission et notamment la bibliothèque. La lettre est renvoyée à la section des dépôts littéraires.

Le président du Département de Paris invite[3] la Commission à faire enlever de la maison de l'émigrée Deligny quelques livres qui s'y trouvent. Renvoi à la section de bibliographie.

La lettre du citoyen Pitoit, commissaire du Département[4], est renvoyée aux sections de peinture, d'antiquités, de zoologie, de bibliographie, de musique et de géographie.

Les administrateurs du district de Cusset observent à la Commission que le traitement de cinq livres par jour n'étant pas suffisant pour des commissaires chargés de recueillir les monuments de sciences et d'arts, ils pensent qu'il est nécessaire d'augmenter ce traitement : ils consultent la Commission sur la quotité de la somme journalière à leur accorder et sur le mode de se procurer des fonds. Renvoyé au Comité d'instruction publique.

Une lettre du citoyen Saclet, dans laquelle il se plaint d'un acte arbitraire du citoyen Benoît[5], administrateur de police, qui lui a enlevé

---

[1] En date du 7 prairial (F¹⁷ 1047, n° 1).

[2] De Sacy (Claude-Louis Michel), commandant le 8ᵉ bataillon de la 1ʳᵉ légion du district de Muret, 9ᵉ député de la Haute-Garonne à la Convention.

[3] Par lettre du 8 prairial (F¹⁷ 1048, n° 1).

[4] En date du 7 prairial (F¹⁷ 1047, n° 1).

[5] Probablement Benoît (Jean), de la section de la Halle au Blé.

tous les plans et esquisses qui formaient l'objet de ses travaux, est renvoyée au Comité d'instruction publique.

Une lettre du juge de paix de la section Le Peletier, qui annonce à la Commission la clôture de l'inventaire après le décès du citoyen Chamfort, est renvoyée à la bibliographie.

On fait lecture d'une lettre du citoyen Bourdon [1], qui demande sa démission. En l'acceptant, la Commission arrête que le citoyen Bourdon sera invité à continuer d'assister aux séances, autant qu'il lui sera possible, et que mention en sera faite au procès-verbal. Elle invite en outre le citoyen Bourdon à donner à celui qui le remplacera tous les renseignements qui sont à sa connaissance et le mettre au courant des opérations faites ou commencées jusqu'à ce jour. Enfin le citoyen Bourdon présentera à la Commission, suivant l'offre qu'il en a faite, l'état et la situation de ses travaux; la section d'architecture est chargée de présenter un citoyen pour remplir l'emploi d'expert. Le citoyen Bourdon continuera d'exercer jusqu'à son remplacement.

Le président fait un rapport, duquel il résulte que le Comité d'instruction publique a obtenu un sursis de quinze jours à la vente qui devait avoir lieu chez Lebrun, débiteur de la Nation, et que le même Comité avait nommé les citoyens David et Bouquier pour examiner s'il ne se trouverait point chez lui des objets précieux, dignes d'être acquis pour le Muséum national. La Commission des arts arrête que les membres du Conservatoire communiqueront aux commissaires du Comité les renseignements qu'ils peuvent avoir sur les objets de Lebrun, dignes de fixer leur choix [2].

Sur l'exposé du citoyen Montaman, qui indique les moyens de former promptement l'établissement des tablettes pour le Dépôt littéraire de la maison des Cordeliers, la Commission temporaire des arts arrête que le travail des tablettes dans la maison des ci-devant Cordeliers sera fait révolutionnairement et par urgence, qu'extrait de cet arrêté sera communiqué au Département pour prendre les mesures nécessaires à cet effet et que le citoyen Montaman sera porteur de cet arrêté.

La Commission adopte le mémoire du citoyen Guillemard, réduit à

---

[1] En date du 10 prairial (F¹⁷ 1047, n° 1).

[2] Voir au sujet de la vente du cabinet de Lebrun, peintre, ex-membre de la Commission des Arts, les *Procès-verbaux du Comité d'instruction publique*, t. IV, p. 488.

la somme de 970 ᴸ⁽¹⁾, et approuve le rapport fait par la section de peinture.

Un mémoire d'un voyage fait à Franciade par le citoyen Lannoy, montant à 18ᴸ, visé par l'agent, est approuvé par la Commission.

Le citoyen Scellier remet sur le bureau la suite des états des ouvrages faits pour le transport et placement des monuments en marbre et autres au Dépôt provisoire des ci-devant Petits-Augustins ; lesquels états sont certifiés et arrêtés par le citoyen Lenoir, garde dudit Dépôt. Renvoyé au citoyen Bourdon.

Lannoy remet l'inventaire d'un modèle de temple[2], enlevé chez Chabert, émigré, et transporté au Dépôt de la rue de Beaune.

Richard dépose l'inventaire des objets de zoologie du Dépôt national des Petits-Augustins, qu'il a fait transporter au Muséum d'histoire naturelle, en exécution d'un arrêté de la Commission[3].

Poirier fait lecture du rapport dont la section des dépôts littéraires avait été chargée dans la dernière séance[4]. La Commission autorise la section des dépôts littéraires à prendre indéfiniment les adjoints nécessaires pour la confection des catalogues, avec la réserve d'en faire part à la Commission, qui adopte la somme de 6 livres par jour pour ces adjoints. La même section proposera à la Commission un règlement relatif aux occupations du citoyen Blaizot et sur les appointements à lui accorder en qualité de gardien du Dépôt des Cordeliers. Le citoyen Poirier remet en même temps l'inventaire des livres de l'émigré Cordier[5].

Naigeon dépose sur le bureau l'état des tableaux et gravures de la maison de l'émigré Vintimille[6], qu'il a fait transporter au Dépôt national, rue de Beaune.

---

[1] Au lieu de 1,154 livres demandées par Guillemard. Dans son rapport, Picault félicite la Commission d'avoir suspendu ces restaurations de tableaux, qui «les eussent tous anéantis» (F¹⁷ 1231).

[2] Exécuté en liège. L'inventaire est du 10 prairial (F¹⁷ 1265).

[3] Inventaire des objets de zoologie du Dépôt national des Petits-Augustins..., par Richard (F¹⁷ 1344²).

[4] Ce rapport, signé Barrois aîné et Poirier, est du 10 prairial (F¹⁷ 1081, n° 1).

[5] Cordier-Montreuil (Claude-René), demeurant rue de la Madeleine, n° 1069, âgé de 80 ans, arrêté le 10 prairial an II et incarcéré dans la maison des Capucins, section des Piques, fut mis en liberté par arrêté du Comité de sûreté générale du 22 vendémiaire an III (F⁷ 5621). L'inventaire de ses livres, rue Canivet, n° 1035, fut fait par Poirier, le 8 prairial an II (F¹⁷ 1195).

[6] Rue du Bac. L'inventaire est du 3 floréal (F¹⁷ 1269).

[29 mai 1794] DE LA COMMISSION TEMPORAIRE DES ARTS. 207

Le citoyen Lenoir envoie à la Commission l'état des objets entrés dans le Dépôt national des Petits-Augustins depuis le 30 floréal jusqu'au 10 prairial.

Le citoyen Poirier remet le *Pentateuque* en lettres hébraïques de la bibliothèque Condé, pour être déposé dans la bibliothèque du Comité. Il demande pour sa décharge qu'il en soit fait mention au procès-verbal.

D'après le rapport fait par Charles sur la nécessité d'avoir un dépôt provisoire propre à recevoir les instruments de physique et d'optique, rares et précieux, la Commission arrête que ces instruments seront déposés provisoirement dans le cabinet national de Charles et sous sa surveillance particulière [1].

Sur les observations de quelques membres, que les signes de royauté et de féodalité paraissaient encore sur certains établissements nationaux et que les ouvriers employés à ces enlèvements mutilaient souvent des objets d'arts qui avoisinent ces signes odieux, la Commission arrête que son président sera invité d'écrire au Département de Paris à l'effet d'établir une relation entre la Commission temporaire des arts et la Commission particulière chargée par le Département de faire disparaître les attributs de royauté, de féodalité et de superstition, de sorte que ces enlèvements se fassent d'une manière complète en sorte que les signes disparaissent absolument sans porter aucun préjudice aux objets qui peuvent intéresser les arts. Le président observera au Département que dans les ordres que donne la Commission particulière pour ces sortes d'enlèvements, elle est invitée à ne point comprendre les déplacements et transports des marbres et monuments.

Vicq-d'Azyr fait part à la Commission d'un rapport sur les voitures propres au transport des citoyens blessés à l'armée [2].

La Commission l'entend avec intérêt, l'approuve et arrête qu'il en sera fait trois copies, une pour le Comité de salut public, la seconde pour celui de la guerre, et la troisième pour le citoyen Toulouse.

---

[1] Charles (Jacques-Alexandre-César), professeur de physique, donna son cabinet à la Nation. Ce don fut accepté par décret du 15 janvier 1792, et un inventaire en règle en fut dressé le 20 février (C 144, n° 173).

[2] Il s'agissait d'une voiture construite par le serrurier Toulouse. — Voir à ce sujet le rapport détaillé de Vicq-d'Azyr, ainsi que celui des commissaires Charles, Fragonard, Corvisart, Molard, Lenoir et Portal, sous la cote F^{17} 1164.

Les commissaires précédemment chargés du règlement de la Commission sont également invités à faire un rapport sur la question de savoir si les objets de sciences et arts doivent être estimés sur place. Les trois commissaires sont Le Blond, Vicq-d'Azyr, Lebrun leur étant adjoint.

Le citoyen Buache fait un rapport sur les cartes demandées par le Comité de salut public. Il donne avis à la Commission qu'il a remis à ce Comité toutes les cartes qui étaient à sa disposition, et qu'il est chargé en outre d'y déposer toutes celles qu'il pourra découvrir.

On propose qu'à l'entrée et sur la porte principale de chaque dépôt il y ait une inscription qui en indique la destination. La proposition est adoptée.

Le citoyen Lelièvre annonce qu'il se trouve au Dépôt de la rue de Beaune 15 à 20 livres de salpêtre, venant de l'émigré Liancourt; la Commission l'autorise à le faire transporter à la raffinerie pour servir à la fabrication de la poudre.

Les citoyens Varon, Naigeon et Lelièvre sont chargés d'examiner les tables plaquées de marbre, qui se trouvent dans différentes maisons nationales et qui doivent être transportées au Muséum d'histoire naturelle.

On communique un mémoire du citoyen Mulot, tendant à obtenir une place de concierge dans la maison de La Luzerne où il est gardien. La Commission arrête que tous les mémoires de ce genre seront déposés dans un carton particulier pour les consulter en temps et lieu.

Le citoyen Dupuis annonce qu'il est sur le point de faire un voyage à Rouen pour affaires particulières; il demande un congé à la Commission, qui arrête qu'il lui sera donné une mission à l'effet de savoir où en sont les opérations du district de Rouen relativement aux objets de sciences et arts, et si l'on s'y conforme entièrement à l'instruction de la Commission.

Le citoyen Dupasquier, nommé un des commissaires pour aller à Versailles prendre connaissance des objets d'arts et de sciences recueillis par la Commission désignée par le district, propose, et la Commission des arts arrête que le citoyen Varon le remplacera avec les autres commissaires dans cette mission.

Le citoyen Thillaye invite la Commission à solliciter son élargissement. Sa lettre est renvoyée au Comité d'instruction publique.

[29 MAI 1794] DE LA COMMISSION TEMPORAIRE DES ARTS.

La Société des Jeunes Français, rue et maison Martin-des-Champs, invite[1] la Commission temporaire des arts à assister à une fête qu'elle célébrera le 12 prairial en l'honneur des jeunes Barra et Viala, et à juger des progrès qu'ils ont pu faire dans les objets de leurs études. Les citoyens Lelièvre, Lannoy et Naigeon sont chargés de se rendre, au nom de la Commission, aux vœux de ces jeunes républicains, et il est arrêté qu'extrait du procès-verbal sera remis aux commissaires nommés.

Le citoyen Varon fait un rapport sur le mémoire du citoyen Mionnet, père, adressé à la Commission, dans lequel il réclame pour son fils, malade et souffrant à l'armée, une place dans les arts où il pût se rendre utile à la chose publique, et mettre à profit quelques connaissances qu'il a acquises dans les médailles et la bibliographie[2]. Varon observe que, les travaux relatifs aux arts doublant chaque jour, il sera indispensable à la Commission d'appeler auprès d'elle des adjoints. La Commission arrête que le citoyen Mionnet enverra les pièces justificatives de la situation, du civisme et de la capacité de son fils, lesquelles pièces seront ensuite remises au Comité de salut public avec une autorisation de la Commission à l'appui de sa demande.

Un mémoire de dépenses de Richard pour le transport des objets de zoologie des Petits-Augustins au Muséum d'histoire naturelle, visé par l'agent de la Commission, est adopté.

SÉANCE DU 15 PRAIRIAL,
AN DEUXIÈME (3 JUIN 1794).

Payement réclamé par Laporte, peintre. — Envoi du mausolée de Fr. de Silly par la commune de la Roche-sur-Seine. — Dépôt de tapisseries aux Gobelins. — Benjamin Fer, Suisse. — Réclamation du citoyen Clouet. — Bibliothèque du district de Sarreguemines. — Machine de Marly. — Envoi du *Gladiateur* du château d'Anet,

---

[1] Son invitation est du 10 prairial (F¹⁷ 1047, n° 1).

[2] Mionnet fils (Théodore-Edme), dont il est ici question, fut avocat en Parlement, partit en 1792 pour l'armée, qu'il dut quitter pour raison de santé. Numismate distingué, il entra en 1795 au Cabinet des médailles, se fit connaître par sa *Description des monnaies antiques, grecques et romaines*, et fut en 1830, élu à l'Académie des inscriptions et belles-lettres (Voir la notice de Walckenaer dans les *Mémoires de l'Académie des inscriptions*, t. XVI.)

par Dagomet. — Réclamation des citoyens Tabard et Richard. — Demande de Pichard, portier de la maison de La Suze. — Lettres du Département de Paris, de Bigot, de Vernier et du citoyen Lenoir. — Marbres de la ci-devant église de Sorbonne. — District de Beaumont. — Désordre du mobilier de la du Barry à Luciennes. — Traitement du citoyen Mulot. — Maison d'Orsay, enlèvement des bustes. — Figures et bustes en dépôt chez Leterrier. — Tableau de la composition de Le Brun. — Demande du citoyen Beauvais, portier. — Instruction au district de Porentruy. — Maison nationale d'Écouen. — Mission de Bonvoisin pour Fontainebleau. — Mémoires remis par Scellier, etc. — Estimation des objets d'arts. — Pavement du Panthéon. — Traité du citoyen Thillaye. — Rapport sur Brunoy. — Objets d'arts de la condamnée Lauraguais. — Catalogues remis par Ameilhon. — Cabinet d'Alfort. — Modèle de voiture retiré par Marot. — Marbres de la ci-devant église Saint-Paul. — District de Bayeux. — Rapport sur la machine du citoyen Leturc, par Molard. — Invitation faite par les Élèves de la Patrie. — Rapport du citoyen Sarrette. — Commissaires nommés pour examiner les pétitions de ceux qui sollicitent des places. — Manuscrits de la maison d'Aiguillon. — Évacuation de la maison d'Anisson-Duperron. — Le citoyen Jacquin fait hommage d'un almanach républicain.

Après la lecture du procès-verbal, qui est adopté avec quelques amendements, le président lit l'extrait de la correspondance.

Les administrateurs du Département de Paris donnent avis à la Commission [1] que le citoyen Martin Laporte, peintre, réclame le payement d'une somme de soixante-douze livres pour avoir fait disparaître des signes de royauté et de féodalité de dessus un tableau de l'autel de la ci-devant paroisse de Saint-Augustin. La Commission arrête que, n'ayant point chargé le citoyen Laporte de ce travail, le président écrira au Département qu'elle ne peut et ne doit ordonnancer que les dépenses qu'elle commande.

Les officiers municipaux de la commune de la Roche-sur-Seine [2] annoncent à la Commission l'envoi de deux caisses, dont l'une contient une statue en marbre blanc représentant le ci-devant duc de Silly, qui existait dans l'église de cette commune, et l'autre quelques accessoires de ce mausolée [3]. Ils préviennent la Commission qu'ils ont fait tous les frais du déplacement, de l'emballage et de l'embarquement, et qu'ils

---

[1] Par lettre du 11 prairial (F17 1048, n° 1).

[2] Nom révolutionnaire de la Roche-Guyon (Seine-et-Oise).

[3] Une statue à genoux, en marbre blanc, représentant François de Silly, comte de la Roche-Guyon, envoyée par les officiers municipaux de la Roche-sur-Seine, fut en effet débarquée au port Saint-Nicolas et reçue par Lenoir le 22 prairial; elle fut restituée en octobre 1823. (Arch. du Musée des mon. fr., t. II, p. 161, t. III, p. 310.)

n'ont pas payé le batelier; sur la demande qu'ils font du remboursement de leurs frais, la Commission arrête que le président écrira à la Commission d'instruction publique et l'invitera à remettre aux officiers municipaux de la commune de la Roche-sur-Seine les dépenses qu'ils ont faites pour ledit envoi et à payer les frais du conducteur.

Le président fait lecture d'une lettre de l'ingénieur des travaux publics dans les districts de Mortagne et de Bellême, sur la nécessité de conserver les monuments des arts dont on néglige de s'occuper dans ces districts. La Commission renvoie cette lettre au Comité d'instruction publique.

Le directeur de la manufacture nationale des Gobelins[1] informe la Commission qu'il a un local préparé dans cette maison pour recevoir les tapisseries qu'on voudra mettre en réserve ou y déposer. La lettre est renvoyée à Naigeon et Lenoir.

Benjamin Fer, natif de Chéserex[2], en Suisse, désire exporter dans son pays des gravures encadrées qu'il destine à son usage; il demande l'autorisation de la Commission; la note des gravures est jointe à la demande[3]. Renvoyé à la section de peinture.

Clouet, professeur de l'École nationale des mines, réclame 18 volumes de la traduction de Shakespeare, par Letourneur, en 20 volumes in-4°, qu'il avait prêtés au condamné Hérault-Séchelles, qui ne lui en avait rendu que 2 volumes. Les commissaires, qui ont trouvé sous le scellé les 18 volumes, renvoient Clouet par-devers la Commission pour l'autoriser à les reprendre. La Commission arrête que lesdits livres seront remis au citoyen Clouet, après qu'il aura justifié de sa propriété au Département[4]

Le district de Sarreguemines fait connaître à la Commission la cause du délai qu'ils ont apporté à l'envoi de l'inventaire des livres et autres effets qui doivent composer la bibliothèque publique de ce district : il espère le faire parvenir sous peu de jours. Renvoyé à la section de bibliographie.

Le président fait lecture d'une lettre du citoyen Campmas, ingénieur en hydraulique, renvoyée à la Commission des arts par le Comité d'alié-

---

[1] Il s'agit d'Augustin-Louis Belle, directeur des Gobelins depuis 1793 jusqu'à la mise en liberté d'Audran (14 avril 1795).

[2] Chéserer, localité du canton de Vaud.

[3] Lettre de Fer, 11 prairial (F17 1245, n° 1).

[4] Lettre de Clouet, 15 prairial (F17 1047. n° 1).

nation et des Ponts et chaussées. Dans cette lettre, le citoyen Campmas donne des observations sur la machine de Marly, dont la vente est annoncée. Il regrette la perte de cette machine et il indique les avantages qu'on en peut retirer dans les circonstances actuelles pour la fabrication des armes, et ceux qu'elle procurerait à la paix en la convertissant en un atelier où l'on travaillerait les métaux, sans la priver des fonctions qu'elle remplit depuis près de cent ans. La lettre est renvoyée à la section de mécanique et des Ponts et chaussées.

Le citoyen Dagomet annonce l'envoi qu'il a fait de la figure en bronze du *Gladiateur*, provenant du ci-devant château d'Anet. Il promet encore l'envoi d'autres statues et de quelques objets mis en réserve pour la Nation[1]. La Commission arrête qu'il en sera fait mention au procès-verbal.

Le président du département du Rhône à Commune-Affranchie consulte la Commission sur la marche à suivre pour faire payer les citoyens Tabard et Richard, qui réclament 66 journées qu'ils ont employées avec le citoyen Cossard, membre de la Commission des monuments et arts, à la recherche des objets précieux qui doivent entrer dans le Muséum de Paris; il annonce à la Commission que l'administration s'est déjà adressée au ci-devant Ministre de l'intérieur pour régler le compte présenté, et indiquer sur quelle caisse elle devait en ordonnancer le montant. Le Ministre n'ayant pas répondu, la Commission temporaire des arts arrête que le président écrira à la Commission d'instruction publique pour l'inviter à se faire représenter les pièces et indiquer, en les renvoyant au département du Rhône, la marche à suivre pour faire payer les citoyens Tabard et Richard.

Le citoyen Pichard, portier et gardien de la maison de La Suze, mise à la disposition de la Commission des arts, demande à être conservé dans sa place de portier de cette maison. Renvoyé au carton destiné à recevoir de pareilles demandes.

Quatre lettres du Département de Paris, qui invite la Commission à enlever des livres et d'autres objets d'arts, mis par elle en réserve dans plusieurs maisons nationales, sont renvoyées aux sections qu'elles concernent.

Deux lettres[2], une du commissaire Bigot, l'autre du commissaire

---

[1] Lettre de Dagomet, 10 prairial (F^{17} 1047, n° 1). — [2] Sous la cote F^{17} 1047, n° 1. Au nombre de ces bibliothèques est indiquée celle de «l'infâme Pétion».

Vernier, qui réitèrent l'invitation de procéder promptement à l'enlèvement de différentes bibliothèques, sont renvoyées à la section de bibliographie. Sur une lettre du citoyen Lenoir[1], relative à la conservation des marbres et monuments transportés au Dépôt des Petits-Augustins, la Commission arrête que la section d'architecture fera, à la séance prochaine, un rapport à ce sujet.

Sur la demande présentée à la Commission au nom de la section Châlier, à l'effet de retirer avant l'époque de la fête qui sera célébrée décadi prochain et de faire transporter dans les dépôts nationaux les marbres restant dans la ci-devant église de la Sorbonne, la Commission arrête que le Comité de salut public sera invité à autoriser ce transport, ainsi que tous les autres qui se feront par la suite, par la voie de la Commission des transports et charrois. Cet arrêté est motivé sur la nécessité d'économiser les dépenses considérables que les transports occasionnent journellement par les voitures particulières; cette mesure devant procurer une économie d'environ quinze mille livres par mois.

On fait lecture d'une lettre des administrateurs du district de Beaumont[2], qui consultent la Commission pour savoir s'ils doivent faire transporter à Beaumont, lieu actuel de leurs séances, des livres qu'ils jugent de peu de valeur et qui avaient d'abord été réunis à Grenade[3]. La Commission arrête que le président écrira aux administrateurs pour les inviter à laisser ces livres dans le lieu où ils se trouvent actuellement, afin d'éviter une dépense inutile qu'occasionnerait ce transport, et d'en envoyer l'inventaire à la Commission temporaire des arts.

Les commissaires qui, en vertu des pouvoirs qui leur ont été confiés, se sont rendus à Louveciennes, écrivent à la Commission que l'état du mobilier de la du Barry se trouve dans un désordre et un délabrement bien au-dessus encore des plaintes qu'on en avait porté[4]. La Commis-

---

[1] En date du 15 prairial (F17 1047, n° 1).

[2] Cette lettre est du 6 prairial. — «Ces livres, écrivent les administrateurs, ne sont que des vieux bouquins, ou livres monastiques, qui paraissent devoir être voiturés au parc d'artillerie de Toulouse.» (F17 1239.)

[3] Grenade-sur-Garonne (Haute-Garonne), chef-lieu de canton.

[4] La lettre de ces commissaires, au nombre desquels la Commission est représentée par Richard, Picault, Varon et Besson, porte la date de Louveciennes, 14 prairial. L'état de délabrement, l'image de destruction, d'abandon, de dilapidation qui règnent ici, sont vraiment affligeants, écrivent-ils... il semble que cette maison soit abandonnée à nos ennemis». L'intervention des commissaires était d'au-

sion arrête que le citoyen Besson demandera au citoyen Lindet, membre du Comité de salut public, une conférence particulière touchant les mesures à prendre à ce sujet.

Le citoyen Mulot, dans une lettre adressée au Comité d'instruction publique et renvoyée à la Commission des arts, demande soit appointements, soit indemnité pour les quatre derniers mois de ses travaux à la maison de Nesle, et en outre une gratification pour tout le temps qu'il a administré ledit Dépôt[1]. La Commission arrête que les quatre mois de travail seront payés au citoyen Mulot sur l'ancien pied. Quant à la gratification, elle est ajournée jusqu'après le rapport des citoyens Naigeon, Barrois et Vicq-d'Azyr et..., nommés commissaires pour examiner le travail du citoyen Mulot et décider s'il y a lieu à la gratification.

Le citoyen Hubert prévient la Commission qu'il a chargé, d'après un arrêté du Comité de salut public[2], les citoyens Cauchi, inspecteur, et Hersent, marbrier, de faire enlever de la maison d'Orsay trente bustes antiques en marbre, qui doivent servir à l'ornement et à la décoration du Jardin national. La Commission renvoie cette lettre à la section de sculpture. Le citoyen Dardel se concertera pour l'exécution avec le citoyen Cauchi. Il est arrêté, en outre, que, quoique l'inventaire de la maison d'Orsay ne soit pas encore fait, on procédera néanmoins à l'enlèvement des bustes.

On renvoie dans le carton des demandes la lettre du citoyen Paulin.

La lettre du citoyen Leterrier, qui demande l'examen et le transport de 23 figures et 4 bustes qu'il a en dépôt chez lui et le payement des frais de transport et de garde, est renvoyée à la section de sculpture[3].

On donne avis qu'il existe un tableau original de 13 pieds et demi de large sur 9 pieds et demi de haut, de la composition de Le Brun. Renvoyé à la section de peinture pour en faire son rapport.

---

tant plus opportune que la plupart des objets précieux étaient déjà emballés à l'adresse de Marseille et de Bourg-Libre et allaient partir d'un moment à l'autre (F17 1231).

[1] Voir la requête de Mulot dans le carton F17 1047, n° 1.

[2] En date du 25 floréal et relatif à l'embellissement du Palais et du Jardin national (*Recueil Aulard*, t. XIII, p. 509);

l'article 22 ordonnait de placer sur le pont de la Révolution des statues de bronze antique, prises dans les maisons de la Liste civile ou dans les maisons des émigrés. D'après le registre du Dépôt de Nesle, les bustes de la maison d'Orsay passèrent au Muséum ou au collège des Quatre-Nations.

[3] Lettre non datée de Leterrier (F17 1047, n° 1).

La lettre du citoyen Beauvais, qui demande la conservation de sa place de portier dans la maison de Thiroux-Mauregard, est renvoyée dans le carton des demandes.

Théophile Mandar prévient la Commission qu'il existe à Porentruy une pendule précieuse et une collection de tableaux et d'estampes. La lettre[1] est renvoyée à la section de physique.

L'agent de la Commission est chargé d'envoyer une instruction au district de Porentruy, et le président, d'écrire à ces citoyens, nouvellement conquis à la liberté[2], une lettre très détaillée sur la marche qu'ils ont à suivre pour la réunion et la conservation des objets qui intéressent l'instruction publique.

Des citoyens, chargés par la Commission des secours d'examiner la maison nationale d'Écouen, consultent la Commission des arts pour savoir s'il serait à propos d'enlever des vitraux qui se trouvent dans une salle de ladite maison. La Commission arrête que l'agent délivrera l'inventaire d'Écouen aux commissaires qui y seront envoyés.

On demande qu'il soit nommé des commissaires pour aller à Fontainebleau, à l'effet de faire transporter à Paris les objets d'arts qui y ont été mis en réserve par la ci-devant Commission des monuments. Le citoyen Bonvoisin est nommé commissaire. La Commission autorise les citoyens Thibaudeau, secrétaire, Bourdon, expert, Jollain, adjoint, et Scellier, marbrier, à l'accompagner, tant pour diriger que pour exécuter le transport; en outre de sa mission, le citoyen Bonvoisin est chargé de s'informer, dans le district de Fontainebleau et dans ceux qui seront sur sa route, si la loi du 8 pluviôse, relative à la réunion et conservation des objets de sciences et arts, s'exécute exactement.

Le citoyen Scellier, marbrier, remet à la Commission la suite de ses mémoires qui, avec ceux fournis précédemment, montent à la somme de 84,502 l. o s. 1 d. Renvoyé au citoyen Bourdon.

Un mémoire de 95 livres du citoyen Desfontaines, visé par l'agent, est adopté par la Commission.

Un membre propose que, lorsqu'il y aura urgence, l'estimation des

---

[1] En date du 13 prairial (F^{17} 1047, n° 1).

[2] En vertu du décret de la Convention du 23 mars 1793, qui avait ratifié le vœu émis le 8 mars par l'assemblée générale des représentants du pays de Porentruy et l'avait annexé à la France sous le nom de département du Mont-Terrible.

objets d'arts ne sera pas faite sur place, et que, dans tout autre cas, on généralisera pour tous les objets d'arts l'article 13ᵉ du règlement qui concerne seulement les catalogues et inventaires de livres.

La lettre du citoyen Pingard est renvoyée dans le carton des demandes, ainsi que celle du citoyen Bourdereau.

Le citoyen Lannoy fait un rapport sur un arrêté du Comité de salut public relatif au pavement du Panthéon français[1]. La Commission arrête que copie de ce rapport sera envoyée au Comité des travaux publics.

Le citoyen Thillaye envoie à la Commission le discours préliminaire de son traité des bandages et appareils à l'usage des chirurgiens des armées, avec une lettre par laquelle il invite la Commission à s'occuper de son élargissement. Le discours est renvoyé à la section d'anatomie. Quant à la lettre, la Commission arrête qu'il sera délivré à Thillaye extrait du procès-verbal de la séance du 30 floréal, qui le concerne[2].

Le rapport des citoyens Dardel et Bonvoisin sur les objets d'arts qu'ils ont mis en réserve dans la maison du ci-devant Monsieur, à Brunoy[3], est renvoyé au citoyen Hubert, à qui la Commission communiquera les intentions et les dispositions nécessaires.

Il sera fait mention au procès-verbal de la remise de l'état des objets d'arts réservés par la Commission dans la maison de la condamnée Laragué (Lauraguais).

Le citoyen Ameilhon remet sur le bureau trois catalogues de livres qu'il a fait transporter dans le nouveau Dépôt de la rue de Thorigny, un de l'émigré Rohan Ferdinand, le deuxième de l'émigré Courteilles, le troisième de l'émigré Barentin[4]. La Commission arrête qu'il sera

---

[1] Le rapport de Lannoy, du 15 prairial, est relatif au triage des marbres du Dépôt des Petits-Augustins pouvant être employés au pavement du Panthéon (F17 1265).

[2] Voir la lettre de Thillaye, datée du 14 prairial (F17 1047, n° 1).

[3] Ce rapport est du 15 prairial. Les commissaires ont réservé des sculptures et marbres, quatre tableaux des Pères de l'Église par Gérard della Notte, et l'horloge de la cour, par Lepaute. Ils font remarquer qu'ils n'ont trouvé dans ce château «rien de très beau du côté de l'art», et que les objets mis en réserve leur ont paru seulement utiles «pour la décoration des édifices publics ou jardins nationaux». D'ailleurs, ils n'ont pas cru devoir indiquer les objets déjà signalés par la Commission des monuments (F17 1269).

[4] Catalogue des livres provenant de la bibliothèque de l'émigré Rohan Ferdinand, rue du Regard, n° 806, faubourg Saint-Germain, transportés par Ameilhon du Dépôt de Saint-Louis-de-la-Culture dans celui de Thorigny, le 15 prairial an II (F17 1200). — Inventaire des livres

délivré au citoyen Ameilhon un extrait du procès-verbal de la remise de ces trois catalogues.

Le citoyen Bourdon communique à la Commission l'état sommaire et indicatif des réparations nécessaires et urgentes à faire au cabinet d'histoire naturelle de l'École nationale vétérinaire d'Alfort pour la conservation des objets contenus dans ce cabinet. La Commission renvoie cet état à la Commission des travaux publics, avec invitation d'exécuter très promptement les réparations indiquées.

Le citoyen Marot demande à être autorisé à retirer le modèle de voiture pour le transport des blessés et malades, qu'il avait présenté au concours. La Commission temporaire des arts arrête que ce citoyen est autorisé à retirer d'une des salles de l'Académie des sciences le modèle de voiture sous le n° 44 et ayant pour devise : *non agitur de verbibus, sed de reis* (sic), qu'il avait présentée au concours pour le transport des blessés et malades, si le Département lui-même n'y trouve point d'obstacle. L'objet ne sera remis audit citoyen Marot que sur son reçu.

Le citoyen Scellier est autorisé à faire enlever de la ci-devant église de Saint-Paul tous les marbres provenant des monuments et des inscriptions, conformément au rapport du citoyen Lannoy, dont copie sera remise au citoyen Scellier.

La Commission arrête que tous les commissaires chargés de rapports à faire seront avertis, s'ils sont absents, par le secrétaire.

La section des antiquités fait son rapport sur la lettre[1] des com-

---

de l'émigré Courteilles, rue des Lions-Saint-Paul, transportés par Ameilhon du même Dépôt dans celui de Thorigny, le 15 prairial an II (F17 1200). — Inventaire des livres de l'émigré Barentin, rue de l'Égout-Saint-Paul, choisis par Ameilhon et transportés du même Dépôt dans celui de Thorigny, le 15 prairial an II (F17 1200).

[1] Dans cette lettre, en date du 22 floréal, les commissaires en question font connaître que « les fouilles faites pour l'extraction du salpêtre ont, depuis peu de jours, mis à découvert sous la ci-devant église Saint-Laurent, plusieurs arcs de voûte dont on avait déjà quelque connaissance, mais qu'un idiotisme de marguilliers et un petit intérêt paroissial avaient fait anciennement recouvrir, sans permettre aux gens instruits d'en faire un plus long examen». Lors des réparations effectuées en 1765, « beaucoup de marbres étrangers et travaillés dans les principes de l'architecture grecque furent dérobés». Les commissaires n'ont voulu engager aucune dépense pour faire faire de nouvelles fouilles avant d'avoir communication de l'avis de la Commission des arts (F17 1239). Voir, au sujet des thermes gallo-romains découverts sous l'église de Saint-Laurent, A. de Caumont, *Cours d'antiquités monumentales professé à Caen*, t. III, p. 28.

missaires préposés dans le district de Bayeux à la recherche des objets d'instruction, au sujet de la découverte d'un monument d'architecture antique dans la ci-devant église de Saint-Laurent de cette ville. Ce rapport est renvoyé au Comité d'instruction publique[1].

Le citoyen Molard remet sur le bureau le rapport dont il avait été chargé dans la séance du 25 floréal, concernant les machines du citoyen Leturc[2]. La Commission arrête qu'il en sera fait deux copies, dont une pour le Comité des finances et l'autre pour le Comité de salut public.

Les Élèves de la Patrie invitent la Commission des arts à assister à un exercice qui doit avoir lieu dans leur établissement du ci-devant prieuré de Saint-Martin, le 17 prairial. La section de physique et celle de géographie, ainsi que les autres membres de la Commission, sont invités à y assister.

L'agent remet deux cachets de la Commission, un marqué C à Berthollet, l'autre Az, au citoyen Desfontaines.

Sur le rapport du citoyen Sarrette, la Commission des arts arrête que tout ce qui est manuscrit en musique sera inventorié par détail, et tout ce qui est imprimé sera inventorié sommairement, avec désignation des endroits d'où ces objets proviennent.

La Commission des arts arrête que quatre de ses membres seront chargés d'examiner les pétitions des citoyens qui sollicitent des places. Les citoyens Buache, Molard, Barrois et Sarrette sont nommés inspecteurs à cet effet. Il sera dressé en conséquence un état des mémoires, noms et demeures des citoyens qui demandent des places.

La Commission a arrêté que les manuscrits relatifs aux sciences et arts ainsi qu'aux différentes parties de l'administration, qui se trouvent dans la maison d'Aiguillon, rue de l'Université, resteront provisoirement dans cette maison sous le scellé de la Commission des arts.

Il a été arrêté que les citoyens Prunelle, Barrois et Buache se transporteraient sur-le-champ à la maison d'Anisson-Duperron, à l'effet de prendre les mesures nécessaires pour la prompte évacuation de cette maison et y mettre en réserve les objets de sciences et arts, ainsi que

---

[1] Le Blond, auteur du rapport, insiste sur l'intérêt scientifique qu'il y aurait à continuer les fouilles commencées (F^{17} 1265, n° 2).

[2] Leturc était un constructeur de modèles de machines anglaises pour filatures en 1791 et 1792. (Cf. A. Tuetey, Répertoire des sources manuscrites, t. VII.)

[13 juin 1794] DE LA COMMISSION TEMPORAIRE DES ARTS. 219

les objets propres aux travaux du Comité d'instruction publique, qui doivent s'exécuter dans cette maison[1].

Le citoyen Jacquin fait hommage à la Commission du numéro 2 de l'*Almanach du républicain*, dont il est l'auteur[2]. La Commission accepte l'offre, et arrête qu'il en sera fait mention civique au procès-verbal.

SÉANCE DU 25 PRAIRIAL,

AN 2ᵉ DE LA RÉPUBLIQUE, UNE ET INDIVISIBLE (13 JUIN 1794).

Compte rendu du travail de la Commission des arts, demandé par la Commission d'instruction publique. – Commission des armes et poudres. – Communication du Comité d'aliénation et des domaines. – Essais de papier refondu, envoyés par la Commission d'agriculture et des arts. – Laclotte fils, architecte à Bordeaux. – Abus à Monceaux. – Société des Jacobins, projet de Vanderlist, luthier. – Envoi par Dagomet de meubles du château d'Anet. – Commission d'agriculture et des arts pour les pendules demandées par Chappe. – Livres demandés par le Comité de salut public. – Société populaire de Monts, district de Loudun. – Directeurs à l'agence des biens nationaux et des émigrés. – Musée de Tours. – District de Montfort-le-Brutus. – Pasdeloup, relieur. – Pétitions de Menoud et de la citoyenne Gautherin. – Émigrée Bernard. – Examen des élèves de Léonard Bourdon. – Cabinet de physique de Boulongne. – Inventaires chez Lavoisier. – Utilité du tam-tam. – Sarrette dépose des médailles. – Tableaux et portraits de la race Capet. – Mobilier de Rambouillet. – Citoyen Thillaye. – Dilapidations de bibliothèques dans le département de la Manche. – Lettre de Desmarest. – Mémoires de Scellier. – Rapport de Lannoy. – Demande d'un ouvrage de botanique par le député Zangiacomi. – Émigrés d'Orsay et d'Havré. – État fourni par Lenoir. – Inventaires remis par la section de musique. – Molard nommé conservateur du Dépôt des instruments de musique. – État du médaillier des Monnaies fourni par Monger. – Buache et Besson chargés de la reconnaissance du Dépôt des cartes et plans. – Bibliothèques du district de l'Égalité.

La séance s'ouvre par la lecture du procès-verbal, qui est adopté.
La Commission d'instruction publique écrit à la Commission tempo-

---

[1] Au sujet des mesures prises pour l'utilisation des locaux de cette maison de la rue des Orties, où l'on songea un instant à établir un dépôt central des manuscrits, voir E. Coyecque, *Inventaire de la collection Anisson*, I, LXXII-LXXIII.

[2] L'*Almanach du Républicain*, publié en 1793, par Claude-François-Étienne Dupin, secrétaire général du Département de Paris, messin, en commun avec Jacquin (Rousseau), son compatriote, imprimeur à Paris, fut continué sous le titre de *Galerie historique et républicaine des hommes illustres*.

raire des arts pour l'inviter à lui donner communication de ses opérations, jusqu'à ce jour, des inventaires qui ont été faits, de ceux qui restent à faire, et en général du résultat de son travail [1].

La Commission des arts arrête que quatre commissaires, Molard, Buache, Janvier et Poirier, feront un rapport sur la demande de la Commission d'instruction publique, lequel sera communiqué au Comité d'instruction publique. L'agent est adjoint.

Les mêmes commissaires, auxquels est adjoint l'agent, feront un rapport sur les indemnités accordées par un décret aux membres de la Commission temporaire des arts et sur le mode de payement.

La Commission des armes et poudres de la République fait parvenir à la Commission des arts un arrêté du Comité de salut public, en date du 13 floréal [2], d'après lequel les modèles de canons et autres attirails de guerre qui se trouvent dans le logement qu'occupait à l'Arsenal de Paris l'émigré Thiboutot [3], sont mis à la disposition de la Commission des armes et poudres de la République. Cette Commission réclame deux caisses contenant 18 pièces de modèles d'artillerie et une autre caisse renfermant quelques modèles de machines, qui ont été remises à la Commission des arts. La Commission renvoie cette demande à la section du génie militaire et arrête qu'il sera écrit à la Commission des armes et poudres qu'il existe au Dépôt de Nesle des modèles d'armes et de canons.

Le Comité d'aliénation et des domaines adresse à la Commission des arts 15 expéditions de l'arrêté pris dans la séance de ce Comité le 15 de ce mois, qui enjoint aux dépositaires et aux commissaires aux ventes du mobilier national de donner aux membres de la Commission communication des objets qui sont sous leur surveillance, pour qu'ils puissent mettre en réserve ceux que l'intérêt de la République exigera. La Commission des arts arrête qu'en accusant au Comité des domaines et d'aliénation la réception des 15 expéditions, le président le remerciera du secours fraternel qu'il procure à la Commission.

---

[1] Lettre de la Commission d'instruction publique, signée Fourcade, 23 prairial. La Commission des arts fournit, le même jour, les renseignements demandés, non sans faire observer à la Commission que c'était au Comité d'instruction publique qu'elle aurait dû s'adresser (F17 1238).

[2] L'arrêté en question est reproduit dans Aulard, Recueil des actes du Comité de salut public, t. XIII, p. 206.

[3] Thiboutot (Jean-Léon), maréchal de camp, le 1er mars 1780, lieutenant général le 20 mai 1791, inspecteur général du corps de l'artillerie à l'Arsenal.

La Commission d'agriculture et des arts envoie à la Commission[1] un exemplaire des différents numéros d'essais de papier refondu, avec trois exemplaires de l'instruction publiée sur les procédés de cette opération.

La Commission voit avec satisfaction les heureux succès de cette découverte qui ouvre une nouvelle source à la prospérité nationale, arrête que les exemplaires seront déposés au secrétariat de la Commission où chaque membre pourrait en prendre connaissance, et que le président en accusera la réception à la Commission d'agriculture et des arts, en l'invitant à en envoyer un exemplaire à chacun des membres de la Commission des arts.

Une lettre de Laclotte fils, architecte à Bordeaux, contenant l'esquisse d'une colonne en l'honneur des martyrs de la liberté, est parvenue à la Commission des arts, sans que, néanmoins, elle lui soit adressée et que l'esquisse annoncée se trouve contenue dans cette lettre[2].

La Commission des travaux publics, dans une lettre[3] adressée au président de la Commission des arts, lui annonce qu'elle n'emploie en aucune manière la maison de Monceaux; qu'elle ne peut intervenir que par le même esprit qui anime la Commission des arts, lui annonce répression des abus qui se commettent dans cette maison, qu'elle fera constater les dégradations qui s'y sont faites et qu'elle s'empressera d'y pourvoir. En conséquence, la Commission des arts arrête qu'il sera écrit à la Commission des revenus nationaux, à l'effet de remédier aux abus qui se commettent à Monceaux, de les apprécier et de les réparer, et que communication du présent arrêté sera donnée au Comité des domaines.

La Société des Amis de la Liberté et de l'Égalité, séante aux ci-devant Jacobins-Saint-Honoré, font (*sic*) parvenir à la Commission copie d'une lettre adressée à cette société par Vanderlist, luthier, contenant le projet d'ornement et de décoration à exécuter dans la place des Victoires nationales. La lettre sera déposée aux archives[4].

Dagomet donne avis à la Commission de l'envoi qu'il a fait de plusieurs meubles provenant du ci-devant château d'Anet, estimés à la

---

[1]. Par lettre du 17 prairial (F17 1048, n° 1).

[2]. En date du 18 prairial (F17 1048, n° 1).

[3] Elle se trouve sous la cote F17 1048, n° 1.

[4] Voir deux lettres de Dagomet à ce sujet (F17 1047, n° 1).

somme de mille soixante livres, et transportés au Dépôt national, rue de Beaune. La Commission arrête qu'il en sera fait mention au procès-verbal, ainsi que de l'envoi d'une figure de Mercure en plomb, de grandeur naturelle, provenant du même château [1].

Une lettre de la Commission d'agriculture et des arts [2], relative à la demande formée par Chappe, ingénieur, qui réclame la délivrance de 12 pendules à secondes, que le Comité de salut public a ordonné de lui fournir par son arrêté du 4 août dernier (v. s.) [3], est renvoyée à la section de physique.

Un extrait ci-joint des registres du Comité de salut public de la Convention nationale, contenant la note de quelques ouvrages de botanique et d'agriculture que le Comité demande pour la section des armes, est renvoyé à la section de bibliographie, chargée de procurer dans le plus court délai les ouvrages désignés :

« Extrait des registres du Comité de salut public de la Convention nationale, du 19 prairial, l'an 2ᵉ de la République française, une et indivisible.

« Le Comité de salut public arrête que la Commission temporaire des arts enverra à la section des armes du Comité de salut public :

« *La Flore française*, de Lamarck ;

« *La Botanique*, de Durande, de Dijon ;

« *Les Mémoires de la Société d'agriculture* ;

« *Le Dictionnaire des jardins*, de Miller ;

« *La Maison rustique* ;

« *Le Dictionnaire d'agriculture* ;

« *Les Éléments d'agriculture*, de Duhamel.

« Signé au registre : Robespierre, Carnot, C.-A. Prieur, Billaud-Varenne, Couthon.

« Pour extrait : C.-A. Prieur, Carnot, R. Lindet. »

Une lettre des membres de la société populaire de Mont [4], chef-lieu

---

[1] Il s'agit du *Mercure attachant ses talonnières*, de Pigalle, qui était d'abord au jardin du Luxembourg et qui se trouve aujourd'hui au Louvre, *Catalogue des sculptures modernes*, n. 781.

[2] En date du 21 prairial (F¹⁷ 1048, n° 1).

[3] L'arrêté du Comité de salut public, du 4 août 1793, contient un ensemble de dispositions adoptées en vue de favoriser l'établissement du télégraphe inventé par le citoyen Chappe, ingénieur. Cf. Aulard, *Recueil des actes du Comité de salut public*, t. V, p. 471.

[4] Monts-sur-Guesnes, Vienne, arr. de Loudun.

de canton du district de Loudun, qui demandent la destruction de tous les clochers et des autres objets élevés, qui peuvent servir de ralliement aux brigands qui infestent la Vendée et qui présentent des signes de superstition et de catholicisme, est renvoyée à la Commission des poids et mesures, chargée spécialement de la destruction ou conservation de ces corps élevés, selon le degré d'utilité dont ils peuvent être pour les observations météorologiques. La Commission arrête, en outre, que le rapport qui a été fait sur les clochers de Franciade sera envoyé à la société populaire de Mont.

Les directeurs à l'Agence des biens nationaux et des émigrés du district de Paris demandent[1] à la Commission l'état des objets d'arts mis en réserve dans les maisons des émigrés, afin de pouvoir donner aux estimateurs les instructions nécessaires qui doivent les guider dans leurs opérations. La Commission charge Le Blond et Nitot de se concerter avec les directeurs à l'Agence des biens nationaux sur l'objet de leur demande.

Le substitut de l'agent national du district de Tours fait parvenir à la Commission l'état des tableaux, bustes, gravures, etc., déposés au Musée établi à Tours[2]. Renvoyé aux sections de peinture et de sculpture.

Les administrateurs du district de Montfort-le-Brutus annoncent, en date du 21 prairial, l'envoi des cartes formant le catalogue des livres de la bibliothèque d'Orgérus, séquestrée sur l'émigré Choiseul d'Aillecourt[3], composée de 2,639 volumes. La Commission ajourne à la prochaine séance le rapport de la section de bibliographie sur l'envoi annoncé et qui n'est pas encore arrivé.

---

[1] Par lettre en date du 16 prairial (F^{17} 1048, n° 1).

[2] L'état en question est du 7 prairial. Les tableaux, au nombre de 133, sont ou des copies de maîtres ou des originaux d'auteurs inconnus, ils ont été retirés des établissements religieux supprimés ou (du château) de Richelieu. Plusieurs bustes, en partie antiques, proviennent du château de Richelieu; un christ d'ambre, d'un beau travail, provient de la chapelle de Louis XI au château de Plessis-les-Tours (F^{17} 1271). La lettre d'envoi est du 14 prairial (F^{17} 1239).

[3] Choiseul d'Aillecourt (Michel-Félix), ex-constituant; sa veuve, Eugénie Rouillé du Coudray demanda la radiation de son nom de la liste des émigrés, le 25 frimaire an x, et appuya sa requête d'un certificat de neuf de ses anciens collègues, notamment de Lanjuinais et Chasset. Ils attestèrent que Choiseul d'Aillecourt avait concouru par ses principes et ses votes à l'établissement de la liberté et de l'égalité et qu'il n'avait point protesté contre les décrets de l'Assemblée. En ce qui concerne le mobilier séquestré de cet émigré, voir le registre du Dépôt de Nesle (F^{17} 1192², fol. 95).

Pasdeloup, relieur, qui a donné un modèle sur la manière d'effacer les armoiries des livres de la Bibliothèque nationale, demande la décision de la Commission à ce sujet[1]. Renvoyé aux sections réunies de chimie et de bibliographie.

Deux pétitions, une de Jacques-Joseph Menoud, l'autre de la citoyenne Gautherin, sont renvoyées dans le carton des demandes.

L'agent national du district près le Département de Paris invite[2] la Commission à faire procéder le plus promptement possible à l'enlèvement des effets qui sont restés dans la maison occupée par l'émigrée Bernard, près la grille de Chaillot[3]. La Commission charge Naigeon de s'y transporter.

Léonard Bourdon invite la Commission à nommer des commissaires pour assister à l'exercice des jeunes élèves qui sont sous sa direction, lequel aura lieu le 27 de ce mois. Tous les membres de la Commission déclarent qu'ils se feront un plaisir d'y assister.

La section de physique remet sur le bureau un rapport sur le cabinet de Boulongne[4] et sur quelques autres collections. Dans ce rapport, Charles observe que, Léonard Bourdon ayant demandé pour ses élèves le cabinet de physique de Brisson, ce cabinet est tellement décomposé dans toutes ses parties qu'il est très difficile de reconnaître une machine d'avec une autre. Il consulte la Commission pour savoir s'il ne conviendrait pas, avant de céder ce cabinet, de le transporter dans une des salles du dépôt assez vaste pour la réintégration de toutes ces machines. La Commission adopte à ce sujet les conclusions du rapport.

Quinquet[5], présent à la séance, annonce que s'étant transporté dans

---

[1] Pasdeloup (Jean-Antoine), relieur à la porte Saint-Jacques, avait déjà offert, le 9 novembre 1793, à la Commission des monuments un procédé économique pour opérer la destruction des armoiries sur les livres (cf. les *Procès-verbaux de la Commission des monuments*, t. II, p. 76).

[2] Par lettre du 17 prairial (F^{17} 1048, n° 1).

[3] Voir l'inventaire des tableaux, bronzes et marbres de l'émigrée Bernard, 20 germinal (F^{17} 1269); voir aussi le registre du Dépôt de Nesle (F^{17} 1192², fol. 15).

[4] Ce cabinet appartenait auparavant à Mathurin-Jacques Brisson, professeur de physique expérimentale au collège de Navarre, qui l'avait vendu à Boulongne pour la somme de douze mille livres. Il passait il y a quinze ans pour le plus considérable qu'il y eût à Paris; pourtant ce cabinet ne contenait rien de remarquable. La plupart de ces cabinets vulgaires d'amateurs présentent tous les mêmes objets, vendus par les mêmes marchands, de petites machines de rebut faites au rabais (Rapport de la section de physique, F^{17} 1265, n° 1).

[5] Quinquet (Arnoult), apothicaire de l'hospice national du Tribunal révolutionnaire, était parvenu, grâce aux réquisitions, à pourvoir sa pharmacie de tous les

la maison de Lavoisier pour en extraire les objets de chimie et de pharmacie dont il a besoin pour l'établissement qu'il s'est chargé de former au ci-devant Évêché, il a rencontré des obstacles, vu que les objets de Lavoisier ne sont pas encore inventoriés. La Commission temporaire des arts arrête que Berthollet, Fortin et Charles procéderont sans délai à l'inventaire du mobilier de Lavoisier[1]. Le Département sera invité à désigner un commissaire pour assister à cette opération, et les deux membres du Comité des domaines, chargés de la surveillance du mobilier des émigrés et condamnés, y seront également appelés. La Commission autorise Quinquet à demander au Département un état des objets qui ont déjà été mis à sa disposition et de ceux dont il a encore besoin, lequel état sera communiqué à Charles.

Sur l'observation faite par Charles sur l'utilité d'un tam-tam dans les fêtes publiques, la Commission autorise ce citoyen à le déposer dans son cabinet.

Sarrette dépose sur le bureau une boîte contenant des médailles en cuivre et autre métal, qui lui ont été remises par le Comité civil de la section de Brutus. La Commission arrête qu'il sera fait mention de l'offre au procès-verbal, et charge la section des antiquités d'en faire un rapport.

Picault et Varon, arrivant de Versailles, font leur rapport sur un portrait qu'ils ont inventorié à Pont-la-Montagne[2], représentant le fils de Capet, portrait qu'ils ont distrait pour être reporté dans le dépôt de Versailles. Ils protestent de l'ignorance où ils étaient de l'arrivée de Lebrun au ci-devant Saint-Cloud, le jour où ils remplissaient leur mission[3].

---

objets nécessaires. D'après le témoignage de Pâris de Lépinard, journaliste et imprimeur, qui fut interné à l'hospice, Quinquet était partisan des procédés les plus expéditifs pour garnir son officine, ayant déclaré qu'il espérait que l'on guillotinerait quelque apothicaire pour que rien n'y manquât (L. Legrand, *L'Hospice national du Tribunal révolutionnaire*, p. 9 et 19).

[1] L'inventaire en question a été fait par Leblanc et Berthollet; il porte le titre suivant : «Inventaire des objets de chimie qui se sont trouvés dans la demeure du condamné Lavoisier, maison Lecouteux-La Noraye, boulevard de la Madeleine, remis à la Commission temporaire des arts le 5 messidor, l'an deuxième...» (F[17], 343).

[2] Nom révolutionnaire de Saint-Cloud (Seine-et-Oise).

[3] Sur le rapport adressé au Comité de sûreté générale par l'un de ses membres au sujet de la saisie à Saint-Cloud par Héron, l'un de ses agents, d'un portrait du «second fils de Capet», dont les commissaires chargés de la vente du mobilier de Saint-Cloud demandaient décharge, le Comité, par arrêté du 7 frimaire an II, décida que ce portrait serait sur-le-champ brûlé en présence du Comité, ce qui fut fait (AF[II]* 277, fol. 871).

Ils rendent compte de l'attestation qu'ils ont cru ne pouvoir refuser à Blesimar de ce qui s'était passé à Pont-la-Montagne; enfin, ils proposent, et la Commission arrête, que tous les tableaux et portraits représentant des individus de la race Capet seront inventoriés et réunis dans un même dépôt, et que, conformément à l'inventaire on procédera à leur destruction totale et complète, afin que la superstition royaliste ne puisse en recueillir aucun; que le présent arrêté sera communiqué au Comité d'instruction publique pour en obtenir la prompte et entière exécution. Malgré l'observation d'un membre que quelques-uns de ces tableaux ou portraits pourraient contenir des traits de génie et d'originalité qu'il serait utile de conserver pour l'instruction et les arts, la Commission, ferme dans ses principes patriotiques, maintient son précédent arrêté [1].

Le président fait lecture d'une lettre de Leturc [2]. La Commission arrête que Beuvelot et David le Roy s'adjoindront aux commissaires précédemment nommés et demanderont à Leturc les renseignements et les pièces nécessaires pour faire leur rapport.

Une liste du mobilier de la ci-devant Liste civile à Rambouillet, adressée par Ruelle, commissaire pour la vente dudit mobilier, est renvoyée au département de Seine-et-Oise.

D'après une lettre de Thillaye, la Commission arrête que, vu la position de ce citoyen et l'intérêt qu'inspire son cabinet, trois commissaires, Lelièvre, Varon et Leblanc, se concerteront sur les moyens d'en assurer la conservation.

Lelièvre dépose sur le bureau un reçu, signé Lebrun, contrôleur, de la quantité de 27 livres de salpêtre brut, que la Commission l'avait autorisé à porter à la raffinerie.

On fait lecture d'une lettre de Michaux, préposé de l'administration révolutionnaire des poudres et salpêtres par le département de la Manche [3]. Il mande à Desfontaines, membre de la Commission, quelques détails de déprédations qui ont eu lieu dans ce département au sujet des bibliothèques et d'autres objets d'instruction. La Commis-

---

[1] Le 29 prairial, le Comité d'instruction publique donna unanimement son adhésion à l'arrêté en question de la Commission des arts (*Procès-verbaux du Comité*, t. IV, p. 654).

[2] En date du 25 prairial (F^{17} 1047, n° 1).

[3] Par cette lettre du 15 prairial, Michaux déclare que les bibliothèques ont été mises au pillage et signale des collections d'histoire naturelle (F^{17} 1047, n° 1).

sion arrête que, sans désigner l'auteur de la lettre, le président écrira aux administrateurs du département de la Manche pour les inviter à surveiller les objets d'arts et de sciences qui s'y trouvent, à en empêcher la dilapidation et à agir conformément à l'instruction de la Commission qu'ils ont dû recevoir. La Commission arrête en outre qu'il en sera référé au Comité d'instruction publique, à qui elle renvoie la lettre de Michaux[1].

Un mémoire de Poirier montant à 115^H 7', visé par l'agent, est adopté.

Le président fait lecture d'une lettre de Desmarest, en date du 24 prairial[2], dans laquelle il demande la conservation de son logement. La Commission passe à l'ordre du jour sur la demande de ce citoyen.

Sur la demande de Scellier d'un acompte à valoir sur ses mémoires fournis pour la démolition, le transport et le placement au Dépôt national des monuments en marbre et autres, la Commission arrête qu'il sera accordé à Scellier une somme à compte, et que Bourdon, expert, donnera son avis sur la quotité de la somme à accorder en raison du montant des mémoires remis.

L'agent est chargé d'écrire à tous les entrepreneurs de la Commission, qui sont en retard pour leurs mémoires, de les livrer à l'époque du 15 du mois prochain. Le terme est de rigueur.

Sur le rapport fait par Lannoy relativement aux démolitions et enlèvements des marbres, figures et colonnes de la ci-devant église Gervais[3], il est arrêté que Scellier en sera chargé et que copie de l'inventaire lui sera remis pour effectuer la démolition de ces objets et leur transport au Dépôt des Petits-Augustins.

La section de botanique remet sur le bureau un rapport dont elle avait été chargée relativement à la demande faite par Zangiacomi[4],

[1] Le 29 prairial, le Comité d'instruction publique chargeait la Commission de préparer un projet de circulaire en vue de prévenir les nouvelles infractions à la loi du 8 pluviôse (*Procès-verbaux*, t. IV, p. 654).

[2] Sous la cote F^{17} 1047, n° 1. Transmise par le Comité d'instruction publique (voir les *Procès-verbaux du Comité*, t. IV, p. 615).

[3] Le rapport de Lannoy (16 prairial) indique au nombre des marbres à transporter au Dépôt des Petits-Augustins les figures provenant du tombeau de Le Tellier, ainsi qu'un crucifix en bois attribué à Sarrazin et un *Ecce Homo* attribué à Germain Pilon, très mutilé (F^{17} 1265).

[4] Zangiacomi fils (Joseph), procureur de la commune de Nancy, était l'un des députés de la Meurthe.

député à la Convention nationale, d'un ouvrage intitulé : *Démonstrations élémentaires de botanique*, édition de Gilibert [1], 3 volumes in-8°, pour l'usage des élèves de botanique du Muséum national d'histoire naturelle. La Commission renvoie la lettre et le rapport au Comité d'instruction publique [2].

Deux lettres, une de Legros, l'autre de Lefèvre, sont renvoyées dans le carton des demandes.

La section d'architecture dépose l'inventaire des modèles de temples et autres monuments antiques [3] à enlever de la maison de l'émigré d'Orsay, pour être transportés au Dépôt de la rue de Beaune. La Commission arrête qu'il en sera fait mention au procès-verbal et que copie de l'inventaire sera délivrée à Nadreau.

La même section remet sur le bureau un rapport relatif au cabinet de la maison de l'émigré d'Avray. La Commission arrête les conclusions du rapport.

Une lettre de Laplanche, apostillée par David, député, est renvoyée au carton des demandes.

Lenoir, garde du Dépôt des monuments, rue des Petits-Augustins, remet l'état des objets entrés dans ledit Dépôt depuis le 10 prairial jusqu'au 25 dudit mois.

La section de musique dépose cinq inventaires, un de la maison des mineurs Bertier, le deuxième de la maison de Conti, le troisième de la maison Montmorency, le quatrième de la maison d'Avré, le cinquième de la maison Boulongne [4].

Sur l'exposé fait à la Commission que, le Dépôt national des instruments de physique, de chimie, des machines et modèles, commençant à se former rue de l'Université, il est nécessaire, pour la conservation et la sûreté des objets qui doivent composer ce Dépôt, qu'il y soit établi

---

[1] Gilibert (J.-Emmanuel), médecin et naturaliste, médecin de l'Hôtel-Dieu de Lyon, né à Lyon, le 21 juin 1741, mort le 2 septembre 1814. Ses démonstrations élémentaires de botanique parurent à Lyon en 1789; c'est la troisième édition d'un ouvrage de Marc-Antoine-Louis Claret de la Tourette et F. Rozier, publié en 1766 et 1773.

[2] Voir la lettre ou plutôt la note de Zangiacomi et le rapport de la section de botanique, en date du 25 prairial (F^{17} 1324).

[3] Il s'agit, selon toute apparence, de petits modèles de temples (de Vesta, de Jupiter Stator, de Jupiter Tonnant, de Minerve, de Faustine, de la Sibylle) et autres monuments antiques de Rome, exécutés en liège par Rosa à Rome même. Cf. le registre du Dépôt de Nesle, F^{17} 1192^2, fol. 79.

[4] Ces inventaires existent sous la cote F^{17} 1054, n° 1.

sans délai, à demeure, un conservateur, un gardien et un portier. La Commission temporaire des arts nomme Molard, un de ses membres, conservateur du susdit Dépôt national, et Monneret, de la fidélité duquel Molard répond, est nommé gardien. La Commission ajourne à sa prochaine séance la nomination du portier, pour le choix et l'établissement duquel Molard est chargé de faire un rapport.

Le Blond, par un certificat qu'il dépose sur le bureau, annonce que s'étant transporté chez Mionnet pour prendre des renseignements sur sa capacité, il a reconnu que ce citoyen a eu pour principal objet de ses études les antiquités et particulièrement la numismatique.

Mongez envoie à la Commission l'état des monnaies françaises et étrangères du médaillier de la maison des Monnaies. Renvoyé à la section des antiquités.

Les deux commissaires Buache et Besson, chargés de faire la reconnaissance du Dépôt de cartes et plans, confié à la garde de Desmarest, ont remis à la Commission l'inventaire de tous les objets contenus dans ledit dépôt. Ils sont chargés de faire un rapport sur l'état dans lequel ils ont trouvé ce Dépôt, lequel rapport sera communiqué au Comité d'instruction publique.

On propose d'échanger un vase de zinc incrusté en argent, appartenant à Thurry, fondeur, en un poids égal de cuivre; il est arrêté qu'on tirera de quelque dépôt ou de la Monnaie le cuivre nécessaire pour remplacer le vase.

Les administrateurs du district de l'Égalité consultent la Commission[1] sur les avantages et l'économie qui résulterait de la réunion de toutes les bibliothèques de leur district dans un même lieu; ils pensent que la maison nationale de Sceaux offre un local vaste et commode pour recevoir non seulement tous les livres qui se trouvent dans les maisons confisquées, mais encore les objets d'arts et de sciences mis en réserve. La Commission arrête que son président écrira aux administrateurs de prendre toutes les mesures qu'ils jugeront convenables pour la réunion des bibliothèques et des objets d'arts, pourvu qu'il n'y ait point de transport d'un district à un autre, et que les catalogues ainsi que les livres et les objets des différentes maisons ne soient point confondus.

[1] Leur lettre est du 15 prairial (F^{17} 1085, n° 2).

SÉANCE DU 30 PRAIRIAL,
L'AN 2ᴱ DE LA RÉPUBLIQUE (18 JUIN 1794).

Demande de pendules par Chappe. - Pantographe demandé pour les convois militaires. — Lettre du directeur de l'Enregistrement et des Domaines nationaux. — Plans demandés par la Commission des travaux publics et par le Comité de salut public. - Administrateurs de Senones. - Lettre de Brachet et Routier au sujet de Pingard et Bramé. - Lettre des administrateurs d'Autun. - Envoi de graphomètres et autres objets à Constantinople. - Objets réclamés par le citoyen Devoitine. - Procédés de la citoyenne Biheron. - Beauvarlet-Charpentier, organiste. - Inscriptions sur la porte des divers dépôts. - Rapport sur le cabinet de Thillaye. - Rapport de Bonvoisin et Fragonard sur un prétendu tableau de Le Brun. - Place demandée par le citoyen Legros. - Émigré d'Orsay. - Mode de payement des membres de la Commission. - Rapport fait par la section des antiquités. - Lettre de Lindet sur Maurice. - Cabinet d'Alfort. - Acompte de 5,000ᴴ à François; de 20,000ᴴ à Scellier. - Bourdon chargé de présenter un aperçu des dépenses des transports. - Inventaire de livres remis par Poirier. - État remis par Lenoir. - Inventaire déposé par Beuvelot. - État d'animaux transférés à la ménagerie, remis par Geoffroy. - Tables à se procurer pour mettre les objets d'arts. - Acquisition d'un mural. - Manuscrit de Mandar. — Catalogue des temples consacrés aux fêtes décadaires. — Panthéon français, non compris dans le catalogue. - Le secrétaire chargé de prendre note des abus dénoncés dans les ventes.

Après la lecture du procès-verbal, qui est adopté, le président lit l'extrait de la correspondance.

La lettre de Chappe, ingénieur télégraphe[1], qui demande dix-huit pendules qui lui sont nécessaires pour les postes de la ligne télégraphique de Paris à Lille, est renvoyée à la section de physique, chargée de procurer à ce citoyen l'objet de sa demande.

Les administrateurs des transports et convois militaires, désirant faire tirer des copies d'une carte manuscrite des étapes et des lieux de passage, invitent la Commission à leur fournir pour cet usage un pantographe, qu'ils promettent de rendre aussitôt que les copies dont il s'agit seront terminées[2]. La Commission des arts autorise l'agent à délivrer sous récépissé le pantographe à la Commission des transports et convois militaires.

[1] En date du 25 prairial (F¹⁷ 1047, n° 1). — [2] Leur lettre est du 27 prairial (F¹⁷ 1048, n° 1).

On renvoie à la section des antiquités une lettre du directeur de l'administration de l'Enregistrement et des Domaines nationaux[1], qui consulte la Commission pour savoir où il pourra faire transporter tous les objets d'antiquités et morceaux précieux d'arts provenant de la démolition des signes de féodalité et de superstition qui existent dans les maisons nationales.

La Commission des travaux publics, conformément à l'article x de l'arrêté du Comité de salut public, dont copie est ci-jointe[2], invite fraternellement la Commission temporaire des arts à mettre promptement à sa disposition les plans, cartes, manuscrits, mentionnés dans l'article ci-dessus. La lettre est renvoyée à la section de géographie et à celle du génie militaire, chargées de procurer le plus promptement possible les objets demandés par la Commission des travaux publics.

Article x de l'arrêté du Comité de salut public :

« ART. X.

« La Commission temporaire des arts mettra à la disposition de la Commission des travaux publics les cartes et plans de toutes espèces, ainsi que les ouvrages manuscrits ou imprimés relatifs à la géographie, la topographie et l'hydrographie qui se trouveront dans les cabinets et dépôts soumis à sa surveillance. Les agents nationaux près les districts et communes sont chargés sous leur responsabilité de procurer toutes facilités pour la prompte réunion de ces objets dans le local qui leur sera destiné. »

Les administrateurs du district de Senones écrivent à la Commission temporaire des arts que, d'après le décret de la Convention nationale et les différentes lettres du président de la Commission, ils ont procédé à la formation d'un état descriptif des tableaux et autres objets d'arts, ainsi que d'un inventaire des livres et manuscrits qui se trouvent chez le ci-devant prince de Salm et dans la bibliothèque de la ci-devant abbaye, mais que le travail de cette dernière partie, qui s'étend sur près de 14,000 volumes, ne sera terminé que dans un mois au plus tard. Ils joignent à leur lettre l'envoi préliminaire de la note des

---

[1] En date du 26 prairial (F17 1048, n° 1).

[2] L'arrêté du Comité de salut public, visé ci-dessus, est celui du 20 prairial an II, chargeant la Commission des travaux publics d'établir une agence particulière pour la conservation des cartes et plans. (*Recueil Aulard*, t. XIX, p. 213).

manuscrits de D. Calmet[1] et un état des tableaux et autres objets d'arts du ci-devant prince, et donnent avis à la Commission que les bâtiments de la ci-devant abbaye étant convertis en hôpital militaire sédentaire, ils ont cru devoir prendre quant à la bibliothèque l'arrêté dont ils font passer expédition, afin que la Commission leur indique les mesures et les précautions à prendre pour concilier l'intérêt de la République avec la conservation des objets de sciences et arts. La Commission charge son président d'examiner les pièces et de répondre aux administrateurs du district de Senones.

On fait lecture d'une lettre, signée Brachet et Routier, commissaires du Département de Paris, qui invitent la Commission des arts à prendre dans la plus grande considération la situation où se trouvent les citoyens Pingard et Brainé, qui n'ont d'autres ressources pour subsister avec leurs familles que ce qui leur est dû pour la garde des scellés apposés depuis le 16 août dernier, ayant déjà été obligés d'engager une partie de leurs effets. Les mêmes commissaires observent que toutes les pièces justificatives ont été produites au Département qui les a approuvées, qu'elles sont en ce moment déposées à la Commission séante au Petit-Luxembourg, et que ladite Commission attend un arrêté du Comité de salut public pour le payement des frais de ladite administration. La Commission des arts arrête que la lettre sera envoyée au Comité des domaines, avec invitation de statuer sur cette demande dans le plus court délai.

Les administrateurs du directoire du district d'Autun [2] écrivent à la Commission qu'ils avaient chargé le citoyen Deroche de lui donner les renseignements qu'il a sur la carte géographique gravée sur du marbre blanc, mais que les occupations de ce citoyen et une maladie ne lui ont pas permis de satisfaire la Commission sur cet objet. Ils demandent que le citoyen Deroche soit chargé de faire sous la surveillance de l'administration une fouille le long des murs construits depuis quatre-vingts ans, où l'on soupçonne que le marbre blanc dont il s'agit pourrait bien se trouver [3].

---

[1] Parmi les manuscrits laissés par D. Calmet et publiés après sa mort figure une histoire de l'abbaye de Senones, éditée par M. Dinago, avocat à Saint-Dié.

[2] Cette lettre est du 25 prairial (F17 1238).

[3] Voir une lettre de Barbié, du 15 prairial : ce monument, à peine découvert, aurait été enfoui dans les fondations de l'abbaye des Bénédictines de Saint-Jean-le-Grand (F17 1047, n° 1).

La lettre est renvoyée à la section des antiquités, qui fera un rapport motivé et circonstancié sur l'utilité de cette fouille pour la découverte d'antiquités précieuses, lequel rapport sera communiqué au Comité d'instruction publique.

La Commission exécutive d'instruction publique fait parvenir à la Commission des arts copie de l'arrêté du Comité de salut public, du 17 prairial, qui charge la Commission d'instruction de procurer à la Commission des travaux publics les objets ci-après : un graphomètre, une planche à alidades et lunettes en cuivre, deux boussoles, deux étuis de mathématiques, deux grands rapporteurs, les tables de logarithmes et sinus par Gardiner[1], *L'art de lever les plans*, par Dupin-Montesson[2], *L'attaque et la défense des places*, de Vauban, cent feuilles de grand papier à dessiner, avec des crayons et des couleurs de diverses espèces, pour les faire parvenir à Constantinople à l'adresse du citoyen Monnier. La Commission d'instruction publique demande qu'il lui soit envoyé aussitôt par la Commission des arts un état des objets mentionnés, qui pourraient se trouver dans les divers dépôts des cabinets et bibliothèques des émigrés, et dont les membres de la Commission des arts pourraient avoir connaissance. La lettre est renvoyée aux sections de physique et de géographie, avec invitation de procurer le plus promptement possible les objets demandés.

Le citoyen Devoitine réclame un mémoire sur les baromètres, une mappemonde collée sur toile et une autre divisée en petits carrés, objets qui se trouvent maintenant sous les scellés dans la maison de Lavoisier. La réclamation est renvoyée à la section de physique.

Un membre remet[3] sur le bureau une lettre de la citoyenne Biheron, par laquelle elle invite la Commission à envoyer chez elle des commissaires pour les mettre au fait des procédés qu'elle emploie pour la conservation des pièces d'anatomie artificielle. La Commission nomme les citoyens Corvisart et Fragonard, commissaires, à l'effet d'aller prendre chez la citoyenne Biheron les renseignements qu'elle offre de communiquer.

---

[1] Gardiner, *Tables de logarithmes*, édit. d'Avignon, 1770, in-fol.

[2] Dupain de Montesson, ingénieur géographe des camps et armées du Roi, auteur de *L'art de lever les plans de tout ce qui a rapport à la guerre et à l'architecture civile et champêtre*, dédié au duc de Berry, 1763, in-8°; la 3ᵉ éd. parut en 1792.

[3] De la part du Comité d'instruction publique, qui demandait un rapport sur le procédé de la citoyenne Biheron. (*Procès-verbaux*, t. IV, p. 653.)

Sur la réponse de Desmarest aux questions qui lui ont été proposées par le Comité d'instruction publique relativement aux cartes d'Auvergne, la Commission arrête que Buache et Besson se joindront à Grégoire et à Mathieu pour examiner sous quinze jours l'ouvrage de Desmarest [1].

Beauvarlet-Charpentier demande que la Commission le maintienne dans sa place d'organiste en la ci-devant paroisse Saint-Paul, où il pourra exercer son talent pour le bien public plutôt que dans tout autre état; la Commission passe à l'ordre du jour, motivé sur ce qu'elle n'a aucune influence sur la nomination des artistes en ce genre et que les orgues étant conservées, ce citoyen peut se proposer au concours où, héritier des talents de son père, il s'en tirera sûrement avec honneur.

L'administration des transports et convois militaires envoie à la Commission son reçu du pantographe sous le n° 590, provenant de l'inventaire de l'émigré Montmorency.

Buache fait part à la Commission des inscriptions à mettre à l'entrée et sur la porte principale des différents dépôts. La Commission les adopte et arrête que le Dépôt de la rue de Beaune aura pour inscription . *Dépôt national d'objets d'arts et d'antiquités;* celui des ci-devant Petits-Augustins la même inscription; celui de musique : *Dépôt national de musique;* celui des bibliothèques : *Dépôt national littéraire;* celui de la rue de l'Université, maison d'Aiguillon : *Dépôt national de physique et de mécanique.*

La Commission des arts, d'après un rapport signé Leblanc et Lelièvre [2], a pris dans sa séance les mesures nécessaires pour s'assurer la conservation du cabinet d'anatomie de Thillaye, ainsi que le logement qu'occupe ce citoyen.

Vu la maladie de Vicq-d'Azyr, qui a coopéré avec Barrois à l'enlèvement de la bibliothèque de Thierry, Barrois est autorisé à donner seul décharge de ladite bibliothèque.

Bonvoisin et Fragonard font leur rapport [3] sur un tableau annoncé

---

[1] Voir une lettre de Desmarest au Comité d'instruction publique, du 5 prairial, relative à son ouvrage sur les volcans d'Auvergne (F^{17} 1052); voir aussi les *Procès-verbaux du Comité d'instruction publique*, t. IV, p. 653.

[2] En date du 30 prairial (F^{17} 1164).

[3] En date du 30 prairial. Le sujet de ce tableau qui appartenait à s^r Bouchet, marchand confiseur sous la grande porte du Temple, lequel l'avait reçu d'un grand seigneur en payement d'une créance de 40,000 livres, est *L'entrevue de Castor et Pollux à un retour de chasse* (F^{17} 1231).

comme un chef-d'œuvre de Le Brun ; il en résulte que ce tableau est de Stella, qu'il est exécuté d'une manière lourde, et qu'il n'est d'aucun intérêt pour l'instruction publique.

Deux lettres, une de Pichot, l'autre de Toussaint, sont renvoyées dans le carton des demandes.

Une lettre de Legros [1], ancien maître de dessin à l'École militaire à Tiron, qui demande une place, soit pour le lavis de la carte géographique ou des plans de fortifications, soit pour la garde d'un des dépôts organisés, est renvoyée à Prony avec invitation d'employer ce citoyen selon ses talents.

Lebrun dépose sur le bureau un état et inventaire des effets trouvés dans la maison de l'émigré d'Orsay [2].

La Commission adopte le rapport présenté par les commissaires sur les indemnités accordées par un décret de la Convention aux membres de la Commission et sur le mode de payement.

La section des antiquités fait son rapport sur les médailles données par le Comité civil de la section de Brutus. On annonce qu'il se trouve des médailles d'argent dans la même section. La section des antiquités est invitée à en prendre connaissance.

Lindet, membre du Comité de salut public, écrit à la Commission qu'il n'a pu encore obtenir les éclaircissements demandés sur le compte de Maurice, et que le Comité dont il est membre s'empressera de se concerter avec le Comité d'instruction publique sur les moyens de conserver les monuments utiles et de faire cesser les abus et les dilapidations qui se commettent dans les ventes.

Thillaye envoie à la Commission des arts la quatrième partie de son ouvrage [3]. Le manuscrit est renvoyé à Portal.

Sur l'observation d'un membre que le cabinet d'Alfort exige des réparations pressantes pour la conservation des objets qu'il renferme, la Commission arrête qu'il sera écrit à la Commission d'instruction publique pour l'inviter à procéder promptement aux réparations urgentes qu'exige ce cabinet.

La Commission temporaire des arts, sur l'avis et d'après l'exposé de

---

[1] En date du 25 prairial (F^{17} 1047, n° 1).

[2] Grimod du Fort (Pierre-Gaspard-Marie), comte d'Orsay, fermier général, domicilié rue de Varenne. — Voir le registre du Dépôt de Nesle (F^{17} 1192², fol. 74).

[3] Lettre de Thillaye, 30 prairial (F^{17} 1047, n° 1).

Bourdon, arrête qu'il sera accordé à Louis François, maçon, employé à l'arrangement des différents monuments dans le Dépôt des Petits-Augustins, un acompte de 5,000##.

Sur l'avis et d'après l'exposé de Bourdon, la Commission arrête qu'il sera accordé à Scellier un acompte de 20,000##.

La Commission des arts charge Bourdon de lui présenter un aperçu des dépenses que les transports occasionnent par le moyen des voitures particulières, et arrête qu'il sera écrit de nouveau au Comité de salut public pour en obtenir une réponse.

Poirier remet sur le bureau trois catalogues de livres, le premier de la bibliothèque de l'émigré Mellet, le deuxième de l'émigré Bec-de-Lièvre, le troisième du ci-devant baron de Crussol [1].

Lenoir, garde du Dépôt des monuments des Petits-Augustins, remet l'état des objets entrés dans le Dépôt depuis le 25 prairial jusqu'au 30 dudit mois.

Beuvelot dépose l'inventaire des modèles d'artillerie qui se trouvent dans la maison du Temple, provenant du mobilier de l'émigré d'Artois [2].

On remet un état, signé Geoffroy [3], des animaux transférés à la ménagerie provisoire du Muséum national d'histoire naturelle, savoir, ceux de Versailles, ceux du Raincy et ceux exposés sur les places publiques.

Sur l'observation d'un membre qu'il est indispensable de se procurer des tables sur lesquelles seront mis les objets d'arts qui sont dans le cas de se dégrader dans les dépôts, parce qu'ils sont placés à terre ou dans des lieux humides, la Commission arrête que les membres de la Commission qui mettent en réquisition les objets propres aux sciences et arts sont autorisés à y mettre également les tables et autres ustensiles nécessaires pour la conservation de ces objets.

On propose d'écrire au Comité de salut public pour l'acquisition d'un mural appartenant à Lemonnier, en motivant au Comité la nécessité de cet instrument pour les observations astronomiques. Charles est

---

[1] Inventaire des livres de la bibliothèque de l'émigré Mellet, rue Basse-du-Rempart, n° 16, fait par Poirier, 17-19 prairial an II (F¹⁷ 1198-1199). — Inventaire des livres trouvés dans la maison ci-devant occupée par l'émigré Bec-de-Lièvre, rue Blanche, n° 7, fait par le citoyen Poirier, le 17 prairial an II (F¹⁷ 1198-1199).

[2] Voir le registre du Dépôt de Nesle (F¹⁷ 1192², fol. 137) et F¹⁷ 1164.

[3] En date du 29 prairial (F¹⁷ 1270).

chargé de faire dans la prochaine séance un rapport à ce sujet, d'après lequel la Commission se concertera avec le Comité de salut public pour l'acquisition dudit instrument.

Buache fait un rapport sur un manuscrit de Théophile Mandar [1]. La Commission des arts adopte les conclusions du rapport et arrête que les pièces seront renvoyées au Comité d'instruction publique, avec invitation de solliciter l'impression de l'ouvrage, aux frais de la Nation, auprès de la Convention nationale.

La Commission d'instruction publique annonce à la Commission des arts que, s'étant fait représenter les pièces justificatives des 66 journées de travail des citoyens Tabard et Richard à Commune-Affranchie, elle a vu que la journée de travail avait été taxée à 10ᵗᵗ; elle demande l'avis de la Commission des arts sur cette taxe qui lui paraît considérable à raison de la durée du travail. La Commission arrête que l'engagement de 10ᵗᵗ par jour pris entre les citoyens Tabard et Richard et le citoyen Cossard qui les a employés sera tenu; qu'il sera donné avis de cet arrêté au Comité d'instruction publique, avec invitation de le confirmer et de le communiquer à la Commission d'instruction publique [2].

Un membre remet sur le bureau un catalogue des temples de Paris destinés aux fêtes décadaires. La Commission renvoie ce catalogue au Comité d'instruction publique, avec invitation de le communiquer au Comité des domaines, occupé dans ce moment d'un projet relatif à l'embellissement et à l'assainissement de Paris.

Un membre observe que le Panthéon français, étant le temple de la République entière et non d'une section particulière, ne devait point entrer dans le nombre des temples destinés aux fêtes décadaires. La Commission accueille l'observation et arrête que, dans le catalogue déposé, il ne sera point fait mention du Panthéon français comme étant du nombre des temples destinés à ces sortes de fêtes.

Marot envoie à la Commission son reçu du modèle de voiture pour le transport des blessés et malades, qu'il avait présentée au concours et que le Département l'a autorisé à retirer.

---

[1] Il s'agit d'une traduction de la relation par Thomas Howell de son voyage dans l'Inde (F¹⁷ 1052). — Le Comité d'instruction publique s'occupa de cette question dans sa séance du 3 messidor et reconnut l'utilité de cet ouvrage (*Procès-verbaux*, t. IV, p. 678).

[2] Le Comité d'instruction publique confirma cet arrêté le 3 messidor (*Procès-verbaux*, t. IV, p. 678).

Le secrétaire de la Commission est chargé de prendre note de tous les abus dénoncés à la Commission dans les ventes des objets de sciences et arts, ainsi que de la négligence des administrateurs pour la conservation.

SÉANCE DU 5 MESSIDOR,
L'AN DEUXIÈME DE LA RÉPUBLIQUE (23 JUIN 1794).

Indemnité réclamée par Truchon et Cousin. — Administrateurs du Haut-Rhin. — Décharge donnée à la ci-devant Commission des monuments. — Mobilier de la Liste civile à Fontainebleau. — Refonte du papier. — Atlas national. — Lettres de Garrez, architecte-expert, et Cessart, inspecteur général des travaux publics. — Avis des administrateurs du Département de Paris. — Livres de géographie demandés par le Comité de division. — Plan d'embellissement de Paris de Verniquet. — Indemnité des citoyens Verger et Binay. — Procédé de Pasdeloup, relieur. — Gong ou tam-tam destiné à Buffon. — Traitement de Mulot. — Proposition de Lelièvre. — Commissaires de Versailles. — Berdot, commissaire du Département. — Rapport de Richard sur le cabinet d'histoire naturelle du district de Versailles. — Conduite de Maurice à Louveciennes. — Communication de Thillaye. — Médaille représentant Capet. — Inventaire dans la maison de Lavoisier. — Inventaires de Poirier sur divers émigrés. — Réparations urgentes à la bibliothèque de Saint-Magloire. — Rapport de Bourdon sur les locaux de la maison d'Aiguillon. — État des cartes et plans remis au Comité de salut public. — Cartes et plans trouvés dans les maisons Conti et Brienne. — Jolain remplace Bourdon. — Rapport d'Ameilhon sur l'École des Jeunes Français. — Requête des membres du Muséum d'histoire naturelle. — Heure de séance de la Commission les décadi et quintidi. — Rapport de Bonvoisin sur Fontainebleau. — Poirier chargé d'un rapport sur la bibliothèque du ci-devant tyran à Fontainebleau. — Recherche de la montre du ci-devant Roi, déposée par lui au moment d'aller à l'échafaud.

On fait lecture du procès-verbal de la séance précédente; il est adopté avec quelques amendements.

Le président lit ensuite l'extrait de la correspondance.

Une demande d'indemnité de 500[tt] faite à la Commission exécutive d'instruction publique par les citoyens Truchon[1], homme de lettres,

---

[1] Truchon (Germain), défenseur officieux et homme de lettres, membre de la Commune du 10 août pour la section des Gravilliers.

[23 juin 1794] DE LA COMMISSION TEMPORAIRE DES ARTS. 239

et Cousin, libraire, pour avoir surveillé le transport des livres composant la bibliothèque de l'émigré Juigné, a été renvoyée au Comité d'instruction publique, qui invite la Commission des arts à donner son avis sur cet objet. La Commission renvoie la lettre aux sections réunies de bibliographie et de géographie pour faire leur rapport.

Les administrateurs du département du Haut-Rhin font parvenir copie du procès-verbal dressé par le juge de paix de Ribeauvillé sur une fouille faite dans le château du ci-devant prince de Deux-Ponts [1], où il a été trouvé différents objets déjà envoyés à leur destination, à l'exception d'un vase de vermeil, d'un très beau travail, représentant des traits de l'histoire romaine propres à inspirer l'amour de la patrie [2]. Les administrateurs, en adressant la description de ce vase au Comité d'instruction publique, observent que la Convention nationale trouvera peut-être juste que le vase et les autres pièces qui proviennent de la même fouille soient déposées au musée de leur département. La Commission temporaire des arts arrête qu'il sera écrit aux administrateurs du département du Haut-Rhin qu'ils peuvent conserver provisoirement les objets d'arts trouvés dans le château du ci-devant prince de Deux-Ponts, en prenant toutefois les moyens nécessaires de conservation, jusqu'à ce que la Commission leur fasse parvenir ses intentions ultérieures à cet égard.

On fait lecture d'une lettre de la Commission exécutive de l'instruction publique, par laquelle il est donné décharge aux membres de la ci-devant Commission des monuments relativement à l'emploi des sommes mises à leur disposition. La lettre a été renvoyée au citoyen Moreau qu'elle regarde spécialement.

Les commissaires pour la vente du mobilier de la ci-devant Liste civile à Fontainebleau font parvenir à la Commission des arts [3] deux

---

[1] Maximilien-Joseph, duc de Deux-Ponts, dernier possesseur de la seigneurie de Ribeaupierre, habitait un château dans la partie supérieure de la ville, bâti dans le goût de la Renaissance, qui, après l'abandon des trois anciens châteaux, servit de résidence aux ducs de Birkenfeld et de Deux-Ponts, derniers seigneurs de Ribeaupierre.

[2] La lettre en question des administrateurs du département du Haut-Rhin fut adressée au Comité d'instruction publique, le 27 prairial (F^{17} 1044). — Voir aussi dans le même dossier une lettre du 24 ventôse an II, signée Karpff dit Casimir, Billing et Marquaire, donnant une description de ce vase à boire ainsi que des sujets y figurés, qui servait dans les festins et que l'on remplissait du vin renommé de Ribeauvillé.

[3] Par lettre du 28 prairial, portant que l'une des bibliothèques est celle des Mathurins, l'autre celle du ci-devant tyran (F^{17} 1044).

catalogues des livres qui se trouvent dans la principale maison nationale de Fontainebleau. Renvoyé à la section de bibliographie.

Sur la demande faite par le président à la Commission d'agriculture et des arts d'un nombre d'exemplaires de l'instruction publiée sur la refonte du papier, cette Commission en adresse un nombre égal à celui dont la Commission des arts est composée [1]. La Commission des arts arrête mention de l'envoi et insertion au procès-verbal.

Les auteurs de l'*Atlas national de France* [2] en font hommage au Comité d'instruction publique, qui renvoie à la Commission des arts l'ouvrage et la lettre des auteurs. Renvoyé à la section de géographie.

Garrez, architecte expert, estimateur des biens nationaux du district de Franciade, prévient la Commission [3] que, d'après un arrêté du Comité de salut public, on va procéder à la vente de la ci-devant église abbatiale de Franciade, et qu'il existe encore dans cette église beaucoup d'objets de marbrerie et de sculpture, dont il demande le transport dans un des dépôts nationaux. La lettre est renvoyée à la section d'architecture.

Une lettre de Cessart, inspecteur général des travaux publics, qui a fait hommage à la Convention nationale d'un procédé pour faciliter le battage du blé, renvoyée au jury des arts et au Comité de salut public, est renvoyée par la Commission temporaire des arts à la Commission d'agriculture et des arts.

L'agent remet à Fragonard un cachet marqué D pour l'anatomie.

Les administrateurs du Département de Paris donnent avis à la Commission [4] qu'ils ont donné connaissance au directeur général de l'agence des Domaines nationaux de la lettre qui leur a été écrite par le président de la Commission, en date du 12 prairial, par laquelle ils étaient invités à prendre toutes les précautions nécessaires pour que les monuments d'arts soient préservés des torts que peuvent leur faire la négligence ou l'impéritie des ouvriers employés à faire disparaître les signes de royauté et de féodalité, et à ne pas comprendre dans les ordres donnés pour la confection de ces ouvrages les déplacements ni

---

[1] Lettre de la Commission d'agriculture et des arts (F17 1048, n° 1).

[2] L'*Atlas national de France*, contenant la topographie de tous les départements qui composent la République française, publié chez Dumez et Aubry, an II, grand in-folio.

[3] Le 14 messidor (F17 1047, n° 1).

[4] Aux termes d'une lettre du 3 messidor (F17 1048 n° 1).

transports des marbres et monuments. Ils demandent à la Commission des arts par qui ces enlèvements et ces transports doivent être faits. La Commission arrête qu'il sera écrit aux administrateurs du Département de Paris que c'est à la Commission temporaire des arts qu'ils doivent s'adresser directement pour ces sortes d'enlèvements et de transports.

Le Comité de division demande que la Commission des arts mette à sa disposition les livres de géographie et les cartes et plans géographiques dont il a besoin pour la confection de son travail. La Commission arrête que la section des dépôts littéraires remettra par la voie d'Ameilhon les livres de géographie demandés par le Comité de division, et que, quant aux cartes et plans géographiques, ce même Comité se fera autoriser pour la remise de ces objets par le Comité de salut public auprès de la Commission des travaux publics.

Un plan d'embellissement pour la ville de Paris, formé par Verniquet, est renvoyé à la Commission des arts[1], qui arrête que quatre commissaires pris dans son sein, Buache, David Le Roy, Lannoy et Prony, se concerteront avec deux membres du Comité d'instruction publique pour examiner ce plan et en faire un rapport qui sera communiqué au Comité des domaines[2].

Les citoyens Verger et Binay, commissaires du Département près la Commission des arts, demandent à ladite Commission le résultat des lettres qui ont été envoyées à la Commission exécutive d'instruction publique et au Département, relativement à l'indemnité qui leur a été accordée par la Commission des arts dans la séance du 5 prairial. Il a été observé que ni la Commission d'instruction ni le Département n'avaient répondu. La Commission temporaire des arts, considérant que Verger et Binay étant en réquisition continuelle pour le service de la Commission, ces citoyens ne peuvent se livrer à d'autres travaux, en conséquence, il est arrêté que Verger et Binay, commissaires du Département près la Commission des arts, recevront une indemnité de 2,400 livres à dater du jour où la Commission a commencé à employer ces citoyens; qu'extrait de l'arrêté sera de nouveau communiqué à la

---

[1] Par le Comité d'instruction publique (*Procès-verbaux*, t. IV, p. 650).

[2] Le 17 prairial, l'architecte Verniquet avait adressé au Comité d'instruction publique un imprimé contenant l'exposé des opérations topographiques qu'il avait faites pour la levée de son plan de Paris (F17 1052). Un décret du 2 prairial avait chargé le Comité de faire un rapport sur la proposition de graver ce plan.

Commission exécutive d'instruction publique et au Département avec invitation de s'y conformer.

La Commission arrête que Leblanc et Barrois se transporteront dans la maison de Pasdeloup, relieur, à l'effet de constater le mérite de son procédé qui consiste à effacer les armoiries des livres.

Charles, Sarrette et Bruni sont nommés commissaires pour examiner un tamtam qui était destiné pour Buffon et décider si cet instrument [est] étranger, ou s'il a été fabriqué en France.

Mulot informe la Commission [1] qu'en vertu d'un arrêté du 15 prairial qui l'autorisait à toucher son traitement de quatre mois sur l'ancien pied, il n'avait reçu que les deux premiers mois et qu'il en restait encore deux à payer. La Commission des arts, en autorisant ce citoyen à toucher les deux derniers mois, observe à ce sujet qu'il y avait erreur dans la rédaction de l'arrêté du 15 prairial, et arrête qu'après ces mots : *sur l'ancien pied,* il serait ajouté : *pour le temps antécédent à l'augmentation,* et ensuite : *sur le pied nouveau à courir du jour où l'augmentation a été prononcée.* Il est arrêté en outre que le mémoire des avances faites par Mulot, montant à la somme de 40^{tt} 15 s., lui seront (*sic*) également remboursés.

Lelièvre expose à la Commission que, lors de la Révolution, on se porta en foule au Garde-Meuble, d'où l'on enleva les différentes armes qui y étaient en dépôt, et que, depuis, la Commune fit une invitation aux citoyens des différentes sections de rapporter ces armes [2], qu'il ignore quel effet cette invitation a produit. Lelièvre propose qu'il soit écrit une lettre circulaire aux 48 sections, à la Municipalité et au Département pour leur faire connaître que l'intérêt des arts exige que ces armes rentrent dans les mains de la Nation et soient déposées dans un lieu où elles seraient exposées aux regards du public et consultées par le jury nommé pour juger les nouveaux projets d'armes qui sont présentés journellement au Comité de salut public. La proposition de Lelièvre est renvoyée au Comité d'instruction publique.

Sur la proposition d'un membre, la Commission invite deux commissaires de la Commission des arts de Versailles à fraterniser avec la

---

[1] Sa lettre est du 5 messidor (F^{17} 1047, n° 1).

[2] Par une lettre de novembre 1789, M. de Crécy, garde général des Meubles de la Couronne, avait également demandé que l'on rapportât les armes anciennes qui avaient été enlevées au Garde-Meuble le 13 juillet 1789. Parmi ces armes figuraient plusieurs fusils à secret et une pertuisane. Cf. A. Tuetey, *Répert. gén.*, t. I, n° 956, t. II, n° 1018.

Commission temporaire des arts et à assister à ses séances toutes les fois que leurs occupations pourront le leur permettre.

Berdot, commissaire du Département, demande à être accompagné d'un membre pour venir reconnaître les scellés apposés par la Commission dans la maison Bouczolle, rue d'Amboise, pour distraire des titres susceptibles d'être inscrits au Grand Livre. Aucun membre de la Commission ne reconnaissant avoir apposé les scellés dans ladite maison, la Commission arrête qu'il sera écrit au Département pour l'inviter à ne laisser le cachet portant pour légende *Sciences et arts* qu'aux deux commissaires nommés par la Commission.

Charles, Lelièvre et Le Blond sont nommés commissaires à l'effet de demander à la Commission d'instruction publique l'expédition des pouvoirs dont la rédaction a été envoyée.

Richard dépose sur le bureau un rapport sur le cabinet d'histoire naturelle du district de Versailles avec un projet d'arrêté.

On propose de suspendre tout arrêté à ce sujet jusqu'après le rapport général qui doit être présenté par Picault et Varon.

On agite la question sur la conduite de Maurice pour le mobilier de la du Barry à Louveciennes. La Commission nomme quatre de ses membres, Picault, Lebrun, Barrois et Richard, pour se réunir à jour fixe et se concerter sur le parti à prendre sur ce sujet, avec deux membres du Comité d'instruction publique et deux membres du Comité des domaines.

Thillaye fait parvenir à la Commission la suite de la quatrième partie de son ouvrage et le commencement de la cinquième sur les bandages[1]. Renvoyé à la section d'anatomie.

On remet à l'agent une médaille représentant Capet pour être livrée à la fonte avec celles de la section de Brutus.

Leblanc dépose sur le bureau un inventaire des objets de sciences et arts trouvés dans la maison du condamné Lavoisier.

Poirier remet l'inventaire des livres des émigrés Barrault, Chagny, Dazin et Pelletier[2].

---

[1] Lettre de Thillaye, 4 messidor (F17 1047, n° 1).

[2] L'inventaire des livres appartenant aux émigrés Barrault, Pelletier et Dazin, ex-prêtres, qui furent trouvés au collège de Boncourt, fut dressé par Poirier, qui remit ces livres au Dépôt littéraire des Cordeliers, le 2 messidor (F17 1195, n°s 49, 72, 73). Dazin, vicaire à Saint-Hilaire-du-Mont, avait refusé le serment.

Legon, secrétaire greffier de la section de l'Observatoire, prévient la Commission [1] qu'il s'est aperçu, le 4 messidor, qu'un coup de vent avait emporté une partie d'une des fenêtres de la bibliothèque de Saint-Magloire, et que, par suite, le châssis tombé en dedans pourrait endommager les livres, ou fournir à quelque malveillant l'occasion de s'introduire par cette ouverture et soustraire une partie des ouvrages contenus dans cette bibliothèque. La Commission arrête qu'il sera écrit à l'Agence des revenus nationaux pour faire les réparations nécessaires et urgentes qu'exige ce dépôt.

Bourdon fait un rapport sur la maison ci-devant d'Aiguillon [2], destinée à former un dépôt pour les instruments de physique et pour les machines. La Commission des arts, après avoir entendu le rapport, arrête qu'il sera écrit à l'Agence des revenus nationaux pour faire remettre à Molard un état de la situation des lieux de la ci-devant maison d'Aiguillon, et faire procéder sans délai à la réparation de la couverture de ladite maison, que les ouvrages en réparations qui auront été faits par Nadreau dans la maison d'Aiguillon seront acquittés par l'Agence des revenus nationaux d'après le visa de la Commission des arts.

Buache dépose sur le bureau l'état des cartes et plans remis au Comité de salut public, section de la guerre, par le Comité d'instruction publique. La Commission arrête que cet état sera transcrit et relaté en entier dans le procès-verbal.

1° Trente morceaux manuscrits des frontières de France et d'Italie, levés par Villaret, n° 1er;

2° Carte géométrique du haut Dauphiné et de la frontière, sur toile, levée par Villaret, n° 15;

3° Carte géométrique du comté de Nice, sur toile, par Villaret, n° 4;

4° Campagnes de Flandre du ci-devant maréchal de Luxembourg, provenant du cabinet des Tuileries, 2 volumes in-folio oblong, n° 7;

5° Recueil de plans des villes frontières de France et pays voisins, manuscrits, 1 volume in-folio broché en carton du cabinet des Tuileries, n° 1er;

6° Théâtre de la guerre en Allemagne, contenant les (sic) cours du

---

[1] Lettre du 4 messidor (F17 1047, n° 1). — [2] Rapport de Bourdon (F17 1265).

[23 juin 1794] DE LA COMMISSION TEMPORAIRE DES ARTS. 245

Rhin par Naudin l'aîné, en 1726, 1 volume in-folio manuscrit, intitulé tome Ier, avec chapes, n° 10;

7° Recueil de cartes et plans d'Italie, manuscrits, 2 volumes in-folio provenant de la maison de Noailles, n° 2;

8° Recueil de cartes et plans de l'Allemagne, manuscrits, 2 volumes in-folio provenant de la maison de Noailles, n° 4;

9° Recueil de plans et cartes de Flandre, manuscrits, 2 volumes in-folio avec chapes et coins de cuivre, provenant de la maison de Noailles; cette feuille (sic) enregistrée n° 3;

10° Atlas d'Italie, manuscrit provenant de la maison de Noailles; maroquin rouge avec une chape d'argent, n° 8;

11° Recueil de campagnes de Flandre en 1690, 1691, 1692, 1693, 1694; 5 volumes in-folio oblong, n° 6;

12° Théâtre de la guerre en Allemagne, tant au delà qu'en deçà du Rhin, tome Ier; in-folio avec des chapes d'argent, n° 9;

13° Plan des différents exercices et mouvements militaires exécutés par les Saxons du roi de Pologne au campement de Zeithain en 1730; grand in-folio, 1 volume, n° 5;

14° Carte des Pays-Bas Autrichiens par Ferrari; deux exemplaires sur toile envoyés à l'armée du Nord dans quatre boîtes chacun, n° 14 (il manque à chacun le numéro 16);

15° Un autre exemplaire de Ferrari, sur toile rose, auquel il manque les numéros 12, 14, 15, 22; n° 15.

16° Trois exemplaires des mêmes cartes des Pays-Bas Autrichiens, en feuilles. Il manque le numéro 25. N° 16;

17° Six exemplaires des Pays-Bas par Frick, n° 17;

18° Cartes de l'Allemagne par Chauchard; ..... exemplaires; n° 18;

19° Feuilles incomplètes de la carte d'Italie, par Chauchard; ..... exemplaires; n° 19;

20° Plans des ports de Rochefort, n° 2; de Marseille, n° 3; du Havre de Grâce, n° 4; à Brest, n° 5; Toulon, n° 6; Lorient, n° 7, manuscrit sur toile avec gorge et rouleau dorés.

SECOND ÉTAT.

1° Recueil de cartes et plans, neuf manuscrits avec des mémoires relatifs sur les frontières d'Allemagne, 1 volume gros in-folio provenant de la maison d'Uzès;

2° Autre recueil de cartes et plans sur les frontières des Pays-Bas, provenant de la maison d'Uzès. 1 volume gros in-folio;

3° Autre recueil de cartes et plans sur les frontières des Alpes, provenant de la maison d'Uzès. 1 volume gros in-folio;

4° Quatre cartes manuscrites de la Catalogne, sur toile et rouleau, maison de Castries, n° 1113;

5° Carte du Roussillon, de la Sardaigne (sic) espagnole, du comté de Foix, de la vallée d'Andorre, sur toile et rouleau, manuscrit, une feuille;

6° Carte du pays de Labour, de la basse Navarre, de la Soule, et d'une partie du Béarn et de la haute Navarre, une feuille;

7° Carte d'une partie du Béarn, de la Bigorre et du Comminges et frontières d'Aragon, une feuille;

8° Carte du comté de Foix, du Couserans, de la vallée d'Aran, etc., et frontières de Catalogne; manuscrit sur toile, une feuille;

9° Plan de Fontarabie, avec les attaques par les Français en 1719; manuscrit sur toile, n° 30 FF;

10° Plan des environs de Saint-Sébastien, assiégé en 1719; manuscrit sur toile, n° 29 EE;

11° Plan de la ville et château de Saint-Sébastien, avec les attaques en 1719; manuscrit sur toile, n° A 910, n° 28 DD;

12° Plan du haut et bas Dauphiné, manuscrit sur toile, n° 25 AA, n° 1105;

13° Carte très particulière de la frontière de Flandre, levée par Naudin, d'environ 6 pieds en carré; manuscrit sur toile verte, n° 6;

14° Six feuilles de la carte des Pays-Bas Autrichiens, par Ferrari, dans deux étuis de carton bleu, savoir : les feuilles de Namur, Liège Chimay, Bastogne, Arlon et Luxembourg, de la maison de Montmorency [1].

Le même membre dépose l'inventaire des cartes et plans trouvés dans la maison Conti [2], rue de Grenelle, faubourg [Saint]-Germain, avec l'inventaire des cartes et plans trouvés dans la maison du condamné Brienne, rue Dominique [3].

---

[1] Les cartes de ce second état, numérotées 4 à 14, sont notées en marge du registre comme provenant de la *maison de Castries*. — Voir les originaux des deux états transcrits ci-dessus, ainsi que les récépissés du Comité d'instruction publique (F^{17} 1052).

[2] Daté du 30 prairial (F^{17} 1052).

[3] En date du 5 messidor (F^{17} 1052).

Sur le rapport de David Le Roy et Lannoy, la Commission temporaire des arts nomme Jolain à la place de Bourdon, expert[1].

Nadreau est chargé d'enlever à l'ancien Tribunal de commerce les deux tableaux qui y existent et de les transporter au Dépôt des Petits-Augustins[2].

Ameilhon fait un rapport au nom des commissaires de la Commission des arts, chargés d'assister aux exercices de l'école républicaine de la Société des Jeunes Français, sous la direction de Léonard Bourdon. La Commission entend le rapport avec satisfaction et arrête qu'il en sera donné communication au Comité d'instruction publique, et que copie du rapport sera envoyée à la Commission d'instruction publique[3].

Les membres du Muséum d'histoire naturelle demandent à la Commission des arts l'autorisation de retirer de l'Académie et des autres bibliothèques des émigrés et condamnés les livres qui leur sont nécessaires pour composer leur bibliothèque. La Commission arrête que le Muséum d'histoire naturelle est autorisé à retirer de l'Académie les livres qu'il jugera nécessaires pour composer la bibliothèque du Muséum; il se concertera pour cet enlèvement avec la section de bibliographie. Quant aux bibliothèques des émigrés et condamnés, le Muséum requerra des estimateurs du Département pour en enlever des livres.

Le secrétaire est chargé d'écrire une circulaire à tous les membres de la Commission pour les avertir que la séance sera ouverte à 9 heures précises, les décadi et quintidi.

Le même secrétaire est également chargé de prévenir les membres de la Commission qui ne se trouveraient pas à la séance, lorsqu'ils auront quelque rapport à faire.

Bonvoisin, chargé d'une mission particulière pour Fontainebleau, fait son rapport[4] sur les objets d'arts du ci-devant château et d'autres maisons d'émigrés qui se sont trouvées sur sa route. Le résultat de ce

---

[1] Rapport de David Le Roy et Lannoy (F17 1265).

[2] Ces deux tableaux étaient de Vignon et représentaient, l'un la Pentecôte, l'autre une cérémonie publique. (Cf. Arch. du Musée des mon. fr., t. II, p. 296.)

[3] Rapport d'Ameilhon (F17 1245, n° 1).

[4] En date du 30 prairial, accompagné d'un procès-verbal d'inventaire du 17 du même mois et d'une note des objets d'arts (80 articles) devant être incessamment enlevés et transportés à Paris (F17 1269).

rapport offre plusieurs propositions sur lesquelles la Commission prononce. Quant à la première, qui concerne l'enlèvement et le transport à Paris des objets du ci-devant château de Fontainebleau, énoncés au procès-verbal, la Commission temporaire des arts arrête qu'il sera tiré deux copies du présent inventaire, une pour les membres du Conservatoire du Muséum, l'autre pour les commissaires chargés de l'embellissement de Paris, d'après le rapport desquels la Commission décidera s'il y a lieu au transport. La seconde proposition regarde l'enlèvement des peintures à fresque de Fontainebleau; la Commission arrête que la Commission d'instruction publique sera invitée à prendre des mesures pour cet enlèvement et que la section de peinture sera chargée de rédiger la lettre qui sera également adressée à ce sujet au Comité d'instruction publique; une autre note des principaux objets d'arts trouvés à Fontainebleau sera jointe à la lettre précédente. Quant à l'enlèvement des ferrures et glaces, Bonvoisin est chargé d'en conférer avec le Comité des domaines. La quatrième proposition concerne le transport de deux statues, l'une de Charlemagne et l'autre de Louis IX, qui pourraient servir à l'ornement de la base du colosse; cet article n'est indiqué que pour mémoire. Dans la cinquième proposition, Bonvoisin demande s'il ne conviendrait pas d'indiquer à la Commission des subsistances l'échange du boudoir de la ci-devant Reine, ainsi que de toutes les porcelaines de Sèvres qui sont dans un dépôt[1]. La Commission arrête que le président écrira à ce sujet à la Commission des subsistances. La sixième proposition, qui regarde les machines et décorations du théâtre de Fontainebleau, est renvoyée à la section de mécanique. Dans la septième proposition, Bonvoisin demande s'il est nécessaire de faire transporter de Melun la statue [2] et les dix vases provenant de l'émigré ci-devant abbé de Calonne [3]. La Commission arrête que ces objets seront provisoirement conservés dans le district de Melun et qu'il sera écrit aux administrateurs de pourvoir à la garde et à la conservation desdits objets. Dans la huitième et dernière propo-

[1] Il s'agit ici d'un échange à faire avec l'étranger, le boudoir ayant paru à Bonvoisin «trop riche et trop fastueux pour des républicains».
[2] Cette statue est une Vénus accroupie, d'après l'antique, très mutilée.
[3] Calonne (Jacques-Ladislas-Joseph, abbé de), né à Douai en 1742, mort au Canada en 1822, frère du contrôleur général, suppléant du bailliage de Melun aux États généraux, arrêté à la fin de juillet 1789 à Nogent-sur-Seine et mis en liberté, rejoignit son frère à Londres, où il rédigea le *Courrier de Londres*.

[23 juin 1794] DE LA COMMISSION TEMPORAIRE DES ARTS. 249

sition, Bonvoisin demande s'il ne conviendrait pas de faire l'examen de la bibliothèque du condamné Bailly[1], ainsi que d'un amoncellement considérable de livres de toute nature, de manuscrits et cartes de géographie déposés dans la maison des ci-devant Frères de l'École chrétienne, provenant des établissements supprimés, des maisons d'émigrés ou de condamnés. Quant à la bibliothèque du condamné Bailly, on propose de demander à la bibliographie les renseignements qui la concernent. Relativement aux manuscrits et cartes géographiques, la Commission des arts arrête qu'il sera écrit aux administrateurs du district de Melun de les faire parvenir au Comité d'instruction publique et de se conformer à l'instruction de la Commission pour le catalogue des livres amoncelés sans ordre et sans arrangement[2].

Les commissaires pour la vente du mobilier de la ci-devant Liste civile à Fontainebleau font parvenir[3] à la Commission des arts deux catalogues des livres qui se trouvent dans la principale maison nationale de Fontainebleau. Ils observent que la bibliothèque des ci-devant Mathurins a été mise en réserve par l'administration du district de Melun, que c'est cette administration qui facilitera l'exécution des mesures que la Commission croira devoir prendre relativement aux ouvrages qui composent cette bibliothèque. Quant à la bibliothèque du ci-devant tyran, les mêmes commissaires invitent la Commission à leur adresser directement les observations qui y seront relatives. Poirier est chargé de faire un rapport à ce sujet.

La Commission temporaire des arts arrête que le citoyen Janvier, l'un de ses membres, se retirera par devers le Conseil du Temple à l'effet de recouvrer pour le service de la République une montre à secondes, en platine, boîte d'or émaillée, qui appartenait au ci-devant Roi, et qui a dû être déposée[4], lorsqu'on l'a conduit à l'échafaud.

---

[1] Bailly (Jean-Sylvain), ex-maire de Paris, avait été arrêté à Melun en juillet 1793 et condamné à mort le 20 novembre.

[2] Par une lettre, en date du 16 messidor, le district de Melun protestait de son zèle, s'excusait du retard apporté au travail des inventaires de bibliothèques, rendait compte des entraves qui l'avaient ralenti et déclarait qu'il prendrait des mesures sévères au sujet des soustractions de livres au château (F^{17} 1044).

[3] Leur lettre, signée Ruelle et Lefebvre, est du 28 prairial (F^{17} 1044).

[4] Louis XVI, avant de quitter le Temple, avait déposé sa montre sur la cheminée de sa chambre. Voir le procès-verbal de la séance suivante.

SÉANCE DU 10 MESSIDOR,
AN DEUX DE LA RÉPUBLIQUE (28 JUIN 1794).

Dénonciation faite par un commissaire à Fontainebleau. – Objets de Louveciennes. – Bâtiments de Versailles. – Buache chargé d'un rapport sur Lartigue. – Transport du globe de Bergevin. – Inventaires envoyés de Moulins. – Jeux d'orgues du district de Cadillac. – Plan et note des citoyens Anpenot, Fayolle. – Dépôt de Port-la-Montagne. – District de l'Égalité. – Exportation à l'étranger. – Demandes de Marcilly, Charpentier, organiste, Leturc. – Rapports de Le Blond, Varon, Leblanc, Richard. – Cabinet d'Alfort. – Demande du citoyen Jacquet. – Poignard déposé par Lebrun. – Mémoire de Scellier. – Vase de cristal. – Demande de Fattory. – Rapport de David Le Roy et Lannoy sur le Dépôt des Petits-Augustins. – Inventaires remis par Bruni et Lenoir. – Achat d'un corps de bibliothèque. – Inventaires déposés par Picault et Buache. – Rapport de Buache et Besson sur le dépôt de Desmarest. – Machine signalée par le citoyen Thurel. – Autorisation à Nadreau et Scellier. – Montre d'Émery. – Demande du citoyen Chaulois. – Bris de scellés dans la maison Saron. – Collection de minéraux de Mailly. – Deux inventaires de Versailles. – Inventaire du logement d'Antoinette. – Inventaires remis par la section de bibliographie.

Après quelques légers changements, le procès-verbal de la dernière séance est adopté.

Sur la dénonciation d'un des commissaires envoyés à Fontainebleau qu'il existe dans un des appartements du château de cette commune un corps considérable de bibliothèque qui renferme au plus une soixantaine de volumes, la Commission temporaire des arts arrête que les administrateurs du district de Melun seront invités à prendre des renseignements sur le nombre de volumes qui composaient cette bibliothèque et à poursuivre, s'il y a lieu, les dilapidateurs.

D'après une lettre de la Commission des revenus nationaux, souscrite par Laumond[1], les commissaires précédemment nommés pour se rendre dans le département de Seine-et-Oise communiqueront à la Commission de commerce et approvisionnements copie de cette lettre et lui demanderont, conformément à ce qu'elle contient, communication des factures et inventaires d'objets emballés à Louveciennes et ailleurs pour échange avec l'étranger. L'on accusera au citoyen Laumond réception de sa lettre.

---

[1] En date du 7 messidor (F17 1048, n° 1).

Un mémoire sur les moyens d'employer utilement une partie des bâtiments de Versailles, présenté au Comité de salut public, renvoyé à la Commission des travaux publics et enfin à la Commission temporaire des arts, est soumis à l'examen des sections du génie militaire et d'architecture, auxquelles seront adjoints Richard, Nitot et Molard; ils demanderont au Comité d'instruction publique l'adjonction de quelques-uns de ses membres pour concerter un rapport sur cet objet[1]. Ils feront la même demande au Comité des domaines.

Le citoyen Buache est chargé de faire un rapport sur un mémoire du citoyen Lartigue, qui pense qu'il est à propos de changer la manière de représenter les cartes géographiques dont on fait usage pour l'étude de cette science; il prétend que les essais qu'il a faits pour tracer une géographie en relief ont un grand avantage sur les cartes gravées. Ce mémoire, présenté à la Convention, a été renvoyé au Comité d'instruction publique, et celui-ci à la Commission temporaire des arts.

Le citoyen Bonnet demande la mise en réquisition d'un citoyen qui a travaillé à la perfection du globe géographique de 14 pieds de diamètre de Bergevin, et dont le travail a été suspendu par son départ pour les frontières; il désire être autorisé lui-même à ne point retourner à l'armée pour continuer la gravure de ce globe sous la direction de l'auteur; cette lettre est renvoyée à la section d'histoire naturelle, qui poursuivra leur demande; les sections de géographie et de mécanique surveilleront le transport du globe de Bergevin au Muséum d'histoire naturelle.

L'agent national du district de Moulins envoie neuf inventaires d'objets de sciences et arts, trouvés dans différentes maisons d'émigrés ou de condamnés et dans le collège de Moulins; les différentes sections de la Commission temporaire des arts sont chargées d'examiner ces inventaires.

La Commission d'agriculture et des arts, en vertu d'un arrêté du Comité de salut public dont elle envoie copie, s'adresse à la Commission des arts, pour que les doubles des livres et les manuscrits relatifs à l'agriculture, aux arts et aux sciences qui y tiennent immédiatement, soient mis à la disposition de la Commission d'agriculture et des arts; ces livres doivent être choisis dans la collection de ceux qui appartiennent à la République et notamment dans la bibliothèque de la ci-devant

[1] Le Comité d'instruction publique nommait à cet effet Mathieu et Bouquier. (*Procès-verbaux du Comité*, t. IV, p. 721.)

Société d'agriculture et dans celle de Malesherbes[1]. La Commission temporaire des arts arrête qu'il sera écrit à la Commission d'agriculture et des arts que les objets demandés seront mis à sa disposition, que les citoyens Besson, Lamarck et ceux qui composent la section de bibliographie sont nommés pour se concerter avec le commissaire nommé à cet effet par la Commission d'agriculture et des arts.

Sur la demande de l'agent national près le district de Cadillac, s'il doit faire convertir deux jeux d'orgues en matières propres au service des armes, la Commission des arts arrête qu'il sera répondu à l'administration de ce district dans le sens de l'arrêté du 10 floréal pour la conservation des orgues qui auraient plus de quatre pieds.

Le citoyen Anpenot présente un plan de jardin de géographie pratique du territoire de la France républicaine, représentant l'histoire naturelle des richesses nationales[2]. Ce plan est renvoyé aux sections de géographie et d'histoire naturelle pour faire un rapport sur cet objet.

Le citoyen Fayolle fait parvenir à la Commission la note de quelques objets de peinture, sculpture et gravure, trouvés à Montluel, département de l'Ain : cette note sera déposée au secrétariat.

D'après une lettre du citoyen Giraudy[3], chargé du dépôt des sciences et des arts à Port-la-Montagne, Buache est invité à s'informer au Comité de division, où siège le district, dans l'arrondissement duquel se trouve Port-la-Montagne, ci-devant Toulon. Le résultat de l'information est que le district siège à Beausset[4]. Il reste à prendre des conclusions sur la demande de Giraudy, qui consulte la Commission sur l'ordre à établir dans ce dépôt.

L'agent national près le district de l'Égalité[5] demande des commissaires pour mettre en réserve les monuments des arts qui se trouvent dans les maisons des condamnés Perceval à Montrouge, Hocquart à Cueilly, Senonnes à Bonneuil, Delaage à Bry-sur-Marne, Tassin à Champigny, Duport à Créteil, Millin-Duperreux au Perreux, munici-

---

[1] Lettre de la Commission d'agriculture et des arts, 8 messidor (F17 1048, n° 1).

[2] Plan de jardin à établir dans le parterre du Luxembourg, présenté par Anpenot, jardinier fleuriste, rue du Faubourg-du-Temple, près la Course anglaise, avec mémoire et lettres au représentant Mathieu (F17 1052).

[3] En date du 27 prairial (F17 1047, n° 1).

[4] Le Beausset (Var).

[5] Sa lettre est du 1er messidor (F17 1048, n° 2).

palité de Nogent[1]. Les citoyens Nitot et Ameilhon sont chargés de faire les premières démarches.

Les factures envoyées par la Commission des subsistances sont soumises à l'examen d'Ameilhon et Barrois, qui rendront compte à la Commission temporaire des arts s'il n'y aurait aucun inconvénient à laisser exporter à l'étranger les objets y mentionnés.

Il sera écrit une lettre de remerciements au citoyen Marcilly, qui donne des renseignements sur plusieurs objets d'arts dont il a eu connaissance et qui doivent se trouver chez Xavier de Saxe[2], à Pont-sur-Seine; sa lettre[3] sera communiquée à Buache et à la section de peinture.

La demande de Charpentier[4], organiste, est ajournée jusqu'à ce qu'il soit statué sur l'emploi des orgues.

La Commission renvoie au Comité d'instruction publique le rapport de ses commissaires nommés pour examiner les demandes qui lui ont été faites par le citoyen Leturc. Il résulte de ce rapport que la Marine française doit à cet artiste un établissement précieux; la patrie entière, nombre d'inventions mécaniques et la possession de secrets de cette nature qu'il a dérobés à l'Angleterre et à la Hollande. Les conclusions du rapport adoptées par la Commission sont de recommander le citoyen Leturc au Bureau de consultation, pour qu'il obtienne les récompenses qu'il a méritées, et de lui faire obtenir un logement vaste où il puisse se livrer à son industrie.

La Commission temporaire des arts communique au Comité d'instruction publique le rapport du citoyen Le Blond[5], au nom de la

---

[1] Tous les personnages ci-dessus furent condamnés à mort par le Tribunal révolutionnaire, savoir : Parceval (Alexandre-Philibert-Pierre), fermier général, le 19 floréal an II (W 362, n° 785); Hocquart (Antoine-Louis-Hyacinthe), premier président de la Cour des Aides, le 1er floréal an II (W 349, n° 703 bis); Senonnes (François-Pierre de La Mote, marquis de), le 18 germinal an II (W 343, n° 654); Delaage (Clément), fermier général, le 19 floréal an II (W 362, n° 785); Tassin (Louis-Daniel), banquier, administrateur des vivres, le 24 floréal an II (W 357, n° 750); Duport (François-Mathieu), conseiller au Parlement, le 1er floréal an II (W 349, n° 703 bis); Millin-Duperreux (Jérôme-Robert), administrateur des loteries, le 13 prairial an II (W 377, n° 860).

[2] Saxe-Teschen (Albert-Casimir-Ignace-Pierre-François-Xavier, duc de), commandant des troupes autrichiennes lors du siège de Lille.

[3] Datée du 5 messidor (F17 1047, n° 1).

[4] Beauvarlet dit Charpentier; sa lettre est du 7 messidor (F17 1047, n° 1).

[5] Ce rapport porte la date du 5 messidor (F17 1238).

section des antiquités, sur la demande faite par les administrateurs du directoire du district d'Autun d'une somme de 3,000ᵗᵗ pour l'entreprise d'une fouille à faire dans un lieu où l'on a droit d'espérer que l'on découvrira des morceaux d'antiquités intéressants pour les arts. Le Comité d'instruction publique est invité à prendre les mesures d'exécution pour favoriser les fouilles proposées par la ville d'Autun.

Varon, au nom des commissaires chargés d'inventorier et réunir les monuments d'arts dans le département de Seine-et-Oise, fait un rapport sur tous les objets qui ont fixé leur attention. La Commission arrête que copie en sera donnée au Comité d'instruction publique[1], au Comité des domaines et à la Commission des arts du district de Versailles. Le

---

[1] Sur la communication de ce rapport au Comité d'instruction publique, voir *Procès-verbaux du Comité*, t. IV, p. 765.

Les commissaires Varon, Besson, Picault et Richard, signataires du rapport, ont vu dans le département de Seine-et-Oise, «tant au Dépôt de la Surintendance, — qui languit dans un état affligeant de mépris et d'abandon — qu'au dépôt de la Commission des arts de Versailles et dans les appartements du château, quatre ou cinq cents tableaux de chevalet, de tous les maîtres et de toutes les écoles», nommément : *La Visitation*, *La Joconde*, de Léonard de Vinci; *Saint-Michel*, la petite *Sainte-Famille*, de Raphaël; une *Sainte-Famille*, d'André del Sarto, *La dispute des Muses avec les filles d'Acheloüs*, de Perino del Vaga, *L'Assemblée des dieux*, de Polydore de Caravage, une *Vierge*, de Balthazar Peruzzi, *David terrassant Goliath*, de Michel-Ange, *La Visitation*, de Sébastien del Piombo, un *Christ au tombeau*, de Daniel de Volterre, un *portrait du chevalier Bayard* par Giorgione, *Tarquin et Lucrèce*, du Titien; plusieurs toiles de Palma Vecchio, du Tintoret, de Véronèse (entre autres *Le Repas du pharisien*), de Salvator Rosa (*l'Ombre de Samuel*), des Carrache, du Dominiquin (*David*, *Adam*), de l'Albane (*Mercure et Paris*, *Diane et Actéon*), du Guerchin, de Rubens, de Van Dyck (*Charles Iᵉʳ*), de Lanfranc, du Poussin. —

Les statues, tant à l'intérieur du château que dans le parc, ont attiré aussi leur attention. Le rapport rédigé par Varon fut imprimé (Bibl. nat., L° 38, 829).

Au rapport précité est annexé un *inventaire*, signé Picault, des «ouvrages précieux à extraire des dépôts littéraires du département de Seine-et-Oise pour le service des divers Comités de la Convention nationale et du Muséum national des arts.» Il mentionne un grand nombre de «manuscrits de la bibliothèque du ci-devant Roi», de livres imprimés, de dessins, estampes, atlas de la même provenance; il est terminé par un inventaire de la «bibliothèque de la du Barry, au Petit Gouvernement».

Les commissaires signalent encore le retard qu'éprouve la confection des catalogues des bibliothèques dans le district de Versailles, et qui est imputable au manque d'unité dans le travail. Ils demandent le vote d'une loi qui permettrait d'adopter un mode de répartition des richesses d'art existant à Versailles, de façon à constituer sur une base solide et invariable le Muséum national de Paris. Ils expriment enfin «le vœu pour la conservation du parc, du château de Versailles et des maisons nationales environnantes, ces vastes parties des domaines reconquis par le peuple inspirent de grandes idées sur l'éducation nationale». (F¹⁷ 1231.)

rapporteur est chargé de rédiger une série d'objets d'échanges pour la présenter au Comité de salut public.

Il sera dressé un catalogue des cartes et plans manuscrits trouvés à Versailles, pour être déposé au Comité de salut public.

La Commission entend avec plaisir un rapport verbal du citoyen Leblanc sur la cristallisation.

La Commission temporaire des arts communique au Comité d'instruction publique un rapport du citoyen Richard sur le cabinet d'histoire naturelle, que le citoyen Fayolle a été contraint de céder à vil prix à la rapacité de Charles Capet[1], qui lui a constitué une rente dont il n'est point payé. Ce cabinet se trouve dans un état de dépérissement auquel il est urgent de remédier. Copie de ce rapport et du projet d'arrêté sera communiquée aux représentants du peuple Musset et Lacroix.

Le citoyen Le Blond fait un rapport sur une lettre du citoyen Malosse[2], qui soumet plusieurs questions à la Commission temporaire des arts sur la manière d'inventorier les médailles; les réponses que propose le rapporteur sont adoptées; quant à la demande en autorisation de parcourir le département du Gard pour y recueillir les objets d'arts qui s'y trouvent, elle est renvoyée au Comité d'instruction publique.

La Commission temporaire des arts autorise l'agent à solder à Poirier un mémoire de $56^{tt} 10^s$, à Fragonard, un mémoire de $28^{tt} 14^s$, et aux commissaires envoyés dans le département de Seine-et-Oise un autre de $910^{tt} 12^s$.

Il est arrêté que le Comité d'instruction publique sera invité à faire opérer par qui de droit les réparations urgentes et indispensables au cabinet de l'École vétérinaire d'Alfort[3].

Le citoyen Jacquet, employé comme instructeur à la fabrication des armes, demande que la Commission temporaire des arts s'intéresse à ce qu'il lui soit permis de quitter l'atelier des armes pour se livrer à la télégraphie et satisfaire aux pressants besoins de la Marine. La Commission renvoie cette demande au Comité de salut public avec la mani-

[1] Il s'agit de Charles-Philippe, comte d'Artois.

[2] La lettre de Malosse est datée de Villeneuve-les-Avignon, 15 prairial; le rapport de Le Blond est du 5 messidor (F^{17} 1265, n° 2).

[3] Le 19 messidor, le Comité d'instruction publique prenait des mesures pour faire effectuer les réparations à ce cabinet, dont le délabrement avait déjà été signalé le 23 prairial. (*Procès-verbaux*, t. IV, p. 765.)

festation de son opinion que le citoyen Jacquet peut être d'une plus grande utilité dans la fabrication des montures de lunettes que dans celle des armes où quantité d'artistes peuvent le remplacer.

Le citoyen Lebrun dépose sur le bureau un poignard trouvé chez le condamné Courmont [1]. Sur la discussion qui s'élève pour savoir si les armes qui n'ont d'intéressant que leur antiquité ou la singularité de la forme doivent être remises à la Commission des armes, ou conservées dans les dépôts nationaux, la Commission des arts arrête que Naigeon et Beuvelot en conféreront avec la Commission des armes.

Le citoyen Scellier remet un inventaire d'ouvrages faits au sujet de la démolition des monuments en marbre réservés, leur transport et placement dans différents dépôts; ce mémoire est renvoyé au citoyen Bourdon.

Sur l'offre que fait un citoyen de vendre un vase de cristal, la Commission passe à l'ordre du jour, motivé sur ce que cet objet n'est point de sa compétence; la section d'histoire naturelle est chargée de visiter les autres objets rares que ce même citoyen dit avoir en sa possession.

La Commission temporaire des arts renvoie au Comité d'instruction publique le rapport de ses commissaires sur la demande de Fattory, âgé de 87 ans, depuis 40 ans concierge et garde du cabinet des machines de la ci-devant Académie des sciences et de la salle de marine. Le bon ordre que les commissaires ont remarqué dans les différents objets de cette collection doit exciter la sensibilité envers ce vieillard malheureux dont le modique traitement a été suspendu depuis la suppression de l'Académie [2].

David Le Roy et Lannoy font un rapport [3] sur le Dépôt des Petits-Augustins; ils proposent d'autoriser l'expert à y percer quelques portes et abattre quelques légères cloisons : ces propositions sont adoptées; quant au déplacement des tableaux, il est arrêté que ceux qui ne sont que d'une valeur médiocre ne seront point transportés. Lebrun est chargé de ce triage.

---

[1] Lebas-Courmont (Louis-Marie), ex-fermier général, condamné à mort le 19 floréal an II (W 362, n° 785).

[2] Le Comité d'instruction publique décidait, le 19 messidor, de solliciter pour Fattory une pension de 600 livres. (*Procès-verbaux*, t. IV, p. 764.)

[3] Il figure sous la cote F¹⁷ 1265.

Le citoyen Fragonard remet trois cahiers d'inventaires du cabinet de l'École vétérinaire d'Alfort.

Bruni remet deux inventaires des objets de musique des maisons Bec-de-Lièvre et condamnée Lauraguais[1].

Le citoyen Lenoir remet l'état des objets entrés dans le Dépôt des Petits-Augustins depuis le 30 prairial jusqu'au 10 messidor.

Ameilhon propose[2] d'acquérir un corps de bibliothèque acheté par Lesueur à la vente de La Luzerne, dont la maison est devenue dépôt national pour les livres des émigrés ou condamnés; cette proposition est adoptée.

Picault remet sur le bureau six inventaires des maisons Monstuc-Joule, Cossé, château de Sceaux, Biron de Lauzun, à Montrouge, du Raincy, de l'émigré Payan et femme Marbeuf, et Morel-Cicé[3] à Clamart-le-Vignoble[4]; les doubles ont été remis à Naigeon.

Buache dépose pareillement les inventaires de cartes et plans trouvés dans les maisons de la femme Lauraguais, Balderburgh, Bochard-Saron, La Suze et du condamné Boulogne[5]; il sera fait mention du reçu de la carte de Ferrari.

Les citoyens Buache et Besson font un rapport[6] sur l'état du Dépôt des cartes et plans confiés à la garde de Desmarest; ils proposent à la Commission temporaire des arts de nommer des commissaires à l'effet de recevoir de lui ce dépôt, lui en donner décharge et de le transmettre à la Commission des travaux publics, qui sera invitée à nommer de son côté un de ses agents pour le recevoir; ces propositions sont adoptées. Buache et Besson ont été renouvelés commissaires à cet effet.

Le citoyen Thurel prévient qu'il se trouve chez Vilfelsheim, rue des Fossés-Montmartre, une machine, improprement annoncée modèle de moule à fondre des boulets de canon, mais dont l'objet est de battre

---

[1] Lauraguais (Élisabeth-Pauline Gaud, comtesse de), condamnée à mort le 18 pluviôse an II (W 320, n° 485). Les deux inventaires en question existent sous la cote F¹⁷ 1054, n° 1.

[2] Rapport du 9 messidor (F¹⁷ 1245, n° 1.)

[3] Au château de Sceaux, il a été réservé plusieurs Teniers et Boucher, divers bustes et statues; chez Biron de Lauzun inventaire du 3 prairial) des meubles et porcelaines; l'inventaire de l'abbé Mons-tuc-Joule (instruments de physique) n'a point de date, celui de Payan et Marbeuf est du 15 prairial, celui de Morel du 6. Tous ces inventaires ont été établis par Dupasquier et Picault (F¹⁷ 1269).

[4] Nom révolutionnaire de Clamart.

[5] Voir ces inventaires sous la cote F¹⁷ 1052. — Boullongne (Jean-Baptiste), ex-fermier général, fut condamné à mort le 19 floréal an II (W 362, n° 785).

[6] En date du 10 messidor (F¹⁷ 1052).

les biscaïens; la section du génie militaire est chargée de visiter dans le plus court délai cette machine, qui peut être utile à la République [1].

Les citoyens Nadreau, menuisier, et Scellier, marbrier, sont autorisés à faire les déplacements des objets d'arts en marbre et autres qui sont en la maison de l'émigré d'Orsay, rue Varennes, conformément à l'inventaire fait à cet effet.

La section de physique est autorisée à retirer la montre d'Émery [2], appartenant au ci-devant Roi, dans quelques mains qu'elle puisse se trouver.

Le citoyen Nadreau provoquera l'enlèvement d'une glace dans la maison Kinski pour faciliter à Scellier l'enlèvement d'une cheminée fond de marbre, incrustée de porcelaine de Sèvres, qui s'y trouve.

Sur la demande du citoyen Chaulois, la Commission déclare qu'elle n'a aucune réclamation à faire contre la marche qui a été suivie dans l'acquisition de la bibliothèque de feu Thierry; Barrois remet l'inventaire des livres de cette bibliothèque.

Les citoyens Janvier et Charles dénoncent une prévarication et un bris de scellés dans la maison de Saron. La Commission arrête que ces deux citoyens rédigeront leur dénonciation par écrit et qu'elle sera envoyée en son nom aux Comités des domaines et de sûreté générale.

La Commission temporaire des arts renvoie au Comité d'instruction publique le rapport de sa section de minéralogie, dont les conclusions sont que la Nation est intéressée à faire l'acquisition d'une collection précieuse de minéraux que le citoyen Mailly offre de lui céder. Cette collection est très propre à servir de suite à celle donnée par le représentant du peuple Patrin.

Les commissaires envoyés dans le département de Seine-et-Oise déposent deux inventaires de tableaux recueillis par la Commission des arts de Versailles et de ceux de la Liste civile déposés à la Surintendance de Versailles [3]. Varon, l'un d'eux, remet un tableau des ouvrages

---

[1] Lettre de Turrel, 10 messidor (F17 1047, n° 1).

[2] Émery (Josiah), constructeur de chronomètres, né à Chardonne en 1730, mort à Londres le 2 juillet 1794.

[3] Le premier de ces inventaires est du 30 prairial, le second du 10 messidor (F17 1270).

Le premier mentionne les tableaux suivants qui proviennent tous de la Liste civile : *Moïse sauvé des eaux*, *Un repos en Égypte*, *Les bergers d'Arcadie* (Le Poussin), *Saint Jean baptisant le peuple*, *La Mélancolie* (Feti), *David pinçant de la harpe* (Le Dominiquin), *Agonie de saint François* (A. Carrache), *Saint François aux pieds*

précieux à extraire des dépôts littéraires du département de Seine-et-Oise pour le service des divers Comités de la Convention nationale et du Muséum des arts.

Besson dépose l'inventaire des objets inventoriés dans l'ancien logement d'Antoinette et celui des tabatières et bijoux provenant de l'émigré d'Angiviller [1].

La section de bibliographie remet sur le bureau les inventaires de livres trouvés chez l'abbé Luzines, d'Auteroche, Maillebois, Lasource,

de la Vierge (Van Dyck), *L'Ombre de Samuel* (Salvator Rosa), *Adoration des Rois* (Rubens), *Charles Ier* (Van Dyck), *Jésus chez le Pharisien* (Paul Véronèse), *L'Ange gardien* (Feti), *Présentation au Temple* (Palma le Vieux), *Concert* (Valentin), *La Vierge et saint Pierre* (Le Guerchin), *Jésus épousant sainte Catherine* (Van Dyck), *Deux portraits* (Michel-Ange de Caravage), *La Charité* (Blanchard), *Deux portraits d'homme*, *Portrait de femme* (Van Dyck), *Portrait de femme* (Rubens), *Portrait d'homme* (Le Tintoret), *Portrait d'homme* (Le Titien), *Pyrrhus, Jésus guérissant les aveugles, Bacchantes* (Le Poussin), *Saint Pierre et saint Paul* (Lanfranc), *Portrait de Van Dyck*, *Portrait du marquis d'Aytonne* (Van Dyck), *Madeleine* (Le Dominiquin), *Saint Jean* (Michel-Ange de Caravage), *Les quatre Évangélistes*, 4 tableaux (Valentin), *Mariage de sainte Catherine* (Alexandre Véronèse), *César* (Valentin), *Christ au tombeau* (Paul Véronèse), *Bergers*, *L'Entrée dans l'Arche* (Le Bassan), *Nativité*, *Esther évanouie*, *Judith*, *Betsabée* (Paul Véronèse), *Fuite en Égypte* (Doralio Gentilleschi), *Bataille d'Arbelle* (Bourguignon), *Bataille* (Parrocel), *Mariage de sainte Catherine*, *Rébecca puisant de l'eau* (Paul Véronèse), *Jésus portant la Croix* (Mignard), *La Samaritaine* (Le Guide), *Adam et Ève* (L'Albane). — Parmi les marbres antiques, l'inventaire cite la *Vénus d'Arles*, un *Bacchus*, une *Sybille*, un *Germanicus*, la *Vénus pudique*, *Diane*, *Muse Uranie*, *Dame romaine*, *Cincinnatus*; dans la salle des Marronniers, parmi des statues

antiques et modernes de valeur : le *Milon de Crotone* et l'*Andromède* du Puget; au grand Trianon, *Le Laocoon*, une *Minerve*; comme bronzes : *L'Éducation de Bacchus*, *Apollon*, etc. — L'inventaire donne les dimensions des tableaux et sculptures, ainsi que, pour chacun, la somme à laquelle il a été estimé.

Le second inventaire indique 148 tableaux, parmi lesquels beaucoup de toiles de maîtres; mais la majeure partie de ces 148 tableaux sont notés ainsi : *à restaurer.*

[1] Dans les appartements de la reine Marie-Antoinette, Besson a noté une grande pendule mécanique, de nombreux vases de marbre, granit, bronze, plusieurs tables de marbre, dont une qui représente la carte de France en mosaïque, des secrétaires, tables de bois précieux incrustées de porcelaines, un tableau d'émail de Limoges représentant la Passion et les Évangélistes, un lustre, etc. Cet inventaire a été fait les 13 et 14 prairial.

Quant aux objets déposés au district de Versailles comme provenant de l'émigré d'Angiviller, ils consistent en une collection de tabatières en écaille, lumachelle, platine, bois pétrifié, ornées de médaillons en émail, en mosaïque, ou peints et dessinés par Kleinstett, La Rosalba, Bouchardon, etc. Besson cite particulièrement «une boîte d'écaille avec médaillons dessus et dessous représentant des oiseaux et insectes, faits par Etlinger, de la manufacture de Sèvres», qu'il qualifie d'ouvrage «admirable». (F^{17} 1270.)

femme Boucher, femme Lacoste, femme Patu, l'émigré Montillet, Breteuil, Duplotho, Pourpry, Talleyrand, Tessé, Brissac, Conti[1], Grimm et Beuil[2], Terray, Gorsas[3].

Ameilhon remet l'inventaire des livres trouvés chez milady Freeman Shepherd[4].

Barrois dépose ceux des maisons La Suze, Valentinois, Caumont-la Force, Dupleix[5], en deux parties.

[1] Inventaire des livres trouvés dans la maison de l'émigré Luzines, ci-devant abbé, cul-de-sac de Notre-Dame-des-Champs, n° 1390, remis au Dépôt des Cordeliers, 10 floréal an II. — Inventaire des livres trouvés dans la maison de l'émigré d'Auteroche, rue des Saints-Pères, n. 61 et 65, 25 germinal an II. — Inventaire des livres trouvés chez les nommés Maillebois, mari et femme, 25 germinal an II. — Inventaire des livres trouvés dans la maison dite *Hôtel des Quatre Provinces*, rue des Frondeurs, n° 636, appartenant à Lasource, ex-député de la Convention nationale, condamné à mort, 10 messidor an II. — Inventaire des livres trouvés dans la maison de la citoyenne Boucher, rue d'Angoulême, n° 13, appartenant à l'émigré La Blotay, 10 messidor an II. — Inventaire des livres trouvés dans la maison de la citoyenne La Coste, rue de la Femme-sans-Teste, n° 5, île de la Fraternité, et occupée par l'émigré Le Clerc de Lesville, 10 messidor an II. — Inventaire des livres trouvés dans la maison de l'émigrée Patu, rue Vide-Gousset, n°ˢ 11 et 19, 10 messidor an II. — Inventaire des livres trouvés dans la maison de l'émigré Montillet, rue Sainte-Avoye, n° 160, 10 messidor an II. — Inventaire des livres trouvés dans la maison de Breteuil, rue de la Convention, n° 1, appartenant à l'émigré Duplotho, 10 messidor an II. — Inventaire des livres trouvés dans la maison de la nommée Pourpry, rue de l'Université, 10 messidor an II. — Inventaire des livres trouvés dans la maison du nommé Talleyrand Périgord, ex-archevêque de Reims, rue de Lille, n° 530, 10 messidor an II. — Inventaire des paquets de livres trouvés dans la maison Tessé, rue de Varennes, n° 426, 10 messidor an II. — Inventaire des livres trouvés dans la maison du nommé Brissac, rue de Grenelle, n° 92, 10 messidor an II. — Inventaire des livres trouvés dans la maison Conti, rue de Grenelle, 10 messidor an II.

Tous ces inventaires, signés de Barrois aîné, sont compris sous la cote F17 1195.

[2] Inventaire des livres trouvés dans la maison de Grimm et Beuil, émigrés, rue du Mont-Blanc, n° 3, 27 prairial an II, signé de Barrois, aîné, 10 messidor an II (F17 1198-1199). Cet inventaire a été publié par M. Maurice Tourneux.

[3] Inventaire des livres trouvés dans la maison de Gorsas, condamné à la peine de mort, 29 prairial an II, signé de Barrois, 10 messidor an II (F17 1198-1199).

[4] Inventaire des livres appartenant à milady Freeman Shepherd, trouvés parmi ceux de la communauté des religieuses Anglaises de la rue de Lourcine, fait par Ameilhon, 2 messidor an II, envoyé au Dépôt de la rue de Thorigny. (F17 1200.)

[5] Inventaire des livres trouvés dans la maison de La Suze, remis au Dépôt des Cordeliers le 10 messidor an II. — Inventaire des livres trouvés dans la maison du ci-devant comte de Valentinois, rue Dominique, n° 1523, 5 prairial an II. — Inventaire des livres provenant de l'émigrée Caumont la Force, gouvernante des

SÉANCE DU 15 MESSIDOR,

AN 2 DE LA RÉPUBLIQUE (3 JUILLET 1794).

Ferrures du ci-devant château de Fontainebleau. – Lettres de Marbot et Giraudy. – Avis de Gillet-Laumont. – Exemplaires de l'instruction. – Lostin, de Coutances. – Table de marbre du ci-devant château de Richelieu. – Chaire de l'abbaye Saint-Antoine. – Évacuation du château de Champlâtreux. – Le commissaire Guesnier. – Tableaux et statue de Choisy-sur-Seine. – Transport à Paris des objets de Louveciennes. – Remise au citoyen Renaud des objets pour Constantinople. – Objets envoyés à Abancourt. – Livres de l'école d'Alfort. – Procédé du citoyen Pasdeloup. – Commissaires du district de l'Égalité. – Rapport de Charles sur Dubois. – Tableau du cardinal de Richelieu. – Vases d'albâtre de la maison Rosset de l'Étourville. – Demande de Daujon. – Livres pour l'étranger. – Rapport de Poirier sur les inventaires. – Dépôt de mémoires militaires. – Manuscrit du VIIIe siècle dans la commune de Saint-Lupucin (Jura). – Demande du citoyen Hannong. – Registres du Dépôt de Nesle. – Livres entre les mains des détenus. – Mission de Langlès dans l'Oise. – Dilapidations dans le district de Sarrebourg. – Inventaires des commissaires de Versailles. – Objets de musique de la maison d'Orsay. – Inventaires de bibliothèques d'émigrés. – Projet de Mandar, relatif à la navigation sur les rivières. – Cartes trouvées chez Talleyrand. – Lamarck adjoint à Poirier. – Remplacement de Vicq-d'Azyr. – Démarches en faveur de Thillaye. – Aménagement des dépôts littéraires. – Arrêté du Comité de salut public. – Rapport de Bardel.

Le secrétaire fait lecture du procès-verbal, qui est adopté avec quelques légers changements.

Un extrait du procès-verbal de la séance du Comité d'aliénation et des domaines réunis, en date du 9 messidor, porte que la Commission des arts sera invitée à faire laisser en place les ferrures des portes et croisées du ci-devant château de Fontainebleau jusqu'à ce qu'on ait indiqué les établissements publics auxquels on pourra en appliquer l'usage. Quelques membres de la Commission observent que plusieurs de ces ferrures sont démontées et sujettes à se dégrader, parce qu'elles sont réunies sans soin, que d'ailleurs beaucoup de ces ferrures étant

---

enfants d'Artois, rue de Grenelle, n° 367, 10 messidor an II. — Tous ces inventaires, signés de Barrois aîné, font partie du carton F^{17} 1195. — Inventaire des livres trouvés dans la maison Dupleix, rue du Mont-Blanc, n°s 44 et 421, signé de Barrois, 10 messidor an II. (F^{17} 1198-1199.)

doubles, on pouvait sans inconvénient démonter les plus précieuses pour en substituer d'autres à leur place. La Commission des arts arrête que le résultat de ces observations sera communiqué au Comité d'aliénation et des domaines pour l'inviter à prendre des mesures de conservation pour les ferrures précieuses et qui attestent le génie des artistes.

La lettre de Marbot, père de famille, qui s'alarme sur la pudeur des femmes, qui, dit-il, d'après le nouveau mode d'habillement, auront le sein découvert, est renvoyée à David.

Giraudy renouvelle ses instances [1] auprès de la Commission des arts pour obtenir un emplacement convenable, dans lequel on puisse réunir et disposer avec ordre les objets de sciences et d'arts qui sont déjà recueillis ou qu'on pourra recueillir par la suite au Port-la-Montagne. La Commission arrête que Giraudy sera tenu de s'adresser au district pour le local qu'il jugera nécessaire pour recueillir les objets propres à l'instruction publique.

Gillet-Laumont, présent à la séance, annonce que Romme, représentant du peuple, a établi dans différents lieux de sa mission [2] des commissions particulières à l'effet de recueillir les objets de sciences et d'arts qu'elles pourraient découvrir, que Romme désirait se conformer aux procédés que suit la Commission temporaire des arts à ce sujet. La Commission arrête que l'on enverra quelques exemplaires de l'instruction au représentant du peuple Romme. Sur l'observation de l'agent que les exemplaires de l'instruction commencent à manquer, le secrétaire est chargé de s'informer s'il y en a encore à l'Imprimerie nationale.

Lostin, dans une lettre rend compte des mesures prises par lui dans le district de Coutances pour mettre à exécution la loi des 8 et 27 pluviôse. La Commission arrête qu'il sera répondu à ce citoyen pour le féliciter sur son zèle et ses vues patriotiques, et que sa lettre serait communiquée au Comité d'instruction publique [3].

La Commission des subsistances et approvisionnements de la Répu-

---

[1] Sa lettre est du 5 messidor (F¹⁷ 1047, n° 1).

[2] Romme (Charles-Gilbert), député du Puy-de-Dôme à la Convention nationale, était parti le 5 ventôse an II en mission dans la Dordogne.

[3] Le Comité d'instruction publique arrêtait le même jour, 15 messidor, d'écrire une lettre de satisfaction au citoyen Lostin, agent national du district, qui avait également offert une collection de physique (*Procès-verbaux*, t. IV, p. 738).

blique fait parvenir à la Commission des arts l'extrait d'une lettre de l'agent national près le district de Chinon, relative à une table de marbre du ci-devant château de Richelieu, d'un travail immense et enrichie de pierres précieuses. La Commission arrête qu'il sera écrit à la Commission des subsistances et approvisionnements qu'il sera fait usage de l'avis qu'elle donne sur cette table, ainsi que sur les autres objets précieux qui se trouvent à Richelieu et dont la Commission a déjà pris connaissance.

Lenoir, garde du Dépôt des monuments, annonce à la Commission qu'il vient de recevoir dans son Dépôt une chaire en fer provenant de la ci-devant abbaye Saint-Antoine. Il demande à être autorisé, vu l'embarras qu'elle occasionne, à la faire transporter au magasin des fers de la République. La Commission invite Lenoir à lui faire un rapport sur l'utilité ou l'inutilité de cette chaire pour les arts et l'instruction.

Les administrateurs du district de Gonesse préviennent[1] la Commission que, le ci-devant château de Champlâtreux[2] étant destiné à servir d'emplacement à un hospice militaire, ils sont forcés d'évacuer promptement les meubles qui le garnissent. Ils demandent le prompt envoi de commissaires pour faire le triage et la distraction des glaces et autres meubles précieux. La Commission charge à cet effet Dupasquier et Picault de se transporter au château de Champlâtreux.

Le commissaire Guesnier demande que l'on procède à l'enlèvement définitif des tableaux, estampes, bronzes, pendules, porcelaines et autres objets mis à part dans une pièce de la maison de Gilbert de Voisins. La Commission renvoie la lettre[3] aux sections qu'elle concerne.

L'agent provisoire du district de Choisy-sur-Seine prévient la Commission que la commune de Choisy a dans son temple deux tableaux originaux et une statue de grandeur naturelle en marbre. La lettre est renvoyée à la section de peinture et de sculpture.

Laumond fait part à la Commission temporaire des arts[4] que,

---

[1] Par lettre du 8 messidor (F17 1044).

[2] Le château de Champlâtreux (Seine-et-Oise, cne d'Épinay-Champlâtreux) avait été bâti sous Louis XV par la famille de Molé.

[3] D'après cette lettre du 13 messidor, la maison de Gilbert de Voisins, rue d'Enfer, n° 258, renfermait également sa bibliothèque (F17 1047, n° 1).

[4] Par lettre du 14 messidor (F17 1048, n° 1).

pour ne pas retarder la vente des objets de la du Barry et éviter les frais dispendieux que le déballage et le remballage de ces objets à Louveciennes occasionneraient nécessairement, la Commission des revenus nationaux vient d'engager la Commission de commerce et d'approvisionnements à donner les ordres nécessaires pour faire transporter sur-le-champ à Paris les ballots des objets réservés par Morice, son agent; que ce moyen rendra facile la vérification que la Commission temporaire des arts désire. La Commission arrête que les commissaires précédemment nommés pour cet objet, Varon, Picault, Richard et Besson, se rendront au lieu où les ballots arriveront, et sont autorisés à faire ouvrir ceux qui, d'après l'inspection des inventaires et factures, leur paraîtront renfermer des objets dignes d'être réservés par eux; ils s'adjoindront pour cette opération quelques membres de la Commission des arts de Versailles.

La Commission des travaux publics, par une lettre en date du 15 de ce mois[1], demande que la Commission des arts remette au citoyen Renaud les instructions et livres destinés par un arrêté du Comité de salut public du 17 prairial, pour Le Monnier, envoyé en mission auprès du gouvernement ottoman[2].

La Commission des arts arrête qu'il sera écrit à la Commission des travaux publics que lesdits objets ont été envoyés à Abancourt au cadastre, maison de la Révolution, avec un état détaillé des objets achetés et de ceux qui ont été tirés des dépôts, et qu'elle est invitée à faire remettre à Janvier et à Barrois l'aîné les frais qu'ils ont faits pour l'acquisition de ces instruments et de ces livres.

Un mémoire de Poirier montant à 98 livres 6 deniers, visé par l'agent, est adopté par la Commission.

Fragonard remet sur le bureau la note des livres de l'École vétérinaire d'Alfort.

L'agent est autorisé à solder deux mémoires, l'un de 141^{tt} 7^s, l'autre de 79^{tt} 4^s, signés Picault et Dupasquier, qui ont fait les frais en commun.

---

[1] Classée sous la cote F^{17} 1048, n° 1.

[2] Le Comité de salut public, par arrêté du 17 prairial (*Recueil Aulard*, etc., t. XIV, p. 153) avait chargé la Commission des travaux publics de faire parvenir à Constantinople, à l'adresse du citoyen Monnier (Le Monnier de Courtois [Joseph-Gabriel]), chef de bataillon du génie, envoyé en mission auprès du gouvernement ottoman, divers instruments de mathématiques, *L'Art de lever les plans*, de Dupain-Montesson, *L'Attaque et la défense des places*, par Vauban, du papier à dessiner et des crayons.

Sur le rapport des commissaires nommés pour examiner les procédés du citoyen Pasdeloup pour l'enlèvement de la dorure sur les livres, la Commission passe à l'ordre du jour sur la demande de ce citoyen.

Les administrateurs du district de l Egalité réclament[1] des indemnités pour les commissaires qu'ils ont employés aux inventaires et catalogues des livres des maisons confisquées au profit de la République. La Commission arrête qu'il leur sera répondu que c'est au district à y pourvoir.

Sur le rapport fait par Charles du refus que le citoyen Dubois, gardien conservateur du Garde-Meuble et des Menus, a fait de livrer à la Commission les machines de physique et de mécanique qui y sont en dépôt sans y être autorisé par Laumond, la Commission arrête qu'il sera écrit à Laumond pour lui demander une autorisation générale pour enlever tous les objets de cette nature qui sont dans les différents dépôts dont la surveillance lui est confiée. On rappellera dans la lettre le décret du 18 pluviôse qui autorise les différentes sections de la Commission temporaire des arts à inventorier et réunir dans des dépôts convenables les objets de sciences et arts qu'elles jugeront propres à l'instruction publique.

Un membre prévient la Commission qu'un tableau représentant le cardinal de Richelieu en pied dans la ci-devant maison de Sorbonne, et qui avait fixé l'attention des connaisseurs, vient d'être dégradé de la manière la plus déplorable[2]. La Commission arrête que la section de peinture fera un rapport sur la mutilation de ce tableau et sur les moyens de remédier à ce malheur, si l'on juge qu'il en vaut la peine.

Ameilhon annonce qu'il est instant de faire enlever de la maison de Rosset d'Estourville plusieurs petits vases d'albâtre qui y sont en dépôt sous sa responsabilité.

Gilbert demande deux ou trois jours pour reviser et vérifier son mémoire; sur l'avis de l'expert, la Commission accorde ce délai.

La Commission, après avoir entendu le rapport[3] concernant la

---

[1] Aux termes d'une lettre du 9 messidor (F17 1048, n° 2).

[2] La tête et un bras avaient été détachés avec des ciseaux par le citoyen Machout, administrateur de l'habillement. (Voir le rapport d'Ameilhon et le procès-verbal de la section Chalier, en date du 17 messidor, F17 1231. — Voir, en outre, ci-après, la séance du 30 messidor.)
— Le tableau fut remis par Lenoir, le 26 nivôse an VII, au Musée du Louvre.

[3] Le rapport de Bourdon est accompagné de la lettre de Daujeon, qui avait été chargé par la Commune et le Département de Paris de supprimer les signes de féodalité. 10 messidor (F17 1265, n° 20).

demande contenue dans la lettre adressée par Daujeon, en date du 5 présent mois, autorise l'expert à vérifier ceux des déplacements et transports qui ont été ordonnés par la ci-devant Commission des monuments. Elle invite en outre Daujeon à se pourvoir pour les autres articles par-devant les autorités qui l'ont mis en œuvre, sauf à la Commission à prononcer définitivement sur ces articles, dans le cas où Daujeon serait renvoyé à elle par lesdites autorités.

La Commission temporaire des arts, d'après le rapport de ses commissaires chargés d'examiner les factures des livres destinés à être exportés à l'étranger, et dont l'avis lui a été donné le 6 messidor par la Commission de commerce et d'approvisionnements, arrête que, sans soumettre ces factures à l'examen du Comité d'instruction publique, attendu que ce n'est point l'usage, elle déclare qu'elle ne trouve aucun inconvénient à laisser sortir du territoire de la République les livres indiqués dans la demande des citoyens Turconi, Cuchet, Valade et Scherb.

Poirier fait un rapport sur le relevé des cartes du dépouillement commencé en 1790 à la Commission des monuments, et relatif aux objets d'arts et de sciences conservés dans les établissements ecclésiastiques supprimés [1]. La Commission, qui l'entend avec intérêt, arrête que communication du rapport sera donnée au Comité d'instruction publique, avec invitation d'en solliciter l'impression pour faire suite à l'instruction déjà publiée [2]. Le même citoyen dépose en même temps sur le bureau le tableau alphabétique des églises et monastères dont il est fait mention dans les cartes de dépouillement et du relevé réduit à quatre classes, histoire naturelle, arts, antiquités, manuscrits et chartes.

Buache remet sur le bureau un carton contenant sous le scellé du commissaire du Département trois exemplaires d'un mémoire manuscrit sur la défense de nos côtes et plusieurs autres mémoires mili-

---

[1] Le travail qui fait l'objet du rapport de Poirier (F^{17} 1081, n° 1) est intitulé : *Relevé d'environ 920 cartes de dépouillements relatifs aux monuments, aux sciences, lettres et arts de divers établissements ecclésiastiques supprimés, et rangées suivant l'ordre alphabétique des Anciens diocèses, fruit du travail des citoyens Barthélemy, Bréquigny, Leblond, Puthod, Mongez et Poirier, membres de la Commission des monuments.*

[2] Le Comité d'instruction publique recevait le même jour, 15 messidor, communication du rapport de Poirier et en ordonnait l'impression, après avoir apprécié son importance et loué la lumière qu'avait su y répandre son auteur. (*Procès-verbaux*, t. IV, p. 738.)

taires trouvés dans la maison de La Luzerne, dont l'inventaire a été fait en présence dudit commissaire. La Commission arrête l'envoi du carton scellé au Comité d'instruction publique.

Janvier propose que la Commission l'autorise à écrire à la commune de Saint-Lupicin, département du Jura, pour faire venir à Paris le manuscrit précieux du VIIIe siècle [1], que cette commune possède en effet et dont il est fait mention dans le rapport de Poirier. La Commission accepte la proposition de Janvier et lui donne l'autorisation qu'il demande.

Sur l'exposé que la Commission d'agriculture et des arts s'occupe sans relâche des travaux relatifs à toutes les espèces de fabriques et de manufactures utiles à la République, la Commission des arts arrête que le mémoire du citoyen Hannong [2], qui demande une indemnité des pertes considérables qu'il a éprouvées lors de l'établissement de la manufacture de Sèvres, et un emploi dans une manufacture de porcelaines, sera envoyé à la Commission d'agriculture et des arts, avec une lettre de recommandation.

Mulot, garde du Dépôt des monuments, demande si on retirera ou si l'on conservera les registres existants des objets qui étaient confiés à sa garde. La Commission arrête que les anciens registres seront paraphés, comme on l'a fait jusqu'ici, et que pour établir une ligne de démarcation entre l'ancien et le nouveau gardien, il sera ouvert de nouveaux registres qui dateront à l'époque où le nouveau gardien entre en exercice.

Sur l'observation de quelques membres que beaucoup de livres appartenant aux condamnés et aux détenus dans les prisons se trouvaient dépareillés, la Commission arrête que la section de bibliographie se concertera avec le Département pour savoir ce que sont devenus les livres qui se trouvaient entre les mains des détenus et condamnés.

Langlès est autorisé par la Commission temporaire des arts à faire dans le département d'Oise les recherches qu'il jugera nécessaires sur

---

[1] Cet ancien manuscrit des Évangiles, connu sous le nom d'Apocalypse de Saint-Lupicin, jadis conservé dans l'église du prieuré de Saint-Lupicin, eut de curieuses vicissitudes; envoyé en présent par le prieur Girod au duc d'Orléans, régent, il fut revendiqué par les habitants et renvoyé sous bonne escorte; lors de la Révolution, le maire de Saint-Lupicin l'offrit au gouvernement; il se trouve aujourd'hui à la Bibliothèque nationale, fonds latin, n° 9384.

[2] Hannong (Pierre-Antoine), fils de Paul-Antoine, fabricant de faïences décorées à Strasbourg, vendit à la manufacture de Sèvres le secret de la fabrication de la porcelaine.

les objets concernant les dépôts littéraires et les autres monuments d'arts, et d'y surveiller l'exécution du décret du 8 pluviôse.

Sur le rapport fait à la Commission que dans le district de Sarbourg il se commettait des dilapidations dans les objets de sciences et arts et des abus révoltants dans les ventes qui s'en faisaient, la Commission des arts arrête qu'il sera écrit aux administrateurs de ce district pour les inviter à envoyer au plus tôt les renseignements les plus étendus sur le nombre, la nature et la valeur tant des objets vendus que de ceux qui sont encore entre leurs mains, et à indiquer par quelle autorité et en vertu de quelle loi ils ont procédé à cette vente.

Un mémoire du citoyen Cecile, poëlier, montant à la somme de 114# 6ˢ, certifié véritable par Lenoir, garde du Dépôt des Petits-Augustins, et réglé à ladite somme par l'expert, en date du 20 floréal, est adopté par la Commission.

Les commissaires de la Commission des arts de Versailles, présents à la séance, déposent sur le bureau deux inventaires, un des plantes et arbustes contenus dans les jardins et pépinières du condamné Maussion[1], à la commune de Janville, district de Mantes, l'autre des débris d'un sarcophage des ci-devant ducs de Villeroy dans la commune de Magny[2], même district. La Commission renvoie ces deux inventaires à la section de botanique et à celle de sculpture.

Bruni remet un inventaire d'objets de musique enlevés de la maison de l'émigré d'Orsay[3].

La section des dépôts littéraires communique à la Commission l'état des livres de l'émigré Rosset d'Estourville, de Foulon Descotier, des émigrés Puisigneux et Thumery, de l'émigré Perpigna[4], l'inventaire des 16 caisses, une malle et un sac transportés, le 2 messidor, du collège de Boncourt à la sacristie des Cordeliers, l'état des livres des émigrés Barraut, Pelletier, Cagny et Dazin, ex-prêtres[5].

---

[1] Maussion (Thomas), maître des requêtes et intendant de Rouen, condamné à mort le 6 ventôse an II (W 332, n° 560).

[2] Il s'agit des statues ayant orné le tombeau de Nicolas de Neufville, seigneur de Villeroy, secrétaire d'État sous Henri IV, dans l'église de Magny. Elles furent restituées au maire de Magny, par décision du 29 mai 1818.

[3] Voir cet inventaire sous la cote F¹⁷ 1054, n° 1.

[4] Perpigna, planteur de la Martinique, fut écroué par ordre du Comité de sûreté générale, le 24 ventôse an II (AF* II 294, fol. 235).

[5] Inventaire des livres trouvés chez l'émigré Rosset de l'Étourville, rue de l'Indivisibilité, remis au citoyen Ameilhon

Théophile Mandar fait part à la Commission d'un projet pour appliquer à la navigation sur les rivières le moyen employé avec succès dans les ports de mer. Prony et David Le Roy sont nommés commissaires pour examiner ce projet.

Buache dépose l'état des cartes et plans trouvés dans la maison de Talleyrand-Périgord et un reçu signé : Charles, d'une canne d'ambre, d'une autre canne noire, la pomme à filigrane en or, une épée sans garde, lame damasquinée en or, le tout provenant de l'émigré La Fayette et qui était à la garde du ci-devant Desmarest[1].

Sur l'observation d'un membre que la mort de Vicq-d'Azyr apporte un retard à l'examen des manuscrits de la ci-devant Académie des sciences, la Commission arrête que Lamarck est adjoint à Poirier pour procéder à cet examen. Les membres de la section d'anatomie sont invités à proposer à la prochaine séance un sujet capable de remplacer Vicq-d'Azyr, lorsque le Comité d'instruction publique l'aura adopté.

On fait lecture d'une lettre de Thillaye[2], qui invite la Commission à saisir la circonstance de la mort de Vicq-d'Azyr pour réitérer ses demandes auprès du Comité de sûreté générale à l'effet d'obtenir son élargissement. La Commission passe à l'ordre du jour, motivé sur ce qu'elle s'en rapporte à la sagesse du Comité de sûreté générale et aux démarches qu'elle a faites à ce sujet.

Nadreau demande pour présenter son mémoire une prolongation jusqu'à décadi prochain. Ce délai lui est accordé.

Sur l'observation que différents dépôts littéraires et notamment celui des ci-devant Cordeliers exigeaient des opérations nécessaires pour recevoir les livres qui affluent de toutes parts, les citoyens Ameilhon et Barrois sont chargés d'inviter le Département à faire procéder le

le 28 prairial an II, pour être conduits au Dépôt de Thorigny (F^{17} 1200). — Inventaire des livres trouvés chez Foulon Descotier, émigré, délivrés à Ameilhon le 25 messidor an II (F^{17} 1200). — Inventaire des livres de la bibliothèque de l'émigré Puisigneux, quai d'Orsay, n° 24, y compris un panier de quelques livres et brochures de l'émigré Thumery, trouvé dans la même bibliothèque, remis au citoyen Poirier le 13 messidor an II (F^{17} 1196). — Inventaire des livres de l'émigré Perpigna, rue des Martyrs, fait par Poirier, le 12 messidor an II (F^{17} 1198-1199). — Inventaire des livres trouvés au ci-devant collège de Boncourt, appartenant aux émigrés Barrault, Cagny, Dazin et Pelletier, ex-prêtres, et remis au citoyen Pelletier, avec addition de la main de Poirier, 2-11 messidor an II (F^{17} 1195).

[1] État en date du 15 messidor, comprenant 10 articles transportés au dépôt établi près la Commission des travaux publics, et reçu, classés sous la cote F^{17} 1052.

[2] Du 14 messidor (F^{17} 1047, n° 1).

plus promptement possible aux travaux urgents qu'exigent les magasins et dépôts littéraires, afin d'accélérer la confection des catalogues.

Le président fait lecture d'un arrêté du Comité de salut public, qui charge la Commission temporaire des arts d'envoyer à la section des armes du Comité de salut public la *Métrologie* de Paucton, la *Maison rustique*, etc.[1]. La demande est renvoyée à la section des dépôts littéraires avec invitation d'y faire droit dans le plus court délai.

Bardel, chef du bureau de la bibliographie, obtient la parole et dit : Le décret du 8 pluviôse accorde aux districts un délai de quatre mois pour la confection et l'envoi au Comité d'instruction publique des inventaires et catalogues de tous les objets de sciences et arts qui appartiennent à la Nation dans l'étendue de leurs arrondissements respectifs. Ce délai est près d'expirer, et cependant la Commission n'a reçu jusqu'à présent qu'un très petit nombre d'inventaires et de catalogues. Ce retard doit faire craindre que les districts n'aient négligé de se conformer aux dispositions du décret du 8 pluviôse. Il est vrai que la section des dépôts littéraires peut maintenant se procurer des renseignements étendus sur le nombre et l'état des bibliothèques qui sont à la disposition de la Nation, mais cet avantage résulte uniquement de ce qu'il a été établi entre les bureaux de la bibliographie et tous les districts de la République une correspondance active relativement à cet objet. Comme il importe également que toutes les autres sections de la Commission reçoivent les mêmes états et renseignements sur les objets d'arts et de sciences qui les concernent, je demande qu'il soit pareillement établi dans les bureaux de la Commission une correspondance suivie avec tous les districts de la République, afin de réveiller leur attention sur tous les objets de sciences et d'arts, et d'en obtenir dans le plus court délai les inventaires, catalogues et renseignements qu'ils doivent envoyer, conformément aux décrets du 8 pluviôse. La Commission adopte la proposition de Bardel et arrête qu'il sera établi dans les bureaux de la bibliographie une correspondance active avec tous les districts de la République et que le produit de cette correspondance lui sera communiqué à chaque séance, afin que tous ses membres puissent en prendre connaissance et donner sur chaque partie les renseigne-

---

[1] L'arrêté en question du Comité de salut public est du 12 messidor. Cf. *Recueil Aulard*, t. XIV, p. 610. L'ouvrage de Paucton a pour titre : *Métrologie ou Traité des mesures, poids et monnaies des anciens peuples et des modernes*. Paris, 1780, in-4°.

ments et les éclaircissements nécessaires; arrête en outre que chaque lettre arrivant sera communiquée aux membres de la section qu'elle concernera, et qu'aucune lettre ne partira du secrétariat, qu'elle ne soit revêtue de la signature des membres qu'elle concernera et de celle du président.

SÉANCE DU 20 MESSIDOR,

AN 2 DE LA RÉPUBLIQUE (8 JUILLET 1794).

Communication de Charles. — Commission exécutive d'instruction publique. — Transport des marbres de l'ancienne église de Sorbonne. — Mesures en vue de réprimer les dégradations commises dans les maisons nationales. — Demande de Lenoir. — Appointements des employés dans les dépôts. — Plainte de Faye, ingénieur des travaux publics. — Vases de porcelaine à Hazebrouck. — Livres du district de Joigny. — Commission des arts de Port-la-Montagne. — Remise du travail de chaque section, le 25 de chaque mois. — Distribution d'un ouvrage. — Jardin botanique à Caen. — Scellier, Boucault, Nadreau. — Cabinet d'anatomie de la maison Égalité. — État remis par Lenoir. — Rapport sur un projet de cartes en relief. — Rapport sur une réclamation de Devoitine. — Jardin de géographie pratique. — Projet d'utilisation de la machine de Marly. — Vicq-d'Azyr remplacé par Leclerc. — Démission de Fragonard. — Collection d'oignons liliacés à Port-Liberté. — Vitraux de l'église des Filles-Dieu. — Bibliothèques d'émigrés. — Recherche des objets de sciences et d'arts en pays conquis. — Dépôt des Cordeliers. — Objets en bronze destinés à la fonte pour des canons. — Objets à enlever chez le condamné Trudon. — Inventaires d'anatomie communiqués à Thillaye. — Procédés de la citoyenne Biheron pour conserver les pièces d'anatomie. — Carte en relief à réclamer au château de Versailles. — Carte en relief chez Montmorency. — Inventaires et dépôts d'inventaires.

Après la lecture du procès-verbal, qui est adopté avec quelques amendements, le président lit l'extrait de la correspondance.

Charles annonce à la Commission que les difficultés que les commissaires avaient éprouvées pour le transport de quelques objets de physique, malgré l'autorisation du Comité des domaines, étaient levées, et que l'objet de leur mission était parfaitement rempli. La Commission temporaire des arts a arrêté qu'aux deux commissaires déjà nommés pour visiter le Garde-Meuble seront adjoints les citoyens Nitot, Picault, Richard et Besson, avec autorisation de s'en faire ouvrir toutes les armoires et de prendre connaissance de tous les objets qu'elles renferment. Les mêmes commissaires prendront note de tous les objets d'arts à réserver et en feront un rapport à la Commission.

Le Comité de salut public, désirant avoir la nomenclature de toutes les dépenses qui doivent être autorisées par la Commission exécutive d'instruction publique, cette Commission invite celle des arts à lui faire parvenir le plus promptement possible le montant de ses dépenses annuelles, classées de manière à pouvoir connaître les dépenses fixes et les frais divers; à la lettre est joint un modèle de classification à remplir. La lettre et le modèle sont renvoyés à l'agent, à qui les membres des différentes sections de la Commission des arts remettront les renseignements nécessaires sur les dépenses particulières qu'ils ont faites. L'agent est invité à porter tous les membres de la Commission sur l'état des indemnités, en laissant en blanc les noms de ceux qui ont d'autres traitements.

Les agents de la division des dépôts et des services extraordinaires, sur les représentations qui leur ont été faites par la Commission des transports, invitent la Commission des arts à se concerter avec eux pour l'emploi des voitures nécessaires au transport des marbres existant encore dans la ci-devant église de Sorbonne. La Commission arrête que l'agent invitera l'expert à donner la note des voitures nécessaires pour cet objet et qu'il sera adressé une lettre de remerciement aux agents de la division des dépôts et des services extraordinaires.

La Commission des revenus nationaux annonce[1] qu'en conséquence de la lettre du président de la Commission des arts, en date du 1er messidor, elle a écrit aux départements de Paris et de Seine-et-Oise de renouveler la publication des lois pénales, et surtout celle du 6 juin 1793, contre ceux qui commettraient des dégradations dans les maisons nationales. La Commission arrête mention de cette lettre au procès-verbal.

Lenoir, garde du Dépôt des Petits-Augustins, demande à la Commission la marche qu'il doit suivre pour toucher ses appointements en qualité de gardien. La Commission arrête que ce citoyen fera son mémoire, le remettra à la Commission qui, lorsqu'il sera approuvé, le communiquera à la Commission exécutive d'instruction publique. Sur l'observation de quelques membres que la somme de 1,000 livres pour

---

[1] Le 18 messidor (F^{17} 1048, n° 1).

[8 juill. 1794] DE LA COMMISSION TEMPORAIRE DES ARTS. 273

les gardiens et (celle) de 800 livres pour les portiers n'étaient point suffisantes, vu la cherté progressive des denrées et à cause que ces citoyens consacraient presque tout leur temps à remplir leurs fonctions, la Commission arrête que les conservateurs des dépôts seront à 3,000 livres, les gardiens à 1,500 livres et les portiers à 1,000 livres. Les appointements dateront du jour du précédent arrêté. Il est arrêté en outre que Naigeon, Lenoir et Molard se concerteront pour présenter à la Commission un projet de règlement intérieur pour l'organisation des dépôts.

La Commission des travaux publics fait parvenir à celle des arts [1] des observations du citoyen Faye, ingénieur des travaux publics dans le district de Mortagne et de Bellême [2]. Ce citoyen se plaint de la négligence et même de la mauvaise volonté des administrateurs de ce district à nommer des citoyens experts pour la confection des catalogues des bibliothèques, la recherche et l'inventaire des objets de sciences et arts. La Commission arrête qu'il sera écrit aux administrateurs du district de Mortagne et de Bellême pour les inviter à rendre compte du résultat de leur travail à ce sujet. L'auteur de la dénonciation ne sera point désigné dans la lettre.

La Commission de commerce et d'approvisionnements de la République transmet [3] à celle des arts copie d'une lettre de l'agent national près le district d'Hazebrouck, relative à deux très beaux vases de porcelaine de la Chine. La Commission de commerce demande le jugement de celle des arts sur ces vases afin d'en disposer autrement, si elle ne les jugeait pas dignes d'être réservés. La Commission des arts arrête qu'il sera écrit à celle de commerce et d'approvisionnements que ces deux vases seront conservés comme monuments d'art et portés dans le dépôt du chef-lieu de district.

Les administrateurs du district de Joigny rendent compte de l'état

---

[1] Par lettre du 12 messidor (F17 1048, n° 1).

[2] Lettre de Faye, du 7 prairial, avec lettre d'envoi des administrateurs du district de Mortagne à la Commission d'instruction publique, du 9 du même mois (F17 1044).
Faye appelle l'attention du Comité d'instruction publique sur la difficulté de mettre en pratique «ses profondes instructions» sur la manière d'inventorier les productions des arts et des sciences, ainsi que celles de Grégoire sur la bibliographie. Il dit ses efforts infructueux auprès de ses concitoyens pour réagir contre «l'esprit destructeur», car jusqu'à présent il n'a pas été possible de trouver personne qui, par sa compétence ou son crédit auprès des sociétés populaires, fût en état d'effectuer les inventaires qui sont demandés.

[3] Par lettre du 17 messidor (F17 1048, n° 1).

des livres trouvés dans les maisons nationales de ce district. Ils observent qu'ils sont presque tous de nature à être supprimés et demandent qu'il leur en soit substitué d'autres dont on puisse former la bibliothèque du district. La Commission arrête qu'il leur sera répondu à ce sujet et que, suivant l'avis de Poirier dans son rapport, on les invitera à faire attention aux manuscrits des ci-devant Capucins de Joigny. La lettre des administrateurs est renvoyée au Comité d'instruction publique.

La Commission des arts, établie au Port-la-Montagne par un arrêté des représentants du peuple du 27 prairial, rend compte de ses opérations au Comité d'instruction publique [1]. La Commission temporaire des arts renvoie le mémoire à ce Comité.

Le président rappelle à la Commission des arts l'article du règlement qui porte que chaque section remettra, le vingt-cinquième jour de chaque mois, un état de ses travaux à l'agent de la Commission, lequel en dressera un tableau général dont il fera lecture dans la séance suivante à la Commission assemblée, et ce tableau sera présenté chaque mois par deux commissaires au Comité d'instruction publique. La Commission arrête que cet article sera exactement mis à exécution, et qu'à la suite de l'état des travaux faits chaque section donnera une indication des travaux à faire.

On distribue à différents membres de la Commission un ouvrage intitulé : *Observations de quelques patriotes sur la nécessité de conserver les monuments de la littérature et des arts* [2]. Richard est chargé d'en faire un rapport.

Médard-Vincent Dusollié demande une place dans un dépôt; sa lettre est renvoyée dans le carton des demandes.

Les administrateurs du directoire du district de Caen annoncent à la Commission qu'il existe dans la commune de Caen un jardin de botanique bien entretenu, et que le citoyen Demoneux, qui s'occupe de cette partie depuis vingt-huit ans, y travaille journellement avec un zèle et une assiduité qui ne peuvent que lui attirer des louanges. La lettre est renvoyée dans un carton particulier destiné à contenir ces résultats, for-

---

[1] Voir ce compte rendu, daté du 27 prairial (F^{17} 1047, n° 1, et F^{17} 1044). Il résulte du compte rendu en question que beaucoup d'objets d'arts ou de sciences ont été ou dégradés ou dilapidés, et que l'accord ne règne pas entre l'administration des biens des émigrés et l'ancienne Commission des sciences et arts.

[2] Les *Observations de quelques patriotes...*, titre d'une brochure de 23 pages (Paris, an II), signée d'Antoine-Auguste Renouard, Chardin et Charlemagne fils.

mant réponse à la circulaire des Comités des domaines et d'instruction.

Les citoyens Scellier, Boucault et Nadreau remettent sur le bureau leurs mémoires de dépenses par lesquels ils demandent des acomptes. La Commission renvoie ces mémoires à l'expert chargé de faire un rapport sur la demande de ces citoyens.

Desoteux fait part à la Commission [1] des motifs qui ont retardé le transport du cabinet d'anatomie de la maison Égalité, dont l'inventaire a été fait conjointement avec Fragonard. La Commission arrête que les commissaires, précédemment nommés pour cet objet, demanderont à l'agent de la Commune les deux commissaires qui sont chargés du scellé, afin de procéder au prompt transport des objets d'anatomie de la maison Égalité.

Lenoir, garde du Dépôt des monuments, rue des Petits-Augustins, remet sur le bureau l'état des objets entrés dans ledit Dépôt depuis le 10 jusqu'au 20 messidor.

Un mémoire de dépenses faites par Poirier, montant à 30 livres, visé par l'agent, est adopté.

Buache fait son rapport sur un projet de cartes géographiques en relief, présenté par Lartigue. La Commission renvoie ce rapport au Comité d'instruction publique avec invitation d'en arrêter l'impression.

Les membres de la section de physique chargés de faire un rapport sur la réclamation de Devoitine d'un mémoire sur les baromètres, d'une mappemonde, collée sur toile, et d'une autre, divisée en petits carrés, qui se trouvaient sous les scellés chez Lavoisier, déclarent qu'ils n'ont trouvé aucun des objets indiqués.

Les membres du Muséum d'histoire naturelle seront joints aux commissaires de la section de géographie, précédemment nommés pour faire un rapport sur le projet d'un jardin de géographie pratique.

Campmas demande si la Commission s'est occupée de son projet de faire servir la machine de Marly à une fabrication d'armes sans la priver de ses fonctions primitives. Molard propose, et la Commission arrête que le rapport sur le projet de Campmas fera partie du rapport général sur la machine de Marly, dont on s'occupe en ce moment.

La Commission, dans la précédente séance, avait chargé la section d'anatomie de lui proposer un citoyen pour remplacer Vicq d'Azyr.

---

[1] Sa lettre est du 19 messidor (F^{17} 1047, n° 1).

Corvisart annonce que la section d'anatomie a jeté les yeux sur Leclerc [1], professeur d'anatomie, officier de santé et médecin des armées; cette présentation, appuyée par Leblanc, est approuvée par la Commission, qui la renvoie au Comité d'instruction publique.

Fragonard demande que la Commission veuille bien nommer un citoyen pour le remplacer. Il témoigne ses regrets de ce que sa santé ne lui permet pas de remplir ses fonctions comme il le désirerait. La Commission, qui connaît les services que ce citoyen a rendus à l'École vétérinaire d'Alfort et ses connaissances dans l'anatomie, l'invite, au nom du patriotisme, de rester à son poste, qu'il remplira aussi dignement par ses conseils, qu'il l'a rempli par son zèle et son activité.

Un membre annonce à la Commission qu'à Port-Liberté il existe une collection d'oignons de liliacées du Cap de Bonne-Espérance, composée de plus de 15,000 bulbes en 80 espèces différentes, apportées par Labrousse, qui vient d'être condamné [2]. Il demande que cette collection, dans laquelle se trouve un grand nombre de graines étrangères, soit transportée au Muséum d'histoire naturelle. La Commission arrête qu'il sera écrit au district de Port-Libre pour la conservation provisoire de ces objets et autorise la section de botanique à en faire exécuter le transport au jardin national botanique de Paris.

Les administrateurs du Département de Paris préviennent la Commission [3] que les vitraux de la ci-devant église des Filles-Dieu, rue Franciade, précieux par la peinture et le dessin, sont malheureusement chargés de fleurs de lys et autres signes de féodalité. Ils invitent la Commission à faire visiter ces vitraux et enlever ce qui lui paraîtra digne d'être conservé comme monument d'art. La Commission envoie la lettre à la section de peinture.

La Commission d'agriculture et des arts renvoie [4] à la Commission temporaire des arts trois lettres de l'agent national du district près le Département de Paris, dans lesquelles il invite la Commission à procéder à l'enlèvement des bibliothèques de l'émigré Lacharlonnie-La-

---

[1] Le Clerc (Nicolas-Gabriel Clerc, *dit*), né à Baume-les-Dames le 6 octobre 1726, mort le 30 décembre 1798.

[2] Labrousse (Joseph-Germain-Paul), conseiller au Parlement de Toulouse, condamné à mort le 26 prairial an II (W 386, n° 897).

[3] Leur lettre est du 15 messidor (F17 1048, n° 1).

[4] Le 16 messidor (F17 1048, n° 1).

blottais, de l'émigré Musset, du nommé Berdelbuch et de l'émigré Bernard. Les lettres sont renvoyées à la section de bibliographie.

Besson, qui, le 10 pluviôse dernier, avait fait une motion touchant le Palatinat, la renouvelle aujourd'hui pour les Pays-Bas[1]. Elle consiste à examiner s'il ne conviendrait pas que les monuments d'arts et de sciences, qui existent dans la plupart des églises, abbayes et hôtels de ville des pays dont nos troupes font la conquête, fissent partie des contributions qu'on lèvera dans ces pays conquis et vinssent enrichir les dépôts de la République. Des membres observent que le Comité de salut public y a déjà pourvu en y envoyant des citoyens chargés de faire la recherche et la collection des chefs-d'œuvre que renferment les Pays-Bas. Sur l'exposé que quelques-uns des citoyens chargés de cette mission n'avaient point les connaissances nécessaires pour la remplir utilement, la Commission arrête : 1° que le rapport de Besson sera communiqué au Comité de salut public, avec invitation de bien s'assurer du civisme et de la capacité des citoyens qu'il emploie pour recueillir les objets de sciences et arts; 2° que Lebrun, Varon, Besson et Grégoire se concerteront pour rédiger dans le plus court délai une instruction sur les soins et mesures de conservation à prendre et sur les enlèvements de ces objets précieux, laquelle instruction sera imprimée et envoyée à tous les généraux et aux armées; 3° que chaque membre de la Commission donnera aux quatre commissaires ci-dessus les renseignements qu'il peut avoir sur l'existence et le mérite des objets propres à l'instruction qui se trouvent dans les pays conquis.

Montaman obtient la parole pour se disculper sur les difficultés qu'avait éprouvées Barrois pour le travail des tablettes dans la maison des ci-devant Cordeliers. Il annonce que plusieurs ouvriers employés par Lacroix, menuisier entrepreneur, sont distraits et occupés à d'autres ouvrages, et que par ce moyen le travail des tablettes aux Cordeliers était ralenti. La Commission arrête que Lacroix, menuisier, sera prévenu que tous les ouvriers qui sont sous ses ordres sont en réquisition pour accélérer et achever le travail urgent des tablettes dans les dépôts littéraires.

Roze, commissaire du Comité de salut public, informe la Commission que la République a besoin de métaux pour fabriquer des canons,

[1] Motion de Besson (F^{17} 1231).

et l'invite à faire examiner les objets en bronze qui se trouvent dans les dépôts, pour savoir s'ils méritent d'être conservés ou convertis en bouches à feu.

La Commission charge les sections de sculpture et de peinture d'examiner dans les différents dépôts les objets propres à la refonte. La section des antiquités leur est adjointe. On accusera la réception de la lettre au citoyen Roze.

Une lettre de l'agent national du district près le Département de Paris [1], qui annonce qu'il est urgent de faire enlever de la maison du condamné Trudon, notaire, une quinzaine de médailles et une bibliothèque peu considérable, qui occasionnent des frais de garde, est renvoyée à la section des antiquités et à celle de bibliographie.

Thillaye demande que la Commission lui fasse passer les inventaires d'anatomie, qu'il se charge de mettre en ordre, et avancer par ce moyen le travail de la Commission dans cette partie, qu'il soupçonne ralentie par l'absence de deux de ses membres. La Commission arrête que les inventaires d'anatomie seront recueillis par la section et qu'ils seront communiqués à Thillaye.

Les commissaires, chargés de se transporter chez la citoyenne Biheron pour prendre les renseignements relatifs à la préparation et conservation des pièces d'anatomie artificielles, font leur rapport; il en résulte que, sous les rapports de la répugnance vaincue, des difficultés surmontées, d'une patience à l'épreuve et d'une adresse acquise par un long travail, la citoyenne Biheron a droit à des éloges mérités. Les commissaires déposent sur le bureau leur rapport, conjointement avec celui de la citoyenne Biheron, dans lequel elle fait part des procédés qu'elle emploie pour préparer et conserver les pièces d'anatomie artificielle. La Commission arrête que le rapport des commissaires et le mémoire de la citoyenne Biheron seront déposés dans le carton d'anatomie.

Les citoyens Scellier et Nadreau sont autorisés à faire enlever de la maison Champlâtreux, district de Gonesse, les objets d'art en marbre et autres, conformément aux inventaires dressés par Picault et Dupasquier. Nadreau est en outre autorisé à enlever environ 150 livres qui se trouvent dans ladite maison.

---

[1] Datée du 18 messidor (F^{17} 1048, n° 1).

[8 juill. 1794] DE LA COMMISSION TEMPORAIRE DES ARTS. 279

Lacroix, membre du Comité des domaines [1], prévient la Commission que, dans le cabinet du dernier des tyrans de France, se trouve la carte en relief du canal de Charolais [2], dont on s'occupe en ce moment; la Commission arrête qu'il sera écrit au district de Versailles pour lui demander cette carte, laquelle sera déposée à la Bibliothèque nationale, vu le peu d'utilité de cette carte pour l'instruction publique.

Sur l'avis de Buache que, dans la maison Montmorency s'est trouvée une carte en relief d'une partie de la Suisse, et qui a été transportée au Dépôt national des cartes et plans près la Commission des travaux publics, la Commission arrête que le Comité d'instruction publique sera invité à donner son avis sur la destination de cette carte.

Deux commissaires, Buache et Molard, sont chargés de se transporter à Ris pour prendre connaissance de la bibliothèque et des autres objets de sciences et arts qui s'y trouvent.

Deux inventaires, signés Picault et Dupasquier, l'un de la maison de Gilbert de Voisins, l'autre de Mollet de Champlâtreux, tous deux morts sous le glaive de la loi, sont déposés sur le bureau [3].

La section des dépôts littéraires remet deux catalogues de livres, un du nommé Froment, l'autre de l'émigré ex-évêque d'Autun [4].

Un membre propose que des corps de bibliothèques, qui se trouvent dans plusieurs maisons d'émigrés et condamnés, soient transportés dans les trois maisons nationales désignées pour dépôts. La proposition est adoptée; Nadreau est autorisé à faire ce transport. La Commission autorise Naigeon à prendre, pour l'usage de son dépôt, un corps de bibliothèque.

[1] Delacroix (Charles), député de la Marne, qui avait été nommé membre du Comité des domaines le 23 octobre 1793.

[2] Le canal de Charolais ou du Centre, qui met en communication la Saône et la Loire, avait été commencé en 1784 par les soins des États de Bourgogne, mais il ne fut livré à la navigation que pendant l'hiver de 1793 à 1794.

[3] Ces deux inventaires concernent des tableaux, marbres, bronzes antiques, meubles de Boule, instruments de musique, etc. (F17 1269). — Gilbert de Voisins (Pierre), président à mortier au Parlement de Paris, condamné à mort le 25 brumaire an II (W 296, n° 248). — Molé de Champlâtreux (Édouard-François-Mathieu), président à mortier au Parlement de Paris, condamné à mort le 1er floréal an II (W 349, n° 703 bis).

[4] Inventaire des livres trouvés dans la maison du nommé Froment, émigré, cloître de Notre-Dame, n° 21, 17 messidor an II (F17 1195). — Inventaire des livres trouvés dans la maison de l'émigré Talleyrand-Périgord, ex-évêque d'Autun, rue de l'Université, 900 (F17 1195).

SÉANCE DU 25 MESSIDOR,

AN II DE LA RÉPUBLIQUE (13 JUILLET 1794).

Beuvelot n'a pu avoir accès aux Invalides. — Demande de la Commission des travaux publics. — Effets mis en réserve dans la maison de l'émigré Saint-Simon. — Demande du citoyen Flandrin. — Mobilier à examiner chez Perceval, chez Pauge à Passy. — Manuscrit de *la Nouvelle Héloïse*, par J.-J. Rousseau. — Visite à faire chez Laborde. — Fixation du traitement des citoyens Verger et Binay. — Cachets de la Commission. — Nouveau procédé de nitrières artificielles. — Bibliothèque du condamné Bailly. — Construction du Muséum d'histoire naturelle. — Rapport sur une brochure intitulée ; *Observations de quelques patriotes sur la nécessité de conserver les monuments de la littérature et des arts.* — Dépenses de Lenoir. — Inventaire des dépôts de musique. — Démolitions dans les églises Saint-Médard et de l'Enfant-Jésus. — Pendules à secondes. — Acomptes à Scellier, Nadreau et Boucault. — Enlèvement des objets mis en réserve à la Monnaie. — Inventaires d'instruments de musique chez Caumont la Force et Gilbert. — Inventaires de livres et d'objets de zoologie. — Cabinet du citoyen Mailly. — Mission de Goupy pour diverses villes.

Après la lecture du procès-verbal, qui est adopté avec quelques changements, le président lit l'extrait de la correspondance.

Beuvelot observe à la Commission qu'il n'a pu avoir accès dans la maison des Invalides pour y prendre connaissance des plans de fortifications et d'autres objets relatifs à la partie militaire, sans une autorisation spéciale du Comité de salut public, d'après un arrêté du même Comité, en date du 27 prairial. La Commission arrête qu'il sera écrit au Comité de salut public pour lever tout obstacle à ce sujet[1].

La Commission des travaux publics, pour éviter les dépenses qu'on peut épargner au Trésor national, demande[2] si la Commission des arts peut trouver dans quelqu'un de ses dépôts les ouvrages suivants : cinq exemplaires de l'*Almanach des Bâtiments*, cinq exemplaires du *Dictionnaire de l'ingénieur*[3], par Belidor, cinq exemplaires du *Dictionnaire*

---

[1] La Commission des travaux publics opposa une fin de non-recevoir absolue à toute demande de communication de plans de fortifications (note du 19 messidor an II, F17 1164).

[2] Par lettre du 24 messidor (F17 1048, n° 1).

[3] *Dictionnaire portatif de l'ingénieur et de l'artilleur*, Paris, 1755, publié par Bernard Forest de Bélidor, ingénieur.

de la marine. Renvoyé à la section de bibliographie, chargée de faire la recherche de ces livres et de les communiquer à la Commission des travaux publics.

L'agent national du district près le Département de Paris invite la Commission [1] à faire procéder le plus tôt possible au transport des effets mis par elle en réserve dans la maison de l'émigré Saint-Simon. La lettre est renvoyée aux sections qu'elle concerne.

Flandrin, vice-président de l'École vétérinaire d'Alfort, prévient la Commission que les circonstances exigeant le remuage fréquent des sacs de charbon qu'on a été obligé de placer au-dessous de la salle où se trouve la collection de pathologie, il est nécessaire de la transporter dans d'autres salles; il demande que des membres de la section d'anatomie veuillent bien concourir à cette opération [2]. La Commission arrête que ce transport sera effectué, et que préalablement il sera dressé deux inventaires de la collection de pathologie, dont un sera déposé entre les mains de Flandrin, les objets étant sous sa responsabilité.

Guillerend, administrateur du district de l'Égalité, invite la Commission des arts à envoyer un de ses membres pour examiner un bureau, qui mérite peut-être d'être conservé par la Nation et qui fait partie du mobilier de Perceval, condamné, dont on fait maintenant la vente [3]. Un membre observe que dans ce mobilier se trouve un télescope, qui pourrait également mériter attention. La Commission charge Molard de visiter le bureau, ainsi que le télescope, et de voir s'il ne s'y trouverait pas aussi d'autres objets à mettre en réserve.

Le directoire du district de Franciade demande [4] qu'on fasse l'examen du mobilier de l'émigré Pange [5] à Passy; il se trouve dans la maison qu'il y occupait des tableaux qui paraissent précieux, des instruments d'anatomie, des minéraux et des marbres. La lettre est renvoyée aux sections qu'elle concerne.

[1] Sa lettre est du 18 messidor (F¹⁷ 1048, n° 1).

[2] La lettre de Flandrin est du 19 messidor (F¹⁷ 1047, n° 1).

[3] Sa lettre figure sous la cote F¹⁷ 1047, n° 1. — Perceval-Frileuse (Charles-René), ancien fermier général, condamné à mort le 19 floréal an II (W 362, n° 785).

[4] Par lettre du 21 messidor (F¹⁷ 1048, n° 2).

[5] Pange (Marie-François-Denis-Thomas de), ex-colonel en 2ᵉ du 2ᵉ hussards Berchiny. Inquiété après le 31 mai, il fut arrêté le 3 juin, puis relâché. Il vécut alors sous la sauvegarde du maire de Passy; mais, dénoncé au Comité de sûreté générale, le 25 pluviôse an II, il se cacha, fut de nouveau arrêté et ne put recouvrer la liberté que le 14 nivôse an III (F⁷ 5649).

Boulard, imprimeur-libraire, a donné avis au Comité d'instruction publique qu'il se trouve chez la femme Boufflers [1], condamnée, un manuscrit de *la Nouvelle-Héloïse*, de la main de J.-J. Rousseau, dans lequel on a inséré les dessins originaux de Gravelot [2]; que dans la même bibliothèque il se trouve des manuscrits du même auteur, entre autres sa correspondance avec la vieille maréchale de Luxembourg [3], correspondance où il se trouve des anecdotes très curieuses et surtout des lettres qui prouvent l'authenticité du manuscrit de *la Nouvelle-Héloïse*. Le Comité d'instruction publique renvoie cet avis à la Commission des arts, qui arrête que la section de bibliographie sera chargée de recueillir ce manuscrit, qui sera confronté avec quelques lettres écrites de la main de J.-J. Rousseau, qui existent chez Malesherbes, et qu'il sera remis au Comité d'instruction publique, qui en fera l'usage qu'il convient.

Le commissaire Dunays invite la Commission [4] à prendre connaissance des effets précieux qui se trouvent chez Laborde, dont la maison est mise à la disposition de la Commission des transports militaires; vu l'urgence, toutes les sections sont invitées de s'y rendre, de prendre connaissance de ce qui les concerne et de procéder à l'enlèvement des objets.

Le président du Département de Paris fait parvenir à la Commission [5] un arrêté qui fixe le traitement des citoyens Verger et Binay, commissaires près la Commission des arts, à 2,400 livres, à compter

---

[1] Boufflers (Amélie de), duchesse de Lauzun, veuve du duc de Biron, condamnée à mort le 9 messidor an II (W 397, n° 921).

[2] Manuscrit relié en maroquin rouge du Levant, ajoute-t-il, par le célèbre Derôme (F17 1047, n° 1).
Gravelot (Hubert-François Bourguignon, dit), dessinateur et graveur, né à Paris le 26 mars 1699, décédé dans la même ville le 19 avril 1773.
Rousseau, intime avec le maréchal et la maréchale de Luxembourg, avait fait pour la maréchale une copie de sa *Nouvelle Héloïse*, ornée d'estampes originales de Gravelot. Cet exemplaire, chef-d'œuvre de calligraphie de la main de Rousseau, forme 6 volumes in-18 qui sont conservés à la bibliothèque du Palais-Bourbon; c'est le troisième des manuscrits de *la Nouvelle Héloïse* que possède cet établissement. Cf. l'article de Marcellin Pellet, intitulé : *Les manuscrits de J.-J. Rousseau au Palais-Bourbon* (*Revue de la Révolution française*, septembre 1906).

[3] Madeleine-Angélique de Neufville-Villeroy, marquise de Boufflers, duchesse de Luxembourg, morte en janvier 1787, avait épousé en secondes noces, en 1750, le maréchal de Luxembourg (Charles-François-Frédéric de Montmorency).

[4] La lettre est du 25 messidor (F17 1047, n° 1).

[5] Le 19 messidor (F17 1048, n° 1).

du jour où ils ont été employés par ladite Commission; à la charge par eux de restituer les sommes qu'ils ont pu toucher depuis la même époque pour vacations, et de se procurer des certificats qui constatent leur état d'activité dans les fonctions qui leur sont confiées près la Commission.

Il est arrêté que les certificats demandés par le Département aux citoyens Verger et Binay leur seront accordés sur l'attestation des membres de la Commission des arts.

La demande de Jacques-Guy Ruyneau est renvoyée au carton.

L'agent remet deux cachets, un pour la section de physique à Fortin, l'autre pour la section des antiquités à Varon.

Le mémoire de Dupré, graveur, montant à la somme de 640 l. 4 s. pour les cachets livrés à la Commission, visé par l'agent, est adopté.

La Commission des armes, poudres et exploitations des mines de la République écrit à celle des arts[1] que la veuve Taramela a présenté au Comité de salut public un mémoire sur un procédé de nitrières artificielles. La Commission des armes, qui désire faire faire l'expérience sous ses yeux, invite la Commission des arts à permettre qu'elle ait lieu dans le jardin des ci-devant Petits-Augustins. La Commission accorde l'autorisation demandée, sous la surveillance de Lenoir, garde du Dépôt.

Sur l'exposé de Lacroix que, dans la bibliothèque du condamné Bailly il se trouve un manuscrit précieux de Defer de la Nouelle sur la navigation intérieure de la France[2], la Commission temporaire des arts autorise la section de bibliographie, conjointement avec le Comité des domaines, à inviter les administrateurs du district de Melun à distraire ce manuscrit et le faire parvenir de suite au Comité des domaines.

Sur l'observation d'un membre que ce manuscrit est réclamé par un citoyen qui s'en dit l'auteur, la Commission arrête que ce citoyen justifiera de sa propriété auprès du Département.

La Commission autorise Buache à requérir la levée des scellés, en présence d'un commissaire du Département, d'un carton renfermant quelques manuscrits provenant de la maison de l'émigré La Luzerne,

---

[1] Le 25 messidor (F17 1048, n° 1).
[2] Defer de La Nouerre (Nicolas), ancien capitaine d'artillerie, ingénieur hydraulique et économiste du XVIIIe siècle, auteur de l'ouvrage intitulé : De la possibilité de faciliter la navigation intérieure du royaume. Paris, 1786, 2 vol. in-8°. Il présenta en 1786 un projet pour l'ouverture du canal de l'Yvette. Cf. H. Monin, L'état de Paris en 1789, p. 359-360.

et arrête que ledit carton avec les pièces sera communiqué au Comité d'instruction publique, et que copie de l'inventaire et du rapport de Buache sera adressée au Comité de salut public.

Un mémoire de dépenses faites par Poirier, montant à 29 livres 17 sols, visé par l'agent, est adopté.

Sur la représentation de Baudoin qu'une bâtisse qu'il a commencée et que des locataires d'une maison qu'il a achetée sur le terrain mis dans l'enclave du Muséum national d'histoire naturelle, sont aujourd'hui en souffrance, vu la suspension ordonnée par un arrêté du Comité de salut public [1], et que lui-même ne sait quel parti prendre, la Commission temporaire des arts arrête que Baudoin se retirera par devers Fourcroy, représentant du peuple, et les citoyens chargés de la construction du Muséum d'histoire naturelle, pour en recevoir les renseignements nécessaires.

Richard fait son rapport sur l'ouvrage intitulé : *Observations de quelques patriotes sur la nécessité de conserver les monuments de la littérature et des arts* [2]. La Commission, vu l'utilité de cette petite brochure dans laquelle sont proposés les moyens de sauver le berceau de la liberté universelle de l'abîme de la barbarie où le crime et l'ignorance s'efforcent de l'entraîner, arrête que les citoyens Chardin, Renouard et Charlemagne fils seront invités à assister à la prochaine séance, et que le Comité d'instruction publique sera invité à faire tirer un plus grand nombre d'exemplaires de cet ouvrage, qui ne peut être trop répandu, vu son utilité pour l'instruction publique, et comme cet ouvrage embrasse plus particulièrement les productions littéraires, ces citoyens seront invités à s'étendre par un supplément sur les objets d'arts et de sciences en général.

Les sections de peinture et d'antiquités sont chargées de désigner dans les différents dépôts nationaux les objets propres à la refonte.

La Commission adopte les dépenses faites par Lenoir, garde du Dépôt, et l'autorise à en toucher le montant en justifiant d'un certificat qui atteste sa résidence à son poste.

Sur l'exposé d'un membre que la musique et les instruments de musique qui se trouvaient dans différentes maisons d'émigrés et condamnés, avaient été transportés au Département, la Commission arrête

---

[1] Voir, au sujet de l'agrandissement du Muséum, l'arrêté du 27 floréal an II (*Recueil Aulard*, t. XIII, p. 544). — [2] Rapport de Richard (F17 1245, n° 1).

que le Département sera invité à donner à Bruni communication des dépôts de musique et instruments qui sont à sa disposition.

Sur la demande de Lannoy, le citoyen Scellier est chargé de faire démolir les marbres, qui sont dans la ci-devant église Saint-Médard et dans celle dite de l'Enfant-Jésus[1], et les faire transporter au Dépôt des Petits-Augustins, conformément aux inventaires faits par la section d'architecture.

Sur la proposition de Janvier, et par suite de l'arrêté du Comité de salut public, déjà justifié par Chappe, la Commission arrête que Janvier prendra les mesures convenables pour faire transporter les pendules à secondes, annoncées par la Commission des arts du département de Seine-et-Oise, et qu'il en donnera décharge.

L'expert fait son rapport sur la demande en acompte par Scellier sur les mémoires fournis pour la démolition des monuments en marbre et autres, leur transport et placement au Dépôt national. La Commission arrête que Scellier recevra pour dernier acompte, jusqu'au règlement définitif de ses mémoires remis, la somme de vingt mille livres.

L'expert fait son rapport sur la demande en acompte par Nadreau sur ses mémoires fournis à la Commission. Il est arrêté que Nadreau recevra pour dernier acompte, jusqu'au règlement définitif des mémoires remis, la somme de cinq mille livres.

Sur le rapport de l'expert, la Commission des arts arrête que Boucault recevra pour acompte, jusqu'au règlement définitif des mémoires remis, la somme de quinze mille livres.

Les sections de peinture et de sculpture sont autorisées à se transporter à la Monnaie pour procéder à l'enlèvement des objets qui y ont été mis en réserve.

Bruni dépose sur le bureau deux inventaires d'instruments de musique, provenant, l'un de chez Caumont La Force, l'autre de la maison de Gilbert[2].

Richard remet deux catalogues d'objets de zoologie, l'un de la maison de Prédicant[3], notaire, condamné, l'autre de Pontgibaut[4], émigré.

---

[1] Rapport de David Le Roy et Lannoy sur les marbres de cette église qui sont à transporter (F¹⁷ 1265).

[2] Ces deux inventaires se trouvent sous la cote F¹⁷ 1054, n° 1.

[3] Prédicant (Louis-Dominique-Augustin), notaire à Paris, condamné à mort le 4 ventôse an II (W 328, n° 541).

[4] M. de Pontgibault, ex-comte, rue de Montmorency, au Marais.

Poirier dépose l'inventaire des livres de la bibliothèque de l'émigré Bernard[1].

Ameilhon remet sur le bureau l'état des livres de l'émigré Beague[2].

Le président rappelle aux différentes sections l'arrêté de la dernière séance, qui les invite à remettre à l'agent l'état général de leurs opérations depuis l'institution de la Commission jusqu'à ce jour. Les sections qui n'ont pas satisfait à l'arrêté sont invitées à s'en occuper et à remettre ledit état dans l'intervalle de la présente séance à la suivante.

La section de minéralogie est chargée de demander au citoyen Mailly un aperçu du montant de son cabinet, pour, après le rapport des commissaires, être communiqué au Comité des finances.

Picault, chargé de faire un rapport sur deux tableaux faits par Naigeon et commandés pour la Suisse[3], déclare à la Commission qu'il a oublié de s'en occuper, mais qu'à la prochaine séance il réparerait cet oubli.

Picault annonce à la Commission que le citoyen Goupy, artiste, sur le point d'aller à Grasse, par Auxerre, Autun, Commune-Affranchie, Vienne, Valence, Montélimart, Avignon, Aix et Fréjus, offre ses services à la Commission pour surveiller dans ces villes l'exécution de la loi du 8 pluviôse relative à la conservation des objets de sciences et arts, et lui communiquer les renseignements qu'il pourra recueillir à ce sujet. La Commission autorise le citoyen Goupy, artiste, à surveiller l'exécution de la loi du 8 pluviôse, non seulement dans les villes ci-dessus désignées, mais encore de prendre connaissance à Marseille des objets de sciences et arts qui peuvent s'y trouver, notamment de la collection provenant de Choiseul-Gouffier, et d'entretenir une correspondance suivie avec la Commission temporaire des arts[4].

---

[1] «Inventaire des livres de la bibliothèque de l'émigré Bernard, rue Marc, par le citoyen Poirier, les 21 et 22 messidor an II, déposés rue Marc, maison Montmorency» (F¹⁷ 1198-1199).

[2] État des livres de l'émigré Béhague, rue Charlot, remis par Ameilhon au Dépôt de Thorigny, le 25 messidor an II (F¹⁷ 1200).

[3] Les deux tableaux en question étaient: «Jésus chassant les marchands du Temple», et «Jésus faisant son entrée à Jérusalem».

d'une valeur de 800 livres : un arrêté du Comité de salut public, en date du 16 thermidor, autorisa Naigeon à les expédier dans le canton de Fribourg (Recueil Aulard, t. XV, p. 633).

[4] Goupy entretint en effet une correspondance suivie avec la Commission temporaire des arts et lui adressa d'Avignon, d'Aix, de Vienne, de Grasse, de Fréjus, diverses lettres rendant compte de ses opérations, de fructidor an II à brumaire an III (F¹⁷ 1044).

SÉANCE DU 30 MESSIDOR,

AN 2 DE LA RÉPUBLIQUE (18 JUILLET 1794).

Communication du Comité révolutionnaire de Montfort-le-Brutus. — Tableaux à Orléans. — Mémoriaux de Jean Le Robert. — Boîte de médailles trouvée dans la forêt de Bondy. — Objets d'arts mis en réserve dans le district de Gonesse. — Tableaux de réception à l'Académie de peinture. — Pavement du Panthéon. — Transports de bibliothèques. — Abus au sujet de l'apposition des scellés. — Objets d'arts aux Invalides. — Mobilier du condamné Roettiers. — Vitraux à Écouen. — Commissaires chez Laborde. — Vente à l'église des Petits Pères et aux Incurables. — Inventaire du mobilier de Charles-Philippe Capet. — Inventaire chez Lambert. — Demandes de la Commission d'agriculture et des arts et de Lamy, libraire. — Mémoires de dépenses. — Objets inventoriés au collège de Tournon. — Voyage d'Ameilhon et Nitot dans l'arrondissement du Bourg-Égalité. — Collection d'histoire naturelle de l'émigré Perceval. — Récolement demandé par Mulot au Dépôt de Nesle. — Tableau de la Sorbonne. — Dépôt de manuscrits. — Rapport de Lebrun sur le Dépôt de Nesle. — Collection d'anatomie de Süe offerte à la Nation. — Livres à exporter à l'étranger. — Transport des dessins de Buffon au Muséum d'histoire naturelle. — Globes de Bergevin et de Coronelli. — Inventaires chez Anisson-Duperron et chez divers émigrés. — Marbres de Saint-Merry. — Inventaires de livres. — Collection d'oignons du Cap à Port-Libre. — Wicar, commissaire dans la Belgique. — Objets d'arts du district de Sarreguemines. — Pendules à recueillir dans le district de Cusset. — Commission des arts de Port-La-Montagne.

On fait lecture du procès-verbal de la précédente séance : il est adopté avec quelques légers changements.

Un procès-verbal des membres du Comité révolutionnaire de Montfort-le-Brutus[1], adressé au Comité d'instruction publique, est renvoyé par ce Comité à la Commission des arts, il est relatif à une visite faite chez le nommé Boiestelle, dans la maison duquel on a trouvé des tableaux et des figures qui rappellent des idées de royauté, de féodalité et de superstition. Les membres du Comité révolutionnaire de Montfort-le-Brutus demandent à être éclairés sur la conduite qu'ils doivent suivre dans cette circonstance. La Commission renvoie le procès-

---

[1] Dans ce procès-verbal on signale entre autres l'existence d'un grand tableau représentant une religieuse qui tient d'une main un crucifix et de l'autre un cœur, et de 18 tableaux représentant des crucifix, saints suaires et autres reliques servant au fanatisme et à la superstition (F^{17} 1270).

verbal à la section de peinture avec invitation d'en prendre connaissance et d'écrire à ce sujet à la commune de Montfort-le-Brutus.

Un membre observe qu'à Orléans il se trouve pareillement des tableaux qu'il soupçonne être dégradés par le peu de soin que l'on en a pris. La Commission arrête qu'il sera écrit nominativement au district d'Orléans pour lui demander l'état des tableaux qui sont en sa possession et d'indiquer les moyens de conservation qu'il a pris pour en empêcher la dégradation.

Le directoire du district de Cambrai fait parvenir des renseignements sur les moyens qu'il a pris pour se procurer les mémoriaux de Jean Le Robert[1]: il annonce que, l'inventaire de la ci-devant abbaye Saint-Aubert étant commencé depuis quelques jours, il est très possible qu'on les retrouve dans cette bibliothèque, et que dans ce cas il s'empressera d'en informer la Commission[2].

Le Département de Police de la commune de Paris donne avis au Comité d'instruction publique qu'une boîte contenant des médailles de Louis XIV a été trouvée dans la forêt de Bondy par la citoyenne Dugy, voiturière, et déposée à la Police, d'où le Comité est invité à les faire retirer, sauf à les rendre, si elles étaient réclamées. Le Comité est également invité à faire accorder un encouragement à la citoyenne Dugy. Cet avis est renvoyé par le Comité à la Commission des arts, qui charge la section des antiquités de visiter ces médailles et de lui en faire un rapport[3].

Sur l'avis donné par l'agent national du district de Gonesse[4] que des membres de la Commission des arts doivent, sous peu de jours, faire enlever à Champlâtreux des tableaux et des bustes en marbre, il observe que, d'après la loi, il sera établi dans chaque district une bibliothèque nationale et une sorte de muséum : en conséquence, il demande s'il ne

---

[1] D'après une note de M. A. Le Glay à la fin du *Catalogue descriptif et raisonné des manuscrits de la Bibliothèque de Cambrai*, Desiderata, n° 5, les mémoriaux de Jean Le Robert, abbé de Saint-Aubert, qui vivait au xv° siècle, malgré les recherches faites en vertu des instructions du Comité d'instruction publique, ne furent jamais retrouvés et ne sont connus que par les extraits qu'en a donnés l'abbé Mutte.

[2] Lettre du directoire du district de Cambrai à la Commission des arts, 22 messidor (F17 1044).

[3] Lettre des administrateurs de Police (F17 1048, n° 1).

[4] Lettre du district de Gonesse, 24 messidor (F17 1044) : cette lettre signale l'existence à Champlâtreux de 6 bustes de marbre blanc d'après l'antique, de 4 tableaux de Boucher et du tableau de Vincent dont il est question au procès-verbal.

conviendrait pas de réserver ces bustes et ces tableaux pour le service du district et de l'instruction des jeunes habitants de Gonesse qui se destinent à l'École des arts. Le même agent ajoute que le tableau de Vincent[1], représentant *Molé au moment où il est arrêté par Broussel*, est menacé d'être livré aux flammes. Il appelle sur tous ces objets l'attention du Comité d'instruction publique, qui a renvoyé cette lettre à la Commission des arts. La Commission arrête qu'il sera écrit au district de Gonesse pour l'inviter à envoyer l'état des objets de sciences et arts qui sont dans son arrondissement et d'indiquer les moyens qu'ils ont pris pour leur conservation.

On fait l'observation, au sujet des tableaux, qu'il existe un arrêté du Comité de salut public[2], qui autorise les auteurs vivants à retirer les tableaux qu'ils ont déposés dans les salles de la ci-devant Académie de peinture, lors de leur réception en ladite Académie, et que les héritiers des auteurs morts auront la même faculté d'en disposer, comme bon leur semblera. La Commission arrête que ces observations et l'arrêté du Comité de salut public seront communiqués au Comité d'instruction publique, avec invitation d'écrire au Comité de salut public.

Le citoyen Cazalis, détenu, fait offre[3] à la Commission de procurer, pour le pavement du Panthéon français, une quantité suffisante de marbre de Carrare, bleu turquin et blanc veiné. La Commission passe à l'ordre du jour, motivé sur ce qu'on se servira pour le pavement du Panthéon des marbres qui se trouvent dans les dépôts.

Doucet, père de famille, demande à occuper une des nouvelles places créées pour les travaux relatifs à la section des dépôts littéraires. La lettre est renvoyée aux commissaires chargés d'examiner les demandes des citoyens.

L'agent national du district près le département de Paris invite[4] la Commission à faire transporter la bibliothèque mise par elle en réserve, il y a au moins huit mois, chez La Goupillière, rue du Temple. Renvoyé à la section de bibliographie. Sur l'observation d'un membre qu'on était sollicité de toutes parts à faire des enlèvements d'objets

---

[1] Vincent (François-André), peintre d'histoire, reçu académicien le 27 avril 1782. *Le président Molé saisi par les factieux au temps de la Fronde* figura au Salon de 1779.

[2] Cet arrêté est du 19 messidor. (Cf. *Recueil Aulard*, t. XIV, p. 782.)

[3] Sa lettre est du 25 messidor (F17 1047, n° 1).

[4] Le 22 messidor (F17 1048, n° 1).

d'arts, et surtout de livres et de bibliothèques, la Commission arrête 1° qu'il sera fait un tableau général des enlèvements à faire et des maisons où se trouvent les objets à enlever, lequel sera présenté à chaque séance; 2° que le chef du bureau de bibliographie se concertera avec les membres de la section des dépôts littéraires pour le choix et la nomination de citoyens intelligents et propres à faire des catalogues de livres et à les transporter avec soin et précaution; 3° que la section des dépôts littéraires est invitée à faire un rapport sur les difficultés qui se rencontrent pour les enlèvements de livres, sur les moyens d'y remédier, et que ce rapport sera communiqué à la nouvelle agence qui va s'établir.

Charles instruit la Commission qu'outre la difficulté de réunir des commissaires pour la levée des scellés, plusieurs d'entre eux s'étaient permis d'apposer les scellés avec des cachets qui n'étaient point suffisants pour arrêter la malveillance et la déprédation des objets scellés, puisqu'on s'était même servi pour cet effet d'un gros sol. La Commission arrête que ce fait sera communiqué au Comité d'instruction publique et à celui des domaines pour dénoncer cet abus au Département, et l'inviter, vu le danger d'une semblable mesure, à y apporter remède au plus tôt.

Les membres de l'agence de la Maison nationale des militaires invalides préviennent la Commission des arts que dans la réforme de certains objets d'arts qui a lieu dans cette maison, il s'en trouve qui peuvent intéresser la Commission; ils l'invitent en conséquence à les faire enlever. La lettre[1] est renvoyée aux sections de sculpture et de peinture, chargées de visiter les objets énoncés, et à faire un rapport sur les changements et métamorphoses qu'on pourrait faire subir à quelques-uns de ces objets.

La vente du mobilier de Roettiers, condamné[2], devant se faire sous peu de jours, le commissaire Perrot en informe la Commission, pour qu'elle fasse procéder à l'enlèvement d'objets qu'elle a mis en réserve, tels que forte-piano, clavecin, violon, instruments de mathématiques et autres. La lettre est renvoyée aux sections qu'elle concerne.

---

[1] Du 27 messidor (F^{17} 1048, n° 1). — Voir un inventaire des tableaux, fresques et marbres de l'Hôtel des Invalides, par Lebrun, 20 nivôse an II (F^{17} 1267).

[2] Roettiers (Jean-Baptiste-Emmanuel), gentilhomme de la Chambre du roi, condamné le 9 pluviôse an II pour s'être trouvé aux Tuileries le 10 août (W 316, n° 457).

Sur l'avis de Lambert[1], commissaire des guerres, qu'il existe encore au ci-devant château d'Écouen, aujourd'hui hôpital militaire, une quantité de vitraux précieux, le commissaire ordonnateur de la 17ᵉ division militaire[2] en informe la Commission en l'invitant à faire enlever d'autant plus promptement ces vitraux qu'ils offrent quelques restes de féodalité et de fanatisme qui blessent l'œil clairvoyant du républicain[3]. L'avis est renvoyé à Naigeon, chargé d'aller à Écouen visiter ces vitraux et d'examiner s'ils n'offrent pas quelque chose d'intéressant pour les arts.

Le commissaire Dunays réitère[4] pour la troisième fois l'avis relatif à l'examen à faire chez Laborde des objets précieux qui s'y trouvent. Il y a une extrême urgence, vu que la Commission des transports militaires veut absolument s'établir dans cette maison. La Commission arrête que des membres de chaque section se transporteront chez Laborde.

Gérard, commissaire du Département, annonce[5] que la vente du mobilier de la ci-devant église des Petits-Pères et de celui de l'hospice des Incurables va se faire sous peu de jours; que dans la première, il y a des meubles, dans la seconde, des tableaux. La Commission renvoie l'avis à la section de peinture et à celle d'architecture.

Le commissaire Lesourd-Duplessis invite[6] les différents membres de la Commission à se transporter au Temple pour y faire l'examen du mobilier de Charles-Philippe Capet et pour faire procéder à l'estimation des objets qui seraient mis par eux en réserve. La Commission invite les membres des différentes sections à se transporter au Temple.

Garnier, commissaire du Département, invite la Commission à envoyer quelques-uns de ses membres pour reconnaître s'il y a dans la maison de Lambert, condamné[7], dont il fait l'inventaire, quelques objets d'arts à mettre en réserve[8]. Les membres des différentes sections sont invités à s'y transporter.

La Commission d'agriculture et des arts écrit[9] à celle des arts que

---

[1] Lambert (Anatole-Joseph), commissaire des guerres à Saint-Denis.
[2] Lefeuvre d'Arles (Claude-François).
[3] Voir sa lettre (F¹⁷ 1048, n° 1).
[4] Le 24 messidor (F¹⁷ 1047, n° 1).
[5] Le 26 messidor (F¹⁷ 1047, n° 1).
[6] Le 25 messidor (F¹⁷ 1047, n° 1).
[7] Lambert (Claude-Guillaume), contrôleur général, condamné à mort le 9 messidor an II (W 397, n° 921).
[8] Le 29 messidor (F¹⁷ 1047, n° 1).
[9] Le 28 messidor (F¹⁷ 1048, n° 1).

les artistes qui s'occupent à faire des lunettes acromatiques manquent de flint-glass. Elle demande des renseignements sur les artistes qui auraient pu s'occuper de cet objet, et l'indication de celui qu'on croira le plus capable de s'occuper de cette découverte. La Commission temporaire des arts charge Besson de rédiger, séance tenante, une réponse à la lettre de la Commission d'agriculture et des arts, et lui communiquer les renseignements qu'il peut avoir à ce sujet.

Lamy, libraire, réclame[1] auprès de la Commission des matériaux manuscrits pour la description de la ci-devant province du Dauphiné, lesquels se trouvaient dans la bibliothèque de l'émigré Virieux[2], qui en a laissé son reçu par écrit. La section de bibliographie est autorisée à remettre à Lamy, libraire, les matériaux manuscrits qu'il réclame.

Un mémoire de dépenses par Naigeon, montant à quatre-vingt-dix-sept livres cinq sols, visé par l'agent, est adopté.

Un mémoire de dépenses présenté par Poirier, montant à la somme de dix-sept livres dix-sept sols, visé par l'agent, est adopté.

L'agent informe la Commission que les quatre mille livres, mises à sa disposition pour les dépenses journalières et imprévues, sont sur le point d'être épuisées. La Commission autorise l'agent à demander à la Commission exécutive d'instruction publique la somme de six mille livres pour les dépenses journalières de la Commission des arts.

On dépose sur le bureau un inventaire d'objets propres à l'instruction publique qui se trouvent dans des dépôts au collège de Tournon. La Commission arrête que chaque section que cet inventaire concerne en prendra connaissance.

Un état des appointements de Laurent, employé au Dépôt des monuments, montant à trois cents livres, certifié véritable par Lenoir et approuvé par l'agent de la Commission, est adopté.

Ameilhon fait lecture du rapport de son voyage avec Nitot dans l'arrondissement du Bourg de l'Égalité[3]. Richard propose que la collection d'oiseaux, mise en réserve chez le condamné Perceval, soit transportée au Muséum national d'histoire naturelle. La proposition est adoptée,

---

[1] Par lettre du 27 messidor (F17 1047, n° 1).

[2] Virieu (François-Henri, comte de), colonel de Limousin-infanterie, ancien constituant, domicilié 72, rue de Varenne.

[3] Il s'agit de la visite de diverses maisons d'émigrés et de condamnés (F17 1245, n° 1).

Richard est autorisé à faire cet enlèvement. La Commission charge Ameilhon d'écrire à Sceaux-Penthièvre pour l'envoi de cette collection.

Mulot informe la Commission[1] qu'on a enlevé du Dépôt de Nesle, sans un récolement préalable, les œuvres en musique provenant de l'émigré Clermont d'Amboise pour les transporter au Dépôt de la rue Bergère. Il demande qu'avant que ces papiers soient confondus avec les autres, il en soit fait un récolement par les membres de la Commission chargés de faire cet enlèvement. La Commission arrête que les membres de la section de musique se concerteront avec Mulot pour le récolement demandé par ce citoyen et pour la décharge à lui donner.

Le Comité révolutionnaire de la section Chalier transmet à la Commission des arts copie du procès-verbal relatif à la mutilation d'un tableau dans une des salles de la maison, ci-devant Sorbonne; il y joint la partie détachée et découpée de ce tableau, afin que la Commission puisse juger de l'importance de ce délit et le dénoncer, s'il y a lieu, aux autorités qui en doivent connaître. La Commission arrête qu'il sera écrit au Comité révolutionnaire de la section de Chalier une lettre de remerciement sur le zèle qu'il a mis à dénoncer ce délit, et qu'il se trouve heureusement que ce tableau n'est qu'une copie[2].

On dépose sur le bureau : 1° un manuscrit in-folio du César de Glascow, en carton, papier marbré; 2° l'extrait du mémoire de la province de Franche-Comté, dressé en 1697[3], petit in-4°, en carton, papier marbré; 3° une liasse de différents mémoires, dont le premier est intitulé : *Renseignements relatifs au commerce et à la navigation des Français à Naples*. La Commission arrête que ces trois articles seront déposés à la bibliothèque du Comité d'instruction publique.

Lebrun fait un rapport[4] sur le Dépôt national de Nesle et le dépose sur le bureau; il remet également l'inventaire des objets que ce Dépôt renferme, ainsi que des observations qu'il a recueillies en inventoriant ce Dépôt. Lebrun observe à la Commission que, sur cinquante et un inven-

---

[1] Par lettre en date du 25 messidor (F17 1047, n° 1).

[2] Le 1er thermidor, le Comité d'instruction publique invitait la Commission des arts à s'enquérir du nom du mutilateur de ce tableau, qui était, comme l'on sait, un portrait du cardinal de Richelieu (*Procès-verbaux*, t. IV, p. 837).

[3] Il s'agit de l'un de ces mémoires rédigés par les intendants pour l'éducation du duc de Bourgogne, analogue à celui de la généralité de Paris, publié par M. de Boislisle.

[4] Transmis le 1er thermidor au Comité d'instruction publique (*Procès-verbaux*, t. IV, p. 837).

taires, il en manque neuf entièrement et quatorze, que la Commission supprimée des monuments aurait dû remettre; que Mulot avait entre ses mains l'inventaire de Chantilly-Condé. La Commission arrête : 1° que les observations recueillies par Lebrun en inventoriant le Dépôt de Nesle seront communiquées au Comité d'instruction publique; 2° que Mulot sera invité à remettre au secrétariat l'inventaire de Chantilly; 3° qu'à mesure que les pièces perdues ou égarées se retrouveront, on écrira en marge sur chacune, *retrouvé;* 4° que l'agent présentera un état général des copies des inventaires à la prochaine séance.

Süe, professeur d'anatomie, déclare à la Commission qu'il est dans l'intention d'offrir à la République une collection considérable, tant en zoologie qu'en anatomie, préparée avec le plus grand soin et formant un ensemble propre à l'instruction publique, il invite la Commission à nommer dans son sein des commissaires pour examiner cette collection. La Commission nomme, à cet effet, les citoyens Corvisart, Richard et Fragonard, et les charge d'en faire leur rapport[1].

Morel, père de famille, et sujet à quelques infirmités, demande à être employé dans une place de surveillance sédentaire ou quelque autre conforme à ses facultés. La demande est renvoyée aux commissaires chargés d'examiner les pétitions des citoyens.

D'après le rapport fait par l'expert concernant la demande de Baujouan, maçon, employé à la démolition des monuments de royauté et de féodalité, ainsi que des marbres provenant des mausolées, la Commission temporaire des arts arrête que ce citoyen se pourvoira pour le règlement de son mémoire par-devant les autorités qui l'ont mis en œuvre, la Commission n'ayant pas droit d'ordonnancer des travaux qu'elle n'a pas commandés.

La Commission temporaire des arts, d'après le rapport des commissaires nommés pour examiner les demandes des citoyens Le François, Barrois et Aubry, tendantes à faire sortir du territoire de la République les livres qui y sont mentionnés, arrête qu'elle n'y trouve pas d'inconvénient et qu'en conséquence le visa sera donné.

Lamarck est autorisé par la Commission temporaire des arts à faire transporter au Muséum national d'histoire naturelle les dessins origi-

---

[1] Lettre de Süe, professeur d'anatomie aux Écoles nationales de chirurgie, 26 messidor F^{17} 1047, n° 1).

naux de Buffon, qui se trouvent chez le condamné Duclos-Dufresnoy [1].

La Commission arrête que le globe terrestre, exécuté pour servir de modèle à celui de 8 pieds projeté par Bergevin et qui se trouve dans la maison de la Commission des affaires étrangères, sera transporté au Comité d'instruction publique, et charge le citoyen Buache de ce transport, ainsi que des deux globes terrestres et célestes de Coronelli, qui se trouvent dans la maison du ci-devant Ministre de l'intérieur et qui seront transportés dans la bibliothèque du Muséum d'histoire naturelle.

Buache annonce qu'il a découvert un globe dans la maison..., et Charles qu'il en a trouvé deux chez Saint-Priest. La Commission arrête que ces trois globes seront transportés à la bibliothèque du Comité d'instruction publique.

Lenoir, membre de la Commission, fait part que, s'étant transporté chez Anisson-Duperron pour faire l'inventaire d'une cassette renfermant des instruments de physique, il a rencontré quelques difficultés de la part d'un commissaire aux ventes. La Commission des arts arrête que Lenoir est autorisé à inventorier cette cassette et à la faire transporter au Dépôt de la ci-devant Académie.

Naigeon dépose sur le bureau l'état des objets d'arts trouvés dans la maison du condamné Tavernier-Boulogne [2], de l'émigré d'Artois, de l'émigré Xavier de Saxe [3], de l'émigré Barville, dans la maison de la Révolution, ci-devant Palais-Bourbon, de l'émigré Galliffet, de la ci-devant princesse Monaco [4], de l'émigré Valentinois [5], dans l'église Saint-Merry, de l'émigré Serpaud [6], de l'émigré Robert de Saint-Vincent, de la Maison de l'Enfant-Jésus, et dans le garde-meuble des ci-devant écuries d'Orléans [7].

[1] Duclos-Dufresnoy (Charles-Nicolas), notaire, condamné à mort le 14 pluviôse an II (W 318, n° 471).
[2] Boullongne (Auguste-Philippe-Louis-Joseph Tavernier-), émigré.
[3] Saxe-Teschen (Albert-Casimir-Ignace-Pierre-François-Xavier, duc de), émigré.
[4] Monaco (Marie-Catherine de Brignole, femme d'Honoré-Camille-Léonor de Grimaldi, prince de), émigrée.
[5] Valentinois (Honoré-Charles-Maurice Grimaldi, prince de Monaco, duc de), émigré.
[6] Serpaud (Jacques), ancien intendant du duc de Montmorency, condamné à mort le 25 frimaire an II (W 302, n° 329).
[7] Chez Tavernier-Boullongne, place de la Révolution, parmi les nombreuses peintures réservées se trouvaient des toiles de Gérard Terburg, David Téniers, du Poussin, de Vernet, Wynants, Berghem, Adrien Van Ostade, Paul Bril, Rembrandt; cinq porte-

Boucault demande l'autorisation de la Commission pour enlever les marbres de la ci-devant église [Saint-]Merry. Sur l'observation que Laplanche a demandé depuis longtemps la permission de faire lui-même cet enlèvement, la Commission ajourne la demande de Boucault jusqu'après le rapport qui sera fait à ce sujet par l'expert.

La section de bibliographie dépose l'inventaire des livres trouvés dans la maison d'Asnières, dans celle de Pétion, dans celle de Coesnon, collège de Bayeux, dans celle de Rouhaut, dans celle de la femme Montmorency-Tingry, et dans celle de l'émigré Cicé, aux Incurables [1].

Une lettre de Porchez, horloger, adressée à la Commission des arts, est renvoyée au Comité d'instruction publique.

Thouin annonce qu'à Port-Libre, ci-devant Port-Royal, il existe une collection d'oignons du Cap, de graines et de manuscrits, qui ont appartenu à Labrousse, condamné. La Commission autorise Thouin à s'adjoindre le citoyen Legoy pour le transport des oignons de Port-Libre.

Richard informe la Commission que, dans la lettre qu'il avait été chargé d'écrire, il y avait erreur dans l'adresse, parce qu'il avait pris

feuilles contenant des estampes d'Italie furent également réservés, ainsi qu'un certain nombre de gouaches : l'inventaire fut fait en trois fois, du 12 prairial au 22 messidor (F^{17} 1269). — Au Temple, chez l'émigré d'Artois, le 19 prairial et jours suivants, ont été notamment réservées des peintures du Poussin, de Boucher, Greuze, David, Vincent, Vernet, Robert, Isaac Van Ostade, Van de Velde, Van der Meulen, et de riches objets de mobilier. — Chez Valentinois, rue Saint-Dominique, est signalée particulièrement une belle collection d'estampes (par Nanteuil, Edelinck). — Chez l'émigré Barville, 5 tableaux sur cuivre et une chasse de Van der Meulen. — Chez Serpaud, ex-fermier général, on se borne à mettre de côté quelques tableaux et estampes ; au garde-meuble des écuries d'Orléans, des planches de cuivre gravées et des estampes (F^{17} 1269). Les autres inventaires n'offrent rien de remarquable ; ils se trouvent sous la même cote.
— Voir un inventaire du Palais-Bourbon, par Lebrun, en date du 27 septembre 1793 (F^{17} 1267).

[1] Inventaire des livres trouvés dans la maison de l'ex-marquis d'Asnières, rue Avoie, n° 160, envoyés au Dépôt de Thorigny, 1 messidor an II (F^{17} 1200). — Inventaire des livres trouvés dans l'appartement de Pétion, député hors la loi, cul-de-sac de l'Orangerie, et déposés au Dépôt national, rue de Lille (F^{17} 1196). — Inventaire des livres se trouvant dans la maison de l'émigré Coesnon, ci-devant avocat, rue de la Harpe, au collège ci-devant de Bayeux, 25 messidor an II (F^{17} 1195). — Inventaire des livres du ci-devant comte de Rouhault, rue des Fontaines, envoyés au Dépôt de Thorigny, 27 messidor an II (F^{17} 1200). — Inventaire des livres de la ci-devant Montmorency-Tingry, rue de Lille, n° 547, 27 messidor an II (F^{17} 1196). — Description des livres de la bibliothèque de l'émigré Cicé, aux Incurables, remis au Dépôt de la rue de Lille (F^{17} 1196).

Port-Libre pour Port-Malo. La Commission arrête que Richard rectifiera cette erreur en écrivant aux administrateurs du district d'Hennebont.

Thouin est autorisé à prendre connaissance de l'offre faite de céder à la Nation la collection végétale de Navarre.

Le même membre communique à la Commission une lettre de Dunouy, agent des salpêtres dans le département des Basses-Alpes[1]. Cette lettre, qui donne indication de plusieurs objets d'agriculture, d'arts et de sciences, est renvoyée à la section des antiquités.

Vicard[2], nommé commissaire pour se transporter dans la Belgique, à l'effet d'examiner et de recueillir les tableaux précieux qui se trouvent dans ce pays conquis, est autorisé à s'adjoindre un citoyen qui ait des connaissances dans la peinture : il sera donné avis à la Commission de cet adjoint. Grégoire est également invité à présenter à la Commission des arts un bibliographe, qui ait en même temps connaissance des antiquités.

Les membres du Muséum sont invités à choisir des naturalistes pour le transport de l'histoire naturelle de la Belgique. Il sera donné avis aux commissaires pour la Belgique qu'à Gand, dans la maison de l'évêque, il existe un cabinet d'histoire naturelle, un jardin de botanique avec des serres chaudes, garnies de plantes étrangères et rares, une ménagerie, une oisellerie précieuse.

Les administrateurs du district de Sarreguemines, dans une lettre adressée au Comité d'instruction publique, annoncent que de tous les objets d'arts qui se trouvaient dans leur arrondissement, ils ne possèdent plus qu'un quart mobile d'astronomie, encore est-il entièrement dégradé, les autres objets ayant été transportés à Metz, ou consumés par les flammes par ordre du général Pully[3]. La Commission arrête qu'il sera écrit par les membres de la section de physique aux administrateurs du district de Sarreguemines pour les inviter à veiller à la conservation du quart mobile d'astronomie.

---

[1] En date du 2 messidor (F17 1047, n° 1).

[2] Wicar (J.-B.), peintre d'histoire, élève de David, membre du Conservatoire du Muséum des arts et de la Commission temporaire des arts, donna sa démission de ces deux places, le 17 thermidor an II.

Il avait été exclu le 16 de la Société républicaine des arts. Cf. Guillaume, Procès-verbaux du Comité d'instruction publique, t. IV, p. 906, 944.

[3] Pully (Charles-Joseph Randon de Malboissière de), maréchal de camp, était employé à l'armée de la Moselle.

Les administrateurs du district de Cusset préviennent le Comité d'instruction publique qu'il se trouve dans certaines maisons nationales des instruments de jeu, tels que billards, trictracs, etc., et quelques pendules dont le travail est rare. La Commission des arts, à qui cette lettre est communiquée, arrête qu'il sera écrit aux administrateurs du district de Cusset qu'ils peuvent vendre les instruments de jeu, mais que, quant aux pendules, elles seront recueillies avec soin et conservées dans le dépôt du district.

La Commission des sciences et arts, établie au Port-la-Montagne, dans le compte qu'elle rend au Comité d'instruction publique, demande si, en vertu du décret qui détermine un musée dans les arsenaux de marine, la Commission est autorisée à délivrer à ceux qui sont chargés de ce musée les objets relatifs à la marine et qu'ils ne cessent de réclamer. La Commission temporaire des arts, à qui cette question est soumise, arrête qu'il leur sera répondu qu'ils sont autorisés à le faire sous leur récépissé.

SÉANCE DU 5 THERMIDOR,
AN 2 DE LA RÉPUBLIQUE (23 JUILLET 1794).

Dénonciation de Charles au sujet des scellés. — Vérification des dépenses de la Commission. — Bibliothèque aux Invalides. — La maison d'Aiguillon convertie en dépôt d'instruments de physique. — Transport à Paris des objets réservés à Louveciennes. — Vases de marbre blanc à la Motte-Tilly. — Envoi de commissaires à la Chapelle et à Pont-sur-Seine. — Indemnité des commissaires artistes de Versailles. — Admission à la séance des auteurs d'un ouvrage intitulé : *Observations de quelques patriotes*, etc. — Enlèvement des bibliothèques d'émigrés. — Inventaires dans le Puy-de-Dôme. — Cabinet d'Orléans. — Cupidon de Fréjus. — Inventaires de livres à Pontoise. — Fouilles à Bayeux. — Cartes et plans. — Inventaire de gravures et de musique à Arles. — Demande de Léonard Bourdon relative à la Société des Jeunes Français. — Appointements de Mulot. — Récolement du Dépôt de Nesle. — Rapport sur Écouen. — Livres à Montélimart (Drôme). — Réparations au Dépôt des Petits-Augustins. — Agence des mines. — Commissaires dans la Belgique. — Inventaires à la maison d'Harcourt. — Ouvrages de géographie demandés par le Comité de division. — Armes trouvées au Garde-meuble. — Objets d'antiquités à Riez. — Bibliothèque de La Goupillière.

Le procès-verbal, après quelques rectifications, est adopté.

Charles, invité par un arrêté du Comité d'instruction publique à remettre par écrit sa dénonciation au sujet des commissaires de la Municipalité qui s'étaient servis de cachets insignifiants pour apposer des scellés, dépose sur le bureau son rapport, qui est renvoyé par la Commission au Comité d'instruction publique.

L'agent demande qu'il soit nommé des commissaires pour vérifier l'emploi de 4,000 livres mises à sa disposition pour les dépenses journalières et imprévues des membres de la Commission. Richard et Lelièvre sont nommés à cet effet.

La Commission d'agriculture et des arts fait passer à celle des arts une lettre[1] des agents de la Maison nationale des militaires invalides, qui annoncent que, dans cette maison, il existe une bibliothèque contenant des livres de deux classes, les uns relatifs à l'Ordre de Saint-Louis, les autres relatifs à la religion : ils pensent que le meilleur usage qu'on puisse faire de ces derniers serait de les employer à la confection des cartouches dont ils viennent d'établir une fabrique. Ils invitent néanmoins la Commission des arts, avant de rien arrêter à cet égard, à prendre connaissance de ces livres et à porter son jugement sur ceux qu'elle croirait devoir être conservés. La Commission renvoie cette lettre à la section de bibliographie, et la charge de faire enlever cette bibliothèque dans le plus court délai.

Le directeur de l'Enregistrement et des Domaines nationaux annonce au président de la Commission qu'il vient de donner les ordres nécessaires pour que l'état de la situation des lieux de la maison ci-devant d'Aiguillon, destinée à former un dépôt pour les instruments de physique[2], soit remis incessamment à Molard, et que les réparations nécessaires à la couverture soient faites sur-le-champ.

La Commission des revenus nationaux prévient[3] celle des arts que la Commission de commerce et approvisionnements vient de se concerter avec celle des transports, qui a donné les ordres nécessaires pour

---

[1] En date du 1er thermidor (F^{17} 1048, n° 1).

[2] Molard, conservateur du dépôt des instruments de physique, outils, modèles et machines, établi par la Commission temporaire des arts, rue de l'Université, n° 396, remit, le 8 thermidor, un aperçu des dépenses nécessaires pour cet établissement, montant à 6,000 livres, savoir 4,500 livres pour le matériel; Molard ne touchait point ses appointements de conservateur (3,000 livres), étant employé par la Commission d'agriculture et des arts (F^{17} 1219).

[3] Par lettre du 30 messidor (F^{17} 1048, n° 1).

que les caisses d'objets réservés à Louveciennes soient transportées à Paris. Les membres de la Commission des arts sont invités à en faire l'examen et à extraire les objets qu'ils croiront dignes d'être placés au Muséum national. La Commission arrête que les commissaires, précédemment chargés d'aller à Louveciennes, se rendront à l'invitation et se concerteront avec les commissaires de Versailles pour la visite des objets que ces caisses renferment.

La Commission d'agriculture et des arts annonce [1] que le jardinier de la propriété nationale de la Motte-Tilly, qui appartenait à Terray [2], a donné avis qu'il existait dans cette maison soixante beaux vases de marbre blanc, quarante-huit en fonte et sept statues de marbre par Pajou et Caffieri. La Commission temporaire des arts est invitée à prendre à cet égard les mesures convenables. La lettre est renvoyée à la section de sculpture, chargée d'examiner les objets annoncés à la Motte-Tilly. La même section est invitée à se transporter à la Chapelle pour visiter les objets appartenant à Boullongne. Les mêmes commissaires se rendront également à Pont-sur-Seine et prendront, avant leur départ, communication des notes remises par Ameilhon au secrétariat, relativement aux objets d'arts qui se trouvent dans ce district.

Les citoyens artistes de Versailles font part à la Commission que la somme de 7 livres par jour, qui leur était allouée par le Département pour leurs opérations, et qui était même inférieure à leurs dépenses journalières, avait été réduite par les administrateurs du district à celle de 5 livres. Ils exposent que leurs occupations ne leur laissent pas un instant pour vaquer à d'autres affaires, et ils réclament la justice de la Commission pour solliciter une augmentation d'indemnité en leur faveur. La Commission renvoie la lettre des commissaires artistes de Versailles [3] au Comité d'instruction publique, avec invitation de leur assigner la même indemnité qu'aux membres de la Commission temporaire des arts, sans y comprendre les frais de voyages et de déplacement qui leur seront payés à part.

Les citoyens Renouard et Chardin, auteurs d'un ouvrage intitulé : *Observations de quelques patriotes*, etc., sont introduits à la séance. Le

---

[1] Sa lettre est du 2 thermidor (F17 1048, n° 1).

[2] C'est-à-dire l'abbé Terray (Joseph-Marie), contrôleur général des finances, qui lors, de sa disgrâce, fut relégué dans ses terres à la Motte-Tilly (Aube), où il possédait un fort beau château.

[3] En date du 4 thermidor (F17 1238).

président les accueille favorablement au nom de la Commission et les invite à traiter dans un supplément les parties d'arts sur lesquelles ils ne se sont point assez étendus. Varon est nommé pour se concerter avec eux et remplir l'objet que se propose la Commission; ces citoyens sont invités à assister à la séance.

La Commission des revenus nationaux invite celle des arts à enlever les objets qui occasionnent des frais de garde et à lui indiquer les objets qui pourraient s'opposer à cette opération. Cette lettre est renvoyée à la section de bibliographie, avec invitation de faire, à la prochaine séance, le rapport dont elle est chargée sur les moyens qu'elle emploie et qu'elle peut employer pour enlever promptement toutes les bibliothèques qui se trouvent chez [les] émigrés ou condamnés; il est arrêté, en outre, que les commissaires chargés d'examiner les pétitions des citoyens qui sollicitent des places, se réuniront demain pour procéder à cet examen et faire un choix analogue aux différents besoins de la Commission.

Le département du Puy-de-Dôme envoie vingt-six cartes d'inventaires d'instruments de physique; il est arrêté que ces cartes seront déposées dans le carton de cette section.

La lettre de la Commission des revenus nationaux, relative au cabinet de la maison du ci-devant duc d'Orléans, sera remise à la section d'anatomie, chargée de se concerter à ce sujet avec l'Agence des revenus des domaines nationaux.

Les différentes sections sont invitées à faire une note des objets les plus précieux et les plus pressants à enlever, qui existent dans les différentes maisons sur lesquelles la Nation a des droits. Cette note sera communiquée au Comité des domaines ou à l'Agence des domaines nationaux.

L'agent national près le district de Fréjus annonce[1] qu'il existe dans cette ville un Cupidon, qui a servi pendant quelque temps d'Enfant-Jésus. Cet ouvrage, dit-il, a excité l'admiration des voyageurs et des étrangers. Il invite la Commission à le rappeler à sa première destination et il offre de l'envoyer à Paris orner le Muséum des arts. La Commission arrête que cet avis sera communiqué au citoyen Goupy,

---

[1] Sa lettre est du 26 messidor (F17 1044). Ce Cupidon est une statue en bois, de 2 pieds de haut, «ouvrage très bien fait, qui a excité dans tous les temps la curiosité des voyageurs étrangers»; un Anglais, dit-il, en a offert jusqu'à 20,000 francs.

chargé de visiter les monuments des arts dans ces départements, et que l'agent national de Fréjus sera averti de la visite que doit en faire le citoyen Goupy, et remercié du zèle qu'il témoigne pour la conservation des objets qui peuvent servir à l'instruction.

Les cartes de livres, envoyées par le district de Pontoise, seront remises au bureau de bibliographie, et celles qui concernent la géographie seront déposées dans le carton de cette section.

Dambreville consulte la Commission sur l'embarras qui résulte pour lui d'un décret du 2 de ce mois. La Commission arrête que copie de la lettre[1] de ce citoyen sera transmise au Comité de salut public, avec le témoignage des citoyens Barrois et Poirier sur l'utilité dont est Dambreville à la Commission pour le genre de travail auquel il est employé.

Une lettre de Bayeux sur une fouille à faire à Saint-Laurent, présentant un nouvel intérêt et des probabilités de succès pour la découverte de quelques objets intéressants d'antiquités, est renvoyée au Comité d'instruction publique, avec invitation de se conformer à l'exposé de la lettre.

La demande de Deniau, écrivain à Versailles, est renvoyée aux commissaires chargés d'examiner les pétitions des citoyens.

Une lettre de Laurent, agent national du district de Besançon, qui demande la destination des cartes et plans qui sont entre les mains de l'administration, est renvoyée à Buache.

Un membre propose et la Commission arrête qu'il sera écrit au Comité de salut public pour le prévenir des abus qui résultent de l'extension que l'on donne à son arrêté sur les cartes et plans de géographie; qu'on lui présentera également les inconvénients qu'il y aurait à accumuler dans un seul endroit toutes les cartes et plans, combien au contraire leur répartition dans différents endroits peut être avantageuse à l'instruction de tous les citoyens.

La demande de Cossé, qui dit posséder le secret de doubler le charbon de terre, est renvoyée à la Commission d'agriculture et des arts.

---

[1] Voir cette lettre dans F17 1047, n° 1. Dambreville, ancien curé d'Héry (Yonne), avait depuis quatre mois cessé ses fonctions et il était occupé par Poirier et Barrois pour la section des Dépôts littéraires, au transport et catalogue des bibliothèques, comme le constate leur certificat très élogieux du 5 thermidor; le décret du 2 thermidor l'obligeait à quitter Paris dans le délai de trois jours et à regagner son lieu d'origine.

Jolain, expert, demande à être autorisé à retirer des cartons les attachements des entrepreneurs : il est arrêté que les pièces demandées par Jolain lui seront délivrées sous le récépissé, et que, par la suite, il ne sortira des cartons aucun inventaire sans être paraphé par l'agent.

Un inventaire de gravures et de musique du district d'Arles est renvoyé au secrétariat.

Les mémoires de dépenses fournis par l'agent, collationnés par les citoyens Richard et Lelièvre, nommés à cet effet, seront signés par le président, qui y est autorisé par la Commission.

Léonard Bourdon demande un parti définitif sur l'exécution [de l'arrêté] du Comité de salut public pour la formation d'un cabinet de physique à la maison nationale de Martin-des-Champs. La Commission autorise Charles à remettre à Léonard Bourdon une collection d'instruments propres à l'instruction élémentaire de la Société des Jeunes Français, conformément à l'inventaire particulier qu'il en fera, et dont il rendra compte à la Commission.

Les membres de chaque section sont d'ailleurs invités à présenter, dans le courant du mois, le travail indicatif qu'ils ont été chargés de faire des différents objets provenant de la Liste civile ou des émigrés, qu'ils jugent propres à former dans la maison nationale Martin-des-Champs le dépôt élémentaire destiné à l'instruction des Jeunes Français.

Mulot soumet à la Commission sa demande en payement de ses appointements pour le mois de messidor. La Commission arrête que Mulot se conformera pour cet effet aux formalités d'usage. Quant à la réclamation d'indemnités demandées par Mulot, la Commission arrête qu'il sera nommé des commissaires pour examiner s'il y a lieu à accorder la demande de ce citoyen[1].

Les commissaires de la ci-devant Commission des monuments seront invités à se concerter avec ceux nommés par la Commission temporaire des arts pour terminer le plus tôt possible le récolement du Dépôt de Nesle. Naigeon fera un rapport sur la conservation ou destruction d'un marronnier qui est dans le cas de causer de l'humidité dans le Dépôt de Nesle. Le même membre présentera à la Commission une pétition tendant à obtenir la résiliation de bail d'un particulier qui

---

[1] Lettre de Mulot, 5 thermidor (F17 1047, n° 1).

habite une partie de la maison de Nesle. Cette pétition sera renvoyée au nom de la Commission au Comité des domaines.

D'après le rapport de Naigeon sur la mission dont il avait été chargé pour Écouen [1], il est arrêté : 1° qu'il sera écrit au Comité des domaines pour l'inviter à conserver la maison appartenant au ci-devant duc de Montmorency, comme très propre à former un Muséum, et à se concerter avec la Commission de santé pour faire transporter ailleurs l'hôpital militaire qui y est établi; 2° que les vitraux précieux, indiqués dans le rapport de Naigeon, seront enlevés, à charge de les remplacer sur-le-champ par des panneaux prêts. Quant à la proposition faite d'enlever les ornements et boiseries de la chapelle, il est arrêté que Naigeon et Dupasquier se transporteront à Écouen et à Champlâtreux pour se concerter avec l'administration du district de Gonesse pour opérer tout ce qu'ils jugeront le plus convenable à la conservation des objets d'arts qui s'y trouvent, à charge par eux de rendre compte de leurs opérations à la Commission des arts.

Les obstacles par les commissaires inspecteurs de la Convention nationale sur le payement des membres de la Commission seront soumis au Comité d'instruction publique.

On remet sur le bureau une note des cartes et plans dressée au dépôt des livres du district de Montélimart, département de la Drôme.

Lenoir, conservateur du Dépôt des Petits-Augustins, prévient la Commission qu'une grande quantité d'eau étant tombée dans l'église par la couverture, il a cru devoir provisoirement y faire placer un tuyau de plomb pour obvier aux accidents qui pourraient en résulter.

---

[1] Rapport de Naigeon, 3 thermidor (F17 1231). Ayant parcouru les diverses salles de l'ancien château des Montmorency, actuellement hôpital militaire, il a constaté que la plupart des célèbres vitraux figurant l'histoire de Psyché d'après Raphaël, dans la salle dite de faïence, «sont déjà mutilés, et que les autres sont exposés... au même sort, car la salle est pleine de malades». Dans la salle dite de Beauvais il a admiré des arabesques d'un charmant style. Ailleurs, on a brisé plusieurs petites figures dans le genre de Jean Goujon qui supportaient des écussons, mais il a remarqué avec plaisir que l'autel de la chapelle, transformée en atelier de menuiserie, n'a pas subi de dommages.

La Commission de Versailles a déjà enlevé à peu près tout ce qui pouvait se transporter : Naigeon sollicite la Commission temporaire des arts de faire enlever le plus tôt possible les vitraux représentant la légende de Psyché, ainsi que les arabesques, l'autel et toute la décoration de la chapelle. Les vitraux en question ont été décrits et reproduits dans l'ouvrage de M. L. Magne, *L'Œuvre des peintres verriers français, Montmorency, Écouen, Chantilly*, 1885.

Il invite l'expert à venir faire la visite de l'un des toits du Dépôt. La Commission, en approuvant la conduite de Lenoir, arrête que la Commission de l'enregistrement sera invitée à faire procéder promptement aux réparations urgentes des couvertures du Dépôt des Petits-Augustins pour assurer la conservation des objets qu'il renferme, et que l'expert sera chargé de surveiller l'exécution de ces réparations, arrête en outre que les entrepreneurs, qui ont des ouvriers en exercice dans ce dépôt, surveilleront exactement, et au moins une fois par jour, les opérations des ouvriers.

La Commission, par le même arrêté, autorise l'expert à faire peindre l'intérieur des chapelles des Petits-Augustins.

Un mémoire des appointements dus au citoyen Laurent, garçon employé au Dépôt des monuments, montant à 273 livres, certifié véritable par Lenoir et visé par l'agent, est adopté.

L'Agence des mines de la République adresse à la Commission temporaire des arts[1] deux copies certifiées de l'arrêté du Comité de salut public, en date du 18 messidor[2], et l'invite particulièrement à faire exécuter l'article 19 de cet arrêté qui porte qu'il y aura dans la maison destinée à la conférence des mines, indépendamment de la salle de conférence et des lieux destinés aux cours publics, une bibliothèque de lithologie, de minéralogie, docimasie et métallurgie, un cabinet de modèles des fourneaux et des machines servant à l'exploitation des mines, un cabinet de cartes et dessins des mines et de gîtes des fossiles, un dépôt de manuscrits et de mémoires relatifs à l'histoire des minéraux, un cabinet de minéralogie contenant toutes les productions du globe et toutes les productions de la République, rangées suivant l'ordre des localités, enfin un laboratoire pour les essais. La Commission renvoie la lettre et l'article 19 de l'arrêté à la section de bibliographie, chargée de procurer dans le plus court délai les livres demandés.

L'agent est chargé de surveiller la transcription des inventaires au nombre de trois copies.

Les professeurs du Muséum d'histoire naturelle font passer à la

---

[1] Lettre du 5 thermidor (F¹⁷ 1048, n° 1).

[2] L'arrêté en question, complétant celui du 13 messidor pour le fonctionnement de l'Agence des mines, portait règlement pour le service et l'école des mines, en 22 articles; il est reproduit par M. Aulard, *Recueil des actes du Comité de salut public*, t. XIV, p. 750.

Commission temporaire des arts un extrait du registre de leurs délibérations, du 4 thermidor[1], par lequel ils annoncent que, conformément à un arrêté de la Commission du 30 messidor, en vertu duquel ils étaient invités à choisir des naturalistes pour effectuer le transport de l'histoire naturelle de la Belgique, ils ont nommé les citoyens Faujas et Thouin[2] commissaires pour se rendre dans la Belgique, à l'effet de visiter tous les jardins de botanique et tous les cabinets d'histoire naturelle qui se trouvent dans ces contrées nouvellement conquises. La Commission renvoie l'arrêté du Muséum national d'histoire naturelle au Comité d'instruction publique.

Lenoir, conservateur du Dépôt provisoire des Petits-Augustins, remet sur le bureau l'état des objets entrés dans ledit Dépôt depuis le 20 messidor jusqu'au 5 thermidor.

La Commission arrête que pour compléter les renseignements demandés par la Commission exécutive d'instruction publique, le secrétaire écrira à chaque chef des dépôts pour l'inviter à donner un état nominatif des citoyens qui y sont employés, ainsi qu'un aperçu des dépenses qu'occasionne le dépôt confié à sa surveillance.

Buache annonce que, la maison d'Harcourt[3] devant être évacuée sous trois jours, il est à désirer que les membres des différentes sections de la Commission des arts s'y transportent dans le jour même pour y mettre en réserve les objets de sciences et arts qui peuvent s'y trouver. Il y a, entre autres choses, deux cabinets d'histoire naturelle, dont l'un, appartenant à Dupuget, mérite d'être pris en considération[4]. Les membres de la Commission, et particulièrement ceux de la section d'histoire naturelle, sont invités à se transporter dans la maison d'Harcourt pour y prendre connaissance des objets qui intéressent les arts et les sciences.

---

[1] Voir l'extrait en question (F17 1224).

[2] Indépendamment de Thouin et de Faujas, il y avait deux autres commissaires pour la recherche des objets d'arts et de sciences dans les pays conquis, savoir : Michel Le Bloud et de Wailly. Voir dans D S 3 59, n°ˢ 567 à 570, des inventaires d'histoire naturelle et de tableaux, dressés en l'an III.

[3] Le grand hôtel d'Harcourt, rue de Grenelle-Saint-Germain, bâti sur les plans de M. de Cotte pour la duchesse d'Estrées, passa entre les mains du marquis de Beuvron-Harcourt, qui acquit également des héritiers du comte de Montmorency-Luxembourg, le petit hôtel d'Harcourt.

[4] Voir : 1° le catalogue des objets de zoologie du cabinet de Dupuget, par Richard, 1-2 thermidor an II; 2° le catalogue des objets de zoologie du cabinet d'Harcourt, transportés au Muséum, par Richard, le 4 fructidor an II (F17 1344²).

Le même membre annonce que la Commission des arts ayant chargé les deux sections de bibliographie et de géographie de remettre au Comité de division les ouvrages de géographie dont ce Comité a besoin pour ses travaux, il se trouve dans la bibliothèque de Malesherbes une collection de ces ouvrages qui forment un cabinet séparé et plusieurs atlas qui rempliraient les vues du Comité. Il propose, et la Commission arrête que, sous la surveillance des sections de géographie et de bibliographie, ces objets seront distraits de la maison de Malesherbes et transférés au Comité de division, où il en sera fait un inventaire exact[1].

Beuvelot dépose sur le bureau un état des différents modèles de grosse artillerie, système de Saint-Rémy, de petites armes à feu de toute espèce, ainsi que de différentes armures anciennes, trouvées dans une des salles du Garde-meuble[2]. Ces modèles sont déposés à la section des armes.

Le Blond remet un rapport sur les restes d'antiquités, découverts dans la ville de Riez et annoncés par Dunouy, agent des salpêtres dans le département[3].

Ameilhon dépose l'inventaire des livres de La Goupillière, transportés, sous sa surveillance, au Dépôt de la rue de Thorigny[4].

SÉANCE DU 15 THERMIDOR,
AN II DE LA RÉPUBLIQUE (2 AOÛT 1794).

Agence des mines de la République. — Commission des travaux publics. — Inventaires transmis par Nogent-sur-Seine. — Inventaires des livres du district de

---

[1] Voir à ce sujet l'état des cartes, plans géographiques et des livres de géographie, voyages, etc., provenant de la bibliothèque du condamné Malesherbes et demandés par le Comité de division de la Convention nationale (F17 1052).

[2] Cet inventaire est du 4 thermidor (F17 1164).

[3] Rapport de Le Blond, 5 thermidor. Le Blond est d'avis de faire pratiquer de nouvelles fouilles (F17 1265, n°2) Dunouy,
dans une lettre du 2 messidor à Thouin, signalait l'existence de 4 grandes colonnes de granit, de 25 pieds de haut, avec corniche en marbre blanc, reste d'un temple carré, et d'un petit temple antique consacré à Auguste (F17 1047, n° 1).

[4] Inventaire des livres de La Goupillière, rue du Temple, n° 100, fait par les citoyens Perisse, père et fils, libraires, remis à la Commission, le 2 thermidor an II (F17 1200).

Montluel. – Table à compartiments à Amboise. – Inventaires dans les districts de Bourg et de Cusset. – Arrêté contre les membres qui n'ont pas assisté aux séances. – Lettre de Latour d'Auvergne. – Démission de Plessis. – Mesures pour la conservation des monuments des arts. – Inventaires dans le district de Moulins. – Lenoir dénonce différents abus au Dépôt des Petits-Augustins. – Bibliothèque de l'émigré Berwick. – Cabinet de physique du collège de Vendôme. – Exportation à l'étranger. – Statue à l'Ave-Maria. – Objets en bronze à Châteauneuf, près Orléans. – Quatre tableaux de maître à Riom. – Districts d'Arles, de Montmarault. – Invitation des commissaires aux ventes, pour visiter des maisons d'émigrés. – Pétition du citoyen Cossé, détenteur d'un secret pour la préparation du charbon de terre. – Inventaires dans le district de Mirecourt. – Maison du Barry à Louveciennes. – Pendules à secondes. – Lettre de Thillaye. – Médailles et pierres gravées d'Arles. – Cabinet de physique du Garde-meuble. – Machines et modèles demandés par l'Agence des mines. – Installation d'un cabinet d'histoire naturelle au palais national de Versailles. – Inventaires dans le district de Bayeux. – Dépôt d'un manuscrit de l'abbé Gougenot, d'un registre de l'Académie des sciences. – Appointements du citoyen Mulot et autres communications de ce citoyen. – Payement des travaux exécutés à l'effet de supprimer les signes de féodalité sur les monuments. – Rapport de Bruni et Sarrette sur le Dépôt de musique. – Mobilier de Perceval à Montrouge. – Frais du transport à Paris d'un monument de La Roche-sur-Seine. – Livres, médailles, etc., à Beaucaire. – Vérification des inventaires du Dépôt de Nesle. – Cartes et plans de la bibliothèque de Reims. – Manuscrits de J.-J. Rousseau. – Dépôt de divers inventaires. – Lettres d'Héloïse et d'Abailard au Paraclet. – Objets provenant de Laborde, ancien valet de chambre de Louis XV. – Décès du géographe Dumez. – Marbres de l'église des Petits-Pères. – Rapport de Naigeon sur Écouen.

Après la lecture du procès-verbal, qui est adopté, le président lit l'extrait de la correspondance.

L'Agence nationale des mines de la République demande que la Commission temporaire des arts mette à sa disposition des armoires vitrées et des corps de tiroirs qui se trouvent dans le Dépôt de Nesle[1]. La Commission arrête que Richard sera chargé de faire un état des objets du ressort de la Commission qui peuvent convenir à l'Agence des mines, et d'en donner avis à la Commission des arts; arrête en outre que Lelièvre et Richard feront un état circonstancié des objets d'histoire naturelle, réclamés par Dupuget et déposés chez d'Harcourt, et qu'ils seraient transportés avec soin au Muséum d'histoire naturelle, où

---

[1] Lettre de Macquart, conservateur des cabinets des mines, 15 thermidor (F17 1047, n° 1).

ils seront mis sous les scellés pour conserver les droits de la Nation et ceux de Dupuget. Nadreau est autorisé à faire ce transport.

La Commission des travaux publics invite [1] celle des arts à nommer un commissaire pour reconnaître et lever les scellés apposés sur des effets mobiliers existant dans les salles de la ci-devant Académie d'architecture, où se trouve maintenant établi l'atelier de Fourché. Lannoy et Picault sont nommés à cet effet.

La Commission des travaux publics réclame [2] pour Lebrun une copie de deux procès-verbaux dressés en 1787 et 1788 (v. s.) qui constatent la solidité et la résistance à l'oppression (sic) de l'air d'une pierre extraite des carrières d'Heurgival, lesquels procès-verbaux se trouvent sous les scellés apposés sur l'Académie d'architecture [3]. Prony et David Le Roy sont adjoints à Lannoy et Picault pour la recherche de ces deux procès-verbaux et la remise des copies demandées.

Les administrateurs du district de Nogent-sur-Seine, par une lettre en date du 2 de ce mois, annoncent deux inventaires qu'ils transmettent à la Commission temporaire des arts, et qui contiennent la note des cartes et plans de toute espèce, ainsi que de tous les ouvrages imprimés et manuscrits relatifs à la géographie, à l'hydrographie et à la topographie, provenant des bibliothèques du ci-devant seigneur de Pont-sur-Seine et de Terray, condamné [4]. Ils ajoutent que la Commission recevra le lendemain, par le coche d'eau de Nogent-sur-Seine, tous les objets décrits dans lesdits inventaires. Buache, à ce sujet, prévient la Commission que les caisses renfermant les cartes et plans annoncés par le district de Nogent sont arrivées et ont été déposées à la Commission des travaux publics, il demande qui doit lui payer la somme de 150 livres qu'il a déboursée pour les frais du transport. La Commission des arts renvoie Buache à la Commission des travaux publics, à laquelle il remettra les pièces qui constatent ces dépenses et qui lui

---

[1] Sa lettre est du 9 thermidor (F17 1048, n° 1).

[2] Le 14 thermidor (F17 1048, n° 1).

[3] Les procès-verbaux en question n'existent point dans les papiers provenant de l'Académie d'architecture. Ce Lebrun ci-mentionné était le propriétaire de ces carrières dans l'Eure, près de Vernon, dont la pierre devait être employée pour les travaux du Jardin national (voir une lettre de Rondelet, du 10 thermidor, F17 1048, n° 1).

[4] Ces inventaires furent dressés en exécution d'un arrêté du Comité de salut public, du 21 prairial, et d'après une circulaire de la Commission des travaux publics, du 13 messidor (F17 1239).

sont nécessaires pour être autorisé à toucher la somme qu'il a avancée.

Les administrateurs du district de Montluel rendent compte[1] du travail qu'ils ont ordonné relativement aux inventaires et catalogues de livres dans ce district. Ils annoncent qu'ils ont aussi nommé un commissaire pour faire la description des autres objets d'arts et qu'ils s'empresseront de faire parvenir le résultat de ce travail.

L'adjoint à la Commission de commerce et approvisionnements de la République prévient la Commission des arts[2] qu'il a reçu de l'agent national près le district d'Amboise un avis concernant une table à compartiments, composée de marbres des espèces les plus rares. Cette table se trouve dans le ci-devant château d'Amboise. Il invite la Commission à s'assurer du mérite intrinsèque de cette table, afin qu'on lui donne une autre destination, si elle n'est pas réservée pour le Muséum. La Commission arrête qu'il sera écrit à l'agent national près le district d'Amboise que cette table sera réservée pour le Muséum, et qu'il en sera donné avis à la Commission de commerce et approvisionnements.

Les administrateurs du district de Bourg rendent compte[3] de l'état du travail relatif aux catalogues des bibliothèques de ce district, et aux inventaires et descriptions des autres objets propres à l'instruction publique; ils annoncent qu'ils s'occupent du rassemblement de tous ces objets dans une maison qui servira de dépôt général, et qui offre l'avantage d'être contiguë à un jardin qu'on peut utiliser pour la botanique.

Les administrateurs du district de Cusset rendent compte au président de la Commission temporaire des arts de l'état du travail relatif à la bibliographie et aux inventaires des autres objets d'arts dans ce

---

[1] Par lettre en date du 4 thermidor, ils écrivent notamment : «Nous sommes trop convaincus que les lumières sont un des meilleurs moyens d'affermir la République pour ne pas apporter le plus grand zèle à tout ce qui peut servir à leur propagation». (F17 1239.)

[2] Le 5 thermidor (F17 1048, n° 1). Voir aussi la lettre de l'agent national du district d'Amboise au président de la Commission des arts, annonçant que la table en question a été enlevée par Antoine Rougeot, directeur du Muséum de Tours, pour ce Muséum, 24 thermidor (F17 1239).

[3] Leur lettre est du 5 thermidor (F17 1239). D'après cette lettre, les livres du district ayant été, par crainte des dilapidations, transportés dans un même local où ils furent déposés pêle-mêle, avant la réception de l'instruction qui détermine la méthode à suivre pour procéder aux inventaires, ce désordre est la seule cause du retard du travail. Il est aussi question dans la même lettre du cabinet d'histoire naturelle, formé en majeure partie de la collection Groslier

district : ils annoncent qu'ils ont consulté le Comité d'instruction publique sur le payement de l'indemnité de 5 livres accordée aux commissaires par la loi du 8 pluviôse, et qu'ils n'en ont encore reçu aucune réponse. La Commission renvoie la lettre au Comité d'instruction.

On observe que quelques membres de la Commission n'avaient jamais paru à ses séances et n'avaient pas participé à ses travaux. La Commission arrête que la radiation et l'exclusion des membres de la Commission qui n'ont pas paru ou affecté de ne pas assister aux séances seront proposées au Comité d'instruction publique.

Une lettre de Latour d'Auvergne, qui propose de céder à la Nation une collection de végétaux qui se trouvent dans les jardins et serres de Navarre, est renvoyée au Comité d'instruction publique, avec invitation d'informer la Convention nationale de ce don patriotique.

Plessis prévient la Commission temporaire des arts que, ses occupations à la partie géométrique du cadastre ne lui permettant plus d'assister aux séances et de remplir ses fonctions de membre de la Commission, il la prie d'agréer sa démission ; il propose, pour le remplacer, le citoyen Blondel, dont il loue les connaissances et le patriotisme. La lettre est renvoyée au Comité d'instruction publique, qui est invité à statuer sur le remplacement proposé par Plessis.

La note d'une suite de minéraux des mines de Sibérie, proposée à la Nation par le citoyen Mailly, est renvoyée au Comité d'instruction publique.

Un membre appelle l'attention de la Commission sur l'indifférence ou le peu de connaissances de plusieurs administrations pour la conservation des monuments et des arts ; il propose d'inviter le Comité d'instruction publique à nommer une commission chargée de visiter, dans tous les départements, les objets qui doivent être réservés pour l'instruction. Un autre propose que quelques membres de la Commission temporaire des arts soient chargés de parcourir les départements pour, conjointement avec les artistes intelligents qu'ils y trouveront et qu'ils s'adjoindront, surveiller le travail des commissaires nommés pour la réunion des objets de sciences et arts. Un troisième propose d'inviter le Comité d'instruction publique à demander à celui de salut public qu'il rappelle aux administrations toute la surveillance qu'elles doivent à la conservation des monuments. Enfin, l'on demande que le Comité d'instruction publique soit invité à s'occuper des moyens d'expulser des fonctions de commissaires conservateurs tous ces faux artistes qui, n'étant point capables d'apprécier les monuments les dégradent et les mutilent afin de n'avoir point à rougir de la nullité ou de l'infériorité de leurs talents. La Commission arrête que ces différentes propositions seront soumises au Comité d'instruction publique.

L'agent national près le district de Moulins rend compte de l'état du travail relatif à la bibliographie et aux inventaires des autres objets d'arts dans ce district, dont on s'occupe avec activité [1].

Lenoir, garde du Dépôt national de la rue des Petits-Augustins, informe la Commission de quelques abus qui ont eu lieu dans ce Dépôt. Pour y obvier, il demande: 1° à être autorisé à faire murer toutes les doubles issues et à prendre tous les moyens pour mettre sa responsabilité à couvert; adopté; 2° à être autorisé à refuser toutes matières hétérogènes aux monuments et en général tous les objets qui n'auraient pas été inventoriés ni réservés par la Commission; adopté; 3° Lenoir demande que les matières ou autres objets qui par leur nature ne sont ni monuments, ni propres à l'instruction publique, et qui sont encore au Dépôt, soient transportés au plus tôt, sous la surveillance de quelques membres de la Commission, dans les différents dépôts établis pour les recevoir. La Commission arrête que cette troisième demande sera comprise dans le triage qui doit se faire, dans tous les dépôts, des objets qui ne seront propres qu'à la refonte et inutiles à l'instruction publique. La Commission autorise l'expert à surveiller les réparations à faire au Dépôt national des Petits-Augustins, d'après le rapport que la section d'architecture est chargée d'en présenter à la prochaine séance. La Commission, en approuvant la conduite de Lenoir, arrête qu'extrait du procès-verbal lui sera délivré.

Le citoyen Van Thole dépose sur le bureau des paquets de cartes géographiques de la géographie manuscrite de la bibliothèque de l'émigré Berwick, avec un atlas grand in-folio. La Commission arrête que ces cartes seront transcrites sur feuilles et que le manuscrit intitulé : *Observations sur la navigation à Cayenne et à la côte de Cayenne jusqu'à*

---

[1] Par lettre en date du 3 messidor, l'agent du district de Moulins annonçait l'envoi à la Commission de plusieurs catalogues de bibliothèques et d'objets ayant rapport aux sciences et aux arts. Une autre lettre du même faisait connaître, le 6 thermidor, que le travail d'inventaire serait bientôt terminé (F^{17} 1239).

Surinam, extrait d'un mémoire sur la colonie de Cayenne, par M. de Carny, manuscrit de cinq feuilles in-fol., sera demandé au district de Corbeil[1] et déposé à la bibliothèque du Comité d'instruction publique. L'atlas est renvoyé à Buache. Le citoyen Van Thole est autorisé à se faire délivrer un extrait du procès-verbal, qui lui servira de récépissé.

Bardel remet un état des objets qui se trouvent dans le cabinet de physique du collège de Vendôme, ci-devant maison de l'Oratoire. Renvoyé au secrétariat.

La Commission exécutive d'instruction publique transmet[2] des pièces relatives à quatre demandes en exportation qui lui ont été faites, par Capol, veuve Leleu et compagnie, et Hiard; elle autorise la Commission des arts à faire examiner les objets dont il est question, et à lui faire parvenir le plus tôt possible le résultat de cet examen. Varon, Poirier et Picault, qui ont été nommés à cet effet, déclarent, après l'examen fait de ces objets, qu'il n'y a aucun inconvénient à les laisser aller à leur destination.

On annonce qu'à l'Ave-Maria on démolit un mur contre lequel est une statue qui pourrait mériter attention. Dupasquier est chargé d'aller sur-le-champ examiner cette statue et de se faire accompagner par Scellier, pour procéder à son enlèvement, s'il y a lieu.

La Commission de commerce et approvisionnements ayant reconnu, d'après un avis de l'agent national près le district d'Orléans, qu'il existait une infinité d'objets en bronze, marbre, granit, porphyre, dans le ci-devant château de Châteauneuf[3] près Orléans, invite[4] la Commission des arts à faire son choix le plus promptement possible. La Commission arrête qu'aucun des objets qui forme la collection de Châteauneuf n'est susceptible d'être échangé, et qu'ils doivent être réservés pour le Muséum[5]. Cinq commissaires, Barrois, Varon, Picault, Lebrun et Mathieu, sont nommés pour conférer avec la Commission de

---

[1] Le 6 fructidor, les administrateurs du district de Corbeil informaient la Commission de l'envoi de ce manuscrit (F17 1044).

[2] Par lettre en date du 9 thermidor (F17 1048, n° 1).

[3] Ce château avait été construit par les soins de Louis Phelypeaux, marquis de La Vrillière, secrétaire d'État sous Louis XIV, il n'en reste plus que deux pavillons.

[4] Le 9 thermidor (F17 1048, n° 1).

[5] Voir un *Inventaire des dessins, bronzes, marbres et terres cuites qui sont au ci-devant château de Châteauneuf-sur-Loire, provenant de la maison Penthièvre*, contenant sept articles pour les bronzes, soixante-dix pour les marbres, la plupart antiques, signé : Picault, 30 thermidor (F17 1197).

commerce et approvisionnements et aviser aux moyens d'effectuer l'échange avec l'étranger, sans préjudice aux objets propres à l'instruction publique.

La même Commission de commerce transmet[1] un avis de l'agent national près le district de Riom, relatif à quatre tableaux qui ont paru aux experts être de main de maître et propres à orner le Muséum. Elle a engagé l'agent national à les réserver jusqu'à ce que la Commission des arts ait pris à cet égard les mesures nécessaires. La Commission des arts arrête qu'il sera écrit au district de Riom pour veiller à la conservation de ces tableaux, et qu'il en sera donné avis à la Commission de commerce et approvisionnements.

Une lettre des commissaires préposés à la recherche des objets relatifs aux sciences et arts dans le district d'Arles est renvoyée à la section des antiquités, chargée d'en faire un rapport[2].

Les administrateurs du district de Montmaraud annoncent[3] qu'il ne se trouve, dans leur arrondissement, aucune propriété nationale où il y eût des objets propres aux sciences, aux arts et à l'enseignement, qu'ils se seraient fait un devoir d'en envoyer la note, comme ils l'ont fait pour les catalogues des livres.

Le citoyen Mennequin, écrivain, demande à être employé près de la Commission temporaire des arts, soit pour faire des inventaires, ou de toute autre manière analogue à ses talents. Sa demande est renvoyée aux commissaires chargés d'examiner les pétitions des citoyens.

Le commissaire Baudouin invite[4] la Commission à faire examiner des instruments de musique, des objets d'architecture et de zoologie chez les émigrés Choiseul-Gouffier, Choiseul douairière, et Choiseul-d'Aillecourt, dont la vente est annoncée. L'avis est renvoyé aux sections qu'il concerne.

Le commissaire Verrier demande qu'on fasse au plus tôt l'enlève-

---

[1] Le 12 thermidor (F17 1048, n° 1).

[2] Dans leur lettre, en date du 6 messidor, ces commissaires consultent la Commission pour savoir s'il n'y aurait pas lieu de former un *Muséum* par la réunion des divers monuments antiques, comme cippes, tombeaux, urnes, inscriptions qui sont épars dans la ville d'Arles et sur son territoire, notamment dans la maison des Minimes, où se trouvent beaucoup de tombeaux chrétiens, de marbre blanc. Ils demandent en outre s'il ne conviendrait pas de continuer les fouilles faites il y a quelques années sur l'emplacement du théâtre antique (F17 1239).

[3] Par lettre en date du 8 thermidor (F17 1239).

[4] Le 8 thermidor (F17 1047, n° 1).

ment des livres qui se trouvent dans la maison de Panthemont; il y a urgence. Il invite de même à faire enlever les cartes géographiques et les sphères qui s'y trouvent[1]. Renvoyé aux sections des dépôts littéraires et de géographie.

Le citoyen Santerre demande qu'on enlève environ 50 volumes de la maison de Pienne, rue Neuve-de-Berry, à l'ancienne grille de Chaillot. Renvoyé à la bibliographie.

Le citoyen Cossé, qui se dit propriétaire du secret de doubler le charbon de terre mélangé, renouvelle sa demande à la Commission temporaire des arts [2] : il est arrêté qu'il sera écrit à ce citoyen que sa pétition a déjà été envoyée à la Commission d'agriculture et des arts.

Les citoyens Grégoire et Sébastien Gérardin, commissaires préposés à la recherche et aux inventaires des objets de sciences et arts dans le district de Mirecourt, rendent compte de leurs opérations à la Commission. Il est arrêté qu'il leur sera écrit une lettre de remerciement sur le zèle et le civisme qu'ils montrent dans leurs fonctions.

Les commissaires artistes de Versailles annoncent qu'en vertu de l'arrêté de la Commission temporaire des arts, en date du 15 messidor, ils se sont rendus, le 8 de ce mois, au lieu où les objets précieux extraits chez la du Barry par le citoyen Maurice avaient été déposés. Ils remettent sur le bureau le procès-verbal des articles qui ont été mis en réserve, et qui consistent en un feu doré d'or moulu d'un fini très précieux, en une commode enrichie de bronzes et en cinq tableaux médaillons en porcelaine de Sèvres. Ils demandent s'il ne serait pas convenable que ces objets soient réintégrés dans le dépôt national où sont réunis tous les objets provenant de la maison du Barry [3]. Cette demande est accordée.

Nadreau est autorisé à transporter à Paris deux pendules à secondes, annoncées et offertes par les mêmes commissaires artistes de Versailles.

Le président fait lecture d'une lettre de Thillaye [4] qui, en annonçant que son ouvrage était entièrement terminé, prie la Commission de

---

[1] Lettre de Verrier (F17 1047, n° 1).
[2] Par lettre en date du 10 thermidor (F17 1047, n° 1).
[3] Voir le procès-verbal dressé par les commissaires (F17 1197); voir aussi la lettre des commissaires artistes de Versailles à la Commission temporaire des arts, du 14 thermidor (F17 1245, n° 1).
[4] Lettre de Thillaye, 14 thermidor (F17 1047, n° 1).

réitérer ses démarches auprès du Comité de sûreté générale pour obtenir son prompt jugement. La Commission arrête que Charles, Lelièvre et Barrois l'aîné se transporteront à cet effet au Comité de sûreté générale et solliciteront le prompt jugement de Thillaye, détenu depuis longtemps et présumé bon citoyen par les travaux relatifs à la Commission, auxquels il n'a cessé de s'occuper malgré sa détention.

On remet sur le bureau un catalogue d'objets de sciences et arts venant d'Arles. Il consiste en médailles d'or et d'argent, de bronze, en pierres gravées antiques, en gravures sous verre, gravures en feuilles, en coquilles, en musique, en peinture, en sculpture et porcelaine. Les différentes sections sont invitées à en prendre communication.

La Commission des revenus nationaux prévient celle des arts[1] que le citoyen Dubois, inspecteur général provisoire du Garde-meuble national[2], vient de lui faire passer deux copies d'états de divers objets provenant du cabinet de physique du Garde-meuble et qui ont été délivrés aux citoyens Molard et Charles. La Commission est invitée à prendre, à cet égard, les mesures qu'elle jugera convenables et à accuser la réception de la lettre au commissaire des revenus nationaux. Molard est chargé de rédiger la réponse, séance tenante.

L'Agence des mines de la République envoie[3] copie de l'arrêté du Comité de salut public, en date du 13 messidor, lequel joint à celui du 18 messidor précédemment envoyé, fera connaître à la Commission la série de tous les objets dont cette Agence est chargée. Elle réitère l'invitation de lui procurer tous les objets qui la regardent uniquement et une partie de ceux dont elle a besoin concurremment avec d'autres établissements; les plus pressants sont des fourneaux, soufflets et ustensiles pour les essais des mines. La Commission arrête que les membres des différentes sections donneront à l'Agence des renseignements sur les machines et modèles relatifs aux mines, et que la section de géographie lui remettra les cartes dont elle a besoin.

Leblanc dépose sur le bureau un état des objets de chimie qui se trouvent au Dépôt de Nesle.

---

[1] Par lettre du 11 thermidor (F17 1048, n° 1).

[2] Dubois avait remplacé François-Louis Bayard en qualité d'inspecteur général du Garde-meuble en frimaire an II et resta en fonctions jusqu'à l'an III.

[3] Sa lettre est du 15 thermidor (F17 1048, n° 1).

Fayolle[1] écrit au président pour l'inviter à provoquer le plus promptement possible l'expédition de la lettre projetée pour autoriser le district de Versailles à faire faire les dispositions nécessaires dans le local destiné depuis longtemps pour l'histoire naturelle par les représentants Lacroix et Musset, qui l'en ont nommé conservateur. Il prévient que ce local est indiqué par préférence dans les appartements du rez-de-chaussée du Palais national, terrasse du Nord, comme le plus convenable. La Commission charge Richard de prendre connaissance de l'arrêté du Comité d'instruction publique à ce sujet pour répondre au citoyen Fayolle, et d'écrire au district pour faire accélérer les travaux nécessaires pour la translation de ce cabinet.

Les administrateurs du district de Bayeux rendent compte au président de la Commission des arts du travail des commissaires nommés pour recueillir et inventorier tous les objets propres à l'instruction qui se trouvent dans leur arrondissement[2]. Ils disent qu'à l'exception des bibliothèques dont ils pressent les catalogues avec activité, il se trouve très peu d'objets d'arts dans leur district; ils prient le président de prendre connaissance d'un rapport qu'ils ont envoyé au Comité d'instruction publique sur des restes d'un édifice antique qui viennent d'être découverts dans la commune de Bayeux, et demandent qu'il leur soit envoyé la liste des membres qui composent la Commission temporaire des arts. Il est arrêté que les administrateurs du district de Bayeux seront instruits du résultat des délibérations du Comité d'instruction publique, qu'ils seront loués du zèle qu'ils apportent à la recherche des objets propres à l'instruction, et qu'il leur sera adressé la liste des membres qui composent la Commission.

La section de physique remet sur le bureau, pour être déposés à la bibliothèque du Comité d'instruction publique, un manuscrit relié en trois gros volumes in-4°, maroquin bleu doré à plat, intitulé : *Voyage dans différentes contrées de France et d'Italie*, par l'abbé Gougenot[3]; plu-

---

[1] Commissaire artiste du département de Seine-et-Oise. Sa lettre est du 7 thermidor (F17 1047, n° 1).

[2] La lettre des administrateurs du district de Bayeux est du 10 thermidor (F17 1239). Le seul morceau intéressant (au point de vue de l'art) dont les commissaires aient eu connaissance est, disent-ils, un plafond peint par Mignard dans la maison du condamné Balleroy, à Bal-sur-Drôme (ci-devant Balleroy).

[3] Gougenot (l'abbé Louis), né à Paris le 15 mars 1719, mort le 24 septembre 1767, conseiller au Grand Conseil, membre libre de l'Académie de peinture, pour laquelle il composa les éloges de plusieurs

sieurs mémoires pour servir à la vie de l'auteur; le portrait de l'auteur, planche de cuivre gravée par Dupuis d'après Greuze [1].

Barrois remet sur le bureau un registre manuscrit de l'Académie des sciences, trouvé dans la bibliothèque de Lemonnier. La Commission arrête qu'il sera déposé à la bibliothèque du Comité d'instruction publique.

Mulot annonce que Lebrun lui ayant demandé des renseignements sur divers émigrés dont il avait vu les noms dans les procès-verbaux de la Commission des monuments, il lui parut avoir oublié Colon, chirurgien [2]. La Commission arrête que Varon sera adjoint à Lebrun pour compléter les renseignements qu'il donne.

Le même citoyen prévient la Commission que s'étant présenté, avec l'arrêté de la Commission, à la Commission exécutive d'instruction publique pour être payé de la somme de 250 livres qui lui sont dues pour ses appointements du mois de messidor, l'arrêté a été rejeté par la Commission exécutive. Il demande quelle marche il doit suivre pour être payé de cette somme dont il a un extrême besoin. La Commission arrête que Mulot présentera son mémoire en règle, revêtu des formalités ordinaires, lequel sera visé par la Commission.

Mulot dans cette même lettre demande que la Commission veuille bien nommer un citoyen à la place de Vicq-d'Azyr pour, conjointement avec Barrois déjà nommé, vérifier s'il y a lieu à lui accorder des indemnités. Il prévient la Commission qu'un tableau, qui n'est pas sans mérite et qui se trouve sur le Port au Blé près de la Grève, est sujet à se dégrader entièrement, si l'on n'avise pas aux moyens de le conserver. Cet avis est renvoyé à Bonvoisin et Lebrun, chargés d'examiner ce tableau.

Mulot témoigne ses regrets d'avoir demandé sa démission de la place de conservateur; il en sollicite une autre auprès de la Commission. Sa demande est renvoyée aux commissaires chargés d'examiner les pétitions des citoyens [3].

L'expert fait un rapport sur la demande en paiement des citoyens

---

artistes; il séjourna longtemps à Rome et forma un magnifique cabinet dont on possède le catalogue.

[1] Comme l'on sait, lors de son voyage en Italie, l'abbé Gougenot avait emmené avec lui le peintre Greuze.

[2] La lettre de Mulot, concernant le chirurgien Colon, domicilié rue Portefoin, est du 7 thermidor (F^{17} 1047, n° 1).

[3] Voir les lettres de Mulot en date des 9 et 15 thermidor, notamment la première, qui contient un exposé justificatif de sa conduite publique et privée depuis la Révolution (F^{17} 1047, n° 1).

Alexandre, Roger et Georgery pour des ouvrages par eux exécutés, non pour conserver des objets d'arts, mais pour transformer en ornements analogues à la République des signes proscrits de féodalité et de royauté. La ci-devant Commission des monuments, non plus que la Commission temporaire des arts, n'ayant pu intervenir dans ces opérations comme ordonnateur ou directeur, mais seulement comme surveillant ou comme conseil, sous le rapport de l'art, l'expert conclut que les dépenses des ouvrages désignés doivent être réglées et ordonnancées directement par le Comité d'inspection de la salle de la Convention, attendu que ces ouvrages ont été exécutés au Palais national. La Commission adopte les conclusions de l'expert.

Mulot est chargé de faire transporter sous sa surveillance les livres qui sont au Dépôt de Nesle, dans le Dépôt de la rue de Lille, maison de Thiroux-Mauregard.

Bruni et Sarrette font un rapport sur les moyens les plus sûrs de conserver le Dépôt de musique.

Un mémoire de Lebrun montant à 184 livres, visé par l'agent, est adopté.

Molard, chargé de se rendre à Montrouge pour prendre connaissance d'un bureau provenant du mobilier de Perceval, condamné, annonce que tous les objets ont été transportés au ci-devant château de Sceaux, où il invite quelques membres de la Commission de se transporter le plus tôt possible, vu que la vente en est commencée.

Le commissaire de la Commission exécutive d'instruction publique prévient celle des arts que le voiturier qui a conduit à Paris le monument en marbre provenant de la ci-devant église de la commune de La Roche-sur-Seine a réclamé le paiement des frais de ce transport, en produisant seulement la notice du poids de la charge sans aucun état arrêté de la somme qui lui est due. Le commissaire de la Commission exécutive invite la Commission des arts à prendre un arrêté pour fixer cette somme d'après le tarif du maximum. La Commission renvoie la lettre à la Commission exécutive : ce renvoi est motivé sur ce que c'est à elle à régler et à effectuer le paiement de la somme demandée par le voiturier de La Roche-sur-Seine, la Commission n'ayant point à sa disposition les fonds nécessaires pour payer les frais de transports.

Le président fait lecture de l'extrait d'une lettre de Beaucaire, en date du 21 messidor, dans laquelle il est dit : « Nos richesses littéraires sont immenses; en outre (*sic*) une grande quantité d'excellents livres en tout genre, nous possédons encore une belle collection de médailles en or, argent et bronze, et un cabinet précieux d'histoire naturelle, dont nous vous rendrons bientôt un compte exact ». La Commission entend cette lecture avec satisfaction.

Dupasquier, de retour de sa mission à l'Ave-Maria, informe la Commission que la statue qu'il vient de visiter ne mérite pas la peine du transport.

Lebrun dépose sur le bureau des observations à faire sur la vérification de Nesle, un état des objets réintégrés en la maison du ci-devant baron de Breteuil, transportés au Dépôt de Nesle[1], un inventaire des objets trouvés dans la maison de l'émigré Breteuil, provenant de Duplautho, émigré[2], un inventaire des objets trouvés dans la maison de l'émigré Breteuil, provenant de Beaufort, émigré, un inventaire des objets trouvés dans la même maison, provenant de Cosson de Guimps[3], émigré, et un avis aux membres de la Commission temporaire des arts, par lequel Lebrun propose et demande qu'il soit fait un relevé des inventaires qui sont désignés dans cet avis, lequel relevé sera communiqué à chacune des sections pour la partie qui la concernera, afin qu'elles puissent opérer toutes ensemble, la fin du premier et du plus ancien travail, savoir le relevé et la vérification des inventaires préparés par la ci-devant Commission des monuments. Cette proposition est adoptée.

Les commissaires de la bibliothèque de Reims annoncent qu'ils viennent d'effectuer l'envoi des cartes et plans géographiques, astronomiques et atlas qui se trouvaient dans le dépôt général des livres, conformément à l'avis du Comité de salut public.

Poirier dépose sur le bureau un rapport de la section des dépôts littéraires sur les dépenses nécessaires à ses travaux[4]. Renvoyé à l'Agence des domaines nationaux.

---

[1] Inventaire des objets trouvés dans la maison de l'émigré Breteuil, provenant de Beaufort, 1er thermidor (F17 1267).

[2] Inventaire des objets provenant de Duplautho, rue de Bondy, 1er thermidor (F17 1267).

Ces deux inventaires n'en font qu'un et ne comprennent qu'un article, un petit bronze, *Vénus retirant une épine de son pied*.

[3] Inventaire de Cosson de Guimps, rue des Bons-Enfants, 1er thermidor (F17 1267). — Il y avait trois frères Cosson de Guimps : Louis, mort à Paris en 1789, Jean-Aimé et François-Roger Cosson de Guimps, dit La Roche, résidant à Yverdon en Suisse depuis le 15 mai 1789, tous trois originaires de la Charente (F7 5621).

[4] Ce rapport est de la main de Poirier (F17 1051, n° 6).

[2 août 1794] DE LA COMMISSION TEMPORAIRE DES ARTS. 321

Le même membre remet la note[1] des manuscrits de J.-J. Rousseau, qu'il a déposés, le 10 thermidor, à la bibliothèque du Comité d'instruction publique, et le récépissé que lui en a donné le bibliothécaire.

La section de bibliographie, chargée de prendre connaissance de cinq demandes formées par les citoyens Molini, Laurenson, Gaillard et Milliet, Dubres et compagnie, et Audiffred, en permission d'exporter à l'étranger les livres énoncés dans les factures que la Commission de commerce et approvisionnements de la République a fait passer à la Commission temporaire des arts par ses lettres du 11 thermidor, déclare qu'il n'y a aucun inconvénient à laisser sortir tous les livres énoncés dans ces factures.

Barrois ayant cru devoir joindre aux états précédents la facture d'un certain nombre d'ouvrages qu'il se propose d'envoyer à Constantinople par la voie de Bâle ou de Genève, les deux autres commissaires de la section des dépôts littéraires déclarent qu'ils n'en ont remarqué aucun qui soit dans le cas d'être retenu.

Thouin dépose sur le bureau la note des objets d'histoire naturelle provenant de la bibliothèque Victor et qui lui ont été remis par Cadot, dépositaire de ces objets.

Bruni remet l'inventaire des objets de musique réservés chez Noailles-Mouchy[2].

Buache propose que l'atlas remis par Van Thole soit envoyé à la Commission des travaux publics; la proposition est adoptée.

La section des dépôts littéraires dépose les inventaires de livres trouvés chez Laborde, Surgères[3], Choiseul douairière, Choiseul-

---

[1] On voit par cette note (F^{17} 1072) que Poirier avait remis :
1° 6 volumes reliés en maroquin bleu, contenant une copie de la *Nouvelle Héloïse* de la main de l'auteur, retirés de la bibliothèque de la ci-devant Boufflers, veuve Biron, rue de Lille, en vertu de l'arrêté de la Commission des arts, du 25 messidor;
2° Un carton vert, contenant 42 lettres originales de J.-J. Rousseau, la plupart à la maréchale de Luxembourg;
3° Une boîte de carton contenant 5 liasses de correspondances de J.-J. Rousseau. Voir à ce sujet une lettre de l'imprimeur-libraire Boulard, du 14 messidor, signalant l'intérêt du manuscrit de la *Nouvelle Héloïse*, et estimant qu'il méritait d'être transporté sur-le-champ à la Bibliothèque nationale (F^{17} 1047, n° 1).

[2] Voir cet inventaire sous la cote F^{17} 1054, n° 1.

[3] Inventaire des livres trouvés dans la maison de l'émigré Surgères, rue de la Ville-l'Évêque, n° 1298, 2 thermidor (F^{17} 1195). — Inventaire des livres trouvés dans la maison de Choiseul-Gouffier, rue de Choiseul, déposés maison Montmorency, rue Marc, 10 thermidor (F^{17} 1198, 1199).

Gouffier, Gilbert de Voisins[1], des livres de chœur de l'arrondissement des sections du Panthéon et du Finistère[2], etc., des bibliothèques de Walsh et O'Brien, de Molfy, présumé émigré, de Crevel, de Senlis, condamné, et du nommé de Flame de Miramones.

La section des dépôts littéraires est chargée de se transporter au Département pour prendre connaissance du dépôt des manuscrits qui s'y trouvent et des abus qui peuvent s'être commis dans la communication trop facile qui en a été faite à plusieurs particuliers. Elle est chargée en outre d'inviter le Département à ne distraire aucun de ces manuscrits et à indiquer les citoyens à qui ils ont pu être confiés.

La maison d'Anisson étant destinée pour former un dépôt de manuscrits, Ameilhon et Barrois sont chargés de solliciter auprès du Comité des domaines le prompt achèvement de l'estimation des objets de la maison d'Anisson.

Un membre annonce qu'au Paraclet se trouvent des lettres originales d'Héloïse et d'Abailard[3]. La Commission arrête qu'il sera écrit au district de Troyes pour l'inviter à recueillir soigneusement ces manuscrits et à les envoyer au Comité d'instruction publique.

Les citoyens Verger et Binay, commissaires du département de Paris

---

[1] L'importante et riche bibliothèque de Gilbert de Voisins, dont une partie fut réservée pour le Comité de salut public et pour le Comité d'instruction publique, se composait de plusieurs milliers de volumes relatifs au droit, à l'histoire et à la géographie, à la littérature ancienne et moderne. Elle comprenait en outre une précieuse collection de manuscrits, notamment : des lettres originales des rois de France, une chronique de saint Denis sur vélin, le Roman de la Rose, les œuvres de Boccace sur vélin avec miniatures, des correspondances de Loménie de Brienne, ministre et secrétaire d'État, des registres et autres documents relatifs au Parlement de Paris (voir l'*Inventaire des livres trouvés dans la maison du nommé Gilbert de Voisins, condamné à mort, rue d'Enfer, n° 158, section de l'Observatoire, etc.*, sans date, F^{17} 1195).

[2] Inventaire des livres de chœur de l'arrondissement des sections du Panthéon et du Finistère, ainsi que des livres de compte de la maison de Navarre, registres de la nation de Picardie, le tout réuni au collège de Navarre, 28 messidor (F^{17} 1195). — Description des livres des bibliothèques de Walsh et O'Brien, émigrés, au collège des Lombards, rue des Carmes, 4-6 thermidor (F^{17} 1195). Inventaire des livres trouvés dans l'appartement de Molphy, présumé émigré, collège des Lombards, 1-3 thermidor (F^{17} 1195). — Inventaire des livres trouvés dans l'appartement de l'émigré Crevel, *id.*, 28 messidor (F^{17} 1195). — Inventaire des livres trouvés dans l'appartement des nommés Senlis et Flame de Miramones, frappés par la loi, collège de Navarre, 28 messidor (F^{17} 1195).

[3] En 1796, dom Gervaise donna une traduction des lettres d'Héloïse et d'Abailard avec texte en regard, Paris, Fournier, 3 vol. in-4°, avec figures de Moreau le jeune.

près la Commission temporaire des arts, demandent que, conformément à une lettre à eux adressée par le président du Département, en date du 19 messidor, la Commission veuille bien leur donner une attestation d'exactitude dans les fonctions qu'ils ont remplies près la Commission. Sur le rapport unanime des membres de la Commission, il est arrêté que l'attestation demandée sera accordée aux citoyens Verger et Binay et que le présent arrêté leur tiendra lieu de certificat d'exactitude.

Buache annonce que la mort de Laborde[1], fermier général et ancien valet de chambre de Louis XV, met à la disposition de la Nation plusieurs planches de cuivre gravées et l'édition presque entière de deux ouvrages pour lesquels ces planches ont été faites, savoir, une *Histoire de la mer du Sud,* en trois volumes in-8°, et la *Relation des voyages de Saulnier au Sénégal;* les planches de cuivre se trouvent en dépôt, chez Perrier, graveur, avec trois rames de papier grand aigle, destiné à leur impression, et l'édition des deux ouvrages se trouve chez Didot. Buache demande à la Commission temporaire des arts une autorisation à l'effet de retirer ces mêmes objets et de les remettre à la Commission des travaux publics. L'autorisation est accordée.

Le même membre prévient la Commission que la mort de Dumay[2], auteur de l'*Atlas national de France,* et l'un des membres conjurés de la Commune de Paris, laisse à la disposition de la Nation la part qu'il avait dans l'entreprise et lui en rendre compte (*sic*). La proposition est adoptée, et Monge et Buache sont nommés commissaires à cet effet.

Les citoyens Verger et Binay, commissaires du Département près la Commission temporaire des arts, annoncent que leurs pouvoirs venaient de leur être retirés. La Commission charge les citoyens Ameilhon et Barrois d'inviter l'Agence des domaines nationaux à continuer les pouvoirs des citoyens Verger et Binay, dont la présence est essentielle aux opérations des membres de la Commission.

---

[1] Laborde (Jean-Benjamin de), ex-fermier général, condamné à mort le 4 thermidor an II (W 428, n° 963). Il s'occupait de littérature et fit paraître en 1791 chez Didot une *Histoire abrégée de la mer du Sud,* en 3 vol. in-8°, avec un atlas in-4° de 12 cartes. La même année, fut publié chez Gueffier jeune un volume intitulé : *Relations de plusieurs voyages à la côte d'Afrique, au Maroc, au Sénégal, à Gorée,* tirées des journaux de M. Saugnier, par J. Benjamin de Laborde.

[2] Dumez (Pierre), ingénieur, membre de la Commune et administrateur du Département des subsistances, commissaire dans l'Eure en juillet 1793, fut mis hors la loi à la suite du 9 thermidor et condamné à mort le 11 (W 364, n° 977).

Lannoy dépose sur le bureau un rapport [1] sur les marbres à enlever de la ci-devant église des Petits-Pères pour être transportés au Dépôt national des Petits-Augustins. La Commission autorise Scellier à effectuer ce transport sous la surveillance de l'expert, à qui copie du présent rapport sera délivrée.

Sur la proposition de Thouin, il est arrêté qu'une pendule à quarts et à équations, faite par Robin pour le ci-devant château de Trianon, sera transportée par Nadreau au Muséum national d'histoire naturelle.

Naigeon rend compte de sa mission à Écouen et des précautions qu'il a prises pour la conservation des monuments d'arts qui s'y trouvent. Il propose, et la Commission arrête qu'on acquerra les vitraux de la galerie de Psyché [2]. Il annonce que n'ayant pu réunir les administrateurs du district, il n'a pu avoir de conférence avec eux; il termine par demander qu'un membre de la section d'architecture soit adjoint aux deux commissaires, précédemment nommés pour faire un rapport sur Écouen et terminer cette affaire avec les administrateurs. Cette proposition est adoptée. David Le Roy est nommé adjoint aux deux commissaires.

SÉANCE DU 20 THERMIDOR,

AN II DE LA RÉPUBLIQUE (7 AOÛT 1794).

Richard, accusé de déprédations à Trianon. – Rapport et demande de la Commission des travaux publics sur les cartes et plans, etc. – Commissaires pour le rétablissement de Verger et Binay. – Agence des Messageries. – Réparations à faire au Dépôt des Petits-Augustins. – L'inspecteur du Garde-meuble. – Réponses à la circulaire de la Commission. – Catalogue des Petits-Augustins présenté par Lenoir. – Offre de services de Lamarck. – Indemnités aux membres de la Commission. – Globe de Bergevin. – Inventaires faits chez divers émigrés. – Rapport sur Arles. – Rapport sur le projet de Th. Mandar. – Requête de Mulot. – L'entreprise de l'Atlas national. – Rapport sur le district de Milhau. – Bail de partie de la maison de Nesle. – Offre de services de Dellebarre, opticien. – Inventaires d'instruments de musique. – Invention d'une cartouche pour canon. – Enlève-

---

[1] En date du 15 thermidor (F^{17} 1265).

[2] Les vitraux du château d'Écouen représentant l'*Histoire de Psyché*, d'après les cartons de Raphaël, furent acquis par Lenoir et restitués en 1816 au prince de Condé. Ils sont aujourd'hui dans la nouvelle chapelle du château de Chantilly. (*Arch. du Musée des mon. fr.*, t. I, p. 55.)

ments de marbres par Scellier et Boucault. — Pendule du ci-devant Monsieur. — César de Glascow. — Manuscrit sur la Martinique. — Médaillier à transporter au Dépôt de Nesle. — Registre destiné à recevoir les renseignements sur les objets d'arts existant dans les districts. — Méridienne de Saint-Sulpice. — Livres du district d'Abbeville.

Après la lecture du procès-verbal qui est adopté avec quelques changements, le président lit l'extrait de la correspondance.

Une lettre [1], contenant un procès-verbal relatif à des dégradations et déprédations dont on accuse Richard, chargé de l'entretien des jardins de Trianon, a été adressée aux citoyens Lacroix et Musset, représentants du peuple [2]; elle est renvoyée à la Commission des arts par le Comité des domaines, qui l'invite à choisir dans son sein deux membres de la section de botanique, qui se transporteront au Grand et Petit Trianon pour examiner les imputations faites à Richard. Desfontaines et Thouin sont nommés à cet effet.

L'adjoint de la Commission des travaux publics adresse à celle des arts un rapport sur le Dépôt national des cartes, plans et mémoires géographiques dont la surveillance est confiée à la Commission des travaux publics. Ce rapport est suivi d'un projet d'arrêté à présenter au Comité de salut public pour empêcher ou diminuer la perte d'objets précieux pour l'instruction.

La Commission des arts, qui est invitée à examiner les mesures proposées à cet effet, arrête que Buache et Besson se concerteront pour faire à la prochaine séance un rapport et un projet de lettre qui seront adressés au Comité de salut public.

La Commission des travaux publics invite [3] celle des arts à donner des ordres pour qu'il soit mis à la disposition des bureaux, qui composent la cinquième division de l'Agence des cartes et plans, les instruments suivants : plusieurs grands compas à verges, plusieurs grands compas à quatre pointes, plusieurs verres à calquer, de diverses grandeurs, plusieurs rapporteurs à alidades, plusieurs étuis de mathéma-

---

[1] Cette lettre de la Commission des revenus nationaux, en date du 9 thermidor, est accompagnée d'un procès-verbal d'enquête et d'un mémoire justificatif de Richard (F17 1224).

[2] Charles Delacroix, député de la Marne, et Joseph-Mathurin Musset, député de la Vendée, furent envoyés en mission dans le département de Seine-et-Oise. Le compte rendu de leur mission (118 pages) a été imprimé par ordre de la Convention nationale.

[3] Par lettre en date du 19 thermidor (F17 1048, n° 1).

tiques complets et plusieurs pantographes. La lettre est renvoyée à la section de physique, chargée de procurer à la Commission des travaux publics les objets demandés. Sur l'observation des membres de cette section que plusieurs des instruments demandés ne se trouvaient pas dans le dépôt et qu'une partie des autres était dégradée, la même section est chargée de faire à la Commission des travaux publics une réponse qui sera signée par le président.

Barrois et Ameilhon, qui, en vertu d'un arrêté de la Commission du 15 thermidor, se sont transportés à l'Agence générale des biens nationaux pour lui demander le rétablissement dans leurs fonctions près la Commission des citoyens Verger et Binay, à qui le Département avait retiré les pouvoirs, font leur rapport[1]. Il en résulte que les administrateurs de la nouvelle Agence se concerteront entre eux à loisir pour examiner de quelle utilité pouvaient être les citoyens Verger et Binay près la Commission, et qu'ensuite ils feraient part à la Commission du résultat de leurs observations. La Commission temporaire des arts, qui observe que ce délai peut entraver la marche des opérations de ses membres, arrête qu'il sera écrit au Comité des domaines pour l'inviter à lever tous les obstacles qui s'opposent aux opérations des membres de la Commission, et qu'il lui sera remis copie du rapport de Barrois et Ameilhon. Il est arrêté en outre qu'il sera écrit à l'Agence des domaines nationaux pour l'inviter à donner une liste d'estimateurs, qui aux connaissances réunissent la probité, et puissent, en stipulant les intérêts de la Nation et ceux des créanciers, fixer d'une manière invariable la valeur des objets.

L'Agence nationale des messageries invite[2] la Commission à faire examiner des tableaux qui se trouvent dans un appartement de la maison qu'elle occupe, où elle va former des bureaux. Renvoyé à la section de peinture.

Le chef du bureau des locations des Domaines nationaux transmet à la Commission une réponse de l'architecte des Domaines nationaux, relative aux réparations à faire à la ci-devant maison des Petits-Augustins. Comme ces réparations, qui paraissent très considérables, doivent être faites par adjudication au rabais, à moins que le Département n'en ordonne autrement, le chef du bureau engage la Commission à n'attribuer

---

[1] Sous la cote F^{17} 1245, n° 1. — [2] Par lettre datée du 15 thermidor (F^{17} 1048, n° 1).

qu'aux formalités à remplir le temps pendant lequel ces réparations resteront à faire. La Commission arrête que la lettre sera communiquée au Comité des domaines, avec invitation de prendre les mesures nécessaires pour faire procéder aux réparations urgentes de la maison des Petits-Augustins, sans suivre les formalités indiquées dans cette lettre.

Un mémoire de Bardel, montant à la somme de 225 livres, certifié véritable par Buache et Besson et visé par l'agent, est adopté.

L'inspecteur général provisoire du Garde-meuble national invite la Commission à envoyer le plus tôt possible au Garde-meuble quelques-uns de ses membres pour y prendre connaissance de trois lots échus au dernier tyran, provenant de 15 souscriptions faites depuis le n° 1 jusques et y compris le n° 15 dans la Société des Amis des arts pour l'année 1792, et juger s'ils sont dignes du Muséum[1]. L'invitation est renvoyée aux citoyens Richard, Nitot, Picault et Besson, précédemment nommés commissaires, pour se transporter au Garde-meuble.

Les administrateurs des districts de Port-la-Montagne, d'Ussel, de Montlieu, de Rochefort, de la Grasse, de Tulle, de Joinville, d'Is-sur-Tille, de Châtillon-sur-Seine, de Milhau, de Dun-sur-Loire, de Chartres, de Quimper, de Blois, de Beaugency, de Mer et de Sauveterre, accusent la réception de la circulaire signée par le président de la Commission temporaire des arts[2] : il résulte de leurs réponses qu'on mettra la plus grande célérité dans les opérations relatives aux inventaires et catalogues des objets de sciences et arts, et que l'on se conformera en tout aux instructions données. Il résulte de la réponse des administrateurs d'Is-sur-Tille, de Châtillon-sur-Seine, de Mer et de Sauveterre qu'ils sont dans la plus grande pénurie d'objets de sciences et d'arts et de tout ce qui concerne l'instruction; les administrateurs de Sauveterre s'en consolent par la douce satisfaction de travailler au développement du premier de tous les arts, celui de l'agriculture. Les administrateurs du district de Chartres accusent une collection de 40,000 à 50,000 volumes, mais il y règne un grand désordre auquel ils s'empresseront de remédier.

---

[1] On voit par une lettre de Dubois, en date du 4 thermidor (O²ˣ 379), que Louis XVI était associé-fondateur de la Société des Amis des arts pour 15 actions payées 900 livres sur les fonds de la cassette et que les trois lots échus consistaient en un tableau et deux marbres.

[2] Les lettres en question, datées de thermidor an II, font partie des cartons F¹⁷ 1044 et 1239.

Ledoux, architecte[1], sollicite la bienveillance de la Commission et particulièrement des artistes membres de cette Commission, pour obtenir sa liberté[2]. La Commission passe à l'ordre du jour.

Casalis réitère ses instances auprès de la Commission pour obtenir son élargissement. La Commission passe à l'ordre du jour.

Lenoir, garde du Dépôt des Petits-Augustins, remet l'état des objets reçus audit Dépôt, depuis le 5 jusqu'au 20 thermidor.

Le même citoyen fait passer au président le manuscrit d'un catalogue historique et chronologique d'auteurs des monuments placés dans le Dépôt des Petits-Augustins, en l'invitant de vouloir bien faire agréer cet ouvrage au Comité d'instruction publique avec l'approbation de la Commission. La Commission accueille l'offre de Lenoir et invite les sections de peinture, sculpture et des antiquités, à examiner le catalogue présenté par Lenoir, et à décider s'il ne serait pas à propos de le livrer à l'impression.

Lamarck, professeur de zoologie au Muséum national d'histoire naturelle, membre de la Commission temporaire des arts, se croyant utile à l'instruction publique sous différents rapports, détaillés dans une lettre, demande à être mis en réquisition par la Convention nationale, comme il l'a été par le Comité de salut public. La Commission renvoie la lettre de ce citoyen au Comité d'instruction publique, avec invitation d'appuyer sa demande auprès de la Convention nationale.

Le président fait part à la Commission d'un arrêté du Comité de salut public, qui autorise la Commission exécutive d'instruction publique à payer les indemnités des membres de la Commission des arts sur les fonds mis à sa disposition. L'arrêté est remis à l'agent pour le faire mettre à exécution[3].

Bergevin[4], architecte et mécanicien, ayant appris dans la maison

---

[1] Ledoux (Claude-Nicolas), «rue Neuve d'Orléans, 228, architecte avant et depuis la Révolution, particulièrement pour les ex-nobles, notamment la du Barry, a bâti le petit pavillon de Louveciennes. Cet architecte construisit pour les fermiers généraux les fameuses barrières» et divers hôtels, notamment ceux d'Uzès et Thélusson; il fut incarcéré à la Force, le 29 frimaire an II, par ordre du Comité révolutionnaire de la section du Faubourg du Nord (F7 4774¹¹).

[2] Lettre de Ledoux, 18 thermidor (F17 1047, n° 1).

[3] Un arrêté du Comité de salut public du 19 thermidor an II autorisa le citoyen Clément de Ris à signer et à ordonnancer le payement des indemnités dues aux membres de la Commission des arts (Recueil Aulard, t. XX p. 698).

[4] Bergevin (Louis-Catherine), traduit au Tribunal révolutionnaire et acquitté le 21 vendémiaire an III (W 466, n° 232).

de Saint-Lazare, où il est détenu, que le globe terrestre en cuivre dont il est l'auteur allait être transporté au Muséum des plantes, demande que la Commission sollicite sa sortie provisoire de la maison de Saint-Lazare pour veiller lui-même au transport de ce globe[1]. La Commission passe à l'ordre du jour sur la demande de Bergevin, motivé sur ce que sa présence n'est pas nécessaire pour ce transport et sur l'arrêté qui a déjà été pris à ce sujet.

Lebrun dépose sur le bureau un inventaire des objets d'arts provenant de Colon, émigré[2], laissés de confiance à la citoyenne Mesanges; un inventaire de Noailles-Mouchy, maison d'Harcourt[3], et un avis à la Commission temporaire des arts sur des recherches à faire de plusieurs objets provenant du ci-devant duc de Coigny, dont la perte s'élèverait à plus de quatre-vingt mille livres, de Charost-Béthune, de Cossé-Brissac et de la femme Capet. On propose que Lebrun soit chargé de prendre toutes les informations nécessaires sur tous les objets qui ont pu être distraits, et de les faire rentrer au pouvoir de la Nation. La proposition est adoptée. Picault est adjoint à Lebrun pour faire des recherches à ce sujet.

La section des antiquités fait son rapport[4] sur la ville d'Arles et sur les monuments qu'elle renferme. Ce rapport est renvoyé au Comité d'instruction publique.

David Le Roy fait son rapport[5] sur le projet de Th. Mandar tendant à appliquer à la navigation des rivières les moyens employés dans les ports de mer. Il en résulte que le projet de Th. Mandar est impraticable, soit à cause de la quantité de ponts dont les arches trop étroites s'opposeraient au passage, soit parce que les canaux de Briare et d'Orléans sont à sec pendant quelques mois de l'été.

Mulot demande que la Commission veuille bien nommer un com-

[1] Voir sa lettre en date du 18 thermidor (F^{17} 1047, n° 1).

[2] Inventaire de Colon, fait le 17 thermidor (F^{17} 1267).

[3] Parmi les peintures inventoriées chez Noailles-Mouchy, est à signaler un portrait en pied du maréchal de La Feuillade par Largillière (F^{17} 1267).

[4] Ce rapport, très érudit, daté du 20 thermidor, est de la main de Le Blond, et signé de lui et de Varon (F^{17} 1238, n° 36). Il y est dit, à l'éloge des commissaires du district d'Arles, que ceux-ci «voyant avec peine les monuments exposés aux injures de l'air et dégradations» sollicitent des mesures en vue de la conservation des antiquités de cette ville et de la continuation des fouilles commencées le long de l'avant-scène du théâtre romain.

[5] Ce rapport, auquel est annexé le projet de Théophile Mandar, existe sous la cote F^{17} 1052.

missaire à la place de Vicq-d'Azyr, pour, conjointement avec Barrois, vérifier si sa gestion peut mériter une indemnité[1]. La Commission nomme Corvisart à la place de Vicq-d'Azyr : les deux commissaires sont chargés d'examiner la demande en indemnité de Mulot et d'en faire un rapport.

Martineau fait part à la Commission temporaire des arts que l'entreprise de l'*Atlas national de France* n'a jamais appartenu à Dumez, condamné; qu'elle appartient à une société d'actionnaires dont Dumez, qui était du nombre pour une portion d'actions qu'il possédait, était l'homme salarié, chargé de la suite de la surveillance de cette opération et du débit des cartes. La lettre est renvoyée à l'Agence des domaines nationaux.

La section des dépôts littéraires remet sur le bureau deux inventaires, l'un des livres trouvés dans la ci-devant maison du nommé Pavant, ex-notaire, condamné; l'autre des livres trouvés dans la maison de Choiseul-d'Aillecourt[2].

Picault, chargé de faire un rapport sur le catalogue envoyé à la Commission temporaire des arts par le district de Milhau, déclare que des tableaux, qui ne sont désignés que par les sujets et leur grandeur, ne peuvent être jugés ni appréciés. Il réclame l'exécution de la loi pour la conservation de tous les objets d'arts et de sciences jusqu'à ce que leur mérite, leur utilité et leur valeur soient fixés par des connaisseurs[3].

Naigeon expose les motifs qui l'ont déterminé à demander la résiliation du bail de la partie de la maison de Nesle, louée au citoyen Denis, sellier, à raison de 350 livres, sauf l'indemnité à accorder au locataire. Il invite la Commission à appuyer sa demande et à la transmettre au Comité des domaines. La Commission arrête qu'il sera écrit au Comité des domaines pour l'inviter à autoriser la résiliation du bail du citoyen Denis[4].

Dellebarre, opticien, connu par les témoignages avantageux que quantité de savants et d'auteurs ont rendus d'un microscope universel de son invention, par la sagacité de [ses] recherches, demande à être

---

[1] Voir la lettre de Mulot, du 15 thermidor, visée ci-dessus.

[2] L'inventaire de Pavant, compris sous la cote F^{17} 1195, est en déficit. Inventaire des livres trouvés dans la maison de Choiseul d'Aillecourt, rue de Choiseul, n° 760, remis au Dépôt de la rue Saint-Marc, 20 thermidor an II (F^{17} 1198-1199).

[3] Rapport de Picault (F^{17} 1231, n° 3).

[4] Lettre de Naigeon, 20 thermidor (F^{17} 1047, n° 1).

employé d'une manière analogue à ses talents. La Commission renvoie la demande de ce citoyen au Comité d'instruction publique avec invitation de le recommander à celui de salut public.

Bruni dépose sur le bureau des inventaires d'instruments de musique, mis en réserve chez Laborde, chez Thiroux-Mondésir, chez Maubec, chez Clermont d'Amboise, chez l'émigré Xavier, chez l'émigré Grimm, chez le condamné Gougenot et chez l'émigré Maillebois[1].

Aubry[2] ayant soumis au jugement du Comité d'instruction publique l'invention d'une nouvelle arme, consistant en une cartouche de canon, dont l'explosion est terrible et dont on peut faire usage dans les canons même encloués, le Comité renvoie son mémoire à la Commission des arts, qui charge Beuvelot d'en faire un rapport, après en avoir conféré avec l'auteur[3].

La Commission autorise Scellier à enlever deux fûts de colonne de porphyre rouge, remis par Maurice à Balleux, marbrier, rue Victor, avec leurs bases et chapiteaux, tant en marbre qu'en bronze : il en sera donné décharge à Balleux, pour qu'il puisse rendre compte de cet enlèvement à qui il appartiendra.

Charles et Janvier sont autorisés à mettre en réserve et à faire transporter au dépôt de physique la pendule du ci-devant Monsieur, frère de Capet, qui se trouve chez Robin.

Bruni remet sur le bureau le César de Glascow, qu'il avait trouvé parmi des papiers de musique venant de Brionne et de Vaudemont. La Commission le renvoie à la section de bibliographie, chargée d'examiner s'il ne conviendrait pas de le déposer dans la bibliothèque du Comité d'instruction publique.

Au sujet d'un manuscrit sur la Martinique, remis également par Bruni, on observe que des ingénieurs payés par le gouvernement travaillaient, à l'époque de la Révolution, à lever et à dessiner une très grande et belle carte de l'île de la Guadeloupe, qu'un des membres de la Commission assure avoir vue dans cette colonie. La Commission arrête que le Comité de salut public sera invité à faire rechercher cette carte qui, par sa beauté et son exactitude, ainsi que par les grandes dé-

---

[1] Voir ces inventaires sous la cote F17 1054, n° 3.

[2] Il s'agit probablement de Claude-Charles Aubry, officier d'artillerie aux armées du Nord et de la Moselle, qui devint général.

[3] Voir ce rapport, en date du 20 thermidor (F17 1164).

penses qu'elle a occasionnées, mérite d'être utilisée pour la République, et que ce manuscrit sera renvoyé à la Commission des travaux publics.

Le Blond est autorisé à faire transporter au Dépôt de Nesle le petit médaillier proposé par la section de la Fontaine de Grenelle.

Les membres de la Commission, qui pourront communiquer des renseignements sur les objets d'arts qui se trouvent dans les différents districts, sont invités à les remettre au secrétariat, où il y aura un registre de correspondance avec chaque district.

Un membre appelle l'attention de la Commission sur la méridienne de la ci-devant église de Saint-Sulpice. Il propose, et la Commission arrête qu'il y sera mis une inscription pour avertir que cette méridienne est un monument précieux qui mérite d'être surveillé et conservé avec soin.

Boucault est autorisé à faire le transport des marbres provenant des ci-devant églises et paroisses de Montmarat et à se servir pour cet effet de la voie des charrois militaires.

L'agent national près le district d'Abbeville, dans une lettre adressée au Comité d'instruction et renvoyée à la Commission temporaire des arts, demande s'ils doivent vendre les livres de Devérité[1], mis hors de la loi, ou les remettre à la bibliothèque nationale du district; la Commission arrête qu'il sera répondu à l'agent national que ces livres doivent être remis à la bibliothèque nationale du district, où ils seront inventoriés comme les autres livres.

SÉANCE DU 25 THERMIDOR,
2ᵉ ANNÉE RÉPUBLICAINE (12 AOÛT 1794).

Indemnité des membres. — Mémoires du maréchal de Saxe. — Pépinière de Liancourt. — Vases de porcelaine de Chine à Hazebrouck. — Réponses des départements à la circulaire. — Objets d'arts des châteaux de Richelieu et de Chanteloup. — Catalogue du cabinet de feu Livois, d'Angers. — Tapisseries de Bayeux. —

---

[1] Devérité (Louis-Alexandre), député de la Somme, l'un des signataires de la protestation du 6 juin, fut proscrit en même temps que Condorcet, à la suite du décret du 8 juillet 1793. Les scellés furent apposés à la fois à son domicile à Paris, rue des Boucheries-Saint-Honoré, et à Abbeville. Cf. A. Tuetey, *Répertoire*, etc., t. VIII.

Bibliothèques du district d'Issoudun, etc. – Objets d'arts du district de Coutances. – Bibliothèque du Collège de Navarre. – Manuscrits d'Héloïse et d'Abélard. – Rapport de David Le Roy sur Écouen. – Dépôt de cartes et plans aux travaux publics. – Instruction envoyée aux Commissions et agences. – Inventaire du Garde-meuble entravé. – Bibliothèque du séminaire Sulpice. – Démarches en faveur de Thillaye. – Rapport de Beuvelot sur l'invention d'une cartouche à canon. – Modèle de pompe. – Réparations au Dépôt de musique. – Globes d'Adams. – Méridienne de Sulpice. – Groupe de *Castor et Pollux*. – Monuments en Espagne. – Statues de la maison d'Orsay. – Deux pendules de Versailles. – Cartes de Ferrari pour le Comité de salut public. – Bibliothèques de Malesherbes et Maubec. – Inventaire des objets du château de Châteauneuf-sur-Loire. – Inventaire de chimie de la maison Montbarey à l'Arsenal.

Lecture faite du procès-verbal qui est adopté, le président passe à la lecture de l'extrait de la correspondance.

L'agent fait un rapport sur les difficultés qu'il a éprouvées à la Commission exécutive d'instruction publique pour le payement des indemnités accordées aux membres de la Commission temporaire des arts, le commissaire, chargé par le Comité de salut public d'effectuer ce payement, a motivé son refus sur ce que l'état présenté par l'agent établissait les indemnités à compter du jour de l'institution de la Commission, tandis que le décret qui règle cette indemnité n'est que du 28 pluviôse. Le président est autorisé à engager le Comité de salut public à lever les difficultés apportées au payement des indemnités dues aux membres de la Commission temporaire des arts[1].

La Commission, faisant droit aux réclamations de sa section de physique, arrête qu'il sera écrit à Dabancourt afin d'obtenir le payement d'une somme de 670 livres, pour achat d'instruments de physique, délivrés à la Commission des travaux publics qui les avait demandés pour Constantinople.

Le Comité de salut public demande à la Commission un exemplaire des mémoires du maréchal de Saxe sur ses campagnes de Flandre. La section des dépôts littéraires, à qui cette lettre avait été communiquée par le secrétaire, annonce qu'elle a déjà rempli les vues du Comité par la remise de cet ouvrage qui provient du magasin de Barrois aîné.

Une lettre de la Commission d'agriculture et des arts relative à la pépinière de Liancourt, adressée au Comité d'instruction publique, est

[1] Le 25 thermidor, le Comité d'instruction publique accueillait favorablement la réclamation de la Commission des arts (*Procès-verbaux du Comité*, t. IV, p. 936).

renvoyée à la Commission des arts : cette lettre[1] est renvoyée à la section de botanique pour en faire un rapport.

La Commission de commerce et approvisionnements de la République prévient le président de la Commission des arts [2] qu'elle vient de donner des ordres à l'agent national près le district d'Hazebrouck, pour qu'il fasse réserver dans le dépôt de ce district les deux vases de porcelaine de la Chine, provenant du mobilier du ci-devant prince de Robec [3].

Les administrateurs du district d'Indremont [4], de Neuville, de Quingey, de Bazas, de Carentan, de Severac, de Bar-sur-Ornain [5], de Gien, de Guéret, de Pithiviers, de Loches, de Quimperlé, de Rodez, de Briey, de Verneuil, d'Embrun, de Villefranche, d'Apt, de Cholet, d'Argentan, de Tours, accusent la réception de la circulaire du président de la Commission temporaire des arts, relative aux inventaires et à la description des objets de sciences et arts. Il résulte de leurs réponses qu'ils mettront la plus grande célérité à se conformer aux vues de la Commission.

Les administrateurs du district de Tours entrent à ce sujet dans quelques détails; ils annoncent qu'ils ont devancé la demande, en faisant passer, le 14 prairial, au Comité d'instruction publique un catalogue des objets d'arts et de sciences déposés au Musée national établi à Tours; que le commissaire Rougeot a également fait parvenir, le 11 thermidor, au même Comité le procès-verbal de l'enlèvement des objets d'arts des ci-devant châteaux d'Amboise et de Chanteloup [6]; que dans l'inventaire adressé au Comité, le 14 prairial, se trouvent compris des tableaux et bustes en marbre, que Rougeot a transférés du ci-devant château de Richelieu au musée, et qu'il se trouve encore dans cette maison un grand nombre de figures en pied, de marbre, des bustes en marbre et tableaux, dont le procès-verbal a été remis au district de

---

[1] Du 5 thermidor (F17 1048, n° 1)

[2] Le 21 thermidor (F17 1048, n° 1).

[3] Anne-Louis-Alexandre de Montmorency, prince de Robecq, grand d'Espagne, lieutenant général en 1762, député à la Constituante, émigra et rentra en France sous le Consulat.

[4] Indremont, nom révolutionnaire de Châtillon-sur-Indre. La lettre est du 15 thermidor (F17 1239).

[5] Par lettre du 21 thermidor (F17 1044).

[6] Le château de Chanteloup avait été bâti sous Louis XIV par Jean Bouteroue d'Aubigny, grand maître des Eaux et forêts de Touraine, pour la princesse des Ursins; il passa successivement aux mains des ducs de Choiseul et de Penthièvre, et au moment de la Révolution appartenait à la duchesse d'Orléans, héritière du duc de Penthièvre; acquis en 1802 par Jean-Antoine Chaptal, ministre de l'intérieur, il fut revendu à des spéculateurs et démoli en 1823.

Chinon et dont ils proposent d'expédier une copie à la Commission; ils l'informent qu'ils viennent d'expédier le 4ᵉ catalogue des livres déposés à la bibliothèque nationale établie à Tours, qui présente un total de 17,212 volumes.

Un membre observe qu'il existe à Chanteloup des tapisseries des Gobelins et une grille de fer, chef-d'œuvre de serrurerie d'un travail précieux, qu'il propose de faire transporter à Paris. La Commission arrête que les administrateurs du district de Tours seront invités à envoyer l'inventaire des objets du ci-devant château de Richelieu, et d'informer la Commission des moyens de conservation qu'ils ont pris; quant à la grille, sa destination est ajournée jusqu'après le rapport qui sera fait par Naigeon.

Lenoir, conservateur du Dépôt des Petits-Augustins, fait passer une lettre du citoyen Hubert qui demande à tirer de ce Dépôt des marbres dont il a besoin pour des opérations commandées par le Comité de salut public. David Le Roy, membre de la section d'architecture, est chargé de surveiller cette remise.

L'agent national du district d'Angers adresse à la Commission un exemplaire imprimé du catalogue[1] d'une collection de tableaux des écoles d'Italie, de Flandre, de Hollande et de France, pastels, miniatures, gouaches, dessins qui composaient le cabinet de feu Livois, citoyen de la commune d'Angers[2]. La Nation, ayant des droits sur cette collection, parce que quelques-uns des héritiers de Livois sont émigrés, l'agent du district consulte la Commission sur les moyens de réunion et d'estimation de ce cabinet, qui conviendrait parfaitement à la formation d'un muséum à Angers. Le catalogue est remis à la section de peinture, chargée de l'examiner, d'en faire un rapport dans lequel elle stipulera si la part de la succession qui écheoit à la Nation égale la valeur de cette collection.

---

[1] Ce catalogue, par P. Sentout, peintre (Angers, de l'imprimerie de C. P. Mame, 1791), comprend 335 articles, parmi lesquels nombre de toiles signées des plus grands maîtres des écoles italienne, flamande, hollandaise et française (F¹⁷ 1270).

[2] Livois (Pierre-Louis-Éveillard de), mort à Angers le 2 décembre 1790, en son hôtel de la rue Saint-Michel, où il avait formé une précieuse collection d'objets d'art, surtout de tableaux, dont trois marchands de Paris offrirent 70,000 livres; le tout fut divisé en deux lots, l'un de 200 tableaux échut aux héritiers de la ligne paternelle, l'autre de 197 tableaux, vacant par l'émigration des ayants droit, resta déposé sous séquestre au Musée national du Département (5 thermidor an VII) dont il forma le premier et principal fonds.

Les membres de la commission préposée à la recherche des objets de sciences et d'arts dans le district de Bayeux font passer à la Commission l'inventaire des objets de peinture et sculpture contenus dans les dépôts de ce district [1].

Le Blond observe à la Commission que la tapisserie représentant la *Conquête de Guillaume le Conquérant*, n'est point comprise dans le catalogue [2]. La Commission charge Le Blond d'écrire aux administrateurs du district de Bayeux que ces tapisseries sous tous les rapports méritent leur attention et qu'ils sont invités à prendre les mesures convenables pour leur conservation.

Les administrateurs du district d'Issoudun rendent compte des mesures qu'ils ont prises relativement à l'inventaire des livres qui se trouvent dans ce district. Ils annoncent qu'ils ont envoyé au département de l'Indre deux copies, une de la délibération du directoire par laquelle l'emplacement destiné à établir une bibliothèque était destiné (sic), l'autre du devis estimatif de la dépense nécessaire à cet objet. Dans la crainte que le département, ou ne s'y soit pas conformé, ou que les pièces se soient égarées dans les bureaux, ils joignent ces deux copies à leur lettre. La Commission renvoie ces trois objets au Comité d'instruction publique.

Wallet réclame une petite cheminée dont il est l'inventeur et qui est au Louvre sous les scellés [3]. Il prie la Commission de lui donner l'autorisation nécessaire pour la retirer. La réclamation est renvoyée à Molard pour les renseignements à prendre sur cet objet et au Département pour la décision.

Une difficulté proposée par Lindet pour déterminer la numéro du département de l'Eure est renvoyée au Comité de division.

Janson sollicite une place dans un bureau de la bibliographie nationale; sa demande est renvoyée aux commissaires nommés pour le choix des employés.

On dépose sur le bureau sept catalogues [4] venant du district de Cla-

---

[1] Voir la lettre de ces commissaires, 19 thermidor (F17 1047, n° 1). Voir aussi la lettre des mêmes commissaires, du 4 fructidor (F17 1239).

[2] La célèbre tapisserie de Bayeux, qui occupe tout le rez-de-chaussée de la Bibliothèque municipale de cette ville, a été reproduite en 79 planches photographiques avec un texte historique et critique par Jules Comte. Paris, 1878, album.

[3] Lettre de Wallet, artiste, 22 thermidor (F17 1047, n° 1).

[4] Voir les 2°, 3°, 4° et 6° de ces catalogues sous la cote F17 1270.

mecy, le 1ᵉʳ d'histoire naturelle, le 2ᵉ de géographie, le 3ᵉ de peinture, le 4ᵉ des antiquités, le 5ᵉ de mécanique, le 6ᵉ de physique et le 7ᵉ de musique. Les membres des sections respectives, après en avoir pris connaissance, jugent qu'il est à propos de louer le zèle de ces administrateurs et en même temps leur faire quelques observations sur les objets dont ils ont surchargé leurs inventaires et sur ce qui y reste à désirer.

On remet sur le bureau un état des instruments propres à lever les plans et des meubles appartenant à la République et existant dans le bureau général, situé à Coutances, département de la Manche. Renvoyé à la section de géographie, ainsi qu'un rapport préliminaire de J.-J. Costin sur les différents objets d'arts du district de Coutances.

On dépose sur le bureau un extrait du registre des délibérations de la Commission temporaire des arts, du 5 thermidor, relatif à Dambreville et adressé au Comité de salut public. Cet extrait est marqué du timbre d'approbation de ce Comité.

Chambry, ci-devant professeur, annonce que la bibliothèque du collège de Navarre, précieuse à bien des égards, dépérit sous le scellé, que la pluie endommage journellement les livres et les planchers. Il expose à la Commission qu'il se trouve en ce moment sans état par la suppression de sa place et il demande à être employé dans le travail des bibliothèques sur place. La lettre [1] est renvoyée à la section de bibliographie, chargée d'examiner la bibliothèque du collège de Navarre et d'utiliser Chambry pour le travail des bibliothèques, s'il y a lieu.

Le directoire du district de Troyes prévient [2] la Commission qu'il a fait passer au directoire du district de Nogent copie de la lettre qui lui avait été écrite au sujet des manuscrits originaux des lettres d'Héloïse et d'Abailard.

D'après le rapport sur la maison d'Écouen, fait par David Le Roy au nom des commissaires chargés de s'y rendre, il est arrêté que, sans rien préjuger sur l'usage que l'on peut faire de ce monument, il est assez précieux comme objet d'art et d'architecture pour être conservé [3].

---

[1] La lettre de Chambry, ex-professeur de rhétorique au collège de Navarre, est du 24 thermidor (F¹⁷ 1047, n° 1).

[2] Le 21 thermidor (F¹⁷ 1239).

[3] Le rapport sur le château d'Écouen, en date du 25 thermidor, signé Naigeon l'aîné et David Le Roy, donne une idée nette de l'état dans lequel se trouvait alors ce château. L'hôpital militaire qui y est établi expose à des risques ce monument et les objets d'arts qu'il renferme. Quoique l'immeuble soit encore intact

Copies du rapport et de l'arrêté seront envoyées au Comité des domaines, au district de Gonesse et à la Commission des secours publics pour la division des hôpitaux militaires. La Commission des arts observera au Comité des domaines que la collection des vitraux de la galerie de Psyché est incomplète, qu'une partie des panneaux se trouvant entre les mains d'un vitrier de cette commune, il serait à propos de les faire rentrer dans les dépôts de la Nation par telle mesure qui serait jugée convenable.

La Commission arrête qu'il sera demandé à l'Agence des domaines nationaux la liste des commissaires qu'elle a choisis pour remplacer ceux du Département, et en même temps la continuation provisoire des deux commissaires Verger et Binay, dont le zèle et la présence sont essentiels aux opérations des membres de la Commission.

Sur quelques observations présentées par Buache relatives au dépôt de cartes formé près la Commission des travaux publics, on passe à l'ordre du jour, motivé sur la lettre que le président a écrite au Comité de salut public pour lui faire part des inconvénients de son arrêté sur ce dépôt[1].

Il sera envoyé une instruction de la Commission à toutes les Commissions et Agences exécutives.

Sur la plainte de plusieurs membres des retards interminables que Dubois, gardien du Garde-meuble, apporte aux opérations des commissaires chargés d'inventorier les objets d'arts qui s'y trouvent, il est

---

dans son ensemble, quelques dégradations sont déjà à déplorer : «Aux deux côtés de l'avant-corps (formé par la chapelle) sont deux bas-reliefs représentant deux figures de femmes ailées soutenant les armes des Montmorency. L'écusson pouvait se gratter sans endommager les figures, on y aurait gravé des emblèmes républicains en creux; eh bien! on a fait tout le contraire; on a brisé les têtes de femmes et on a conservé les armes des Montmorency. Pour ouvrir une misérable petite croisée dans une niche, on vient encore de briser une belle statue de Vénus en marbre blanc qui ornait la niche : nous en avons vu les débris dans la cour». Dans la cour même, on a construit, pour l'usage de l'hôpital, des bâtiments informes qui masquent et défigurent l'aspect magnifique que présentait la perspective des architectures. — Les commissaires parlent en détail de la chapelle, au sujet de laquelle ils renvoient d'ailleurs au rapport antérieur de Naigeon, et disent quelques mots de la cheminée de la salle des gardes avec sa Victoire de marbre blanc. Leur conclusion est que le château doit être conservé et affecté à un muséum, ainsi que le demande le district de Gonesse (F[17] 1265).

[1] La lettre de Mathieu, datée du 19 thermidor, est analysée dans le procès-verbal de la séance du Comité d'instruction publique, en date du 3 fructidor. (*Procès-verbaux*, t. IV, p. 961.)

arrêté que le Comité d'instruction publique sera invité à s'occuper des moyens de faire cesser ces lenteurs.

Varon sera adjoint à la section de bibliographie pour visiter l'état de la bibliothèque Sulpice.

Buache demande à être autorisé à retirer de l'appartement du bibliothécaire du séminaire Sulpice les portefeuilles de cartes et plans qui s'y trouvent et qui paraissent avoir été retirés de la bibliothèque dont ils faisaient partie. L'autorisation est accordée.

Mulot présente le mémoire de ses appointements pour les fonctions de conservateur du Dépôt de la rue de Beaune pendant le mois de messidor.

La Commission temporaire des arts arrête que le Comité de sûreté générale sera invité à se faire rendre compte des motifs d'arrestation du citoyen Thillaye, qui a utilisé sa détention par la continuation de ses travaux pour la Commission des arts dont il est membre. Il sera observé en même temps que, d'après les actes de civisme du citoyen Thillaye dont elle a été témoin et les renseignements pris d'ailleurs, elle a lieu de le regarder comme un excellent citoyen. Le citoyen Corvisart est chargé de faire parvenir au Comité de sûreté générale l'arrêté qu'elle a pris relativement au citoyen Thillaye.

Il est arrêté que l'agent payera sur les fonds mis à sa disposition le prix d'une armoire de bibliothèque, que la Commission a retirée des mains de Lesueur qui l'avait acquise.

Il résulte du rapport de Beuvelot [1] sur une cartouche nouvelle qui peut servir même pour les pièces enclouées, que la dépense qu'occasionnerait la construction de ces corps (sic) absorberait l'avantage qu'on pourrait en tirer. Beuvelot conclut par demander que l'auteur présente lui-même son projet à la Commission; cette proposition est adoptée.

Un modèle de pompe, présenté à la Commission temporaire des arts par les citoyens Desaubleaux, Huron et Chevrotat, est renvoyé à la Commission d'agriculture et des arts.

Il sera écrit à la régie de l'Enregistrement pour l'engager à s'occuper promptement des réparations à faire au Dépôt de musique, maison Douet, rue Bergère.

La lettre rédigée par Molard sur deux globes d'Adams et plusieurs

---

[1] En date du 20 thermidor (F¹⁷ 1164).

outils dignes d'être conservés sera envoyée aux administrateurs du istrict de Corbeil, chargés de surveiller la vente du mobilier d'Anisson à Ris.

L'expert est autorisé à donner le plan d'un corps d'armoire qui se trouve au ci-devant séminaire Sulpice, afin que l'architecte, qui sera chargé de former le dépôt destiné à l'instruction de la Société des Jeunes Français, puisse disposer un local propre à la recevoir.

D'après le compte rendu par un membre qu'un corps d'armoire réservé à la maison d'Harcourt ne peut être d'aucune utilité à la Commission, il est arrêté que la réquisition mise sur cette armoire soit levée. La section de bibliographie est invitée à enlever les livres qui se trouvent dans cette maison.

L'expert accompagnera Buache pour examiner s'il y a lieu à l'enlèvement de la balustrade de la méridienne de Sulpice.

D'après l'exposé de l'expert, le procès-verbal lu par Scellier et le témoignage de plusieurs membres, il est constaté que dans le transport d'un groupe de *Castor et Pollux*[1] le choc d'une voiture a occasionné une fraction dans ce monument. Les sections de sculpture et d'architecture feront à la prochaine séance un rapport sur cet événement et proposeront tous les moyens d'obvier à de pareils accidents.

Les membres de la Commission sont invités à communiquer les renseignements qu'ils pourraient avoir sur les monuments qui existent en Espagne où nos armées sont entrées victorieuses. Il sera écrit au Comité de salut public pour l'engager à prendre pour l'Espagne les mesures qu'il a prises au Nord, pour enrichir la République des monuments d'arts qui attesteront ses triomphes, en même temps qu'ils serviront à propager les lumières.

La section de sculpture, Naigeon et Hubert se concerteront pour déterminer celles des statues de la maison d'Orsay qui doivent être employées à décorer les places publiques, d'après les vues du Comité de salut public, et celles qui doivent être transportées et conservées dans les différents dépôts de la République.

La section de physique a reçu deux pendules qui lui ont été délivrées par les commissaires artistes de Versailles : il sera fait mention au procès-verbal du zèle de ces citoyens.

[1] Comme rien ne permet de supposer que le groupe de Coysevox ait été déplacé, il s'agit probablement de moulages en plâtre, que l'on voit figurer au Dépôt de Nesle et à celui des Petits-Augustins (F^{17} 1192⁴).

Les mêmes commissaires artistes sont invités à s'informer au district de Versailles, s'il existe dans les dépôts de cette commune des cartes de Ferrari pour l'usage du Comité de salut public.

Le Muséum d'histoire naturelle est autorisé à enlever les livres qu'il a notés dans la bibliothèque de Malesherbes et invité à les tenir dans un lieu séparé jusqu'à ce qu'il ait obtenu l'estimation qu'il est chargé de provoquer. Leblanc remet l'inventaire de chimie de la maison Montbarey à l'Arsenal[1]. Picault dépose l'inventaire[2] des tableaux, dessins, bronzes, marbres, terres cuites, qui sont au ci-devant château de Châteauneuf-sur-Loire, provenant de la maison Penthièvre.

La section des dépôts littéraires fait un rapport sur ses travaux depuis le 25 messidor jusqu'au 25 thermidor et remet l'inventaire de la bibliothèque de Maubec[3].

L'administration du district de Coutances envoie dix cartes d'inventaires d'objets de musique et de géographie.

SÉANCE DU 30 THERMIDOR,
2ᵉ ANNÉE RÉPUBLICAINE (17 AOÛT 1794).

Cartes des Pays-Bas autrichiens. — Méridienne de Sulpice. — Réclamation de Léger, employé du Comité d'instruction publique. — Scellés de la ci-devant Académie d'architecture. — Commissaires de Bayeux. — Communication de Ronesse sur Franciade. — Demande de fonds pour les frais occasionnés par les recherches d'objets d'arts dans les départements d'Indre-et-Loire et du Rhône. — Bains sur le gravier du Pont-Neuf. — Harnachement proposé par le citoyen Toulouse. — Table à compartiments d'Amboise. — Lettre de Vial, chef des travaux de la Marine. — Demande d'emploi par Durameau, professeur de l'École nationale de peinture. — Camée de Payan. — Réponses à la circulaire de la Commission. — Inventaires d'objets d'arts et de sciences à Rennes. — Procédé du citoyen Dumarest

---

[1] Inventaire signé de Pelletier et Leblanc, du 21 thermidor (F¹⁷ 1343).

[2] Cet inventaire, en date du 25 thermidor, mentionne des tableaux signés par les grands maîtres des écoles d'Italie, de Flandre, de Hollande et de France (F¹⁷ 1272). Voir pour la partie des bronzes, marbres et terres cuites (F¹⁷ 1197).

[3] Maubec (Louis-Gabriel Planelli de Mascrany de la Vallette, marquis de), député de la noblesse pour le bailliage de Rouen en 1789. — État de sa bibliothèque, rue des Francs-Bourgeois, transportée par Ameilhon au Dépôt de Thorigny, ledit état remis à la Commission des arts, le 25 thermidor an II (F¹⁷ 1200).

relatif aux couleurs. – Colonnes de porphyre provenant de Laborde. – Témoignage de satisfaction à Lenoir, garde du Dépôt des Petits-Augustins. – Recherches à Commune-Affranchie. – Pépinière de Liancourt. – Cabinet de Livois (district d'Angers). – Bibliothèque Sulpice. – Livres demandés par la Commission des lois. – Rapport sur les exhumations du cimetière des Innocents. – École de chirurgie. – Bibliothèque d'Artois. – Traîneau pour transporter les statues. – Transports de vitraux et divers monuments dans les dépôts. – Inventaire des papiers de la ci-devant Société de médecine. – Sépulcre à Saint-Mihiel. – Opérations de la section des dépôts littéraires. – Statues de la chapelle des Invalides. – Bronzes antiques. – Manuscrits d'Abailard réclamés au district de Nogent-sur-Seine. – Manuscrit à Ville-Affranchie. – Objets laissés dans les prisons par les condamnés. – Tableaux de la Chartreuse de Bourg-Fontaine. – Rapport de Molard sur les conservateurs et gardiens des dépôts. – Scellés chez Desvoyes. – Dépôt de Nesle. – Pendules de Brunoy. – Livres pour le Muséum d'histoire naturelle. – Herbier de Malesherbes. – Don d'un manuscrit des Chroniques de France. – Note des objets choisis pour remettre à l'École des Jeunes Français. – Observations de Naigeon sur le Musée de Tours.

Lecture faite du procès-verbal, le président passe à l'extrait de la correspondance.

Buache dépose sur le bureau deux reçus, un d'un exemplaire incomplet de la carte des Pays-Bas autrichiens, provenant de la maison Laborde, pour le cabinet topographique et historique militaire du Comité de salut public, l'autre d'un exemplaire complet de la carte des Pays-Bas autrichiens par Ferrari, provenant de la maison du ci-devant prince Xavier, pour la même destination.

Le même membre est chargé de rendre par écrit un rapport sur la méridienne de Sulpice.

David Le Roy est chargé d'examiner s'il n'y aurait pas d'inconvénients à déplacer des colonnes de cipolin de la chapelle Sulpice.

Léger, commis au secrétariat du Comité d'instruction publique, expose qu'à l'époque de l'institution de la Commission il a rempli les fonctions de secrétaire de ladite Commission, qu'il a transcrit les procès-verbaux, qu'il prenait même sur ses heures de repos pour que le travail du Comité ne souffrît pas de ses occupations à la Commission. Il réclame une indemnité pour ce travail étranger à sa besogne. La demande est renvoyée au Comité d'instruction publique [1]

Fourché réitère ses instances pour que la Commission des arts

---

[1] Le Comité examinait la demande, le 1er floréal, mais ajournait sa décision. (*Procès-verbaux*, t. IV, p. 953.)

fasse procéder le plus tôt possible à la levée des scellés apposés dans une des salles de la ci-devant Académie d'architecture. Cette salle, dans le voisinage de laquelle se trouve son atelier destiné à la fabrication des nouveaux poids et mesures, lui est absolument nécessaire. La lettre[1] est renvoyée aux commissaires précédemment nommés, avec invitation d'en faire un rapport.

La lettre des commissaires préposés à la recherche des objets d'arts dans le district de Bayeux est renvoyée au Comité d'instruction publique.

Ronesse, bibliothécaire du district de Franciade, fait parvenir à la Commission des observations sur les objets de sciences et d'arts transportés de ce district dans différents dépôts de Paris et sur ceux qui restent à Franciade [2].

Une lettre des administrateurs du département du Rhône, adressée à la Commission d'agriculture et des arts, est renvoyée à la Commission temporaire des arts [3]. Les administrateurs du département du Rhône demandent sur quelle caisse ils doivent payer les citoyens Tabard et Richard, employés à la recherche des objets rares et précieux qui doivent orner le Muséum, et quelle indemnité leur doit être accordée. Il est arrêté qu'on recueillera toutes les pièces concernant cet objet pour être envoyées au département du Rhône.

Le citoyen Bourdon d'Orléans invite la Commission à se faire représenter les plans, mémoires et projets relatifs à l'établissement des bains sur le gravier du Pont-Neuf. Sa demande est renvoyée à la Commission des travaux publics, et il lui sera adressé extrait du procès-verbal pour informer ce citoyen à qui il doit s'adresser désormais.

Le citoyen Jean Toulouse, accompagné de deux commissaires de la section des Tuileries, présente une nouvelle husarde pour l'équipement des chevaux. Comme cet objet n'est point du ressort de la Commission

---

[1] Datée du 21 thermidor (F^{17} 1047).

[2] Voir la lettre en question de Ronesse, en date du 26 thermidor, qui indique où ont été transportés les tableaux des maisons religieuses du district de Franciade, le trésor et les tombeaux de l'ancienne église abbatiale, dont la conservation avait été décidée par la Commission des monuments. Il ne restait plus dans l'église que les orgues, les vitraux et le tombeau de Turenne. Ronesse se prononce en faveur de la conservation des clochers, dans le cas où l'église devrait être démolie, et donne un état des tableaux déposés dans le réfectoire de l'abbaye (F^{17} 1231).

[3] Lettre de la Commission d'agriculture et des arts, 27 thermidor (F^{17} 1048, n° 1).

temporaire des arts, il est invité à se présenter à la Commission d'agriculture et des arts.

L'agent national du district d'Amboise prévient la Commission que la table à compartiments, qu'il avait précédemment annoncée être au château d'Amboise, a été depuis transportée au Muséum de Tours; il est arrêté que l'agent national sera remercié du zèle qu'il témoigne pour la conservation des monuments précieux, et que d'ailleurs cet objet sera également bien conservé à Tours.

La Commission administrative du district de Brest a fait passer au Comité d'instruction publique une lettre de Vial, chef des travaux de la Marine, qui annonce que les recherches faites d'un dictionnaire de marine n'ont servi qu'à convaincre qu'il n'a jamais existé. Cette lettre, communiquée à la Commission des arts, est renvoyée à Buache.

La Commission passe à l'ordre du jour sur une pétition présentée par Durameau, professeur de l'École nationale de peinture et de sculpture, qui demande à être employé dans les dépôts de Versailles[1].

Il sera répondu à Moral, qui demande une place dans les établissements d'objets d'arts dans le district de Montélimart, que la Commission ne dispose d'aucune place de cette nature, que les administrateurs de district sont chargés du choix des commissaires artistes, conservateurs ou gardiens.

La section des antiquités est chargée de constater la remise au Cabinet national des médailles d'un camée antique, monté en bague, que le traître Payan avait confié au citoyen Barthélemy[2], qui demande acte de sa déclaration.

Les districts de Roche-des-Trois[3], Port-la-Montagne, Casteljaloux, Mesenc, Nérac, Mont-de-Marsan, Nemours[4], Clamecy, Castellane, Nogaro, Revel, Muret, Saumur, Saint-Hippolyte, Auxerre, Rennes, Libourne, Senones, Port-Malo répondent à la circulaire qui leur a été

---

[1] Lettre de Durameau, garde des tableaux du cabinet de Versailles depuis dix ans, 4 thermidor (F17 1047, n° 1).

[2] Barthélemy le jeune, adjoint au Cabinet des médailles de la Bibliothèque nationale, sa lettre est du 13 thermidor (F17 1047, n° 1).

Payan l'aîné, commis national de l'instruction publique, qu'il ne faut pas confondre avec Claude-François Payan, juré au Tribunal révolutionnaire, agent de la Commune de Paris, fut également mis hors la loi à la suite du 9 thermidor, mais il réussit à se soustraire au jugement.

[3] Nom révolutionnaire de Rochefort (Morbihan).

[4] Lettre du district de Nemours 25 thermidor (F17 1044).

adressée. Tous promettent de se rendre aux vœux de la Commission; quelques-uns déclarent n'avoir aucun objet de sciences et d'arts, d'autres sollicitent des secours pour l'instruction.

L'administration du district de Reims fait passer des pièces qui offrent des observations sur des objets qui se sont trouvés chez Robien et dans un jardin des ci-devant Capucins[1]; ces pièces seront communiquées à Grégoire. Les inventaires qu'ils envoient de figures antiques, médailles, pierres gravées, oiseaux, zoologie, plantes sèches, minéralogie, métaux et demi-métaux, seront déposés au secrétariat, avec invitation aux sections respectives d'en prendre connaissance.

Le citoyen Dumarest a proposé au Comité d'instruction publique[2] un procédé par lequel on peut remplacer par des opérations chimiques toutes les couleurs connues, d'une manière avantageuse pour les arts. La Commission des arts, à laquelle ce mémoire a été renvoyé, nomme les citoyens Charles, Leblanc, Berthollet, Bonvoisin, Picault et Lebrun pour examiner ses procédés et en faire un rapport à la prochaine séance.

La Commission des arts ayant réclamé chez le citoyen Balleux, marbrier, deux colonnes de porphyre qu'il tient du citoyen Maurice et qu'on suppose avoir appartenu à Laborde, condamné, le citoyen Balleux demande[3], avant d'en faire la livraison, qu'on lui remette la note sur ces colonnes, qu'il a communiquée à l'un des membres de la Commission; il demande aussi à être remboursé des frais qu'il a faits dont la somme s'élève à 400ᵗᵗ. Il déclare qu'il a encore dans son atelier d'autres objets qu'il tient du citoyen Maurice, mais qu'il n'a ni les bases, ni les chapiteaux de bronze qui lui ont été demandés. La Commission nomme Picault et Lebrun pour aller chez Balleux faire l'inventaire des objets appartenant à Laborde et recevoir ses réclamations, s'il y a lieu.

La Commission d'agriculture et des arts[4] présente une demande des administrateurs du département d'Indre-et-Loire, qui sollicite le remboursement des frais de transport des monuments d'arts[5] dans le dépôt national de Tours. Il sera répondu à la Commission d'agriculture

[1] Le jardin des Capucins, dans le quartier du Jard, était très vaste; il existait encore au siècle dernier.
[2] Par lettre en date du 29 thermidor, signée Dumarest, de la section de l'Arsenal (F17 1047, n° 1).
[3] Par lettre du 29 thermidor (F17 1047, n° 1).
[4] Voir la lettre de cette Commission, 29 thermidor (F17 1048, n° 1).
[5] Ces monuments provenaient de Chanteloup et d'Amboise.

et des arts que ce n'est point à la Commission temporaire des arts à payer ces sortes de dépenses.

Porcher, horloger, présente plusieurs dessins de pièces d'horlogerie. La Commission les renvoie au concours, attendu que cet objet n'est point de son ressort.

Il sera écrit à Lenoir pour lui témoigner la satisfaction de la Commission sur l'ordre qu'il a établi dans le Dépôt dont il est conservateur. Il sera tiré deux copies du catalogue qu'il a fait des objets qui se trouvent au Dépôt des Petits-Augustins.

Une lettre de Cointereaux[1], qui demande des pouvoirs pour surveiller et rechercher les objets rares et curieux qui se trouvent à Commune-Affranchie, est renvoyée à la Commission d'agriculture et des arts.

La section de botanique fait son rapport sur la pépinière de Liancourt. La Commission, en adoptant les conclusions du rapport, arrête que communication en sera donnée au Comité d'instruction publique, au Comité des domaines et à la Commission d'agriculture et des arts.

Picault fait un rapport[2] sur le catalogue du cabinet de Livois, envoyé par le district d'Angers; il propose, et la Commission arrête : 1° qu'il sera écrit aux administrateurs de ce district une lettre fraternelle de satisfaction sur le catalogue qu'ils lui ont adressé, en les engageant à prendre tous les moyens de conservation qui seront en leur pouvoir pour les objets réunis et à réunir; 2° que le catalogue imprimé sera paraphé par le président et déposé dans les cartons du secrétariat pour faire suite à ses travaux et servir au besoin.

La section de bibliographie est invitée à prendre tous les moyens de faire rentrer dans la bibliothèque Sulpice les livres qui en ont été distraits[3].

La section de bibliographie est chargée de faire droit à une lettre[4] des représentants du peuple composant la Commission du recensement

---

[1] Cointereau (François), professeur d'architecture rurale, précédemment fixé à Paris, signale les collections de Jousselme, la bibliothèque et les estampes de Baffert, architecte, tombé sous le glaive de la loi, lettre du 20 thermidor (F17 1047).

[2] Du 30 thermidor, signé Picault, Fragonard et Bonvoisin (F17 1231, n° 3).

[3] Voir sur cette bibliothèque un rapport d'Ameilhon et Varon, en date du 30 thermidor (F17 1081, n° 1).

[4] Du 28 thermidor (F17 1048, n° 1).

et de la rédaction complète des lois, qui demandent une collection de livres dont ils envoient le catalogue.

Sur la demande[1] qu'il soit désigné un lieu où l'on puisse déposer l'édition du rapport sur les exhumations du cimetière et de l'église des Innocents[2], et qu'il soit pris des mesures pour faire transporter au Muséum d'histoire naturelle la collection des corps et ossements extraits de ce cimetière, la section d'anatomie est chargée d'inventorier ces objets et de faire un rapport sur le classement et la destination qu'il convient de leur donner. Les sections de bibliographie et d'anatomie retireront de l'imprimerie de Pierre les mémoires relatifs à ce sujet.

Thillaye est chargé de demander la levée des scellés d'une des salles de l'École de chirurgie, ayant été réunis à ceux de Louis, ont été vendus (sic); il propose de les retirer des mains des acquéreurs pour servir de complément à l'arsenal de chirurgie. Il sera fait sur ce sujet un rapport qui sera communiqué au Comité d'instruction publique.

L'Agence des domaines sera invitée à faire continuer l'estimation de la bibliothèque d'Artois à l'Arsenal. Quant à l'inventaire qui doit en être fait, la Commission s'en rapporte au zèle de ses commissaires.

La section de sculpture propose[3] de faire transporter les statues fragiles ou sur un traîneau ou sur un binar à châssis de charpente dont les roues ne sont que des moyeux de deux pieds de diamètre, lesquels ayant moins de tirage donnent moins de secousses aux objets que l'on transporte. Un autre moyen qu'elle propose est de se servir de l'encaissement à châssis et de brider par des tenons et tasseaux toutes les parties solides des statues, en supportant isolément toutes celles qui sont faibles par des courroies ou cordages, doux et bouchonnés de forts tampons de paille. La Commission arrête que ces nouveaux moyens de transports seront employés par Scellier, auquel, d'après le rapport de ses commissaires, on ne peut attribuer l'accident qui est arrivé au groupe de *Castor et Pollux*.

D'après le rapport fait par les citoyens Dardel, David Le Roy,

---

[1] Adressée par le Comité d'instruction publique le 28 thermidor (F17 1164).

[2] Il s'agit du rapport de Thouret, publié en 1789 chez Ph. Denys Pierre, sous le titre : *Rapport sur les exhumations du cimetière et de l'église des Saints-Innocents, lu dans la séance de la Société royale de médecine, tenue au Louvre le 3 mars* (29 mai) 1789. Voir sous la cote F17 1164 un *Mémoire sur les exhumations du cimetière des Innocents*, en date du 28 thermidor, et sans nom d'auteur.

[3] Aux termes d'un rapport de Dardel et Dupasquier, 30 thermidor (F17 1197).

Varon, Fragonard, Dupasquier, Scellier est autorisé à faire transporter dans les dépôts les monuments qu'ils ont notés et mis en réserve dans la maison d'Orsay.

D'après un rapport de Lebrun, la Commission arrête le transport dans le Dépôt des Petits-Augustins : 1° de quatre colonnes de marbre vert antique et de quatre autres de marbre noir qui se trouvent à Montmorency; 2° d'un panneau de vitraux représentant *l'Incrédulité de Thomas*, qui existe à Germain-l'Auxerrois[1]; 3° de plusieurs vitraux dans une église à Vincennes par Jean Cousin, d'après Jules Romain. Tous ces monuments sont très précieux et méritent d'être conservés[2].

La Commission temporaire des arts arrête que ses sections d'anatomie et de bibliographie seront chargées d'inventorier les papiers de la ci-devant Société de médecine, déposés chez défunt Vicq-d'Azyr; elles se concerteront avec l'Agence des domaines pour obtenir la levée des scellés.

Il sera écrit aux administrateurs du district de Saint-Mihiel, pour leur demander les moyens de conservation d'un sépulcre qui se trouve dans cette commune[3].

Il sera écrit aussi à Charles Lacroix, représentant du peuple, en mission dans les départements de la Meuse et des Ardennes[4], pour l'engager à surveiller la conservation des monuments précieux. Grégoire est chargé de la rédaction de ces deux lettres.

La section des dépôts littéraires dépose le tableau de ses opérations

---

[1] *L'Incrédulité de saint Thomas*, vitrail du XVI° siècle à quatre compartiments, existant encore aujourd'hui dans le croisillon droit du transept de l'église de Saint-Germain-l'Auxerrois (*Inventaire des richesses d'art. Paris, Monuments religieux*, t. I, p. 12).

[2] Rapport de Lebrun (F17 1231, n° 3).
—Les vitraux en question, attribués à Jean Cousin, se trouvaient dans la chapelle du château de Vincennes. Le 20 pluviôse an III, Lenoir écrivait à la Commission temporaire des arts : «Ces vitraux ont encore éprouvé des dégradations depuis la visite des membres de la Commission. Si on retarde l'enlèvement, ils seront entièrement perdus». Lenoir fut chargé, le 9 ventôse, de les transporter au Dépôt des Petits-Augustins (*Archives du Musée des monuments français*, t. II, p. 232-234). Ces vitraux, décrits par Lenoir dans son *Musée des monuments français*, t. VI, p. 79-81, furent rendus à la chapelle en 1816.

[3] Le 25 thermidor, les administrateurs de ce district avaient écrit à la Commission qu'il n'existait dans l'étendue de leur district « aucun objet d'art et de science appartenant à la nation» (F17 1044). — Le sépulcre mentionné ci-dessus est le bas-relief de Ligier Richier représentant l'ensevelissement du Christ, qui existe dans l'église Saint-Étienne.

[4] Voir le rapport de Charles Lacroix, député de la Marne, sur sa mission dans la Meuse et les Ardennes, nivôse an III.

et remet en même temps l'inventaire des livres de Montmorency, laissés au Dépôt de la maison de Montmorency, rue Marc.

Il sera demandé au Département de Paris copie des manuscrits qui ont été confiés aux différentes Commissions et aux citoyens qui en ont eu besoin.

Dupasquier fait un rapport[1] sur les statues de la chapelle des Invalides. Il pense que la plupart, n'offrant que des objets créés par la superstition, peuvent être vendues avec avantage à l'étranger. Il ne sera réservé que celles dont l'aliénation occasionnerait une perte irréparable pour les arts. Les conclusions de ce rapport, adoptées par la Commission, seront communiquées au Comité d'instruction publique.

Différentes petites figures antiques en bronze, qui se trouvent à la bibliothèque du Comité d'instruction publique, seront déposées au secrétariat de la Commission des arts.

Le citoyen Grégoire est chargé d'écrire aux administrateurs du district de Nogent-sur-Seine pour les inviter à faire parvenir par la voie la plus sûre les manuscrits originaux d'Abailard et leur demander les moyens de conservation d'un monument représentant *la Trinité à trois visages*, exécuté par ordre d'Abailard et qui doit se trouver au Paraclet[2].

Le citoyen Grégoire s'informera aux (*sic*) administrateurs du district de Commune-Affranchie, s'il ne s'est point trouvé, parmi les livres de la bibliothèque du ci-devant séminaire Irénée, un manuscrit intitulé : *Traité du plagiat littéraire*.

La section de bibliographie présentera l'état du dépôt formé par l'Agence des domaines de tous les objets laissés dans les prisons par les condamnés.

Lebrun et Bonvoisin font un rapport[3], d'où il résulte que deux

---

[1] En date du 30 thermidor (F^{17} 1245, n° 5).

[2] D'après un *Extrait du registre des délibérations du conseil général de la commune de Nogent-sur-Seine*, transmis à la Commission des arts, le 23 vendémiaire an III, par les administrateurs du district, le monument représentant *la Trinité* avait été «détruit, lorsque des citoyens par haine du fanatisme avaient fait disparaître du temple tous les objets servant à l'exercice du culte»; et, non seulement la municipalité n'avait pu empêcher cette destruction, mais encore elle avait eu «beaucoup de peine à conserver le tableau du maître-autel représentant le martyre de saint Laurent» (F^{17} 1239).

[3] D'après ce rapport, signé Lebrun, l'un de ces tableaux était une mauvaise copie du Christ en croix d'après Rubens; l'autre, représentant *la Résurrection*, par Cazes, avait été fait pour le collège des

tableaux, dont un précieux, par Cazes, venus de la Chartreuse de Bourg-Fontaine, district de Soissons, sont restés trois mois sur le Port au Blé, faute par les administrateurs de leur avoir donné une destination, ce qui les a endommagés au point de ne plus valoir les frais de transport. Il sera écrit aux administrateurs du district de Soissons pour leur représenter la perte que cause aux arts le peu de précaution qu'ils ont mis à l'envoi de ces tableaux qu'ils ont laissés sans adresse. On leur demandera en même temps l'état de leur travail pour la réunion et conservation des objets d'arts et de sciences.

Le citoyen Molard fait un rapport réglementaire sur le nombre, les devoirs et le traitement des conservateurs, gardiens, portiers, employés auprès des dépôts nationaux établis à Paris. La Commission en adopte les dispositions avec quelques légers changements. Les lettres adressées à la Commission des arts, qui auront rapport à la formation des bibliothèques, seront remises au bureau de la bibliographie, et si ces lettres renfermaient d'autres objets qui intéressassent plus particulièrement la Commission des arts, il ne lui en serait délivré qu'un extrait.

Les citoyens Dufourny, Richard, Varon, Naigeon, Poirier se concerteront pour faire un rapport dans la décade sur la question de savoir s'il y a lieu à demander la levée des scellés apposés chez Desvoyes[1].

Sur la demande faite par l'expert, Nadreau est autorisé à retirer les tablettes du Dépôt de la rue de Beaune et à les transporter et replacer au Dépôt de la rue de Lille. Nadreau est autorisé à remettre à la télégraphie deux pendules à secondes, mises en réserve à la maison de Brunoy, provenant du ci-devant Monsieur.

La bibliothèque du Muséum national d'histoire naturelle devant s'ouvrir incessamment, Jussieu demande que la Commission autorise le Muséum à enlever les livres qu'il a notés dans les bibliothèques de Gilbert de Voisins, de La Luzerne, et dans celle du Dépôt de Nesle,

---

Jésuites de la rue Saint-Jacques, il fut vendu et passa à la Chartreuse de Bourgfontaine; ayant été mis dans une touc avec des fers, plombs et cuivre, il était à peu près détruit, 30 thermidor (F17 1231).

[1] C'était le Comité de sûreté générale qui avait fait apposer les scellés; dans un mémoire, Desvoyes offrait de nouveau ses services pour recouvrer les débris du cabinet chinois, formé par Bertin, donné en 1790 et dilapidé. Ce mémoire avait été transmis par le Comité d'instruction publique à la Commission des arts et donnait lieu à l'examen de la question (Procès-verbaux du Comité, t. IV, p. 932). Voir la lettre de Desvoyes, en date du 25 thermidor, avec le mémoire visé ci-dessus (F17 1047).

aux mêmes conditions spécifiées pour la bibliothèque de Malesherbes, par arrêté du 25 thermidor. L'autorisation est accordée.

Sur la demande du même citoyen, la Commission arrête que les herbiers de Malesherbes seront réunis au Muséum d'histoire naturelle, après inventaire fait par la section de botanique.

La remise d'armoires vitrées qui sont au Dépôt de Nesle est ajournée.

Marcilly annonce à la Commission que, depuis vingt ans, il possède un manuscrit des Chroniques de France, commençant à l'an 912 jusqu'en 1364. Il se fait un plaisir d'offrir ce manuscrit à la Commission et regrette de ne pouvoir lui remettre l'ouvrage entier[1]. La Commission arrête qu'il sera écrit à Marcilly une lettre de remerciement et d'invitation à assister à la prochaine séance, et que son offre sera communiquée au Comité d'instruction publique.

Naigeon présente une note des objets d'arts provenant du mobilier des émigrés et condamnés, choisis au Dépôt national, rue de Beaune, pour remettre à l'École des Jeunes Français à la ci-devant abbaye de Martin-des-Champs, premièrement les plâtres moulés sur l'antique mentionnés dans cette note; 2° les estampes montées dont la liste suit : une *Transfiguration*, gravée par Dorigny; une *Descente de croix*, d'après Daniel de Volterre, gravée par Dorigny; une *Descente de croix*, d'après Annibal Carrache; *Les Sept Sacrements*, d'après Le Poussin, par Pesne (celles-ci ne sont point montées); *Les Batailles d'Alexandre*, d'après Le Brun par Audran; *Le Triomphe de Constantin*, par le même; la collection des ports de France, d'après Vernet; *Mucius Scaevola*, d'après Rubens, et le pendant, *saint Grégoire; Le Serment des Horaces*, par Laurent[2], d'après Carafe (*sic*); des animaux gravés à l'eau-forte par Denon; les portraits de Charles Ier et celui de sa famille, l'un par Strange et l'autre par Massard, d'après Van Dyck; la colonne Trajane, la colonne Antonine, les bas-reliefs d'après l'antique par Perrier[3].

Le citoyen Naigeon, au nom de la section de peinture, fait quelques observations sur un état des tableaux, bustes, gravures, déposés dans les salles, écoles et magasins du Musée de Tours. Ces observations seront déposées au secrétariat et jointes au catalogue de Tours.

---

[1] Lettre de Marcilly, 28 thermidor (F17 1047, n° 1). Voir le Procès-verbal du 10 fructidor, p. 369.

[2] Pierre Laurent, graveur, élève de Baléchou, exposa au Salon de 1791. Le *Serment des Horaces*, d'après Carat.

[3] Cf. l'état des objets remis à l'École des Jeunes Français le 17 fruct. an II (F17 1192⁴).

SÉANCE DU 5 FRUCTIDOR,

2ᴱ ANNÉE RÉPUBLICAINE (22 AOÛT 1794).

Agence du domaine national. — Prix des instruments fournis pour Constantinople. — Modèle de vaisseau chez Lebrun. — Réponses à la circulaire de la Commission. — Dénonciation de Nouet contre Ruelle. — Envoi d'objets précieux par Ronesse. — Lebrun adjoint aux commissaires désignés pour le Garde-meuble. — Districts de Riom, Roanne, Nogent-sur-Seine, etc. — Bronzes, etc., de Châteauneuf, près Orléans. — Plans de bataille de la Vendée. — Circulaire aux commissaires de l'Agence du domaine national. — *Chasseresse* de la maison Massiac. — Mesures contre l'incendie aux Petits-Augustins. — Rapport de Poirier sur l'incendie de la bibliothèque Saint-Germain-des-Prés. — Visite des divers dépôts en vue des mesures à prendre contre l'incendie. — Objets d'arts du district de Darney. — Cabinet d'anatomie d'Orléans. — Rapport de Le Blond sur le camée de Payan. — Plan en relief du canal dit Charolais. — Bibliothèque de l'institution de Saint-Martin-des-Champs. — Scellés chez Desvoyes. — Orangers de Versailles. — Envoi d'instructions, etc., à Versailles. — Tableau de Champagne. — Marbres de l'église Roch. — Cuve gravée de Franciade. — Étalons et mesures de Franciade. — Commissaires à Triel. — District de Laon. — Dépôt national de musique. — Collection d'histoire naturelle de Du Puget. — Cabinet d'anatomie du citoyen Sue. — Réunion des médailles au Dépôt de Nesle. — Levée de scellés à la maison Puissant. — Ouvrages du représentant du peuple Portiez. — Mission de Richard dans les départements. — Rapport de Lebrun sur Balleux. — Diplôme en caractères turcs. — Tableaux du district de Narbonne. — Projet de fabrique de limes présenté par le citoyen Jacquier. — Restauration des statues antiques du Louvre. — Orgues de Saint-Germain-des-Prés. — Marbres de l'église de Montmartre. — Rapports de Picault sur les districts de Montluel et des Andelys. — Inventaires de mobiliers d'émigrés.

Le procès-verbal de la dernière séance est lu et adopté.

Lecture faite d'une lettre de l'Agence du domaine national[1], il est arrêté : 1° qu'il sera envoyé un état de la destination de chaque dépôt à l'Agence du domaine national; 2° qu'elle sera invitée à faire accélérer l'estimation des objets réservés par la Commission temporaire des arts; 3° qu'elle sera également invitée à envoyer la liste des commissaires qu'elle emploie; 4° qu'il lui sera adressé plusieurs instructions sur la manière d'inventorier. Quant à la discussion qui s'élève sur la commu-

---

[1] En date du 29 thermidor (F¹⁷ 1048, n° 1).

nication à établir avec cette Agence et sur les plaintes faites par plusieurs membres des entraves apportées aux opérations de la Commission, elle est ajournée jusqu'à la présence de ceux des membres du Comité des domaines, qui assistent fréquemment à la séance de la Commission temporaire des arts.

Dabancourt invite la section de physique à se rendre à la Commission des travaux publics afin d'y toucher le prix des instruments fournis par Meurant pour être envoyés à Constantinople.

La Commission d'agriculture et des arts invite la Commission temporaire des arts à indiquer à la Commission de marine l'endroit où elle pourra voir un modèle de vaisseau qui, présenté d'abord par le citoyen Biron au ci-devant ministre de l'intérieur, fut renvoyé par celui-ci à la Commission temporaire des arts. Il sera répondu à la Commission d'agriculture que ce vaisseau se trouve chez Lebrun, rue de Cléry.

Les administrateurs du district de Mont-Braine, ci-devant Château-Renault, envoient[1] un état de différents objets qui se trouvent dans son arrondissement; cet état est renvoyé à la section de peinture.

La lettre des administrateurs du district de Mende est renvoyée au bureau de bibliographie pour redresser leur manière d'inventorier.

Les administrateurs des districts de Figeac, d'Auch, de Gourdon, de Bruyères, d'Avallon, de Narbonne, de Joigny, de Melun[2], du Blanc, de Thiers, de Guérande, de Vitry-sur-Marne, de Nogent-sur-Seine, de Montmorillon, de Châteaubriand, du Faouet, de Roanne, de Mantes répondent à la circulaire du président de la Commission des arts : ils se conformeront ou se sont déjà conformés aux vues de la Commission relativement aux inventaires d'objets de sciences et d'arts.

Le citoyen Nouet[3], astronome à l'Observatoire de la République, a

---

[1] Par lettre, en date du 28 thermidor, ces administrateurs signalent quelques tableaux et instruments de physique provenant de la maison de Pierrefitte, confisquée sur Mesnard de Chouzy (F¹⁷ 1239).

[2] Voir les réponses des districts de Melun, 29 thermidor; Thiers, 25 thermidor; Roanne, 28 thermidor (F¹⁷ 1044).

[3] Lettre de Nouet, 20 thermidor (F¹⁷ 1047, n° 1). — Nouet (Nicolas-Antoine), astronome, né le 30 août 1740 à Pompey, mort le 24 avril 1811 à Chambéry, fut, avec Perny, Ruelle et Boutard, l'un des professeurs de l'Observatoire lors de sa réorganisation en 1793. — Ruelle (Alexandre), trésorier du Comité révolutionnaire de l'Observatoire, fut incarcéré d'abord à Port-Libre, puis à la Force, où il se trou-

adressé au Comité d'instruction publique une dénonciation contre le nommé Ruelle, membre du Comité révolutionnaire de l'Observatoire. On lui reproche son ignorance crasse et les moyens de persécution qu'il a employés contre des savants, membres de l'Observatoire, ses collègues. Cette dénonciation, également communiquée au Comité de salut public, a été renvoyée à la Commission des arts, qui charge sa section de physique de faire un rapport sur ce sujet.

Le citoyen Ronesse, chargé par le directoire du district de Franciade[1] de transporter à la Commission temporaire des arts deux corbeilles d'argent en filigrane, provenant de la nommée La Rochechouart (sic) et une croix en cristal gravé et doré, montée en vermeil, provenant de l'église d'Aubervilliers, est autorisé à déposer les deux corbeilles au Conservatoire du Muséum des arts, avec décharge du conservateur. Quant à la croix, on propose qu'elle soit déposée aux Petits-Augustins, où elle sera examinée et décomposée. Cette proposition est adoptée. Le conservateur fera et déposera l'inventaire de ces objets.

Il sera répondu une lettre de remerciements aux administrateurs du district de Franciade pour l'envoi des objets mentionnés dans le précédent article.

Lebrun est adjoint aux commissaires précédemment nommés pour visiter les objets de culte de Franciade déposés au Garde-meuble.

La Commission de commerce et approvisionnements de la République, en réponse à la lettre du président de la Commission des arts, le prévient[2] qu'elle a fait passer des ordres à l'agent national du district de Riom, pour qu'il veille à la conservation de quatre tableaux, compris dans un état d'effets destinés à être échangés.

La Commission de commerce et approvisionnements de la République déclare[3] que, d'après l'opinion de la Commission temporaire des arts sur la collection des bronzes, marbres, porphyres, etc., du ci-devant Châteauneuf près d'Orléans, ces objets ne seront point compris dans le nombre de ceux destinés à l'exportation.

---

vait en pluviôse an III. Un arrêté du Comité de sûreté générale, du 19 germinal, ordonna de l'amener au Comité, pour y être interrogé, et d'y apporter tous ses papiers ayant pour objet la chose publique (F⁷ 4775⁴).

[1] En vertu d'une délibération du 1ᵉʳ fructidor (F¹⁷ 1048, n° 2).

[2] Par lettre du 28 thermidor (F¹⁷ 1048, n° 1).

[3] Sa lettre est du 28 thermidor (F¹⁷ 1048, n° 1).

DE LA COMMISSION TEMPORAIRE DES ARTS.

Le directoire du district de Roanne demande[1] à la Commission des arts quelle caisse doit fournir aux frais indispensables et à l'établissement des salles de dépôt et au transport des objets d'arts à réunir. Il leur sera répondu qu'il doit être pourvu à ces dépenses comme pour les autres parties du mobilier. On leur demandera en même temps l'inventaire qu'ils ont fait des objets scientifiques.

On renvoie à la section de bibliographie une lettre du district de Nogent-sur-Seine, jointe à un état de tous les manuscrits provenant du Paraclet[2].

Le citoyen Riquet, dessinateur géographe, secrétaire au bureau de l'état-major général de l'armée des Côtes de Cherbourg, annonce[3] au Comité qu'il a adressé, le 3 thermidor, à la Convention les plans de bataille de la Vendée; il désire savoir ce qu'ils sont devenus. Il annonce qu'il enverra incessamment une carte pour apprendre à dresser des cartes géographiques. Sa lettre est renvoyée à la section de géographie.

Il sera envoyé à chacun des commissaires employés par l'Agence du domaine national une circulaire imprimée sur le mode dont ils doivent correspondre avec la Commission temporaire des arts.

La statue en marbre blanc représentant une *Chasseresse*[4], qui se trouve à la maison Massiac, sera transportée au Dépôt de Nesle. La section de peinture se rendra au même endroit pour visiter les autres objets.

Lenoir, conservateur du Dépôt des Petits-Augustins, demande que, pour prévenir un accident semblable à celui arrivé à Germain-des-Prés, la Commission s'occupe des moyens de faire réparer la pompe qui se trouve au Dépôt, et demande en outre des seaux propres aux incendies, il est arrêté : 1° que Molard sera chargé de visiter l'état de la pompe; 2° qu'il sera demandé à l'Agence du domaine national trente seaux pour chaque dépôt.

Poirier fait un rapport sur l'incendie de la bibliothèque de l'abbaye Germain. Il en résulte que très peu de livres imprimés complets ont

---

[1] Par lettre du 28 thermidor (F17 1044).

[2] Cette lettre est du 1ᵉʳ fructidor (F17 1044).

[3] Sa lettre est du 11 thermidor (F17 1047, n° 1). L'hommage de ces plans de bataille de la Vendée est mentionné au procès-verbal de la Convention, du 23 thermidor, avec renvoi au Comité de salut public (t. XLIII, p. 147). Quant à la méthode de Riquet pour dresser des cartes géographiques, on voit par sa lettre qu'elle était destinée aux élèves de l'École de Mars.

[4] Il s'agit d'une statue de Lerambert, désignée sous le nom de *Nymphe de Diane*.

échappé aux flammes [1]; les manuscrits ont été préservés, les cabinets d'histoire naturelle et des antiquités ont été presque entièrement détruits, plusieurs objets ont été dispersés.

La Commission temporaire des arts, sur le rapport qui lui a été fait par un de ses membres relativement au cabinet d'antiquités de la ci-devant abbaye Saint-Germain-des-Prés, dont plusieurs objets ont été dispersés lors de l'incendie dont ce cabinet a été la proie, arrête que la section des antiquités sera chargée de recueillir les médailles, bronzes et autres objets provenant de ce cabinet et de les transporter dans le dépôt provisoire destiné à les recevoir.

La Commission invite le citoyen Buache à continuer de donner ses soins à la recherche et à la conservation des monuments d'arts de l'abbaye Germain-des-Prés.

Ameilhon appelle l'attention de la Commission sur la bibliothèque de la maison Louis-de-la-Culture, près de laquelle se trouve un laboratoire où se cuit le salpêtre. Lannoy, David Le Roy, les sections de physique et de chimie sont chargés de visiter tous les dépôts et monuments publics consacrés à la conservation d'objets scientifiques; ils sont autorisés à se faire ouvrir les caves qui tiennent à ces édifices pour examiner si elles ne renferment point des matières combustibles; ils feront un rapport général sur tous les moyens de les préserver d'accidents fâcheux.

Varon est adjoint pour la visite des monuments de l'arrondissement de l'église Sulpice.

On accusera au district de Darney la réception d'une lettre relative aux objets d'arts que renferme ce district.

La Commission renvoie à la section de physique : 1° un projet pour la sûreté des envois de paquets dans les départements; 2° un plan de lampe économique en fer-blanc, pour ménager la chandelle dans les bureaux où l'on fait des paquets d'envoi, par Babin.

La section d'anatomie dépose l'estimation du cabinet d'anatomie et d'histoire naturelle d'Orléans, dont la prisée a été faite par Desoteux, nommé par la Commission des domaines, contradictoirement avec Fragonard, nommé par la Commission temporaire des arts.

---

[1] Au moment de l'incendie du 2 fructidor, la bibliothèque de Saint-Germain-des-Prés comprenait 49,387 imprimés et 7,072 manuscrits, qui furent préservés, grâce à Poirier et Van Praet, et entrèrent à la Bibliothèque nationale. Cf. A. Franklin, *Les anciennes bibliothèques de Paris*, t. I, p. 124.

François-Gui Malhèvre demande une place de gardien; il joint à l'appui de sa pétition un certificat de civisme, une attestation du représentant du peuple Bolot[1] et plusieurs pièces qui attestent ses services à l'armée qu'il a été forcé de quitter par défaut de santé.

Le Blond fait le rapport dont il a été chargé dans la précédente séance sur un camée gravé sur une agathe onyx dont le sujet est *la Pudicité*[2]; il pense que le citoyen Barthélémy, qui le tient de Payan, mis hors de la loi, peut être autorisé à le placer dans le Cabinet national sur un simple avis donné au Département de Paris, chargé de recevoir ces déclarations. Il sera répondu au citoyen Barthélémy pour lui servir de décharge.

Le citoyen Hervet, commissaire artiste du district de Versailles, remet un plan topographique en relief du canal dit Charollais. Il sera fait mention au procès-verbal de cette remise pour servir de décharge; ce plan est renvoyé à Buache pour être communiqué au Comité des domaines nationaux.

Le plan du corps d'armoire de la bibliothèque Sulpice, que l'expert a été chargé de lever pour servir à l'institution de Martin-des-Champs, est renvoyé à l'examen de Lannoy.

Lebrun est adjoint à Naigeon, Barrois et Corvisart, chargés d'examiner s'il y a lieu à accorder des indemnités à Mulot.

Langlès est adjoint aux commissaires nommés dans la précédente séance pour examiner s'il y a lieu à demander la levée des scellés apposés chez Desvoyes.

La section de physique, chargée par la Commission des arts d'examiner le mémoire du travail fait par le citoyen Closquinet, professeur de physique, dans le cabinet du ci-devant château de Versailles, pense qu'il est juste de lui allouer la somme de 400 livres qu'il réclame pour prix de son travail[3]. Adopté.

La section de botanique fait son rapport sur l'état présenté par Péradon des caisses neuves à fournir et des réparations à faire pour la

---

[1] Bolot (Claude-Antoine), député de la Haute-Saône à la Convention nationale.

[2] Le rapport de Le Blond, du 5 fructidor (F17 1265), renferme une description détaillée de ce camée en sardonyx, qui concorde bien avec celle que donne M. Chabouillet dans le *Catalogue général et raisonné des camées du Cabinet des médailles*, sous le n° 85. La Pudeur qui fuit le vice, génie ailé échappant des mains d'une femme agenouillée (Vénus) près d'un masque de Silène.

[3] Rapport de la section de physique (F17 1265, n° 1).

conservation des orangers des maisons nationales du district de Versailles; la Commission, en adoptant les conclusions de ce rapport, arrête qu'il sera communiqué au Comité d'instruction publique.

La Commission temporaire des arts arrête qu'il sera envoyé à toutes les autorités constituées de Versailles trois cents exemplaires du rapport fait par Varon au nom des commissaires envoyés dans le département de Seine-et-Oise; 2° aux commissaires artistes de Versailles cinquante exemplaires du procès-verbal de la 1re séance du jury des arts et douze instructions sur la manière d'inventorier et de conserver; 3° quelques exemplaires de la 1re séance du jury des arts à toutes les Commissions des arts de la République.

Lebrun demande qu'un tableau de Champagne, qui représente *Hercule foulant aux pieds des couronnes*, sera tiré de l'Académie pour être exposé dans le lieu des séances de la Convention [1]. Cette proposition est adoptée.

La section d'architecture fera un rapport sur un arrêté de la section de la Montagne qui communique à la Commission le désir de conserver les marbres de la ci-devant église Roch où elle tient ses séances.

La section des antiquités est chargée d'examiner une cuve gravée qui servait de piscine aux Bénédictins de la ci-devant abbaye Denis.

Il sera écrit au district de Franciade pour l'inviter à surveiller la conservation des étalons et mesures, tant linéaires que de capacité, qui se trouvent à l'église Denis; cet avis sera communiqué à la Commission des poids et mesures.

Les commissaires précédemment envoyés dans le département de Seine-et-Oise sont chargés de se rendre à Triel pour y visiter un tableau, que l'on dit être du Poussin. Lebrun est adjoint auxdits commissaires.

Molard propose et la Commission adopte un modèle de lettre à envoyer aux administrateurs du district de Laon pour leur annoncer que la Commission des arts accepte la proposition qu'ils lui ont faite d'envoyer à Paris les instruments de mécanique et de physique qui se trouvent dans ce district.

La lettre rédigée par Molard en réponse à celle envoyée par le district de Laon est adoptée.

L'Institut national de musique vient manifester le désir que la

---

[1] Champaigne (Jean-Baptiste de), neveu de Philippe, fut reçu à l'Académie, le 21 avril 1663, avec le tableau : *Hercule couronné par les vertus et surmontant les vices et passions* : ce tableau ne se trouve pas au Musée du Louvre.

Commission nomme pour conservateur du Dépôt de musique, rue Bergère, un citoyen étranger à cet art. La Commission temporaire des arts ajourne à la prochaine séance la discussion sur cet objet.

Nadreau est autorisé à retirer les armoires vitrées de la maison d'Harcourt et à les transporter au Muséum national d'histoire naturelle.

La collection d'histoire naturelle provenant de Du Puget sera déposée provisoirement dans le Dépôt de machines et physique, maison d'Aiguillon. Nadreau est autorisé à faire ce transport.

La section d'anatomie, adjointe à un membre de celle de zoologie, fait son rapport sur une lettre écrite au Comité d'instruction publique par le citoyen Sue, officier de santé[1], dans laquelle il propose d'offrir à la Nation son cabinet d'anatomie, fruit des travaux de son père, des siens propres, et renfermant les objets précieux en ce genre qu'il a pu recueillir. La Commission arrête le renvoi de ce rapport au Comité d'instruction publique.

La section des antiquités demande à être autorisée à réunir au Dépôt de Nesle les médailles qui existent dans différents dépôts, ainsi que les médailles de la maison Liancourt. Cette proposition est accordée.

Barrois se transportera à l'Agence du domaine national pour obtenir la levée des scellés de la maison Puissant, rue de Mesnard.

Le représentant du peuple Portiez envoie plusieurs exemplaires de deux ouvrages imprimés par ordre de la Convention, l'un intitulé : *Portiez de l'Oise, représentant du peuple, à ses concitoyens;* l'autre : *Des voyages, de leur utilité dans l'éducation,* par L. Portiez, député de l'Oise[2]. La Commission arrête mention au procès-verbal.

Sur la proposition d'un membre, Nadreau est autorisé à enlever de la ci-devant abbaye Germain-des-Prés, pour être transportés au Dépôt national littéraire de la rue de Lille, les corps de bibliothèques, tablettes, tables, échelles et escabeaux de la bibliothèque des manuscrits, des décharges des imprimés et manuscrits et de ce qui reste de la grande bibliothèque des imprimés.

---

[1] Lettre de Süe, officier de santé en chef à l'hôpital militaire de Courbevoie, 5 thermidor (F^{17} 1164).

[2] La première de ces brochures (3 pages in-4°, imprimée chez Rougyff, rue Honoré, ADxviii^a 57) parut après le 9 thermidor, pour approuver le supplice de l'orgueilleux Robespierre et de ses complices; la seconde (26 pages in-8°, ADxviii^a 57) est accompagnée d'un projet de décret à l'effet de charger le Comité d'instruction publique de présenter à la Convention les moyens de perfectionner l'éducation par les voyages.

Richard, que des affaires de famille appellent dans le département de l'Eure, demande que la Commission l'autorise à visiter les dépôts de sciences et arts qu'il pourrait avoir occasion de voir sur sa route et dans le département où il va. La Commission accorde l'autorisation et invite les autorités constituées à faciliter au citoyen Richard, l'un de ses membres, les moyens de lui faire un rapport sur l'état des divers dépôts.

Lebrun fait un rapport[1] sur les objets que Maurice a confiés à Balleux, et que l'on soupçonne appartenir à Laborde; il propose : 1° de faire transporter au Muséum les grandes colonnes de porphyre dont il a déjà été fait mention; 2° de veiller à la levée des scellés apposés sur les effets de Maurice dans son domicile pour recouvrer les garnitures de bronze doré qui les décoraient; 3° d'attendre qu'il soit prononcé sur son sort pour aviser au parti à prendre à l'égard d'une coupe de serpentine antique et de cinq socles en porphyre rouge, serpentine et albâtre poli et fini, que Balleux a déclaré tenir de lui. Les conclusions de ce rapport sont adoptées.

On renvoie à la section de bibliographie un diplôme en caractères turcs provenant de la ci-devant abbaye Germain, remis à Plaichard et déposé par lui à la Commission des arts.

L'administration du district de Narbonne adresse le rapport des commissaires nommés pour inventorier les objets d'arts et de sciences[2]. Elle annonce en outre qu'elle possède des tableaux dont la toile seule peut servir et autres toiles peintes en très mauvais état; il sera répondu à ce district pour l'inviter à conserver avec le plus grand soin tous ces tableaux et toutes ces toiles, sans les employer en aucune manière.

Le citoyen Jacquier expose que ses voyages l'ayant mis à même de parvenir à fabriquer des limes, à la façon d'Angleterre, et à moitié du prix de celles qui se fabriquent dans ce pays, il désirerait établir une fabrique de ce genre à Chambon, district de Saint-Étienne en Forêt. La Commission adresse la demande du citoyen Jacquier au Comité de salut public, section des armes.

Il sera écrit au Comité de salut public pour lui demander la suspension de la restauration des figures antiques au Louvre[3].

---

[1] Sous la cote F17 1074, n° 6.

[2] Lettre du district et rapport du commissaire Gamelin, qui s'intitule peintre de l'armée, 22 thermidor (F17 1271).

[3] La Commission temporaire écrivit en effet, le 21 thermidor, au Comité de salut public pour l'inviter à suspendre la restauration des antiques, qui avaient

L'expert est chargé d'examiner le mémoire des ouvrages de maçonnerie des citoyens Prévost et Alloncle, faits par ordre de la Commission des arts pour la conservation de l'orgue de l'abbaye de Germain-des-Prés. Ce mémoire est visé par Gilbert, architecte.

L'expert fera son rapport sur les causes des dégradations survenues aux marbres de l'église Montmartre.

Les membres de la Commission, auxquels il sera remis des lettres, inventaires et autres pièces quelconques pour les examiner ou en faire un rapport, remettront au secrétaire un récépissé indicatif de la pièce qui leur aura été confiée.

Picault fait deux rapports, l'un sur l'inventaire envoyé par le district de Montluel[1], l'autre sur le catalogue envoyé par le district des Andelys[2]; il en résulte que les objets qu'ils indiquent, n'étant désignés que par les sujets et leur grandeur, ne peuvent être jugés ni appréciés; il réclame l'exécution de la loi pour leur conservation.

Lebrun remet les inventaires des objets appartenant à la femme Mouchy et au ci-devant prince de Poix[3]. Naigeon dépose l'état des monuments d'arts réservés chez Choiseul-Daillecourt, Choiseul-Gouffier, Choiseul douairière[4].

La section d'anatomie remet l'inventaire du cabinet d'anatomie d'Égalité, fait par Pinson[5].

été «livrés à des mains inhabiles et maladroites» (F²¹ 570).

[1] Département de l'Ain. Le rapport de Picault est du 5 fructidor (F¹⁷ 1231).

[2] Voir le rapport relatif au district des Andelys sous la cote F¹⁷ 1231. A ce rapport est annexé un *état* des objets précieux inventoriés à Dangu.

[3] L'inventaire fait chez Mme de Mouchy, rue de l'Université, n° 293, comprend 14 tableaux, dont un de Philippe de Champagne, des estampes, des porcelaines de la Chine et du Japon, des meubles, etc. L'inventaire des objets de la maison du prince de Poix est du 5 fructidor; comme le précédent, il se rapporte à des estampes, des figures de marbre blanc, à une pendule de Lepaute, une coupe de vermeil émaillée surmontée d'un Neptune (F¹⁷ 1267).

[4] Les trois Choiseul en question habitaient la même maison, rue de Choiseul. Chez Choiseul-Gouffier, l'inventaire signale quelques peintures de Teniers, Wouwerman, Oudry, Leprince; chez Choiseul-d'Aillecourt, quelques estampes de Volpato, d'après Raphaël, un tableau de Desportes; chez Choiseul douairière, quelques peintures et dessins de Teniers, Ruysdaël, Bega, Chardin, Berghem, Leprince, Boucher, Paul Potter. Ce triple inventaire est du 9 thermidor (F¹⁷ 1269).

[5] Voir cet inventaire sous la cote F¹⁷ 1164.

SÉANCE DU 10 FRUCTIDOR,

2ᵉ ANNÉE RÉPUBLICAINE (27 AOÛT 1794).

Bibliothèque des ci-devant avocats. – Instruments de physique réclamés par la Commission des travaux publics. – Fonctions des citoyens Verger et Binay. – Exportation de livres à l'étranger. – Envoi du district de Corbeil. – Réponses des départements à la circulaire de la Commission. – Envoi du district d'Arras. – Projet de plafonds en brique par Jussieu. – Tapisserie de Bayeux. – Dangers d'incendie au Dépôt de Saint-Louis-la-Culture. – Réclamation de Desvoyes relative aux scellés apposés chez lui. – Projet de publication du citoyen Pingeron. – Projet d'emblème relatif à la Révolution française. – Clavecin dans le district d'Autun. – Tableaux de l'Agence des messageries. – Jardin botanique de Rouen. – Dégradations aux Audelys. – Demande de Lenoir relative au Dépôt des Petits-Augustins. – Rapport de Buache sur Riquet. – Mesures contre l'incendie aux Écoles de chirurgie et au Dépôt des Cordeliers. – Réparations à l'orgue de Saint-Germain-des-Prés. – État des marbres de l'église de Montmarat. – Couverture en plomb de l'église de Franciade; piscine audit Franciade. – Marbres de l'église Saint-Roch. – Pied antique chez Talma. – La maison Lambert à la disposition de la Commission des revenus nationaux. – Tombe de Frédégonde à Saint-Germain-des-Prés. – Indemnité à Lebrun. – Mémoires de dépenses diverses. – Médailles de Choiseul-Gouffier. – Manuscrits offerts par Marcilly. – Vélins chez Anisson-Duperron. – Procédés pour l'épuration des laines. – Transport des monuments réservés à Franciade. – Bibliothèque, médailles de l'abbaye Saint-Germain. – Duhamel, commissaire à Metz. – Scellés à la maison Ligny. – Jardin du condamné Boutin. – Retards aux réparations des dépôts. – Bibliothèque Sulpice. – Dépôt d'inventaires de maisons d'émigrés, etc. – Manuscrits de l'abbaye du Paraclet.

Le procès-verbal de la dernière séance est lu et adopté.

Sur la proposition d'un membre, la Commission arrête qu'il sera tenu un état de toutes les lettres écrites par la Commission et de celles qu'elle reçoit, de toutes les réponses faites, reçues et à recevoir.

Le Comité d'aliénation et des domaines demande à la Commission des arts des renseignements sur la bibliothèque des ci-devant avocats, qui était placée au ci-devant Archevêché. Il sera répondu qu'elle est toujours au même lieu, que le citoyen Ameilhon, membre de la Commission, en a la clef et la conserve en bon état.

La Commission des travaux publics invite le président de la Commission des arts à faire en sorte qu'on lui transmette des instruments de physique, désignés dans la lettre en date du 25 thermidor et qui se trouvent au dépôt de Charles. Il sera répondu à la Commission des travaux publics que ces instruments sont au secrétariat où elle peut les envoyer chercher.

Le président du Département invite la Commission des arts à lui faire savoir si les citoyens Verger et Binay ne sont plus d'une utilité réelle auprès de la Commission et s'ils ne continuent plus de remplir les fonctions dont la Commission les avait chargés, afin que le Département, s'il est nécessaire, leur retire leurs pouvoirs. Le président annonce que pour ne point laisser plusieurs jours le Département incertain sur cet objet, il a répondu de manière à lui faire sentir l'utilité des fonctions que ces citoyens zélés avaient remplies jusqu'au moment où leur activité a été suspendue par une décision de l'Agence du domaine national. La Commission approuve la lettre de son président.

La Commission temporaire des arts, d'après le rapport de sa section de bibliographie sur les factures des citoyens Perdonnet fils, à Vevey, Fournier le jeune, libraire, soumises par la Commission de commerce et approvisionnements, déclare qu'il n'y a nul inconvénient à l'exportation des livres qu'elles indiquent.

L'administration du district de Corbeil[1] envoie le manuscrit qui lui a été demandé, intitulé : *Observations sur la navigation à Cayenne et à la côte de Cayenne jusqu'à Surinam, extrait d'un mémoire sur la colonie de Cayenne, par Carny*. Ce manuscrit est renvoyé à Buache et Richard.

Les administrateurs des districts d'Ambert[2], de Meyrueis, de Mont-Unité[3], de Vihiers, de Forcalquier, de Metz, de Vienne, de Béthune[4], de Monflanquin, de Cluses, de Commercy[5], de Lesparre, de Brest, de Cambrai, de Bellevue-les-Bains, de Puits-la-Montagne[6], de Saint-Chély, de Montsarrazin, Montagne-sur-Sorgue[7], Mamers, Châteauneuf, répondent à la circulaire qui leur a été adressée; il résulte de leurs réponses qu'il se trouve peu d'objets d'arts dans leur

---

[1] Par lettre du 6 fructidor (F^{17} 1044). Le manuscrit en question fut copié pour la bibliothèque de Corbeil.

[2] Ambert, 27 thermidor (F^{17} 1044).

[3] Mont-Unité, nom révolutionnaire de Saint-Gaudens (Haute-Garonne).

[4] Béthune, 7 fructidor (F^{17} 1044).

[5] Commercy, 7 fructidor (F^{17} 1044).

[6] Bellevue-les-Bains, nom révolutionnaire de Bourbon-Lancy (Saône-et-Loire). Puits-la-Montagne, nom révolutionnaire de Châteauneuf-en-Thimerais (Eure-et-Loir).

[7] Montagne-sur-Sorgues (La), nom révolutionnaire de Saint-Affrique (Aveyron), et Montsarrazin, nom révolutionnaire de Castelsarrazin (Tarn-et-Garonne).

arrondissement et même peu de livres, que, du reste, ils se conformeront aux intentions de la Commission.

Le district d'Arras envoie le catalogue des objets de minéralogie, zoologie, mécanique, hydrostatique, pneumatiques, électriques, astronomiques, anatomiques; les différentes sections sont invitées à en prendre connaissance [1].

Le citoyen Jussieu présente un projet [2] qui consiste à construire les plafonds des habitations en briques qui se recouvrent. Ce plan est renvoyé aux sections d'architecture et des Ponts et chaussées, auxquelles Jussieu est invité de communiquer tous les renseignements relatifs à cet objet.

Les commissaires préposés au recouvrement des objets de sciences et arts dans le district de Bayeux rendent compte des mesures qu'ils ont prises pour assurer la conservation de la tapisserie dont le sujet représente la conquête d'Angleterre par le duc Guillaume.

Le président de la Commission pour la fabrication extraordinaire du salpêtre de la section de l'Arsenal, dont le laboratoire est dans une portion de la maison dite Saint-Louis-la-Culture, informe, au nom de cette Commission, le Comité d'instruction publique des craintes que le citoyen Ameilhon, conservateur du dépôt de livres établi dans cette maison, a communiquées à la Commission d'après l'accident arrivé à la ci-devant abbaye Saint-Germain-des-Prés. Le président entre dans des détails qui, au jugement de la Commission du salpêtre, doivent dissiper toute crainte à ce sujet; il prie, au surplus, le Comité d'instruction publique d'envoyer sur les lieux des gens de l'art qui en feront l'examen. Cette lettre, renvoyée à la Commission des arts, est remise aux commissaires chargés de visiter les dépôts [3].

Desvoyes a adressé une lettre et un mémoire au Comité d'instruction publique pour obtenir la levée des scellés apposés chez lui sur des objets qui ont rapport à la correspondance que le gouvernement entretenait à la Chine [4]. Cette lettre, communiquée à la Commission des arts, est renvoyée aux commissaires chargés de faire un rapport sur cet objet.

---

[1] Lettre du district d'Arras, 4 fructidor, et du citoyen Isnardi, 3 fruct. (F^{17} 1044).

[2] Sous la cote F^{17} 1265, n° 3, se trouvent deux pétitions du sieur Jussieu, l'une d'elles adressée au Comité des pétitions, qui la renvoie, le 5 fructidor, au Comité d'instruction publique.

[3] Voir sur la transmission de cette lettre, qui se trouve sous la cote F^{17} 1051, n° 1, à la Commission les *Procès-verbaux du Comité d'instruction publique*, t. IV, p. 965.

[4] Lettre et mémoire de Desvoyes, 25 thermidor (F^{17} 1047, n° 1).

Le citoyen Chambry[1], natif d'Alençon, ayant perdu son état par la Révolution, demande à remplir une place dans les bureaux de la Commission des arts; cette pétition est renvoyée au carton des demandes de ce genre.

Le citoyen Pingeron[2] ayant exécuté un ouvrage contenant la description de tous les instruments qui composent les étuis et cassettes de mathématiques, avec leur usage dans le cabinet et sur le terrain, y a fondu celui de Robertson, publié à Londres en 1757, il demande s'il peut espérer le remboursement des avances qu'exigeront les gravures et le texte de l'ouvrage qu'il propose. La section de physique est chargée de faire sur cet objet un rapport qui sera communiqué au Comité d'instruction publique[3].

Le citoyen Montjeux transmet à la Commission des arts le projet d'un emblème relatif à la Révolution française[4]. Ce plan est renvoyé aux sections de peinture et de sculpture.

Le citoyen Cardin, menuisier, a trouvé en travaillant au grand Luxembourg plusieurs pierres, mines et objets de botanique; il propose de les remettre à la Commission sur récépissé. La section de botanique est chargée de recueillir ces objets.

La Commission des subsistances et approvisionnements de la République prévient celle des arts que dans le district d'Autun un superbe et bon clavecin a été retiré de la vente et mis en réserve.

L'Agence nationale des Messageries renouvelle l'avis qu'elle a déjà donné relativement à des tableaux existant dans la maison occupée par cette agence; elle invite la Commission à en faire l'examen sans délai. Picault, précédemment chargé d'examiner les quinze tableaux susdits, annonce qu'ils ne méritent pas le déplacement[5]. La Commis-

---

[1] Lettre du 24 thermidor. Chambry signale l'état de la bibliothèque du collège de Navarre, exposée à la pluie (F¹⁷ 1047).

[2] Pingeron (Jean-Claude), ingénieur au service de la Pologne, puis attaché au bureau des plans des bâtiments du Roi à Versailles, né à Lyon vers 1730, mort à Versailles en 1795.

[3] C'était d'ailleurs le Comité qui avait soumis la demande de Pingeron à la Commission des arts (*Procès-verbaux du Comité*, t. IV, p. 965).

[4] Voir ce projet de monument, par Jean-Baptiste-Étienne Montjeux, du 8 fructidor, représentant une femme couronnée de feuilles de chêne, sur un cheval qui foule aux pieds un buste revêtu d'habits royaux et un autre buste d'homme cuirassé, avec un enfant en croupe, tenant un petit drapeau tricolore (F¹⁷ 1197).

[5] D'après le rapport de Picault, ces tableaux étaient de mauvaises croûtes, copies du Guide, de l'Albane, Blanchard, Cazes, 10 fructidor (F¹⁷ 1231).

sion arrête qu'il sera écrit à l'Agence des messageries qu'elle peut faire porter ces tableaux sur l'état des objets qui resteront à cette maison.

Le bureau municipal de la commune de Rouen témoigne son déplaisir de ce qu'un jardin de botanique, des plus riches en végétaux rares et précieux, allait être vendu et détruit. Thouin lit une réponse à cette lettre dont la rédaction est adoptée. Il propose en outre, et la Commission arrête, qu'il sera écrit au Comité des domaines pour lui exposer la nécessité et les avantages d'agrandir le jardin botanique de Rouen par la réunion de quelques portions de propriétés nationales adjacentes, sur lesquelles il ne se trouve que quelques masures de peu de valeur.

Ronesse, bibliothécaire à Franciade, communique une lettre du citoyen Robine, commissaire pour les subsistances dans le district des Andelys; il y est écrit que des vases, des tableaux et autres monuments, que Robine croit de grand prix, se trouvent dans des chambres qui ne ferment point, exposés dans un passage aux dégradations d'ouvriers maladroits qui en ont déjà brisé ou mutilé plusieurs. Il sera écrit aux administrateurs du district des Andelys pour les inviter à prendre tous les moyens de conservation qu'ils pourraient avoir négligés jusqu'à présent.

Lenoir remet l'état de ce qui est entré dans le Dépôt dont il est conservateur, pendant la décade dernière; il propose comme mesure indispensable de surveillance la construction d'une loge de portier près la porte d'entrée. Lannoy est chargé de faire un rapport sur cette proposition. Un état des appointements de Vassout, portier du Dépôt des Petits-Augustins, montant à 233^{tt} 1^s 8^d, certifié véritable par Lenoir, visé par l'agent, est adopté.

Il est arrêté que les membres de la Commission dresseront, chacun en ce qui les concerne, l'inventaire des objets dignes d'être mis en réserve, mais que plusieurs motifs détermineraient à laisser sur place.

Le plan d'une lampe économique par Babin est renvoyé à la Commission d'agriculture et des arts.

Le citoyen Buache fait le rapport dont il a été chargé sur la lettre du citoyen Riquet, dessinateur géographe, qui avait pour but : 1° de demander ce que sont devenus des plans de bataille de la Vendée, qu'il a adressés au président de la Convention; 2° de soumettre un moyen de dresser les cartes géographiques. Buache pense que le Comité d'instruction doit encourager le zèle de ce jeune homme qui cherche à s'instruire, mais qui en est encore aux premiers éléments

faire ensuite auprès de son président et des secrétaires de la Convention la recherche des plans de bataille de la Vendée, à l'époque du 6 thermidor que ces plans ont dû arriver à Paris.

Sur les observations des citoyens Thillaye et Poirier que toutes les précautions n'ont point été prises pour préserver des malheurs de l'incendie les Écoles de chirurgie et le Dépôt des Cordeliers, tous les membres qui ont quelques renseignements sur les risques auxquels seraient exposées les maisons destinées à la conservation des monuments publics sont invités à les communiquer aux commissaires chargés de faire un rapport détaillé sur cet objet.

L'expert fait son rapport [1] sur un mémoire de $1,941^{lt}$ 9^s 6^d, fourni par Prévost et Alloncle pour ouvrage fait à l'orgue de l'abbaye Germain-des-Prés. La Commission arrête que ce mémoire, déjà visé par Gilbert, le sera aussi par Jolain pour être acquitté.

Jolain dépose l'état actuel des marbres de l'église de Montmarat, certifié par plusieurs citoyens de cette commune; il en résulte qu'une tombe de marbre noir a été cassée par les ouvriers, qui l'ont culbutée pour se faire un passage; cet état sera conservé au secrétariat.

Un membre observe que l'arrêté du Comité de salut public tendant à faire substituer à la couverture en plomb qui a été enlevée de la ci-devant église de Franciade une autre couverture qui assure la conservation des objets précieux d'arts qui se trouvent encore dans cet endroit, était resté sans exécution. La Commission temporaire des arts arrête qu'il sera envoyé une députation au Comité de salut public pour l'inviter à faire mettre à exécution l'arrêté qu'il a porté à ce sujet. Les commissaires nommés pour cette députation sont les citoyens Hassenfratz, David Le Roy. L'expert de la Commission, qui a des renseignements à communiquer à ce sujet, leur est adjoint.

La Commission arrête que la cuve qui à Franciade servait de piscine aux ci-devant Bénédictins [2] ceux des monuments de cette abbaye dont partie a déjà été transférée au Dépôt des Petits-Augustins, seront transportés dans les dépôts nationaux que la Commission a établis à Paris.

---

[1] Jolain, dans son rapport du 9 fructidor, conclut au renvoi à la Commission des travaux publics, les ouvrages en question ayant été faits par ordre de Gilbert, architecte de la raffinerie des salpêtres de Saint-Germain-des-Prés (F17 1043).

[2] Ce magnifique lavabo, du début du XIII° siècle, se trouve aujourd'hui dans la cour de l'École des Beaux-Arts, à Paris.

Quant aux autres monuments, il est arrêté que David Le Roy, Dupasquier, Lannoy et l'expert sont chargés de se rendre à Franciade pour se concerter avec l'administration du district sur les moyens à prendre pour la conservation des objets précieux en tout genre qui se trouvent dans cette commune; ils s'informeront des causes des dégradations de plusieurs monuments dont la surveillance est mise sous la responsabilité des administrateurs. Lesdits commissaires prendront communication du rapport de Lebrun sur Franciade.

Lannoy, chargé de faire un rapport[1] sur la demande de la section de la Montagne, propose de laisser les marbres de l'église Roch à la disposition de cette section pour être reposés aux piliers qu'ils revêtissaient, mais que préalablement l'expert soit chargé de faire un inventaire détaillé du nombre et de la grandeur des morceaux de marbre, lequel sera signé par les membres du comité civil de la section et de suite déposé dans les cartons du secrétariat.

Varon et Picault sont chargés de se rendre chez Talma pour consulter s'il ne se trouve pas chez lui une jambe ou pied antique, provenant du cabinet des antiquités de la ci-devant Sainte-Geneviève. Lesdits commissaires mettront sous le scellé cet objet et les autres, s'il y a lieu.

La Commission des revenus nationaux invite celle des arts à s'occuper des enlèvements à faire dans la maison Lambert qu'elle va occuper; la section de bibliographie est engagée à remplir les vues de cette Commission.

Scellier demande acompte sur la somme qui lui est due 20,000 livres pour les travaux déjà faits et 20,000 livres pour ceux à faire dans le mois prochain[2]. Cette demande est renvoyée à l'expert avec invitation à faire au plus tôt un rapport général sur tous les mémoires de transports et autres ouvrages ordonnés par la Commission. La section de sculpture est invitée à se rendre à l'abbaye Germain pour examiner s'il y a lieu à enlever la tombe de Frédégonde[3].

---

[1] Ledit rapport est du 10 fructidor (F17 1265).

[2] Scellier, dans son mémoire, invoqua l'urgence de hâter le transport des monuments de la maison d'Orsay, de Franciade, d'Anne de Montmorency à la commune d'Émile; le rapport de Jolain conclut à l'allocation de 24,000 livres au lieu de 40,000, sur les 90,000 que Scellier réclamait; 10, 15 fructidor (F17 1043).

[3] Le tombeau de Frédégonde, œuvre du XIIe siècle et non de l'époque mérovingienne, a été transporté à Saint-Denis après avoir figuré au Musée des monuments français (*Arch. du Musée des mon. fr.*, t. I, p. 31).

[27 AOÛT 1794] DE LA COMMISSION TEMPORAIRE DES ARTS.

La Commission, applaudissant au zèle civique et éclairé du citoyen Lebrun, adjoint à la section de peinture de ladite Commission, adopte les conclusions du rapport de cette section[1], tendant à lui allouer comme indemnité la somme de 1,166 livres 13 sols 4 deniers.

Mulot présente l'état de ce qui lui est dû à raison de la continuation de [son] travail au Dépôt de Nesle pour le mois de thermidor. Ce mémoire, montant à la somme de 250##, visé par l'agent, est adopté.

Le citoyen Favé, serrurier, demande à la Commission de lui faire obtenir un bon de deux voies de charbon de terre pour travailler au chariot qui sert au transport des monuments. La Commission invite Favé à employer du charbon de bois qu'il obtiendra plus facilement.

On envoie à la section des antiquités 570 médailles, que Baudouin, commissaire du Domaine, a trouvées chez Choiseul-Gouffier.

Marcilly, invité à assister à la séance, offre à la Commission un manuscrit intitulé : *Cardinal de Richelieu,* histoire politique de la France depuis 1630 jusqu'en 1632, et un imprimé ancien, qu'il avait cru manuscrit, intitulé : *Chroniques de France depuis le règne de Philippe Auguste jusqu'à celui de Charles V.* La section de bibliographie fera un rapport sur ces ouvrages.

Thouin fait part à la Commission qu'il existe chez Anisson-Duperron des carrés de vélin propres à la continuation des miniatures destinées au complément de la collection des objets d'histoire naturelle déposés au Muséum national. Il demande, et la Commission arrête, que les professeurs du Muséum sont autorisés à y faire transporter ces vélins.

Les citoyens Verra et Belissen présentent un mémoire[2] concernant l'établissement d'une manufacture où l'on épurerait les laines suivant le procédé de la défunte femme Bellette, où l'on fabriquerait des draps par le moyen de feutrages de l'invention du citoyen Verra; ce mémoire est renvoyé à la Commission d'agriculture et des arts. La Commission, informée qu'il existe au secrétariat de l'Académie, parmi plusieurs paquets scellés, un paquet renfermant le procédé de la femme Bellette, qui doit être publié après sa mort, nomme les citoyens Pelletier, Desfontaines, Buache, Richard, Poirier et Molard pour constater l'état des paquets scellés déposés au secrétariat de l'Académie,

---

[1] Ce rapport est signé Naigeon et Picault (F17/1231, n° 3). — [2] Voir ce mémoire sous la cote F17 1047.

pour être le tout transféré au Comité d'instruction publique. Molard, chargé d'écrire à Belissen pour lui donner avis de l'arrêté auquel son mémoire a donné lieu, lit cette réponse dont la rédaction est adoptée.

Il sera écrit à l'Agence des transports et convois, 6ᵉ division des dépôts et services extraordinaires, pour l'inviter à opérer le transport des monuments réservés à Franciade par la Commission temporaire des arts.

Sur la discussion au sujet des livres absolument gâtés qui se sont trouvés parmi ceux échappés à l'incendie de la bibliothèque Germain et mis au rebut, la Commission arrête que la section des dépôts littéraires est autorisée à se concerter avec le Comité civil de la section de l'Unité et des autres sections environnantes pour déterminer le parti à prendre à cet égard.

La Commission arrête que la somme de cinq livres par jour sera allouée à chaque citoyen qui a travaillé au déplacement des livres et manuscrits de l'abbaye Germain.

Poirier dépose sur le bureau une lettre de Lacroix, menuisier, par laquelle il annonce qu'ayant été employé par l'Agence du domaine national pour travailler au dépôt, cette Agence demande, avant de payer les ouvriers qu'elle a employés[1], à se concerter avec la Commission temporaire des arts. Les ouvriers, qui voient avec peine cet ajournement, pressent la Commission de statuer sur cet objet. La Commission renvoie la lettre au Comité d'instruction publique avec invitation de faire lever toutes les difficultés que l'Agence met journellement à acquitter des dépenses qui sont de son ressort.

D'après le rapport fait par Langlès au nom des citoyens Dufourny, Richard, Varon, Naigeon, Poirier, chargés d'examiner s'il y a lieu à demander la levée des scellés chez Desvoyes[2], la Commission arrête que le Comité de sûreté générale sera invité à faire lever les scellés

---

[1] Voir l'état des ouvriers employés à la confection des rayons et tablettes du Dépôt des Cordeliers, fourni par Lacroix, le 20 messidor (F¹⁷ 1043).

[2] Desvoyes, secrétaire de l'ex-ministre Bertin, demeurant rue et hôtel Ventadour, fut traduit le 4 nivôse an II devant le Comité de sûreté générale. Les scellés furent apposés, le 6 nivôse, sur ses armoires et sa bibliothèque, par le Comité de surveillance de la section de la Montagne et levés en présence du représentant du peuple Romme, délégué à cet effet. Fut distrait des scellés tout ce qui avait rapport au ministre Bertin et tout ce qui concernait la Chine : une description de ces objets se trouve dans le procès-verbal (F⁷ 4675). Cf. le procès-verbal dressé le 16 fructidor an II par Langlès et Varon, avec récolement des objets contenus dans une armoire; à ce procès-verbal se trouve annexé un manuscrit chinois (F¹⁷ 1344²).

chez Desvoyes en présence des citoyens Varon et Langlès, membres de la Commission temporaire des arts.

Grégoire est chargé d'écrire au Comité de salut public pour l'inviter à mettre en réquisition le citoyen Duhamel, que les autorités constituées de Metz, qui rendent témoignage à son civisme, regrettent de n'avoir plus pour commissaire à la réunion des objets d'arts.

La section de bibliographie est chargée de croiser les scellés apposés par les commissaires du département de Paris dans la maison Ligny.

Lebrun annonce que le jardin du condamné Boutin, si propre à la culture des plantes, est sur le point d'être loué. Thouin est chargé de faire un rapport sur les avantages dont peut être à la botanique la conservation de ce domaine [1].

Plusieurs membres se plaignent des entraves et des retards continuels que l'on apporte aux réparations urgentes et indispensables à faire aux dépôts, où les monuments des arts sont exposés à toutes sortes de dégradations. L'expert est chargé de faire connaître la situation de ces dépôts aux citoyens Julien Dubois[2] et Portiez, chargés de surveiller l'Agence du domaine national.

La section de bibliographie, chargée de faire un rapport sur la bibliothèque Sulpice, est autorisée à rechercher deux manuscrits qui en ont été distraits.

La section des antiquités fera transporter dans les dépôts des médailles provenant de l'abbaye Germain.

Varon est autorisé à visiter les dépôts de Versailles.

Poirier remet une note des livres précieux retrouvés parmi le petit nombre de ceux qui ont échappé à l'incendie de l'abbaye Germain-des-Prés[3].

[1] Thouin a fait son inventaire le 26 thermidor. Le jardin de Boutin était rue de Clichy; les plantes rares qui s'y trouvaient furent transportées au Muséum d'histoire naturelle (F^{17} 1344^2).

[2] Dubois (Louis-Toussaint-Jullien), député de l'Orne à la Convention.

[3] D'après cette note non datée (F^{17} 1081, n° 1) les livres précieux retrouvés sont : le *Recueil des histoires troyennes*, par Raoul Lefebvre; Paris, 1493, in-fol. imprimé sur vélin et enrichi de miniatures: — le *Roman de la Rose*, Paris, Vérard, vers 1496, in-fol. imprimé sur vélin et décoré de miniatures; — *La Chasse et le Départ d'amour*, par Octavien de Saint-Gelais, Paris, Vérard, vers 1496, in-fol. imprimé sur vélin avec de belles miniatures; — les *Épîtres de saint Jérôme*, Paris, 1520, in-fol. imprimé sur vélin avec miniatures; — La *Coutume de Senlis*, Paris, 1539, in-fol. imprimé sur vélin; — *Eusebii historia ecclesiastica*, Venetiis, 1470, in-fol. imprimé sur vélin avec de belles miniatures, 1re édition; — *Nonius Marcellus*, 1471, in-fol., 1re édition; — *S. Hieronymi*

Les commissaires nommés dans la dernière séance pour se rendre au Garde-meuble remettent l'inventaire des effets qu'ils y ont mis en réserve[1].

La section de peinture remet les inventaires des maisons Brissac, Herriès, Anglais, banquier, rue du Bac[2].

Bruni dépose les inventaires de musique des maisons des émigrés de Celles, Roux et Enghien[3].

La section de bibliographie dépose les inventaires de livres de Serent, Tassin-l'Étang, Noailles-Mouchy[4].

Thouin dépose les inventaires des objets de botanique des maisons de Boutin, Malesherbes et celui des objets trouvés à Port-Libre, rue de la Bourbe, dans une chambre et dans une portion de jardin occupés par Labrousse, condamné[5].

epistola, Moguntiæ, 1470, in-fol. imprimé sur vélin. — Ces livres ont été remis au relieur Bradel pour être lavés et reliés.

[1] Ledit inventaire comprend seulement six articles dont quelques peintures peu remarquables. Il est du 10 fructidor (F¹⁷ 1267).

[2] Les peintures de la collection Brissac, jugées par Lebrun dignes d'orner le Muséum, sont les suivantes : Le *Portrait de Charles-Quint et de son fils*, du Titien; une *Kermesse*, un *Rémouleur*, l'*Intérieur d'une chambre de paysans*, une *Danse de paysans*, Louvre, nᵒˢ 517, 522, par David Teniers; une *Bataille* (Wouwerman), *Femme assise qui chante*, Louvre, n° 528 (Gérard Terburg), d'autres de Gabriel Metsu, Gérard Dov, A. Van Ostade, Van de Velde, Paul Potter, Rembrandt, Sébastien Bourdon, Bassan, Alexandre Véronèse, etc., etc. — Sont également choisis pour le Muséum diverses pièces de sculpture, des meubles de Boule, porcelaines et marbres précieux. Total de la prisée de cette riche collection : 191,638ᵗᵗ (F¹⁷ 1267).

Chez Herriès, banquier, il n'a été réservé que trois tableaux, mais deux sont des paysages de Claude Lorrain, le troisième est un portrait d'homme par Van Dyck. L'inventaire estime les deux premiers à 20,000 livres ensemble, et le troisième à 3,000. Ils provenaient de la vente du cabinet Praslin. L'inventaire est de Naigeon, la prisée de Lebrun (F¹⁷ 1269 et F¹⁷ 1191).

[3] Voir ces inventaires sous la cote F¹⁷ 1054, n° 1.

[4] Inventaire des livres de l'émigré Parabère, trouvés dans la maison de Serent, rue de Lille, 2 fructidor an II (F¹⁷ 1196). — Inventaire des livres de la bibliothèque de Tassin de l'Étang, hôtel de Reynel, rue Neuve-des-Petits-Champs, 30 thermidor an II (F¹⁷ 1198-1199). — Inventaire des livres trouvés dans la bibliothèque de Noailles-Mouchy, rue de l'Université, 22 thermidor an II; cette bibliothèque considérable comprenait un certain nombre de manuscrits anciens, notamment une *Chronique du Hainaut*, une Bible, le *Roman de la Rose*, une *Chronique universelle du Monde* (F¹⁷ 1196).

[5] Labrousse (Nicolas-Antoine), botaniste, employé avant la Révolution dans les hôpitaux militaires, âgé de 63 ans. Il fut arrêté à la suite d'une dénonciation, le 20 septembre 1793, et emprisonné à la Force. — Voir sous la cote F⁷ 4755 un dossier relatif à son arrestation et à sa détention.

Voir l'état des végétaux cultivés en pots

Poirier lit diverses observations sur la notice des manuscrits envoyés par le district de Nogent-sur-Seine sur les manuscrits du Paraclet[1]. Ce rapport sera déposé au secrétariat.

SÉANCE DU 15 FRUCTIDOR,

DEUXIÈME ANNÉE RÉPUBLICAINE (1ER SEPTEMBRE 1794).

Réponses à la circulaire de la Commission. — Bibliothèque du district de Saint-Yrieix. — *Traité du plagiat littéraire*, réponse des administrateurs de Commune-Affranchie. — Livres du district de Montagne-sur-Sorgues. — Agence du domaine national. — Invention du citoyen Marche, de Bergerac. — Ventes dans le district de Coutances. — Frais de garde de scellés. — Procédé chimique de Dumarest. — Livre chinois envoyé de Coutances. — Effets venant de Bruxelles. — Bibliothèque Sulpice. — Réparations dans les dépôts. — Communication de Portiez, député de l'Oise. — Mesures en vue de l'évacuation des dépôts par divers locataires. — Section du génie militaire autorisée à visiter le Dépôt des modèles d'armes. — Dangers d'incendie à la Bibliothèque nationale. — Invitation à rendre les objets prêtés appartenant à la Nation. — Proposition d'adjonction d'un membre à la section de botanique. — Restauration des antiquités au Louvre. — Allocation de 24,000ᴴ à Scellier. — Varon agent par intérim. — Instruments pour la Commission des travaux publics. — Dégradations à Monceaux. — Cartes de Ferrari. — Manuscrits de J.-J. Rousseau. — Objets réclamés à Talma. — Rapport sur le choix des employés. — Oratoire de Charlemagne. — Cuve de Franciade. — Rapports de Thouin, de Naigeon. — Inventaire relatif à l'émigré d'Artois. — Dépôt des imprimés et manuscrits sauvés de la bibliothèque Germain. — Mesures pour la conservation des dépôts. — Livres et manuscrits du district d'Amiens. — Commissaires artistes de Versailles.

existant dans le jardin d'une maison, rue des Martyrs, qu'occupait ci-devant le condamné Malesherbes, dressé le 26 thermidor an II, par André Thouin (F17 1344²). — Inventaire des objets trouvés à Port-Libre, rue de la Bourbe, dressé par André Thouin le 4 fructidor an II (F17 1344²).

[1] Notice des manuscrits déposés au district de Nogent-sur-Seine et provenant de la ci-devant abbaye du Paraclet avec rapport de Poirier, non datés (F17 1081, n° 1).

«Ces manuscrits, dit Poirier, sont au nombre de 16, la plupart du XIIe siècle; presque tous sont des livres liturgiques, les autres des parties de la Bible ou quelques traités des Pères. Ils n'intéressent en général que la science diplomatique»; cependant quelques-uns ont retenu son attention à d'autres égards, savoir: le n° 3, une *Messe de la Pentecôte*, en grec, celui contenant une partie de la *Bible*, n° 5, de la main d'Abélard, d'après Mabillon, enfin *deux nécrologes*, nᵒˢ 9 et 10, non indifférents pour l'histoire.

Sur la rédaction du procès-verbal de la dernière séance, Charles demande que l'article qui a rapport à Ruelle soit supprimé, attendu que, s'il n'a point fait de rapport, c'est que les pièces ne lui ont point été remises. La rédaction du procès-verbal est adoptée avec cet amendement.

La Commission arrête que le secrétaire écrira à ceux des membres, absents de la séance, qui se trouveraient chargés de rapports ou de missions.

La Commission des poids et mesures remercie celle des arts de l'avis qu'elle lui a donné sur l'existence à Franciade d'étalons et de mesures linéaires et de capacité.

L'Agence du domaine national du département de Paris accuse la réception des six exemplaires de l'instruction sur la manière d'inventorier tous les objets qui peuvent servir aux arts, aux sciences et à l'enseignement, ainsi qu'un état contenant le nombre des dépôts et la nature des objets qu'ils renferment.

Les administrateurs des districts d'Ancenis, Saint-Ceré, Paimbeuf, Villefranche, Orléans, Perpignan [1], La Roche-sur-Yon, accusent la réception de la circulaire du président de la Commission des arts; ils se conformeront à ses vues.

Les administrateurs du district de Saint-Yrieix-la-Montagne envoient le catalogue des livres composant la bibliothèque de ce district. Ce catalogue sera communiqué à la section de bibliographie.

Les administrateurs de Commune-Affranchie répondent [2] que, malgré les recherches les plus scrupuleuses qu'ils ont faites d'un manuscrit intitulé *Traité du plagiat littéraire*, ils n'ont pu obtenir aucuns renseignements sur ce manuscrit; ils joignent le rapport du commissaire qu'ils ont chargé de cette recherche.

Les mêmes administrateurs font parvenir à la Commission des arts deux rapports, l'un du citoyen Jousselme [3], l'autre du citoyen Goupy, sur l'état de tous les objets de sciences et d'arts qui se trouvent dans Commune-Affranchie [4]. Il en résulte que [par] les circonstances malheu-

---

[1] Par lettre du 2 fructidor les administrateurs invoquent comme excuse les circonstances de la guerre et le manque de gens compétents (F^{17} 1044).

[2] Par lettre en date du 9 fructidor F^{17} 1044). — Le manuscrit en question existait au séminaire Saint-Irénée, qui fut à cette époque converti en hôpital militaire.

[3] Ex-lazariste, chargé de la recherche et réunion des bibliothèques.

[4] Voir ces deux rapports des 3 et 5 fructidor, accompagnés de la lettre d'envoi, en date du 6 fructidor (F^{17} 1044).

reuses dans lesquelles s'est trouvée cette commune par la rébellion et les désordres affreux qui en ont été la suite, elle a perdu beaucoup de livres et autres objets utiles à l'instruction qui sont fort à regretter. Ces différents états seront conservés au secrétariat; quant à leur demande relative à l'indemnité des commissaires, il vient d'y être répondu.

Les administrateurs du district de Montagne-sur-Sorgues envoient le catalogue des livres qui se trouvent dans leurs dépôts; ils promettent un supplément.

L'Agence du domaine national écrit que, quand le commissaire qu'elle a chargé de dresser l'inventaire des effets mobiliers de toute nature existant dans les prisons et maisons d'arrêt, provenant des condamnés, aura terminé cette opération, elle le communiquera à la Commission des arts.

Marche, du district de Bergerac, annonce[1] deux pièces de mécanique qui, dit-il, ont été inventées par lui, il y a quelque temps, sans aucun principe d'art ni de science; il croit qu'elles peuvent être utiles; il les soumet à l'examen de la Commission des arts en l'invitant à lui indiquer où il doit les déposer pour cet examen. Molard, chargé de répondre à ce citoyen, l'invite à envoyer à la Commission une description détaillée et un dessin coté de la machine de son invention pour pouvoir juger de son mérite et de son utilité.

Abel Guyot, Crétin, Milcent, Longuerue, Barbette demandent à être employés auprès de la Commission des arts. Ces demandes sont renvoyées aux commissaires chargés d'examiner les demandes des citoyens.

Trimaille, instituteur provisoire dans la commune d'Ozon, dit qu'il a découvert un moyen pour aller sous l'eau. La lettre est renvoyée à la Commission d'agriculture et des arts, et il sera envoyé à son auteur extrait du procès-verbal.

Grégoire est chargé d'écrire à l'administration du district de Coutances pour lui demander si elle s'est conformée à l'instruction sur la manière de conserver tous les objets de sciences et d'arts, s'il est vrai qu'au mépris des lois ils aient vendu des instruments de physique, musique et autres.

Un citoyen offre de céder, d'après l'estimation des artistes, une table

---

[1] Par lettre du 28 thermidor (F^{17} 1047, n° 1).

ronde en bois d'acajou, massive et qu'il croit de grand prix. Cette table se trouve chez le citoyen Chevalier, rue de Crussol.

Mongella demande que la Commission s'intéresse à le faire payer des frais de gardien de scellés des ci-devant Académies d'architecture, belles-lettres et française. Cette demande est renvoyée à la Commission exécutive des revenus publics, pour payer ou faire payer Mongella par qui de droit.

Leblanc est invité à examiner provisoirement les procédés chimiques de Dumarest pour les couleurs.

Il sera remis des pouvoirs du Comité des domaines aux membres qui éprouveraient quelque difficulté à entrer dans une propriété nationale pour y visiter des monuments d'arts, à charge par eux de les déposer ensuite au secrétariat.

Costin de Coutances fait passer un livre chinois, qui est renvoyé à la section de bibliographie pour en faire l'examen.

La Commission temporaire des arts autorise Nadreau à faire transporter au dépôt de Charles cinq voitures d'effets provenant du cidevant abbé Mann à Bruxelles[1], qui sont actuellement à la garde de l'Agence des transports et convois militaires. Nadreau est également autorisé à se servir pour cet effet de la voie des transports et convois militaires, en vertu de la promesse qui en a été faite par l'Agence.

Grégoire est invité à communiquer à la section de botanique les lettres et les réflexions qui peuvent intéresser la conservation de cette partie précieuse pour les arts.

La demande de Favé pour obtenir du charbon n'est point du ressort de la Commission.

Sur le rapport d'un membre, il est arrêté qu'on apposera des planches sur les fenêtres de la bibliothèque Sulpice qui ont été brisées par l'explosion de la poudrerie de Grenelle[2].

La Commission temporaire des arts charge Jolain, son expert, de réparer de la manière qu'il jugera la plus expéditive et la plus convenable les fenêtres des dépôts à la disposition de la Commission,

---

[1] État des effets trouvés chez l'abbé Mann à Bruxelles et chargés pour Paris le 29 thermidor an II. Ces objets étaient des télescopes avec divers instruments de physique et de mathématique (F17 1219).

[2] La poudrerie de Grenelle fit explosion le 14 fructidor, à 7 heures et quart du matin (31 août 1794).

brisées par la même explosion. Il dressera de toutes ces réparations un état qui sera acquitté par qui de droit.

Portiez prévient que, l'établissement de l'Agence du domaine n'étant point encore ratifié par la Convention, il ne dépend peut-être point entièrement d'elle de faire tout le bien que devrait attendre la Commission des arts; il demande à être accompagné de trois commissaires pour se rendre à l'Agence et se concerter fraternellement avec elle sur les moyens de lever toutes les difficultés qui se sont élevées jusqu'à ce jour. Les commissaires sont Barrois, Lelièvre et Charles.

La Commission temporaire des arts arrête qu'il sera écrit au Comité des domaines pour l'inviter à prendre des mesures pour qu'un locataire qui occupe un appartement dans le dépôt établi à la maison Montmorency, rue Marc, et un autre dans la maison Juigné, rue Thorigny, évacuent les lieux et les laissent entièrement à la disposition de la Commission.

Il sera écrit à la Commission des subsistances pour l'inviter à faire enlever les huiles qui se trouvent dans les caves de l'église Sulpice, vu que ces huiles pourraient servir les projets des malveillants.

La Commission arrête que la section du génie militaire est autorisée à prendre connaissance du dépôt des modèles d'armes et artillerie établi par la Commission des armes, et à lui demander des renseignements sur les moyens de conservation qu'elle emploie.

La Commission temporaire des arts informe le Comité d'instruction publique des craintes qu'elle ne peut s'empêcher de concevoir sur le danger dont le voisinage de l'Opéra menace la Bibliothèque nationale.

Le Comité d'instruction publique sera invité à faire annoncer par la voie des journaux que tous les citoyens nantis d'objets prêtés, sur lesquels la Nation a des droits, tels que ceux provenant des ci-devant académies, communautés, des émigrés, condamnés ou autres, ne peuvent les garder plus longtemps sans se rendre coupables envers la Nation, qu'ils aient à en faire la déclaration ou à les remettre à la Commission temporaire des arts dans un temps déterminé.

Le citoyen Thouin, chargé d'une mission dans la Belgique, observe que la section de botanique, déjà peu nombreuse, se trouve par son départ réduite à un seul membre; il demande qu'il soit nommé un citoyen pour remplir les fonctions attachées à cette section; cet objet est renvoyé au Comité d'instruction publique.

Le Comité d'instruction publique est invité à faire suspendre la restauration des antiquités qui s'opère au Louvre, malgré un arrêté du Comité de salut public qui met ces réparations au concours [1].

L'expert chargé d'examiner la demande de 40,000 livres formée par Scellier fait un rapport d'où il résulte que la Commission peut lui allouer une somme de 24,000 livres à compte sur ses avances qui se montent en demande à 90,000 livres. La proposition de l'expert est adoptée.

Le Blond observe à la Commission qu'il est sur le point de partir pour la Belgique et demande à être remplacé pendant son absence. La Commission, faisant droit à la demande de Le Blond, nomme Varon pour exercer par intérim les fonctions d'agent de la Commission des arts.

La section de physique remet au secrétariat pour être délivrés à la Commission des travaux publics les instruments suivants : 1° un compas à verge en acajou, long de 24 pouces, avec glisseur en cuivre et quatre pièces de rechange; 2° un compas à verge en ébène, long de 30 pouces, glisseur en cuivre et quatre pièces de rechange; 3° boîte contenant un compas de six pouces avec arc de cercle et quatre pièces de rechange, plus une règle en cuivre divisée par Lenuel et les pointes de rechange du compas à verge d'ébène; 4° un étui de mathématiques incomplet; il manque le grand et le petit compas et la règle, l'extrait servira de décharge à Charles.

Un citoyen dénonce des dégradations qui se commettent dans le jardin de Monceaux. Cette dénonciation est renvoyée à la Commission d'agriculture et des arts.

Le Blond demande que la Commission lui délivre des cartes de Ferrari de la Belgique, qu'il est chargé de parcourir, lesquelles il remettra à son retour. Cette proposition est adoptée. Tous les membres qui ont des renseignements sur tous les objets d'arts qui existent dans la Belgique et autres pays occupés par les troupes de la République sont invités à les communiquer aux commissaires envoyés dans ces pays.

Le Blond remet l'état des mémoires qu'il n'a pu acquitter faute de

---

[1] L'arrêté du Comité de salut public, ouvrant un concours pour la restauration des monuments de sculpture formant la collection du Muséum national, en conformité du décret du 6 messidor, est du 7 messidor (cf. *Recueil*, etc., t. XIV, p. 511).

fonds. Ces mémoires sont renvoyés au secrétariat, où l'agent par intérim en prendra connaissance pour y satisfaire.

Grégoire annonce qu'il remet à la bibliothèque du Comité de salut public un manuscrit de J.-J. Rousseau [1].

Talma promet d'envoyer au Muséum le pied de marbre antique que des commissaires sont allés réclamer chez lui au nom de la Commission; il remettra aussi un casque espagnol qui appartient de même au cabinet des antiquités de Sainte-Geneviève, objets qu'il dit lui avoir été prêtés par le citoyen Mongez qui en était le gardien.

Une note de Lenoir, qui a reçu de Poirier deux bustes en bronze et un autre en marbre blanc, est renvoyée à la section de sculpture.

Les commissaires, chargés de faire un rapport sur les citoyens qui jusqu'ici ont occupé provisoirement des places dans les dépôts à la disposition de la Commission et sur le nombre de ceux qu'exige encore le travail ou la garde de ces établissements, rendent compte de leurs opérations. D'après plusieurs observations ils sont chargés de reproduire à la prochaine séance un nouveau travail en présentant un conservateur pour chaque dépôt, sauf à ne point y mettre de gardien, lorsque ce dépôt est fini et qu'il n'y a point lieu à mouvement. Les mêmes commissaires se feront présenter par les citoyens à employer une attestation de civisme.

Le citoyen, qui a été chargé de dessiner l'oratoire de Charlemagne, présente son travail; la Commission y applaudit, l'engage à l'achever par l'apposition des couleurs. La section de peinture fera ensuite son rapport.

Dauvergne [2] donne avis qu'il existe à Franciade une cuve en pierre. On passe à l'ordre du jour, motivé sur ce que l'on s'est occupé de son transport à Paris.

Un mémoire de dépenses faites par Thouin est renvoyé à l'agent. Thouin envoie un rapport fait au nom des commissaires de la section de botanique, envoyés dans le département de Seine-et-Oise, et un

---

[1] Le même jour, à l'occasion de l'hommage à la Convention, par le représentant Lejeune, du manuscrit original de *la Nouvelle Héloïse*, Grégoire prit la parole et rappela que la Commission temporaire des arts avait remis à la Bibliothèque nationale un manuscrit de J.-J. Rousseau intitulé : *Les Consolations des misères de ma vie* (cf. *Journal des Débats*, n° 712, p. 276).

[2] Dauvergne (Nicolas-Remi-Gabriel), architecte expert en 1790, s'intitule architecte des hôpitaux militaires. Sa lettre, du 11 fructidor, est motivée par l'établissement d'un hospice militaire dans l'ancienne abbaye (F^{17} 1047, n° 1).

autre sur le jardin Boutin [1]. Ces rapports seront lus à la prochaine séance.

Le plan de Pingeron, sur lequel la section de physique avait été chargée de faire un rapport, est renvoyé à la Commission de marine.

Naigeon fait un rapport d'où il résulte que l'explosion a occasionné dans le Dépôt de Nesle le renversement de plusieurs monuments qui en ont été brisés. Son rapport sera déposé au secrétariat.

Lebrun remet l'inventaire des objets trouvés au Temple, provenant de l'émigré d'Artois [2]; cet inventaire avec estimation sera regardé comme définitif, et il en sera tiré trois copies, dont une sera remise à Nadreau, chargé par la Commission d'enlever les objets désignés dans ledit inventaire et de les transporter au Dépôt de Nesle, rue de Beaune.

Poirier remet un état du travail relatif au transport des manuscrits, imprimés de la bibliothèque Germain; une partie a d'abord été transportée dans la maison actuellement occupée par les comités de la section de l'Unité, l'autre dans la maison Viennay qui en est voisine. Tous les imprimés échappés à l'incendie ont été déposés dans le même lieu; des citoyens intelligents se sont occupés d'en tirer le parti le plus avantageux à l'instruction; ils ont pris la précaution d'extraire les frontispices et les portraits de ceux qu'il n'était pas possible de conserver, et l'on a ensuite transporté aux Cordeliers ceux qui en étaient susceptibles. Les manuscrits de toute espèce, orientaux, grecs, latins,

---

[1] Rapport sur les domaines nationaux du département de Seine-et-Oise, 14 fructidor. — Rapport sur le jardin Boutin, 15 fructidor (F^{17} 1224). Le premier de ces deux rapports constate l'état actuel des jardins, terres et leurs dépendances, appartenant aux émigrés, et il énumère les diverses essences d'arbres et de plantes qui s'y trouvent.
Il est question dans ce rapport des propriétés suivantes : Chaville (appartenant à l'émigré Tessé), Bellevue, Sèvres (émigré Coislin), Luciennes, Pont-la-Montagne alias Saint-Cloud, Noisy (émigré Guiche), parc de Meudon, Grand Trianon, pépinière des graines, potager et orangerie de Versailles; jardin de «l'émigré Stanislas Capet» et autres sur le territoire de la même ville.

[2] Parmi les peintures que Lebrun a réservées, figurent : «La porte d'une auberge, par Isaac Van Ostade; une marine, par Van de Velde; une vue d'Amsterdam, par Ruysdael; deux batailles, de Van der Meulen; des toiles de Vernet, Robert, David, Madame Lebrun, Greuze, etc., quelques bronzes, meubles de Boule et porcelaines. L'estimation du tout se monte à 69,280 livres. Lebrun fait remarquer qu'il n'a «retenu que tous les objets rares «et dignes d'orner les Muséums de la République, ou propres à leur complément». Ce choix a été d'autant plus sévère qu'il y aura un déficit considérable dans cette maison pour les créanciers et que la Nation sera obligée de payer à ces mêmes créanciers les objets qu'elle se réserve» (F^{17} 1267).

français, en langue vulgaire et étrangère, déposés rue Taranne, ont été classés. La section de bibliographie se loue particulièrement du zèle du citoyen Van Prat. Cette note sera communiquée au Comité d'instruction publique [1].

Les commissaires chargés de faire un rapport sur les moyens de mettre les dépôts à l'abri de tout danger présentent le résultat de leurs observations. Les mesures qu'ils avaient adoptées n'ayant point paru remplir le but proposé, la Commission arrête les principales bases des moyens qui doivent entrer dans le nouveau rapport qu'ils sont chargés de présenter. Les moyens de conservation adoptés par elle sont :

Pour la Bibliothèque nationale, la suppression de l'Opéra qui n'en est éloigné que de quelques toises; 2° d'un corps de garde en planches dans la cour; 3° celle des bureaux de la Trésorerie nationale qui occupent un corps de bâtiment dans lequel est engagée une des ailes de la bibliothèque.

Pour la bibliothèque de l'Arsenal, son déplacement, vu qu'elle se trouve placée au-dessus de forges qui ne peuvent être déplacées.

Pour le cabinet d'histoire naturelle et la bibliothèque Sulpice, son déplacement, attendu sa position au-dessus de magasins de paille et au milieu d'une infinité de petites locations.

Pour la bibliothèque des Quatre-Nations, la suppression du cabaret et des autres petites boutiques qui se trouvent dessous, dans les pavillons que l'on pourrait utiliser en ouvrant des arcades ornées de péristyles, qui offriraient au peuple un abri pendant les chaleurs brûlantes de l'été et dans les temps d'orage.

---

[1] L'état ou rapport de Poirier est du 15 fructidor (F17 1081, n° 1). Outre les détails relatés ci-dessus au procès-verbal, le rapport donne les renseignements suivants sur l'incendie de Saint-Germain-des-Prés : «L'incendie s'étant déclaré du côté de l'ancien chapitre et du vieux dortoir, construit au-dessus, la première attention se porta vers la bibliothèque des imprimés, attenante à ces bâtiments; on a jeté par les fenêtres ce qu'on a pu, mais le feu étant entré dans la bibliothèque, il a fallu y renoncer.

«La bibliothèque des manuscrits étant plus éloignée du danger, on a eu le temps de les transporter dans un vaste bûcher voisin, alors vide.

«La crainte, que devaient naturellement inspirer les ravages de la nuit, détermina le transport le plus prompt des manuscrits dans un lieu éloigné de l'incendie; la journée du 3 et les suivantes ont été employées à ce transport. Ce fut au Dépôt des Cordeliers que l'on prit les précautions nécessaires pour dessécher les volumes attaqués par l'humidité.»

Pour la bibliothèque des Cordeliers, la suppression de trois cheminées qui s'élèvent le long de ses vieux murs, invitation à la section de Marat de redoubler de soins dans la surveillance de ses bureaux. Il y sera fait une nouvelle visite.

Pour le Dépôt des cartes marines, de Calon, son déplacement, vu son importance et son voisinage de forges.

Pour le Dépôt de la maison Montmorency, d'examiner s'il serait possible de le mettre à l'abri des dangers de l'atelier d'armes établi contre l'une des ailes de la cour par l'élévation d'un mur de séparation.

Pour la bibliothèque Geneviève, la suppression de deux cheminées qui montent le long des murs de la salle où sont les manuscrits, celle de toutes les locations; on examinera si le voisinage du tribunal [1] ne peut devenir nuisible et dangereux.

Pour la bibliothèque des Capucins, la suppression de quelques fenêtres.

Pour le Dépôt des Petits-Augustins, la suppression des portes de communication qui donnent entrée dans la tribune de l'église et de deux croisées de la chapelle qui donnent sur une cour.

Pour le Dépôt de la maison de Nesle, le déménagement du sellier et du serrurier.

Pour le Dépôt de physique, rue de l'Université, boucher à une certaine hauteur toutes les croisées du rez-de-chaussée.

Pour le Dépôt de Louis-de-la-Culture, la suppression de l'atelier de salpêtre et d'un poêle du Comité de la section.

Les autres dépôts présentent peu ou point d'inconvénients.

Les mêmes commissaires sont invités à prendre tous les renseignements qui peuvent les conduire à présenter des mesures de conservation, tant générales que particulières, pour être le tout renvoyé aux Comités des domaines et d'instruction publique.

La section de peinture s'adjoindra Lebrun pour aller chez Courmont visiter les objets à mettre en réserve et en dresser inventaire.

Poirier vérifiera s'il est arrivé au Comité d'instruction publique des cartes de livres et de manuscrits envoyés par le district d'Amiens.

Les commissaires artistes de Versailles annoncent que les salles

---

[1] Il s'agit de Tribunal du 5ᵉ arrondissement, dit de Notre-Dame, siégeant à Sainte-Geneviève.

du rez-de-chaussée du ci-devant château de Versailles ont été rendues publiques deux fois par décade. Les citoyens de cette commune ont accueilli la vue de ce dépôt comme une des premières marques de bienveillance du Comité d'instruction publique, qui cherche à les indemniser des sacrifices qu'ils ont faits pour la Révolution.

Cet avis sera mentionné au procès-verbal.

SÉANCE DU 20 FRUCTIDOR,

2ᵉ ANNÉE RÉPUBLICAINE (6 SEPTEMBRE 1794).

Transport des monuments. — Bibliothèque Germain. — Instruments de physique et de mécanique du district de Laon. — Bibliothèque d'Artois à l'Arsenal. — Réparations à la maison Douet pour le Dépôt de musique. — Cadran de Saint-Cloud. — Clavecin d'Autun. — École centrale des travaux publics. — Lettre de Lassus, professeur à l'École de chirurgie. — Tableau des Comités et Commissions. — Objets d'arts du district d'Amiens. - Découverte de Desquinemare. — Dépôt des cartes et plans. — Demande du Comité de division. — Seaux pour les dépôts. — Lettres aux districts de Blamont, de Lons-le-Saulnier, d'Aubenas, de Besançon. — Commissaires demandés à l'Agence du domaine national. - Mesures contre l'incendie à la Bibliothèque nationale. — Plans et cartes des possessions espagnoles. — Plaintes des administrateurs de Versailles. — Méridienne de Saint-Sulpice. — Commissaires chez La Trémouille. — Procédé de Dumarest sur les couleurs. — Livres des condamnés. — Plantes rares des jardins de La Tour-d'Auvergne. — Chapelle de Montagne-Bel-Air. — Rapport sur Triel. — Loge de portier du Dépôt des Petits-Augustins. — Mémoires soldés. — Transport de tableaux de Passy. — Jardin Boutin. — Église de Franciade. — Exportation de livres à l'étranger. — Dépôt de modèles d'armes. — Rapport de Thillaye sur l'ouvrage du citoyen Thouret. — Rapport demandé à Dufourny. — Poirier, adjoint à Varon. — Compte rendu de Poirier sur les travaux de l'abbaye Germain. — Rapport de Thouin sur la conduite de Richard à Trianon. — Levée des scellés chez Desvoyes. — Inventaire du district d'Épinal. — Inventaires de la section des dépôts littéraires.

Après la lecture du procès-verbal, qui est adopté, le président lit l'extrait de la correspondance.

Les agents de la division des dépôts et des services extraordinaires répondent au président qu'il peut assurer la Commission temporaire des arts de l'empressement qu'ils mettront à fournir tous les moyens de transport qui seront en leur pouvoir, tant pour les monuments qui sont à Franciade que pour ceux qui peuvent être en d'autres lieux. Les préposés de la Commission s'adresseront, au moins vingt-quatre heures d'avance, à l'Agence de la 6ᵉ division, rue Chantereine, pour y désigner le nombre des voitures nécessaires, l'heure et les lieux de leur destination. Il sera fait mention au procès-verbal des offres obligeantes de l'Agence des transports.

Le Comité d'instruction publique renvoie à la Commission une note des citoyens et citoyennes qui ont travaillé au transport des livres sauvés de l'incendie de la bibliothèque Germain-des-Prés, jointe à un état des dépenses faites par le citoyen Goutte, attaché à ladite bibliothèque. Le total des journées d'ouvriers monte à cinquante-huit, le total de la dépense faite par Goutte monte à 65ʰ. Ce mémoire, visé par l'agent, est renvoyé pour le payement à la Commission exécutive d'instruction publique.

L'agent national près le district de Laon informe le président de la Commission qu'il vient de faire charger à l'adresse du Comité d'instruction publique les instruments de physique et de mécanique recueillis dans ce district. Il en joint l'inventaire à sa lettre et Molard est chargé de faire transporter ces objets au Dépôt de la rue de l'Université.

La Commission des revenus nationaux annonce au président qu'elle vient de prescrire à l'Agence du domaine national du département de Paris de faire procéder sans délai à la continuation de l'inventaire de la bibliothèque d'Artois à l'Arsenal.

Les agents de l'administration de l'Enregistrement et des Domaines nationaux répondent au président de la Commission qu'ils ont donné les ordres pour faire faire au plus tôt les réparations nécessaires à la maison Douet, rue Bergère, destinée à former un Dépôt de musique.

Le citoyen Robin prévient la Commission qu'il a fait la recherche du cadran qui servait de lever à Saint-Cloud et l'a fait mettre de côté pour le Muséum d'histoire naturelle. Il demande que la Commission lui remette une délibération pour autoriser les commissaires de la vente de Saint-Cloud à lui livrer ledit cadran pour l'usage du Muséum. La section de physique est chargée de faire transporter ce cadran au Muséum d'histoire naturelle.

La Commission de commerce et approvisionnements de la République informe celle des arts qu'il a été retiré par le district d'Autun un superbe clavecin qui faisait partie du mobilier de l'émigré Quarré [1]. Elle demande que, si cet instrument paraît mériter d'être retenu en France comme monument d'art, la Commission veuille bien donner des ordres en conséquence. Cet avis est renvoyé à Bruni.

Le Comité de salut public fait passer à la Commission des arts un arrêté de ce Comité, en date du 16 fructidor [2], par lequel la Commission est chargée d'indiquer plusieurs objets qui pourront se trouver parmi les effets nationaux dont elle a connaissance, et qui peuvent servir à l'instruction des élèves de l'École centrale des travaux publics, conformément aux bases déjà arrêtées par le Comité, en conséquence de la loi du 21 ventôse relative à l'établissement de cette école. La Commission est autorisée par le même arrêté à requérir la levée des scellés qui seraient apposés sur les objets et à dresser, de concert avec les citoyens Carny, Lesage et Barruel, les états de tout ce qui sera utile pour garnir lesdits cabinets. Les sections, que cet objet concerne, sont chargées d'y faire droit, d'après les demandes qui leur seront faites.

Lassus, professeur public à l'École de chirurgie, fait part à la Commission de quelques faits relatifs à la conservation du bâtiment de l'École nationale de chirurgie; sa lettre est renvoyée au Comité des domaines et on en accusera la réception au citoyen Lassus.

La Commission arrête qu'il sera formé un tableau de l'organisation et des différentes attributions des Comités de la Convention, des Commissions et Agences nationales et du lieu qu'ils occupent.

Colombeau, instituteur à Gonesse, demande de l'emploi dans les différents bureaux du Comité d'instruction publique; sa pétition est renvoyée aux commissaires chargés d'examiner les demandes des citoyens.

Les administrateurs du district d'Amiens écrivent [3] que, dès le mois de floréal, ils ont nommé douze artistes pour la réunion et la conservation des objets d'arts qui se trouvent dans leur district, et ils demandent au moins un exemplaire de l'instruction pour chacun de ces commis-

---

[1] Quarré (Jacques-Pierre), ancien conseiller clerc au Parlement de Dijon, chanoine d'Autun, habitant cul-de-sac du Donjon, reçut un passeport, le 22 octobre 1792, pour se rendre à Neuchâtel, en Suisse (F7 5601¹).

[2] L'arrêté en question avait particulièrement pour objet la formation d'un laboratoire de chimie et d'un cabinet de physique pour les élèves de l'École centrale des travaux publics (*Recueil Aulard*, t. XVI, p. 171).

[3] Leur lettre est du 13 fructidor (F¹ᵉ 1044).

saires qui désirent se conformer dans leurs catalogues aux règles qu'elle indique. La Commission arrête qu'il sera envoyé au district d'Amiens le nombre d'exemplaires demandé.

Le citoyen Desquinemare fait part à la Commission de la découverte qu'il a faite d'un nouveau cerf-volant, construit d'une manière peu dispendieuse, et par le moyen duquel il peut, assis sur un fauteuil, s'élever commodément dans les airs, jeter des lettres, des provisions de bouche dans une ville assiégée, incendier un camp ennemi et sauver des navires prêts à se briser sur la côte. Il invite la Commission à nommer des commissaires pour examiner, voir et suivre ses expériences dont la République peut tirer un grand avantage. Renvoyé au Comité d'instruction publique.

La Commission des arts arrête que les scellés seront apposés par Buache sur le Dépôt des cartes et plans provenant des émigrés et condamnés, qu'il n'en sera tiré aucun objet qu'après l'inventaire fait, et qu'il en sera donné décharge audit citoyen Buache.

Le Comité de division, ayant besoin pour ses travaux d'une collection de cartes et autres ouvrages géographiques, invite la Commission temporaire des arts à charger un de ses membres d'accompagner le citoyen Belleyme [1] pour la recherche des ouvrages de ce genre qui se trouvent dans la bibliothèque de Malesherbes, ainsi que dans tous les autres dépôts soumis à la surveillance du Comité d'instruction publique. Buache est chargé d'accompagner Belleyme pour cette recherche.

L'Agence du domaine national prévient la Commission que, conformément à la lettre de son président qui demande qu'il soit mis trente sceaux à la disposition des dépôts, elle vient de charger les commissaires de l'Agence de lui rendre compte des sceaux qui peuvent se trouver dans les différentes maisons d'émigrés ou de condamnés, afin de les faire mettre à la disposition de la Commission.

Les administrateurs du district de Blamont écrivent qu'ils ne possèdent en fait d'art qu'une sphère provenant de la ci-devant abbaye de Domerie [2]. La Commission arrête qu'il leur sera écrit pour leur témoi-

---

[1] Belleyme (Pierre de), ingénieur géographe, auteur d'une carte de la France en 85 départements, en 1791, et de cartes de la Guyenne et de la Corse, devint, le 1ᵉʳ brumaire an IV, chef du Dépôt de topographie des Archives nationales, appelé ensuite section topographique et statistique; il publia en 1808 une *Statistique générale de la France* et décéda le 29 août 1819.

[2] Domèvre (Meurthe), abbaye d'Augustins, diocèse de Toul, fondée au commencement du XIᵉ siècle.

gner sa surprise de ce que, dans tout le district, il ne s'est trouvé qu'une sphère; on leur demandera ce qu'ils ont fait de la bibliothèque de cette même abbaye et des autres dont ils ne font point mention[1].

Il sera écrit au district de Lons-le-Saulnier pour leur demander s'il est vrai que dans leur arrondissement il n'existe pas une seule bibliothèque provenant des abbayes et autres communautés religieuses supprimées. Il sera invité à indiquer les moyens de conservation qu'il a employés pour les objets que la loi les a chargés de recueillir.

Grégoire est chargé d'écrire au district d'Aubenas pour s'informer si chez d'Entrague[2] il ne s'est point trouvé de manuscrit de J.-J. Rousseau.

Il sera écrit au district de Besançon pour lui faire part d'un arrêté de la Commission relatif à la conservation des orgues qui auraient plus de quatre pieds, et les engager à conserver ces monuments qui pourront servir dans les fêtes républicaines.

On écrira à l'Agence du domaine national pour l'inviter à nommer des commissaires pour, de concert avec ceux de la Commission temporaire des arts, se rendre, les uns à la maison Boutin, rue de Clichy, d'autres à Monceaux, chez Égalité, et un autre enfin aux Écoles de chirurgie, où il est instant que le conservateur entre en fonctions et inventorie tous les objets qui se dégradent faute de soins et par la pluie qui entre par une fenêtre, et par laquelle pourraient s'introduire des malveillants. L'Agence sera de plus invitée à s'occuper de confirmer le choix des estimateurs dont la liste lui a été envoyée. Il sera observé à l'Agence que les commissaires artistes ne peuvent enlever aucun objet qu'au préalable l'estimation n'en ait été faite.

La Commission temporaire des arts, chargée par le Comité d'instruction publique de lui indiquer les moyens de mettre à l'abri des incendies la Bibliothèque nationale, arrête qu'elle communiquera au Comité des domaines l'arrêté du Comité d'instruction publique et l'invitera à

---

[1] Voir deux lettres des administrateurs du district de Blamont, en date des 10 et 29 fructidor. Par la deuxième, ils annoncent l'envoi au Comité d'instruction publique du «catalogue de tous les livres et ouvrages de toute nature provenant des établissements ecclésiastiques supprimés et des émigrés» du district (F17 1044).

[2] Antraigues (Emmanuel-Henri-Louis-Alexandre de Launay, comte d'), originaire de l'Ardèche, député de Villeneuve-de-Berg à la Constituante, émigra en 1790 et devint l'agent politique des puissances coalisées contre la Révolution; il était en relations suivies avec J.-J. Rousseau qui lui confia des éclaircissements manuscrits sur le Contrat social, que d'Antraigues paraît avoir détruits.

lui faire passer les plans qui lui ont été présentés pour la sûreté des établissements nationaux.

Il sera écrit au Comité de salut public pour l'inviter à prendre tous les moyens de faire transporter à Paris les plans et les cartes des possessions espagnoles dans les pays occupés par les troupes de la République.

Les administrateurs du district de Versailles se plaignent [1] de ce que, dans le rapport fait par les commissaires envoyés dans le département de Seine-et-Oise, on n'a pas rendu justice à tout ce qu'ils ont fait pour la réunion des monuments. La Commission, après avoir entendu les solides raisons de ses commissaires à l'appui de ce qu'ils ont avancé, les charge de présenter à la prochaine séance un projet de réponse à faire aux administrateurs de ce district.

Buache fait un rapport sur l'utilité de la méridienne Sulpice et sur la nécessité de veiller à sa conservation. La Commission, en adoptant les conclusions de ce rapport, le renvoie au Comité d'instruction publique.

Pigoreau, commissaire de l'Agence du Domaine, invite la Commission à envoyer des commissaires chez La Trémouille pour recueillir les objets susceptibles d'être réservés. Les membres qui, les premiers, se rendront dans cette maison sont invités à communiquer à leurs collègues les objets qu'ils auraient remarqué être de leur ressort.

Sur le rapport de Leblanc qu'il n'existe chez Dumarest aucune matière de chimie pour la démonstration de son procédé sur les couleurs, la Commission renvoie ce citoyen par devant le Bureau de consultation, où le citoyen Leblanc est invité à appuyer sa demande.

Les commissaires précédemment nommés pour visiter le dépôt établi par l'Agence des effets et livres, laissés dans les maisons d'arrêt par les condamnés, seront chargés de remplir incessamment les vues de la Commission.

Thouin rappelle que le citoyen Latour d'Auvergne a offert les plantes rares qu'il possède dans ses jardins; il observe que la saison s'avance et qu'il est urgent de statuer sur cet objet. La Commission renvoie l'observation de Thouin au Comité d'instruction publique.

D'après un rapport fait par Lebrun sur la chapelle Montagne-Bel-

---

[1] Par lettre du 8 fructidor (F^{17} 1044).

Air, ci-devant Germain-en-Laye, la Commission charge Nadreau de faire transporter à Paris les tableaux qui y sont mentionnés [1].

Il résulte d'un second rapport du même Lebrun [2] qu'un tableau représentant l'*Adoration des Mages*, qu'il a été chargé d'aller visiter à Triel, est un très mauvais tableau de Perrier qui ne vaut pas la réparation, et que les historiens ont trompé l'opinion publique en attribuant cette production au Poussin.

Lannoy, chargé de faire un rapport sur la demande du conservateur du Dépôt des Petits-Augustins, qui sollicite comme mesure de sûreté la construction d'une loge de portier, rend compte de ses observations; il propose, et la Commission arrête : 1° que le portier restera dans le local qu'il occupe; 2° qu'il y sera placé un cordon pour ouvrir la porte d'entrée; 3° qu'il sera percé une porte dans une cloison ainsi qu'une petite croisée, afin qu'il puisse surveiller les deux cours; 4° que la serrure d'entrée sera changée, de manière qu'aucun ouvrier ne puisse sortir sans que le portier en soit averti; 5° que Jollain sera autorisé à faire exécuter sans délai ces petits changements [3].

Varon, agent par intérim, est autorisé à solder les mémoires de dépenses présentés par les citoyens : Bruni pour une somme de 62 livres 16 sols; Poirier pour celle de 186 livres 16 sols; Poirier, *idem.*, pour une autre somme de 558 livres 3 sols; Barrois pour une somme de 2,502 livres 15 sols; Portal pour une somme de 75 livres; David Le Roy pour 8 livres; Lebrun pour 184 livres; Lebrun, *idem.*, pour 42 livres 10 sols; Ameilhon pour une somme de 102 livres 11 sols; Ameilhon, pour les citoyens Périsse, père et fils, 211 livres 7 sols 6 deniers; Ameilhon, pour les mêmes citoyens, 333 livres 16 sols; Lesueur, Dupasquier et Picault, 177 livres 10 sols; Dupasquier pour 38 livres; Thouin et Desfontaines pour 29 livres 5 sols; les mêmes pour une autre somme de 358 livres 18 sols; pour une autre de 3 livres; pour une de 73 livres; pour une autre de 22 livres 8 sols; Thouin et Desfontaines, en différents mémoires, pour la somme de 431 livres 18 sols.

---

[1] Ces peintures consistent en un tableau du Poussin : la *Communion* (au Louvre, École française, n° 428); deux de Roselli, relatifs à *l'Histoire de Judith*, et quatre de Stella, *la Vierge et l'Enfant Jésus*, *le Christ mort entre les bras de sa mère*, *sainte Anne*, *la Vierge et l'Enfant*, *les Aumônes du soi-disant S. Louis* (F17 1231, n° 31).

[2] Voir ce rapport sous la cote F17 1231.

[3] Rapport de Lannoy (F17 1265).

Nadreau est chargé de transporter de Passy dans les dépôts à la disposition de la Commission des arts à Paris : 1° de chez la femme Chalgrain [1] un tableau par Joseph Vernet, où l'on voit sur la gauche : *Deux femmes regardant un homme qui pêche;* 2° de chez la femme Filleul [2] un portrait de Franklin, vu à mi-corps, peint par ladite Filleul; la planche dudit tableau, gravée par Châtelain avec quelques épreuves, une pendule astronomique enrichie de deux lions à corps et autres ornements en bronze doré et monté sous sa cage de verre. Il sera fait mention au procès-verbal du zèle de Joseph-Alexandre Lebrun, qui en a transmis les inventaires.

La section de botanique fait un rapport sur les avantages que peut retirer la République de la conservation du jardin du condamné Boutin. Un membre demande qui indemnisera des frais de l'entretien de ce jardin. Desfontaines répond que la vente des fruits qui en proviennent est plus que suffisante pour dédommager des frais de l'entretien. La Commission temporaire des arts adopte les conclusions du rapport et arrête que l'observation sera consignée au procès-verbal et que copie du rapport sera envoyée au Comité des domaines et à la Commission d'agriculture et des arts.

La section d'architecture, de concert avec les commissaires précédemment chargés de se rendre à Franciade, s'informeront s'il existe un décret, ou un arrêté du Comité de salut public, qui ordonne la démolition de l'église de Franciade. Ils feront transporter au Dépôt des Petits-Augustins les marbres des tombeaux de François Ier, Henri II, Louis XII et les statues qui en faisaient partie, ainsi que la colonne du cardinal de Bourbon. Quant à la grande cuve en pierre, elle sera transportée dans le jardin du Muséum des arts et reposée sur son même pied d'ouche [3].

---

[1] Voir l'inventaire de Lebrun (F17 1267). Peut-être ce tableau serait la marine, au Louvre, École française, n° 627.
— Chalgrin (Marie-Félicité Vernet, femme de l'architecte), condamnée à mort le 6 thermidor an II (W 431, n° 967).

[2] Cf. l'inventaire de Lebrun (F17 1267). — Anne-Rosalie Bocquet, veuve Filleul, concierge du château de la Muette, condamnée à mort le même jour que la femme Chalgrain (W 431, n° 967).

[3] D'après le rapport des commissaires envoyés à Franciade, daté du 20 fructidor, l'on voit qu'au dire des membres du directoire de Franciade, la démolition de l'église va avoir lieu et que l'on s'occupe de son estimation. Les commissaires leur ayant demandé s'ils avaient un local convenable pour recevoir les marbres provenant de la démolition des monuments que renferme ladite église, ceux-ci ont répondu qu'ils allaient s'occuper d'en cher-

Les citoyens Thuillier, Jacquemart, Laplanche demandent à être employés dans les travaux ordonnés par la Commission. Leur pétition est renvoyée aux commissaires chargés d'examiner les pétitions des citoyens.

Les commissaires qui, dans la dernière séance, ont été chargés de se rendre à l'Agence, sont invités à solliciter de nouveau ce qu'elle avait promis d'accorder aux justes réclamations de la Commission.

Les commissaires chargés de faire un rapport sur les demandes en exportation de livres, faites à la Commission de commerce par le citoyen Senovert et compagnie et renvoyées par elle à la Commission temporaire des arts, déclarent qu'ils n'ont trouvé aucun inconvénient à en permettre l'exportation. Ces conclusions sont adoptées.

La section du génie militaire, chargée de se rendre à la Commission des armes pour y prendre connaissance du dépôt de modèles qu'elle devait avoir établi, a vu avec peine qu'elle n'en avait formé aucun, que les modèles retirés du Garde-meuble étaient restés dans une antichambre [1]; elle demande que jusqu'à ce que le Comité de salut public ait prononcé sur la destination des modèles d'armes, la Commission fasse transporter au Dépôt de la rue de l'Université ceux qui seront recueillis à l'avenir. Cette proposition est arrêtée.

Un citoyen, employé à la conservation des dépôts littéraires à Versailles, vient se plaindre des obstacles qu'il éprouve auprès du district pour obtenir son salaire. La Commission l'invite à présenter par écrit sa réclamation au Comité d'instruction publique.

Le rapport de Thillaye [2] sur l'ouvrage du citoyen Thouret et sur les

---

cher un, mais qu'ils les invitaient à faire enlever le plus promptement possible tous les objets provenant des tombeaux de François Ier, Henri II et des Valois, dont partie avait déjà été transportée au Dépôt des Petits-Augustins. Les commissaires se sont ensuite rendus dans ladite église, où ils ont vu «tous les marbres déposés, provenant du tombeau de François Ier», ils y ont reconnu ensuite les morceaux résultant de la démolition du tombeau de Louis XII. Les commissaires demandent non seulement le transfert aux Petits-Augustins ou au Muséum des monuments susvisés, mais encore des statues et bas-reliefs du tombeau de Turenne, d'un devant d'autel en mosaïque, d'un petit temple gothique servant de châsse, d'une grande cuve en pierre de liais, de bénitiers et colonnes de marbre.

Ils se prononcent en faveur de la conservation des vitraux, peut-être de l'orgue, et, si l'église doit être démolie, du clocher, utile à conserver pour les opérations trigonométriques.

[1] Voir le rapport présenté par Beuvelot au nom de la section du génie militaire, le 20 fructidor an II (F^{17} 1164).

[2] En date du 20 fructidor (F^{17} 1164).

travaux commencés pour développer les phénomènes qui ont été observés dans l'exploitation du cimetière des Innocents, est renvoyé au Comité d'instruction publique.

La Commission de peinture se rendra à l'Agence des transports militaires pour s'informer s'il n'est point arrivé des tableaux de la Belgique.

Dufourny est chargé de rédiger par écrit ses vues sur un monument patibulaire à élever à l'endroit d'où Charles IX tirait sur le peuple. Il remet sur le bureau deux médailles qui seront échangées et conservées comme propres aux arts et à l'histoire.

Varon demande un adjoint pour le travail des médailles qui se trouvent dans une armoire du secrétariat et à lui en remettre la clef. Poirier est adjoint à Varon pendant l'absence de Le Blond. La remise de la clef a été faite à Poirier qui l'a remise sur le bureau.

Poirier rend compte des opérations de la section des dépôts littéraires relatives aux manuscrits Germain [1]. Il se loue principalement des citoyens Van Prat, Porte et Beauchon. Il observe que le citoyen Beauchon n'a pas seulement employé le temps qu'il eût passé à la bibliographie à laquelle il est attaché, mais encore celui qui reste à sa disposition et dont il profite d'ordinaire pour donner des leçons qui lui aident à nourrir sa famille. La section de bibliographie examinera l'indemnité à accorder au citoyen Beauchon.

Buache est chargé de s'informer par qui a été établi un locataire ou gardien au Dépôt de Thiroux-Mauregard, rue de Lille.

La section de botanique, chargée de faire un rapport sur des pièces

---

[1] Rapport de Poirier, en date du 20 fructidor. «Il était impossible, dit-il, dans les deux ou trois transports subits que la circonstance urgente de l'incendie leur a fait éprouver (aux manuscrits) dans l'espace de vingt-quatre heures, que les diverses matières et les différentes langues ne fussent pas confondues. Aussi, tout est mêlé: l'hébreu, le chaldéen, le syriaque, l'arabe, le turc, le persan, l'arménien, le chinois, le cophte, l'éthiopien, ont été empilés pêle-mêle avec le grec, le latin et le français anciens et modernes, l'italien et l'espagnol. Le fonds séparé de Harlay, la grande collection de l'histoire de Picardie et ce qu'on appelait le magasin, qui ont des numéros particuliers, sont confondus avec le reste de la bibliothèque. Cependant ce chaos commence à se débrouiller. La plus grande partie des manuscrits orientaux et grecs est déjà rassemblée, et les orientaux la plupart reconnus. Mais ceux-ci ont souffert du transport; on a trouvé des couvertures sans manuscrits et des cahiers détachés, et même des feuilles volantes éparses. On les a réunis dans des cartons jusqu'à ce que l'on puisse reconnaître à quels ouvrages ils appartiennent.» (F^{17} 1081, n° 1.) Beauchon, pendant le déblaiement, séparait ce qui était susceptible de conservation d'avec les débris infects des livres incendiés et pourris par l'humidité.

envoyées par le Comité des domaines relatives à une coupe de bois faite dans le parc de Trianon, s'est rendue sur les lieux et, après l'examen le plus scrupuleux, elle conclut que l'on ne peut inculper aucunement le citoyen Richard. Copie de ce rapport, adopté par la Commission, sera communiquée au Comité des domaines et au citoyen Richard.

Les commissaires chargés d'assister à la levée des scellés apposés chez Desvoyes déposent le procès-verbal qu'ils ont dressé lors de la levée qui en a été faite; il sera conservé au secrétariat[1].

Les administrateurs du district d'Épinal envoient l'inventaire des objets existants et inventoriés dans les cabinets de physique, les tableaux d'église et les cartes géographiques de la bibliothèque de ce district; ils envoient aussi des cartes d'inventaires qui seront communiquées aux différentes sections.

La section des dépôts littéraires remet les états des livres des maisons Mouchy, Louis Noailles, Lugeac, de Poix, Caylus. Elle dépose aussi la liste des livres que l'Agence nationale des mines a distrait de la bibliothèque placée dans la maison désignée sous le nom de Maison d'instruction des mines.

SÉANCE DU 25 FRUCTIDOR,
2ᵉ ANNÉE RÉPUBLICAINE (11 SEPTEMBRE 1794).

Médailles de Commune-Affranchie. – Réparations aux Dépôts des Petits-Augustins et de Nesle. – Modèles d'armes. – Mobilier d'Artois. – Bibliothèque de la maison de Lambert. – Allocations aux citoyens Tabard et Richard. – Ventilateur du citoyen Magny. – Lettre de Goupy sur Avignon. – Lettre de Duplessis, commissaire artiste dans le district de Carpentras. – Réponses à la circulaire de la Commission. – Mobilier de la du Barry. – Mesures de l'Agence du domaine national en vue de concourir à l'exécution des délibérations de la Commission. – Dégradations au château d'Écouen. – Indemnité à Mulot. – Rapport de Buache sur l'organisation du personnel des dépôts. – Local mis à la disposition du citoyen Fourché. – Colonnes de l'église Saint-Sulpice. – Demandes de Maurice et Balleux. – Tableaux sur des navires à Brest et Lorient. – Inventaires de Lebrun relatifs à des condamnés et des émigrés. – Bibliothèque Sulpice. – Don

---

[1] Voir le procès-verbal de récolement fait par Langlès et Varon, rue Ventadour, chez Desvoyes, auquel se trouve annexé un manuscrit chinois, 16 fructidor (F¹⁷ 1344, n° 2).

de Desvoyes. — Indemnité des commissaires artistes de Versailles. — Négligence du gardien établi chez Durfort. — Dépôt littéraire de Versailles. — Bibliothèque Grammont. — Maison de la Pitié. — Dépôt d'inventaires. — Inventaires du district de Mezenc. — Marbres destinés aux inscriptions des portes des douze Commissions exécutives.

Le procès-verbal de la dernière séance est lu et adopté.

Poirier, qui avait été chargé de la clef de l'armoire du secrétariat où sont renfermées les médailles provenant de Commune-Affranchie [1], la dépose sur le bureau, et elle reste provisoirement entre les mains du secrétaire.

Sur les plaintes déjà tant de fois réitérées que les formes ordinaires établies pour obtenir les réparations à faire dans les domaines nationaux entraînent un laps de temps plus que suffisant pour dégrader totalement les bibliothèques et monuments précieux dont la conservation est mise sous la responsabilité du Comité d'instruction publique, il est arrêté que, vu l'urgence, le Comité des domaines sera invité à autoriser l'expert Jolain, sous la surveillance du Comité d'instruction publique et la responsabilité de la Commission, à faire les réparations urgentes aux dépôts établis dans les maisons des Petits-Augustins et de Nesle, où de la pluie pénétrant de toutes parts ne laisserait bientôt plus rien qui méritât d'être conservé.

Leblanc est invité à s'informer s'il existe à l'Arsenal un dépôt de modèles d'armes et d'artillerie.

La Commission des revenus nationaux prévient celle des arts qu'il existe dans la Maison du Temple plusieurs objets d'art faisant partie du mobilier de l'émigré d'Artois et qui ont été mis en réquisition; elle prie la Commission des arts d'en faire accélérer l'enlèvement, afin que rien ne s'oppose à la vente du surplus du mobilier. Nadreau, déjà chargé d'enlever ces objets, sera engagé à remplir les vues de la Commission.

La Commission des revenus nationaux invite celle des arts à faire enlever le plus promptement possible la bibliothèque de la maison Lambert, destinée à différents bureaux de la Commission des revenus nationaux, et à ne pas attendre que le travail des commissaires occupés à classer et à inventorier les livres soit fini pour procéder à cet enlèvement. Renvoyé à la section de bibliographie.

---

[1] Voir dans l'inventaire des objets d'art recueillis à Commune-Affranchie par P. Cossard la nomenclature de ces médailles (F17 1053, n° 1).

Les administrateurs du département du Rhône écrivent de Commune-Affranchie qu'ils ont reçu la lettre du président, à laquelle étaient joints deux arrêtés de la Commission et un pris par le Comité d'instruction publique relativement à la somme de 10 livres par jour allouée aux citoyens Tabard et Richard. Il demande qui doit ordonnancer le payement [1]. Il leur sera répondu que la Commission exécutive d'instruction publique doit ordonnancer ce mémoire et que le caissier du district de Commune-Affranchie soldera sur les fonds mis à la disposition de cette Commission.

Le Comité d'instruction publique renvoie à la Commission temporaire des arts une adresse à la Convention nationale relative à l'invention et à la perfection d'une nouvelle boussole marine et d'un ventilateur. A cette adresse est joint un extrait du rapport fait au Bureau de consultation des Arts et Métiers sur le ventilateur du citoyen Magny. La Commission renvoie à la section de physique ce qui a rapport à la boussole. Pour ce qui regarde le ventilateur, déjà jugé par le Bureau de consultation, il est renvoyé aux inspecteurs de la salle de la Convention nationale.

Le citoyen Goupy écrit d'Avignon au président de la Commission et joint à sa lettre quatre procès-verbaux sommaires [2] des objets d'arts et sciences qu'il a trouvés réunis dans différents districts. Il annonce qu'il a laissé la majorité des membres qui les composent disposée à mettre le plus grand intérêt à tout ce qui concerne l'instruction. Cet avis de Goupy sera mentionné au procès-verbal.

Le citoyen Duplessis écrit de Villeneuve-lès-Avignon [3] pour demander à la Commission si la fonction de commissaire artiste pour la réunion des objets de peinture, sculpture et gravure, à laquelle il vient d'être nommé par le district de Carpentras, peut lui tenir lieu d'une réquisition qui le dispense de venir à Paris, où il serait tenu de se rendre en personne pour toucher une somme de 1,500 livres. Il joint à sa lettre un extrait des registres des arrêtés de l'administration du district de Carpentras et demande plusieurs exemplaires de l'instruction. Il sera envoyé à ce citoyen les exemplaires qu'il demande et il sera

---

[1] La lettre des «Sans-culottes composant l'administration du département du Rhône» est du 15 fructidor (F17 1044).

[2] Voir lesdits procès-verbaux et la lettre, celle-ci datée du 14 fructidor, par laquelle Goupy préconise la formation de Muséums dans les districts (F17 1044).

[3] Le 15 fructidor (F17 1047, n° 1).

averti que le Comité de salut public a seul le droit de mettre en réquisition.

Les districts de Rouen, de Paul-du-Var, de Chambéry, de Vesoul, d'Amiens, de Lusignan, de Melle et Bourmont accusent réception de la circulaire. Ils annoncent qu'ils se conforment à l'instruction de la Commission et que sous peu de jours ils seront en état d'envoyer les catalogues et inventaires des objets d'arts, de sciences et d'instruction qui se trouvent dans leur arrondissement. Les administrateurs du district d'Amiens, en remerciant la Commission des exemplaires de l'instruction qu'ils ont reçus, recommandent l'arrêté relatif aux tableaux de rebut que le département a transmis au Comité d'instruction publique. Ils réitèrent qu'il est important d'y statuer parce que ces objets dépérissent à vue d'œil. Ceux du district de Paul-du-Var mandent qu'ils n'ont point cru devoir comprendre parmi les inventaires des objets de sciences et arts ceux des ci-devant églises paroissiales, parce que cette opération entraînerait un temps considérable pour parcourir les communes qui, d'ailleurs, n'offrent aucun objet remarquable. Ils invitent la Commission à leur faire savoir s'ils doivent s'occuper de ces inventaires. Il sera écrit aux districts d'Amiens et de Paul-du-Var[1] qu'ils doivent tout inventorier et conserver.

La Commission de commerce et approvisionnements écrit que, d'après les observations de la Commission temporaire des arts, elle s'est empressée de donner des ordres pour que le feu doré d'or moulu et la commode ornée de médaillons, faisant partie du mobilier de la femme du Barry[2], fussent rendus à la disposition de la Commission des arts. Maurice est chargé d'en faire la remise. Les commissaires artistes de Versailles sont invités à se concerter avec Maurice pour le transport de ces objets au dépôt de Versailles, auquel ils appartiennent.

L'Agence du domaine national du Département de Paris fait part à la Commission qu'en conséquence de la lettre de son président, en date du 21 de ce mois, elle a nommé des commissaires à l'effet de se rendre

---

[1] Les lettres des administrateurs des districts d'Amiens et de Saint-Paul-du-Var sont des 19 et 7 fructidor (F17 1044).

[2] Ce feu doré d'or moulu, finement ciselé, représentant un cerf et un sanglier, fut estimé 4,000 livres; la commode enrichie de bronzes et de tableaux médaillons en porcelaine, peints d'après Boucher, évaluée 6,000; ces deux objets d'art avaient été déposés à l'hôtel de Toulouse, rue du Cherche-Midi. (Voir le rapport des membres de la Commission des arts réunis aux artistes de Versailles, 9 thermidor, F17 1197.)

dans les maisons de Boutin, rue de Clichy, d'Égalité, à Monceaux, et aux Écoles de chirurgie pour la levée des scellés. Elle s'empressera toujours de concourir à la prompte exécution des délibérations de la Commission des arts et, pour qu'il n'y ait jamais de retard, elle vient de nommer les citoyens Verger et Binay, commissaires provisoires, chargés de se rendre journellement dans le sein de la Commission afin d'exécuter les ordres sur-le-champ. A la lettre est jointe copie de l'arrêté dont l'expédition a été adressée auxdits citoyens Verger et Binay, dont plusieurs commissaires de la Commission des arts ont rendu un témoignage favorable. Elle annonce aussi qu'elle a confirmé le choix des estimateurs fait par la Commission. Cette lettre sera mentionnée au procès-verbal et copie en sera délivrée aux commissaires artistes de Versailles.

La Commission des secours publics, d'après un rapport que la Commission des arts lui a adressé, voyant avec regret les dégradations que l'établissement d'un hôpital militaire dans le château d'Écouen [1] a occasionnées, prévient la Commission qu'elle a écrit au commissaire ordonnateur et à l'Agence des hospices militaires de se concerter sur les moyens d'évacuer promptement cet hôpital et de choisir un autre asile aux défenseurs de la patrie.

Les commissaires chargés de faire un rapport sur les indemnités à accorder à Mulot, concluent que, d'après ses travaux indépendants de sa charge de conservateur, la Commission jugera peut-être à propos de lui allouer une gratification; mais, sur l'observation d'un membre qu'il existe une loi qui défend toute espèce de gratification, l'on passe à l'ordre du jour sur le rapport, et la section de bibliographie est chargée de porter en mémoire ce qu'elle doit à Mulot pour ses opérations dans cette partie.

Buache, l'un des commissaires pour l'examen des demandes des citoyens qui sollicitent de l'emploi auprès de la Commission des arts, fait un rapport sur le nombre des citoyens à employer dans chaque dépôt comme conservateurs, gardiens et portiers, sur celui des commis aux inventaires et garçons de bureau, sur l'organisation des dépôts actuellement à la disposition de la Commission et sur le nombre de ceux dont elle a encore besoin. La Commission adopte provisoirement les conclusions de ce rapport.

[1] L'hôpital militaire d'Écouen avait été créé en vertu d'un arrêté du Comité de salut public, du 11 prairial an II (AF* II 136, fol. 17).

Laplanche, sculpteur, expose que, se trouvant sans travail, il est forcé de réitérer ses instances pour être employé dans le déplacement et le transport des marbres aux dépôts; la Commission charge la section de sculpture de lui faire un rapport sur le civisme et les talents de [De] Laplanche [1].

David Le Roy, chargé de faire un rapport sur Fourché, qui demande une pièce adjacente à l'atelier des poids et mesures établi à la ci-devant Académie, propose, et la Commission arrête, que cette chambre sera mise à la disposition du citoyen Fourché, quand les objets qui y sont renfermés auront été inventoriés et transportés dans les dépôts que la Commission jugera à propos d'indiquer [2].

Le même fait un autre rapport [3] sur des colonnes de marbre noir d'une chapelle de Sulpice; il en résulte qu'elles doivent rester où elles sont jusqu'à ce qu'il se présente une occasion favorable de les employer; cette proposition est adoptée.

Barrois et Lelièvre sont chargés de vérifier les mémoires de dépenses, visés et adoptés par la Commission et visés par l'agent.

Les sections de sculpture, d'architecture, Lebrun et Naigeon feront un rapport sur la lettre [4] et les demandes de Maurice et de Balleux; les commissaires qui ont été chargés d'enlever les marbres chez Balleux donneront eux-mêmes la décharge et retireront celle donnée par Scellier qui en a fait le transport.

On renvoie à la section de sculpture une note où est contenu l'avis qu'il existe à la barrière Chaillot deux bornes de granit, qui n'ont point été posées et qui courent risque d'être endommagées [5].

Bonvoisin dit avoir lu dans le *Moniteur* qu'il était entré à Brest ou à Lorient un ou plusieurs navires sur lesquels il se trouve des tableaux. Il demande qu'il soit écrit à ces districts pour les inviter à les faire transporter à Paris. Bonvoisin est chargé de vérifier dans lequel de ces districts se trouvent ces objets indiqués dans le *Moniteur* [6].

---

[1] Voir le rapport de Dardel et Dupasquier, favorable à la demande du sculpteur marbrier Delaplanche (F17 1197).

[2] Rapport de David Le Roy (F17 1265).

[3] Ce rapport est du 23 fructidor (F17 1265).

[4] Lettre de Maurice, 25 fructidor (F17 1047). — Le rapport en question a été fait par Lebrun le 29 (F17 1231, n° 3).

[5] Ces deux bornes à la barrière de Longchamp avaient été amenées avant la Révolution par les soins de la Ferme générale et oubliées (F17 1197).

[6] Voir une note rectificative de Bonvoisin, d'après laquelle le port visé n'est autre que Villefranche (F17 1231, n° 3).

Lebrun remet les inventaires des objets trouvés chez Laborde père et Rougemont, condamnés[1]. Nadreau est chargé de transporter dans les dépôts les objets qui y sont mentionnés. Quant à celui fait à Monceaux, chez Égalité, Nadreau n'effectuera le transport que des objets indiqués à la marge par une étoile. Les autres sont renvoyés au Comité d'instruction publique.

Jolain est autorisé à déposer un corps de bibliothèque qui se trouve au ci-devant séminaire Saint-Sulpice, désigné dans le rapport de Lannoy[2]. Il le fera transporter et reposer au dépôt formé pour l'institution de la Société des Jeunes Français, à Martin-des-Champs.

Le citoyen Desvoyes fait don à la Commission de deux boîtes de parfums et de caractères chinois sur des feuilles de palmier. La Commission arrête qu'il sera adressé à Desvoyes une lettre de remerciement.

Les commissaires artistes de Versailles demandent que la Commission s'intéresse à obtenir pour eux la réponse à la demande qui a été faite d'une indemnité égale à celle qui est allouée à chacun des membres de la Commission. D'après le compte rendu que les pièces qui établissent cette demande ont été renvoyées par le Comité d'instruction publique à celui de salut public, qui alors était chargé d'autoriser les dépenses de cette nature, il est arrêté que ces pièces seront redemandées au Comité de salut public pour être reproduites à celui d'instruction.

Un membre se plaint de ce qu'un gardien établi par l'Agence du domaine chez Durfort, maison Égalité, ne se trouve jamais à son poste; il est arrêté que l'Agence sera avertie de cette négligence, qui compromet la sûreté des objets qui lui sont confiés et met des entraves aux opérations des commissaires de la Commission.

La section de bibliographie choisira dans son sein deux membres pour visiter l'état des dépôts littéraires de Versailles et en rendre compte à la Commission.

La section d'anatomie demande à être autorisée à se procurer des bocaux pour les opérations du citoyen Thouret relatives aux ob-

---

[1] Inventaire des peintures, sculptures et autres objets d'art existant chez Laborde (F17 1074, n° 6). Inventaire de tableaux de Stella, Lagrenée chez Rougemont (Étienne-Jacques-Armand), directeur de la comptabilité des loteries, condamné à mort le 14 floréal (W 357, n° 750), 23 fructidor (F17 1267).

[2] Ce rapport est du 20 fructidor (F17 1265).

jets provenant du cimetière des Innocents. Cette proposition est accordée.

Sur l'avis d'un membre que la pluie endommage depuis longtemps la bibliothèque Grammont, la section de bibliographie est invitée à l'enlever promptement et à la transporter dans les dépôts.

La Commission temporaire des arts renvoie au Comité d'instruction publique une note de David Le Roy sur la maison dite *la Pitié*, où sont élevés les Enfants de la Patrie[1].

Leblanc remet un inventaire des ustensiles de chimie existant au laboratoire du Collège de France, que le citoyen Darcet, professeur de chimie audit Collège, a déclaré appartenir à la République[2].

Bruni remet l'inventaire des instruments de musique mis en réserve chez Surgères.

Desfontaines remet l'inventaire des fruits, graines et bois de la maison d'Harcourt[3].

Le district de Mezenc envoie les inventaires de botanique, zoologie, antiquités, peintures, tableaux et gravures; les différentes sections sont invitées à en prendre connaissance.

Naigeon remet l'état des objets trouvés et mis en réserve chez La Trémouille[4].

La section de bibliographie dépose les inventaires de la bibliothèque de Brichard, notaire[5], celui des livres de la malle trouvée chez l'émigré Bernard[6]; elle remet aussi l'état de ses travaux depuis le 25 thermidor jusqu'au 20 fructidor.

Lenoir, conservateur du Dépôt des Petits-Augustins, envoie l'état des

---

[1] L'hôpital de la Pitié était spécialement affecté aux enfants pauvres du sexe masculin, reçus de 4 à 12 ans, et élevés jusqu'à leur mise en apprentissage; ces enfants, au nombre de 1,300 à 1,400, étaient souvent atteints de gale, de teigne et de scorbut. Cf. A. Tuetey, *L'Assistance publique à Paris pendant la Révolution*, t. 1, introduction, p. xliii.

[2] L'inventaire en question, daté du 24 fructidor, existe sous la cote F17 1343.

[3] Cet inventaire est du 22 fructidor (F17 1344, n° 2).

[4] Rue Saint-Dominique, n° 173, le 23 fructidor, cet inventaire comprend quelques portraits de Largillière, Nattier et des estampes (F17 1269).

[5] Brichard (François-Romain), notaire à Paris depuis 1776, condamné à mort le 25 pluviôse an II (W 324, n° 515).

[6] Inventaire des livres trouvés dans la bibliothèque de Brichard, notaire, frappé par la loi, rue André-des-Arts, remis à la Commission le 25 fructidor (F17 1164). — État des livres trouvés dans la malle déposée dans la bibliothèque de Bernard, émigré, rue Marc, n° 27, délivrés au citoyen Poirier, le 25 fructidor (F17 1164).

marbres demandés par le citoyen Gillet, sculpteur marbrier, pour être employés à faire les inscriptions des portes des douze Commissions exécutives, ordonnées par le Comité de salut public. Cet état sera conservé au secrétariat.

SÉANCE DU 30 FRUCTIDOR AN II.
AN 2ᵉ DE LA RÉPUBLIQUE FRANÇAISE (16 SEPTEMBRE 1794).

Lettre de Bergeat de Reims. — Formation d'un Muséum à Auch annoncée par les administrateurs du département du Gers. — Lebrun, Fragonard et Varon, commissaires pour le triage ordonné par la Commission des revenus nationaux. — Demande de Miché et Charpentier. — Porcelaine de Sèvres demandée par la Commission de commerce et approvisionnements. — Cabinet d'histoire naturelle de Levaillant. — Objets d'art du district de Soissons. — Requête de Dubaran. — Réponses à la circulaire. — Demandes de Musy et Jaluzot. — Travail de Livernois au Dépôt de Nesle. — Ronesse, bibliothécaire de Franciade. — Tableau de Champagne. — Tableau de Véronèse à Arpajon. — Réponse à la lettre des administrateurs de Versailles. — Agence des mines. — Rapport sur Maurice et Balleux. — Collection complète de tous les monuments d'arts et de sciences. — Nogent-sur-Seine, manuscrits d'Abélard. — Mémoires remis par l'agent. — Demandes en exportation à l'étranger. — Bornes de granit aux barrières. — Table d'acajou de Brunoy. — Échelles et gradins pour le Muséum. — Machine propre à battre les pilotis. — Mission de Thillaye. — Blaizot, gardien du Dépôt des Cordeliers. — Lenoir. — Inventaire des objets de chimie de Boutin. — Inventaires d'émigrés remis par la section des dépôts littéraires. — États remis par Naigeon et Lebrun. — Inventaire remis par Dufour, commissaire artiste à Moulins. — Rapport de Buache sur l'organisation des dépôts.

Le procès-verbal de la dernière séance est adopté.

Le citoyen Bergeat, de Reims, fait passer à la Commission une lettre très détaillée sur les opérations des commissaires artistes de ce district et sur la nature des objets de peinture et de sculpture qu'il possède. Il demande s'il ne serait pas utile d'acquérir une magnifique collection de coquilles, qui a été achetée cet hiver dernier à la vente des effets de feu Nicaise Favart d'Herbigny[1] par un particulier qui se voit forcé par le

---

[1] Il s'agit, selon toute apparence, de l'abbé Christophe-Elis. Favart d'Herbigny, frère du général, chanoine de Reims, né en 1727, mort le 4 septembre 1793, auteur d'un *Dictionnaire d'histoire naturelle qui concerne les testacées* (sic) *et coquillages de mer, de terre et d'eau douce*. Paris, 1775, 3 vol. in-8°.

dérangement de ses affaires à la revendre aujourd'hui. Il joint à sa lettre des catalogues de tableaux, tapisseries, médailles, d'objets de physique, d'anatomie et d'histoire naturelle.

La Commission arrête que les tableaux du Mutian[1], la *Nativité* du Tintoret, de la ci-devant cathédrale, l'*Apparition du Christ à la Magdeleine*, dit du Titien, le *Thadée Zuccharo* [2], sous le n° 118 de l'inventaire, et les deux sarcophages avec bas-reliefs seront transportés à Paris. Il sera en outre écrit à Bergeat une lettre fraternelle de satisfaction pour les précieux renseignements qu'il a communiqués et pour l'inviter à continuer une surveillance active sur tous les monuments qui peuvent servir à la propagation des lumières.

Les administrateurs du département du Gers font parvenir au Comité d'instruction publique une lettre, dans laquelle ils exposent que, d'après un arrêté des représentants du peuple Dartigoeyte et Cavaignac[3], qui établit un muséum provisoire à Auch, le citoyen Lartet en a été nommé directeur, aux appointements de 10 livres par jour, en vertu d'un arrêté du Conseil du département du Gers, pour les courses qu'il a faites et qu'il fera à l'avenir, relativement à la formation de ce musée. Ils consultent le Comité d'instruction publique pour savoir à combien peuvent être fixés les appointements du citoyen Lartet. La Commission, consultée sur cet objet, pense que la loi n'a autorisé jusqu'à présent que des dépôts provisoires et n'a encore rien statué sur les musées, que d'ailleurs il peut être alloué au citoyen Lartet, comme commissaire à la réunion et conservation des objets d'arts, une somme annuelle de 2,000 livres, et 12 livres par jour, toutes les fois que l'in-

---

[1] Mutien ou Mutian (Jérôme), remarquable paysagiste italien de la seconde moitié du xvi° siècle. — Cf. l'*Abecedario* de Mariette.

[2] Zucchero (Thadée), peintre italien, né en 1543 à Sant Angelo in Vado, dans le duché d'Urbin, mort à Ancône en 1609, est l'auteur de tableaux religieux conservés à Rome. (Cf. l'*Abecedario* de Mariette.)

[3] D'après l'arrêté en question du 26 frimaire an II, les représentants Dartigoeyte et Cavaignac, en mission dans le Gers, les Landes, les Hautes et Basses-Pyrénées, considérant qu'un peuple libre doit sans cesse encourager les beaux-arts qui font sa gloire, et dont l'influence peut servir à propager l'esprit républicain, en retraçant les actions des héros et les images des grands hommes, voulant aussi récompenser le zèle qu'a montré le citoyen Lartet dans les dispositions des fêtes civiques, ordonnent l'établissement à Auch d'un Muséum provisoire. Ils chargent, en outre, le citoyen Lartet, professeur de l'École des arts, de la direction de ce Muséum et du soin de rechercher dans les édifices nationaux et maisons des émigrés les tableaux, statues, gravures et autres monuments des arts. (Placard imprimé, AF II 106, n° 786.)

térêt des arts mettra ce citoyen dans la nécessité de sortir de l'arrondissement de la commune où se trouve le dépôt. Cette opinion sera communiquée à la seconde section du Comité d'instruction publique pour être pris par elle telle mesure qu'elle jugera convenable.

La Commission des revenus nationaux invite celle des arts à nommer dans son sein deux commissaires, du nombre desquels sera Lebrun, pour procéder le plus promptement possible à l'examen et au triage des tableaux et estampes rassemblés dans les différents dépôts existant à Paris et à Versailles, pour la somme de 4 ou 500,000 livres, afin que les agents, qu'elle a nommés de concert avec la Commission de commerce et approvisionnements pour le rassemblement des objets propres aux échanges et à l'exportation, puissent choisir dans le surplus des tableaux ou estampes qui ne seront point réservés pour le Muséum ceux qui leur paraîtront convenir à l'opération d'échanges et exportations. Lebrun, Fragonard et Varon sont nommés pour faire ce triage, de manière à ne point priver la République des monuments les plus précieux dans chaque école qui doivent perpétuer l'honneur du génie français.

Miché et Charpentier, membres du jury des armes, chargés d'examiner un projet d'enlever l'or des dorures sur cuivre, demandent que la Commission, si elle n'y trouve point d'inconvénient, leur donne communication d'un rapport qui a été fait à ladite Commission sur les procédés propres à enlever l'or de dessus les différents objets sur lesquels il était appliqué. Ces citoyens sont renvoyés à la maison des . . . , à laquelle ce rapport a été adressé.

La Commission de commerce et approvisionnements de la République fait part à la Commission des arts que, pour former les assortiments nécessaires aux exportations, elle a besoin d'une partie de porcelaine de Sèvres et la prie, en conséquence, de permettre qu'un agent connaisseur de la Commission du commerce désigne dans cette manufacture les articles propres à l'exportation et les dispose pour en faire l'envoi. Cette demande est renvoyée à la Commission d'agriculture et des arts, chargée de la surveillance de cette manufacture.

Le citoyen Vaillant demande que la Commission veuille bien accélérer la conclusion d'une nouvelle pétition relative à la vente de son cabinet d'histoire naturelle; Vaillant sera invité à déclarer quel prix il met à son cabinet.

Les administrateurs du district de Soissons répondent[1] à la lettre du président de la Commission, qui leur faisait des reproches sur leur négligence pour la conservation des objets d'arts et leur demandait des renseignements sur des tableaux qui devaient exister dans la ci-devant Chartreuse de Bourg-Fontaine. Lebrun et Poirier dresseront des notes de tous les objets du district de Soissons dont ils ont connaissance et qui doivent exciter la sollicitude de la Commission. Ces notes seront communiquées aux administrateurs, qui seront invités à faire passer à Paris les tableaux de Rubens.

Dubaran réclame de la bienfaisance de la Commission la place de concierge greffier du Panthéon, ou, au cas que cette place ne soit pas à la disposition de la Commission, il prie qu'on lui indique où il pourrait s'adresser pour l'obtenir. Il joint à la demande une lettre de Quatremère Quincy[2], qui promettait dans le temps de s'intéresser pour lui auprès du Directoire du Département de Paris. Cette demande est renvoyée au Comité d'instruction publique.

Les administrateurs des districts de Pontoise, d'Oléron, de Carismont[3], ci-devant Saint-Aignan, et de Verneuil, répondent à la circulaire de la Commission. Les premiers font passer en même temps les catalogues des livres provenant de Giac, de Longrois, et de la veuve Péricard[4], condamnés, et de plus un plan et cinq cartes géographiques. Les seconds annoncent qu'ils viennent de recevoir pour la première

---

[1] Par lettre en date du 26 fructidor ils expliquent les causes du retard qu'ont subi les travaux de triage et de classement des bibliothèques et objets d'art. Leur bibliothèque, disent-ils, ne comprendra pas moins de 40,000 volumes, riche en manuscrits, notamment «une Bible très bien conservée, du xiii° siècle, écrite en gaulois». En ce qui concerne les arts, quatre tableaux seulement leur ont paru dignes de retenir l'attention : une *Adoration des bergers* (10 pieds de haut), par Rubens, provenant de l'église des Cordeliers de Soissons; une *Assomption*, par La Hire, qui se trouvait chez les Célestins; *Saint Michel* et un *Songe de Joseph*, par Belle.
— Quant aux tableaux représentant la *Vie de saint Bruno*, qui existaient à la Char-treuse de Bourg-Fontaine, ils s'occupent de les rechercher. Dans une lettre postérieure, en date du 15 brumaire an iii, les mêmes administrateurs prévenaient la Commission de l'heureux résultat de leurs recherches. (F¹⁷ 1239.)

[2] Quatremère de Quincy (Antoine Chrysostome), député de Paris à la Législative, né à Paris le 21 octobre 1755, mort le 25 décembre 1849, était commissaire du Directoire du Département pour les travaux du Panthéon.

[3] Carismont, nom révolutionnaire de St-Aignan-sur-Cher.

[4] Giac (Martial), ex-maître des Requêtes, qualifié de cultivateur à Saint-Leu-Taverny, condamné à mort par le Tribunal révolutionnaire le 17 messidor an ii. (W 406,

fois un exemplaire de l'instruction et promettent d'apporter beaucoup d'activité à la confection des inventaires.

Musy, qui, depuis vingt-deux ans, occupe la place de portier de la bibliothèque Germain-des-Prés, sollicite un emploi dans les dépôts à la disposition de la Commission. Plusieurs membres, en appuyant cette demande, rendent justice à la vigilance et à la probité de ce citoyen. Sa pétition est renvoyée à la section de bibliographie avec invitation de l'employer, s'il y a lieu.

Jaluzot, commissaire de l'Agence du domaine, demande que les commissaires qui ont déjà mis en réserve les objets d'arts chez Orléans, dit Égalité, se rendent, le 1er vendémiaire, à 10 heures du matin, au Palais Égalité. Il sera écrit à Jaluzot que les commissaires qui s'y rendront, espèrent que, plus exact [que] par le passé, il ne manquera pas de se rendre au lieu qu'il a désigné lui-même.

Le chargé par intérim des fonctions de la Commission exécutive d'instruction publique invite la Commission temporaire des arts à examiner les motifs sur lesquels la Commission supprimée des monuments a fondé une demande de 500 livres pour le citoyen Livernois, dont le travail au Dépôt de Nesle paraît avoir constamment excédé celui dont se trouvent chargés les garçons de dépôt. La Commission arrête que Corvisart, Naigeon et Barrois feront un rapport sur cet objet; et vu l'immensité des travaux du Dépôt de Neslé, le plus considérable de tous, elle fixe particulièrement les appointements de Livernois, qui en est gardien, à 2,000 livres, à dater du temps où il a cessé d'être payé; cette disposition sera communiquée au Comité d'instruction publique.

D'après la lecture d'une loi qui détruit l'effet de celle que l'on avait appliquée dans la dernière séance à la demande en indemnité formée par Mulot, les mêmes commissaires reproduiront de nouveau le rapport qu'ils avaient fait.

Ronesse, bibliothécaire à Franciade, témoigne ses inquiétudes sur la nécessité où on le mettra peut-être de déménager révolutionnairement cette bibliothèque. L'établissement d'un hôpital militaire dans la

n° 937.) — Longrois (Pierre), gardien des meubles de la Muette, et deux femmes Longrois, condamnés à mort par le Tribunal révolutionnaire, le 6 thermidor an II. (W 431, n° 967.) — Une femme Péricard (Marie-Madeleine), veuve Pressy, originaire de Bonneville, aurait été condamnée à mort le 22 floréal an II par le Tribunal révolutionnaire; on ne trouve qu'une femme Elisabeth-Thérèse Lacorée, veuve Longrois, condamnée le 18 germinal an II. (W 343, n° 657.)

maison où elle est formée[1] fait craindre qu'on ne lui signifie l'ordre de la transporter sur-le-champ ailleurs; dès lors, le fruit de plusieurs mois d'un travail immense est perdu pour la République. Ces réflexions seront communiquées au Comité et à la Commission d'instruction publique.

La section d'architecture et les commissaires, qui ont été chargés de se rendre à Franciade à l'effet d'inventorier les monuments d'arts qui s'y trouvent, ont vu avec douleur que le bâtiment de la ci-devant abbaye, dont la construction toute récente était une des plus soignées, se trouve livré à une dégradation inévitable par le peu de précaution qu'on prend dans la démolition des cloisons de charpente, dans les percements trop multipliés dans les gros murs. Les directeurs de cette entreprise semblent n'avoir point aperçu le plan simple et facile qui se présente naturellement aux moins connaisseurs; ils paraissent avoir adopté cette maxime que, plus on démolit, plus on reconstruit, et plus on gagne. Copie de ce rapport sera envoyée au Comité des domaines et à la Commission des secours, section des hôpitaux.

Le Conservatoire est invité à faire procéder de la manière la plus expéditive à la réparation du tableau de Champagne, qui doit être déposé dans le lieu des séances de la Convention.

La section de peinture est chargée de se rendre à Arpajon, chez la femme Mouchy, pour y visiter les tableaux qui se trouvent dans cette maison et opérer le transport du tableau de Paul Véronèse, représentant *La Cène*.

La Commission adopte la rédaction de la réponse à la lettre des administrateurs du district de Versailles sur le rapport imprimé des commissaires envoyés dans le département de Seine-et-Oise.

Les citoyens Gillet-Laumond et Lefèvre, membres de l'Agence des mines, donnent communication d'un arrêté du Comité de salut public[2],

---

[1] En vertu d'un arrêté du Comité de salut public. Dans une lettre du 4ᵉ complémentaire an II à la Commission d'instruction publique, Ronesse demanda, dans le cas où le Comité ne rapporterait pas son arrêté, à cause de la proximité de la capitale, que l'on prît sans tarder les dispositions nécessaires pour le transport de la bibliothèque dans le couvent de la Visitation. (F¹⁷ 1201.)

[2] En date du 26 fructidor an II (*Rec. Aulard*, t. XVI, p. 642). — Guettard (Jean-Étienne), naturaliste, né à Étampes le 12 septembre 1715, mort à Paris le 7 janvier 1786, entra en 1743 à l'Académie des sciences comme botaniste. Ses travaux les plus remarquables concernent la géologie; il fit des explorations en France, en Allemagne et en Pologne, fut choisi par le duc d'Orléans, fils du Ré-

qui ordonne que la collection minéralogique, recueillie par le citoyen Guétare, qui se trouve maintenant, partie dans les greniers de la ci-devant Académie des sciences, partie dans son cabinet, sera transportée dans le local occupé par l'Agence des mines de la République[1] et mise à sa disposition. La Commission, s'empressant de remplir les vues du Comité de salut public et de l'Agence des mines, arrête que les différentes sections se concerteront avec les commissaires de l'Agence pour les objets mentionnés dans l'arrêté du Comité de salut public.

Les commissaires chargés d'examiner la lettre et les demandes de Maurice[2] et Balleux font leur rapport; ils ont reconnu d'après plusieurs pièces à l'appui : 1° que la coupe de serpentin et les socles sont la propriété de Maurice et qu'il a droit d'en disposer comme il voudra; 2° que les colonnes de porphyre sont devenues nationales, puisqu'elles appartenaient à Laborde; que les bronzes qui les décoraient appartenaient aussi au même, mais que Maurice dit les avoir échangés contre une monture nouvelle pour une somme de 150 livres; 3° Balleux réclame une somme de 450 livres par lui avancées pour l'exécution des travaux qui lui étaient commandés. Ce mémoire est susceptible de 30 livres de diminution, et il offre de reprendre les ustensiles évalués à 252 livres pour 126 livres, ce qui réduit la somme à lui revenir à 294 livres, et celle pour les bronzes réclamés par Maurice à 150 livres; en total 444 livres que le citoyen Balleux peut réclamer par mémoire auprès de l'administration des biens des émigrés sur Laborde; 4° que Maurice, aigri par 4 mois de détention, ne peut être inculpé pour les termes peu mesurés dont il s'est servi dans son mémoire et qui ne peuvent atteindre celui à qui ils s'adressent; 5° que la conduite de

---

gent, comme garde de sa collection minéralogique à Sainte-Geneviève. Ce prince lui légua plus tard son riche cabinet d'histoire naturelle; mais Guettard renonça à ce legs en faveur du fils du duc d'Orléans, qui le nomma garde de son cabinet avec logement au Palais-Royal.

[1] L'Agence des mines, en vertu d'un arrêté du 24 messidor an II, occupait les maisons de Périgord et de Mouchy, rue de l'Université.

[2] Maurice (Lazare), agent de Laborde de Méréville, habitant la maison de Bullion, rue Jean-Jacques-Rousseau, avait été arrêté, le 7 floréal an II, par ordre du Comité de sûreté générale, et écroué à Saint-Lazare. Dans un mémoire justificatif, en date du 27 thermidor an II, il explique qu'il avait engagé Laborde à racheter les tableaux du ci-devant duc d'Orléans, expédiés par Valquier en Angleterre, qu'il les avait rachetés, en effet, pour 100,000 écus, et qu'il avait dépensé 260,000 livres pour l'aménagement d'une galerie destinée à les recevoir, mais Laborde, pris d'inquiétude, avait envoyé ces tableaux au Havre. (F^7 4774³⁰.)

Balleux est blâmable pour avoir refusé de livrer les colonnes, lors de la première visite chez lui, en disant qu'il ne connaissait pas Laborde; et depuis les déclarations ordonnées par les décrets, n'avoir pas fait celle d'une colonne de granit rose à Laborde, d'une statue de marbre bleu turquin à l'émigré Dubreuil, recherchée depuis longtemps et qui se trouve chez lui, n'avoir pas représenté le morceau de porphyre qu'il a coupé à la plus forte des deux colonnes. Lebrun conclut à ce que la colonne en granit rose, les morceaux de porphyre, la statue de marbre bleu turquin soient transportés de chez Balleux, où ils se trouvent, au Muséum des arts, ainsi qu'une chimère antique qui doit se trouver dans le jardin de Dubreuil, rue Montmartre. Cette proposition ainsi que le rapport sont adoptés. Scellier est chargé d'effectuer le transport.

La Commission, chargée de veiller à la conservation des objets les plus précieux et les plus rares en tout genre qui doivent faire de la France républicaine le temple des arts, arrête qu'il sera fait une collection complète de tous les monuments d'arts et de sciences et qu'elle ne délivrera aux Comités, Commissions et Agences que des doubles ou copies des objets demandés, à moins qu'un ordre très précis des autorités compétentes ne lui enjoigne de livrer les objets uniques qui se trouveraient à sa disposition.

Le citoyen Grégoire est invité à écrire au district de Nogent-sur-Seine pour lui demander d'une manière positive s'il possède un manuscrit d'Abailard. Il écrira aussi au maire de Nogent pour l'inviter à envoyer le manuscrit d'Abailard, qu'il a témoigné être disposé à faire passer à la Commission temporaire des arts.

L'agent de la Commission remet sur le bureau les états de dépenses journalières de différents membres de la Commission, soldés sur les 6,000 livres qui avaient été mises à sa disposition, vérifiés par des commissaires et approuvés par la Commission. Il observe qu'il ne reste à la masse que 134 l. 14 s. 6 d., qui ne sont pas même suffisants pour les dépenses déjà faites. La Commission arrête que le Comité d'instruction publique sera invité à faire mettre de nouveaux fonds à la disposition de l'agent.

La Commission de commerce et approvisionnements a fait passer une demande du citoyen Leblanc, de Fribourg, en Suisse, et demeurant dans ce moment rue Dominique, n° 1055, en exportation de quelques livres, d'estampes et tableaux. Les sections de bibliographie et de peinture, après avoir pris connaissance de ce qui les concerne chacune dans cette demande, n'ont rien trouvé dont il leur paraisse utile et nécessaire pour la République d'empêcher l'exportation.

La Commission de commerce et approvisionnements fait passer une demande du citoyen Lemay, demeurant rue Neuve-Marc, n° 8, en exportation de trois tableaux de paysage qu'il annonce être faits par lui et qu'il désire envoyer à Bâle. La section de peinture, après en avoir pris connaissance, déclare que ces tableaux peuvent partir sans inconvénient pour leur destination.

Sur l'observation qu'il existait à la plupart des barrières des bornes de granit, qui auraient dû être employées à l'ornement et à la conservation des musées et autres monuments destinés à la réunion des objets d'arts, la Commission arrête que ces bornes seront réclamées auprès de ceux qui ne pourraient en justifier l'acquisition légitime; elles serviront au besoin à la conservation des musées et autres monuments publics.

Sur la demande de Desfontaines, la Commission arrête qu'une table ovale de bois d'acajou, de 18 pieds de longueur sur 8 pieds de large, provenant de la maison Brunoy, serait transportée au Muséum d'histoire naturelle pour être placée dans la bibliothèque publique de cet établissement. Nadreau est autorisé à effectuer ce transport.

La Commission autorise pareillement les professeurs du Muséum à choisir dans les dépôts nationaux des échelles légères et quelques gradins pour le service de la bibliothèque.

La Commission arrête le transport au Dépôt des machines d'un modèle de machine propre à battre les pilotis, remis au garçon de bureau par un huissier de la Convention nationale.

Thillaye, nommé par le Comité d'instruction publique conservateur provisoire et dépositaire du cabinet et de la bibliothèque des Écoles nationales de chirurgie, se présentera à l'Agence nationale du Domaine et au Département pour obtenir la levée des scellés apposés dans cette maison. Il procédera en présence de leurs commissaires et de ceux de la Commission des arts à l'inventaire et au récolement des objets qui y sont renfermés, donnera décharge au gardien et se livrera à l'exercice de ses fonctions de conservateur.

Le citoyen Blaisot, que la Commission a agréé pour gardien du Dépôt national littéraire des Cordeliers, réclame 4 mois et 20 jours de payement; il est arrêté que ce citoyen présentera son mémoire selon les formes ordinaires, que l'agent le signera pour être payé.

Lenoir remet l'état du Dépôt national des Petits-Augustins depuis le 20 jusqu'au 30 fructidor.

Leblanc dépose l'inventaire des objets de chimie qui se sont trouvés dans la maison de Boutin, condamné.

La section des dépôts littéraires dépose les inventaires des émigrés Massiac, Morel-Chezdeville, Penthièvre[1].

Naigeon dépose l'état des objets d'arts trouvés dans la maison Poulpry[2], émigrée, et Lebrun, celui des objets de la maison Morel Chedeville[3].

Le citoyen Claude-Henry Dufour, commissaire artiste à la réunion et à la conservation des monuments des sciences et arts dans le district de Moulins, présent à la séance, remet l'inventaire des livres, tableaux et autres objets qui se trouvent chez Gondoin, condamné[4]. Cet inventaire sera déposé au secrétariat, afin que les sections de bibliographie, de peinture et autres puissent en prendre connaissance.

Buache fait un rapport sur l'organisation des dépôts; la Commission, après en avoir adopté plusieurs dispositions, arrête que les citoyens Varon, Lelièvre, Poirier et Ameilhon se concerteront avec les commissaires précédemment nommés pour présenter à la prochaine séance de nouvelles vues sur cet objet.

---

[1] Inventaire des livres trouvés dans la maison du nommé Morel Chedeville, émigré, rue Pierre, section Guillaume Tell, déposés à la maison Montmorency, rue Marc, le 30 fructidor an II. (F17 1198-1199.) — Inventaire des livres trouvés dans la maison de l'émigré Massiac, place des Victoires nationales, n° 21, déposés à la maison Montmorency, rue Marc, le 30 fructidor an II. (F17 1198-1199.) — Inventaire des livres trouvés dans la maison de Penthièvre, rue de la Vrillière, déposés à la maison Montmorency, le 30 fructidor an II. (F17 1198-1199.)

[2] Dans la maison de la veuve Poulpriv, habitant à Châtillon, les commissaires mirent sous séquestre un tableau dans le genre de Bertin représentant *La Lapidation de saint Étienne*, trouvé dans la chapelle. (*Procès-verbaux de la Commission des monuments*, t. I, p. 167.)

[3] Inventaire des objets (vases de vieux Saxe et Japon, bronze de Legros : *Sainte Catherine*), trouvés chez Morel, rue Saint-Pierre, n° 14, prisés 580ʰ, du 29 fructidor. (F17 1267.)

[4] Gondoin (Didier-Louis), major du 2ᵉ régiment de cavalerie, âgé de 52 ans, né à Paris, domicilié à Moulins, fut condamné à mort, comme contre-révolutionnaire, le 11 nivôse an II, par la Commission révolutionnaire séante à Lyon.

SÉANCE DU 5 VENDÉMIAIRE,

L'AN 3ᴇ DE LA RÉPUBLIQUE (26 SEPTEMBRE 1794).

Mise en vente de l'église de la ci-devant abbaye de Franciade. — Enlèvement des objets de la Liste civile, dignes d'être réservés. — Ouvrages qui traitent de l'agriculture et des arts. — Examen des collections dont Faujas a enrichi le Muséum. — Examen de tous les livres et manuscrits, uniques et rares. — Une châsse vitrée trouvée parmi les cuivres, etc. — Enlèvement de livres fait par le commissaire des guerres Henry au district d'Issoire. — Plan d'une machine hydraulique. — Recherche à faire du bouclier d'argent de Scipion, etc. — Dessin représentant les derniers moments de Châlier. — Examen d'un atlas et recueil de cartes, confié à Buache. — Catalogue d'objets de sciences et arts. — Envoi de trois procès verbaux d'Avignon, d'Aix et de Marseille; objets provenant de l'émigré Choiseul-Gouffier. — Instructions demandées par Baudement, peintre, et Milony, architecte, commissaires à Troyes. — Vitraux peints représentant la vie de saint Bruno et de Didier. — Envoi fait par Costin. — Communication de la Commission du commerce et des approvisionnements. — Demande du citoyen Pouxlandry, mécanicien. — Lettre du district d'Ustaritz. — Scellés sur le Dépôt des cartes. — Réclamations du district de Franciade et du citoyen Restout, peintre. — Disculpation de Dubois, inspecteur du Garde-Meuble. — Lettre de Belissent, garde des manuscrits de la Bibliothèque nationale. — Visite à faire au Garde-Meuble. — Modèle de la couronne du sacre et autres objets provenant de Franciade. — Orgue du Panthéon. — Catalogues du district d'Yvetot. — Triage des tableaux. — Bibliothèque nationale. — Transport à Paris de tableaux de Rubens par les soins du citoyen Barbier, lieutenant de hussards. — Lettre du Comité des domaines. — Inventaires de Pont-la-Montagne (Saint-Claude). — Lettre du citoyen Merget. — Requête de Prieur, sculpteur. — Bibliothèque du district d'Étampes. — Cabinet de Levaillant. — Détérioration de l'orgue de la ci-devant Métropole. — Clavecin de l'émigré Quarré. — Lettre de Marguery. — Inventaires du district d'Angély-Boutonne (Saint-Jean-d'Angély). — Lettre de Dufour. — Laboratoire, cabinet, etc., au ci-devant château de Trudaine. — Mémoire de Guibert, sculpteur. — Pendule à Saint-Cloud. — Agence des mines. — Monuments d'art chez Victor Broglie. — Rapport de Buache. — Pendules à secondes demandées à la section de physique. — Examen de rhubarbe. — Observations faites par Mulot. — Compte à rendre par la Commission. — Transport des orangers de l'hospice de l'Unité par la section de botanique. — Invitation de Léonard Bourdon. — Dépôt établi à Saint-Martin-des-Champs. — Demande et emploi de fonds par la Commission. — Inventaires déposés par Bruni, Naigeon, Lebrun. — Réparations au Dépôt des marbres.

Après la lecture du procès-verbal, qui est adopté avec quelques légers changements, le président lit l'extrait de la correspondance.

Le directoire du district de Franciade fait passer copie de la lettre en vertu de laquelle l'église de la ci-devant abbaye est mise en vente. La Commission en arrête mention au procès-verbal.

La Commission des revenus nationaux annonce que la vente du mobilier de la ci-devant Liste civile de Fontainebleau et de Rambouillet est terminée. Elle invite la Commission des arts à faire accélérer l'enlèvement des objets dignes d'être réservés et à l'instruire de ce qui aura été fait à cet égard. Il est arrêté que Dardel et Dupasquier se réuniront à Bonvoisin et se rendront à Fontainebleau et à Rambouillet pour remplir les vues manifestées dans la lettre de la Commission des revenus nationaux.

Le Comité de salut public demande la collection des ouvrages qui traitent de l'agriculture, du commerce et des arts. La demande est renvoyée à la section de bibliographie, chargée de mettre toute l'activité possible à la recherche des livres demandés.

Le Comité d'instruction publique demande que la Commission fasse l'examen des collections dont Faujas[1] a enrichi les galeries du Muséum et lui en transmette le résultat. La section d'histoire naturelle est chargée de répondre aux vues du Comité.

Le Comité d'instruction publique, chargé par un décret de faire un rapport sur l'établissement d'une commission proposée pour examiner tous les livres et manuscrits, uniques et rares, afin d'en extraire et de publier par la voie de l'impression tout ce qui peut être utile au progrès, à la perfection des arts et des sciences et à la régénération des mœurs, demande, le plus promptement possible, les renseignements par écrit sur ce qui a été fait, sur les moyens qui ont été employés, sur les causes de la suspension de ce travail et sur les mesures à prendre pour remplir les intentions de la Convention nationale[2].

---

[1] Faujas de Saint-Fond (Barthélemy), né à Montélimar le 27 mai 1741, mort le 18 juillet 1819, fut nommé en 1793, professeur de géologie et sciences naturelles au Muséum, où il resta jusqu'en 1818. Il fut envoyé en qualité de commissaire en Belgique avec Wailly, Le Blond et Thouin.

[2] A la suite de l'incendie des collections de l'abbaye de Saint-Germain-des-Prés, Oudot, député de la Côte-d'Or, demanda, dans la séance de la Convention du 8 fructidor an II, que le Comité d'instruction publique reçût mission d'étudier l'organisation d'une commission qui serait chargée d'examiner tous les livres et manuscrits rares, en vue de la publication de ceux pouvant contribuer au progrès des sciences et des arts. La Convention nationale, ayant agréé cette proposition, chargea le Comité d'instruction publique de

La section de bibliographie est chargée de prendre des renseignements sur tous ces objets et de les transmettre au Comité d'instruction publique : elle se concertera en outre avec la section d'architecture pour assigner un local propre à servir de dépôt pour la bibliothèque d'Artois et pour les manuscrits.

Wallery, garde-magasin des aciers, cuivres et plombs, annonce que, parmi les cuivres qui ont été envoyés au magasin de la rue de l'Université, il a trouvé une châsse vitrée dont il fait la description. La Commission arrête que la section de sculpture visitera cette châsse et rendra compte de l'utilité dont peut être ce monument pour les arts.

Les districts de Blamont, de Besançon[1], de Lons-le-Saulnier, de Puits-la-Montagne[2], de Bernay, d'Issoire, de Besse[3] répondent à la circulaire. Les administrateurs du district d'Issoire annoncent que les livres intéressants de leur arrondissement ont été pris par le citoyen Henry[4], commissaire des guerres, lorsqu'il vint faire charger les matelas provenant des émigrés; la Commission arrête que la section de bibliographie prendra auprès de la Commission du mouvement des armées des renseignements sur le citoyen Henry et s'informera en vertu de quel ordre il a fait l'enlèvement des livres.

Le Comité d'instruction publique fait passer à la Commission une lettre de Girolet, relative à un plan de machine hydraulique de son invention. La lettre est renvoyée aux sections de physique et de mécanique[5].

Le citoyen Baudement demande qu'on ordonne la recherche du

lui faire un rapport à cet égard dans la décade prochaine. (J. Guillaume, *Procès-verbaux du Comité d'instr. publ.*, t. IV, p. 1001.)

[1] Les administrateurs du district de Besançon écrivent, le 28 fructidor, qu'ils ont demandé à la Société populaire quatre commissaires : « ils sont nommés, mais il conviendrait qu'ils eussent chacun un exemplaire de l'instruction pour diriger leur travail et s'en mettre au fait avant d'opérer». (F17 1239.)

[2] Nom révolutionnaire de Châteauneuf-en-Thimerais (Eure-et-Loir).

[3] Par lettres des 17 et 26 fructidor an II

les administrateurs du district de Besse-en-Chandesse ne signalent que quelques livres de dévotion, trouvés chez les prêtres, qui consacrent les erreurs religieuses et ne sauraient être employés à composer les bibliothèques nationales. (F17 1044.)

[4] Henry (Mathieu), commissaire des guerres à Clermont.

[5] Lettre de Girolet, visiteur des routes du district de Louhans (Saône-et-Loire), au Comité d'instruction publique, Beaulieu, 23 thermidor an II; à sa lettre sont joints un plan et un croquis. — Autre lettre du même au Comité d'instruction publique, 11 fructidor. (F17 1274.)

bouclier d'argent, donné par Allucius[1] à Scipion l'Africain. La lettre est renvoyée aux commissaires chargés de visiter le Garde-Meuble où cet objet se trouve.

Le Comité d'instruction publique renvoie à la Commission une lettre de Tassaert et l'invite à examiner le dessin de ce citoyen, représentant les derniers moments de Châlier[2], et d'en donner son avis. La section de peinture est chargée de faire cet examen et d'en faire un rapport.

Buache est chargé d'examiner un atlas et un recueil de cartes topographiques des Pays-Bas dont Riencourt est propriétaire, et d'en donner son avis qui sera ensuite communiqué au Comité d'instruction publique.

Le district de Paul-du-Var adresse à la Commission le catalogue des objets de sciences et arts qu'il possède. Ce catalogue est renvoyé aux sections de peinture et de sculpture[3].

Le citoyen Goupil, par une lettre datée d'Aix[4], annonce l'envoi de trois procès-verbaux d'Avignon, d'Aix et de Marseille; il y joint un extrait de l'inventaire des objets provenant de l'émigré Choiseul-Gouffier. Il se

---

[1] Allutius, prince des Celtibères, était enrôlé à la solde de Cneius et Publius Cornelius, et non de Scipion l'Africain, fils du second.

[2] Châlier (Joseph), officier municipal de Lyon, encourut la haine du parti royaliste et, à la suite de l'insurrection du 29 mai 1793, fut condamné à mort par le tribunal criminel de Rhône-et-Loire, le 15 juillet suivant, et exécuté.

[3] Voir sous la cote F^{17} 1270 un inventaire des estampes et tableaux réunis au dépôt du district de Saint-Paul-du-Var, dressé du 11 au 17 thermidor an II.

[4] Par cette lettre, datée du 27 fructidor, Goupy fait connaître qu'il a trouvé, dans les trois communes d'Avignon, d'Aix et de Marseille, «les arts peu protégés, de l'insouciance pour tout ce qui y a trait, conséquemment le plus grand besoin de leur en faire connaître toute l'importance».
«J'ai fait ce que j'ai pu, ajoute-t-il, sans pouvoir me flatter d'avoir beaucoup fait, et certainement moins que dans les premiers districts que j'ai parcourus.

«Les commissaires, peut-être assez bien choisis, mais peu protégés en partie découragés, souvent entravés dans leurs opérations.

«A Avignon, je n'ai trouvé que des administrateurs, qui à peine ont pu m'indiquer les commissaires ou du moins les citoyens qui s'occupaient du rassemblement des objets d'arts, ces administrateurs ayant été changés plusieurs fois.

«A Aix, il m'a paru qu'il y avait eu beaucoup de dilapidations, occasionnées (probablement) par les troubles que cette commune a éprouvés. J'avais sur ma route recueilli différents renseignements sur ce qui avait existé dans cette commune; je n'ai rien trouvé, ou du moins très peu de chose de ce qui m'avait été annoncé devoir y être.

«Marseille a de même le plus grand besoin d'être encouragé; cette commune mérite toute ton attention, citoyen président, y ayant, en tableaux et en histoire naturelle nommément, des objets qui m'ont paru précieux; une grande partie est encore sous les scellés. Le muséum de cette province pourra être encore intéres-

plaint de l'insouciance de ces communes pour la conservation des arts, et des dilapidations qui y ont eu lieu. Les sections sont invitées à prendre connaissance de l'inventaire et des procès-verbaux et à indiquer les mesures à prendre pour réveiller le zèle et l'attention de ces administrateurs insouciants.

Les citoyens Baudemant[1], peintre, et Milony, architecte, commissaires préposés à la confection des inventaires, écrivent de Troyes que leur travail est prêt et prient la Commission de leur indiquer la manière la plus convenable pour faciliter le travail; ils donnent l'aperçu des objets d'arts de ce district[2]. La Commission arrête qu'il sera écrit aux citoyens Baudemant et Milony pour les inviter à se conformer à l'instruction qu'ils ont dû recevoir et à envoyer les inventaires.

Le citoyen Desjardins-Duhamel écrit de Rouen qu'il existait dans le ci-devant cloître de la maison des Chartreux, dont il s'est rendu adjudicataire, des vitraux peints représentant la vie de Bruno et de Didier. Il garde soigneusement ces vitraux qui sont regardés comme chefs-d'œuvre et les soumet à l'examen de la Commission. La section de peinture est chargée de donner son avis sur cet objet.

---

sant malgré les dilapidations qu'elle a éprouvées, nommément lors des troubles qui l'ont agitée». (F¹⁷ 1044.)

Sous la même cote, se trouve un procès-verbal, daté du 15 fructidor, par lequel Goupy constate qu'on lui a montré à Avignon «un grand nombre de tableaux» dont beaucoup lui ont paru mériter d'être conservés. Ils sont attribués à Raphael, Michel-Ange, Parrocel, Champagne, Vernet, Mignard, etc.

Les livres rassemblés actuellement sont au nombre de 50,000 à 60,000. Au dire des administrateurs, «les différents événements arrivés dans cette commune, le voisinage des armées, qui surcharge ce district, et les changements fréquents d'administrateurs. sont la cause qui a été alléguée... du retard dans lequel ils sont pour la réunion des objets de sciences et d'arts».

«Nous avons ensuite, dit Goupy, visité différents dépôts et églises, dans lesquels sont nombre de tableaux, qui nous ont paru dignes d'être conservés, parmi lesquels sont une Annonciation, dite du Puget, une Résurrection, de Finsonius de Bruges, un Ange gardien, dit de Caravage, un Christ en croix, de Duret, un saint Thomas, d'une grande manière, et une esquisse que l'on attribue à Rubens.

«J'ai visité... la maison de l'émigré Galliffet et celle de l'Archevêché; cette dernière nous a paru être préférable par la plus grande étendue de sa localité, pour l'établissement d'un muséum».

[1] Baudemont (Jacques-Raphaël), peintre de portraits, né à Troyes, le 15 février 1775, mort le 7 mai 1850, était professeur à l'école gratuite de dessin de Troyes.

[2] Par leur lettre du 2° sans-culottide an II, ces commissaires annonçaient qu'ils avaient pris soin de rassembler dans un même dépôt les objets d'art du district de Troyes, pour les soustraire à la fureur destructive du peuple égaré et des volontaires qui se formaient en bataillon à Troyes. (F¹⁷ 1239.)

Le citoyen Costin, commissaire préposé au travail des bibliothèques dans le district de Coutances, annonce l'envoi de la copie de la lettre de l'administration du district à l'occasion de la circulaire, et de sa réponse. Il demande qu'on prenne communication des deux paquets envoyés par lui au Comité d'instruction publique, et surtout d'un dernier relatif au mobilier du condamné Tanqueray [1]; il promet d'envoyer au plus tôt l'état de ses machines de physique et de sa bibliothèque. La Commission arrête que la section de bibliographie prendra des informations sur l'envoi fait par Costin au Comité et que d'après son rapport il sera répondu à ce citoyen.

La Commission du commerce et approvisionnements de la République annonce qu'elle va prendre avec l'Agence provisoire des subsistances de la Commune des mesures pour le transport des huiles qui se trouvent dans les caves de la ci-devant église Sulpice, ou pour la fermeture des soupiraux, et qu'elle donnera connaissance à la Commission des arts du parti qui aura été pris.

Le citoyen Pouxlandry [2], mécanicien, connu avantageusement par la ci-devant Académie, ancien garde française, blessé à la prise de la Bastille et à la journée du 10 août, jaloux d'employer ses talents au service de la République, demande que la Commission veuille bien lui accorder une place d'instituteur des Enfants de la Charité de Paris, pour leur apprendre à travailler dans les nouvelles manufactures que la Convention se dispose d'établir pour eux. La demande de ce citoyen est renvoyée à la Commission d'agriculture et des arts.

Le directoire du district d'Ustaritz [3] annonce que sa position sur la frontière ne lui a pas permis de s'occuper des travaux relatifs aux

---

[1] Tanqueray (Charles-Antoine), ex-noble, ancien capitaine de dragons, né et domicilié à Coutances, condamné à mort par le Tribunal révolutionnaire de Paris, le 3 thermidor an II, comme conspirateur et ayant excité le peuple de la commune d'Hyenville dont il était maire, au fédéralisme. (Arch. nat., W 427, n° 962.) Voir l'état des tableaux et gravures du mobilier de Tanqueray, dit d'Hyenville. (F¹⁷ 1269.)

[2] Pouxlandry (Pierre-Ambroise), déjà grièvement blessé à la jambe, le 14 juillet 1789, fut estropié le 10 août 1792. (Répertoire Tuetey, t. V, p. 26.) Il adressa, le 17 brumaire an II, à la Convention une pétition à l'effet d'être porté sur la liste des Vainqueurs de la Bastille. (Arch. nat., C 35, n° 298².) Le 29 juillet 1792, il avait également présenté une pétition à l'Assemblée législative, où il dénonçait M. de Curny, commissaire des guerres, pour avoir violé à son égard la loi du 11 mars 1792 concernant les gardes françaises. (D XVI, n° 86.)

[3] Ustaritz (Basses-Pyrénées, chef-lieu de canton de l'arrondissement de Bayonne). La lettre en question est du 30 fructidor an II. (F¹⁷ 1044.)

arts et aux sciences, mais que l'entrée de nos armées dans le territoire espagnol lui laisse la faculté de s'y livrer et qu'il va s'en occuper.

La Commission arrête qu'il en sera fait mention au procès-verbal.

La Commission des travaux publics invite le président de la Commission des arts[1] à faire mettre à exécution, dans le jour, l'arrêté du Comité d'instruction publique relatif à la levée des scellés apposés sur le Dépôt des cartes qui est à la Commission des travaux publics. Buache annonce que cet objet est rempli.

Le directoire du district de Franciade réclame une somme de 100 livres pour le prix d'une voie de charbon de terre, livrée aux citoyens Leblanc et Dizet pour des expériences ordonnées par la Commission temporaire des arts. Cette réclamation est renvoyée à la Commission des soudes.

Le citoyen Restout[2], peintre, se plaint que, pendant sa détention, on a forcé la porte de l'atelier qu'il occupait comme artiste à la Bibliothèque nationale; que des objets précieux pour les arts en ont été tirés et transportés ailleurs, qu'on le force d'enlever promptement les objets nombreux qui s'y trouvent et que les ouvriers qu'on emploie pour cet enlèvement vont peut-être achever les préjudices qu'il a déjà soufferts. Il demande qu'il soit sursis à son déplacement et replacé le plus tôt possible de manière qu'il puisse continuer ses travaux. Cette demande est renvoyée au Comité d'instruction publique.

Le citoyen Dubois, inspecteur général provisoire du Garde-Meuble national, répond à quelques inculpations dirigées contre lui. La Commission passe à l'ordre du jour sur sa lettre.

Le Comité d'instruction publique renvoie à la Commission une lettre du citoyen Belissent, garde des manuscrits de la Bibliothèque nationale, qui demande la réintégration des manuscrits arrivés de Bruxelles dans le dépôt qui lui est confié; la plupart en avaient été tirés et sont

---

[1] Par lettre en date du 3 vendémiaire. (F17 1048.)

[2] Restout (Jean-Bernard), peintre, commissaire du Garde-Meuble, était détenu à Saint-Lazare depuis le 20 septembre, comme suspect, en vertu de la loi du 2 juin 1793. D'après son dossier (Arch. nat., F17 4774⁹³), il est signalé comme créature de Roland, qui l'avait nommé au Garde-Meuble à la place de Thierry de Ville-d'Avray, et comme fréquentant quelques modérés hypocrites, affectant le patriotisme pour parvenir à la place qu'il ambitionnait. Dénonciateur de Thierry dans la nuit du 13 au 14 août 1792, il le conduisit lui-même à l'Abbaye à 5 heures du matin, et, à 9 heures, prit possession de sa place; soupçonné de connivence dans le vol du Garde-Meuble, il fut dénoncé pour ce motif aux Jacobins.

inscrits sur son catalogue. La section de bibliographie est chargée d'examiner la demande de Belissent.

La Commission des revenus nationaux invite celle des arts à charger ses commissaires de faire une dernière visite [1] générale au Garde-Meuble, de désigner les objets qui doivent être réservés pour le Muséum et de les faire transporter dans les dépôts respectifs, pour le surplus être remis à la Commission du commerce pour les échanges, ou vendu au profit de la République. Les commissaires précédemment nommés, Picault, Besson, Nitot et Lebrun, sont invités à se rendre au Garde-Meuble pour y faire la visite demandée par la Commission des revenus nationaux.

Le citoyen Ronesse dépose sur le bureau une couronne provenant de Franciade et qui a servi de modèle à celle du sacre des anciens tyrans. La Commission, choquée de la vue d'un objet aussi odieux pour des Républicains, arrête que cette couronne sera envoyée à la Monnaie pour y être démontée et livrée à la fonte, et que les pierres fausses dont elle est ornée seront déposées au Garde-Meuble pour servir de renseignements sur les pierres précieuses qu'elles représentaient et qui ont été volées.

Le citoyen Ronesse, au nom du district de Franciade, dépose sur le bureau plusieurs objets qui servaient à alimenter la superstition et le fanatisme. Les sections des antiquités, de chimie et de botanique sont chargées d'examiner ces objets, d'en faire un rapport et de déterminer

---

[1] Dans cette lettre, en date du 3 vendémiaire, la Commission des revenus nationaux dit notamment : «D'après un arrêté du Comité de salut public du 9 prairial dernier, le Garde-Meuble national est devenu le point central de l'ameublement des Commissions exécutives, des agences, des tribunaux et autres établissements publics. Ce service, qui est très actif et fort étendu, exige que nous écartions de cet établissement tout ce qui est étranger à sa destination et que nous fassions servir pour les approvisionnements qu'il nécessite toutes les salles qui s'y trouvent. Cependant, il existe encore au Garde-Meuble beaucoup d'objets qui ne sont plus de son ressort et dont la garde ne doit plus être confiée à l'inspecteur; tels sont : 1° les objets précieux renfermés dans la salle dite des Bijoux et qui forment un grand nombre d'articles; 2° les bronzes et marbres, qui restent encore en assez grande quantité dans la galerie dite des Antiques; 3° les tapis et tapisseries, qui ont déjà été choisis par vos commissaires et qui sont renfermés dans la salle dite des grands meubles; 4° les armures antiques, qui sont conservées dans la salle voisine de la précédente; 5° des tableaux et bustes de marbre, placés en divers appartements et notamment dans un passage au premier du côté de la rue Florentin; 6° une petite bibliothèque, placée dans un arrière-cabinet au premier et qui renferme entre autres articles l'Encyclopédie de d'Alembert et Diderot; 7° enfin quelques meubles en mosaïque et en laque». (F^{17} 1048.)

l'usage qu'en doit faire un peuple éclairé. Ronesse est invité à se réunir, nonidi prochain, aux trois sections désignées.

Sur la demande de changer de place l'orgue du Panthéon, renvoyée par le Comité d'instruction publique à la Commission temporaire des arts, il est arrêté que Lannoy, de la section d'architecture, et Bruni, de celle de musique, feront exécuter ce déplacement, s'ils n'y trouvent point d'inconvénient[1].

Le citoyen Froger, commissaire du district d'Yvetot, adresse à la Commission copie d'une lettre envoyée au Comité d'instruction publique relative à la confection des catalogues des bibliothèques nationales d'Yvetot et du district. Il annonce au moins 2,000 cartes d'inventaires pour le mois prochain. Mention au procès-verbal.

La Commission des revenus nationaux invite celle des arts[2] à étendre aux effets mobiliers de tout genre les mesures adoptées par elle et exécutées par les commissaires Lebrun, Fragonard et Varon, relativement au triage des tableaux pour les échanger. Elle invite en conséquence la Commission de vouloir bien autoriser les trois commissaires nommés à faire la désignation et le triage des objets de tout genre qui doivent être réservés pour le Muséum, afin que les agents de la Commission des revenus nationaux qui les accompagnent puissent ensuite faire parmi le surplus la distraction de ceux qui peuvent convenir aux échanges commerciaux. La Commission arrête que les commissaires désignés adresseront le plus tôt possible au Comité d'instruction publique leurs observations sur les moyens d'opérer dans le triage des tableaux et des autres objets mobiliers, et l'inviteront à leur donner des pouvoirs tels que sa sagesse les lui dictera, pour ne point priver la République des monuments propres à attester le génie et à propager les lumières. Copie du rapport que ces commissaires feront au Comité sera communiquée à la Commission temporaire des arts.

La Commission, consultée par le Comité d'instruction publique sur les moyens de préserver la Bibliothèque nationale de tout accident et de lui donner une plus grande étendue, pense qu'il est indispensable de

---

[1] Le 10 vendémiaire, Bruni et Lannoy signaient leur rapport concluant au déplacement de l'orgue en question et indiquant son nouvel emplacement dans le même monument. (F17 1265.)

[2] Par lettre du 3 vendémiaire la Commission des revenus nationaux priait de comprendre dans les objets réservés les bronzes, porcelaines, statues, ouvrages en ivoire, laques et meubles de Boulle. (F17 1048.)

la transporter ailleurs. Elle charge les commissaires nommés pour faire un rapport sur les moyens de mettre les dépôts et autres monuments publics à l'abri de tout danger, de faire un nouvel examen de la Bibliothèque nationale et des édifices qui l'avoisinent. Ils présenteront de nouvelles vues pour la préserver de tout accident du feu jusqu'à ce qu'il ait été pris des mesures ultérieures pour son transport dans un local convenable [1].

Le citoyen Barbier, artiste zélé et instruit, lieutenant de hussards, chargé par les représentants du peuple près les armées du Nord, Sambre-et-Meuse, de recueillir et de faire transporter à Paris les tableaux de Rubens, annonce à la Commission qu'il a rempli les vues des représentants du peuple et que ces tableaux sont arrivés à leur destination [2]. Quelques membres observent que c'est aux soins et aux lumières du citoyen Barbier que l'on doit l'état de conservation dans lequel sont arrivés les objets précieux dont il a surveillé le choix et l'emballage. La Commission, après avoir applaudi au zèle civique et à l'intelligence du citoyen Barbier, arrête que mention en sera faite au procès-verbal, avec invitation à ce citoyen de continuer ses soins pour la réunion et le transport des objets de sciences et arts.

Le même citoyen annonce à la Commission qu'il a appris qu'à Tournay des préposés de l'Agence du commerce avaient fait descendre trois tableaux, chefs-d'œuvre de Rubens, par ordre, ont-ils dit, des représentants du peuple; qu'il a vu avec douleur que ces préposés, contre l'usage ordinaire, avaient roulé les toiles sur un très petit

---

[1] Dans un mémoire du 9 fructidor an II, Belissent et Mancel, gardes des manuscrits et des imprimés de la Bibliothèque nationale, appelèrent l'attention du Comité d'instruction publique sur les dangers d'incendie auxquels était exposé cet établissement par suite du voisinage du théâtre des Arts (ci-devant Opéra), ainsi que des bâtiments de la Trésorerie nationale, et demandèrent que la grande Bibliothèque nationale fût placée dans un monument isolé, à l'abri de tous les accidents et dont la distribution commode facilitât le service public. (F17 1082, n° 4.)

[2] Dans la séance de la Convention du 4e sans-culottide an II, Guyton-Morveau annonça l'arrivée du premier envoi des superbes tableaux recueillis en Belgique, accompagnés par un lieutenant de hussards, membre d'une commission chargée de les rassembler et faire transporter à Paris. Sur la demande de Guyton-Morveau, Luc Barbier, lieutenant au 5e régiment de hussards, fut admis à la barre et prononça un discours où il déclara que la mission qu'il remplissait lui avait été confiée par le représentant Richard, et que les chefs-d'œuvre de Rubens, de Van Dyck et autres fondateurs de l'école flamande, seraient déposés au Muséum. (J. Guillaume, *Procès-verbaux du Comité d'instruction publique*, t. V, p. 74.)

cylindre et la peinture en dedans, ce qui est contraire à tous les principes pour la conservation des tableaux. La Commission invite le citoyen Barbier à mettre sa déposition par écrit, et arrête que le Comité d'instruction publique en sera prévenu, pour être pris par lui les mesures nécessaires à l'effet d'empêcher de pareilles dégradations qui ne sont que le fruit de l'ignorance.

Les représentants du peuple Portiez[1] et Ramel donnent lecture de l'arrêté du Comité des domaines, qui les invite à assister aux séances de la Commission temporaire des arts. Les membres de la Commission y applaudissent et témoignent à ces deux citoyens la satisfaction que leur procurera toujours leur présence.

Les citoyens Clerc et Tavelot, commissaires de Pont-la-Montagne, ci-devant Saint-Claude, déposent sur le bureau un paquet de cartes contenant des inventaires. La Commission arrête qu'il sera fait mention au procès-verbal de cette remise et que les cartes seront renvoyées au bureau de bibliographie.

Le Bureau de consultation transmet au Comité d'instruction publique une lettre du citoyen Merget, artiste, qui réclame des papiers et des échantillons de ses cristaux de flint-glass, qui sont sous les scellés de Lavoisier et qui doivent être soumis à l'examen du Bureau de consultation, qui déterminera les récompenses que mérite cet artiste âgé, pauvre et père de dix enfants, dont six sont au service de la République. La lettre du Bureau de consultation et copie de celle du citoyen Merget audit Bureau sont renvoyées par le Comité d'instruction publique à la Commission temporaire des arts, qui charge Leblanc de remplir les vues du Bureau de consultation et la demande de ce citoyen.

Le citoyen Prieur, sculpteur et ciseleur, rappelle au Comité les ouvrages en ces deux genres dont il est auteur et demande à être placé dans une école nationale de dessin, ou dans toute autre partie relative à ses talents; il accepterait volontiers une place de conservateur d'un dépôt où seraient rassemblés les bronzes et autres raretés de ce genre.

---

[1] Portiez (Louis-François), député de l'Oise, fut envoyé, le 26 vendémiaire an III, en mission auprès des armées du Nord et de Sambre-et-Meuse. — Ramel-Nogaret (Dominique-Vincent), député de l'Aude, fut également envoyé, le 8 pluviôse an III, près des « armées de Hollande », et le 4 ventôse, auprès des armées du Nord et de Sambre-et-Meuse. Tous deux étaient membres du Comité des finances.

Cette demande est renvoyée aux commissaires chargés d'examiner les pétitions des citoyens.

La Commission de commerce et approvisionnements de la République invite le Comité d'instruction à se refuser à la demande du district d'Étampes[1], qui doit réclamer auprès du Comité le local de la ci-devant congrégation de cette commune pour y placer une bibliothèque. La Commission observe que ce local lui est d'une utilité majeure pour le dépôt des subsistances de la commune de Paris, que d'ailleurs il se trouve à Étampes d'autres bâtiments nationaux propres à contenir des bibliothèques. Le Comité renvoie cette lettre à la Commission des arts pour en rendre compte. La Commission arrête que le district d'Étampes sera invité à se procurer un autre local et à laisser celui de la ci-devant congrégation à la disposition de la Commission de commerce et approvisionnements, à laquelle il sera donné avis du présent arrêté.

Le Comité d'instruction publique invite la Commission des arts à lui présenter l'estimation de la collection de Levaillant, sur laquelle les citoyens Lamarck et Richard ont fait un rapport le 25 germinal. L'intention du Comité est de prendre à ce sujet un parti définitif. Les commissaires qui, précédemment, ont été chargés d'examiner ce cabinet sont invités à faire cette estimation.

Le citoyen Godinot, artiste, annonce la détérioration de l'orgue de la ci-devant métropole, occasionnée par la défense faite de toucher cet instrument. Il demande que l'on permette aux citoyens Desprez, Séjan, Charpentier fils et autres organistes connus, de toucher cet orgue. Cette demande est accordée, motivée sur ce que rien ne contribue tant à la conservation d'un orgue que de le toucher.

La Commission de commerce et approvisionnements fait part des mesures prises pour faire transporter d'Autun, dans le Dépôt de musique à Paris le superbe clavecin provenant du mobilier de l'émigré Quarré. Mention au procès-verbal.

Le citoyen Marguery, charpentier à Carouge, mande qu'il a trouvé le moyen d'engraisser les bœufs destinés pour nos armées. La lettre est renvoyée à la Commission d'agriculture et des arts.

---

[1] Voir la délibération motivée prise à ce sujet par le district d'Étampes, le 5 fructidor an II (F17 1044), à l'effet d'obtenir le retrait de l'arrêté du Comité de salut public, du 2 thermidor, qui maintenait l'affectation du local de la congrégation Notre-Dame à un entrepôt de grains pour l'approvisionnement de Paris.

[26 sept. 1794] DE LA COMMISSION TEMPORAIRE DES ARTS. 423

Les commissaires nommés pour la confection des inventaires dans le district d'Angély-Boutonne annoncent qu'ils ont mis à la messagerie et fait charger à l'adresse de la Commission une caisse contenant des cartes des livres inventoriés. Ils font une nomenclature particulière des livres les plus précieux et préviennent qu'ils ont envoyé à Rochefort, pour l'établissement d'un hospice, les livres relatifs à la chirurgie[1]. La Commission arrête mention au procès-verbal et approuve l'envoi des livres fait à Rochefort.

Le citoyen Dufour demande au Comité d'instruction publique à être mis en réquisition pour continuer dans le district de Moulins les inventaires des tableaux, gravures et autres objets relatifs aux sciences et aux arts. Le Comité renvoie la lettre de ce citoyen à la Commission

---

[1] Dans leur lettre du 4 complémentaire an II, les commissaires d'Angély-Boutonne disent en outre que les livres inventoriés sont ceux provenant tant des émigrés que des maisons religieuses: «Tous les livres sont dans un seul et même local, à la Bibliothèque des ci-devant Bénédictins. L'empressement que les citoyens ont eu pour l'acquisition des biens des émigrés a forcé l'administration à retirer de leurs maisons les objets dont la nation avait prohibé la vente, et elle n'a pu trouver de local plus favorable pour le dépôt des livres que celui qui était anciennement destiné à cet usage.

«Les mêmes cartes vous indiqueront que la majeure partie des richesses littéraires de ce district avait été recueillie par les ci-devant Bénédictins. Parmi une foule de théologiens nous avons remarqué une encyclopédie in-4°, le dictionnaire de Bayle, une collection de nos anciens historiens, la grande bible de Le Jay, le dictionnaire de du Cange, l'Histoire universelle par une Société d'hommes de lettres et les œuvres de Montfaucon (ces trois derniers ouvrages malheureusement incomplets)... Nous avons également remarqué plusieurs éditions de la fin du xv° et du commencement du xvi° siècle, mais ces livres sont plus intéressants par la date de leur impression que par les matières qui y sont traitées. Quelques recherches qu'aient fait les commissaires, ils n'ont trouvé aucun manuscrit ancien ou moderne, ni aucun de ces livres rares qui peuvent faire l'objet de la recherche des curieux.

«Parmi les livres des émigrés, déposés au même local, nous avons vu avec plaisir les œuvres complètes de Voltaire..., les œuvres choisies de Jean-Jacques Rousseau... les œuvres d'Helvétius, celles de Boulanger, de Diderot, de Raynal et une partie des ouvrages qui ont précédé et préparé notre heureuse Révolution. Mais nulle part nous n'avons rencontré de ces curiosités littéraires qui sont multipliées dans les départements voisins de la capitale, et dans ceux où l'existence de grandes communes avait, en quelque sorte, naturalisé les arts et les sciences...

«Nous avons joint au catalogue des livres le catalogue sur cartes, tant de la musique que de la peinture. Excepté le petit nombre d'articles compris dans ce catalogue, il n'y a rien dans l'étendue de ce district concernant les arts. Aucun monument antique, aucun édifice qui puisse compter pour son architecture, aucune machine enfin qui puisse intéresser. N'y ayant aucun cabinet d'histoire naturelle ou de physique, nous ne pouvons vous envoyer aucun détail à ce sujet et toutes nos richesses sont absolument littéraires.» (F¹⁷ 1239.)

temporaire des arts et l'invite à prendre des renseignements sur le civisme, les talents et l'objet de la demande, et de lui en rendre compte. La section de peinture est chargée de prendre les renseignements demandés par le Comité d'instruction publique.

Un membre annonce qu'au ci-devant château de Trudaine, canton de Montereau-fault-Yonne, se trouve : 1° une collection de minéraux assez intéressante; 2° un laboratoire de chimie; 3° un cabinet de physique; 4° un herbier très complet. La Commission arrête qu'il sera écrit au district pour lui demander des renseignements à ce sujet et les moyens qu'il a pris pour la conservation [1].

Le citoyen Guibert, sculpteur [2], fait parvenir à la Commission le mémoire des frais de transport des objets de sculpture et marbres de l'église Sulpice au Dépôt national des Petits-Augustins. Ce mémoire est renvoyé à l'expert pour la vérification.

Robin, horloger, prévient la Commission qu'à Saint-Cloud il se trouve une pendule à seconde excentrique dans une boîte d'ébène, qui lui paraît mériter l'attention de la Commission. La section de physique est chargée d'examiner si cette pendule doit être placée dans les dépôts.

La Commission temporaire des arts autorise l'Agence des mines à retirer de la ci-devant Académie les objets de chimie dont elle a besoin.

Sur l'observation d'un membre que chez Victor Broglie il se trouve, en livres et autres monuments d'arts, quantité d'objets dépareillés, ce qui fait supposer que les autres parties peuvent se trouver dans les autres lieux qu'il a habités, la Commission arrête qu'il sera écrit au Département [3] pour lui demander des renseignements sur les lieux

---

[1] Voir sous la cote F17 1270 deux documents intitulés : 1° *Effets qui sont au ci-devant château de Trudaine à Montigny-Lencoup* (Seine-et-Marne, arrondissement de Provins, canton de Donnemarie), 18 vendémiaire an III, signé J.-J. Forest; 2° *Rapport fait à l'administration du district de Provins*, 17 vendémiaire, signé Favier et Forest, commissaires, Gourié, administrateur, concernant tous deux la collection de minéraux, le laboratoire de chimie et l'herbier qui faisaient partie du mobilier de ce condamné.

Le château et la terre de Montigny-Lencoup appartenaient aux frères Charles-Louis Trudaine et Charles-Michel Trudaine de la Sablière, tous deux conseillers au Parlement de Paris, qui furent impliqués dans la conspiration de Saint-Lazare et condamnés à mort le 8 thermidor an II. (Arch. nat., W 432, n° 971.)

[2] Guibert (Joseph-Philippe), sculpteur d'ornement, travaillait en 1790 et 1791 au Panthéon français.

[3] La lettre de la Commission est du 19 vendémiaire an III. On y lit notamment : «Il est constant que Victor Broglie a été arrêté à Saint-Rémy, district

habités par Victor Broglie pendant les premières années de la Révolution.

Buache, au nom des commissaires chargés de faire un rapport sur l'organisation des dépôts, présente à la Commission le résultat de leur travail. La Commission en adopte les conclusions et arrête que le rapport sera soumis à l'examen du Comité d'instruction publique avec invitation d'en confirmer les dispositions.

La section de physique, chargée par le Comité de salut public de fournir des pendules à secondes pour la ligne télégraphique établie de Paris à Lille, observe que, dans le nombre des pendules à sa disposition, vingt-neuf sont d'un prix infiniment précieux et dignes d'être conservées pour les musées, et les autres d'un assemblage incohérent et peu propres à remplir l'objet proposé. Elle invite la Commission des arts à demander au Comité d'instruction publique s'il ne jugerait pas plus à propos de faire construire vingt pendules simples et uniformes pour le télégraphe. La Commission arrête que l'invitation en sera faite au Comité[1].

Le citoyen France annonce qu'il se trouve chez le ci-devant prince de Salm plusieurs grands tonneaux remplis de rhubarbe en poudre grossière. La Commission charge Leblanc et Pelletier d'en faire l'examen et de lui en rendre compte.

Mulot fait différentes observations sur des vues de localité (sic) qui se trouvent dans la maison de Montregard. Ces observations sont renvoyées à la section d'architecture. Quant à ses craintes sur l'encombrement des livres, elles seront communiquées à la section de bibliographie.

Le Comité d'instruction publique communique à la Commission des arts un arrêté par lequel elle est chargée de lui rendre compte par écrit, dans le délai de deux décades, de l'état actuel de ses travaux: elle fournira le tableau par aperçu des objets de sciences et arts qu'elle

---

de Jussey, département de la Haute-Saône, où il avait des possessions dans lesquelles résident encore ses enfants. Il en avait aussi dans quelques autres départements». (F17 1046.)

[1] Un premier arrêté pris par le Comité d'instruction publique, le 22 vendémiaire, avait décidé que les agents nationaux des districts seraient chargés de distraire des effets mobiliers appartenant à la nation les pendules compensateurs. — Le 28 vendémiaire an III, le Comité passait à l'ordre du jour, motivé sur l'inutilité absolue des pendules pour l'établissement du télégraphe. (J. Guillaume, Procès-verbaux, t. V, p. 109 et 122.)

a recueillis, de la manière qu'elle a opéré, des dépôts qu'elle a formés et de l'ordre établi pour la conservation des richesses nationales qu'elle a recueillies. Ce compte à l'avenir se rendra chaque décade.

L'Agence du domaine donne avis qu'il existe à l'hospice de l'Unité, ci-devant la Charité, plusieurs pieds d'orangers, grenadiers et autres arbustes dont les caisses sont en très mauvais état [1]. La section de botanique est chargée de transporter ces arbustes dans le lieu qu'elle jugera le plus convenable et d'y faire les réparations nécessaires.

Léonard Bourdon invite la Commission temporaire des arts à assister à la représentation d'une pièce qui sera jouée par ses élèves.

La Commission d'instruction publique s'étant chargée du transport des différents objets qui doivent former le dépôt établi à Martin-des-Champs, les sections sont invitées à faire passer à cette Commission la note des objets qu'elles destinent à cet établissement.

L'agent est chargé de demander que le Comité d'instruction publique fasse mettre à sa disposition 12,000 livres pour subvenir aux frais de la Commission temporaire des arts.

Le citoyen Poirier est autorisé à payer 30 sols par jour au portier du Dépôt des manuscrits de la bibliothèque Germain.

Un mémoire du citoyen Poirier montant à 79 livres 5 sols, visé par l'agent, est adopté.

Un mémoire des citoyens Langlès, Varon et Barrois, montant à 92 livres, visé par l'agent, est adopté.

L'état des appointements de Mulot pour le mois de fructidor, visé par l'agent et signé par le président, est adopté.

Bruni dépose l'inventaire d'instruments de musique mis en réserve chez le condamné Brignard et chez l'émigré Morel-Chedeville [2].

Naigeon remet l'état des objets en gravures, tableaux, figures en plâtre et histoire naturelle, trouvés chez l'émigré Crussol.

Lebrun dépose les inventaires des objets trouvés chez Boutin, chez Duruet, chez Lebas de Courmont, condamnés, et chez Xavier Capet [3].

---

[1] L'inventaire des orangers et autres arbustes de cet hospice se trouve sous la cote F17 1344².

[2] L'inventaire de Brignard comprend un forte-piano de Beck et une harpe de Cousineau; celui relatif à Morel Chedeville, rue Pierre, n° 14, 26 fructidor an II, comprend deux violons et deux altos. (F17 1054, n° 3.)

[3] Lebrun signale chez Boutin, rue Richelieu : des peintures de Boucher, Sébastien Bourdon, Paul Bril, Louis Carrache, J.-B. Greuze, Gérard Lairesse, Oudry, Nicolas Poussin, Robert, Rubens,

L'expert est autorisé à faire procéder aux réparations nécessaires à un gros chariot qui se trouve au dépôt des marbres à Chaillot, pour servir au transport de forts morceaux de marbre dans les dépôts de la Commission.

SÉANCE DU 10 VENDÉMIAIRE,

L'AN 3ᵉ DE LA RÉPUBLIQUE (1ᵉʳ OCTOBRE 1794).

Dégradations dans la Maison des Invalides. — Dilapidations et dégradations de monuments dénoncées par Grégoire. — District de Pamiers. — Famille de Dombey. — Cabinet d'Imbert à Ville-Affranchie (Lyon). — Manuscrits à Condat-Montagne (Saint-Claude). — Réclamation de Lenoir. — Maisons de La Suze et de La Rochefoucauld. — Bibliothèque de l'Arsenal. — Collection de Levaillant. — Lettre de Riquet, adjoint au génie militaire. — Communication de Péradon, commissaire artiste. — District de Gonesse. — Château de Chantilly. — Offre de Brondex et Deltufo, rédacteurs-imprimeurs du *Journal du peuple français*. — Offre de livres par Thévenin, commissaire du Bureau du domaine. — Statues de la ci-devant église des Invalides. — Réparations aux tableaux de Rubens arrivés de Belgique. — Remise à la Monnaie d'une couronne de vermeil, ornée de pierres fausses. — Catalogue des livres du district d'Angély-Boutonne. — Conclusions de la section de bibliographie. — Lettres des Commissions des armes, des travaux publics. — Inventions et découverte du citoyen Péricat. — Catalogue des livres du district de Mont-Salin. — Estimation des tableaux, gravures, etc., du ci-devant Égalité. — Lettre du district de Meaux. — Renvoi d'une lettre de Tassaert à la Commission. — Proposition du citoyen Plouvier au sujet

Suvée, D. Teniers, Joseph Vernet, etc.; des sculptures de Bouchardon, Pajou; des estampes, des meubles de Boulle, des porcelaines, des terres cuites; — chez Duruet, rue Richelieu : des peintures de J.-B. Greuze, Leprince, F. Miéris, Van der Méulen, Isaac Van Ostade, Rembrandt, Teniers, Gérard Terburg, Adrien Van der Werf, Winants, Wouwermans, etc.; des bronzes de Jean de Bologne; des terres cuites et porcelaines; — chez Lebas de Courmont, 27, rue Cerutti : des peintures de Boucher, Bourdon, Bourguignon, J. Breughel, Nicolas Berchem, Casanova, A. Cuyp, C. Jordaens, Lemoine, Lenain, Leprince, Loutherbourg, Van der Meulen,

Panini, P. Potter, Rembrandt, Robert, J. Ruysdaël, Isaac et Adrien Van der Velde, J. Vernet, Winants, Wouwermans; des bronzes de Jean de Bologne, Houdon, Michel-Ange, des terres cuites de Clodion, des dessins de Fragonard, Boucher, des meubles de Boulle. Au total, important mobilier, comprenant 135 articles, estimé 88,447 livres; — au garde-meuble du Luxembourg, le mobilier provenant de Xavier Capet se compose de quelques peintures, estampes et porcelaines, le tout estimé seulement 816 livres. Ces quatre inventaires de Lebrun furent dressés du 2 sans-culottide an II au 4 vendémiaire an III. (F^{17} 1267, nᵒˢ 149-152.)

d'un prétendu tableau de Van Dyck à lui appartenant. — Commissaires chez Perceval. — Livres d'église de la chapelle du ci-devant Saint-Cloud. — Modèle de vaisseau présenté par Cuissy. — Plans des maisons nationales. — Dénonciation par Leblanc. — Réclamation du citoyen Figeac. — Rapport sur l'église de Franciade. — Note de Prony. — Jardin de Bouillon à Navarre. — Rapport de Buache. — Bibliothèque Malesherbes. — Dépôt pour les manuscrits. — Rapport de la section d'architecture. — Examen des objets d'art du château de Fontainebleau. — Requête des sections de peinture et de sculpture. — Collection de marine. — Tables de marbre de la maison Saint-Martin-des-Champs. — Indemnité à Livernois, garde du Dépôt de Nesle. — Maison de Bouthillier. — État de dépenses du Dépôt de la rue de Beaune. — Rapport de Thillaye sur la vente des livres de feu Vicq-d'Azyr. — Cabinet et bibliothèque des Écoles nationales de chirurgie. — Inventaire par Beuvelot de la collection d'armes d'Égalité. — Inventaires de Lebrun. — Rapport de Sarrette concernant le garde du Dépôt des instruments de musique. — Catalogues de musique du district de Versailles.

Le procès-verbal est lu et adopté.

Le président prévient la Commission qu'une dénonciation avait été faite au Comité d'instruction publique au sujet de dégradations et de démolitions qui avaient eu lieu dans la maison des Invalides [1].

Villar [2] et Grégoire, nommés commissaires par le Comité pour constater les faits, annoncent que les colonnes torses du baldaquin étaient renversées, des statues mutilées et les peintures à fresque couvertes de poussière, et qu'ayant demandé en vertu de quel ordre s'opéraient ces dégradations, il leur avait été répondu que c'était par les ordres de la Commission temporaire des arts. La Commission, qui ne s'est jamais écartée du but de son institution qui est de conserver et d'inventorier tout ce qui appartient aux arts et à l'instruction publique, indignée qu'on se soit servi de son nom pour exécuter de pareilles démolitions, arrête qu'il sera nommé dans son sein cinq commissaires, qui constateront les démolitions faites et s'informeront en vertu de quel ordre elles ont été opérées. Les commissaires sont Lebrun, Lannoy, Richard, David Le Roy et Ameilhon. Les différents membres, qui auront

---

[1] Par arrêté du 12 vendémiaire an III, le Comité d'instruction publique, avisé des dégradations commises à l'intérieur du dôme des Invalides et voulant arrêter les abus commis dans les travaux ordonnés pour l'enlèvement des signes de féodalité, décida que la Commission d'instruction publique se ferait rendre compte sans délai de l'état des travaux exécutés à l'église et au dôme des Invalides, des ordres donnés à cet égard, des abus commis et des dépenses faites, et en ferait son rapport au Comité. (J. Guillaume, t. V, p. 107.)

[2] Villar (Noël-Gabriel Luce de), député de la Mayenne à la Convention, membre du Comité d'instruction publique.

quelques renseignements à ce sujet, sont invités à les communiquer aux commissaires nommés.

Grégoire fait part à la Commission de plusieurs abus et dégradations qui se commettent dans différents endroits. Il annonce que dans la commune de Vallerie, près de Sens, on a mutilé le tombeau d'Henry [de] Bourbon, père du grand Condé[1]; qu'à Chartres, on découvre la cathédrale pour en retirer les plombs et que la dégradation de ce beau monument d'architecture gothique est inévitable si, à mesure qu'on enlève les plombs, on n'a soin d'y substituer de la tuile; qu'à la manufacture d'armes de La Fère, on fait des gargousses avec du parchemin qui pourrait servir plus utilement à l'instruction.

Le même citoyen dépose sur le bureau une suite de lettres qui annoncent de différents côtés et par différents particuliers des dilapidations et des dégradations de tous genres.

La Commission, qui voit avec peine le vandalisme porter le ravage sur tout ce qui peut intéresser les arts et servir à l'instruction, arrête qu'il sera écrit à la commune de Vallerie, à Chartres, à La Fère et aux districts où besoin sera, pour les inviter à prendre tous les moyens possibles pour étouffer ce germe destructeur et pour surveiller tout ce qui concerne les arts et l'instruction publique. Elle arrête en outre que les citoyens... feront toutes les recherches nécessaires pour s'assurer des dégradations et dilapidations en tout genre qui ont eu lieu dans les objets de sciences et arts, et en feront leur rapport à la Commission.

Il sera écrit au district de Pamiers au sujet de plusieurs vases de porcelaine, annoncés comme très précieux par le représentant du peuple Chaudron-Roussau[2], et qui se trouvent à Mirepoix. Il sera écrit à la famille de Dombez[3], à Mâcon, pour lui demander des renseignements sur un dictionnaire d'une des langues du Pérou.

---

[1] D'après une lettre de Mulot et Cossard, envoyés en mission à Auxerre, du 25 août 1793, ce tombeau, dans le village de Vallery, à 4 lieues de Sens, se composait de 4 cariatides supportant un sarcophage, sur lequel était couchée la figure; l'on avait enlevé les ornements, fleurs de lys et armoiries en bronze, mais les figures avaient été respectées. Voir L. Tuetey, *Procès-verbaux de la Commission des monuments*, t. I, p. 362.

[2] Chaudron-Roussau (Guillaume), député de la Haute-Marne à la Convention, se trouvait en mission avec son collègue Leyris à l'armée des Pyrénées-Orientales depuis le mois d'août 1793; sa mission ne prit fin que le 18 prairial an III.

[3] Dombey (Joseph), naturaliste, né à Mâcon, le 22 février 1742, mort à Montserrat (Petites Antilles), en 1794; envoyé par Turgot, en 1776, au Pérou, explora

Il sera également écrit à Commune affranchie pour inviter les administrateurs à surveiller le cabinet d'Imbert[1], intéressant pour les naturalistes.

On observe qu'à Condat-Montagne, ci-devant Saint-Claude, il existe des manuscrits précieux dont il est intéressant de s'assurer la possession. Janvier annonce qu'ayant été chargé de faire venir à Paris les manuscrits de la commune de Saint-Lupicin, il s'était acquitté de cette (mission avec) succès; et que, si on veut le lui permettre, il se procurera également ceux de Condat-Montagne. La Commission arrête que le Comité d'instruction publique sera invité à donner à Janvier l'autorisation nécessaire pour faire venir ces manuscrits à Paris. Poirier est chargé de donner les renseignements qu'il peut avoir à ce sujet.

Sur la réclamation de Lenoir, au sujet des estimateurs, la Commission passe à l'ordre du jour.

Le Comité des finances fait passer un arrêté, portant que les maisons de La Suze et de La Rochefoucauld demeurent à la disposition de la Commission des arts pour y placer des modèles de vaisseaux.

Un second arrêté porte que la Commission fera porter dans un lieu sûr la bibliothèque placée au-dessus des forges de l'Arsenal. Renvoyé aux sections de bibliographie et d'architecture pour désigner un local convenable à cette bibliothèque.

Levaillant témoigne sa satisfaction de voir sa collection faire partie des propriétés nationales; il fixe le prix de son cabinet à soixante mille livres, somme inférieure à celle qui lui en avait été offerte par les étrangers. L'examen du cabinet et son estimation sont renvoyés aux citoyens Richard et Lamarck[2].

---

pendant sept ans les Cordillères et les affluents de l'Amazone, et rapporta de son voyage un herbier contenant quantité de plantes nouvelles, que le citoyen L'Héritier fut chargé de classer, d'inventorier et qui fut remis au Muséum d'histoire naturelle. (Cf. J. Guillaume, t. V, p. 110.)

[1] Imbert-Colomès (Jacques-Pierre), appartenant à une famille de riches marchands lyonnais, fut nommé, en 1788, premier échevin de Lyon et rendit de grands services à ses compatriotes durant l'hiver de cette année; mais, en butte à l'animosité populaire, il donna sa démission, le 8 février 1790, et émigra en Suisse, puis en Allemagne, où il fut l'un des agents les plus actifs des Bourbons.

[2] Cependant, le 14 frimaire, Richard et Lamarck n'avaient pas encore pu faire leur rapport; la Commission écrivit alors sous cette même date au citoyen Levaillant, naturaliste; elle lui disait : «Contre l'intention du Comité (d'instruction publique) ce rapport ne s'effectue pas. Tu es invité, aussitôt la présente reçue, à lever tous les obstacles qui peuvent s'opposer à la visite et à l'examen des commissaires désignés...» (F17 1046.)

[1ᵉʳ OCT. 1794] DE LA COMMISSION TEMPORAIRE DES ARTS.   431

Une lettre de Riquet, adjoint au génie militaire, sur les plans de bataille de la Vendée et sur sa promesse d'envoyer incessamment la nouvelle méthode de lever les cartes géographiques, est renvoyée au Comité d'instruction publique [1].

Peradon, commissaire artiste, chargé de la partie de botanique dans le district de Versailles, présente deux états des plantes contenues dans la pépinière dite des graines [2]. A la suite de chaque état sont des observations nécessaires à résoudre. Il invite la Commission à remettre ces états à la section de botanique pour en faire un rapport, afin d'accorder une prompte justice sur des réclamations énoncées auxdits états. Renvoyé à la section de botanique.

Une lettre des administrateurs du district de Gonesse sur la destination du ci-devant château d'Écouen est renvoyée à la Commission de santé.

Le Comité des finances renvoie à la Commission des arts un rapport de celle des revenus nationaux tendant à demander les plombs et fers qui se trouvent en grande quantité sur les bâtiments et sur le château de Chantilly, attendu le besoin qu'ont de ces matières les manufactures d'armes. Vu le projet de démolition, la Commission des arts est consultée si cet édifice sera conservé comme monument d'art. Renvoyé à la section d'architecture, chargée de faire un rapport à ce sujet [3].

Les citoyens Brondex [4] et Deltufo [5], rédacteurs et imprimeurs du *Journal du peuple français* [6], offrent la voie de leurs journaux pour faire

---

[1] Lettre de Riquet, en date de Vire, 1ᵉʳ vendémiaire. (F¹⁷ 1050, n° 1.)

[2] Le rapport que Thouin adressa à la Commission temporaire des arts à la suite de sa mission dans le département de Seine-et-Oise (F¹⁷ 1050, n° 6) renferme une notice sur la pépinière des graines, d'une contenance de 200 arpents, située dans le faubourg de l'Hermitage à Versailles, où se trouvaient 43,000 arbustes. Le terrain de cette pépinière fut vendu au citoyen Rivet, moyennant 36,100 livres.

[3] Rapport de la Commission des revenus nationaux au Comité des finances, 3 vendémiaire. (F¹⁷ 1049.)

[4] Brondex (Albert), littérateur, né à Sainte-Barbe, près Metz, en 1737, mort à Paris, à l'hospice de la Charité, le 10 octobre 1798; fut rédacteur des *Petites affiches des Trois Évêchés*, régisseur de domaine et collaborateur à Paris du *Journal du peuple*.

[5] Deltufo, l'un des notables du district de Saint-Roch en 1789, pédagogue, interprète de la Ville, directeur d'une école de langues étrangères et de la Société polysophique, offrit, le 6 novembre 1792, à la Convention, en qualité de traducteur espagnol, au nom des rédacteurs-traducteurs, de traduire gratuitement tout ce qu'on lui ordonnerait.

[6] Le *Journal du peuple français*, par Brondex, Paris, imprimerie des femmes, forme une brochure de 32 pages. (Bibl. nat., Lc² 767.)

connaître des dispositions utiles et font hommage d'un ouvrage qu'ils croient bon et intéressant. Ils demandent que l'on s'intéresse à cet établissement[1], sorti des mains des jeunes citoyennes formées à l'art typographique. La Commission arrête mention de l'offre au procès-verbal.

Thévenin, commissaire provisoire du Bureau du domaine national du département de Paris, annonce qu'il est chargé de mettre à la disposition de la Commission: 1° huit bons corps de bibliothèque et un tableau provenant de l'émigré Lugeac[2]; 2° les livres provenant des deux bibliothèques de Lesclapart[3]; 3° les livres qui sont à Bicêtre provenant d'Osselin[4], Sozotte[5], Addé[6] et Valton[7]. Renvoyé à la bibliographie, chargée d'assigner un jour à Thévenin pour la remise de chacun de ces objets.

Les membres de la seconde section du Comité d'instruction publique font part à la Commission qu'ils ont examiné le rapport fait par Dupasquier et Picault sur les statues en marbre de la ci-devant église des Invalides et sur la destination qu'on se propose de leur donner. Ils demandent un état, qui constate le nom des auteurs et le degré d'utilité de ces objets pour l'instruction publique dans des établissements secondaires. Renvoyé aux commissaires précédemment nommés pour faire un rapport, qui sera communiqué au Comité d'instruction publique.

Picault et Lebrun, par un arrêté du Comité d'instruction publique, ont été chargés de faire promptement, sous la surveillance du Conservatoire du Muséum, quelques réparations provisoires aux tableaux de Rubens arrivés de la Belgique[8].

---

[1] Il s'agit de l'*Imprimerie des femmes sous les auspices de la Convention nationale*, qui se trouvait rue des Deux-Portes-Bon-Conseil, n° 8 (rue Saint-Sauveur). — Voir au sujet de l'organisation de l'apprentissage dans cet établissement le document intitulé *Avis aux femmes*. (Arch. nat., AF II 240.)

[2] Dont l'émigration fut constatée le 8 août 1792.

[3] Lesclapart (Marie-Pierrette Henneveux, femme), marchande libraire au Palais Égalité, sous les galeries de bois, n° 262, fut accusée d'avoir mis en vente la liste comparative des appels nominaux des 15, 16, 17, 18 et 19 janvier 1793, et condamnée à mort le 1er prairial an II. (Arch. nat., W 369, n° 823.)

[4] Osselin (Charles-Nicolas), député de Paris à la Convention, condamné à mort le 8 messidor an II. (Arch. nat., W 397, n° 920.)

[5] Sosotte (Léonard), brocanteur, condamné à mort le 8 messidor an II. (Arch. nat., W 397, n° 919.)

[6] Adet (Charles), marchand de vin, accusé d'avoir accaparé des monnaies d'or et d'argent à l'effigie du tyran pour les faire passer aux émigrés. (*Ibid.*)

[7] Valton (Antoine), cuisinier. (*Ibid.*)

[8] Barbier (Luc), lieutenant au 5e hussards, et Liger, adjoint aux adjudants généraux, chargés par arrêté des représentants du peuple du 30 thermidor an II de rechercher les peintures et sculptures dans le pays

[1ᵉʳ OCT. 1794] DE LA COMMISSION TEMPORAIRE DES ARTS. 433

Le secrétaire dépose sur le bureau le procès-verbal de la remise à la Monnaie d'une couronne en pierres fausses de diverses couleurs, montée en argent et vermeil, d'où il résulte que le vœu de la Commission sur la destination de cette couronne sera rempli.

L'administration du district d'Angely-Boutonne annonce l'envoi du catalogue sur cartes de tous les livres de ce district, où il ne se trouve aucun objet précieux[1]. Mention de l'envoi au procès-verbal.

La section de bibliographie, chargée d'examiner trois demandes en exportation de livres, faites, la première par Éberts, la deuxième par Herrenchwand, la troisième par Batillot, déclare qu'il n'y a aucun inconvénient à laisser partir les livres énoncés[2]. La Commission adopte les conclusions de la section de bibliographie.

Le Comité d'instruction publique renvoie à la Commission pour en

conquis, enlevèrent à Anvers les 10, 13 et 14 thermidor an II, les tableaux suivants de Rubens : dans la cathédrale, la *Descente de croix*, l'*Assomption*, *Jésus mort sur les genoux de sa mère*, la *Résurrection*, la *Vierge avec l'Enfant Jésus*; dans l'église des Récollets, un Crucifiement, *Jésus montrant ses plaies*, l'esquisse de la descente de croix de la cathédrale, *Saint François communiant*, le *Couronnement de la Vierge*, un grand et un petit Christ; aux Capucins, un Crucifiement, *Saint François à genoux devant la Vierge*, *Saint Pierre et saint Paul*; dans l'église Saint-Jacques, l'*Enfant Jésus sur les genoux de la Vierge*, avec le portrait de l'auteur et de ses deux femmes; dans l'église Sainte-Walburge, l'*Érection de la croix de Jésus au Calvaire*, avec sainte Catherine et saint Éloi; dans celle des Dominicains, la *Flagellation de Jésus*, un *Concile sur la matière de l'Eucharistie*, l'*Adoration des bergers*, le *Sauveur sortant des nuages*; dans l'église des Grands Carmes, *Jésus détaché de sa croix*; dans celle des Petits Carmes, même sujet, la *Vierge et sainte Anne*, l'*Apparition du Christ à sainte Thérèse*; dans celle des Augustins, la *Vierge tenant l'Enfant Jésus qui donne un anneau à sainte Catherine*.

A Bruxelles fut enlevé, le 5ᵉ jour sans-culottide an II : aux Capucins, *Descente de Croix*, le *Jugement dernier*; aux Petits Carmes, l'*Assomption*.

A Gand, le 27 thermidor : *saint Bavon reçu par un évêque aux Récollets*, le 11 fructidor, la *Madeleine expirante*; à Lierre, le 16 fructidor, dans l'église Saint-Gomaire, le *Martyre de saint Georges*; à Malines, dans l'église de Saint-Rombaut, la *Cène*, l'*Entrée de Jésus-Christ à Jérusalem*; dans l'église Notre-Dame, *Jésus se rendant à bord du bateau de saint Pierre*; dans celle de Saint-Jean, l'*Adoration des Mages*; à Affighem, le 30 thermidor, le *Christ portant sa Croix*; à Alost, le 29 thermidor, *saint Roch en prières*, *saint Roch et son chien*, *saint Roch dans la prison délivré par un ange* (tableaux de l'église Saint-Martin). Par arrêté du 6 vendémiaire an III, le Comité d'instruction publique chargea Picault et Lebrun de faire promptement les réparations nécessaires aux tableaux de Rubens, consistant à nettoyer légèrement ces tableaux et à réadapter les parties détachées formant des écailles prêtes à tomber. (J. Guillaume, *Procès-verbaux*, t. V, p. 89.)

[1] Lettre de l'administration du district d'Angély-Boutonne, 1ᵉʳ vendémiaire. (F¹⁷ 1239.)

[2] Ces demandes en exportation de livres avaient été transmises par la Com-

donner un prompt avis, une pétition de la Commission des armes et poudres, qui a pour objet d'affecter au service de la marine les livres du lutrin, titres, procédure, et autres vieux parchemins dont la destruction ne peut intéresser les droits ni les propriétés nationales et particulières. Renvoyé à la bibliographie pour faire un prompt rapport.

Le Comité d'instruction publique renvoie une lettre de la Commission des travaux publics, qui lui a été transmise par celle d'instruction publique, dans laquelle on demande l'avis de la Commission sur un dépôt de cuivres et bronzes provenant de la démolition des statues sur les places publiques[1]. La Commission exécutive consulte le Comité avant d'en faire la remise au citoyen Thierry, fondeur de canons. La Commission temporaire des arts, en renvoyant cet objet à la section de sculpture, arrête que Dardel, Dupasquier et Lebrun désigneront les objets qui peuvent être livrés à la fonte et que Thierry sera invité à assister au choix qui en sera fait.

Perricat[2] adresse des procès-verbaux qui constatent qu'il a découvert le moyen de fabriquer du salpêtre en 24 et même en 9 heures, et d'obtenir la cristallisation une heure après à l'aide d'un aréomètre nouveau de sa construction. Le même citoyen annonce qu'il a inventé aussi un pèse-liqueurs qui tend à éviter la fraude du commerce et des liqueurs spiritueuses. Renvoyé aux sections de chimie et de physique.

Les administrateurs du district de Mont-Salins écrivent qu'ils s'occupent des catalogues des livres de leur arrondissement[3]. Mention au procès-verbal.

Jaluzot, commissaire de l'Agence, invite les sections de peinture et de bibliographie à assister à la prisée et à l'estimation des tableaux,

---

mission des subsistances et approvisionnements (deux lettres en date du 5, une en date du 8 vendémiaire). Éberts est qualifié de négociant, demeurant rue du Bac, n° 609; Herrenschwand est dit chargé des affaires du ci-devant régiment suisse d'Ernest; Batillot, libraire, 15, rue du Cimetière-Saint-André-des-Arts. (F17 1048.)

[1] Voir : 1° lettre de Poyet, architecte, à la Commission de l'instruction publique, 24 fructidor an II; 2° lettre de la Commission exécutive de l'instruction publique au Comité d'instruction publique, 2 vendémiaire an III. (F17 1048.)

[2] Pericat, ingénieur en instruments de mathématiques, présenta, le 31 août 1793, au Comité d'instruction publique, une pétition tendant à obtenir le payement d'un mémoire de 24,000 livres remis au liquidateur de la Liste civile. (Cf. J. Guillaume, ouvr. cité, t. II, p. 351.)

[3] Lettre de l'administrateur du district de Mont-Salin, 1er vendémiaire an III. (F17 1044.) Mont-Salin est le nom révolutionnaire de Moutiers (Savoie).

gravures et livres de ci-devant Égalité. Les sections se rendront à l'invitation.

Le Comité d'instruction publique renvoie à la Commission une lettre des administrateurs du district de Meaux[1], qui demandent ce qu'ils doivent faire de deux tableaux d'un grand maître, représentant en pied Louis le dernier et l'avant-dernier. La Commission arrête qu'il leur sera répondu qu'ils doivent conserver soigneusement ces tableaux, et les retourner ou les couvrir pour que les yeux républicains n'en soient plus offusqués.

Le Comité d'instruction publique renvoie à la Commission une lettre de Tassaert qui demande que l'on examine un dessin par Caresme[2], représentant les derniers moments de Châlier, et que l'on donne son avis sur le mérite de ce dessin et sur les frais qu'entraînerait la gravure. Renvoyé à la section de peinture, chargée d'en faire un rapport à la prochaine séance.

Plouvier, homme de loi, Belge, expose qu'il a fait l'acquisition d'un superbe tableau représentant un sujet de l'histoire romaine, présumé par les commissaires être de Van Dyck. Il demande des commissaires pour aller l'examiner et en faire l'évaluation. La demande de Plouvier est renvoyée au Conservatoire, chargé de donner son avis.

Prenest, commissaire de l'Agence, demande des commissaires pour prendre connaissance et enlever, s'ils le jugent à propos, un corps de casse sous verre[3] et beaucoup d'édifices qui peuvent servir aux arts, qui se trouvent chez Perceval. Renvoyé à la section d'agriculture.

Le Comité d'instruction publique renvoie à la Commission une lettre de l'agent du Département[4], relative à des livres d'église en parche-

---

[1] En date du 23 fructidor an II. (F17 1044.)

[2] Caresme (Philippe), peintre et graveur, élève de Charles-Antoine Coypel, né à Paris le 25 février 1754, décédé le 1er mars 1796, fut agréé à l'Académie le 27 septembre 1766, exclu le 16 décembre 1778 pour n'avoir pas fourni son morceau de réception (l'un des plafonds de la galerie d'Apollon). Il exposa divers dessins aux Salons de 1767 à 1777. Dans son œuvre gravée figure en effet le portrait de Châlier au moment de marcher à l'écha-faud. Le dessin de Caresme, médiocrement gravé par Jean-Jacques Tassaert, fut présenté par l'auteur à la Commune de Paris, le 3 mars 1794. (Cf. Jal, *Dictionnaire critique de biographie et d'histoire* p. 315.)

[3] Il s'agit d'une vitrine contenant trente-neuf petits modèles de coupe de pierre, avec des modèles de machines en bois.

[4] «La Commission des armes et poudres, écrit, le 7 vendémiaire, l'agent national du département de Paris, m'a chargé de faire préhender dans la cha-

min qui se trouvent dans la chapelle du ci-devant Saint-Cloud; il demande un commissaire qui, conjointement avec le commissaire du Département, examinera si parmi ces livres il y a quelques objets à conserver. Le secrétaire observe à ce sujet que, vu l'urgence de la demande, il a invité le citoyen Barbe à accompagner le commissaire du Département et l'a chargé de faire transporter les quatre livres de la chapelle de Saint-Cloud à la Commission temporaire des arts pour les soumettre à l'examen des membres de la bibliographie. La Commission arrête à ce sujet qu'il sera écrit à la Commission des armes pour l'inviter à suspendre l'enlèvement des livres en parchemin jusqu'après le rapport qui doit être fait par la section de bibliographie sur l'usage de ces sortes de livres[1]. La Commission arrête que les quatre livres de chant en vélin provenant de la ci-devant église de Saint-Cloud seront transférés au Muséum national d'histoire naturelle.

Cuissy soumet un modèle de vaisseau de son invention à l'examen de la Commission. Renvoyé à la Commission de marine.

La Commission d'agriculture et des arts demande les plans des maisons nationales de Saint-Cloud, Sceaux, Mousseaux, Le Raincy, Bagatelle, Isle-Adam, Versailles, Rambouillet, Bellevue, Vanves. La lettre est renvoyée à l'Agence du domaine national[2].

pelle du ci-devant château de Saint-Cloud les livres d'église en parchemin qui doivent s'y trouver et de les faire transporter à l'Arsenal pour en faire des gargousses; comme je ne veux pas faire cette opération dans le sens des brûleurs de bibliothèques, je vous prie de nommer un commissaire instruit pour accompagner et diriger dans cette opération le commissaire du Département...» (F¹⁷ 1048.)

[1] L'invitation de la Commission temporaire des arts était fondée sur les considérations suivantes, exposées dans une lettre du 14 vendémiaire à la Commission des armes: «La Commission temporaire des arts voit avec peine que de tous côtés l'on demande des parchemins pour faire des gargousses. Sa sollicitude pour tout ce qui regarde l'utilité publique la porterait elle-même à indiquer et à offrir tous les livres en vélin dont elle a connaissance; mais, souvent, la nature de ces livres, leurs vignettes et la beauté de l'impression les rendent précieux pour l'instruction publique. Une autre considération qui nous invite à les conserver est l'heureuse découverte qui vient d'être faite pour faire disparaître l'écriture de dessus ces parchemins sans les endommager: par ce moyen ils peuvent servir utilement à l'instruction, qui concourt avec le canon à écraser les ennemis de la République». (F¹⁷ 1046.)

[2] Le 10 vendémiaire, la Commission des arts écrivait à celle d'agriculture et des arts la lettre suivante: «Les plans des maisons nationales de Saint-Cloud, Sceaux, Mousseaux, Le Raincy, Bagatelle, etc., demandés par la Commission d'agriculture et des arts, ont été considérés comme faisant partie des Archives et pouvant fournir des renseignements sur les propriétés, et, en conséquence, ils ont été recueillis jusqu'à présent par le Département et ensuite par l'agence du Do-

Leblanc dénonce un abus qui consiste dans la destruction des ruches, lorsqu'il s'agit de récolter leur produit. La Commission arrête que cette dénonciation sera communiquée au Comité d'agriculture et des arts, qui sera invité de faire proscrire rigoureusement cette méthode désastreuse par une loi.

Figeac fait part à la Commission que dans une chapelle de la ci-devant église Notre-Dame, dont il est propriétaire, se trouve un dépôt de marbre qui le met dans l'impossibilité d'en pouvoir disposer. Renvoyé à la section d'agriculture, chargée de faire enlever les marbres de ladite chapelle sans en endommager la boiserie.

La section d'agriculture fait un rapport sur l'église de Franciade. Ce rapport n'offrant pas de conclusions positives, le [Comité] des finances sera invité à faire surseoir à toute espèce de démolitions dans l'église de Franciade jusqu'après le rapport définitif des commissaires. L'expert observe que, le jour suivant, on doit détruire les vitraux pour en retirer les plombs. La Commission arrête que cette observation sera relatée dans la lettre qui sera écrite au Comité des finances, et que l'on fera entendre à la Commission des armes que les vitraux offrent souvent des sujets de peinture intéressants pour l'art, pour l'histoire, pour les costumes et pour la chronologie, que d'ailleurs le plomb qu'on en retire est de peu de valeur par la très petite et très mince quantité qu'on emploie pour joindre de grandes pièces peintes[1]. La Commission, par le présent arrêté, n'entend point déroger à celui qui ordonne le transport des objets mis par elle en réserve.

Une note de Prony tendant à faire substituer un bonnet de la liberté ou un gros fer de pique à la fleur de lis qui a été enlevée de dessus

---

maine national. Il n'en a été retiré aucun par la Commission temporaire des arts. Le plan en relief de Mousseaux, qui se trouvait à la Bibliothèque nationale, y a été laissé pour être remis à Commission d'agriculture et des arts, et il sera délivré sur récépissé. Une vue de la même maison de Mousseaux et une autre de la maison de Gennevilliers, trouvée au Palais de l'Égalité, ont été envoyées au Dépôt des cartes et plans établi près la Commission des travaux publics, comme objets d'art et inutiles aux travaux du Département.» (F^{17} 1046.)

[1] Dans sa lettre, en date du 13 vendémiaire, la Commission des arts engage celle des armes «à s'entendre avec le Comité des finances qui doit statuer sur la démolition des monuments, et à agir de concert avec la Commission temporaire des arts, afin de conserver à la République tout ce qui peut être utile à la gloire des arts et de l'instruction publique». En même temps, la Commission des arts invite le Comité à faire surseoir à une pareille destruction jusqu'au rapport très prochain des commissaires qu'elle a nommés pour examiner ce qu'il est de

une pyramide, construite à Montmartre[1] dans la direction de la méridienne passant par l'Observatoire, est renvoyée à la Commission des travaux publics pour l'exécution. Prony est chargé de faire un rapport à ce sujet.

La Commission temporaire des arts, informée par Richard, qui vient de visiter le jardin de Bouillon à Navarre[2], que les plantes exotiques qu'il renferme et qui ont été offertes pour le jardin botanique de Paris, méritent toute l'attention du Gouvernement, soit par leur nombre, soit par leur rareté, considérant : 1° que parce que toutes ces plantes, acquises à grands frais tant en Angleterre qu'en Hollande, manquent au jardin botanique de Paris, qui n'aura jamais une meilleure occasion pour se les procurer; 2° que ces précieux végétaux, vu l'impéritie du jardinier actuel de ce lieu et l'approche de l'hiver, courent de grands dangers, la Commission arrête que le Comité d'instruction publique sera invité à prendre les mesures les plus promptes pour en assurer la conservation. Ces moyens consistent : 1° à autoriser le citoyen Racine, jardinier instruit, aux recherches et aux soins duquel ces végétaux précieux sont dus, à les réunir dans les serres de son jardin, situé à Évreux, faubourg de la Madeleine, pour les soigner pendant cet hiver et jusqu'à ce qu'ils puissent être transportés à Paris[3]; 2° à ordonner qu'il en sera dressé un état détaillé par ledit citoyen, en présence de quelques membres des autorités constituées de la

l'intérêt et de la gloire de la République de conserver, soit pour l'histoire, soit pour les arts, les sciences et les établissements publics. Dans cette invitation la Commission temporaire des arts n'entend point déroger à son arrêté qui ordonnait de transporter dans les différents dépôts de Paris les divers morceaux de sculpture des tombeaux déjà démontés et destinés à l'instruction publique». (F¹⁷ 1046.)

[1] L'obélisque ou colonne de pierre en question avait été placé en 1736 par les soins de l'Académie des sciences. Sur la face du midi se lisait l'inscription suivante : «L'an mil DCCXXXVI, cet obélisque a été élevé par ordre du Roi pour servir d'alignement à la méridienne de Paris du côté du Nord. Son axe est à 2931 toises 2 pieds de la face méridionale de l'Observatoire».

Cette colonne était l'une des 96 que l'on se proposait d'ériger depuis Dunkerque jusqu'au Canigou.

[2] Navarre, nom donné au château, bâti sur le modèle de celui de Marly à Saint-Germain-lez-Évreux, de 1679 à 1686, par le duc de Bouillon et démoli en 1835; ce château fut assigné comme résidence princière par Napoléon 1ᵉʳ, en 1810, au prince Eugène, lors de la création du duché de Navarre.

[3] Un arrêté du Comité d'instruction publique, du 12 vendémiaire an III, ordonna le transport dans les serres du citoyen Racine, jardinier à Évreux, des plantes exotiques du jardin de Navarre, qui avaient été recueillies en Hollande et en Angleterre, et offertes par Bouillon à la République. (J. Guillaume, t. V, p. 107.)

commune d'Évreux qui le signeront avec lui, et que copie de cet état, également signée, sera adressée au Comité d'instruction publique; 3° que l'agent national de ladite municipalité fera délivrer au citoyen Racine la quantité de bois nécessaire pour échauffer la serre qui doit conserver ces plantes pendant l'hiver; 4° enfin qu'il sera alloué une indemnité audit citoyen pour les soins assidus qu'il est invité à leur donner. Dans la discussion qui s'est élevée sur cet objet, quelques membres ont observé que la propriété de ces plantes pourrait être disputée à celui qui les a offertes, mais, pressée par le grand intérêt qu'inspirent ces rares et précieux végétaux et leur utilité pour l'agriculture et l'instruction, la Commission a persisté dans l'invitation qu'elle adresse au Comité.

Portiez, représentant du peuple, demande que la Commission charge chacune de ses sections de donner l'état des objets propres aux échanges, sans y comprendre ceux qui peuvent présenter quelque utilité pour les arts, les sciences et l'instruction. La Commission invite chacun de ses membres à procurer l'état demandé.

Buache fait un rapport sur un atlas et des cartes topographiques des Pays-Bas dont Riencourt est propriétaire. La Commission arrête que ce rapport sera communiqué au Comité d'instruction publique [1].

Sur l'avis que la Commission d'agriculture et des arts devait enlever demain des manuscrits de la bibliothèque Malesherbes, et après les observations qui ont été faites sur le danger auquel ces manuscrits seraient exposés, s'ils étaient dispersés, la Commission arrête que la section des dépôts littéraires suspendra la remise de ces manuscrits à la Commission d'agriculture et des arts jusqu'à ce que le Comité d'instruction publique ait été informé de ce déplacement et qu'il ait indiqué les mesures à prendre à ce sujet.

Un membre observe que les manuscrits peuvent éprouver quelque altération dans l'endroit où ils sont actuellement, si on les y laisse passer l'hiver. La Commission arrête que le Comité d'instruction publique sera invité à fixer définitivement le lieu qui doit servir en général

---

[1] Des trois volumes in-folio que Riencourt, ancien militaire, a soumis à l'examen du Comité d'instruction publique, un seul, d'après le rapport de Buache, en date du 10 vendémiaire, paraît susceptible d'être utilisé par la République : c'est un atlas des Pays-Bas par Henry Frica. (F17 1050, n° 1.)

de dépôt pour les manuscrits. L'article du règlement qui concerne les manuscrits sera provisoirement mis à exécution.

La section d'architecture fait le rapport demandé sur les moyens de préserver de tout accident de feu la Bibliothèque nationale. Ce rapport ne remplissant pas les vues de la Commission, il est arrêté que Charles, Lelièvre et Langlès, conjointement avec la section d'architecture, se transporteront le 12 au Comité d'instruction publique pour lui faire part des moyens provisoires à prendre pour préserver la Bibliothèque nationale de tout accident de feu.

La Commission, consultée par les administrateurs du district de Fontainebleau sur les objets mis en réserve dans le ci-devant château, arrête que les citoyens Dardel et Bonvoisin, membres de ladite Commission, et Jolain, expert, se transporteront à Fontainebleau pour examiner de nouveau les objets d'arts mis par elle en réserve dans le ci-devant château, déterminer quels sont ceux qui devront être incessamment transportés à Paris et de laisser le reste sous la surveillance et la responsabilité du district, à qui copie de l'inventaire de Bonvoisin sera adressée par le Comité d'instruction publique.

On observe que les dégradations se faisant le plus souvent dans les objets de sculpture, il est essentiel d'adjoindre à cette section un citoyen actif et intelligent pour en partager les travaux. Il est arrêté que les sections de peinture et de sculpture se concerteront à cet effet et présenteront un citoyen capable de remplir les vues de la Commission.

Une collection de marine contenant vingt-cinq petits modèles de vaisseaux, frégates et autres petits bâtiments en usage dans la navigation, restée dans les grands appartements de la maison Égalité, il est question de décider à laquelle des deux Commissions de la marine ou des travaux publics cette collection doit être remise. La Commission arrête que le Comité d'instruction publique sera invité à statuer sur ce point.

Un membre prévient la Commission qu'il existe dans la maison de Martin-des-Champs deux tables de marbre noir de 6 pieds de long sur 5 de large, exposées à être dégradées. La Commission arrête que son expert Jolain fera transporter ces tables dans le Dépôt des Petits-Augustins et en substituera d'autres moins précieuses, si elles sont jugées nécessaires pour l'établissement de la Société.

Corvisart fait un rapport sur les indemnités à accorder à Livernois, garde du Dépôt de Nesle. Ce rapport, ne remplissant pas les vues de la Commission, est ajourné.

Les sections ont été invitées à se transporter en la maison Bouthilier, rue des Fossés-Montmartre, pour y visiter des tableaux, des feux dorés, des secrétaires, des clavecins, des violons et des plans de fortifications en plâtre.

Un état de dépenses diverses pour le Dépôt national, rue de Beaune, montant à 256 livres 13 sols 6 deniers, visé par l'agent, est adopté.

Un état de 119 livres présenté par Poirier, visé par l'agent, est adopté.

Thillaye fait un rapport sur la vente des livres et manuscrits de feu Vicq-d'Azyr [1]. La Commission en adopte les conclusions. Le même citoyen, chargé de faire les recherches nécessaires pour compléter le cabinet des Écoles nationales de chirurgie, annonce [2] qu'il a trouvé chez Vicq-d'Azyr deux seringues à injection garnies de tous leurs tubes. Il demande que la section de physique en fasse l'estimation. Accordé.

Thillaye prévient [3] la Commission que, les scellés étant levés sur le cabinet et la bibliothèque des Écoles nationales de chirurgie, ce dépôt, dont il est conservateur et dépositaire, n'est plus en sûreté, vu que les portes ferment mal et que les clefs sont doubles; il demande que la Commission autorise l'agent : 1° à faire renouveler les serrures d'entrée et des chambres et faire mettre des clefs à plusieurs serrures qui n'en ont point; 2° à faire les réparations urgentes; 3° à faire mettre un carreau cassé dans la bibliothèque; 4° à faire un état détaillé du local que le conservateur va occuper, ainsi que des objets contenus dans les cabinets, pour lui être remis, ainsi qu'à la Commission temporaire des arts, au Département et à la Commission exécutive d'instruction publique; 5° enfin à mettre en réquisition deux voitures pour le transport de son cabinet aux Écoles nationales de chirurgie. Toutes ces demandes sont accordées.

Beuvelot dépose l'inventaire de plusieurs armes blanches trouvées

---

[1] D'après ce rapport, en date du 10 vendémiaire, Thillaye proposait à la Commission de charger les sections des dépôts littéraires et d'anatomie de statuer, de concert avec un agent du Comité de salut public et un agent de la Commission d'agriculture et des arts, sur la réclamation d'Agasse, représentant de Panckoucke, au sujet de divers manuscrits de Vicq d'Azyr. (F17 1164.)

[2] Par un rapport en date du 10 vendémiaire. (F17 1164.)

[3] Autre rapport du 10 vendémiaire. (F17 1164.)

dans le ci-devant Palais Égalité[1]. Lebrun remet sur le bureau les inventaires des objets trouvés dans la maison de Duclos-Dufresnoy, condamné; celui des objets trouvés chez Bohier-Lanthenay, émigré, et celui des objets trouvés chez Gravier-Vergennes, condamné[2].

Le même citoyen est autorisé à se transporter à la maison de campagne de Gravier-Vergenne à Gracin-sous-Vallée-de-Montmorency[3], district de Gonesse, à l'effet de reconnaître et d'inventorier les objets de sciences et arts qui se trouvent dans cette maison. Le même citoyen remet un état de tous les inventaires et rapports qu'il a déposés jusqu'à ce jour[4].

Sarrette, par un écrit qu'il dépose sur le bureau, déclare que Castellant a été établi garde provisoire du Dépôt des instruments de musique de la rue Bergère depuis le 3 messidor, et Guilbert, portier depuis la même époque, et qu'ils sont dans le cas de recevoir les indemnités que la Commission temporaire des arts accorde aux citoyens qui exercent les mêmes fonctions. La Commission confirme cette nomination.

Sur la demande de Bruni, la Commission arrête qu'il sera écrit au district de Versailles pour l'inviter à envoyer les catalogues de musique et d'instruments qu'il possède.

---

[1] Dans cet inventaire des armes du Palais Égalité ne sont pas comprises «celles qui ont été remises à la Commission des armes portatives et mentionnées dans son récépissé du 7 ventôse» an II. (F17 1164.)

[2] Gravier de Vergennes (Charles), ancien maître des requêtes, et Jean Gravier de Vergennes, ex-comte, furent condamnés à mort le 6 thermidor an II. (Arch. nat., W 431, n. 968.)

Chez Gravier-Vergennes, 4, rue Neuve-Saint-Eustache, parmi les objets d'art, de curiosité ou d'ameublement, l'inventaire ne signale comme dignes du Muséum du Louvre que deux peintures sur bois par Adrien Van Ostade, représentant deux fumeurs hollandais vus à mi-corps, hauteur 5 pouces 3 lignes, largeur 4 pouces 5 lignes. Le fumeur d'Adrien Van Ostade, que possède le Musée du Louvre (n° 374) a une autre provenance, quoique le personnage soit également à mi-corps. — Chez Duclos-Dufresnoy, 111, rue du Faubourg Poissonnière, se trouve une nombreuse collection de peintures comprenant plusieurs toiles de Greuze. — Chez Boyer-Lantenay, rue du Faubourg-Poissonnière, n° 28, l'inventaire mentionne des peintures et des estampes. (F17 1267.)

[3] Gracin-sous-Vallée-de-Montmorency, nom révolutionnaire de Saint-Gratien.

[4] D'après cet état, Lebrun a remis «1° à la Commission des arts, comme membre : 50 inventaires et 12 rapports; 2° comme adjoint à la Commission temporaire des arts, depuis le 20 germinal jusqu'au 25 messidor (an II) : 54 inventaires et 3 rapports; 3° depuis le 25 messidor jusqu'au 10 vendémiaire an III : 22 inventaires et 8 rapports, soit 149, plus 6 rapports ou inventaires oubliés, total 155 inventaires ou rapports». (10 vendémiaire, F17 1231, n° 3.)

SÉANCE DU 15 VENDÉMIAIRE,

L'AN III DE LA RÉPUBLIQUE, UNE ET INDIVISIBLE. (6 OCT. 1794.)

Demande de Ronesse, bibliothécaire de Franciade. – Malosse, commissaire aux bibliothèques à Villeneuve-du-Gard. – Levée des scellés de Lavoisier. – Enlèvement d'instruments. – Organisation des musiciens de Béthune. – Fouilles des commissaires préposés au district de Bayeux. – Agence des mines. – Objets réservés au château de Fontainebleau. – Bibliothèque d'Artois. – Lettre de Nogent-sur-Seine sur les lettres d'Abélard. – Arrivée de 5 chariots de livres de la Belgique. – Petit bronze antique. – Thévenin, commissaire. – Démolition de la tour Maclou annoncée par le district de Mantes. – Réponse de Robin, horloger, au sujet de la montre d'Émery. – Bibliothèque de Valroger. – Doquin, commissaire en Belgique. – Récolement des objets de la Belgique. – Lunette achromatique demandée par Delambre. – Rapport sur un dessin de Philippe Caresme. – Ouvrage sur les vers à soie. – Création du Directoire de la Commission. – Inventaire de Parceval Frileuse. – Inventaire et rapport de Lannoy. – Rapport de la section d'architecture et de musique. – Requête de Nagus, commissaire du Domaine. – Institut de Léonard Bourdon. – Pompes du cabinet d'Artois. – Encyclopédie méthodique. – Église de Franciade. – Papiers relatifs à la navigation des Indes. – Bibliothèque d'Artois. – Séance du quintidi. – Rapport sur le citoyen Dufour. – Inventaires par Desfontaines. – Bronzes à la fonte. – Livres du district d'Issoire. – Thillaye et les Écoles de chirurgie. – État remis par Lenoir. – Inventaires de livres. – Rapport sur les inventaires envoyés par Goupy. – Inventaires remis par Bruni, par Lannoy. – Manuscrits de Belgique réintégrés à la Bibliothèque nationale. – Médailles envoyées par le représentant Laurent.

Après la lecture du procès-verbal, qui est adopté, le président lit l'extrait de la correspondance.

Ronesse, bibliothécaire de Franciade, appelle la sollicitude de la Commission sur la bibliothèque dont il est conservateur et qu'il est chargé de transporter ailleurs. Il demande qu'un membre de la section des dépôts littéraires et un de celle d'architecture se transportent à Franciade pour constater l'état de la bibliothèque, lui assigner un local convenable et aviser aux moyens d'en faire le transport avec sûreté. La demande est accordée, et Lannoy et Poirier sont nommés commissaires à cet effet.

Le Comité d'instruction publique renvoie à la Commission une lettre de Malosse, commissaire aux bibliothèques à Villeneuve-du-Gard[1], qui propose 1° d'inventorier les médailles comme on a fait des livres; 2° de racheter des mains des citoyens les vases précieux de la Chartreuse qu'on a vendus au mépris des décrets; 3° il demande d'être autorisé à aller recueillir dans les différentes communes du département les inscriptions, les épitaphes et autres objets curieux et utiles à l'histoire. La Commission renvoie la lettre au Comité d'instruction publique avec invitation d'écrire au département du Gard de donner à Malosse, dont les talents et le zèle sont connus, l'autorisation qu'il demande.

Carny, chargé par le Comité de salut public de rassembler les instruments, ustensiles et autres objets nécessaires au laboratoire de chimie de l'École centrale des travaux publics, demande à la Commission la levée des scellés apposés chez Lavoisier, et de plus la nomination d'un ou de plusieurs de ses membres pour, de concert avec lui, en dresser l'état qui sera présenté au Comité de salut public. La Commission autorise Leblanc et Lelièvre à lever les scellés de chez Lavoisier et à dresser, conjointement avec Carny, un état des objets qui seront enlevés. Un membre observe à ce sujet que des commissaires, en vertu d'autorisation qu'ils obtiennent du Comité de salut public, enlèvent de tous côtés des instruments et autres objets pour le service et les opérations des différentes Commissions, que, sans désigner ce qui leur est nécessaire, ils demandent à enlever, souvent sans connaissance de cause, les objets qui leur paraissent les plus rares et les plus précieux. La Commission arrête : 1° que les objets uniques en leur genre ne pourront jamais sortir des dépôts; 2° que les Commissions qui, en vertu d'une autorisation, demandent qu'il soit mis à leur disposition des instruments et autres objets d'arts, en dresseront un état descriptif qu'elles enverront à la Commission temporaire des arts; 3° que le présent arrêté sera communiqué au Comité d'instruction publique qui est invité à en confirmer les dispositions.

Les musiciens de Béthune, qui se sont provisoirement organisés et réunis en institut dans un emplacement national que la municipalité leur a accordé, demandent à la Commission temporaire des arts quel-

---

[1] Villeneuve-du-Gard, aujourd'hui Villeneuve-lez-Avignon, Gard, arrondissement d'Uzès. Au nord de Villeneuve se trouvait la Chartreuse du Val Bénédictin, fondée en 1356 par le pape Innocent VI, qui y fut inhumé en 1362.

ques fonds et la ratification de leur établissement. La demande est renvoyée à la 3ᵉ section du Comité d'instruction publique.

Les commissaires préposés dans le district de Bayeux à la recherche des objets d'instruction font passer un mémoire et demandent environ 3,000 livres pour continuer des fouilles sous la ci-devant église de Saint-Laurent, d'où l'on a déjà retiré des morceaux de marbre qui paraissent appartenir à un temple antique. Leur mémoire est approuvé par le directoire du district. La lettre et le mémoire sont renvoyés au Comité d'instruction publique, avec copie du rapport fait à ce sujet par la section des antiquités, à la date du 15 prairial.

L'Agence des mines demande à la Commission le mémoire de Duhamel sur les mines et exploitation du charbon de terre[1]. La Commission charge Desfontaines et Poirier de communiquer à l'Agence des mines le mémoire demandé qui se trouve à l'Académie.

La Commission des revenus nationaux presse la Commission temporaire des arts de faire enlever promptement les objets précieux réservés par elle au ci-devant château de Fontainebleau. On observe à ce sujet que les commissaires sont partis pour faire l'enlèvement demandé[2].

La même Commission annonce qu'elle a donné les ordres nécessaires pour la prompte confection de l'inventaire de la bibliothèque d'Artois à l'Arsenal : mention au procès verbal[3].

Les administrateurs du district de Nogent-sur-Seine assurent à la Commission qu'ils n'ont point l'original manuscrit des lettres d'Abailard à Héloïse ; ils conjecturent qu'il pourrait faire partie des manuscrits déposés à la bibliothèque de Cluny. Poirier observe qu'en écrivant à Cluny pour avoir des renseignements à ce sujet, il ne serait pas inutile de réveiller l'attention des administrateurs sur les richesses littéraires et diplomatiques que renferment les archives de la ci-devant abbaye de Cluny et surtout sur des coffres remplis de titres de propriété et autres actes civils antérieurs à sa fondation même. L'observation de Poirier est accueillie et la Commission arrête qu'elle sera communiquée au Comité d'instruction publique et relatée dans la lettre qui sera écrite à Cluny.

---

[1] Par lettre de l'Agence des mines, 13 vendémiaire. (F¹⁷ 1048.) Le mémoire en question de J.-P.-F. Guillot Duhamel, inspecteur au Corps royal des mines, avait été couronné par l'Académie des sciences.

[2] Lettre de la Commission des revenus nationaux à la Commission temporaire des arts, 13 vendémiaire. (F¹⁷ 1048.)

[3] Autre lettre de la Commission des revenus nationaux, même date. (F¹⁷ 1048.)

Thibaudeau donne communication d'une lettre des commissaires envoyés dans la Belgique, qui annoncent cinq chariots remplis de livres et d'objets d'histoire naturelle [1]. Barrois, qui en avait été prévenu par une lettre particulière, fait part à la Commission que les caisses renfermant des livres ont été déposées aux ci-devant Cordeliers, que l'inventaire en sera fait incessamment et que le récolement en sera fait avec celui que les commissaires doivent envoyer au Comité. Quant aux objets d'histoire naturelle ils ont été transportés au Jardin des Plantes.

Barrois dépose sur le bureau un objet d'antiquité, petit bronze, envoyé par Le Blond.

Thévenin, commissaire, invite la Commission à accélérer l'enlèvement des objets mis en réserve chez l'émigré Deleutre [2] et chez le condamné Lesclapart. Renvoyé aux sections que ces objets concernent.

Un administrateur du district de Mantes instruit la Commission [3] qu'on va démolir la tour Maclou [4], monument curieux et d'une architecture hardie et élégante. La Commission arrête qu'il sera écrit au district de Mantes pour l'inviter à faire surseoir à cette démolition.

Robin, horloger, répond à l'arrêté de la Commission relatif à la montre d'Émery, 1° qu'il est possesseur de cette montre par don de Capet; 2° qu'il l'a reçue, cassée et brisée; 3° qu'il offre de la rendre, si la Commission le juge juste et convenable. Renvoyé à la section de physique, chargée d'en faire un rapport.

Le Bureau du domaine national invite [5] la Commission à faire enle-

---

[1] Une note sur les opérations bibliographiques de la Belgique, envoyée de Bruxelles, le 6 vendémiaire an III, par Michel Le Blond, l'un des commissaires de l'instruction publique dans ce pays, fait connaître que les représentants en mission (probablement Briez et Haussmann) avaient envoyé à Paris 22 caisses de livres, extraits de la bibliothèque de Bourgogne à Bruxelles, caisses que Le Blond fut chargé de faire transporter au Dépôt des Cordeliers, où elles furent ouvertes sous la surveillance de la section de bibliographie de la Commission des arts. (Arch. nat., D S 3 59, n° 564.)

[2] Deleutre (Jean-Antoine), négociant, rue Neuve-des-Bons-Enfants, n° 10, était parti pour Londres, le 7 juillet 1792, muni d'un passeport à l'effet d'acheter des grains pour l'approvisionnement de Paris; son mobilier fut vendu. (Arch. nat., F7 5624.)

[3] Par lettre en date du 13 vendémiaire an III (F17 1044), Bucquet, l'un des administrateurs du district, annonçait la mise en adjudication par la municipalité de la démolition de la tour de l'église de Saint-Maclou, autorisée par le représentant Crassous, en vertu d'un arrêté du 22 floréal an II.

[4] La tour Saint-Maclou, monument des XV° et XVI° siècles, dernier vestige de l'église de ce nom, détruite en 1792, existe encore aujourd'hui.

[5] Par lettre en date du 3 vendémiaire. (F17 1048.)

ver promptement une bibliothèque et des tableaux qui garnissent un appartement qu'occupait l'émigré Valroger. Renvoyé aux sections de peinture et de bibliographie.

Thibaudeau annonce que le citoyen Dequin, commissaire nommé pour accompagner et surveiller le convoi venu de la Belgique, est sur le point de partir : il invite la Commission à lui donner ses dépêches. La Commission temporaire des arts, qui a reçu avec le plus grand plaisir le citoyen Dequin, de Bruxelles, chargé par les commissaires envoyés dans la Belgique d'accompagner et de surveiller les objets de sciences et arts qu'ils ont déjà rassemblés, lui a témoigné sa satisfaction de la manière dont il a soigné les objets qui sont arrivés en bon état, et arrêté qu'il en serait fait mention au procès-verbal et que copie de l'extrait lui serait délivrée comme une marque de reconnaissance bien méritée.

Sur la proposition de Lelièvre, la Commission arrête que le récolement de tous les objets envoyés de la Belgique sera fait en présence des sections que ces objets concernent.

Delambre demande que la Commission veuille bien mettre à sa disposition une bonne lunette achromatique et un compteur dont il a besoin pour ses observations astronomiques, en attendant que la lunette méridienne dont il se servait soit rétablie. Cette demande, qui lui est accordée, est renvoyée au Comité d'instruction publique, avec invitation de confirmer cette concession et d'y ajouter en même temps une pendule astronomique, que Janvier a déclaré être indispensable pour les observations intéressantes du citoyen Delambre [1].

[1] Dans sa lettre à la Commission, en date du 10 vendémiaire, Delambre, s'exprimait ainsi : « Parmi les instruments astronomiques dont la Commission des arts m'a conservé la jouissance, il se trouve une lunette méridienne dont l'objectif, collé suivant la méthode du citoyen Grateloup, était depuis quelque temps hors d'état de servir. Je l'ai remis au citoyen Lenoir, qui a bien voulu se charger de faire examiner ce qu'on pourrait faire pour le rétablir. En attendant, pour ne pas interrompre mes observations des étoiles et des planètes, j'ai mis à la lunette méridienne un objectif de Dollond, qui est à moi, et qui me servait à observer les éclipses. Mais par cet arrangement, je me vois dans l'impossibilité de suivre les satellites de Jupiter. Cette branche de l'astronomie n'est pourtant pas la moins intéressante pour moi; et je voudrais bien pouvoir donner un nouveau degré de précision à mes tables des satellites dont on fait usage aujourd'hui pour les calculs de la connaissance du temps. Ce motif avait déterminé la ci-devant Académie des sciences, dans les derniers temps de son existence, à demander pour moi au citoyen Caroché une lunette achromatique de 6 pieds. Il ne me reste aucun espoir de ce côté et je prie la Commission de vouloir bien faire voir si dans ses dépôts on ne trouverait pas quel-

La section de peinture, conformément à l'arrêté du Comité d'instruction publique, fait un rapport sur le dessin de Philippe Caresme, présenté par Tassaert. La Commission arrête que ce rapport sera communiqué au Comité d'instruction publique[1].

Jussieu demande qu'il soit mis à la disposition du Muséum un ouvrage sur les vers à soie qui se trouve à la Bibliothèque nationale. La Commission arrête que cet ouvrage sera délivré au Muséum dans le cas seulement si cet exemplaire est double.

La Commission arrête que trois commissaires se concerteront au plus tôt pour l'organisation d'un directoire de la Commission; ils assigneront la latitude des pouvoirs qui seront confiés aux membres de ce directoire, détermineront les fonctions dont ils seront chargés et feront à ce sujet un rapport qui sera communiqué à la Commission. Les trois commissaires sont Varon, Le Blanc et Buache.

La section de peinture, chargée d'examiner un tableau annoncé par Plouvier comme sorti du pinceau de Van Dyck, fait part à la Commission que ce tableau ne vaut même pas la peine d'être restauré[2]. Picault à ce sujet propose à la Commission d'arrêter que tous les citoyens qui offriront à la République l'acquisition de tableaux ou autres objets d'arts et de sciences seront invités à les faire porter à la Commission, les jours d'assemblée, pour y être examinés par les sections qu'ils concerneront. La proposition de Picault est adoptée.

Lannoy dépose sur le bureau l'inventaire des objets d'arts trouvés dans la maison du condamné Perceval-Frileuse il demande que tous les objets désignés soient transportés au Dépôt national de la rue de Beaune. La proposition est adoptée[3].

que bonne lunette achromatique à grande ouverture et dont la longueur *focale* fût au moins de trois pieds et demi. Il me serait aussi fort avantageux d'avoir un compteur que je pusse porter à la campagne, où l'air est plus pur et où par conséquent les observations des satellites se font avec plus de précision que dans les observatoires de Paris, toujours plongés dans les vapeurs». (F^{17} 1050, n° 1.)

[1] Tassaert sollicitait à titre d'encouragement des fonds pour lui permettre d'effectuer la gravure du dessin de Caresme, lequel représentait les derniers moments de Châlier. Le rapport de Fragonard, Lebrun, Picault et Naigeon, en date du 13 vendémiaire, concluait par un avis défavorable, le but de Tassaert n'étant «qu'une spéculation mercantile». Deux lettres de Tassaert, datées des 13 germinal et 15 floréal an II, sont jointes à ce rapport. (F^{17} 1050, n° 1.)

[2] Le rapport de la section de peinture est signé de Picault, Le Brun, Naigeon, Fragonard, 15 vendémiaire. (F^{17} 1231, n° 3.)

[3] L'inventaire en question, signé de Lannoy, en date du 15 vendémiaire, com-

Le même fait un rapport sur des marbres à déplacer d'une chapelle à la ci-devant cathédrale dont Figeac a acheté la menuiserie qui en revêtit le pourtour. Sur sa demande, l'expert est autorisé à déplacer ces marbres, afin que Figeac puisse faire l'enlèvement de la menuiserie qui est sa propriété[1].

La section d'architecture et celle de musique font un rapport sur le déplacement d'un buffet d'orgue qui se trouve au-dessus de la principale porte d'entrée du Panthéon français, demandé par Séjan, organiste. Il résulte du rapport qu'il n'y a aucun inconvénient à effectuer ce déplacement. La Commission en adopte les conclusions et arrête que copie en sera envoyée à la Commission des travaux publics.

Nagus, commissaire du Domaine national, invite la Commission à faire enlever environ 800 volumes qui se trouvent chez Duvaucel[2], condamné. Renvoyé à la section de bibliographie.

Léonard Bourdon s'autorise d'un décret de la Convention nationale pour proposer à son institut tous les objets d'instruction qui lui seront nécessaires. La Commission arrête que L. Bourdon déposera sur le bureau le décret, déjà demandé plusieurs fois, en vertu duquel la Commission est chargée de lui remettre pour sa Société des objets d'instruction.

La Commission temporaire des arts autorise le citoyen Pasquier à accompagner au Temple les commissaires nommés pour inventorier les pompes du Cabinet d'Artois. Il sera fait mention au procès-verbal de l'offre qu'a faite ce citoyen de donner les renseignements qu'il peut avoir à ce sujet.

Richard provoque l'attention de la Commission sur le grand nombre d'exemplaires de l'*Encyclopédie méthodique* qui sont aujourd'hui au pouvoir de la Nation : il observe qu'il serait désavantageux que ces exemplaires, destinés aux bibliothèques publiques, restassent incomplets. La Commission arrête 1° qu'il sera fait un recensement général des exemplaires de cet ouvrage appartenant à la Nation et de l'état plus ou moins

---

prend des modèles de coupes de pierre (40 articles), des petits modèles de machines (12 articles) et 5 cahiers de l'ouvrage de Vicq d'Azyr sur l'anatomie. (F17 1265.)

[1] Le Département avait vendu à Figeac la menuiserie revêtant le pourtour des murs de cette chapelle. Voir le rapport de Lannoy et David Le Roy, en date du 15 vendémiaire. (F17 1265.)

[2] Duvaucel (Louis-Philippe), ex-fermier général, quoique ayant joué un rôle très effacé, fut condamné à mort le 19 floréal an II. (Arch. nat., W 362, n° 785.)

complet dans lequel ils se trouvent; 2° que lorsque le recensement sera fait, communication en sera donnée au Comité d'instruction publique en l'invitant à s'occuper des moyens de les compléter, s'il le juge à propos.

La section d'architecture fait un rapport sur la démolition de l'église de Franciade. La Commission arrête qu'il sera communiqué au Comité d'instruction publique[1].

La Commission temporaire des arts, instruite qu'il a été remis à celle d'agriculture et des arts des papiers provenant de la ci-devant Compagnie des Indes et que parmi il y en a un grand nombre qui sont relatifs à la navigation de l'Inde, ainsi que des journaux, des cartes et des plans hydrographiques, arrête que la Commission d'agriculture et des arts sera invitée à mettre en réserve tous les objets qui peuvent intéresser la navigation et à en faire faire un inventaire, ou permettre qu'il soit fait par la Commission temporaire des arts.

La Commission, délibérant sur la nécessité de transférer la bibliothèque d'Artois hors de l'Arsenal, arrête que la section de bibliographie et celle d'architecture se transporteront au Luxembourg et examineront s'il y aurait un local à (sic) la recevoir[2].

---

[1] Ce rapport, de David Le Roy et de Lannoy, est du 15 vendémiaire; il conclut en faveur de la conservation de l'église de Franciade et de son clocher : «On voit par l'arrêté du Comité de salut public du 1ᵉʳ ventôse, dit-il, que c'était son vœu, que ce vœu n'a pas été rempli, puisque l'arrêté contient, articles 1 et 3, l'ordre précis de recouvrir l'église en tuiles ou en ardoises, dès que le plomb en serait enlevé.

«On voit encore avec douleur que la disposition si sage de cet arrêté, relative à la couverture de ce bel édifice gothique, n'a pas été suivie par la Commission des armes, qui était chargée de l'exécuter. On voit enfin que ce n'est qu'à la sollicitation du directoire de Franciade que ce Comité a pris un second arrêté qui permet la vente de l'église. Nous demandons tous que la Commission temporaire ne néglige rien pour obtenir le rapport de ce second arrêté et nous demandons que les dispositions du premier arrêté de ce Comité soient exécutées très promptement.» (F17 1265.)

[2] Dans leur rapport, non daté, Barrois l'aîné, Poirier, Ameilhon, David Le Roy et Lannoy disent qu'on «pourrait disposer de la galerie dite de Rubens, à droite de la cour, et de celle à gauche, y communiquer en couvrant les terrasses aux deux côtés de la porte d'entrée, ce qui établirait une suite non interrompue de galeries de 88 toises de longueur; il est aussi très facile d'arriver à cette bibliothèque momentanément sans entrer dans l'intérieur de la cour de la maison d'arrêt, où l'on pourrait dès à présent transporter la bibliothèque de l'Arsenal.

«Les corps de tablettes qu'elle occupe actuellement ont en superficie 8,826 pieds; dans le nouveau local il peut y en avoir 13,210 pieds superficiels, ce qui produit en plus une superficie de 4,384 pieds... La dépense consiste dans la démolition d'une quantité de faibles cloisons

[6 oct. 1794]   DE LA COMMISSION TEMPORAIRE DES ARTS.   451

On propose d'arrêter que lorsqu'il n'y aura pas de séance le quintidi ou le décadi, elle aura lieu le lendemain. La proposition est adoptée.

La section de peinture, chargée de prendre des renseignements sur les talents et la demande en réquisition faite par le citoyen Dufour, fait son rapport, duquel il résulte que les talents bien ordinaires de ce citoyen pour des tableaux de fleurs en aquarelle et gouache ne sont point un motif suffisant pour demander sa réquisition pour ce genre d'ouvrage. La même section observe que le citoyen Dufour a déposé un catalogue d'objets d'histoire naturelle, qui lui a semblé mériter l'attention et l'examen de la section d'histoire naturelle. Renvoyé à cette section, qui jugera par un rapport si ce citoyen doit être mis en réquisition pour cette partie.

Desfontaines dépose sur le bureau deux inventaires, l'un de l'herbier de Malesherbes, l'autre de divers objets de botanique qui se trouvent chez Labrousse. Il propose, et la Commission arrête : 1° que les plantes de serre chaude du jardin de Marbeuf seront transportées dans le jardin de Boutin, rue de Clichy [1]; 2° que le Comité d'instruction publique sera invité à autoriser le jardinier de la maison Boutin à acheter la quantité de bois et de tanée nécessaire à la conservation des végétaux de serre chaude déposés dans cette propriété nationale.

Lebrun fait un rapport sur la demande faite à la Commission temporaire des arts, des bronzes qui peuvent être livrés à la fonte et qui sont déposés au Dépôt national du Roule [2]. La Commission en adopte

et de planchers d'entresols qui forment actuellement des distributions d'appartement dans la galerie à gauche de la cour qui, primitivement, était comme la galerie de Rubens, et dans la construction des galeries de communication qui couvriraient les deux terrasses. Nous pensons que le local désigné à la maison du Luxembourg offre tous les avantages qu'on peut désirer pour l'établissement de la bibliothèque de l'Arsenal; possibilité de l'y établir à demeure et de la rendre publique par une entrée indépendante de la maison d'arrêt, corps de garde existant à côté de cette entrée, logement du bibliothécaire tout fait, enfin la possibilité d'effectuer le transport presque tout de suite.» (F17 1265.)

[1] Le 20 vendémiaire an III, le Comité d'instruction publique prit un arrêté conforme et décida que les plantes de serre chaude du jardin de Marbeuf seraient incessamment transportées dans le jardin de Boutin, rue de Clichy. (J. Guillaume, *Procès-verbaux*, etc., t. V, p. 123.)

[2] Le 18 vendémiaire, la Commission des arts écrivait à la Commission exécutive de l'instruction publique : «La Commission... à qui votre lettre a été renvoyée par le Comité (d'instruction publique) a fait un rapport, d'après lequel vous connaitrez quels sont les objets qui peuvent être livrés à la fonte et quels sont ceux qu'on doit conserver comme monuments propres aux arts et à l'instruction.» (F17 1046.)

les conclusions et arrête que copie en sera adressée en réponse à la lettre.

Elle arrête, en outre, que le Conservatoire fera enlever trois voitures des bordures venant des tableaux de la Maison Commune, relatées dans le rapport de Lebrun[1]. Nadreau est autorisé à effectuer ce transport.

La section des dépôts littéraires, chargée de prendre des informations sur le citoyen Henry, commissaire des guerres, accusé par le district d'Issoire d'avoir enlevé des livres en venant faire la recherche des matelas, fait son rapport, d'où il résulte qu'il y a deux commissaires des guerres de ce nom, mais qu'aucun n'avait été employé dans le district d'Issoire, qu'au surplus la Commission du mouvement des armées ferait de plus amples informations et en avertirait la Commission. Il est arrêté qu'il sera écrit au district d'Issoire pour lui demander à ce sujet des renseignements positifs.

Thillaye fait part à la Commission des difficultés qu'il a éprouvées à

---

[1] Rapport de Lebrun, 15 vendémiaire (F17 1231, n° 37): «Je vous propose de garder, dit-il, 1° les quatre figures venant du pied (sic) de la place des Victoires, chef-d'œuvre de la sculpture française, par Desjardins; 2° les superbes casques, étendards, sabres et autres objets du même goût et des plus belles formes qui en dépendent; 3° les quatre figures du pied de Henri IV dont le dessin svelte et léger honore les premières antiquités de la France; 4° le beau bas-relief de Michel Anguier du pont au Change, sculpté en pierre de Tonnerre, et la Renommée en bronze; 5° sept masques de fontaines, par Girardon et Bouchardon, qu'un moment permettra de replacer aux monuments qu'ils décoraient; 6°(que) les statues de Louis XIII et de sa femme et son fils, venant du pont au Change, par Anguier, soient réservées pour être renversées au pied du colosse du peuple souverain; 7° un vase de mauvaise forme, mais surmonté de trois enfants portant un cœur dans le style de Jean Goujon, venant de Saint-André-des-Arcs; 8° le pied gauche, la statue de Louis XIV de la place Vendôme pour conserver la proportion de ces monuments qui, placés auprès du pied du peuple français, montrera la petitesse de leurs monuments dans ceux qu'ils regardaient comme les plus grands. J'ai maintenant à vous proposer de livrer à la fonte des canons: 1° la statue de Louis XIV venant de la Maison commune; 2° tous les débris du cheval de Henri IV; 3° les inscriptions dégoûtantes qui flagornaient ces tyrans; 4° nombre d'objets provenant des églises, inutiles aux arts.»

Les quatre figures du piédestal du monument de Desjardins furent transportées à l'Hôtel des Invalides; le Musée du Louvre possède six bas-reliefs en bronze. Cf. Catalogue des sculptures, n°* 653-658. Quant aux statues en bronze de Louis XIII, de Louis XIV enfant et d'Anne d'Autriche, œuvre de Simon Guillain, elles sont au Musée du Louvre. (Voir Catalogue, n°* 702-706.)

De la statue équestre de Louis XIV, par François Girardon, qui se trouvait sur la place Vendôme, il ne reste plus en effet qu'un débris, le pied gauche du Roi, conservé au Musée du Louvre (n° 692).

[6 oct. 1794] DE LA COMMISSION TEMPORAIRE DES ARTS. 453

l'Agence nationale sur la levée des scellés des Écoles nationales de chirurgie, mais que ces difficultés ont été levées en décidant que l'on donnerait des pouvoirs nouveaux au commissaire nommé pour la levée des scellés, qu'on supprimerait l'estimation et que le conservateur serait obligé, lors de la levée des scellés, de donner l'inventaire du cabinet et de la bibliothèque[1].

Lenoir, garde du Dépôt des Petits-Augustins, remet sur le bureau l'état des objets entrés dans le dépôt depuis le 1er jusqu'au 15 vendémiaire.

La section des dépôts littéraires dépose les inventaires des livres trouvés dans la maison de Puissant[2], rue Ménard; celui des livres trouvés dans la bibliothèque de Deville, place des Piques; l'état des livres trouvés dans la bibliothèque de Bouthillier, émigré, rue des Fossés-Montmartre, et celui des livres trouvés dans la maison Lambert[3].

La section de peinture fait un rapport sur les inventaires d'Aix, d'Avignon et de Marseille envoyés par Goupy[4]. Elle demande qu'il soit écrit à ce citoyen que la Commission est satisfaite des différents états qu'il lui a envoyés, et que la Commission propose au Comité d'instruction publique les mesures d'encouragement à prendre envers les commissions d'artistes formées par les autorités constituées pour le recueillement des objets d'arts et de sciences. Ces deux propositions sont adoptées.

Bruni dépose sur le bureau les inventaires des instruments de musique provenant de Duvaucel, de la maison Egalité, de Lavoisier et de Prédicant[5].

[1] Rapport de Thillaye, 15 vendémiaire. (F17 1164.)

[2] Puissant (François) et Deville (Nicolas), ex-fermiers généraux, furent condamnés à mort le 19 floréal an II (Arch. nat., W 362, n° 785), leurs livres furent portés au Dépôt de la rue Saint-Marc.

[3] L'inventaire des livres de l'émigré Bouthillier comprend 164 articles, qui furent remis au Dépôt de la rue Saint-Marc, le 15 vendémiaire; l'inventaire de ceux de la maison Lambert, beaucoup plus considérable, compte 464 articles, ces livres furent envoyés au même dépôt le même jour. (F17 1198-1199.)

[4] Ce rapport, du 15 vendémiaire, signé Picault, Naigeon jeune, Fragonard, Lebrun, constate notamment que l'inventaire de Marseille est en majeure partie relatif à la collection Choiseul-Gouffier «qui, sans la surveillance et l'activité de la Commission temporaire des arts, serait sortie de la République». (F17 1231, n° 3.)

[5] Inventaires relatifs: à Duvaucel rue Cadet, n° 8, 11 vendémiaire (un forte piano de Johannes Pohlmann, année 1772); à Égalité, 14 vendémiaire (un forte piano de Frederic Beck, année 1779); à Lavoisier, boulevard de la Madeleine, n° 243, 13 vendémiaire (un forte

Lannoy remet l'inventaire[1] des objets trouvés dans la maison du Temple et dépendant de la succession de Charles-Philippe Capet, émigré. L'expert est chargé de transporter les objets désignés au Dépôt national, rue de Beaune.

La section des dépôts littéraires fait un rapport sur les manuscrits provenant de Bruxelles, et qui sont à réintégrer dans la Bibliothèque nationale. Elle propose, et la Commission arrête que les manuscrits provenant de la bibliothèque de Bourgogne, à Bruxelles, et déposés à la Bibliothèque en 1746, portant l'estampille ou la reliure de ladite bibliothèque, y seront réintégrés[2].

Le secrétaire fait part à la Commission qu'il a donné au représentant du peuple Laurent le reçu d'un manuscrit et de soixante-dix-sept médailles et monnaies en cuivre; il dépose ces objets sur le bureau.

SÉANCE DU 21 VENDÉMIAIRE,
L'AN 3ᴱ DE LA RÉPUBLIQUE (13 OCTOBRE 1794).

Portrait du chancelier Séguier, par Lebrun. – Recherche d'un local pour les manuscrits. – Bibliothèques du district de Pontoise. – Herbier de J.-J. Rousseau. –

piano de Zimmermann, année 1786); à Prédicant, rue du Petit-Lion, n° 33, 12 vendémiaire (deux violons et une guitare). [F¹⁷ 1054, n° 3.]

[1] L'inventaire, non daté, de Lannoy, mentionne les deux objets suivants : 1° carte manuscrite du ci-devant fief de Reuilly, près Paris; 2° modèle en relief du château de Turny (route de Commune Affranchie). [F¹⁷ 1265.]

[2] Ce rapport sur les manuscrits provenant de Bruxelles, daté du 15 vendémiaire, est signé de Barrois l'aîné, P. Langlès et Poirier. Parmi ces documents, y est-il dit, se trouvent un certain nombre de manuscrits de la bibliothèque de Bourgogne à Bruxelles, qui ont déjà fait le voyage de France. Nos généraux les avaient enlevés en 1746 et ils sont restés à la Bibliothèque nationale jusqu'en 1770, époque où, les tyrans des deux nations s'étant réunis par une alliance, la restitution des manuscrits de Bruxelles fut un des articles du traité. Aujourd'hui que nous les avons recouvrés, le garde général des manuscrits de la Bibliothèque nationale les réclame comme ancienne portion du dépôt qui lui est confié. Rien de mieux fondé que cette demande; nous croyons que la Commission «doit accéder». (F¹⁷ 1081, n° 1.)

Lors de la prise de Bruxelles par les Français, en 1746, les débris de la bibliothèque des ducs de Bourgogne furent découverts dans les souterrains de la chapelle du palais. On y prit 188 volumes destinés à la bibliothèque du Roi; d'après la convention du 16 mai 1769, les commissaires des Pays-Bas réclamèrent les manuscrits enlevés en 1746, et la Bibliothèque rendit, en 1770, 80 volumes magnifiquement reliés aux armes du Roi. Cependant Bignon aurait conservé 28 volumes. (Cf. L. Delisle, *Le Cabinet des manuscrits de la Bibliothèque nationale*, t. 1, p. 418.)

Jansen, éditeur des œuvres de Winckelmann. — Ouvrage du citoyen Plassiard. — Rapport sur l'église de Franciade. — Tableaux offerts par Lebrun. — 12,000 ll pour les dépenses de la Commission. — Indemnités des membres de la Commission. — Compte à rendre par la Commission. — Buache, agent par intérim. — Pétition de Théophile Mandar. — Demande de Pomme, représentant du peuple. — Réclamation de Closquinet. — Lettre de Duplanil, médecin. — Leclerc, nommé membre de la Commission en remplacement de Vicq-d'Azyr. — Pétitionnaires. — Commission de santé. — Collection de tableaux à Dusseldorf. — Vitraux de la Chartreuse de Rouen. — Michalon, adjoint à la section de peinture. — Lemoyne, représentant du peuple, en mission dans la Haute-Loire. — Bibliothèque du district de Franciade. — Commissaires à Fontainebleau. — Montre d'Émery. — Mémoires de dépenses. — Dépôts littéraires de Versailles. — Rapport de Thouin sur les domaines nationaux de Seine-et-Oise. — Conservation des bêtes fauves. — Objets de physique mis à la disposition de l'Agence des mines. — Objets d'arts et d'antiquités du château de Fontainebleau. — *Portrait de Marat,* par Tourcaty. — Travaux de la Commission des arts de Versailles. — Demande de Mulot. — Transports aux Petits-Augustins sans autorisation de la Commission. — Chaire de Saint-Étienne-du-Mont. — Offre à la Nation de collections d'histoire naturelle. — Objets d'art à Cologne. — Demande de Cotte, météorologiste. — Envoi au Dépôt des machines de la presse d'Anisson. — Établissement de l'Imprimerie nationale. — Inventaire par Fragonard. — Rapports de Thillaye. — Mémoires des travaux de Nadreau, menuisier. — Dépôt par la section des dépôts littéraires d'inventaires de livres. — Bibliothèque du séminaire Magloire. — Inventaires par Lebrun et Bruni. — Liste des émigrés. — Inventaire de Pontgibault. — Visite des bâtiments nationaux avant la mise en vente. — Organisation de commissions dans les districts. — Observations de Dufourny sur le château d'Écouen. — Inventaire du cabinet de zoologie de Dupuget par Richard. — Arrêté à obtenir du Comité d'instruction publique pour réglementer la sortie des objets conservés dans les dépôts. — Dégradations des arbres de l'Arsenal. — Palmiers de Brunoy à transporter au Muséum.

Après la lecture du procès-verbal qui est adopté avec quelques légers changements, le président passe à la lecture de la correspondance.

Les administrateurs du district de Troyes font passer à la Commission des renseignements sur le tableau du chancelier Séguier; il en résulte que ce tableau, d'abord démonté et plié par ignorance pour le soustraire au ravage du peuple égaré, est maintenant au musée de Troyes, roulé sur un cylindre en bois, un peu dégradé, mais nullement écaillé. Mention au procès-verbal [1].

---

[1] D'après la lettre des administrateurs du district de Troyes, en date du 11 vendémiaire, le tableau en question fut retiré de son cadre et enroulé, lors du passage

Par arrêté du Comité d'instruction publique, la Commission temporaire des arts fera les recherches les plus promptes d'un local propre à recevoir tous les manuscrits existant dans les divers dépôts provisoires et en fera son rapport au Comité. Renvoyé aux sections d'architecture et de bibliographie.

Les commissaires bibliographes du district de Pontoise adressent à la Commission plusieurs catalogues de bibliothèques d'émigrés et condamnés. Mention au procès-verbal.

L'agent national provisoire du district de Coiron fait passer à la Commission quatre feuillets d'herbiers de J.-J. Rousseau[1]. Mention au procès-verbal.

Jansen[2] invite la Commission à nommer un commissaire pour l'examen des œuvres complètes de Winckelmann dont il est l'éditeur et le propriétaire. Renvoyé au Comité d'instruction publique.

La Commission d'agriculture et des arts renvoie à celle des arts une instruction sur le calcul décimal avec une lettre du citoyen Plassiard, auteur de cet ouvrage élémentaire. Renvoyé au Comité d'instruction publique.

La Commission des secours publics accuse la réception de l'extrait des délibérations de la Commission temporaire des arts et le rapport de ses commissaires sur la démolition de l'église de Franciade. Elle annonce qu'elle a transmis ces pièces à la Commission des travaux publics, avec invitation de se concerter avec celle des arts pour la conservation des monuments et de tous les objets utiles à la République. Mention au procès-verbal.

---

des volontaires en septembre 1792; il resta dans la commune de Liébault jusqu'en germinal an 11, époque à laquelle il fut transporté à Troyes et déposé au Musée. (F¹⁷ 1239.)

[1] Flaugergues, agent national provisoire du district de Coiron, écrit d'Aubenas le 9 vendémiaire : «Vous n'avez pas été exactement informés, lorsqu'on vous a assuré qu'il existait à Antraigues, chez le ci-devant comte de ce nom, des manuscrits de J.-J. Rousseau. Les personnes qui fréquentaient le plus le ci-devant château de la Bastide m'ont assuré qu'il n'y avait jamais eu de ce philosophe célèbre autre chose que quatre feuillets d'herbier... Ces feuillets, que l'émigré d'Antraigues avait fait encadrer, ont été heureusement conservés lors de l'incendie de son ci-devant château, et je me hâte de vous les faire passer, rien de ce qui appartient à l'illustre et malheureux ami de la vérité et de l'humanité ne devant être négligé...». (F¹⁷ 1239.)

[2] Jansen (Henri), traducteur hollandais, fixé à Paris depuis 1770, traduisit en français plusieurs ouvrages du célèbre archéologue allemand Winckelmann, notamment son *Histoire de l'art dans l'antiquité*, 1798-1803, 3 vol. in-8°.

Le Comité d'instruction publique désire que la Commission, avant de prononcer sur l'acquisition des tableaux et autres objets précieux offerts à la République par Lebrun en payement des sommes qu'il lui doit, que la Commission nomme quelqu'un de ses membres pour en vérifier l'estimation et l'invite à lui en rendre compte incessamment. Renvoyé à la section de peinture à laquelle Langlez est adjoint[1].

---

[1] Au sujet de cette créance de la République sur Lebrun, le Comité d'instruction publique avait écrit au Comité des finances, le 27 fructidor an II, la lettre suivante : «Nous sommes instruits que l'agent du Trésor public se dispose à faire procéder à la vente des meubles et effets du citoyen Lebrun, que les affiches sont imprimées et que cette vente est indiquée pour le 29 de ce mois. Le citoyen Lebrun, débiteur envers la République d'une somme d'environ 86,000₶, avait offert de transporter à la Nation, en compensation de sa dette, plusieurs tableaux et collections précieuses qu'il possède. Le Comité d'instruction publique s'était occupé de cette affaire et avait nommé des commissaires pour examiner et apprécier les objets d'arts qui pourraient trouver place au Muséum. Le renouvellement du Comité et plusieurs autres circonstances n'ont pas permis de prendre un parti définitif. Cependant, il serait nuisible aux intérêts de la République de laisser passer en des mains étrangères une collection précieuse que la Nation peut acquérir sans rien débourser. Le Comité se propose de prendre une prompte décision sur l'offre du citoyen Lebrun; nous vous invitons donc à donner les ordres les plus prompts pour suspendre la vente projetée».

Le 18 vendémiaire an III, le même Comité avait écrit à la Commission des arts pour l'inviter à vérifier l'estimation des tableaux offerts par Lebrun. Le 22 vendémiaire, les commissaires Langlez, Fragonard, Picault, Naigeon faisaient un rapport favorable, déclarant que les prix proposés par Lebrun étaient très modérés.

De son côté, le Conservatoire du Muséum national des arts, consulté précédemment sur l'offre de Lebrun, avait, le 3 messidor an II, émis un avis favorable.

«*État des tableaux, dessins, marbres, plâtres et meubles proposés par le citoyen Lebrun en acquit des sommes par lui dues à la République :*

«*Tableaux.* — Rosaire, par Crayer (estimé 7,200₶); Repos en Égypte, par Jordaens, provenant des couvents supprimés en Flandre (4,800₶); Paysage, par Glaubert et G. Lairesse, venant d'Amsterdam (6,000₶); Les deux envoyés de Tipoo, par Lebrun (4,800₶); Reniement de saint Pierre, par Seghers (3,000₶); deux portraits, par Antonio More (4,800₶); deux portraits, par Jordaens (3,000₶); deux tableaux faits en Italie pour M. de Choiseul, par Robert (3,000₶); deux dessins, par Lebrun (3,600₶); sept dessins, par différents maîtres (1,500₶).

«*Marbres.* — Figure antique (3,000₶); deux bustes en porphyre : Auguste et Vespasien (9,000₶); deux bustes : Raphaël et Rubens (3,000₶); deux colonnes (2,400₶); deux tables vert campan sur pieds dorés (2,000₶); six socles dont partie ornés de bronzes (1,500₶).

«*Plâtres venant de Rome.* — L'Apollon (1,500₶); L'Antinoüs (500₶); La Comédie et la Tragédie (1,800₶); La Vénus accroupie (500₶); La Vénus de Médicis (500₶); deux Muses (1,800₶); treize bustes (750₶).

«*Meubles.* — Six grands meubles de Boulle, en écaille et marqueterie, ornés de bas-reliefs et ornements en bronze doré (13,600₶); deux autres *idem* (2,400₶); trente-six à quarante pieds d'armoires vitrées (2,400₶). Total : 86,550₶.» (F¹⁷ 1245.)

Le Comité d'instruction publique, sur la demande faite par la Commission temporaire des arts de nouveaux fonds pour acquitter les dépenses qu'elle a faites et les dépenses courantes, arrête que la Commission d'instruction publique fera passer à l'agent de la Commission des arts, sur les fonds mis à sa disposition, la somme de 12,000 livres, à la charge d'en vérifier l'emploi.

Sur l'observation d'un membre que, si les indemnités des membres de la Commission pour les mois de thermidor et fructidor étaient prises sur les 12,000 livres, cette somme serait presque aussitôt épuisée que reçue, la Commission arrête que le Comité d'instruction publique sera invité à donner au plus tôt un arrêté particulier pour le payement des indemnités des membres de ladite Commission pour les deux mois de thermidor et fructidor, dont les états lui ont été remis, et un arrêté général qui autorise par la suite la Commission exécutive à ordonnancer chaque mois le payement des indemnités.

Le Comité d'instruction publique, considérant qu'il est essentiel d'établir pour la vérification de toutes les dépenses faites par la Commission temporaire des arts le mode de comptabilité prescrit par les lois pour toutes les dépenses de la République, arrête que la Commission temporaire des arts rendra compte à la Commission de l'instruction publique de l'emploi de toutes les sommes mises jusqu'à ce jour à sa disposition et de celles qui y seront mises à l'avenir.

Varon observe que ses occupations ne lui permettent pas de se livrer aux travaux de la Commission en qualité d'agent : il demande à être remplacé. La Commission arrête à l'unanimité que Buache remplira les fonctions d'agent par intérim.

Le Comité d'instruction publique renvoie à la Commission temporaire des arts une pétition de Théophile Mandar ayant pour objet la traduction d'un nouvel ouvrage anglais, naturellement lié à celui qu'il a déjà traduit, et pour lequel le Comité lui a accordé une indemnité, et l'invite à examiner la pétition avec cette impartialité qui concilie l'économie et l'instruction publique. La pétition est renvoyée à Buache.

Le Comité d'instruction publique renvoie à la Commission une demande faite par le représentant du peuple Pomme[1] au Comité de salut

---

[1] Pomme (André), député de la Guyane à la Convention nationale; élu le 24 novembre 1792, prit séance le 10 avril 1793; nommé député au Conseil des Cinq-Cents, en sortit le 20 mai 1798; fut nommé agent maritime à Ostende.

public, tendante à faire transporter au Muséum de Paris une collection précieuse d'échantillons de nombreuses espèces de bois qui croissent dans la Guyane, et qui se trouve entre les mains de Bourgon, ci-devant gouverneur de Cayenne, qui a la notice des propriétés de ces diverses espèces de bois et l'indication des lieux où ils croissent. Pomme expose qu'il est intéressant de faire venir à Paris cette collection et il propose d'envoyer à cet effet Mathelin, habitant de Cayenne, et actuellement à Paris, vu que ce citoyen a une parfaite connaissance de cet objet. La Commission, jugeant combien une collection de cette nature serait intéressante pour la République, pense que l'autorisation peut être donnée à Mathelin, et arrête que son vœu sera communiqué au Comité d'instruction publique.

Les administrateurs du district de Versailles écrivent à la Commission [1] qu'ils ont reçu son arrêté qui approuve la réclamation faite par Closquinet d'une somme de 400 livres pour un travail relatif à la collection de machines provenant du ci-devant abbé [de] Monstuéjouls : ils redemandent le mémoire qui contient l'inventaire des objets de cette collection et qui accompagnait la réclamation.

La Commission arrête que les administrateurs du district de Versailles seront avertis que l'inventaire et le mémoire ont été remis à un des commissaires artistes de Versailles, présent à la séance, et qu'ils doivent se trouver entre les mains des administrateurs.

Le Comité d'instruction publique renvoie à la Commission une lettre de Duplanil [2], médecin, qui demande : 1° la levée des scellés apposés sur les effets de Froullé [3], libraire, condamné; 2° la vente de ce qui reste de la quatrième édition de la *Médecine domestique,* dont il est le traducteur et le propriétaire; 3° que le traité fait entre lui et Froullé sous seing privé, dont le double est sous les scellés, soit maintenu pour la Nation. On observe à ce sujet que beaucoup d'objets en tout genre se trouvant sous les scellés, l'intérêt de la Nation et des créanciers souffri-

---

[1] Par lettre datée du 18 vendémiaire an III (Arch. nat., F¹⁷ 1044), Closquinet était qualifié par les administrateurs de professeur de physique au palais national de Versailles.

[2] Duplanil (J.-J.), médecin du comte d'Artois, né à Paris en 1740, mort à Argenteuil le 7 août 1802, traduisit de l'anglais l'ouvrage du médecin écossais Will Buchan, intitulé : *La Médecine domestique, ou traité complet des moyens de conserver sa santé,* qui eut de nombreuses éditions.

[3] Froullé (Jacques-François), libraire imprimeur, avait été condamné à mort le 13 ventôse an II. (Arch. nat., W 332, n° 566.)

rait d'autant plus que les scellés exigent des gardiens qui coûtent très cher, et que les collections, ou se dégradent, ou courent risque d'être dégradées. La Commission arrête que les sections de physique, de bibliographie, de peinture et d'histoire naturelle feront un rapport général sur toutes les collections et dépôts qui se trouvent maintenant sous les scellés, et sur la nécessité de lever ces scellés et de vendre les objets autres que ceux réservés pour les dépôts nationaux, tant au profit des créanciers qu'à celui de la Nation.

On observe encore qu'avant de procéder à la vente des objets, il est nécessaire que l'estimation en soit faite, mais que la difficulté de réunir des estimateurs et le mode qu'ils emploient dans l'estimation rendent les opérations longues et dispendieuses. La Commission arrête que les citoyens Lebrun, Nitot, Fortin et Lenoir présenteront leurs vues et leurs observations sur les estimateurs et sur le traitement à leur accorder, et qu'elles seront communiquées au Comité d'instruction publique.

Leclerc, médecin des armées de la République, agréé par le Comité pour remplacer Vicq-d'Azyr, demande ce qui lui reste à faire pour se présenter aux séances de la Commission. Il est arrêté qu'il sera écrit à Leclerc pour l'inviter à se présenter à la séance [1].

Les citoyens Bernier, Dufour, Bruley, Cornuel et Jus demandent de l'emploi à la Commission. Leur demande est renvoyée aux commissaires chargés d'examiner les pétitions des citoyens.

La Commission de santé prévient celle des arts que l'évacuation des malades de la maison d'Écouen vient d'être arrêtée définitivement, et que sous peu de jours le bâtiment sera entièrement à la disposition de la Commission [2]. Mention au procès-verbal.

Renouard rappelle à la Commission qu'à Dusseldorf il existe une collection précieuse de tableaux [3], qu'il importe beaucoup pour les arts de faire transporter dans l'intérieur de la République, aussitôt que nos troupes victorieuses seront entrées dans cette ville. La lettre est

---

[1] Une lettre fut écrite, le 24 vendémiaire, à Leclerc pour l'inviter à venir prendre place aux séances de la Commission. (F^{17} 1046.)

[2] Lettre de la Commission de santé, 15 vendémiaire (F^{17} 1048). D'après cette lettre, les malades d'Écouen devaient être transportés à Choisy.

[3] Cette collection de tableaux, qui se trouvait dans l'ancien château de cette ville bombardé en 1795, fut en grande partie transportée à Munich en 1805.

renvoyée au Comité d'instruction publique, avec invitation d'écrire à ce sujet aux représentants du peuple près les armées de Sambre-et-Meuse pour appeler leur attention sur cette collection précieuse.

La section de peinture propose et la Commission arrête qu'il sera écrit au propriétaire actuel de la ci-devant Chartreuse de Rouen pour l'inviter à conserver soigneusement les vitraux peints qui s'y trouvent et qui paraissent intéressants pour les arts.

On observe que, les dégradations se commettant le plus souvent dans les objets de sculpture, il était essentiel d'adjoindre à cette section un citoyen actif et intelligent pour en partager les travaux. La Commission nomme unanimement Michalon, et arrête que cette nomination sera proposée au Comité d'instruction publique.

Sur le rapport de Charles, la Commission arrête qu'il est autorisé à remettre au citoyen Lemoyne, représentant du peuple, envoyé en mission dans la Haute-Loire, une lunette de Ramsden, de la longueur de deux pieds, sur le récépissé dudit citoyen Lemoyne[1].

Les sections d'architecture et de bibliographie font un rapport sur la bibliothèque du district de Franciade et sur le local à lui assigner. Ce rapport, dont les conclusions sont adoptées, est renvoyé au Comité d'instruction publique; copie en sera adressée à la Commission des secours, section des hôpitaux.

Dardel et Bonvoisin, commissaires nommés pour se transporter à Fontainebleau, font leur rapport. Les conclusions en sont adoptées[2].

---

[1] Lemoyne (Jean-Claude), député de la Haute-Loire à la Convention nationale, fut envoyé le 15 vendémiaire an III dans la Loire, l'Ardèche et la Haute-Loire pour y surveiller les travaux de l'exploitation des mines et des manufactures d'armes.

[2] *Rapport de Dardel et Bonvoisin, chargés par la Commission temporaire des arts d'examiner de nouveau les objets mis par elle en réserve dans le ci-devant château de Fontainebleau et de déterminer ceux d'entre eux qu'il est instant de faire transporter à Paris,* 21 vendémiaire an III. Ce rapport est ainsi conçu : «Après avoir examiné scrupuleusement tous les objets d'art réservés tant dans le ci-devant château de Fontainebleau que chez les citoyens Peyre et Panis, ci-devant contrôleur et inspecteur dudit château, nous avons fait choix des plus beaux, et nous pensons qu'ils doivent d'abord être enlevés, ainsi que ceux qui par leur position actuelle font craindre qu'ils ne se dégradent. Le nombre et la désignation de ces objets se trouvent dans la note ci-jointe que nous en avons faite.

«Parmi ces objets il en est un certain nombre déposés dans le jardin du citoyen Panis, dont la Commission n'avait pas encore pu prendre connaissance. Ils consistent en 5 statues antiques mutilées, dont l'une représente une Cléopâtre assez belle; plusieurs fragments antiques de statues, bas-reliefs, bustes, tombeaux, etc., et quelques tableaux que nous présumons faire

La Commission temporaire des arts, après avoir entendu le rapport de sa section de physique sur la montre d'Émery qui se trouve entre les mains de Robin, en adopte les conclusions et arrête que la montre sera retirée dans l'état où elle se trouve.

Un état de dépenses faites par Dardel, Bonvoisin et Jolain pour leur voyage à Fontainebleau, montant à 130 l. 10 s., visé par l'agent, est adopté.

Un mémoire de David Leroy, pour son voyage à Franciade, montant à 10 livres, visé par l'agent, est adopté.

partie de la suite de l'histoire de Clorinde, dont plusieurs tableaux sont au château. Nous avons aussi noté une Vénus antique mutilée, dont les cuisses et les jambes sont modernes. Au surplus, nous croyons que la Commission approuvera le soin que nous avons pris de recueillir une grande quantité d'objets qui, quoique mutilés, portent l'empreinte du goût sévère et de la pureté du style antique». Dardel et Bonvoisin proposent ensuite de faire transporter à Paris les très nombreux chambranles de marbre précieux qui se trouvent dans le château, tant en place que déplacés. Leur transport par la Seine sera peu dispendieux et leur vente à Paris produira davantage. « Nous nous résumons donc, disent-ils, en demandant que l'enlèvement et le transport à Paris des objets d'art mis en réserve à Fontainebleau par la Commission n'ait lieu, quant à présent, que pour ceux qui sont désignés dans notre note, attendu que le surplus, tel que les différentes peintures à enlever de dessus place, le buffet d'orgue, les marbres de la chapelle, les glaces des croisées des appartements, etc., nécessitent des opérations et un travail préliminaire qu'il convient de faire sans précipitation. En conséquence, nous désirons que le citoyen Jolain soit autorisé à faire effectuer le plus tôt possible le transport à Paris des objets qu'il est urgent d'y faire transporter... »

Nous résumons ci-après la note des objets d'art à enlever dont il est question plus haut dans le rapport de Dardel et Bonvoisin : *Cour du Cheval-blanc.* Sur les piédestaux des fontaines, deux statues en marbre blanc (Bacchus et un Berger); dans les niches sous le grand perron, deux statues en marbre (consuls romains). — *Chapelle du château.* Peintures : tableau du maître-autel (Descente de croix, dit d'Ambroise Dubois), Mariage de sainte Catherine (copie d'après le Corrège), Vierge de Stella; deux statues en marbre blanc (Saint Louis, Charlemagne), quatre anges de bronze doré, Diane, le Tireur d'épine, trois bustes, bas-relief représentant une bataille, quatre chiens, deux vases (tous ces objets aussi en bronze); tabernacle (marbre), bas-relief (marbre), de très nombreux pilastres, colonnes, tables, chambranles en marbre. — *Galerie François Ier* : tableau (Minerve) et un chambranle composé de deux sphinx. — *Œil-de-bœuf* : six tableaux au plafond et cinq autour de la pièce. — *Chambre à coucher* : un chambranle. — *Chambre du Conseil; Bibliothèque, Salle de bain, Salon de jeu et annexes*: chambranles et tables, quatre tableaux de Robert. — *Appartement de la ci-devant Reine* : trois petits bas-reliefs antiques. — *Chapelle de la haute cour du Donjon :* un bénitier, deux colonnes, quatre tableaux. — *Cour du Donjon* : Apollon, Mercure, Vénus, Cléopâtre, le Rémouleur, le Gladiateur, Laocoon et Hercule Commode (huit statues bronze moulées sur l'antique), deux bustes antiques (bronze). — *Chapelle basse* : bas-

Un état de Barrois, montant à 4,360 l. 16 s., visé par l'agent, est adopté.

La section de bibliographie, chargée de visiter l'état des dépôts littéraires de Versailles et d'en rendre compte à la Commission, fait son rapport. Les dispositions en sont adoptées et renvoyées au Comité d'instruction publique.

Thouin, au nom des commissaires envoyés dans le département de Seine-et-Oise pour en examiner les domaines nationaux, fait un rapport. La Commission en adopte les conclusions et le renvoie au Comité d'instruction publique avec invitation de le faire livrer à l'impression [1].

Pour répondre aux vues utiles manifestées dans ce rapport relativement à la conservation des bêtes fauves dont l'espèce diminue chaque jour, la Commission arrête que des commissaires se transporteront à Montagne-Bel-Air, ci-devant Saint-Germain-en-Laye, pour visiter les lieux, prendre des renseignements sur son immense forêt et aviser aux moyens de l'utiliser pour la conservation des bêtes fauves. Leblanc, Richard et Thouin sont nommés commissaires à cet effet.

L'Agence des mines demande à être autorisée à enlever les objets de physique, inventoriés et estimés chez Boutin, comme devant servir aux cours qui doivent s'ouvrir incessamment à la maison d'instruction. La

relief (bronze). — *Jardin de l'Orangerie*: seize bustes (marbre). — *Extérieur de la porte dite du Dauphin*: trois masques antiques (marbre). — *Cour des Fontaines*: six statues et sept bustes antiques (marbre blanc). — *Garde-meuble*: treize tableaux (Les Saisons, Théagène et Chariclée, l'Histoire de Clorinde, Zéphire et Flore, Visitation, par André del Sarte), copie de la Sainte Famille de Raphaël, meubles et objets d'ameublement. — *Maison du ci-devant Contrôle*: une peinture (Halte militaire); huit statues en marbre, dont six antiques et deux bustes, grande carte de Fontainebleau. — *Au ci-devant Gouvernement*: quatre-vingt-quatre fragments antiques de marbre, une Cléopâtre et une Vénus (en marbre), six tableaux (La Jérusalem délivrée). [F17 1269, n° 38.] Voir le rapport du 18 septembre 1793 (*Procès-verbaux de la Commission des Monuments*, t. II, p. 181). Treize des tableaux de la fable de Théagène et Chariclée, par Ambroise Dubois, sont restés à Fontainebleau, un est au Louvre (voir F. Engerand, *Inventaire des Tableaux du Roi*, par Nicolas Bailly, p. 335); ceux de l'Histoire de Clorinde, par le même, sont à Fontainebleau, un au Louvre (n° 272), *ibid.*, p. 335. Les bronzes de la Cour du Donjon de Fontainebleau se trouvent aujourd'hui au Musée du Louvre, galerie Denon.

[1] Le 26 vendémiaire, le Comité d'instruction publique arrêtait que le rapport de Thouin «contenant des détails précieux» sur les domaines nationaux du département de Seine-et-Oise serait livré à l'impression. (J. Guillaume, *Procès-verbaux*, t. V, p. 137.)

Commission temporaire des arts arrête que la section de physique est autorisée à mettre à la disposition de l'Agence des mines les objets qui lui sont nécessaires, sur récépissé et avec inventaire.

Jolain, expert de la Commission, est autorisé à faire arriver à Paris, le plus promptement possible, les objets d'arts et d'antiquités qui sont au ci-devant château de Fontainebleau, suivant l'inventaire qui lui sera remis.

Tourcaty[1], graveur en taille-douce, soumet à l'examen de la Commission le portrait de Marat, gravé par lui, et peint par Simon Petit[2]. Renvoyé à la section de peinture.

La Commission des arts de Versailles fait part à la Commission que ses travaux éprouvent des retards par le défaut de charrois pour transporter les objets précieux dans les dépôts destinés à les recevoir, et l'invite à s'intéresser auprès du Comité d'instruction publique pour lui faire obtenir les chariots nécessaires pour effectuer les transports. La demande est renvoyée au Comité, avec invitation d'y faire droit.

L'expert fait un rapport sur la demande faite par Mulot, en réparations à faire au Dépôt littéraire de la rue de Lille. Les conclusions en sont adoptées.

Sur l'observation de l'expert que Lasalle faisait transporter des objets d'arts au Dépôt des Petits-Augustins, sans y être autorisé par la Commission, il est arrêté que Lasalle sera invité à venir à la séance prochaine pour savoir de lui en vertu de quel ordre il effectuait des transports.

Sur la proposition du même citoyen, la Commission arrête que la chaire de Saint-Étienne-du-Mont[3], d'un travail fini, sera transportée aux Petits-Augustins.

La section d'architecture est chargée de faire un rapport sur les marbres qu'on dépose dans la ci-devant église Saint-Étienne-du-Mont,

---

[1] Tourcaty (Jean-François), graveur et dessinateur, né à Paris en 1763, élève de Bardin, agréé à l'Académie royale de peinture.

[2] Petit (Simon), peintre, prit part à diverses expositions, de 1781 à 1797, notamment au « Salon de la correspondance » en 1781 ; à l'Exposition de la jeunesse, sur la place Dauphine, en 1784 ; à celle de l'Élysée en 1797.

[3] La chaire de Saint-Étienne-du-Mont, œuvre remarquable de sculpture sur bois, fut exécutée vers 1640 par Claude Lestocart, élève de Jacques Sarrazin, sur les dessins de Laurent de la Hire. Voir la description qu'en donnent Piganiol de la Force, t. V, p. 285-286, les *Archives du Musée des monuments français*, t. II, p. 185, et l'*Inventaire des richesses d'art de la France*, Paris, monuments religieux, t. I, p. 560.

et est autorisée à en faire suspendre les travaux, si l'intérêt public l'exige.

Romme annonce qu'Olivier[1] offre de céder à la Nation sa collection d'histoire naturelle. Il demande que la Commission veuille bien émettre son vœu pour procurer à ce citoyen une place au Muséum. D'autres membres font la même proposition pour les citoyens Laurent et Grostête. Ces demandes sont ajournées.

Besson donne des renseignements intéressants sur plusieurs objets d'arts qui se trouvent à Cologne; il propose, et la Commission arrête que cette note sera communiquée au Comité d'instruction publique.

D'après la demande faite par Cotte[2], observateur météorologiste à Émile, ci-devant Montmorency, et le rapport fait par Charles, la Commission arrête que Charles remettra à ce citoyen un thermomètre à mercure divisé sur glace.

Langlès prévient la Commission que l'on s'occupe dans ce moment du transport des presses de l'Imprimerie nationale exécutive à l'Imprimerie du Bulletin, maison de Toulouse. Il propose, et la Commission arrête que la presse d'Anisson, ainsi que les poinçons, matrices et fontes de caractères orientaux, provenant de l'Imprimerie nationale exécutive, seront remis au dépôt des machines.

Sur la proposition de Grégoire, la Commission temporaire des arts arrête que le Comité d'instruction publique sera invité à s'occuper de l'établissement d'une Imprimerie nationale, exclusivement consacrée aux arts et aux sciences, où l'on utilisera les magnifiques caractères orientaux du Louvre, qui se détériorent par un non-usage dont la prolongation serait une perte et une flétrissure pour la Nation.

Fragonard dépose sur le bureau l'inventaire du cabinet de la ci-devant Académie de chirurgie, ensemble le reçu de Moissac de l'expédition de l'inventaire, certifié conforme.

---

[1] Olivier (Guillaume-Antoine), entomologiste, né aux Arcs le 19 janvier 1756, mort à Lyon le 1er octobre 1814, devint membre de l'Institut en 1800 et professeur de zoologie à l'École vétérinaire d'Alfort; il est l'auteur d'un *Dictionnaire d'histoire naturelle des insectes*, 1789-1825, et d'une *Entomologie, ou Histoire naturelle des insectes coléoptères*, 1789-1809, en 7 volumes in-4° avec planches.

[2] Cotte (Le père Louis), agronome et météorologiste, né à Laon le 20 octobre 1740, mort à Montmorency le 4 octobre 1815, était prêtre de l'Oratoire, curé de Montmorency, marié en 1794, membre correspondant de l'Institut depuis 1769; il publia en 1774 un volume in-4°, intitulé *Traité de météorologie*, et en 1788 une suite, intitulée *Mémoires sur la météorologie*.

Thillaye dépose sur le bureau l'estimation de quatre seringues à injection, faite par Dumotier en vertu de l'arrêté de la Commission, en date du 10 vendémiaire. Cette estimation est renvoyée au Comité d'instruction publique, avec invitation d'en autoriser le payement, d'après l'utilité démontrée dans le rapport de Thillaye [1].

Thillaye dépose l'inventaire des objets d'anatomie en cire trouvés chez Boutin, dans sa maison dite Tivoli, rue de Clichy, et l'état des instruments de chirurgie et des objets propres à la dissection et à l'injection des vaisseaux lymphatiques, donnés par Vicq-d'Azyr pour le cabinet des Écoles nationales de chirurgie. Il propose et la Commission arrête qu'il sera fait part au Comité d'instruction publique des dons que Vicq-d'Azyr a envoyés dans les différents dépôts, avec invitation de lui en témoigner sa reconnaissance [2].

L'expert de la Commission dépose sur le bureau le règlement des mémoires du citoyen Nadreau, menuisier; il en résulte que, déduction faite de 9,000 livres données à compte à ce citoyen, il lui est dû, pour fin de compte des trois mémoires présentés, la somme de 5,340 l. 12 s.; les conclusions de l'expert sont adoptées.

La section des Dépôts littéraires dépose sur le bureau l'inventaire des livres trouvés dans le ci-devant presbytère Gervais, celui des livres appartenant à l'émigré Delage, transportés de la maison Penthièvre à celle de Massiac; celui de Prédicant, notaire, condamné; celui des livres trouvés dans la maison du Luxembourg, appartenant à la femme Caylus, émigrée; celui des livres trouvés dans la maison d'Harcourt, rue de l'Université; celui des livres tirés de la bibliothèque de Lambert pour le Comité de législation [3], et celui des livres choisis dans la bibliothèque Malesherbes par la Commission d'agriculture et des arts.

Ameilhon fait un rapport sur la bibliothèque du séminaire Magloire, transportée au Dépôt de Louis-la-Culture. Il appelle l'attention de la Commission sur deux manuscrits dont l'un est un Nouveau Testament en grec, sur vélin, présumé être du IXe siècle; l'autre est un recueil de

---

[1] Le 20 vendémiaire an III, un arrêté du Comité d'instruction publique décidait l'acquisition, au prix de 700 livres, pour le Cabinet de l'École de chirurgie, qui en était dépourvu, de quatre instruments pour injections, se trouvant chez le citoyen Vicq-d'Azyr.

[2] Rapport de Thillaye à ce sujet, 24 vendémiaire. (F[17] 1164.)

[3] Il y avait 56 volumes, la plupart ouvrages de jurisprudence, dont Locré (Jean-Guillaume), qui devint secrétaire général du Conseil d'État en 1800, donna récépissé. (F[17] 1081, n° 1.)

[13 ocr. 1794] DE LA COMMISSION TEMPORAIRE DES ARTS.   467

lettres du pape Clément IV, sur vélin; ces lettres, qui sont intéressantes pour l'histoire, sont d'une écriture du xiie siècle[(1)].

Lebrun dépose sur le bureau l'inventaire des objets trouvés chez Bouthillier, rue des Fossés-Montmartre. A l'inventaire est jointe une observation, accueillie et adoptée par la Commission.

Bruni dépose sur le bureau les inventaires d'instruments de musique de la maison des Menus-Plaisirs, de Barentin, de la Ferté, de Baccancourt[(2)].

La Commission arrête que la liste de tous les émigrés et condamnés sera déposée au secrétariat, pour la consulter au besoin et servir aux opérations des membres de la Commission.

Un commissaire de l'agence prévient la Commission qu'il est chargé d'évacuer la maison de Pontgibault et demande qu'on fasse l'enlèvement d'une collection de minéraux qui s'y trouve. La Commission arrête que l'inventaire de la collection de minéraux de Pontgibault sera fait avant l'enlèvement.

La Commission temporaire des arts arrête qu'il sera fait un rapport au Comité d'instruction publique sur la nécessité très urgente de faire visiter, dans le département de Paris et celui de Seine-et-Oise, tous les bâtiments nationaux, avant qu'ils soient mis en vente, afin d'excepter de

---

[(1)] Le rapport d'Ameilhon sur la bibliothèque du séminaire Magloire, rue Saint-Jacques, est du 21 vendémiaire. Il est ainsi conçu : «Cette bibliothèque comprend environ 14,400 imprimés et 280 manuscrits. Ces manuscrits roulent en grande partie sur notre histoire. Le plus grand nombre provient de la bibliothèque des frères de Sainte-Marthe, historiographes de France. Parmi ceux qui ont pour objet d'autres matières, nous en avons remarqué deux qui nous ont paru mériter quelque attention : 1° un *Nouveau Testament* grec, sur vélin, en 2 vol. in-4°. Il est du xie siècle, si l'on s'en rapporte à une indication écrite sur le dos de chacun de ces deux volumes, ce qui mérite d'être examiné. Il pourrait bien n'être que du xie ou du xiie siècle; 2° un *Recueil de lettres du pape Clément IV*, mort en 1268, sur vélin, à deux colonnes, petit in-folio (aujourd'hui à la Bibliothèque de l'Arsenal, n° 917). Ces lettres sont intéressantes pour l'histoire. L'écriture est à peu près du temps. D. Martene a fait imprimer, dans le second tome de son *Thesaurus anecdotorum*, des lettres de ce pape. Il en est plusieurs, dans le manuscrit, que le savant bénédictin n'a pas données au public et qu'il n'aurait pas probablement négligées, s'il les eût connues.» (F[17] 1081, n° 1.)

[(2)] Aux Menus-Plaisirs, Bruni a trouvé deux forte-pianos, cinq clavecins, une épinette et un cor de chasse; chez La Ferté, rue Bergère, un orgue; chez Bacquencourt, rue Bergère, n° 1001, un clavecin. (F[17] 1054, n° 3.)

La Ferté (Denis-Pierre-Louis Papillon de), commissaire général des Menus-Plaisirs, et Dupleix-Bacquencourt (Guillaume-Joseph), ancien conseiller d'État, ancien intendant, furent condamnés à mort le 19 messidor an II. (Arch. nat., W 409, n° 941.)

la vente tout ce qui intéresserait les arts, l'histoire et l'instruction; d'exiger des corps administratifs qu'ils ne puissent mettre en vente aucun bâtiment qu'après que la visite en aura été faite par la Commission des arts.

Il sera fait un deuxième rapport dont l'objet sera de presser l'organisation des Commissions des arts dans tous les districts pour surveiller la conservation de tout ce qui peut intéresser les arts dans leur arrondissement et de présenter un mode de nomination qui assure un bon choix.

Dufourny dépose sur le bureau des observations qu'il a faites sur le ci-devant château d'Écouen [1]. La Commission arrête que ces observations seront communiquées au Comité d'instruction publique.

---

[1] *Observations faites sur le ci-devant château d'Écouen, par L.-P. Dufourny, le 6 vendémiaire an III*. On y lit notamment : «Lorsque, après le 3 septembre 1792, des bandes de dévastateurs... se répandirent dans les campagnes, une d'elles traînant deux pièces de canon et commandée par le fameux Massé, cet homme contre lequel tout Franciade dépose, cet homme qui, lié précédemment avec Collot, est devenu assez puissant pour occuper le ci-devant château de Villetaneuse, où Collot, Robespierre et autres se rendaient, ce Massé, qui répandait la terreur depuis Luzarches jusqu'à Paris..., alla mettre le siège devant le château d'Écouen. Déjà l'ignorance de Condé en avait démoli un des côtés, orné des richesses de l'architecture la plus exquise; il n'existait ni portes ni obstacles, et, cependant, ces sauvages ont tiré par désœuvrement et surtout par instinct plusieurs boulets sur le château. D'autre part, ceux qui dévastaient les appartements réputèrent souverains, princes, princesses ou nobles tous ceux dont ils virent les portraits, et, bons ou mauvais, ils les tailladèrent et en détruisirent les lambeaux.» Un seul tableau fut épargné, qui représentait le Titien et Michel-Ange. «Il reste encore dans une salle au premier, du côté du Nord, une Victoire marchant à pas précipités. Ce bas-relief, en pierre de liais, appliqué sur un fond de marbre noir, est de Jean Goujon; je l'avais aussi marqué pour le Muséum. (Le bas-relief de la Victoire marchant sur le globe du monde, qui ornait la grande cheminée de la salle des gardes, ne fut pas déplacé et se trouve encore à Écouen. Voir la reproduction de cette cheminée dans P. Vitry, *Jean Goujon*.) Les ouvrages admirables de la chapelle sont invisibles.» Les blessés et malades de cet hôpital ont été transférés dans cette chapelle, mais «l'autel est préservé des barbares par une cloison». Les archives de la maison de Condé, transférées à Écouen dans le commencement de la Révolution, «sont préservées du pillage par les scellés apposés sur les portes, mais rien ne les défendra de l'humidité. Les beaux vitraux de cette chapelle servent de but aux forces renaissantes des convalescents, qui y jettent des pierres. Une Vénus antique, qui décorait l'une des deux niches entre les quatre belles colonnes corinthiennes de l'intérieur de la cour, a été brisée, et les fragments, mutilés ou perdus».

«Sous prétexte d'approprier cet édifice à l'usage d'un hôpital temporaire, la barbare ignorance a construit hors œuvre des latrines et escaliers qui masquent et dégradent cet édifice. — On a vendu les matériaux d'un jeu de paume, dont la démolition

Richard dépose sur le bureau le catalogue des objets de zoologie du cabinet de Dupuget.

La Commission temporaire des arts, étant instituée pour rassembler et conserver tous les objets propres à l'instruction et aux arts, arrête que le Comité d'instruction publique sera invité à prendre un arrêté pour qu'aucun objet, tant ceux qui sont dans les dépôts que ceux qui se trouveraient dans les maisons d'émigrés ou condamnés, ne puisse être délivré aux Commissions exécutives, autorisées par le Comité de salut public à faire un choix des objets qui leur sont utiles, que préalablement elles n'en aient fait la demande à la Commission temporaire des arts, qui seule sera chargée de les leur remettre sur récépissé, après inventaire et estimation faite, et que le présent arrêté sera communiqué à l'agent des domaines nationaux, pour que ses commissaires aient à s'y conformer[1].

Bruni fait part à la Commission qu'un clavecin de la valeur de 6,000 livres avait été vendu 300 livres. La Commission arrête que la section de musique fera un rapport sur la valeur du clavecin et sur son acquisition, et que ce rapport sera communiqué au Comité d'instruction publique.

Un membre prévient la Commission que des citoyens inconsidérés, lorsqu'ils montent la garde à l'Arsenal, se permettent de dégrader les arbres, que plusieurs même étaient dépouillés de leurs écorces et hachés de coups de sabre. Il propose et la Commission arrête que les commandants de la force armée seront invités à faire afficher dans les corps de garde un ordre pour faire cesser ces dégradations et empêcher

tend à altérer les points d'appui de la belle terrasse du côté du Nord; on a fait une faute encore plus inepte, on a vendu au même citoyen la plus belle citerne qui existe, au moment précis où on formait dans cet édifice un établissement national. Enfin on a détruit les parapets des fossés et les revêtements mêmes, sous prétexte des misérables constructions modernes, mais réellement, parce que les belles pièces qui en sortent deviennent un objet de spéculation.» Enfin, Dufourny propose à la Commission diverses mesures tendant à assurer la conservation du château d'Écouen. (F17 1245.)

[1] Par un arrêté motivé, pris le 25 vendémiaire, les Comités d'instruction publique et des finances réunis donnèrent satisfaction au vœu exprimé par la Commission temporaire des arts, et décidèrent que cette Commission ne délivrerait aucun instrument ou objet d'art et de sciences aux Commissions exécutives et à leurs agents qu'après s'être fait donner copie des ordres dont ils seraient porteurs, avec un état des objets et sur l'avis préalable du Comité d'instruction publique; même injonction était faite au Bureau des domaines nationaux de Paris. (J. Guillaume, *Procès-verbaux*, t. V, p. 134.)

qu'il s'en commette à l'avenir dans aucun genre, partout où leur surveillance peut s'étendre.

Sur la proposition de Desfontaines, la Commission arrête que deux palmiers qui sont à Brunoy seront transférés incessamment au Muséum national d'histoire naturelle.

SÉANCE DU 25 VENDÉMIAIRE,

AN 3ᵉ DE LA RÉPUBLIQUE, UNE ET INDIVISIBLE (16 OCTOBRE 1794).

Établissement d'une Commission particulière. – Demande de Hassenfratz et Vandermonde. – La tour Maclou à Mantes. – Inventaire du ci-devant château de Rosny. – Lettre de Goupil. – Modèle de vaisseau en verre filé. – Démarche de la Commission des armes et poudres. – Proposition de Desjardins-Duhamel, adjudicataire de la Chartreuse de Rouen. – Vitraux de l'église de Franciade. – Destitution de Henry, commissaire des guerres. – Luquien, libraire à Lausanne, autorisé à exporter des livres. – Livres et effets dépareillés de Victor Broglie. – Inventaires à effectuer dans le district de Senlis. – Lhéritier adjoint à la section de botanique. – Demande de Fredin. – Communications par les districts de Mantes, Cusset et Amiens. – Demande présentée par David Vogel, architecte. – Organisation des dépôts. – Communication de Thillaye sur les inventaires des objets d'arts et de sciences, déposés dans les maisons d'arrêt. – Gravures et planches d'anatomie de l'ouvrage commencé par Thouret. – Levée des scellés apposés à la ci-devant Société de médecine. – Demande d'ouvrages pour la bibliothèque des Écoles de chirurgie. – Note sur les manuscrits et instruments de musique de Boccherini. – Objets d'arts et de sciences appartenant aux étrangers. – Rapport de la Commission d'agriculture et des arts sur les moyens d'effacer l'écriture de dessus le vélin. – Boiseries de la maison ci-devant de Castries. – Destruction d'un monument provenant du Paraclet. – Lettre de Cosse. – Papiers de la ci-devant Compagnie des Indes. – Invention du citoyen Galibert, serrurier. – Rapport de Leblanc sur une recherche faite dans les papiers de Lavoisier. – Bibliothèque de l'Arsenal. – Médailles trouvées chez Lulier. – Demande de Laplanche, sculpteur. – Lettre des commissaires artistes de Versailles. – Visite de tous les dépôts. – Mesures à l'égard de la Bibliothèque nationale. – Rapport de Buache sur une proposition de Théophile Mandar. – Enlèvement des marbres de l'église Saint-Étienne-du-Mont. – Lettre venant de Coutances sur des dégradations. – Indemnité à Livernois, garde du Dépôt de Nesle. – Dissection du dromadaire mort à la Ménagerie nationale. – Jury à nommer pour la zootomie. – Autorisation accordée au citoyen Naigeon. – Réparations locatives des dépôts. – Bibliothèque

[16 oct. 1794] DE LA COMMISSION TEMPORAIRE DES ARTS. 471

de Gigot. – Inventaire des orangers de l'hospice de l'Unité. – Dépôt d'inventaire et des papiers de Vicq-d'Azyr. – Inventaires chez les émigrés et condamnés. – Travaux de la section des dépôts littéraires. – Médaille trouvée chez Mme de Noailles, condamnée. – Hommage, par Mignard, d'un ouvrage de sa composition.

Après la lecture du procès-verbal, qui est adopté après quelques changements, on passe à l'extrait de la correspondance.

Le président propose et la Commission arrête qu'il sera établi une commission particulière, composée de quatre membres, qui recueillera tous les renseignements qu'elle pourra avoir et se procurer sur les objets d'arts et de sciences qui se trouvent dans les pays où nos armées pourront pénétrer par la suite. Les quatre commissaires nommés sont Lebrun, Richard, Poirier et Besson. Les membres de la Commission qui auraient quelques renseignements à ce sujet sont invités à les communiquer aux commissaires nommés.

Hassenfratz et Vandermonde demandent qu'en vertu d'une autorisation qui leur a été accordée par le Comité de salut public, la Commission mette à leur disposition des objets de physique et de mécanique dont ils disent avoir besoin pour leurs opérations. La demande est renvoyée aux sections de physique et de mécanique, chargées de faire un rapport à ce sujet.

Bucquet, administrateur du district de Mantes, fait part à la Commission que la municipalité avait déjà adjugé la tour Maclou pour 4,000 livres, lorsque l'arrêté de la Commission a heureusement conservé aux arts et à l'utilité de la ville ce monument intéressant. Il joint à sa lettre l'inventaire des objets trouvés au ci-devant château de Rosny et promet d'en envoyer d'autres[1]. Lebrun, après avoir pris

---

[1] Lettre de Bucquet, an III, sans date. (F{17} 1044.) — Sous la même cote se trouve une lettre des administrateurs du district de Mantes à la Commission, du 20 vendémiaire, annonçant : 1° qu'ils ont communiqué à la municipalité l'arrêté de cette Commission relatif au sursis pour la démolition de la tour Maclou ; 2° qu'ils ont reçu le rapport du représentant du peuple Grégoire, du 14 fructidor : «Rien sans doute de plus propre à réveiller et exciter l'amour des sciences et des arts que cette pièce de l'éloquence la plus sentimentale et la plus persuasive; et, pour coopérer, autant qu'il est en nous, à sa publicité, nous inviterons la Société populaire à en faire lecture dans une de ses plus prochaines séances, et dès ce jour nous ferons publier et afficher le décret qui la termine.»

L'inventaire des objets d'art extraits du mobilier du château de Rosny, dressé du 1er au 4 vendémiaire an III, par Lauzan et Fayolle, commissaires artistes du dépar-

connaissance de cet inventaire, déclare que l'estimation des objets mentionnés lui paraît fort exagérée, et que les droits de la Nation, si elle en a sur les biens de Périgord, pourraient être lésés. Il propose, avant d'adopter cette estimation, et la Commission arrête qu'il sera écrit à l'administration du Domaine national pour lui demander des renseignements sur la famille et la fortune de Périgord, et savoir quelle part peut avoir la Nation sur ses biens[1].

Goupil écrit de Grasse[2] au président de la Commission et rend hommage au zèle et à la probité des administrateurs, soit de ce district, soit de celui de Fréjus. Il joint à sa lettre les deux procès-verbaux de sa visite, qui sont les derniers, et termine sa mission. Il annonce, de

tement de Seine-et-Oise, est certifié conforme, le 21 vendémiaire, par Bucquet, administrateur du district de Mantes. Il comprend des peintures (dix, dont une de P. de Cortone, une d'Holbein, une de Noël Coypel), des sculptures et bronzes, gravures, cartes géographiques, instruments d'optique et de mécanique, tables de marbre, commodes de Boulle, tapisseries, porcelaines et autres meubles ou objets d'ameublement. (F^{17} 1270.)

[1] Dans la lettre qu'il écrivait, le 28 vendémiaire, aux administrateurs du Domaine, le président de la Commission des arts s'exprimait ainsi : «La Commission des arts vous invite à lui communiquer au plus tôt les renseignements que vous pouvez avoir sur la famille et les biens de Périgord, et sur la part que peut avoir la Nation dans ses biens, et elle se flatte que vous adopterez comme elle une mesure, fondée sur la justice et commandée par l'intérêt de la Nation et celui des créanciers.» (F^{17} 1046.)

[2] Sa lettre est du 7 vendémiaire. — Il a constaté avec plaisir que les districts de Grasse et de Fréjus, «quoique les plus éloignés, ne s'en sont pas moins occupés avec empressement de l'exécution de la loi du 8 pluviôse; aucun des renseignements que je me suis toujours procurés d'avance sur les lieux que j'allais visiter ne m'ont indiqué qu'il y ait eu la plus petite dilapidation dans ces deux districts;

ce dernier s'occupe du choix d'un local propre à recevoir les objets qu'il a réunis».

Quant à la bible hébraïque, elle forme «trois volumes in-folio carré, ou très grand in-quarto, reliée en bois, écrite sur vélin, ornée de compartiments et de lettres initiales en or et couleurs; on y a ajouté à la marge du bas des pages des notes en hébreu, qui sont en plus petits caractères et qui paraissent être d'une date postérieure. Ce manuscrit vient des ci-devant Carmes déchaussés de Marseille».

Les deux procès-verbaux joints à la lettre de Goupy, concernent l'un Grasse, l'autre Fréjus. D'après le premier, il a visité «la maison des ci-devant religieuses Ursulines, où sont déposés et rangés provisoirement les livres dont les cartes sont en très grande partie faites suivant l'instruction. Cette bibliothèque peut monter à environ 7,000 volumes, non compris les doubles. . . .». Dans la même maison, quelques tableaux lui ont paru mériter d'être conservés. — Le second inventaire, relatif au district de Fréjus, constate que la bibliothèque est au ci-devant séminaire, rangée et en ordre. Il signale en outre les restes d'un cirque romain et les vestiges d'un aqueduc qui conduisait les eaux de la Siagne à cette commune : «Il serait d'autant plus à désirer que cet aqueduc existât, que cette commune manque d'eau salubre.» (F^{17} 1044.)

plus, la découverte à Marseille d'une bible hébraïque manuscrite sur vélin, dont il donne la description. La Commission, en renvoyant la lettre à la section des dépôts littéraires pour ce qui concerne ce manuscrit, arrête qu'il sera écrit à Goupil une lettre fraternelle de satisfaction et qu'extrait de l'arrêté lui sera adressé.

Le Comité d'instruction publique fait passer à la Commission des arts, pour l'examen et le transport du Muséum, s'il y a lieu, un modèle de vaisseau en verre filé, construit sur les dimensions du vaisseau *le Vengeur*, par le citoyen Lerat[1]. Renvoyé aux sections de marine et de physique, chargées de l'examiner et d'en faire un rapport.

La Commission d'agriculture et des arts renvoie à celle des arts une lettre de la Commission des armes et poudres[2], ayant pour objet la conservation d'une couronne fabriquée en grillage de fer, chargée de fleurons dorés, et dont le travail a coûté, dit-on, 60,000 livres[3]. Cette couronne se trouve à la ci-devant abbaye de Morimond[4], district de Bourbonne. La Commission passe à l'ordre du jour.

Desjardins-Duhamel écrit de Rouen que, s'étant rendu adjudicataire de la ci-devant Chartreuse, il a mis en réserve les vitraux peints qui passent pour des chefs-d'œuvre, et propose de les faire transporter à Paris. La Commission arrête qu'il sera écrit à ce citoyen de profiter, pour cet effet, de la voie des charrois et de toute autre voiture commode et non dispendieuse.

La Commission des armes, poudres et exploitation des mines de la République écrit au président de la Commission des arts[5] qu'ayant partagé ses inquiétudes et ses civiques alarmes sur la démolition des vitraux peints de l'église de Franciade, elle y a sur-le-champ envoyé

---

[1] Ce modèle de vaisseau, en verre filé, fut présenté par le citoyen Le Rat au Comité d'instruction publique, le 22 vendémiaire an III, en l'accompagnant d'un rapport du Lycée des arts, qui constate à la fois l'utilité de ce nouveau genre d'industrie et la perfection de l'ouvrage. Le Comité, ne pouvant refuser à cet ouvrage unique en son genre le tribut d'éloges dont il était digne, arrêta qu'il serait renvoyé à la Commission temporaire des arts, avec mission de l'examiner et de le faire déposer au Muséum, s'il y avait lieu. (Cf. J. Guillaume, *Procès-verbaux*, etc., t. V, p. 125.)

[2] Lettre de la Commission des armes, poudres et exploitation des mines à la Commission de l'agriculture et des arts, 19 vendémiaire an III. (F17 1048.)

[3] Il s'agit probablement de la couronne fleurdelisée qui surmontait la flèche de l'église abbatiale, menacée en raison de la démolition de la toiture.

[4] Morimond (Haute-Marne, c^{ne} de Fresnoy), abbaye cistercienne, fondée vers 1115 par Olderic d'Aigremont, seigneur de Choiseul.

[5] Sa lettre est du 19 vendémiaire. (F17 1048.)

un commissaire pour vérifier les faits et arrêter les travaux destructeurs. Il résulte du rapport du commissaire que nul ouvrier n'a été placé, qu'il n'a été fait aucune dégradation, et c'est avec une véritable satisfaction qu'elle s'empresse d'en instruire le président. Mention au procès-verbal.

Lecomte, messager, présente à la Commission un mémoire de 125 livres pour les objets qu'il a transportés d'Anet au Dépôt de Nesle, rue de Beaune. Le mémoire est renvoyé à l'expert.

La Commission de l'organisation et du mouvement des armées de terre annonce [1] à la Commission que Henry, commissaire des guerres, désigné pour avoir enlevé des livres intéressants à Issoire, fut destitué de son emploi par les représentants du peuple en mission dans le département du Puy. Mention au procès-verbal.

La Commission des subsistances et approvisionnements de la République fait passer [2] à la Commission temporaire des arts une demande du citoyen Luquien, libraire à Lausanne, en exportation de livres et cartes, dont il joint la note à sa demande. Les sections de bibliographie et de géographie, après avoir pris connaissance des objets énoncés dans cette demande, pensent qu'il n'y a aucun inconvénient à accorder la sortie de ces livres et des cartes géographiques. La Commission adopte les conclusions du rapport [3].

Le président du département de Paris prévient la Commission qu'il a renvoyé au bureau de conservation des biens nationaux la lettre de la Commission, relative aux livres et aux effets dépareillés de Victor Broglie. Mention au procès-verbal [4].

Le Comité d'instruction publique renvoie à la Commission : 1° une lettre des administrateurs du district de Senlis, qui exposent la nécessité d'envoyer des commissaires à Mortefontaine pour choisir, parmi les arbres fruitiers et étrangers du condamné Duruey [5], ceux qu'il est

---

[1] Par lettre en date du 17 vendémiaire. (F17 1048.)

[2] Par lettre du 22 vendémiaire. (F17 1048.)

[3] Voir le rapport signé Langlès, Barrois l'aîné, Buache, Poirier, joint à la lettre de la Commission des subsistances à celle des arts, maison d'Elbeuf, place du Carrousel, en date du 22 vendémiaire. (F17 1048.)

[4] Lettre du président du département de Paris, 22 vendémiaire. (F17 1048.) Le Bureau de conservation des biens nationaux était situé rue Montmartre, ci-devant hôtel d'Uzès.

[5] Duruey (Joseph), ancien receveur général des finances de la généralité de Poitiers, ancien trésorier des Affaires étrangères et administrateur de la Trésorerie nationale, condamné à mort le 28 ventôse an II. (Arch. nat., W 338, n° 609.)

intéressant de conserver; 2° l'inventaire des orangers, myrtes, grenadiers et autres arbustes qui se trouvent dans le ci-devant château du condamné Randon-la-Tour[1], à Villers-Paul[2]. Renvoyé à la section de botanique.

La Commission, considérant que les travaux de la section de botanique augmentent chaque jour, surtout depuis le départ de Thouin, arrête que Lhéritier sera adjoint à cette section[3] et que le Comité, vu l'urgence, sera invité à confirmer cette nomination.

Fredin demande une place de conservateur d'une des bibliothèques de Paris. Renvoyé aux commissaires chargés d'examiner les pétitions des citoyens.

Les administrateurs du district de Mantes accusent la réception de l'arrêté de la Commission, relatif au sursis de la démolition de la tour Maclou. Mention au procès-verbal.

Le directoire du district de Cusset invite[4] la Commission à approuver l'arrêté qu'il a pris tendant à nommer un gardien pour veiller à la conservation d'objets de sciences et d'arts, la plupart fort précieux. La Commission arrête qu'il sera écrit au district de Cusset que la nomination du gardien est à sa disposition et qu'il sera invité à faire l'inventaire des objets de sciences et d'arts qu'il a recueillis et d'en envoyer copie à la Commission.

Les administrateurs du district d'Amiens annoncent qu'ils feront passer incessamment à la Commission la description des pierres gravées et autres objets de cette nature provenant des églises et déposés en leur bibliothèque. Ils réclament[5] pour le muséum de leur district, aux termes de la loi, les pierres gravées, les médailles, les antiques, les

---

[1] Randon La Tour (Marc-Antoine-François-Marie), cultivateur avant la Révolution, ancien administrateur du Trésor public, commandant de la garde nationale de Creil, condamné à mort le 19 messidor an II. (Arch. nat., W 409, n° 941.)

[2] Villers-Saint-Paul (Oise), c^{on} de Creil.

[3] Lhéritier de Brutelle (Charles-Louis), botaniste, né à Paris en 1746, mort le 16 avril 1806, occupa de 1775 à 1789 le poste de conseiller à la Cour des Aides; il est l'auteur de divers ouvrages de botanique, publiés en 1784, 1785 et 1788.

[4] Par lettre en date du 19 vendémiaire, adressée au Comité d'instruction publique. (F¹⁷ 1239.)

[5] Dans leur lettre au Comité d'instruction publique, en date du 29 vendémiaire, les administrateurs révolutionnaires du district d'Amiens fondent la réclamation qu'ils présentent sur la loi du 20 mars 1791 qui est ainsi conçue, article 8 : «On détachera sans les endommager les pierres précieuses et les pierres gravées, les médailles, les bas-reliefs encastrés dans les pièces d'orfèvrerie; on les enverra à Paris pour l'examen en être fait par la Commission, sauf le renvoi des pièces conservées

pierres fines qui décoraient les ustensiles que le représentant du peuple André Dumont [1] a fait transporter à Paris.

La Commission arrête que jusqu'à ce qu'il ait été pris une détermination ultérieure à ce sujet, les administrateurs d'Amiens seront invités à faire procéder aux inventaires et à les envoyer au Comité d'instruction publique.

David Vogel [2], architecte, demande à la Commission la permission d'entrer dans les édifices publics et possessions nationales pour y mesurer et dessiner ce qui sera convenable au projet qu'il a formé de publier un journal d'architecture. La demande est renvoyée au Comité d'instruction publique, qui est invité à donner à ce citoyen une autorisation à cet effet, telle que la responsabilité de la Commission ne soit pas compromise.

La Commission arrête que le Comité d'instruction publique sera invité à statuer définitivement sur le rapport qui lui a été communiqué relatif à l'organisation des dépôts, que l'encombrement des objets rend

aux départements à qui elles appartiennent». Les administrateurs exposent en outre dans quelles conditions l'enlèvement des objets d'argenterie servant au culte a été effectué : «Dans les premiers mois de la deuxième année républicaine, l'administration révolutionnaire du département a fait enlever des églises de cette commune les argenteries servant au culte; peu de temps après, elle les a fait démonter et peser ensuite; le citoyen Petit, l'un des administrateurs, a été chargé par le représentant du peuple André Dumont, lors délégué dans ce pays, de faire le dépôt de toutes ces argenteries à Paris; n'ayant pas été prévenus de cette opération, il ne nous a pas été possible de faire observer au département que les pierres gravées, médailles antiques, pierres fines et autres objets de ce genre, qui se trouvaient en assez grand nombre sur les châsses de la ci-devant cathédrale d'Amiens, et autres pièces des plus bas siècles, méritaient une attention particulière et devaient être mis à part pour servir à la composition du muséum de ce district. Lorsqu'en vertu de la loi du 8 pluviôse nous avons nom-

mé des commissaires pour la recherche, inventaire, description et conservation des monuments, ils nous ont rappelé les objets dont s'agit; nous avons pris le parti alors de nous en informer au département, qui en réponse nous a fait passer copie du récépissé dont nous vous envoyons ci-joint une expédition. Vous verrez deux articles indiquant la remise de (sic) portions de vermeil et d'argent avec pierres fines et fausses, gravées, et autres, du poids de 26 marcs environ; nous savons qu'il y avait dans cette quantité des choses très curieuses et d'autres de valeur, il devait aussi exister tant en or qu'en argent des médailles dignes d'être recueillies par les curieux». (F17 1044.)

[1] Dumont (André), député de la Somme à la Convention nationale, chargé le 4 septembre 1793 de terminer les opérations commencées avec Lebon, resta dans la Somme jusqu'en prairial an II.

[2] Vogel (David), architecte, né à Zurich en 1744, est l'auteur de *Réflexions politiques sur la Suisse*, an VII (1798), et d'un *Plan pour le rachat des dîmes en Helvétie*, 1800.

urgente. Thillaye fait part à la Commission [1] que, par ordre de la police et en présence de deux commissaires civils de la section de Mutius Scevola, on a commencé à inventorier les objets d'arts et de sciences déposés dans les maisons d'arrêt, et notamment au Luxembourg, sans que préalablement la Commission temporaire des arts ait été prévenue; il annonce que sur-le-champ il s'est présenté au Comité de sûreté générale, dont il a obtenu l'autorisation par écrit pour se transporter au Luxembourg, tant pour prendre connaissance de la possibilité de consacrer un jour cette maison à la bibliothèque dite ci-devant d'Artois, que pour distraire et mettre en réserve, conformément aux décrets, pour l'instruction publique, les objets d'arts et de sciences qui peuvent se trouver dans les effets mobiliers des condamnés, à la condition de se faire assister par un commissaire civil de la section. La Commission arrête que les sections d'histoire naturelle, des antiquités, de musique, et de bibliographie se transporteront à cet effet au Luxembourg.

Sur la proposition de Thillaye [2], la Commission arrête que la section d'anatomie est autorisée à faire enlever les tableaux, dessins, gravures et planches provenant de l'ouvrage commencé par Thouret [3], et qui sont entre les mains de Chauffard et de la fille Brisseau, après l'inventaire et le récolement faits, pour les déposer ensuite chez Thouret, qui en donnera sa reconnaissance. Le même membre fait un rapport sur ce qui s'est passé à la levée des scellés apposés sur le bureau de la ci-devant Société de médecine. Ce rapport est renvoyé au Comité d'instruction publique, et la Commission arrête qu'à ce rapport sera jointe la rédaction des pouvoirs des membres de la Commission, avec invitation au Comité de l'approuver et de la ratifier, s'il la juge propre à remplir ses vues.

Le même citoyen demande [4] que la Commission autorise Naigeon,

[1] Rapport du 25 vendémiaire. (F¹⁷ 1164.)
[2] Formulée dans un autre rapport en date du 25 vendémiaire. (F¹⁷ 1164.)
[3] Il s'agit, selon toute apparence, des rapports sur les exhumations du cimetière et de l'église des Innocents, lus par Thouret à la Société royale de médecine les 5 février et 3 mars 1789, qui furent publiés par la librairie Pierre, 1789.

[4] Rapport du 25 vendémiaire, signé Thillaye, conservateur et dépositaire provisoire du cabinet et de la bibliothèque des Écoles nationales de chirurgie. (F¹⁷ 1164.) Le 26 vendémiaire, le Comité d'instruction publique autorisa la Commission temporaire des arts à faire délivrer au citoyen Thillaye pour le cabinet et la bibliothèque des Écoles nationales de chi-

conservateur du Dépôt de Nesle, à lui délivrer, sous récépissé, des caisses en verre, de grands bocaux, une échelle et un corps de bibliothèque qui se trouvent au dépôt. La Commission, en accordant cette autorisation, arrête qu'elle sera communiquée au Comité d'instruction publique.

Le même citoyen demande [1] que la section des dépôts littéraires soit autorisée à mettre à sa disposition pour la bibliothèque des Écoles nationales de chirurgie :

1° L'Encyclopédie par ordre de matières;
2° Un dictionnaire anglais;
3° Un dictionnaire italien;
4° Deux dictionnaires : l'un latin et l'autre grec, le tout sous son récépissé.

La Commission renvoie la demande au Comité d'instruction publique.

Bruni dépose sur le bureau une note concernant des manuscrits et des instruments de musique de Bocherini [2], qui ont été vendus dans le district de Senlis. La Commission arrête qu'il sera écrit aux administrateurs pour les inviter à donner les renseignements qu'ils peuvent avoir à ce sujet.

Les objets d'arts et de sciences ne regardant la Commission temporaire des arts et ne devant entrer dans les dépôts nationaux qu'autant que les biens, meubles et immeubles appartiennent à la Nation, la Commission arrête qu'il sera écrit au Comité des finances pour lui demander si la Convention a prononcé sur la propriété des biens des étrangers avec lesquels la République est en guerre.

Un membre annonce que la Commission d'agriculture et des arts s'occupe en ce moment d'un rapport sur les moyens d'effacer l'écriture de dessus le vélin, et de l'utiliser pour les arts et les sciences. Il est arrêté que la Commission d'agriculture et des arts, vu le besoin et l'urgence, sera invitée à presser ce rapport.

On propose à ce sujet qu'il soit écrit à l'Agence du domaine pour

---

rurgie des caisses de verre, bocaux, l'Encyclopédie, divers dictionnaires. (J. Guillaume, *Procès-verbaux*, t. V, p. 137.)

[1] Autre rapport, même date. (F17 1164.)

[2] Boccherini (Luigi), compositeur de musique instrumentale de chambre et violoncelliste italien, né à Lucques le 19 février 1743, mort à Madrid le 28 mai 1805.

l'inviter à veiller à la conservation de tous les vélins : cette proposition est adoptée [1].

Pomme, l'Américain, propose au Comité d'instruction publique de faire enlever les boiseries des appartements de la maison ci-devant de Castries, rue de Varennes, à Paris, qui sont faites avec les plus (beaux) bois de couleur de la Guyane, ainsi que celles du boudoir de la ci-devant duchesse de Choiseul au château de Chanteloup, pour les employer à boiser les pièces du Muséum national d'histoire naturelle et des plantes. Renvoyé à la section de botanique.

Les administrateurs du district de Nogent-sur-Seine transmettent [2] à la Commission un extrait des registres de la municipalité, duquel il résulte que le monument représentant la Trinité, provenant de la maison du Paraclet, a été détruit; le procès-verbal fait mention des motifs de cette destruction.

Une lettre de Cosse, propriétaire du secret de doubler le charbon de terre, est renvoyée à la Commission d'agriculture et des arts.

La Commission d'agriculture et des arts accuse la réception de l'arrêté de la Commission, en date du 15 de ce mois, relativement à la réclamation faite des journaux, cartes et plans hydrographiques qui pouvaient se trouver parmi les papiers de l'ancienne Compagnie des Indes, mis à la disposition de la Commission d'agriculture et des arts; elle annonce qu'aucuns papiers n'ont été entamés et invite la Commission des arts à nommer des commissaires qui compulseront scrupuleusement et conjointement avec un membre de l'Agence des arts et manufactures tous les papiers de la ci-devant Compagnie des Indes et en prendront ce qu'ils jugeront bon à conserver [3]. La Commission

---

[1] La lettre de la Commission fut écrite le 28 vendémiaire. Il y était dit notamment : «La nation possède de ces parchemins en tous genres; les uns méritent une surveillance particulière, relativement aux secours qu'ils peuvent procurer pour l'instruction et pour l'histoire; les autres, qui pour la plupart sont des livres de plainchant, in-4° et in-f°, peuvent devenir très utiles par les procédés qu'on emploie pour leur rendre leur état primitif de blancheur et de propreté». (F^{17} 1046.)

[2] Par lettre datée de Nogent-sur-Seine, 23 vendémiaire. Le procès-verbal annexé à cette lettre dit que «le monument réclamé n'existe plus, qu'il a été détruit, lorsque des citoyens, par haine pour le fanatisme, ont fait disparaître du temple tous les objets servant à l'exercice du culte catholique; que la surveillance de la municipalité n'a pu empêcher cette destruction et a eu beaucoup de peine à conserver le tableau du maître-autel représentant le martyre de saint Laurent...» (F^{17} 1239.)

[3] Dans sa lettre, en date du 25 vendémiaire, la Commission d'agriculture déclare que les papiers de l'ancienne Compagnie des Indes sont «intacts, tels qu'ils

arrête mention au procès-verbal et renvoie la lettre à la section de géographie.

Le citoyen Galibert, serrurier, présente à la Commission le plan d'une pompe d'un nouveau genre et de son invention, et l'invite à lui faire part de ses réflexions et à y donner son assentiment. La Commission renvoie la lettre et le plan au Comité d'agriculture et des arts.

Leblanc, chargé de faire droit à la réclamation de papiers et de cristaux sous le scellé du condamné Lavoisier, par Merget, fait son rapport, d'où il résulte qu'après des recherches exactes dans le lieu où sont déposés les objets de chimie, on n'a trouvé aucune des pièces de cristal ou flint-glass réclamées par Merget; mais que, dans un carton portant pour étiquette : Bureau de consultation et des arts, s'étaient trouvées quatre pièces; l'une, un mémoire de Merget, signé de lui; la deuxième, une lettre de Barenne [1], député, concernant les réclamations de Merget; la troisième, une lettre de Lavoisier à Hassenfratz; à la quatrième une lettre de Hassenfratz, adressée à Lavoisier, le tout concernant uniquement les réclamations faites par Merget au Bureau de consultation des arts et métiers pour être admis aux récompenses nationales. La Commission charge Leblanc de remettre ces quatre pièces à leur destination.

Les sections d'architecture et des dépôts littéraires, chargées de visiter la maison du Luxembourg pour s'assurer s'il y existe un local propre à recevoir la bibliothèque de l'Arsenal, font leur rapport. La Commission en adopte les conclusions et arrête que copie en sera adressée au Comité d'instruction publique et à celui de sûreté générale, avec deux plans de la maison du Luxembourg, qui font connaître les dispositions de cette bibliothèque et le local où l'on peut placer les manuscrits.

La Commission autorise son secrétaire à donner décharge de douze

---

ont été livrés, on n'a défait que des anciens livres de comptes-journaux par doit et avoir. Ces livres de compte avaient été jugés absolument inutiles par la Comptabilité, qui les a préalablement visités avant de les livrer à la Commission. Nous avons soigneusement mis de côté beaucoup de cartes et plans, collés sur toile, ainsi que plusieurs exemplaires du *Neptune oriental*, avec son supplément, et plusieurs volumes de plans et cartes diverses». (F17 1048.)

[1] Barennes (Raymond de), avocat à Bordeaux, procureur général syndic de la Gironde, député de ce département à l'Assemblée législative; après le 10 août il se retira à Bordeaux et ne rentra dans la vie politique qu'en l'an VI comme député au Conseil des Anciens.

médailles, dont onze en bronze et une en étain, trouvées chez Lullier, place des Piques, et envoyées à la Commission par l'agent national du district de Paris[1].

La section de sculpture, chargée d'examiner la demande de Laplanche, sculpteur et marbrier, fait son rapport, d'où il résulte qu'il n'y a point d'inconvénient à employer ce citoyen à la dépose des objets d'arts, sous la surveillance de l'expert. La Commission adopte les conclusions du rapport.

Les commissaires artistes de Versailles renouvellent avec instance la demande des voitures qu'ils ont faite à la dernière séance pour procéder aux transports des effets précieux et des bibliothèques[2]. La lettre est renvoyée au Comité d'instruction publique.

La Commission arrête que l'expert fera la visite de tous les dépôts, examinera les réparations urgentes à faire et communiquera un rapport à ce sujet à la prochaine séance.

Les sections de bibliographie et d'architecture, précédemment nommées, sont chargées d'inviter itérativement le Comité d'instruction publique à prendre de promptes mesures à l'égard de la Bibliothèque nationale et à s'occuper des moyens de sa conservation jusqu'à son déplacement.

Buache fait un rapport sur la proposition faite au Comité d'instruction publique par Théoph. Mandar de joindre à sa traduction du voyage de Thomas Howel dans l'Inde, celle d'un autre voyage anglais publié par James Capper en 1783[3]. Les conclusions sont adoptées et le rapport est renvoyé au Comité d'instruction publique.

---

[1] D'après la lettre de l'agent national, en date du 24 vendémiaire, il s'agissait de Lulier, ex-agent national du district de Paris, qui avait été mis en état d'arrestation. Les médailles en question sont les suivantes : «quatre médailles en cuivre portant les effigies du tyran Capet, sept autres aussi en cuivre, dont six avec les effigies des conspirateurs Lafayette, Bailly et Necker, et une relative à la Confédération des Français au 14 juillet 1790; enfin une médaille en étain, représentant la tour de la cathédrale de Strasbourg». (F17 1048.) — Lulier (Louis-Marie) avait été président de la Commune du 10 août, procureur général syndic du département de Paris et agent national.

[2] Lettre des commissaires artistes de Versailles, 19 vendémiaire an III. (F17 1044).

[3] Capper (Jacques), colonel au service de la Compagnie des Indes, puis contrôleur général de l'armée et de la comptabilité des fortifications de la côte de Coromandel, est l'auteur d'un volume intitulé : *Observations sur le trajet d'Angleterre aux Indes par l'Égypte, et aussi par Vienne à Constantinople, à Alep et de là à Bagdad*, etc. Londres, 1782, in-4°; 1785, in-8°, avec cartes et planches.

La section d'architecture, chargée d'examiner les marbres qu'on enlève de la ci-devant église d'Étienne-du-Mont, et en vertu de quel ordre ces marbres avaient été déposés, fait son rapport. La Commission en adopte les conclusions et arrête qu'il sera communiqué au Comité d'instruction publique, avec invitation de prendre, vu l'urgence, une mesure générale pour empêcher les dégradations et dilapidations en tout genre qui se commettent non seulement dans le département de Paris, mais encore dans toute l'étendue de la République, suivant les avis que la Commission en recevait chaque jour.

Desfontaines fait lecture d'une lettre venant de Coutances, dans laquelle on annonce quelques dégradations [1] : arrêté que la lettre sera renvoyée au Comité d'instruction publique et qu'il sera écrit aux administrateurs pour les inviter à apporter une surveillance particulière sur tous les objets de sciences et d'arts, et à employer tous les moyens que la loi met entre leurs mains pour empêcher les dégradations.

Les citoyens Naigeon, Lebrun, Barrois et Corvisart font un rapport sur une indemnité de 500 livres sollicitée en faveur de Livernois [2], garde du Dépôt de Nesle, par la ci-devant Commission des monuments. Les conclusions en sont adoptées et le rapport est renvoyé au Comité d'instruction publique.

Les mêmes citoyens font un rapport sur le travail auquel Livernois s'est constamment livré au Dépôt de Nesle et sur les appointements à lui accorder. Les conclusions en sont adoptées et le rapport sera communiqué au Comité d'instruction publique.

Un membre annonce que la dissection du dromadaire, mort ces jours

---

[1] Extrait de la lettre en question, datée de Coutances, 18 vendémiaire an III : «J'ai lu avec beaucoup de plaisir le rapport de Grégoire sur le vandalisme. Dans les différents voyages que j'ai faits dans ce département, j'ai trouvé de quoi ajouter à la série des déprédations énumérées dans ce rapport. C'est particulièrement dans le château de Thorigny, où il existe une galerie qui contient plus de 300 tableaux de toutes grandeurs : la plupart de ces tableaux ont été défigurés avec de la peinture grise dont on a barbouillé les couronnes, les fleurs de lys, etc., etc. Crois-tu que l'agent national de la commune m'a soutenu que la loi l'ordonnait, comme signe de féodalité. Je ne te dirai rien de plus, je craindrais de trop affliger un ami des arts». Cette lettre, signée Michaux, est adressée au citoyen Redouté, peintre, cour du Muséum, ci-devant Louvre, escalier de la chapelle. (F17 1044.)

[2] D'après l'arrêté du Comité d'instruction publique du 4 brumaire an III, Naigeon était conservateur du dépôt de Nesle, Livernois, gardien ; plus tard Livernois est qualifié de sous-conservateur. (V. J. Guillaume, *Procès-verbaux*, t. V, p. 169.)

derniers à la Ménagerie nationale, ne s'était pas faite d'une manière satisfaisante pour le progrès des sciences et de l'instruction. Il propose et la Commission arrête que le Comité d'instruction publique sera invité à prendre un arrêté pour que, toutes les fois qu'il mourra un des animaux de la Ménagerie nationale, il sera nommé un jury, formé des citoyens connus pour s'occuper particulièrement de zootomie, lequel, incontinent après la mort de l'animal, s'assemblera pour décider et diriger les opérations de la dissection de la manière la plus avantageuse pour les progrès de cette science, conjointement avec le professeur.

Naigeon, conservateur du Dépôt national des objets d'arts et d'antiquités, prévient la Commission qu'il y a empilés dans son dépôt environ 14,000 dessins qui sont dans le cas de se dégrader, faute de cartons ou de portefeuilles pour les serrer. Il demande par esprit d'économie à être autorisé à prendre dans les différentes bibliothèques d'émigrés et de condamnés et dans les dépôts nationaux de livres les portefeuilles ou cartons vides qui ne servent pas, pour y mettre ces dessins. L'autorisation est accordée.

La Commission, après avoir entendu plusieurs de ses membres sur la nécessité de faire très promptement les réparations les plus urgentes dans les dépôts nationaux, pour que les objets de sciences et d'arts qu'on y réunit chaque jour ne soient pas exposés plus longtemps aux eaux pluviales qui pénètrent dans l'intérieur de presque toutes les maisons qui servent de dépôt, et que l'on fasse construire promptement des tablettes dans les dépôts littéraires pour y placer les livres qui, déposés en tas, non seulement se dégradent, mais encore surchargent les milieux des planchers qui courent les risques d'être enfoncés; et sur la demande du citoyen Portiez, représentant du peuple, arrête que ces observations seront communiquées à l'Agence du domaine national, avec invitation de faire procéder sur-le-champ aux réparations locatives des dépôts de la Commission temporaire des arts.

Baudouin, commissaire du Bureau du domaine national, demande qu'on fasse l'enlèvement de la bibliothèque du condamné Gigot[1], rue Poissonnière, dont la vente du mobilier va se faire incessamment; renvoyé à la bibliographie.

---

[1] Gigot-Boisbernier (François), ex-grand vicaire et chanoine de Sens, condamné à mort le 6 thermidor an II. (Arch. nat., W 431, n° 968.)

Desfontaines dépose sur le bureau l'inventaire des orangers et de quelques autres plantes qui se trouvent à l'hospice de l'Unité.

Thillaye remet l'inventaire des papiers relatifs à la Commission temporaire des arts trouvés chez Vicq-d'Azyr et remis par son père. Il dépose en même temps les papiers.

Lannoy dépose sur le bureau l'inventaire des objets d'architecture trouvés chez l'émigré Bouthillier, rue des Fossés-Montmartre, et transportés au Dépôt de la rue de Beaune [1].

La section des dépôts littéraires remet trois inventaires : le premier, des livres trouvés dans la maison du condamné Duvaucel, le deuxième, des livres trouvés dans la bibliothèque de l'émigré Deleutre; le troisième, des livres trouvés dans la bibliothèque de Lesclapart, condamné.

Elle dépose aussi l'état des inventaires et transports de bibliothèques remis à la Commission et autres travaux de la section des dépôts littéraires depuis le 25 fructidor jusqu'au 20 vendémiaire [2].

Delassaux, commissaire du bureau du domaine national du département de Paris, dépose une médaille d'argent, à bas titre, de la forme d'un écu de 6 livres, trouvée chez la femme Noailles, condamnée.

Mignard [3] fait hommage à la Commission d'un ouvrage de sa composition intitulé : *La politique anglaise dévoilée ou les moyens de rendre les colonies à la France*. Mention au procès-verbal.

SÉANCE DU 1ᴇʀ BRUMAIRE L'AN IIIᴇ.
(22 OCTOBRE 1794.)

Communication du citoyen Dupont. — Lettre du citoyen Couret. — Dépôt du district d'Arras. — Arrêté des Commissions d'instruction publique et de finances réunies. — Demande de David Vogel refusée. — Renseignements sur les manuscrits du Département de Paris et la Bibliothèque des Chartreux. — Envoi

---

[1] L'inventaire en question, daté du 25 vendémiaire, signale 40 petits modèles de diverses voûtes exécutés en plâtre, un plan de la ville du Cap-Français (Saint-Domingue), une carte de la mine de Châtel-Audren et une autre carte de la mine de Trégan. (F17 1265.)

[2] L'état en question est signé Langlès, Barrois l'aîné, Poirier, Ameilhon. (AF4 1081, n° 1.)

[3] Mignard (Jacques), du département de l'Yonne, auteur de nombreuses brochures, notamment de celle qui est mentionnée ci-dessus (Paris, chez l'auteur, an IX); une autre, parue en 1798, a pour titre : *Quelques escrocs anglais dévoilés*.

[22 oct. 1794] DE LA COMMISSION TEMPORAIRE DES ARTS. 485

du département de l'Aisne. — Demande du bibliothécaire national d'Ancenis. — Orgue du Panthéon. — Communication de l'agent national du district de Provins. — Chartreuse de Villeneuve. — Plans de Chantilly demandés par la Commission des travaux publics. — Demande de Vaudevire. — Réclamation de l'architecte Chaussard. — Tableaux à Mousseau. — Huiles conservées dans les caves de l'église Sulpice. — Mesures sollicitées par la Commission des revenus nationaux en vue des échanges d'objets utiles aux arts. — Mémoires du citoyen Janvier. — Lettre du citoyen Borelly. — Utilisation du château de Rosny. — Garniture d'épée. — OEuvres de Winckelmann. — Demande du citoyen Laplanche. — Objets précieux de la galerie du Palais national de Versailles. — Tableaux du château de Meudon. — Communication du citoyen Hervel, commissaire artiste de Versailles. — Lambris peints du château de Breteuil (district des Andelys). — District de Sedan. — Demande de Gien, serrurier. — Pierre curieuse provenant de Lavoisier. — Clavecin réclamé par la Commission. — Dégradations des maison et dôme des Invalides. — État des livres et manuscrits des Invalides. — Chénier, auteur d'un rapport tendant à épurer la Commission temporaire des arts. — Mesures de conservation pour la cathédrale d'Amiens. — Maison dite de la congrégation d'Étampes. — Lettre à écrire au district de Gisors au sujet d'une statue de Goujon. — Enlèvement de monuments à achever à Sainte-Marie de Chaillot. — Vérification d'un mémoire présenté par Lecomte, messager d'Anet. — Projet d'enlèvement des carillons de la Belgique. — Figure du prince Charles sur son cheval transportée de Bruxelles. — Statues du château de Villeroy. — Dépôt d'inventaires d'instruments de musique. — Inventaires remis par la section des dépôts littéraires. — Organisation du directoire de la Commission temporaire des arts.

Le procès-verbal de la dernière séance est lu et adopté.

Le citoyen Dupont, professeur de mathémathiques et membre du Département, fait passer à la Commission divers renseignements sur les objets de sciences et d'arts des émigrés de Paris; il joint à sa lettre l'inventaire de la bibliothèque du ci-devant chevalier du Guer. La lettre et l'inventaire sont renvoyés à la section de bibliographie pour en prendre communication.

Le Comité d'instruction publique renvoie à la Commission une lettre du citoyen Couret[1], qui demande une place de conservateur ou de commis aux inventaires des objets d'arts et de sciences; cette demande est renvoyée aux commissaires chargés de l'examen des pétitions de cette nature.

Les administrateurs du district d'Arras envoient à la Commission

---

[1] Couret de Villeneuve (Louis-Pierre), typographe et littérateur, né à Orléans le 29 juin 1749, mort à Gand le 26 janvier 1806, auteur de nombreux opuscules.

l'état des objets d'arts et de sciences qui se trouvent dans le dépôt de leur district. Les différentes sections sont invitées à en prendre communication [1].

Les Comités d'instruction publique et de finances réunis transmettent à la Commission l'arrêté qu'ils ont pris le 21 vendémiaire, conçu en ces termes :

« Art 1er. La Commission temporaire des arts ne délivrera aucun instrument ou objet de sciences et d'arts aux Commissions exécutives, à leurs agents ou à toute autre personne, qu'après s'être fait donner copie des ordres dont ils seront porteurs, avec un état des objets qu'ils demandent, et sur l'avis du Comité d'instruction publique, auquel le tout sera préalablement communiqué.

« Art. 2. La Commission temporaire des arts donnera des ordres aux gardiens ou conservateurs de tous les dépôts pour l'exécution du présent arrêté.

« Art. 3. Le Bureau des domaines nationaux de Paris donnera des ordres pour qu'il ne soit délivré aucun objet de sciences et d'arts du mobilier appartenant ou acquis à la République, qu'après qu'il en aura été rendu compte au Comité d'instruction publique et qu'il aura autorisé la délivrance de ces effets.

« Art. 4. Il sera adressé une expédition du présent arrêté à la Commission temporaire des arts et au Bureau des domaines nationaux pour veiller à son exécution, chacun en ce qui les concerne. L'arrêté sera imprimé.

Le Comité d'instruction publique répond à la Commission temporaire des arts qu'il ne peut pas autoriser le citoyen David Vogel à entrer dans les édifices et possessions nationales, qui ne sont point publics, que c'est à la Commission à juger si la pétition est compatible avec la

---

[1] Lettre des administrateurs du district d'Arras, 22 vendémiaire, et *Recueil de tableaux, sculptures, estampes et autres objets destinés pour le Muséum, par Dominique Doucre, peintre, commissaire nommé à cet effet*, vu et approuvé par les administrateurs du district d'Arras le 22 vendémiaire. D'après cet inventaire, comprenant 382 tableaux, 164 estampes et 10 tapisseries de haute lice, tous les objets qui y sont mentionnés ont été déposés dans une des salles de la ci-devant abbaye de Saint-Waast. Suivant un rapport fait à la Commission des arts par Fragonard, Bonvoisin et Picault, les objets énoncés dans le catalogue du citoyen Doucre «doivent y rester aux termes de la loi jusqu'à ce qu'il en soit autrement ordonné par le Comité d'instruction publique, qui nommera des commissaires à cet effet». (F17 1270.)

sûreté des dépôts et monuments confiés à sa responsabilité. La Commission passe à l'ordre du jour sur cette demande.

Les administrateurs du département de Paris répondent à la Commission [1] que c'est à l'Agence des domaines nationaux du Département qu'il faut s'adresser pour avoir des renseignements sur le nombre et l'état des manuscrits et des mémoires relatifs aux sciences et aux arts, parce que c'est à elle que le dépôt en a été remis. Les commissaires, précédemment chargés de se rendre pour cet objet au département de Paris, sont invités à se présenter à l'Agence des domaines pour y prendre les renseignements nécessaires.

Le secrétaire greffier de la section de l'Observatoire écrit à la Commission que la bibliothèque des Chartreux [2], placée au rez-de-chaussée sous le scellé d'un commissaire aux ventes, est exposée par conséquent aux dégradations de l'humidité. La section de bibliographie est chargée de prendre tous les moyens pour la conservation de cette bibliothèque.

Le département de l'Aisne écrit à la Commission qu'il lui envoie huit livres en parchemin et vélin. Les citoyens Leblanc et Molard font un rapport sur la nécessité de conserver les vélins et parchemins, que la Commission d'agriculture et des arts se propose d'utiliser en faisant disparaître l'écriture. Ce rapport sera communiqué au Comité d'instruction publique, avec invitation de prendre tous les moyens qu'il croira les plus propres à en assurer la conservation dans toute l'étendue de la République [3].

Le bibliothécaire national d'Ancenis demande [4] : 1° d'autoriser la

---

[1] Par lettre en date du 25 vendémiaire (F17 1048).

[2] Rue d'Enfer, quatre manuscrits de cette bibliothèque, trois latins et un français, entrèrent à la Bibliothèque nationale. [L. Delisle, *Le cabinet des manuscrits de la Bibliothèque nationale*, t. II, p. 352.
— Lettre du secrétaire greffier de la section de l'Observatoire, 23 vendémiaire (F17 1048).]

[3] Dans leur rapport, en date du 1er brumaire, Leblanc et Molard disent qu'il est urgent de prendre des mesures générales pour mettre en réserve les vélins et parchemins, et «faire cesser l'usage ordinaire de les mettre en vente et souvent de les employer à faire des gargousses». (F17 1051, n° 2.)

[4] Dans sa lettre, datée du 23 vendémiaire, le bibliothécaire d'Ancenis mentionne quatre caisses de coquillages et de minéraux, qui se trouvèrent dans la bibliothèque de La Ferronnays et qui furent pillées lors du passage des brigands à Ancenis; il rend compte en outre des obstacles qui retardent les travaux de bibliographie : «Il y a encore, dit-il, quelques bibliothèques d'émigrés à faire

municipalité à rassembler et racheter les livres et les morceaux d'histoire naturelle qui appartenaient à La Ferronays[1] et qui ont été dispersés par les Chouans; 2° sur qui tomberont les frais nécessaires à l'établissement d'un local convenable à sa bibliothèque; 3° si dans le catalogue des livres qu'il va bientôt commencer, il comprendra les livres pieux; 4° s'il échangera les livres doubles contre d'autres qui manquent. La Commission arrête que l'on invitera ce citoyen à se conformer aux lois et qu'il lui sera envoyé une instruction sur la manière d'inventorier.

La Commission des travaux publics écrit à la Commission temporaire des arts[2] qu'elle a reçu le rapport des citoyens Bruni et Lannoy relatif au déplacement de l'orgue du Panthéon et l'arrêté de la Commission à ce sujet. Cette lettre sera mentionnée au procès-verbal.

L'agent national du district de Provins fait passer[3] à la Commission deux rapports sur les objets de physique, de chimie, d'histoire naturelle du château ci-devant Montigny, et demande à la Commission s'il a rempli ses vues, et si elle disposera de ces richesses en faveur de Provins; les sections de physique et de chimie feront un rapport sur cet objet, et il sera écrit à l'agent national du district de Provins de surveiller la conservation des objets qui se trouvent dans le château de Montigny.

Le citoyen Duplessis[4], commissaire artiste, écrit de Carpentras et expose à la Commission qu'il a fait surseoir à la démolition du superbe portail de la Chartreuse de Villeneuve et demande : 1° la confirmation

---

rentrer dans la propriété nationale; elles y seraient sans doute, si les lieux qui les recèlent n'étaient infectés de cette pestilentielle engeance de Chouans qui ne permettent d'en approcher qu'à force de bras armés, et dont nous manquons par la multitude des courses que la troupe est obligée de faire, tant pour soutenir nos communes patriotes, que pour tirer les différentes denrées de celles malheureusement occupées par les Chouans...» (F17 1239).

[1] La famille Ferron de La Ferronnays (notamment Emmanuel-Marie-Eugène Ferron, comte de La Ferronnays, avec son fils Auguste, et son frère Jules-Basile de La Ferronnays, évêque de Lisieux) avait émigré en 1790 et servait dans l'armée de Condé.

[2] Sa lettre est du 27 vendémiaire (F17 1048).

[3] Par lettre du 22 vendémiaire; à cette lettre est joint un rapport, daté du 20 et signé Forest, professeur de mathématiques à l'Institut national (F17 1044).

[4] Duplessis (Joseph-Sifrède), peintre de portraits, né à Carpentras le 22 septembre 1725, mort à Versailles le 1er avril 1802; décora l'église Saint-Siffrein, de Carpentras; il fonda dans sa ville natale un musée d'objets d'art dont il dressa le catalogue raisonné.

du sursis; 2° le rétablissement de ce qui a été démoli, qui occasionnera peu de frais; 3° qu'il soit désormais défendu à tous acquéreurs de biens nationaux de détruire aucun des monuments compris dans leurs acquisitions sans l'autorisation de la municipalité des lieux, accordée sur l'avis du commissaire artiste; 4° si l'architecture, qui n'est pas nommée dans l'instruction, y est comprise sous le nom général de monuments des arts; 5° si, outre l'inventaire des objets de peinture et de sculpture, il faut envoyer, comme pour les livres, les articles séparés sur autant de cartes. Cette lettre sera communiquée au Comité d'instruction publique, et il sera envoyé un exemplaire de l'instruction à Duplessis.

La Commission des travaux publics invite la Commission temporaire des arts à remettre entre les mains du citoyen Renaud, l'un de ses agents, les plans de Chantilly, dont elle a besoin tout de suite : ils se trouvent, dit-elle, au Dépôt de Nesle [1]. Buache est chargé d'informer la Commission des travaux publics que ces plans ont été transportés à la maison d'Harcourt.

Vaudevire expose qu'il se trouve sans place par la suppression des Jacobins, où il était sommelier : sa demande est appuyée par le représentant du peuple Calon [2]. Renvoyé aux commissaires chargés d'examiner les pétitions des citoyens.

La Commission nationale de l'instruction publique renvoie à la Commission temporaire des arts la réclamation du citoyen Chaussard [3], architecte, tendant à l'enlèvement d'une bibliothèque de huit pieds d'étendue, mise en réquisition, et qui occupe sa maison, rue de la Pépinière, ci-devant Saint-Charles, près la caserne. Renvoyé à la Bibliographie.

La Commission d'agriculture et des arts avertit la Commission temporaire [4] qu'il existe à Mousseau des tableaux et autres objets qu'elle croit de grand prix; il sera répondu que des commissaires ont déjà pourvu à la conservation des objets qui se trouvent à Mousseau.

---

[1] La lettre de la Commission des travaux publics est du 28 vendémiaire (F17 1048).

[2] Calon (Étienne-Nicolas), officier du génie, député de l'Oise à la Législative et à la Convention.

[3] Chaussard (Jean-Baptiste), architecte parisien, fit en 1766 le mausolée du duc de Belle-Isle dans l'église Notre-Dame de Vernon.

[4] Par lettre du 27 vendémiaire (F17 1048). — La réponse de la Commission des arts est datée du 6 brumaire (F17 1046).

La Commission du commerce et approvisionnements fait passer à la Commission temporaire des arts copie de la lettre que lui a adressée l'Agence de la Commune de Paris, et qui contient le détail des précautions qu'on a prises pour mettre l'huile des caves de l'église Sulpice hors d'état de nuire par ses émanations et en même temps hors des atteintes de la malveillance. Cette lettre sera mentionnée au procès-verbal [1].

La Commission des revenus nationaux presse la Commission temporaire des arts [2] d'autoriser ses commissaires, après qu'ils auront choisi les objets utiles aux arts et aux sciences, de désigner tous ceux qui, par leur nature et leur état, ne sont pas évidemment susceptibles d'être réservés, afin de faciliter par leur prompt échange les opérations urgentes et nécessaires au commerce. Il sera répondu que les commissaires nommés sont en pleine activité pour remplir les vues de la Commission des revenus nationaux.

Le Comité d'instruction publique renvoie à la Commission deux mémoires du citoyen Janvier [3]; l'un a pour objet la confection d'une machine à marées qui indiquerait l'heure de la haute et basse mer pour quatre-vingts ports des principaux lieux de la terre, et même avec plus de précision que ne le font les tables des astronomes, comme l'ont reconnu dans le temps les commissaires nommés par l'Académie des sciences. Le second mémoire est relatif à l'accord à établir entre les pendules des divers postes télégraphiques; pour arriver à ce but, il propose de construire toutes ces pendules sur le plan de Berthoud, le plus simple, le plus sûr, le plus facile à conduire et à réparer sur tous les points de la République. Les citoyens Charles, Molard et Buache sont invités à examiner ces pièces pour en faire un rapport.

Le Comité d'instruction publique renvoie à la Commission temporaire

---

[1] Voir cette lettre, en date du 14 vendémiaire, ainsi que celle de la Commission du commerce et approvisionnements, en date du 27 du même mois, sous la cote F17 1048.

[2] Par lettre en date du 27 vendémiaire (F17 1048). — La réponse de la Commission des arts est du 6 brumaire (F17 1046).

[3] Janvier (Antide), horloger, né à Saint-Claude, le 1er juillet 1751, mort à Paris le 23 septembre 1835. Nommé horloger-mécanicien du Roi en 1784, Janvier créa et dirigea sous la Révolution une école d'horlogerie; il est l'auteur d'œuvres remarquables de mécanique, notamment de sphères astronomiques mouvantes, de pendules planétaires, d'instruments indiquant les heures des marées de quatre-vingts ports, l'heure des chefs-lieux de tous les départements; il publia également de 1810 à 1831 plusieurs manuels.

des arts une lettre du citoyen Borelly [1], ayant pour objet de suspendre l'achat du cabinet de la veuve d'Orcy, attendu qu'il y a du danger : il offre de donner des renseignements importants. Cet objet est renvoyé aux commissaires qui ont été chargés de l'examen de ce cabinet.

Le citoyen Bucquet, administrateur du district de Mantes, expose à la Commission : 1° que la valeur du plomb des combles du château ci-devant Rosny [2], dont on demande l'enlèvement, ne contrebalancera pas (sic); 2° il indique les différents moyens de tirer parti de ce vaste et superbe édifice, soit pour un hôpital, soit pour un dépôt botanique [3]. Renvoyé à David Le Roy, déjà chargé d'un rapport de ce genre.

Le secrétaire greffier du juge de paix de la section de La Fontaine de Grenelle dépose une garniture d'épée damasquinée, trouvée sous les scellés de la maison Goudin, quai d'Orsay. Il sera fait mention de cette remise au procès-verbal et extrait en sera délivré à ce citoyen.

Les citoyens David Le Roy, Lebrun, Dardel sont adjoints aux commissaires déjà nommés pour l'examen de l'édition des œuvres complètes de Winckelmann dont Jansen est l'auteur.

Laplanche demande [4] à la Commission de désigner les marbres qu'il doit déposer et faire transporter dans les dépôts. L'expert est chargé de faire droit à la demande de ce citoyen.

La Commission des arts du département de Seine-et-Oise demande

---

[1] Borelli (Jean-Alexis), littérateur. Né à Salernes (Var) en 1738, mort à Berlin. Fut avec Thibault le rédacteur du *Journal de l'Instruction publique*, qui parut à Paris de 1793 à 1794.

[2] Rosny-sur-Seine (Seine-et-Oise, arrondissement et canton de Mantes) possède encore un beau château en briques, flanqué de quatre pavillons carrés et entouré de larges fossés, qui fut la maison de plaisance de la duchesse de Berry. Ce château fut reconstruit au XVIe siècle par les soins de Sully.

[3] Dans sa lettre, datée de Mantes, 28 vendémiaire an III, Bucquet dit notamment : Si nous n'avions déjà un dépôt de botanique tout formé dans la maison du condamné Maussion, commune de Jambville, Rosny pourrait en être susceptible. Il possède un excellent potager de sept arpents, où l'eau est à volonté, une serre considérable pour des orangers, qui ont été vendus par Périgord, quelque temps avant son émigration; une basse-cour, des remises et des greniers qui recèlent les réquisitions de paille et d'avoine pour Paris. — En général, les bâtiments en brique et en pierre de taille sont de la plus grande solidité. L'intérieur de tous les appartements de maître est parqueté et les chambranles des marbres les plus précieux.» (F17 1044.)

[4] Voir : 1° la lettre de Delaplanche, sculpteur et marbrier, n° 50, faubourg Saint-Martin, en date du 30 vendémiaire; 2° le rapport de Jollain au sujet de la demande de Delaplanche, en date du 5 brumaire, proposant de le charger du transport des marbres de l'église Saint-Merry dans les dépôts (F17 1043).

des commissaires pour faire l'examen et constater l'urgence du travail à faire pour la conservation des objets précieux de la galerie du palais national de Versailles et aussi examiner les tableaux et autres effets précieux restés dans le ci-devant château de Meudon. La Commission nomme Dardel et Picault pour se rendre à Versailles, et, pour Meudon, Dupasquier et Bonvoisin : ils rempliront les vues des commissaires du district de Versailles. Quant aux obstacles que lesdits commissaires ont trouvés à l'enlèvement des tableaux, meubles et effets précieux qui se détériorent à Bellevue et dont l'estimation n'a point encore été faite par les huissiers priseurs, le Comité d'instruction publique sera invité à prendre les mesures propres à faire accélérer cette prisée.

Le citoyen Hervel, commissaire artiste de Versailles, remet la notice de quelques objets qu'il croit pouvoir être utiles à la géographie et guider la marche des troupes de la République dans les pays ennemis. La Commission arrête que copie de cette note sera envoyée à la Commission des travaux publics.

Les citoyens composant le directoire du district des Andelys font passer copie d'une pétition qui leur a été présentée par le citoyen Lécuyer concernant les lambris peints qui se trouvent dans le ci-devant château de l'émigré Breteuil. La section de peinture est chargée d'examiner cette pétition et d'en faire un rapport.

*Les administrateurs du district de Sedan, dans une lettre en réponse à la circulaire, témoignent leurs regrets de n'avoir aucun objet d'histoire naturelle, physique, chimie, anatomie, architecture, peinture, etc. Ils exposent que leur zèle dans le travail bibliographique satisfera la Commission temporaire des arts [1].

Gieu, serrurier, employé aux réparations de la maison de Nesle, demande à l'être encore dans les travaux qui pourront être faits dans

---

[1] Lettre des administrateurs du district de Sedan, 28 vendémiaire : « Le seul dépôt dont le district jouit est un recueil considérable de livres de toute espèce et de manuscrits trouvés dans les bibliothèques des maisons religieuses supprimées. Le travail que demande l'inscription de tous ces livres n'est point fini, mais il est dans la plus grande activité. Le défaut d'emplacements et de rayons propres à contenir et à classer les différents ouvrages, la difficulté de faire rentrer ceux qui ne sont point encore parvenus; les inventaires que les commissaires de la bibliothèque ont été obligés de faire dans les différentes maisons des malheureuses victimes du département des Ardennes, et qui ont été suspendus par un arrêté du représentant du peuple Charles Delacroix, du 20 fructidor : tous ces obstacles les ont empêchés d'accélérer la confection de leur travail. » (F^{17} 1239.)

les différents dépôts. Sa demande est renvoyée à la section d'architecture, chargée de procéder aux réparations urgentes à faire dans les maisons où sont conservés tous les monuments d'arts.

Richard dépose sur le bureau une pierre flexible, remise par Fattori et provenant de Lavoisier, il sera fait mention de cette remise au procès-verbal, et la pierre est renvoyée au Muséum d'histoire naturelle.

Le citoyen Dehanchy, possesseur d'un clavecin dont la Commission a décidé la rentrée dans les dépôts, propose à la Commission différents moyens de l'indemniser; la Commission passe à l'ordre du jour, motivé sur un précédent arrêté qui porte que c'est à elle à déterminer les justes indemnités à accorder aux citoyens qui auraient acquis des objets précieux qu'elle réclamerait.

Les commissaires chargés de prendre connaissance des travaux et dégradations de la maison des Invalides font un rapport duquel il résulte qu'il s'y est opéré des changements et des dégradations d'autant plus blâmables qu'ils n'étaient commandés par aucune utilité publique. La Commission arrête que ce rapport sera communiqué au Comité d'instruction publique, et qu'il sera demandé à l'administration des Invalides communication des ordres en vertu desquels ces changements ont été faits.

La Commission renvoie au Comité d'instruction publique le rapport des sections de peinture et de sculpture sur les statues en marbre qui décoraient les chapelles et la façade du dôme des Invalides; elles proposent de faire transporter dans les dépôts de sculpture le Charlemagne [1], le Saint Louis, la Vierge, le Saint Jérôme, le Saint Grégoire, et d'abandonner les autres à la Commission du commerce et des subsistances pour en tirer le meilleur parti qu'elle pourra : cette proposition est adoptée. Il est arrêté de plus que la Commission émettra son vœu pour que l'incrustation en marbre offrant des signes de féodalité soit détruite.

Ameilhon donne des renseignements [2] sur l'état des livres en manuscrits des Invalides; ils consistent en pièces manuscrites relatives au ci-devant ordre militaire de Saint-Louis, avec un certain nombre d'exemplaires reliés de l'histoire de ce même ordre. La bibliothèque des

---

[1] Par Ant. Coysevox. — Celle de saint Louis est de Nicolas Coustou (cf. *Inventaire des richesses d'art de Paris, Monuments religieux*, t. III, p. 234). — [2] Le rapport d'Ameilhon est du 1ᵉʳ brumaire (F¹⁷ 1081, n° 1).

Lazaristes, ci-devant attachés au culte dans cette maison, se trouve dans un grenier, entassée confusément sur le plancher. La Commission arrête que Ameilhon fera au plus tôt l'enlèvement des livres et manuscrits qui sont aux Invalides pour les placer dans un lieu plus sûr et plus sain.

Un membre donne lecture d'un rapport fait à la Convention, le 27 vendémiaire, au nom du Comité d'instruction publique. La Commission remarque avec surprise qu'à la suite d'une juste et vigoureuse sortie contre l'ancienne Commission d'instruction publique qui, sous le joug sanglant de Robespierre, organisait l'ignorance et la barbarie, il y est dit : *Il faudra bien encore épurer la Commission temporaire des arts et y porter comme en triomphe ces artistes célèbres et opprimés qui en avaient été écartés par un rival bassement jaloux. Il faudra,* ajoute l'orateur, *écarter cette foule de petits intrigants sans moyens qui cultivent les arts pour les avilir, qui luttaient contre les talents avec la calomnie qui, sous le règne des triumvirs, obstruaient les avenues du Comité de salut public, obtenaient,* etc., etc. Le représentant du peuple Romme annonce à la Commission que, sans doute, le rapport dont il est question [1] n'a point été lu en entier au Comité d'instruction publique, qui se serait empressé de désavouer ce qu'il y avait d'offensant pour la Commission temporaire des arts. Il propose de charger des commissaires de lui demander s'il pense que la Commission puisse continuer à se livrer à ses fonctions au milieu de l'opinion dirigée contre elle; et, dans le cas où le Comité ne partagerait pas les sentiments du rapporteur, il serait invité à prendre les mesures propres à détromper la Convention et la République. Le citoyen Chénier, auteur de ce rapport, prétend n'avoir point eu l'intention de calomnier la Commission temporaire des arts. Il rend hommage à l'activité et au mérite de tous ses membres, en général et en particulier, il témoigne son déplaisir de ce que, lors de la présentation de la liste des commissaires que le Comité offrit à l'acceptation de la Convention nationale, l'influence d'un représentant en écarta plusieurs artistes également dignes d'être admis dans cette Commission.

---

[1] Il s'agit du «rapport sur la fête des Victoires, qui doit être célébrée le décadi 30 vendémiaire..., fait à la Convention nationale au nom du Comité d'instruction publique par Marie-Joseph Chénier», rapport publié *in extenso* par J. Guillaume, *Procès-verbaux du Comité d'instruction publique*, t. IV, p. 98. — La Commission d'instruction publique y est traitée de «commission imbécile et conspiratrice».

Quant à la partie de son discours où il est parlé de petits intrigants sans moyens, il pense qu'il n'y a que les malveillants, qui se reconnaissent au portrait qu'il en a fait, qui puissent vouloir diriger contre la Commission des arts les traits qu'il a lancés contre eux, et il déclare que cette phrase ne regarde point la Commission temporaire des arts; il promet de monter à la tribune de la Convention et de s'expliquer de manière à détourner de la Commission une défaveur qui n'a jamais dû planer sur elle. La Commission, pleine de confiance dans la promesse du citoyen Chénier, ajourne la proposition du citoyen Romme jusqu'à décadi prochain.

Le citoyen Grégoire soumet une lettre des commissaires préposés à la réunion des objets d'art dans le district d'Amiens, qui demandent des mesures de conservation pour la ci-devant cathédrale, un des plus vastes et des plus magnifiques temples de l'Europe. Cet édifice est menacé d'une ruine prochaine, faute d'entretien. La Commission arrête que le Comité d'instruction publique sera invité à prendre les moyens qu'il croira convenables à la conservation de tous les édifices nationaux qui, de tout temps, ont fixé l'admiration des artistes, et particulièrement pour la ci-devant cathédrale d'Amiens.

Un citoyen demande l'envoi de commissaires à Étampes pour vérifier les inconvénients qu'il y aurait à laisser le dépôt des monuments de sciences et arts dans le lieu où il est établi actuellement. Il désigne comme propre à recevoir tous les objets mis en réserve pour l'instruction publique la seule maison, dite de la Congrégation, que le Comité de salut public a destinée à la Commission de commerce et des subsistances; les citoyens Langlès et Lannoy sont chargés de se rendre à Étampes pour visiter les lieux et faire un rapport à la Commission temporaire des arts [1].

Il sera écrit au district de Gisors pour lui demander l'état et les moyens de conservation d'une statue de Goujon, représentant un homme mort, placé dans un trou fait à un mur du côté de la grande porte de l'église [2].

---

[1] Voir sous la cote F17 1044 : 1° un rapport de Le Brun, commissaire artiste du district d'Étampes, daté du 1er brumaire, indiquant la maison, dite de la Congrégation, comme le local le plus convenable pour l'établissement du Muséum des arts et sciences et de la bibliothèque; 2° un arrêté du même district, du 5 fructidor an II, tendant à obtenir le même local en vue de l'installation projetée.

[2] Cette lettre au district de Gisors avait été provoquée par un rapport au cours du

Scellier demande à être autorisé à achever l'enlèvement des monuments de Sainte-Marie de Chaillot, commencé par ordre de la ci-devant Commission des monuments. Cette proposition est renvoyée à la section d'architecture. Scellier présentera l'état des objets enlevés et celui des monuments qui restent à transporter [1].

L'expert chargé de vérifier un mémoire du citoyen Lecomte, messager d'Anet à Paris, pour frais de transports de monuments au Dépôt de la rue de Beaune, fait un rapport, duquel il résulte que la somme de 1,025 livres est exorbitante et qu'elle doit être réduite à 800 livres [2]. La Commission arrête qu'il sera payé 800 livres au citoyen Lecomte.

Besson propose de faire transporter de la Belgique à Paris les carillons qui doivent récréer les Républicains aux dépens de leurs ennemis. Cette proposition est renvoyée au Comité d'instruction publique. La Commission renvoie au Comité d'instruction [publique] pour statuer sur la destination du cheval et de la figure du prince Charles, en cuivre, transportés de Bruxelles, qui ne peuvent être conservés comme monuments d'art, mais peut-être comme objet de triomphe [3].

Naigeon annonce qu'il reste au ci-devant château de Villeroy six statues qui ont été réservées par la section des monuments qui les a laissées sous la surveillance de la municipalité; cet objet est renvoyé à la section de sculpture pour prendre connaissance du procès-verbal

quel A.-L. Millin disait en parlant de cette statue : «Les petits enfants écrivent leur nom dessus avec la pointe d'un couteau; peut-être a-t-il été pris et brisé comme une représentation du Christ. On peut lire quelques détails sur ce monument dans mes *Antiquités nationales*, à l'article Gisors; j'ai écrit à toutes les autorités et je n'ai jamais pu obtenir la translation à Paris de ce monument; j'ignore s'il existe encore; mais, s'il n'est pas détruit, il faudrait donner des ordres très prompts pour l'enlever.» (F17 1197.)

(1) L'église des Visitandines de Chaillot avait été rebâtie en 1704. La serrurerie de la grande porte était remarquable. L'église contenait six tableaux dont un de Restout (Mme de Chantal donnant la constitution de son ordre aux religieuses).

(2) Le rapport de Jollain sur le mémoire de Lecomte, messager sur la route d'Ivry-la-Bataille à Paris, concluant au payement de 800 livres pour les quatre voitures de ce messager, est du 30 vendémiaire (F17 1043, n° 22).

(3) Il s'agit de la statue du prince Charles-Alexandre, duc de Lorraine et de Bar, gouverneur général des Pays-Bas autrichiens, exécutée à l'occasion de sa vingt-cinquième année d'administration et due au sculpteur gantois Verschaffelt, qui fut inaugurée le 17 janvier 1775 sur l'emplacement de l'ancien palais des souverains, incendié en 1731. Cet emplacement avait été converti en place publique, dite place de Lorraine et plus tard Royale. La statue du prince Charles, renversée en 1793, fut rétablie en vertu d'un arrêté royal du 30 mai 1835.

de la section des monuments et faire effectuer le transport des statues.

Thillaye dépose deux reçus, l'un, portant qu'il a reçu du citoyen Vicq d'Azyr deux cents petits bocaux pour être déposés dans le cabinet des Écoles de chirurgie, l'autre qu'il a reçu de Barrois l'Encyclopédie par ordre de matières, composée de trente-deux livraisons, également déposées aux mêmes Écoles.

Bruni dépose les inventaires des instruments de musique des maisons Marbeuf, La Chapelle, Castries [1].

La section des dépôts littéraires remet les inventaires des maisons de Robert Saint-Vincent, de la femme Cyvrac, irlandaise, Hautefeuille, Daucourt, Pâris, Dupain et d'Escars [2].

Barrois dépose le reçu d'un secrétaire de la Convention, à qui il a remis huit volumes des œuvres de Montesquieu pour le Comité de législation.

La Commission entend la lecture d'un rapport faite par le citoyen Buache, sur l'organisation d'un directoire de la Commission temporaire des arts. Vu l'importance de cet objet, la discussion en est ajournée à la prochaine séance.

SÉANCE DU 5 BRUMAIRE AN III.
(26 OCTOBRE 1794.)

Communication de Beaucourt, professeur de dessin à La Fère. – Pétition de Bernier. – Envois du district de Senones. – Invention présentée par Caussin, pâtissier à Verdun. – Pénurie d'objets d'art dans le district d'Aubigny. – Lettres de Calon et Lozeau. – Lettres des districts de Mâcon et d'Uzerche. – Recherche

---

[1] Chez La Chapelle, faubourg Montmartre, n° 26, Bruni trouve un clavecin (24 vendémiaire), chez Castries, un fortepiano (26 vendémiaire) [F17 1054, n° 3].

[2] Inventaire des livres trouvés dans la maison de Robert Saint-Vincent, rue Hautefeuille, n° 25 (en 989 articles) et transportés au Dépôt des Cordeliers le 6 vendémiaire (F17 1195). — Inventaire des livres trouvés chez l'émigrée Civrac, irlandaise, quai Voltaire, n° 5 (45 articles) et transportés au même dépôt, 5 vendémiaire (F17 1195). — Inventaire des livres de Hautefeuille, remis au même dépôt, le 16 ventôse an II (F17 1193). — Inventaire des livres de la bibliothèque de Pâris, tombé sous le glaive de la Loi, rue des Carmes, 24 vendémiaire (F17 1195). — Inventaire des livres de l'émigré d'Escars, trouvés en la maison de Ligny, rue du Bac, n° 405, transportés au Dépôt de la rue de Lille, le 30 vendémiaire (F17 1196).

dans les papiers de Dombey. – Dépôts de la Commission de Port-la-Montagne. – Mémoire du Citoyen Belleyme. – Communication des citoyens Dieu et Brouillet sur les orangers de Maisons-sur-Seine. – Lettre de la Commission exécutive d'instruction publique pour la recherche des manuscrits. – Lettre du district de Sancerre. – Demande d'autorisation d'importation d'objets de géographie en Suisse. – Lettre du district de Bar-sur-Seine. – Demande de la Commission des revenus nationaux. – Catalogue de gravures du musée de Reims. – Recherche d'un manuscrit chez Boulogne. – Cabinet de physique de Charles. – Musées et fouilles du district de Bayeux. – Arbres du parc de Saint-Cloud menacés. – Bibliothèque et autres collections du séminaire Sulpice. – Établissement de Léonard Bourdon. – Table ronde d'un seul morceau à Brest. – Manuscrit de Saint-Lupicin, l'*Apocalypse*. – Demande d'instruments par Janvier. – Feuilles manquant au dictionnaire de l'Académie. – Organisation des dépôts. – Demande du citoyen Génard. – Transports d'objets d'art et monuments par les soins de Scellier, entrepreneur. – Pendules enlevées chez Villeroy. – Rapport de Desfontaines sur les pépinières de Limours. – Conservation des orangers. – Réception de Leclerc, comme membre de la section d'anatomie. – Table de porcelaine de Sèvres. – Rapport sur les châteaux de Chantilly et d'Écouen. – Commission ambulante dans les départements. – Rapport de Picault sur la collection Choiseul-Gouffier. – Monuments antiques à Pont-à-Mousson et à Maintenon. – Inventaires de morceaux et d'instruments de musique. – Catalogue des objets de zoologie du cabinet d'Harcourt. – Inventaire déposé par Ronesse, bibliothécaire à Franciade. – Cachet de Vicq d'Azyr. – Appointements du gardien du Dépôt de musique.

Le procès-verbal est lu et adopté avec quelques amendements.

Le citoyen Beaucourt, professeur de dessin à La Fère, écrit à la Commission qu'il lui enverra incessamment un de ses ouvrages qui a pour objet de représenter toutes les machines d'artillerie et autres par le moyen de la projection des ombres des corps. La cause de son retard vient du vol qu'on lui a fait de son manuscrit. Si le voleur le faisait passer à la Commission, le citoyen Beaucourt, appuyé de plusieurs administrateurs de district, réclame d'elle sa justice. La Commission arrête mention au procès-verbal.

Le représentant du peuple Audrein écrit à la Commission pour lui recommander Bernier qui a présenté une pétition le 21 vendémiaire, à l'effet d'être employé dans la partie des bibliothèques. Renvoyé aux commissaires chargés des demandes de ce genre.

L'administration du district de Senones, département des Vosges, envoie à la Commission l'état des dépenses faites, soit pour l'évacuation de la bibliothèque de l'abbaye, convertie en hospice militaire [1], soit pour la confection des inventaires de livres, tableaux, estampes, etc., et elle lui demande d'en ordonner le remboursement qui sera de 1,914 ₶ 19 s.; elle annonce en deuxième lieu, l'envoi prochain des catalogues des divers objets de sciences et d'arts du ci-devant prince de Salm et l'existence à la bibliothèque d'un exemplaire du sermon de J. Boucher [2], ouvrage rare et curieux. La Commission renvoie cette lettre au Comité d'instruction publique.

Le citoyen Caussin, pâtissier à Verdun, communique à la Commission un mémoire ayant pour objet la découverte d'un moyen de conserver la viande. La lettre du citoyen est renvoyée à la Commission d'agriculture et des arts, avec une note du citoyen Leblanc qui donne des renseignements sur un procédé du même genre, découvert par Vilaris, excellent chimiste, mort à Bordeaux. Darcet, son ami, fait encore voir du bœuf et de la graisse, parfaitement bien conservés depuis environ 20 ans par le procédé de Vilaris. Darcet peut donner à la Commission d'agriculture et des arts des renseignements sur cet objet.

Les administrateurs du district d'Aubigny, département du Cher, expriment à la Commission leur regret de n'avoir rien à inventorier, ni en objets de sciences et d'arts, ni en livres. Ils espèrent que leur dénuement attirera la bienveillance et l'attention de la Commission; il est arrêté que le Comité sera invité à prendre tous les moyens de s'assurer si cette pénurie est réelle, ou si elle n'a point été produite par l'indifférence des administrations qui ont laissé vendre ou dégrader les objets d'arts ou les livres qui, assez ordinairement, se trouvent dans toutes les parties de la République.

Le Comité d'instruction publique renvoie à la Commission : 1° une

---

[1] Le commissaire ordonnateur de l'armée du Rhin et le citoyen Courtot, agent général des hôpitaux de cette armée, ayant demandé, le 16 prairial an II, les bâtiments de l'abbaye de Senones ainsi que ceux du château dudit lieu pour l'établissement d'un hôpital militaire, l'administration du district de Senones décida, par arrêté du 23 prairial, de surseoir à cette demande jusqu'à ce que le catalogue des 13,000 à 14,000 volumes composant la bibliothèque de l'abbaye eût été dressé, et qu'en outre, en attendant une décision au sujet de l'abandon de la salle contenant cette bibliothèque, un hôpital de convalescents serait établi dans les bâtiments du prince de Salm et dans le manège, qui pouvaient recevoir 400 à 500 malades. (F17 1044.)

[2] Jean Boucher, docteur en Sorbonne, curé de Saint-Benoît à Paris, prédicateur de la Ligue, né à Paris vers 1536, mort à Tournai vers 1645. Le sermon en question doit être celui qu'il prêcha à Saint-Benoît le jour même de l'assassinat de Henri III (1er août 1589) et qui trahit sa complicité avec Jacques Clément.

lettre du représentant du peuple Calon, directeur du Dépôt général de la guerre de terre et de mer, qui déclare avoir dans son dépôt, place des Piques, n° 17, des tableaux exposés à être dégradés, et en demande l'enlèvement; 2° une lettre du représentant du peuple Lozeau [1] avec une note du citoyen Sage qui, toutes deux, ont pour objet de soustraire aux injures de l'air plusieurs objets d'arts, entre autres la superbe tête du Jupiter colossal de Myron [2], qui est dans les bosquets de Versailles, la statue égyptienne de basalte de l'Orangerie [3], et de les transférer au Muséum des arts. Ces lettres sont renvoyées au Comité d'instruction publique avec invitation d'autoriser le transport demandé.

Les administrateurs du district de Mâcon assurent la Commission que le manuscrit d'Héloïse et d'Abeilard ne se trouve point dans la bibliothèque, ni dans les papiers de la ci-devant abbaye de Cluny. Ils annoncent qu'ils recherchent un local pour y développer la riche collection d'objets de sciences et d'arts qu'ils ont recueillis, et ils espèrent pouvoir bientôt en dresser le catalogue. La Commission arrête mention au procès-verbal [4].

Les administrateurs du district d'Uzerche, département de la Corrèze, préviennent la Commission qu'ils s'occupent à recueillir les monuments de sciences et d'arts et les livres des monastères qui n'ont pas été dilapidés; elle (*sic*) espère dans peu en faire passer l'inventaire avec le tableau des objets qui peuvent intéresser les sciences et les arts [5].

Séméraire, beau-frère du citoyen Dombey, à qui la Commission avait demandé quelques renseignements sur un dictionnaire du Pérou, répond

---

[1] Lozeau (Paul-Augustin), député de la Charente-Inférieure à la Convention.

[2] Dans son second rapport du 8 brumaire, Grégoire mentionne la magnifique tête de Jupiter, datant de 442 ans avant l'ère vulgaire, ouvrage du célèbre Myron, ayant fait partie du Jupiter colossal dans le temple de Junon à Samos. Cette statue, après avoir orné les jardins des Médicis, fut donnée en 1541 au cardinal Granvelle, qui l'avait placée près de son palais à Besançon; les habitants en firent présent en 1668 à Louis XIV; elle se trouve aujourd'hui au Louvre (n° 31 de la *Notice de la sculpture antique*). Un vandale, dit Grégoire, s'est amusé à tirer à balle sur ce monument.

[3] Dans le vestibule de l'Orangerie se trouvait une statue en basalte figurant Cérès en deuil de l'enlèvement de Proserpine. Voici en quels termes les commissaires Leblond, Naigeon, Nitot et Langlès, dans un rapport du 10 brumaire an II, faisaient mention de cette statue «Nous avons examiné, disent-ils, une statue de femme drapée, de 8 pieds de proportion. Sa substance nous a paru être du basalte, l'obscurité du lieu ne nous a pas permis d'en faire une description exacte, nous présumons néanmoins qu'elle est d'un grand prix» (F17 1270).

[4] Lettre des administrateurs du district de Mâcon, 27 vendémiaire (F17 1044).

[5] Lettre des administrateurs du district d'Uzerche, 28 vendémiaire : «Nos

que l'on va faire des recherches pour trouver le dépôt des papiers du citoyen Dombey et la nombreuse collection de ses plantes gravées; Lamarck est invité à donner les renseignements qu'il dit avoir sur Dombey. Il sera fait mention au procès-verbal du zèle du citoyen Sémeraire pour la découverte de ce qui appartenait à Dombey [1].

Giraudy écrit au président et demande que la commission de Port-la-Montagne, chargée de rassembler les objets de sciences et d'arts, soit autorisée à former un troisième dépôt et à s'adjoindre deux nouveaux commissaires artistes pour accélérer l'enlèvement d'une infinité d'objets qui se dégradent [2]. Il sera écrit à Giraudy que ses demandes sont du ressort du district, qui peut autoriser autant de dépôts qu'il est nécessaire et nommer autant d'artistes que le nombre de monuments à réunir et à conserver l'exige.

---

bibliothèques nationales, disent-ils, ne contiennent pas de manuscrits; celles des émigrés ne sont presque rien et celles des corps religieux... ont été dilapidées par les religieux qui les possédaient, à qui on avait dans le temps permis d'emporter ce qui pourrait leur appartenir.» (F¹⁷ 1239.)

[1] Lettre de Sémeraire, en date de Mâcon, 27 vendémiaire. Il savait, d'après Dombey lui-même, que celui-ci «avait des mémoires de toutes les opérations qu'il avait faites pendant dix années qu'il avait resté au Pérou, au Chili, dans les Cordillières, le long du fleuve Maragnion, etc. Je me souviens même qu'il m'avait dit en avoir une malle pleine», mais il n'a pas eu l'occasion de prendre connaissance du contenu de ces papiers. «Je sais en gros qu'il avait découvert une grande quantité de plantes absolument inconnues à l'Europe, et je me tromperais infiniment s'il ne m'avait pas dit en avoir recueilli plus de 2,000. Il m'avait dit que n'étant pas assez riche pour entreprendre de les faire graver, il avait trouvé le moyen de faire faire cette entreprise par un amateur anglais riche, qui trouvait de la satisfaction à employer ainsi ses richesses. Je sais que plusieurs de ces gravures ont été exécutées à sa satisfaction. Il m'en avait montré plusieurs cahiers qu'on lui avait envoyés de Londres. La famille ignore quel est le dépositaire de ces papiers, mais elle fera toutes les recherches convenables pour les recouvrer, si toutefois ils existent encore. Moi en particulier, je ne négligerai rien à cet égard» (F¹⁷ 1044).

[2] Dans sa lettre, en date du 24 vendémiaire, Giraudy rend compte des difficultés qu'a rencontrées la Commission chargée de «rechercher, inventorier et mettre en ordre les monuments des sciences et arts, délaissés par les traîtres toulonnais. La presse du moment, les mouvements militaires, la nécessité de fournir des logements non déblayés aux réfugiés corses et aux marins requis, se sont opposés à un déblaiement méthodique et à la mise en ordre successive, tout s'est fait par bonds, l'on n'a opéré que par entassements et, jusqu'au choix du dépôt, tout s'est ressenti de l'embarras des circonstances. Effrayée des dépenses qu'auraient occasionnées les réparations à faire à la maison du dépôt ravagée par la bombe, la Commission s'est bornée à s'arranger provisoirement pour le mieux en attendant un autre local et la formation d'un troisième dépôt.» Ce troisième dépôt est nécessaire pour renfermer ce qui reste à recueillir «dans à peu près 500 maisons non déblayées» (F¹⁷ 1044).

Le Comité d'instruction publique renvoie à la Commission : 1° un mémoire du citoyen Belleyme sur la carte de l'ancienne généralité de Guyenne; 2° un état de recette et de dépense; 3° les pièces justificatives; 4° deux notes du citoyen Buache. La Commission charge le citoyen Buache de faire un rapport sur ce sujet pour être communiqué au Comité d'instruction publique.

Les citoyens Dieu et Brouillet, acquéreurs des orangers de Charles-Philippe Capet, à Maisons-sur-Seine, exposent à la Commission que ces arbustes, bien conservés, sont exposés à périr au premier froid, faute d'orangerie[1]. La section de botanique est chargée de se transporter à Maisons-sur-Seine et de prendre toutes les mesures que sa sagesse lui suggérera.

Le Comité d'instruction publique communique une lettre de la Commission exécutive de l'instruction publique ayant pour objet d'obtenir du Comité qu'il charge la Commission temporaire des arts de faire connaître la quantité de manuscrits qu'elle a recueillis et d'en adresser les inventaires à la Commission exécutive, ce qu'elle croit indispensable pour fixer le choix de l'emplacement qu'elle doit proposer au Comité[2]. Un membre observe que l'inventaire de ces manuscrits n'est point fait, que la plupart sont entassés et ne peuvent être inventoriés que dans le local qui leur sera destiné; il propose d'inviter la Commission exécutive à nommer deux commissaires pour, conjointement avec deux autres pris dans le sein de la Commission temporaire des arts, visiter tous les lieux où il se trouve des manuscrits et déterminer le local. Romme pense qu'il ne suffit pas d'avoir un emplacement propre à contenir les manuscrits qui existent à Paris; il observe que les départements possèdent, sans profit pour eux, quantité de richesses de ce genre qui doivent être transportées dans le dépôt central. Il propose de charger deux commis-

---

[1] Leur pétition, adressée au Comité d'instruction publique, est du 25 vendémiaire. Ils demandent l'autorisation d'abriter pour l'hiver dans l'orangerie de Maisons, comme la saison dernière, ces arbustes, les plus beaux en ce genre qui soient en France, ou à les céder à la Nation. Le 5 brumaire, le citoyen Dieu écrivait encore dans le même sens aux représentants du peuple français (F¹⁷ 1044).

[2] Cette demande de la Commission d'instruction publique se rapportait à l'arrêté du Comité d'instruction publique, en date du 12 vendémiaire an III, ayant pour but l'aménagement d'un local propre à recevoir tous les manuscrits existant dans les divers dépôts provisoires et recueillis par la Commission temporaire des arts. Voir la lettre en question de la Commission d'instruction publique, datée du 26 vendémiaire, et signée de Guinguené et de Clément de Ris, sous la cote F¹⁷ 1048.

saires de faire un rapport sur l'état de tous les dépôts où il se trouve des manuscrits qui doivent intéresser l'instruction publique. Cette proposition est adoptée : Buache et Poirier sont chargés de faire ce rapport.

Les administrateurs du district de Sancerre, département du Cher, annoncent à la Commission[1] qu'elle recevra au premier jour le catalogue en cartes des livres de leurs émigrés et déportés ; quant aux objets d'arts il n'y en a point dans leur arrondissement, excepté un tableau d'église, estimé par quelques peintres. Il leur sera écrit d'envoyer les inventaires et de faire transporter le tableau dans le dépôt du district et de veiller à sa conservation.

Le citoyen Delamarche, géographe[2], expose à la Commission qu'une caisse contenant des globes, des atlas, des cartes, envoyée en Suisse le 13 frimaire de l'an II de la République, est arrêtée sur la frontière ; il demande d'être autorisé à la faire parvenir à sa destination. La commission arrête que le citoyen Lamarche (sic) sera invité à adresser sa demande à la Commission de commerce.

Les administrateurs du district de Bar-sur-Seine écrivent que leur travail sur la bibliographie est terminé, qu'il ne se trouve dans leur arrondissement aucun objet de sciences et d'arts[3].

La Commission des revenus nationaux réitère ses invitations à la Commission[4] de faire visiter le Garde-Meuble et désigner ceux des objets qui ne doivent plus y rester afin d'en débarrasser les salles qui sont d'une nécessité urgente pour les établissements publics ; il sera répondu à la Commission des revenus nationaux qu'on s'occupe en ce moment de remplir ses vues.

La Commission des revenus nationaux prie la Commission des arts[5]

---

[1] Par une lettre du 28 vendémiaire. «Notre district, écrivent-ils, situé dans le centre de la République, éloigné des grandes villes, a toujours été occupé à l'agriculture ; les maisons des ci-devant nobles n'étaient point meublées, plusieurs n'étaient jamais venus dans leurs châteaux à demi ruinés.» C'est pourquoi leur district, au lieu d'objets de sciences et d'arts, ne possède que des domaines et des forêts. Quant au tableau d'église en question, représentant le *Lapidement de saint Étienne*, «sans être de main de maître, ajoutent-ils, il a été goûté par quelques peintres» (F¹⁷ 1239).

[2] Delamarche (Charles-François), géographe, né à Paris en 1740, mort le 31 octobre 1817, auteur d'un grand nombre de descriptions et recherches historiques et géographiques, ainsi que d'atlas.

[3] Lettre des administrateurs du district de Bar-sur-Seine, 1ᵉʳ brumaire (F¹⁷ 1239).

[4] Lettre de la Commission des revenus nationaux, 3 brumaire (F¹⁶ 1048). La Commission des arts lui répond le 12 brumaire (F¹⁷ 1046).

[5] Par lettre en date du 3 brumaire (F¹⁷ 1048).

de lui faire passer un exemplaire de l'instruction, qui peut lui devenir nécessaire dans les travaux relatifs à la disposition du mobilier. La Commission des arts arrête l'envoi de quatre exemplaires à celle des revenus nationaux.

Le citoyen Bergeat fait passer à la Commission le catalogue des gravures sous glace, recueillies au dépôt du Musée de Reims dont il est le commissaire; il n'a point reçu d'exemplaire de la seconde édition de l'instruction. Le catalogue est renvoyé à la section de peinture, et il sera envoyé un exemplaire à Bergeat[1].

Différents commissaires sont chargés de se rendre chez Moreau[2], Douet[3], condamnés, Chastelages, Vanclimput[4] et dans une maison, rue de l'Université, n° 269.

Un citoyen annonce qu'il se trouve chez la femme Boulogne un manuscrit qui peut-être servirait à expliquer le mécanisme de la pompe qui a été transférée de cette maison dans les dépôts. La section de bibliographie est chargée de la recherche de ce manuscrit.

La Commission nomme Buache, Barrois et Bonvoisin pour assister à la première levée de scellés apposés par les commissaires du Domaine, afin de vérifier la quantité et la nature des objets et faire connaître aux différents membres ce qui les peut concerner.

Après la lecture de l'arrêté du Comité d'instruction publique qui confirme l'organisation des dépôts proposés par la Commission temporaire des arts, Charles témoigne son étonnement de ce que le Comité ait omis l'article du cabinet de physique dont il a fait don à la Nation et dont il est pour ainsi dire né conservateur. Il expose que l'accumulation successive de quantité de pendules mises sous sa surveillance nécessite un plus grand emplacement. Il demande que l'on lui rende deux chambres vides qui dépendaient de son appartement et qu'il a cédées il y a dix-huit mois, parce qu'alors elles lui étaient superflues. La Commission renvoie ces demandes au Comité d'instruction publique.

Les administrateurs du district de Bayeux font passer des inven-

---

[1] Lettre de Bergeat, 3 brumaire (F17 1044).

[2] Probablement Moreau (Pierre-Louis), architecte, ex-chevalier de Saint-Michel, condamné à mort le 21 messidor an II (W 410, n° 943).

[3] Douet (Jean-Claude), ancien fermier général, condamné à mort le 25 floréal an II.

[4] Vancleenputte (Pierre-Joachim), prêtre, condamné à mort le 12 nivôse an II (W 306, n° 374).

[26 oct. 1794] DE LA COMMISSION TEMPORAIRE DES ARTS. 505

taires descriptifs de quelques monuments que les commissaires artistes ont sauvés de l'insouciance ou du ravage. Ils sollicitent le Comité d'accélérer l'établissement du musée dans la maison du ci-devant doyenné, et de statuer sur la demande qu'ils ont faite d'être autorisés à faire des fouilles dans la ci-devant église Saint-Laurent. Ces pièces sont renvoyées à la section des antiquités pour prendre des renseignements sur l'utilité de la fouille [1].

Les commissaires chargés de la vente mobilière de la ci-devant Liste civile donnent avis [2] que des agents de la marine et ceux de l'artillerie de Meulan viennent de marquer tous les bois du parc de la maison de Saint-Cloud, quoique déclarée conservée par un décret [3]. La Commission

[1] Voir en extrait, sous la cote F17 1239, la lettre écrite par l'administration du district de Bayeux le 25 vendémiaire. — Voir aussi, sous la même cote, la lettre des commissaires préposés à la recherche des objets de sciences et d'arts dans le même district, au Comité d'instruction publique, datée du 23 vendémiaire. Parmi les objets qu'ils ont sauvés, se trouve la fameuse tapisserie... «Ce monument précieux a heureusement échappé à deux époques destructives dont les effets n'eurent que trop de ressemblance. Nous voulons parler du saccagement de Bayeux par ceux de la Religion réformée en 1562 et d'une irruption vandalique plus récente, qui a anéanti plusieurs statues d'un bon travail et la presque totalité des tableaux qui se trouvaient dans la cathédrale et les autres églises de la ville. Peu s'en fallut alors que cette tapisserie, qui n'était considérée que relativement à la toile sur laquelle elle est exécutée, ne fût coupée par bandes pour servir à l'ornement d'un char civique. Enfin le génie des arts l'a conservée, et elle est en sûreté dans l'un des dépôts nationaux, en attendant qu'elle fasse l'ornement de notre musée. Il en est de même de la cassette d'ivoire, qui devait exciter bien plus de tentations à raison des plaques d'argent dont elle est revêtue; enlevée originairement à quelque horde arabe, peu s'en est fallu qu'elle ne soit dernièrement devenue la proie de quelque Hun moderne.» Ils réitèrent ensuite la proposition qu'ils avaient adressée le 29 fructidor au Comité pour effectuer des fouilles afin de rechercher des ruines antiques. Mais la bibliographie est la «matière essentielle» de leurs travaux; «à travers le fumier théologique qui domine dans ce chaos, disent-ils encore, nous avons été assez heureux pour déterrer quelques diamants, tels qu'une Bible de Gering (1476), quelques autres éditions premières, un Monasticon anglicum, etc...» «Nous vous renouvelons la prière de nous faire adresser directement tous les rapports et instructions dont vous êtes les auteurs. A peine avons-nous pu nous procurer un exemplaire de la peinture désolante et si énergiquement fidèle, que le représentant Grégoire a offerte à la Convention, des dilapidations et destructions de tant de monuments précieux qui couvraient la France, et nous ne l'eussions pas même connu, si nous n'avions été avertis de son existence par une lecture rapide que l'on en fit à notre société populaire. L'amour de nos devoirs nous enhardit à solliciter de vous ce nouveau moyen de les bien remplir.»

[2] Par lettre datée de Saint-Cloud, 3 brumaire (F17 1044).

[3] Un décret de la Convention du 16 floréal an II, rendu sur le rapport du Comité de salut public, avait excepté de la vente

arrête mention au procès-verbal du zèle de ces commissaires et charge sa section de botanique de lui faire un rapport sur cet objet.

Varon, au nom du gardien des scellés de la bibliothèque du séminaire Sulpice, donne avis que ces scellés ayant été levés pour différentes opérations par un membre de la section de la bibliographie, ils n'ont point été réapposés. Les portes sont sûrement fermées à clef. La Commission arrête la réapposition des scellés sur la bibliothèque Sulpice.

Les objets d'histoire naturelle du séminaire Sulpice seront transportés au Muséum d'histoire naturelle et y resteront jusqu'à ce que Léonard Bourdon ait justifié du décret de la Convention qui charge la Commission temporaire des arts de fournir à l'établissement de Martin-des-Champs une collection de tous les objets propres à l'instruction publique.

La section de peinture fera pareillement transporter au Dépôt des Petits-Augustins la collection d'estampes du même séminaire Sulpice.

La Commission suspend tout envoi à l'établissement de Léonard Bourdon et charge les différentes sections de prendre tous les moyens de conservation pour les objets qui étaient destinés à cette maison.

Grégoire donne communication d'une lettre qui lui apprend qu'il existe dans un magasin du port de Brest, n° 31, une table ronde d'un seul morceau de bois, ayant 9 pieds de diamètre sur 3 pouces d'épaisseur, venant des îles Philippines, et une collection de bois provenant de la Chine, de l'Asie et des Philippines. La Commission arrête que le commandant des armes à Brest sera invité à mettre sous les scellés cette table et cette collection de bois jusqu'à ce qu'il ait été pris des mesures pour son transport à Paris.

Un ancien manuscrit sur vélin pourpré, lettres d'argent, nommé dans le pays l'*Apocalypse*[1], venant de Saint-Lupicin, district de Saint-Claude, remis par Janvier, sera provisoirement déposé à la bibliothèque du Comité d'instruction publique.

Le Comité d'instruction publique renvoie à la Commission la de-

---

des biens nationaux les maisons et jardins de Saint-Cloud, Bellevue, Monceaux, Le Raincy, Versailles, Bagatelle, Sceaux, Ile-Adam et Vanves, et décidé leur conservation «pour servir aux jouissances du peuple et former des établissements utiles à l'agriculture et aux arts».

[1] Ce manuscrit est un évangéliaire du ixe siècle; il est écrit en lettres onciales d'argent sur vélin pourpré, avec une reliure formée de plaques d'ivoire. Il fut envoyé à Paris en 1794, où il fait partie du fonds latin des manuscrits de la Bibliothèque nationale, n° 9384. Il a été décrit par Martène dans son *Voyage littéraire*, t. I, p. 175.

mande du citoyen Janvier, qui désire qu'il lui soit remis sous sa responsabilité un des instruments des passages qui appartiennent à la République. La Commission, assurée que cet instrument, entre les mains de Janvier, servira au progrès des arts, appuie auprès du Comité la demande de ce citoyen.

La section des dépôts littéraires est invitée à rechercher les feuilles qui manquent au dictionnaire de la ci-devant Académie.

Le Comité d'instruction publique fait passer à la Commission l'arrêté qu'il a pris pour l'organisation des dépôts où sont réunis tous les objets qui servent à l'instruction publique[1]. Cet arrêté contient la nomination des conservateurs, gardiens et portiers desdits dépôts. La Commission est aussi autorisée à prendre toutes les mesures nécessaires pour que l'inventaire et le catalogue numérique des livres soient présentés au plus tôt au Comité, et à ce que les livres et autres objets des différents dépôts soient conservés avec soin et garantis dans les lieux et bâtiments destinés à les recevoir.

Une demande du citoyen Génard est renvoyée aux commissaires chargés de l'organisation des travaux de la Commission.

Scellier, l'un des entrepreneurs chargés des démolitions des monuments en marbre et autres, dépose treize pièces originales formant le détail des objets transportés et placés aux ci-devant Petits-Augustins à compter du 11 floréal jusques et y compris le 29 fructidor. Il demande qu'il lui soit accordé une autorisation pour les transports des objets d'arts qui se trouvent au ci-devant château de Fontainebleau, conformément à l'arrêté du 21 vendémiaire. L'autorisation est accordée.

Sur l'avis de Lebrun qu'il a été enlevé des pendules chez Villeroy, la section de physique est invitée à prendre des mesures pour que de pareils abus ne se renouvellent pas.

Desfontaines fait un rapport sur le mémoire présenté par Peradon sur les pépinières de Limours et des Graines, district de Versailles. Il propose d'enlever ces arbres précieux dans le plus court délai, pendant que la saison est encore favorable, pour les transporter dans une propriété nationale, de charger Peradon d'effectuer cette transplantation et d'inviter le district de Versailles à faire les frais de cette dépense, qui

[1] L'arrêté du Comité d'instruction publique relatif à l'organisation des dépôts, rendu sur le rapport de Massieu, est du 4 brumaire an III. (Voir J. Guillaume. *Procès-verbaux du Comité*, t. V, p. 169.)

ne sera pas considérable. La Commission invitera le Comité d'instruction à donner promptement l'autorisation pour mettre à exécution les conclusions de ce rapport.

La Commission arrête que la deuxième section du Comité d'instruction publique sera invitée à adresser une circulaire aux directoires de districts pour les engager à veiller à la conservation des orangers qu'ils pourraient avoir dans leur arrondissement et à les faire renfermer pendant l'hiver dans des écuries à défaut d'orangeries.

Le citoyen Leclerc, nommé par le Comité d'instruction membre de la section d'anatomie, se présente et est accueilli avec des témoignages de satisfaction.

Besson propose de faire transporter de Sèvres au Muséum des arts une table de porcelaine fond blanc, de forme ovale, montée en bronze. Cette proposition est adoptée [1].

Les commissaires envoyés à Chantilly font un rapport d'où il résulte : 1° qu'on peut enlever le plomb du ci-devant château et des bâtiments en y substituant à mesure [une couverture] en ardoise; 2° que les bâtiments de Chantilly doivent être conservés ; 3° que l'on doit inviter à engager le district de Gonesse à faire abattre les misérables bâtiments qui dégradent différentes façades du ci-devant château d'Écouen[2]. La

---

[1] Par un rapport du 5 brumaire an III, Besson rendait compte de l'examen qu'il avait fait la veille de cette table de porcelaine ovale à fond blanc, montée en bronze, peinte d'une couleur imitant l'encre de Chine, laquelle représentait quantité d'animaux dans un paysage ; c'était, disait-il, un ouvrage unique dans son genre, et il concluait à son transport au Muséum (F^{17} 1224).

[2] Rapport de la section d'architecture sur le château de Chantilly, 5 brumaire. Il est signé David Le Roy et Lannoy (F^{17} 1049). «Rendus à Chantilly le 26 vendémiaire, disent-ils, nous en avons visité le château dès le lendemain avec l'architecte, à qui l'entretien en a été confié pendant un grand nombre d'années. Nous en avons examiné avec la plus grande attention les dehors et les dedans, et nous avons tous parcouru l'étendue entière des combles en marchant sur leur partie la plus plate et la plus élevée, et en en suivant les divers contours le long de leurs chéneaux. En parcourant ces combles, en jetant les yeux sur les bâtiments qui les environnent, nous avons reconnu qu'ils contenaient, comme l'a annoncé le district de Senlis, une grande quantité de plombs ; et même de lames de plomb si épaisses que plusieurs de celles que nous avons mesurées ont jusqu'à deux lignes. Nous estimons que la vente de ces plombs, au prix où il est porté, pourrait monter à 650,000^{tt}, et nous pensons que la moitié environ de cette somme pourrait suffire pour recouvrir en ardoises toutes les parties qui auraient été découvertes.» En ce qui concerne le château d'Écouen, une lettre était écrite, le 9 frimaire, par la Commission des arts à celle des revenus nationaux pour l'inviter à prendre les mesures nécessaires en vue

Commission, à ces dispositions qu'elle adopte, ajoute que les fossés de Chantilly peuvent être comblés. Le Comité, auquel ce rapport est renvoyé, sera invité à demander à la Convention un sursis au décret sur la démolition des châteaux [1] qui par leur masse présentent des beautés et un intérêt public.

La Commission arrête que le Comité d'instruction publique sera invité à prendre pour la France les mêmes moyens de conservation employés pour la Belgique et organiser l'examen des monuments des arts en tout genre, que l'ignorance ou la cupidité prennent à tâche de détruire et qui méritent d'être conservés. Cette Commission correspondrait avec le Comité et la Commission des arts qui statueraient sur les renseignements qu'elle enverrait.

Picault communiquera au Comité son rapport sur la collection de Choiseul-Gouffier, à charge par lui d'en donner copie à la première séance.

Il sera écrit à Pont-à-Mousson pour engager les administrateurs du district à veiller à la conservation d'un pont antique intéressant pour les arts.

Il sera également écrit à Maintenon pour la conservation d'un aqueduc digne d'attirer l'attention des connaisseurs [2].

David Le Roy dépose sur le bureau un catalogue de la musique qui a été vendue à Chantilly. L'acquéreur offre de donner les originaux des morceaux que la Commission désignera, moyennant qu'on lui en délivrera les copies.

Bruni remet un inventaire des instruments de musique de la maison Bouthillier [3].

Richard dépose le catalogue des objets de zoologie du cabinet d'Harcourt et transportés le 4 fructidor au Muséum national d'histoire naturelle.

Ronesse, bibliothécaire à Franciade, dépose des cartes inventoriées d'objets de peinture, gravure, musique et géographie.

Un membre remet sur le bureau un cachet trouvé chez Vicq d'Azyr, portant pour légende : «Société royale de médecine».

---

de la prompte démolition des bâtiments provisoires construits contre les façades de ce monument (F17 1046).

[1] La Convention nationale avait décrété le 6 août 1793 que les châteaux et forts de l'intérieur seraient démolis.

[2] C'est le gigantesque aqueduc entrepris en 1684 par ordre de Louis XIV pour amener les eaux de l'Eure dans le jardin de Versailles, interrompu en 1688 et resté inachevé, dont les ruines se voient dans le parc et sont conservées comme monument historique.

[3] Inventaire chez Bouthillier, 3 brumaire : un clavecin, un forte-piano, deux violons (F17 1054, n° 3).

Deux mémoires de traitements, l'un de 387ᴧ 10ˢ pour trois mois, à compter du 3 messidor au 3 vendémiaire, dû à Castelan, gardien provisoire du Dépôt de musique ; l'autre de 258ᴧ 6ˢ 6ᵈ pour le même temps, dû à Guilbert, portier du même dépôt, sont visés par l'agent et adoptés.

SÉANCE DU 10 BRUMAIRE AN III.
(31 OCTOBRE 1794.)

Demande de place par la citoyenne Durosey. — Envoi de dessins par le citoyen Marche. — Lettre des administrateurs du département d'Eure-et-Loir au sujet de l'église de Chartres. — Correspondance avec les districts de Saintes, Ruffec, Égalité-sur-Marne, Cusset, Vouziers, Lannion, Sedan, des Andelys, de Senones. — Plaintes des commissaires à la première levée des scellés chez les émigrés et condamnés. — Exportation de cartes géographiques. — Mémoire de Gien, serrurier. — Demandes d'emploi par les citoyens Convenant et autres. — Mémoire du citoyen Hettlinger. — Pétitions des citoyens Hoccereau et Vatier. — Création d'une Commission des arts à Bordeaux. — Manuscrit des troubadours à Grasse. — Dépôt des Petits-Augustins. — 600 exemplaires du rapport sur le vandalisme à envoyer dans les districts. — Réparations urgentes des bibliothèques. — Levée des scellés de la ci-devant Académie. — Création d'un Directoire de la Commission des arts. — Vaisseau en verre de Le Rat. — Recherche d'un local pour les manuscrits. — Confection des inventaires de livres. — Plantes rares à Jambville, district de Mantes, et tableaux de maîtres à Rosny. — Réponse des officiers municipaux de Villefranche. — Envoi d'un catalogue des objets de sciences et d'arts du district de Mantes. — Demande du citoyen Henriquez. — Peintures du ci-devant château de Florigny. — Manuscrits de Franciade. — Instruments astronomiques accordés au citoyen Delambre. — Objets provenant des condamnés à retirer du greffe du Tribunal révolutionnaire — Bâtiments nationaux à visiter. — Rapport sur l'organisation des Commissions des arts dans tous les districts. — Travaux du dôme des Invalides. — Transport des marbres des églises Sainte-Périne et Sainte-Marie de Chaillot. — Note de Lebrun sur les objets d'art qui se trouvent en Hollande et dans les Électorats. — Rapport de Bruni sur le Dépôt de musique. — Desfontaines chez l'émigré Castries. — Plombs du château de Rosny. — Livres demandés par Jussieu pour le Muséum d'histoire naturelle. — Travaux à faire au Dépôt de la rue de Beaune. — Envoi de commissaires à Versailles. — Restaurations à faire aux objets d'art dans les dépôts. — Traitement des commissaires artistes de Versailles. — Demande de Thillaye, relative au Dépôt national de chirurgie. — Inventaires des enlèvements à opérer. — Mobilier de l'émigré Kerry. — Vente d'objets précieux à Franciade.

et à Paris dénoncée par Grégoire. – Inventaire de l'herbier de Boutin. – Dégradation d'une statue de Puget à Sceaux. – Rapport à faire par la section de sculpture. – Modèle de la ci-devant église du Roule remis au Dépôt de la rue de Beaune. – Objets trouvés chez Vicq d'Azyr, transportés aux Écoles de chirurgie. – Mémoires de serrurerie. – Dépôt de rapports et d'inventaires.

Le procès-verbal de la dernière séance est lu et adopté.

La citoyenne Durosey, veuve et mère de cinq enfants, expose à la Commission que la place de garde-ustensiles à la manufacture de porcelaine de Sèvres, que son mari a occupée pendant quinze ans, à laquelle a succédé son fils âgé de 23 ans, actuellement aux frontières, vient de lui être ôtée, malgré le décret en faveur des défenseurs de la patrie, qui leur conserve leur place et partie des émoluments, et malgré les attestations les plus favorables de son civisme et de son exactitude à en remplir tous les devoirs, données et par la municipalité et par les ouvriers et chefs de la manufacture : ces attestations sont jointes à sa pétition. La Commission renvoie la demande de cette mère de famille à la Commission d'agriculture et des arts.

Le citoyen Marche, du district de Bergerac, fait passer les dessins de ses diverses machines à pompes, avec l'explication de leur mécanisme, écrite à la marge du dessin. Renvoyé aux sections de physique et de mécanique.

Les administrateurs du département d'Eure-et-Loir écrivent à la Commission que les plombs de l'église de Chartres ont produit 400,000 francs. Ils exposent la nécessité de recouvrir cet édifice et font passer : 1° l'aperçu des dépenses, donné par Morin, leur architecte, qui s'élève à 89,048^{lt}; 2° le projet du même architecte de démolir six églises et un château, dont la vente des débris produirait 101,094^{lt}. Ils prient la Commission de donner les autorisations nécessaires pour tous ces objets. La Commission renvoie le tout au Comité d'instruction publique.

Les administrateurs du district de Xaintes, département de la Charente-Inférieure, font passer à la Commission un second envoi de cartes des livres classés dans la bibliothèque nationale de leur district; quant aux objets de sciences et d'arts, leurs commissaires, malgré plusieurs recherches, n'ont encore rien trouvé[1].

---

[1] L'administration du district de Xaintes (ci-devant Saintes), 26 vendémiaire (F^{17} 1239).

Les administrateurs du district de Ruffec, département de la Charente, exposent[1] à la Commission que toute leur richesse littéraire consiste en mauvais livres d'église et qu'ils n'ont aucun objet de science ni d'art. Ils annoncent avoir lu avec le plus grand intérêt la lettre d'un membre du Comité d'instruction publique, datée du 4 thermidor, qui leur promet, lors de l'organisation des établissements nationaux, de les en dédommager.

Les commissaires nommés pour assister à la première levée des scellés apposés chez les émigrés et condamnés se plaignent de n'être avertis par les commissaires de l'Agence que le jour et quelquefois même le lendemain de la vente, ce qui les empêche de remplir l'objet de leur mission. Il est arrêté que Lebrun et Buache se concerteront avec l'Agence du domaine national pour aviser aux moyens de mettre les commissaires de la Commission temporaire des arts dans la possibilité de remplir dans leur plénitude les fonctions dont elle est chargée.

Les sections de géographie et de bibliographie, après avoir pris connaissance de deux factures de cartes géographiques, tant séparées que réunies en atlas, et de livres, envoyées par la Commission du commerce, des subsistances et approvisionnements de la République sous les n°s 148 et 160, pensent qu'il n'y a aucun objet énoncé dans ces factures dont on ne puisse permettre l'exportation. La Commission adopte ce rapport pour être envoyé à celle des subsistances et approvisionnements[2].

Le citoyen Gien, serrurier, envoie à la Commission le mémoire des ouvrages qu'il a faits au Dépôt de Nesle, sur la demande de Mulot et certifié par lui; la somme totale est de 857^{tt}3. Ce mémoire est renvoyé à l'expert pour en faire rapport à la prochaine séance.

L'agent national du district d'Égalité-sur-Marne[3], département de l'Aisne, communique à la Commission : 1° la copie d'une lettre du bibliothécaire du district; 2° un état et catalogue des instruments de physique et de mathématiques, des outils de menuiserie, d'un fini

---

[1] Par une lettre du 3 brumaire, dans laquelle ils déclarent n'avoir ni bibliothèque, ni cabinet d'histoire naturelle (F^{17} 1239).

[2] Voir au sujet de cette demande d'autorisation pour l'exportation faite par la librairie Luquiens, de Lausanne : 1° lettre de la Commission des subsistances et approvisionnements, 5 brumaire; 2° rapport de la Commission des arts, signé de Barrois, Buache, Poirier et Ameilhon, 10 brumaire (F^{17} 1048).

[3] Nom révolutionnaire de Château-Thierry (Aisne).

rare, trouvés dans des maisons d'émigrés; renvoyé aux sections respectives [1].

Le citoyen Convenant, père de famille, ci-devant garçon de bureau aux archives de la Commune, et dont l'intelligence et la probité sont attestées par l'archiviste, demande à la Commission une place dans les dépôts. Cette pétition, ainsi que celles des citoyens Fournier, Pâris, Bancour, Lime, Regnault, sont renvoyées aux commissaires chargés de l'examen des demandes d'emploi.

Le Comité d'instruction publique invite la Commission à examiner les pièces et mémoires du citoyen Hettlinger, étranger, ci-devant inspecteur de la manufacture de Sèvres [2], et à lui donner son avis sur la manière la plus utile de placer cet artiste, que le Comité de salut public a voulu retenir en France, à cause de ses talents, et qui est l'inventeur d'une espèce de mosaïque naturelle, qui consiste à représenter des oiseaux par le moyen de plumes artistement collées et arrangées, et qui forment de petits tableaux pleins de grâce et de goût. Le désir du citoyen Hettlinger serait, pour le moment, d'être bibliothécaire ou conservateur d'un dépôt à Saint-Cloud, Bellevue, Meudon, ou tout autre situé en bon air, où il pourrait rétablir sa santé affaiblie par onze mois de détention. Plusieurs membres, après avoir rendu témoignage aux talents et au mérite du citoyen Hettlinger, demandent que la Commission d'agriculture et des arts soit invitée à remplir les vues du Comité

---

[1] Voir sous la cote F^{17} 1239 : 1° lettre de l'agent national du district d'Égalité-sur-Marne, 5 brumaire; 2° lettre de Godefroi, bibliothécaire du district, 28 vendémiaire; 3° état et énumération des outils de menuiserie trouvés dans. . . (les) effets de la veuve Bussy, et des instruments de mathématiques de l'émigré Duroux, 3 messidor an II.

[2] Hettlinger occupa en effet le poste d'inspecteur de la manufacture de Sèvres, où il succéda à Mauroy (1783-1784). Il était logé à la manufacture dans un appartement au rez-de-chaussée; on le voit, dans une lettre du 1er juillet 1785, demander que son salon soit meublé d'une manière honnête et se plaindre de la triste mansarde qui lui sert de gîte, «où, dit-il, les ardoises le rôtissent, les souris et les punaises le dévorent, et où le vacarme des ouvriers lui fait tourner la tête». Dans les papiers de la manufacture de Sèvres se trouvent, notamment pour l'année 1785, de nombreuses lettres d'Hettlinger, qui collaborait avec le chimiste Darcet pour la composition des pâtes de porcelaine. En 1790, Hettlinger était inspecteur et directeur adjoint au traitement fixe de 5,000 livres, avec une gratification de 1,000 livres; il approuva et signa, le 18 novembre, de concert avec Regnier, un état des dépenses de la manufacture de Sèvres, prévues pour l'année 1791 et suivantes, état demandé par d'Angiviller. Il resta en fonctions jusqu'en septembre 1793; le représentant Battellier le remplaça, le 12 brumaire, par Chanou, chef des fours, mais il rentra en pluviôse an III. (Arch. nat., O^1 2061, O^2 913.)

de salut public et d'instruction à l'égard de ce citoyen. Cette proposition est adoptée.

Une demande du citoyen Hoccereau, colleur de plans, dessins, cartes géographiques, est renvoyée à la Commission des travaux publics pour lui procurer de l'occupation, s'il y a lieu.

La Commission des arts renvoie à celle des charrois une pétition du citoyen Votier, qui a des talents propres à remplir une place dans cette Commission. Il est appuyé par le citoyen Chénier.

Romme remet sur le bureau un exemplaire de la *Chronique de Bordeaux*, qui renferme l'instruction d'une Commission des arts par Mittié fils[1], d'après l'ordre d'un représentant du peuple. Il demande que des commissaires examinent si cette organisation est conforme à l'instruction de la Commission temporaire des arts. Buache, Varon et Leblanc sont chargés de faire un rapport sur l'organisation de la Commission des arts de Bordeaux.

Les administrateurs du district de Cusset informent la Commission : 1° qu'ils font procéder à l'inventaire de tous les objets de sciences et d'arts qui se trouvent dans les maisons des émigrés et condamnés de leur arrondissement; 2° qu'ils veillent à la conservation de tout ce que l'ignorance et la barbarie n'ont point heureusement détruit. Ils font passer copie de l'arrêté par lequel ils règlent les travaux de leurs commissaires artistes et expriment leurs regrets de ce que les hommes intelligents sont rares dans leur district. La Commission renvoie au Comité d'instruction publique les pièces des administrateurs du district de Cusset et arrête qu'il lui sera écrit une lettre de satisfaction et d'encouragement.

Il sera écrit à Grasse pour demander des renseignements sur les manuscrits des troubadours qui étaient à l'abbaye de Lérins; à Carpentras pour les manuscrits de Peyresc[2]; à Verdun pour des destruc-

---

[1] Mittié fils (Jean-Corisandre), auteur dramatique; il a écrit notamment la *Prise de Toulon*, fait historique en un acte (1794), et *le Conspirateur ou la Patrie sauvée*, pièce nationale en 3 actes (1793). La *Chronique de Bordeaux* était un journal rédigé par Mittié fils, qui parut du 1er brumaire au 15 nivôse an III et eut 16 numéros. Mittié fut dénoncé, le 20 brumaire an III, au Comité d'instruction publique, pour avoir établi une Commission des arts à Bordeaux.

[2] Nicolas-Claude Fabry de Peiresc avait recueilli dans sa maison d'Aix en Provence quantité de manuscrits. Après la mort de M. de Valavez, frère et héritier de Peiresc, les recueils de pièces, correspondances, notes, copies de documents, connus sous le nom de registres de Peiresc, passèrent entre les mains du conseiller de Mazaugues. Malachie d'Inguimbert, évêque de Carpentras, acquit en 1747 ces registres, qui se trouvent aujourd'hui à la bibliothèque de Carpentras.

tions qui s'y sont opérées, et avoir des renseignements sur le nommé Carache, municipal, à qui on attribue ces dégradations[1].

Un rapport du citoyen Lenoir, conservateur du Dépôt des Petits-Augustins, sur la nécessité de rétablir les monuments d'arts pour leur conservation, est renvoyé aux sections de peinture, sculpture et architecture.

D'après les dénonciations multipliées sur les dégradations en tout genre qui se commettent dans toutes les parties de la République, la Commission arrête qu'il sera demandé à la Commission des lois six cents exemplaires du rapport sur le vandalisme[2], pour être envoyés dans le plus bref délai à tous les districts, lequel sera affiché à la porte de toutes les sociétés populaires, assemblées de communes et autres lieux publics, afin d'arrêter la ruine irréparable de tous les monuments précieux pour les arts.

Conformément à l'arrêté du Comité d'instruction publique, en date du 12 vendémiaire, qui charge la Commission exécutive de l'instruction publique de faire procéder sans délai aux réparations urgentes des bibliothèques et autres dépôts nationaux des monuments de sciences et d'arts, la Commission arrête que le citoyen Jolain, son expert, se concertera avec ladite Commission exécutive pour que les réparations à faire dans les dépôts confiés à la Commission temporaire des arts n'éprouvent aucun retard.

Le citoyen Renou[3] demande que les scellés soient levés dans les cabinets de la ci-devant Académie pour examiner une cheminée de marbre blanc, sur laquelle sont gravés les attributs des arts et des sciences par le moyen d'un procédé qu'il possède, et propose de faire ensuite l'expérience du mordant qu'il emploie à l'aide d'un artiste proposé par la Commission; les sections de peinture, de chimie et de sculpture feront un rapport sur cet objet.

Buache lit un rapport[4] sur la formation d'un directoire dans la

[1] Dans le second rapport de Grégoire, du 8 brumaire an III, il est dit (p. 4) qu'à Verdun des municipaux, ayant à leur tête un nommé Carache, ont brûlé des tableaux précieux et des statues.

[2] *Rapport de Grégoire sur les destructions opérées par le vandalisme, prescrit dans la séance du 14 fructidor. Imprimé et envoyé par ordre de la Convention aux administrations et sociétés populaires.*

[3] Renou (Antoine), peintre, secrétaire-adjoint, puis en 1790 secrétaire perpétuel de l'Académie royale de peinture.

[4] Ce rapport, daté du 1ᵉʳ brumaire, est de Buache; il est autographe et signé de lui, de Varon et de Leblanc (F¹⁷ 1051, n° 1). Un arrêté du Comité d'instruction publique, en date du 14 brumaire, donna une nouvelle organisation à la Commission temporaire des arts et institua un Direc-

Commission temporaire des arts; après la discussion des articles qui sont adoptés avec quelques légers changements, la Commission arrête que ce rapport sera communiqué au Comité d'instruction publique avec invitation d'en ratifier au plus tôt les dispositions.

Il sera fait un nouveau rapport sur le vaisseau du citoyen Le Rat[1]; David Le Roy est adjoint aux commissaires déjà nommés.

Les citoyens chargés de faire promptement la recherche d'un local propre à recevoir tous les manuscrits existant dans les divers dépôts provisoires font leur rapport[2]; la Commission arrête qu'il sera communiqué au Comité d'instruction publique.

Le citoyen Massieu demande que la section de bibliographie mette toute l'activité possible à la confection des inventaires de livres qui se trouvent dans les dépôts, afin de mettre le Comité et la Commission d'instruction publique à même de connaître nos richesses en ce genre et de déterminer le nombre des bibliothèques que l'on peut former. Il est arrêté que cette section se concertera avec la Commission d'instruction publique pour aviser aux moyens de disposer les dépôts de manière à ce que ce travail puisse commencer incessamment.

La Commission des revenus nationaux prévient la Commission temporaire des arts[3] qu'il existe dans le district de Mantes, chez Jambville, dont le bien est confisqué, beaucoup de plantes et d'arbres étrangers; et chez la femme Périgord, à Rosny, des tableaux de grand maître; elle prie la Commission temporaire des arts de lui faire connaître le parti qu'elle aura pris à l'égard de ces objets. Il sera répondu à la Commission des revenus nationaux que les commissaires artistes de Versailles se sont occupés de cet objet.

---

toire, composé de six membres, qui était chargé de la correspondance et de la comptabilité; il devait en outre veiller à l'exécution des arrêtés de la Commission, surveiller les dépôts et acquitter toutes les dépenses. (J. Guillaume, *Procès-verbaux*, t. V, p. 199.)

[1] C'était un vaisseau en verre filé, reproduction réduite du vaisseau *le Vengeur*. Il avait été présenté au Comité d'instruction publique par Le Rat dans la séance du 22 vendémiaire. Le Comité, n'ayant pu refuser à cet ouvrage unique en son genre le tribut d'éloges dont il était digne, l'avait renvoyé à la Commission des arts avec mission de l'examiner et de le faire déposer au Muséum, s'il y avait lieu. (J. Guillaume, *Procès-verbaux*, t. V, p. 125.)

[2] Ce rapport, signé Ameilhon, Richard, David Le Roy, Lannoy, en date du 1er brumaire, désigne la ci-devant église Saint-Roch comme le local le plus convenable pour servir de «Muséum de manuscrits» (F17 1265).

[3] Par lettre, datée du 8 brumaire (F17 1048). La réponse de la Commission des arts est du 19 brumaire (F17 1046).

[31 oct. 1794] DE LA COMMISSION TEMPORAIRE DES ARTS. 517

Les administrateurs du district de Vouziers, département des Ardennes, dans leur réponse [1] à la circulaire du 22 vendémiaire, annoncent à la Commission qu'ils s'occupent enfin à recueillir tous les objets de sciences et d'arts de leur arrondissement, et que bientôt ils feront passer à la Commission le résultat du travail de leurs commissaires artistes.

La Commission administrative provisoire du district de Lannion, département des Côtes-du-Nord, écrit à la Commission temporaire des arts qu'elle possède une bibliothèque d'environ 50,000 volumes, dont 6,000 à peine lui paraissent devoir être conservés [2]. Il sera envoyé un exemplaire de l'instruction à ce district, et il lui sera en même temps donné avis qu'il doit conserver avec soin tous les livres, que la loi n'en excepte aucun.

Les officiers municipaux de Villefranche, auxquels le président de la Commission avait écrit relativement à des tableaux que l'on disait débarqués dans leur port, répondent qu'ils ont envoyé la lettre du président aux administrateurs du district de Nice, qui pourront donner à la Commission les renseignements demandés [3]. Mention au procès-verbal.

Le citoyen Bucquet, administrateur et bibliothécaire provisoire du district de Mantes, fait passer le catalogue des objets de sciences et d'arts et promet d'envoyer incessamment les cartes de livres. Il demande s'il pourrait faire accepter sa démission d'administrateur pour occuper la place de bibliothécaire, demandée au district par le président de la Société populaire [4]. Il sera répondu à Bucquet que cette place est à la

---

[1] En date du 5 brumaire (F17 1239).

[2] Lettre de la Commission administrative provisoire du district de Lannion, 3 brumaire (F17 1239).

[3] Le maire et officiers municipaux de la commune de Villefranche au citoyen Villar, président de la Commission des arts, 25 vendémiaire (F17 1239).

[4] La lettre de Bucquet, non datée, se trouve sous la cote F17 1044. On y lit que «dans la première effervescence de la Révolution, la plupart des volumes nous ayant été apportés pêle-mêle par les habitants des campagnes, qui ne regardaient presque tous les livres que comme des catéchismes d'aristocratie, je passe les plus longues journées, écrit Bucquet, à tâcher de deviner d'où ces livres sont sortis et à qui ils ont pu appartenir, pour pouvoir rédiger mes cartes d'après l'instruction de la Commission temporaire». A la lettre de Bucquet est jointe : 1° celle du président de la Société populaire de Mantes aux administrateurs du district, en date du 8 brumaire, susvisée au procès-verbal; 2° un extrait du registre des délibérations du Conseil général de la commune de Mantes, en date du 17 vendémiaire; ces

nomination du district et non pas à celle de la municipalité; les catalogues seront communiqués aux sections respectives.

La Commission charge sa section de bibliographie de prendre en considération la demande du citoyen Henriquez, connu par plusieurs membres pour un bon citoyen, plein de talent et de mérite.

Grégoire communique une note dans laquelle on dénonce la vente de 25 tableaux, pour la somme de 25 à 30^{tt}, au ci-devant château de Florigny; on ne sait point ce qu'est devenu un des plus beaux ouvrages de Jean Cousin qui, selon ce qui est écrit dans l'histoire de sa vie, se trouve dans une des chapelles de ce château. Il sera écrit aux administrateurs du district de Sens pour leur demander des renseignements très détaillés, afin de poursuivre, s'il y a lieu, ceux qui se seraient rendus coupables d'infraction aux lois sur la conservation des monuments des arts [1].

La Commission charge Poirier de lui faire un rapport sur les manuscrits de Franciade; il écrira aux administrateurs de ce district pour les inviter à veiller à ce qu'ils ne puissent souffrir aucune dégradation [2].

---

deux pièces relatives aux compétitions pour l'emploi de bibliothécaire du district de Mantes.

[1] Le château de Fleurigny (Yonne, canton de Sergines, à 14 kilomètres de Sens) est de l'époque de la Renaissance. Dans la chapelle principale se trouvent de remarquables vitraux, attribués à Jean Cousin, représentant *Saint Paul devant l'Aréopage* et *La Vierge entourée d'anges jouant des instruments*; dans une autre chapelle deux tableaux sur bois, l'un *Hérodiade devant la tête de saint Jean-Baptiste*, l'autre *Jésus-Christ et la femme pécheresse*.

Au sujet des prétendus vingt-cinq tableaux vendus aux enchères pour la somme de 25 livres, un démenti fut adressé à la Commission des arts. Il s'agissait non de 25 tableaux, mais de « 25 mauvais dessins », que le détenteur offrait de soumettre à une expertise officielle. — Quant à l'œuvre de Jean Cousin, à laquelle fait allusion le procès-verbal de la Commission, c'est-à-dire les vitraux de la chapelle, ils existaient toujours à leur place. (F¹⁷ 1270.)

[2] Voir sous la cote F¹⁷ 1046 la minute, de la main de Poirier, d'une lettre de la Commission, au district de Franciade, qui est ainsi conçue: «La Commission temporaire des arts, informée de la nécessité où les circonstances vous mettent de transporter dans un autre local les archives de votre district, les recommande à votre surveillance particulière, surtout celles de la ci-devant abbaye, qui renferment grand nombre de monuments intéressants pour l'histoire de la Nation, les lettres, les sciences et les arts, et elle vous invite à veiller soigneusement à leur conservation et à leur sûreté, soit dans le transport, soit dans le nouveau local, jusqu'à ce que le Comité d'instruction publique ait fixé le dépôt littéraire où seront déposés les objets de ces archives, inutiles au domanial et au judiciaire, mais importants sous d'autres rapports d'utilité publique. La Commission vous invite aussi à la prévenir du temps où vous procéderez au triage, afin de vaquer de concert à cette importante opération, en ce qui concerne les lettres, sciences et arts».

Sur la demande du citoyen Delambre et d'après l'autorisation du Comité d'instruction publique, la Commission arrête qu'il sera donné au citoyen Delambre les instruments dont il a besoin pour ses opérations astronomiques et dont Charles a remis la note.

La Commission arrête que Janvier se retirera par devers l'accusateur public du Tribunal révolutionnaire à l'effet de retirer du greffe les montres et autres objets de sciences et d'arts provenant des condamnés.

La Commission autorise Janvier à retirer les montres d'Anisson des mains du commissaire Bezault, que l'on dit chargé de ces montres.

Dardel, Bonvoisin et Lannoy sont chargés de faire un rapport sur la nécessité de visiter tous les bâtiments nationaux dans le département de Paris et celui de Seine-et-Oise.

Buache, Leblanc et Varon feront un rapport sur l'organisation des Commissions des arts dans tous les districts.

La Commission temporaire des arts charge Nadreau de transporter à l'Agence des mines un corps d'armoire vitrée, qui, chez Pongibaut, émigré, renfermait une collection de minéraux.

La Commission, lecture faite du rapport sur les divers travaux du dôme des Invalides, arrête que copie de tous les ordres, en vertu desquels ces travaux ont été faits, sera demandée au citoyen Richard, inspecteur de ladite maison, qui sera invité à procéder sur-le-champ à cette communication; il certifiera et signera les diverses copies qui lui sont demandées et que le Comité d'instruction publique attend impatiemment.

David Le Roy fait un rapport dont les conclusions sont que Scellier soit autorisé sous la surveillance de l'expert à achever la démolition et les transports des marbres des ci-devant églises de Sainte-Périne et Sainte-Marie, à Chaillot, qu'il avait commencés par les ordres de la ci-devant Commission des monuments[1]. L'autorisation est accordée.

Lebrun remet sur le bureau une note contenant des détails sur les objets d'art qui se trouvent en Hollande et [dans] les Électorats: copie en sera donnée au Comité d'instruction publique[2].

---

[1] Rapport de David Le Roy, 10 brumaire (F^{17} 1043).

[2] Dans cette note, en date du 10 brumaire, Lebrun énumère les œuvres d'art, peintures principalement, qui existent dans les édifices publics et chez les particuliers des villes de Rotterdam, Utrecht, Delft, Leyde, La Haye, Amsterdam, Dusseldorf, Mannheim et dans le château de Bensberg; il signale aussi les manuscrits d'Aix-la-Chapelle, de Verden, de Stavelo, de l'abbaye de Goldbach (F^{17} 1231).

Bruni, conservateur du Dépôt national de musique, fait un rapport sur les richesses de son dépôt et sur l'ordre qu'il y a établi. Il propose de tirer parti de l'immense et précieuse collection de musique qu'il a recueillie. Les conclusions du rapport sont adoptées, et la Commission arrête que communication en sera donnée au Comité d'instruction publique avec invitation de statuer sur cet objet[1].

Desfontaines, chargé de se rendre chez l'émigré Castries, déclare n'avoir rien trouvé qui pût intéresser les arts.

La Commission temporaire des arts renvoie au Comité de salut public un rapport de David Le Roy sur le ci-devant château de Rosny, dont les conclusions sont la suspension de l'enlèvement des plombs jusqu'au retour de la belle saison, et pendant cette suspension, examiner si cette opération ne serait pas plus onéreuse que lucrative[2].

Jussieu est chargé de s'assurer si les livres qu'il réclame pour l'usage du Muséum d'histoire naturelle se trouvent déjà à la Bibliothèque nationale, où doit être déposée une collection complète des livres en tout genre.

Naigeon demande à être autorisé à faire construire un hangar en planches dans la cour du Dépôt national de la rue de Beaune pour y mettre les marbres à l'abri de l'intempérie des saisons et à faire abattre un vieux marronnier qui entretient l'humidité dans le dépôt. La Commission adopte ces demandes et arrête qu'elles seront communiquées au Bureau du domaine national.

Il sera écrit à l'administration du district de Sedan pour l'inviter à donner l'état détaillé des objets livrés à Clouet.

Langlès demande que les commissaires qui ont été chargés d'aller à

---

[1] D'après le rapport de Bruni, le Dépôt de musique se divise en deux parties bien distinctes : 1° les instruments, qui consistent surtout en clavecins et pianos, «dont quelques-uns sont des meilleurs maîtres; les instruments à vent et les violons y sont très rares, parce que, portatifs, ils sont presque tous passés à l'étranger avec les émigrés»; 2° les ouvrages manuscrits ou gravés, notamment un grand nombre de manuscrits de grands compositeurs italiens.

En outre, Bruni demande qu'il lui soit donné un adjoint pour l'examen des manuscrits de musique, et qu'il soit pris des mesures pour que les ouvrages non gravés, propres à l'étude, soient livrés à la gravure et mis à la disposition des écoles, instituts ou conservatoires (F^{17} 1050, n° 1).

[2] Rapport de David Le Roy, 10 brumaire (F^{17} 1265). Comme affectation de ce vaste et magnifique château, David Le Roy propose d'y établir un asile, soit pour les soldats des armées de terre, soit de préférence pour les matelots vieillis et mutilés dans les armées navales.

Versailles constater l'état de la galerie soient invités à s'y transporter le plus tôt possible. Renvoyé aux commissaires nommés.

Le Conservatoire du Muséum des arts sera invité à communiquer son rapport sur les restaurations à faire aux objets des arts qui existent dans les dépôts.

Sur la demande des commissaires artistes de Versailles, la Commission arrête que le Comité d'instruction publique sera invité à statuer sur le traitement à leur accorder.

Thillaye demande que la Commission l'autorise à faire transporter dans le Dépôt national de chirurgie, d'après l'inventaire et le récolement faits sur place, les pièces d'anatomie qui se trouvent dans le magasin de la ci-devant Académie des sciences et qui sont en très mauvais état, ainsi que celles qui sont au Dépôt des Petits-Augustins. La demande est renvoyée au Comité d'instruction publique qui est invité à accorder l'autorisation à Thillaye[1].

La Commission arrête que les inventaires d'enlèvement à faire seront renvoyés à l'expert pour faire une juste répartition des travaux aux différents entrepreneurs; les membres de la section de sculpture sont invités à lui remettre l'inventaire de la ci-devant église Méry.

La Commission charge Nadreau de transporter au Dépôt national de la rue de Beaune les objets qui ont été réservés au mois de frimaire par le citoyen Mulot, membre de la ci-devant Commission des monu-

---

[1] Voir le rapport de Thillaye, en date du 10 brumaire, qui contient notamment les détails suivants : «Les pièces d'anatomie qui se trouvent dans le magasin de l'Académie des sciences, que la section d'anatomie a inventoriées, sont en mauvais état, comme l'inventaire le porte. Quelques morceaux précieux sous le scellé, tels que les os ramollis de la femme Supiot, dont l'histoire se trouve dans les Mémoires de la ci-devant Académie des sciences, année 1734, l'anatomie de l'oreille du célèbre Duverney, qui a servi pour ses dessins, ont été altérés; et une extrémité du squelette de la femme Supiot avait déjà été mangée par les rats, lorsque nous avons procédé à l'inventaire, et plusieurs pièces auront peut-être subi le même sort. Pour les conserver et les utiliser, il est d'une nécessité indispensable de les tirer de ce magasin pour les déposer dans un dépôt où ils seront à l'abri des animaux destructeurs et de la poussière; les squelettes qui manquent aux Ecoles nationales de chirurgie pour les leçons et les coupes des maladies des os, faites par Duhamel, et qui lui ont servi pour ses mémoires insérés dans ceux de la ci-devant Académie des sciences, pourraient servir utilement à l'instruction publique dans le moment présent et seront à l'abri de la dégradation; quelques pièces dans le dépôt de Lenoir ont besoin de la surveillance des anatomistes et ne sont d'aucune utilité pour l'instruction publique». Par arrêté en date du 14 brumaire, le Comité d'instruction publique autorisa le transfert de ces pièces d'anatomie. (F^{17} 1049.)

ments, chez l'émigré Kerry, rue Cerutti, qui consistent en six fauteuils et quatre chaises en acajou et maroquin et un canapé, un feu en galerie, cuivre doré, pelle, pincette et attisoire d'acier poli anglais, cheminée à la polonaise, toute bronzée dorée, un garde-feu en laiton maillé à carré bronzé doré.

Grégoire communique une lettre dans laquelle on dénonce la vente qui s'est faite dans le district de Franciade, et même à Paris, de plusieurs tableaux, instruments de musique et autres objets précieux. Charles dit avoir lu dans un inventaire du commissaire du domaine, des articles ainsi conçus : *boîte renfermant des etc.*, et que ces *etc.* désignaient des instruments de physique, bien faciles à enlever. La Commission arrête que cette lettre sera communiquée au Comité d'instruction publique.

Desfontaines remet l'inventaire de l'herbier de Boutin [1]; la Commission arrête qu'il sera transporté au Muséum d'histoire naturelle.

Naigeon dénonce la dégradation d'une statue d'Hercule, par du Puget [2], qui se trouve à Sceaux. Il demande que, puisque le district n'a pris aucun moyen de conservation, cette figure et autres soient transportés à Paris sous la surveillance des sections de peinture et de sculpture.

La section de sculpture fera un rapport sur un groupe de marbre représentant le *Temps relevant les Arts*.

Il sera écrit aux administrateurs du district des Andelys, conformément aux conclusions du rapport de [la section de] peinture, sur les boiseries peintes qui sont dans le ci-devant château de Breteuil.

Un modèle de la ci-devant église du Roule, une belle lanterne de forme circulaire, ornée de bronze ciselé, et un tronçon de marbre de la statue de Médicis, qui existent au Luxembourg, seront transportés au Dépôt de la rue de Beaune, selon l'inventaire remis par Lannoy. Le présent servira de décharge au gardien.

Thillaye dépose un état d'objets qui ont été transportés de chez Vicq d'Azyr au Dépôt des Écoles nationales de chirurgie.

---

[1] Voir cet inventaire sous la cote F17 1344².

[2] *L'Hercule gaulois*, de Pierre Puget, statue en marbre, commandée par Fouquet pour le château de Vaux-le-Vicomte et exécutée à Gênes en 1661, fut placée par Colbert au château de Sceaux, transportée en 1797 au Luxembourg et transférée au Musée du Louvre, où elle figure sous le n° 793.

Jolain remet trois mémoires vérifiés de serrurerie, menuiserie et charronnage, montant en demande à la somme de 460tt et réglés à celle de 299tt 8s. Les mémoires seront ordonnancés conformément au règlement de l'expert.

Ameilhon remet l'état de son travail pendant cette décade.

Le district de Senones envoie 668 cartes contenant les inventaires de peintures, dessins et gravures d'après les plus grands maîtres.

Naigeon dépose l'état des objets provenant de chez le condamné Nicolaï[1].

La section des dépôts littéraires remet les inventaires des livres des bibliothèques Durfort, Vaclimput, Vergennes, de Pont-l'Abbé au Garde-Meuble, de Gigot, de Douet[2].

SÉANCE DU 15 BRUMAIRE AN III.
(5 NOVEMBRE 1794.)

Nouvelles des districts de Tarascon, Pont-de-Vaux, Arnay-sur-Arroux, Gien, Gonesse, Châtillon-sur-Chalaronne, Gannat, Pamiers, Vire, Sens, Versailles, Delemont, Bourg-l'Égalité, Bar-sur-Aube. — Démolitions de la maison des Invalides. — Exportation de livres. — Sursis à la démolition de la tour Maclou à

---

[1] Le document en question est intitulé : *État des objets provenant de chez le condamné Nicolaï, rue des Enfants-Rouges, au Marais, et qui ont été apportés au Dépôt national des objets d'art et antiquités, rue de Beaune, le 1er brumaire et jours suivants*, daté du 10 brumaire et signé de Naigeon. Cet inventaire mentionne des peintures (dont deux D. Teniers, *Le Chirurgien de campagne* et *La Charcutière*, des portraits dans le genre de Rembrandt et quatorze portraits de famille dans celui de Largillière), des meubles de Boule, des bronzes, des porcelaines. — Voir aussi l'inventaire fait par Lebrun le 28 vendémiaire (F17 1269).

[2] Inventaire des livres de la bibliothèque de Durfort, émigré, maison d'Égalité, remis au Dépôt de la rue Saint-Marc le 27 vendémiaire an III (F17 1198-1199, n° 37). État des livres de Vergennes fils, condamné, rue Neuve-Saint-Eustache, remis au même dépôt le 5 brumaire an III (F17 1198-1199, n° 30). — Inventaire des livres trouvés dans le Garde-Meuble national, appartenant à Pont-Labbé, émigré, déposés au même dépôt (F17 1198-1199). — Inventaire des livres de Gigot, condamné, rue Poissonnière, remis au même dépôt (F17 1198-1199, n° 39). — Inventaire des livres de Douet, fermier-général, condamné, rue Bergère, n° 1018, remis au même dépôt (F17 1198-1199, n° 129).

Mantes. – Communication de Hageau, ingénieur. – Conservation de la cathédrale de Chartres. – Livres demandés pour le Muséum d'histoire naturelle. – Documents relatifs aux travaux de Merget trouvés sous les scellés de Lavoisier. – Demande de Lenoir concernant des statues à Franciade. – Requête de Léonard Bourdon. – Rapport de David Le Roy et Poirier sur les archives de la ci-devant abbaye de Franciade. – Enlèvement des statues de Julien dans le château de Rambouillet. – Rapport sur un procédé de fabrication du salpêtre, imaginé par Péricat. – Nomination d'adjoints aux sections. – Instruments de physique existant chez Boutin. – Demande de Mionnet fils. – Note de Grégoire relative à la conservation des monuments. – Local pour le muséum d'Étampes. – Enlèvement des objets d'art du château de Meudon. – Rapport sur le vaisseau en verre de Le Rat. – Rapport sur des notes du citoyen Lenoir, architecte. – Commissaires de la section de sculpture à Villeroi. – Silvestre de Sacy adjoint à la section des Dépôts littéraires. – Pétition du citoyen Carton. – Annulation de la vente du clavecin de la ci-devant Reine. – Livre précieux de l'église de Saint-Castor à Coblentz. – Rapport de Thillaye sur les Écoles nationales de chirurgie. – Indemnité à Mulot. – Craintes d'incendie au sujet de la Bibliothèque nationale. – Chauffage des serres du jardin Boutin. – Plafonds et vitraux du château de Dangu. – Dépôts d'inventaires de différents districts. – Marbres de l'église de Saint-Merry. – Dépôts d'inventaires de musique.

Le procès-verbal de la dernière séance est lu et adopté.

Les administrateurs du district de Tarascon, département des Bouches-du-Rhône, écrivent à la Commission que leurs commissaires inventorient les livres et les objets de sciences et d'arts, mais que ces derniers objets sont bien rares dans leur pays [1].

Les nouveaux administrateurs du district de Pont-de-Vaux, département de l'Ain, annoncent à la Commission qu'ils hâtent de tout leur pouvoir la confection des catalogues de livres et d'objets de sciences et arts, travail que l'administration antérieure avait fort négligé [2].

Les administrateurs d'Arnay-sur-Arroux, département de la Côte-d'Or, font part à la Commission que, les établissements ecclésiastiques ne leur ayant procuré aucune bibliothèque, ils n'ont que celle de

---

[1] Lettre des administrateurs du district de Tarascon, du 3 brumaire, en réponse à une lettre de la Commission du 17 vendémiaire. Ils écrivent que «dans ce pays hérissé de montagnes et de rochers, où les habitants sont uniquement occupés aux extractions des mines de fer, aux travaux des forges et de l'agriculture, où les fortunes sont très médiocres, les sciences et les arts y sont dans un état de négligence à ne pouvoir offrir de monument précieux; nous serons donc frustrés de la satisfaction de vous donner un résultat avantageux». (F¹⁷ 1239.)

[2] Lettre du 5 brumaire (F¹⁷ 1239).

[5 nov. 1794] DE LA COMMISSION TEMPORAIRE DES ARTS. 525

Wall [1], émigré, et celle d'Alexandre Jaucourt [2], condamné, qu'ils font inventorier actuellement et où se trouvent plusieurs médailles du haut et bas Empire; dès que le travail sera fini, ils le feront passer à la Commission. Ils observent qu'ils n'ont point de local propre à former une bibliothèque [3].

L'on passe à l'ordre du jour sur la lettre du président du département de la Moselle [4], qui demande que, lorsque la Commission temporaire des arts aura besoin de renseignements, elle s'adressera à lui plutôt qu'au district.

L'administration du district de Gien transmet un catalogue en cartes, au nombre de 793, comprenant 1,562 volumes; elle promet d'envoyer bientôt de nouveaux inventaires et la description exacte des manuscrits restés dans l'abbaye. Cette lettre sera communiquée au citoyen Poirier [5].

---

[1] Wall (Angélique-Michel-Joseph), dit Ulick, ancien militaire.

[2] Jaucourt (Alexandre de), ex-marquis, guidon de gendarmerie, condamné à mort le 17 floréal an II (W 360, n° 765).

[3] Par leur lettre, en date du 6 brumaire, les administrateurs d'Arnay-sur-Arroux font observer qu'ils ont été obligés, faute de sujets, de charger de l'inventaire et du catalogue des bibliothèques deux fonctionnaires publics, dont l'un est juge au tribunal, l'autre officier ministériel, et qui, en raison de leurs fonctions, ne peuvent consacrer à ce travail que trop peu de temps pour pouvoir promptement aboutir (F17 1239).

[4] Datée de Metz, 4 brumaire (F17 1044).

[5] La lettre des administrateurs du district de Gien, du 7 brumaire, dit que les livres provenant des maisons religieuses, des émigrés, etc., de ce district composent deux lots; le premier est constitué par les livres provenant des émigrés, déportés et condamnés; le second par la bibliothèque du ci-devant monastère de Fleury-Saint-Benoît-sur-Loire. — A propos de cette lettre, Poirier rédigea le rapport suivant, qu'il remit à la Commission, le 25 brumaire : «On ne peut qu'encourager les administrateurs du district de Gien à continuer leurs travaux pour la conservation des objets relatifs aux arts, aux sciences et aux lettres.

«On les invite à porter leur attention sur les restes des manuscrits de Fleury, autrement Benoît-sur-Loire, et en particulier sur un *sacramentaire* qui a plus de mille ans d'ancienneté, un *Usuard* très ancien, une histoire d'*Eusèbe* de Césarée, cités et remarqués par les savants. Mais quoique l'on ne nomme que ces trois manuscrits, les autres ne doivent pas être négligés. On en a trouvé de très précieux dans des dépôts ignorés, où l'on ne s'attendait pas à de semblables découvertes.

«Une autre espèce de dépôt auquel les administrateurs du district de Gien ne paraissent pas faire attention, ce sont les archives des établissements ecclésiastiques supprimés, qui renferment souvent des monuments très intéressants pour l'histoire, surtout celles de Benoît-sur-Loire, abondantes en anciens monuments diplomatiques, cartulaires, etc., parmi lesquels on peut citer un diplôme de Louis le dernier de la seconde race, qui fournit à la chronologie une date très importante.

«En général, il ne serait peut-être pas

L'administration du district de Gonesse écrit qu'elle va travailler aux réparations à faire pour disposer le ci-devant château d'Écouen à recevoir la bibliothèque du district; elle invite la Commission à appuyer auprès de celles des revenus nationaux et des secours publics l'urgence de constater les ouvrages faits pour l'établissement de l'hospice militaire et régler ce qui est dû aux ouvriers qui n'ont encore rien touché de leurs salaires. Renvoyé à la section d'agriculture.

Les nouveaux administrateurs du district de Châtillon-sur-Chalaronne, département de l'Ain, vont faire inventorier tous les livres appartenant à la Nation, conformément au vœu du Comité[1].

Les administrateurs du district de Gannat, département de l'Allier, écrivent à la Commission qu'ils s'occupent de l'inventaire et du catalogue de leurs livres, et qu'aussitôt que leurs travaux seront finis, ils les feront passer à la Commission.

Les administrateurs du district de Pamiers, département de l'Ariège, informent[2] la Commission que deux vases de porcelaine[3], qui étaient au ci-devant château de La Garde[4], dans le canton de Mirepoix, et qui méritaient d'être conservés, ont été vendus 150 livres. Ils étaient dégradés.

Le citoyen Richard, inspecteur des Invalides, en réponse à la lettre de la Commission qui lui demandait copie des ordres, d'après lesquels il a été démoli plusieurs objets de ce monument des arts, fait passer: 1° un arrêté du Bureau administratif de la maison des Invalides, du 28 brumaire an II; 2° une lettre du Ministre de l'intérieur, en date du 29 pluviôse; 3° un second envoi de l'arrêté du 28 brumaire à la Commission, le 26 germinal; cet arrêté, est-il dit, n'est point parvenu, faute d'avoir bien connu l'adresse de la Commission, et la poste l'a

---

inutile de prévenir les districts que, lorsqu'on leur désigne quelques manuscrits ou quelques monuments diplomatiques, ce n'est pas pour y borner leur attention, mais pour la réveiller sur tous les autres objets du même genre» (F17 1239).

[1] Lettre des administrateurs du district de Châtillon-sur-Chalaronne, du 7 brumaire an III, annonçant qu'ils feront faire par un citoyen intelligent l'inventaire de tous les livres des émigrés, suppliciés (F17 1239).

[2] Par lettre du 4 brumaire (F17 1239).

[3] Les urnes en question furent renvoyées au citoyen Duprey de Toulouse.

[4] Le château de Lagarde (Ariège, arr. de Pamiers, c^{on} de Mirepoix) remontait au xve siècle; il fut reconstruit presque entièrement au xviie siècle par la famille de Lévis-Mirepoix.

rapporté aux Invalides; 4° l'ordre que le citoyen Richard a reçu, le 8 germinal, du citoyen Hubert pour les travaux qui se sont exécutés tant dans l'intérieur qu'à l'extérieur du dôme; 5° un arrêté du Bureau administratif portant que l'ordre ci-dessus sera communiqué au Ministre de l'intérieur. Ces pièces sont renvoyées à l'examen des commissaires qui ont fait un rapport sur les Invalides.

La section de bibliographie, après avoir pris connaissance des factures jointes aux demandes des citoyens Gaillard et Milliet, négociants, et Courant, envoyées par la Commission des subsistances et approvisionnements de la République, par ses deux lettres du 12 brumaire, pense qu'il n'y a aucuns livres dont on ne puisse permettre l'exportation et qu'il soit utile de conserver pour la République[1]. La Commission adopte ces conclusions pour être transmises à la Commission de commerce et approvisionnements.

Le Conseil général de la commune de Mantes, que la Commission temporaire des arts a invité à faire surseoir à la démolition de la tour Maclou, que des artistes jugent digne d'être conservée, demande l'envoi de commissaires pour décider définitivement si elle sera démolie, attendu que cette suspension arrête la confection des travaux de leur temple de réunion pour les fêtes décadaires. La demande est renvoyée au Comité d'instruction publique.

Les administrateurs du district de Vire informent[2] la Commission que l'inventaire de leurs livres de littérature sera bientôt terminé; ils lui demandent ce qu'ils doivent faire des livres de théologie. Il leur sera répondu qu'ils doivent tout conserver.

Les administrateurs du district de Sens, dans leur réponse à la lettre du 18 vendémiaire de la Commission, qui leur demandait des renseignements sur le tombeau d'Henri Bourbon, père de Condé dit le Grand, existant dans la commune de Valery, font passer à la Commission copie de leurs arrêtés relatifs à cet objet, et le procès-verbal descriptif donné par Person, leur architecte; il en résulte que les armoiries, les fleurs de lis, les fuseaux et partie des guirlandes qui ornaient le tombeau ont été enlevés et vendus en présence des municipaux pour 400 livres, plus les frais d'un repas de 60 livres au maire, au procu-

[1] Il s'agit de demandes d'exportations de livres, formées par Gaillard et Milliet, négociants, rue Michel-Le-Peletier, n° 224, et Courant, rue des Bourdonnais (F17 1048).

[2] Par lettre du 8 brumaire (F17 1239).

reur de la commune et à un officier municipal, plus 5 livres d'arrhes. Cette lettre sera communiquée au citoyen Grégoire[1].

Hageau, ingénieur ordinaire du canal du département de la Nièvre[2], envoie à la Commission un imprimé en prospectus, intitulé : «Avantage démontré d'un système général de navigation dans l'intérieur de la République». Renvoyé à David Le Roy.

Les administrateurs du district de Versailles invitent la Commission à ne pas motiver l'enlèvement du Jupiter de Myron, si sa volonté est de le destiner pour Paris, sur la nécessité de le soustraire aux dégradations, puisque leur surveillance l'en a garanti[3]. La Commission arrête mention de cette lettre au procès-verbal et suspension de l'enlèvement jusqu'à l'organisation des musées.

La Commission des travaux publics invite celle des arts à lui faire savoir quel degré d'importance elle croit devoir attacher à la conservation de la cathédrale de Chartres sous le rapport de l'art, et ce qu'elle pense relativement aux édifices désignés par le département pour être démolis; l'approche de l'hiver rend cette décision très urgente. La Commission renvoie cette lettre au Comité d'instruction publique, auquel les pièces adressées par les administrateurs du district de Chartres ont déjà été renvoyées. Le citoyen Poirier mettra par écrit les renseignements qu'il a sur Chartres : ils seront envoyés à ce district.

Une demande du Comité de salut public est renvoyée aux sections de physique et de chimie pour lui procurer l'objet de sa demande.

Jussieu, chargé de s'assurer si les livres qu'il réclame pour l'usage du Muséum d'histoire naturelle [peuvent être remis], lit une déclaration du citoyen Van Praet qui atteste que sur les vingt articles nommés dans la

---

[1] Voir sous la cote F17 1044 la lettre des administrateurs du district de Sens, du 8 brumaire, avec deux pièces jointes. L'une des deux pièces, le procès-verbal de l'architecte Pierre-Gédéon Person, daté du 26 novembre 1792, contient une description détaillée du mausolée, et il en constate les dégradations, qui «consistent dans l'enlèvement de chiffres et de fleurs de lis».

[2] Hageau (A.), 1756-1836, ingénieur en chef des États de Bourgogne, plus tard inspecteur divisionnaire des Ponts et chaussées, auteur du canal du Centre, publia en 1819 une description du canal de jonction de la Meuse au Rhin.

[3] Nous pouvons vous assurer, disent les administrateurs du district de Versailles, dans leur lettre du 11 brumaire, qu'il n'y a eu aucune dilapidation commise dans le jardin de Versailles, «depuis que nous sommes chargés d'y veiller, ni même avant, et que les citoyens chargés de la garde et de la conservation des monuments appartenant à la République s'acquittent constamment de leur devoir» (F17 1044).

liste de Jussieu il ne manque que les trois ouvrages suivants, savoir : 1° *Les Délices des yeux*, par Lenoir; 2° *Les Catastrophes*, du même; 3° *Petrus de Crescentiis, ruralia commoda*[1]. La Commission pense qu'à l'exception de ces trois articles, tous les autres réclamés par les professeurs du Muséum d'histoire naturelle peuvent être remis. Le Comité d'instruction publique sera invité à statuer sur cette remise.

Leblanc dépose un extrait du procès-verbal du Bureau de consultation des arts et métiers, qui accuse la déposition faite par lui de quatre pièces trouvées sous les scellés de Lavoisier; ces pièces sont relatives aux travaux du citoyen Merget. Il sera fait mention au procès-verbal de la remise de cet extrait, qui sera conservé au secrétariat de la Commission.

Sur la demande de Lenoir, conservateur, qui invite la Commission à faire transporter à Paris plusieurs statues qui se trouvent à Franciade dans un local dont a besoin l'administration des charrois, il est arrêté que le district de Franciade sera invité à les placer dans un dépôt et à veiller à leur conservation.

Poirier présente un mémoire de 60 l. 15 s. La Commission autorise le président à le signer.

Léonard Bourdon dépose sur le bureau une déclaration du représentant du peuple Mathieu, qui atteste que, chargé par le Comité d'instruction publique de faire un rapport sur une lettre du ci-devant Ministre de l'intérieur, portant entre autres choses la proposition de faire déposer à Martin-des-Champs quelques objets propres à l'instruction et de les utiliser pour les Orphelins des défenseurs de la Patrie, la Convention renvoya à la Commission des monuments et arts pour y être pourvu sans délai; il déclare, en outre, que cette lettre a été déposée dans les cartons de la Commission des monuments, et sur la demande de Léonard Bourdon de l'exécution de ce décret, il est arrêté qu'il présentera à la Commission le catalogue de tous les objets dont il prétend avoir besoin, lequel sera renvoyé au Comité d'instruction publique pour statuer définitivement s'il y a lieu à lui délivrer les objets de sa demande.

Le chargé par le district de Delémont de procéder à la réunion des objets de sciences et arts fait passer l'inventaire du cabinet d'histoire

---

[1] Il s'agit du traité d'économie rurale de Pierre Crescenzi (de Crescentiis), célèbre agronome italien, qui vivait de 1230 à 1310, traité composé sous le titre d'*Opus ruralium commodorum libri duodecim*.

naturelle de l'émigré Eberstein[1]; le district de Mouzon [sur] Meuse, ci-devant Neufchâteau, département des Vosges, envoie le catalogue des tableaux qui existent dans la bibliothèque du district[2].

David Le Roy et Poirier, chargés de se transporter à Franciade pour examiner le dépôt des archives de la ci-devant abbaye et constater si ce dépôt était en sûreté, font leur rapport, d'où il résulte que les archives sont parfaitement conservées et que le district de Franciade prend un soin particulier des richesses diplomatiques et littéraires qu'elles renferment. La Commission arrête que mention en sera faite au procès-verbal et que copie du rapport sera envoyée au district de Franciade[3].

Il est arrêté que le citoyen Julien sera invité à se concerter avec le citoyen Jolain, expert de la Commission temporaire des arts, pour le transport à Paris de statues dont il est auteur et qui se trouvent au ci-devant château de Rambouillet.

Charles et Leblanc font un rapport sur des pièces renvoyées par le

---

[1] Eberstein (Chrétien), prêtre, ancien grand prévôt de l'église cathédrale de Bâle, originaire de Saxe, laissa une bibliothèque assez considérable et un cabinet d'histoire naturelle intéressant. En l'an v, ses héritiers demandèrent la radiation de son nom de la liste des émigrés (F7 5358).

[2] Ce catalogue, ou plus exactement cet état des tableaux qui existent dans la bibliothèque du district de Mouzon-sur-Meuse, porte l'indication de 4 tableaux représentant des *Pères de l'Église*, 1 représentant *Saint Luc*, 22 des capucins et 2 portraits d'anciens évêques de Toul. Ils provenaient, les uns de la ci-devant abbaye des Prémontrés de Mureau, les autres du ci-devant couvent des Capucins. Les 22 tableaux sont des «croutes, dans la force du terme», les autres sont médiocres. L'état est daté du 29 fructidor an II (F17 1270).

[3] Ce rapport, en date du 15 brumaire, et signé de David Le Roy et Poirier, est de la main de ce dernier; il relate en ces termes la visite des archives en question : «On nous a introduit dans une petite chambre, remplie du haut en bas par les cartons, livres et registres qui formaient avant leur transport ce que l'on appelait le petit chartrier de la ci-devant abbaye.

«Cette partie des archives était très précieuse par l'ancienneté et l'importance des monuments diplomatiques, historiques et littéraires qu'elle renfermait... Quant à la partie des archives de la ci-devant abbaye, que l'on appelait le grand chartrier, et où l'on a entassé celles de quelques autres établissements ecclésiastiques supprimés, nous n'avons pu visiter ce local, parce que le citoyen qui en avait la clef était absent et n'a paru que dans le moment où nous allions remonter en voiture pour Paris. Mais l'on nous a assuré qu'il était dans le même état où l'avaient trouvé les citoyens Lannoy et Poirier, commissaires dans le mois dernier. L'on ne pense pas même à en retirer aucun papier, faute de local, et l'on ne croit pas pouvoir s'en procurer avant ventôse prochain.

«Cette partie des archives de la ci-devant abbaye est bien en sûreté du côté de l'eau et du feu (contrairement à l'autre au sujet de laquelle les commissaires avaient exprimé des inquiétudes); elle

Comité d'instruction publique, appartenant au citoyen Péricat, qui prétend avoir découvert le moyen de fabriquer du salpêtre en vingt-quatre et même en neuf heures et d'obtenir la cristallisation une heure après à l'aide d'un aréomètre nouveau de sa construction; ils pensent que l'on peut tirer des avantages de cet instrument qui, d'ailleurs, leur paraît susceptible de recevoir de nouvelles perfections.

Les membres des sections qui ne seraient point complètes ou qui auraient besoin d'adjoints pour leur travail proposeront à la prochaine séance les citoyens qu'ils croiront les plus propres à remplir les fonctions qui sont attribuées à la Commission; la liste sera présentée à l'acceptation du Comité d'instruction publique.

La Commission arrête que les instruments de physique provenant de chez Boutin, dont l'inventaire a été fait avec estimation, seront, d'après le consentement du Comité d'instruction publique, délivrés à l'Agence des mines. Leblanc est invité à faire l'inventaire détaillé des objets de chimie de Lavoisier.

Mionnet fils, que le Comité de salut public a mis en réquisition d'après le rapport de la Commission temporaire des arts, demande à être employé de la manière la plus analogue à ses connaissances en médailles et antiquités; cette demande est renvoyée aux commissaires chargés de l'examen des pétitions.

Un membre du directoire du district de l'Égalité, département de Paris, chargé de la surveillance des objets de sciences et arts, prévient qu'un cabinet de laque de la plus grande beauté, avec des accessoires en glaces et autres objets, sont exposés à être dégradés par le défaut d'entretien dans le ci-devant château de Saint-Maur, où on a établi un dépôt de chevaux, il pense que la Commission doit prendre des mesures pour le transport et la conservation de ce cabinet. Il est arrêté que Nadreau transportera de Saint-Maur à Paris tous les objets d'arts qui se trouvent au ci-devant château de Saint-Maur[1].

---

n'aurait à appréhender que le marteau destructeur du vandalisme; mais l'on nous a promis d'y veiller avec soin.

«Au reste le district de Franciade n'est pas guidé par l'esprit d'un égoïsme mal entendu. Il sent que les richesses diplomatiques et littéraires, renfermées dans les archives qu'il possède, sont de nature à être placées dans un dépôt central où elles puissent correspondre à tous les points de la République et être d'un facile usage pour tous les citoyens. Il est disposé à les remettre entre les mains de la Nation, lorsque l'on en aura fait le triage du judiciaire et du domanial» (F17 1081, n°1).

[1] Le château de Saint-Maur, construit

Grégoire dépose une note indicative de monuments qui doivent se trouver en divers endroits de la République; la Commission arrête qu'il sera écrit aux districts indiqués dans cette note pour demander les moyens de conservation qu'ils ont employés.

Il sera écrit pour la troisième fois aux districts qui n'ont point répondu aux deux circulaires envoyées par la Commission temporaire des arts.

Les commissaires chargés de se rendre à Étampes pour y constater l'état des monuments de sciences et d'arts et prendre des renseignements sur le local qui conviendrait le plus à former un dépôt, font un rapport d'où il résulte que la maison de la ci-devant Congrégation, réclamée par le district et les commissaires artistes, ne leur a point paru propre à former un muséum : ils indiquent la maison de l'émigré Valory[1], ou le bas côté de l'église Gile[2], ou enfin la maison des ci-devant Cordeliers en en éloignant la fabrication du salpêtre. La Commission arrête que ce rapport sera communiqué au Comité d'instruction publique[3].

Les commissaires artistes de Versailles, d'après l'invitation du représentant du peuple surveillant les épreuves à Meudon[4] chargés de

---

par Philibert Delorme, qui servit de résidence royale jusqu'à la fin du xvi° siècle, fut acquis en 1598 avec la seigneurie par Charlotte-Catherine de La Trémouille, qui le transmit au prince de Condé, son fils; c'est ainsi qu'au moment de la Révolution le château et la seigneurie se trouvaient entre les mains de la famille de Bourbon-Condé. Dans ses bâtiments, aux trois quarts ruinés, des familles avaient cherché un abri. Lannoy, dans son rapport du 30 brumaire (F¹⁷ 1265), donne une description de ce château, dont les deux étages sur le jardin étaient décorés chacun de neuf grandes arcades, couronnés d'un immense fronton, dont le tympan était orné de figures colossales en bas-relief, accompagnées des attributs des sciences et des arts.

[1] Valori (Charles-Jean-Marie), militaire, dont l'émigration fut constatée le 16 novembre 1792.

[2] L'église de S¹-Gilles, à Étampes, encore existante, est du xvi° siècle, avec porte romane et clocher des xii° et xiii° siècles.

[3] Langlès et Lannoy, auteurs du rapport sur le Muséum d'Étampes, en date du 15 brumaire, ont examiné les collections destinées à composer ce muséum, parmi lesquelles ils ont «remarqué avec plaisir huit beaux tableaux du célèbre Vernet, de grande et moyenne dimension ; six tableaux de Robert, d'un style large; deux charmantes productions du pinceau de Tonnay, [Taunay] qui ont été exposées au Salon du Louvre ; de belles gravures de Volpato, excellentes épreuves ; des dessins, quelques antiques, de superbes meubl·s de Boule, etc. », une bibliothèque de 18,000 volumes, «bien conditionnés, bien conservés, bien choisis». Ils ont ensuite visité les divers édifices nationaux de la ville, susceptibles d'être convertis en muséum, et ils énumèrent les avantages et les inconvénients de chacun. (F¹⁷ 1051, n° 1.)

[4] Il y avait auprès de l'établissement de Meudon deux représentants du peuple, en qualité de commissaires chargés de surveiller

se concerter incessamment avec les membres nommés par la Commission temporaire des arts pour enlever de cette maison des tableaux, bustes, glaces, etc., renouvellent à la Commission leur demande pour inviter le Comité à leur faire obtenir des chevaux et des voitures de la direction des charrois de Versailles, afin de procéder à cet enlèvement avec toute l'activité que désire le représentant du peuple à Meudon. La Commission renvoie cette demande au Comité d'instruction publique.

David Le Roy et Molard font un rapport sur le vaisseau en verre du citoyen Le Rat. Les conclusions sont 1° que ce citoyen doit être adressé avec son modèle au Bureau de consultation pour y recevoir les récompenses accordées à ceux qui perfectionnent quelque branche d'industrie; 2° qu'il pourrait être recommandé à la Commission de marine, afin qu'il y fût occupé, soit à réparer le gréément des modèles de navires appartenant à la Nation qui ont éprouvé des altérations, soit à faire de nouveaux modèles en bois ou en verre [1]. Ces conclusions sont adoptées.

Copie d'un rapport de la section d'architecture sur des notes du citoyen Lenoir, architecte toiseur et vérificateur des bâtiments, sera envoyée à la Commission des travaux publics, à celle des domaines nationaux et au Comité des finances [2].

La section de sculpture est chargée d'examiner si deux figures en plomb qui se trouvent au Dépôt des Petits-Augustins méritent d'être conservées; elle enverra un de ses membres à Villeroy pour examiner les monuments d'arts qui mériteraient réellement d'être transportés à Paris.

La Commission temporaire des arts, d'après le rapport fait par la section des Dépôts littéraires des besoins qu'elle a des connaissances du citoyen Sylvestre de Sacy dans les langues orientales, arrête que ledit

les épreuves; c'était, depuis le 19 vendémiaire an III, Ignace Rougemont, député du Mont-Terrible, et Narcisse Trullard, député de la Côte-d'Or, ils restèrent jusqu'au 28 nivôse an III.

[1] Le rapport en question est daté du 15 brumaire (F17 1265).

[2] Les notes en question de l'architecte Lenoir sont relatives à neuf lettres adressées par le même, pour la plupart, au représentant du peuple Amar pour dénoncer les abus et dilapidations commis par les entrepreneurs et commissaires aux ventes. La conclusion de Lannoy et David Le Roy, auteurs du rapport de la section d'architecture, daté du 5 brumaire, est que les faits dénoncés peuvent être vrais, «mais qu'on aperçoit surtout le désir d'avoir une place dans les travaux publics». (F17 1265.)

citoyen sera appelé à Paris pour y être employé aux travaux de la section des Dépôts littéraires [1].

La Commission temporaire des arts, convaincue qu'il intéresse à la conservation d'un instrument de musique d'être exercé par un artiste, appuie auprès du Comité d'instruction publique la pétition du citoyen Carton, commis à son secrétariat, qui demande qu'il lui soit confié sous récépissé un forte-piano ou clavecin, dont il promet d'avoir le plus grand soin [2].

La Commission arrête que le clavecin de la ci-devant Reine qui, contre le vœu de la loi, a été vendu au citoyen Dehancy, rentrera dans les Dépôts nationaux. Il sera nommé des commissaires pour constater l'état de cet instrument et déclarer à la Commission s'il y a lieu à indemniser l'acquéreur. Copie de l'arrêté sera délivrée au citoyen Dehancy.

Besson dépose une note dans laquelle il instruit la Commission que dans l'église chapitrale de Saint-Castor à Coblentz, il existe un livre sur la couverture duquel est enchâssée une agathe d'environ cinq pouces de grandeur où est gravé en relief un buste d'ouvrage antique. Il annonce qu'il y a d'ailleurs à Coblentz quelques cabinets de minéralogie qu'il serait à propos de faire venir à Paris. Cette note sera communiquée au Comité d'instruction publique.

Thillaye fait un rapport sur les Écoles nationales de chirurgie [3],

---

[1] Le rapport de la section des dépôts littéraires, auquel il est fait allusion, dit que «le citoyen Sylvestre Sacy a cultivé avec une grande supériorité les langues orientales... Il a coopéré aux notices des manuscrits de la Bibliothèque nationale, et il a fourni à cette précieuse collection plusieurs mémoires intéressants. — Il a récemment publié un mémoire important sur l'histoire des Persans et sur celle des rois Sassanides. — Il s'est retiré à la campagne depuis quinze mois pour y soigner sa santé et pour y suivre l'éducation de ses enfants. — Le citoyen Sylvestre Sacy peut rendre les plus grands services dans les dépôts littéraires, auxquels la section de la Commission des arts désire l'employer, et nous croyons qu'il serait utile de l'appeler à Paris pour le mettre dans le cas d'y coopérer». Une lettre fut en effet écrite dans ce sens à Silvestre de Sacy le 19 brumaire. (F17 1051, n° 2.)

[2] Le 6 frimaire, le Comité d'instruction publique autorisait la Commission à délivrer à Carton un piano-forte et, le 18 frimaire, réglait la question du clavecin de la Reine (F17 1051, n° 1). Voir sous même cote trois lettres de Carton relatives à sa demande.

[3] Dans son rapport Thillaye fait ressortir combien il est fâcheux que le comité de la section Marat tienne ses séances dans les salles de cet établissement; il insiste sur les désordres et dégâts commis par le public qui envahit les salles de cours et l'amphithéâtre, situation aussi préjudiciable au repos des malades qu'à la tranquillité des élèves (15 brumaire). [F17 1164.]

dont les conclusions sont d'inviter le Comité d'instruction publique à prendre les mesures nécessaires pour que cet établissement ne dépérisse pas, que le but de cette institution soit rempli, que les comités de la section de Marat soient transférés ailleurs. Ces conclusions sont adoptées.

Un autre rapport de Thillaye, relatif à la bibliothèque des Écoles nationales de chirurgie, est également renvoyé au Comité d'instruction publique.

La Commission ajourne à la prochaine séance le rapport sur les indemnités à accorder au citoyen Mulot.

D'après les dispositions favorables présentées par l'agent national du district d'Egalité-sur-Marne, Molard est chargé de lui écrire pour l'avertir que, si les administrateurs du district ne se proposent pas d'utiliser pour l'instruction publique le petit nombre d'instruments de physique qui se trouvent dans la bibliothèque à laquelle ils sont étrangers, ils peuvent les adresser au Comité d'instruction publique, avec les précautions nécessaires pour qu'ils n'essuyent aucune dégradation.

La Commission arrête que le Comité sera de nouveau averti des craintes que lui fait concevoir pour la Bibliothèque nationale le voisinage de l'Opéra.

La Commission temporaire des arts arrête que le Comité d'instruction publique sera invité à faire accorder huit à dix voies de bois au citoyen Camus, jardinier du jardin Boutin, pour la conservation des plantes étrangères déposées dans les serres de cette maison nationale.

Le Comité sera pareillement invité à autoriser le jardinier à faire réparer plusieurs vitraux des serres qui ont été brisés.

Il sera écrit au district des Andelys, département de l'Eure, pour demander des renseignements sur l'état des plafonds et des vitraux peints qui se trouvent au ci-devant château de Dangu.

L'on dépose sur le bureau plusieurs cartes inventoriées de géographie venant de Montagne-sur-Aisne [1] ; plusieurs autres de géographie, musique, venant de Cognac; plus des inventaires de musique, géographie, gravures, envoyés par le district d'Arles; un inventaire de musique envoyé par le district de Beauvais; un état des tableaux et autres objets d'histoire naturelle du district de Mussidan ; un inventaire des

---

[1] Montagne-sur-Aisne, nom révolutionnaire de Sainte-Menehould.

objets relatifs aux arts déposés dans le musée du district de Roanne; une note de différents mémoires présentés à la Société populaire de Poitiers par le citoyen Demesse, directeur du Jardin des plantes de Poitiers, enfin un rapport du citoyen Tiesset fils, joint à plusieurs inventaires et catalogues de botanique du district de Boulogne.

La section d'architecture dépose l'état des marbres à enlever dans la ci-devant église Merry[1].

La section de botanique remet l'inventaire des fruits du cabinet Boutin.

Bruni dépose les inventaires de musique des maisons Xavier, Maillebois, Gougenot, Kerry, Dolci, des instruments trouvés chez le ci-devant ambassadeur d'Espagne, au Garde-Meuble et aux Petites-Écuries de Chartres[2].

Le district de Bar-sur-Seine envoie l'inventaire du cabinet d'histoire naturelle de Loménie de Brienne.

SÉANCE DU 20 BRUMAIRE AN III.
(10 NOVEMBRE 1794.)

Dégradations à l'abbaye de Franciade. — Lettres de différents districts. — Liste des districts qui ne possèdent aucun objet d'art. — Inventaire descriptif des monuments des arts du district de Gien. — Invention hydraulique du citoyen Trimaille. — Aqueduc de Jouy, près Pont-à-Mousson. — Monuments antiques du jardin d'Étupes, district de Montbéliard. — Projet de convertir en caserne la maison des Ignorantins à Marseille. — Lettres des districts de Soissons et Pontarlier. — Cartes et plans demandés par la Commission des travaux publics. — Pétition des

---

[1] Il s'agit d'autels, de tombes et de bénitiers qu'on devait transporter au Dépôt de la rue des Petits-Augustins, dit l'état en question, lequel est signé de Lannoy et David Le Roy, 15 brumaire an III. (F17 1265.)

[2] Inventaires de Bruni, chez Boutin, rue de la Loi, 6 brumaire : 1 forte-piano; chez Xavier, 29 prairial an II : un forte-piano, deux clavecins, quatre pupitres; chez Maillebois, 25 messidor an II : un psaltérion, une vielle; chez Gougenot, 6 thermidor : un piano anglais, une basse, un violon ; chez Kerry, rue Cerutti, n° 5, 13 brumaire : un forte-piano, deux guitares, un quinton, un tambourin; chez Dolci, rue Verdelet, n° 10, 11 brumaire : une harpe; chez l'ambassadeur d'Espagne, rue de l'Université, deux inventaires, l'un du 12 brumaire, l'autre sans date : deux forte-pianos, un orgue, un clavecin, un grand orgue, trente-deux planches gravées; au Garde-Meuble, 28 vendémiaire : «un violon commun»; aux écuries de Chartres, 12 brumaire : une lyre et un clavecin anglais. (F17 1054, n° 3.)

citoyens Bourgeois et autres. — Arrêtés du Comité d'instruction publique relatifs à la formation d'un cabinet de minéralogie et à l'organisation d'un directoire dans la Commission des arts. — Aménagement du salon circulaire des petits appartements du ci-devant palais Bourbon. — Lettres des districts d'Amiens et de Périgueux. — Sursis à la fonte des cheminées provenant du ci-devant Égalité. — Pétition des citoyennes Haussard. — Aréomètre de Péricat. — Clavecin de la ci-devant Reine. — Réparations à faire dans les dépôts. — Visite urgente des monuments des départements de Paris et de Seine-et-Oise. — Machine hydraulique du citoyen Marche. — Rapport sur l'état des dépôts. — Rapport sur l'établissement d'une commission pour l'examen des livres et manuscrits rares. — Fragonard adjoint aux citoyens Picault et Dardel envoyés à Versailles. — Dépôt du second volume du registre de l'Académie de physique. — Sécurité de la bibliothèque de l'Arsenal. — Objets demandés au district de Sedan. — Transport des chefs-d'œuvre provenant des pays conquis. — Lettre à l'Agence du domaine. — Transport des statues antiques de Villeroy. — Retouches à la « Baigneuse » du ci-devant château de Rambouillet. — Cabinet de physique et d'histoire naturelle du district de Morfontaine. — Règlement des mémoires du citoyen Guibert, entrepreneur. — Demande de Jolain. — Inventaire des vases et objets de chimie provenant de chez Lavoisier. — Dépôt d'inventaires par Thillaye, Lebrun, Naigeon.

Après la lecture du procès-verbal de la dernière séance, on passe à la correspondance.

La Commission des travaux [publics] demande[1] qu'un membre de celle des arts se joigne à celui qu'elle nommera de son côté pour se transporter à Franciade et faire un rapport définitif sur les dégradations qui se commettent à la ci-devant abbaye de cette commune. La Commission, convaincue que le défaut de précautions et de concert entre les autorités ont beaucoup contribué à la ruine des monuments précieux, saisit avec empressement les moyens d'arrêter les progrès des abus et arrête que David Le Roy se concertera avec le commissaire qui sera nommé par la Commission des travaux publics.

Les administrateurs des districts de Tell-le-Grand[2], Pont-Audemer[3], Briançon[4], Saint-Geniès[5], Exideuil[6] écrivent qu'ils n'ont dans

---

[1] Sa lettre est du 19 brumaire. (F17 1048.)

[2] Nom révolutionnaire de Châteaumeillant (Cher). La lettre est du 10 brumaire. (F17 1239.)

[3] Pont-Audemer, 13 brumaire. (F17 1239.)

[4] Lettre du 5 brumaire, où il est dit que « la nature du pays et la pauvreté de ses habitants n'ont jamais permis ces sortes de collections ». (F17 1239.)

[5] Lettre de l'administration du district de Saint-Geniès (Aveyron), 5 brumaire. (F17 1239.)

[6] Lettre du district d'Excideuil, 12 brumaire. (F17 1239.)

leur arrondissement aucun objet de sciences et d'arts. Ils promettent de satisfaire incessamment aux vœux de la Commission temporaire des arts pour les objets de bibliographie.

La Commission arrête qu'il sera fait une liste de tous les districts qui prétendent ne posséder aucun objet d'art digne d'être conservé pour l'instruction publique, pour copie en être présentée au Comité d'instruction publique.

Les administrateurs du district de Cognac[1], de Romans[2], de Nice[3], de Briançon, de Valence[4] écrivent qu'ils font marcher de pair avec la bibliographie l'inventaire des objets de sciences et arts. Ils feront passer incessamment leur catalogue. Ils espèrent que la Commission sera satisfaite de leur activité.

Le citoyen Deval, commissaire artiste de Boussac-la-Montagne, département de la Creuse, prie la Commission de lui envoyer un exemplaire de son instruction qui le dirigera dans son travail; l'Agent national fait la même demande : leur demande est adoptée.

La Commission exécutive de l'instruction publique fait passer à la Commission temporaire des arts l'inventaire descriptif des monuments des arts appartenant à la Nation dans le district de Gien; elle l'a reçu dans une boîte de cartes envoyée par le bibliothécaire du district; elle demande qu'on lui accuse réception de cet envoi. Il sera répondu à la Commission d'instruction publique conformément à sa demande, et l'inventaire sera renvoyé à la section de peinture.

Le citoyen Trimaille, instituteur et auteur d'une invention hydraulique, demande à la Commission une réponse qui le déterminera, dit-il, à dénaturer, vendre ou garder sa machine. Cette lettre est renvoyée à la Commission d'agriculture et des arts, et il en sera donné avis à Trimaille.

Les administrateurs du district de Pont-à-Mousson observent à la

---

[1] Les administrateurs du district de Cognac écrivent notamment, le 11 brumaire, que c'est à l'aide des lumières et des arts qu'ils ont conquis leur liberté; les catalogues exigent «un travail soigné», parce que leur «bibliothèque est composée de livres choisis et précieux». Ils ont transféré dans le dépôt de la bibliothèque un cabinet d'histoire naturelle, «venant de chez le ci-devant comte de Jarnac, dont le délabrement et le désordre exigeront un travail bien pénible». (F^{17} 1239.)

[2] Lettre du district de Romans, 11 brumaire. (F^{17} 1239.)

[3] Lettre des administrateurs du district de Nice, 7 brumaire. (F^{17} 1239.)

[4] Lettre du district de Valence, 12 brumaire. (F^{17} 1239.)

Commission que l'aqueduc de Jouy[1], quoique dans leur voisinage, n'est cependant point sous leur surveillance, mais bien sous celle du district de Metz, et qu'ils lui ont envoyé copie de la lettre de la Commission relative à la conservation de ce monument.

Les administrateurs du district de Montbéliard, département de la Haute-Saône, exposent qu'ils ont vendu leurs orangers et que l'entretien des ananas et des plantes du jardin national d'Étupes deviennent très dispendieux; ils observent que ni le département, ni la Commission des revenus nationaux, auxquels ils se sont successivement adressés pour être autorisés à faire les dépenses nécessaires, ne leur ont point répondu. Ils font passer le tableau des frais déjà faits, afin que la Commission juge s'il ne serait pas plus économique de transférer ailleurs ces objets utiles aux savants et aux botanistes. Ils annoncent qu'il existe en un coin du jardin d'Étupes un amas de morceaux énormes de portiques, de corniches et d'autres débris extraits des fouilles faites à Mandeure[2], cité romaine, célèbre, comme on sait, au temps de Jules César et détruite par Attila. Il sera écrit au district de Montbéliard de mettre en sûreté et de veiller à la conservation des fragments qui existent dans le jardin d'Étupes.

Le citoyen Guinot, secrétaire général du département des Bouches-du-Rhône, informe[3] la Commission que le commandant de Marseille se propose de convertir en caserne la superbe maison des Ignorantins

---

[1] Jouy-aux-Arches (anciennement Moselle, canton de Gorze). Il s'agit d'un aqueduc romain, qui paraît avoir été élevé sous Valentinien, à l'effet d'amener les eaux de Gorze à Metz; il traversait la Moselle. Déjà au x⁰ siècle il était à l'état de ruine; des vestiges considérables de cet aqueduc se voient encore aujourd'hui.

[2] Mandeure (Doubs, arrondissement de Montbéliard), importante cité gallo-romaine (Epomanduodurum), où dès la fin du xvi⁰ siècle furent exécutées, sous la direction de l'architecte Schickard et du naturaliste Jean Baubin, des fouilles importantes. Dans une des tours du château de Montbéliard avait été rassemblée, sous le règne du comte Frédéric de Wurtemberg, une nombreuse collection d'objets d'art et d'archéologie, qui fut dispersée lors de l'occupation française de 1676. — On aperçoit encore à Mandeure les restes d'un théâtre romain.

[3] Lettre de Guinot, Marseille, 2 brumaire. Le déplacement des objets déposés dans la maison des Ignorantins, notamment des objets d'histoire naturelle, exposerait les collections à une détérioration rapide. «Vous savez le danger qu'il y a de manier souvent les mêmes madrépores, fucus et coraux, et tant d'autres choses si fragiles; eh bien, vous saurez qu'ici personne n'entend cela; on croit pouvoir remuer et transporter ces objets comme si c'étaient des balles de coton et des barriques de sucre qu'on roule dans les magasins». (F¹⁷ 1044.)

où est maintenant déposée et classée la précieuse collection d'objets de sciences et d'arts du canton. Il demande que cet édifice, bâti jadis pour l'éducation publique, soit conservé pour dépôt, et il est appuyé par le représentant du peuple Auguis [1]. Renvoyé aux sections de peinture et de sculpture pour en faire un rapport, qui sera communiqué au Comité d'instruction publique.

Les nouveaux administrateurs du district de Soissons, occupés à recueillir ce qui intéresse les sciences et les arts, présentent à la Commission un état affligeant des ravages du vandalisme : un sarcophage vient d'être trouvé, servant d'auge dans un jardin, et son couvercle d'une seule pièce, richement sculpté, tout brisé; 24 tableaux de la Chartreuse de Bourg-Fontaine, longtemps cherchés, enfin découverts pliés et couchés sur le sol d'un magasin, garantissant de l'humidité plusieurs tas de sacs de blé. La barbarie ne s'est exercée nulle part avec autant de fureur. L'on a eu beaucoup de peine à conserver deux colonnes antiques [2]. Un membre qui connaît le prix de tous ces objets propose de les faire venir à Paris, d'autres pensent que la Commission doit envoyer des commissaires des sections de peinture, sculpture et antiquité dans ce district qui a montré si peu d'intérêt pour la conservation des monuments précieux qui doivent propager les lumières. Ces propositions sont renvoyées au Comité d'instruction publique.

Les administrateurs du district de Pontarlier, de Briançon [3], ob-

---

[1] Auguis (Pierre-Jean-Baptiste), député des Deux-Sèvres à la Convention nationale, fut envoyé en qualité de commissaire dans les départements des Bouches-du-Rhône et du Var, le 4 fructidor an II, en vue de réprimer les troubles de Marseille; il assista le 6 frimaire an III à la fête de la patrie reconnaissante, célébrée à Marseille par la Société populaire.

[2] Indépendamment de ce qui concerne les tableaux provenant de Bourg-Fontaine, dans la lettre des administrateurs du district de Soissons, en date du 15 brumaire, se trouvent des renseignements sur les tombeaux et reliquaires de l'abbaye de Longpont, les monuments antiques de l'église Saint-Médard et du château de Vic-sur-Aisne, acheté par le citoyen Clouet, les tombeaux qui existaient dans l'église Notre-Dame, sur l'envoi à Paris de quelques tableaux, dont un de Rubens (*l'Adoration des Bergers*), un de la Hire (*l'Assomption*), et deux de Champagne (*le Christ qui donne les clefs à Pierre* et *l'Assomption*) retrouvés intacts dans la cathédrale de Soissons, convertie en magasin d'effets militaires. Les administrateurs attendent l'avis de la Commission avant d'envoyer aussi ceux de Bourg-Fontaine. (F¹⁷ 1239.) — Le 6 frimaire, le Comité d'instruction publique autorisait la Commission «à envoyer un de ses membres sur les lieux pour prendre connaissance des faits, faire transporter au Muséum les objets qu'il jugera convenables et prendre toutes les mesures de conservation». (F¹⁷ 1050, n° 1.)

[3] Lettre des administrateurs du dis-

servent à la Commission qu'ils lui ont déjà envoyé le catalogue de tout ce qui existe dans le dépôt de leur district.

La Commission des revenus nationaux demande à la Commission temporaire des arts copie de ses arrêtés portant qu'il ne sera rien enlevé du mobilier des étrangers qui ont abandonné le territoire de la République et même de ceux dont le Gouvernement est en guerre avec elle, et sur lequel le citoyen Barrois fonde son refus de procéder à l'enlèvement de la bibliothèque de l'étranger Belderbuck[1], qui occasionne depuis longtemps à la République des frais onéreux de garde et de loyer, et attendu que cet arrêté est essentiellement nécessaire pour diriger les mesures à prendre par le bureau du Domaine national[2], la Commission des revenus nationaux demande prompte réponse. Cette lettre sera communiquée à Barrois pour y répondre.

La Commission des travaux publics sera invitée à s'adresser au district de Versailles pour se procurer des cartes et plans dont la notice lui a été envoyée par la Commission des arts du département de Seine-et-Oise[3].

Les citoyens Bourgeois, Maréchal, Belin, demandent à être employés dans les travaux de la bibliographie ; leur pétition est renvoyée aux commissaires chargés de cet examen.

Le Comité d'instruction publique envoie à la Commission l'arrêté qu'il a pris, le 15 brumaire, relativement à la formation d'un cabinet de lithologie, minéralogie, docimasie et métallurgie par la Commission temporaire des arts pour l'Agence des mines[4]. Il en sera fait mention au procès-verbal.

trict de Briançon, 5 brumaire ; lettre des administrateurs du district de Pontarlier, 12 brumaire. (F17 1239.)

[1] La maison de Belderbuck se trouvait rue Neuve-des-Mathurins, section des Piques.

[2] Dans sa lettre, en date du 17 brumaire, la Commission des revenus nationaux déclare que l'arrêté de la Commission des arts auquel il est fait allusion lui paraît être formellement en contradiction avec la loi du 19 vendémiaire an II, dont l'article 1er prononce la confiscation de tous les biens meubles et immeubles des sujets des puissances avec lesquelles la Nation est en guerre, et que d'ailleurs Belderbuck étant de l'Électorat de Cologne, «il n'y a pas de doute que les biens qu'il peut avoir en France ne doivent être confisqués». (F17 1048.)

[3] La Commission des arts écrivait à cet effet à celle des travaux publics le 26 brumaire. (F17 1046.)

[4] L'arrêté en question donnait mandat à la Commission temporaire des arts de désigner trois commissaires chargés de rechercher dans les dépôts, de concert avec l'Agence des Mines — qui devait ouvrir ses cours publics le 1er frimaire — les objets qui seraient jugés utiles pour

Le Comité d'instruction publique transmet aussi un arrêté contenant l'organisation d'un directoire dans la Commission temporaire des arts [1]. La Commission arrête que quintidi prochain elle commencera sa séance par composer le Directoire conformément à cet arrêté.

La Commission des travaux publics expose [2] que, le salon circulaire des petits appartements du ci-devant Palais Bourbon étant destiné à recevoir le Conseil d'instruction de l'École centrale, il devient indispensable d'y replacer le chambranle de marbre qui en a été enlevé, et pour l'avoir elle s'adresse à la Commission temporaire des arts qui l'a en sa disposition. Il sera répondu que c'est le citoyen Vachard qui, sans autorité, l'a fait transporter au Dépôt de la maison Beauregard [3], et que ce chambranle est à la disposition de la Commission des travaux publics en laissant un récépissé au gardien.

Les administrateurs du district d'Amiens, département de la Somme, après avoir exprimé leur satisfaction des éloges que le représentant du peuple Grégoire dans son rapport donne à leur zèle, exposent à la Commission que la modique dépense qui s'élèverait à peine à 2,000 livres pour recouvrir leur église, a été rejetée par l'Agence des biens nationaux sur la municipalité qui ne peut la faire, parce qu'elle n'a rien, et le département refuse d'y pourvoir lui-même dans l'incertitude où il est [sur] quels fonds il prendra cette somme; cet objet est renvoyé à David Le Roy.

Les administrateurs du district de Périgueux promettent d'envoyer incessamment l'inventaire des objets de physique, musique, médailles, pétrifications, coquillages, tableaux, manuscrits et autres objets relatifs aux arts et sciences [4]. La Commission d'instruction publique prévient celle des arts qu'elle a invité celle de commerce à faire mettre à la disposition du citoyen Camus les 8 à 10 voies de bois dont il a besoin

---

ladite agence. (Voir J. Guillaume, *Procès-verbaux du Comité d'instruction publique*, t. V, p. 200.)

[1] L'arrêté instituant le directoire de la Commission temporaire des arts est du 15 brumaire (voir J. Guillaume, *Procès-verbaux*, t. V, p. 199).

La première séance de ce directoire eut lieu le 28 brumaire an III; tous les procès-verbaux de ses séances depuis cette date jusqu'au 21 brumaire an IV se trouvent aux Archives nationales sous la cote F^{17} 1231.

[2] Sa lettre est du 19 brumaire (F^{17} 1048). La réponse de la Commission des arts est du 21 brumaire. (F^{17} 1046.)

[3] Il s'agit du Dépôt littéraire de la rue de Lille.

[4] Lettre des administrateurs du district de Périgueux, qui déclarent n'avoir que quelques manuscrits, peu importants. 11 brumaire. (F^{17} 1239.)

pour la conservation des plantes du jardin Boutin; copie de cette lettre sera envoyée au citoyen Camus.

Molard est chargé d'écrire à la fonderie d'Indret pour l'inviter à faire suspendre la fonte des cheminées provenant du ci-devant Égalité.

La Commission temporaire des arts renvoie au Comité des arts une pétition qui lui a été présentée par les citoyennes Haussard, en faveur desquelles un travail de vingt-cinq ans, l'âge et les infirmités sollicitent la continuation d'une pension qui leur a été faite par la ci-devant Académie.

La Commission temporaire des arts renvoie au Bureau de consultation le rapport de ses commissaires sur l'aréomètre de l'invention de Pericat.

Bruni est chargé de faire un rapport sur l'état du clavecin de la ci-devant Reine, qui se trouve entre les mains du citoyen Dehancy.

D'après les renseignements donnés par plusieurs membres sur les dégradations et dépérissements des objets d'arts et sciences rassemblés dans les différents dépôts, causés principalement par l'humidité et la pluie qui s'introduit, faute d'y faire les petites réparations urgentes et indispensables pour la conservation desdits objets à laquelle la Commission doit pourvoir, la Commission arrête que l'expert est autorisé à faire faire sous sa surveillance et sans délai lesdites réparations, et qu'au surplus il est chargé de faire les devis des dispositions ultérieures et les changements qui sont nécessaires pour la sûreté des objets et l'économie du travail dans les dépôts, pour être envoyé au Comité d'instruction publique afin d'en obtenir l'exécution.

Bonvoisin, Dardel et Lannoy font un rapport dont les conclusions sont qu'il est urgent de visiter les monuments des arts qui se trouvent dans l'étendue du département de Paris et dans celui de Seine-et-Oise. La Commission, en renvoyant ces conclusions au Comité d'instruction publique, lui renouvellera la nécessité d'organiser une Commission ambulante pour tous les districts de la République.

Molard est chargé d'écrire au citoyen Marche, auteur d'une machine hydraulique, pour le féliciter sur ses efforts pour se rendre utile.

La Commission renvoie au Comité d'instruction publique un rapport des citoyens Buache et Poirier sur l'état de tous les dépôts où il se trouve des manuscrits qui peuvent intéresser l'instruction publique [1].

Un rapport de la section des Dépôts littéraires sur l'établissement d'une Commission proposée pour examiner tous les livres et manuscrits uniques et rares, afin d'en extraire ce qui peut être utile aux progrès, à la perfection des arts et des sciences, est renvoyé au Comité d'instruction publique.

La Commission arrête que Fragonard sera adjoint aux citoyens Picault et Dardel, chargés d'aller à Versailles pour y constater l'urgence du travail à faire dans la ci-devant galerie de cette commune. Hassenfratz remet sur le bureau un second volume du registre de l'Académie de physique. Ce registre sera déposé à la bibliothèque du Comité d'instruction publique.

Des commissaires se rendront à l'Arsenal pour y visiter le local que se propose d'habiter un citoyen dont le voisinage compromettrait la

---

[1] *Rapport de Buache et Poirier sur l'état de tous les dépôts où se trouvent des manuscrits qui peuvent intéresser l'instruction publique*, 20 brumaire (F17 1080, n° 1). Ce rapport, signé de Buache et Poirier, est de la main de ce dernier.

La Convention, par son décret du 8 pluviôse an II, y est-il dit, s'est proposée de faire extraire de tous les manuscrits et publier ce qui pourrait être utile au progrès et à la perfection des arts et des sciences, et elle a chargé son Comité d'instruction publique de faire un rapport sur l'établissement d'une Commission qui aurait pour objet l'examen des manuscrits et l'élaboration d'un travail préparatoire. La Convention a demandé, en outre, des renseignements sur ce qui avait déjà été fait à cet égard, sous l'ancien régime depuis 1785, par les soins de l'Académie des belles-lettres.

Cependant, la Commission des arts a jugé qu'en ce qui la concerne le premier but à atteindre était l'installation d'un dépôt provisoire destiné aux manuscrits trouvés dans les bibliothèques ou collections qu'elle a pour mission d'inventorier. La Commission s'est concertée à cet effet avec le Comité d'instruction publique et la Commission d'instruction publique. De plus, le représentant du peuple Romme a fait adopter la proposition de nommer deux commissaires chargés d'un rapport sur tous les dépôts, tant des départements que de Paris, où il se trouve des manuscrits susceptibles d'intéresser l'instruction publique. «Voilà l'état des choses, conclut Poirier. Mais, quelque bonne volonté que vos commissaires ayent de remplir l'intention du Comité d'instruction et de la Commission temporaire des arts, il ne leur est pas possible de vous faire dans le moment un rapport circonstancié sur tous les dépôts où il se trouve des manuscrits et d'en estimer la quantité.

«Parmi les dépôts, il faut d'abord distinguer ceux destinés aux bibliothèques des établissements ecclésiastiques supprimés d'avec ceux des livres de la Liste civile, des émigrés ou condamnés. Dans la première classe, l'on peut connaître les manuscrits des bibliothèques Germain, Victor, Geneviève, Sorbonne, Oratoire-Honoré, Oratoire-Magloire, etc. Il sera facile d'acquérir la connaissance de la qualité et de la quantité des manuscrits

sûreté de la bibliothèque qui s'y trouve. David Le Roy et Ameilhon sont nommés pour cet objet.

Il sera demandé au district de Sedan l'envoi à Paris du tour à portrait et de la totalité des instruments qui lui servent d'accessoires. Copie de la lettre de l'agent national de ce district sera communiquée au Comité des finances.

La Commission temporaire des arts invitera le Comité d'instruction publique à écrire aux représentants du peuple en mission dans les pays occupés par les troupes de la République pour les inviter à faire accélérer le transport des chefs-d'œuvre qui doivent enrichir la République;

des bibliothèques de cette classe; on en a fait des relevés sur des cartes; il ne s'agira que d'en faire le récolement et des catalogues d'après le récolement et les cartes.

«Parmi les bibliothèques d'émigrés, etc., celles du ci-devant Condé, soit au Dépôt de la rue de Lille, soit dans une maison du Pont-aux-Choux, de d'Artois, ci-devant Paulmy, à l'Arsenal, de Gilbert Voisins au Dépôt des Cordeliers, et de La Luzerne au Dépôt Thorigny, sont assez considérables. Mais il existe encore des collections intéressantes de manuscrits dans les bibliothèques non transportées, telles que dans celles de Rosambo, Séchelles, Lavoisier, Malesherbes, etc. Les grandes bibliothèques ne sont pas les seules qui méritent l'attention du Comité d'instruction publique; on trouvera des manuscrits importants pour l'histoire politique et civile, et même pour les sciences et les arts, parmi les livres des émigrés et condamnés qui ont été dans le Ministère ou employés dans les ambassades; enfin, chez les officiers de terre et de mer. Une grande partie de ces manuscrits a été transportée au Département, d'où ils ont pu passer à l'Agence des Domaines nationaux.

«Les secrétariats des Académies sont remplis de manuscrits infiniment intéressants pour la littérature, les sciences et les arts.

«Les anciens grands dépôts des tribunaux, qui portaient le titre de cours souveraines, en renferment d'étrangers à leur institution, ou qui maintenant ne peuvent plus servir qu'à l'histoire. On peut citer entre autres le Trésor des chartes, qui, outre beaucoup d'anciens monuments, purement diplomatiques ou historiques, conserve de ces tablettes en cire en usage dans l'antiquité et dont on a continué à se servir jusqu'au commencement du xive siècle, monument qui devient plus précieux par la perte d'un semblable ci-devant parmi les manuscrits Germain et dont il ne reste que deux pages écrites sur l'intérieur de la couverture.

«Enfin, les dépôts de l'ancien Ministère ne doivent pas être négligés, ni même ceux des différentes Commissions exécutives actuelles qui ont succédé aux ministres de la République. Les catalogues des manuscrits qu'ils ont à leur disposition paraissent devoir être réunis au Dépôt central des manuscrits, afin d'avoir l'ensemble de tout ce que la République possède en ce genre.

«C'est à ce résultat que se bornent vos commissaires; en attendant qu'il y ait un local disposé pour recevoir tous les manuscrits, et faire le travail que la Convention nationale se propose, il paraîtrait convenable de charger des membres de la Commission de prendre connaissance de tout ce qui a été recueilli et de ce que renferment les dépôts anciens, afin d'en constater l'existence et d'en assurer la conservation.»

«Renvoyé au Comité d'instruction publique, le 20 brumaire.»

elle lui témoignera le désir de voir employé à ce transport le citoyen Barbier qui a déjà donné des preuves de zèle et d'intelligence.

Il sera écrit à l'Agence du Domaine national pour l'inviter à engager ses commissaires à se trouver exactement aux heures convenues avec ceux de la Commission temporaire des arts [1].

Dardel, de la section de sculpture, et Jolain, expert de la Commission, sont autorisés à se transporter au ci-devant château de Villeroy et de prendre les moyens les plus prompts pour faire arriver à Paris les statues antiques qui y sont.

Le citoyen Julien demande que la *Baigneuse*, qui est au ci-devant château de Rambouillet et dont il est auteur, soit transportée à son atelier pour la retoucher. Cette demande est accordée par la Commission et soumise à la confirmation du Comité d'instruction publique [2].

Il sera écrit à Morfontaine pour inviter le district à envoyer l'inventaire des objets de physique et du cabinet d'histoire naturelle qu'il possède et à prendre tous les moyens possibles pour leur conservation.

L'expert présente le résultat de l'examen qu'il a fait des pièces relatives aux deux mémoires du citoyen Guibert, entrepreneur, pour la dépose des marbres et autres monuments d'arts provenant de la ci-devant église Sulpice et leur transport au Dépôt de la rue des Petits-Augustins. Ces deux mémoires, ensemble portés par Guibert à la somme de 15,646 livres, ont été réglés par l'expert à la somme de 11,552 l. 8 s. La Commission arrête la somme réglée par l'expert.

Sur la demande de Jolain, s'il peut être autorisé à délivrer en payement au serrurier des vieux fers qui se trouvent au Dépôt de la rue de

---

[1] La lettre de la Commission des arts, en date du 27 brumaire, est ainsi conçue : «Le temps des citoyens qui s'occupent à inventorier et recueillir tous les objets qui peuvent intéresser les arts, les sciences et l'instruction, est d'autant plus précieux que ce travail est extrêmement multiplié et varié. Vos commissaires souvent ne donnent avis à la Commission, que la veille, et quelquefois le jour même, d'un enlèvement à faire dans une maison; et, au désagrément d'être bornés par le temps, les membres de la Commission ont la douleur de voir que vos commissaires, ou manquent au rendez-vous, ou ne se trouvent point à l'heure indiquée. Ce malentendu fait perdre un temps précieux; l'inventaire et l'enlèvement demandés sont remis à un autre jour, ou échappent à la mémoire; les frais de gardiens s'accumulent, les objets souvent se dégradent; et il en résulte une perte rarement réparable pour la République. Vous êtes en conséquence invités, citoyens, à engager vos commissaires à se trouver exactement aux heures convenues, etc.» (F17 1046.)

[2] Et définitivement accordée par le Comité le 28 brumaire (F17 1051, n° 1).

Beaune, il est arrêté que la Commission des armes sera avertie de la quantité de fers qui se trouvent à la disposition de celle des arts, et que les fers antérieurement délivrés aux entrepreneurs leur seront portés en compte sur le prix alloué par la Commission des armes.

Leblanc remet l'inventaire des vases et objets de chimie provenant de chez Lavoisier[1]; cet état est renvoyé au Comité d'instruction publique.

Thillaye dépose l'inventaire des livres retirés de la vente de la bibliothèque de feu Vicq d'Azyr et déposés dans la bibliothèque des Écoles nationales de chirurgie.

Lebrun dépose l'inventaire des objets trouvés chez Ménage-Pressigny, condamné[2].

Naigeon remet l'état des objets d'arts, apportés au Dépôt de la rue de Beaune, du 10 au 20 présent mois.

SÉANCE DU 25 BRUMAIRE AN III.
(15 NOVEMBRE 1794.)

Local près la bibliothèque de l'Arsenal à réclamer pour les travaux d'inventaire. — Organisation du directoire de la Commission. — Artistes associés aux travaux de la Commission. — Collection de livres pour l'École normale. — Arrêté de la Commission relatif à l'estimation des objets réservés pour les arts. — Lettres et envois des districts de Saint-Girons, Aubin, La Rochelle, Montignac, Doubs-Marat, Sens, Lyon, Montélimart, Metz, Brioude, Falaise, Pontchâlier, Franciade, Melun, Digne, Bourg-l'Égalité. — Lettre de la Commission à Silvestre de Sacy. — Demande des ouvriers-artistes de Beauvais en faveur de Duchemin, habile tapissier. — Examen des marbres de Franciade. — Transport de la momie de Turenne au Muséum d'histoire naturelle. — Instruments et outils de-

---

[1] L'inventaire de Leblanc porte la date du 19 brumaire. Le total des objets inventoriés s'élève au nombre de 4,940 pièces, l'estimation est de 2,903 livres. Le laboratoire de Lavoisier était situé boulevard de la Madeleine (F^{17} 1050, n° 1).

[2] Ménage de Pressigny (François-Marie), ex-fermier général, condamné à mort le 19 floréal an II (Arch. nat., W. 362, n° 785).

L'inventaire des instruments de physique de Ménage-Pressigny, rue des Jeûneurs, n° 25, en date du 26 brumaire, par Fortin, Charles et G. Janvier, mentionne 3 pendules, 1 planétaire, 2 télescopes, 1 lunette de spectacle, 3 baromètres et 2 thermomètres (F^{17} 1219).

35.

mandés pour les compagnies d'aérostiers. — Demande du citoyen Fernebach. — Lettre anonyme de Mantes au sujet de sculptures menacées de destruction. — Table de bois précieux de 9 pieds de diamètre. — Réclamation du citoyen Engrand, commissaire-bibliographe de Reims. — Manuscrit de la philosophie de Bacon. — Catalogue d'histoire naturelle du dépôt de Mantes. — Méthode d'Hennequin pour l'étude de la géographie. — Médaille frappée à l'occasion du mariage de Henri IV. — Offre de Viard, propriétaire de quatre suites généalogiques de la maison de Lorraine en bronze. — Demande de Lenoir au sujet des tableaux du ci-devant hospice des Convalescents de la Charité. — Renseignements sur les papiers propres à l'impression. — Colonnes de marbre de la chapelle des Orfèvres. — Communication de Ronesse. — Statues du ci-devant château de Villeroy et de Meudon. — Rapport sur la carte de Belleyme. — Orangerie des archevêques de Rouen. — Informations à prendre sur le citoyen Beauchamp et son cabinet d'astronomie. — Renseignements à demander aux districts de Vesoul, Montmorillon, Gonesse. — Rapport de Dufourny sur la conservation des monuments propres à l'histoire. — Dufourny adjoint aux commissaires chargés du rapport sur l'organisation des commissaires-artistes dans les départements. — Dardel, Picault et Fragonard chargés d'aller visiter les tableaux en réserve à Versailles et Marly. — Projet de rapport sur le concours à établir pour la restauration des monuments. — Mémoires de l'entrepreneur Boucault. — Observations à faire à l'Agence du Domaine national. — Inscription grecque à visiter rue du Bac. — Rapports des sections d'anatomie et d'architecture sur les Écoles nationales de chirurgie. — Dépôt d'inventaires et rapport par Richard et David Le Roy.

Le procès-verbal de la dernière séance est lu et adopté avec quelques légers changements.

La Commission arrête que les commissaires, nommés précédemment pour visiter le local qu'un particulier devait occuper dans le voisinage de la bibliothèque de l'Arsenal, prendront toutes les mesures convenables pour que ce local reste à la disposition des commissaires chargés des travaux à faire pour la confection des inventaires de cette bibliothèque.

La Commission passe à l'organisation du directoire, conformément à l'arrêté du Comité d'instruction publique; elle nomme pour le composer les citoyens Lelièvre, Janvier, Molard, David Le Roy, Buache et Ameilhon.

La Commission désigne pour être associés à ses travaux les citoyens Lhéritier pour la section de botanique; Deyeux et [Du] Fourny pour celle de chimie; Merklin le jeune pour la mécanique; Mongez pour les antiquités; Lebrun et Lenoir pour la peinture; Percier pour l'architecture;

Michallon pour la section de sculpture, et Frédéric Rousseau pour la musique. Charles, chargé de joindre un rapport à la liste des citoyens-artistes que les membres de chaque section ont choisis pour collaborateurs, soumet les motifs dont la Commission a cru devoir appuyer ce choix auprès du Comité d'instruction publique. La Commission arrête que la liste et le rapport seront communiqués au Comité d'instruction publique[1].

Lakanal demande pour l'usage de l'École normale une collection de livres, d'objets de minéralogie, chimie, d'histoire naturelle; il est arrêté que la Commission, d'après l'autorisation du Comité, fournira ces objets sur l'état qui en sera fait par les professeurs de cette école.

La Commission arrête qu'aucun de ses membres, conservateurs de dépôts, ne pourra estimer ni inventorier les objets réservés pour les arts que concurremment avec des membres de ladite Commission.

Les administrateurs des districts de Girons, Aubin, La Rochelle, Montignac, Doubs-Marat, écrivent qu'ils pressent de tout leur pouvoir la confection des inventaires qu'ils enverront de suite à la Commission temporaire des arts[2].

Les administrateurs du district de Sens font passer les cartes des tableaux, gravures, marbres, bronzes et manuscrits réunis dans leurs dépôts et promettent pour le mois prochain celles de 30,000 volumes[3]. Ceux du district de Lyon envoient l'inventaire du cabinet d'histoire

---

[1] Voir ce rapport et cette liste sous la cote F17 1050, n° 1.

[2] Les administrateurs du district de [Saint-] Girons annoncent, le 9 brumaire, «qu'ils en sont au 800° numéro du catalogue des livres» de leur bibliothèque, «qu'elle ne renferme presque plus que des livres de théologie» (F17 1239). Le district de La Rochelle écrit, le 15 brumaire, que «la grande quantité des matières et la gêne du local qu'il a fallu provisoirement préparer pour répondre au vœu de la loi ne lui ont pas permis de produire encore des résultats complets.» L'envoi de la Commission se compose de «8,000 à 9,000 cartes de bibliographie, ce qui forme un peu moins de la moitié de ce qui lui reste à faire. Relativement aux objets de sciences et arts, la section d'histoire naturelle s'en occupe sans relâche. Une partie du riche cabinet de la ci-devant académie de cette commune est déjà inventoriée, mais on y doit joindre la précieuse collection provenant du cabinet d'un des émigrés du district. Les catalogues des instruments de physique, plans, cartes, tableaux et gravures, suivront de près ceux des objets d'histoire naturelle» (F17 1239). — Lettre des administrateurs du district de Montignac (Dordogne), 15 brumaire (F17 1239). — Lettre de l'administration du district de Doubs-Marat (ci-devant Saint-Hippolyte), 14 brumaire (F17 1239).

[3] Provenant des émigrés et condamnés, dit la lettre de l'agent national, du 14 brumaire, qui sont le choix et l'élite de ce que renferme de meilleur notre dépôt littéraire» (F17 1044).

naturelle d'Imbert. Ceux de Montélimart transmettent l'inventaire des tableaux, gravures, estampes, bronzes, marbres et autres objets d'histoire naturelle recueillis dans leur canton. La Commission renvoie au Comité d'instruction publique la lettre du district de Montélimart, qui réclame la désignation d'un traitement à leur commissaire-artiste et demande dans quelle caisse il puisera les fonds nécessaires, soit pour cet objet, soit pour les menues dépenses de leur bibliothèque. Les inventaires sont renvoyés à l'examen des sections qu'ils concernent.

La Commission d'instruction publique fait passer copie de la lettre qu'elle a écrite au citoyen Sylvestre Sacy pour l'appeler à Paris, et s'y livrer, conformément à l'arrêté de la Commission temporaire des arts, aux travaux de la section des dépôts littéraires.

Les administrateurs du district de Metz, département de la Moselle, annoncent à la Commission que l'aqueduc de Jouy n'a reçu aucune atteinte du vandalisme; ils font part des mesures qu'ils ont prises pour sa conservation [1]. La Commission arrête qu'il en sera fait mention honorable au procès-verbal.

Les administrateurs du district de Brioude répondent à la Commission que le tableau provenant des ci-devant Capucins n'a éprouvé aucune dégradation, mais qu'il ne représente point une Vierge allaitant l'Enfant Jésus, mais bien une Vierge et l'Enfant Jésus entre ses bras [2]. Mention au procès-verbal.

Les administrateurs du district de Falaise invitent la Commission à obtenir pour eux du Comité de l'instruction publique l'autorisation de faire les travaux indiqués dans le procès-verbal de devis que le département lui a fait passer touchant la formation d'une bibliothèque, et leur indiquer en même temps sur quels fonds cette dépense sera prise. Cette lettre est renvoyée au Comité d'instruction publique [3].

---

[1] A la lettre des administrateurs du district de Metz, datée du 16 brumaire, est joint un extrait des registres des délibérations du Conseil du district de Metz, en date du 12 brumaire, où il est dit qu'il sera écrit au président de la Commission temporaire des arts, en réponse à sa lettre au district de Pont-à-Mousson en date du 6 vendémiaire, «que cet arrondissement a été à l'abri des fureurs, des égarements, de l'ignorance et de l'esprit contre-révolutionnaire, et que l'aqueduc de Jouy, à deux lieues de Metz, est actuellement dans le même état qu'il existait il y a soixante ans» (F^{17} 1044).

[2] Lettre des administrateurs du district de Brioude, 15 brumaire (F^{17} 1239); le tableau en question provenait de la maison des ci-devant Capucins de Langeac.

[3] Lettre du 14 brumaire (F^{17} 1051, n° 3).

Les administrateurs du district de Pontchâlier informent la Commission qu'ils préparent un local propre à recevoir leur bibliothèque [1].

Les ouvriers-artistes de la Manufacture nationale des tapisseries et tapis de pied de Beauvais, département de l'Oise, exposent à la Commission que Denis Duchemin, en garnison au Havre-Marat, est un des meilleurs ouvriers dans le genre de carnation et pour la perfection du fini, et qu'une réquisition en sa faveur contribuerait à la gloire de la République et au progrès des arts. Cette demande est renvoyée au Comité d'instruction publique.

Le directoire du district de Franciade, ayant fait suspendre la démolition de la partie du bâtiment occupée par le gardien des monuments, invite la Commission à donner des ordres pour accélérer l'enlèvement de ce qui existe de précieux dans la ci-devant église, et il fait passer copie de son arrêté. La Commission arrête que Jolain, son expert, sera adjoint à David Le Roy pour aller à Franciade faire un nouvel examen des marbres qui sont dans la ci-devant église de cette commune.

Sur la demande de Desfontaines, Jolain, expert, est autorisé à faire transporter à Paris, au Muséum d'histoire naturelle, la momie de Turenne qui est dans la ci-devant église de Franciade.

La Commission des revenus nationaux accuse la réception de quatre exemplaires de l'instruction arrêtée par la Commission temporaire des arts, et lui en fait ses remerciements [2].

La Commission d'agriculture et des arts envoie à la Commission temporaire des arts la lettre du représentant du peuple Guiton et l'état détaillé des différents instruments et outils que le citoyen Conté [3] demande au Comité de salut public pour l'instruction des compagnies d'aérostiers. Le tout est renvoyé à Charles pour y faire droit d'après l'autorisation du Comité d'instruction publique.

---

[1] Lettre des administrateurs du district de Pontchâlier (nom révolutionnaire de Pont-l'Évêque, Calvados), 16 brumaire (F¹⁷ 1044).

[2] Lettre de la Commission des revenus nationaux, 21 brumaire (F¹⁷ 1048).

[3] Conté (Nicolas-Jacques), mécanicien, chimiste et physicien, né à Aunou-sur-Orne, le 4 août 1755, mort à Paris le 6 décembre 1805, suivit les leçons de Charles, de Vauquelin et de Leroy, fut chargé avec le physicien Coutelle d'étudier l'emploi des aérostats militaires. En 1796, il dirigea au château de Meudon l'école des aérostiers et fut nommé par le Directoire chef de brigade d'infanterie, commandant les établissements aérostatiques.

La même Commission envoie plusieurs imprimés intitulés : Tableaux des attributions de la Commission d'agriculture et des arts; il en sera fait mention au procès-verbal [1].

Les administrateurs du district de Melun annoncent la mutilation de la copie de la statue de Vénus pudique, dont il est parlé dans le rapport de Grégoire; les coupables ont été jugés. Quant aux objets de bibliographie, leurs commissaires-artistes s'en occupent sans relâche et ils enverront incessamment les inventaires [2].

Le citoyen Fernebach, qui dit avoir fait d'excellentes études, demande une place. Renvoyé aux commissaires chargés de l'examen des demandes.

Une lettre anonyme de Mantes porte que quatre bas-reliefs de porphyre, venus à grands frais de Rome, des marbres, une urne cinéraire de granit et un buste, existant à Jamville, vont être remis à la garde d'une municipalité rurale qui les avait déjà condamnés à servir de moellons [3]; on désire que Fayolle soit invité à aller les examiner. Il est arrêté que Langlès et Fayolle se rendront à Jamville pour aviser aux moyens de conservation de ces objets.

Vaultier, commandant des armes de Brest, annonce avoir trouvé la table de 9 pieds de diamètre et 3 pouces d'épaisseur, un peu fendue sur les côtés, et un second morceau du même bois d'environ 7 pieds de long sur 3 pieds 8 pouces de large et 3 pouces d'épaisseur. Il a prescrit au garde-magasin de ne laisser sortir ces bois précieux que par ordre de la Commission temporaire des arts. Quant aux autres

---

[1] Ce tableau des attributions de la Commission d'agriculture et des arts consiste en un imprimé qui existe aux Archives nationales sous la cote C 355, n° 1879.

[2] Par leur lettre du 21 brumaire, les administrateurs du district de Melun déclarent qu'ils n'ont pas été à même d'empêcher la mutilation de la statue de la Vénus pudique — qu'une autre lettre de l'agent national du district au Comité d'instruction publique, en date du 6 brumaire, représentait comme le résultat de la maladresse et de l'ignorance d'un ouvrier. — Ils rendent compte, en outre, des mesures qu'ils ont prises pour l'aménagement d'un local propre à recevoir les livres (F17 1044).

[3] D'après la lettre en question, datée du 23 brumaire, les bas-reliefs, «que Maussion, ci-devant intendant de la généralité de Rouen, avait fait venir à grands frais de Rome, et qui avaient été déposés dans une espèce de cave pour les soustraire à la barbarie brutale et ignorante de l'insurrection des communes voisines, le 6 septembre 1792, sont de porphyre, ayant 2 pieds 8 sur 2 pieds 2 et représentent en relief et demi-relief des figures de sphinx, d'animaux symboliques, d'espèces de satyres, d'hommes à tête de chien» (F17 1044).

pièces de bois que les citoyens du district de Brest ont fait enlever, il y a près d'un an, il en fait faire la recherche [1].

Le citoyen Engrand, commissaire bibliographe de Reims, expose à la Commission que sa qualité de prêtre l'a fait destituer de sa place et lui fait refuser durement le salaire qui lui est dû pour le travail auquel il s'est livré depuis près de cinq mois avec autant de zèle que de talent. Cet objet est renvoyé au Comité d'instruction publique.

Les administrateurs du district de Digne préviennent la Commission qu'ils ont envoyé le mois dernier les catalogues de bibliographie et autres objets mis en réserve [2].

Le Comité d'instruction publique communique l'arrêté qu'il a pris le 20 brumaire, portant que la Commission temporaire des arts fera remettre sur le bureau la traduction de la philosophie de Bacon, qui se trouve dans les papiers d'Hérault-Séchelles [3].

Le Comité d'instruction publique renvoie à la Commission le catalogue d'histoire naturelle du dépôt de Mantes, avec la lettre des administrateurs de ce district, qui annoncent n'avoir pu, faute d'expert, faire estimer leurs médailles, qu'ils croient fort précieuses [4]. Renvoyé aux commissaires de Versailles, et les catalogues aux différentes sections.

Le Comité d'instruction publique renvoie à la Commission une lettre des administrateurs et agent national du district de Bourg-l'Égalité, dans laquelle ils présentent un état de situation des objets de sciences et d'arts de leur canton; il en résulte que leurs richesses littéraires sont modiques, que les 29 statues de Sceaux sont bien soignées et que le cabinet de laque du ci-devant château de Saint-Maur, qu'on dit précieux, devait être visité par un membre de la Commission. Les sections sont chargées d'examiner les états; Nadreau, chargé précédemment de l'exécution d'un arrêté à Saint-Maur, enlèvera en même temps un bas-

---

[1] Lettre de Vaultier, commandant des armes à Brest, 17 brumaire (F^{17} 1239).

[2] Lettre des administrateurs du district de Digne, 9 brumaire (F^{17} 1239).

[3] Par cet arrêté, le Comité d'instruction publique avait chargé les citoyens Lakanal et Deleyre d'examiner l'ouvrage en question et de lui rendre compte du résultat de leur examen. Le 25 brumaire, Lakanal fit voter directement par la Convention un décret autorisant le Comité d'instruction publique à faire imprimer cette traduction de Bacon, s'il le jugeait utile (Voir J. Guillaume, *Procès-verbaux*, t. V, p. 208).

[4] Lettre des administrateurs du district de Mantes, qui déclarent que leur médaillier mériterait de figurer dans un muséum plus important que le leur, 17 brumaire (F^{17} 1044).

relief de Jean Goujon [1]. Lannoy se rendra à Saint-Maur pour y visiter les objets qui s'y trouvent.

Le Comité d'instruction publique renvoie à la Commission une méthode d'abréger et rendre plus utile l'étude de la géographie, présentée par Hennequin, méthode dont la propriété est réclamée par la citoyenne Robert, pour examiner la vérité des allégations, l'utilité de l'invention et les moyens d'exécution. La section de géographie est chargée d'examiner ces pièces et d'en faire un rapport.

Le Comité d'instruction publique renvoie à la Commission une grande médaille en vermeil frappée en 1604 à l'occasion du mariage de Henri IV, pour examiner, si, à raison de son exécution, elle mérite d'être conservée; cette médaille est renvoyée à la section des antiquités [2].

Le citoyen Viard, propriétaire de quatre suites généalogiques de la maison de Lorraine, en bronze, ouvrage du célèbre graveur Saint-Urbain [3], offre de les céder à la Nation d'après une estimation calculée par son amour pour la patrie : cette lettre est renvoyée à la section des antiquités.

Lenoir demande que les tableaux mis en réserve au ci-devant hospice des Convalescents de la Charité [4], et un demi-tronçon de colonne en cipolin grec, engagé dans les moellons de la ci-devant église Sul-

---

[1] Le bas-relief en question, représentant une fête, se trouvait au-dessus de la principale porte du château; mais, observe Lannoy dans son rapport du 30 brumaire (F¹⁷ 1265), cet ouvrage, qui n'offrait aucun signe proscrit, a essuyé les funestes effets de l'ignorance ou de la malveillance; toutes les têtes sont cassées, et Lannoy concluait à l'enlèvement de ce bas-relief, quoique très mutilé, «pour soustraire la preuve d'une dégradation aussi affligeante pour les amis des arts».

[2] Il s'agit de la médaille bien connue exécutée en 1603 par Guillaume Dupré, graveur des monnaies sous Henri IV et Louis XIII, à l'occasion de la naissance du Dauphin; sur l'une des faces se trouvait l'effigie d'Henri IV et de Marie de Médicis, et au revers une alliance de Mars et de Pallas avec un petit enfant mettant le pied sur un dauphin. Dupré fit de cette médaille, en 1605, une reproduction de grand module.

[3] Saint-Urbain (Ferdinand de), architecte et graveur en médailles, né à Nancy, le 30 juin 1658, mort dans la même ville le 21 janvier 1723, remplit pendant dix ans les fonctions de directeur du cabinet des médailles et de premier architecte à Bologne. Il fut appelé à Rome par le pape Innocent XI, qui se l'attacha comme premier architecte; après un séjour de vingt ans à Rome, il fut rappelé à Nancy par le duc Léopold Ier de Lorraine.

[4] L'hôpital des Convalescents de la rue du Bac avait été fondé en 1642 par Angélique Faure, veuve de Claude Bullion, surintendant des finances, spécialement en faveur des malades convalescents de l'hôpital de la Charité, et autorisé par lettres patentes d'octobre 1656.

pice, soient transportés promptement dans les dépôts. L'expert est chargé de faire exécuter ce transport.

Un mémoire de frais de voyage fait à Villeroy, présenté par l'expert, montant à la somme de (1), est adopté.

La section de bibliographie est invitée à donner tous les renseignements qu'elle pourra avoir sur les papiers propres à l'impression.

La section d'architecture est invitée à visiter des colonnes de marbre qui se trouvent à la ci-devant chapelle des Orfèvres [2].

Le citoyen Ronesse représente qu'il existe à Franciade un terrain national occupé actuellement par le citoyen Descemet [3], qui y fait des élèves de botanique, mais qui craint que ses travaux ne soient perdus pour lui et pour la Nation, si ce terrain dont il est locataire venait à être vendu. Il demande que la Commission envoie des commissaires pour examiner l'utilité de cet établissement et prendre en considération, s'il y a lieu, la demande du citoyen Descemet. La Commission arrête que les pièces fournies par Descemet seront remises à Desfontaines pour en faire un rapport.

Jolain, expert de la Commission, est autorisé à faire transporter à Paris dans les dépôts nationaux les statues et autres objets d'arts qui sont au ci-devant château de Villeroy, suivant l'inventaire qui lui sera remis, et à faire toutes les recherches nécessaires pour découvrir la statue de l'Hiver, qui a été soustraite de cette maison [4].

Les commissaires de Versailles sont invités à faire enlever de Meudon la statue de Cléopâtre.

---

[1] Le chiffre est resté en blanc.

[2] La chapelle des Orfèvres ou de Saint-Éloi, annexe de l'hôpital des Orfèvres, rue des Deux-Portes, fut construite de 1550 à 1566, d'après les dessins de Philibert Delorme; on y voyait quelques statues de Germain Pilon.

[3] Descemet (Jean), médecin, né à Paris le 21 avril 1732, mort le 17 octobre 1810, professeur de chirurgie en 1769 à l'École de Paris, censeur royal, publia en 1759 le *Catalogue des plantes du jardin de MM. les apothicaires de Paris*, collabora au *Traité des arbres et arbustes qui se cultivent en pleine terre*, par Duhamel-Dumonceau, dont il était l'élève.

[4] Dardel, dans son rapport à la Commission, en date du 25 brumaire, dit que Jolain et lui ont trouvé à Villeroy «sept statues, trois bustes, deux chiens de chasse en bronze. Parmi ces statues se trouvent l'Apollon, la Diane chasseresse, l'Antinoüs, l'Hercule Commode, le Gladiateur, une figure représentant David qui foule aux pieds la tête de Goliath. Elle est d'environ 5 pieds 1/2 de proportion, assez belle et paraît être de Jean de Bologne ou de son école. Toutes ces statues sont en bon état et peuvent servir soit à décorer les musées, soit à embellir le Jardin national. La septième figure, d'environ 3 pieds 1/2 de proportion, représente le Nep-

Le citoyen Buache conclut le rapport dont il a été chargé sur la carte de Belleyme, en demandant que cette carte soit prise en grande considération, ainsi que les services rendus par ce citoyen; la carte est évidemment une propriété nationale. Les travaux du citoyen Belleyme sont connus et sa réclamation bien fondée, et l'ouvrage qu'il a si bien commencé mérite d'être continué par lui. Ce rapport, adopté par la Commission, est renvoyé au Comité d'instruction publique.

Il sera écrit au district de Rouen pour lui demander des renseignements sur l'orangerie des ci-devant archevêques, et sur la bibliothèque que Samuel Bochart [1] avait laissée à l'Université de cette ville.

La section de physique se concertera avec le citoyen Lalande sur l'utilité dont pourrait être à Bagdad le citoyen Beauchamps [2], qui a encore dans cette ville un cabinet d'astronomie.

Il sera écrit au district de Vesoul pour lui demander des renseigne-

---

tune, mais elle n'est propre qu'à la fonte ainsi que les deux chiens qui sont de grandeur naturelle. Les trois bustes représentent Henri II, Charles IX et Catherine de Médicis d'horrible mémoire; elle est décorée de la couronne royale; elle pourrait aller avec les chiens trouver le Neptune. Plus une statue de marbre blanc, de cinq pieds de proportion environ, représentant l'Hiver. Cette statue, quoique médiocre, peut servir à l'ornement des jardins nationaux.

«De là nous fûmes conduits à l'Orangerie où nous trouvâmes six bustes antiques restaurés, si toutefois on peut regarder des bustes restaurés comme des bustes antiques. Parmi ces bustes il y en a deux qui sont entièrement de marbre de Paros; deux de femmes très mutilés. Ces bustes sont portés dans des gaines en marbre qui sont en très bon état.» Les commissaires firent ensuite observer qu'il devait y avoir à Villeroy des statues en marbre qui passaient pour être antiques; il leur fut répondu qu'il y avait eu effectivement d'autres statues en marbre, mais qu'elles avaient été transportées à Paris avant la mort de Villeroy (F^{17} 1197).

[1] Bochart (Samuel), ministre et théologien protestant, géographe, naturaliste, philologue, né à Rouen le 30 mai 1599, décédé à Caen le 16 mai 1667, fut pasteur de l'église de Caen jusqu'à sa mort. On a publié ses œuvres à Leyde en 1675, 2 vol. in-fol.; de 1692 à 1707, 3 vol. in-fol.; en 1712, 3 vol. in-fol. La bibliothèque municipale de Caen possède beaucoup de livres annotés de sa main.

[2] Beauchamp ou Beauchamps (Joseph de), astronome, élève de Lalande, né à Vesoul le 29 juin 1752, mort à Nice le 19 novembre 1801, entra à 15 ans dans l'ordre des Bernardins. Il accompagna dom Mirondeau, son oncle, nommé évêque de Babylone, en qualité de grand vicaire, partit en 1781 pour l'Arabie, d'où il ne revint qu'en 1790 après avoir visité Alep, Bagdad, Bassora et la Perse, où il fit de nombreuses et importantes observations astronomiques. Il a publié, en 1785, dans le *Journal des savants*, son *Voyage d'Alep à Bagdad*.

ments sur les monuments de Bullet [1], qu'on dit avoir été achetés par les bénédictins de Faverney [2].

Il sera aussi écrit à Montmorillon pour les antiquités dont il est parlé dans l'*Histoire universelle des Anglais* et décrites dans le tome supplémentaire des *Antiquités de Montfaucon*.

Un rapport de Dufourny sur les moyens à employer pour la conservation de tous les monuments propres à l'instruction ou à l'histoire est renvoyé au Comité d'instruction publique, avec invitation de le faire imprimer.

Dufourny sera adjoint aux commissaires chargés du rapport sur l'organisation des commissaires artistes dans les départements et sur celle d'une commission ambulante pour visiter tout ce que la République possède de richesses en monuments et objets qui doivent servir à la propagation des lumières.

La demande d'une société des inventions et découvertes, d'artistes pour la perfection d'une manufacture de velours, est renvoyée à la Commission d'agriculture et des arts.

Dardel, Picault et Fragonard chargés d'aller à Versailles pour y constater l'urgence des restaurations à faire aux tableaux mis en réserve par les commissaires artistes de Versailles, en même temps celle des tableaux du plafond de la galerie de cette commune, sont aussi invités à visiter, à Marly, le groupe représentant le *Temps relevant les arts*.

Le district de Gonesse sera invité à prendre les mesures de conservation d'une bibliothèque qui se trouve à Tillet, chez Vémerange.

Lebrun, Lenoir, Langlès, Dardel et Aquin se concerteront avec les commissaires qui seront nommés par le Conservatoire pour présenter un rapport sur le concours à établir pour la restauration des monuments précieux pour les arts et sur les moyens de former des artistes dans ce genre qui doit perpétuer les chefs-d'œuvre que la postérité admirera.

Jolain présente le règlement de onze mémoires du citoyen Bou-

---

[1] Bullet (Jean-Baptiste), théologien, né à Besançon en 1699, mort le 6 septembre 1775, professa la théologie à l'université de cette ville; il est l'auteur de nombreux mémoires et dissertations sur divers sujets, notamment sur les cartes à jouer, la langue celtique.

[2] Faverney (Haute-Saône), arrondissement de Vesoul), abbaye bénédictine de la congrégation de Saint-Vanne, fondée au viiie siècle sous le vocable de Notre-Dame. Aux religieuses furent substitués en 1133 des bénédictins venus de la Chaise-Dieu, qui reconstruisirent l'église. L'abbaye fut incendiée en partie par le duc des Deux-Ponts en 1569 et restaurée.

cault, l'un des entrepreneurs de la Commission; il s'ensuit que le total des mémoires montant à la somme de 63,780^tt 14^s 10^d est réduit à 47,095^tt 13^s 6^d La Commission adopte la somme arrêtée par l'expert et autorise son président à signer le mémoire.

Lebrun présente plusieurs observations à faire à l'Agence du Domaine national; la Commission les approuve et arrête qu'elles lui seront adressées et que l'on y joindra le nom et la demeure des entrepreneurs.

La section de bibliographie est chargée de prendre des renseignements sur une inscription grecque qui se trouve rue du Bac, maison de Boulogne, chez la ci-devant vicomtesse de Laval [1].

Les sections d'anatomie et d'architecture font des rapports sur les Écoles nationales de chirurgie; il résulte de celui d'architecture qu'il y a des réparations très urgentes à faire, et de celui d'anatomie qu'il y est indispensable que ces Écoles nationales soient entièrement à la disposition du conservateur. La Commission arrête que ces rapports seront communiqués au Comité d'instruction publique.

Richard dépose l'inventaire des objets de zoologie du cabinet de la ci-devant Académie des sciences. Cet inventaire sera communiqué au citoyen Lakanal pour en extraire ce qui pourra être utile à l'École normale.

David Le Roy fait un rapport sur un prospectus du citoyen Hageau. Cet imprimé sera conservé au secrétariat [2].

SÉANCE DU 30 BRUMAIRE AN III.

(20 NOVEMBRE 1794.)

Lettres des districts de Libreval, Louviers, Quillan, Melun, Nontron, Bergerac, Belvès, Sens, Strasbourg, Tanargue, Amiens. — Demande du citoyen Javon. —

---

[1] Catherine-Jeanne Tavernier de Boullongne, mariée le 29 décembre 1765 à Mathieu-Paul-Louis de Montmorency, vicomte de Laval, colonel du régiment d'Auvergne.

[2] Cet imprimé est intitulé : *Avantage démontré d'un système général de navigation dans l'intérieur de la République*, par Hageau, ingénieur ordinaire du canal du département de la Nièvre. D'après le rapport de David Le Roy, en date du 25 brumaire, «il contient un grand nombre de vérités... mais ces vérités ont déjà été dites, aucune idée nouvelle» (F^27 1265).

Communication du Comité révolutionnaire du xie arrondissement, section Marat. — Demande de Jansen. — Rapport de Buache. — Palmiers de Brunoy. — Théodore Edme-Mionnet mis en réquisition. — Autorisation d'exportation de livres. — Mesures d'organisation concernant la section de bibliographie. — Bibliothèque de Franciade. — Recherche d'un manuscrit de Strabon. — Demande de l'Agence des mines relative aux tables des mémoires de l'Académie des sciences. — Instruments de physique délivrés à l'Agence des mines. — Rapport à faire sur un ouvrage de sculpture se trouvant à Marly. — Pétitions des citoyens Mouzon et Alexandre. — Traitement de Mulot. — Procédé de Lescœur pour la préservation des poudreries. — Adoption des mémoires d'appointements du personnel du Dépôt de la rue de Beaune. — Artistes composant le Conservatoire des arts invités à faire partie de la Commission des arts. — Recherche chez Victor de Broglie des objets pouvant intéresser les sciences et les arts. — Exemplaire complet de l'*Encyclopédie* demandé par le Comité de salut public. — Statues à transporter de Villeroy à Paris. — Buste de Sauveur, président du tribunal du district de la Roche-Sauveur, soumis à l'examen de la Commission. — Travaux de menuiserie dans les Dépôts littéraires. — Recherche de la bibliothèque et des manuscrits appartenant au ci-devant Condé. — Bibliothèque de Malesherbes à Paris. — Communication de Charles sur la formation du cabinet de physique de l'École centrale des travaux publics et sur celui de l'École des aérostiers. — Le Comité d'instruction publique invité à statuer sur le local destiné à recevoir les manuscrits. — Grammaire allemande. — Éléments de botanique, édition Gilbert, à transférer à Paris. — Arrêté relatif aux conservateurs des dépôts. — Urgence d'adjoindre des artistes à la Commission. — Lettre de l'Agence des transports militaires. — Salaire des garçons de bureau. — Objets en dépôt chez Disneyfitch regardés comme propriété nationale. — Tableau des dépôts et pouvoirs des conservateurs. — Bibliothèque du clergé de Saint-Eustache. — Mobilier à visiter chez Pons, rue Montagne-des-Champs. — Statues à faire transporter des Invalides au dépôt. — Demande de Thillaye. — Clavecin à enlever parmi les effets de la femme Bourbon. — Cabinet de Lavoisier. — Cours d'architecture. — Orgue de la chapelle des Orfèvres. — Salaire des estimateurs.— Notes remises par Grégoire. — Réparations au Dépôt de la rue de Beaune. — Monuments d'arts de Franciade. — Destination à attribuer au château d'Écouen. — Transport de la momie de Turenne. — Chapelle des Orfèvres convertie en dépôt de marée. — Rapport sur Saint-Maur. — Lettre de satisfaction au district de Gien. — Transport à Paris de tableaux de la Belgique. - Inscription grecque sur une maison. — Moulage des monuments appartenant à des particuliers. — Manuscrit de Bacon chez Hérault de Séchelles. — Lettre au district de Saint-Omer au sujet d'un modèle de laminoir. — Statues de l'hôpital de l'Unité. — Mission au citoyen Jacquin. — Tableau des avis aux sections. — Dessins sur vélin de l'Académie des sciences transférés au Muséum d'histoire naturelle. — Demande de Thillaye concernant la *Médecine domestique* de Buchan. - Demande de mercure pour les Écoles nationales de chirurgie. — Renseignements à demander à Orléans sur des épitaphes. — Rapport et inventaire de la section d'architecture. — Percier chargé de dessiner le tombeau de Dagobert. — Tombe de Frédégonde à visiter par la section de sculpture. — Tableaux enchâssés dans la boiserie de la bibliothèque des Mathurins. — État des inventaires de bibliothèques. — Autres inventaires remis par Ameilhon, Naigeon, Thillaye, Lenoir, Lebrun.

Après la lecture du procès-verbal de la dernière séance, qui est adopté, l'on passe à la correspondance.

Les administrateurs du district de Libreval, département du Cher, qui ont déjà envoyé le catalogue de leurs livres, annoncent qu'ils n'ont trouvé dans leur arrondissement qu'un objet d'art; c'est un tableau représentant l'*Entrée de Charles-Quint à Naples*. Ils en feront connaître incessamment l'état et les dimensions [1].

L'administration du district de Louviers, département de l'Eure, informe la Commission [2] que la belle orangerie de Gaillon [3] n'appartient point à la Nation, mais au citoyen Baroche [4], notaire à Gaillon, qui l'a acquise du dernier archevêque de Rouen, lorsqu'il pouvait encore en disposer [5].

La Commission des revenus nationaux communique les demandes que lui a faites le citoyen Javon au nom et en qualité de conseil des créanciers de l'émigré Capet, dit *Monsieur*; elles ont pour objet de presser l'enlèvement de tous les objets d'arts mis en réserve par les commissaires Dardel et Bonvoisin dans le ci-devant château de Brunoy. Javon demande aussi que l'estimation de ces marbres et autres ouvrages de l'art soit faite contradictoirement avec des commissaires experts nommés par les créanciers. La Commission des revenus nationaux, qui appuie cette demande, invite le président à lui accuser réception de sa lettre. La section de sculpture fera un rapport sur cet objet, et il sera répondu conformément à la demande de la Commission des revenus nationaux.

---

[1] Lettre des administrateurs du district de Libreval, ci-devant d'Amand-Mont-Rond, 19 brumaire (F17 1239).

[2] Lettre des administrateurs du district de Louviers, 24 brumaire (F17 1239).

[3] Le château de Gaillon appartenait aux archevêques de Rouen depuis 1494. L'un d'eux, Georges d'Amboise, le fit reconstruire, et cet édifice remarquable fut en grande partie détruit pendant la Révolution, il n'en est resté que le porche d'entrée flanqué de sa tour, le beffroi de l'horloge et une tour de la chapelle; c'est de ce château que provient le portique réédifié dans la cour de l'École des Beaux-Arts.

[4] La famille Baroche acheta notamment le domaine des Douaires, qu'elle revendit à l'État, le 30 juin 1866, pour y établir une colonie pénitentiaire.

[5] Le dernier archevêque de Rouen fut Dominique, cardinal de La Rochefoucauld.

[20 nov. 1794]   DE LA COMMISSION TEMPORAIRE DES ARTS.   561

Le Comité révolutionnaire du xi° arrondissement de Paris, séant section de Marat, informe la Commission que le bâtiment des ci-devant Cordeliers, consacré à un dépôt de livres, est entouré de petits appartements occupés par différents particuliers qui, par leurs fourneaux ou leurs cheminées, peuvent, surtout dans cette saison, y mettre le feu. Ils observent de plus que l'accès de cet édifice est libre et ouvert toute la nuit, et exposé par conséquent à tous les complots de la malveillance. Cette lettre sera communiquée au Comité d'instruction publique pour aviser aux moyens de mettre ce dépôt à l'abri de tout danger; le directoire est chargé d'adresser au Comité révolutionnaire une réponse de satisfaction du zèle qu'il témoigne pour la conservation des monuments des arts[1].

Le citoyen Jansen[2], prêt à mettre sous presse le second voyage de Vaillant dans l'intérieur de l'Afrique et occupé de l'édition de Winckelmann, expose à la Commission qu'il est dans l'impuissance de continuer son travail faute de papier; il lui a été dit qu'il s'en trouve une très grande quantité entassée et pourrie au Louvre, chez du Perron, ci-devant directeur général de l'Imprimerie nationale. On passe à l'ordre du jour.

Buache, chargé de faire un rapport sur une méthode de rendre plus utile l'étude de la géographie, présentée par Hennequin et réclamée par la citoyenne Robert, pense que cette idée est ingénieuse, que personne ne peut lui contester le droit qu'il a comme tout autre de se servir des connaissances acquises et rendues publiques. Ce rapport sera communiqué au Comité d'instruction publique.

Desfontaines fait un rapport sur les palmiers de Brunoy; il en résulte que, vu la rareté et la grandeur de ces arbres, les intérêts de la Nation ne seront point lésés en remboursant au propriétaire les sommes qu'il a dépensées et en lui accordant en sus une indemnité de 60 livres. La Commission adopte ces conclusions et arrête qu'elles seront communiquées au Comité d'instruction publique[3].

---

[1] Lettre du directoire de la Commission temporaire des arts, 4 frimaire (F¹⁷ 1046).

[2] Jansen (Henri), traducteur hollandais, venu à Paris en 1770, qui traduisit quantité d'ouvrages de Winckelmann.

[3] Un arrêté du Comité d'instruction publique, en date du 8 frimaire, ordonnait le remboursement au s' Lemoine de 659 livres 19 sols, prix d'acquisition de deux palmiers provenant des serres de Brunoy, à l'effet d'indemniser ledit Lemoine, qui avait consenti le transport de ces arbres au Muséum d'histoire naturelle (J. Guillaume, *Procès-verbaux*, t. V, p. 257).

Le citoyen Théodore-Edme Mionnet[1], volontaire au 9ᵉ bataillon de Paris, présente, par duplicata, l'arrêté du Comité de salut public qui le met en réquisition pour travailler dans les bureaux de la Commission de l'instruction publique ou temporaire des arts.

Les administrateurs du district de Quillan, département de l'Aude, écrivent[2] qu'ils ne font ni inventaire, ni catalogue, parce qu'ils n'ont dans leur arrondissement ni livres, ni objets d'arts. La Commission arrête qu'il sera tenu note de tous les districts qui déclareront n'avoir rien recueilli.

La section de bibliographie, après avoir examiné deux demandes en exportation faites à la Commission de commerce par les citoyens Grand et Souverin, enregistrées sous les nᵒˢ 65 et 85, déclare qu'il n'y a aucun des articles énoncés dont on ne puisse permettre l'exportation et qu'il soit utile de conserver pour la République[3]. La Commission adopte ces conclusions et arrête qu'elles seront communiquées à la Commission du commerce et approvisionnements de la République.

La section de bibliographie est invitée à donner la liste de ses collaborateurs et à présenter les mesures qu'elle aura prises pour qu'aucune bibliothèque n'échappe à sa surveillance.

Les commissaires bibliographes du district de Melun annoncent qu'ils inventorient les livres conformément à l'instruction imprimée, et ils demandent quel usage ils feront des livres ascétiques, fort nombreux dans leur dépôt. Ils pensent ne devoir pas les décrire. Il leur sera écrit que la loi ordonne de tout inventorier sans exception.

Les administrateurs du district de Nontron écrivent qu'il ne s'est trouvé jusqu'à présent dans les maisons nationales du district nul objet de science ni d'art, excepté un globe et une sphère d'environ 10 pouces de diamètre[4].

---

[1] Mionnet (Théodore-Edme), numismate, alors âgé de 22 ans, était entré comme volontaire, le 16 septembre 1792, au 9ᵉ bataillon de Paris, dit de Saint-Laurent (voir Chassin et Hennet, *Les Volontaires nationaux pendant la Révolution*, t. II, p. 50).

[2] Par lettre du 19 brumaire (F¹⁷ 1239).

[3] Les demandes de Grand, 10, rue Croix-des-Petits-Champs, et Souverain, rue de Braque, avaient été transmises par deux lettres de la Commission du commerce et approvisionnements, en date du 28 brumaire (F¹⁷ 1048).

[4] Lettre des administrateurs du district de Nontron, en date du 24 brumaire (F¹⁷ 1239).

La Commission des secours publics annonce [1] qu'elle a recommandé au commissaire des guerres Lambert de veiller avec le plus grand soin à la conservation des livres de la bibliothèque de Franciade jusqu'au déplacement qui sera effectué quand la Commission temporaire des arts en donnera l'ordre [2].

La section de bibliographie recherchera dans la bibliothèque Condé un manuscrit de Strabon, venant de chez Montmorency.

L'Agence des mines de la République demande que la Commission temporaire des arts invite le Comité d'instruction publique à charger quelques-uns des membres de la ci-devant Académie des sciences à faire les tables analytiques des mémoires de cette Académie pour l'année 1790, qui restent à faire, et de colliger, mettre en ordre et disposer les mémoires intéressants pour les années suivantes. Il se trouve dans cet ouvrage des articles particulièrement utiles à l'art des mines. Cette lettre est renvoyée au Comité d'instruction publique [3].

Le Comité d'instruction publique fait passer à la Commission l'autorisation de délivrer à l'Agence des mines les globes, instruments de physique et livres dont les états vérifiés par la Commission des arts sont annexés au présent arrêté. Renvoyé aux sections de physique et de géographie pour l'exécution.

Un nouvel état des ustensiles, vases et matières nécessaires au cours de docimasie, de chimie et de métallurgie de l'Agence des mines, visé par les sections de chimie et de physique, est renvoyé au Comité d'instruction publique pour obtenir l'autorisation.

La section de sculpture fera un rapport sur le groupe de Marly représentant le *Génie des arts relevé par le Temps* [4]. La Commission se

---

[1] Par lettre du 28 brumaire (F17 1048).

[2] Poirier et Lannoy, qui sont allés à Franciade se concerter avec le citoyen Ronesse, conservateur de la bibliothèque de ce district, font part, dans un rapport en date du 21 vendémiaire, des craintes que les démolitions nécessitées par l'établissement d'un hôpital militaire dans la ci-devant abbaye leur font concevoir pour la conservation des livres qui s'y trouvent en dépôt. Ils concluent au prompt enlèvement de ces livres et à leur transport dans le local qui leur est destiné, c'est-à-dire au couvent des Visitandines de la même ville (F17 1265).

[3] Voir cette lettre en date du 30 brumaire avec un extrait du registre des délibérations de la Commission temporaire des arts, même date, sous la cote F17 1051, n° 2.

[4] Le groupe du *Temps qui élève la Vertu et les Arts* est du sculpteur Jérôme Derbais; il fut acheté en 1702 pour être placé dans le bosquet de Marly (Jules Guiffrey, *Comptes des bâtiments du roi*, t. IV, p. 453).

réserve de statuer alors sur la destination de ce monument, qui est demandé par la Commission des travaux publics et par celle des arts et métiers.

Les citoyens Mouzon et Alexandre demandent à être employés dans les travaux de la bibliographie; ces pétitions sont renvoyées aux commissaires chargés de cet examen.

D'après le rapport fait par les citoyens Lebrun, Barrois, Naigeon et Corvisart, le Comité d'instruction publique sera invité à accéder à la pétition de Mulot, qui demande qu'en raison de l'augmentation de travail il lui soit alloué une augmentation de traitement.

La Commission renvoie au Comité de salut public, section des armes, une lettre du citoyen Lescœur, qui présente différentes mesures sur les moyens de préserver les poudreries des inconvénients de l'explosion.

Un membre présente les mémoires des appointements des conservateurs, gardiens et portiers du Dépôt de la rue de Beaune pour le mois de brumaire. Ces mémoires sont adoptés.

La Commission arrête que le Comité sera invité à admettre au nombre des membres de la Commission des arts tous les artistes qui composent le Conservatoire des arts.

L'administration du district de Bergerac écrit qu'elle fait marcher de pair avec la bibliographie le peu d'objets d'arts qu'elle a en sa disposition et qui consistent en quelques tableaux et trois vases qu'on dit être de porphyre.[1]

Les administrateurs du district de Belvès assurent que bientôt leurs catalogues de livres seront finis et envoyés à la Commission; ils joignent à leur lettre copie de deux extraits de nomination de commissaires artistes[2].

Le Bureau du domaine national annonce[3] à la Commission que les administrateurs du département de la Haute-Saône, où sont situées les propriétés de Victor Broglie, sont invités de sa part à rechercher

---

[1] Lettre des administrateurs du district de Bergerac, 19 brumaire (F17 1239).

[2] Lettre des administrateurs du district de Belvès (Dordogne, arr. de Sarlat), 5 brumaire, avec 2 pièces jointes. Les inventaires ont été retardés dans ce district par la difficulté de trouver un bibliothécaire-archiviste réunissant les connaissances scientifiques, historiques et littéraires, particulièrement en fait de diplomatique (F17 1239).

[3] Par lettre en date du 16 brumaire, où il est dit que Victor Broglie avait été arrêté à Saint-Remy (F17 1048).

soigneusement chez ce condamné tout ce qui peut intéresser les sciences et les arts. Dès que leurs renseignements seront arrivés, ils seront communiqués à la Commission.

Le Comité de salut public invite la Commission à lui faire parvenir le plus tôt possible un exemplaire complet de l'ancienne Encyclopédie. Cette lettre est renvoyée à la section de bibliographie.

Les administrateurs du district de Sens donnent des renseignements sur le tableau de Jean Cousin, existant sur le vitrail de la ci-devant chapelle du château de Fleurigny. Il représente la *Sybille montrant la Vierge et son fils à Auguste prosterné pour les adorer* [1]. A l'égard de la vente de 25 petits tableaux ils observent que, malgré leur peu de valeur, ils viennent par un arrêté d'enjoindre à l'acquéreur d'en faire le dépôt au district; dès que le dépôt sera effectué, la Commission en sera avertie.

Jolain fera enlever et transporter de Villeroy à Paris les statues et autres monuments portés dans le rapport de Dardel, du 25 brumaire.

La Commission renvoie à la section de sculpture l'examen d'un buste représentant Sauveur, président du tribunal du district de la Roche-Sauveur, assassiné par les brigands de la Vendée [2]. La Convention, à laquelle ce buste a été présenté par le citoyen Taveau [3], a chargé la

[1] Dans leur lettre, en date du 25 brumaire, les administrateurs du district de Sens s'expriment ainsi au sujet de l'œuvre sus-visée de Jean Cousin : «Un défaut d'explication de la part de Félibien dans le tome Ier de ses *Entretiens sur les vies et les ouvrages des peintres*, p. 708 de l'édition in-4° de 1675, passage qui a été copié ensuite par tous les lexicographes, a donné lieu à l'erreur au sujet du tableau de Cousin que vous réclamez. — Jean Cousin peignait sur toile, sur bois et sur verre, et il existe à Sens plusieurs morceaux de lui en ces trois genres. Le tableau de la *Sybille montrant à Auguste la Vierge tenant son fils, et Auguste prosterné l'adorant*, est le vitrail même de la chapelle de Fleurigny, et il existe encore comme immeuble attaché à la maison, dont la propriété appartient aux enfants comme bien paternel, leur père étant mort depuis plusieurs années, et la mère seulement émigrée.» (F^{17} 1044.)

[2] La mort tragique de Sauveur eut lieu le 16 mars 1793 à La Roche-Bernard : la veille, les insurgés, ayant envahi la salle du directoire du district et arraché de leurs sièges le président Sauveur et le procureur-syndic Le Floch, jetèrent ceux-ci en prison. Le lendemain Sauveur fut promené par les rues et massacré. En mémoire de Sauveur, la Convention décréta que La Roche-Bernard prendrait le nom de La Roche-Sauveur. Voir le procès-verbal dressé le 31 mai 1793 par Claret, président du tribunal (Chassin, *La préparation de la guerre de Vendée*, t. III, p. 376-377).

[3] Ce fut dans la séance du 23 brumaire que la Convention nationale décréta l'insertion au *Bulletin*, avec mention honorable, de l'offrande que le citoyen Ta-

Commission des arts d'apprécier le mérite de l'ouvrage et de l'artiste afin de l'employer, s'il y a lieu.

Nadreau, sous la direction de la section de bibliographie et la surveillance de l'expert, travaillera à la confection des tablettes à dresser dans les Dépôts littéraires; il commencera par celui de la rue Thorigny.

Les citoyens Ameilhon, Barrois et Leblanc sont chargés de faire la recherche des manuscrits appartenant au ci-devant Condé. Ils trouveront des renseignements au Département, où une partie a été transférée du ci-devant séminaire Sulpice où il en avait été fait un dépôt avant l'émigration.

La Commission d'agriculture et des arts sera invitée fraternellement à faire réintégrer dans la bibliothèque de Malesherbes à Paris les livres et manuscrits qui ont été retirés du village de Malesherbes. Ces ouvrages ne peuvent être distraits qu'après un inventaire fait par la Commission temporaire des arts et sans l'autorisation du Comité d'instruction publique.

Les citoyens Ameilhon, Barrois et Leblanc sont chargés de se rendre au Bureau du Domaine national pour l'inviter à mettre à la disposition de la Commission temporaire des arts la bibliothèque et les manuscrits du ci-devant Condé.

Charles annonce qu'il a achevé la formation du cabinet de physique ordonné par le Comité de salut public pour l'École centrale des travaux publics, que l'estimation et l'inventaire en sont terminés, et que le transport en a été fait, vu l'urgence, à la maison des travaux publics sous sa responsabilité particulière [1]. Il demande que la Commission temporaire prenne un arrêté qui confirme cette translation et que cet arrêté soit envoyé sans délai au Comité d'instruction publique pour avoir son

---

veau, sculpteur, faisait à la Patrie du buste de Sauveur, président du tribunal du district de la Roche-Sauveur, département du Morbihan, assassiné par les brigands de la Vendée, et chargea la Commission des arts d'apprécier le mérite de l'ouvrage et de l'artiste (*Procès-verbal de la Convention*, t. XLVIII, p. 132).

[1] Voir sous la coté F^{17} 1219 un *État des instruments de physique qui sont ac-* *tuellement en dépôt dans la maison d'Aiguillon, rue de l'Université, dont la collection a été faite par les soins du citoyen Charles et qu'il est essentiel de mettre en réquisition pour former le cabinet de physique de l'École centrale des travaux publics*, approuvé le 21 brumaire par la Commission des travaux publics, et le 23 par les Comités de salut public, d'instruction publique et des travaux publics réunis.

autorisation. La Commission arrête que Charles s'adressera lui-même au Comité d'instruction publique pour en obtenir l'approbation.

Le citoyen Charles demande la même autorisation pour la formation et la remise du cabinet demandé par le Comité de salut public pour l'École des aérostiers à Meudon. La Commission arrête que le Comité d'instruction publique sera invité à accorder l'autorisation demandée par Charles.

Le Comité sera invité à statuer sur le rapport que la Commission lui a communiqué, le 10 brumaire, sur le local propre à recevoir les manuscrits.

L'Agence des mines demande que pour mettre les élèves des mines en état d'entendre les ouvrages précieux en allemand, la Commission fasse retirer une cinquantaine d'exemplaires d'une grammaire allemande, imprimée sous le nom de Fontallart[1], qui se trouve sous le scellé de la femme Lesclapart[2], condamnée. Cette demande sera soumise à l'examen du Comité pour donner son autorisation.

Le directoire est invité à s'informer si l'on a envoyé à Lyon l'arrêté du Comité d'instruction publique qui ordonne que 100 exemplaires des Éléments de botanique, à l'usage de l'Ecole vétérinaire, édition de Gilbert[3], seront transférés à Paris.

Le directoire est également chargé d'inviter le Comité d'instruction publique à envoyer à la Commission exécutive de l'instruction publique son arrêté du 4 brumaire qui crée les conservateurs et établit leurs fonctions, afin que ladite Commission exécutive le notifie à chaque conservateur et les mette en possession dans le plus court délai.

Sur l'observation de plusieurs membres qu'ils ne peuvent se livrer seuls à tout ce qu'exigerait l'abondance des travaux de la Commission, le directoire est chargé de presser auprès du Comité la confirmation du choix des artistes que la Commission a jugé nécessaire d'associer à ses fonctions.

Lecture faite d'une lettre adressée à Jolain par l'Agence générale des

---

[1] Fontallart (J.-Fr. de), auteur d'un *Manuel grammatical ou abrégé des éléments de la langue allemande*, Metz, J.-B. Colignon, 1778, in-12. Fontallart traduisit de 1775 à 1802 de nombreux ouvrages allemands.

[2] Lesclapart (Marie-Pierrette Henneveux, femme), condamnée le 1.er prairial an II (W 369, n° 823).

[3] Gilbert (François-Hilaire), savant agronome et vétérinaire, né à Châtellerault en 1757, mort en Espagne le 8 septembre 1800, auteur de divers ouvrages, notamment d'un *Traité des prairies artificielles*, dont la première édition parut en 1790, de *Recherches sur les causes des maladies charbonneuses dans les animaux*; etc.

transports, qui l'avertit que la réquisition de tous les chevaux pour l'approvisionnement de Paris la met dans l'impossibilité de fournir les voitures qui lui sont demandées; le directoire est chargé d'inviter le Comité à aviser aux mesures à prendre pour le transport des monuments que la Commission doit réunir dans les dépôts nationaux.

La Commission entend la lecture du procès-verbal de la première séance du directoire qu'elle a formé conformément à l'arrêté du Comité d'instruction publique. Elle en approuve les dispositions et il est arrêté que le directoire demandera au Comité d'instruction publique si, à raison du surcroit de travail occasionné par le directoire de la Commission des arts, il ne jugera pas convenable d'augmenter le salaire des garçons de bureau attachés au Comité.

La section de sculpture examinera le chambranle réclamé par la Commission des travaux publics.

Les conservateurs exerceront provisoirement leurs fonctions jusqu'à ce qu'ils aient obtenu leurs pouvoirs.

Le directoire présentera à la prochaine séance un projet de lettre à écrire au Bureau du Domaine national pour lui demander si les objets de toute nature provenant de la ci-devant [femme Bourbon][1], déposés chez Disneyfitch[2], rue d'Anjou, faubourg Honoré, n° 973, doivent être regardés comme propriété nationale.

Le directoire formera le tableau des dépôts, d'après la note qui lui sera fournie par chaque conservateur.

Ameilhon et Barrois sont invités à se rendre à l'Agence du Domaine national pour l'engager à mettre la bibliothèque du ci-devant clergé Eustache à la disposition de la Commission temporaire des arts.

Saponille, commissaire du Bureau du Domaine national, demeurant rue et maison des Mathurins, demande à la Commission jour et heure pour visiter le mobilier de Pons, rue Montagne-des-Champs, faubourg Germain. Renvoyé au directoire.

Danjou, sculpteur, demande à être autorisé à faire transporter au dépôt les statues déposées aux Invalides et qui se trouvent actuellement sur le pré. Le directoire est chargé de faire un rapport sur [cette] demande.

---

[1] D'après la lettre du directoire de la Commission, en date du 7 frimaire, il s'agit de la ci-devant femme Bourbon (F17 1046).

[2] Disneyfitch (Louis), anglais de Lincoln, avait demandé, le 15 mai 1793, à la Convention, un passeport et, le 26 floréal an II, un sursis à la vente de ses biens, meubles et immeubles.

Une demande de Thillaye, relative à sa nomination de conservateur, à celle d'un gardien et d'un portier dont il a besoin pour son dépôt, est renvoyée au directoire.

Plusieurs mémoires réglés par l'expert sont renvoyés au directoire.

Bruni enlèvera un clavecin Disneyfitch qui se trouve parmi les effets de la femme Bourbon.

Leblanc déclare avoir remis au Comité la première partie d'un inventaire de chez Lavoisier et promet de remettre incessamment la seconde. Il demande que le bureau de l'Agence soit invité à apposer le scellé sur un cabinet de Lavoisier où il se trouve quantité d'objets d'histoire naturelle, bocaux et des cartons qui annoncent qu'ils renferment des choses intéressantes, et que les sections d'histoire naturelle et de minéralogie visitent incessamment ce cabinet dont la clef est entre les mains d'une cuisinière.

David Le Roy dépose l'annonce d'un cours d'architecture, qui recommencera au Muséum le premier jour de frimaire.

Bruni se concertera avec Sommier pour l'enlèvement de l'orgue de la ci-devant chapelle des Orfèvres.

Le directeur des subsistances à Strasbourg se disculpe d'avoir laissé si longtemps des porcs près de la bibliothèque, il prétend que le district ne lui indique point un autre emplacement, que d'ailleurs les objets d'arts n'éprouvent aucune dégradation [1]. Il sera écrit au district de Strasbourg pour lui demander les moyens employés pour la conservation de la bibliothèque, de la ci-devant cathédrale et généralement de tous les objets d'arts. Il sera invité à donner des renseignements positifs sur les dégradations commises et à faire des recherches sur les auteurs.

Les administrateurs du district de Tanargue, département de l'Ardèche, écrivent qu'ils ne possèdent en objets d'arts que des portraits de famille et une *Diane dans le bain*. Ils ont déjà envoyé un catalogue de leurs livres; bientôt ils feront passer les cartes bibliographiques [2].

---

[1] Lettre du directeur des subsistances militaires de la 5ᵉ division, où il dit que le projet d'établir un magasin de paille serait autrement dangereux que la présence des porcs de réquisition du district et que les réclamations dérivent «des anciens préjugés des professeurs qui voient avec peine leurs anciens temples destinés à un tout autre usage qu'à leur culte». Strasbourg, 23 brumaire (F¹⁷ 1044).

[2] Lettre des administrateurs du district de Tanargue, 15 brumaire (F¹⁷ 1239). Le Tanargue n'était pas une localité, mais le nom d'un massif montagneux du Vivarais, dans le canton de Joyeuse, arrondissement de Largentière.

Une lettre d'Amiens [1], jointe à un état estimatif des tableaux de ce district, est renvoyée à la section de peinture.

Les commissaires chargés de faire un rapport sur le salaire des estimateurs présenteront de nouvelles conclusions, d'après les observations qui ont été faites dans le cours de la discussion. Leblanc sera adjoint à ces commissaires.

Plusieurs notes intéressantes sur la botanique sont remises par le citoyen Grégoire à Desfontaines pour en faire un rapport.

Lannoy est adjoint à Jolain pour régler les mémoires de Scellier.

Un arrêté du Comité des finances sur des réparations à faire au Dépôt de la rue de Beaune est renvoyé à Naigeon.

David fait un rapport sur un arrêté du district de Franciade; il expose que l'architecte se hâte beaucoup trop de démolir et de construire; il propose d'écrire au district pour approuver sous tous les rapports la mesure qu'il a prise et que copie de l'arrêté du district et de la lettre du directoire de Franciade soit envoyée à Rondelet avec le présent rapport pour qu'il s'oppose à l'espèce de tyrannie qu'on veut exercer contre Haft, gardien des objets restant dans la ci-devant église de l'abbaye. Ces conclusions sont adoptées [2]. Il est arrêté de plus que tous les marbres et autres monuments d'arts de la ci-devant église de Franciade seront transportés à Paris.

D'après un rapport [3] sur la demande faite par l'administration du

---

[1] Signée des administrateurs du district d'Amiens et datée du 28 brumaire. Ils sont «vraiment fâchés» de n'avoir pas encore reçu l'autorisation sollicitée de vendre «les tableaux de rebut provenant des ci-devant églises, dont leurs magasins sont obstrués». (F17 1044).

[2] Voir sous la cote F17 1265 le rapport de David Le Roy, daté du 30 brumaire, l'extrait des séances du district de Franciade, daté du 18 brumaire, et la lettre du directoire du même district, datée du 19 brumaire. La lettre est ainsi conçue : «Les travaux de l'hospice militaire qui se forme en la ci-devant abbaye de Franciade nécessitent, citoyens, que vous donniez des ordres pour faire accélérer l'enlèvement des monuments et autres objets précieux qui existent encore dans l'église.

«Le préposé à la garde de ces objets vient de nous faire part qu'on se prépare à démolir la partie du logement qu'il occupe, qu'on l'a averti d'évacuer. Il est néanmoins indispensable qu'il reste dans le logement où il est pour veiller à la conservation de ce qui est confié à sa garde. C'est pourquoi nous avons cru devoir requérir l'architecte chargé des travaux de l'hospice de suspendre provisoirement ces démolitions jusqu'à ce que tous les monuments soient transportés dans les dépôts à Paris. Nous vous adressons ci-joint l'arrêté que nous avons pris à cet effet».

[3] Le rapport en question, du 25 brumaire, est signé David Le Roy et Lannoy. A ce rapport est jointe une lettre de l'administration du district de Gonesse

district de Gonesse sur le ci-devant château d'Écouen, la Commission arrête qu'elle ne peut statuer sur l'établissement d'un musée dans cette maison, et que le transport à Écouen des objets qui en ont été distraits sera suspendu jusqu'à ce qu'il ait été donné une destination définitive à cet édifice. L'administration du district de Gonesse sera invitée à prendre des renseignements très positifs sur les dégradations commises à Écouen et d'en rechercher promptement les auteurs.

Thillaye est invité à surveiller le transport de la momie de Turenne à Paris.

Lannoy fait un rapport sur la ci-devant chapelle des Orfèvres, destinée à un dépôt de marée [1]. La Commission arrête que les colonnes de marbre qui s'y trouvent seront enlevées par la section de peinture, [qui] visitera les tableaux de la sacristie. L'Agence du domaine sera invitée à n'employer que le moins de temps possible cet édifice précieux à un dépôt de marée, qui serait beaucoup mieux placé dans un quartier aéré. On lui observera aussi que toutes matières salines [peuvent] dégrader (*sic*) les monuments précieux qui les renfermaient [2].

La Commission adopte les conclusions d'un rapport de Lannoy sur Saint-Maur [3]; le cabinet de laque et le bas-relief antique, quoique mutilé, seront transportés à Paris.

à la Commission temporaire des arts, en date du 1er brumaire, laquelle annonce l'évacuation du ci-devant château d'Écouen par l'hôpital qui y était installé, et demande l'installation d'un muséum dans cet édifice. Les deux rapporteurs proposent de faire droit à la requête de l'administration de ce district. (F17 1265).

[1] Dans leur rapport, en date du 30 brumaire, David Le Roy et Lannoy invitent la Commission à faire examiner dans cette chapelle quelques tableaux, les vitraux peints de la croisée du cul de four du sanctuaire, enfin le buffet d'orgue : « Cette chapelle, disent-ils, dont la forme tient de celle des basiliques des Anciens, et dont la voûte en pierre est ornée de caissons octogones renfermant des rosaces du plus beau choix et de la plus belle exécution, est de Philibert Delorme, architecte justement célèbre. Elle conviendrait beaucoup, nous le pensons, à cause de son peu de grandeur, à former une des écoles primaires.

« Cependant, sa nouvelle destination pour un dépôt de marée étant aussi d'une grande utilité, nous demanderions que la Commission des arts invitât celle de l'Agence des Domaines à veiller à la conservation de ce monument, dont l'architecture est belle, et qui pourra par la suite être utilisé d'une toute autre manière. » (F17 1265.)

[2] Le 7 frimaire, le président de la Commission des arts écrivait dans ce sens au Bureau du Domaine en lui recommandant cet édifice, « dont l'architecture est belle et digne de Philibert Delorme, son auteur » (F17 1046).

[3] Extrait du rapport de Lannoy en date du 30 brumaire (F17 1265) : « En arrivant au ci-devant château de St Maur

Il sera écrit une lettre de satisfaction aux administrateurs du district de Gien pour les encourager à continuer leurs travaux pour la conservation des objets relatifs aux arts, aux sciences et aux lettres.

Le citoyen Léger annonce qu'il a été chargé de faire conduire à Paris plusieurs chariots chargés de tableaux arrivant de la Belgique et que le reste arrivera dans peu sous la conduite du citoyen Barbier. La Commission accueille favorablement cette nouvelle, et invite le citoyen Léger à assister à ses séances tout le temps de son séjour à Paris.

Poirier et Ameilhon sont chargés de s'informer par qui est occupée la maison où se trouve l'inscription grecque dont il a déjà été fait mention.

j'avais l'espérance de jouir du bas-relief antique représentant une fête, qui était placé au-dessus de la principale porte de cette maison; mais malheureusement cet ouvrage, qui n'offrait aucun signe proscrit, a essuyé les funestes effets de l'ignorance ou de la malveillance; toutes les têtes sont cassées, le surplus prouve encore que ce bas-relief était du plus grand mérite.

« Cette belle maison, bâtie par Philibert Delorme, — le nommer, c'est en faire l'éloge — bâtie du temps de François 1er, est d'une belle architecture, surtout la façade du côté du jardin; elle est élevée sur un soubassement, plus deux étages, décorés chacun de neuf grandes arcades, couronnés d'un immense fronton dont le tympan est orné de figures colossales en bas-relief, accompagnées des attributs des sciences et des arts, ce qui produit un très bel effet et porte un grand caractère.

« Ce bâtiment, très solide, bien situé au bord de la rivière de Marne, offre la possibilité de l'utiliser de tant de manières, soit comme manufacture, hôpital, caserne, etc., qu'il est urgent d'en restaurer la couverture, car la pluie dégrade ce bâtiment et pourrit la charpente. Ce vaste bâtiment n'offre dans la forme de ses murailles aucuns signes de féodalité, à l'exception des combles qui forment quatre pointes de pavillons fort élevées, ce qu'il sera facile de changer en enlevant les plombs qui s'y trouvent en grande quantité, comme on en a le projet. Alors on pourra supprimer ces pointes de combles et y substituer une forme plus simple dont l'entretien sera moins coûteux.

« Je pense que la Commission temporaire des arts pourrait inviter celle des travaux publics à se faire rendre compte des réparations urgentes à faire au ci-devant château de Saint-Maur afin d'empêcher le dépérissement de ce bâtiment qui doit faire époque dans l'histoire de l'architecture française. »

Inventaire du cabinet de laque du ci-devant château de Saint-Maur-les-Fossés et de plusieurs objets en marbre déjà déposés. — Le cabinet de laque est composé de sept pilastres de vrai laque de chacun 3 pieds de haut, dont six de 13 pouces de largeur et le septième de 2 pieds 4 pouces de largeur.

Sept ovales de faux laque de 18 centimètres sur 12 centimètres.

Dix frises en vrai laque.

Neuf panneaux de lambris d'appui, dont un seulement en vrai laque.

Le plafond de la niche renfoncée, en vrai laque.

Le plafond du renfoncement de la croisée en faux laque.

Une banquette de croisée, ornée de

Dufourny est invité à présenter ses vues sur le moulage des monuments rares qui appartiennent à des particuliers.

La section de bibliographie dépose sur le bureau une traduction manuscrite de Bacon venant de chez Hérault Séchelles.

La Commission arrête qu'un manuscrit contenant une description topographique des Pyrénées, qui se trouve chez Hérault Séchelles, sera déposé à la bibliothèque du Comité d'instruction publique.

D'après un rapport fait par Molard, la Commission l'autorise à écrire à l'Agence nationale du district de Saint-Omer pour l'inviter au nom de l'utilité publique à faire encaisser avec soin un modèle complet d'un laminoir dans une manufacture de tôles qui appartenait à Calonne[1], et à l'envoyer au Comité d'instruction publique avec copie de l'inventaire explicatif de toutes les parties qui composent le modèle. Le citoyen Dèque sera invité à surveiller l'emballage.

La section de sculpture est chargée de se rendre à l'hôpital de l'Unité pour y voir des statues, des colonnes dorées, afin de décider si elles méritent d'être conservées, ou si on doit les vendre à des particuliers qui en offrent 600 livres.

Sur la proposition d'un membre, appuyée par le représentant du peuple Grégoire, la Commission temporaire des arts autorise et charge le citoyen Jacquin de prendre dans les départements de Seine-et-Marne, de l'Aisne, de la Marne, de la Meurthe, de la Meuse et de la Moselle des renseignements exacts sur l'état, le nombre, l'importance et la confection des catalogues des bibliothèques, sur la situation des

quatre petits panneaux en vrai laque de 6ᵉ sur 4ᵉ 1/2.

Un secrétaire en laque vrai, garni de bronzes dorés, et une tablette de marbre Saint-Anne; il ouvre en deux parties sur la hauteur; la clef est perdue. Ce secrétaire a 4 pieds de haut sur 2 pieds 6 pouces. On enlèvera les panneaux de menuiserie, ainsi que les bordures dorées qui contiennent ces différents morceaux de laque.

Plus une cuve avec son piédouche, le tout en marbre, provenant du Petit-Bourbon, elle est de forme ovale de 27° sur 22°, hauteur 13° sans le piédouche.

Plus une tablette en marbre Sainte-Anne de 5 p. 6° de long sur 18°.

Je demanderais aussi qu'on enlevât le bas-relief antique, quoique très mutilé, qui est au-dessus de la porte principale; l'instruction publique gagnerait à voir les restes précieux de ce bas-relief; d'ailleurs je crois nécessaire de soustraire la preuve d'une dégradation aussi affligeante pour les amis des arts. On aura soin d'y substituer un enduit de plâtre sali du ton de la pierre.

Tous ces objets doivent être transportés au Dépôt de la rue des Petits-Augustins.

LANNOY.

[1] Calonne (Charles-Alexandre) avait été intendant à Lille avant d'occuper le poste de Contrôleur général des finances.

objets qui concernent les sciences, les arts et les monuments, sur les moyens employés par les administrations pour leur conservation, d'entretenir une correspondance suivie avec la Commission temporaire des arts et de lui en rendre un compte exact à son retour.

Il sera fait un tableau des avis aux différentes sections, lequel sera affiché dans le lieu des séances de la Commission.

La section de botanique est autorisée à faire enlever les dessins sur vélin [1], qui se trouvent dans le magasin de la ci-devant Académie des sciences, pour servir d'ornement au Muséum d'histoire naturelle.

Thillaye demande que le Comité d'instruction publique soit invité à faire mettre dans le commerce la *Médecine domestique* de Buchan, traduite par Duplanil [2].

La Commission arrête que la section de chimie, avec l'autorisation du Comité d'instruction publique, délivrera pour les Écoles nationales de chirurgie douze livres de mercure coulant de chez Lavoisier, et que pour ne pas multiplier les frais de levée et réapposition de scellés, cette quantité de mercure ne sera délivrée que par ceux qui seront chargés d'enlever la totalité.

Dufourny est chargé d'écrire à Orléans pour demander des renseignements sur des épitaphes d'une famille de Mercure, descendant d'un valet de chambre d'Henri IV [3].

Les sections d'architecture et de peinture remettent un inventaire en supplément d'objets d'arts à enlever de la maison Marbeuf [4]. Ces objets seront transportés au Dépôt de la rue de Beaune. D'après le rapport de la même section d'architecture [5], l'on transportera au Dépôt de la rue des Petits-Augustins un modèle en bois de l'ancien

---

[1] En ce qui concerne les vélins conservés à la bibliothèque du Jardin des plantes, qui ont pour auteurs les miniaturistes Nicolas Robert, Claude Aubriet, Madeleine Basseporte, voir l'*Inventaire général des richesses d'art de la France, Paris, Monuments civils*, t. II, p. 116.

[2] Voir un rapport de Thillaye à ce sujet, du 30 brumaire (F17 1164).

[3] Il ne saurait être question de Philippe-Emmanuel de Lorraine, duc de Mercœur, décédé à Nuremberg le 3 février 1602; peut-être a-t-on confondu avec la famille de Balsac, dont les mausolées, ceux de François de Balsac, gouverneur d'Orléans, et de Jacqueline de Rohan, sa femme, de César de Balsac, de Guillaume de Balsac, se voyaient jadis chez les Cordeliers de Malesherbes.

[4] Rapport de Bonvoisin et Lannoy, en date du 30 brumaire. Il y est question d'une *Vénus de Médicis*, bronzée sur plâtre, de meubles et d'objets d'ameublement (F17 1265).

[5] Ce rapport, du 30 brumaire, est de David Le Roy et Lannoy (F17 1265).

Opéra, qui se trouve relégué dans un grenier du Dépôt de Louis-la-Culture.

Percier est chargé de dessiner le tombeau de Dagobert à Franciade, intéressant par son originalité [1].

La section de sculpture est invitée à visiter la tombe de Frédégonde [2].

La section de peinture est chargée de visiter les petits tableaux enchâssés dans la boiserie du corps de bibliothèque des ci-devant Mathurins.

Poirier dépose l'état des inventaires de bibliothèques depuis le 25 vendémiaire jusqu'au 20 brumaire [3].

Ameilhon remet pareillement l'état de son travail.

Naigeon dépose l'état des objets d'arts entrés dans le Dépôt de la rue de Beaune dans le courant de la dernière décade.

Thillaye dépose l'inventaire des pièces d'anatomie et de chirurgie, tirées du cabinet de la ci-devant Académie des sciences et transférées aux Écoles de chirurgie.

Lenoir, conservateur du Dépôt des Petits-Augustins, remet l'état des objets entrés audit Dépôt depuis le 20 jusqu'au 30 brumaire.

Lebrun remet l'inventaire et prisée des objets provenant de la ci-devant Liste civile au Garde-Meuble, choisis pour la Commission de commerce et d'échange [4].

[1] Il s'agit, selon toute apparence, du monument de Dagobert, qui existe encore aujourd'hui dans l'église abbatiale de Saint-Denis et qui affecte la forme d'une chapelle, avec des bas-reliefs représentant, en trois zones, la vision qu'aurait eue un ermite après la mort du roi (P. Vitry et G. Brière, *L'église abbatiale de Saint-Denis et ses tombeaux*, p. 109). — Le sarcophage de Dagobert, en lumachelle, fut enlevé de Saint-Denis, le 27 germinal an III, et apporté au Dépôt des Petits-Augustins; dans le transport il se brisa en morceaux; le 28, Lenoir le confia à Scellier pour le restaurer. Le 19 juillet 1817, il fut réintégré à Saint-Denis. (*Archives du Musée des monuments français*, t. II, p. 236.)

[2] La tombe de Frédégonde, femme de Chilpéric Ier, qui se trouve aujourd'hui à Saint-Denis, provient de Saint-Germain-des-Prés; elle date du XIe siècle seulement. (P. Vitry et G. Brière, *L'église abbatiale de Saint-Denis*, etc., p. 108.)

[3] L'état en question est signé d'Ameilhon, Barrois aîné, Poirier (F^{17} 1081, n° 1).

[4] Cet inventaire, qui comprend 379 numéros, a été fait, le 11 vendémiaire et jours suivants, en présence des citoyens Nitot, Besson, Fragonard, Picot et Fleury, sous-chef du Garde-Meuble. Les objets inventoriés sont des vases, coupes, aiguières, etc., en cristal de roche, agate, sardoine, jade, lapis et autres pierres rares, et des reproductions en bronze de sculptures. Total de l'estimation : 217,448 livres (F^{17} 1268).

Lebrun remet encore les inventaires des objets mis en réserve chez Brissac, Anisson Duperron, femme Charasse, Quinet, Van den Hyver, père et fils, Dupuis de Marcé, Puységur, Condé, femme Boufflers, Voulant, femme Cicé[1].

SÉANCE DU 5 FRIMAIRE AN III.
(25 NOVEMBRE 1794.)

Lettres des districts de Saint-Omer, Senlis, des Andelys, d'Orléans, de la Guerche, de Carpentras, de Laon et de Sancerre. – Règlement d'un mémoire d'entrepreneur de maçonnerie. – Confection des tablettes dans les dépôts littéraires. – Tableaux de l'église de Tournay. – Montres provenant des condamnés. – Jardin de Noailles à Montagne-du-Bon-Air. – Vitraux de Saint-Étienne-du-Mont. – Liste des entrepreneurs chargés du transport des monuments. – Comités sectionnaires séants aux Écoles de chirurgie. – Groupe de Marly représentant *le Génie des arts*. – Squelette et vitrail de l'église de Gisors. – Requête tendant au maintien du citoyen Giron comme maître de dessin à Toul. – Projet de publication des portraits existant dans la salle de l'Académie française. – Marbres du château de Brunoy. – Rapport sur le buste de Sauveur par Taveau. – Restaurations à faire

---

[1] L'inventaire fait chez Brissac, rue de Lille, n° 530, les 16, 24 et 27 brumaire, signale des peintures, notamment par Champagne, La Hire, Nattier, Patel, Porbus, de Troy, Vélasquez, des bustes en marbre et en bronze, des estampes, médailles, camées, émaux, laques, porcelaines; il est divisé en 28 numéros, sous la plupart desquels figurent plusieurs articles. — L'inventaire dressé le 28, chez Anisson, rue des Orties, n° 317, mentionne sous trois numéros deux sujets allégoriques peints en grisaille par Boucher, une carte d'Europe en relief et deux fûts de colonnes avec vases et socles. — L'inventaire dressé le 12 chez Mme Charasse (Jeanne Roettiers, femme Charras), condamnée, comprend sous 24 numéros des peintures (un Largillière, un La Hire) et des dessins. — L'inventaire établi chez l'émigré Quinet, rue des Fossoyeurs, n° 15, indique comme peintures un Breughel, un Brouwer, un J. Vernet (21 brumaire). — Chez Van den Hyver, père et ses deux fils, banquiers, rue Vivienne, n° 24, condamnés le 17 frimaire an II, Lebrun signale quelques marbres, peintures et dessins (23 brumaire); — chez le condamné Dupuis de Marcé, rue Michel-Pelletier, n° 229, la *Madeleine*, gravée par Edelinck, épreuve avant la lettre, estimée 120^{ll}; — chez l'émigré Puységur, rue Saint-Dominique, n° 199, quelques dessins (24 brumaire); — chez l'émigré Condé, représenté par Duplessis, peintre, quelques tableaux, œuvres de cet artiste (22 brumaire); chez Mme de Boufflers, quelques tableaux, dont six dessus de porte par Sauvage (21 brumaire); — chez le condamné Voulant, rue de l'Arbalète, n° 14 (21 brumaire), deux tableaux; — chez l'émigrée Cicé, maison des Incurables (19 brumaire), douze peintures. Tous ces inventaires se trouvent sous la cote F¹⁷ 1267.

[25 nov. 1794] DE LA COMMISSION TEMPORAIRE DES ARTS. 577

aux peintures et sculptures du Palais national de Versailles, etc. – Machine de l'invention du citoyen Janvier. – Vues de Dufourny sur l'organisation d'une Commission qui serait chargée de parcourir les départements. – Acte de vandalisme imputé à d'Angiviller relativement à des tableaux de Poussin. – Maison des Ignorantins à Marseille affectée à un dépôt de monuments. – Inventaire du laboratoire de Lavoisier. – Restauration des statues de la salle des Antiques. – Triage des objets d'art destinés à l'échange. – Vases de marbre dans le district de Corbeil. – Commission temporaire des arts de Marseille. – Lettre relative à la confiscation des biens des étrangers. – Plombs du château de Rosny. – Destination à attribuer à la maison de Boutin, condamné. – Plantes à retirer de chez Saron. – Liste d'hommes de lettres pouvant être employés aux travaux de la bibliographie. – Planches de cuivre des plans de l'abbé de La Grive. – Mesures contre l'humidité existant dans les dépôts. – Cabinet de curiosités offert par le citoyen Quiziquer. – Serre du jardin de Boutin. – Pièces d'anatomie artificielles concernant l'optique à remettre à Charles. – Réparations de la cathédrale d'Amiens. – Inscription grecque, rue du Bac. – Médailles de la bibliothèque de la maison Sulpice. – Collection de médailles offerte par le citoyen Viard. – Orgue demandé par l'Institut national des aveugles. – Exemplaire de l'*Encyclopédie* remis au Comité de salut public. – Planches gravées provenant de Laborde se trouvant chez le graveur Perrier. – Inventaire remis par Thillaye. – Inventaires de diverses bibliothèques. – Règlement des mémoires de L. François.

Après la lecture du procès-verbal qui a été adopté avec quelques amendements, on passe à la correspondance.

Les administrateurs du district de Saint-Omer écrivent qu'ils ont fait passer l'inventaire de leurs livres. Ils transmettent le catalogue des objets d'histoire naturelle, d'architecture, de physique, de géographie, de gravures qui se trouvent au dépôt du district, et promettent d'envoyer incessamment l'inventaire de leurs tableaux[1]. Il leur sera demandé des renseignements sur les manuscrits qui doivent se trouver dans les bibliothèques des ci-devant abbayes de ce district. Les catalogues qu'ils envoient seront communiqués aux sections qu'ils concernent.

Les administrateurs du district de Senlis répondent que la musique de La Haye Saint-Firmin a été vendue le 1er messidor, avant que la loi eût mis en réserve ce qui appartenait à cet art; d'ailleurs leur commissaire-artiste l'a regardée comme de peu de conséquence et dépareillée, parce

---

[1] Ce catalogue, daté du 25 brumaire et signé de H. Spitalier, commissaire du district de Saint-Omer pour le catalogue des objets de sciences et arts, mentionne en détail les objets appartenant aux catégories indiquées ci-dessus et provenant des émigrés de ce district, de l'abbaye de Saint-Bertin, des Récollets de Saint-Omer, du Collège Anglais, des Frères des écoles chrétiennes (F17 1270).

qu'elle s'est trouvée mêlée avec quantité d'autres mauvais papiers[1]. Il sera écrit de nouveau à ce district pour lui demander le nom des acquéreurs et le nombre et l'espèce des instruments de musique qui doivent se trouver chez La Haye Saint-Firmin.

Un mémoire de maçonnerie fourni par Louis François, porté par lui à 11,473 livres et réglé par l'expert à 8,653 livres 9 sols 2 deniers, est renvoyé au directoire.

Vu l'urgence, Jolain est chargé d'employer le nombre d'ouvriers qu'il croira nécessaires pour accélérer la confection des tablettes dans les Dépôts littéraires, en se concertant toutefois avec les conservateurs de chaque dépôt.

La Commission arrête que le Comité d'instruction publique sera invité à prendre les mesures propres à obtenir la levée des scellés apposés sur la ci-devant église de Tournay et à faire transporter à Paris les précieux tableaux qui s'y dégradent[2]. Il sera écrit au citoyen Curlest, commandant amovible à Tournay, pour l'inviter à continuer sa surveillance sur les monuments d'arts.

Il sera écrit à la Commission des revenus nationaux pour l'inviter à faire représenter à des commissaires de la Commission des arts les montres qui ont été trouvées entre les mains des condamnés, attendu qu'il y a dans le nombre des montres marines ou chronomètres, très utiles pour l'astronomie et la navigation[3].

Le directoire de la Commission des arts est chargé d'écrire à Montagne-du-Bon-Air pour qu'il empêche qu'on enlève du jardin de Noailles les arbres mis en réquisition par Thouin, attendu qu'un décret de la Convention nationale est conforme à ces dispositions.

---

[1] Lettre des administrateurs du district de Senlis, 1ᵉʳ frimaire (F¹⁷ 1044).

[2] Il y avait notamment 29 tableaux provenant de l'abbaye Saint-Martin, parmi lesquels 7 de Rubens, 4 très beaux de Van Dyck, 1 de Porbus, 1 d'Otto Venius, 2 de Jacques Jordaens, 2 de Téniers, 3 de Peter Neefs. (F¹⁷ 1261.)

[3] La lettre en question fut écrite le 13 frimaire. Les registres du Tribunal révolutionnaire (registres des dépôts au greffe, W 534, 535) font foi, est-il dit dans cette lettre, «qu'il s'y trouve un assez grand nombre de montres de Bréguet dont la plupart sont des garde-temps précieux, entre autres celles qui ont été trouvées sur Égalité, qu'il y a des montres de Berthoud, de Leroy et de Robin, qui méritent peut-être d'être conservées pour les arts, pour l'astronomie et pour la navigation. Toutes ces montres ont été retirées du greffe par le citoyen Delanoue. Vous êtes invités à en donner communication au citoyen Janvier, membre de la Commission temporaire des arts, et à les lui représenter toutes sans exception». (F¹⁷ 1046.)

[25 nov. 1794] DE LA COMMISSION TEMPORAIRE DES ARTS.

Le directoire est invité à mander Lasalle, maçon, employé à la ci-devant église Étienne-du-Mont, pour lui demander en vertu de quel ordre il a déposé et fait transporter aux dépôts les vitraux peints du charnier de cette même église.

Le directoire est invité à faire passer à la Commission des charrois une liste de celle des arts et d'y joindre la liste des entrepreneurs chargés de surveiller et opérer le transport des monuments.

Le directoire est chargé de presser auprès du Comité d'instruction publique les mesures propres à obtenir l'évacuation de tous les Comités sectionnaires qui se trouvent aux Écoles nationales de chirurgie, où le concours de citoyens et citoyennes nuit entièrement aux avantages que l'instruction publique doit attendre de cet établissement précieux pour l'humanité[1].

La section de sculpture, chargée de visiter à Marly un groupe représentant le *Génie des arts relevé par le Temps*, fait un rapport d'où il résulte que ce monument, au-dessous du médiocre, n'est pas digne de décorer le Conservatoire des arts et métiers. La demande de ce monument, faite par la Commission des travaux publics pour la commune de Bolbec, est renvoyée au Comité d'instruction publique[2].

Les administrateurs du district d'Andelys, département de l'Eure, donnent des renseignements sur un squelette fort admiré qui existe dans la ci-devant église de Gisors. Ils exposent de plus qu'on a enlevé un grillage de fer qui défendait un vitrail qu'un amateur offrit autrefois de couvrir de pièces de six livres pour l'avoir[3]. Le Comité est

---

[1] Le directoire de la Commission temporaire des arts, saisi des plaintes de Thillaye au sujet des dégradations commises dans le local des Ecoles de chirurgie par les individus qui s'y rendaient journellement en grand nombre pour conférer avec les autorités de la section Marat, individus qui avaient même volé les ornements des grilles, au détriment du dépôt d'anatomie y installé et au préjudice des leçons y professées, décida, le 4 frimaire, d'inviter le Comité d'instruction publique à faire transférer dans un autre local les autorités de la section Marat. (F¹⁷ 1231.)

[2] Un arrêté du Comité d'instruction publique du 16 frimaire attribua en effet ce groupe à la commune de Bolbec (Seine-Inférieure) pour y être employé à la décoration d'une fontaine publique. (J. Guillaume, *Procès-verbaux*, etc., t. IV, p. 285.)

[3] Voir la lettre des administrateurs du district des Andelys, datée du 29 brumaire : «Il existe dans la ci-devant église de Gisors, y est-il dit, un squelette qui fut toujours admiré des connaisseurs. Ledit squelette est actuellement recouvert d'une couche de plâtre; mais elle ne porte pas dessus. On a été obligé de prendre ce parti pour empêcher qu'il ne fût endommagé par les enfants et autres; il n'est pas possible de l'enlever, parce qu'il est

invité à décider s'il ne serait pas à propos de faire venir à Paris ce vitrail qui est exposé à être brisé et perdu pour les arts [1].

La Commission temporaire des arts renvoie au Comité d'instruction publique une lettre du représentant du peuple Jacob [2], jointe à une autre du Conseil général de la commune de Toul, envoyées par la Commission d'agriculture et des arts, qui demande que le citoyen Giron, requis de se transporter à Trèves, soit autorisé à rester à Toul, qui n'a d'autres maîtres de dessin et de peinture pour instruire la jeunesse.

NOTA. C'est par erreur que la Commission d'agriculture et des arts avait envoyé cette lettre à celle des arts. La lettre a été redemandée et renvoyée sur-le-champ.

Les sections des Dépôts littéraires et de peinture feront lever les scellés apposés sur la salle de la ci-devant Académie française, en présence du citoyen Drouhin, qui pourra désigner les portraits des grands hommes [3] dont il désire prendre copie pour être livrée au public. Lesdites sections feront ensuite sur cette désignation un rapport qui sera communiqué au Comité d'instruction publique.

L'expert est autorisé à faire transporter à Paris dans les dépôts nationaux les marbres et objets d'arts qui sont au ci-devant château de Brunoy, suivant l'inventaire qui lui sera remis.

La section de sculpture fait le rapport dont elle a été chargée sur le buste de Sauveur que le citoyen Taveau a présenté à la Convention, qui a chargé la Commission d'apprécier le mérite de l'ouvrage et de l'artiste; elle pense que ce buste, fait au milieu des horreurs de la

---

incrusté et taillé dans la pierre qui fait partie du mur.» Quant au vitrail, le commissaire, «chargé par le district de l'enlèvement des fer et plomb dudit édifice, eut assez peu de goût pour l'enlever, de sorte que ce vitrail se trouve actuellement très exposé.» (F¹⁷ 1239.)

La sculpture funèbre dont il est question a été attribuée, mais à tort, à Jean Goujon : c'est un squelette couché, avec inscriptions allégoriques du XVIᵉ siècle. (Voir Léon de Laborde, *Gisors, la tour du prisonnier et l'église Saint-Gervais et Saint-Protais*, 1849, in-4°, p. 37.)

[1] Quant au vitrail, œuvre remarquable du XVIᵉ siècle, qui se trouve dans la chapelle Saint-Crépin, il comprend 12 compositions avec leurs légendes, consacrées à la vie du saint.

[2] Jacob (Dominique), député de la Meurthe à la Convention nationale.

[3] Indépendamment des portraits de Richelieu et du chancelier Séguier, de grandeur naturelle, il y avait environ 80 portraits d'académiciens, qui furent détachés des murs et empilés dans une des tribunes de l'Académie, la salle des assemblées publiques, plus tard réunis et conservés par les soins de Lacuée et de Raymond, architecte du Louvre. (Voir les *Registres de l'Académie française*, t. III, p. 663.)

[25 nov. 1794]   DE LA COMMISSION TEMPORAIRE DES ARTS.   581

guerre civile dans la Vendée, est passablement modelé, qu'il est beaucoup mieux qu'on ne devait l'espérer d'un artiste éloigné des beaux modèles; elle propose d'accorder au citoyen Taveau une somme de 600 livres pour les frais de son voyage; et, dans le cas où il saurait travailler le marbre, de lui faire donner un bloc pour exécuter en marbre le buste de ce martyr de la liberté, sous les yeux d'un artiste habile, dans la salle dite *des Antiques;* ce dernier ouvrage lui sera payé 3,000 livres. Ce rapport est renvoyé au Comité d'instruction publique[1].

Les citoyens Fragonard, Dardel et Picault font le rapport dont ils ont été chargés, sur l'urgence des restaurations, tant aux tableaux qu'aux sculptures qui sont actuellement dans le Palais national et les jardins de Versailles et de Trianon, sur la nécessité de restaurer ceux des tableaux qui sont tellement endommagés qu'ils courraient les risques d'être entièrement perdus, si l'on n'y portait au plus tôt une main réparatrice; et enfin sur leur emploi dans les différents muséums qui pourraient être établis pour l'instruction publique. Ils remettent l'état des tableaux à restaurer et aussi copie d'un mémoire qu'ils ont adressé aux autorités constituées du district de Versailles; toutes ces pièces sont renvoyées au Comité[2].

[1] Ce rapport, du 5 frimaire, est de Dardel et Dupasquier (F17 1050, n° 1). Le 22 frimaire, le Comité d'instruction publique, statuant sur l'offre du sculpteur Taveau, relative au buste du citoyen Joseph Sauveur, assassiné par les brigands, et dont le nom devait être inscrit sur la colonne du Panthéon, décida qu'il serait payé 600 livres à Taveau pour les frais de son voyage à Paris et qu'on lui fournirait un bloc de marbre pour exécuter, sous la surveillance du sculpteur Pajou, le buste de ce martyr de la liberté. (J. Guillaume, *Procès-verbaux,* etc., t. V, p. 312.)

[2] D'après le rapport des commissaires Fragonard, Dardel et Picault, en date du 5 frimaire, les tableaux à restaurer étaient les suivants : L. Carrache, *La Vierge et l'Enfant Jésus* [Louvre, n° 139] (sur bois, 2 pieds 2 pouces de diamètre); Titien, *Sainte-Famille et Saint Sébastien* (sur bois, 3 pieds 1 pouce de large sur 3 pieds 7 pouces de haut); Palma le Vieux, *Sainte-Famille* (sur bois, 6 pieds 2 pouces sur 4 pieds 8 pouces); Raphael, *Saint Michel* [Louvre, n° 368] (sur toile, 8 pieds de haut sur 4 pieds 10 pouces de large); Jules Romain, *Le Triomphe de Vespasien* [Louvre, n° 293] (sur bois); Giorgione, *Hérodias auquel un soldat présente la tête de Saint Jean* (sur bois); Jules Romain, *Portrait d'homme* (sur bois); Le Dominiquin, *Saint François tenant l'Enfant Jésus* (sur cuivre, 16 pouces de haut sur 13 pouces de large); Le Dominiquin, *Adam et Ève chassés du Paradis* [Louvre, n° 469] (sur cuivre, 3 pieds 10 pouces 6 lignes sur 2 pieds 3 pouces); Le Dominiquin, *Ravissement de Saint Paul* [Louvre, n° 473] (sur cuivre, 18 pouces de haut sur 14 de large); Le Primatice, *Saint Jean;* Feti, *La Mélancolie* [Louvre, n° 180] (sur toile, 6 pieds de haut sur 4 de large); Rubens, *La chute de Saint Paul;* Jouvenet, *Résur-*

Le citoyen Buache, dans un rapport sur une demande du citoyen Janvier concernant une machine à marée de son invention [1] qu'il a été chargé d'exécuter pour le cabinet du ci-devant Roi, et qu'il n'a pu terminer, met sous les yeux de la Commission les services rendus à l'astronomie par Janvier. Cette machine peut être considérée comme monument d'art et comme un modèle de la précision rigoureuse à laquelle on peut atteindre. Il propose que si cet ouvrage est continué, il lui soit remis d'abord 12,000♯ dans lesquels sera compris le remboursement de 4,760♯ qui lui reviennent ; et qu'en le livrant dans deux ans, il lui serait payé une autre somme de 12,000♯, pour avec les sommes déjà reçues compléter le prix de 30,000♯ auquel il évalue cette machine ; et si l'ouvrage n'est pas continué, il demande qu'il lui soit accordé une indemnité de 6,000♯ et que les pièces lui restent. La Commission adopte les propositions de la suspension de cet ouvrage, aux conditions demandées par Janvier, et arrête que ce rapport sera communiqué au Comité.

Dufourny, au nom des commissaires nommés, présente des vues sur l'organisation d'une Commission qui serait chargée de parcourir les départements pour assurer la conservation des monuments que la malveillance ou l'ignorance seraient tentées de détruire, et sur l'établissement de Commissions dans les départements, préposées à la conservation et à la réunion des objets propres à l'instruction. Ce rapport est renvoyé au Comité, avec invitation de statuer sur un objet aussi urgent.

La Commission communique au Comité d'instruction publique une note de Dufourny sur le vandalisme commis à la galerie du Muséum par d'Angiviller sur les quarante tableaux du Poussin représentant *La*

rection de Lazare [Louvre, n° 298] (sur toile, 14 pieds de haut sur 9 de large); 1 tableau de Daniel de Volterre, 1 Poussin, «un très beau Bassan»; Tintoret, *Descente de croix*, 1 Giorgione, 6 grands Van der Meulen. — Six des plafonds de l'intérieur du palais de Versailles «sont dans un très grand état de dégradation et demandent un prompt secours. Le plafond de Lemoine est un de ceux qui doit fixer (l'attention de la Commission) : ce monument, qui honore l'École française, est peint sur toile et marouflé sur plâtre; plusieurs parties se détachent et forment un poids qui, s'augmentant chaque jour, tombera tout à coup, comme ceux du célèbre Le Brun qui décorent la grande galerie. — Deux tableaux de cette galerie, portant chacun environ 30 pieds sur 24, demandent d'être sur-le-champ secourus...» (F¹⁷ 1050, n° 1.)

[1] Antide Janvier inventa de véritables chefs-d'œuvre mécaniques, entre autres une pendule qui indiquait les heures des marées dans les 80 ports.

vie d'Hercule. Il rapporte la lettre barbare de d'Angiviller sur la destruction de ces chefs-d'œuvre [1].

D'après les renseignements pris par la Commission temporaire des arts, le Comité d'instruction publique sera invité à écrire à Marseille, pour que la maison des Ignorantins, employée provisoirement à un dépôt de monuments de sciences et d'arts, ne soit point destinée à d'autre usage et changée en caserne.

La seconde partie de l'inventaire détaillé des objets du laboratoire de Lavoisier, remise par Leblanc, sera jointe à la première qui est au Comité d'instruction publique [2].

La Commission arrête que Dardel et Dupasquier lui feront à la prochaine séance un rapport sur la restauration des statues qui existent dans la salle des Antiques au Muséum des arts.

Dufourny est invité à prendre des renseignements sur les auteurs des dégradations commises au ci-devant château d'Écouen.

Vandermonde propose d'inviter les commissaires nommés pour faire le triage des objets d'arts destinés à l'échange à terminer leur travail, d'inviter aussi la Commission des échanges et celle du commerce à ne point faire emballer les objets choisis pour les échanges sans prévenir la Commission temporaire des arts, qui revisera les choix faits par ses commissaires et qui, après cette revision, prendra un arrêté définitif pour autoriser l'exportation des objets qu'elle n'aura pas regardés comme bons à conserver pour les musées. Ces propositions sont adoptées [3].

Les administrateurs du directoire du district d'Orléans envoient 7,180 cartes comprenant environ 12,600 volumes; ils feront inces-

---

[1] Il s'agit des cartons exécutés par Poussin pour la décoration de la grande galerie du Louvre où devait être représentée en grisaille toute la vie d'Hercule. Pesne grava, en 1678, sous le titre *Herculis labores*, 19 de ces sujets; 18 autres furent publiés en 1850 par M. Gatteaux, graveur en médailles. (Voir Bouchitté, *Le Poussin, sa vie et son œuvre*, p. 85.)

[2] Cette seconde partie de l'inventaire du laboratoire de Lavoisier, commencée le 27 brumaire, a été terminée le 1ᵉʳ frimaire. Le nombre des objets inventoriés est de 8,500 à 8,600, estimés 4334 l. 16 s. (F^{17} 1050, n° 1.)

[3] Le 4 frimaire, la Commission des revenus nationaux avait écrit à celle des arts pour lui annoncer qu'elle avait désigné un commissaire afin de visiter les dépôts de Versailles, notamment le Muséum et le Garde-Meuble, et faire choix des objets propres aux échanges et à l'exportation. Ce commissaire devait se concerter à ce sujet avec les commissaires de la Commission des arts et de celle du commerce. (F^{17} 1046.)

samment un second envoi plus considérable. Ils observent que ce travail, n'étant point celui des commissaires actuels et ayant été terminé avant la réception de la seconde instruction, n'aura pas toute l'exactitude requise. Ils demandent qu'on leur accuse la réception de leur caisse. Il leur sera répondu conformément à leur demande. Renvoyé à la bibliographie.

Les administrateurs du district de Guerche [1], département d'Ille-et-Vilaine, adressent à la Commission le catalogue des livres provenant des émigrés et déportés de leur arrondissement [2]. Ils observent qu'ils ont cru devoir tarder à l'envoyer jusqu'au moment où ils seraient certains qu'il ne pourrait être augmenté. Quant aux objets de sciences et d'arts, il n'y en a pas dans leur canton.

La Commission des revenus nationaux, informée qu'il existe dans plusieurs maisons du district de Corbeil des vases de marbre blanc qui en ornent les jardins, et notamment à Petit-Bourg [3], chez la femme Bourbon, où il y en a deux très grands et d'une beauté remarquable, presse la Commission des arts de faire vérifier s'ils méritent d'être conservés ou s'ils ne sont propres qu'aux échanges, et de lui faire connaître le plus promptement possible la détermination qu'elle aura prise à l'égard de ces vases. Renvoyé aux commissaires nommés pour le triage des objets à échanger [4].

L'administration du district de Carpentras annonce que les manuscrits de Peiresc se trouvent dans la bibliothèque de Carpentras. Cette collection est assez complète, à l'exception de quelques manuscrits mutilés et d'autres égarés. Renvoyé à la section de bibliographie [5].

---

[1] Guerche-de-Bretagne (La), chef-lieu de canton de l'arrondissement de Vitré.

[2] Leur lettre est datée de brumaire an III. Ils font remarquer que le catalogue en question ne mentionne « qu'un très petit nombre d'ouvrages intéressants. » — « Les émigrés qui, dans ce district, ont laissé à la Nation les plus beaux biens, n'y vivaient pas... » (F17 1239.)

[3] Le château de Petit-Bourg (Seine-et-Oise, canton d'Évry-Petit-Bourg), appartint à Mme de Montespan et plus tard à Louis XV.

[4] Lettre de la Commission des revenus nationaux, 30 brumaire. (F17 1048.)

[5] Lettre de l'administration du district de Carpentras, 24 brumaire. A cette lettre est joint un *Mémoire sur les manuscrits de Peiresc qui sont à la bibliothèque publique de Carpentras*, signé Fabre, bibliothécaire : « Les manuscrits de Peiresc qui sont dans la bibliothèque publique de cette commune, y est-il dit, forment une collection assez considérable. Ils sont au nombre de 86, tous reliés en parchemin et de format in-fol. Leur conservation est assez entière. A l'exception d'un petit nombre qui ont été mutilés par malice ou par ignorance, les autres sont en très bon état. L'érudition de Peiresc... embrassant toutes les

Une lettre d'une Commission, se qualifiant de temporaire des arts de Marseille, envoie l'extrait du procès-verbal de sa nomination. Elle est composée de cinq membres et a déjà établi neuf dépôts. Les monuments antiques recueillis par Choiseul-Gouffier en forment un intéressant à eux seuls. Cazas sera invité à assister à la prochaine séance pour déclarer quels sont les objets qui composent la collection de Choiseul-Gouffier à Marseille et d'indiquer quels sont ceux de ces objets qu'il réclame.

Une lettre de la Commission des revenus nationaux relative à la confiscation des biens des étrangers est renvoyée au directoire [1].

Le Comité de salut public prévient la Commission qu'il a reçu son arrêté du 10 brumaire et le rapport y annexé, relatifs à la suspension de l'enlèvement des plombs du château de Rosny, et les a renvoyés à la section des armes et poudres, le 1er frimaire, pour donner son avis.

sciences et tous les arts, ses manuscrits s'étendent sur tous les genres de littérature. On y trouve des recueils de mathématique, physique, histoire naturelle, antiquités, héraldique, histoire sacrée et profane, politique, diplomatie, etc. Le fondateur de cette bibliothèque les acheta en 1744 du citoyen Trimond, héritier du président Mazaugues, qui lui avait vendu ses livres en 1742. Quoiqu'ils soient ici en plus grand nombre que dans aucun autre cabinet de la République, il en manque cependant de très intéressants. On assure qu'il en existe plusieurs à Paris dans la Bibliothèque nationale et dans quelques autres de cette grande ville. Il serait avantageux au public de les réunir tous ensemble pour l'utilité générale. Nous n'avons ici qu'un petit nombre des lettres que les savants écrivaient à Peiresc. Le docte Séguier, secrétaire de l'Académie de Nîmes, trouva le moyen d'avoir une copie des deux volumes que le président de Mazaugues en avait ramassé. Ils doivent se trouver avec les livres de ce savant. En réunissant ce recueil à celui que nous avons des lettres de Peiresc aux littérateurs de son temps, on aurait sous la main une correspondance pleine d'érudition et très utile aux beaux arts...». (F17 1044.)

[1] La lettre de la Commission des revenus nationaux, en date du 4 frimaire, est ainsi conçue : «Le citoyen Barrois, l'un de vos commissaires, que vous avez chargé de répondre à notre lettre du 17 brumaire relative à la bibliothèque de l'étranger Belderbruck, nous a envoyé copie de l'arrêté que vous avez pris le 25 vendémiaire, portant qu'il sera demandé au Comité des finances si les biens des étrangers avec lesquels la République est en guerre sont échus à la Nation. Il nous observe que la discussion qui a eu lieu le 19 brumaire à la Convention nationale, et le renvoi aux Comités des propositions des citoyens Cambon et Bourdon viennent à l'appui de cet arrêté. Le décret du 19 vendémiaire an II sur la confiscation des biens des étrangers est très positif et lèverait tous les doutes, s'il pouvait y en avoir; mais, d'ailleurs, la Convention ayant passé à l'ordre du jour sur le projet de décret tendant à rapporter celui ci-dessus cité, ce serait mal prendre les intérêts de la République et contrarier les vues de la Convention que de ne point mettre la mainmise nationale sur les ob-

Balduc[1], chef du bureau des locations, prie la Commission[2] de lui faire connaître dans le plus bref délai si la maison de Boutin, condamné, rue de Clichy, n° 490, est du nombre de celles qui doivent être conservées pour servir de dépôt. Renvoyé à la section de botanique pour faire un rapport.

Les administrateurs du district de Laon, département de l'Aisne, adressent à la Commission copie de leur arrêté relatif à l'organisation et à la prompte confection d'une bibliothèque et des inventaires des objets de bibliographie et de sciences et d'arts. Renvoyé à la section de bibliographie.

La section de botanique est chargée d'enlever les plantes étrangères et autres qui se trouvent chez Saron.

La Commission renvoie à la section de bibliographie une liste d'hommes de lettres, remise par les citoyens Grégoire et Massieu, pour être employés aux travaux de la bibliographie.

Les citoyens Buache et Ameilhon sont invités à faire rechercher et à mettre en sûreté les planches de cuivre des ouvrages de feu l'abbé de La Grive, dont l'état a été remis par le citoyen Huguenin à Ameilhon, qui le dépose sur le bureau.

Les citoyens Prony, David Le Roy, Ameilhon, Buache, Gillet-Laumont et Molard sont invités à réunir un plan dessiné avec manuscrit, par La Grive[3], de la Seine et autres rivières y affluentes, lequel se

---

jets dont il s'agit....». Le directoire de la Commission des arts décida qu'il serait «répondu à la Commission des revenus nationaux que le décret du 19 vendémiaire, cité dans sa lettre, relatif aux biens des étrangers, ne concerne que les Anglais, Irlandais et Hanovriens; qu'un décret du 7 septembre 1793 étend les mesures employées contre les Espagnols aux Anglais et en général à tous les étrangers avec le pays desquels la République est en guerre; que ce décret du 7 a été rapporté le 13 septembre, et que le 14 septembre on a suspendu l'exécution du décret qui rapporte la loi du 7 septembre qui étendait aux Anglais les mesures prises contre les Espagnols. — On observe que dans ce dernier décret il n'est point dit que ces mesures auront lieu contre les étrangers.

— La Commission des arts ordonna le renvoi de cette question au Comité d'instruction publique, lequel, le 21 frimaire, prescrivait de faire enlever la bibliothèque de Belderbruck et de la transporter dans les dépôts. (F^{17} 1048.)

[1] Balduc, d'abord premier commis au bureau des déclarations ecclésiastiques, était agent de la régie des Biens nationaux, dont le siège était à la maison du Saint-Esprit.

[2] Par lettre du 2 frimaire. Sa demande est motivée par les soumissions qu'il vient de recevoir pour la location de la maison Boutin (F^{17} 1048).

[3] La Grive (L'abbé Jean de), graveur topographe, géographe de la ville de Paris, né à Sedan en 1689, mort à Paris le 18 avril 1757; auteur d'un plan de Paris

trouve chez Anisson, un autre plan du même genre qui se trouve à la bibliothèque de la Commune, et deux autres semblables que les citoyens Ameilhon et Barrois sont invités à apporter pour servir de comparaison. Ils feront du tout un rapport à la Commission temporaire des arts.

Tous les conservateurs présenteront un état du bois nécessaire pour garantir les dépôts de l'humidité qui y cause de grandes dégradations. Cet état sera ensuite présenté au Comité d'instruction publique, avec invitation d'autoriser la Commission à mettre un bateau de bois en réquisition.

On renvoie aux commissaires artistes de Versailles pour prendre des renseignements sur un cabinet de curiosités offert à la Commission par le citoyen Quiziquer de cette commune.

Il sera écrit à la Commission exécutive d'instruction publique pour qu'elle autorise le citoyen Camus, jardinier, à faire la réparation des vitraux de la serre du jardin Boutin.

La Commission autorise Thillaye à remettre à Charles trois pièces d'anatomie artificielle concernant l'optique.

David Le Roy, dans un rapport dont il a été chargé sur la ci-devant cathédrale d'Amiens, pense que ces réparations doivent être faites sans délai et que le Comité d'instruction publique doit être invité à écrire au département de la Somme pour l'engager à effectuer le plus promptement ces réparations, en fournissant les fonds qu'elles occasionnent. Cette proposition est adoptée.

Les administrateurs du district d'Amiens seront avertis qu'il serait dangereux de détruire les pyramides et obélisques de l'extérieur de la ci-devant cathédrale, leur poids étant absolument nécessaire pour augmenter la résistance des contreforts à la poussée des grandes voûtes.

La section des antiquités est chargée de s'informer si une inscription grecque, rue du Bac, maison de Montmorency, appartient à la Nation.

---

publié en 1728, d'un autre des environs de Paris (1731); il fut chargé de dresser une carte du cours de la Seine et de ses principaux affluents. — M. E. Mareuse a publié dans le *Bulletin de la Société de l'Histoire de Paris*, t. IX, p. 114, un mémoire rédigé, selon toute apparence, par Huguin, élève et continuateur de La Grive, sur les ouvrages de ce dernier, notamment sur ses planches de cuivre gravées.

La Commission arrête que le citoyen Varon fera transporter au Dépôt national de la rue des Petits-Augustins les médailles qui existent dans la bibliothèque d'histoire naturelle de la maison Sulpice; Naigeon est pour cet effet adjoint à Varon.

Dupasquier est adjoint à Varon pour faire un rapport sur l'offre du citoyen Viard d'une collection de médailles de la maison de Lorraine.

Les administrateurs du district de Sancerre annoncent l'envoi de cartes bibliographiques; leurs livres sont bien conservés. Ils ont mis en sûreté un tableau représentant la *Lapidation d'Étienne*[1]; ils se déclarent ennemis mortels du vandalisme.

L'Institut national des Aveugles travailleurs demande qu'un petit buffet d'orgue, qui n'est pas à grand ravalement, soit réservé à l'usage des musiciens aveugles de l'Institut national, et que l'autel avec ses colonnes et ses marches de marbre soient enlevés incessamment[2]. La Commission arrête l'enlèvement des marbres, et que dans le cas où le buffet d'orgue serait mauvais et de nature à ne point être avantageusement réparé, la section de musique présentera ses vues pour en procurer un bon à l'Institut national des aveugles. Pour cet effet, Lebrun est adjoint à Bruni.

Ameilhon dépose un reçu du citoyen Saugier, sous-chef au bureau central des renseignements du Comité de salut public, auquel il a remis un exemplaire complet de l'Encyclopédie de Paris, en 35 volumes in-f°, lequel avait été demandé à la Commission par le Comité de salut public.

La section de bibliographie sera adjointe à celle de géographie pour retirer des planches gravées de la Mer du Sud, ainsi que l'*Histoire de la Mer du Sud,* provenant de Laborde, condamné, qui se trouvent chez Perrier, graveur.

---

[1] Lettre des administrateurs du district de Sancerre, du 3 frimaire (F¹⁷ 1239). Le tableau de la *Lapidation de saint Étienne*, mis en lieu sûr, est de Maréchal.

[2] Les demandes des «instituteurs nationaux des Aveugles travailleurs» Gersin, Robin et Haüy, formulées par lettre du 5 frimaire, sont motivées par le transfert de l'Institut à l'hospice des ci-devant Catherinettes, rue et section des Lombards; le couvent des ci-devant Célestins, qu'il occupait précédemment, ayant été affecté à l'installation d'ateliers pour l'Arsenal. Ils demandent que le buffet d'orgue en question soit descendu de la tribune et placé dans une salle inférieure destinée aux exercices publics, et mis au ton par le facteur attaché à la Commission...; que l'autel soit enlevé, ainsi que la grille adjacente, ces objets faisant obstacle à la formation de ladite salle d'exercices publics. (F¹⁷ 1048.)

Thillaye remet un inventaire de papiers concernant la symphyse du pubis, pour être déposé à la bibliothèque des Écoles de chirurgie.

La section des dépôts littéraires remet les inventaires des livres trouvés chez Boyer-Lantenais, Grinlus, Paindavoine, De Pienne, Dupuis de Marcé, Cramfort, femme Grammont, Frignet, femme Groslier, l'ex-abbé Talbert, femme Marbeuf, Destournelle, de Lépinay Saint-Luc, Ferret, Amélie Boufflers, femme Biron, Rougemont, Deschamps-Tréfontaine, Châteloyes [1].

L'expert remet huit mémoires du citoyen Louis François, entrepreneur de maçonnerie, montant en demande à la somme de 11,473 livres et réglés à celle de 8,653 livres 9 sols 2 d. Le règlement de l'expert est adopté.

SÉANCE DU 10 FRIMAIRE AN III DE LA RÉPUBLIQUE.

(30 NOVEMBRE 1794.)

Lettres des districts de Nyons, Menton, Beaune, Sedan, Port-Brienne (Côtes-du-Nord), Janville (Eure-et-Loir), Die, Caen. - Inventaire du district de Mirecourt. - Renseignements sur l'état des tableaux du ci-devant château de Torigni. - Choix d'un adjoint pour le Dépôt de musique. - Examen du projet de Leu-

---

[1] Inventaire des livres trouvés dans la maison de l'émigré Boyer-Lanthenais, rue du Faubourg-Poissonnière, remis au dépôt de la rue Saint-Marc le 14 vendémiaire an III. — Inventaire des livres de Paindavoine, condamné, rue Neuve-des-Petits-Champs, maison de l'imprimerie des administrations nationales, remis au dépôt de la rue Saint-Marc. — Inventaire des livres de l'émigré de Piennes, rue de Berry, n° 6 (F17 1198-1199). — État des livres trouvés dans la bibliothèque de Dupuis de Marcé, condamné, rue Michel-Le-Peletier, 16 brumaire an III (F17 1200). — Inventaire des livres de l'émigré Cramfort, trouvés dans la maison de Rouillé, rue de Clichy, remis le 16 brumaire au dépôt de la rue de Lille (F17 1198-1199). — Inventaire des livres de la ci-devant duchesse de Grammont, trouvés rue de l'Université, n° 1391, portés le 22 brumaire au dépôt de la rue de Lille (F17 1196). — Inventaire des livres de la femme Groslier, émigrée, rue de la Pépinière, n° 834, remis au dépôt de la rue Saint-Marc. — Inventaire des livres de l'abbé Talbert, trouvés dans la maison de l'émigré Groslier, remis au dépôt de la rue Saint-Marc (F17 1198-1199). — Inventaire des livres trouvés dans la maison de Talleyrand-Périgord, rue de Lille, n° 530, appartenant à la femme Marbeuf, émigrée, rue de Grenelle, remis au dépôt de la rue de Lille. — Inventaire des livres trouvés dans la maison du condamné Destournelle, rue de Grenelle, n° 332, remis au dépôt de la rue de Lille. — Inventaire des livres de Lépinay Saint-Luc, trouvés dans la maison

rent tendant à faire graver les œuvres d'art du Muséum. – Dispositions relatives à la correspondance entre le directoire de la Commission et les départements. – Envoi d'exemplaires de l'instruction à Orléans. – Envoi à Paris du clavecin de l'émigré Quarré à Autun. – Buache chargé du triage des papiers de la Commission d'agriculture et des arts. – Renseignements sur les faits reprochés au citoyen Vacquier. – Lettre à écrire au district de Dijon pour le transport à Paris du mausolée de Turenne qui se trouve à Citeaux. – Objets à retirer de chez la princesse de Lamballe. – Décision sur les demandes de Potier, ingénieur du canal de l'Ourcq. – Mesures contre l'incendie au Dépôt de musique. – Démolition des marbres et transport des vitraux de Saint-Étienne-du-Mont. – Liste des émigrés, etc., pour le directoire. – Dégradations de l'escalier de l'École militaire. – *Chimère* volée chez Dubreuil. – Estimation des livres. – Recherche des manuscrits de la maison Condé, etc. – Peintures préservées à La Grasse (Aude). – Désignation des locaux pour les bibliothèques des districts, notamment du district d'Étampes. – Demande d'un inventaire des objets d'arts et de sciences à la disposition des diverses Commissions. – Livres de la bibliothèque de Malesherbes demandés par la Commission d'agriculture et des arts. – Inventaire estimatif de la bibliothèque Condé, évacuation du Dépôt de la rue de Lille et de celui de la rue de Thorigny. – Bibliothèque du district de Laon. – Tableaux provenant d'un condamné à faire remettre au Muséum. – Les districts invités à dénoncer les dilapidations et dégradations des objets d'arts. – Tour Maclou à Mantes. – Porphyre factice, invention du citoyen Grisel. – Forte-piano délivré au citoyen Carton. – Mission de Lebrun à Soissons et à Reims. – Demandes d'organistes pour être autorisés à toucher les orgues. – Demande

de Destournelle, remis au même dépôt. — Inventaire des livres du condamné Ferret, trouvés dans la même maison, remis au dépôt de la rue de Lille (F¹⁷ 1196). — Inventaire des livres trouvés dans la maison Rougemont, rue de Grammont, réclamés et rendus le 21 floréal an III (manque) [F¹⁷ 1198-1199]. — Inventaire des livres de la bibliothèque de Deschamps-Tréfontaine, condamné, rue de Colbert, remis le 12 brumaire an III au dépôt de la rue Saint-Marc (F¹⁷ 1198-1199).

Paindavoine (Claude), concierge de la maison des ci-devant Loteries, actuellement imprimerie des administrations nationales, condamné à mort le 29 prairial an II (W 389, n° 904).

Piennes (Thomas-Henri de), ex-noble, se disant cultivateur, acquitté, le 3 thermidor an II (W 427, n° 902).

Dupuis de Marcé (Charles-Jean-Pierre), conseiller de grand'chambre au Parlement de Paris, condamné à mort le 1ᵉʳ floréal an II (W 349, n° 703 bis).

Cranford (Quentin), anglais, émigré.

Grammont (Béatrix de Choiseul, femme), condamnée à mort le 3 floréal an II (W 351, n° 713).

Marbeuf (Anne-Michelle, veuve du marquis de), condamnée à mort le 27 pluviôse an II (W 320, n° 481).

Destournelle (Catherine-Louise de Lamoignon, veuve du marquis de), condamnée à mort le 9 floréal an II (W 354, n° 737).

Rougemont (Étienne-Jacques-Armand), directeur de la comptabilité des Loteries, condamné à mort le 14 floréal an II (W 357, n° 750).

Deschamps-Tréfontaine (Jean-Baptiste), sous-chef à l'Enregistrement, condamné à mort le 14 floréal an II (W 357, n° 750).

d'hygromètre par le citoyen Cotte. – Pétition de Lefrançois, directeur de l'observatoire de l'École militaire. – Demande de la Commission des travaux publics. – État des inventaires du district de Lesneven. – Communication de Serieys, conservateur du Dépôt de la rue de Lille. – Grammaire allemande, instruments, etc., délivrés à l'Agence des mines. – Rapport à faire au Comité d'instruction publique sur l'organisation de la Commission des arts de Versailles. – Projet de décret relatif à la conservation des vélins et parchemins. – Mission de Besson à la manufacture de Sèvres. – Inventaire des modèles des vases étrusques de Sèvres. – Demande de loupes par Thillaye pour les Écoles de chirurgie. – Lettre de Mâcon. – Objets d'arts et de curiosité à faire transporter au Dépôt des Petits-Augustins. – Colonnes de la chapelle des Orfèvres. – Autorisation aux conservateurs de laisser entrer le citoyen Neveu dans leurs dépôts. – Marbres de chez Condé à transporter rue de Beaune. – Mémoire de démolition des marbres de Saint-Roch présenté par Daujon. – Collection de Choiseul-Gouffier : mission du citoyen Cazas y relative. – Voitures à requérir auprès de la Commission des transports. – Visite de la maison de l'Infantado. – Transport des marbres de Fontainebleau. – Médaille d'argent doré représentant Henri IV. – Offre de Viard acceptée. – Remise du corps de Turenne au Muséum d'histoire naturelle. – Rapport sur la correspondance du citoyen Goupil. – État des objets entrés au Dépôt de la rue de Beaune. – Inventaires de livres trouvés chez divers émigrés. – Inventaires déposés par le citoyen Bardel. – Récépissé des objets de physique de chez Boutin. – Varech recueilli par Gérard.

Le procès-verbal de la dernière séance est adopté.

L'administration du district de Nyons, département de la Drôme, annonce [1] qu'elle enverra incessamment le catalogue de ses livres et de quelques tableaux dont elle dit ne pas connaître le prix.

Les administrateurs du district de Menton, département des Alpes-Maritimes, exposent que le placement des troupes, l'établissement de divers magasins et hospices militaires, et surtout la difficulté de trouver des commissaires en état d'écrire le français, ont retardé pendant longtemps le travail des inventaires. Ils s'en occupent maintenant avec activité et, dès qu'ils seront terminés, ils les enverront à la Commission. Ils observent que la proximité de Gênes a facilité aux émigrés le transport de presque tout leur mobilier [2].

Les administrateurs du district de Beaune enverront dans deux mois les inventaires de leurs richesses littéraires. Elles consistent en dix-neuf mille dix espèces d'ouvrages; ils vont faire dresser inventaire du petit

---

[1] Par lettre en date du 25 brumaire (F^{17} 1239). — [2] Lettre des administrateurs du district de Menton, 23 brumaire (F^{17} 1239).

nombre des objets d'arts qu'ils possèdent; la plupart de leurs tableaux ont été vendus [1].

Les commissaires bibliographes du district de Mirecourt, dont les travaux continuent toujours, envoient une petite caisse contenant les cartes, des livres de jurisprudence et de théologie: ils feront passer incessamment les autres, au nombre de dix à douze mille volumes.

Il leur sera écrit pour leur demander des renseignements pour ce qu'ils possèdent en monuments d'arts et s'il se trouve parmi ces objets des ouvrages en bois du citoyen Lupot.

L'agent national du district de Sedan, d'après des renseignements ultérieurs, annonce [2] que le tour qu'on lui avait annoncé être à portrait n'est propre qu'à confectionner des étuis et des tabatières d'un beau fini; il demande ce qu'il en doit faire. Il lui sera répondu d'envoyer ce tour à l'adresse du Comité d'instruction publique.

Les administrateurs du département de la Manche s'empressent d'informer la Commission que les tableaux du ci-devant château Thorigny, district de Saint-Lô, n'ont point souffert, et ils communiquent à la Commission le compte que leur a rendu à ce sujet le district; on y remarque, d'une part, leur surprise d'avoir lu dans le rapport du citoyen Grégoire la dégradation de plus de trois cents tableaux, dans la commune de Thorigny, et la demande du nom du dénonciateur [3], et de l'autre, leur aveu que les préposés du ci-devant prince de Monaco [4] ont employé une détrempe et non une peinture dégradante; ils se sont servis de colle et de craie pour effacer les signes de féodalité. On y voit avec douleur dans un autre endroit que la plupart des figures de marbre qui décoraient le mausolée placé dans une des chapelles de la ci-devant église Saint-Laurent [5] ont été défigurées, brisées, et les débris

---

[1] Voir lettre de l'administration du district de Beaune, 1ᵉʳ frimaire (F¹⁷ 1239).

[2] Par lettre du 2 frimaire (F¹⁷ 1239). Une note en marge, signée d'Oudry, 10 frimaire, porte que le tour et les outils seront demandés.

[3] «A Thorigny, district de Coutances, plus de 300 tableaux ont été dégradés sous prétexte qu'ils contenaient des signes proscrits. L'agent national a soutenu, dit-on, que tel était le vœu de la loi. Si cet homme avait en mains les chefs-d'œuvre du Muséum, Le Sueur et Rubens seraient bientôt anéantis» (*Second rapport de Grégoire*, p. 5).

[4] Honoré III de Grimaldi, prince de Monaco, qui fut arrêté à Paris le 28 septembre 1793, mis en liberté le 5 octobre 1794 et qui mourut le 12 mai 1795 dans un hôtel de la rue de Varenne.

[5] L'église Saint-Laurent, à Torigni-sur-Vire, était du xɪɪᵉ siècle. Le château avait été bâti dans la seconde moitié du xvɪᵉ siècle par le maréchal de Matignon.

vendus. La section de bibliographie prendra connaissance de ce qui la concerne dans le rapport qui est joint à cette lettre.

Le Comité d'instruction publique, après avoir pris connaissance du rapport du citoyen Bruni sur les richesses du Dépôt de musique et sur la nécessité de lui nommer un adjoint pour les utiliser promptement, invite la Commission à se concerter avec lui pour le choix de cet adjoint. Bruni se concertera avec le directoire.

Le même Comité renvoie à la Commission le projet du citoyen Laurent[1], de faire graver tous les objets d'arts qui composent actuellement le Muséum français, et l'invite à se faire représenter les 70 dessins et les 30 planches déjà exécutées par ce citoyen et à en faire son rapport. Les sections de sculpture et de peinture sont chargées de proposer les moyens qu'elles croiront les plus capables de porter la gravure au point de perfection dont elle est susceptible, et le mode de concours pour graver le Muséum national des arts. Tous les membres de la Commission sont invités à communiquer leurs idées sur ce travail. La Commission ajourne la demande du citoyen Laurent [2].

Le directoire est chargé d'employer les moyens les plus propres à établir une correspondance active et suivie avec les départements, de manière qu'il soit fait un tableau exact de toutes les demandes, avis et réponses, envoyés et reçus.

Il sera envoyé à Orléans quelques exemplaires de l'instruction, et il leur sera recommandé [de dire] au citoyen Roncières, commissaire de la bibliothèque de cette commune, que la loi ordonne d'inventorier tous les livres sans aucune exception.

Les comtes de Matignon étant devenus en 1715 princes de Monaco par le mariage de Jacques de Matignon avec Louise-Hippolyte, fille d'Antoine, duc de Valentinois, le château appartint à ces princes jusqu'en 1814. Il fut alors vendu à la ville avec ses collections, sauf le célèbre «marbre de Torigny», piédestal avec inscription d'une statue, érigée en 238 sous le règne de Gordien, à Vieux (ancienne capitale des Viducasses) et apportée à Torigny par Jacques de Matignon à la fin du xviie siècle, qui se trouve actuellement à l'hôtel de ville de Saint-Lô. Ce château renfermait des tableaux de Van Dyck, André del Sarte, J. Romain, Ph. de Champagne, Poussin, Largillière, Lebrun, Cl. Vignon.

[1] Laurent (Pierre), père, graveur, élève de Baléchou, né à Marseille en 1739, mort à Paris le 30 juin 1809, publia de 1803 à 1811, avec Robillard et Péronville, la collection du *Musée français*, en 4 vol. in-fol., continuée par son fils sous le titre de *Musée royal* (1816-1822, 2 vol.).

[2] Voir la pétition de Laurent, en date du 4 brumaire an III (F⁷ 4768).

La Commission des revenus nationaux invite[1] celle des arts à prendre une décision relativement à un magnifique clavecin provenant de l'émigré Quarré[2] à Autun; elle se charge de le faire transporter à Paris, si la Commission des arts le juge à propos. Le directoire est chargé d'écrire à la Commission des revenus nationaux que celle des arts adopte avec satisfaction les propositions qu'elle lui fait, et qu'elle croit que ce clavecin est très propre à occuper une place dans le Muséum national[3].

Buache est autorisé à s'adjoindre les collaborateurs dont il aura besoin pour faire le triage des papiers qui se trouvent dans un des greniers de la Commission d'agriculture et des arts.

Le directoire communiquera au Comité d'instruction publique les renseignements venus à la Commission sur la conduite du citoyen Vaquier qui, se disant autorisé par les inspecteurs de la Salle, se permet d'enlever les pendules et autres objets du plus grand prix qui devraient être conservés pour les arts[4].

Il sera écrit aux administrateurs du district de Dijon pour les inviter à faire transporter à Paris le monument en marbre blanc qui était destiné à servir de mausolée à Turenne, et qui se trouve encore emballé à Citeaux[5].

Nadreau enlèvera à Passy, chez la ci-devant princesse Lamballe, les objets mis en réserve, d'après l'état qui en a été fait par Naigeon. Ces objets seront transportés au Dépôt national de la rue de Beaune.

Le directoire est chargé de statuer sur différentes demandes faites

---

[1] Par lettre en date du 7 frimaire (F17 1048).

[2] Quarré (Jacques-Pierre), ancien conseiller au Parlement de Dijon, doyen de la cathédrale d'Autun, parti en 1792 à Neuchâtel en Suisse (F7 5601¹).

[3] Voir la lettre du directoire de la Commission des arts à la Commission des revenus nationaux, en date du 18 frim. (F17 1046).

[4] Le 12 frimaire, le directoire de la Commission demandait à Janvier des éclaircissements au sujet des pendules et autres objets distraits par Vacquier. (F17 1046.) Vacquier était depuis la Législative inspecteur de la Salle.

[5] Leroy, commissaire des guerres, dans une lettre du 14 janvier 1799, signalait à Lenoir l'existence à l'abbaye de Cluny d'un monument de Turenne, remarquable, disait-il, par sa grande et savante composition et par la beauté de son exécution (*Arch. du Musée des Monum. français*, t. II, p. 362). Il s'agit du mausolée de Frédéric-Maurice de La Tour d'Auvergne, duc de Bouillon, frère du maréchal de Turenne, dont le cœur avait été déposé à l'abbaye de Cluny. Des fragments de ce monument existent encore à Cluny. Quant au monument du maréchal de Turenne, en marbre et bronze, par Tuby, provenant de Saint-Denis, il fut transporté aux Invalides.

par le citoyen Potier[1], ingénieur du canal d'Ourcq, au nom de la Commission des travaux publics.

Il sera écrit à la Commission des transports et charrois pour l'inviter à éloigner du Dépôt de musique, rue Bergère, les chevaux, foins et pailles, conformément au décret du 9 présent mois, qui éloigne les matières combustibles de tous les lieux qui renferment des objets d'arts et sciences[2].

Le directoire mandera le citoyen Boullanger et Madin pour savoir en vertu de quel ordre il a commandé la démolition des marbres de l'église Étienne-du-Mont et le transport des vitraux au Dépôt des Petits-Augustins.

Le directoire est chargé de se procurer la liste générale des émigrés et condamnés, un tableau de toutes les Commissions et agences exécutives et l'état général des départements, districts et principales communes de la République.

Lannoy et Dupasquier prendront des renseignements sur les dégradations faites à l'escalier de l'École militaire lors de la déposition des statues qui étaient dans les niches.

Bonvoisin est chargé de rechercher une *Chimère* qui se trouvait chez Dubreuil et d'employer tous les moyens qui pourraient dévoiler les auteurs de ce vol.

Les administrateurs du district de Port-Brienne[3], département des

---

[1] Par arrêté du Comité de salut public en date du 16 prairial an II, Potier avait reçu de la Commission des travaux publics la mission de rechercher les plans et documents relatifs «aux canaux d'Ourcq, dépendant du ci-devant duché de Valois, d'Orléans et Loing, dont le ci-devant duc d'Orléans était propriétaire, de Briare dont il était actionnaire. (Voir sous la cote F17 1050, n° 1, trois demandes de l'ingénieur Potier au Comité des arts, des 7, 16 brumaire an III, renvoyées le 9 frimaire à la Commission temporaire des arts.) Le 14 frimaire, le directoire décida d'informer le Comité d'instruction publique que les plans demandés par Potier, concernant la construction du canal de l'Ourcq, ne se trouvaient dans aucun des dépôts de la Commission (F17 1046).

[2] La lettre en question de la Commission temporaire des arts à la Commission des transports et charrois militaires est du 18 frimaire: «Si pour cet établissement précieux, y est-il dit au sujet du dépôt de la rue Bergère, l'on n'a point à craindre les effets de la malveillance, ceux de la négligence de la part des palefreniers sont très à redouter. La Convention nationale, par son décret du 9 du présent mois, a sagement prévu que la perte des dépôts renfermant des objets précieux de sciences et d'arts serait irréparable, s'ils devenaient malheureusement la proie des flammes. Les funestes exemples que nous avons sous les yeux doivent nous faire prendre toutes les précautions possibles pour assurer les richesses nationales (F17 1046).

[3] Lire Port-Brieuc, nom révolutionnaire de Saint-Brieuc.

Côtes-du-Nord, extrêmement pauvres en livres et objets d'arts, transmettent la copie de la nomination de leurs commissaires artistes. On y remarque cet article : arrêté que, conformément à la lettre du représentant du peuple Le Carpentier[1], du 2 thermidor, les tableaux, les croix, les saints et autres décorations des ci-devant églises dont la conservation ne serait d'aucun profit pour la République serviront à la cuite du salpêtre. La lettre et l'extrait sont renvoyés au Comité d'instruction publique.

Le Bureau du Domaine national, après avoir répondu à la lettre de la Commission du 27 brumaire, relative aux retards occasionnés par les commissaires aux ventes, prie la Commission d'examiner s'il ne serait pas plus avantageux et plus expéditif que les commissaires de la bibliographie s'entendissent avec le libraire qui décrit et estime les livres, et en opérassent sur-le-champ le transport dans les dépôts[2]. Le directoire est chargé d'examiner cette mesure.

Leblanc est invité à prendre auprès du citoyen Laveaux[3], agent national du Département, des renseignements qui puissent servir aux commissaires chargés de la recherche des manuscrits de la maison Condé et autres.

Vigne, agent national du district de Lagrasse[4], département de l'Aude, annonce 1° qu'il a préservé des flammes plusieurs tableaux, entre autres *les Sept sacrements*, d'après l'Espagnolet, le *Repas de Bal-*

---

[1] Le Carpentier (Jean-Baptiste), député de la Manche à la Convention nationale, envoyé en mission dans la Manche et les pays voisins à la fin d'août 1793 pour réorganiser les corps constitués, y resta très longtemps. Sa conduite tyrannique et sanguinaire fut dénoncée par les citoyens de Port-Malo, de Valognes, de Carentan et par la Société populaire de Coutances : il fut décrété d'accusation le 2 prairial an III.

[2] Lettre du Bureau du Domaine national à la Commission des arts, 8 frimaire (F¹⁷ 1048). En proposant à la Commission de recommander à ses commissaires de faire la description des livres de concert avec le libraire qui les estime, le Bureau du Domaine est d'avis que ce mode de procéder sera moins onéreux à la République. Le Bureau du Domaine fait connaître en outre les mesures qu'il a prises pour que ses commissaires se rencontrent exactement avec ceux de la Commission des arts.

[3] Laveaux (Jean-Charles Thibault de), professeur de français en Allemagne, dirigea de 1791 à 1792 le *Courrier de Strasbourg*, vint à Paris où il rédigea le *Premier journal de la Convention nationale* (1792-1793), puis le *Journal de la Montagne* (1793-1796), fut nommé agent national du Département, le 29 thermidor an II, donna sa démission le 22 floréal an III, devint sous l'Empire chef du bureau militaire au département de la Seine, puis inspecteur général des prisons et hospices.

[4] Lagrasse (arr. de Carcassonne) où se trouvent les vestiges d'une abbaye bénédictine, fondée en 779.

thazar, un *Saint Jérôme*, tableaux qui, malheureusement, dans la démolition du temple, avaient déjà éprouvé quelques déchirures ; il a conservé le tableau de *l'Incendie de Troie*, où l'on voit Énée emportant son père Anchise sur ses épaules. Il a fait reporter au dépôt les richesses littéraires dont étaient remplies les malles que les moines enlevaient[1]. Mention au procès-verbal.

Le Comité d'instruction publique, persuadé que la désignation d'un local pour les bibliothèques étant de l'attribution du district qui doit envoyer son avis au département, qui le fait de suite passer au Comité, invite la Commission à lui déduire les motifs qui l'ont déterminée à envoyer des commissaires à Étampes pour désigner aux habitants le local convenable pour recevoir des objets de sciences et d'arts de ce district. Les commissaires envoyés à Étampes sont chargés de faire passer au Comité les motifs qui ont porté la Commission à arrêter ce voyage. Ils désigneront aussi les objets qu'ils jugent dignes d'avoir une place dans le Muséum de Paris.

La Commission arrête que le Comité sera invité à demander à chaque Commission ou agence un inventaire de tous les objets d'arts et sciences qui se trouvent à leur disposition dans les maisons nationales qu'elles occupent. Après qu'elles auront satisfait à cette demande, la Commission temporaire des arts fera le récolement.

La Commission d'agriculture et des arts envoie à la Commission temporaire des arts une lettre et le catalogue des livres qu'elle a choisis dans la bibliothèque de Malesherbes, dans le district de Pithiviers[2]. Il sera répondu à la Commission d'agriculture et des arts que le Comité d'instruction publique a seul le droit de statuer sur la légitimité des demandes faites en objets d'arts.

---

[1] Dans sa lettre en date du 29 brumaire an III, Vigne dit en outre que «lors de la vente des meubles des émigrés, tous les livres ont été soigneusement réservés et transportés dans la bibliothèque du chef-lieu de district, qui en très grande partie se trouve composée des livres que les ci-devant Bénédictins jugèrent à propos de nous laisser; elle serait des plus incomplètes, si à leur départ je n'eus fait arrêter en grande partie leurs malles qui ont resté pendant deux ans en dépôt chez plusieurs particuliers de la présente commune, que j'ai enfin fait ouvrir lorsque j'ai été nommé agent national et où j'ai retrouvé les ouvrages les plus précieux en histoire et en littérature» (F^{17} 1239).

[2] Ce catalogue fut dressé, le 11 brumaire an III, par Charles Gravell, bibliothécaire de la Commission d'agriculture; il comprend 227 articles (F^{17} 1271).

Le directoire écrira au Bureau du Domaine national [1] pour demander que le commissaire Nice procède tous les jours sans interruption à l'inventaire estimatif de la bibliothèque Condé et à faire évacuer incessamment le Dépôt de la rue de Lille. On lui demandera pareillement l'évacuation des effets qui se trouvent dans le Dépôt de la rue de Thorigny. L'établissement des bureaux préposés à la confection des inventaires de livres nécessite ces mesures.

Il sera écrit aux administrateurs du district de Laon pour les avertir qu'ils ne peuvent rendre publique la bibliothèque qu'après avoir envoyé au Comité d'instruction publique l'inventaire des livres qui la composent. Ils seront en même temps chargés de dénoncer à l'accusateur public les auteurs des dégradations qui se sont commises dans les objets de sciences et d'arts.

Sur la proposition d'un membre, la Commission arrête que le directoire de la Commission invitera le citoyen Paillet à faire remettre au Muséum national les tableaux de Paul Poter, de Vernet et d'autres qu'il a, appartenant à Lévis, condamnés, et qui se trouvent à la maison de Bullion [2].

La Commission arrête que le Comité d'instruction publique sera invité à écrire à toutes les administrations et aux agents nationaux de district qu'ils aient à dénoncer à l'accusateur public et à poursuivre selon les lois les dilapidateurs et auteurs des dégradations en tout genre qui se sont commises dans les objets de sciences et arts.

Le même Comité renvoie les diverses demandes de la commune de Mantes, relatives à la tour Maclou, et invite la Commission à donner son avis formel sur la démolition de ce monument. Cette demande est renvoyée à la section d'architecture, qui a déjà fait un rapport sur cet objet.

Le citoyen Grisel présente à la Commission un essai de porphyre factice dont il est lui-même l'inventeur. Les sections de chimie, minéralogie et architecture sont chargées d'examiner le mérite de cette invention.

Le Comité d'instruction publique autorise la Commission à faire

---

[1] La lettre en question fut écrite le 20 frimaire (F^{17} 1046).

[2] Le directoire écrivit à cet effet au citoyen Paillet (Antoine), peintre, le 12 frimaire (F^{17} 1046). Les condamnés auxquels appartenaient les tableaux en question étaient : Marc-Antoine de Lévis, ex-constituant, condamné à mort le 15 floréal an II (W 358, n° 753); Lévis-Mirepoix (Charles-Philibert-Marie-Gaston), ex-constituant, condamné le 8 prairial an II (W 374, n° 844); Lévis (Gabrielle-Augustine Michelle, veuve de), condamnée le 21 messidor an II (W 400, n° 943).

délivrer au citoyen Carton, employé à son secrétariat, et sous récépissé un forte-piano dont il sera fait auparavant description et estimation, à la charge par le citoyen Carton de le remettre, lorsqu'il en sera requis, dans le même état qu'il l'aura reçu.

Le même Comité autorise la Commission à envoyer dans le district de Soissons un de ses membres pour prendre connaissance des dégradations commises sur plusieurs tableaux, faire transporter au Muséum les objets qu'il jugera convenables et prendre toutes les mesures de conservation. La Commission nomme Lebrun pour se rendre à Soissons y remplir les vues du Comité d'instruction publique; il se transportera de Soissons à Reims pour y prendre connaissance de l'état de tous les dépôts d'arts et sciences et en faire un rapport à la Commission des arts.

Les sections de musique et mécanique feront un rapport sur la demande des organistes qui sollicitent la permission de toucher les orgues dont l'intérêt des arts réclame la conservation.

Le Comité d'instruction publique renvoie une lettre du citoyen Cotte, météorologiste, qui demande un hygromètre de Saussure, et invite la Commission à donner son avis sur cette demande. La section de physique est chargée de procurer les instruments désignés, en exigeant récépissé.

Le même Comité renvoie à l'examen de la Commission la pétition du citoyen Lefrançois, directeur de l'Observatoire de l'École militaire, dont l'objet est d'obtenir pour des observations du plus grand intérêt une bonne pendule, un compteur et un bon baromètre. — Renvoyé à la section de physique.

La Commission des travaux publics, ayant un besoin urgent de carreaux de pierre de liais, prie la Commission temporaire des arts de lui indiquer le lieu où elle pourrait s'en procurer. Renvoyé à Jolain pour donner les renseignements demandés.

Legall, agent national près le district de Lesneven, département du Finistère, informe la Commission[1] que dans son arrondissement l'inventaire des livres marche de pair avec celui des objets de sciences et arts.

Sericys, conservateur du Dépôt littéraire, rue de Lille, observe que

---

[1] Par lettre du 29 brumaire an III (F^{17} 1239).

l'on vient d'apporter de Chaillot 8 ou 9 paquets de brochures et de les déposer chez lui sans aucune note ni formalité, ce qu'il croit susceptible de grands inconvénients. Renvoyé à la bibliographie.

Le Comité d'instruction publique autorise la Commission des arts à délivrer à l'Agence des mines cinquante exemplaires d'une grammaire allemande qui se trouve sous le scellé chez la femme Lesclapart, condamnée. Renvoyé à Barrois pour l'exécution.

Le même Comité autorise la même Commission à faire délivrer à l'Agence des mines, pour les cours de docimasie, chimie, métallurgie, les ustensiles, vases et matières désignés dans l'état annexé au présent arrêté. Renvoyé à la section de chimie.

Les administrateurs du district de Jamville, département d'Eure-et-Loir, font passer l'inventaire de la bibliothèque du château de Denonville[1], partagée en trois lots, dont le premier est tombé à l'un des enfants qui n'est point émigré et les deux autres à la Nation. Ils observent qu'ils n'ont dans leur arrondissement nul objet de sciences et arts, excepté quelques tableaux et gravures très ordinaires. Cette lettre est renvoyée à la bibliographie.

Les administrateurs du district de Die, département de la Drôme, observent[2] que, malgré plusieurs recherches d'objets relatifs aux sciences et aux arts, ils n'ont pu découvrir dans leur arrondissement qu'un très petit nombre de tableaux d'église évidemment mauvais; ils en feront passer incessamment l'inventaire. Le directoire est chargé de leur demander des renseignements sur un arc de triomphe, des autels, des mosaïques, beaucoup d'inscriptions précieuses et sur plusieurs colonnes de granit qui existaient dans le clocher de la ci-devant cathédrale.

Les administrateurs du district de Caen annoncent[3] qu'ils font

---

[1] Denonville (Eure-et-Loir), canton d'Auneau.

[2] Par lettre du 29 brumaire an III (F¹⁷ 1239). — En dépit du peu de résultat des recherches faites par les administrateurs du district de Die, il y existe encore actuellement 3 autels tauroboliques, l'un dans la cour de l'ancien évêché, les autres dans des jardins, deux autels semblables à la ferme des Sablières. L'église Notre-Dame (ancienne cathédrale) a des colonnes d'un temple antique. Au palais épiscopal, il y a une belle mosaïque ayant servi de pavé à un baptistère; à la porte Saint-Pierre, de nombreux fragments antiques (inscriptions, bas-reliefs) enchâssés dans des bancs ou des chambranles de portes et de fenêtres.

[3] Voir la lettre des administrateurs du district de Caen à la Commission temporaire des arts, 6 frimaire an III (F¹⁷ 1239).

marcher de pair avec la bibliographie les objets de sciences et arts, et qu'ils en enverront incessamment les catalogues à la Commission.

Le Comité d'instruction publique renvoie le rapport des citoyens Langlès et Barrois sur leur voyage à Versailles, dont les conclusions tendaient à organiser en cette commune une Commission temporaire des arts et à l'adjoindre à celle de Paris. Il invite la Commission à se faire rendre compte de l'organisation de celle de Versailles, des travaux qu'elle a faits et à proposer un plan d'organisation propre à conserver les monuments de sciences et arts. Les différentes sections qui ont été chargées de missions à Versailles se concerteront avec les commissaires artistes de cette commune et feront un rapport sur l'objet demandé par le Comité d'instruction publique.

Le Comité d'instruction publique sera invité à présenter à la Convention un projet de décret tendant à défendre à toutes les administrations de disposer en aucune manière des vélins et parchemins, écrits ou imprimés, qui appartiennent à la Nation.

La Commission temporaire des arts arrête que le citoyen Besson se rendra à la manufacture de porcelaine établie à Sèvres[1] [pour y désigner] les objets qui méritent d'entrer au Muséum des arts. Naigeon est adjoint à Varon pour faire l'inventaire des modèles de vases étrusques qui se trouvent à Sèvres[2].

Une demande faite par Thillaye de loupes montées sur pied, qui sont dans les dépôts de physique, est adoptée. Charles est autorisé à les délivrer à Thillaye sous son récépissé pour l'usage des Écoles de chirurgie. Nadreau est chargé de faire transporter aux Écoles de chirurgie l'échelle de bibliothèque qui se trouve chez Mesnard-Pressigny[3].

Une lettre de Mâcon, contenant la demande d'un mètre, est renvoyée à la Commission des poids et mesures.

Bonvoisin propose de faire transporter au Dépôt de la rue des

---

[1] Lacune.

[2] Sans doute s'agit-il de la collection de vases étrusques, au nombre de 520, réunie par Vivant Denon, chargé d'affaires près du Roi des Deux-Siciles, par lui vendue au Roi et déposée à Sèvres d'après les ordres de M. d'Angiviller, vases dont la Commission des Monuments s'était déjà occupée. Voir L. Tuetey, *Procès-verbaux de la Commission des monum.*, t. II, p. 9, 161.

[3] Ménage de Pressigny (François-Marie), ex-noble et fermier général, condamné à mort le 19 floréal an II (W 362, n° 785).

Petits-Augustins les effets suivants qu'il a trouvés parmi les dépouilles des églises, rassemblées rue Neuve-Augustin, savoir : un tableau du Bassan représentant *une Résurrection*, et *une Famille* de Carle Maratte, l'un et l'autre provenant de la ci-devant chapelle des Orfèvres[1]; une paire de bottines chinoises, d'étoffes piquées, et une autre paire de chaussures du même pays; un morceau de velours bleu, sur lequel est une inscription hébraïque, relevée en tissu d'or; un bonnet ou mitre de velours violet, enrichi de broderie en or, et le sabre offert à la Convention par le département du Mont-Blanc[2], une espèce de bâton ou de canne augural dont se servait l'abbé de Saint-Victor, deux des toques envoyées en dons patriotiques par les filles et les femmes de Strasbourg. Tous ces objets peuvent être utiles aux artistes et aux savants dans leurs recherches sur les costumes. Ces propositions sont adoptées. Nadreau est chargé de l'enlèvement et du transport.

L'expert est chargé de faire transporter aux dépôts les colonnes qui se trouvent dans la ci-devant chapelle des Orfèvres.

Les conservateurs sont autorisés à laisser entrer dans les dépôts le citoyen Neveu, qui doit présenter à la Commission des arts l'état des dessins qui conviennent à l'École centrale des travaux publics.

Jolain transportera au Dépôt de la rue de Beaune les monuments en marbre qui existent chez Condé. Jolain présente un mémoire du citoyen Daujon pour la démolition des marbres de l'église Roch et leur transport aux Petits-Augustins, porté par Daujon à la somme de dix mille quatre-vingt-quatorze livres, et réglée par l'expert à celle de six mille sept cent soixante et onze livres six sols. Ce mémoire est renvoyé au directoire.

La Commission, persistant dans son arrêté du 20 germinal, arrête

---

[1] Ces deux tableaux, qui ne sont que des copies, entrèrent le 28 frimaire an III au Dépôt des Petits-Augustins (*Arch. du Musée des Monum. français*, t. II, p. 225-296).

[2] D'après les *Procès-verbaux des séances de la Convention* (t. XXXII, p. 401), des citoyens du département du Mont-Blanc annoncèrent, le 12 ventôse an II, «l'arrivée à l'Hôtel des Monnaies de Paris des saints de leur département, réduits à leur juste valeur», et offrirent en même temps le bonnet et le sabre donnés par Clément XI au prince Eugène, d'exécrable mémoire; Clément ne se doutait pas, déclarèrent-ils, faire un don à la République française. D'après ces procès-verbaux (t. XXXIII, p. 184), le 20 ventôse an II, la commune de Strasbourg fit déposer, par la députation du Bas-Rhin, 2 bonnets de femme en forme de calotte, brodés en or, une toque en or, une autre en argent.

que le Comité d'instruction publique sera invité à autoriser le citoyen Cazes à se rendre à Marseille pour, conjointement avec le citoyen Goupy, actuellement dans le département du Var, prendre tous les moyens de faire transporter à Paris, avec sûreté et dans son entier, la précieuse collection de Choiseul-Gouffier, qui allait passer à l'étranger sans la vigilance de la Commission temporaire des arts.

Cazas sera invité à laisser par écrit la note des objets qu'il sait composer la collection de Choiseul-Gouffier.

La Commission arrête que le citoyen Cazas sera autorisé à prendre connaissance de tous les dépôts de sciences et arts formés par les districts qui se trouvent sur sa route de Paris à Marseille ; il prendra au secrétariat communication des inventaires de ces districts et des notes et renseignements sur les objets qu'ils doivent posséder. Il sera autorisé à faire toutes les démarches nécessaires pour découvrir à Marseille les originaux des plans manuscrits et cartes de la partie septentrionale de l'Archipel, levées par ordre de Choiseul-Gouffier et apportées par Truguet [1].

La Commission renvoie au Comité d'instruction publique le projet de lettre en réponse à celle des revenus nationaux qui lui a été communiquée par son directoire.

Barrois, Ameilhon et Jolain seront seuls chargés de requérir auprès de la Commission des transports les voitures dont aurait besoin la Commission des arts.

Bonvoisin, Dupasquier et Lebrun se rendront à la maison de l'Infantado, pour y mettre en réserve les objets de sciences et arts propres à l'instruction publique.

La Commission suspend jusqu'au printemps le transport des monuments en marbre qui se trouvent à Fontainebleau. Jolain veillera à ce qu'ils ne souffrent aucune dégradation et prendra tous les moyens de les conserver sains et entiers.

La section des antiquités, consultée par le Comité d'instruction publique sur la question de savoir si une médaille d'argent doré[2], repré-

---

[1] Truguet (Laurent-Jean-François), contre-amiral, incarcéré à Paris, mis en liberté après le 9 thermidor.

[2] Le rapport de Varon et Dupasquier sur cette médaille, représentant d'un côté la figure de Henri IV, de l'autre «le mariage du même tyran», est du 10 frimaire (F^{17} 1265).

sentant Henri IV, doit être conservée, estime que le travail en est médiocre, mais que sous le rapport de l'histoire elle peut être mise en réserve. Cette opinion, adoptée par la Commission, est renvoyée au Comité d'instruction publique. Un rapport de la même section des antiquités[1] sur l'offre de Viard de céder à la nation quatre suites généalogiques de la maison de Lorraine, par Saint-Urbain, est également adopté par la Commission; il sera écrit à Viard d'envoyer cette collection au Comité d'instruction publique, pour que l'examen et l'estimation en soient faits sous ses yeux.

Thillaye dépose le récépissé de Lucas, concierge des galeries du Muséum d'histoire naturelle, à qui a été remis le corps embaumé de Turenne[2], retiré de l'église de Franciade, et le rapport constatant l'état, fait à Franciade, de ce corps.

Le citoyen Picault fait un rapport analytique de la correspondance du citoyen Goupy, chargé par la Commission d'examiner tous les objets de sciences et arts dans les départements qu'il parcourt[3]. Ce rapport, ainsi que ses propositions, sont renvoyés au Comité d'instruction publique, avec invitation de les déposer.

Naigeon dépose l'état des objets d'arts entrés au Dépôt de la rue de Beaune pendant la 1re décade de frimaire.

La section de bibliographie dépose les inventaires des livres trouvés chez la femme Lalande, l'émigré Pey[4], Fourmestraux[5], la femme Lu-

---

[1] Ce rapport, signé de Varon et Dupasquier, est, comme le précédent, du 10 frimaire (F17 1265).

[2] Le corps de Turenne, après son exhumation, resta dans l'amphithéâtre du Jardin des plantes jusqu'en l'an VII; un arrêté du Directoire exécutif du 27 germinal (16 avril 1799) ordonna de le transporter au Musée des monuments français (*Archives du Musée des monuments français*, t. III, p. 416).

[3] Ce rapport ou résumé analytique de la correspondance de Goupy comprend les lettres datées de Lyon, 3 fructidor, Vienne, 6 fructidor, Valence, 9 fructidor, Montélimar, 11 fructidor, Orange, 12 fructidor, Avignon, 14 fructidor, Avignon, Aix et Marseille, 27 fructidor an II. Il est signé, non seulement de Picault, mais de Varon, Lebrun, David Le Roy, Fragonard, Lannoy, Dardel, Dupasquier. — Dans cette correspondance Goupy rend compte de l'état des bibliothèques, dépôts d'objets d'arts et de sciences, monuments qu'il a visités, des mesures qu'il a prises pour seconder les efforts des municipalités en vue de la conservation des collections artistiques, scientifiques et littéraires, situées dans l'étendue de leurs districts (F17 1231).

[4] Pey (L'abbé Jean), chanoine de l'église cathédrale de Toulon, puis de Notre-Dame de Paris depuis le 7 octobre 1771, s'était retiré à Louvain.

[5] Fourmestreau de Brisseuil (Ignaco-Joseph), ancien conseiller au Parlement de Paris, condamné à mort le 26 prairial an II (W 386, n° 897).

bomirska [1], Hesse [2], Saint-Simon [3], femme Villeroy [4], Lefèvre d'Amécourt [5] et chez l'émigré Courtavelle [6].

Le citoyen Bardel, chef du bureau de la bibliographie, fait passer les inventaires du cabinet de physique et mécanique du collège et du ci-devant petit séminaire d'Autun, un inventaire des instruments de physique trouvés dans le cabinet de Monstiers [7] à Carcassonne, un catalogue de tableaux du district de Barjols, département du Var, un catalogue des tableaux du district de Tournon et deux catalogues d'instruments de physique, des tableaux, sculptures et gravures, envoyés par le département de la Meurthe [8].

Lelièvre dépose le reçu donné par la Commission d'agriculture et des arts des objets de physique de chez Boutin.

La Commission autorise Nadreau à faire transporter aux dépôts les armoires qui, chez Boutin, renfermaient les objets de physique.

(1) Lubomirska (Rosalie Chodkiewitz, femme), se disant princesse de Pologne, condamnée à mort le 3 floréal an II. S'étant déclarée enceinte, il fut sursis à son exécution jusqu'au 13 messidor (W 351, n° 713).

(2) Hesse-Rheinfels Rothenbourg (Charles-Constantin, prince de), lieutenant-général en 1792, fut rayé des cadres de l'armée comme noble.

(3) Problablement Claude-Anne de Montbleru, marquis de Saint-Simon, député à la Constituante, qui émigra en Espagne, où il commanda le corps des émigrés.

(4) Villeroy (Jeanne-Louise-Constance, femme de Gabriel-Louis, duc de), dont le mari périt sur l'échafaud et qui mourut à Versailles le 1er octobre 1816.

(5) Lefebvre d'Amécourt (Adrien), conseiller au Parlement de Paris depuis 1740.

(6) Courtavelle, colonel au régiment de Vivarais. — Inventaire des livres de la femme Villeroy, émigrée, rue de l'Université, n° 924, 2 frimaire an III (370 articles), remis au dépôt des Cordeliers (F^{17} 1195). — État des livres trouvés dans la bibliothèque de l'émigré Pey, enclos de la Raison, 4 frimaire an III (156 articles), remis au dépôt des Cordeliers (F^{17} 1195). — État des livres trouvés dans la bibliothèque de Hesse, émigré, rue des Piques, le 8 frimaire an III (49 articles), remis au dépôt de la rue Saint-Marc (F^{27} 1198-1199). — État des livres trouvés dans la bibliothèque de Saint-Simon, émigré, rue Neuve-des-Capucines, le 26 brumaire an III, remis au même dépôt (F^{17} 1198-1199). — Inventaire des livres trouvés dans la maison de l'émigré Lefebvre d'Amécourt, rue de l'Université, n° 269 (393 articles), remis au dépôt de la rue de Lille, sans date (F^{17} 1196). — État des livres trouvés dans la bibliothèque de l'émigré Courtavelle, rue de Grenelle, 2 frimaire an III (32 articles), remis au dépôt des Cordeliers (F^{17} 1195).

(7) Il s'agit de la famille des Moustiers de Mérinville.

(8) Voir les inventaires des machines du cabinet de physique et du petit séminaire d'Autun, signés de Scourion, Michel et Masson, le premier comprenant 35 articles, le second 82 (F^{17} 1270); — l'inventaire des objets d'optique et mécanique, au nombre de sept, trouvés dans le cabinet de l'émigré Monstiers, dressé le 26 vendémiaire an III (F^{17} 1271).

L'inventaire des tableaux du district des

Leblanc et Desfontaines font un rapport sur une espèce de varech recueilli dans la mer de Port-la-Montagne, par Gérard, et envoyé par lui sous le nom d'*Helminthocorton* ou coraline de la Corse [1]. Il suit du rapport des commissaires que le varech en question n'est pas la coraline de Corse, mais une espèce qui en rapproche et qui, vraisemblablement, pourrait servir aux mêmes usages. La Commission arrête que le rapport sera communiqué à la Commission de santé, à la Société d'histoire naturelle, au citoyen Gérard, et au Comité d'instruction publique.

SÉANCE DU 15 FRIMAIRE AN III DE LA RÉPUBLIQUE.

(5 DÉCEMBRE 1794.)

La Commission des arts placée sous l'inspection de la Commission d'instruction publique. – Arrêté du Comité d'instruction publique décidant que désormais le président de la Commission sera choisi parmi les artistes qui la composent. – Observations de Jacquin sur la bibliothèque de Meaux. – Inventaire des pierres précieuses remises par le citoyen Cardin, menuisier, à la Commission. – Demande de l'ingénieur Chappe. – Catalogues, rapports, communications des districts de Lectoure, l'Isle-Jourdain, Issoudun, Chinon, Carpentras, Rocher-de-la-Liberté, Grenoble, Mussidan, Redon, Carismont, Verdun. – Noms et adresses des commissaires aux scellés. – Sculptures dans le jardin de Beaumarchais. – Communication de Lenoir. – Arrêté du Comité d'instruction publique relatif au triage des archives. – Demandes des libraires

Barjols, provenant de communautés religieuses ou chapelles supprimées et des émigrés Raphélis, Sabran et Forbin, pour la plupart mutilés, fut dressé, le 15 brumaire an III, par le peintre Lamy, de Marseille, et comprend 114 articles (F^{17} 1270). — L'inventaire des tableaux du district de Tournon, provenant des Capucins, des Carmes et des religieuses de Notre-Dame, est signé de trois commissaires, Sanial, d'Elzir et Gros; il entre dans d'intéressants détails (F^{17} 1271). — Deux inventaires furent dressés, le 14 thermidor an II, par le sieur Lecreulx: le premier, des instruments de physique et de mathématiques provenant du collège, de l'Académie de Nancy et des cabinets des émigrés; le second, des tableaux, gravures et sculptures rassemblés dans le bâtiment de la Visitation et provenant des églises, maisons religieuses, maisons d'émigrés et déportés du département de la Meurthe (F^{17} 1271).

[1] Ce rapport de Leblanc et Desfontaines, en date du 10 frimaire, est accompagné d'une lettre de Gérard, officier de santé, et d'un échantillon du varech (F^{17} 1050, n° 1); il fut envoyé à la Commission de santé, qui en accusa réception par lettre du 27 frimaire et demanda qu'on lui fit parvenir une certaine quantité de ce vermifuge nouveau, pour en étudier les effets (F^{17} 1048).

Mourer et Luquiens, de Lausanne, accueillies favorablement. – Tableau du Corrège que Devisme propose de céder à la République. – Loi relative à la responsabilité des agents nationaux et administrateurs de districts au sujet des dégradations de monuments. – Autre loi relative aux mesures de sûreté pour les bibliothèques, muséums, etc. – Envoi du Journal des mines. – Avis de la Commission du salpêtre de la section de l'Arsenal. – Bibliothèque du condamné Boullongne. – Ordres donnés par le Bureau du Domaine relativement à la conservation des vélins. – Refus du citoyen Dehansy de se dessaisir du clavecin de la ci-devant Reine. – Instructions à Janvier, pour sa mission dans les départements. – Dépôt littéraire de la rue Neuve-Saint-Marc. – Adresse au Comité d'instruction publique. – Inventaires remis par Lebrun.

Le procès-verbal de la dernière séance est adopté avec quelques amendements.

La séance s'ouvre par la lecture d'un arrêté du Comité d'instruction publique conçu en ces termes : un membre propose de mettre la Commission temporaire des arts sous l'inspection de la Commission exécutive d'instruction publique, sauf à elle d'en référer au Comité [1]; la proposition est adoptée.

Le Comité arrête de plus que la Commission temporaire des arts choisira désormais son président parmi les artistes qui la composent : signé Chénier, président, Baraillon, Lakanal, Plaichard et Massieu. Pour extrait conforme, etc. Cet arrêté a donné lieu à une longue discussion, dont le résultat a été de nommer les citoyens Corvisart, Buache, Barrois et Lebrun, pour rédiger une adresse au Comité d'instruction publique, dans laquelle serait exprimé le vœu de la Commission temporaire des arts de rester unie à lui, et, dans le cas où il persisterait dans son arrêté, lui demander s'il ne croirait pas nécessaire que la Convention qui, par un décret, a adjoint la Commission temporaire des arts au Comité d'instruction publique, dût aussi, par un décret, lui retirer cette adjonction pour l'attribuer à la Commission exécutive d'instruction publique.

Le citoyen Jacquin adresse à la Commission le résultat de ses observations relatives aux objets d'arts et à l'emplacement de la bibliothèque de Meaux, exposée à être incendiée par le feu des casernes qui l'avoisinent : ces observations sont renvoyées au Comité d'instruction publique.

[1] Ce fut le 10 frimaire an III que le Comité d'instruction publique prit cette décision. (Cf. J. Guillaume, *Procès-verbaux*..., t. VI, p. 267.)

La Commission des revenus nationaux demande [1] à celle des arts l'inventaire estimatif de cinq topazes, quinze rubis, deux pierres d'agate, quelques pièces métalliques et objets d'histoire naturelle, trouvés [2] et remis à la Commission temporaire des arts par le citoyen Cardin, menuisier, afin de le faire participer aux récompenses que la République accorde à ceux qui font des découvertes de ce genre. La Commission temporaire des arts arrête que l'inventaire estimatif de ces objets, fait par les citoyens Nitot et Lebrun, sera envoyé à la Commission des revenus nationaux, et qu'elle sera prévenue que ces objets se trouvent encore au secrétariat, tels qu'ils ont été déposés par le citoyen Cardin [3].

Chappe, ingénieur télégraphe, prie la Commission de lui faire remettre les dix pendules communes, réunies dans les dépôts, lesquelles jointes aux deux qui leur ont déjà été remises, ne lui en laisseront plus que six à trouver pour compléter la ligne télégraphique du Nord, composée de dix-huit postes. Cette demande est renvoyée à Janvier pour faire un rapport.

Les administrateurs du district de Lectoure, département du Gers, envoient le catalogue des livres déjà inventoriés et promettent le complément dans le courant de la décade [4]. Ils ne parlent point des objets relatifs aux sciences et aux arts.

Le Bureau du Domaine national, conformément à la demande que lui avait faite la Commission des arts, envoie la liste indicative des noms et de la demeure de ses commissaires aux scellés et inventaires du mobilier [5].

Le président du district de l'Isle-Jourdain, département du Gers, écrit [6], pour la deuxième fois, qu'il n'a ni monument d'antiquité, ni

---

[1] Par lettre en date du 11 frimaire (F17 1048).

[2] Au Luxembourg.

[3] En envoyant le 16 frimaire à la Commission des revenus nationaux l'inventaire de ces pierres rares, la Commission des arts ajoutait que le peu de valeur de ces objets avait fait juger qu'ils ne pourraient ni figurer dans un dépôt, ni servir aux échanges. Quant à la récompense à attribuer au citoyen Cardin, la Commission estimait qu'une mention honorable au procès-verbal lui paraissait être le témoignage le plus flatteur pour ce citoyen (F17 1048).

[4] Lettre du district de Lectoure, 1er frimaire, en réponse à celle de la Commission du 23 brumaire, qui lui demandait de faire marcher de pair avec la bibliographie les inventaires des arts et des sciences (F17 1239).

[5] Voir cette liste, comprenant 31 noms avec la lettre du Bureau du Domaine, du 11 frimaire, sous la cote F17 1048.

[6] La lettre est du 2 frimaire (F17 1239).

objets de sciences ni d'arts; sa richesse littéraire consiste en cinq mille volumes, presque tous de morale.

Le président du district d'Issoudun, département de l'Indre, demande[1] à la Commission temporaire des arts qu'on lui accuse la réception des catalogues d'objets de sciences et arts, envoyés le 4 brumaire et qui, d'après la lettre de la Commission, paraîtraient ne lui être point parvenus. Renvoyé au directoire pour répondre.

Le citoyen Garrez, architecte, invite la Commission de faire enlever les deux figures de fleuve et de naïade du célèbre Jean Goujon, qui sont dans l'arcade de l'entrée souterraine du jardin de Beaumarchais, et de faire rechercher en même temps le bas-relief, de la plus belle exécution, qui était au-dessus et qui a disparu[2]. Renvoyé à la section de sculpture.

Le citoyen Lenoir informe la Commission que l'administration des Domaines nationaux a ordonné, pour le 12 frimaire, la vente de quantité d'effets de culte placés dans son dépôt.

Le Comité d'instruction publique envoie l'arrêté qu'il a pris le 8 frimaire portant : la Commission temporaire des arts sera chargée de se transporter aux Archives pour faire le triage des objets désignés par la loi du 7 messidor. La Commission nomme pour faire ce triage les citoyens Buache, Poirier, Lebrun, Ameilhon, Bonvoisin et Varon.

La section des Dépôts littéraires, après avoir examiné les quatre états des livres que le citoyen Mourer, libraire de Lausanne en Suisse, demande à exporter, pense que rien ne s'oppose à la sortie des livres contenus dans ces quatre états, soumis par la Commission de commerce. La Commission des arts arrête que cet avis, qu'elle adopte, sera communiqué à l'Agence du commerce extérieur.

L'administration du district de Chinon envoie le rapport qu'elle a fait au Comité d'instruction publique et relatif aux monuments des arts de son arrondissement; on y voit que le vandalisme en a respecté

---

[1] Lettre du district d'Issoudun, 5 frimaire (F[17] 1239).

[2] Les deux bas-reliefs, représentant la *Seine* et la *Marne* et attribués sans raison à Jean Goujon, furent recueillis en 1790 par Beaumarchais, lorsque, sur les ruines et les fossés du rempart, il fit construire l'hôtel où il mourut le 18 mai 1799. Ces bas-reliefs se trouvaient sur une arcade à l'entrée du jardin, qui disparut vers 1836 lors de la rectification du boulevard Beaumarchais; ils furent transportés au musée de Cluny dans un coin du jardin (catalogue, n°[s] 289, 290). [J.-J. Guiffrey, *Les statues de la porte Saint-Antoine*, *Nouvelles Archives de l'art français*, 1882, t. III, p. 371.]

quelques-uns, dégradé ou détruit tous les autres. Renvoyé au citoyen Grégoire.

Les administrateurs du district de Carpentras, département de la Vaucluse, envoient la circulaire qu'ils ont adressée aux municipalités de leur arrondissement relativement à la conservation des objets qui intéressent l'instruction [1].

La Commission de commerce et approvisionnements communique une demande en exportation par Luquiens, libraire à Lausanne [2]. Cette demande est renvoyée à la section de bibliographie.

Le Comité d'instruction publique renvoie une lettre de la Commission d'agriculture et des arts avec celle du citoyen Devisme [3], un de ses agents, qui propose de céder à la République un tableau du Corrège, représentant *Danaé*, le même qui fut gravé à Rome par Duchange [4].

---

[1] Lettre des administrateurs du district de Carpentras à la Commission temporaire des arts, sans date. A cette lettre se trouve annexée la circulaire annoncée au procès-verbal; elle est datée du 24 brumaire an III. Il y est dit que «les objets d'instruction publique sont, de toutes les propriétés nationales, celle dont la conservation vous est le plus impérieusement recommandée.... Plusieurs municipalités n'ont point encore répondu à notre circulaire du 24 vendémiaire. Nous leur demandions l'état des dépôts des objets d'instruction publique établis dans leur arrondissement. Plusieurs d'elles, nous le savons, ont fait transporter au district les tableaux de leurs ci-devant églises; mais il en est un plus grand nombre encore qui les ont mis en réserve chez elles. Il en est plusieurs autres qui ont des maisons d'émigrés sous leur garde. Quelques-unes ont des monuments antiques précieux; toutes, enfin, doivent justifier à l'administration des soins qu'elles ont pris et qu'elles doivent continuer à prendre pour la conservation des objets d'instruction publique et la mettre à même de répondre, à cet égard, de leur activité à la Convention.

«Faites-nous parvenir des renseignements précis sur les dépôts littéraires existant dans votre commune, que des commissaires iront incessamment inventorier; sur les dépôts ou tableaux, etc., que le citoyen Duplessis ira incessamment examiner, et certifiez enfin l'administration de l'apposition et intégrité des scellés partout où ils doivent exister.» (F^{17} 1044.)

[2] La lettre de la Commission du commerce est du 8 frimaire (F^{17} 1048).

[3] Lettre de la Commission d'agriculture et des arts, 12 frimaire, à laquelle est jointe celle de Devisme, 5 frimaire (F^{17} 1048). Dans sa lettre Devisme dit: «Ce tableau fut acheté par Louvois, ministre de Louis XIV. Un de mes parents en fit l'acquisition à la vente du petit-fils de ce courtisan, et je l'ai acheté de lui il y plus de 20 ans. — La Commission du ci-devant Palais-Royal en possédait un pareil. Il paraît certain que le Corrège l'a peint deux fois, car celui de la maison d'Orléans existait déjà au Palais-Royal, lorsque Duchange et des Rochers gravèrent à Rome celui que je possède aujourd'hui.» Pourtant il donne les raisons qui l'inclineraient à penser que celui de la maison d'Orléans pourrait bien n'être qu'une copie.

[4] Duchange (Gaspard), graveur, né à Paris en avril 1662, mort le 6 janvier 1757,

[5 déc. 1794] DE LA COMMISSION TEMPORAIRE DES ARTS. 611

La section de peinture est chargée de faire un rapport sur cet objet.

La Commission exécutive de l'instruction publique adresse une loi en original qui déclare les agents nationaux et administrateurs de district responsables des destructions et dégradations commises dans leur arrondissement sur les monuments de sciences et arts.

La Commission exécutive de l'instruction publique adresse à celle des arts une loi en original, portant qu'il ne sera établi à l'avenir aucun atelier d'armes, de salpêtre, ou magasins de fourrages et autres matières combustibles dans les bâtiments où il y a des bibliothèques, muséums, cabinets d'histoire naturelle et autres collections précieuses de sciences et d'arts, et que la Commission temporaire des arts est chargée de l'exécution du présent décret à Paris [1]. La Commission arrête que copie de la présente loi sera adressée à tous les conservateurs de dépôts de la Commission, avec invitation de la faire exécuter, en ce qui les concerne, le plus promptement possible.

L'administration du district du Rocher-de-la-Liberté [2], département de la Manche, communique l'arrêté qu'elle a pris relativement aux écoles normales. Renvoyé à la première section du Comité d'instruction publique.

L'agent national du district de Grenoble, département de l'Isère, annonce que Ducros [3], excellent bibliographe, a fait les inventaires et que les livres qu'il a rebutés ont été vendus. Cette lettre est renvoyée au Comité d'instruction publique.

L'administration du district de Mussidan, département de la Dordogne, envoie [4] l'état des tableaux et objets d'histoire naturelle de son arrondissement.

La Commission des armes, poudres et exploitation des mines de la République, envoie quinze exemplaires du second numéro du *Journal des Mines* [5] à la Commission temporaire et l'invite à lui en accuser la

grava, d'après le Corrège, plusieurs de ses tableaux: *Jupiter et Io*, *Léda* et *Danaé* (ce dernier au Palais Borghèse, à Rome), mais, dans un accès de scrupule, il détruisit ses planches; il grava aussi l'œuvre de Jouvenet.

[1] Le décret de la Convention interdisant d'établir aucun atelier d'armes, de salpêtre, etc., est du 9 frimaire.

[2] Rocher de la Liberté, nom révolutionnaire de Saint-Lô.

[3] Le père Étienne Ducros, ancien cordelier, fut conservateur de la bibliothèque de Grenoble à l'origine, c'est-à-dire en 1775, et occupa ce poste pendant la période révolutionnaire. Il mourut en 1816.

[4] Voir la lettre du district de Mussidan, en date du 7 frimaire (F17 1239).

[5] Le *Journal des Mines*, ou recueil de mémoires sur l'exploitation des mines, parut de l'an III à 1815 et forme 38 vol.

réception. La Commission arrête qu'en accusant à la Commission des armes et poudres, etc., la réception de ces numéros, il lui sera témoigné combien elle est sensible à cette attention. Il est de plus arrêté, sur la demande de Lelièvre, que les membres qui désireront ce journal sont invités à s'adresser directement à la Commission des armes, poudres et exploitation des mines.

La Commission non salariée du salpêtre de la section de l'Arsenal, instruite du décret qui éloigne toute espèce d'atelier des bâtiments où il y a des bibliothèques, observe [1] que, sous très peu de décades, ses travaux seront terminés, que le transport de leurs divers ustensiles occasionnerait des frais considérables et que d'ailleurs leurs sages et continuelles précautions, l'ordre et la nature de leur travail, repoussent toute crainte d'incendie. Renvoyé aux sections d'architecture et de bibliographie.

L'administration du district de Redon, département de l'Ille-et-Vilaine, presse la confection des inventaires de livres et assure qu'elle n'a aucun ouvrage d'arts dans son arrondissement [2].

Les administrateurs du district de Carismont [3], département du Loir-et-Cher, sont dans une indigence extrême d'objets de sciences et d'arts; ils ont cru devoir suspendre l'inventaire d'un petit cabinet de physique pour l'instruction des élèves de Pontlevoy [4] jusqu'à la décision de la Convention sur cet établissement [5]. Il leur sera répondu que, quelle que soit la décision de la Convention, ils doivent toujours inventorier ces objets et envoyer le catalogue.

Les administrateurs du district de Verdun envoient le tableau déchi-

in-8°; il fut interrompu de germinal an VII à germinal an IX. — La Commission accusa réception de cet envoi par lettre du 23 frimaire (F¹⁷ 1048).

[1] Rapport de la Commission du salpêtre de la section de l'Arsenal à la Commission des arts, 12 frimaire. La Commission du salpêtre y donne des détails sur l'installation et le fonctionnement du laboratoire de salpêtre de la section, qui avait été installé dans la maison de Saint-Louis-de-la-Culture (F¹⁷ 1048).

[2] Lettre des administrateurs du district de Redon, 7 frimaire (F¹⁷ 1239).

[3] Carismont, nom révolutionnaire de Saint-Aignan.

[4] Le collège royal militaire, institué par Louis XVI à Pontlevoy, fut transformé à la Révolution en une école nationale militaire, sous la direction du bénédictin dom François Chappotin, avec le titre d'inspecteur général.

[5] Outre les objets dont il est question ci-dessus au procès-verbal, la lettre des administrateurs du district de Carismont, en date du 8 frimaire, renseigne sur la classification et le catalogue des livres de ce district (F¹⁷ 1239).

rant des dégradations commises dans leur arrondissement. Tout ce qu'il y avait de beaux monuments à la ci-devant cathédrale de Verdun, aux Bénédictins de Vannes[1], aux Capucins, a été mutilé, brisé, détruit ou vendu à vil prix par un serrurier, officier municipal de Verdun. Ces pièces seront communiquées au Comité d'instruction publique.

Le Bureau du Domaine national prévient[2] la Commission que, le 3 frimaire, il a donné l'ordre au citoyen Bizet, l'un de ses commissaires, de se concerter avec le citoyen Barrois pour l'enlèvement de la bibliothèque de Boulongne, qui se trouve dans des caisses déposées dans une écurie, dans la maison de ce condamné, rue de la Révolution.

Le même Bureau annonce[3] qu'il a donné des ordres pour la distraction dans les ventes de tout livre de vélin ou parchemin; quant à ceux de plain-chant, provenant des ci-devant églises, c'est au Saint-Esprit[4] qu'ils ont tous été déposés.

Le citoyen Dehansy avertit la Commission que le clavecin de la ci-devant Reine lui devient de jour en jour plus précieux, qu'il s'est identifié avec lui et ne peut consentir à s'en séparer, quelque avantageuses que soient les conditions qu'on pourrait lui proposer. Cette lettre est renvoyée au Comité d'instruction publique avec invitation de prendre les mesures pour faire rentrer dans les dépôts un objet précieux de plus de 6,000^{tt} qui n'a été vendu que 317^{tt}.

L'administration du district de Rocher-la-Liberté, département de la Manche, annonce[5] qu'elle s'occupe à la fois des catalogues de livres, de tableaux, de la préparation d'un local convenable pour les recevoir et des moyens d'empêcher désormais toute espèce de dégradation.

Janvier annonce qu'il est sur le point de parcourir quelques départements où l'appellent ses affaires particulières. La Commission l'invite et l'autorise, par le présent arrêté, à prendre connaissance, dans les divers districts par où il passera, des dépôts de livres et de ceux des monuments de sciences et d'arts en général, des moyens employés pour leur conservation et des dégradations en tout genre qui auraient

---

[1] Saint-Vanne, abbaye de Bénédictins, fondée en 952 par l'évêque Bérenger, où une réforme, introduite en 1600, donna naissance à la congrégation de ce nom. Il en subsiste des restes du xive siècle dans la citadelle.

[2] Lettre du Bureau du Domaine, 9 frimaire (F^{17} 1048).
[3] Par lettre du 4 frimaire (F^{17} 1048).
[4] Où se trouvaient les archives de l'administration des biens nationaux.
[5] Par lettre du 9 frimaire (F^{17} 1044).

614   PROCÈS-VERBAUX   [5 déc. 1794]

pu être commises; elle le charge en outre de répandre l'instruction de la Commission partout où il le jugera nécessaire, d'inviter les autorités constituées et les agents nationaux à s'y conformer, et de leur rappeler leurs devoirs à l'égard de tout ce qui intéresse les sciences et les arts, d'entretenir une correspondance suivie avec la Commission dont il est membre et de lui en faire à son retour un rapport exact et circonstancié.

Les commissaires précédemment chargés de visiter les musées, bibliothèques et tous les dépôts de sciences et arts de Paris pour faire un rapport sur les moyens de les mettre à l'abri de tout danger, sont invités à se rendre au Dépôt littéraire de la rue Neuve-Marc pour examiner si le voisinage des fourneaux de la maison adhérente ne l'expose pas aux malheurs de l'incendie.

Les commissaires chargés de rédiger une adresse au Comité d'instruction publique pour lui exprimer le vœu de la Commission de rester adjointe à lui présentent le résultat de leur travail. Ce projet d'adresse est adopté unanimement et sans réclamation, et il est arrêté qu'il sera porté au Comité au nom de la Commission par des commissaires pris dans son sein.

Lebrun dépose l'inventaire estimatif des objets trouvés au Garde-Meuble et dignes d'être conservés, de ceux trouvés chez Papillon de La Ferté[1], Trudaine, condamné, et l'aîné[2], La Perrière[3] à Suresnes, aux ci-devant Hospitalières de Sainte-Catherine, en la maison d'Égalité, provenant de Chantilly chez Condé, en la même maison, provenant du Palais National[4].

---

[1] Papillon de La Ferté (Denis-Pierre-Louis), commissaire général des Menus Plaisirs, condamné à mort le 19 messidor an II (W 409, n° 941).

[2] Il s'agit des deux frères Trudaine, conseillers au Parlement, condamnés le 5 thermidor an II.

[3] La Perrière (Jacques-Joseph Brac de), ex-fermier général, condamné à mort le 19 floréal an II (W 362, n° 785).

[4] Inventaire de Papillon La Ferté aux Menus-Plaisirs, 241 articles, 4 frimaire an III (F17 1268). — Inventaire de Trudaine La Sablière, condamné, et de Trudaine l'aîné, rue Taitbout, n° 31, 2 frim. an III (F17 1267).
— Inventaire de La Perrière (une caisse de coquillages), 27 brum. an III (F17 1268).
— Inventaire des objets des Hospitalières Sainte-Catherine (25 tableaux), 6 frimaire (F17 1268). — Inventaire des objets de la maison Égalité provenant de Condé et de Chantilly (10 articles), 6 frim. (F17 1268). Inventaire des objets du Palais national (2 articles), 6 frimaire (F17 1268).

SÉANCE DU 20 FRIMAIRE AN III DE LA RÉPUBLIQUE.

(10 DÉCEMBRE 1794.)

Objets rassemblés à la maison Infantado. — Envois des districts de Rennes, Langeais, Lodève, Sens, Uzès, Valogne, Carpentras, Beaumont (Haute-Garonne), Alais, Ervy, Montagne-sur-Aisne, Compiègne, Saint-Fargeau, Fougères, Crépy, Condom, Breteuil, Strasbourg, Monglonne, Albi, Joinville, Orgelet. — Pétition de Martin, sculpteur. — Invention de fours portatifs. — Imprimeries de Metz. — Magasin de librairie, provenant de Deux-Ponts, dans la même ville. — Mesures de sûreté au dépôt de la rue Marc. — Augmentation de traitement à Oudry et à Guibourt. — Demande de machine par Hassenfratz. — Dépôt d'objets par Cardin, menuisier. — Mémoires de Scellier. — Demandes des citoyens Luquiens, Molini et Longuemarc. — Demande d'emploi par le citoyen Quiziquer. — Marbres et statues de l'église de Sorbonne. — Dilapidations dénoncées par le citoyen Lenoir, architecte. — Catalogue des livres de la bibliothèque de Fontainebleau. — Maison de Périgord, évêque d'Autun. — Renseignements à demander sur diverses collections d'armes anciennes. — Renseignements à demander au district de Meaux. — Réponse de la Commission des transports au sujet du citoyen Vottier qui sollicite un emploi. — Travaux de la section des Dépôts littéraires. — Driancourt, portier du ci-devant château d'Écouen. — Biens de la femme Bourbon. — Transport de deux palmiers au Muséum d'histoire naturelle. — Hospice de Franciade. — Collection de coquilles du citoyen Gérard. — Lettre du Comité de salut public. — État des objets à transporter d'urgence, qui sera présenté par Jolain. — Lettre des représentants du peuple près l'armée du Nord. — État des effets enlevés chez la citoyenne Gougenot. — Bordure de tableau à délivrer au citoyen Vacquier. — Demande de Coiny, dessinateur. — Renvoi par le Comité de sûreté générale d'une lettre timbrée de Carpentras. — Demandes d'emploi par les citoyens Chevalier et autres. — Rapport demandé à Bruni. — Offre du citoyen Ballyet. — Plan de Verniquet. — Recherche des plans terriers et des ouvrages du ci-devant abbé La Grive. — Vases étrusques et autres à Sèvres. — Antiquités existant à la Bibliothèque nationale. — Laboratoire d'Artois. — Effets de la maison Condé. — Cassolettes de la femme Capet. — Pépinière et parc de Morfontaine. — Appointements du pépiniériste. — Levée des scellés apposés sur la salle de l'Académie française. — Rapports et inventaires déposés par Jolain, Naigeon, Lenoir, Desfontaines, Bonvoisin, Ameilhon. — Demande d'objets pour l'École des aérostiers par le Comité de salut public.

Après la lecture du procès-verbal de la dernière séance, un membre fait lecture de la correspondance.

La Commission des revenus nationaux prévient celle des arts qu'on va faire l'estimation et l'emballage des objets destinés à l'exportation et rassemblés à la maison Infantado et au Garde-Meuble national. Elle invite la Commission temporaire des arts à aller s'assurer qu'aucun de ces objets ne mérite d'être conservé pour l'instruction publique [1].

Les administrateurs du district de Rennes, département de l'Ille-et-Vilaine, qui ont déjà envoyé les inventaires de livres, d'objets de sciences et arts, le devis estimatif de leur muséum, demandent à la Commission de leur faire livrer 12,000^{tt} pour la confection de ces établissements nécessaires à l'instruction de la jeunesse. Cette demande est renvoyée au Comité d'instruction publique.

L'administration du district de Langeais, département d'Indre-et-Loire, qui fait passer le catalogue de sa petite bibliothèque, demande à la Commission de la faire compléter par l'excédent des dépôts voisins et observe qu'elle n'a nul objet de sciences ni d'arts; elle prie qu'on lui accuse la réception de son catalogue. La Commission renvoie cette lettre au Comité d'instruction publique.

Le Comité de sûreté générale renvoie une pétition du citoyen Martin, sculpteur, qui demande une place. La section de sculpture est chargée d'examiner cette demande et d'en faire un rapport.

Le Comité de marine renvoie un mémoire du citoyen Deraine, contenant le plan lavé de fours portatifs et le développement des avantages de cette invention; il invite la Commission d'en rendre compte au Comité de salut public. La section de physique, à laquelle sera adjoint David Le Roy, est chargée de faire un rapport sur cette découverte.

La Commission renvoie au Comité d'instruction publique deux

---

[1] Lettre de la Commission des revenus nationaux, 13 frimaire (F^{17} 1048): «Par un des articles de notre lettre du 3 vendémiaire dernier, y est-il dit, relative au rassemblement d'effets précieux qui doivent composer les différents assortiments demandés par la Commission de commerce pour nos échanges avec l'étranger, nous vous avons prévenu que nous nous occupions de faire réunir dans un même local le plus qu'il nous serait possible de ces objets précieux, et nous vous avons assurés qu'il n'en serait rien enlevé ni emballé, que nous ne vous ayions mis à portée d'acquérir la certitude qu'il n'y a rien été compris qui mérite d'être conservé en France pour l'Instruction publique. Un grand nombre de ces objets sont déjà rassemblés, tant à la maison de l'Infantado (hôtel de Saint-Florentin, puis de Fitz-James, acquis en 1787 par la duchesse de l'Infantado) qu'au Garde-Meuble national; on est sur le point de commencer les estimations et les emballages. Nous désirons qu'avant cette opération, vous chargiez un ou deux de vos commissaires de faire la visite dont il s'agit, si vous le jugez convenable.»

lettres de celles des revenus nationaux et d'agriculture et des arts [1], qui annoncent qu'il existe à Metz trois imprimeries, dont une allemande, une grecque et une latine, et un magasin de librairie provenant de Deux-Ponts; la Commission invite le Comité d'écrire aux représentants du peuple en mission dans ces départements pour faire transporter à Paris ces trois imprimeries. Le directoire est chargé d'écrire au district de Metz pour l'inviter à prendre les mesures les plus efficaces pour la conservation du magasin de librairie provenant de Deux-Ponts et à demander au Comité de salut public l'inventaire qui lui a été envoyé [2]. Il sera aussi répondu à la Commission d'agriculture et des arts pour lui donner avis des mesures que l'on a prises.

D'après un rapport de ses commissaires chargés d'examiner les moyens de mettre à l'abri de tout danger le dépôt littéraire formé rue Neuve-Marc, la Commission arrête les mesures indiquées dans les conclusions, et que le Comité d'instruction publique sera invité à demander à la Commission exécutive d'instruction publique de presser la sortie des personnes qui, n'étant point sous la surveillance du conservateur, peuvent compromettre la sûreté du dépôt.

Un membre fait lecture du rapport de David Le Roy, au sujet d'une augmentation de traitement à accorder aux citoyens Oudry et Guibourt. La Commission est d'avis que l'augmentation, proposée et désignée par le commissaire, soit accordée aux citoyens Oudry et Guibourt, et que le rapport soit envoyé au Comité d'instruction publique avec invitation d'en confirmer les dispositions.

Sur la demande du citoyen Hassenfratz d'une machine à fendre les roues pour l'atelier de perfectionnement des armes, établi rue Marc, maison Montmorency, la Commission nomme les citoyens Molard et Lenoir pour faire un rapport sur cette demande.

---

[1] La lettre de la Commission d'agriculture est du 14 frimaire, celle de la Commission des revenus nationaux est du 6 frimaire. D'après cette dernière, un arrêté du représentant du peuple Lacoste, du 18 germinal an II (AF II 127, n° 975), ayant décidé que toutes les imprimeries existant à Deux-Ponts seraient enlevées et transportées à Metz, cinq imprimeries provenant de Deux-Ponts furent enlevées, savoir : deux françaises, une allemande, une grecque et une latine. Les deux premières de ces imprimeries furent données par le citoyen Mallarmé aux districts de Faulquemont et de Clermont-en-Argonne; la destination des imprimeries latine, grecque et allemande reste à déterminer (F^{17} 1050, n° 1, et F^{17} 1048).

[2] La lettre en question fut écrite par le directoire de la Commission à la Commission d'agriculture et des arts, le 28 frimaire (F^{17} 1046).

Sur la proposition d'un membre tendant à ne pas laisser subsister dans les registres de la Commission l'erreur de croire que les objets déposés au secrétariat par le citoyen Cardin, menuisier, sont aussi précieux que la Commission des revenus nationaux et celle d'instruction semblent l'insinuer dans leurs lettres, la Commission temporaire des arts arrête que l'estimation qui en a été faite par les citoyens Nitot et Lebrun, montant en tout à 6 livres 10 sols, sera consignée au procès-verbal, que le citoyen Cardin sera invité à venir reconnaître au secrétariat les objets qu'il y a déposés, et que communication en sera ensuite donnée à la Commission exécutive d'instruction publique et à celle des revenus nationaux.

Après l'examen et vérification faite par Lannoy, conjointement avec Jolain, expert, des mémoires présentés par Scellier, marbrier entrepreneur, la somme en règlement est portée à cent quatre-vingt-trois mille quatre cent soixante-deux livres quinze sols neuf deniers, de laquelle déduisant celle de soixante-six mille quatre cents livres reçues à compte par Scellier jusqu'à l'époque du 25 messidor, reste due celle de trente-sept mille soixante-deux livres quinze sols neuf deniers. La Commission adopte le règlement présenté par les commissaires.

La section des Dépôts littéraires, chargée de prendre connaissance de trois demandes formées par les citoyens Luquiens, Molini et Longuemare [1] en permission d'exporter à l'étranger les livres énoncés dans les factures, que la Commission de commerce et approvisionnements de la République a fait passer à la Commission temporaire des arts par ses lettres des 8 et 13 frimaire [2], déclare qu'il n'y a aucun inconvénient à laisser sortir tous les livres énoncés dans ces factures [3].

La Commission d'agriculture et des arts annonce que Béthune-Charost [4] lui demande des renseignements sur les détails relatifs aux

---

[1] Luquiens était libraire à Lausanne. — Longuemare, négociant du Havre-Marat, demandait à expédier des ouvrages anglais dans l'Amérique septentrionale, et Molini, libraire à Paris, voulait envoyer des livres à Lausanne.

[2] Ces lettres de la Commission du commerce se trouvent sous la cote F17 1048.

[3] Rapport de Poirier et de Langlès sur les quatre états de livres destinés à l'exportation par le libraire Mourer, de Lausanne, 25 frimaire. Autre rapport de Langlès, Barrois, Poirier et Ameilhon sur la demande de Luquiens, Molini et Longuemare, 20 frimaire (F17 1081, n° 1).

[4] Béthune-Charost (Armand-Joseph, duc de), créateur de forges et de filatures.

fabriques de tôle qu'il veut établir dans les usines. Elle invite la Commission temporaire des arts à presser auprès de l'agent national de Saint-Omer le prompt envoi du modèle [1] de manufacture de tôle qui existe dans cette commune. Le directoire est chargé d'écrire à Saint-Omer pour la deuxième fois afin d'accélérer le transport à Paris de ce modèle intéressant pour la confection de la tôle.

La Commission temporaire des arts, d'après les renseignements donnés par les commissaires de Versailles, ne pense point que l'acquisition du cabinet offerte par le citoyen Quiziquer [2] doive être faite pour l'instruction publique; mais, d'après leur témoignage, elle pense que ce zélé, industrieux et père de famille est digne d'intérêt et propre à être employé utilement au travail des modèles et fortifications et plans en relief. Elle renvoie sa demande à la Commission des travaux publics avec invitation de l'employer, s'il y a lieu.

D'après un rapport du citoyen Lannoy, qui s'est rendu à la ci-devant église Sorbonne pour y visiter les marbres qu'il convient d'enlever, Scellier et Laplanche sont chargés de s'occuper de l'enlèvement de ces marbres et de leur transport dans la cour, sous la surveillance de Jolain, qui en dressera l'état.

D'après le rapport de Lannoy, la section de sculpture est chargée d'examiner dans la même église les statues en pierre de Tonnerre, représentant *les Apôtres*; et la section de peinture fera un rapport sur les quatre pendentifs, peints à fresque par Philippe de Champagne [3].

La Commission des travaux publics annonce qu'elle a reçu le rapport concernant les dilapidations que le citoyen Lenoir, architecte

---

[1] Dans sa lettre, la Commission d'agriculture, en recommandant la demande de Béthune-Charost, dit que «la nécessité de seconder efficacement et sans retard un citoyen dont l'industrie se dirige vers un objet de fabrication devenu aussi rare qu'il est utile, nous fait un devoir de vous inviter à réclamer instamment de la part de l'agent national de Saint-Omer le prompt envoi du modèle de manufacture de tôle qui existe dans cette commune» (F17 1048).

[2] Quiziquer, dit *Victor*, fit hommage à la Convention, le 3 fructidor an 11, d'un projet de temple à la gloire de la République.

[3] Ces peintures de Philippe de Champagne, encore existantes dans l'église de la Sorbonne, représentent S¹ Jérôme, S¹ Ambroise, S¹ Léon-le-Grand et S¹ Augustin. Voir leur description dans l'*Inventaire des richesses d'art, Paris, Monuments religieux*, t. III, p. 129. Quant aux statues d'apôtres, il s'agit des quatre statues du dôme qui, dans Piganiol (t. V, p. 528), sont indiquées comme représentant des anges ou des apôtres, et, dans l'*Inventaire des richesses d'art*, se trouvent cataloguées sous la désignation de génies ailés; statues de l'école française du XVIIᵉ siècle.

et toiseur des bâtiments, prétend avoir lieu dans l'administration et dans les ventes des différents objets appartenant à la Nation. Le citoyen Lenoir lui paraît autant désirer se faire employer utilement pour lui que de servir vraiment la République, puisqu'il termine par demander d'être surveillant des abus qu'il dénonce vaguement. La Commission des travaux publics examinera les faits dénoncés et remédiera aux abus, s'il y en a [1]. Le directoire accusera la réception de cette lettre à la Commission des travaux publics.

La Commission d'agriculture et des arts renvoie une lettre des commissaires à la vente du mobilier de la ci-devant Liste civile à Fontainebleau qui, ayant égaré l'inventaire des livres de la Bibliothèque du ci-devant Roi, en demandent un double, afin d'en laisser copie au concierge qu'ils vont charger du soin de cette bibliothèque. Conformément à la demande de cette Commission, le directoire lui accusera la réception de sa lettre [2], et il est arrêté de plus que le double du catalogue réclamé sera demandé à la Commission exécutive de l'instruction publique pour être envoyé aux commissaires de Fontainebleau.

L'administration du district de Lodève, département de l'Hérault, qui a déjà envoyé son catalogue de bibliographie, adressé à la Convention et renvoyé par elle au Comité d'instruction publique, comme il est attesté par la lettre de la Commission des dépêches dont ils joignent copie, observe [3] que les autres objets relatifs aux arts ne consistent qu'en quelques vieux tableaux d'église de nulle valeur et dont ils croient inutile d'envoyer l'état. Le directoire est chargé de leur demander cet état, quelle que soit la valeur des tableaux.

La Commission des revenus nationaux annonce [4] qu'elle s'est adressée au district de Mantes pour savoir à quelle branche de la maison Périgord appartenait le propriétaire du ci-devant château Rosny. Un membre assure que cette maison appartenait au plus jeune

---

[1] Lettre de la Commission des travaux publics à la Commission temporaire des arts, 15 frimaire (F17 1048).

[2] Le 28 frimaire, le président de la Commission des arts informait la Commission d'agriculture et des arts que la demande des commissaires à la vente du mobilier de la ci-devant Liste civile avait été renvoyée au Bureau de la bibliographie générale au Luxembourg (F17 1046).

[3] Sa lettre est du 7 frimaire (F17 1239).

[4] Par lettre en date du 16 frimaire (F17 1048).

frère de Périgord, évêque d'Autun[1]. Le directoire fera passer cet avis à la Commission des revenus nationaux.

Le directoire chargera un de ses membres de visiter à l'atelier d'armes établi aux Feuillants les modèles d'armes provenant du ci-devant prince de Deux-Ponts. Le directoire écrira aux districts de Sedan, Toulon et Joinville pour leur demander des renseignements détaillés sur les dépôts d'armes anciennes de toutes espèces qui doivent se trouver dans les chefs-lieux de ces districts; il sera en outre demandé des renseignements sur le trésor, le mausolée des Guises et les statues anciennes qui existaient à la ci-devant église collégiale de Joinville[2].

Il sera écrit au district de Meaux pour l'inviter à envoyer au Comité d'instruction publique l'épée, le bouclier et les autres armures de deux guerriers du temps de Charlemagne et le missel antique du ci-devant chapitre de Meaux. Il lui sera en outre demandé des renseignements sur les deux belles copies qui étaient placées dans la croisée de la ci-devant cathédrale de Meaux, l'une représentant *Le Martyre de Saint-André*, par le Guide, l'autre *Un Martyr qu'on flagelle*, par le Dominiquin[3].

Le directoire est invité à presser auprès du Comité d'instruction publique le complément des membres de chaque section de la Commission temporaire des arts, attendu que quelques-unes sont dans l'impossibilité d'agir et de se livrer aux fonctions qui leur sont attribuées.

Les administrateurs du district de Sens ont envoyé les inventaires de manuscrits et des objets de sciences et arts. Ils enverront incessam-

---

[1] Talleyrand-Périgord (Charles-Maurice, duc de), député en 1789, évêque d'Autun depuis le 1er octobre 1788.

[2] Voir sous la cote F^{17} 1270 une *Notice des monuments de peinture, sculpture et autres, existant dans la ci-devant église collégiale du chapitre Saint-Laurent de Joinville*, par C.-J. Benoist de Neufchâteau, en date de Joinville, 22 novembre 1791. Cette notice, très détaillée, donne des renseignements circonstanciés sur l'état des monuments de sculpture que renferme cette église, notamment les tombeaux des sires de Joinville, des princes de la maison de Lorraine et des Guises. Il y est aussi question des autres sculptures, des épitaphes et des peintures.

[3] Voir *Notes sur quelques tableaux de la cathédrale de Meaux*, par Th. Lhuillier. (*Réunion des Sociétés des beaux-arts des départements*, 1888, 12° session, pages 147-148). L'auteur rappelle les discussions critiques auxquelles a donné lieu l'origine des armures, improprement attribuées à Ogier le Danois, neveu de Charlemagne, et il résume l'historique des deux tableaux de la cathédrale de Meaux, ainsi que la correspondance échangée à ce sujet en frimaire an III entre le district de Meaux et la Commission temporaire des arts.

ment les cartes de 30,000 volumes. Ils ajoutent que leur bibliothécaire donnera des éclaircissements sur les dégradations et spoliations exercées dans leur district, dès qu'on les lui demandera [1]. Le directoire est chargé de demander des éclaircissements avec invitation au bibliothécaire de Sens de dénoncer les auteurs des dilapidations dont il a connaissance.

La Commission des transports militaires écrit [2] que le citoyen Vottier, recommandé par la Commission temporaire, sera placé, s'il veut contracter un engagement avec les agents de la division des dépôts. Le directoire est chargé de répondre à la Commission des transports d'après les renseignements qu'il prendra sur l'intérêt que la Commission temporaire a pris au citoyen Vottier lors de l'envoi de sa demande.

La Commission temporaire des arts arrête que la section des Dépôts littéraires rendra compte des mesures qu'elle emploie pour que, dans tous les dépôts, on travaille au catalogue général de nomenclature de tous les livres ou manuscrits; elle présentera par écrit les obstacles qui s'opposeraient à ce que ce travail commençât incessamment. Cet arrêté sera communiqué à la Commission des arts de Versailles.

Le citoyen Driancourt, ci-devant portier dans l'hospice militaire établi au ci-devant château d'Écouen, demande à être continué dans le même emploi pour le service du Muséum qu'on doit y placer. La Commission ajourne cette demande, attendu qu'il n'est point encore question de Muséum à Écouen ni ailleurs.

Les administrateurs du district d'Uzès, département du Gard,

---

[1] Lettre des administrateurs du district de Sens, 9 frimaire (F17 1044). «L'administration, disent-ils, voit avec surprise que vous lui demandez les inventaires des objets de sciences et d'arts..., vu qu'elle vous a fait passer dans la dernière décade de ce même mois de brumaire un paquet de cartes qui renfermait l'inventaire des manuscrits de ce district, des tableaux, des gravures, des bronzes, des marbres, dont le Comité n'a accusé aucune réception. Nos commissaires, qui travaillent assidûment, sont mortifiés de ce qu'au lieu d'encouragement vous paraissez douter de leur exactitude et du zèle qu'ils apportent dans leur travail.... Le Comité des arts avait aussi demandé des renseignements sur les dilapidations, spoliations, en un mot, sur les ravages qu'avait exercés le vandalisme dans notre district. Le citoyen Laire, notre bibliothécaire, vous a fait passer dans le même temps un mémoire à ce sujet, dans lequel il vous disait que, s'il vous restait quelques éclaircissements à désirer, il se ferait un devoir de vous les envoyer, aussitôt que vous les auriez demandés.»

[2] Par lettre du 17 frimaire (F17 1048).

annoncent[1] qu'ils n'ont dans leur arrondissement nul monument d'art; ils pressent la confection du catalogue.

L'administration du district de Valognes, département de la Manche, observe qu'elle n'a aucun objet d'art, mais qu'elle enverra incessamment l'inventaire de ses richesses littéraires.

Les administrateurs du district de Carpentras annoncent que l'inscription phénicienne, sur laquelle la Commission leur demandait des renseignements, est enchâssée dans l'angle d'un mur de l'escalier de la bibliothèque publique de Carpentras et qu'elle est dans le même état que le citoyen Barthélemy la décrit dans le trente-deuxième volume des *Mémoires de l'Académie des inscriptions*[2]. Cette lettre sera communiquée au Comité d'instruction publique avec invitation de proposer ce qu'il jugera de plus avantageux à la conservation de cette inscription.

Les administrateurs du district et l'agent national de Beaumont, département de la Haute-Garonne, écrivent qu'ils ont un tableau de Jouvenet, quelques autres provenant d'émigrés ou condamnés, une statue colossale représentant *Flore* et très peu de livres dont ils enverront incessamment l'inventaire[3].

Les administrateurs des districts d'Alais, département du Gard, et d'Ervy, département de l'Aube, annoncent qu'il font marcher de pair avec la bibliographie le travail relatif aux sciences et aux arts; ils feront passer incessamment leur catalogue[4].

---

[1] Par lettre du 5 frimaire (F17 1239).

[2] Le mémoire en question de l'abbé Barthélemy, qui est intitulé : *Explication d'un bas-relief égyptien et de l'inscription phénicienne qui l'accompagne*, et qui comprend en outre trois planches représentant ce bas-relief et donnant le texte de l'inscription en phénicien et en caractères hébreux, se trouve en effet dans le tome XXXII des *Mémoires de littérature tirés des registres de l'Académie royale des inscriptions et belles-lettres*, p. 723 à 738.

[3] Lettre du district de Beaumont, 8 frimaire (F17 1239): «D'après cette lettre, la bibliographie de ce district est assez peu conséquente; il y avait peu d'amateurs, l'agriculture y ayant été plus cultivée que les sciences. Les livres trouvés chez les ci-devant moines n'offrent que des tas de théologie, d'aussi peu de valeur quant à la matière qui y est traitée, qu'à l'égard du papier et reliure... Les livres trouvés chez les émigrés ou condamnés seront plus utiles.» En outre, une cause de retard dans le classement et l'inventaire des collections est attribuée à la translation du chef-lieu du district de Grenade à Beaumont, effectuée en pluviôse par un représentant du peuple, sur le vœu des communes.

[4] Lettre du district d'Alais, 5 frimaire (F17 1239). Quant au district d'Ervy, qui n'avait pas reçu la lettre de la Commission, du mois de thermidor an II, relative aux inventaires des objets de sciences et d'arts, il a, conformément à celle du 22 vendémiaire an III, nommé un commissaire pour faire les inventaires demandés (F17 1239).

Les administrateurs du district de Montagne-sur-Aisne, département de la Marne, qui ont déjà envoyé le catalogue de leurs livres, observent qu'ils y ont mentionné quarante-cinq cartes géographiques, deux globes, deux sphères et un télescope, seuls objets d'arts et de sciences qu'ils possèdent [1].

L'agent national du district de Compiègne annonce [2] que les catalogues littéraires et scientifiques ont été déjà envoyés, et qu'on s'occupe maintenant du transport des livres de la bibliothèque, trop voisine de l'atelier du salpêtre.

L'administration du district de Saint-Fargeau, département de l'Yonne, annonce [3] qu'elle n'a dans son arrondissement aucun ouvrage d'arts et que, sous quinzaine, les catalogues de livres seront envoyés à la Commission.

Le Bureau du Domaine national, en réponse à la lettre du 7 frimaire, annonce que les biens ayant appartenu à la femme Bourbon, d'après les lois du 1er août 1793 et 17 septembre suivant, et d'après les décrets des 25 et 26 frimaire dernier, sont devenus propriété nationale et qu'ils doivent être administrés comme ceux des émigrés [4].

La Commission arrête que, duodi prochain, les différentes sections se rendront chez Disneyfitch [5] pour y visiter les effets appartenant à la femme Bourbon.

La Commission exécutive de l'instruction publique invite celle des

---

[1] Lettre des administrateurs du district de Montagne-sur-Aisne, 13 frimaire (F17 1044).

[2] Par lettre en date du 15 frimaire, où l'agent national dit que la bibliothèque était dans le même local que l'atelier (F17 1044).

[3] Par lettre en date du 13 frimaire (F17 1044).

[4] Le Bureau du Domaine national au citoyen Massieu, président de la Commission temporaire des arts, 15 frimaire (F17 1048). «La Convention, est-il dit dans cette lettre, a décrété par l'article 7 de la loi du 1er août 1793 que tous les individus de la famille Capet seraient déportés hors du territoire de la République, à l'exception des deux enfants de Louis Capet et des individus de la famille qui sont sous le glaive de la loi, et par l'article 9, que les membres de la famille Capet qui sont sous le glaive de la loi seront déportés après le jugement, s'ils sont absous. Par une autre loi du 17 septembre suivant, elle a décrété que les dispositions relatives aux émigrés sont en tous points applicables aux déportés; enfin elle a ordonné par les décrets des 25 et 26 frimaire dernier que les biens confisqués au profit de la République, pour quelque cause et de quelque manière que ce soit, seront régis, liquidés et vendus comme les biens nationaux provenant des émigrés. Il est évident d'après ces lois que les biens ayant appartenu à la ci-devant femme Bourbon sont devenus propriétés nationales et qu'ils doivent être administrés et vendus comme ceux des émigrés.»

[5] Rue d'Anjou, faubourg St-Honoré.

arts à lui faire passer les pièces relatives à la remise de deux palmiers par le citoyen Lemoine au Muséum d'histoire naturelle, pièces qui lui sont absolument essentielles pour faire payer le citoyen Lemoine, conformément à l'arrêté du Comité d'instruction publique, pris sur rapport de la Commission temporaire des arts [1].

Le citoyen Dauvergne presse la Commission de donner des ordres pour mettre à la disposition de l'hospice de Franciade les carreaux de liais qui se trouvent au Dépôt des ci-devant Augustins. Cette demande est envoyée à Jolain et aux commissaires qui ont été chargés de mission à Franciade. Ils en feront un rapport.

Les administrateurs et l'agent national du district de Fougères, département d'Ille-et-Vilaine, répondent à la lettre de la Commission qu'ils n'ont dans leur arrondissement ni usines, ni fabriques, ni manufactures, qui fourniraient les objets de sciences et d'arts dont on leur demande l'état [2]. Le directoire est chargé de leur écrire pour leur donner quelques éclaircissements sur ce que la Commission entend par objets de sciences et d'arts.

Les administrateurs du district de Crépy répondent qu'ils ont déjà envoyé [3] les inventaires de ce qu'ils possèdent en livres et objets de sciences et d'arts. Le directoire vérifiera si ces inventaires se trouvent au secrétariat.

Le Comité d'instruction publique invite la Commission à donner son avis sur la lettre et le catalogue du cabinet de coquilles précieuses du citoyen Gérard, qui propose de le vendre à la Nation. Renvoyé à la section d'histoire naturelle.

Le même Comité renvoie une lettre du Comité de salut public, ayant pour objet d'inviter la Commission temporaire des arts à remettre à

---

[1] Par arrêté du 8 frimaire, le Comité d'instruction publique ordonna de faire payer à Lemoine, pour remboursement du prix d'acquisition des deux palmiers, une somme de 659 livres 19 sols (J. Guillaume, *Procès-verbaux*, etc., t. IV, p. 257). Le directoire de la Commission répond le 28 frimaire à la Commission exécutive de l'instruction publique que «le citoyen Lemoine est venu demander à la seconde section du Comité (d'instruction publique) toutes les pièces que vous réclamez pour effectuer le remboursement, dans l'intention de les communiquer à la Commission exécutive. C'est en conséquence au citoyen Lemoine lui-même que vous devez les demander» (F17 1044).

[2] Lettre du district de Fougères, 13 frimaire (F17 1239),

[3] Cet envoi du district de Crépy au Comité d'instruction publique avait été fait le 23 thermidor an II, disait la lettre de ce district en date du 15 frimaire an III (F17 1044).

une autre époque le transport des monuments, afin de ne pas entraver les dispositions nécessaires aux approvisionnements.

Jolain présentera au directoire un état des objets les plus précieux dont le transport ne peut souffrir aucun retard. Le Comité d'instruction publique sera ensuite invité à statuer sur les moyens les plus propres à les transporter aux dépôts.

Le Comité d'instruction publique renvoie la lettre des représentants du peuple près les armées du Nord et de Sambre-et-Meuse, avec leur arrêté relatif à la levée des scellés apposés sur les magasins de l'Agence nationale commerciale à Lille et au prompt envoi à Paris des tableaux qui s'y trouvent [1].

La citoyenne Gougenot demande à la Commission l'état des objets enlevés de chez elle. Le directoire lui écrira de venir en prendre communication au secrétariat [2].

L'administration du district de Condom prévient [3] qu'elle est dans une entière disette d'objets de sciences et d'arts.

Le district de Breteuil [4] écrit qu'il n'a aucun monument d'art.

Les administrateurs du district de Strasbourg transmettent treize copies, soit des arrêtés, soit des lettres qu'ils ont adressées au citoyen Alexandre, directeur des vivres, au sujet des porcs placés auprès de la

---

[1] Par arrêté du 26 brumaire an III, les représentants du peuple Briez, Portiez, Berlier, J.-B. Lacoste et Roger-Ducos avaient ordonné l'apposition des scellés sur les magasins de l'Agence du commerce (AF¹¹ 237, n° 2039). Le 2 frimaire, les membres du Comité d'instruction publique écrivaient aux représentants Haussmann et Briez la lettre suivante: «Nous sommes informés, citoyens collègues, que les scellés ont été apposés sur les magasins de l'Agence de commerce à Lille; les agents des commissaires, envoyés par le Comité de salut public dans la Belgique pour recueillir les objets de sciences et d'arts, avaient déposé dans ces magasins une certaine quantité de tableaux destinés au Muséum national des arts à Paris. Les voitures sont prêtes pour les transports, mais les scellés empêchent qu'on ne les effectue. Dans cet état de choses, les tableaux sont exposés à des dégradations, surtout par l'humidité. Nous vous invitons à donner des ordres précis pour que ces tableaux soient enlevés de dessous les scellés, afin qu'on puisse les rendre promptement à leur destination.

«Le citoyen Barbier, actuellement à Lille, agent choisi par les représentants du peuple pour cette mission, et qui l'a remplie avec zèle et intelligence, attendra vos ordres à cet égard. Nous espérons que vous voudrez bien concourir avec nous à sauver des monuments précieux pour les arts et qui honorent les conquêtes de la République.» (D § 3 59.)

[2] Lettre de la Commission à la citoyenne Gougenot, 23 frimaire (F¹⁷ 1046).

[3] Par lettre du 6 frimaire (F¹⁷ 1239).

[4] Breteuil (Oise), arrondissement de Clermont. La lettre de ce district est du 17 frimaire (F¹⁷ 1044).

bibliothèque publique [1]. Enfin, ce citoyen a promis, le 20 brumaire, d'avoir égard aux observations des administrateurs. Ces pièces sont communiquées au citoyen Grégoire.

Les administrateurs du district de Montglonne, département de Mayenne-et-Loire, écrivent que les flammes et la dévastation des brigands et le pillage ont détruit tous les objets de sciences et d'arts [2].

Les inspecteurs de la salle invitent la Commission à procurer au citoyen Vacquier une bordure pour le tableau du citoyen Regnault, peintre [3]. La section de peinture est chargée de remplir la demande du Comité des inspecteurs du Palais national.

[1] Dans son *Troisième Rapport sur le vandalisme*, Grégoire s'exprimait en ces termes : « A côté de la bibliothèque, on a logé des porcs; il en est résulté une infection telle qu'elle a altéré les couvertures des livres. Malgré les réclamations réitérées (déjà faites par Simon, directeur de l'École normale de Strasbourg, au printemps de l'an II) les porcs y étaient encore dernièrement, au nombre de 52. Il paraît qu'Alexandre, le directeur des vivres, est très coupable. Si de telles horreurs restent impunies, nous risquerions de les voir répéter ailleurs (Voir J. Guillaume, *Procès-verbaux*, t. V, p. 296). — Voir sous la cote F17 1044 la lettre de l'administration du district de Strasbourg au président de la Commission temporaire des arts, datée de Strasbourg, 12 frimaire, à laquelle se trouvent jointes les treize pièces annoncées au procès-verbal. Dans cette lettre, l'administration du district de Strasbourg, après avoir exposé les démarches infructueuses qu'elle a faites auprès du citoyen Alexandre pour obtenir que le Temple neuf fût débarrassé des porcs qui y sont logés, ajoute : Le citoyen Alexandre a fini par nous marquer.... qu'il était dans le cas de rassembler une quantité immense de porcs pour l'approvisionnement des armées et nous inviter de pourvoir à leur logement. Il nous est de toute impossibilité, citoyens, de suffire à toutes les demandes de ce genre que nous font les différentes administrations militaires. Il est d'ailleurs contre les principes d'une bonne police de réunir dans une commune aussi populeuse que celle de Strasbourg une quantité immense de porcs, surtout quand elle renferme déjà dans son enceinte nombre d'hôpitaux, des dépôts pour des chevaux malades et autres établissements dont les exhalaisons fétides ne peuvent que préjudicier à la salubrité de l'air et entraîner les mêmes maladies épidémiques qui, aux mois de nivôse et de pluviôse dernier, ont fait tant de ravages parmi nos concitoyens. Cette considération nous a engagés d'inviter par notre dernière lettre le citoyen Alexandre d'aviser aux moyens de placer dans les communes de la campagne les porcs qu'il attend et de faire abattre, conformément à sa promesse du 20 brumaire dernier, ceux qu'il fait garder depuis longtemps dans cette commune. »

[2] Dans la lettre du 15 frimaire, les administrateurs de Monglonne, ci-devant Saint-Florent, écrivent que « les flammes, la dévastation des brigands et le pillage des troupes ont détruit tous les objets de ce genre dans l'étendue de notre district. Sur mille à onze cents habitations, peut-être n'en est-il pas une qui n'ait éprouvé les malheurs dont nous vous entretenons. Ainsi, il n'y a à compter sur rien dans un tel pays » (F17 1044).

[3] Regnault (Jean-Baptiste), peintre d'histoire, 1754-1829, exposa au Salon de

Le citoyen Coiny, dessinateur et graveur en taille douce [1], demande d'être autorisé à dessiner les vitraux d'Écouen, déposés dans la maison de Nesle. La section de peinture fera un rapport sur cette demande.

Le Comité de sûreté générale renvoie à la Commission une lettre dont le but n'est pas bien connu. Cette lettre, timbrée de Carpentras, et adressée à la Commission temporaire de surveillance à Paris, donne lieu à Dufourny de faire quelques observations sur l'erreur dans laquelle a pu tomber l'auteur de l'adresse d'appeler Commission de surveillance le Comité de salut public du département de Paris, qu'un décret nomme ensuite Comité de surveillance. La Commission arrête que Dufourny rédigera par écrit ses observations qui seront renvoyées avec la lettre du Comité de sûreté générale.

Le citoyen Arton, bibliothécaire à Albi, remet un mémoire des objets de sciences et arts qui se trouvent dans le district d'Albi, département du Tarn. Il sera fait mention au procès-verbal de cette remise, et ce mémoire est renvoyé au directoire pour en prendre connaissance et écrire ensuite à Albi pour demander des renseignements sur les objets qui y sont mentionnés.

Les citoyens Chevalier, Garnier et Desjardins demandent à être employés dans les travaux de la bibliographie. Renvoyés aux commissaires que ces sortes de demandes concernent.

Le citoyen Bruni est chargé de faire un rapport sur les demandes de l'Institut national des Aveugles travailleurs.

Le citoyen Ballyet, homme de lettres à Besançon, offre de céder à la Nation plus de 6,500 médailles d'or, d'argent et de bronze, recueillies en Europe, en Asie et en Afrique, formant une collection des familles consulaires de la République romaine, des Empereurs et des Impératrices romaines, des Rois de Syrie, de Macédoine, de Pont, de Pergame, de Mauritanie, de Perse, des Parthes, des Égyptiens et de plusieurs hommes illustres, tant anciens que modernes [2]. La Commis-

---

1795 un grand tableau de 10 pieds de haut sur 9 (n° 421 du Livret de 1795), la *Liberté ou la mort*, appartenant à la Nation.

[1] Coiny (Jacques-Joseph), graveur, élève de Suvée et de J.-Ph. Lebas, né à Versailles le 19 mars 1761, décédé à Paris le 28 mai 1809, grava plusieurs planches pour le *Musée français*, exposa au Salon de 1802 *Esther devant Assuérus*, et à celui de 1806 *La bataille de Marengo*.

[2] Ballyet (Emmanuel), antiquaire, évêque et consul de France à Bagdad, né à Marnay (Haute-Saône), mort de la peste à Bagdad en 1775, avait réuni une collec-

sion arrête que copie de cette lettre sera envoyée au citoyen Janvier, actuellement dans ce pays, pour prendre des renseignements sur ce cabinet et en faire un rapport à son retour.

Les administrateurs du district de Joinville écrivent qu'ils ont envoyé leur catalogue de livres. Ceux du district d'Orgelet viennent de donner des ordres pour la confection des inventaires [1].

Verniquet demande qu'il soit préparé au Louvre un local propre à recevoir le plan général de Paris, qui a été ordonné par l'ancien gouvernement, et à y établir un bureau attaché à un si immense travail, auquel il y a, dit-il, journellement des perfections à ajouter [2]. Dufourny présentera au directoire ses vues sur l'emplacement à donner à ce plan qui est une propriété nationale et sur les moyens d'utiliser le bureau qui y sera attaché.

La section d'architecture se rendra à la Commune, et partout où besoin sera, pour la recherche des plans terriers, et en fera un rapport; tous les membres de la Commission sont invités à communiquer les renseignements qu'ils pourraient avoir sur cet objet.

Dufourny est adjoint aux commissaires déjà nommés pour la recherche des planches et autres ouvrages du ci-devant abbé de La Grive.

La question de savoir si les vases étrusques qui se trouvent à Sèvres resteront dans cette manufacture, ou s'ils seront transportés au Muséum à Paris, est ajournée jusqu'après un second rapport qui sera

---

tion de monnaies antiques dont le catalogue fut publié après sa mort. Son neveu, qui avait résidé huit années à Bagdad, âgé de 70 ans en l'an III, montra cette collection au représentant Bassal, et par une lettre du 9 brumaire an III, adressée aux représentants Sevestre, Foucher et Pelletier, en mission dans le Doubs, offrit de céder ce médaillier, déclarant qu'il n'avait pour héritiers que des femmes qui après sa mort vendraient la collection au poids du métal (F^{17} 1265).

[1] Lettre des administrateurs du district d'Orgelet, 13 frimaire (F^{17} 1239).

[2] Verniquet (Edme), architecte et commissaire voyer de Paris, fut chargé par le gouvernement, le 15 octobre 1785, de dresser le plan de Paris et de fournir trois exemplaires du plan général, indépendamment des plans partiels des rues. Un arrêté du Comité d'instruction publique du 4 ventôse an III décida le dépôt du plan général de Paris dans le local de l'Académie d'architecture au Muséum, c'est-à-dire au Louvre; mais cette décision ne fut pas exécutée; le plan en question resta à la maison d'Uzès, où l'avait fait déposer un arrêté du Comité des finances du 9 nivôse an III; le 12 messidor an V, Benezech, ministre de l'intérieur, ordonna de le transporter à la Bibliothèque nationale (Voir A. Bruel, *Recherches sur les trois premiers exemplaires du plan de Paris de Verniquet*, 1794-1820, Paris, 1882).

fait par les citoyens Varon et Naigeon. Les vases de porcelaine déjà enlevés de Sèvres, qui n'avaient point été mis en réserve pour les arts, seront livrés au commerce. Ceux mentionnés dans le rapport de Besson seront conservés et transportés au Muséum des arts.

La section des antiquités fera un rapport sur les mesures à employer pour la conservation de toutes les antiquités qui se trouvent dans les dépôts, principalement sur celles qui existent à la Bibliothèque nationale, et sur l'inventaire raisonné qui en avait été fait.

Le directoire est chargé de prendre des renseignements sur les effets compris dans l'inventaire général des pièces composant le laboratoire de d'Artois Capet, et remis par le citoyen Paquier, valet de chambre mécanicien, lesquels effets doivent se trouver au château de Chambord, près Blois.

Leblanc avertit la Commission que tous les renseignements nécessaires pour recouvrer les objets de sciences et d'arts qui pourraient se trouver parmi les différents manuscrits, ou tous autres effets de la Maison Condé, doivent être pris au bureau de l'Agence du Domaine national de Paris, qui se trouve seul chargé de ces objets.

Il sera écrit à Juliot, maison de Bullion, pour l'inviter à faire remettre au Dépôt de Nesle les deux cassolettes et dépendances provenant de la femme Capet.

Desfontaines fait un rapport sur la pépinière et le parc de Morfontaine [1] et dépose l'état des arbres qui les composent. Ce rapport,

---

[1] Rapport de Desfontaines, 20 frimaire (F17 1045, n° 7). Le parc de Mortefontaine (Oise, arr. et c^on de Senlis) avait été créé en 1770 et formait l'un des plus grands jardins anglais de l'Europe, avec plusieurs pièces d'eau. Le parc et la pépinière de Mortefontaine appartenaient au condamné Gruey. D'après le rapport de Desfontaines, l'étendue du parc est d'environ 45 arpents, renfermant un «grand nombre d'arbres et d'arbrisseaux étrangers... Ces arbres, réunis en massifs, disposés en allées, en bosquets autour d'une vaste prairie située au centre du parc, présentent un tout aussi beau dans l'ensemble que pittoresque et agréablement varié dans les détails. Sur les 45 arpents renfermés dans son enceinte, on en a réservé 9 dont 5 sont employés à une pépinière, où l'on élève avec beaucoup de soins et de succès un grand nombre d'arbres fruitiers et forestiers, indigènes et exotiques, ainsi que des arbrisseaux d'ornement de toutes les saisons; les 4 autres arpents ont servi à la formation d'un potager. — Outre les pépinières enclavées dans le parc, il en existe encore 5 situées dans les environs, et toutes font partie du même domaine.» Desfontaines propose ensuite de vendre les pépinières au fur et à mesure de leur accroissement, et, quant au parc, avec les étangs, à la maison et autres dépendances, ils ne seraient vendus qu'après la paix, parce qu'alors la Nation en tirerait un parti beaucoup plus avantageux. Au

adopté par la Commission, est renvoyé à la confirmation du Comité d'instruction publique.

Il sera écrit au district de Senlis pour l'inviter à payer au citoyen Goyard, pépiniériste de Morfontaine, les appointements qui lui sont justement dus pour les soins qu'il a donnés aux pépinières, qui sont dans le meilleur état possible.

Les commissaires chargés de faire lever les scellés apposés sur la salle de la ci-devant Académie française, pour faciliter au citoyen Drouhin les moyens de désigner les grands hommes, dont il désire prendre copie pour être livrés au public, déposent la note faite par Drouhin. La Commission pense qu'il n'y a nul inconvénient à accéder à la demande de ce citoyen et la renvoie au Comité d'instruction publique pour l'autorisation qu'il demande.

Jolain remet trois mémoires de serrurerie du citoyen Favé, réglés à la somme de 3,426^{lt} 4^s. Renvoyé au directoire.

Naigeon dépose l'état des effets entrés au Dépôt de Nesle pendant la 2e décade de frimaire.

Lenoir dépose l'inventaire des effets entrés au Dépôt des Petits-Augustins du 1er au 20 du présent mois.

Desfontaines dépose l'inventaire des plantes qui ont été transportées de la maison de Saron au Muséum d'histoire naturelle [1].

Une demande d'objets de sciences et d'arts, faite par le Comité de salut public pour l'École nationale des aérostiers, est renvoyée au Comité d'instruction publique pour obtenir son autorisation [2].

Bonvoisin remet la note des objets d'arts mis en réserve par lui chez Moncrif père [3].

---

rapport de Desfontaines sont joints deux états des arbres existant dans les pépinières de Mortefontaine.

[1] L'inventaire des plantes de la maison Saron comprend 4 articles; il est du 20 frimaire (F^{17} 1344^2).

[2] Dans la séance du Comité d'instruction publique, du 20 frimaire an III, un membre donne lecture d'une lettre écrite par le Comité de salut public à la Commission temporaire des arts, par laquelle cette Commission est chargée de mettre à la disposition du citoyen Conté, directeur de l'École nationale aérostatique établie à Meudon, les livres, cartes, dessins et instruments dénommés dans l'état qui y est joint, nécessaires à l'instruction des élèves. Le Comité renvoie cette lettre à la Commission temporaire des arts, qui se fera donner par le citoyen Conté un état détaillé de sa demande et en fera rapport au Comité (J. Guillaume, *Procès-verbaux*, t. V, p. 298).

[3] *Note* de Bonvoisin (F^{17} 1269). Elle ne comprend que 4 numéros, savoir, un *Portrait de Charles Ier*, attribué à Van

Le citoyen Ameilhon remet les inventaires des bibliothèques de Lavalette et d'Helmstat [1].

Lebrun dépose les inventaires des objets mis en réserve chez Boulongne, condamné, Sainte-Marie, Anisson-Duperron, Deville, Sainte-Amarante, veuve d'Arenberg, d'Ormesson, Levis [2] et du quatrième envoi de la Belgique [3].

SÉANCE DU 25 FRIMAIRE AN III.
(15 DÉCEMBRE 1794.)

Dépôt de la rue de Lille. — Incompatibilité entre les fonctions de conservateur des dépôts et de membre de la Commission. — Adjonction de nouveaux membres. —

Dyck, un *Christ mort sur les genoux de la Vierge*, attribué au Pérugin, une *Adoration des bergers*, un portrait attribué à Léonard de Vinci.

[1] Inventaire de la bibliothèque d'Helmstadt, rue Cassette, n° 24, remis au Dépôt des Cordeliers, 28 articles, 12 frimaire (F^{17} 1195). — Inventaire des livres de Lavalette, rue Saint-Honoré, n° 320, 10 articles, 16 frimaire, remis au Dépôt de la rue de Thorigny (F^{17} 1200).

[2] Chez Sainte Marie, émigré, rue Garancière, trois estampes, 1er frimaire (F^{17} 1267); chez Jeanne-Françoise Démier, femme Sainte-Amaranthe, condamnée le 29 prairial an II (W 389, n° 904), rue Vivienne, maison garnie, près celle Colbert, Lebrun a inventorié et prisé, le 16 frimaire, 2 vases en porcelaine, forme Médicis (F^{17} 1268); chez la veuve d'Arenberg, émigrée, rue de la Ville l'Évêque, n° 1223, 16 frimaire, une écuelle de porcelaine du Japon et 3 vases de marbre de Carrare (F^{17} 1268); chez le condamné d'Ormesson, rue Guillaume, 17 frimaire, une *Tête d'homme*, 3 pieds sur 2 pieds et demi, par Ph. de Champagne, et plusieurs recueils d'estampes (F^{17} 1268); chez Paillet, provenant de Lévis, condamné,

17 frimaire : *Prairie hollandaise*, 15 pouces 9 lignes sur 14 p., par Paul Potter, estimé 10,000 livres; *Paysages montagneux*, 28 sur 38, par J. Vernet, 4,000 ₶; *La fuite en Égypte*, 23 p. sur 29, attribué à Téniers, 700 ₶; un *Aveugle*, par Chardin, *Marmotte*, par Fragonard; *La fuite en Égypte*, par Carlo Signani; *Vue intérieure de Saint-Pierre de Rome*, par Vailly; *Le massacre de la Saint-Barthélemy*, par Callot, épreuve ordinaire, estimée 24 ₶. Total de la prisée, 16,584 ₶. Chez le condamné Deville, place des Piques, n° 17, Lebrun a signalé : *La Magicienne*, par Vignon, *Les Diseuses de bonne aventure*, par Michel Coxcie; *La Mort d'Abel*, par Caravage; *Les quatre saisons*, 4 tableaux, par Bassan; *Vénus et les forges de Vulcain*, par Vouet; paysage, par Ruysdaël; *La Cène*, par Bassan; sujet historique sur fond d'architecture, par Paul Véronèse; *Ethra*, par La Hire; *Intérieur de corps de garde*, par Cuyp; femme en corset rouge, par G. Metsu; quelques toiles des écoles flamande et d'Italie, et copies d'après les grands maîtres. Total de la prisée 5,506 ₶, 3 frimaire (F^{17} 1268).

[3] *Inventaire et état des tableaux arrivant de la Belgique.* «Lesquels inventaire et état ont été faits les 11, 12, 13 et 14 fri-

[15 déc. 1794] DE LA COMMISSION TEMPORAIRE DES ARTS. 633

Rapport sur Beauchamp réclamé au citoyen Charles. — Rapport à faire sur la collection de Choiseul-Gouffier. — Rouet à filer précieux, signalé à Rouen. — Lettres des districts d'Autun, de Villeneuve (Lot-et-Garonne), Mende, Grasse, Chinon, Grandvilliers, Florac, Lauzun, Mondoubleau, Boulogne-sur-Mer, Mortagne, Brioude, Senlis, Riom, Saint-Claude, Nîmes, Montauban, Vitré, Calais, Pont-à-Mousson, Vesoul, Rouen, Béziers, du Quesnoy, de Clermont-Ferrand, Morlaix. — Modèle d'une statue de la Liberté, en carton. — Mémoires des entrepreneurs. — Chauffage des dépôts. — Commission des arts de Bordeaux. — Montres précieuses, provenant de condamnés. — Modèles de machines réclamés par les inventeurs. — Location de la maison Boutin. — Bustes en marbre à enlever chez Talleyrand-Périgord. — Demande de la veuve de Jacob Roubo. — Instruction à rédiger en vue de la conservation des monuments d'antiquité. — Proposition de la Commission des relations extérieures en vue de rédiger une instruction «sur les moyens d'acquérir chez l'étranger de nouvelles richesses à la République». — Lettre de Janvier au sujet de la destruction de monuments d'arts à Verdun. — Machine mise à la disposition du citoyen Hassenfratz. — Levée de scellés chez le peintre Martin. — Inventeurs récompensés, devant abandonner à la Nation le modèle de leur invention. — Demande du citoyen Conté pour l'École des aérostiers. — Dépôt à la Bibliothèque nationale de la médaille d'Henri IV. — Bibliothèque de Belderbuch. — Restauration des tableaux de Versailles. — Vitraux de l'église de Gisors. — Cabinet de physique de l'École

maire, l'an III° de la République française, une et indivisible, en présence des citoyens Lavallée et Mondaye, nommés conjointement avec le citoyen J. B. P. Lebrun, adjoint à la Commission temporaire des arts par la Commission exécutive à l'effet de reconnaître lesdits objets, de les décrire, d'en dresser procès-verbal et de les remettre aux membres du Conservatoire, lesquels ont signé le présent avec nous.» Cet inventaire se termine ainsi qu'il suit : «Il résulte qu'il a été reçu de cet envoi 75 tableaux, une statue de marbre, un dessin monté et une estampe coloriée. — On remarque 23 tableaux de Rubens, dont 15 capitaux, 8 Van Dyck, dont 5 capitaux, 10 Crayer, dont un beau et 2 passables, 5 Jordaens, dont 3 très beaux, un portrait de Martin de Vos, un beau Snyders, et la belle statue de Michel Ange (la Vierge et l'Enfant Jésus) venant de Bruges; total 28 tableaux très capitaux et un marbre. — La plupart de ces chefs-d'œuvre ont besoin d'une prompte réparation, rentoilage ou autre, la plus grande partie étant sans châssis, décollés de leurs toiles et souffriraient, si l'on différait de les réparer. Ils ont la plupart souffert des nettoyages peu soignés, faits au savon. Il était temps pour la gloire de ces hommes immortels que la République enlevât des chefs-d'œuvre que l'insouciance de ceux qui les possédaient entraînait à leur ruine. Aux Français était encore réservée la gloire de conserver aux générations futures les productions de ces hommes d'un génie inimitable, et qui ont porté la couleur et l'harmonie au plus haut degré de perfection.

«Nous terminerons ce rapport par dire qu'en général les plus grands soins ont été apportés à l'emballage et au transport de ces objets, et que les citoyens chargés de ce travail ont bien mérité des amis des arts. Tous lesdits objets ci-dessus décrits ont été remis aux membres du Conservatoire, le 14 desdits mois et an que dessus, et ont signé avec nous commissaires nommés à cet effet. — Signé : Lebrun.» (F¹⁷ 1268.)

centrale des travaux publics. – Demande d'emploi par le citoyen Heudier. – Communication de dessins d'architecture à Baltard, architecte, et à Lesage, ingénieur. – Souvenirs de famille réclamés par les citoyennes Bouthillier. – Bustes en marbre à visiter au ci-devant Palais Cardinal. – Questions faites par Jacquin au bibliothécaire de Thierry-sur-Marne. – Demandes des citoyens Dubois, Guibert, sculpteurs, et Trimaille. – Collection de coquilles du citoyen Gérard refusée. – Communication du citoyen Bellanger. – Catalogues de bibliothèques d'émigrés communiqués à Focard-Château. – Mémoire de serrurerie fourni par le citoyen Gien. – Deux violons construits par Dufourny. – Bibliothèque chez Castries à visiter par la section de bibliographie. – Tableau à visiter aux ci-devant Picpus. – Pétition de l'ingénieur Viel-Saint-Maux. – État du Dépôt des Petits-Augustins. – Mémoires d'entrepreneurs. – Mémoire pour le traitement du citoyen Jolain. – Nouvelles vues à présenter sur la manière d'inventorier les livres. – État du travail de la section des Dépôts littéraires. – Inventaires d'objets d'arts et de cartes envoyés par les districts et remis à la Commission. – Inventaires remis par Buache et Bruni.

Le procès-verbal de la dernière séance est lu et adopté.

Le citoyen Serieys, conservateur du Dépôt de la rue de Lille, après avoir annoncé que tout est bien dans l'enceinte de son dépôt, et que les réparations urgentes y sont faites, propose diverses vues pour jouir d'une galerie vaste et commode. Il témoigne aussi des inquiétudes sur les inconvénients qu'entraînera une vente d'effets qui doit avoir lieu dans le dépôt. La Commission arrête que le directoire nommera un de ses membres pour solliciter auprès du citoyen Julien Dubois[1] le prompt enlèvement des archives de la Maison Condé qui se trouvent dans le Dépôt de la rue de Lille. Le directoire est en même temps chargé d'écrire au Bureau du Domaine pour l'inviter à accélérer la vente des effets qui existent dans le même dépôt.

La Commission temporaire des arts communiquera au Comité d'instruction publique son vœu pour que les conservateurs des dépôts, qui sont en même temps membres de la Commission, soient invités à opter entre ces deux fonctions qui ne pourront plus être compatibles; et, en attendant la décision du Comité sur cet objet, les conservateurs, membres de la Commission, pourront continuer à procéder aux inventaires en s'adjoignant un de leurs collègues, ainsi qu'il a été arrêté dans la séance du 25 brumaire.

---

[1] Dubois (Louis-Toussaint-Julien), député de l'Orne à la Convention nationale, membre du Comité d'aliénation et des domaines.

Il sera arrêté que, pour donner aux travaux de la Commission toute l'activité qu'exige la conservation des objets précieux à réunir, les sections qui ne sont point complètes présenteront une liste de citoyens qu'elles croiront les plus propres à être associés à leurs fonctions. Le directoire adressera cette liste au Comité d'instruction publique et l'invitera à statuer incessamment sur le complément des sections de la Commission. Vu l'immensité des travaux de la section des Dépôts littéraires et l'urgence de ses opérations, la Commission arrête que le Comité sera invité à ajouter quatre nouveaux membres à ceux qui composent déjà cette section.

Il sera écrit au citoyen Charles pour l'inviter à faire décadi prochain le rapport dont il a été chargé sur le citoyen Beauchamp, qui pourrait être employé très utilement aux Échelles du Levant, où il a laissé un cabinet d'astronomie [1].

Les citoyens Buache et Richard feront un rapport sur les moyens de recueillir les objets précieux qui appartenaient à Choiseul-Gouffier et sur les mesures à prendre pour leur transport à Paris. Ils procureront en même temps au Comité d'instruction publique les renseignements qu'il demande sur cet objet.

L'administration du district de Rouen adresse à la Commission un état désignatif d'un petit rouet à filer, très précieux et distrait du mobilier d'un milord nommé Caning [2]. Il sera écrit à l'administration de ce district pour l'inviter à faire transporter avec soin ce rouet à Paris, et il sera fait mention au procès-verbal du zèle et de l'offre obligeante des administrateurs du district de Rouen.

L'administration du district d'Autun annonce [3], qu'ils (*sic*) ont infructueusement recherché le marbre sur lequel était gravé l'itinéraire des voies romaines de Lyon en Italie, que leur peu de succès vient de

---

[1] Dans son *Troisième rapport sur le vandalisme*, Grégoire disait à propos de l'astronome Beauchamp : « Beaucoup de vous ignorent peut-être que dans la patrie des anciens Chaldéens, si célèbres dans l'astronomie, à Bagdad, la nation possède un observatoire, des livres et des instruments. Après y avoir fait des milliers d'observations, Beauchamp s'est relégué obscurément dans une commune de la Haute-Saône : qu'il retourne à son observatoire...! »

(J. Guillaume, *Procès-verbaux*, t. V, p. 297).

[2] Peut-être s'agit-il du célèbre homme d'État anglais George Canning, né en 1770, mort en 1827.

[3] Lettre en date d'Autun, 19 frimai. e. Dans leur lettre les administrateurs du district d'Autun disent que la ci-devant abbaye des religieuses Bénédictines de Saint-Jean d'Autun a été vendue à un particulier, qui y a établi une manufacture d'armes (F17 1044).

l'incertitude où ils sont sur le lieu précis de la fondation où il a été enseveli, lors de la construction de l'abbaye des religieuses Bénédictines de Saint-Jean d'Autun. Les citoyens Naigeon et Poirier communiqueront toutes les notions qu'ils ont sur les archives de la ci-devant cathédrale et autres monuments précieux qui doivent se trouver dans le district d'Autun. D'après ces renseignements le directoire écrira aux administrateurs du district d'Autun, leur témoignera la satisfaction de la Commission du zèle et de l'intérêt qu'ils montrent pour les arts, et les invitera à donner un détail circonstancié sur les découvertes que l'on pourrait espérer des fouilles à faire dans leur arrondissement.

Le Comité de salut public invite la Commission à envoyer deux de ses membres pour examiner une statue de la Liberté en carton. Le directoire est chargé d'écrire au Comité de salut public pour le prévenir que la Commission ne se croit pas compétente pour juger ce modèle, qu'il y a un jury établi par un décret pour examiner les ouvrages des artistes qui veulent concourir à l'élévation de la statue de la Liberté.

Il sera écrit à tous les entrepreneurs de fournir incessamment leurs mémoires d'ouvrages faits jusqu'à ce jour.

Molard est invité à prendre des renseignements sur les voitures à deux roues qui ont été faites pour le transport des blessés, et qui peuvent être employées à bras au transport des livres.

Il sera écrit à tous les conservateurs de dépôts pour les inviter à donner l'état du bois dont ils ont besoin, et le directoire en fera un rapport au Comité d'instruction publique avec invitation de statuer d'autant plus promptement que l'humidité dégrade de plus en plus les livres dans ces dépôts.

Le directoire prendra des renseignements sur l'institution de la Commission des arts de Bordeaux et présentera au Comité d'instruction publique ses vues, pour qu'elle se renferme dans l'esprit de la loi sur la formation d'une Commission temporaire des arts à Paris et sur la nomination par les districts de commissaires préposés à la réunion et à la conservation des objets de sciences et arts.

L'administration du district de Villeneuve, département du Lot-et-Garonne, qui ont (*sic*) déjà envoyé les inventaires de bibliographie, transmettent aujourd'hui le catalogue de leurs objets de sciences et arts [1]. On y remarque un manuscrit in-folio sur vélin, qui a pour titre : *Hauts faits de François I*^{er}, avec des miniatures d'une richesse de couleur et d'une propreté rare. Le directoire est chargé d'écrire à Villeneuve pour inviter les administrateurs à faire passer ce manuscrit au Comité d'instruction publique.

L'administration des revenus nationaux écrit [2] qu'elle vient d'engager le Bureau du Domaine national de se concerter avec le citoyen Janvier pour lui procurer l'examen de toutes les montres mentionnées au registre du greffe du Tribunal révolutionnaire, et précieuses pour les arts, pour l'astronomie et la navigation, et elle écrit pour le même objet au citoyen Janvier. Il sera répondu à la Commission des revenus nationaux que Janvier est absent pour quelques jours; qu'à son retour, il se rendra au Bureau du Domaine pour faire cet examen.

Les administrateurs du district de Mende préviennent [3] la Commission que leur travail bibliographique sera terminé incessamment et que leurs objets d'arts consistent en quelques tableaux d'église dont personne n'est en état d'estimer la valeur. Il leur sera écrit de conserver avec soin ces tableaux jusqu'à ce qu'il en ait été autrement décidé.

Sur les observations de la section de mécanique, que des modèles de machines et voitures existent sous les scellés dans la salle de la bibliothèque de la ci-devant Académie des sciences, que les auteurs qui vont les réclamer successivement donneraient lieu à des frais énormes de levées de scellés, la Commission arrête qu'il sera fait un inventaire de tous les modèles qui existent dans la salle de la bibliothèque de l'Académie des sciences, ainsi que de ceux qui se trouvent également sous les scellés au-dessus du cabinet, et qu'ils seront ensuite transportés au dépôt de la rue de l'Université.

---

[1] Lettre de l'administration du district de Villeneuve, 13 frimaire (F^{17} 1239).

[2] Par lettre du 21 frimaire (F^{17} 1048). — Le 22 frimaire, le secrétaire de la Commission des arts écrivait à Janvier pour l'inviter à procéder à l'examen des montres en question (F^{17} 1046). — Dans la lettre de la Commission temporaire des arts à la Commission des revenus nationaux, en date du 13 frimaire, dont celle indiquée ci-dessus en date du 21 frimaire est la réponse, il était dit : Les registres (du greffe du Tribunal révolutionnaire) «font foi qu'il s'y trouve un assez grand nombre de montres de Bréguet, dont la plupart sont des garde-temps précieux, entre autres celles qui ont été trouvées sur Égalité, qu'il y a des montres de Berthoud, de Leroy et de Robin, qui méritent peut-être d'être conservées pour les arts, pour l'astronomie et pour la navigation» (F^{17} 1046).

[3] Leur lettre est du 14 frimaire (F^{17} 1239).

Desfontaines fait un rapport sur la maison Boutin. Il en résulte que cette maison peut être louée aux conditions insérées dans le rapport dont copie sera envoyée au Comité d'instruction publique et au bureau des locations de l'Agence du domaine.

Scellier est chargé d'enlever les bustes en marbre qui se trouvent chez Talleyrand-Périgord, rue de Lille.

L'administration du district de Grasse, en réponse à la lettre du président qui demandait des renseignements sur la bibliothèque des moines de Lérins, répond que ces religieux, s'étant sécularisés avant la Révolution, ont tout vendu. Ils n'ont rien des troubadours; s'il se trouvait dans leur district quelque objet relatif aux arts, ils en prendraient note et en donneraient communication [1].

Les administrateurs des districts de Chinon et d'Agen [2] disent avoir envoyé leurs catalogues de livres et d'objets de sciences et d'arts. L'envoi sera vérifié.

---

[1] Dans sa lettre du 6 frimaire, l'administration du district de Grasse dit que «les moines de Lérins, s'étant sécularisés quelque temps avant la Révolution, vendirent leur bibliothèque, qu'ils en dispersèrent tous leurs manuscrits : ceux qui la connaissaient assurent qu'il n'y avait rien de précieux qu'une Bible manuscrite sur vélin, qui était tronquée et qui a disparu. On assure que Mabillon, dans son voyage d'Italie, passant à Lérins, emporta tous les manuscrits et autres livres rares qui se trouvaient dans cette bibliothèque» (F17 1044). La bibliothèque de Grasse possède une petite bible du xve siècle, incomplète du commencement et de la fin, décrite en détail dans le catalogue des manuscrits de cette collection.

Ce fut le 26 mars 1740 que le cardinal d'Auvergne, abbé général de Cluny, rendit un décret portant réunion du monastère de Lérins à l'ordre de Cluny, décret qui fut confirmé par arrêt du Conseil d'État du 9 juillet 1756. Par brevet du 24 septembre 1786, Louis XVI consentit à la suppression du titre de l'abbaye et à l'union de ses biens et revenus à l'évêché de Grasse. L'inventaire de ces biens fut fait le 10 juin 1788; il contient le catalogue des livres composant la bibliothèque de l'abbaye, bien pauvre, où ne se rencontre aucun des grands ouvrages qui ont fait honneur aux congrégations religieuses des xviie et xviiie siècles. (Voir H. Moris, Cartulaire de l'abbaye de Lérins, introduction, p. xlvi à lxi).

[2] Dans sa lettre du 14 frimaire l'administration du district d'Agen écrit : «Malgré tous les soins que nous nous sommes donnés pour faire rassembler dans les maisons nationales tous les objets d'arts et de sciences, vous verrez que notre collection est extrêmement pauvre et peut être considérée comme nulle. Nous vous observons qu'en général nous manquons de monuments d'arts et d'objets scientifiques, dont il n'existe aucune collection. Cette pénurie sera, nous l'espérons, un titre de recommandation auprès de la Commission temporaire; dans la répartition des objets qu'elle fait inventorier, elle n'oubliera pas une contrée où règne un certain esprit naturel et qui ne manque peut-être que de moyens instructifs pour offrir à la patrie des artistes et des savants» (F17 1239).

[15 déc. 1794] DE LA COMMISSION TEMPORAIRE DES ARTS. 639

Les administrateurs du district de Grandvilliers[1], Florac[2], Chaumont (département de l'Oise)[3], Lauzun[4], Mondoubleau[5], écrivent qu'ils n'ont aucun objet de sciences et d'arts, qu'ils pressent la confection des catalogues de livres et les feront passer incessamment à la Commission.

Les administrateurs du district de Boulogne-sur-Mer[6] et de Mortagne[7] pressent le travail de la bibliographie dont ils enverront sous peu les inventaires; ils ne parlent point de l'état de leurs objets de sciences et arts. La Commission arrête qu'il leur sera écrit de nouveau pour avoir des renseignements sur cet objet.

Les administrateurs du district de Brioude[8], Senlis[9], Riom[10] et

[1] Le 18 frimaire, les administrateurs du district de Grandvilliers écrivent : «Pour vous mettre à portée de juger ce que nous avons géré, nous vous observons qu'il existait au district, depuis la suppression des abbayes de Beaupré et de Lannoy, deux bibliothèques, desquelles le catalogue a été fait dans le temps et envoyé à Paris au Comité d'instruction publique. — Mais depuis d'autres bibliothèques sont survenues, d'émigrés ou de condamnés; elles ont été successivement apportées au chef-lieu; dans le moment il y en a même encore à apporter. La grande quantité de livres nous a nécessité de former dans une maison nationale une bibliothèque où le tout puisse être déposé, et pour cela, il a fallu du temps pour le travail des ouvriers.» (F17 1044).

[2] Les administrateurs du district de Florac écrivent, le 13 frimaire, qu'ils ne possèdent que deux petites bibliothèques, provenant, l'une du couvent des ci-devant Capucins de Florac, et l'autre de l'émigré Fabre de Montvaillant (F17 1239).

[3] Les administrateurs du district de Chaumont mandent, le 18 frimaire, que le retard subi par le catalogue des livres est dû au manque de local pour les recevoir, le seul local qui existât au chef-lieu du district ayant été occupé jusqu'à ces derniers temps par les effets d'habillement et d'équipement destinés à l'armée (F17 1044).

[4] Voir deux lettres du district de Lauzun, 7 et 12 frimaire. Il y a pénurie, tant de monuments et d'objets de sciences et d'arts que de livres, dans ce district; seule la maison ci-devant Sensac aura fourni «des ouvrages appréciables» (F17 1239).

[5] Lettre du district de Mondoubleau (Loir-et-Cher), 18 frimaire (F17 1239).

[6] Lettre du district de Boulogne-sur-Mer, 19 frimaire (F17 1044).

[7] Dans le district de Mortagne on a pu réunir 14,000 à 15,000 volumes, mais l'administration a eu de la peine à trouver quelqu'un pour en faire le catalogue (Lettre du 19 frimaire, F17 1044).

[8] La bibliothèque du district de Brioude renferme un très grand nombre de volumes, parmi lesquels se trouvent plusieurs ouvrages précieux, des cartes géographiques des meilleurs maîtres, des plans relatifs à la partie militaire, plusieurs cahiers de bonne musique, quelques gravures estimées, un télescope, un graphomètre de grand prix et quelques dépouilles d'églises ou de maisons féodales, que les amis des arts ne trouveront pas sans mérite (lettre du district, en date du 13 frimaire, F17 1239).

[9] Lettre du district de Senlis, 19 frimaire (F17 1044).

[10] Dans le district de Riom, «il n'y a pas grande ressources en ce genre. Nous avons trouvé dans deux maisons d'émigrés

Saint-Claude[1] font marcher de pair avec la bibliographie les inventaires de sciences et d'arts : ils enverront incessamment le résultat de leur travail ; il n'y a à Riom que quelques tableaux dont ils paraissent ne point connaître le prix ; il sera écrit à ce district de les conserver avec soin.

Les administrateurs du district de Senlis transmettent le procès-verbal de vente du mobilier de la Haye, faite à Firmin[2]; on y voit le nombre et l'espèce des manuscrits, des instruments de musique et le nom des acquéreurs, ainsi qu'il leur avait été demandé par un arrêté de la Commission. Renvoyé à la section de musique pour faire un rapport.

Les administrateurs du district de Nîmes annoncent que la plupart des monuments antiques, la presque totalité des tableaux des ci-devant églises, et même les estampes, tableaux et gravures des particuliers qui craignaient que la fureur du vandalisme ne les traînât à l'échafaud, ont été ou incendiés ou détruits ; on a sauvé les médailles, les objets d'histoire naturelle, de botanique et les antiques de la ci-devant académie ; ils en feront passer incessamment l'inventaire, ainsi que celui des livres. Ils observent que les livres des Saints Pères, qui faisaient autrefois tant de miracles, pourraient encore aujourd'hui sur les côtes d'Italie, faire celui de nous procurer des subsistances par leur échange[3]. Ils communiquent une lettre de la commune d'Héra-

---

et condamnés quelques tableaux, qu'on nous a dit être de quelque prix, et ils ont été remisés dans nos magasins jusqu'à la disposition qui en sera faite» (Lettre du 19 frimaire, F¹⁷ 1044).

[1] L'administration du district de Saint-Claude annonça l'envoi prochain de ses inventaires, un peu retardé, «parce que nous avons encore à y joindre un inventaire de quelques manuscrits qui existent dans les archives du ci-devant chapitre de Condat-Montagne, ci-devant Saint-Claude» (Lettre du 18 frimaire, F¹⁷ 1239).

[2] Saint-Firmin (Oise), arrondissement de Senlis.

[3] Les administrateurs du district de Nîmes annoncent qu'ils vont envoyer une circulaire aux municipalités pour stimuler leur zèle, mais «le vandalisme que l'infâme Robespierre avait soufflé dans toute la République a exercé ici ses ravages et ses fureurs en détruisant plusieurs monuments antiques et en incendiant ou faisant détruire par la terreur la presque totalité des tableaux des ci-devant églises, et même les estampes, tableaux, gravures des particuliers, qui craignaient que l'ignorance et la barbarie n'en prissent prétexte pour les conduire à l'échafaud». «Nous voyons avec peine, disent-ils encore, que parmi les livres apportés dans le dépôt du district, il y aura peu de livres rares, peu de bonnes éditions, peu de livres utiles et beaucoup d'incomplets. La majeure partie n'est qu'un ramas de livres ascétiques, de jurisprudence, ou polémique et controverse ;

[15 déc. 1794] DE LA COMMISSION TEMPORAIRE DES ARTS. 641

clée [1], la principale du district, et qui possède en hommes instruits deux maîtres d'écoles, l'un robespierriste et l'autre ivrogne.

Les administrateurs du district de Montauban enverront incessamment l'inventaire descriptif et raisonné de quelques tableaux, cartes et estampes, seuls objets d'arts qu'ils possèdent [2].

Les administrateurs du district de Vitré, département d'Ille-et-Vilaine, observent qu'ils n'ont en fait d'art que quatre gravures, représentant les batailles des Indiens et un globe exécuté en 1599, sur lequel tout est écrit en latin [3].

Les administrateurs du district de Calais annoncent qu'ils ont reçu une lettre de la Commission exécutive de l'instruction publique, qui leur prescrit de lui adresser dorénavant les boîtes, catalogues des livres de leur arrondissement [4].

L'administration du district de Pont-à-Mousson ayant oublié de prendre un double des cartes énonciatives de ses livres et objets de sciences et arts, envoyées le 6 brumaire dernier, invite la Commission à lui faire faire cette copie, avec offre de rembourser les frais, ou à renvoyer les cartes pour que l'administration le fasse faire elle-même [5]. Renvoyé au bureau de bibliographie.

Les administrateurs du district de Vesoul transmettent la note [6] de leur commissaire bibliographe, qui déclare ne connaître des objets qui ont appartenu à Bullet que les livres composant la bibliothèque, tels

il nous paraît que les auteurs diffus de l'ancienne jurisprudence, les ascétiques et controversistes français ne sont bons qu'à s'unir sous le pilon du cartonnier.» (Cette lettre est du 11 frimaire, F17 1239.)

[1] Héraclée, nom révolutionnaire de Saint-Gilles-du-Gard. La lettre de cette commune est jointe à la précédente.

[2] Lettre de l'administration du district de Montauban, 15 frimaire (F17 1239).

[3] Les administrateurs du district de Vitré disent en outre «qu'il y avait jadis en cette cité, à la communauté des ci-devant Augustins, un tableau d'agonisant et plusieurs statues, qui étaient vues avec plaisir par les connaisseurs : tout cela a été détruit au milieu des troubles auxquels notre malheureux pays est en proie depuis

longtemps et en ce temps-ci plus que jamais». Quant aux livres, leurs commissaires trouvent grand nombre de bouquins, de livres classiques et théologiques. (Leur lettre est du 15 frimaire, F17 1239.)

[4] Lettre des administrateurs du district de Calais, 18 frimaire (F17 1044).

[5] Lettre de l'administration du district de Pont-à-Mousson, 18 frimaire (F17 1044).

[6] D'après cette note, en date du 13 frimaire, on ne connaît, disent les signataires, comme objets ayant appartenu à Bullet, que sa bibliothèque, achetée par les ci-devant Bénédictins en 1776 et réunie à celle de ces religieux. Dans cette bibliothèque se trouvent les ouvrages de Bullet, tels que son Dictionnaire celtique, etc. (F17 1044).

que son Dictionnaire celtique, son Établissement du christianisme, et quelques médailles et morceaux d'histoire naturelle, de peu de valeur et déposés confusément avec les livres.

La section de mécanique fera un rapport sur les services rendus aux arts par Jacob Roubo [1], dont la veuve, mère de quatre enfants, dans l'indigence, demande à jouir des récompenses nationales que les lois accordent aux familles des artistes qui se sont illustrés dans la carrière des sciences et des arts. Ce rapport sera communiqué au Comité d'instruction publique avec indication que cette affaire doit être renvoyée au Bureau de consultation.

Les sections d'antiquité, de bibliographie et d'architecture sont invitées à se concerter pour rédiger une instruction claire et précise sur les avantages et l'utilité de conserver les monuments d'antiquité. Cette instruction sera envoyée dans tous les départements.

La Commission des relations extérieures, spécialement chargée de correspondre avec tous les agents et savants des nations étrangères, de transmettre et faire affluer dans la République les fruits vivifiants du travail et des veilles de tous les hommes, invite la Commission temporaire à lui faire parvenir, non seulement les demandes relatives aux connaissances, aux découvertes et aux établissements utiles qui sont dès à présent la richesse des nations, mais encore les demandes qui offriraient l'initiative et qui pourraient exciter les travaux et les recherches des savants étrangers, et à resserrer ainsi par l'utilité publique les liens qui doivent unir les deux Commissions [2]. Il sera répondu à la Commission des relations extérieures que la Commission temporaire des arts va s'empresser de remplir des vues aussi sages qui doivent concourir à la plus grande gloire de la patrie. Il sera nommé à cet effet un membre par section, lesquels se réuniront pour former le plan

---

[1] Roubo (Jacob-André), né le 8 juillet 1739 à Paris, mort le 10 janvier 1791, habile menuisier, mathématicien et mécanicien, présenta en 1769 à l'Académie des sciences un *Traité de l'art du menuisier*, exécuta le modèle de la coupole de la Halle au blé et du berceau servant de couverture à la Halle aux draps. Son dernier ouvrage fut le grand escalier de l'hôtel de Marbeuf en bois d'acajou. Outre l'*Art du menuisier*, qui parut de 1765 à 1775 en 4 vol. in-folio, Roubo publia des *Éléments de géométrie* à la portée des ouvriers, un *Traité de la construction des théâtres et des machines théâtrales*, 1777, et l'*Art du layetier*, 1782, in-folio. La Convention, par décret du 4 septembre 1795, accorda à sa veuve un secours de 3,000 francs.

[2] Lettre de la Commission des relations extérieures à la Commission temporaire des arts, portant la signature de Miot, 24 frimaire (F^{17} 1048).

général du travail, d'après lequel chaque section en ce qui la concerne rédigera une instruction sur les moyens d'acquérir, chez l'étranger, de nouvelles richesses à la République. Les sections sont invitées à consulter les savants qui pourraient ajouter à l'intérêt de cette instruction.

L'administration du district de Rouen informe que Samuel Bochart, ministre protestant, est mort à Caen, et que c'est sans doute à l'Université de cette ville qu'il a laissé la bibliothèque au sujet de laquelle le président lui demande des renseignements; quant à l'orangerie qui était au ci-devant évêché, le dernier archevêque l'a fait vendre publiquement[1]. Il sera écrit à Caen pour avoir les renseignements de la bibliothèque de Samuel Bochart.

Le citoyen Janvier écrit de Verdun[2] que Carrache n'est pas le seul auteur des outrages faits aux arts, la municipalité en corps, avec les citoyens sous les armes, a brûlé en grande pompe les tapisseries, les livres et tous les objets provenant de la cathédrale, et a forcé l'évêque constitutionnel[3] à danser autour du bûcher; après quoi l'on s'est livré à une orgie de vandales. Cette lettre est renvoyée au Comité d'instruction publique avec invitation de faire poursuivre les auteurs des délits qui y sont dénoncés.

L'administration du district de Rouen envoie copie d'une lettre du citoyen Le Carpentier[4], commissaire artiste, qui pense que l'intérêt de

---

[1] Dans sa lettre, en date du 22 frimaire, l'administration du district de Rouen dit notamment, «s'il existait une orangerie appartenant aux ci-devant archevêques de Rouen, elle devait être à Gaillon, où ils avaient une fort belle maison de plaisance...» (F17 1044).

Samuel Bochart, né à Rouen le 10 mai 1599, pasteur de l'église de Caen, auteur d'un ouvrage considérable intitulé Geographia sacra, mourut le 16 mai 1667 au sein de l'Académie de Caen. La bibliothèque municipale de Caen possède un grand nombre de livres imprimés ayant appartenu à Samuel Bochart, couverts de notes marginales, écrites de sa main (Voir Haag, La France protestante, 2e édition, t. II, p. 650-663).

[2] Sa lettre est du 20 frimaire (F17 1051, n° 1).

[3] Il s'agit d'Aubry (Jean-Baptiste), député du clergé du bailliage de Bar à la Constituante, élu le 21 février 1791 évêque du département de la Meuse, et sacré le 13 mars à l'Oratoire de Paris par Saurine. Son rôle fut très effacé : il se retira en 1793 dans son village natal, Saint-Aubin-sur-Aire, où il exploita un moulin; il reprit en 1800 son titre d'évêque, démissionna en octobre 1801 et devint curé de Commercy, où il mourut le 1er juin 1813.

[4] Le Carpentier (Charles-Louis-François), peintre, élève de Doyen et de J.-B. Descamps, professeur à l'École de dessin de Rouen, né à Pont-Audemer en 1750, mort à Rouen en 1822, exposa aux salons de 1801 et 1802 et publia diverses notices. Commissaire délégué par l'administration pour les arts et monuments, il fut chargé pendant la Révolution de créer un musée

la République réclame la vente de quantité de tableaux, meubles, devant de cheminées et autres objets qui ont été envoyés des campagnes par les commissaires aux ventes. Il juge que cela serait plus utile que de les laisser pourrir, entassés les uns sur les autres [1]. La Commission des arts arrête qu'il sera écrit au district de Rouen pour les engager à tout conserver avec le plus grand soin.

L'administration du district de Pont-à-Mousson réclame pour leurs commissaires artistes l'indemnité que leur accorde la loi du 8 pluviôse et invite la Commission à faire opérer le versement des sommes qui leur sont dues dans la caisse du receveur. La Commission renvoie cette lettre au Comité d'instruction publique avec invitation de prendre une mesure générale qui détermine sur quels fonds ces sommes doivent être prises.

Le citoyen Buache présente plusieurs mémoires de dépenses qui sont renvoyés au directoire.

La Commission, après avoir entendu le rapport des citoyens Molard et Lenoir [2] sur la demande du citoyen Hassenfratz, d'une machine à fendre, pour l'atelier de perfectionnement des armes de la rue Marc, arrête que l'une des machines à fendre, déposées au Cabinet de la ci-devant Académie des sciences, sera remise au citoyen Hassenfratz sur un récépissé portant la description de la machine et l'énumération des pièces qui l'accompagnent. Le Comité d'instruction publique est invité à autoriser cette demande.

La section de sculpture pressera la levée des scellés apposés sur une remise de la maison du citoyen Martin, peintre, rue Martin, pour enlever et faire transporter au dépôt la statue de l'*Hiver* et autres provenant du ci-devant château de Villeroy.

D'après les demandes faites par Michel Serres et autres citoyens qui réclament des modèles qui ont été déposés par eux ou par le Bureau de consultation, le directoire est chargé d'écrire au Bureau de consultation pour lui demander si les auteurs qui ont reçu des récompenses nationales, à raison de quelques découvertes, ne doivent point

---

avec les tableaux de la Seine-Inférieure qui lui parurent dignes d'être conservés.

[1] Lettre du Conseil général de l'administration révolutionnaire du district de Rouen, 21 frimaire, à laquelle se trouve jointe copie de la lettre de Le Carpentier, 12 frimaire (F^{17} 1044).

[2] Rapport de Lenoir et Molard, avec description de la machine à fendre en question, 25 frimaire (F^{17} 1050, n° 1).

laisser dans un des dépôts de la Nation le modèle de leur invention.

Le Comité d'instruction publique renvoie la demande de Conté relative à la formation du cabinet pour l'Ecole des aérostiers à Meudon, et invite la Commission à se faire représenter les états détaillés, en fournir copie et donner son avis au Comité. Le citoyen Conté sera invité à se conformer aux vues du Comité d'instruction publique.

Le même Comité transmet sa décision relative à la médaille d'Henri IV. Il a arrêté que la médaille sera déposée au Cabinet de la Bibliothèque nationale et que le garde en donnera son reçu.

Le même Comité, ayant pris connaissance de la lettre de la Commission des revenus nationaux, relative à Belderbuch[1], et de la réponse projetée, renvoie les pièces à la Commission pour faire enlever la bibliothèque dont il s'agit et la transporter aux dépôts. Renvoyé à Barrois.

Le même Comité engage la Commission à lui faire part de ses vues sur les moyens les plus sûrs et les plus économiques pour parvenir à la restauration des tableaux de Versailles. Renvoyé à la section de peinture.

Le même Comité renvoie la lettre des Andelys et invite la Commission à faire venir à Paris le vitreau (*sic*) de la ci-devant église de Gisors, si elle le croit utile, ou à donner son avis. Le directoire est chargé d'écrire au district des Andelys pour l'inviter à faire passer à l'adresse du Comité d'instruction publique le vitreau peint de l'église de Gisors.

Le même Comité, sur la formation du Cabinet de physique à l'École centrale des travaux publics, renvoie à la Commission temporaire des

---

[1] Cette lettre, en date du 4 frimaire, est ainsi conçue : «Le citoyen Barrois, l'un de vos commissaires, que vous avez chargé de répondre à notre lettre du 17 brumaire, relative à la bibliothèque de l'étranger Belderbuck, nous a envoyé copie de l'arrêté que vous avez pris le 25 vendémiaire, portant qu'il sera demandé au Comité des finances si les biens des étrangers avec lesquels la République est en guerre sont échus à la Nation. Il nous observe que la discussion qui a eu lieu le 19 brumaire à la Convention nationale et le renvoi aux Comités des propositions des citoyens Cambon et Bourdon viennent à l'appui de cet arrêté. Le décret du 19 vendémiaire an II sur la confiscation des biens des étrangers est très positif et lèverait tous les doutes, s'il pouvait y en avoir; mais d'ailleurs la Convention ayant passé à l'ordre du jour sur le projet de décret tendant à rapporter celui ci-dessus cité, ce serait mal prendre les intérêts de la République et contrarier les vues de la Convention que de ne point mettre la main-mise nationale sur les objets dont il s'agit» (F17 1048). A cette lettre se trouve annexé un recueil imprimé de décrets concernant les étrangers».

arts pour se faire représenter l'état du Cabinet de physique et la reconnaissance de la Commission des travaux publics, et en faire passer copie au Comité. Renvoyé à la section de physique.

Le représentant du peuple Lecointe[1], des Deux-Sèvres, appuie auprès de la Commission la demande du citoyen Heudier, qui désire être employé à la bibliographie. Renvoyé aux commissaires chargés d'organiser les travaux des Dépôts littéraires.

Les Comités de salut public, d'instruction publique et des travaux publics réunis transmettent un arrêté portant que la Commission temporaire indiquera au citoyen Baltard[2], architecte, et Le Sage, ingénieur, les dépôts où peuvent se trouver les dessins et modèles en architecture, et leur fera donner communication de ceux de la ci-devant Académie d'architecture et des portefeuilles. Renvoyé à la section d'architecture[3].

Les administrateurs du district de Béziers, département de l'Hérault, qui ont envoyé en thermidor un ballot contenant le catalogue d'environ 4,000 ouvrages et dont la réception ne leur a point été accusée, quoiqu'ils l'eussent demandée, veillent à la confection du reste des inventaires littéraires et scientifiques, et avisent en même temps aux moyens de faire reporter au dépôt public les médailles, manuscrits, chartes, antiquités et tous objets que la cupidité pourrait y avoir pris.

---

[1] Lecointe-Puyraveau (Michel-Mathieu), député des Deux-Sèvres à la Législative et à la Convention.

[2] Baltard (Louis-Pierre), dessinateur, graveur, architecte et professeur d'architecture, né à Paris le 9 juillet 1764, mort le 22 janvier 1846, fut élève de Peyre jeune, à l'École académique d'architecture au Louvre; après une mission à Rome, où il dessina les monuments de l'antiquité, il revint à Paris en 1792, remplaça en 1793 Pâris comme dessinateur des décorations de l'Opéra, servit comme ingénieur militaire au corps d'armée envoyé contre les fédéralistes du Calvados, obtint en 1796 la place de professeur d'architecture à l'École polytechnique, puis en 1818 celle de professeur d'architecture à l'École des Beaux-Arts.

[3] Voir sous la cote F^{17} 1265, n° 3, un Inventaire des différents dessins, modèles et machines que les citoyens Baltard, Lesage et Lomet ont reconnus dans le dépôt de la ci-devant Académie d'architecture, cour du Louvre, comme devant servir à l'instruction des élèves de l'École centrale des Travaux publics, suivant l'arrêté des trois Comités réunis de salut public, d'instruction publique et des travaux publics, en date du 3 frimaire dernier. Les objets énumérés en détail dans cet inventaire sont les suivants : dessins de Desprez, Cochin fils (vues de Rome), modèles représentant une travée de l'église gothique de Saint-Nizier à Lyon, un escalier dans le genre anglais et dans le genre français, l'église projetée de Saint-Sauveur, par Chalgrin, une portion de la Comédie-française, cinq poêles russes et suédois, charpentes, ponts, etc. Ce document est daté du 8 pluviôse.

Les citoyennes Bouthillier et femme divorcée Bouthillier réclament des portraits de famille et des cartons contenant des lettres et des recueils historiques sur l'éducation de leurs enfants, objets précieux pour elles et inutiles aux arts. Les sections de peinture et de bibliographie examineront les objets réclamés par les citoyennes Bouthillier et Marchal[1], et après leur rapport la décision sera soumise au Bureau du Domaine.

La section de sculpture est chargée de visiter au ci-devant Palais Cardinal divers bustes en marbre et en albâtre sur lesquels les maçons pendent leurs outils.

Le citoyen Jacquin fait passer une pièce qu'il avait oubliée et qui renferme la série des questions qu'il a faites au bibliothécaire de Thierry-sur-Marne et les réponses.

Les administrateurs du district du Quesnoy annoncent que leur bibliothèque a été enlevée par les ennemis lors de leur évasion de cette place, qu'ils s'occupent maintenant à en rassembler une nouvelle et que de nouveaux commissaires actifs et vigilants vont travailler à la confection des catalogues[2].

Les administrateurs du district de Clermont-Ferrand envoient une notice raisonnée des tableaux et monuments des arts qu'ils possèdent[3]. Il est difficile de se former une idée des dévastations commises dans ce district sous les yeux de Couthon[4]; des tableaux, des monuments,

[1] Élisabeth-Marie Marchal, fille de Louis-Sébastien Marchal, seigneur de Sainsey, avait épousé, le 12 mai 1772, Charles-Léon Bouthillier, marquis de Chavigny, député du Berry à la Constituante, qui émigra le 14 octobre 1791, et devint major général de l'armée de Condé, puis lieutenant général en 1814. Elle mourut à Paris en décembre 1802; elle avait trois filles : l'ainée, Elisabeth-Pierrette, avait épousé, le 20 mars 1791, Armand-Louis de La Pierre, marquis de Fremeur.

[2] L'administration du district du Quesnoy au président de la Commission temporaire des arts, 21 frimaire (F^{17} 1044). «La bibliothèque que nous nous étions occupés de former avant l'invasion du district, est-il dit dans cette lettre, a été totalement enlevée par les Autrichiens ou les émigrés après la reprise de la place du Quesnoy....»

[3] L'inventaire en question est intitulé : «Notice des tableaux et monuments connus dans la ville de Clermont et aux environs, faite avant les destructions dirigées par Couthon»; il y est fait mention d'un tableau de Lebrun représentant *La Conversion de saint Paul*, qui aurait été mis en pièces par un nommé Artaud Boyard (F^{17} 1270).

[4] Au mois de frimaire an II, est-il ajouté dans la lettre des administrateurs du district de Clermont, en date du 17 frimaire (F^{17} 1044). — Couthon, Châteauneuf-Randon et Maignet furent envoyés en mission à l'armée des Alpes et

une superbe chaire à prêcher ont été renversés, brisés, et les débris jetés en triomphe autour de lui. La municipalité recherche les auteurs de ce vandalisme et les larcins qu'ils ont faits. Renvoyé à la section de peinture.

La municipalité de Pol-Léon, district de Morlaix, département du Finistère, envoie un extrait de ses délibérations[1], duquel il résulte qu'il existe à Pol-Léon un mausolée en marbre blanc, bien conservé, que les tableaux de la cathédrale ont été transportés à Morlaix, où ils ont renvoyé la lettre de la Commission temporaire des arts. Il sera accusé à la municipalité de Morlaix la réception de sa lettre. La section de sculpture examinera ce qui concerne le mausolée de l'évêque Visdelou [2].

Une demande du citoyen Dubois, sculpteur, est renvoyée aux commissaires chargés d'examiner les pétitions.

Une demande de Trimaille, relative à une machine hydraulique, est renvoyée à la Commission d'agriculture et des arts.

D'après le rapport de la section d'histoire naturelle la Commission passe à l'ordre du jour sur l'offre faite par le citoyen Gérard de céder à la Nation une collection de coquilles.

---

dans différents départements de la République, depuis le 29 août 1793, jour de leur arrivée à Clermond-Ferrand, jusqu'au 7 frimaire, époque de leur sortie de ce même département — Un arrêté de Couthon et Maignet, du 24 brumaire an II, ordonna la destruction de tous les signes extérieurs du culte et l'enlèvement des ornements précieux des églises en fer, cuivre et plomb (AF II 132).

[1] Il y est dit notamment qu'il existe à «Pol-Léon un mausolée en marbre blanc représentant l'évêque Visdelou, soigneusement conservé par la municipalité en son entier, à l'exception toutefois d'un doigt cassé, dont on n'a pu découvrir les auteurs, ledit doigt portant un anneau empreint d'armoirie; que quant au tableau qui a dû exister dans le réfectoire des ci-devant Carmes, représentant la Transfiguration de Raphaël, la municipalité n'a d'autre connaissance à cet égard, si ce n'est que les commissaires du district de Morlaix, venus pour faire la vente des ci-devant Carmes, ont transporté à Morlaix les différents tableaux existant dans la ci-devant communauté des ci-devant Carmes; que quant à la grille de fer servant de principale porte du chœur de la ci-devant église cathédrale de Pol-Léon, elle a été envoyée au district de Morlaix avec les autres fers existant dans les domaines nationaux en cette commune, pour servir aux travaux de la République». La lettre de la municipalité de Saint-Pol-de-Léon, à laquelle se trouve joint l'extrait en question de ses délibérations, est datée du 15 frimaire (F^{17} 1239).

[2] François de Visdelou, prédicateur d'Anne d'Autriche, fut évêque de St-Pol-de-Léon de 1665 à 1668; son mausolée existe encore dans la cathédrale de Saint-Pol-de-Léon, avec une statue en marbre blanc de Nicolas La Colonge.

Une demande d'emploi, formée par le citoyen Guibert, sculpteur, est renvoyée à Jolain, qui se concertera avec la section de sculpture.

La Commission renvoie à la section de mécanique des renseignements fournis par le citoyen Bellanger sur une presse unique en son genre, appartenant à Anisson-Duperron. Elle renvoie à la section d'architecture d'autres renseignements donnés par le même citoyen pour rendre la Nation propriétaire de tous les creux et modèles d'ornements composant les ateliers de Lhuillier, sculpteur.

La Commission exécutive d'instruction publique invite celle des arts à communiquer au citoyen Focard-Château les catalogues de bibliothèques d'émigrés et de condamnés, afin qu'il y puise tous les renseignements dont il peut avoir besoin pour former la bibliothèque du Comité de salut public, qui lui a donné des pouvoirs à cet effet. Le citoyen Focard-Château est invité à se rendre au secrétariat où se trouvent les inventaires qu'il pourra visiter.

Les sections de la Commission sont invitées à réintégrer dans les cartons du secrétariat les catalogues et inventaires qu'elles en auraient retirés pour des récolements ou pour tout autre besoin.

Gien demande que la Commission lui fournisse les moyens de se procurer du charbon de terre pour se livrer au travail dont il est chargé dans les dépôts. La Commission passe à l'ordre du jour.

Un mémoire de serrurerie, fourni par Gien, est renvoyé à l'expert.

La section de musique est invitée à donner beaucoup d'attention à deux violons construits par Dufourny portant le nom de Marin; ce qui rend ces deux instruments remarquables, c'est le procédé qu'il a employé; il consiste à mettre dans deux moules de bronze qui se rapprochent par l'effet d'un grand nombre de vis les deux tables pour leur donner le galbe nécessaire à l'aide de la chaleur dans un bain de sable sec.

La section de bibliographie est chargée de visiter l'état d'une bibliothèque chez Castries, près de la ci-devant Abbaye-au-Bois; d'une autre, rue de la Madeleine, et généralement de toutes les bibliothèques qui auraient à souffrir de l'humidité et dans lesquelles il serait à propos de faire du feu.

La section de peinture visitera aux ci-devant Picpus, faubourg Antoine, un tableau que l'on dit mériter quelque attention.

Les sections de sculpture et d'architecture font un rapport[1] sur une pétition présentée à la Commission par le citoyen Viel Saint-Maux[2], ingénieur; elles concluent par demander que la pétition soit déposée dans le carton des citoyens qui demandent à être employés dans les bureaux de bibliographie, à l'effet de lui offrir la première place qui se présentera. Cette proposition est adoptée.

La Commission adopte les conclusions du rapport des sections de peinture et sculpture sur celui de l'état du Dépôt national de la rue des Petits-Augustins, présenté par le citoyen Lenoir, conservateur dudit dépôt [3].

Les tableaux des mémoires des entrepreneurs et du règlement des experts, présentés par les citoyens Bourdon et Jolain, sont renvoyés au directoire.

La Commission renvoie aussi au directoire le mémoire des traitements du citoyen Jolain.

La section de bibliographie présentera de nouvelles vues sur les moyens de procéder à l'inventaire des livres, d'après la proposition faite par le Bureau du Domaine.

Le citoyen Poirier remet l'état du travail de la section des Dépôts littéraires, du 25 brumaire au 25 frimaire.

Le citoyen Bardel, chef du bureau de bibliographie, remet les inventaires d'objets d'art envoyés par les districts de Nogaro[4], Tarbes, et des cartes inventoriées de Senones, Rouen, Châlons et Saint-Cyr près Versailles; les différentes sections sont invitées à en prendre communication.

Le citoyen Buache remet les inventaires des cartes et plans de

---

[1] Le rapport en question, signé de Lannoy, est du 15 frimaire. A ce rapport est jointe la pétition de Viel Saint-Maux (F¹⁷ 1265).

[2] Viel de Saint-Maux (Charles-François), né à Paris le 12 juin 1745, mort le 1ᵉʳ décembre 1819, élève de Chalgrin, devint architecte des hôpitaux et hospices, construisit en 1780 l'hôpital Cochin, de 1785 à 1791 une partie de celui de la Pitié, les bâtiments du Mont-de-Piété et divers autres édifices; il fut de 1808 à 1819 architecte des prisons. Viel de Saint-Maux publia également plusieurs ouvrages.

[3] Le rapport sur l'état du Dépôt des Petits-Augustins, signé de Picault, Lebrun, Naigeon, David Le Roy, Bonvoisin et Lannoy, est du 15 frimaire; il fut adopté le 25. Il a été reproduit *in extenso* dans les *Archives du Musée des monuments français*, t. II, p. 223.

[4] Le district de Nogaro (Gers) envoya un inventaire d'estampes (représentant surtout des oiseaux exotiques), tableaux allégoriques, miniatures, statuettes et autres objets de la collection de Medrano Mauhie, condamné, inventaire dressé le 7 messidor an II (F¹⁷ 1271).

Croy d'Havré, Gilbert de Voisins, Lambert, Laborde, Fernando-Nunez, Magon de la Balue, Laumur, La Toulinière, Vandenyver et d'Argouges [1].

Bruni dépose les inventaires de musique des maisons de l'ambassadeur d'Espagne, d'Hérouville, La Luzerne, Boutin, Lubomirska, Puységur, Biron-Lauzun, D'Aix, Sainte-Marie, Disneyfitch, Breteuil, d'Ecquevilly, Baume-Montrevel, Duruey, Lostanges, Saint-Priest et aux Écuries de Chartres [2].

Bruni remet l'inventaire des tableaux provenant de Foacier-Béteville.

SÉANCE DU 30 FRIMAIRE AN III

(20 DÉCEMBRE 1794.)

Recherche des manuscrits appartenant à la ci-devant Académie des sciences. — Observations des conservateurs des dépôts. — Conservation d'objets d'art pour le Muséum. — Confection des inventaires et catalogues. — Nomination de commissaires pour l'élaboration d'une instruction destinée aux agents de la République à l'étranger. — Demande présentée par Charles. — Mémoires de Scellier, entrepreneur, et autres. — Statue de Louis-le-Grand sous les pieds du grand Condé

---

[1] Inventaires des cartes, plans, atlas, ouvrages et objets de géographie, faits par Buache dans les maisons suivantes: Croy d'Havré, rue de Lille, le 8 fructidor an II; l'inventaire comprend 81 articles: — Gilbert de Voisins, rue d'Enfer, n° 158, 30 messidor (22 articles); — Lambert, rue Neuve-des-Petits-Champs, 10 fructidor (34 articles); — Laborde, rue Cerutti, n° 8, 20 fructidor (38 articles); — Magon de la Balue, place des Piques, n° 10, 12 brumaire an III (24 articles); — Laumur, maréchal de camp, rue Croix-des-Petits-Champs, n° 42, 16 brumaire (15 articles, objets d'antiquité, de géographie et bibliographie); — La Toulinière, ex-commis de la Marine, rue Saint-Honoré, n° 14, 20 frimaire (12 articles); — Vandenyver, rue Vivienne, n° 24, 15 brumaire (2 globes terrestres); — d'Argouges, rue du Bac, n° 482, 22 brumaire (12 articles) [F17 1052].

[2] Inventaire des instruments de musique chez l'ambassadeur d'Espagne, 12 brumaire (1 forte-piano de Séb. Érard, un autre d'Adam Berger, 1 orgue et 1 clavecin anglais). — Hérouville, 12 frimaire (1 vielle, 1 guitare, 1 quinton). — La Luzerne, 12 frimaire (1 clavecin). — Boutin, 7 frimaire (1 musette, 1 tympanon). — Lubomirska, quai de Chaillot, 6 frimaire (1 flûte). — Puységur, rue Dominique, 2 frimaire (2 quintons). — Biron-Lauzun, rue de Lille, 2 frimaire (2 forte-piano, 2 violons). — D'Aix, émigré, rue de Sèvres, 1 frimaire (1 forte-piano). — Sainte-Marie, rue Garancière, 1 frimaire (1 harpe). — Disneyfitch, anglais émigré, 1 frimaire (1 clavecin, très beau). — Breteuil (1 clavecin). — D'Ecquevilly,

au ci-devant Palais Bourbon. — Lettres et envois des districts de Beauvais, Sommières, Montmédy, Clermont, Bitche, Marseille, Bapaume, Domfront, Clermont-Ferrand, Decise-le-Rocher, Mont-de-Marsan, Villefort, Châlons, Gournay, Meaux, Dieuze, Brutus-Villiers (Seine-Inférieure). — Instruments demandés par l'ingénieur Durand au district de Sommières. — Renseignements à demander sur un tableau existant dans le district de Riom. — Dictionnaire celtique dans la bibliothèque de Bullet. — Machines délivrées aux citoyens Pluvinet et Baruel. — Offre du citoyen Dudevant, administrateur de Nérac. — Musée de Reims. — Communication du bibliothécaire d'Ancenis. — Payement des ouvriers employés au château d'Écouen. — Recherche d'un emplacement pour le corps de garde à la Bibliothèque nationale. — Utilité d'un voyage à Bagdad. — Livres de Boutin dégradés par l'humidité. — Objets à délivrer aux citoyens Lesage et Neveu pour l'École centrale des Travaux publics. — Clavecin de l'émigré Quarré. — Topazes, rubis, trouvés par Cardin. — Collection de livres et instruments de physique à former pour l'École normale. — Lettre du 7ᵉ Comité de surveillance relative aux papiers concernant la marine et les colonies trouvés chez la veuve Bouvet. — Hommage par Grégoire de son troisième rapport. — Proposition de Javon relative à la bibliothèque de Charles Capet. — Ouvrage d'histoire naturelle dont l'acquisition est proposée. — Rapport de Lebrun et autres sur le mode de concours pour la restauration des monuments de sculpture et peinture. — Objets appartenant à Choiseul-Gouffier. — Inventaires remis par Molard, Bardel, Thillaye, Lenoir et par la section des Dépôts littéraires.

Le procès-verbal de la dernière séance est lu et adopté.

La Commission arrête que les citoyens Buache, Desfontaines, Molard et Leblanc se transporteront chez Condorcet, Lavoisier, et partout où besoin sera, pour faire la recherche de tous les papiers, manuscrits et imprimés qui appartiendraient à la ci-devant Académie des sciences, où ils les feront rétablir.

Ceux des conservateurs qui éprouvent des obstacles à entrer en possession des dépôts, que le Comité d'instruction publique a mis sous leur surveillance, présenteront par écrit leurs observations au directoire, qui fera à la Commission un rapport sur les moyens de lever promptement les difficultés qui retarderaient les vues du Comité d'instruction

---

émigrée (1 forte-piano). — Baume-Montrevel, émigré, rue de Verneuil (1 basson, 1 flûte). — Duruey, rue de la Loi, 23 brumaire (1 clavecin, 1 violoncelle, 1 alto, 1 violon, 1 flûte). — Lostange, émigré, rue de la Madeleine, 19 brumaire (1 clavecin, 1 violoncelle, 1 alto, 1 petit violon, 2 violons). — Saint-Priest, faubourg du Roule, 8 brumaire (2 clavecins peints, 1 harpe, 1 viole, 1 forte-piano). — Écuries de Chartres, 12 brumaire (1 lyre anglaise, un clavecin anglais).

publique et de la Commission temporaire des arts. Cet arrêté sera notifié aux conservateurs.

Les citoyens Ameilhon, Bonvoisin, Molard, Desfontaines et Naigeon feront un rapport sur les moyens de conserver pour le Muséum des arts les objets d'arts et de sciences, originaux ou uniques en leur genre, qui doivent servir à l'instruction de tous les citoyens, et sur les mesures à prendre pour y faire rentrer ceux qui en auraient été distraits pour des établissements qui ne sont point ouverts indistinctement à tous les artistes ou amateurs. Ce rapport sera communiqué au Comité d'instruction publique.

Les membres de la section de bibliographie et tous ceux qui ont des renseignements sur les obstacles qui s'opposent à la confection des inventaires et catalogues et généralement sur toutes les difficultés que rencontrent dans leurs opérations les commissaires de la Commission temporaire des arts, se rassembleront demain pour se concerter sur les moyens de faire cesser toutes entraves. Ils présenteront leurs vues au directoire qui prendra les mesures qui lui paraîtront les plus convenables. Le citoyen Dambreville est invité à assister demain à la délibération pour y proposer ses vues particulières.

D'après l'arrêté pris dans la dernière séance, sur la demande de la Commission des relations extérieures, les sections nomment pour la formation du plan de travail de l'instruction à donner aux agents de la République chez les nations étrangères les citoyens Lamarck, Desfontaines, Besson, Dufourny, Leblanc, Portal, Molard, Buache, Beuvelot, Varon, Langlès, Barrois, Fragonard, Lebrun, David Le Roy, Dardel, Prony et Bruni. Le directoire est chargé d'écrire à chacun de ces citoyens pour leur indiquer le jour où ils se rassembleront.

La Commission renvoie au directoire la demande de Charles sur sa décharge pour la remise du cabinet de physique accordé à la Commission des travaux publics.

La Commission exécutive d'instruction publique renvoie à la Commission temporaire des arts treize mémoires de Scellier avec une lettre, dans laquelle elle annonce qu'elle croit que sur la somme de 103,462^{tt} 15^s 9^d, le citoyen Scellier a reçu, sur un arrêté du 15 fructidor, un acompte de 24,000^{tt} qui n'est point porté sur le tableau des acomptes, d'où il résulterait qu'au lieu de la somme de 37,062^{tt} 15^s 9^d demandés par Scellier, il ne lui reviendrait réellement que celle de 13,062ᵗᵗ 15ˢ 9ᵈ. Les citoyens Jolain et Scellier observent à la Commission temporaire des arts que les 24,000ᵗᵗ accordés en à-compte le 15 fructidor ne se reportent point sur les mémoires arrêtés par la Commission temporaire des arts et présentés à la Commission exécutive, mais bien sur les mémoires à fournir par Scellier, dont les avances sur ces mémoires non encore fournis se montaient à cette époque à la somme de quatre-vingt mille livres. Toutes ces observations, qui paraissent justes et exactes à la Commission, sont renvoyées au directoire pour les approfondir et en rendre compte à la prochaine séance.

Le directoire est chargé de statuer sur les demandes et les mémoires des citoyens Thillaye et Barrois.

Dufourny demande que la Commission prenne des renseignements sur une statue qui représente *Louis-le-Grand sous les pieds du grand Condé*[1], monument qu'il a vu lui-même dans les caves du ci-devant Palais Bourbon. Le directoire est chargé de prendre des informations auprès de Vachard, des gardiens aux scellés et du sculpteur dont l'atelier est voisin de cette cave.

L'administration de Beauvais fait passer copie de la lettre qu'elle a écrite le 26 brumaire au Comité d'instruction publique; elle annonce qu'elle a envoyé le catalogue en cartes de sa bibliothèque; qu'il n'y a eu de dégradations commises que par les officiers révolutionnaires de Mazuel[2]. La Commission arrête que son président sera invité à écrire au district de Beauvais, pour demander des renseignements sur un mausolée en marbre d'un ancien évêque[3], sur deux tableaux de

---

[1] Cette désignation se rapporte sans doute à la statue représentant *Louis XIV foulant à ses pieds la Fronde*, que Lenoir reçut dans son dépôt, le 22 mai 1798, et qui provenait du Palais-Bourbon. (*Arch. du Musée des Monuments français*, t. II, p. 410.) Rappelons à ce propos que Gilles Guérin, sculpteur, exécuta en 1653 un groupe en marbre figurant Louis XIV, adolescent, terrassant la Fronde; ce groupe, placé dans la cour de l'Hôtel de Ville, fut enlevé en 1689 et remplacé par un bronze de Coysevox; il se trouve aujourd'hui dans la cour intérieure du petit château de Chantilly.

[2] Mazuel Albert, dessinateur en broderies, chef du premier escadron de la cavalerie révolutionnaire, fut dénoncé à la Convention, le 2 nivôse an II, arrêté et condamné à mort le 4 germinal. W 339, n° 619. (*Procès-verbaux de la Convention*, t. XXVIII, p. 21, et t. XXIX, p. 188.) Le 17 brumaire an II, il avait présenté avec Girard, commissaire pour les subsistances de Paris, et Prince, membre du Comité de surveillance de la commune de Beauvais, 2 caisses d'or et d'argent et 29 croix de Saint-Louis. (*Ibid.*, t. XXV, p. 38.)

[3] Il s'agit du mausolée, encore existant dans la cathédrale de Beauvais, du cardi-

[20 déc. 1794] DE LA COMMISSION TEMPORAIRE DES ARTS. 655

Lafosse, sur des manuscrits précieux[1], tant pour leur ancienneté que relativement à l'histoire, qui doivent se trouver parmi les livres de Saint-Lucien[2], Saint-Quentin[3] et du chapitre, sur des colonnes de marbre des autels et sur une statue de la Vierge en marbre[4].

La Commission des travaux publics expose que l'ingénieur Durand[5] a un besoin urgent d'un graphomètre et d'un niveau à bulle d'air, pour ses opérations dans le district de Sommières; elle observe que ces instruments existent au directoire de Sommières et invite la Commission temporaire à intervenir pour les lui faire procurer. Cette demande est renvoyée au Comité d'instruction publique.

Le directoire est chargé d'écrire au district de Riom, pour lui demander des renseignements sur un tableau représentant le *Vaisseau de la religion conduit par le fondateur des Jésuites*.

La section de bibliographie est chargée de faire un rapport sur

---

nal Toussaint de Forbin-Janson, qui occupa le siège épiscopal de Beauvais, de 1679 à 1719. Ce mausolée est décoré de la statue en marbre de ce prélat, commencée par Nicolas Coustou et achevée par son frère Guillaume en 1738.

( ) Les manuscrits de l'ancienne bibliothèque du chapitre ont été dispersés; il s'en est retrouvé un certain nombre dans la bibliothèque de M. Le Caron de Troussures, notamment un Saint-Augustin en lettres onciales, exécuté en 625 dans l'abbaye de Luxeuil. La bibliothèque de Beauvais possède quelques manuscrits provenant des abbayes de Saint-Lucien et Saint-Quentin.

(2) Il s'agit de l'abbaye de Saint-Lucien-lès-Beauvais, de l'ordre de Saint-Benoît, située au nord de Beauvais; elle était de fondation très ancienne, puisqu'elle reçut des donations des rois Mérovingiens.

(3) L'abbaye de Saint-Quentin-lès-Beauvais, de l'ordre de Saint-Augustin, fondée en 1067 par Guy, évêque de Beauvais.

(4) Voir, sous la cote F17 1044, la lettre des administrateurs du Conseil permanent du district de Beauvais à la Commission temporaire des arts, 23 frimaire, à laquelle est joint un *Extrait du registre de correspondances du Conseil permanent du district de Beauvais*, du 26 brumaire. Il résulte de ces pièces que «la multiplicité des dépôts de cavalerie qui ont existé en la commune de Beauvais et l'établissement d'un hôpital militaire» ayant privé l'administration «de tous les bâtiments nationaux qui auraient été propres à la formation d'une bibliothèque nationale et aux travaux préparatoires», il ne lui a pas été possible de s'en occuper avant le mois de prairial. — Quant aux demandes formulées ci-dessus au procès-verbal de la Commission des arts, le district de Beauvais y répondit le 17 nivôse (F17 1044).

(5) Durand (Charles - Étienne), architecte et ingénieur, né à Montpellier, le 29 novembre 1762, mort à Nîmes, le 26 août 1840, fut professeur d'architecture pour les États de Languedoc et inspecteur des travaux de la province; il devint ingénieur de 1re classe en 1805, exécuta de nombreux travaux et quelques restaurations aux arènes de Nîmes et à la Maison Carrée; il publia, en 1819, une *Description des monuments antiques du midi de la France*, gr. in-fol.

l'avantage dont pourrait être à Paris le Dictionnaire celtique que le district de Vesoul annonce avoir trouvé parmi les livres de la bibliothèque de Bullet.

Le Comité de salut public envoie deux arrêtés, le premier portant que la Commission temporaire des arts fera délivrer au citoyen Pluvinet[1], conservateur du cabinet de chimie à l'École centrale des travaux publics, les machines désignées dans l'arrêté. Le second porte qu'il sera délivré au citoyen Baruel[2] les machines mentionnées au rapport et déposées à la ci-devant Académie. Renvoyé aux sections de chimie et de physique.

L'administration du district de Sommières écrit qu'elle a peu d'objets de sciences et d'arts. Elle fait passer le catalogue de ses livres, qui contient dix-huit articles[3]. Il sera écrit à Sommières pour avoir le catalogue de ces objets scientifiques.

Le Comité d'instruction publique renvoie à la Commission un mémoire du citoyen Dudevant, administrateur de Nérac[4], possesseur de deux cents anneaux d'or, dans lesquels sont incrustées plusieurs pierres gravées dont il adresse en partie les empreintes; il offre à la Nation de les acquérir et déclare que son goût pour l'antiquité pourrait le rendre utile au Muséum national. Bonvoisin fera un rapport sur cette offre du citoyen Dudevant. Il se transportera à cet effet au Cabinet des antiques de la Bibliothèque nationale, au Garde-Meuble et ail-

---

[1] Un arrêté des trois Comités de salut public, d'instruction publique et des travaux publics réunis, du 23 frimaire an III, ordonna la délivrance de machines au citoyen Pluvinet, pour servir au cours de chimie de l'École centrale des travaux publics. (Aulard, *Recueil des actes du Comité des alut public*, t. XVIII, p. 676.)

[2] Un arrêté des mêmes Comités, du 22 frimaire, ordonna de délivrer à Baruel un laminoir et une filière pour servir aux cours révolutionnaires de physique de l'École centrale des travaux publics. (*Ibid.*, t. XVIII, p. 648.)

[3] Les administrateurs du district de Sommières au président de la Commission temporaire des arts, 18 frimaire (F^{17} 1239).

[4] Le 6 août 1793, Brutus Dudevant de Barbaste avait déjà envoyé à la Convention une coupe d'agate, de forme antique, recueillie dans ses voyages, et une cornaline représentant deux mains jointes, trouvée dans le Temple de la Concorde, à Rome, et il avait demandé que la coupe servît à la fête nationale du 10 août. Le 22 prairial an III, Dudevant dédia à la Convention nationale le catalogue des pierres gravées qu'il avait recueillies dans ses voyages, et offrit la collection de ses pierres, de ses bronzes, de ses vases et autres objets antiques. La Convention lui vota une mention honorable, ainsi que le renvoi au Comité d'instruction publique. (*Procès-verbaux de la Convention*, t. LXIII, p. 128.)

[20 déc. 1794] DE LA COMMISSION TEMPORAIRE DES ARTS. 657

leurs pour vérifier les faits énoncés dans le mémoire du citoyen Dudevant.

L'administration du district de Montmédy n'a aucun objet de sciences ni d'arts[1]. Ils enverront incessamment à la Commission exécutive le catalogue de leurs livres.

L'administration du district de Clermont, département de la Meuse, expose son peu de ressources en objets de sciences et d'arts et adresse copie des différents arrêtés qu'elle a pris pour leur transport, leur conservation et la confection des catalogues qu'elle espère envoyer incessamment[2].

L'administration du district de Bitche, département de la Moselle, annonce[3] qu'elle n'a nul objet de sciences ni d'arts, elle a envoyé au Comité ses cartes bibliographiques.

La Commission temporaire des arts du district de Marseille demande au Comité et à la Commission d'instruction publique une bibliothèque, un muséum, et une caisse particulière pour ses dépenses; elle prie la Commission temporaire des arts d'appuyer sa demande. Cette lettre est renvoyée au Comité d'instruction publique[4].

---

[1] Les administrateurs du district de Montmédy au citoyen président de la Commission temporaire des arts, 19 frimaire (F17 1044).

[2] Les administrateurs du district de Clermont au président de la Commission temporaire des arts, 23 frimaire. A cette lettre sont joints 3 extraits du procès-verbal des séances du Conseil général du district de Clermont, datés des 5, 24 vendémiaire et 15 frimaire (F17 1044).

[3] Par lettre du 19 frimaire an III (F17 1044).

[4] Lettre de la Commission des arts du district de Marseille à la Commission temporaire des arts à Paris, Marseille, 25 frimaire; à celle-ci est jointe copie d'une lettre de la même Commission au Comité d'instruction publique. Dans cette dernière, il est dit que le district de Marseille manque de locaux pour loger «une collection immense d'environ 100000 volumes, quatre cabinets d'histoire naturelle très importants, la collection de monuments antiques de Choiseul-Gouffier, un dépôt immense de tableaux et gravures et mille autres objets que six citoyens formant la Commission n'inventorieraient pas dans une année, en travaillant nuit et jour. Nous aurons donc besoin, poursuivent les signataires, de plusieurs commis intelligents pour nous seconder dans nos travaux, et nous ne devons pas vous laisser ignorer qu'il s'est déjà écoulé un mois depuis notre nomination, et que nous avons été beaucoup occupés pendant cet intervalle de temps, tant à réunir plusieurs objets épars qu'à reconnaître ceux qui avaient été abandonnés à la fureur des vandales marseillais, dont plusieurs monuments précieux ont éprouvé les funestes effets.

«Nous vous citerons entre autres exemples de ce genre la mutilation d'un tombeau païen qui était à la porte de la ci-devant abbaye Saint-Victor; il était de marbre blanc et de la plus belle conservation. Une figure de femme parut, aux yeux d'un vandale, se disant bourreau des Grands-Carmes, représenter la figure d'une sainte;

I.   42

658 PROCÈS-VERBAUX [20 déc. 1794]

L'administration [du district] de Bapaume, département du Pas-de-Calais, écrit[1] qu'elle enverra incessamment le catalogue des cartes, plans, statues qui se trouvent dans leur (sic) district.

Le citoyen Bergeat, commissaire à l'établissement du Musée de Reims, annonce que le travail relatif aux sciences et aux arts, suspendu par l'insouciance et le découragement, va reprendre son activité, grâce à l'impulsion que lui a donnée le citoyen Jacquin[2]. Il envoie copie du rapport de ce citoyen avec un projet d'arrêté. Le tout est renvoyé à la section de bibliographie pour faire un rapport.

il porta sur cette tête le marteau destructeur, et sans les représentations énergiques des garde-magasins des fourrages, sa rage n'aurait épargné aucun des restes de l'antiquité qui ornent encore cet édifice ancien et qui ne dépareront pas le Muséum de Marseille.

«Vous apprendrez aussi avec douleur, citoyens représentants, que des hommes aussi barbares, ayant trouvé dans la maison d'un condamné une momie d'Égypte, l'ont brisée en mille pièces, croyant que c'étaient des reliques. Nous avons vu ces restes d'un objet qu'il eût été agréable pour nous de posséder en entier.»

[1] La lettre n'est pas datée (F17 1044).

«Quelques objets d'un mérite non équivoque sont disparus, d'autres ont été vendus et nous sommes en quête pour recouvrer un tableau de Mignard, peint d'après Raphaël, qui a sûrement été enlevé. Nous tâchons aussi de recouvrer deux bas-reliefs de Duparc et un dessin, qui ont été vendus à des particuliers, desquels nous les aurons au prix qu'ils les ont obtenus dans le temps.»

[2] Voir sous la cote F17 1044 deux rapports de Jacquin au président de la Commission des arts, l'un daté du 16 frimaire (an III), l'autre sans date, mais portant comme date de la réponse 10 nivôse. — Dans le premier il fait connaître ses représentations à l'administration du district sur la négligence et la lenteur avec lesquelles se poursuit le travail bibliographique qui porte au moins sur 100,000 volumes. Au sujet des omissions qu'ils ont commises dans les catalogues, qui leur ont fait rejeter nombre d'ouvrages, soit incomplets, soit bouquins prétendus : «Que deviendraient les monuments des sciences et des arts, leur a-t-il dit, s'il était permis à chacun de ceux qui sont chargés de les inventorier, quelles que soient leurs lumières, de proscrire à leur gré tout ce qui leur paraîtrait inutile et dangereux.» Dans le second rapport Jacquin dit qu'à Reims les livres sont distribués dans les dépôts de Saint-Rémi, la cathédrale, la municipalité, les ci-devant Augustins, la maison d'un émigré. Seul le dépôt de l'abbaye de Saint-Rémi est en ordre. Il propose de réunir tous les livres à l'Évêché, «bâtiment immense, bien disposé et entièrement isolé». On pourrait y installer aussi les peintures et le Muséum d'histoire naturelle.

Il donne ensuite quelques renseignements sur l'état des monuments de sculpture (le tombeau de Jovin, le mausolée de Saint-Rémi, qui a été détruit, le Christ en bois de la paroisse Saint-Pierre, parfaitement conservé), les tableaux, gravures, tapisseries. L'ancienne porte de Mars sert de magasin à poudre; le célèbre portail de la cathédrale est bien conservé, beaucoup de petites figures de saints sont détruites; l'église Saint-Nicaise, «d'une architecture si belle et si délicate», sert de magasin à fourrages. Le fameux soleil de Germain, donné par Louis XV, a été envoyé à la Monnaie.

Le bibliothécaire d'Ancenis, qui a préféré à la méthode ordinaire celle d'inventorier par tableaux, communique le premier, afin que la Commission juge s'il peut continuer les autres sur ce modèle. Renvoyé à la section de bibliographie pour faire un rapport.

Les administrateurs du district de Domfront, département de l'Orne, annoncent qu'ils n'ont pu découvrir dans leur district aucun monument d'art digne d'être pris en considération; quant aux objets de bibliographie, ils ont envoyé deux catalogues à la Commission d'instruction publique [1].

La Commission des revenus nationaux annonce qu'elle vient d'inviter la Commission des secours à ordonner le payement légitime des ouvriers qui ont été employés au ci-devant château d'Écouen.

Les sections des dépôts littéraires et d'architecture visiteront de nouveau la Bibliothèque nationale et examineront l'emplacement le plus convenable au corps de garde pour garantir la Bibliothèque des dangers de l'incendie.

Une lettre du citoyen Lalande, sur l'utilité d'envoyer à Bagdad le citoyen Beauchamp, est renvoyée au Comité d'instruction publique, avec invitation d'accélérer le départ de Beauchamp, dont les nouvelles observations astronomiques et géographiques seront d'un grand prix pour l'instruction publique.

Le Bureau du Domaine national, sur les observations de la Commission que l'humidité dégradait les livres de Boutin, condamné, rue de la Loi, vient de recommander à son commissaire Jaluzot de presser la remise des livres et autres objets qui intéressaient les sciences et les arts; elle invite la Commission à enlever promptement ce qu'elle aura choisi [2].

Les administrateurs de Clermont-Ferrand, entrés en fonctions le 7 brumaire dernier, font passer copie de l'arrêté qu'ils ont pris pour ordonner et presser la confection des inventaires [3].

---

[1] Les administrateurs du district de Domfront au président de la Commission temporaire des arts, 24 frimaire an III (F^{17} 1044).

[2] Le Bureau du Domaine national au citoyen Thibaudeau, président de la Commission temporaire des arts, Paris, 15 frimaire an III (F^{17} 1048).

[3] Lettre des administrateurs du district de Clermont-Ferrand, 21 frimaire an III. L'arrêté en question désigne les citoyens chargés par le district de faire l'inventaire des livres, lesquels seront tout d'abord partagés en quatre catégories : les livres de jurisprudence, sciences et arts, les livres de théologie, les livres d'histoire, et enfin les livres de littérature (F^{17} 1044).

Le conseil de Decize-le-Rocher, département de la Nièvre, annonce qu'il a nommé quatre commissaires artistes pour faire marcher de pair avec la bibliographie les inventaires des objets de sciences et d'arts, et il attend le résultat de leur travail pour le faire passer à la Commission[1].

Les administrateurs du district de Mont-de-Marsan font passer l'inventaire des objets d'arts et de sciences; il est pauvre, disent-ils, mais nous sommes riches en patriotisme[2].

Les Comités de salut public, d'instruction publique et des travaux publics, réunis, sur le rapport de la Commission des travaux publics ont arrêté, le 24 frimaire, que la Commission temporaire des arts délivrera aux citoyens Lesage et Neveu[3], instituteurs à l'École centrale des travaux publics, les modèles, machines, collections de minéralogie et autres objets portés dans les états annexés auxdits arrêtés. Renvoyé aux différentes sections pour délivrer, sauf les réclamations ultérieures.

L'administration du district de Villefort, département de la Lozère, déclare n'avoir aucun travail à faire, attendu qu'elle n'a ni livres ni objets de sciences et d'arts[4].

La Commission des Revenus nationaux écrit qu'elle a donné des ordres pour effectuer sans accident le transport à Paris du clavecin de l'émigré Quarré, destiné à orner le Muséum[5].

La même Commission des Revenus nationaux accuse la réception de l'état estimatif des topazes, rubis, etc., trouvés par Cardin au Luxembourg, portant leur valeur à 6 livres 10 sols; elle pense qu'il n'y a pas lieu à récompense, mais que la probité de cet honnête citoyen n'en est pas moins digne d'éloge[6].

---

[1] Lettre du district de Decize, 19 frimaire an III (F17 1044).

[2] Lettre du district de Mont-de-Marsan, 17 frimaire an III (F17 1239).

[3] F. Neveu était professeur de dessin à l'École centrale des travaux publics, qui devint l'École polytechnique. — Lesage était ingénieur en chef et inspecteur de l'Ecole des ponts et chaussées.

[4] Lettre de l'administration du district de Villefort, 17 frimaire an III (F17 1239).

[5] Dans la lettre, en date du 27 frimaire an III, la Commission des Revenus nationaux dit qu'elle vient de donner des ordres aux administrateurs du district d'Autun pour faire emballer avec soin ce clavecin et faire choix d'une voiture commode pour en effectuer sans accident le transport à Paris au dépôt national de musique (F17 1048).

[6] Lettre de la Commission des Revenus nationaux à Oudry, secrétaire général de la Commission, 27 frimaire an III (F17 1048).

L'administration du district de Châlons, département de la Marne, envoie copie de deux arrêtés, l'un portant vente du mobilier du ci-devant intendant, l'autre pris à l'effet de faire rentrer des tableaux compris par erreur dans cette vente; l'administration demande s'il convient d'indemniser les acquéreurs : renvoyé à la section de peinture.

Le Comité d'instruction publique envoie un arrêté qu'il a pris, le 26 frimaire, portant: la Commission temporaire des arts formera près l'École normale, et à l'usage de cette École, une collection de livres, d'instruments de physique expérimentale et d'objets d'histoire naturelle; la section de bibliographie est chargée de remplir les vues du Comité d'instruction publique.

L'administration du district de Gournay, département de la Seine-Inférieure, n'a recueilli que peu d'objets d'arts à la suppression des maisons religieuses; tout fut vendu à l'encan : elle enverra incessamment à la Commission exécutive le catalogue de sa bibliothèque, qui consiste en 2,200 volumes[1].

La Commission des dépôts littéraires [envoie] deux lettres de l'administration du district de Meaux, adressées au Comité d'instruction publique, qui les communique à la Commission pour donner son avis sur les mesures à prendre pour faire jouir la République de la part qui lui est échue dans la bibliothèque de Léon Perthuis, décédé, et dont le frère est émigré[2].

Le Comité d'instruction publique renvoie une lettre du septième Comité de surveillance, séant rue Avoye, qui annonce qu'à la levée des scellés chez la citoyenne veuve Bouvet, rue des Blancs-Manteaux, dont le mari a été gouverneur à l'île Bourbon, il s'est trouvé beaucoup de papiers relatifs aux colonies et à la marine, mais dont la propriété

---

[1] Les membres de l'administration du district de Gournay écrivent qu'ils ont « recueilli avec soin tout ce qui pouvait exister de monuments des arts dans les maisons provenant d'émigrés et de déportés; quant aux ci-devant communautés de religieux et religieuses, elles ne nous ont rien produit : tout a été vendu à l'encan lors de leur suppression.

«Malgré toutes nos recherches, la moisson n'a pas été abondante dans ce district; nous n'avons point d'histoire naturelle, point de tableaux, excepté quelques estampes. Toutes nos richesses ne consistent qu'en 2,200 volumes...» (F17 1044).

[2] Perthuis (Louis-Alexandre-César), âgé de 64 ans, né à Condé (Marne), inscrit sur la liste des émigrés du département des Ardennes, et résidant à Auxerre, sous la surveillance des autorités, obtint un certificat d'amnistie le 13 fructidor an x (F7 6050).

n'est point nationale. Les sections de bibliographie et de géographie sont chargées d'examiner cette lettre pour en faire un rapport[1].

L'administration du district de Dieuze, département de la Meurthe, fait passer le catalogue des tableaux, estampes et autres objets d'arts de son arrondissement[2]; il sera répondu à ce district pour lui en accuser la réception.

L'administration de Brutus-Villiers, département de la Seine-Inférieure, presse la confection de son catalogue d'objets de sciences et arts, et il (*sic*) prévient qu'il sera fort court[3].

Le citoyen Grégoire fait hommage à la Commission de plusieurs exemplaires de son troisième rapport sur le vandalisme; la Commission les accueille avec reconnaissance et arrête qu'il sera écrit aux différents districts désignés dans ce rapport pour exciter leur activité, leur surveillance et leur demander des renseignements sur les moyens de conservation qu'ils emploient.

La Commission passe à l'ordre du jour sur une lettre du Bureau du Domaine, relative au citoyen Javon, qui demande qu'il soit procédé au récolement de tous les livres composant la bibliothèque de Charles Capet, et que l'estimation en soit faite à juste prix en présence des commissaires des créanciers[4].

---

[1] D'après un dossier conservé aux Archives nationales sous la cote F⁷ 4614 et sous le nom de la veuve Bouvet de Lozier, celle-ci demeurait lors de la Révolution, depuis 1792, aux environs de Pontoise, et elle possédait une maison sise à Paris, rue des Blancs-Manteaux, section de l'Homme-Armé. Parmi les renseignements que renferme ce dossier, se trouvent l'interrogatoire et le signalement de Mᵐᵉ Bouvet. Son mari, Jean-Baptiste-Charles Bouvet de Lozier, né en 1706, fut capitaine de vaisseau de la Compagnie des Indes et gouverneur de Bourbon de 1750 à 1763. Il fut anobli en 1774 et mourut en 1787. L'un de ses fils, Athanase-Hyacinthe, émigra et fut commissaire du roi à l'île Bourbon sous la Restauration.

[2] *Catalogue des tableaux et estampes encadrés déposés au district de Dieuze, extrait de l'inventaire des effets de François-Éloi Leclerc, émigré, commencé le 5 juin 1793, v. s., clos le 10 du même mois sur la désignation du citoyen Nicéville, artiste peintre à Dieuze...* Il comprend 38 numéros (F¹⁷ 1270).

[3] L'administration de Brutus-Villiers (ci-devant Montivilliers) rappelle à la Commission que, son district «n'étant pas riche» en ce qui concerne les objets d'arts, les commissaires auront peu de chose à inventorier. Sa lettre est du 26 frimaire an III (F¹⁷ 1239).

[4] La lettre en question, ou plutôt la délibération du Bureau du Domaine national, est du 24 frimaire an III (F¹⁷ 1048). «Le Bureau, y est-il dit, arrête que par le citoyen Mousset, son commissaire, déjà chargé de pouvoir pour procéder conjointement avec le citoyen Saugrain, commissaire estimateur, à l'inventaire et esti-

La section d'histoire naturelle est chargée d'examiner les avantages de l'acquisition d'un volume intitulé : *Choix de coquillages et crustacés*, peints d'après nature par Mich. Regenfuss, Copenhague, 1758, qui se trouve chez Denée.

La Commission renvoie au Comité d'instruction publique un rapport sur le mode de concours relatif à la restauration des monuments de peinture et de sculpture appartenant à la République, fait à la Commission par Lebrun, Lengliez, Hacquin, Picault et Dardel.

La Commission renvoie encore au Comité un rapport du citoyen Buache sur les moyens de conserver à la Nation les objets précieux qui appartenaient à Choiseul-Gouffier.

Molard dépose l'inventaire des modèles et dessins de voitures et autres modèles de diverses machines, qui se sont trouvées dans la salle de la bibliothèque de la ci-devant Académie des sciences et qui ont été transportés au Dépôt des machines, rue de l'Université[1].

Bardel adresse le catalogue des tableaux, sculptures, gravures, recueillis au dépôt du Musée de Reims[2].

mation de la bibliothèque de Capet, ci-devant d'Artois, à l'Arsenal, il sera fait récolement dudit inventaire en présence des commissaires de l'union des créanciers dudit Capet, que le citoyen Mousset requerra, lesquels pourront faire tels dires qu'ils jugeront convenables, même se faire assister d'experts, s'ils le croient nécessaire, et de suite procéder à une nouvelle estimation à juste prix et valeur des objets qui ne paraîtraient pas avoir été justement prisés par ledit citoyen Saugrain, après laquelle opération le commissaire, conformément au pouvoir à lui délivré le 24 fructidor, remettra la bibliothèque à la disposition d'un membre de la Commission temporaire des arts qui en donnera décharge et, attendu qu'il existe dans les pièces renfermant cette bibliothèque des meubles et effets qui ne sont pas dans le cas d'être réservés avec les livres, le Bureau autorise le citoyen Mousset à les remettre après inventaire et estimation, au citoyen Nagus, commissaire, qui les fera transporter sur-le-champ à la maison Soubise, pour être vendus avec la totalité du mobilier dudit Capet, dit d'Artois...»

[1] Cet *Inventaire des modèles et dessins de voitures propres au transport des malades ou des blessés, et autres modèles de diverses machines, qui se sont trouvés dans la salle de la bibliothèque de la ci-devant Académie des sciences au Louvre*..., signé de Lenoir et Molard, et daté du 21 frimaire an III, comprend 56 articles représentant 106 objets (F17 1274).

[2] Voir sous la cote F17 1270 : 1° *Catalogue des tableaux destinés au Musée de Reims qui sont au dépôt de Sainte-Marthe* (il comprend aussi des sculptures, bronzes, plâtres, médailles et tapisseries); 2° *Suite du catalogue des tableaux, sculptures, gravures recueillis au dépôt du Musée de Reims*, vu, vérifié et approuvé par nous administrateurs du district de Reims..., le 24 frimaire, 3° année républicaine (suivent les signatures); 3° *Catalogue des gravures sous glace recueillies au dépôt du Musée de Reims*; 4° *Catalogue des machines*

Thillaye dépose un reçu des objets qui lui ont été délivrés par le citoyen Naigeon pour l'usage des Écoles de chirurgie.

Lenoir dépose l'état des objets entrés dans le Dépôt de la rue des Petits-Augustins, du 20 au 30 frimaire.

La section des dépôts littéraires remet les inventaires [1] des livres qui composaient le cabinet de physique du collège de l'Université de Reims, maintenant au Musée de cette ville. — Les numéros 1, 3 et 4 ne sont ni datés ni signés (F^{17} 1270).

[1] Inventaire des livres trouvés chez l'émigré Romans, rue Apolline, n° 26, fait par le citoyen Musier, libraire, en présence de Jean Maury Maurice, commissaire du Bureau du Domaine national, et remis au dépôt de la rue Saint-Marc (77 articles) sans date (F^{17} 1198-1199). — Inventaire des livres appartenant à Bernard, ex-secrétaire, condamné, remis par le citoyen Girard, commissaire provisoire du Département, et portés au dépôt littéraire des Cordeliers, le 13 frimaire an III (F^{17} 1195). Bernard (Jacques-Claude) ex-prêtre, membre du Conseil général de la commune et chef des bureaux de la Mairie, mis hors la loi et exécuté le 10 thermidor an II (W 434, n° 976). — Inventaire des livres trouvés dans la maison de l'émigré Sainte-Marie, rue Garancière, n° 1103,... déposés aux Cordeliers, le 11 frimaire an III (F^{17} 1195). Sainte-Marie (Hippolyte-Jean-Jacques-René), né le 3 janvier 1775, envoyé à Heidelberg en juin 1789 pour y faire ses études. Inscrit sur la liste des émigrés, il fut autorisé en l'an IX à séjourner à Paris. Il habitait rue du Vieux-Colombier; très riche, il fréquentait les spectacles et maisons de jeu, et il était en relations avec les généraux Berthier et Bessières (F^7 5651^4). — Inventaire des livres de Couthon, ex-député à la Convention nationale,... déposés au dépôt de la rue Saint-Marc, le 15 frimaire an III (F^{17} 1198-1199). Georges Couthon, député à la Convention, mis hors la loi et exécuté le 10 thermidor an II (W 434, n° 975). — Inventaire des livres du présumé émigré Prévost dit Desfourneaux, rue Copeau, n° 720, section des Sans-Culottes,... déposés au dépôt des Cordeliers [70 articles] (F^{17} 1195). — Inventaire des livres d'Aved Loizerolles, condamné, rue Victor, n° 83, section des Sans-Culottes... portés au dépôt des Cordeliers, le 16 frimaire an III [288 articles] (F^{17} 1195). Loizerolles (Jean-Simon Aved de), ex-noble, ancien lieutenant général du bailliage de l'Arsenal à Paris, condamné à mort le 8 thermidor an II (W 432, n° 971). — Inventaire des livres de l'émigré Egmont, rue des Piques,... déposés au dépôt de la rue Saint-Marc, comprenant 312 articles (F^{17} 1198-1199). — État des livres trouvés dans la bibliothèque du nommé Breteuil, émigré, rue de la Convention, n° 1,... remis au dépôt de la rue Saint-Marc, le 17 vendémiaire an III (F^{17} 1198-1199). — État des livres trouvés dans la bibliothèque de Chimay, condamnée, rue du Bac,... remis au dépôt de la rue de Lille le 15 brumaire an III (F^{17} 1196). Chimay (Madeleine-Charlotte Lepeletier, veuve), condamnée à mort le 2 thermidor an II (W 433, n° 972). — État des livres trouvés dans la bibliothèque de la femme Méricourt, émigrée, rue Merry, n° 77,... remis au dépôt des Cordeliers le 3 frimaire an III (F^{17} 1195). — État des livres trouvés dans la bibliothèque de Durfort, émigré, rue du Faubourg-Honoré, n° 73,... remis au dépôt de la rue de Lille, le 22 frimaire an III (F^{17} 1196). Durfort (Félicité-Jean-Louis-Étienne de), ministre plénipotentiaire de France en Toscane en 1784, ambassadeur à Vienne en 1791, inscrit sur la liste des émigrés

trouvés chez Bevy, femme Gouffier, Durfort, Mallet d'Harvillars, femme Gravans, femme Méricourt, femme Chimay, Breteuil, Egmont, Aved-Loizerolles, Prevost dit Desfourneaux, Couthon, Leduc, Sainte-Marie, Bernard, Romans, Boucher, de Miran.

---

en 1792 et 1793, amnistié le 12 floréal an XI, mourut à Vienne le 11 mars 1801 (F⁷ 5628). — État des livres trouvés dans la bibliothèque de la femme Gouffier, émigrée, rue Honoré,... remis au dépôt de la rue Saint-Marc, le 27 frimaire an III (F¹⁷ 1198-1199). Adélaïde-Marie-Louise Gouffier d'Heilly, qui épousa, le 23 septembre 1771, Marie-Gabriel-Florent-Auguste, comte de Choiseul-Gouffier, ambassadeur à Constantinople depuis 1784 et décéda le 6 mai 1816. — Inventaire des livres trouvés dans la bibliothèque de Bevy, condamné, rue Neuve-des-Petits-Champs,... remis au dépôt de la rue Saint-Marc, le 27 frimaire an III (F¹⁷ 1198-1199). Bevy (Jean-Henri-Louis Joly-), ex-lieutenant-colonel du régiment de Poitou, condamné à mort le 5 thermidor an II (W 429, n° 965).

PIÈCES ANNEXES.

I

Rapport sur le mode de concours relatif à la restauration des monuments de peinture et de sculpture appartenant à la République, présenté au Comité d'instruction publique par le Conservatoire du Muséum national des arts, et dont lecture a été faite à la Commission temporaire des arts dans sa séance du 25 brumaire, fait à ladite Commission par les citoyens Lebrun, Lengliez, Hacquin, Picault et Dardel [1].

Citoyens,

En vertu de l'arrêté pris par la Commission temporaire des arts dans sa séance du 25 brumaire dernier, nous nous sommes réunis pour examiner, ainsi que nous en étions chargés par la Commission, un mode de concours relatif à la restauration des tableaux et statues appartenant à la République; nous nous sommes convaincus de la nécessité d'ouvrir un concours pour parvenir à connaître les artistes restaurateurs les plus capables d'arracher à la main destructive du temps les chefs-d'œuvre des grands maîtres qui ont illustré les écoles italiennes, flamandes et françaises, de rendre à ces ouvrages précieux leur premier éclat, sans altérer le coloris et le faire du maître; enfin de restaurer les statues antiques que les siècles ont dégradées, ou que l'ignorance et la barbarie ont mutilées; nous avons pensé qu'il fallait d'abord examiner l'arrêté des Comités de salut et d'instruction publique relatif au concours de restauration publié par la Commission exécutive de l'instruction publique, le 19 fructidor de l'an 2 de la République, afin de découvrir ce qui avait empêché que ce concours n'eût lieu;

[1] Original signé (Arch. nat., F17 1050). A la marge, en tête du rapport, se trouve cette mention : Conclusions adoptées et le rapport renvoyé au Comité d'instruction publique, 30 frimaire. Signé : Oudry, secrétaire.

nous avons reconnu que ce concours était insuffisant à certains égards, car il ne dit rien de l'enlèvement des tableaux de dessus leurs fonds, pour les remettre sur les fonds de même nature, ce qui est essentiel.

Cet arrêté porte en outre que le Conservatoire choisira dans les dépôts, parmi les plus grands tableaux d'histoire, celui desdits tableaux le plus mutilé et qu'il ne croit pas susceptible d'être avantageusement réparé, que ce tableau sera divisé en carrés égaux qui seront numérotés et distribués par la voie du sort à ceux des artistes qui se seraient inscrits pour le concours : ce mode est défectueux; insuffisant par cela seul qu'il est impossible que chacun de ces carrés renferme tous les genres de maladie dont les tableaux peuvent être attaqués.

Nous pensons qu'il faut choisir un certain nombre de tableaux qui renferment autant que possible les mêmes défectuosités, en les distribuant aux concurrents par la voie du sort.

Nous avons reconnu, en outre, que l'article 7 écartait du concours presque tous les artistes restaurateurs, en exigeant que chacun d'eux rentoile, nettoie, enlève les vieux mastics, qu'il les remplace par de nouveaux, et enfin qu'il raccorde la peinture sur les mastics en imitant le coloris et le faire du maître; or la presque totalité des artistes restaurateurs ne possèdent qu'une ou plusieurs parties de cet art précieux et difficile : donc cet article est nuisible, puisqu'il exige que chacun des artistes concurrents possède toutes les parties de la restauration; d'ailleurs, il a fait naître des réclamations de la part des artistes restaurateurs, dont nous joignons copie au présent.

Après avoir examiné l'arrêté des Comités de salut et d'instruction publique dont nous avons rendu compte ci-dessus, nous passâmes à l'examen du mode de concours du Conservatoire qui nous a été renvoyé pour en faire un rapport; les bases nous en ont paru propres à organiser le concours sur les restaurations des tableaux et des statues de manière à découvrir tous ceux des artistes qui sont le plus capables de rendre aux tableaux des grands maîtres leur fraîcheur primitive, et aux statues antiques les parties que le temps, l'ignorance ou la barbarie leur avaient ravies.

En conséquence, nous avons fait un résumé dudit plan, dégagé de tous les détails qu'il renferme qui, quoique précieux, ne peuvent entrer dans l'organisation du concours, mais qui sont indispensables pour le jury qui devra prononcer sur les talents de ceux des artistes restaurateurs qui concourent, auquel nous pensons qu'il sera nécessaire de les renvoyer.

Nous soumettons ce résumé à vos lumières, ainsi que les projets d'établir des ateliers de restauration pour tous les monuments de peinture et de sculpture, établissement qui nous paraît indispensable pour la conservation de ces précieux monuments, et de voir précéder le concours pour stimuler d'autant plus les artistes restaurateurs qu'il leur présentera une plus grande latitude d'espérance.

En conséquence, nous proposons le projet de concours suivant : Il y aura un concours pour la restauration des monuments de peinture et de sculpture formant la collection du Muséum national.

Aussitôt après la publication du présent concours, les artistes qui se proposeront de concourir s'inscriront au Conservatoire sur un registre qui sera ouvert à cet effet.

TITRE 1er.

Des ateliers de restauration.

Il y aura des ateliers de restauration pour tous les monuments de peinture et de sculpture qui appartiennent à la République.

Ces ateliers seront dirigés par ceux des artistes restaurateurs qui se seront le plus distingués dans les concours qui seront ouverts à cet effet, et sous la surveillance du Conservatoire du Muséum des arts.

De la restauration des tableaux.

La restauration des tableaux se divise en quatre parties essentielles et distinctes, savoir :

1° Le rentoilage des tableaux ;

2° L'enlèvement des tableaux de dessus le bois, le cuivre et la toile ;

3° Le nettoyage des tableaux et l'enlèvement des repeints ;

4° Des repeints à faire aux tableaux.

Il y aura concours pour chacune de ces parties. Les artistes pourront s'inscrire pour une ou pour toutes les parties de la restauration.

Du rentoilage des tableaux.

Art. 1er. Il sera choisi dans les divers dépôts les tableaux qui présenteront le plus de difficultés et dont l'inutilité sera reconnue; ils seront en nombre égal aux concurrents en cette partie.

Art. 2. Ces tableaux seront numérotés et les doubles des numéros déposés dans un vase.

Art. 3. Chaque concurrent tirera un numéro du vase et aura le tableau correspondant à son numéro.

Art. 4. Il sera dressé procès-verbal de l'état dudit tableau dont copie sera remise aux concurrents.

De l'enlèvement des tableaux de dessus le bois, le cuivre et la toile.

Art. 1er. Il sera choisi parmi les tableaux ceux qui présentent le plus de difficultés à vaincre dans ce genre de travail.

Art. 2. On suivra pour la distribution le même mode que pour les tableaux à rentoiler.

Art. 3. Il sera dressé procès-verbal de l'état desdits tableaux dont copie sera remise aux concurrents par ordre de numéros.

Art. 4. Les concurrents seront tenus de mettre les tableaux enlevés sur des fonds de même nature que ceux sur lesquels ils leur seront délivrés.

Celui qui, au jugement du jury, se sera le plus distingué dans le rentoilage ou l'enlèvement des tableaux aura la direction de la restauration de cette partie sous la surveillance du Conservatoire.

Du nettoyage des tableaux et de l'enlèvement des repeints.

Art. 1er. Il sera donné aux artistes qui s'inscriront pour cette partie des tableaux couverts de toute espèce de crasse, huile, vernis et repeints. Ces tableaux seront numérotés et distribués comme dans les articles précédents.

Art. 2. Il sera dressé procès-verbal de l'état de chaque tableau dont copie sera remise aux concurrents par ordre de numéros.

Des repeints à faire aux tableaux.

ART. 1er. Il sera délivré à chacun des concurrents des tableaux qui les mettront à même de développer le genre de talents pour lequel ils se seront inscrits, soit dans le paysage, soit dans le genre historique.

ART. 2. Il sera délivré aux concurrents copie du procès-verbal qui constatera l'état du tableau.

ART. 3. Chacun des concurrents sera tenu de rapporter l'objet qui lui aura été confié cinq mois après la remise qui lui en aura été faite par le jury.

ART. 4. Ceux des artistes qui, au jugement des jurés, se seront le plus distingués dans le nettoyage ou les repeints seront tenus d'exercer leurs talents sur des tableaux des différentes écoles affectés de toutes les maladies qui les détruisent, et celui qui sortira vainqueur de ce nouveau concours aura la direction de la restauration en cette partie sous la surveillance du Conservatoire.

ART. 5. Les travaux des différentes parties du concours seront exposés à toutes les épreuves qui pourront produire sur les tableaux l'effet du temps même.

Concours pour la restauration des statues ou bas-reliefs.

ART. 1er. Le Conservatoire du Muséum national des arts choisira dans la Salle dite des Antiques un certain nombre de statues mutilées dont l'état sera constaté par un procès-verbal dont la copie sera remise à chacun des concurrents.

ART. 2. Ils se rendront à la Salle des Antiques et modèleront successivement toutes les parties qui manqueront aux statues qui seront choisies pour le concours.

ART. 3. Chacun de ceux des concurrents qui ne serait pas connu pour praticien exécutera une tête en marbre.

ART. 4. On pourra concourir, soit pour les modèles, soit pour l'exécution en marbre.

ART. 5. Les différents travaux des sculpteurs qui auront concouru pour la restauration des statues seront jugés par le jury qui sera nommé à cet effet.

Art. 6. Celui des artistes qui aura le mieux rempli le but du concours dirigera l'atelier de restauration sous la surveillance du Conservatoire.

Ceux des artistes peintres ou sculpteurs qui n'auront pas été jugés capables d'être employés aux restaurations seront indemnisés du temps qu'ils auront employé et des dépenses qu'ils auront pu faire pour concourir.

Cette indemnité sera déterminée par le jury.

Du jury.

Tous les travaux des concours relatifs à la restauration des monuments de peinture et de sculpture appartenant à la République seront jugés par un jury nommé à cet effet.

Ce jury sera composé de onze membres nommés par le Comité d'instruction publique. Ses fonctions seront :

1° De dresser procès-verbal de l'état de dégradation des différents ouvrages de peinture et de sculpture qui seront distribués aux artistes restaurateurs ;

2° De [se] rassembler cinq mois après la distribution des tableaux faite par lui à tous ceux des artistes restaurateurs qui se seront présentés pour la restauration des tableaux ;

3° De dresser procès-verbal du résultat des différentes restaurations faites par les concurrents, après avoir préalablement fait lecture des procès-verbaux qui constateront l'état de dégradation des tableaux distribués au concours ;

4° De déclarer quels sont ceux des restaurateurs qui auront le mieux réussi dans l'une ou plusieurs parties de la restauration ;

5° De soumettre les tableaux restaurés à toutes les épreuves de sécheresse et d'humidité qui pourraient produire sur les différents procédés de restauration les mêmes effets qu'y produirait un laps de temps considérable ;

6° De se rassembler six mois après, d'examiner de nouveau et de constater l'état d'altération ou de solidité de chacune des parties de la restauration, de continuer encore six mois les épreuves mentionnées dans l'article précédent, de dresser un nouveau procès-verbal de situation et de déclarer quel est celui qui a le mieux rempli le but du concours, et de classer les autres successivement.

Les concours seront renouvelés tous les deux ans pour mettre chacun des artistes à portée de jouir des avantages qu'ils doivent recueillir de leur aptitude à l'étude et exciter leur émulation.

Picault, L. Lengliez, R.-G. Dardel.

II

Rapport fait à la Commission temporaire des arts par les citoyens Fragonard, Dardel et Picault, commissaires, pour examiner l'urgence des restaurations tant aux tableaux qu'aux sculptures qui sont actuellement dans le Palais national et les jardins de Versailles et de Trianon, sur la nécessité de restaurer ceux des tableaux qui sont tellement endommagés qu'ils courraient les risques d'être entièrement perdus, si l'on n'y portait au plus tôt une main réparatrice, et enfin sur leur emploi dans les différents muséums qui pourraient être établis pour l'instruction publique et pour faciliter la culture des beaux-arts et du dessin [1].

Citoyens,

Nous sommes arrivés à Versailles le 28 brumaire dernier, et, après avoir donné l'accolade à nos frères les artistes qui composent la Commission des arts de cette commune, nous nous sommes transportés, conjointement avec eux, dans les divers dépôts qui renferment des objets des sciences et d'arts, ainsi que dans ceux de la bibliographie : nous avons trouvé tous ces dépôts dans le meilleur ordre possible. Cependant les membres de cette Commission réclament en vain depuis quatre mois les indemnités qui leur sont si justement dues pour le zèle et l'intelligence actifs avec lesquels ils ont recueilli et conservé une infinité de belles choses qui, sans leurs soins, seraient perdues pour la République. La nuit nous obligeant de nous retirer, nous nous ajournâmes au lendemain, et dès le point du jour nous réunîmes à la Commission des arts de Versailles, et examinâmes scrupuleusement tous

---

[1] Arch. nat., F17 1050, n° 1. A la marge, en tête, figure cette mention : Renvoyé au Comité d'instruction publique, 5 frimaire. Signé : Oudry, secrétaire.

ceux des tableaux précieux qu'il était urgent de restaurer pour les arracher à la main destructive du temps. Nous avons continué cet examen les jours suivants jusqu'au 1er frimaire inclusivement, tant dans les appartements, la grande galerie, que dans les jardins de Versailles et de Trianon.

Nous joignons au présent la note précise des tableaux qui se trouvent, soit dans les dépôts, soit dans les grands appartements, soit enfin dans la galerie, et qui sont en souffrance, le genre de maladie dont ils sont attaqués et l'indication des réparations qu'ils réclament.

En parcourant les jardins, nous ne pûmes nous dispenser de rendre un nouvel hommage au génie qui en a tracé les plans et de regretter la destruction du grand canal.

Nous avons trouvé toutes les statues dans un état de conservation qui fait honneur aux habitants de la commune de Versailles et qui prouve leur amour pour les arts; ce même amour, cette surveillance active qui a conservé tant de belles productions des arts et le site de Versailles qui nous ont fait désirer l'établissement d'un muséum dans cette commune, qui a d'ailleurs si bien mérité de la patrie par son courage et par les sacrifices sans nombre qu'elle a faits pour consolider la République, une et indivisible.

En effet, la postérité lira avec un étonnement mêlé d'admiration que Versailles, le berceau et la demeure ordinaire des tyrans de la France depuis Louis XIV, d'horrible mémoire, qui n'avait d'autres moyens d'existence que ceux que lui procurait la présence d'une cour scélérate et corrompue, oubliant ses intérêts les plus chers, s'arma au premier signal de la Révolution et porta des coups mortels à l'infâme despotisme.

Nous pensons en outre, qu'attendu que le génie des artistes français a présidé seul à la confection de Versailles, qu'il s'y est développé d'une manière grande, même sublime, et vu les avantages qui pourraient en résulter pour le bien de cette commune précieuse et la culture des arts, il serait nécessaire que le muséum qu'on y établirait fût décoré de toutes les belles productions des artistes français, soit en peinture, soit en sculpture, parmi lesquelles on mêlerait quelques-uns des beaux ouvrages des écoles italienne, flamande et hollandaise, pour prouver que l'école française a produit des hommes capables d'être comparés aux grands maîtres qui les ont honorés. Cette mesure, si elle était adoptée, donnerait de grandes facilités pour obtenir, par le moyen des échanges, de nos frères de Versailles, toutes les statues antiques qui décorent la grande galerie, celles qui sont dans le parc, ainsi que toutes les statues modernes, toutes les belles copies de l'antique qui pourraient être utiles soit à la décoration du muséum central, soit à celle de ceux qui seront établis dans les autres parties de la République française, qui doivent être en petit nombre et distribués de manière à vivifier celles de ces parties qui participent le moins aux avantages du commerce et aux bénéfices de l'industrie.

Nous concluons en invitant la Commission temporaire des arts à peser dans sa sagesse les vues que nous lui présentons sur l'établissement d'un muséum à Versailles, et, dans le cas où elle les adopterait, alors nous lui présenterons le tableau des objets de peinture et de sculpture qui pourraient rendre ce muséum digne de la nation.

FRAGONARD, PICAULT, R.-G. DARDEL.

Nota. Nous nous sommes transportés à Marly; nous y avons trouvé le citoyen Colson, qui nous a fait voir le groupe du Temps qui relève les arts, que la Commission temporaire des arts nous avait aussi chargés d'examiner. Ce groupe, dont les figures sont de grandeur naturelle, est au-dessous du médiocre; quoiqu'il soit l'ouvrage d'une main accoutumée au travail du marbre, il n'y a point de style et encore moins de goût : en conséquence, nous estimons qu'il n'est pas digne de décorer le Conservatoire des arts et métiers.

Fait à Paris, ce 5 frimaire, l'an 3ᵉ de la République, une et indivisible.

FRAGONARD, R.-G. DARDEL, PICAULT.

III

Rapport fait à la Commission temporaire des arts par les citoyens Fragonard, Dardel et Picault sur l'état d'urgence de restaurations à faire à divers tableaux déposés au Muséum de Versailles, 5 frimaire an III [1].

Savoir :

— *[2] Une *Vierge tenant l'Enfant Jésus*, par L. Carrache, peint sur bois, 2 pieds 10 pouces de diamètre.
Nota. Ce tableau quitte son fond de toutes parts et tombe par écailles; il faut le transporter sur un autre fond.

— *Un tableau peint sur bois, par le Titien, représentant une *Sainte Famille et saint Sébastien*, composition de six figures, 3 pieds 1 pouce de large, sur 3 pieds 7 pouces de haut.
Nota. Ce tableau quitte son fond de toutes parts et tombe par écailles; il faut le transporter sur un autre fond.

— *Un tableau peint sur bois par le Vieux Palme, représentant une *Sainte Famille*, composition de huit figures, 6 pieds 2 pouces de large sur 4 pieds 8 pouces de haut.
Nota. Idem.

— *Un tableau peint sur toile, par Raphaël, représentant *Saint Michel*, 8 pieds de haut sur 4 pieds 10 pouces de large.
Nota. Idem.

— *Un tableau peint sur bois, par Jules Romain, représentant *Le Triomphe de Vespasien*.
Nota. Idem.

— Un tableau peint sur bois, par Giorgion, représentant *Hérodias auquel un soldat présente la tête de saint Jean*.
Nota. Idem.

---

[1] F 17 1051, n° 1.
[2] Les astérisques indiquent les tableaux dont la description paraît, d'après le catalogue du Louvre, correspondre à celle de peintures conservées aujourd'hui dans ce musée.

— *Un tableau peint sur bois, par Jules Romain, représentant un portrait d'homme tenant de sa main droite un burin.
Nota. Idem.

— *Un tableau peint sur cuivre, par le Dominiquin, représentant Saint François tenant l'Enfant Jésus, qu'il reçoit de la Vierge, 16 pouces de haut sur 13 de large.
Nota. Idem.

— *Un tableau peint sur cuivre, par le Dominiquin, représentant Adam et Ève chassés du paradis terrestre, 2 pieds 10 pouces 6 lignes sur 2 pieds 3 pouces.
Nota. Idem.

— *Un tableau peint sur cuivre, par le Dominiquin, représentant Le Ravissement de saint Paul, 18 pouces de haut sur 14 pouces de large.
Nota. Idem.

— Un tableau peint sur bois, par le Primatice, représentant Saint Jean.

— *Un tableau peint sur toile, par le Feti, représentant La Mélancolie, 6 pieds de haut sur 4 pieds de large.

— *Un grand tableau peint par Rubens, représentant La Chute de saint Paul.

— *Un grand tableau de Jouvenet, peint sur toile, représentant La Résurrection de Lazare, 14 pieds de haut sur 9 pieds de large.

— Un tableau de Daniel de Volterre.

— 29. Un tableau du Poussin.

— 45. Un très beau tableau du Bassan.

— 459. L'Adoration des bergers.

— 84. Un tableau du Tintoret, représentant une Descente de croix.

— 341. Un tableau du Giorgion.

— Six grands tableaux peints sur toile, par Van der Meulen, périssant de toutes parts.

PLAFOND DE L'INTÉRIEUR DU PALAIS NATIONAL.

Six de ces plafonds sont dans un très grand état de dégradation et demandent de prompts secours.

Le plafond de Lemoine est un de ceux qui doit fixer votre attention; ce monument, qui honore l'école française, est peint sur toile et maroufié sur plâtre; plusieurs parties se détachent et forment un poids qui, s'augmentant chaque jour, tombera tout à coup, comme ceux du célèbre Lebrun qui décorent la grande galerie.

Deux tableaux de cette galerie, portant chacun environ trente pieds sur vingt-quatre, demandent d'être sur-le-champ secourus; nous avons invité les administrateurs du district à donner des ordres, vu l'urgence, pour que les grandes parties absolument détachées fussent retenues jusqu'à ce que, sur notre rapport, vous ayez statué sur leur prompte restauration.

FRAGONARD, R.-G. DARDEL.

IV
INVENTAIRE ET ÉTAT DES TABLEAUX ARRIVANT DE BELGIQUE [1].

Lesquels inventaire et état ont été faits les 11, 12, 13 et 14 frimaire, l'an 3ᵉ de la République française, une et indivisible, en présence des citoyens Lavallée et Madaye, nommés, conjointement avec le citoyen J.-B.-P. Lebrun, adjoint à la Commission temporaire des arts par la Commission exécutive à l'effet de reconnaître lesdits objets, de les décrire, d'en dresser procès-verbal et de les remettre aux membres du Conservatoire, lesquels ont signé les présents avec nous.

Suite et ordre de leur ouverture.

CAISSE N°

CAISSE N°

1. La Résurrection de Jésus-Christ, composition de sept figures. On y remarque cinq fentes aux joints des planches, qui sont plus ou moins considérables. Néanmoins c'est une des plus belles productions de ce maître. Hauteur 5 pieds, largeur 4 pieds. } P.-P. RUBENS.

[1] Arch. nat., F¹⁷ 1261. — Voir le procès-verbal de la séance du 20 frimaire, pages 632, 633.

2. Les deux volets offrent, sur l'un, *Saint Jean-Baptiste*, et sur l'autre, une *Sainte tenant une palme*. Hauteur 5 pieds 9 pouces, largeur 20 pouces. Sur bois, bien conservé. Au revers, l'on remarque deux anges peints en grisaille. } P.-P. Rubens.

Caisse n°

1. Le portrait d'un homme à mi-corps, vêtu de coupe d'argent par-dessus son vêtement noir. Bien conservé, venant de l'Académie de peinture d'Anvers. Hauteur 3 pieds 9 pouces, largeur 3 pieds 2 pouces. Sur bois. } De Martin de Vos.

1. Un *Rosaire à la Vierge*, que l'on voit tenant l'Enfant Jésus. Figures à mi-corps de forte proportion : un vieillard et une femme les mains jointes. Hauteur 3 pieds 10 pouces, largeur 2 pieds 7 pouces. } De Rubens.

Caisse n°

1. Marbre blanc : *La Vierge assise et tenant l'Enfant Jésus devant son giron*. Hauteur 4 pieds. D'une belle conservation. On remarque dans le voile un ancien éclat. Ce chef-d'œuvre vient de Bruges. } De Michel-Ange.

Caisse n° 6.

2. Deux volets venant de Malines : l'un représente *Hérodiade qui reçoit la tête de saint Jean Baptiste*, composition de 5 figures, et au revers, *Le Baptême de Jésus par saint Jean dans le Jourdain;* l'autre, *Saint Jean dans la chaudière d'huile bouillante*, composition de 6 figures. Hauteur 9 pieds 8 pouces, largeur 3 pieds 1/2. et au revers, *Saint Jean l'Évangéliste*. Ces tableaux, en bon état, ont été fatigués par le nettoyage. } De Rubens.

Caisse n° 9.

3. Un tableau et ses volets. Sur le tableau du milieu, l'on voit *Saint Christophe et L'Enfant Jésus accompagné de deux saints*. Hauteur 4 pieds, largeur 4 pieds 9 pouces. Sur l'un des volets, on voit un homme et ses enfants en prière, sur l'autre, des femmes et des enfants. Bien conservés. Hauteur 4 pieds, largeur 26 pouces. Sur bois. } De Jean Schooreel, en 1484.

Caisse n° 15.

3. Trois tableaux isolés. Le premier représente *La Vierge tenant un livre*, le second, *Saint Joseph*, et le troisième, *Le Père éternel*. Hauteur 5 pieds, largeur 2 pieds 3 pouces. Il y a quelques parties dans le fond qui sont écaillées, mais en général pour leur temps, c'est conservation (*sic*). } Jean Corneille Vermeyen.

Caisse n° 3.

1. *Saint Martin à cheval coupant son manteau pour faire l'aumône au diable.* Composition de 4 figures dans la manière de Rubens. Hauteur 5 pieds 4 pouces, largeur 5 pieds. Il y a plusieurs fentes occasionnées par les planches qui se déjoignent: la main droite du saint est tombée en écailles; dans la tête du cheval, sur celle de l'homme qui l'accompagne, nombre d'écailles et repeints. Il a aussi souffert d'un nettoyage trop vif qui a enlevé du fini et des accords. La réparation est nécessaire. — De Van Dyck.

Caisse n° 2.

3. *Le Christ qui apparaît aux apôtres*, composition de quatre figures. Il y a quatre fêlures aux joints des planches dans une traverse du haut en bas, à 4 pouces 1/2 de la partie droite, sur la hanche du Christ, sur les côtes et le pectoral quelques repeints; douze écailles tombées s'y remarquent, et nombre de parties lèvent dans divers endroits du tableau, surtout dans le bas et dans la draperie rouge et le corps du Christ. L'un des deux volets représente le portrait de *Nicolas Rockox*, bourgmestre et grand ami de Rubens : ce morceau est de ses chefs-d'œuvre; l'autre représente le portrait de sa femme. Hauteur 52 pouces, largeur 20 pouces 1/2. Bien conservé. — De Rubens.

Caisse n° 11.

2. Deux tableaux; l'un représente *Le Christ qui donne les clefs à saint Pierre*, et l'autre *Saint François de Sales*, de 7 pieds 1/2 de haut sur 2 pieds 10 pouces de largeur. Sur bois, bien conservé, très médiocre. — École de Coeberger.

Caisse n° 18.

1. *Un guerrier qui vient offrir un saint Sacrement à un évêque*, et sont tous deux accompagnés de leur suite. Hauteur 3 pieds, largeur 7 pieds 1/2. Bon état, sur toile. — C. de Vos.

2. Deux volets : l'un représente *Saint François qui reçoit les stigmates*, et sur l'autre *Sainte Claire*. Ils viennent de Lierre, et recouvraient *L'Apparition de la Vierge à saint François*, dont le tableau n'est pas arrivé. Ces deux volets sont bien conservés et portent de hauteur 5 pieds 1/2 sur 2 pieds 1/2 de largeur. Sur bois. — De Rubens.

CAISSE N° 3.

1. { Le Christ mort sur les genoux du Père éternel, accompagné de deux chérubins qui pleurent. Cette composition de 4 figures vient d'Anvers. Hauteur 5 pieds, largeur 4 pieds 10 pouces. Sur bois. Ce tableau est fatigué par des restaurations. } De RUBENS.

CAISSE N° 12.   Tableaux roulés.

1. { Job sur le fumier, composition de 5 figures. Ce tableau a souffert généralement de diverses manières et n'est pas du beau de ce maître. Hauteur 8 pieds 1/2, largeur 6 pieds. } GASPARD DE CRAYER.

1. { Un Saint Sébastien secouru par les saintes femmes et les anges. Tableau mauvais et moderne. Hauteur 7 pieds sur 5 1/2. } Mauvais et moderne.

1. { L'Agonie de la Madeleine dans le désert; elle est secourue par deux anges. Hauteur 9 pieds, largeur 7 pieds. Conservé. } De RUBENS.

1. { La Descente de croix, composition de neuf figures de grandeur naturelle. Hauteur 11 pieds 1/2, largeur 8 pieds. A quelques usures près, il est bien conservé. } THÉODORE ROMBOUST.

1. { Le Christ foudroyant l'hérésie, la Vierge veut le retenir et saint François couvre la Terre Sainte de son manteau. Cette composition de 7 figures est un des plus beaux ouvrages de ce maître. Hauteur 12 pieds 1/2, largeur 8 pieds 1/2. } De RUBENS.

1. { L'Adoration des bergers, composition de 11 figures. Hauteur 7 pieds 1/2 sur 5 1/2 de large. Très lavé. } Attribué à VAN DYCK.

1. { La Visitation de sainte Anne à sainte Élisabeth, composition de 4 figures. Hauteur 9 pieds, largeur 6 pieds. Bien conservé. } JACQUES JORDAENS.

1. { Le Martyre de sainte Catherine, composition de 7 figures. Bien conservé. Hauteur 7 pieds 1/2, largeur 6 pieds. } GASPARD CRAYER.

1. { L'Adoration des bergers, composition de 12 figures, bien conservé, mais trop nettoyé. Hauteur 8 pieds, largeur 6 pieds 1/2. } JACQUES JORDAENS.

CAISSE N° C.   Tableaux roulés.

1. { L'Adoration des Rois, composition de 20 figures. Hauteur 11 pieds, largeur 8 pieds. Bien conservé, à quelques chanssys près. } J. JORDAENS.

1. { *L'Assomption de la Vierge*, composition de 16 figures. L'on y remarque un pli, de la longueur de 2 pieds, occasionné par le roulage, et très nettoyé. Hauteur 12 pieds, largeur 8 pieds 1/2. } Gaspard Crayer.

Caisse n° 17.   *Idem.*

1. { Le *Christ seul, en croix*, venant des Récollets d'Anvers. Il a beaucoup de petites écailles; néanmoins, il peut être regardé comme d'une bonne conservation. Hauteur 7 pieds, largeur 4 pieds. } De Rubens.

1. { *Sainte Thérèse qui intercède Jésus-Christ pour les âmes du Purgatoire*, composition de 9 figures, venant des Carmes d'Anvers. Hauteur 6 pieds, largeur 4 pieds 1/2. Un peu fatigué du nettoyage. } De Rubens.

1. { *Sainte Anne montrant à lire à la Vierge*, composition de 5 figures et en bon état. Hauteur 6 pieds, largeur 4 pieds 1/2. } De Rubens.

1. { *Du gibier mort*, venant de la Maison de ville d'Anvers. Hauteur 7 pieds 1/2, largeur 7 pieds. Bien conservé. } De Sneyders et figures de Taysens.

1. { *Le Martyre de saint Sébastien*, composition de plus de 40 figures. Un peu usé; il y a aussi un pli que le roulage a occasionné. Hauteur 9 pieds sur 6 1/2. } De Coeberger.

1. { *Le Christ en croix*, composition de 13 figures, d'une bonne conservation, à quelques écailles près et d'un pli du roulage. Hauteur 15 pieds, largeur 9 pieds. } De J. Jordaens.

Caisse n° X.   *Tableaux roulés.*

1. { *Le Christ au bas de la croix*, composition de 6 figures. Il y a des repeints dans le ciel. Hauteur 8 pieds 1/2, largeur 6 pieds. } Van Hoock.

1. { *L'Élévation de la croix*, composition de 12 figures. Il y a plusieurs rayures et usures. Hauteur 11 pieds 1/2, largeur 9 pieds. } G. Crayer.

1. { *Le Martyre de saint Jacques et de saint Roch*, composition de 16 figures. Hauteur 14 pieds, largeur 14 pieds 1/2. Il est agrandi du haut et bien conservé. } Lucas Franchois.

Caisse n° 4.   *Idem.*

1. { *Le Christ au tombeau*, composition de 9 figures, venant des Capucins de Bruxelles. Il a été trop nettoyé et il y a des petites écailles à la tête du Christ et à celle de saint Jean. Hauteur 12 pieds 1/2, largeur 10 pieds 1/2. } De Rubens.

1. Le *Triomphe de sainte Catherine*, composition de trente-trois figures. Il a souffert de plusieurs brûlures de cierge. Il y a divers trous, plis, écailles, plusieurs repeints, et est trop nettoyé. Hauteur 17 pieds sur 10 1/2. — G. CRAYER.

1. *L'Assomption de la Vierge*, composition de trente-six figures. Quelques écailles, plusieurs crevasses et déchirures s'y remarquent; d'ailleurs il est conservé. Hauteur 15 pieds, largeur 10 pieds 1/2. — De RUBENS.

CAISSE N° 10.   *Idem.*

1. *Sainte Anne se prosternant devant la sainte hostie*, composition de 5 figures. Hauteur 10 pieds 1/2, largeur 6 pieds. En bon état, à d'anciens nettoyages près. — Attribué à VAN DYCK.

1. *La Communion de saint François*, composition de sept figures, venant des Récollets de Malines. Hauteur 10 pieds 1/2, largeur 6 pieds. Il a été trop nettoyé. — De VAN DYCK.

1. *La Nativité*, composition de 16 figures. Hauteur 10 pieds 1/2, largeur 8 pieds. Très nettoyé; du reste, il est conservé. — VAN DER MEER.

1. *Le Crucifix*; on y remarque à gauche saint François, et à droite la Madeleine et des petits anges, dont le visage de l'un a été brûlé. De 12 pieds de hauteur sur 9 pieds de largeur. Trop nettoyé. — G. CRAYER.

1. *Le Christ entre les larrons*; au pied de la croix est la Madeleine, composition de dix figures, de 17 pieds de hauteur, largeur 10 pieds 1/2. Ce tableau a aussi été trop nettoyé. — De VAN DYCK.

1. *Hercule entre la Sagesse et les plaisirs*, composition de six figures, la plupart portraits. Hauteur 7 pieds 1/2, largeur 7 pieds 1/2. Conservé. — G. CRAYER.

1. *Ignace et François Xavier préservant des vices ceux qui se vouent à leur culte*. Grande composition médiocre. Hauteur 10 pieds 1/2, largeur 17 pieds. Bien conservé. — BOEYERMANS.

CAISSE N° 14.   *Tableaux roulés.*

1. *Un Rosaire*, composition de seize figures. Hauteur 10 pieds, largeur 18 pieds. Bien conservé. — G. CRAYER.

1. *Une vue de la ville d'Anvers*. Hauteur 16 pouces, largeur 28 pouces. Sur bois, couvert d'huile grasse. — Genre de VAN GOYEN.

CAISSE N° 10.   *Idem.*

1. *La Pêche miraculeuse*, composition de dix figures. Hauteur 15 pieds sur 10 pieds de largeur. Ce tableau, très faible, est très gâté d'écailles et de repeints. — Attribué à HONTHORST.

CAISSE N° 27. *Tableaux roulés.*

1. *Un portrait d'homme en pied,* venant des Récollets. Hauteur 6 pieds, largeur 3 pieds 1/2. Il y a à ce tableau une pièce rapportée en carré et qui tombe dans le bas. — Attribué à VAN DYCK.

1. *Le Christ au tombeau sur les genoux de la Vierge, avec les anges,* composition de cinq figures. Il y a sur l'épaule de l'ange quelques écailles, et, en général, il est fatigué de trop de nettoyages. Ce très beau tableau a 3 pieds 1/2 de hauteur sur 6 pieds 1/2 de largeur. — VAN DYCK.

1. Un autre *Christ au tombeau, la Vierge et les anges,* composition de cinq figures. Bien conservé, mais médiocre. Hauteur 3 pieds 9 pouces, largeur 6 pieds 1/2. — Attribué à VAN DYCK.

1. *Le Christ au tombeau,* composition de quatre figures, médiocre. Il a deux crevasses. Hauteur 6 pieds, largeur 4 pieds. — Attribué à RUBENS.

1. *Un Rosaire de saint François,* composition de dix figures. Hauteur 7 pieds, largeur 6 pieds. Conservé. — BACAREL, élève de VAN DYCK.

1. *Un Rosaire,* composition de seize figures, représentant saint François aux pieds de Jésus et de la Vierge. Hauteur 9 pieds, largeur 6 pieds 1/2. Très mauvais. — Très mauvais.

1. *Le Christ au tombeau,* composition de quatre figures, la Vierge, la Madeleine et saint Jean. Trop nettoyé. Bien conservé. Hauteur 9 pieds 1/2, largeur 7 pieds 1/2. — ANTOINE VAN DYCK.

CAISSE N° 5. *Idem.*

1. *L'Éducation de la Vierge par sainte Élisabeth,* composition de huit figures, la plupart portraits. Hauteur 7 pieds 1/2, largeur 5 pieds 1/2. Conservé. — G. DE CRAYER.

2. Deux tableaux : l'un représente *Le Prix de l'arc,* remporté par l'infante Isabelle, et l'autre, *La Marche de la fête qu'elle institua.* Hauteur 5 pieds 1/2, largeur 9 pieds 1/2. L'un est faible et le ciel de tous deux est refait. — SALLARTS.

1. *Plusieurs saints que l'on enterre vivants,* composition de dix-neuf figures. Hauteur 9 pieds, largeur 7 pieds 1/2. Il y a quelques chanssis et une écaille. — G. CRAYER.

CAISSE N° 19. *Tableaux roulés.*

1. *L'Adoration des bergers,* composition de dix figures. Son roulement a occasionné six différents plis et des écailles; néanmoins, il sera d'une bonne conservation. Hauteur 12 pieds 1/2, largeur 9 pieds. — De RUBENS.

1. Le *Martyre de saint Paul*, composition de trente figures. Hauteur 17 pieds, largeur 11 pieds. Il a plusieurs fentes et crevasses. — Boeyermans.

1. La *Vierge implorant le Christ qui veut foudroyer la terre*. On voit au bas saint Dominique et saint François qui la défendent. Composition de trente figures principales. Ce tableau a souffert des repeints, des écailles et crevasses et nettoyages. Hauteur 18 pieds, largeur 11 pieds. — De Rubens.

Caisse B.   *Idem.*

1. Le *Martyre de saint Pierre*, venant de Cologne, composition de sept figures. Hauteur 10 pieds, largeur 7 pieds. Bien conservé. — De Rubens.

Caisse O.   *Idem.*

1. Le *Jugement dernier*, ouvrage médiocre et usé dans plusieurs parties. Hauteur 12 pieds, largeur 9 pieds 1/2. — J. Jordaens.

Caisse n° 2.   *Idem.*

1. La *Peste du temps de saint Roch*, où l'on voit dix figures. Trois places différentes sont très chanssies ; mais ce tableau, venant d'Alost, est en bon état. Hauteur 12 pieds 1/2, largeur 8 pieds. — De Rubens.

1. Le *Christ en croix*, composition de six figures ; saint François est au pied de la croix sur le côté droit ; près de lui un guerrier à cheval ; à la gauche la Vierge, et saint Jean regarde le Christ, ainsi que la Madeleine, placée sur le devant. Hauteur 12 pieds, largeur 8 pieds 1/2. Ce tableau a généralement été trop nettoyé. — Antoine Van Dyck.

Caisse F.   *Sur bois.*

1. Un *paysage vu au soleil couchant*, d'environ 12 pouces de hauteur sur 20 pouces de largeur. En bon ordre et dans une bordure neuve. — De Rubens.

Dessin monté.

1. Un dessin représentant une femme debout, lavé au bistre sur papier blanc, monté sous verre. — Antoine Van Dyck.

Estampe montée.

1. La *vue du temple de Jupiter Stator et une partie du Campo Vachino*, coloriée, montée sous verre. — De Volpato et Ducros.

78. Total.

Il résulte qu'il a été reçu de cet envoi soixante et quinze tableaux, une statue de marbre, un dessin monté et une estampe coloriée.

On remarque :

23 tableaux de Rubens, dont 15 capitaux;
8 tableaux de Van Dyck, dont 5 capitaux;
10 tableaux de Crayer, dont 1 beau et 2 passables;
5 tableaux de Jordaens, dont 3 très beaux;
1 portrait de Martin de Vos;
1 beau Sneyders;
Et la belle statue de Michel-Ange.

Total : 28 tableaux très capitaux et 1 marbre.

La plupart de ces chefs-d'œuvre ont besoin d'une prompte réparation, rentoilage ou autres, la plus grande partie étant sans châssis, décollés de leurs toiles, et souffriraient si l'on différait de les réparer. Ils ont la plupart souffert des nettoyages peu soignés, faits au savon. Il était temps, pour la gloire de ces hommes immortels, que la République enlevât des chefs-d'œuvre que l'insouciance de ceux qui les possédaient entraînait à leur ruine. Aux Français était donc encore réservée la gloire de conserver aux générations futures les productions de ces hommes d'un génie inimitable, et qui ont porté la couleur et l'harmonie au plus haut degré de perfection.

Nous terminerons ce rapport par dire qu'en général les plus grands soins ont été apportés à l'emballage et au transport de ces objets, et que les citoyens chargés de ce travail ont bien mérité des amis des arts.

Tous lesdits objets ci-dessus décrits ont été remis aux membres du Conservatoire, le 14 desdits mois et an que dessus, et ont signé avec nous, commissaires nommés à cet effet.

LEBRUN.

V

NOTE DES ENVOIS FAITS DE LA BELGIQUE ET DES PAYS OCCUPÉS PAR LES ARMÉES DU NORD ET DE SAMBRE-ET-MEUSE (PAR LE BLOND)[1].

Le 3 vendémiaire an III, il a été envoyé de Bruxelles sept caisses de livres provenant de la bibliothèque royale, dite de Bourgogne, et de la

---

[1] Non datée (F17 1265, n° 2).

maison du comte Lanoy, sur le Parc, et de quelques autres maisons monastiques (il en a été fait un catalogue); plus deux caisses contenant des objets d'histoire naturelle, plus des végétaux. Le cit. Dekin a été conducteur de ce convoi. — Arrivé et déposé aux Cordeliers.

Le 26 vendémiaire, dix-sept caisses de livres ont été expédiées de Liége pour Paris, sous la surveillance du cit. Bonnet. Ces livres proviennent de Tirlemont, de Saint-Tron, de Saint-Laurent, des Jésuites de Liége, de l'abbaye du Val-Saint-Lambert, près de cette ville, de la chartreuse de Liége. Il a été envoyé quelques végétaux et des tableaux. — Arrivé et déposé aux Cordeliers.

Il a été recueilli à Aix-la-Chapelle cinq caisses de livres dont quatre sont arrivées avec le convoi de Bonn; la cinquième est en route avec le convoi attendu de Bruxelles. Un sarcophage, orné d'un bas-relief représentant l'enlèvement de Proserpine, trente-huit colonnes de porphyre, granit et de différents marbres, dont la plupart sont arrivés à Lille et une partie est restée à Aix-la-Chapelle, ont été aussi recueillis, ainsi qu'un mannequin colossal de Charlemagne et quelques autres ustensiles dont les commissaires ont la note. On croit qu'il a été aussi envoyé quelques échantillons de mines, surtout de Stolberg et du village nommé Calamine. — Arrivé en partie; déposé, dit-on, à la Bibliothèque nationale, rue de la Loi.

Le 9 frimaire an III, il a été expédié de Cologne vingt-cinq caisses contenant des manuscrits, des livres imprimés, des dessins, des estampes, des médailles et autres objets d'antiquités. (En marge, on lit :) Arrivé et déposé, dit-on, à la Bibliothèque nationale, rue de la Loi. Ce convoi, auquel on a joint des objets d'histoire naturelle, un lit mécanique, etc., a été conduit à Paris par les cit. Lallemant et Cousté. Les livres, qui proviennent de différentes maisons monastiques et autres, ont été inventoriés. Le catalogue en a été fait. Un sarcophage antique, très curieux, dans lequel on a placé des débris d'une mosaïque, est encore resté à Cologne; il est dans la maison de l'émigré Gheir, occupée alors par les représentants du peuple : il est tout prêt à être chargé sur une voiture. On a aussi envoyé trois belles couleuvrines.

Le 28 frimaire, dix-neuf caisses de livres, dont le catalogue a été fait, six caisses d'histoire naturelle, vingt-huit caisses contenant les différentes parties du corps de bibliothèque en acajou de l'Électeur de Cologne, une grande caisse contenant trois modèles de vaisseaux et une inscription latine avec quelques brochures recueillies depuis l'encaissement des livres, ont été expédiées de Bonn. — Arrivé et déposé, dit-on, à la Bibliothèque nationale, rue de la Loi.

Cinquante caisses de livres recueillis à Coblentz et envoyés à Bonn par l'adjudant-général Rostollant depuis le départ des commissaires, sont restées dans cette ville. Il a été écrit au commandant de la place par le Comité d'instruction publique pour les faire arriver à Paris; il doit s'y trouver aussi un cabinet d'oiseaux, etc. Le catalogue des livres n'a pu être fait. — Resté en arrière.

Le 17 pluviôse, soixante-dix-neuf caisses de livres ont été envoyées de Maestricht, ainsi que plusieurs caisses d'échantillons d'histoire naturelle, du nombre desquels est la tête pétrifiée du crocodile, et une caisse remplie de bêches et de pioches. Les circonstances n'ont point permis de faire le catalogue des livres, et le représentant du peuple en a dispensé par un arrêté le commissaire chargé de cette opération. — Arrivé et déposé, quant à la partie des livres, aux Cordeliers.

A Malmédy et à Stavelot, il a été recueilli des débris de deux bibliothèques monastiques, une quantité de livres suffisante pour former une caisse. Il a été écrit par le Comité d'instruction publique à l'administrateur Delbruck pour faire arriver cette caisse à Paris. — Resté en arrière.

L'un des commissaires a déposé sur le bureau d'instruction publique l'ouvrage de Valentyn, 8 vol. in-fol., plus les pierres gravées de Marlborough, 2 vol. in-fol.

On attend de Bruxelles un convoi de cinquante caisses, dont deux contiennent deux groupes en marbre, deux, un tour à guillocher; et les autres contiennent des livres et des manuscrits très précieux. Une partie du catalogue existe. Le temps n'a point permis de l'achever. Le convoi est en route.

ERRATA.

Pages 552 et 557, au lieu de *Langlès*, lire *Langliez*.

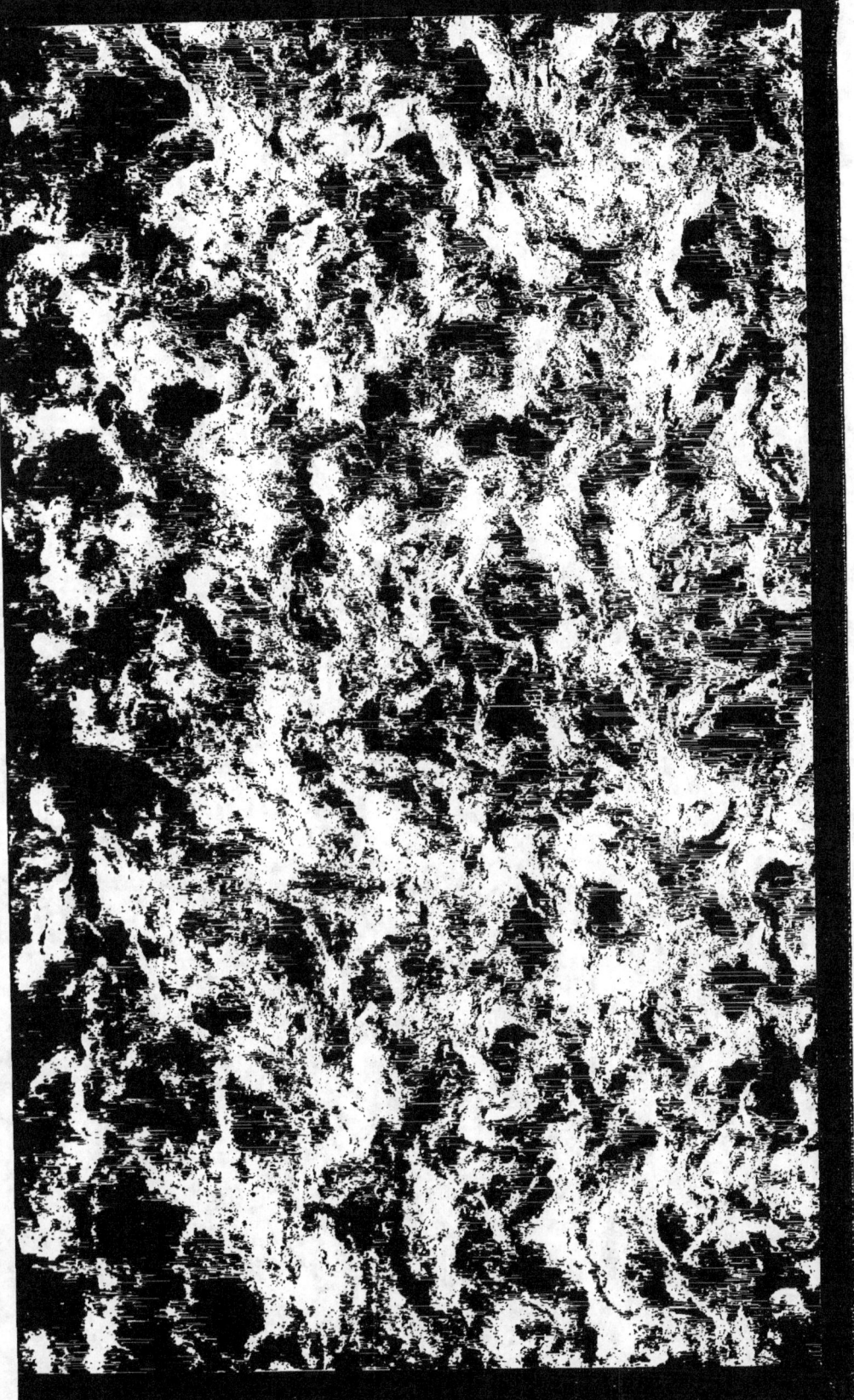

www.ingramcontent.com/pod-product-compliance
Lightning Source LLC
Chambersburg PA
CBHW060859300426
44112CB00011B/1261